NTC's
HUNGARIAN
and
ENGLISH
Dictionary

Tamás Magay and László Kiss

Printed on recyclable paper

NTC Publishing Group
Lincolnwood, Illinois USA

Library of Congress Cataloging-in-Publication Data

Magay, Tamás.
   [Angol-magyar kisszótár. English]
   NTC's Hungarian and English dictionary / Magay and Kiss.
      p.   cm.
   ISBN 0-8442-4968-8. — ISBN 0-8442-4969-6
   1. English language—Dictionaries—Hungarian. 2. Hungarian
language—Dictionaries—English. I. Kiss, László. II. Title.
PH2640.M32513 1996   96-12536
494'.511321—dc20   CIP

6 7 8 9 0 QB 9 8 7 6 5 4 3 2 1

CONTENTS

Preface

This dictionary contains the basic vocabulary (about 18,000 words and 8,000 expressions) of the English language. All English words have been selected on the basis of a careful word-frequency study, with their Hungarian equivalents representing the "core" language spoken especially by the present generation of Hungarians.

Using the Dictionary

The layout of the dictionary is simple, so that users may find information in it with ease. The headwords are strictly in alphabetical order. Compounds—including those written with spaces—are entered separately. Thus, for example, if you want to look for **black spot,** you will find it after **blacksmith** in the list of headwords rather that under the entry **black.**

Differences in spelling between British and American English are duly indicated, e.g. **colour** (*US* **-or**). Verbs doubling their final consonants and the reverse, i.e. non-doubling of some verbs in American English, is likewise shown, e.g. **level-ll-** *(US* **-l-).**

Words spelled in the same way but radically different in meaning, called homographs, appear as separate headwords with superscript numbers, e.g. **bank¹, bank², fly¹, fly²,** etc.

Pronunciation of headwords is indicated by means of the

symbols of the International Phonetic Association (IPA) (see Phonetic Symbols p. 11). Only simple words or solid compounds (i.e. compounds written as one word are given pronunciations. Thus, **blackleg** is supplied with pronunciation ['blækleg] whereas **black eye** is not. The pronunciation of this two-word entry is to be fitted together by looking up the pronunciation of each of the component words.

Irregular past tenses of verbs and plurals of nouns are found at their own entries as cross-references, as well as at the main verb or noun entry, cf. **bore** → **bear, feet** → **foot,** etc.

Most English words figure in two or even more word classes or parts of speech (e.g. nouns or verbs, adjectives or adverbs, etc.). The various word classes are indicated by means of Arabic numerals, e.g., **last** ... **1.** *a* ... **2.** *adv* ... **3.** *n* ... **4.** *v* ... (see Abbreviations and Signs on pp. 12-14).

The overwhelming majority of English words have more than one meaning. Within each part-of-speech category, the various meanings or senses of the headword and their Hungarian translations or equivalents are carefully differentiated by means of *English guide words* (in brackets) or *subject labels,* always in italics, and a semicolon (;) separating each unit.

In addition, the transitive or intransitive use of verbs are distinguished, if necessary, e.g. **blow** ... *vi* fúj; *(fuse)* kiolvad I *vt* fúj; *(fuse)* kiéget. As can be seen, the vertical stroke helps to make this important distinction.

No (bilingual) dictionary can be complete without a due number of phrases and idioms. These important elements of living speech have also been carefully selected and entered under the various part-of-speech categories, separated from the translation part by means of the sign ||, e. g. **easy** ... **1.** *a* könnyú; *(manner)* fesztelen || **be ~ about** ... **2.** *adv* könnyen; fesztelenül || **take it/things ~** ... **take it~!** ... Such multi-words lexical units are always printed in bold type, with the title (~) representing the headword.

Special treatment is given to English phrasal verbs always following the verb part of the entry, forming sub-entries as it were.

Előszó

Ez a szótár mintegy 18 000 címszót és 8 000 állandósult szókapcsolatot valamint példát tartalmaz. A szóanyag kiválogatásában az vezérelt, hogy megfeleljen a ma élő új generáció nyelvhasználatának. Korszerű és gyakorlatias kíván tehát lenni, messzemenően figyelembe véve a mai köznyelvben is használt műszaki – és általában szaknyelvi – szavakat, fordulatokat is.

A szótár használatáról

A könnyen elérhetőség érdekében a szótár CÍMSZAVAI szigorú ábécérendben követik egymást. A különírt összetételek is a maguk ábécérendi helyén találhatók, így pl. **black spot** címszóként **blacksmith** után található a címszavak sorában, nem pedig a **black** szócikkében.

A brit és amerikai helyesírás között mindenütt, ahol szükséges, különbséget tesz a szótár, pl. **colour** (*US* **color**), beleértve a tővégkettőző angol igék eseteit, ahol az amerikai nem kettőz, pl. **level -ll-** (*US* -**l**-).

Mint nagyobb társai, ez a szótár is megkülönbözteti a HOMONIMÁKAT, vagyis az alakjukra nézve azonos, de gyökeresen eltérő jelentésű szavakat, pl. **bank**^{1}, **bank**^{2} vagy **fly**^{1}, **fly**^{2} stb.

Az angol címszavak KIEJTÉSÉT a már ismert nemzetközi kiejtési jelekkel jelöli szótárunk (l. ezek táblázatát a 11. lapon). Minden egyszerű szó és egybeírt szóösszetétel kap kiejtést, a különírt összetételek kiejtését azonban a használónak kell megoldania oly módon, hogy megnézi az összetételt alkotó szavak kiejtését. Így tehát **blackleg**-nek van kiejtése: ['blækleg], **black eye**-nak nincs. Meg kell tehát néznie a használónak előbb a **black**, azután az **eye** kiejtését.

Az IGÉK RENDHAGYÓ MÚLT IDEJŰ alakjai és a FŐNEVEK RENDHAGYÓ TÖBBES SZÁMÚ ALAKJAI mind a maguk ábécérendi helyén mint utalócímszavak, mind az ige, illetőleg főnév szócikkében részletesebben kidolgozva megtalálhatók. Pl. **bore → bear, feet → foot** stb.

A legtöbb angol szó több SZÓFAJBAN is előfordul (főnév, ige, melléknév, határozó stb.). Ezeket félkövér arab számokkal különbözteti meg a szótár, pl. **last** ... **1.** *a* **2.** *adv* **3.** *n* ... **4.** *v* ... (l. a Rövidítések és jelek jegyzékét a 12–14. lapon).

Az angol szavak túlnyomó többségének egynél több jelentése van. Az egyes JELENTÉSEKET, illetőleg azok magyar MEGFELELŐIT (egyenértékeseit, ekvivalenseit) szótárunk gondosan megkülönbözteti egymástól zárójelbe tett dőlt betűs angol *irányítószavakkal*, mutatószavakkal, ill. szaknyelvi *rövidítésekkel*. Egy-egy ilyen "egységet" pontosvessző választ el egymástól. Itt újra hangsúlyoznunk kell, hogy ez a szótár elsősorban az angol ajkú használókat veszi figyelembe, ezért szerepelnek angolul a használót eligazító irányítószavak, ill. rövidítések. Ne ijedjen meg tehát ettől a magyar használó, s ha számára ismeretlen szóra bukkan, keresse ki a szótárból. Ne tekintse ezt a kis többletmunkát fölöslegesnek, hiszen ebből is tanulhat. Pl. **admission** ... *n* (*entrance*) belépés; (*fee*) belépődíj; (*to university*) felvétel; (*confession*) beismerés.

9

Az IGÉK TÁRGYAS ÉS TÁRGYATLAN HASZNÁLATÁT is megkülönbözteti a szótár ott, ahol szükséges, pl. **blow** ... *vi* fúj; (*fuse*) kiolvad I *vt* fúj; (*fuse*) kiéget ... A cezúra (I) választja szét ezt a két fontos igei használatot egymástól.

Méretének arányában ez a szótár is szép számmal szótároz ÁLLANDÓSULT SZÓKAPCSOLATOKAT, vagy népszerűbb szóval "kifejezéseket". Az egyes számozott szófaji kategóriákon belül a jelentések, ill. azok magyar megfelelői után, II jellel elválasztva következnek ezek az angol nyelvre oly jellemző többszavas egységek, pl. **easy** ... **1.** *a* könnyű; (*manner*) fesztelen II **be ~ about** ... **2.** *adv* könnyen; fesztelenül II **take it/things ~** ...; **take it ~!** ... A szókapcsolatok mindig félkövér szedésűek, és esetükben mindig a tilde (~) képviseli az angol címszót.

A VONZATOS ANGOL IGÉK, az ún. PHRASAL VERBS is kellő mennyiségben és kiemelten szerepelnek ebben a szótárban is, mindig a szócikk végén, az igei egység folytatásaképpen.

Kiejtési jelek
Phonetic Symbols

Magánhangzók és kettőshangzók
Vowels and Diphthongs

[ɑː]	plant [plɑːnt]
[aɪ]	life [laɪf]
[aʊ]	house [haʊs]
[æ]	man [mæn]
[ʌ]	but [bʌt]
[e]	get [get]
[eɪ]	name [neɪm]
[ə]	ago [əˈgəʊ]
[ɜː]	bird [bɜːd]
[eə]	there [ðeə]
[ɪ]	wish [wɪʃ]
[iː]	see [siː]
[ɪə]	here [hɪə]
[əʊ]	no [nəʊ]
[ɒ]	not [nɒt]
[ɔː]	law [lɔː]
[ɔɪ]	boy [bɔɪ]
[ʊ]	push [pʊʃ]
[uː]	you [juː]
[ʊə]	sure [ʃʊə]

Mássalhangzók
Consonants

[b]	bad [bæd]
[d]	did [dɪd]
[dʒ]	June [dʒuːn]
[f]	father [ˈfɑːðə]
[g]	go [gəʊ]
[h]	how [haʊ]
[j]	youth [juːθ]
[k]	keep [kiːp]
[l]	lamb [læm]
[m]	make [meɪk]
[n]	nail [neɪl]
[ŋ]	sing [sɪŋ]
[p]	pen [pen]
[r]	red [red]
[s]	so [səʊ]
[ʃ]	ship [ʃɪp]
[t]	tea [tiː]
[θ]	thin [θɪn]
[ð]	this [ðɪs]
[tʃ]	church [tʃɜːtʃ]
[v]	voice [vɔɪs]
[w]	wet [wet]
[z]	zoo [zuː]
[ʒ]	measure [ˈmeʒə]

' Hangsúly – stress

Rövidítések és jelek
Abbreviations and Signs

a	adjective	melléknév
adv	adverb	határozó
agr	agriculture	mezőgazdaság
approx	approximately	körülbelül
arch	architecture	építészet
art	art	művészet
astr	astronomy	csillagászat
aviat	aviation	repülés
biol	biology	biológia
bot	botany	botanika, növénytan
chem	chemistry	kémia
cine	cinema	filmművészet
col	colloquial	bizalmas
comm	commerce	kereskedelem
comput	computers	számítógép
conj	conjunction	kötőszó
econ	economics	közgazdaság
el	electricity	elektromosság
etc	et cetera	s a többi
fig	figurative	átvitt
fin	finance	pénzügy
form	formal	hivatalos
GB	British usage	brit szóhasználat
geogr	geography	földrajz
geol	geology	geológia
gram	grammar	nyelvtan
H	in Hungary	Magyarországon
hist	history	történelem
hum	humorous	tréfás
int	interjection	indulatszó
law	law	jog

lit	literary	irodalmi
math	mathematics	matematika
med	medicine	orvostudomány
mil	military	katonai
min	mining	bányászat
mus	music	zene
n	noun	főnév
naut	nautical	hajózás
num	numeral	számnév
pejor	pejorative	pejoratív
phil	philosophy	filozófia
photo	photography	fényképezés
phys	physics	fizika
pl	plural	többes szám
pl.	for example	például
pol	politics	politika
pp	past participle	múlt idejű melléknévi igenév
pref	prefix	előtag
prep	preposition	elöljáró
pres p	present participle	jelen idejű melléknévi igenév
print	printing	nyomdászat
pron	pronoun	névmás
psych	psychology	pszichológia
pt	past tense	múlt idő
radio	radio	rádiózás
railw	railways	vasút
rel	religion	vallás
school	school	iskola, oktatás
sg	something	valami
sing.	singular	egyes szám
sp	sports	sport
stb.	and so on	s a többi
suff	suffix	utótag
swhere	somewhere	valahol; valahova

sy	somebody	valaki
tech	technology	technika
theat	theatre	színház
TV	television	televízió
US	(North) American usage	amerikai szóhasználat
ut.	in apposition only	csak utótételben használatos
v	verb	ige
v.	or	vagy
vhol	somewhere	valahol
vhova	somewhere	valahova
vi	intransitive verb	tárgyatlan ige
vk	somebody	valaki
vm	something	valami
vt	transitive verb	tárgyas ige
vulg	vulgar	vulgáris, durva
zoo	zoology	zoológia, állattan
~	stands for the headword	a címszót helyettesíti
→	see also, see under	lásd még
=	same as	ugyanaz, mint
‖	separates the examples	a példákat választja el
∣	separates the transitive and intransitive senses	a tárgyas és tárgyatlan jelentést választja el

A

a [ə], *before vowel*: **an** [ən] (*indefinite article*) egy ‖ ~ **man** egy ember; **an artist** egy művész

A1 [eı 'wʌn] *col* elsőrendű, príma

A.A. patrolman [eı eı pə'trəʊlmən] *n GB* sárga angyal

aback [ə'bæk] *a* **be taken** ~ elképed(t)

abandon [ə'bændən] **1.** *n* **with** ~ önfeledten **2.** *vt* elhagy ‖ ~ **oneself to sg** átadja magát vmnek

abashed [ə'bæʃt] *a* **be** ~ zavarban van

abate [ə'beıt] *v* alábbhagy

abbey ['æbı] *n* apátság

abbreviate [ə'briːvıeıt] *v* rövidít

abbreviation [əbriːvı'eıʃn] *n* rövidítés

abdicate ['æbdıkeıt] *vt* (*the throne*) lemond (*trónról*)

abdication [æbdı'keıʃn] *n* lemondás

abduct [æb'dʌkt] *v* elrabol; (*woman*) megszöktet

abeyance [ə'beıəns] *n* **be in** ~ függőben van

abhor [əb'hɔː] *v* utál, gyűlöl

abide [ə'baıd] *v* (*pt/pp* **abode** [ə'bəʊd] *or* **abided** [ə'baıdıd]) eltűr ‖ ~ **by sg** megmarad vmnél

ability [ə'bılətı] *n* képesség, tehetség

ablaze [ə'bleız] *a* lángban álló

able ['eıbl] *a* képes; alkalmas ‖ **be** ~ **(to do sg)** képes (vmre), tud, bír (vmt tenni)

ably ['eıblı] *adv* ügyesen

abnormal [æb'nɔːml] *a* rendellenes

aboard [ə'bɔːd] *adv* hajón; repülőgépen; *US* vonaton

abode [ə'bəʊd] *pt/pp* → **abide**

abolish [ə'bɒlıʃ] *v* eltöröl

abolition [æbə'lıʃn] *n* eltörlés

A-bomb ['eıbɒm] *n* atombomba

abominable [ə'bɒmınəbl] *a* förtelmes

aborigine [æbə'rıdʒənı] *n* bennszülött; őslakó

abort [ə'bɔːt] *v* elvetél

abortion [ə'bɔːʃn] *n* vetélés, abortusz

abortive [ə'bɔːtıv] *a* hiábavaló

abound [ə'baʊnd] *v* bővelkedik (*in* vmben)

about [ə'baʊt] **1.** *adv* körülbelül; (*time*) felé ‖ **be** ~ **to do sg** készül vmt tenni **2.** *prep* körül, -ról, -ről ‖ ~ **1800** 1800 táján

about-turn *n* hátraarc

above [ə'bʌv] **1.** *a* fenti **2.** *adv/prep* felül, felett ‖ ~ **all** mindenekelőtt **3.** *n* **the** ~ a fentiek

above-board *a* őszinte, egyenes

above-mentioned *a* fent említett

abrasion [ə'breıʒn] *n* horzsolás

abreast [ə'brest] *adv* egymás mellett ‖ **keep** ~ **of** lépést tart

abridge [ə'brıdʒ] *v* (le)rövidít

abroad [ə'brɔːd] *adv* külföldön

abrupt [ə'brʌpt] *a* hirtelen

abscess ['æbses] *n* kelés, tályog

absence ['æbsəns] *n* távollét

absent ['æbsənt] *a* távollevő ‖ **be** ~ hiányzik, mulaszt

absent-minded *a* szórakozott

absentee [æbsən'tiː] *n* távollevő

absolute ['æbsəluːt] *a* abszolút

absolutely ['æbsəluːtlı] *adv* feltétlenül, abszolúte ‖ ~**!** erről van szó!

absolve [əb'zɒlv] *v* feloldoz (*from* alól)

absorb [əb'zɔːb] *v* felszív, abszorbál ‖ **be ~ed in sg** *fig* vmben elmerül
absorbent cotton [əb'zɔːbənt] *n* vatta
abstain [əb'steɪn] *v* tartózkodik (*from* vmtől)
abstract ['æbstrækt] *a* elvont, absztrakt
absurd [əb'sɜːd] *a* képtelen, abszurd
abundant [ə'bʌndənt] *a* bőséges, kiadós
abuse 1. [ə'bjuːs] *n* (*misuse*) visszaélés; (*insults*) becsmérlés ‖ **~ of authority** hivatali hatalommal való visszaélés **2.** [ə'bjuːz] *vt* (*misuse*) visszaél vmvel; (*revile*) becsmérel
abusive [ə'bjuːsɪv] *a* becsmérlő
abyss [ə'bɪs] *n* szakadék
AC [eɪ 'siː] = **alternating current**
a/c = **account (current)**
academic [ækə'demɪk] **1.** *a* (*scholarly*) tudományos; akadémiai; (*theoretical*) akadémikus ‖ **~ year** egyetemi tanév **2.** *n* egyetemi oktató
academician [əkædə'mɪʃn] *n* akadémikus
academy [ə'kædəmɪ] *n* (tudományos) akadémia ‖ **~ of music** zeneakadémia
accelerate [ək'seləreɪt] *vt* (fel)gyorsít ǀ *vi* (fel)gyorsul
acceleration [əkselə'reɪʃn] *n* gyorsítás, gyorsulás
accelerator [ək'seləreɪtə] *n* **~ (pedal)** gázpedál
accent ['æksənt] *n* (*way of speaking*) akcentus; (*stress*) hangsúly; (*mark*) ékezet
accept [ək'sept] *v* elfogad

acceptable [ək'septəbl] *a* elfogadható
acceptance [ək'septəns] *n* elfogadás
access ['ækses] *n* hozzáférhetőség
accessible [ək'sesəbl] *a* (*object*) hozzáférhető; (*place*) megközelíthető
accessories [ək'sesərɪz] *n pl* felszerelések; kellékek ‖ **~ for the kitchen** konyhafelszerelés
accessory [ək'sesərɪ] **1.** *a* járulékos, mellék- **2.** *n* bűntárs
accident ['æksɪdənt] *n* (*chance*) véletlen; (*mishap*) baleset ‖ **by ~** véletlenül
accidental [æksɪ'dentl] *a* véletlen
accidentally [æksɪ'dentəlɪ] *adv* véletlenül
accident insurance *n* baleset-biztosítás
accident-prone *a* **be ~** vonzza a balesetet
acclaim [ə'kleɪm] *v* helyesel
accommodate [ə'kɒmədeɪt] *v* (*lodge*) elszállásol; (*hold*) befogad
accommodating [ə'kɒmədeɪtɪŋ] *a* simulékony, alkalmazkodó
accommodation [əkɒmə'deɪʃn] *n* szállás, elszállásolás
accompany [ə'kʌmpənɪ] *v* kísér
accomplice [ə'kʌmplɪs] *n* bűntárs, tettestárs, cinkos
accomplish [ə'kʌmplɪʃ] *v* befejez, megvalósít
accomplishment [ə'kʌmplɪʃmənt] *n* (*completion*) véghezvitel; (*achievement*) teljesítmény
accord [ə'kɔːd] *n* egyetértés ‖ **of one's own ~** önszántából
accordance [ə'kɔːdəns] *n* **in ~ with** vmnek megfelelően

according [ə'kɔːdɪŋ] *adv* ~ **to** szerint; vmnek megfelelően

accost [ə'kɒst] *v* megszólít

account [ə'kaʊnt] **1.** *n* (*bill*) számla; (*report*) jelentés ‖ ~ **(current)** folyószámla; **on my** ~ számlám terhére; miattam; **on** ~ **of sg** vm miatt; **on no** ~ semmi esetre (sem); **take no** ~ **of sg** nem vesz figyelembe vmt; **~s clerk** könyvelő; **~s department** számviteli osztály, könyvelés **2.** *v*: **account for** elszámol vmről/ vmvel

accountable [ə'kaʊntəbl] *a* felelős

accountant [ə'kaʊntənt] *n* könyvelő

accumulate [ə'kjuːmjʊleɪt] *vt* (fel)halmoz I *vi* (fel)halmozódik

accumulator [ə'kjuːmjəleɪtə] *n* akkumulátor

accuracy ['ækjərəsɪ] *n* pontosság

accurate ['ækjərət] *a* pontos

accurately ['ækjərətlɪ] *adv* pontosan

accusation [ækjʊ'zeɪʃn] *n* vád, vádemelés

accuse [ə'kjuːz] *vt* (meg)vádol (*of* vmvel)

accused [ə'kjuːzd] *n* vádlott

accustom [ə'kʌstəm] *vt* hozzászoktat (*to* vmhez)

accustomed [ə'kʌstəmd] *a* ~ **to** vmhez szokott

ace [eɪs] *a* (*expert*) menő, sztár; (*in cards*) ász

ache [eɪk] **1.** *n* (testi) fájdalom **2.** *v* fáj ‖ **I am aching all over** fáj minden tagom

achieve [ə'tʃiːv] *v* (*complete*) elvégez; (*reach*) elér

achievement [ə'tʃiːvmənt] *n* teljesítmény, eredmény

acid ['æsɪd] **1.** *a* savas **2.** *n* sav

acknowledge [ək'nɒlɪdʒ] *v* (*admit*) elismer; (*receipt*) nyugtáz, visszaigazol

acknowledgement [ək'nɒlɪdʒmənt] *n* elismerés ‖ ~ **of receipt** átvételi elismervény

acne ['æknɪ] *n* pattanás

acorn ['eɪkɔːn] *n bot* makk

acoustic [ə'kuːstɪk] *a* akusztikai

acoustics [ə'kuːstɪks] *n* (*pl*) akusztika

acquaint [ə'kweɪnt] *vt* megismertet (*with* vkvel) ‖ **be ~ed with sy** ismer vkt

acquaintance [ə'kweɪntəns] *n* ismeretség ‖ **an** ~ egy ismerősöm

acquire [ə'kwaɪə] *v* (meg)szerez

acquisition [ækwɪ'zɪʃn] *n* (*act*) (meg)szerzés; (*property*) szerzemény

acquisitive [ə'kwɪzətɪv] *a* kapzsi

acquit [ə'kwɪt] *vt* **-tt-** felment (*of* vm alól)

acquittal [ə'kwɪtl] *n* felmentés

acre ['eɪkə] *n* acre (*4000 m²*)

acrimonious [ækrɪ'məʊnɪəs] *a* csípős

acrobat ['ækrəbæt] *n* akrobata

across [ə'krɒs] *adv/prep* át, keresztül, túl

across-the-board [əkrɒs ðə'bɔːd] *a US* egyenlő arányú

act [ækt] **1.** *n* (*deed*) tett, cselekedet; (*in circus*) szám; *theat* felvonás; *law* törvény **2.** *vi* (*take action*) ténykedik; *theat* játszik I *vt* (*role*) alakít ‖ ~ **as an expert** szakértő(ként működik közre)

acting [ˈæktɪŋ] **1.** *a* megbízott, ügyvezető **2.** *n* (színészi) játék

action [ˈækʃn] *n* (*deed*) tett, cselekedet; *jog* kereset, peres ügy; *mil* ütközet, bevetés ‖ **out of** ~ nem működő, álló; **take** ~ akcióba lép

active [ˈæktɪv] *a* cselekvő, tevékeny; (*working*) működő ‖ ~ **voice** cselekvő igealak

activity [ækˈtɪvətɪ] *n* tevékenység, ténykedés; (*occupation*) foglalkozás

actor [ˈæktə] *n* színész

actress [ˈæktrɪs] *n* színésznő

actual [ˈæktʃʊəl] *a* valódi

actually [ˈæktʃʊlɪ] *adv* valójában, tulajdonképpen

acupuncture [ˈækjʊpʌŋktʃə] *n* akupunktúra

acute [əˈkjuːt] *a med* heveny, akut ‖ **has an** ~ **mind** vág az esze

AD [eɪ ˈdiː] = (*Anno Domini*) Krisztus után, Kr. u.

ad [æd] *n col* (újság)hirdetés, reklám

Adam's apple [ˈædəmz] *n* ádámcsutka

adapt [əˈdæpt] *vi* alkalmazkodik (*to* vmhez) ‖ *vt* átdolgoz ‖ ~ **for the stage** színpadra alkalmaz

adaptable [əˈdæptəbl] *a* alkalmazható

adaptation [ædæpˈteɪʃn] *n* alkalmazás; *theat* átdolgozás

adapter [əˈdæptə] *n el* adapter; (*for plugs*) elosztó

add [æd] *vt* hozzáad (*to* vmhez); (*numbers*) összead; (*remark*) hozzáfűz ‖ ~ **to** hozzáad; ~ **up** összead, összegez

addict [æˈdɪkt] *n* **be a heroin** ~ heroint szed

addicted [əˈdɪktɪd] *a* ~ **to sg** rabja vmnek; ~ **to a drug** kábítószerfüggő

addiction [əˈdɪkʃn] *n* káros szenvedély

addition [əˈdɪʃn] *n math* összeadás; (*sg added*) kiegészítés ‖ **in** ~ **to** ráadásul, azonkívül

additional [əˈdɪʃənl] *a* kiegészítő, pót-

address [əˈdres] **1.** *n* (*of person*) cím; (*speech*) beszéd **2.** *v* (*letter*) megcímez; (*make a speech to*) beszédet mond

addressee [ædreˈsiː] *n* címzett

adept [ˈædept] *a* ügyes, jártas (*at* vmben)

adequate [ˈædɪkwət] *a* megfelelő, adekvát

adhere [ədˈhɪə] *v* (*stick*) (hozzá)tapad (*to* vmhez); (*be faithful to*) vmnek a híve

adhesion [ədˈhiːʒn] *n* tapadás

adhesive [ədˈhiːsɪv] *n* ragasztó

adhesive plaster *n* leukoplaszt, Hansaplast, sebtapasz

adjacent [əˈdʒeɪsnt] *a* határos/ szomszédos (*to* vmvel)

adjective [ˈædʒɪktɪv] *n* melléknév

adjoining [əˈdʒɔɪnɪŋ] *a* szomszédos, mellette fekvő

adjourn [əˈdʒɜːn] *v* elhalaszt; (*end*) elnapol, berekeszt

adjust [əˈdʒʌst] *vt* (*machine*) szabályoz, beállít ‖ *vi* alkalmazkodik (*to* vmhez)

adjustable [əˈdʒʌstəbl] *a* szabályozható, beállítható

administer [ədˈmɪnɪstə] *v* (*affairs*) intéz, adminisztrál; (*funds*) kezel; (*medicine*) bead

administration [ədmɪnɪˈstreɪʃn] *n* ügyintézés, adminisztráció; *US* *pol* kormány, kabinet; (*medicine*) beadás

administrative [əd'mınıstrətıv] *a* közigazgatási, adminisztratív

administrator [əd'mınıstreıtə] *n* ügyintéző, adminisztrátor

admiral ['ædmərəl] *n* tengernagy, admirális

Admiralty ['ædmərəltı] *n GB* tengerészeti minisztérium, admiralitás

admiration [ædmə'reıʃn] *n* bámulat, csodálat

admire [əd'maıə] *v* (meg)csodál

admirer [əd'maıərə] *n* csodáló

admission [əd'mıʃn] *n* (*entrance*) belépés; (*fee*) belépődíj; (*to university*) felvétel; (*confession*) beismerés ‖ ~ **free** a belépés díjtalan

admit [əd'mıt] *v* -**tt**- (*let in*) beengedni; (*to university*) felvesz; (*confess*) beismer

admittance [əd'mıtəns] *n* bebocsátás ‖ **no** ~ belépni tilos!

admittedly [əd'mıtıdlı] *adv* bevallottan

admonition [ædmə'nıʃn] *n* figyelmeztetés, intelem

ado [ə'duː] *n* hűhó, *col* felhajtás ‖ **much** ~ **about nothing** sok hűhó semmiért

adolescence [ædə'lesns] *n* serdülőkor, kamaszkor

adolescent [ædə'lesnt] **1.** *a* kamaszkori **2.** *n* kamasz, serdülő

adopt [ə'dɒpt] *v* (*child*) örökbe fogad, adoptál; (*idea*) magáévá tesz

adoption [ə'dɒpʃn] *n* (*of child*) örökbefogadás

adore [ə'dɔː] *v* imád

adorn [ə'dɔːn] *v* díszít, szépít

Adriatic, the [eıdrı'ætık] *n* az Adriaitenger

adrift [ə'drıft] *adv* hányódva

adult ['ædʌlt] *a/n* felnőtt

adultery [ə'dʌltərı] *n* házasságtörés

advance [əd'vɑːns] **1.** *n* (*progress*) haladás, fejlődés; (*money*) előleg **2.** *vi* fejlődik, halad ‖ *vt* fejleszt; (*money*) előlegez; (*promote*) előléptet

advanced [əd'vɑːnsd] *a* (*study*) haladó; (*age*) előrehaladott; (*modern*) fejlett

advancement [əd'vɑːnsmənt] *n* (*improvement*) előrelépés; (*promotion*) előléptetés

advantage [əd'vɑːntıdʒ] *n* előny; (*profit*) haszon ‖ **take** ~ **of** (*make use of, misuse*) kihasznál

advantageous [ædvən'teıdʒəs] *a* előnyös

Advent ['ædvənt] *n* advent

adventure [əd'ventʃə] *n* kaland

adventurous [əd'ventʃərəs] *a* kalandos

adverb ['ædvɜːb] *n* határozó(szó)

adversary ['ædvəsərı] *n* ellenfél

adverse ['ædvɜːs] *a* (*hostile*) ellenséges; (*circumstances*) kedvezőtlen

adversity [əd'vɜːsətı] *n* viszontagság, csapás

advert ['ædvɜːt] *n GB col* reklám

advertise ['ædvətaız] *vi* (*in newspaper*) hirdet ‖ *vt* reklámoz

advertisement [əd'vɜːtısmənt] *n* hirdetés, reklám

advertising ['ædvətaızıŋ] *n* hirdetés, reklám

advice [əd'vaıs] *n* tanács; *comm* értesítés

advisable [əd'vaɪzəbl] a célszerű, ajánlatos, tanácsos
advise [əd'vaɪz] v tanácsol; comm értesít
adviser [əd'vaɪzə] (US advisor) n tanácsadó
advisory [əd'vaɪzərɪ] a tanácsadó
advocate 1. ['ædvəkət] n szószóló 2. ['ædvəkeɪt] v (idea) hirdet; (cause) védelmez
aerial ['eərɪəl] 1. a légi 2. n antenna
aerobics [eə'rəʊbɪks] n sing. aerobic
aeroplane ['eərəpleɪn] n repülőgép
aerosol ['eərəsɒl] n aeroszol
aesthetic (US es-) [iːs'θetɪk] a esztétikus
affair [ə'feə] n (concern) ügy; (love ~) viszony
affect [ə'fekt] vt (influence) hat vmre; (move deeply) (közelről) érint vkt || this does not ~ you ez nem vonatkozik rád
affection [ə'fekʃn] n szeretet, ragaszkodás, vonzódás
affiliate [ə'fɪlɪeɪt] v egyesít
affinity [ə'fɪnətɪ] n összetartozás; chem rokonság, affinitás
affirmation [æfə'meɪʃn] n megerősítés; állítás
affirmative [ə'fɜːmətɪv] 1. a igenlő, állító 2. n igenlő válasz
affix [ə'fɪks] vt hozzáragaszt, hozzáerősít (to vmhez)
afflict [ə'flɪkt] v (le)sújt
affliction [ə'flɪkʃn] n csapás
affluence ['æflʊəns] n bőség, vagyon, gazdagság
affluent ['æflʊənt] a jómódú
afford [ə'fɔːd] v (s)he can't ~ it nem engedheti meg magának, nem győzi
affront [ə'frʌnt] n sértés, sérelem

afield [ə'fiːld] adv far ~ messzire
afloat [ə'fləʊt] adv be ~ úszik, lebeg
afraid [ə'freɪd] a be ~ of sg/sy fél vmtől/vktől; don't be ~! ne félj!; I am ~ (that) attól tartok, hogy
afresh [ə'freʃ] adv újra; újból
Africa ['æfrɪkə] n Afrika
African ['æfrɪkən] a/n afrikai
after ['ɑːftə] prep után; (following) nyomán || ~ all végül is; ~ you csak Ön után
aftermath ['ɑːftəmæθ] n (káros) következmény
afternoon [ɑːftə'nuːn] n délután || this ~ ma délután; good ~! jó napot kívánok!
after-shave (lotion) n borotválkozás utáni arcvíz
afterthought ['ɑːftəθɔːt] n utógondolat
afterwards ['ɑːftəwədz] adv azután, később
again [ə'gen] adv ismét || ~ and ~ újra meg újra
against [ə'genst] prep ellen
age [eɪdʒ] 1. n (of person) (élet)kor; (period) korszak; kor || come of ~ eléri a törvényes kort; for his ~ korához képest; I haven't seen you for ~s! ezer éve nem láttalak! 2. vi öregszik | vt öregít
aged[1] [eɪdʒd] a (-)éves
aged[2] ['eɪdʒɪd] a koros, idős
age group n korcsoport, évjárat
age limit n korhatár
agency ['eɪdʒənsɪ] n ügynökség, képviselet
agenda [ə'dʒendə] n (pl agendas) napirend
agent ['eɪdʒənt] n comm, pol ügynök, megbízott; chem hatóanyag

aggravate ['ægrəveɪt] v súlyosbít
aggregate ['ægrɪgət] n összeg
aggression [ə'greʃn] n agresszió
aggressive [ə'gresɪv] a agresszív,
erőszakos
aggrieved [ə'griːvd] a feel ~ meg-
bántva érzi magát
agile ['ædʒaɪl] a fürge, mozgékony,
agilis
agitated ['ædʒɪteɪtɪd] a izgatott
ago [ə'gəʊ] adv five days ~ öt
nappal ezelőtt; long ~ régen
agog [ə'gɒg] a/adv izgatott(an)
agonizing ['ægənaɪzɪŋ] a gyötrel-
mes
agony ['ægənɪ] n kínlódás ‖ be in ~
nagy kínban van
agree [ə'griː] v (consent) beleegye-
zik (to vmbe); (admit) elfogad, jó-
váhagy (to vmt) ‖ I don't ~ nem
helyeslem; ~ on sg helyesel vmt;
~ with sg (meg)egyezik vmvel;
garlic doesn't ~ with him a fok-
hagyma nem tesz jót neki; ~ with
sy about sg megállapodik vkvel
vmben; I ~ with you there ebben
egyetértek veled
agreeable [ə'griːəbl] a kellemes
agreed [ə'griːd] a benne vagyok!,
megegyeztünk!
agreement   [ə'griːmənt]   n
(agreeing) megegyezés; (contract)
szerződés ‖ conclude an ~ with
sy szerződést köt vkvel
agricultural [ægrɪ'kʌltʃərəl] a me-
zőgazdasági, agrár
agriculture ['ægrɪkʌltʃə] n mező-
gazdaság
aground [ə'graʊnd] adv go/run ~
zátonyra fut
ahead [ə'hed] adv előre, elöl ‖ ~ of
time idő előtt; be ~ of sy meg-

előz vkt, jobb vknél; ~ only köte-
lező haladási irány
aid [eɪd] 1. n (assistance) segítség;
(thing) segédeszköz; (person) se-
géderő 2. v támogat ‖ ~ and abet
felbujt
aide [eɪd] n tanácsadó
AIDS [eɪdz] n = acquired immune
deficiency syndrome AIDS
aid station n (műszaki) segélyhely
ailing ['eɪlɪŋ] a be ~ betegeskedik
ailment ['eɪlmənt] n betegség; baj
aim [eɪm] 1. n cél, szándék ‖ take ~
at sg/sy célba vesz vmt/vkt 2. v
célba vesz (at vkt, vmt) ‖ ~ a gun
at sy pisztolyt fog vkre; ~ at
(doing) sg célul tűz maga elé vmt
ain't [eɪnt] = am not, is not, are
not; have not, has not
air [eə] 1. n levegő; (look) külső;
mus melódia ‖ be on the ~ a rádi-
óban szerepel; by ~ légi úton 2. v
(átv is) (ki)szellőztet
airbed ['eəbed] n gumimatrac
airborne ['eəbɔːn] a ejtőernyős,
légideszant
airbus ['eəbʌs] n légibusz
air-conditioning n légkondicioná-
lás, klímaberendezés
aircraft ['eəkrɑːft] n (pl ~) repülő-
gép
aircraft carrier n repülőgép-anya-
hajó
air-crash n repülőszerencsétlenség
airforce ['eəfɔːs] n légierő
airgun ['eəgʌn] n légpuska
air-hostess n légi utaskísérő (nő),
stewardess
airily ['eərəlɪ] adv könnyedén
airline ['eəlaɪn] n légitársaság
airliner ['eəlaɪnə] n utasszállító re-
pülőgép

airmail ['eəmeıl] *n* légiposta ‖ **by** ~ légipostával
airplane ['eəpleın] *n US* repülőgép
airport ['eəpɔːt] *n* repülőtér
air raid *n* légitámadás
airsick ['eəsık] *a* légibeteg
airstrip ['eəstrıp] *n* felszállópálya
airtight ['eətaıt] *a* légmentes
airy ['eərı] *a* szellős, levegős
aisle [aıl] *n* (*in church*) oldalhajó; (*between rows*) átjáró
ajar [ə'dʒɑː] *adv* félig nyitva
alarm [ə'lɑːm] **1.** *n* (*warning*) riadó; (*anxiety*) riadalom; (*device*) riasztóberendezés **2.** *vt* felriaszt
alarm clock *n* ébresztőóra
alas [ə'læs] *int* ó jaj!
albeit [ɔːl'biːıt] *conj* bár, noha
album ['ælbəm] *n* (*book*) album; (*record*) nagylemez
alcohol ['ælkəhɒl] *n* alkohol
alcoholic [ælkə'hɒlık] **1.** *a* (*drink*) szeszes **2.** *n* iszákos
alcoholism ['ælkəhɒlızəm] *n* alkoholizmus, iszákosság
ale [eıl] *n* világos sör
alert [ə'lɜːt] **1.** *n mil* riadó ‖ **be on (the)** ~ készültségben van **2.** *v* riaszt
algebra ['ældʒıbrə] *n* algebra
alien ['eılıən] *a/n* idegen, külföldi
alienate ['eılıəneıt] *v* elidegenít
alienation [eılıə'neıʃn] *n* elidegenedés
alight[1] [ə'laıt] *a* (*on fire*) égő; (*lit up*) kivilágított
alight[2] [ə'laıt] *v* kiszáll (*from* vmből); (*bird*) rászáll (*on* vmre)
align [ə'laın] *vt* (fel)sorakoztat
alike [ə'laık] **1.** *a* egyforma **2.** *adv* egyformán
alximony ['ælımənı] *n* tartásdíj

alive [ə'laıv] *a* (*living*) élő; (*lively*) eleven, élénk ‖ **be** ~ életben van; **be** ~ **with** nyüzsög vmtől
all [ɔːl] **1.** *a/pron/n* egész, összes ‖ **above** ~ mindenekelőtt; **after** ~ elvégre; **at** ~ egyáltalán; **not at** ~ (*in answer to thanks*) szívesen!; ... **in** ~ összesen; ~ **around** minden oldalon; ~ **but** kivéve, majdnem **2.** *adv* egészen, teljesen ‖ ~ **day (long)** egész nap; ~ **in** ~ mindent összevéve; ~ **of them** valamenynyien; ~ **over Europe** Európaszerte; **it is** ~ **over** mindennek vége; ~ **right!** helyes!; ~ **the better** annál jobb; ~ **the family** mind az egész család; ~ **the more** annál inkább; ~ **together** mindenki; **it's** ~ **up with me!** végem van!
allay [ə'leı] *v* csillapít, enyhít
allege [ə'ledʒ] *v* állít ‖ **he is** ~**d to have said that** állítólag azt mondta, hogy ...
allegedly [ə'ledʒıdlı] *adv* állítólag
allegiance [ə'liːdʒəns] *n* állampolgári hűség
allergic [ə'lɜːdʒık] *a* allergiás (*to* vmre)
allergy ['ælədʒı] *n* allergia
alleviate [ə'liːvıeıt] *v* enyhít
alley ['ælı] *n* sikátor, köz
alliance [ə'laıəns] *n* szövetség, unió
allied ['ælaıd] *a* szövetséges
alligator ['ælıgeıtə] *n* aligátor
all-in *a* (*price*) mindent magában foglaló
all-inclusive tour *n* társasutazás
all-night *a* egész éjjel nyitva tartó
allocate ['æləkeıt] *vt* kiutal, juttat (*to* vknek)
allocation [ælə'keıʃn] *n* (*of money*) kiutalás, szétosztás

allot [ə'lɒt] v **-tt-** juttat, kiutal
allotment [ə'lɒtmənt] n (*share*) vmhez juttatás; (*plot*) (bérelt) telek
all-out a teljes, totális
allow [ə'laʊ] vt (*permit*) megenged (*sy* vknek) || **please ~ me to** engedje meg (kérem), hogy; **smoking is not ~ed** a dohányzás tilos
allow for számításba vesz
allow of lehetővé tesz, enged
allowance [ə'laʊəns] n juttatás, járadék || **make ~(s) (for)** figyelembe vesz
alloy ['ælɔɪ] **1.** n ötvözet **2.** v ötvöz
all-round a sokoldalú, univerzális
all-time high n (világ)rekord, csúcs(teljesítmény)
allude [ə'luːd] v utal, céloz (*to* vmre)
alluring [ə'lʊərɪŋ] a csábító, csalogató, vonzó
allusion [ə'luːʒn] n *fig* célzás, utalás
ally 1. ['ælaɪ] n szövetséges **2.** [ə'laɪ] v szövetkezik (*with* vkvel)
almighty [ɔːl'maɪtɪ] a mindenható
almond ['ɑːmənd] n *bot* mandula
almost ['ɔːlməʊst] adv majdnem
alms [ɑːmz] n *pl* alamizsna
alone [ə'ləʊn] adv egymaga, egyedül || **be ~** magában áll
along [ə'lɒŋ] adv/prep mentén, mentében || **~ with** (vkvel, vmvel) együtt
alongside [əlɒŋ'saɪd] adv/prep hosszában, mentén
aloof [ə'luːf] a tartózkodó
aloud [ə'laʊd] adv hangosan
alphabet ['ælfəbet] n ábécé
alpine ['ælpaɪn] a alpesi, magaslati
alpinism ['ælpɪnɪzəm] n hegymászás

alpinist ['ælpɪnɪst] n hegymászó
Alps, the [ælps] n *pl* az Alpok
already [ɔːl'redɪ] adv már || **we have ~ met** már találkoztunk
alright [ɔːl'raɪt] adv → **all** *right*
also ['ɔːlsəʊ] *conj* is, szintén
altar ['ɔːltə] n oltár
alter ['ɔːltə] v (meg)változtat; (*dress*) átalakít
alteration [ɔːltə'reɪʃn] n megváltoztatás; (*of dress*) átalakítás
alternate 1. [ɔːl'tɜːnət] a váltakozó **2.** ['ɔːltəneɪt] v váltogatja egymást
alternating current ['ɔːltəneɪtɪŋ] n váltakozó áram
alternative [ɔːl'tɜːnətɪv] **1.** a alternatív **2.** n alternatíva
alternatively [ɔːl'tɜːnətɪvlɪ] *conj* vagylagosan
alternator ['ɔːltəneɪtə] n (*in car*) generátor
although [ɔːl'ðəʊ] *conj* noha, bár
altitude ['æltɪtjuːd] n magasság
alto ['æltəʊ] a/n alt
altogether [ɔːltə'geðə] adv teljesen, egészen, összesen
aluminium [æljʊ'mɪnɪəm] n alumínium
aluminum [ə'luːmɪnəm] *US* n = **aluminium**
always ['ɔːlweɪz] adv mindig
am [əm] → **be**
a.m., am [eɪ'em] = (*Latin: ante meridiem*) délelőtt, de. || **at 8 ~** reggel 8-kor
amalgamate [ə'mælgəmeɪt] vt egyesít, összevon | vi fuzionál
amass [ə'mæs] v felhalmoz
amateur ['æmətə] a/n amatőr, műkedvelő
amateurish ['æmətərɪʃ] a amatőr, műkedvelő

amaze [əˈmeɪz] v ámulatba ejt ‖ be ~d at elámul vmtől
amazement [əˈmeɪzmənt] n álmélkodás, megdöbbenés, ámulat
amazing [əˈmeɪzɪŋ] a elképesztő
ambassador [æmˈbæsədə] n nagykövet
amber [ˈæmbə] n borostyánkő; (traffic light) sárga
ambiguity [æmbɪˈgjuːətɪ] n kétértelműség, félreérthetőség
ambiguous [æmˈbɪgjʊəs] a kétértelmű, félreérthető
ambition [æmˈbɪʃn] n becsvágy
ambitious [æmˈbɪʃəs] a igyekvő
ambivalent [æmˈbɪvələnt] a ambivalens
amble [ˈæmbl] v lépésben megy
ambulance [ˈæmbjʊləns] n mentőautó ‖ call an ~ kihívja a mentőket
ambush [ˈæmbʊʃ] n leshely ‖ be in ~ lesben áll
amenable [əˈmiːnəbl] a irányítható ‖ be ~ to sg vmre rávehető; ~ to law felelősségre vonható
amend [əˈmend] v (law) módosít
amendment [əˈmendmənt] n módosítás, kiegészítés
amends [əˈmendz] n pl elégtétel ‖ make ~ for sg jóvátesz
amenities [əˈmiːnətɪz] n pl komfort
America [əˈmerɪkə] n Amerika
American [əˈmerɪkən] a/n amerikai
amiable [ˈeɪmɪəbl] a barátságos
amicable [ˈæmɪkəbl] a szívélyes
amid(st) [əˈmɪd(st)] prep között, közepette
amiss [əˈmɪs] adv rosszul ‖ take sg ~ rossz néven vesz vmt
ammunition [æmjʊˈnɪʃn] n lőszer, muníció

amnesia [æmˈniːzɪə] n emlékezetkiesés
amnesty [ˈæmnəstɪ] n amnesztia
among(st) [əˈmʌŋ(st)] prep között
amoral [eɪˈmɒrəl] a erkölcs nélküli, amorális
amorous [ˈæmərəs] a szerelmes
amorphous [əˈmɔːfəs] a alaktalan, amorf
amount [əˈmaʊnt] 1. n összeg ‖ ~ due esedékes összeg 2. v ~ to (total) kitesz, rúg vmre‖ that ~s to ... (altogether) összesen kitesz ...
ampere [ˈæmpeə] n amper
ample [ˈæmpl] a bő, bőséges
amplifier [ˈæmplɪfaɪə] n el erősítő
amply [ˈæmplɪ] adv bőven
ampoule [ˈæmpuːl] n ampulla
amuck [əˈmʌk] adv run ~ ámokfutást rendez
amuse [əˈmjuːz] v szórakoztat
amusement [əˈmjuːzmənt] n mulatság, szórakozás
an [ən] → a
anaemia [əˈniːmɪə] n vérszegénység
anaemic [əˈniːmɪk] a vérszegény
anaesthetic [ænɪsˈθetɪk] n érzéstelenítő
anaesthetist [əˈnɪsθətɪst] n aneszteziológus, altatóorvos
analog a US = analogue
analogue [ˈænəlɒg] a analóg
analogy [əˈnælədʒɪ] n analógia
analyse (US -lyze) [ˈænəlaɪz] v elemez, analizál
analysis [əˈnæləsɪs] n (pl -ses [-siːz]) elemzés, analízis
analyst [ˈænəlɪst] n analitikus
analytic(al) [ænəˈlɪtɪkl] a elemző, analitikus
anarchist [ˈænəkɪst] n anarchista

anarchy ['ænəkɪ] *n* anarchia
anatomy [ə'nætəmɪ] *n* anatómia
ancestor ['ænsestə] *n* ős
ancestral [æn'sestrəl] *a* ősi
anchor ['æŋkə] *n* horgony ‖ **drop ~** lehorgonyoz; **ride at ~** horgonyoz; **up ~** horgonyt felszed
anchorage ['æŋkərɪdʒ] *n* horgony(zó)hely
anchovy ['æntʃəvɪ] *n* szardella
ancient ['eɪnʃənt] *a* ősi, ókori
ancillary [æn'sɪlərɪ] *a* segéd-
and [ənd, ænd] *conj* és ‖ **~ so on** és így tovább
Andes, the ['ændiːz] *n pl* az Andok
anem... *US* → **anaem...**
anesth... *US* → **anaesth...**
anew [ə'njuː] *adv* újból, újra
angel ['eɪndʒəl] *n* angyal
anger ['æɡə] **1.** *n* harag; bosszúság **2.** *v* felmérgesít
angle ['æŋɡl] *n math* szög; (*point of view*) szempont
angler ['æŋɡlə] *n* horgász
Anglican ['æŋɡlɪkən] *a* anglikán
angling ['æŋɡlɪŋ] *n* horgászat
Anglo-Hungarian ['æŋɡləʊ hʌŋ'ɡeərɪən] *a* angol—magyar (*kapcsolatok stb.*)
angrily ['æŋɡrəlɪ] *adv* dühösen, mérgesen
angry ['æŋɡrɪ] *a* dühös ‖ **be ~ at sg** haragszik vm miatt; **be ~ with sy** mérges vkre
anguish ['æŋɡwɪʃ] *n* aggodalom
angular ['æŋɡjʊlə] *a* szögletes; (*movement*) merev
animal ['ænɪml] *n* állat
animate ['ænɪmət] *a* élénk
animation [ænɪ'meɪʃn] *n* (*film*) animáció; (*reviving*) életre keltés; (*liveliness*) élénkség

animosity [ænɪ'mɒsətɪ] *n* ellenséges érzület
aniseed ['ænɪsiːd] *n* ánizs
ankle ['æŋkl] *n* boka
annex [ə'neks] *v* (*territory*) hozzácsatol, annektál
annexe (*US* **annex**) ['æneks] *n* szárnyépület
annihilate [ə'naɪəleɪt] *v* megsemmisít, kiirt
anniversary [ænɪ'vɜːsərɪ] *n* évforduló
annotate ['ænəteɪt] *v* jegyzetekkel ellát, annotál
announce [ə'naʊns] *v* bejelent, kihirdet
announcement [ə'naʊnsmənt] *n* közlemény, bejelentés, kihirdetés
announcer [ə'naʊnsə] *n* műsorközlő, bemondó
annoy [ə'nɔɪ] *vi* bosszant ‖ **be ~ed at sg** bosszankodik vmn
annoyance [ə'nɔɪəns] *n* méreg, bosszúság
annoying [ə'nɔɪɪŋ] *a* bosszantó, kellemetlen
annual ['ænjʊəl] **1.** *a* évi ‖ **~ salary** évi fizetés **2.** *n* egynyári növény
annually ['ænjʊəlɪ] *adv* évenként
annuity [ə'njuːətɪ] *n* évjáradék
annul [ə'nʌl] *v* **-ll-** töröl, érvénytelenít
annulment [ə'nʌlmənt] *n* érvénytelenítés, megsemmisítés
anomaly [ə'nɒməlɪ] *n* rendellenesség
anonymous [ə'nɒnɪməs] *a* névtelen
anorak ['ænəræk] *n* anorák
another [ə'nʌðə] *pron* (*different*) másik; (*additional*) további ‖ **that's quite ~ story** ez egészen más!

answer ['ɑːnsə] **1.** *n* válasz ‖ **in ~ to sg** válaszképpen **2.** *v* **~ sy sg** felel vknek vmt ‖ **~ the door** ajtót nyit; **~ a letter** megválaszol egy levelet; **~ a question** kérdésre felel; **~ the phone** felveszi a telefont; **answer back** felesel
answer for felel vmért
answerable ['ɑːnsrəbl] *a* (*question*) megoldható; (*responsible*) felelős (*to* vknek)
answering machine ['ɑːnsərɪŋ] *n* üzenetrögzítő
ant [ænt] *n* hangya
antagonism [æn'tægənɪzəm] *n* ellentét, antagonizmus
Antarctic, the [æn'tɑːktɪk] *n* a Délisark
antelope ['æntɪləʊp] *n* antilop
antenatal [ænti'neɪtl] *a* szülés előtti ‖ **~ clinic** terhesgondozó
antenna [æn'tenə] *n* (*pl* **-nae** [-niː]) *biol* csáp; (*pl* **-nas**) *US* (*radio, tv*) antenna
anteroom ['æntɪruːm] *n* előszoba
anthem ['ænθəm] *n* himnusz
anthology [æn'θɒlədʒɪ] *n* antológia, szöveggyűjtemény
anti-aircraft [ænti'eəkrɑːft] *a* légvédelmi
antibiotic [æntɪbaɪ'ɒtɪk] *n* antibiotikum
anticipate [æn'tɪsɪpeɪt] *vt* (*forestall*) elébe vág (vmnek); (*expect*) számít (vmre)
anticipation [æntɪsɪ'peɪʃn] *n* megelőzés; (*foreshadowing*) előérzet
anticlimax [ænti'klaɪmæks] *n* antiklimax, nagy csalódás
anticlockwise [ænti'klɒkwaɪz] *a/adv* az óramutató járásával ellenkező irányba(n)

anticyclone [ænti'saɪkləʊn] *n* anticiklon
antidote ['æntɪdəʊt] *n* ellenszer; ellenméreg
antiquated ['æntɪkweɪtɪd] *a* ósdi, elavult
antique [æn'tiːk] **1.** *a* antik **2.** *n* régiség ‖ **~ shop** régiségkereskedés
antiquity [æn'tɪkwətɪ] *n* ókor
antiseptic [ænti'septɪk] **1.** *a* antiszeptikus **2.** *n* fertőtlenítőszer
antisocial [ænti'səʊʃl] *a* antiszociális
antlers ['æntləz] *n pl* agancs
anus ['eɪnəs] *n* végbélnyílás
anvil ['ænvɪl] *n* üllő
anxiety [æŋ'zaɪətɪ] *n* aggodalom
anxious ['æŋkʃəs] *a* aggódó ‖ **be ~ to do** ég a vágytól, hogy...
any ['enɪ] *a/pron* akármi, valami; akármelyik, bármelyik ‖ **not ~** semennyi; **in ~ case** mindenesetre; **by ~ chance** netán, ha esetleg...; **~ day** bármelyik napon; **by ~ means** minden úton-módon; **not ... ~ more** többé (már) nem; **at ~ price** mindenáron; **at ~ time** bármikor; **if ~** ha egyáltalán valami
anybody ['enɪbɒdɪ] *pron* valaki, akárki, bárki ‖ **not ~** senki; **~ else** akárki más
anyhow ['enɪhaʊ] *adv* valahogy, jól-rosszul; (*in any case*) mindenhogyan, bárhogy is ‖ **do sg (just) ~** tessék-lássék csinál (meg) vmt
anyone ['enɪwʌn] *pron* = **anybody**
anything ['enɪθɪŋ] *pron* bármi, akármi; (*with negative*) semmi ‖ **~ else** akármi más; még valami(t); **~ will do** bármi megfelel

anytime ['enɪtaɪm] *adv US* bármikor
anyway ['enɪweɪ] *adv* valahogy, bárhogy legyen is; úgyis, mindenhogyan; (*with negative*) úgysem
anywhere ['enɪweə] *adv* bárhol, akárhol; (*with direction*) mindegy hova, akárhova (*with negative*) sehol, sehova ‖ ~ **else** bárhol másutt
apart [ə'pɑːt] *adv* széjjel, szét ‖ ~ **from** kivéve; ~ **from this** ettől eltekintve
apartheid [ə'pɑːtheɪt] *n* apartheid
apartment [ə'pɑːtmənt] *n US* lakás ‖ ~**s** lakosztály
apathy ['æpəθɪ] *n* apátia
ape [eɪp] *n* (emberszabású) majom
aperitif [ə'perətɪf] *n* aperitif
aperture ['æpətʃʋə] *n* nyílás; *photo* lencsenyílás
apiece [ə'piːs] *adv* egyenként
apologetic [əpɒlə'dʒetɪk] *a* bocsánatkérő
apologize [ə'pɒlədʒaɪz] *v* mentegetődzik (*for* vmért) ‖ ~ **to sy for sg** elnézést kér vktől vmért
apology [ə'pɒlədʒɪ] *n* bocsánatkérés
apoplexy ['æpəpleksɪ] *n* agyvérzés; gutaütés
apostle [ə'pɒsl] *n* apostol
appal [ə'pɔːl] (*US* **appall**) *v* **-ll-** megdöbbent
appalling [ə'pɔːlɪŋ] *a* megdöbbentő
apparatus [æpə'reɪtəs] *n* készülék
apparent [ə'pærənt] *a* nyilvánvaló, látható ‖ **for no ~ reason** minden különösebb ok nélkül
apparently [ə'pærəntlɪ] *adv* nyilván(valóan), láthatólag
appeal [ə'piːl] **1.** *n* kiáltvány; *law* fellebbezés **2.** *v* ~ **to** *law* folya-

modik, vhova fellebbez; ~ **to sy** vkhez fordul (*for sg* vmért); **it ~s to me** vonzónak találom
appear [ə'pɪə] *v* (*come into sight*) megjelenik; (*be seen*) látszik ‖ **it ~s** úgy tűnik ...
appearance [ə'pɪərəns] *n* (*coming into sight*) megjelenés, felbukkanás; (*look*) kinézés, külső (megjelenés) ‖ **to all ~s** minden jel arra mutat, hogy
appease [ə'piːz] *v* csillapít
appendicitis [ə'pendɪ'saɪtɪs] *n* vakbélgyulladás
appendix [ə'pendɪks] *n* (*pl* **-dixes** *or* **-dices**) [-dɪsiːz] (*in book*) függelék; *med* vakbél
appetite ['æpɪtaɪt] *n* étvágy
appetizer ['æpɪtaɪzə] *n* étvágygerjesztő (falatok); (*drink*) aperitif
appetizing ['æpɪtaɪzɪŋ] *a* étvágygerjesztő, gusztusos
applaud [ə'plɔːd] *v* (meg)tapsol
applause [ə'plɔːz] *n* taps, éljenzés ‖ **burst of** ~ tapsvihar
apple ['æpl] *n* alma ‖ **the ~ of sy's eye** vk szeme fénye
apple-pie *a* almás lepény/pite
appliance [ə'plaɪəns] *n* készülék
applicable ['æplɪkəbl] *a* alkalmazható
applicant ['æplɪkənt] *n* kérelmező
application [æplɪ'keɪʃn] *n* (*putting into practice*) alkalmazás; (*request*) kérvény; (*for job*) pályázat ‖ **on** ~ kívánságra
applied [ə'plaɪd] *a* alkalmazott
apply [ə'plaɪ] *vt* alkalmaz (*to sg* vmre); (*place on*) felrak; *vi* kérvényt benyújt; (*concern*) vonatkozik (*to* vkre/vmre) ‖ ~ **for sg** folyamodik vmért; ~ **for a job**

állásra jelentkezik; **delete which-ever does not** ~ a nem kívánt rész törlendő
appoint [ə'pɔɪnt] *v* (*nominate*) kinevez; (*settle*) kijelöl, kitűz
appointment [ə'pɔɪntmənt] *n* (*nomination*) kinevezés; (*meeting*) találkozó, megbeszélés || **make an** ~ **with sy** megbeszél egy időpontot/találkozót vkvel
appraisal [ə'preɪzl] *n* értékelés
appreciable [ə'priːʃəbl] *a* (*perceptible*) észrevehető
appreciate [ə'priːʃɪeɪt] *v* megbecsül, értékel
appreciation [əpriːʃɪ'eɪʃn] *n* megbecsülés, elismerés
appreciative [ə'priːʃɪətɪv] *a* méltányló; (*showing thanks*) hálás
apprehend [æprɪ'hend] *v* letartóztat, lefog
apprehension [æprɪ'henʃn] *n* aggódás, félelem
apprehensive [æprɪ'hensɪv] *a* aggódó
apprentice [ə'prentɪs] *n* inas
apprenticeship [ə'prentɪsʃɪp] *n* tanulóidő
approach [ə'prəʊtʃ] **1.** *n* közeledés, *also fig* megközelítés **2.** *v* közeledik/közelít vmhez; (*problem*) megközelít
appropriate 1. [ə'prəʊprɪət] *a* megfelelő; (*remark*) találó **2.** [ə'prəʊprɪeɪt] *v* (*take for oneself*) eltulajdonít; (*allocate*) félretesz
approval [ə'pruːvl] *n* jóváhagyás, hozzájárulás || **on** ~ *comm* megtekintésre
approve [ə'pruːv] *v* jóváhagy, elfogad || ~ **of sg** beleegyezik vmbe

approximate 1. [ə'prɒksɪmət] *a* megközelítő, hozzávetőleges **2.** [ə'prɒksɪmeɪt] *v* (meg)közelít
approximately [ə'prɒksɪmətlɪ] *adv* megközelítőleg hozzávetőleg
apricot ['eɪprɪkɒt] *n* sárgabarack
April ['eɪprəl] *n* április; → **August**
apron ['eɪprən] *n* kötény
apt [æpt] *a* (*reply*) találó; (*person*) értelmes; (*thing*) alkalmas || **be** ~ **to do sg** hajlamos vmre
aptitude ['æptɪtjuːd] *n* képesség, rátermettség
aquarium [ə'kweərɪəm] *n* (*pl* -**riums** *or* -**ria** [-rɪə]) akvárium
aquatic [ə'kwætɪk] *n pl* vízi
Arab ['ærəb] *n* arab (*ember*)
Arabia [ə'reɪbɪə] *n* Arábia
Arabian [ə'reɪbɪən] *a* arab
Arabic ['ærəbɪk] *n* arab (nyelv)
arable ['ærəbl] *a* művelhető
arbitrary ['ɑːbɪtrərɪ] *a* önkényes
arbitrator ['ɑːbɪtreɪtə] *n* választott bíró, döntőbíró
arc [ɑːk] *n math* (kör)ív, *phys* ív
arcade [ɑː'keɪd] *n* árkád(sor)
arch [ɑːtʃ] **1.** *n* boltív **2.** *v* (be)boltoz, (át)ível
archaeologist (*US* **archeol-**) ['ɑːkɪ'ɒlədʒɪst] *n* régész
archaeology (*US* **archeol-**) [ɑːkɪ'ɒlədʒɪ] *n* régészet
archaic [ɑː'keɪɪk] *a* régies, archaikus
archbishop [ɑːtʃ'bɪʃəp] *n* érsek
archer ['ɑːtʃə] *n* íjász
archery ['ɑːtʃərɪ] *n* íjászat
archipelago [ɑːkɪ'peləgəʊ] *n* szigetvilág
architect ['ɑːkɪtekt] *n* építész(mérnök)
architecture ['ɑːkɪtektʃə] *n* építészet

archives ['ɑːkaɪvz] *n pl* levéltár
arch-support *n* lúdtalpbetét
archway ['ɑːtʃweɪ] *n* boltív
Arctic ['ɑːktɪk] *a* északi-sarki
Arctic, the *n* Északi-sarkvidék
ardent ['ɑːdənt] *a* tüzes, szenvedélyes
are [ə, ɑː] → be
area ['eərɪə] *n* terület, térség
arena [ə'riːnə] *n* aréna, porond
aren't [ɑːnt] = are not
Argentine, the ['ɑːdʒəntɪn] *n* Argentína
Argentinian [ɑːdʒən'tɪnɪən] *a/n* argentínai
arguable ['ɑːgjʊəbl] *a* vitatható
argue ['ɑːgjuː] *v* (*reason*) érvel; (*quarrel*) vitatkozik || don't ~ with me! ne vitatkozz velem!
argument ['ɑːgjʊmənt] *n* érv; (*reasoning*) érvelés; (*dispute*) vitatkozás || the ~s for and against sg a mellette és ellene szóló érvek
arid ['ærɪd] *a* (*climate*) száraz
aridity [ə'rɪdətɪ] *n* szárazság
arise [ə'raɪz] *v* (*pt* arose [ə'rəʊz], *pp* arisen [ə'rɪzn]) (*difficulties*) felmerül || ~ from sg ered/keletkezik vmből
arisen [ə'rɪzn] *pp* → arise
aristocracy [ærɪ'stɒkrəsɪ] *n* arisztokrácia, főnemesség
aristocrat ['ærɪstəkræt] *n* arisztokrata
arithmetic [ə'rɪθmətɪk] *n* számtan, aritmetika
arm[1] [ɑːm] *n* kar; (*of river*) folyóág; (*sleeve*) ruhaujj || ~ in ~ with sy vkvel karöltve; → arms
arm[2] [ɑːm] *vt* felfegyverez
armchair ['ɑːmtʃeə] *n* karosszék

armed [ɑːmd] *a* fegyveres || ~ robbery fegyveres rablótámadás
armistice ['ɑːmɪstɪs] *n* fegyverszünet
armour (*US* -or) ['ɑːmə] *n* vért(ezet)
armoured (*US* -or-) ['ɑːməd] *a* páncélozott || ~ car páncélautó
armoury (*US* -or-) ['ɑːmərɪ] *n* fegyverraktár
armpit ['ɑːmpɪt] *n* hónalj
arms [ɑːmz] *n pl* fegyver || be in ~ fegyverben áll; ~ race fegyverkezési verseny
army ['ɑːmɪ] *n* hadsereg
aroma [ə'rəʊmə] *n* aroma
aromatic [ærə'mætɪk] *a* aromás
arose [ə'rəʊz] *pt* → arise
around [ə'raʊnd] *adv/prep chiefly US* körül; (*almost*) körülbelül || ~ 1800 1800 táján; ~ the table az asztal körül
arouse [ə'raʊz] *v* felébreszt
arrange [ə'reɪndʒ] *v* (*objects*) (el)rendez; (*programme*) (meg)szervez, intézkedik; *mus* átír || as ~d ahogy megbeszélték; ~ for sg vmről gondoskodik
arrangement [ə'reɪndʒmənt] *n* (*order*) elrendezés; (*agreement*) megállapodás, megegyezés; *mus* átirat, hangszerelés || ~s intézkedés, előkészület
array [ə'reɪ] *n* sor, rend || an ~ of col egy egész sereg (*holmi stb.*)
arrears [ə'rɪəz] *n pl* hátralék || ~ of work lemaradás a munkában; have no ~ azsúrban van (munkájával)
arrest [ə'rest] 1. *n* letartóztatás || be under ~ letartóztatásban van 2. *v*

(*person*) letartóztat; (*stop*) lefékez, gátol

arrival [ə'raɪvl] *n* érkezés

arrive [ə'raɪv] *v* (meg)érkezik (*at vhova*)

arrogance ['ærəgəns] *n* gőg, önhittség

arrow ['ærəʊ] *n* nyíl(vessző)

arsenal ['ɑːsənl] *n* fegyverraktár

arsenic ['ɑːsnɪk] *n* arzén

art [ɑːt] *n* művészet ‖ **work of** ~ műalkotás; → **arts**

artery ['ɑːtərɪ] *n* ütőér, artéria

artful ['ɑːtfəl] *a* ravasz, agyafúrt

art gallery *n* képtár, képcsarnok

arthritis [ɑː'θraɪtɪs] *n* ízületi gyulladás

artichoke ['ɑːtɪtʃəʊk] *n* articsóka

article ['ɑːtɪkl] *n* (*in newspaper*) cikk; (*thing*) (áru)cikk; (*clause*) törvénycikk, paragrafus; *gram* névelő ‖ ~**s for personal use** személyes használati tárgyak

articulate 1. [ɑː'tɪkjʊlət] *a* (*speech*) világos, tagolt **2.** [ɑː'tɪkjʊleɪt] *v* tagol, artikulál ‖ ~ **clearly** érthetően beszél

articulated lorry [ɑː'tɪkjʊleɪtɪd] *n* kamion

artifice ['ɑːtɪfɪs] *n* csel; lelemény, ügyesség

artificial [ɑːtɪ'fɪʃl] *a* mesterséges, mű- ‖ ~ **kidney** művese

artillery [ɑː'tɪlərɪ] *n* tüzérség

artisan [ɑːtɪ'zæn] *n* (kis)iparos

artist ['ɑːtɪst] *n* művész, előadóművész

artiste [ɑː'tiːst] *n* artista

artistic [ɑː'tɪstɪk] *a* művészi

artless ['ɑːtlɪs] *a* mesterkéletlen; (*character*) jóhiszemű, naiv

arts [ɑːts] *n pl* **the** ~ bölcsészet(tudomány) ‖ ~ **and crafts** iparművészet

as [æz] *adv/conj* (a)mint, ahogy(an); (*since, because*) mivel, minthogy; (*in comparisons*) ~ ... ~ olyan ..., mint; ~ **far** ~ **I know** tudomásom szerint; ~ **for** figyelemmel ...ra/re; ~ **to** ami ...-t illeti; ~ **well** ~ valamint, is, és; ~ **well** szintén, is

asbestos [æz'bestəs] *n* azbeszt

ascend [ə'send] *vt* felhág vmre ‖ ~ **the throne** trónra lép

ascent [ə'sent] *n* felemelkedés

ascertain [æsə'teɪn] *v* kiderít

ascetic [ə'setɪk] *a/n* aszkéta

ascribe [ə'skraɪb] *vt* tulajdonít (*to vknek*)

ash[1] [æʃ] *n* (*dust*) hamu

ash[2] [æʃ] *n* kőris

ashamed [ə'ʃeɪmd] *a* **be** ~ **of sg** szégyell vmt

ashore [ə'ʃɔː] *adv* partra, parton

ash-tray *n* hamutartó

Asia ['eɪʃə] *n* Ázsia

Asian ['eɪʃən] *a/n* ázsiai

Asiatic [eɪʃɪ'ætɪk] *a/n* ázsiai

aside [ə'saɪd] **1.** *adv* félre, oldalt ‖ ~ **from sg** eltekintve vmtől, vmn kívül **2.** *n theat* félreszólás

ask [ɑːsk] *v* ~ **sy sg** (meg)kérdez vktől vmt; ~ **sy sg** *or* **sg of sy** kér vmt vktől; **all I** ~ **is (this)** csak egyre kérem (*egy dologra*); ~ **him his name** kérdezd meg a nevét; ~ **one's way** megkérdi, merre kell menni; ~ **sy a question** (meg)kérdez vktől vmt; ~ **sy to dinner** (*saját házába*) meghív vkt vacsorára; ~ **sy to do sg** megkér vkt

vmre; **he ~ed me to go with him** kérte, hogy menjek vele
ask about (sy/sg) (*vk/vm felől/ után*) tudakozódik
ask after sy érdeklődik vk iránt
ask for (sg) kér vmt;
ask for a rise (*US* **raise**) béremelést kér
askance [ə'skæns] *adv* **look ~ at sy/sg** görbe szemmel néz vkt
askew [ə'skjuː] *adv* ferdén
asleep [ə'sliːp] *a/adv* **be ~** alszik
asparagus [ə'spærəgəs] *n bot* spárga
aspect ['æspekt] *n* nézőpont, szempont, szemszög
asphalt ['æsfælt] *n* aszfalt, bitumen
asphyxiate [əs'fɪksɪeɪt] *v* megfojt
asphyxiation [əs'fɪksɪeɪʃn] *n* gázmérgezés
aspiration [æspə'reɪʃn] *n* törekvés, aspiráció
aspire [ə'spaɪə] *v* **~ after sg** törekszik vmre
aspirin ['æsprɪn] *n* aszpirin
ass [æs] *n also fig* szamár
assailant [ə'seɪlənt] *n* merénylő
assassin [ə'sæsɪn] *n* orgyilkos
assassinate [ə'sæsɪneɪt] *v* meggyilkol
assassination [əsæsɪ'neɪʃn] *n* (or)gyilkosság
assault [ə'sɔːlt] **1.** *n law* támadás **2.** *v* (tettleg) bántalmaz; (*woman*) megtámad
assemble [ə'sembl] *vi* összegyűlik, összeül; *vt* (*parts*) összeszerel
assembly [ə'semblɪ] *n* (*meeting*) gyűlés; (*construction*) összeszerelés ‖ **general ~** közgyűlés; **~ line** *n* futószalag
assent [ə'sent] *n* beleegyezés

assert [ə'sɜːt] *v* kijelent; állít
assertion [ə'sɜːʃn] *n* állítás
assertive [ə'sɜːtɪv] *a* rámenős
assess [ə'ses] *v* megbecsül
assessor [ə'sesə] *n* adótanácsadó
asset ['æset] *n* vagyontárgy ‖ **he is a great ~ to us** nekünk ő nagy nyereség; **~s and liabilities** *comm* aktívák és passzívák
assign [ə'saɪn] *v* (*date*) megállapít; (*job*) kijelöl; (*money*) (rá)szán ‖ **~ sg to sy** tulajdonít vknek vmt
assignment [ə'saɪnmənt] *n* megbízás
assimilate [ə'sɪmɪleɪt] *vt biol* asszimilál ‖ *vi also fig* asszimilálódik
assimilation [əsɪmɪ'leɪʃn] *n* asszimiláció, (át)hasonulás
assist [ə'sɪst] *v* támogat
assistance [ə'sɪstəns] *n* támogatás, segítés
assistant [ə'sɪstənt] **1.** *a* helyettes ‖ **~ manager** helyettes igazgató **2.** *n* asszisztens, gyakornok; (*in shop*) eladó
associate 1. [ə'səʊʃɪət] *n* (*member*) munkatárs, tag **2.** [ə'səʊʃɪeɪt] *vt* társít, asszociál (*with* vmvel) ‖ *vi* (*keep company*) összejár/érintkezik (*with* vkvel) ‖ **be ~d with** kapcsolatban van vkvel/vmvel
association [əsəʊsɪ'eɪʃn] *n* társaság, egyesület; *psych* asszociáció
Association football *n* labdarúgás
assorted [ə'sɔːtɪd] *a* válogatott
assortment [ə'sɔːtmənt] *n* választék; *comm* készlet
assume [ə'sjuːm] *v* (*suppose*) feltételez ‖ **~ responsibility** felelősséget vállal (*for* vmért)

assumption [ə'sʌmpʃn] *n* feltételezés

assurance [ə'ʃʊərəns] *n* (*confidence*) önbizalom; (*promise*) határozott ígéret ‖ **life** ~ életbiztosítás

assure [ə'ʃʊə] *vt* biztosít (*of* vmről) ‖ **I (can)** ~ **you that** biztosíthatlak róla

asterisk ['æstərɪsk] *n print* csillag

asthma ['æsmə] *n* asztma

astonish [ə'stɑnɪʃ] *v* meglep; megdöbbent

astonishment [ə'stɑnɪʃmənt] *n* meglepődés; megdöbbenés

astound [ə'staʊnd] *v* bámulatba ejt

astray [ə'streɪ] *adv* **go** ~ eltéved

astride [ə'straɪd] *adv* lovaglóülésben

astringent [ə'strɪndʒənt] *n* vérzéselállító

astronaut ['æstrənɔːt] *n* űrhajós

astronomer [ə'strɒnəmə] *n* csillagász, asztronómus

astronomy [ə'strɒnəmɪ] *n* csillagászat

astute [ə'stjuːt] *a* ravasz, ügyes

asylum [ə'saɪləm] *n* menedékhely; *pol* menedékjog

at [ət, æt] *prep* (*place*) -on, -en, -ön, -n; -nál, -nél; (*time*) -kor ‖ ~ **the station** az állomáson; ~ **30p a pound** fontonként 30 penny-ért; ~ **3 (o'clock)** háromkor

ate [et] *pt* → **eat**

atheist ['eɪθɪɪst] *a/n* ateista

Athens ['æθɪnz] *n* Athén

athlete ['æθliːt] *n* atléta; sportoló

athletic [æθ'letɪk] *a* atlétikai; (*build*) kisportolt

athletics [æθ'letɪks] *n sing.* atlétika

Atlantic, the [ət'læntɪk] *n* az Atlanti-óceán

atlas ['ætləs] *n* atlasz

atmosphere ['ætməsfɪə] *n also fig* atmoszféra, légkör; hangulat

atom ['ætəm] *n* atom

atomic [ə'tɒmɪk] *a* atom- ‖ ~ **bomb** atombomba; ~ **power station** atomerőmű

atomizer ['ætəmaɪzə] *n* porlasztó(készülék), permetező

atrocious [ə'trəʊʃəs] *a* (*crime*) égbekiáltó; (*very bad*) pocsék, csapnivaló

atrocity [ə'trɒsətɪ] *n* rémség; (*deed*) rémtett, atrocitás

attach [ə'tætʃ] *v* (*join*) csatol; hozzáerősít (*to* vmhez) ‖ **be** ~**ed to sy** ragaszkodik vkhez

attaché [ə'tæʃeɪ] *n* attasé ‖ ~ **case** diplomatatáska

attack [ə'tæk] **1.** *n* támadás; *med* roham **2.** *v* megtámad

attain [ə'teɪn] *vt* elér

attainment [ə'teɪnmənt] *n* elérés ‖ ~**s** tehetség, tudás, képesség

attempt [ə'tempt] **1.** *n* kísérlet; *pol* merénylet **2.** *v* megkísérel, megpróbál

attempted [ə'temptɪd] *a* ~ **breakout** szökési kísérlet

attend [ə'tend] *vt* (*go to*) jár vhova; (*lectures*) látogat, részt vesz (*vmn*) ‖ ~ **to** figyel vmre, gondoskodik vmről

attendance [ə'tendəns] *n* (*presence*) jelenlét; (*people present*) nézőszám, részvevők

attendant [ə'tendənt] **1.** *a* vele járó, kísérő **2.** *n* (*companion*) kísérő; *theat* jegyszedő; (*in museum*) teremőr

attention [ə'tenʃn] *n* figyelem, (*care*) vigyázat, gond ‖ ~! *mil* vigyázz; ~ **Mr X** X úr kezéhez; **pay** ~ **to** figyel vmre, ügyel vkre/vmre

attentive [ə'tentɪv] *a* figyelmes

attest [ə'test] *v* bizonyít, igazol

attic ['ætɪk] *n* manzárd(szoba)

attitude ['ætɪtjuːd] *n* (*mental*) felfogás, szemlélet

attorney [ə'tɜːnɪ] *n* jogi képviselő

Attorney General *n* *GB* legfőbb államügyész; *US* igazságügy-miniszter

attract [ə'trækt] *v* vonz ‖ **feel ~ed to sy** vonzódik vkhez

attraction [ə'trækʃn] *n* vonzóerő; (*thing*) attrakció

attractive [ə'træktɪv] *a* vonzó, szimpatikus

attribute 1. *n* ['ætrɪbjuːt] tulajdonság; *gram* jelző **2.** *vt* [ə'trɪbjuːt] tulajdonít (*to* vknek)

aubergine ['əʊbəʒiːn] *n* padlizsán

auburn ['ɔːbən] *a* vörösesbarna

auction ['ɔːkʃn] **1.** *n* aukció **2.** *v* elárverez

audacity [ɔː'dæsətɪ] *n* merészség

audible ['ɔːdəbl] *a* hallható

audience ['ɔːdɪəns] *n* hallgatóság, nézőközönség; (*formal interview*) kihallgatás

audiovisual [ɔːdɪəʊ'vɪʒuəl] *a* audiovizuális

audit ['ɔːdɪt] *v* *comm* átvizsgál

audition [ɔː'dɪʃn] *n* meghallgatás (*énekesé stb.*), próbajáték

auditorium [ɔːdɪ'tɔːrɪəm] *n* (*pl* **-s** *or* **-ria** [-rɪə]) előadóterem

augment [ɔːg'ment] *v* nagyobbít

augur ['ɔːgə] *v* ~ **well** jót ígér

August ['ɔːgəst] *n* augusztus ‖ **in** ~ augusztusban; **in** ~ **1990** 1990 augusztusában; **last** ~ tavaly augusztusban; **on the fifth of** ~ *or* **on** ~ **the fifth** augusztus 5-én

aunt [ɑːnt] *n* nagynéni ‖ ~ **Mary** Mary néni

auntie, aunty ['ɑːntɪ] *n* *col* nagynéni, néni

au pair [əʊ'peə] *a* **as an** ~ au pair alapon *or* cserealapon

auspices ['ɔːspɪsɪz] *n* *pl* **under the** ~ **of sy/sg** vknek/vmnek az égisze alatt

Australia [ɒ'streɪlɪə] *n* Ausztrália

Australian [ɒ'streɪlɪən] *a/n* ausztrál, ausztráliai

Austria ['ɒstrɪə] *n* Ausztria

Austrian ['ɒstrɪən] *a/n* osztrák, ausztriai

authentic [ɔː'θentɪk] *a* valódi, hiteles

author ['ɔːθə] *n* szerző; (*writer*) író

authoritarian [ɔːθɒrɪ'teərɪən] *a* tekintélyi (elvi)

authoritative [ɔː'θɒrɪtətɪv] *a* mérvadó; (*manner*) határozott

authorities [ɔː'θɒrətiːz] *n* *pl* hatóság

authority [ɔː'θɒrətɪ] *n* (*power*) hatalom, tekintély, (*expert*) szakértő (*on sg* vmben), (szaktekintély); **local** ~ (helyi) önkormányzat; → **authorities**

authorize ['ɔːθəraɪz] *vt* meghatalmaz

auto ['ɔːtəʊ] *n* *US col* autó, kocsi

autobiography [ɔːtəʊbaɪ'ɒgrəfɪ] *n* önéletrajz

autocratic [ɔːtə'krætɪk] *a* egyeduralmi, zsarnoki

autograph ['ɔːtəgrɑːf] *n* autogram
automatic [ɔːtə'mætɪk] **1.** *a* automatikus **2.** *n* (*car*) automata sebességváltós kocsi; (*gun*) ismétlőpisztoly
automobile ['ɔːtəməbiːl] *n US* autó, gépkocsi
autonomy [ɔː'tɒnəmɪ] *n* autonómia, önkormányzat
autumn ['ɔːtəm] *n* ősz ‖ **this ~** az ősszel; **in ~** ősszel
autumnal [ɔː'tʌmnəl] *a* őszi
auxiliary [ɔːg'zɪlɪərɪ] *a* segéd-
avail [ə'veɪl] **1.** *n* haszon ‖ **to no ~** hiába **2.** *v* **~ oneself of sg** igényt tart vmre
available [ə'veɪləbl] *a* rendelkezésre álló, kapható ‖ **is Mr X ~?** beszélhetnék X úrral?
avalanche ['ævəlɑːnʃ] *n* lavina
Ave. = avenue
avenge [ə'vendʒ] *vt* megbosszul
avenue ['ævənjuː] *n* sugárút; (*with trees*) fasor
average ['ævərɪdʒ] **1.** *a* átlagos, átlag- ‖ **~ income** átlagjövedelem; **~ yield** átlagtermelés **2.** *n* átlag ‖ **on ~** átlagosan **3.** *v* **~ sg** kiszámítja vmnek az átlagát ‖ **he ~d 600 km a day** átlag napi 600 km-t tett meg
   average out (at sg) átlagosan kitesz
averse [ə'vɜːs] *a* **be ~ to sg** ellene van vmnek, idegenkedik vmtől
aversion [ə'vɜːʃn] *n* idegenkedés
avert [ə'vɜːt] *vt* (*turn away*) elhárít; (*prevent*) megelőz
aviation [eɪvɪ'eɪʃn] *n* repülés(technika)
avid ['ævɪd] *a* mohó, kapzsi

avoid [ə'vɔɪd] *vt* elkerül, kerül
avoidance [ə'vɔɪdns] *n* elkerülés
await [ə'weɪt] *vt* vár ‖ **~ing your reply** válaszát várva
awake [ə'weɪk] **1.** *a* éber ‖ **be ~** ébren van, virraszt **2.** *v* (*pt* **awoke** [ə'wəʊk]; *pp* **awoken** [ə'wəʊkən]) *vi* felébred ‖ *vt* felébreszt
award [ə'wɔːd] **1.** *n* (*prize*) díj, jutalom **2.** *vt* adományoz, odaítél
aware [ə'weə] *a* **be ~ of** tudatában van vmnek
away [ə'weɪ] *adv* el- ‖ **be ~** távol van; **he will be ~ for a week** egy hétre elutazott; **he's ~ in Milan** elutazott Milánóba
away game/match *n* idegenben játszott mérkőzés
awful ['ɔːfəl] *a* borzasztó, szörnyű
awfully ['ɔːflɪ] *adv* borzasztóan, szörnyen
awhile [ə'waɪl] *adv* egy kis ideig
awkward ['ɔːkwəd] *a* (*clumsy*) ügyetlen; suta; (*embarrassing*) kényelmetlen, kínos
awning ['ɔːnɪŋ] *n* napellenző ponyva
awoke [ə'wəʊk] *pt* → awake
awoken [ə'wəʊkən] *pp* → awake
awry [ə'raɪ] **1.** *a* ferde, srég **2.** *adv* srégen, ferdén ‖ **go ~** (*plans*) balul üt ki
axe (*US* **ax**) [æks] **1.** *n* fejsze, balta **2.** *vt col* **(s)he has been ~d** leépítették
axiom ['æksɪəm] *n* alapigazság, axióma
axis ['æksɪs] *n* (*pl* **axes** ['æksɪːz]) *math, phys, also fig* tengely
axle ['æksl] *n* tengely (*keréké*)

B

BA [biːˈeɪ] = **Bachelor of Arts**
baby [ˈbeɪbɪ] *n* csecsemő, baba || ~
carriage *n US* gyermekkocsi
baby-sit *v* (*pt/pp* **-sat; -tt-**) gyere-
kekre felügyel
baby-sitter *n* gyermekőrző
bachelor [ˈbætʃələ] *n* nőtlen em-
ber/férfi, legényember
Bachelor of Arts *n approx* böl-
csészvégzettség, tanári oklevél
back [bæk] **1.** *a* hátsó **2.** *adv* hát-
ra(felé) || **be** ~ visszajön; **3.** *n* (*of
person, hourse*) hát; (*of chair*)
támla; (*of page*) hátoldal; *sp* hát-
véd **4.** *vt* (*horse: at races*) meg-
tesz; (*support*) támogat
back down visszakozik
back out meghátrál, visszatáncol
back up (*support*) támogat; *com-
put* biztonsági másolatot készít
backache [ˈbækeɪk] *n* derékfájás
backbencher [bækˈbentʃə] *n* (nem
kormánytag) képviselő
backbiting [ˈbækbaɪtɪŋ] *n* „fúrás"
backbone [ˈbækbəʊn] *n* hátgerinc
backfire [ˈbækfaɪə] *v tech* vissza-
gyújt; (*miscarry*) visszafelé sül el
background [ˈbækgraʊnd] *n* hát-
tér
backhanded [ˈbækhændɪd] *a sp*
(*stroke*) fonák || ~ **compliment**
kétélű bók
backhand stroke [ˈbækhænd] *n*
fonák ütés
backing [ˈbækɪŋ] *n* (*support*) párt-
fogás, protekció
backlash [ˈbæklæʃ] *n tech* holtjá-
ték; *fig* visszahatás

backlog [ˈbæklɒg] *n* (*of work*)
lemaradás, restancia
backpack [ˈbækpæk] *n US* hátizsák
back seat *n* hátsó ülés
backside [ˈbæksaɪd] *n hum* far
backstroke [ˈbækstrəʊk] *n* hátú-
szás
backward [ˈbækwəd] *a* fejlődésben
elmaradott
backwards [ˈbækwədz] *adv* hátra-
felé, visszafelé
backwater [ˈbækwɔːtə] *n fig* Isten
háta mögötti hely
backyard [bækˈjɑːd] *n* (hátsó)
udvar
bacon [ˈbeɪkən] *n* angolszalonna
bacteria [bækˈtɪərɪə] *n pl* (*sing.*
bacterium [-rɪəm]) baktérium
bad [bæd] *a* rossz || **be** ~ **at
mathematics** gyenge a matema-
tikában
badge [bædʒ] *n* (kitűzhető) jelvény
badger [ˈbædʒə] **1.** *n* borz **2.** *v col*
szekál, piszkál
badly [ˈbædlɪ] *adv* rosszul || **be** ~
defeated csúfosan leszerepel; **be**
~ **off** (anyagilag) rosszul áll
badminton [ˈbædmɪntən] *n* tollas-
labda
badmouth [ˈbædmaʊθ] *v US*
megszól, fúr vkt
bad-tempered *a* (*angry*) rosszked-
vű; (*quarrelsome*) összeférhetet-
len természetű
baffle [ˈbæfəl] *v* (*puzzle*) zavarba ejt
bag [bæg] *n* (*paper*) zacskó; (*sack*)
zsák; (*hand~*) táska; (*suitcase*)
bőrönd
baggage [ˈbægɪdʒ] *n* (*pl* ~) *US*
poggyász, csomag
baggy [ˈbægɪ] *a* buggyos
bagpipes [ˈbægpaɪps] *n pl* duda

bail [beɪl] **1.** *n* **be out on** ~ óvadék ellenében szabadlábon van **2.** *v* ~ **sy (out)** óvadék ellenében szabadlábra helyez; ~ **out (the boat)** kimeri a csónakból a vizet; ~ **out** *US* = **bale²out**
bailiff ['beɪlɪf] *n* végrehajtó
bait [beɪt] *n* csalétek
bake [beɪk] *vt* (meg)süt, kisüt I *vi* sül
baked potatoes [beɪkt] *a* (héjában) sült burgonya
baker ['beɪkə] *n* pék
bakery ['beɪkərɪ] *n* pékség
baking powder ['beɪkɪŋ] *n* sütőpor
balance ['bæləns] **1.** *n* (*equilibrium*) egyensúly; (*state of account*) egyenleg; *comm* (*difference*) mérleg **2.** *v* (*weigh*) mér; (*make equal*) kiegyenlít
balanced ['bælənst] *a* kiegyensúlyozott
balance sheet *n comm* mérleg
balcony ['bælkənɪ] *n* erkély
bald [bɔːld] *a* kopasz
bale¹ [beɪl] **1.** *n* bála **2.** *v* báláz
bale²out [beɪl] *v* ejtőernyővel kiugrik
ball¹ [bɔːl] **1.** *n* labda; (*of wool*) gombolyag **2.** *vt* (*wool*) gombolyít
ball² [bɔːl] *n* (*dance*) bál
ballad ['bæləd] *n* ballada
ballerina [bælə'riːnə] *n* balerina, táncosnő
ballet ['bæleɪ] *n* balett
balloon [bə'luːn] *n* léggömb
ballot ['bælət] *n* titkos szavazás
ballpoint (pen) ['bɔːlpɔɪnt] *n* golyóstoll
ballroom ['bɔːlruːm] *n* bálterem
balm [bɑːm] *n* kenőcs, balzsam
Baltic (Sea), the ['bɔːltɪk] *n* a Baltitenger

bamboo [bæm'buː] *n* bambusz
ban [bæn] **1.** *n* tilalom **2.** *v* **-nn-** (be)tilt
banal [bə'nɑːl] *a* banális
banana [bə'nɑːnə] *n* banán
band [bænd] *n* szalag, csík, pánt; *el* sáv; (*group*) csapat; (*of criminals*) banda
bandage ['bændɪdʒ] **1.** *n* kötés, fásli **2.** *v* (*wound*) kötöz; (*broken limb*) (be)pólyáz, (be)fásliz
Band-Aid *n US* gyorstapasz
B and B = **bed and breakfast**
bandit ['bændɪt] *n* bandita
bandy-legged *a* ó-lábú
bang [bæŋ] **1.** *n* (*blow*) ütés; (*explosion*) durranás **2.** *vt* dönget; (*door*) bevág **3.** *int* bumm!
bangle ['bæŋgl] *n* karperec
banish ['bænɪʃ] *v* száműz
banister ['bænɪstə] *n* korlát, karfa
bank¹· [bæŋk] *n* (*raised ground*) töltés; (*of river, lake*) part
bank² [bæŋk] **1.** *n* (*institution*) bank ‖ ~ **account** bankszámla; ~ **card** csekk-kártya **2.** *v* bankba tesz, betesz
banker ['bæŋkə] *n* bankár ‖ ~**'s card** *GB* csekk-kártya
bank holiday *n* munkaszüneti nap
banknote ['bæŋknəʊt] *n* bankjegy
bank rate *n* bankkamatláb
bankrupt ['bæŋkrʌpt] *a* csődbe jutott ‖ **become** ~ csődbe jut
bankruptcy ['bæŋkrəpsɪ] *n* csőd
bank statement számlakivonat
banner ['bænə] *n* zászló, lobogó
baptism ['bæptɪzəm] *n* keresztelő
bar [bɑː] *n* (*rod*) rúd; (*of window*) rács; *mus* ütem; (*pub*) ivó; (*in pub: counter*) pult ‖ **be called to the B**~ ügyvédi pályára lép; ~ **(of**

chocolate) szelet csokoládé; ~
(of soap) darab szappan; behind
~s rács mögött, börtönben
barbaric [ba:'bærɪk] a műveletlen,
barbár
barbecue ['ba:bɪkju:] n (grid)
grillsütő; (animal) nyársonsült;
(occasion) hússütés a szabadban
barbed wire n szögesdrót
barber ['ba:bə] n borbély, férfifod-
rász
bar code n vonalkód
bare [beə] a csupasz; (trees) kopár
‖ the ~ facts a puszta tények
bareback ['beəbæk] adv szőrén
barefaced [beə'feɪst] a arcátlan
barefoot ['beəfʊt] a/adv mezít-
láb(as)
barely ['beəlɪ] adv alig, éppen,
éppen hogy (csak)
bargain ['ba:gən] 1. n (transaction)
üzletkötés; (good buy) előnyös/jó
vétel 2. v ~ with sy for sg alku-
szik vkvel vmre
barge [ba:dʒ] 1. n uszály 2. v ~ in
betolakodik
baritone ['bærɪtəʊn] n baritonista
bark¹ [ba:k] 1. n (of dog) ugatás 2.
v ugat
bark² [ba:k] n (of tree) fakéreg
barley ['ba:lɪ] n bot árpa
barmaid ['ba:meɪd] n pincérnő,
mixer
barman ['ba:mən] n csapos
barn [ba:n] n magtár, pajta
barometer [bə'rɒmɪtə] n légnyo-
másmérő, barométer
baron ['bærən] n báró
baroness ['bærənɪs] n bárónő;
(baron's wife) báróné
barracks ['bærəks] n sing. or pl
kaszárnya

barrage ['bæra:ʒ] n (dam) duzzasz-
tómű, völgyzáró gát
barrel ['bærəl] n hordó; (of gun) cső
barren ['bærən] a terméketlen;
(hills) kopár, sivár
barrier ['bærɪə] n korlát; (ob-
struction) akadály
barrister ['bærɪstə] n GB ügyvéd
barrow ['bærəʊ] n talicska
bartender ['ba:tendə] n = barman
barter ['ba:tə] 1. n árucsere 2. v
becserél/elcserél (for vmre)
base [beɪs] 1. a aljas 2. n bázis,
alap; mil támaszpont 3. vt alapoz
(on vmre) ‖ be ~d on sg alapul
vmn
baseball ['beɪsbɔ:l] n US baseball
basement ['beɪsmənt] n alagsor
bases¹ ['beɪsi:z] pl → basis
bases² ['beɪsi:z] pl → base
bash [bæʃ] n col buli
bashful ['bæʃfəl] a szégyenlős
basic ['beɪsɪk] a alapvető
basically ['beɪsɪklɪ] adv alapjában
véve, lényegében
basin ['beɪsn] n geogr medence;
(wash~) mosdókagyló; (dish)
mosdótál
basis ['beɪsɪs] n (pl bases ['beɪsi:z])
bázis, alap
bask [ba:sk] v ~ in the sun napozik
basket ['ba:skɪt] n kosár
basketball ['ba:skɪtbɔ:l] n kosár-
labda
bass [beɪs] n basszus
bassoon [bə'su:n] n fagott
bastard ['ba:stəd] n fattyú
bastion ['bæstɪən] n bástya
bat¹ [bæt] 1. n sp ütő 2. v -tt- he
didn't ~ an eyelid egy arcizma
sem rándult
bat² [bæt] n zoo denevér

batch [bætʃ] *n* (*of bread*) sütet; (*of papers*) csomó, rakás

bated ['beɪtɪd] *a* **with ~ breath** lélegzetvisszafojtva

bath [bɑ:θ] **1.** *n* fürdés; (~*tub*) fürdőkád II **take a ~** (meg)fürdik; → **baths 2.** *vt* (meg)fürdet

bath chair *n* tolószék

bathe [beɪð] *US vi* (meg)fürdik, strandol I *vt* (meg)fürdet

bather ['beɪðə] *n* fürdőző

bathing ['beɪðɪŋ] *n* fürdés II **~ cap** fürdősapka; **~ costume** (*US ~ **suit**) fürdőruha; **~ trunks** *pl* fürdőnadrág

bathroom ['bɑ:θrʊm] *n* fürdőszoba

baths [bɑ:θs] *n pl* (*pool*) uszoda; (*rooms*) fürdő

bath towel *n* fürdőlepedő

bathtub ['bɑ:θtʌb] *n US* fürdőkád

baton ['bæton] *n mus* pálca; (*of police*) gumibot

battalion [bə'tælɪən] *n* zászlóalj

batter ['bætə] *n* (nyers) tészta

battered ['bætəd] *a* ütött-kopott

battery ['bætərɪ] *n el* akkumulátor, elem; *mil* üteg

battle ['bætl] **1.** *n mil* csata **2.** *v* küzd, harcol vkvel (*with* vkvel)

battlefield ['bætlfi:ld] *n* csatatér

battleship ['bætlʃɪp] *n* csatahajó

bawdy ['bɔ:dɪ] *a* trágár

bawl [bɔ:l] *v* ordít; üvölt

bay [beɪ] *n* (*of sea*) öböl

bay window *n* zárt erkély

bazaar [bə'zɑ:] *n* bazár

BBC [bi: bi: 'si:] = *British Broadcasting Corporation* a BBC (*az angol rádió és tv*)

B.C. [bi: si:] = *before Christ* Krisztus előtt, Kr. e.

be [bɪ, bi:] *v* (*pt* **was** [wɒz], **were** [wɜ:]; *pp* **been** [bi:n]. *Present*

tense: **I am, you are, he/she/it is, we/you/they are**) van; létezik II **I'll ~ there around 5 (o'clock)** öt óra tájban ott leszek; **it's 8 o'clock** 8 óra van; **he wants to ~ a teacher** tanárnak készül; **if I were you** ha én volnék a helyedben; **have you been to London?** voltál már Londonban?; **He isn't here yet, is he?** Ugye (ő) még nincs itt?

be about to go somewhere vhova készül

be about sg vmről szól

be back visszatér, megjön

be behind in/with restanciában van vmvel

be in itthon van

be off eltávozik

be on műsoron van

be through végzett II **are you through with your work?** elkészültél a munkáddal?

be up nem fekszik le; fenn marad

be up to sg rosszat forral

be without megvan vm nélkül, nélkülöz vmt

beach [bi:tʃ] *n* (homokos) part, strand

beacon ['bi:kən] *n* (*signal*) jelzőfény; (*marker*) péce

bead [bi:d] *n* (*glass, sweat*) gyöngy

beak [bi:k] *n* csőr

beam [bi:m] **1.** *n* (*of wood*) gerenda; (*of light*) (fény)sugár, fényképe **2.** *v* sugárzik

bean [bi:n] *n* bab II **~ sprouts** *pl* szójacsíra

bear[1] [beə] *n* medve

bear[2] [beə] *v* (*pt* **bore** [bɔ:]; *pp* **borne** [bɔ:n] (*weight*) hord(oz); (*young*) szül; (*tolerate*) elvisel; (*crops*) hoz

bear out (*suspicions*) (be)igazol
bear up visel, tűr || ~ **up!** fel a fejjel!
beard [bɪəd] *n* szakáll
bearded ['bɪədɪd] *a* szakállas
bearer ['beərə] *n* (*of cheque*) bemutató; (*of passport*) tulajdonos
bearing ['beərɪŋ] *n* (*behaviour*) (maga)tartás, kiállás; (*posture*) testtartás; (*relation*) vonatkozás; *tech* csapágy
beast [biːst] *n* állat, vadállat
beastly [biːstlɪ] *a* állatias
beat [biːt] **1.** *n* (*stroke*) ütés; (*of heat*) dobbanás; (*police round*) járat; *mus* ütem **2.** *v* (*pt* **beat** [biːt], *pp* **beaten** ['biːtn]) *vt* ver, üt; *sp* megver | *vi* (*heart*) ver, dobog || ~ **it!** *pejor* kopj le!
beat off visszaver
beat up (*person*) összever; (*eggs*) felver
beaten ['biːtn] *a* → **beat**
beating ['biːtɪŋ] *n* verés; (*of heart*) szívdobogás
beautiful ['bjuːtɪfəl] *a* szép
beauty ['bjuːtɪ] *n* szépség || ~ **queen** szépségkirálynő; ~ **spot** szépségtapasz; (*tourism*) kirándulóhely
beaver ['biːvə] *n* hód
became [bɪ'keɪm] *pt* → **become**
because [bɪ'kɒz -'kəz] *conj* mert || ~ **of** *vm* miatt
beck [bek] *n* **be at sy's** ~ **and call** csak füttyenteni kell neki és máris ...
beckon ['bekən] *v* int, jelt ad
become [bɪ'kʌm] *vi* (*pt* **became** [bɪ'keɪm], *pp* **become** [bɪ'kʌm]) vmlyenné lesz/válik | *vt* (*clothes*) illik vkhez

becoming [bɪ'kʌmɪŋ] *a* (*behaviour*) illendő; (*clothes*) hozzáillő
bed [bed] **1.** *n* ágy; (*of river*) meder; (*in garden*) (virág)ágyás; (*foundation*) (talaj)réteg || **go early to** ~ korán fekszik; **go to** ~ lefekszik (aludni); **make one's** ~ beágyaz
bed and breakfast *n* szoba reggelivel
bedbug ['bedbʌg] *n zoo* poloska
bedclothes ['bedkləʊðz] *n pl* ágynemű
bedlam ['bedləm] *n* (*uproar*) felfordulás, bolondokháza; diliház
bedpan ['bedpæn] *n* ágytál
bedridden ['bedrɪdn] *a* **be** ~ nyomja az ágyat
bedroom ['bedruːm] *n* hálószoba
bedside ['bedsaɪd] *n* **at sy's** ~ vknek a betegágyánál
bed-sitting room, bed-sit *n GB* egyszobás lakás, garzonlakás
bedspread ['bedspred] *n* ágyterítő
bedtime ['bedtaɪm] *n* **it's** ~ ideje lefeküdni
bee [biː] *n zoo* méh
beech [biːtʃ] *n* bükk(fa)
beef [biːf] *n* marhahús
beefburger ['biːfbɜːgə] *n* fasírozott
beefsteak ['biːfsteɪk] *n* bifsztek
beefy ['biːfɪ] *a col* deltás
beehive ['biːhaɪv] *n* méhkas
beeline ['biːlaɪn] *n* **make a** ~ **for** toronyiránt megy vhová; átvág
been [biːn] *pp* → **be**
beer [bɪə] *n* sör
beetle ['biːtl] *n* bogár
beetroot ['biːtruːt] *n* cékla
befall [bɪ'fɔl] *v* (*pt* **befell** [bɪ'fel], *pp* **befallen** [bɪ'fɔlən]) vm vkt ér; (*vm*

rossz) történik (vkvel); vkvel vm megesik
befell [bɪ'fel] *pt* → **befall**
before [bɪ'fɔː] 1. *adv* előbb, előzőleg || **the day** ~ előző nap 2. *prep* előtt || ~ **long** nemsokára 3. *conj* mielőtt
beforehand [bɪ'fɔːhænd] *adv* előzetesen, előre
beg [beg] *v* -gg- (*implore*) könyörög; (*alms*) koldul
began [bɪ'gæn] *pt* → **begin**
beggar ['begə] *n* koldus
begin [bɪ'gɪn] *v* (*pt* **began** [bɪgæn], *pp* **begun** [bɪ'gʌn]; -nn-) *vt* (el)kezd | *vi* (el)kezdődik || **to** ~ **with** először is
beginner [bɪ'gɪnə] *n* kezdő
beginning [bɪ'gɪnɪŋ] *n* kezdet || **at the** ~ kezdetben
begun [bɪ'gʌn] *pp* → **begin**
behalf [bɪ'hɑːf] *n* **on** ~ **of sy** vknek a nevében, vk megbízásából
behave [bɪ'heɪv] *v* viselkedik
behaviour [bɪ'heɪvɪə] (*US* -or) *n* viselkedés, magatartás
behead [bɪ'hed] *v* lefejez
behind [bɪ'haɪnd] 1. *adv* hátul 2. mögött, mögé 3. *n* col (*buttocks*) fenék
behold! [bɪ'həʊld] *int* íme!
beige [beɪʒ] *a* drapp, nyers színű
being ['biːɪŋ] 1. *a* vhol levő || **for the time** ~ egyelőre 2. *n* (*existence*) létezés; (*person*) lény
belated [bɪ'leɪtɪd] *a* elkésett, késő, kései
belch [beltʃ] *vi* böfög | *vt* (*smoke*) okád
belfry ['belfrɪ] *n* harangláb
Belgian ['beldʒən] *a/n* belga
Belgium ['beldʒəm] *n* Belgium

belie [bɪ'laɪ] *v* meghazudtol
belief [bɪ'liːf] *n* hit; (*conviction*) meggyőződés || ~ **in God** istenhit
believe [bɪ'liːv] *vt* hisz; (*think*) gondol, vél | *vi* (*have faith*) hisz (*in* vmben)
believer [bɪ'liːvə] *n* hívő
belittle [bɪ'lɪtl] *v* lebecsül
bell [bel] *n* csengő
belligerent [bɪ'lɪdʒərənt] *a/n* hadviselő
bellow ['beləʊ] 1. *n* ordítás, bőgés 2. *v* ordít, bőg
bell-push *n* csengőgomb
belly ['belɪ] *n* col has
belong [bɪ'lɒŋ] *v* ~ **to sy** vkhez tartozik, vké || **these** ~ **to us** ezek a mieink
beloved [bɪ'lʌvd] *a* szeretett
below [bɪ'ləʊ] 1. *prep* alatt, alá 2. *adv* alul
belt [belt] 1. *n* (*round waist*) öv; (*band*) szíj 2. (*fasten*) beszíjaz col (*beat*) megver
beltway ['beltweɪ] *n* US körgyűrű
bench [bentʃ] *n* (*seat*) pad; (*in workshop*) munkapad
bench-mark *n* magassági pont, szintjel
bend [bend] 1. *n* hajlás; kanyarodás, (*in road*) kanyar 2. *v* (*pt/pp* **bent** [bent]) *vi* elhajlik | *vt* (el)görbít
bend down lehajlik
beneath [bɪ'niːθ] *prep* (*hely*) alatt, alá
benefactor ['benɪfæktə] *n* jótevő
beneficial [benɪ'fɪʃl] *a* hasznos; (*to health*) jótékony hatású
benefit ['benɪfit] 1. *n* haszon || **for the** ~ **of** javára 2. *v* profitál (*by/from* vmből)

Benelux States, the ['benɪlʌks] *n*
pl a Benelux államok
benevolent [bɪ'nevələnt] *a* jóakaratú
benign [bɪ'naɪn] *a* jóindulatú
bent [bent] **1.** *pt/pp* → **bend 2.** *n*
hajlam ‖ **have a ~ for sg** hajlama
van vmre
bequest [bɪ'kwest] *n* hagyaték
bereaved, the [bɪ'riːvd] *n pl* a
gyászoló család
beret ['bereɪ] *n* svájcisapka
Bermuda shorts [bɜː'mjuːdə] *n pl*
bermuda(nadrág)
berry ['berɪ] *n* bogyó
berth [bɜːθ] *n* (*bed*) fekvőhely; (*for
ship*) horgonyzóhely ‖ **give sy a
wide ~** nagy ívben elkerül vkt
beseech [bɪ'siːtʃ] *vt* (*pt/pp* **be-
sought** [bɪ'sɔːt]) könyörög
beside [bɪ'saɪd] *prep/adv* mellett,
mellé; (*except*) kívül ‖ **be ~ him-
self (with joy)** nem bír magával
(jókedvében)
besides [bɪ'saɪdz] **1.** *prep* vkn/vmn
felül/kívül **2.** *adv* azonkívül
besiege [bɪ'siːdʒ] *v* (meg)ostromol
besought [bɪ'sɔːt] *pt/pp* → **be-
seech**
best [best] **1.** *a/n* (a) legjobb ‖ **all
the ~** minden jót kívánok!; **at ~** a
legjobb esetben; **do one's ~** meg-
tesz minden tőle telhetőt; **to the ~
of my knowledge** legjobb tudo-
másom szerint **2.** *adv* legjobban ‖
as ~ I could amennyire tőlem telt
bestial ['bestɪəl] *a* vadállati(as)
best man *n* a vőlegény tanúja
best-seller *n* nagy könyvsiker
bet [bet] **1.** *n* fogadás ‖ **make a ~**
fogad **2.** *v* (*pt/pp* **bet** [bet] *or* **bet-
ted** ['betɪd]; **-tt-**) fogad (*on* vmre)

betray [bɪ'treəɪ] *v* elárul
better ['betə] **1.** *a* jobb (*than*) **2.** *adv*
jobban ‖ **~ leave it at that** leg-
jobb, ha ráhagyod; **it would be ~
to** jobb volna (ha); elindulnunk;
you had ~ ... jobban tennéd, ha;
inkább... **2.** *v* (meg)javít
better-off *a* jómódú
betting shop ['betɪŋ] *n* fogadóiroda
between [bɪ'twiːn] *prep/adv* között,
közé ‖ **in ~** közben, közte
bevel(led) ['bevl(d)] *a* ferde
beverage ['bevərɪdʒ] *n* ital
beware [bɪ'weə] *v* óvakodik (*of*
vktől/vmtől) ‖ **~ of pickpockets**
óvakodjunk a zsebtolvajoktól
bewildered [bɪ'wɪldəd] *a* zavaros,
zavart
bewitch [bɪ'wɪtʃ] *v* megbabonáz
beyond [bɪ'jɒnd] *adv/prep* (*in
space*) vmn túl; (*exceeding*) vkn/
vmn felül ‖ **~ expectation** vára-
kozáson felül; **it is ~ me** nem fér/
megy a fejembe
biannual [baɪ'ænjuəl] *a* féléven-
kénti
bias ['baɪəs] *n* (*prejudice*) elfogult-
ság ‖ **without ~** elfogulatlanul
bias(s)ed ['baɪəst] *a* elfogult
Bible ['baɪbl] *n* Biblia
biblical ['bɪblɪkl] *a* bibliai
bibliography [bɪblɪ'ɒgrəfɪ] *n* bibli-
ográfia
bicarbonate of soda [baɪ'kɑːbə-
nət] *n* szódabikarbóna
biceps ['baɪseps] *n* bicepsz
bicker ['bɪkə] *v* veszekszik
bicycle ['baɪsɪkl] *n* kerékpár, bicikli
‖ **~ path** kerékpárút
bib [bɪb] *n* partedli
bid [bɪd] **1.** *n* (*offer*) árajánlat;
(*attempt*) próbálkozás **2.** *v* (*pt/pp*

bid [bɪd]; **-dd-)** (*offer*) ígér, ajánl ||
~ **fair** jóval kecsegtet
bidder ['bɪdə] *n* ajánlattevő, licitáló
bidding ['bɪdɪŋ] *n* (*at sale*) ajánlat,
kínálat
bide [baɪd] *v* ~ **one's time** kivárja
az alkalmas pillanatot
biennial [baɪ'enɪəl] *a* kétévenkénti
bifocal [baɪ'fəʊkl] **1.** *a* bifokális **2.**
~**s** *n pl* bifokális szemüveg
big [bɪg] *a* nagy, terjedelmes
Big Ben *n* a londoni parlament
óratornya
big dipper *n* hullámvasút
big-headed *a col* beképzelt
bigoted ['bɪgətɪd] *a* vakbuzgó,
bigott
big toe *n* nagyujj, nagy lábujj
big wheel *n* óriáskerék
bike [baɪk] *n* bicikli
bikini [bɪ'kiːnɪ] *n* bikini
bilateral [baɪ'lætərəl] *a* kétoldalú,
bilaterális
bile [baɪl] *n* epe
bilingual [baɪ'lɪŋgwəl] *a* kétnyelvű
bill [bɪl] *n* (*account*) számla;
(*advertisement*) plakát; *pol* tör-
vényjavaslat; *theat* műsor; *US*
(*banknote*) bankjegy || **the** ~
please! fizetek!
billboard [bɪlbɔːd] *n US* hirdetőtáb-
la
billfold ['bɪlfəʊld] *n US* levéltárca
billiards ['bɪlɪədz] *n pl* biliárd
billion ['bɪlɪən] *num GB* billió (10^{12}),
US milliárd (10^{9})
billow ['bɪləʊ] **1.** *n* (nagy tengeri)
hullám || ~**s** hullámzás **2.** *v* (erő-
sen) hullámzik
bin [bɪn] láda; (*dustbin*) szemétko-
sár

bind [baɪnd] *v* (*pt/pp* **bound**
[baʊnd]) (*tie*) (össze)köt; (a *book*)
beköt; (*oblige*) kötelez; → **bo-
und**[1]
binding ['baɪndɪŋ] *n* (*of books*)
könyvkötés; (*of skis*) kötés
binge [bɪndʒ] *n* nagy evészet
bingo ['bɪŋgəʊ] *n* tombola
binoculars [bɪ'nɒkjʊləz] *n pl* látcső
biochemistry [baɪəʊ'kemɪstrɪ] *n*
biokémia
biography [baɪ'ɒgrəfɪ] *n* életrajz
biological [baɪə'lɒdʒɪkl] *a* biológiai
biologist [baɪ'ɒlədʒɪst] *n* biológus
biology [baɪ'ɒlədʒɪ] *n* biológia
biorhythm ['baɪəʊrɪðəm] *n* bioritmus
birch [bɜːtʃ] *n* nyírfa
bird [bɜːd] *n* madár || **kill two** ~**s
with one stone** egy csapásra két
legyet üt
bird's-eye view *n* madártávlat
biro ['baɪrəʊ] *n* golyóstoll
birth [bɜːθ] *n* születés || **give** ~ **to**
világra hoz; ~ **certificate** születési
anyakönyvi kivonat; ~ **control**
születésszabályozás
birthday ['bɜːθdeɪ] *n* születésnap
birthplace ['bɜːθpleɪs] *n* születési
hely
biscuit ['bɪskɪt] *n GB* keksz
bisecting line [baɪ'sektɪŋ] *n* felező-
vonal
bishop ['bɪʃəp] *n* püspök
bit[1] [bɪt] *n* (kis) darab; (*horses*)
zabla; *comput* bit || **a** ~ egy kissé
bit[2] [bɪt] *pt* → **bite**
bitch [bɪtʃ] *n* szuka
bite [baɪt] **1.** *v* (*pt* **bit** [bɪt], *pp* **bitten**
['bɪtn]) (meg)harap; (*insect*) csíp
2. *n* harapás; (*insect* ~) csípés;

(*mouthful*) falat ‖ **at one** ~ egy harapásra

biting ['baɪtɪŋ] *a* harapós

bitten ['bɪtn] *pp* → **bite**

bitter ['bɪtə] *a* keserű; (*cold, wind*) jeges ‖ **a** ~ **pill to swallow** (a) keserű pirula; → **bitters**

bitterly ['bɪtəlɪ] *adv* keservesen

bitterness ['bɪtənɪs] *n also fig* keserűség

bitters ['bɪtəz] *n pl* gyomorkeserű

bizarre [bɪ'zɑ:] *a* bizarr

blab [blæb] *v* **-bb-** fecseg

black [blæk] **1.** *a* fekete; (*chess*) sötét ‖ **go** ~ elfeketedik **2.** *n* (*colour*) fekete; **B**~ fekete (*a „néger" elfogadott elnevezése*) ‖ **be in** ~ gyászban van **3.** *v* befeketít; (*shoes*) tisztít

black-and-white *a* fekete-fehér

blackberry ['blækbərɪ] *n* (földi) szeder

blackbird ['blækbɜ:d] *n* feketerigó

blackboard ['blækbɔ:d] *n* (fali)tábla

black box *n* fekete doboz

black coffee *n* feketekávé, kávé

blackcurrant [blæk'kʌrənt] *n* fekete ribiszke

black economy *n* feketegazdaság

blacken ['blækən] *vt* befeketít | *vi* megfeketedik

black eye *n* monokli, kék folt (*ökölcsapástól*)

black-head *n* mitesszer

blackleg ['blækleg] *n* sztrájktörő

blacklist ['blæklɪst] *n* feketelista

blackmail ['blækmeɪl] **1.** *n* zsarolás **2.** *v* (meg)zsarol

blackmailer ['blækmeɪlə] *n* zsaroló

black market *n* feketepiac

blackout ['blækaʊt] *n* áramszünet; (pillanatnyi) eszméletvesztés

black pudding *n* véres hurka

Black Sea, the *n* a Fekete-tenger

black sheep *n* **the** ~ **of the family** a család szégyene

blacksmith ['blæksmɪθ] *n* kovács

black spot *n* halálkanyar

bladder ['blædə] *n* hólyag

blade [bleɪd] *n* (*of weapon*) penge; (*of oar*) toll ‖ ~ **of grass** fűszál

blame [bleɪm] **1.** *n* felelősség (*bajért*) **2.** *vt* hibáztat (*for* vmért) ‖ **I am to** ~ én vagyok az oka

blank [blæŋk] **1.** *a* üres, tiszta; (*cheque*) biankó; (*look*) kifejezéstelen ‖ **go** ~ **col** (zavarában) leblokkol **2.** *n* (*form*) űrlap; (*cartridge*) vaktöltény

blanket ['blæŋkɪt] *n* takaró

blasé ['blɑ:zeɪ] *a* fásult, blazírt

blast [blɑ:st] **1.** *n* robbanás; (*of wind*) széllökés **2.** *vt* (*blow up*) felrobbant ‖ ~ **(it)!** a fene egye meg!

blast-off *n* (*of spacecraft*) felszállás

blather ['blæðə] **1.** *v col* fecseg, lefetyel, blablázik **2.** *n* blabla, fecsegés, hanta

blaze [bleɪz] **1.** *n* lobogó tűz; → **blazes 2.** *v* lángol ‖ ~ **up** lángra lobban

blazer ['bleɪzə] *n* blézer

blazes ['bleɪzɪz] *n pl* **go to** ~ eredj a pokolba!

bleach [bli:tʃ] *v* (ki)fehérít

bleachers ['bli:tʃəz] *n pl US* fedetlen lelátó

bleak [bli:k] *a* sivár, puszta; (*future*) kilátástalan

bleary-eyed ['blɪərɪ'aɪd] *a* **be** ~ csipás a szeme

bleat [bli:t] *v* béget

bleed [bliːd] *v* (*pt/pp* **bled** [bled]) vérzik || ~ **through** átvérzik

bleeper ['bliːpə] *n* (*of doctor*) csipogó

blemish ['blemıʃ] *n* (jellembeli) hiba

blend [blend] **1.** *n* keverék **2.** *vt* elegyít, elvegyít | *vi* elegyedik, keveredik

bless [bles] *v* (*pt/pp* **blessed** [blest] *or* **blest** [blest]) megáld || ~ **you!** egészségére! (*tüsszentésre*)

blessed ['blesıd] *a* áldott

blessing ['blesıŋ] *n* áldás

blest [blest] *pt/pp* → **bless**

blew [bluː] *pt* → **blow**

blimey! ['blaımı] *int* a fene (egye meg)!

blind [blaınd] **1.** *a* vak; (*corner*) beláthatatlan **2.** *n* ~**(s)** (*for window*) (vászon)roló, (*Venetian*) reluxa **3.** *v* (meg)vakít

blind alley *n also fig* zsákutca

blindfold ['blaındfəʊld] *a/adv* bekötött szemű/szemmel

blindly ['blaındlı] *adv fig* vakon

blindness ['blaındnıs] *n* vakság

blind spot *n* (*in car*) holt tér

blink [blıŋk] **1.** *n* (szem)pillantás **2.** *v* pislog

blinkers ['blıŋkəz] *n pl* szemellenző

bliss [blıs] *n* boldogság, gyönyör

blister ['blıstə] **1.** *n* hólyag **2.** *v* hólyagosodik

blizzard ['blızəd] *n* hóvihar

bloat [bləʊt] *v* felpuffad

bloated ['bləʊtıd] *a* felfúvódott

block [blɒk] **1.** *n* (*of wood*) tuskó, rönk; (*of houses*) háztömb || ~ **of flats** lakóház, bérház **2.** *v* (*road*) elzár || ~ **the way** elállja az utat

blockade [blɒ'keıd] **1.** *n* blokád **2.** *v* blokád alá vesz

blockage ['blɒkıdʒ] *n* dugulás

blockbuster ['blɒkbʌstə] *n col* bombasiker

blockhead ['blɒkhed] *n col* tökfej, tökfilkó

block letters *n pl* nyomtatott betűk, nagybetűk

bloke [bləʊk] *n col* pasas, pacák

blond [blɒnd] *a/n* szőke

blonde [blɒnd] *a/n* szőke (nő)

blood [blʌd] *n* vér || ~ **alcohol level** véralkoholszint; ~ **bank** vérbank, véradó központ; ~**donor** véradó; ~ **group** vércsoport; ~ **pressure** vérnyomás

bloodshed ['blʌdʃed] *n* vérontás

bloodstained ['blʌdsteınd] *a fig* vérfoltos

bloodstream ['blʌdstriːm] *n* véráram

blood test *n* vérvizsgálat

bloodthirsty ['blʌdθɜːstı] *a* vérszomjas

bloody ['blʌdı] *a* véres; *vulg* rohadt, ronda

bloom [bluːm] **1.** *n* virág(zás) || **be in** ~ virít **2.** *v* virágzik

blossom ['blɒsəm] **1.** *n* virág(zás) **2.** *v* virágzik

blot [blɒt] **1.** *n* folt, szeplő, szégyenfolt **2.** *v* -**tt**- (*ink*) betintáz || ~ **out** kiirt, kitöröl

blotch [blɒtʃ] *n* folt, paca

blotting paper ['blɒtıŋ] *n* itatós

blouse [blaʊz] *n* blúz

blow[1] [bləʊ] *n* ütés, csapás

blow[2] [bləʊ] *v* (*wind*) (*pt* **blew** [bluː], *pp* **blown** [bləʊn]) *vi* fúj; (*fuse*) kiolvad | *vt* fúj; (*fuse*) kiéget || ~ **one's nose** (ki)fújja az orrát

blow out (*tyre*) kidurran
blow over (*storm*) elvonul
blow up *vi* felrobban I *vt* felrobbant
blow-dry *n* (have a) ~ hajszárítóval csinálja meg a haját
blown [bləʊn] *pp* → blow
blowout ['bləʊaʊt] *n* gumidefekt
blow-up ['bləʊ ʌp] *n* (ki)nagyítás, nagyított kép
blowzy ['blaʊzɪ] *a* slampos
blue [bluː] *a/n* kék; (*unhappy*) szomorú; (*obscene*) pornográf ‖ out of the ~ se szó, se beszéd; ~ joke disznó vicc; → blues
bluebell ['bluːbel] *n* harangvirág
blueberry ['bluːbərɪ] *n* *US* fekete áfonya
blue-collar worker *n* fizikai dolgozó
blueprint ['bluːprɪnt] *n* *fig* terv
blues, the [bluːz] *n* *pl* *col* (*depression*) levertség; *mus* blues
bluff [blʌf] *n* blöff
bluish ['bluːɪʃ] *a* kékes
blunder ['blʌndə] 1. *n* baklövés, melléfogás 2. *v* *biz* melléfog
blunt [blʌnt] *a* (*knife*) tompa; (*person*) nyers modorú
blur [blɜː] 1. *n* (szégyen)folt 2. *v* -rr- (*mist*) elhomályosít
blurb [blɜːb] *n* fülszöveg
blurt out [blɜːt] *v* kifecseg, kibök
blush [blʌʃ] *v* elpirul
bluster ['blʌstə] *v* (*wind*) zúg; (*person*) handabandázik
Blvd = boulevard
boar [bɔː] *n* vadkan
board [bɔːd] 1. *n* (*of wood*) deszka(lap); (*meals*) étkezés, ellátás; (*committee*) bizottság; (*deck*) fedélzet ‖ on ~ hajó *v.* repülőgép

fedélzetén; go on ~ a ship hajóra száll; ~ of directors igazgatótanács; ~ of trade *US* kereskedelmi kamara; the ~s színpad 2. *vt* (*in ship, plane*) beszáll, felszáll
board and lodging *n* lakás és ellátás, teljes ellátás
boarder ['bɔːdə] *n* *school* bennlakó
boarding card ['bɔːdɪŋ] *n* beszállókártya
boarding house *n* panzió
boarding-school *a* bennlakásos (közép)iskola, kollégium
boast [bəʊst] *v* henceg, dicsekszik (*about/of* vmvel)
boastful ['bəʊstfəl] *a* hencegő
boat [bəʊt] 1. *n* csónak; (*ship*) hajó 2. *v* csónakázik ‖ go ~ing csónakázni megy
boatswain ['bəʊsn] *n* fedélzetmester
bob [bɒb] *v* -bb- (*hair*) kurtít
bob up felbukkan
bobbin ['bɒbɪn] *n* orsó, cséve
bobby ['bɒbɪ] *n* *GB* *col* rendőr
bobsleigh ['bɒbsleɪ] *n* bob
bode [bəʊd] *v* ~ ill nem sok jót ígér; ~ well jót ígér
bodied ['bɒdɪd] *a* testű
bodily ['bɒdəlɪ] *a* testi ‖ ~ harm testi sértés
body ['bɒdɪ] *n* (*of man*) test; (*corpse*) holttest; (*group*) testület ‖ ~ building testépítés
bodyguard ['bɒdɪgɑːd] *n* testőr
bodywork ['bɒdɪwɜːk] *n* karosszéria
bog [bɒg] 1. *n* mocsár 2. *v* -gg- get ~ged down in the mud sárban megfeneklik
bogey ['bəʊgɪ] *n* kísértet
bogus ['bəʊgəs] *a* hamis, ál-
Bohemia [bəʊˈhiːmɪə] *n* Csehország

boil¹ [bɔɪl] *n med* kelés
boil² [bɔɪl] *vi* forr, fő I *vt* (*water*) forral; (*noodles*) kifőz ‖ be ~ing forr
boil down besűrít, bepárol ‖ it ~s down to this ... a dolog lényege az, hogy ...
boiled [bɔɪld] *a* főtt ‖ ~ egg főtt tojás; ~ potatoes *pl* főtt/sós burgonya
boiler ['bɔɪlə] *n* kazán
boiling point *n* forráspont
boisterous ['bɔɪstərəs] *a* szilaj
bold [bəʊld] *a* (*fearless*) merész; *print* félkövér
bollard ['bɒləd] *n* kikötőbak
bolster ['bəʊlstə] 1. *n* díványpárna 2. *v* támogat
bolt [bəʊlt] 1. *n* (anyás)csavar; (*lock*) tolózár; (*lightning*) villámcsapás 2. *vt* bereteszel I *vi* (*run away*) megszökik
bomb [bɒm] 1. *n* bomba 2. *v* bombáz
bomb alert *n* bombariadó
bombard [bɒm'bɑːd] *v* bombáz
bomber ['bɒmbə] *n* bombázó(gép)
bombshell ['bɒmʃel] *n* it came as a ~ *col* bombaként hatott
bond [bɒnd] *n* (*link*) kötelék; *comm* adóslevél; *chem* kötés; → bonds
bondage ['bɒndɪdʒ] *n* rabság
bonds [bɒndz] *n pl* értékpapír
bone [bəʊn] *n* csont; (*of fish*) szálka ‖ ~ idle *col* dög lusta
bonfire ['bɒnfaɪə] *n* örömtűz
bonnet ['bɒnɪt] *n* (*of car*) motorháztető; (*for baby*) főkötő
bonny ['bɒnɪ] *a* csinos, csini
bonus ['bəʊnəs] *n* nyereségrészesedés; jutalom
bony ['bəʊnɪ] *a* csontos; (*fish*) szálkás

boo [buː] *vt theat* kifütyül
boob [buːb] *n col* (*mistake*) baki; (*breast*) cici
book [bʊk] 1. *n* könyv ‖ the ~s főkönyv 2. *vt* (*ticket*) lefoglal ‖ ~ sg in advance előre megvált
book in (*at hotel*) (be)jelentkezik
bookcase ['bʊkkeɪs] *n* könyvespolc, könyvszekrény
booking office *n* (jegy)pénztár
booking(s) ['bʊkɪŋ(z)] *n* (*pl*) szobafoglalás ‖ make a ~ szobát foglal (le)
bookkeeper ['bʊkkiːpə] *n* könyvelő
bookkeeping ['bʊkkiːpɪŋ] *n* könyvelés
booklet ['bʊklɪt] *n* füzet
bookmaker ['bʊkmeɪkə] *n* bukméker
bookseller ['bʊkselə] *n* könyvkereskedő
bookshop ['bʊkʃɒp] *n* könyvesbolt, könyvkereskedés
bookstall ['bʊkstɔːl] *n* könyvesbódé
bookstore ['bʊkstɔː] *n US* könyvesbolt
boom [buːm] 1. *n* (*noise*) zúgás; (*economic growth*) fellendülés 2. *v* (*sea*) morajlik, zúg; (*business*) fellendül
boomerang ['buːməræŋ] *n* bumeráng
boon [buːn] *n* jótétemény
boorish ['bʊərɪʃ] *a fig* otromba, modortalan
boost [buːst] 1. *v* fellendít 2. *n* fellendülés
booster ['buːstə] *n* (*rocket*) gyorsító rakéta; *med* emlékeztető oltás
boot [buːt] 1. *n* (magasszárú) cipő; (*in car*) csomagtartó 2. *vt comput* betölt, behúz

booth [buːð] *n* (*at fair*) bódé; (*telephone/voting* ~) fülke
bootlace [buːtleɪs] *n* cipőfűző
booty ['buːtɪ] *n* (hadi) zsákmány
booze [buːz] *col* 1. *v* piál 2. *n* pia
boozer ['buːzə] *n cok* piás
border ['bɔːdə] 1. *n* (*between countries*) határ; (*edge*) perem, szegély 2. *v* határol, szegélyez ‖ ~ **on** határos, összeér
borderline ['bɔːdəlaɪn] *n* határszél ‖ ~ **case** határeset
bore[1] [bɔː] 1. *n* (*of gun*) kaliber 2. *v* fúr
bore[2] [bɔː] 1. *n col* (*person*) unalmas alak; (*thing*) unalmas dolog 2. *v* untat ‖ **be** ~**d** unatkozik; un (*with* vmt)
bore[3] [bɔː] *pt* → **bear**[2]
boredom [bɔːdəm] *n* unalom
boring ['bɔːrɪŋ] *a* unalmas
born [bɔːn] *a* született ‖ **I was** ~ **in 1978.** 1978-ban születtem → **bear**[2]
borne [bɔːn] *pp* → **bear**[2]
borough ['bʌrə] *n* város; (*municipal* ~) helyhatóság
borrow ['bɒrəʊ] *vt* kölcsönkér (*from* vktől)
bosom ['bʊzəm] *n* kebel, mell
boss [bɒs] 1. *n col* főnök; tulaj 2. *v* ~ **about/around** parancsolgat
bossy ['bɒsɪ] *a* parancsolgató
botany ['bɒtənɪ] *n* növénytan
botch [bɒtʃ] *v* ~ **sg up** *col* elfuserál/elront/elszúr vmt
botcher [bɒtʃə] *n* kontár
both [bəʊθ] *a/pron* mindkét, mind a kettő ‖ ~ **... and ...** mind ..., mind ...; ~ **of them** mind a ketten
bother ['bɒðə] 1. *v* (*pester*) gyötör ‖ **I am sorry to** ~ **you** bocsánat,

hogy zavarom 2. *n* bosszúság ‖ **what a** ~**!** micsoda méreg!
bottle ['bɒtl] 1. *n* palack, üveg 2. *v* (*fruit*) befőz; (*wine*) palackoz ‖ ~ **up** magába fojt
bottleneck ['bɒtlneck] *n also fig* szűk keresztmetszet
bottle-opener *n* sörnyitó
bottom ['bɒtəm] 1. *n* (*also of person*) fenék ‖ **at the** ~ **of sg** vmnek az alján 2. *a* alsó
bought [bɔːt] *pt/pp* → **buy**
boulder ['bəʊldə] *n* szikla(darab)
boulevard ['buːləvɑːd] *n* körút
bounce [baʊns] *v* (*ball*) pattog; (*person*) felpattan; (*cheque*) nincs fedezete
bound[1] [baʊnd] *a* (össze)kötött; (*book*) kötve ‖ **(be)** ~ **for** úton (van) vm felé; **be** ~ **to happen** feltétlenül be fog következni; **be** ~ **to do sg** köteles vmt megtenni; **he is** ~ **to know** ő (valószínűleg) tudni fogja; → **bind**
bound[2] [baʊnd] 1. *n* határ 2. *v* (el)határol ‖ ~**ed on** határos vmvel
bound[3] [baʊnd] 1. *n* (*leap*) ugrás 2. *v* szökdécsel, ugrik
boundary ['baʊndrɪ] *n* határ
bounty ['baʊntɪ] *n* (*reward*) prémium, jutalom
bouquet [bʊ'keɪ] *n* (virág)csokor
bourgeois ['bʊəʒwɑː] *pol* 1. *a* polgári 2. *n* polgár
bourgeoisie [bʊəʒwɑː'ziː] *n* polgárság
bout [baʊt] *n* (*of illness*) roham; (*fancing*) csörte
bow[1] [baʊ] *n* (*of ship*) (hajó)orr
bow[2] [bəʊ] *n* (*weapon*) íj; *mus* vonó; (*knot*) csomó

bow³ [baʊ] **1.** *n* (*in greeting*) meghajlás **2.** *v* meghajol
bowel ['baʊəl] *n* ~**s** belek
bowl¹ [bəʊl] *n* (*basin*) tál, edény
bowl² [bəʊl] **1.** *n* (*wooden ball*) (teke)golyó **2.** *v* tekézik
bow-legged [bəʊ'legid] *a* ó-lábú
bowler (hat) ['bəʊlə] *n* keménykalap
bowling ['bəʊlɪŋ] *n* teke(játék) || ~ **alley** tekepálya
bowls [bəʊlz] *n sing.* tekejáték
bow tie *n* csokornyakkendő
box¹ [bɒks] **1.** *n* (*cardboard*) doboz; (*bigger*) láda; rekesz; *theat* páholy **2.** *v* dobozol
box² [bɒks] **1.** *n* ~ **on the ear** pofon **2.** *v* bokszol
boxer ['bɒksə] *n* ökölvívó
boxing ['bɒksɪŋ] *n* ökölvívás
Boxing Day ['bɒksɪŋ deɪ] *n GB* karácsony másnapja
box office *n theat* (jegy)pénztár
boy [bɔɪ] *n* fiú
boycott ['bɔɪkɒt] **1.** *n* bojkott **2.** *v* bojkottál
boyfriend ['bɔɪfrend] *n* barát
BR [biː 'ɑː] = **British Rail**
bra [brɑː] *n col* melltartó
brace [breɪs] **1.** *n tech* merevítő; *med* fogszabályozó **2.** *v* merevít; *tech* összekapcsol; → **braces**
bracelet ['breɪslɪt] *n* karperec
braces ['breɪsɪz] *n pl* nadrágtartó
bracing ['breɪsɪŋ] *a* (fel)üdítő
bracket ['brækɪt] **1.** *n* (*support*) tartó, konzol; (*shelf*) polc; (*group*) (jövedelem)kategória; (*in punctuation*) zárójel **2.** *v* zárójelbe tesz; (*together*) összekapcsol
brag [bræg] *v* -**gg**- henceg, (száj)-hősködik

braid [breɪd] **1.** *n* (*hair*) copf; (*trim*) zsinór, sujtás **2.** *v* (*trim with* ~) zsinóroz; (*hair*) copfba fon
Braille [breɪl] *n* Braille-írás
brain [breɪn] *n* agy; *fig* (*person*) koponya || ~**s** ész; **he has** ~**s** jó feje van
brain-child *n* **it is his** ~ ezt ő ötlötte ki
braindrain ['breɪndreɪn] *n* elvándorlás (*szürkeállományé külföldre*)
brainstorm ['breɪnstɔːm] *n US* = **brainwave**
brainstorming ['breɪnstɔːmɪŋ] *n US appr* ötletbörze
brainwash ['breɪnwɒʃ] *v pol pejor* átnevel
brainwave ['breɪnweɪv] *n* szenzációs ötlet
brainy ['breɪnɪ] *a* okos, eszes
braise [breɪz] *v* párol
brake [breɪk] **1.** *n* fék **2.** *v* fékez
braking distance *n* fékút
bramble ['bræmbl] *n* (földi) szeder
bran [bræn] *n* korpa
branch [brɑːntʃ] **1.** *n* (*of tree, river, science*) ág; (*of bank*) fiók **2.** *v* (*road*) elágazik
brand [brænd] **1.** *n* (*on cattle*) bélyeg; *comm* márka, védjegy **2.** *v* (meg)bélyegez
brand-new *a* vadonatúj
brandy ['brændɪ] *n* konyak
bras [bræs] *n pl col* melltartó
brass [brɑːs] *n/a* sárgaréz || **the** ~ *a* rézfúvósok
brasserie ['bræsərɪ] *n* söröző
brassière ['bræsɪə] *n* melltartó
brat [bræt] *n* gyerek, kölyök
brave [breɪv] **1.** *a* bátor **2.** *v* dacol
bravery ['breɪvərɪ] *n* bátorság

brawl [brɔːl] **1.** *n col* verekedés, bunyó **2.** *v* bunyózik
brawn [brɔːn] *n* izom(erő)
Brazil ['bræzl] *n* Brazília
Brazilian [brə'zɪlɪən] *a/n* brazíliai, brazil
breach [briːtʃ] *n* megszegés ‖ ~ **of contract** szerződésszegés; ~ **of the peace** csendháborítás, garázdaság
bread [bred] *n* kenyér ‖ **earn one's** ~ kenyeret keres; ~ **and butter** vajas kenyér; ~ **bin** kenyértartó
breadcrumbs ['bredkrʌmz] *n pl* (zsemle)morzsa
breadth ['bretθ] *n* szélesség
breadwinner ['bredwɪnə] *n* kenyérkereső, eltartó
break [breɪk] **1.** *n* (*interruption*) megszakítás; (*fracture*) törés; (*rest*) szünet; (*at school*) tízperc; (*chance*) esély **2.** *v* (*pt* **broke** [brəʊk], *pp* **broken** ['brəʊkən]) *vt* (el)tör; (*window*) kitör; (*rope*) elszakít; (*promise*) megszeg; (*record*) javít ‖ *vi* (el)törik; (*rope*) elszakad ‖ ~ **open** feltör; (*window*) kitörik; ~ **one's arm** eltöri a karját; (*journey*) megszakít
break down *vi* (*vehicle*) elromlik, meghibásodik; (*person*) kiborul ‖ *vt* (*analyse*) részletez, felbont; *chem* lebont
break in *vi* (*burglar*) betör ‖ *vt* (*horse*) belovagol ‖ ~ **in on sy** rátör vkre; ~ **in on the conversation** beszélgetést félbeszakít
break into *vt* (*burglar*) betör, behatol ‖ ~ **into laughter** nevetésben tör ki
break out *vi* (*war*) kitör; (*from prison*) megszökik

break up *vi* összetörik; *fig* felbomlik; (*school*) bezárja a kapuit; (*person*) összeroppan
breakable ['breɪkəbl] *a* törékeny
breakage ['breɪkɪdʒ] *n* töréskár
breakdown ['breɪkdaʊn] *n tech* üzemzavar; (*nervous* ~) idegöszszeomlás ‖ ~ **van** autómentő (kocsi)
breaker ['breɪkə] *n* (*wave*) nagy hullám
breakfast ['brekfəst] *n* reggeli
break-in *n* betörés
breakneck ['breɪknek] *a* **at a** ~ **speed** őrült sebességgel
breakthrough ['breɪkθruː] *n also fig* áttörés
breakwater ['breɪkwɔːtə] *n* hullámtörő (gát), móló
breast [brest] **1.** *n* mell **2.** *v* ~ **the tape** átszakítja a célszalagot
breast-feed *v* (*pt/pp* **-fed**) szoptat
breast-stroke *n* mellúszás
breath [breθ] *n* lélegzet ‖ **be out of** ~ kifulladt; **hold one's** ~ lélegzetét visszatartja
breathalyser ['breθəlaɪzə] *n* (alkohol)szonda
breathe [briːð] *v* lélegzik
breathe in belélegez
breathe out kilélegez
breather ['briːðə] *n col* rövid pihenő
breath-taking *a* lélegzetelállító
breath test *n* szondázás
bred [bred] *pt/pp* → **breed**
breeches ['brɪtʃɪz] *n* (*pl*) térdnadrág
breed [briːd] **1.** *n* (*race*) állatfaj **2.** *v* (*pt/pp* **bred**) *vt* tenyészt, felnevel ‖ *vi* szaporodik
breeze [briːz] *n* szellő
breezy ['briːzɪ] *a* szellős
brevity ['brevətɪ] *n* rövidség

brew [bru:] *vt* (*tea*) forráz; (*beer*) főz; (*plot*) kifőz ‖ **something is ~ing** valami készülődik
brewery ['bru:ərı] *n* sörfőzde
bribe [braıb] **1.** *n* csúszópénz **2.** *vt* (meg)veszteget
bribery ['braıbərı] *n* (meg)vesztegetés
bric-à-brac ['brıkəbræk] *n* mütyürke, csecsebecse
brick [brık] *n* tégla
bricklayer ['brıkleıə] *n* kőműves
brickworks ['brıkwɜ:ks] *n* téglagyár
bridal ['braıdl] *a* menyasszonyi
bride [braıd] *n* menyasszony
bridegroom ['braıdgrʊm] *n* vőlegény
bridesmaid ['braıdzmeıd] *n* koszorúslány
bridge [brıdʒ] **1.** *n* híd; (*on ship*) parancsnoki híd; (*of man*) orrnyereg; (*in cards*) bridzs **2.** *v* hidat épít; *fig* áthidal
bridle ['braıdl] **1.** *n* kantár **2.** *vt* (*horse*) felkantároz
bridle-path *n* lovaglóút
brief [bri:f] **1.** *a* rövid, vázlatos ‖ **in ~** röviden **2.** *n* *law* ügy **3.** *v* *mil* eligazít; → **briefs**
briefcase ['bri:fkeıs] *n* aktatáska
briefing ['bri:fıŋ] *n* *mil* eligazítás
briefly ['bri:flı] *adv* röviden
briefs [bri:fs] *n* *pl* (*for women*) nadrág, *col* bugyi; (*for men*) alsónadrág
brigade [brı'geıd] *n* *col* dandár
brigadier [brıgə'dıə] *n* dandárparancsnok
bright [braıt] *a* fényes, világos; (*sky*) derült; (*intelligent*) eszes, okos; (*cheerful*) vidám
brighten ['braıtn] *vt* fényesít; (*person*) felvidít ‖ *vi* kiderül

brilliance ['brılıəns] *n* ragyogás, fényesség; (*of person*) zsenialitás
brilliant ['brılıənt] *a* *fig* ragyogó, fényes, briliáns; (*idea*) zseniális
brim [brım] *n* szél, perem ‖ **to the ~** színültig
brine [braın] *n* sós lé
bring [brıŋ] *v* (*pt/pp* **brought** [brɔ:t]) hoz
bring about előidéz, elősegít
bring back visszahoz
bring down vhonnan vmt lehoz; (*price*) leszorít; (*animal*) leterít, elejt; *mil* (*aeroplane*) lelő
bring forward (*meeting*) előrehoz; *comm* áthoz, átvisz
bring in behoz; (*person*) bevezet; (*income*) hoz
bring off (*plan*) véghez visz
bring on (*cause*) előidéz
bring out (*object*) kihoz
bring round magához térít
bring up (*child*) felnevel; (*vomit*) kihány; (*question*) szóvá tesz vmt
brink ['brıŋk] *n* széle vmnek
brisk [brısk] *a* fürge, eleven
bristle ['brısl] **1.** *n* sörte **2.** *v* **~ (up)** szőrét felborzolja
Britain ['brıtn] *n* Nagy-Britannia
British ['brıtıʃ] *a* brit ‖ **the ~** a britek; **~ subject** angol állampolgár; **~ Rail** *n* Brit Államvasutak; **~ Summer Time** *n* nyári időszámítás
Briton ['brıtn] *n* brit
brittle ['brıtl] *a* rideg, törékeny
broach [brəʊtʃ] *v* (*introduce*) szóba hoz; (*barrel*) csapra ver
broad [brɔ:d] *a* (*large*) széles; (*coarse*) durva ‖ **in ~ daylight** fényes nappal

broadcast ['brɔːdkɑːst] **1.** *n* (*radio,* *TV*) közvetítés ‖ **outside** ~ helyszíni közvetítés **2.** *v* (*pt/pp* **-cast**) közvetít

broaden ['brɔːdn] *vt* kiszélesít ∣ *vi* kitágul

broad-minded *a* liberális

broccoli ['brɒkəlɪ] *n* brokkoli

brochure ['brəʊʃʊə] *n* ismertető, prospektus

broil [brɔɪl] *v US* roston süt

broke [brəʊk] *a* **be** ~ **col** nincs pénze, le van égvel ‖ **go** ~ tönkremegy; → **break**

broken ['brəʊkən] *a* törött; (*marriage*) felbomlott ‖ **speak** ~ **English** tört angolsággal beszél; → **break**

broken-down *a* (*car*) lerobbant

broker ['brəʊkə] *n* alkusz, (tőzsde)ügynök, bróker

brolly ['brɒlɪ] *n hum* paraplé

bronchitis [brɒŋ'kaɪtɪs] *n* bronchitis, hörghurut

bronze [brɒnz] *n* bronz

bronzed [brɒnzd] *a* lesült

brooch [brəʊtʃ] *n* melltű, bross

brood [bruːd] *v* (*hen*) kotlik; (*bird*) költ ‖ ~ **on/over** *sg* vmn rágódik/töpreng

brook [brʊk] *n* csermely, patak

broom [bruːm] *n* partvis, söprű

Bros [brɒs] = **brothers**

broth [brɒθ] *n* sűrű (zöldség)leves

brothel ['brɒθl] *n* bordélyház

brother ['brʌðə] *n* (fiú)testvér, fivér

brother-in-law *n* (*pl* **brothers-in-law**) sógor

brought [brɔːt] *pt/pp* → **bring**

brow [braʊ] *n* (*eye~*) szemöldök; (*forehead*) homlok; (*of hill*) hegycsúcs

browbeat ['braʊbiːt] *v* (*pt* **-beat;** *pp* **-beaten**) erőszakoskodik

brown [braʊn] **1.** *a* barna **2.** *vi* barnul ∣ *vt* (*meat*) lesüt, megpirít

Brownie (Guide) ['braʊnɪ] *n* leánycserkész (*7-10 év között*)

browse [braʊz] *v* (*among books*) böngészik

bruise [bruːz] **1.** *n* zúzódás **2.** *v* **be** ~**d** zúzódás(oka)t szenved

brunette [bruː'net] *n* barna nő

brush [brʌʃ] **1.** *n* kefe; (*paint* ~) ecset **2.** *v* (ki)kefél ‖ ~ **one's teeth** fogat mos

brush aside félresöpör

brush up (*knowledge*) felfrissít

brush-off *n* **give sy the** ~ leráz vkt

brushwood ['brʌʃwʊd] *n* bozót

brusque [bruːsk] *a* nyers, rideg

Brussels ['brʌslz] *n* Brüsszel ‖ ~ **sprouts** *pl* kelbimbó

brutal ['bruːtl] *a* durva, brutális

brutality [bruː'tælətɪ] *n* durvaság, brutalitás

brute [bruːt] *n* vadállat

BST [biː es 'tiː] = **British Summer Time**

bubble ['bʌbl] **1.** *n* buborék **2.** *v* bugyborékol, pezseg; *átv* (~ *over*) túlárad

bubble gum *n* (felfújható) rágógumi

buck [bʌk] *n* (*goat, rabbit, antelope, etc*) bak; (*deer*) hím; *US, col* dollár ‖ **pass the** ~ *col* áthárítja a felelősséget (*to* vkre)

bucket ['bʌkɪt] *n* vödör

buckle ['bʌkl] **1.** *n* csat **2.** *vt* összecsatol, becsatol

bud [bʌd] **1.** *n* rügy; (*of flower*) bimbó **2.** *v* **-dd-** rügyezik; (*flower*) bimbózik

Buddhism ['bʊdɪzəm] *n* buddhizmus

buddy ['bʌdɪ] *n* pajtás, haver

budge [bʌdʒ] *v* moccan ‖ **does not** ~ nem mozdul

budget ['bʌdʒɪt] **1.** *n* költségvetés **2.** *v* előirányoz (*for* vmt)

buff [bʌf] *n* **a TV** ~ TV-rajongó

buffalo ['bʌfələʊ] *n* bivaly; *US* bölény

buffer ['bʌfə] *n* ütköző

buffet ['bʊfeɪ] *n* büfé ‖ ~ **car** büfékocsi; ~ **meals** *pl* hidegkonyha

buffoon [bə'fuːn] *n* jópofa, bohóc

bug [bʌg] *n* poloska; (*spy device*) lehallgatókészülék, „poloska"

bugbear [bʌgbeə] *n* mumus, rémkép

build [bɪld] **1.** *n* (*of person*) testalkat, alkat **2.** *v* (*pt/pp* **built** [bɪlt]) épít

build up *vt* beépít, kiépít, (*body*) felerősít I *vi* felhalmozódik

builder ['bɪldə] *n* kőműves (kisiparos)

building ['bɪldɪŋ] *n* (*edifice*) épület ‖ ~ **material** építőanyag; ~ **trade** építőipar

build-up *n* (*publicity*) kedvező reklám; (*growth*) növekedés, fokozódás

built-in *a* beépített

built-up *a* beépített ‖ ~ **area** lakott terület

bulb [bʌlb] *n* *bot* hagyma, gumó; *el* villanykörte

Bulgaria [bʌl'geərɪə] *n* Bulgária

Bulgarian [bʌl'geərɪən] *a/n* bolgár

bulge [bʌldʒ] **1.** *n* kidudorodás **2.** *v* kidudorodik

bulk [bʌlk] *n* tömeg ‖ **in** ~ *comm* nagyban, ömlesztve

bulkhead ['bʌlkhed] *n* választófal

bulky ['bʌlkɪ] *a* vaskos, masszív

bull [bʊl] *n* bika

bulldog ['bʊldɒg] *n* buldog

bulldozer ['bʊldəʊzə] *n* földgyalu, buldózer

bullet ['bʊlɪt] *n* (puska)golyó

bulletin ['bʊlətɪn] *n* közlemény; *med* napi jelentés; (*periodical*) közlöny

bullet-proof *a* golyóálló

bullfight ['bʊlfaɪt] *n* bikaviadal

bullock ['bʊlək] *n* ökör

bully ['bʊlɪ] *vt* erőszakoskodik vkvel; (*frighten*) terrorizál vkt

bum [bʌm] *n* *col* (*bottom*) popó; (*tramp*) csavargó

bumblebee ['bʌmblbiː] *n* dongó

bump [bʌmp] **1.** *n* (*blow*) (tompa) ütés; (*collision*) koccanás; (*on head*) dudor; (*on road*) zökkenő **2.** *vt* megüt, beüt I *vi* koccan, zökken

bump along eldöcög

bump into nekikoccan; (*car*) belerohan; (*person*) belebotlik vkbe

bumper ['bʌmpə] *n* lökhárító

bumptious ['bʌmpʃəs] *a* nagyképű, pöffeszkedő

bumpy ['bʌmpɪ] *a* hepehupás

bun [bʌn] *n* (*bread roll*) *approx* kis briós; (*of hair*) konty

bunch [bʌntʃ] *n* csomó; (*of grapes*) fürt; (*of flowers*) csokor; *sp* boly ‖ ~ **of keys** kulcscsomó

bundle ['bʌndl] **1.** *n* (*of goods*) csomag; (*of hay*) kéve **2.** *v* összekötöz

bundle off *col* elzavar

bung [bʌŋ] **1.** *n* (nagyobb) dugó **2.** *v* (be)dugaszol

bungalow ['bʌŋgələʊ] *n* bungaló

bungle ['bʌŋgl] *v* *col* elfuserál

bunk [bʌŋk] *n* hálóhely (*hajón*)
bunk beds *n pl* emeletes ágy
bunker ['bʌŋkə] *n* bunker
bunny (rabbit) ['bʌnɪ] *n* nyuszi
bunting ['bʌntɪŋ] *n* színes zászló(cská)k
buoy [bɔɪ] **1.** *n* bója **2.** *v* ~ **up** felszínen tart; (*hearten*) felvidít
buoyancy ['bɔɪənsɪ] *n* (*of liquid*) felhajtóerő; élénkség
buoyant ['bɔɪənt] *a fig* élénk
burden ['bɜːdn] **1.** *n* teher **2.** *v* terhel (*with* vmvel)
bureau ['bjʊərəʊ] *n* (*pl* -**s** *or* -**x** [-rəʊz]) *GB* (*furniture*) redőnyös íróasztal; (*office*) iroda, hivatal
bureaucracy [bjʊə'rɒkrəsɪ] *n* bürokrácia
bureaucratic [bjʊərə'krætɪk] *a* bürokratikus
bureaux ['bjʊərəʊz] *pl* → **bureau**
burglar ['bɜːglə] *n* betörő ‖ ~ **alarm** riasztóberendezés
burglarize ['bɜːgləraɪz] *v US* = **burgle**
burglary ['bɜːglərɪ] *n* betörés
burgle ['bɜːgl] *vi* behatol | *vt* kirabol
burial ['berɪəl] *n* temetés
burly ['bɜːlɪ] *a* termetes
burn [bɜːn] **1.** *n* égés, égési seb **2.** *v* (*pt/pp* **burnt** [bɜːnt] *or* **burned**) *vi* ég; (*meat*) odaég | *vt* felgyújt; (*meat*) leéget
burning ['bɜːnɪŋ] *a* égő, égető
burnish ['bɜːnɪʃ] *v* csiszol
burnt [bɜːnt] *pt/pp* → **burn**
burrow ['bʌrəʊ] **1.** *n* lyuk, üreg **2.** *v* lyukat ás
bursar ['bɜːsə] *n school* gazdasági vezető
bursary ['bɜːsərɪ] *n* ösztöndíj

burst [bɜːst] **1.** *n* szétrobbanás, kipukkadás ‖ ~ **of applause** tapsvihar **2.** *v* (*pt/pp* **burst**) *vi* (*bomb*) felrobban; (*tyre*) kidurran; (*balloon*) kipukkad; (*abscess*) kifakad | *vt* felrobbant; (*balloon*) kipukkaszt ‖ ~ **into flames** lángba borul; ~ **out crying** sírva fakad
bury ['berɪ] *v* eltemet ‖ ~ **oneself in (one's books etc.)** beletemetkezik vmbe
bus [bʌs] *n* autóbusz ‖ **go by** ~ busszal megy; **on the** ~ a buszon
bush [bʊʃ] *n* bokor; *tech* persely
bushy ['bʊʃɪ] *a* bozótos, bokros
business ['bɪznɪs] *n* (*commerce*) üzlet; ügy; (*job*) foglalkozás; (*firm*) vállalkozás, vállalat, cég ‖ **he means** ~ nem tréfál; **it's none of your** ~ mi közöd hozzá?; **be away on** ~ hivatalos úton van
business hours *n pl* pénztári órák, nyitvatartási idő
businesslike ['bɪznɪslaɪk] *a* szakszerű, komoly
businessman ['bɪznɪsmæn] *n* (*pl* -**men**) üzletember
businesswoman ['bɪznɪswʊmən] *n* (*pl* -**women**) üzletasszony
busker ['bʌskə] *n* utcai zenész
bus-stop *n* buszmegálló
bust[1] [bʌst] *n* (*bosom*) mell; (*sculpture*) mellszobor
bust[2] [bʌst] *n* (*failure*) csőd, bukás
bustle ['bʌsl] **1.** *n* nyüzsgés **2.** *v* nyüzsög
bustling ['bʌslɪŋ] *a* (*place*) nyüzsgő; (*person*) fontoskodó
busy ['bɪzɪ] *a* elfoglalt; (*shop, street*) forgalmas, mozgalmas ‖ **I am very** ~ sok a dolgom

busybody ['bɪzɪbɒdɪ] *n col* fontoskodó alak

but [bət, bʌt] **1.** *conj* de **2.** *prep* ~ **for** kivéve

butane gas ['bjuːteɪn] *n* (háztartási) gázpalack

butcher ['bʊtʃə] **1.** *n* mészáros, hentes **2.** *v* lemészárol

butcher's (shop) *n* húsbolt, hentesüzlet

butler ['bʌtlə] *n* komornyik

butt [bʌt] **1.** *n* (*of cigarette*) csikk; (*goat*) döfés; (*of gun*) puskaagy **2.** *v* döf

butter ['bʌtə] *n* vaj

butterfingers ['bʌtəfɪŋgəz] *n* kétbalkezes (alak/nő)

butterfly ['bʌtəflaɪ] *n* pillangó

buttery ['bʌtərɪ] *n* söröző

buttocks ['bʌtəks] *n pl* far, ülep

button ['bʌtn] **1.** *n* gomb; *tech* nyomógomb **2.** *v* begombol

buttonhole ['bʌtnhəʊl] *n* gomblyuk

buttress ['bʌtrɪs] *n* támfal

buy [baɪ] **1.** *n* (alkalmi) vétel ‖ **a good** ~ jó üzlet/vásár **2.** *v* (*pt/pp* **bought** [bɔːt]) (meg)vásárol, (meg)vesz (*sy sg* vknek vmt) ‖ ~ **sg cheap** olcsón vesz/vásárol vmt **buy up** felvásárol, összevásárol

buyer ['baɪə] *n* vevő

buzz [bʌz] **1.** *n* zúgás, búgás **2.** *v* zúg, búg ‖ ~ **off!** *col* kopj le!, tűnés!

buzzer ['bʌzə] *n* berregő

by [baɪ] *prep* (*agent, cause*) által, -tól, -től; (*means, manner*) -val, -vel; (*according to*) szerint ‖ **I'll be there** ~ **five (o'clock)** ötre ott leszek; ~ **night** éjjel; ~ **the** ~ mellékesen említem

bye(-bye)! *int* szia!, viszlát!

bygone ['baɪgɒn] *a* régmúlt ‖ **let** ~**s be** ~**s!** borítsunk fátylat a múltra!

bypass ['baɪpɑːs] **1.** *n* kerülőút **2.** *v* elkerül

by-product *n* melléktermék; *fig* mellékhatás

bystander ['baɪstændə] *n* bámészkodó

byway ['baɪweɪ] *n* mellékút

byword ['baɪwɜːd] *n* **he is a** ~ **for meanness** közismerten fukar

C

cab [kæb] *n* taxi; (*of track*) vezetőfülke

cabaret ['kæbəreɪ] *n* kabaré

cabbage ['kæbɪdʒ] *n* káposzta

cabin ['kæbɪn] *n* bódé; (*on ship*) kabin, kajüt; (*aircraft*) pilótafülke

cabinet ['kæbɪnɪt] *n* szekrény; *pol* kormány, kabinet

cable ['keɪbl] **1.** *n* kötél, kábel; (*telegram*) kábel(távirat) **2.** *v* táviratozik (*sy* vknek)

cable-car *n* kötélpálya, sikló

cable television *n* kábeltelevízió

cache [kæʃ] *n* titkos raktár; *comput* gyorsítótár

cackle ['kækl] *v* kotkodácsol

Caesarean section (*US* **Ces-**) [sɪ'zeərɪən] *n med* császármetszés

café ['kæfeɪ] *n* kávéház

cafeteria [kæfə'tɪərɪə] *n* önkiszolgáló étterem

caffeine ['kæfiːn] *n* koffein

cage [keɪdʒ] *n* kalitka, ketrec

cake [keɪk] *n* (édes) sütemény, tészta ‖ **a** ~ **of soap** egy darab szappan

calamity [kə'læmətɪ] *n* szerencsétlenség, (természeti) csapás
calculate ['kælkjʊleɪt] *v* kiszámít
calculator ['kælkjʊleɪtə] *n* (zseb)-számológép
calendar ['kælɪndə] *n* naptár
calf [kɑːf] *n* (*pl* **calves**) (*of cow*) borjú; (*of leg*) lábikra, vádli
calibre (*US* **-ber**) ['kæləbə] *n* kaliber || **a man of high** ~ nagy kaliberű ember
call [kɔːl] **1.** *n* kiáltás; (*telephone* ~) (telefon)hívás, beszélgetés; (*visit*) (rövid) látogatás, vizit; (*in cards*) bemondás || **be on** ~ készenlétben áll/van; (*doctor*) ügyel(etet tart); **give sy a** ~ telefonon felhív vkt **2.** *v* (*shout*) kiált; hív; (*name*) (el)nevez; telefonál vknek || ~ **sy sg** vkt vmnek nevez; **let's** ~ **it a day** mára elég
call back (*telephone*) visszahív
call for (*fetch*) érte jön; (*demand*) vm igényel vmt; kíván; vmt megkövetel
call off (*cancel*) lemond
call on sy vkt meglátogat
call up *mil* behív; *US* telefonál vknek
call-box *n* telefonfülke
calling ['kɔːlɪŋ] *n* elhivatás
callous ['kæləs] *a* (*hand*) kérges; *fig* (*hard-hearted*) lelketlen
calm [kɑːm] **1.** *a* nyugodt, csendes || **keep** ~ megőrzi nyugalmát **2.** *n* szélcsend **3.** *v* megnyugtat, (le)-csendesít
calm down *vi* (*weather*) (le)csendesedik; (*person*) megnyugszik | *vt* megnyugtat
calorie ['kælərɪ] *n* kalória
calves [kɑːvz] *pl* → **calf**

camcorder ['kæmkɔːdə] *n* camcorder, videó
came [keɪm] *pt* → **come**
camel ['kæml] *n* teve
camera ['kæmrə] *n* *photo* fényképezőgép; *cine, TV* kamera
cameraman ['kæmrəmæn] *n* (*pl* **-men**) filmoperatőr
camouflage ['kæməflɑːʒ] **1.** *n* álcázás **2.** *v* álcáz
camp [kæmp] **1.** *n* tábor **2.** *v* táboroz || **go** ~**ing** kempingezik
campaign [kæm'peɪn] **1.** *n* hadjárat, kampány **2.** *v* kampányban részt vesz
campbed [kæmp'bed] *n* kempingágy
camper ['kæmpə] *n* kempingező, *US* (*vehicle*) lakóautó
campsite ['kæmpsaɪt] *n* kemping
campus ['kæmpəs] *n* egyetemi terület
can[1] [kæn] **1.** *n* (*for oil, water*) doboz; kanna; *US* (*for food*) konzerv **2.** *v* **-nn-** eltesz, befőz
can[2] [kæn] (*pt* **could** [kʊd]) *v* tud, képes || ~ **do sg** tehet vmt; **it** ~ **be** lehet(séges); ~ **you see it?** látod?, látja?; **this can't be true** ez nem lehet igaz; **I cannot but ...** nem tehetek mást, mint ...; → **could**
Canada ['kænədə] *n* Kanada
Canadian [kə'neɪdɪən] *a*/*n* kanadai
canal [kə'næl] *n* csatorna
cancel ['kænsl] *v* **-ll-** (*US* **-l-**) (*appointment*) lemond; (*delete*) kihúz, töröl; (*train*) töröl
cancellation ['kænsə'leɪʃn] (*US* **-l-**) *n* helylemondás; törlés, érvénytelenítés; (*of contrait*) felmondás
cancer ['kænsə] *n* *med* rák

candid ['kændıd] *a* őszinte, szókimondó, nyílt

candidate ['kændıdət] *n* (*állásra, vizsgára*) jelentkező; jelölt

candle ['kændl] *n* gyertya

candlestick ['kændlstık] *n* gyertyatartó

candour (*US* **-or**) ['kændə] *n* őszinteség

candy ['kændı] *n US* édesség

cane [keın] **1.** *n bot* nád; (*stick*) nádpálca, sétabot **2.** *v* (*school*) vesszőz

canister ['kænıstə] *n* (bádog)doboz

cannabis ['kænəbıs] *n* hasis

canned beer *n* dobozos sör

cannon ['kænən] *n* ágyú, löveg

cannot ['kænət] → **can**²

canny ['kænı] *a* ravasz, sunyi

canoe [kə'nuː] **1.** *n* kenu **2.** *v* kenuzik

canon ['kænən] *n* (*church law*) kánon; (*clergyman*) kanonok

can opener *n* konzervnyitó

can't [kɑːnt] = **cannot** → **can**²

cantaloup ['kæntəluːp] (*US* **cantaloupe**) (**melon**) *n* sárgadinnye

canteen [kæn'tiːn] *n* (üzemi) étkezde, menza; (*bottle*) kulacs

canvas ['kænvəs] *n* ponyva; (*for painting*) vászon

canvass ['kænvəs] *v* korteskedik (*for sy* vk mellett)

canyon ['kænjən] *n* kanyon

cap [kæp] **1.** *n* sapka; (*of pen, bottle*) kupak **2.** *v* **-pp-** vmre rádupláz

capable ['keıpəbl] *a* képes, alkalmas; (*gifted*) ügyes, tehetséges

capacity [kə'pæsətı] *n* (*ability*) képesség, adottság; (*position*) minőség; (*volume*) térfogat; kapacitás || **in what ~?** milyen minőségben?

cape¹ [keıp] *n geogr* (hegy)fok

cape² [keıp] *n* (*garment*) köpeny, pelerin

caper¹ ['keıpə] *v* ugrál, szökdécsel

caper² ['keıpə] *n* kapri(bogyó)

capital ['kæpıtl] *n* (*city*) főváros; (*money*) tőke; (*letter*) nagybetű, nagy kezdőbetű

capitalism ['kæpıtəlızəm] *n* tőkés rendszer, kapitalizmus

capitalist ['kæpıtəlıst] *a/n* tőkés, kapitalista

capital letter *n* nagybetű, nagy kezdőbetű

capital punishment *n* halálbüntetés

capitulate [kə'pıtjʊleıt] *v* megadja magát

capricious [kə'prıʃəs] *a* szeszélyes

capsize [kæp'saız] *v* felborul (*csónak*)

capsule ['kæpsjuːl] *n* kapszula; *bot* (mag)tok || (**space**) ~ űrkabin

captain ['kæptın] *n mil* kapitány, százados; *naut* hajóparancsnok; kapitány

caption ['kæpʃn] *n* felirat; (*to picture*) képaláírás, képszöveg

captivate ['kæptıveıt] *v* lebilincsel, lenyűgöz

captive ['kæptıv] *n* fogoly, rab

captivity [kæp'tıvətı] *n* fogság, rabság

capture ['kæptʃə] **1.** *n* bevétel (*váré*) **2.** *v* vkt/vmt elfog, foglyul ejt; (*place*) bevesz

car [kɑː] *n* autó, kocsi; (*of lift*) fülke; *railw* kocsi, vagon || **by ~** autón, kocsival

caravan ['kærəvæn] **1.** *n* (*in desert*) karaván; (*vehicle*) lakókocsi **2.** *v*

-nn- go ~ning lakókocsival utazik
caravan site *n* lakókocsitábor
carbon ['kɑːbən] *n chem* szén
carbonated ['kɑːbəneɪtɪd] *a* szénsavas (*ital*)
carbon paper *n* indigó
carburettor [kɑːbjʊ'retə] (*US* -**retor**) *n* porlasztó, karburátor
card [kɑːd] *n* kártya; (*visiting* ~) névjegy; kartoték(lap)
cardboard ['kɑːdbɔːd] *n* karton-(papír)
card-game *n* kártyajáték
cardiac ['kɑːdɪæk] **1.** *a med* szív- **2.** *n* szívbeteg
cardigan ['kɑːdɪgən] *n* kardigán, kötött kabát
cardinal ['kɑːdɪnl] **1.** *a* sarkalatos **2.** *n rel* bíboros
cardinal number *n* tőszámnév
cardphone ['kɑːdfəʊn] *n* kártyás telefon(állomás)
care [keə] **1.** *n* gondoskodás, gondozás, törődés ‖ ~ **of sy (c/o...)** vknek a címén/leveleivel; **take ~ of sy/sg** vkre, vmre ügyel/vigyáz **2.** *v* ~ **about sy/sg** törődik vkvel/vmvel ‖ ~ **for (sg** *or* **to do sg)** vmt szeret; ~ **for sy/sg** törődik vkvel/vmvel; **I do not** ~ **(if ...)** nekem mindegy
career [kə'rɪə] *n* (élet)pálya, karrier, pályafutás
carefree ['keəfriː] *a* gondtalan
careful ['keəfəl] *a* gondos, figyelmes; óvatos ‖ **be ~** légy óvatos!, vigyázz!
careless ['keəlɪs] *a* gondatlan
carelessness ['keəlɪsnɪs] *n* gondatlanság, figyelmetlenség
caress [kə'res] *v* simogat, cirógat

caretaker ['keəteɪkə] *n* gondnok, házfelügyelő
car-ferry *n* (autós) komphajó
cargo ['kɑːgəʊ] *n* rakomány, szállítmány
car-hire *n* gépkocsikölcsönzés
Caribbean See, the [kærə'bɪən] *n* Karib-tenger
caricature ['kærɪkətjʊə] **1.** *n* karikatúra **2.** *v* karikatúrát rajzol vkről
caring ['keərɪŋ] *a* törődő, gondos
carnage ['kɑːnɪdʒ] *n* vérontás, mészárlás
carnal ['kɑːnl] *a* testi, érzéki
carnation [kɑː'neɪʃn] *n* szegfű
carnival ['kɑːnɪvl] *n* karnevál, farsang
carnivorous [kɑː'nɪvərəs] *a* húsevő
carol ['kærəl] *n* (karácsonyi) ének
carp [kɑːp] *n* ponty
car park *n* parkoló
carpenter ['kɑːpɪntə] **1.** *n* ács **2.** *v* ácsol
carpet ['kɑːpɪt] *n* szőnyeg
carriage ['kærɪdʒ] *n* (lófogatú) kocsi; *railw* kocsi, vagon; (*of typewriter*) kocsi; szállítás, fuvar
carriageway ['kærɪdʒweɪ] *n* úttest
carrier ['kærɪə] *n* szállító, fuvarozó ‖ ~ **bag** bevásárlószatyor
carrot ['kærət] *n* sárgarépa
carry ['kærɪ] *v* visz; (*transport*) szállít vkt/vmt (vhova); (*motion*) elfogad
carry away elvisz ‖ **be carried away by** vmre ragadtatja magát
carry on folytat; (*foglalkozást*) űz ‖ ~ **on!** folytasd (csak)!; ~ **on with sy** *col* viszonya van vkvel
carry out megvalósít, véghezvisz; (*order*) teljesít
carry-cot *n* mózeskosár

cart [kɑːt] *n* szekér, kocsi; (*two-wheeled*) taliga
cartilage [ˈkɑːtɪlɪdʒ] *n* porc
cartography [kɑːˈtɒɡrəfɪ] *n* térképészet
carton [ˈkɑːtn] *n* (*of cigarettes etc.*) karton; (*milk etc.*) doboz
cartoon [kɑːˈtuːn] *n* (*in newspaper*) karikatúra; (*animated* ~) rajzfilm
cartridge [ˈkɑːtrɪdʒ] *n* töltény; (*for film, tape*) patron
carve [kɑːv] *v* (*wood, stone*) farag; (*on surface*) vés; (*meat*) szeletel
carving [ˈkɑːvɪŋ] *n* faragás, faragvány
car wash *n* (*act*) autómosás; (*place*) autómosó
cascade [kæˈskeɪd] **1.** *n* vízesés **2.** *v* ~ **down** (*víztömeg*) lezúdul
case[1] [keɪs] *n* (*box*) láda, doboz; (*suitcase*) koffer; (*for camera*) tok
case[2] [keɪs] *n law* eset, ügy; *med* kóreset ‖ **in this** ~ ebben az esetben; **in** ~ abban az esetben, ha, hátha; **in** ~ **of emergency** szükség esetén
cash [kæʃ] **1.** *n* készpénz ‖ **be in** ~ van pénze; **pay** ~ (**down**) (*or* **pay in** ~) készpénzzel fizet **2.** *v* bevált
cash-book *n* pénztárkönyv
cash card *n* ügyfélkártya
cash desk *n GB* pénztár, kassza
cash dispenser *n* pénzautomata
cashier [kæˈʃɪə] *n* pénztáros
cash on delivery *n* utánvét(tel)
cash payment *n* készpénzfizetés
cash register *n* pénztárgép
casing [ˈkeɪsɪŋ] *n* burkolat, tok
casino [kəˈsiːnəʊ] *n* (játék)kaszinó
cask [kɑːsk] *n* hordó
casket [ˈkɑːskɪt] *n* kazetta, ládika; *US* (*coffin*) koporsó

casserole [ˈkæsərəʊl] *n* (*utensil*) (tűzálló) tál; (*food*) ragu
cassette [kəˈset] *n* kazetta ‖ ~ **recorder** kazettás magnó
cast [kɑːst] **1.** *n theat* szereposztás ‖ ~ **of mind** lelki alkat, beállítottság **2.** *v* (*pp/pt* **cast** [kɑːst]) dob, vet; (*metal*) kiönt; (*role*) kioszt ‖ ~ **a look/glance at sy/sg** tekint/néz vkre/vmre; ~ **anchor** horgonyt vet
cast down lever, lehangol
castaway [ˈkɑːstəweɪ] *n* hajótörött
caster [ˈkɑːstə] *n* (*on furniture*) görgő; (*for sugar etc.*) (cukor)szóró ‖ ~ **sugar** porcukor
casting vote [kɑːstɪŋ] *n* döntő szavazat
cast iron *n* öntöttvas
castle [ˈkɑːsl] **1.** *n* vár; (*in chess*) bástya **2.** *v* (*in chess*) sáncol
castor oil *n* ricinus(olaj)
castor sugar *n GB* porcukor
casual [ˈkæʒʊəl] *a* (*by chance*) véletlen; (*dress, work*) alkalmi; (*attitude*) hanyag, lezser
casualty [ˈkæʒʊəltɪ] *n* (*accident victim*) áldozat; (*dead*) halott; (*wounded*) sérült ‖ ~ **department** baleseti osztály
cat [kæt] *n* macska
catalogue [ˈkætəlɒɡ] (*US* **-log**) **1.** *n* katalógus **2.** *v* katalógusba vesz
catalyst [ˈkætəlɪst] *n chem* katalizátor
catapult [ˈkætəpʌlt] **1.** *n* (*child's*) parittya; *aviat* katapult **2.** *v* katapultál
catastrophe [kəˈtæstrəfɪ] *n* katasztrófa
catcall [ˈkætkɔːl] **1.** *n* ~**s** pfujolás, kifütyülés **2.** *v* kifütyül
catch [kætʃ] **1.** *n* (*fish etc*) zsákmány, fogás; (*trick*) csapda, csel;

(*of lock*) zárnyelv, retesz **2.** *v*
(*pt/pp* **caught** [kɔːt]) megfog;
megragad; (*illness*) megkap; (*fish*)
kifog; (*arrest*) elfog; (*understand*)
felfog, megért ‖ **~ a cold** megfá-
zik; **~ fire** meggyullad; **~ sight of**
megpillant; **~ sy red-handed**
tetten ér; **I didn't ~ what you
said!** nem értem! (*rosszul hal-
lom*); **sg ~es one's eye** megakad
vmn a szeme
catch on *col* (*understand*) meg-
ért, kapcsol; (*grow popular*) di-
vatba jön
catch out kifog vkn
catch (sy) up utolér
catching ['kætʃɪŋ] *a* ragályos
catchphrase ['kætʃfreɪz] *n* divatos
szólás, szlogen
catchy ['kætʃɪ] *a* (*tune*) fülbemászó
catechism ['kætɪkɪzəm] *n* katekiz-
mus, káté
category ['kætɪgərɪ] *n* kategória
cater ['keɪtə] *v* **~ for** élelmez, élel-
miszerrel ellát
caterer ['keɪtərə] *n* élelmező (válla-
lat)
catering ['keɪtərɪŋ] *n* élelmezés
caterpillar ['kætəpɪlə] *n* hernyó
caterpillar tractor *n* hernyótalpas
traktor
cathedral [kə'θiːdrəl] *n* székesegyház
catholic ['kæθəlɪk] **1.** *a* (*general*)
egyetemes, általános; (*views*)
liberális ‖ **C~** katolikus **2. C~** *n*
katolikus
cat's-eye (*pl* **cat's-eyes**) *n* macska-
szem
cattle ['kætl] (*pl* **~**) *n* marha, jószág
catty ['kætɪ] *a* rosszindulatú
caucus ['kɔːkəs] *n US* pártvezető-
ségi gyűlés

caught [kɔːt] *pp/pt* **→ catch**
cauliflower ['kɒlɪflaʊə] *n* karfiol
cause [kɔːz] **1.** *n* ok ‖ **give ~ for sg**
okot ad vmre **2.** *v* okoz, előidéz
caustic ['kɔːstɪk] *a* maró, égető;
(*remark*) csípős
caution ['kɔːʃn] **1.** *n* óvatosság,
körültekintés; (*warning*) figyel-
meztetés **2.** *v* **~ sy against sg** óv
vkt vmtől
cautious ['kɔːʃəs] *a* óvatos, körül-
tekintő
cavalry ['kævəlrɪ] *n* lovasság
cave [keɪv] **1.** *n* barlang **2.** *v* **~ in**
beomlik; *fig* beadja a derekát
cavern ['kævən] *n* barlang; *med*
kaverna
caviar(e) ['kævɪɑː] *n* kaviár
cavity ['kævətɪ] *n* üreg, odú; (*in
tooth*) lyuk
CB [siː 'biː] = **citizens' band**
CD [siː 'diː] = **compact disc**
cease [siːs] *vi* (meg)szűnik, abba-
marad ‖ *vt* megszüntet, abbahagy
ceasefire ['siːsfaɪə] *n mil* tűzszünet
ceaseless ['siːslɪs] *a* szüntelen
cedar ['siːdə] *n bot* cédrus(fa)
cede [siːd] *v* átenged (*to* vknek)
ceiling ['siːlɪŋ] *n* mennyezet, *also
fig* plafon
celebrate ['selɪbreɪt] *v* (meg)ünne-
pel ‖ **~ mass** misézik
celebration [selɪ'breɪʃn] *n* (meg)ün-
neplés
celebrity [sɪ'lebrətɪ] *n* híres ember,
notabilitás
celery ['selərɪ] *n* zeller
celestial [sɪ'lestɪəl] *a* égi
cell [sel] *n biol* sejt; *el* cella; (*in
prison*) cella, zárka
cellar ['selə] *n* pince
cellist ['tʃelɪst] *n* csellista

cello ['tʃeləʊ] n cselló
cellular ['seljʊlə] a biol sejt-
cellulose ['seljʊleʊs] n cellulóz
Celt [kelt] n kelta (ember)
cement [sɪ'ment] n cement
cemetery ['semɪtrɪ] n temető
censor ['sensə] 1. n cenzor 2. v cenzúráz
censure ['senʃə] 1. n megrovás 2. v megrovásban részesít
census ['sensəs] n népszámlálás
cent [sent] n cent
centenary [sen'tiːnən] n centenárium
center ['sentə] n US = centre
centigrade ['sentɪgreɪd] a százas beosztású, Celsius-
centimetre (US -meter) ['sentɪmiːtə] n centiméter, cm
central ['sentrəl] a központi, közép-ső
Central Europe n Közép-Európa
Central European Time n közép-európai idő
central heating n központi fűtés
centre (US center) ['sentə] 1. n középpont; (of city) centrum, központ; (of illness) góc 2. v ~ the ball középre adja a labdát
centrifuge ['sentrɪfjuːdʒ] n centrifuga
century ['sentʃərɪ] n (év)század || centuries old évszázados
ceramics [sɪ'ræmɪks] n sing. (art) kerámia; pl (articles) kerámiák
cereals ['sɪərəlz] n pl (grains) gabonafélék; (for breakfast) reggeliételek (gabonaféléből)
cerebral ['serɪbrəl] a agyi
ceremony ['serɪmənɪ] n szertartás, ceremónia
certain ['sɜːtn] a biztos; (particular) bizonyos || for ~ biztosan;

make ~ of sg meggyőződik vmről; to a ~ degree bizonyos mértékben
certainly ['sɜːtnlɪ] adv valóban, hogyne, biztosan! || ~ not! semmi esetre (sem)
certificate [sə'tɪfɪkət] n igazolás, igazolvány; (birth etc.) anyakönyvi kivonat
certified mail n US ajánlott küldemény
certified public accountant n US okleveles könyvvizsgáló
certify ['sɜːtɪfaɪ] v (hivatalosan) igazol
Cesarean [sɪ'zeərɪən] a US = Caesarean
cessation [se'seɪʃn] n megszűnés
cesspit ['sespɪt] n emésztőgödör
CET [siː aɪ 'tiː] = Central European Time
cf. [siː 'ef] = (Latin confer) compare vesd össze!
chafe [tʃeɪf] v (rub) kidörzsöl; (shoe) feltör
chain [tʃeɪn] 1. n lánc || ~ of department stores áruházlánc; ~s pl rabbilincs 2. v ~ to sg odaláncol
chain reaction n láncreakció
chain smoker n erős dohányos
chain store n fióküzlet
chair [tʃeə] 1. n szék; (armchair) karosszék; (at university) tanszék, katedra 2. v (meeting) elnököl
chair lift n sífelvonó; libegő
chairman ['tʃeəmən] n (pl -men) elnök
chalet ['ʃæleɪ] n faház, bungaló
chalk [tʃɔːk] n kréta
challenge ['tʃælɪndʒ] 1. n kihívás 2. v kihív; (contest) vitat, kétségbe von

challenging ['tʃælɪndʒɪŋ] *a* kihívó, provokatív

chamber ['tʃeɪmbə] *n* terem ‖ ~ **of commerce** kereskedelmi kamara

chambermaid ['tʃeɪmbəmeɪd] *n* szobalány (*szállóban*)

chamber music *n* kamarazene

chameleon [kə'miːlɪə] *n* kaméleon

champagne [ʃæm'peɪn] *n* pezsgő

champignon ['ʃæmpɪnjɒ] *n* csiperkegomba

champion ['tʃæmpɪən] *n sp* bajnok

championship ['tʃæmpɪənʃɪp] *n* (*competition*) bajnokság; (*title*) bajnoki cím

chance [tʃɑːns] **1.** *a* véletlen **2.** *n* (*luck*) véletlen; (*opportunity*) esély; (*possibility*) lehetőség; (*risk*) kockázat ‖ **by** ~ esetleg, véletlenül **3.** *v* ~ **sg** megkockáztat vmt

chancellor ['tʃɑːnsələ] *n* kancellár ‖ **C~ of the Exchequer** *GB* pénzügyminiszter

chancy ['tʃɑːnsɪ] *a col* kockázatos, rizikós

chandelier [ʃændə'lɪə] *n* csillár

change [tʃeɪndʒ] **1.** *n* változás, átalakulás; (*replacement*) csere; (*in traffic*) átszállás; (*money refunded*) visszajáró pénz; (*coins*) aprópénz ‖ **for a** ~ a változatosság kedvéért; ~ **of address** lakcímváltozás; ~ **(of one's clothes)** átöltöz(köd)és **2.** *vi* (meg)változik; (*in traffic*) átszáll; (~ *clothes*) átöltözik ‖ *vt* (meg)változtat; (*replace*) cserél; (*banknote*) felvált; (*foreign currency*) átvált ‖ ~ **clothes** (*or* **one's dress**) átöltözik; ~ **course** irányt változtat; ~ **gear** sebességet vált; ~ **one's**

mind meggondolja magát; ~ **the baby** tisztába teszi a babát; ~ **the bed** ágyat húz

change into (sg) átalakul, vmvé változik

changeable ['tʃeɪndʒəbl] *a* (*weather*) változékony

change machine *n* pénzváltó automata

change-over *n pol* rendszerváltt(oz)ás

changing ['tʃeɪndʒɪŋ] **1.** *a* változó **2.** *n* változtatás ‖ ~ **of the guard** őrségváltás

changing room *n* öltöző

channel ['tʃænl] *n* (*of sea*) csatorna; *TV* csatorna ‖ **the C~** a La Manche-csatorna; **the C~ tunnel** a Csatornaalagút

chaos ['keɪɒs] *n* zűrzavar, felfordulás

chap [tʃæp] *n col* pasas, alak

chapel ['tʃæpl] *n* kápolna

chaplain ['tʃæplɪn] *n* káplán, lelkész

chapter ['tʃæptə] *n* fejezet

char[1] [tʃɑː] *n col* bejárónő

char[2] [tʃɑː] *v* -**rr**- *vt* szénné éget | *vi* elszenesedik

character ['kærɪktə] *n* jelleg; (*of person*) jellem; (*in novel*) alak, szereplő; *col* alak, pofa; *print* betű, jel; *comput* karakter

characteristic [kærɪktə'rɪstɪk] **1.** *a* jellegzetes, sajátos ‖ ~ **feature** jellemző vonás, sajátság; ~ **of sy** vkre jellemző **2.** *n* ismertetőjel, jellemvonás

characterize ['kærɪktəraɪz] *v* jellemez

charcoal ['tʃɑːkəʊl] *n* faszén ‖ ~ **sketch** szénrajz

charge [tʃɑːdʒ] **1.** *n el* töltés; *law* vád; (*cost*) díj, munkadíj; (*attack*) roham; (*task*) megbízás || ~s költségek; **bring a ~ against sy** vádat emel vk ellen; **be in ~** hatalmat gyakorol; **be in ~ of sg** gondjaira van bízva, felelős vmiért; **take ~ of sy/sg** gondoskodik vkről/ vmről **2.** *v law* (meg)vádol; (*price*) felszámít; (*gun*) megtölt; *mil* rohamoz || **~ an account** számlát megterhel; **how much do you ~ for it?** mennyibe kerül?

charitable ['tʃærɪtəbl] *a* jótékony
charity ['tʃærətɪ] *n* jótékonyság
charlady ['tʃɑːleɪdɪ] *n* = **charwoman**
charm [ʃɑːm] **1.** *n* báj; (*spell*) varázs(erő); (*object*) amulett **2.** *v* elbájol, elbűvöl
charming ['tʃɑːmɪŋ] *a* bájos, vonzó
chart [tʃɑːt] **1.** *n* (*graph*) táblázat, grafikon; (*map*) (hajózási) térkép **2.** *v* grafikont készít vmről
charter ['tʃɑːtə] **1.** *n* oklevél, alapokmány **2.** *v* (*hajót, repülőt*) bérel
chartered accountant [tʃɑːtəd] *n GB* okleveles könyvvizsgáló
charter flight *n* különjárat, chartergép
charwoman ['tʃɑːwʊmən] *n* (*pl* -women) *n* bejárónő
chase [tʃeɪs] **1.** *n* kergetés, üldözés **2.** *v* (meg)kerget, üldöz
chasm ['kæzəm] *n* szakadék
chassis ['ʃæsɪ] *n* (*of car*) alváz; *el* sasszi
chastity ['tʃæstətɪ] *n* érintetlenség, szüzesség
chat [tʃæt] *col* **1.** *n* beszélgetés, csevegés **2.** *v* -tt- diskurál || **~ with sy** vkvel társalog/beszélget
chatter ['tʃætə] *v* fecseg, locsog, (*teeth*) vacog

chatterbox ['tʃætəbɒks] *n* fecsegő; *col* kofa
chauffeur ['ʃəʊfə] *n* gépkocsivezető, sofőr
cheap [tʃiːp] *a* olcsó
cheapen ['tʃiːpən] *v* (*price*) leszállít || **~ oneself** lealacsonyodik
cheaply ['tʃiːplɪ] *adv* olcsón
cheat [tʃiːt] **1.** *n* csaló, svindler **2.** *v* csal, becsap || **~ (on)** *col* (meg)csal (*házastársat*); **~ sy out of sg** pénzt kicsal vktől
check [tʃek] **1.** *n* (*examination*) ellenőrzés, (felül)vizsgálat; (*token*) ellenőrző szelvény; (*in cloakroom*) ruhatári jegy; *US* (*in restaurant*) számla; (*US*) = **cheque** || **the ~ please!** *US* fizetek!; **~!** (*in chess*) sakk! **2.** *v* (*examine*) ellenőriz, felülvizsgál; (*make sure*) utánanéz; egyeztet; (*data*) visszakeres; (*in cloakroom*) bead; (*in chess*) sakkot ad; (*halt*) megakaszt
check in (*in hotel, airport*) (be)jelentkezik
check out (*of hotel*) kijelentkezik, eltávozik
check (up) on ellenőriz, utánanéz (vmnek)
checked [tʃekt] *a* kockás, pepita
check-in *n* (*in hotel*) bejelentkezés; (*at airport*) megjelenés || **~ desk** utasfelvétel
checking account *n US* folyószámla
checkmate ['tʃekmeɪt] (*in chess*) **1.** *n* matt **2.** *v* mattot ad vknek
checkout ['tʃekaʊt] *n* pénztár, kassza
check-point *n* határátkelőhely
checkroom ['tʃekruːm] *n US* (*cloakroom*) ruhatár; (*left-luggage office*) csomagmegőrző

checkup ['tʃekʌp] n med kivizsgálás
cheek [tʃiːk] n arc; (of animals) pofa; (impudence) arcátlanság, pimaszság ‖ have the ~ col van pofája
cheek-bone n arccsont, pofacsont
cheeky ['tʃiːkɪ] a col szemtelen
cheer [tʃɪə] v (meg)éljenez ‖ ~ for one's team col szurkol csapatnak
cheer up vi jókedvre derül | vt jókedvre derít ‖ ~ up! fel a fejjel!
cheerful ['tʃɪəfəl] a derűs, jókedvű, vidám
cheerio! [tʃɪərɪ'əʊ] int col szervusz(tok) (távozásnál)!
cheers [tʃɪəz] n pl éljenzés ‖ ~! (kívánságban) egészségére!; (távozáskor) szia!, szevasztok!
cheese [tʃiːz] n sajt
cheetah ['tʃiːtə] n gepárd
chef [ʃef] n főszakács
chemical ['kemɪkl] 1. a kémiai, vegy(észet)i 2. n ~s vegyi anyagok, vegyszerek
chemist ['kemɪst] n (scientist) vegyész; GB (pharmacist) gyógyszerész
chemist's (shop) n GB illatszerbolt; gyógyszertár
chemistry ['kemɪstrɪ] n kémia, vegyészet
cheque [tʃek] (US check) n csekk(lap) ‖ pay by ~ csekkel fizet
chequebook ['tʃekbʊk] n csekkfüzet, csekk-könyv
cheque card n csekk-kártya, bankkártya
chequered ['tʃekəd] a kockás, pepita; fig változatos
cherish ['tʃerɪʃ] v (person) dédelget; (hope) táplál
cherry ['tʃerɪ] n bot cseresznye

chess [tʃes] n sakk
chessboard ['tʃesbɔːd] n sakktábla
chessman ['tʃesmæn] n (pl -men) sakkfigura
chest [tʃest] n (box) láda; (of man) mell(kas)
chest of drawers n fiókos szekrény, komód, sublót
chestnut ['tʃesnʌt] 1. a gesztenyebarna 2. n gesztenye
chew [tʃuː] v (meg)rág
chewing gum n rágógumi
chic [ʃiːk] a sikkes, elegáns
chick [tʃɪk] n (kis)csirke; US col (girl) pipi
chicken ['tʃɪkɪn] 1. n csirke, baromfi; (food) csirkehús
chief [tʃiːf] 1. a fő, fontos 2. n főnök, vezető; (of tribe) törzsfő(nök)
chiefly ['tʃiːflɪ] adv főként
chieftain ['tʃiːftən] n törzsfőnök
chilblain ['tʃɪlbleɪn] n med fagyás
child [tʃaɪld] n (pl children ['tʃɪldrən]) gyerek ‖ children's disease gyermekbetegség; children's room gyermekszoba
childbirth ['tʃaɪldbɜːθ] n gyermekszülés
childhood ['tʃaɪldhʊd] n gyermekkor ‖ from ~ gyermekkora óta
childish ['tʃaɪldɪʃ] a gyerekes
childminder ['tʃaɪldmaɪndə] n gyermekőrző
children ['tʃɪldrən] pl → child
chill [tʃɪl] 1. n hideg; med megfázás, meghűlés 2. v hűt, fagyaszt
chilled [tʃɪld] a hűtött
chilli ['tʃɪlɪ] n cseresznyepaprika
chilly ['tʃɪlɪ] a also fig hűvös, fagyos
chime [tʃaɪm] 1. n harangjáték; (of church clock) óraütés 2. v ~ in with sg összhangban van vmvel

chimney ['tʃɪmnɪ] n kémény
chimpanzee [tʃɪmpæn'ziː] n csimpánz
chin [tʃɪn] n áll || (keep your) ~ up! fel a fejjel!
China ['tʃaɪnə] n Kína
china ['tʃaɪnə] n porcelán
Chinese [tʃaɪ'niːz] 1. a kínai 2. n (pl ~) (person, language) kínai
chip [tʃɪp] 1. n (of wood) forgács, szilánk; (of glass) csorba; el chip; → chips 2. v -pp- kicsorbul
chip in (with) beleszól
chips [tʃɪps] n pl GB hasábburgonya; US (crisps) burgonyaszirom
chiropodist [kɪ'rɒpədɪst] n pedikűrös
chirp [tʃɜːp] v (insect) ciripel; (bird) csiripel
chisel ['tʃɪzl] 1. n véső 2. v -ll- (US -l-) vés
chit-chat ['tʃɪt tʃæt] n terefere, traccs
chivalrous ['ʃɪvlrəs] a lovagias
chives [tʃaɪvz] n pl metélőhagyma, snidling
chlorine ['klɔːriːn] n klór
chocolate ['tʃɒklət] n csokoládé
choice [tʃɔɪs] 1. n választás; (of goods) választék || ~ of sg vmnek a legjava; he had no ~ (but to ...) nem volt más választása, mint ... 2. a válogatott, finom
choir [kwaɪə] n kórus, énekkar; arch (in church) karzat
choke [tʃəʊk] 1. vt (person) (meg)fojt; (pipe) eltöm | vi (el)fullad 2. n (in car) szívató
cholera ['kɒlərə] n kolera
cholesterol [kə'lestrəl] n koleszterin

choose [tʃuːz] v (pt chose [tʃəʊz]; pp chosen ['tʃəʊzn]) (ki)választ (between kettő közül)
choosy ['tʃuːzɪ] a válogatós
chop [tʃɒp] 1. n vágás; (of meat) (hús)szelet 2. v -pp- (wood) aprít, vág; (meat, vegetables) felszeletel, felvág
chop up vmt összevág, felaprít
chopper ['tʃɒpə] n (axe) húsvágó bárd; col (helicopter) helikopter
chord [kɔːd] n mus akkord, hangzat; (string) húr
choreography [kɒrɪ'ɒgrəfɪ] n koreográfia
chores [tʃɔːz] n pl aprómunka, robot
chorus ['kɔːrəs] n (singers) kórus, énekkar; (sg sung) kórus
chose [tʃəʊz] pt → choose
chosen ['tʃəʊzn] pp → choose
christen ['krɪsn] v (meg)keresztel
Christian ['krɪstʃən] a keresztény/keresztyén; hívő || ~ name keresztnév, utónév
Christianity [krɪstɪ'ænətɪ] n kereszténység, keresztyénség
Christmas ['krɪsməs] n karácsony || ~ card karácsonyi üdvözlőlap; ~ Day karácsony első napja; ~ Eve karácsonyest, szenteste; ~ tree karácsonyfa
chromium ['krəʊmɪəm] n chem króm || ~ plating krómozás
chromosome ['krəʊməsəʊm] n kromoszóma
chronic ['krɒnɪk] a med idült, krónikus
chronicle ['krɒnɪkl] n krónika, évkönyv
chronological [krɒnə'lɒdʒɪkl] a időrendi, kronologikus

chronology [krə'nɒlədʒɪ] n kronológia
chubby ['tʃʌbɪ] a pufók
chuck [tʃʌk] v eldob, kidob
chuckle ['tʃʌkl] v kuncog
chum [tʃʌm] n col pajtás, haver
chunky [tʃʌŋkɪ] a tagbaszakadt
church [tʃɜːtʃ] n templom ǁ the C~ az egyház
churchyard ['tʃɜːtʃjɑːd] n sírkert
churlish ['tʃɜːlɪʃ] a faragatlan, bugris
CIA [siː aɪ 'eɪ] = Central Intelligence Agency Központi Hírszerző Ügynökség (USA)
CID [siː aɪ 'diː] = Criminal Investigation Department
cider ['saɪdə] n almabor
cigar [sɪ'gɑː] n szivar
cigarette [sɪgə'ret] n cigaretta
cigarette-case n cigarettatárca
cigarette end n cigarettacsikk
cinder(s) ['sɪndə(z)] n (pl) hamu
cinch [sɪntʃ] n a ~ potya dolog/feladat
Cinderella [sɪndə'relə] n Hamupipőke
cine camera ['sɪnɪ] n filmfelvevő (gép)
cinefilm ['sɪnɪfɪlm] n keskenyfilm, mozifilm
cinema ['sɪnəmə] n mozi ǁ the ~ filmművészet
cinnamon ['sɪnəmən] n fahéj
cipher ['saɪfə] n (code) rejtjel, titkosírás
circle ['sɜːkl] 1. n kör; theat erkély 2. vi kering, köröz | vt megkerül
circuit ['sɜːkɪt] n (journey) körutazás, körút; el áramkör
circuitous [sɜː'kjuːɪtəs] a (road) kerülő

circular ['sɜːkjʊlə] 1. a kör alakú 2. n körlevél
circulate ['sɜːkjʊleɪt] vi (substance) kering; (banknote) forgalomban van; (rumours) terjed | vt (cause to flow) keringet; (spread) forgalomba hoz; terjeszt
circulation [sɜːkjʊ'leɪʃn] n körforgás, cirkuláció; (of blood) keringés; (of newspaper) példányszám; (of money) forgalom
circumcise ['sɜːkəmsaɪz] v körülmetél
circumference [sə'kʌmfərəns] n math kerület
circumscribe ['sɜːkəmskraɪb] v körülír, körülhatárol
circumstance ['sɜːkəmstəns] n law körülmény ǁ ~s körülmények, helyzet; under the ~s a jelenlegi helyzetben; in/under no ~s semmilyen körülmények között
circus ['sɜːkəs] n (show) cirkusz; (in town) körtér
cistern ['sɪstən] n vízgyűjtő (medence); ciszterna; (of WC) vécéöblítőtartály
cite [saɪt] v idéz; (example) felhoz; (before court of law) (be)idéz
citizen ['sɪtɪzn] n US állampolgár
citizens' band n polgári sáv, CB
citizenship ['sɪtɪzənʃɪp] n US állampolgárság
city ['sɪtɪ] n (nagyobb) város, nagyváros ǁ the C~ London városközpontja
city hall n US városháza
civic ['sɪvɪk] a állampolgári ǁ ~ centre (US -ter) közigazgatási negyed
civil ['sɪvl] a polgári; (not military) civil; (polite) előzékeny, udvarias

civil engineer n általános mérnök
civilian [sı'vılıən] 1. a civil, polgári
2. n civil, polgári személy
civilization [sıvılaı'zeıʃn] n civilizáció, műveltség
civilized ['sıvılaızd] a művelt, civilizált
civil rights n pl polgárjogok
civil servant n közalkalmazott, köztisztviselő
civil service n közszolgálat || the ~ közigazgatás
civil war n polgárháború
claim [kleım] 1. n (right) igény (to vmre); (demand) követelés || ~ for damages kártérítési igény 2. v vktől vmt követel; igényel
claimant ['kleımənt] n igénylő
clamber ['klæmbə] v mászik
clamour (US -mor) ['klæmə] 1. n zaj, lárma 2. v zajong, lármázik
clamp [klæmp] 1. n ácskapocs; tech bilincs; szorító 2. v (satuba) befog; összekapcsol
clan [klæn] n klán, nemzetség
clandestine [klæn'destın] a titkos, illegális
clang [klæŋ] v csörget, csörög
clap [klæp] 1. n taps 2. v -pp- tapsol || ~ sy megtapsol vkt; ~ one's hands összeveri a tenyerét
claret ['klærət] n (bordeaux-i) vörösbor
clarify ['klærıfaı] vt (situation) tisztáz, megvilágít; (liquid) megtisztít | vi kitisztul
clarinet [klærı'net] n klarinét
clarity ['klærətı] n (of thought) tisztaság, érthetőség
clash [klæʃ] 1. n fig konfliktus, összeütközés 2. v egymásba ütköznek, összecsap(nak); (colours)

nem illenek egymáshoz, ütik egymást
clasp [klɑːsp] 1. n (of bag) zár, csat 2. v becsatol, odacsatol (to vmhez) || ~ one's hands összekulcsolja a kezét
class [klɑːs] 1. n (category) osztály; (pupils) osztály; US (students in the same year) évfolyam; (lesson) óra; foglalkozás || go to ~es (in sg) órákat vesz 2. v osztályoz, osztályba sorol
classic ['klæsık] a/n klasszikus
classical ['klæsıkl] a klasszikus || ~ music klasszikus/komoly zene
classified ['klæsıfaıd] a (information) titkos, bizalmas || ~ ad- (vertisement) n apróhirdetés
classify ['klæsıfaı] v besorol, osztályoz
classmate ['klɑːsmeıt] n évfolyamtárs
classroom ['klɑːsruːm] n tanterem
clatter ['klætə] 1. n csörgés; (of feet) dobogás 2. vt csörget, zörget | vi csörög, zörög; (feet) dobog
clause [klɔːz] n law záradék, kikötés; gram mellékmondat
claw [klɔː] 1. n köröm, karom 2. v (meg)karmol
clay [kleı] n agyag
clean [kliːn] 1. a tiszta || make a ~ sweep (of) nagy tisztogatást végez; elsöprő győzelmet arat 2. adv I ~ forgot it teljesen kiment a fejemből 3. v (le)tisztít, megtisztít (of vmtől) || ~ one's teeth fogat mos
cleaner ['kliːnə] n takarító(nő)
cleaners ['kliːnəz] n pl vegytisztító
cleaning ['kliːnıŋ] n takarítás, (ki)tisztítás

cleanliness ['klenlınıs] *n* tisztaság
cleanse [klenz] *v* (meg)tisztít
cleanser [klenzə] *n* arclemosó
clean-shaven *a* simára borotvált
clear [klıə] 1. *a* (*glass*) tiszta; (*obvious*) világos, érthető; (*weather*) derült II **make oneself** ~ megérteti magát; **make sg** ~ tisztáz, megmagyaráz 2. *adv* tisztán II ~ **of** távol vktől/vmtől 3. *vt* (meg)tisztít; (*debt*) kiegyenlít; (*obstacle*) legyőz; (*table*) leszed; *law* (*suspect*) felment I *vi* (*weather*) kiderül; (*fog*) feloszlik
clear off *vt* (*debt*) kifizet I *vi* eltakarodik
clear out elhordja magát, kitakarodik
clear up *vt* (*room*) kitakarít; (*question*) tisztáz; (*mystery*) felderít I *vi* (*weather*) kiderül
clearance ['klıərəns] *n* (*removal*) szabaddá tétel; vámvizsgálat; *aviat* felszállási engedély; (*of accused*) felmentés; *tech* térköz
clear-cut *a* (*outline*) éles; (*decision*) határozott, egyértelmű
clearing ['klıərıŋ] *n* tisztás, irtvány; *comm* klíring
clearing bank *n* zsíróbank
clearly ['klıəlı] *adv* tisztán, érthetően; (*obviously*) nyilván(valóan)
clearway [klıəweı] *n* GB gyorsforgalmi út, autóút
clef [klef] *n mus* kulcs
clement ['klemənt] *a* enyhe
clench [klentʃ] *v* összeszorít
clergy ['klɜːdʒı] *n* klérus
clergyman ['klɜːdʒımən] *n* (*pl* -men) lelkész, pap
clerical ['klerıkl] *a* (*office*) irodai; *rel* papi II ~ **error** elírás; ~ **worker** adminisztratív dolgozó

clerk [klɑːk; *US* klɜːk] *n* (*in office*) hivatalnok, tisztviselő; *US* (*sales person*) eladó
clever ['klevə] *a* (*mentally*) okos, értelmes; (*skilful*) ügyes II **be** ~ **at sg** ügyes vmben
clew [kluː] *US* = **clue**
click [klık] 1. *n* kattanás 2. *vi* kattan I *vt* kattint
client ['klaıənt] *n* (ügy)fél, vásárló, üzletfél
clientele [kliːənˈtel] *n* (állandó) ügyfelek, vevőkör
cliff [klıf] *n* szikla, szirtfal
climate ['klaımıt] *n* éghajlat; *fig* légkör
climax ['klaımæks] *n* csúcspont, fénypont; (*orgasm*) orgazmus
climb [klaım] *vt* (meg)mászik I *vi* vmre (fel)mászik; (*rise*) emelkedik
climber ['klaımə] *n* (*mountaineer*) hegymászó; (*plant*) kúszónövény
climbing ['klaımıŋ] *n* hegymászás
cling [klıŋ] *v* (*pt/pp* **clung** [klʌŋ]) belekapaszkodik, fogódzkodik (*to sy/sg* vkbe/vmbe) II **they** ~ **together** ragaszkodnak egymáshoz
clinch [klıntʃ] *v* (*decide*) eldönt II ~ **a deal with sy** üzletet köt vkvel
clinic ['klınık] *n* rendelőintézet
clinical ['klınıkl] *a* klinikai
clink [klıŋk] *vi* peng; (*glass*) csilingel I *vt* (*glasses*) koccint
clip[1] [klıp] 1. *n* (*paper* ~) (gem)kapocs; (*brooch*) bross, melltű 2. *v* -**pp**- ~ **together** összetűz
clip[2] [klıp] 1. *n* nyírás; (*film*) klip 2. *v* -**pp**- (*nail, hair*) levág; (*hair*) lenyír
cloak [kləʊk] *n* köpönyeg

cloakroom ['kləʊkrʊm] *n* (*for coats*) ruhatár; *GB* (*toilet*) vécé
clock [klɒk] **1.** *n* óra (*fali, asztali, torony*) ‖ **round the ~** éjjel-nappal **2.** *v* mér (*időt, sebességet*)
clockwise ['klɒkwaɪz] *adv* az óramutató járásával egyező irányba(n)
clockwork ['klɒkwɜːk] **1.** *n* óramű ‖ **like ~** óramű pontossággal **2.** *a* felhúzós
cloister ['klɔɪstə] *n* kolostor, zárda
close 1. [kləʊs] *a* (*near*) közeli; (*connection*) szoros; (*translation*) hű, pontos; (*examination*) gondos; (*weather*) fülledt ‖ **~ friend** testilelki jóbarát **2.** [kləʊs] *adv* mellett(e), közel(re); szorosan ‖ **~ by** egészen közel; **~ to** mellé **3.** [kləʊz] *n* (*end*) vmnek a vége **4.** [kləʊz] *vt* (*shut*) bezár, becsuk; (*end*) befejez | *vi* (be)záródik, csukódik; (*shop*) zár; (*end*) befejeződik
closed [kləʊzd] **1.** *a* csukott, zárt **2.** *adv* zárva, csukva
close-knit *a* (*személyek*) szorosan összetartozó
closely ['kləʊslɪ] *adv* közelről, szorosan; (*carefully*) gondosan
closet ['klɒzɪt] *n US* (*cupboard*) beépített szekrény, gardrób
close-up *n* közelkép, premier plán
closure ['kləʊʒə] *n* bezárás
clot [klɒt] **1.** *n* (*of blood*) vérrög; *GB col* (*idiot*) hülye **2.** *v* -tt- (*milk*) összecsomósodik; (*blood*) (meg)alvad
cloth [klɒθ] *n tex* anyag, kelme, szövet; (*rag*) törlőrongy
clothe [kləʊð] *v* (fel)öltöztet

clothes [kləʊðz] *n pl* ruhanemű, ruházat ‖ **~ brush** ruhakefe; **~ peg** (*US* **pin**) ruhaszárító csipesz
clothing ['kləʊðɪŋ] *n* ruhanemű, ruházat
cloud [klaʊd] **1.** *n* felhő **2.** *v* **~ over** (*sky*) beborul; (*person*) elkomorul (vk)
cloud burst *n* felhőszakadás
cloudy ['klaʊdɪ] *a* (*sky*) felhős; (*liquid*) zavaros
clout [klaut] *col v* hatalmasat üt/sóz (vkre)
clove [kləʊv] *n* szegfűszeg ‖ **~ of garlic** fokhagymagerezd
clover ['kləʊvə] *n bot* lóhere ‖ **be in ~** jólétben él
clown [klaʊn] *n* bohóc
club [klʌb] **1.** *n* (*weapon*) bunkósbot; (*golf* **~**) (golf)ütő; (*society*) klub; *sp* egyesület; (*in cards*) treff **2.** *v* -bb- bunkósbottal (meg)üt ‖ **~ together** összeáll, összefog
club car *n US* szalonkocsi (büfével)
cluck [klʌk] *v* kotyog
clue (*US* **clew**) [kluː] *n* nyom, jel, kulcs (*vmnek a nyitja*) ‖ **I haven't a ~** fogalmam sincs!
clump [klʌmp] *n* csomó, rakás; (*of trees*) (fa)csoport
clumsy ['klʌmzɪ] *a* esetlen, ügyetlen
clung [klʌŋ] *pt/pp* → **cling**
cluster ['klʌstə] **1.** *n* (*of grapes*) (szőlő)fürt **2.** *v* **~ round** vk köré gyűlik
clutch [klʌtʃ] **1.** *n* (*grip, grasp*) megragadás, megfogás; (*in car*) kuplung **2.** *v* vmbe kapaszkodik ‖ **~ at** vkbe, vmbe fogódzkodik
clutter ['klʌtə] *col* **1.** *n* rendetlenség **2.** *v* **~ up** telezsúfol

cm [siː 'em] = **centimetre**
Co. [kəʊ] = **Company**
c/o [siː 'əʊ] = **care of**
coach[1] [kəʊtʃ] n railw (vasúti) kocsi; (bus) (távolsági) (autó)busz; (horse-drawn) (lovas) kocsi, fogat
coach[2] [kəʊtʃ] **1.** n sp (trainer) edző; (tutor) magántanító **2.** v felkészít (for/in sg versenyre, vizsgára)
coal [kəʊl] n szén
coalition [kəʊə'lɪʃn] n koalíció
coal-mine n szénbánya
coarse [kɔːs] a durva; fig nyers, közönséges
coast [kəʊst] n partvidék, (tenger)-part
coast-guard n partőr(ség)
coastline [kəʊstlaɪn] n geogr partvonal
coat [kəʊt] **1.** n kabát; (of animal) bunda, szőrzet ‖ ~ (of paint) (festék)réteg **2.** v bevon (with vmvel)
coat-hanger n vállfa
coating ['kəʊtɪŋ] n festékréteg
coax [kəʊks] v ~ sy into sg rászed/rávesz vkt vmre; ~ sg out of sy vkből vmt kicsikar
cobbler ['kɒblə] n varga, cipész, suszter
cobweb ['kɒbweb] n pókháló
cocaine [kəʊ'keɪn] n kokain
cock [kɒk] **1.** n (animal, also of gun) kakas **2.** v felhúz
cockerel ['kɒkrəl] n fiatal kakas
cock-eyed ['kɒk aɪd] col a (crosseyed) kancsal; (abnormal) furcsa
cockle ['kɒkl] n kagyló
cockney ['kɒknɪ] a/n (tipikusan) londoni (ember)
cockpit ['kɒkpɪt] n pilótafülke
cockroach ['kɒkrəʊtʃ] n svábbogár

cocktail ['kɒkteɪl] n koktél
cocktail party n koktélparti
cocoa ['kəʊkəʊ] n kakaó
coconut ['kəʊkənʌt] n kókuszdió
COD [sɪ əʊ 'diː] = **cash on delivery**
code [kəʊd] n (system of signals) kód; law jogszabálygyűjtemény
cod-liver oil n csukamájolaj
coerce [kəʊ'ɜːs] v ~ into belekényszerít vmbe
coercion [kəʊ'ɜːʃən] n kényszer
coexistence [kəʊɪg'zɪstəns] n együttélés
coffee ['kɒfɪ] n kávé ‖ **make** ~ kávét főz
coffee bar n kávézó, eszpresszó
coffee-break n kávészünet
coffee grinder n kávédaráló
coffin ['kɒfɪn] n koporsó
cog [kɒg] n fog (fogaskeréké)
cogent ['kəʊdʒənt] a hathatós; (argument) meggyőző; (cause) nyomós
cognac ['kɒnjæk] n konyak
cog railway n fogaskerekű (vasút)
cogwheel ['kɒgwiːl] n fogaskerék
coherent [kəʊ'hɪərənt] a összefüggő, koherens
coil [kɔɪl] **1.** n el tekercs; (contraceptive) spirál **2.** v ~ sg (a)round sg vmre rácsavar, ráteker
coin [kɔɪn] **1.** n (pénz)érme **2.** v ~ money pénzt ver
coinage ['kɔɪnɪdʒ] n (új) szó alkotása, szóalkotás
coincide [kəʊɪn'saɪd] v egybeesik (with vmvel)
coincidence [kəʊ'ɪnsɪdəns] n egybeesés
coin-operated a pénzbedobós ‖ ~ **machine** (pénzbedobós) automata

Coke [kəʊk] *n col* kóla
coke *n* koksz
cold [kəʊld] **1.** *a* hideg ‖ **I am ~** fázom; **it is ~** hideg van; **in ~ blood** hidegvérrel **2.** *n* hideg; *med* meghűlés, megfázás ‖ **have a ~** meg van hűlve
cold-blooded *a* (*animal*) hideg vérű; (*person*) hidegvérű, kegyetlen
coleslaw ['kəʊlslɔː] *n* káposztasaláta
colic ['kɒlɪk] *n* gyomorgörcs, hascsikarás
collaborate [kə'læbəreɪt] *v also pejor* kollaborál, együttműködik (*with sy* vkvel)
collaboration [kəlæbə'reɪʃn] *n* együttműködés; *pol* kollaborálás
collapse [kə'læps] **1.** *n med* ájulás; *pol* összeomlás; (*of government*) bukás **2.** *v* összeesik; összeomlik; (*wall*) leomlik; (*government*) megbukik, megdől
collapsible [kə'læpsəbl] *a* összecsukható, összehajtható
collar ['kɒlə] **1.** *n* gallér **2.** *v col* elkap, nyakon csíp vkt
collate [kə'leɪt] *v* összevet, összeegyeztet
collateral [kə'lætərəl] *a* járulékos, mellék-
colleague ['kɒliːg] *n* munkatárs, kolléga
collect [kə'lekt] **1.** *a/adv* utánvéttel ‖ *US* **~ phone call** R-beszélgetés **2.** *v* vmt (össze)gyűjt; beszed; (*letters*) kiszed ‖ **~ oneself** *col* összeszedi magát (*lelkileg*); **~ stamps** bélyeget gyűjt
collection [kə'lekʃn] *n* gyűjtemény, kollekció; (*for money*) gyűjtés

collector [kə'lektə] *n* díjbeszedő, pénzbeszedő ‖ **~ of antiquities** régiséggyűjtő
college ['kɒlɪdʒ] *n* (*for higher education*) főiskola; *GB* (*part of university*) kollégium
collide [kə'laɪd] *v* összeütközik (*with* vmvel)
collision [kə'lɪʒn] *n* karambol, összeütközés
collusion [kə'luːʒn] *n* összejátszás
colon[1] ['kəʊlən] *n gram* kettőspont
colon[2] ['kəʊlən] *n med* vastagbél
colonial [kə'ləʊnɪəl] *a* gyarmati
colonel ['kɜːnl] *n* ezredes
colonization [kɒlənaɪ'zeɪʃn] *n* gyarmatosítás
colonnade [kɒlə'neɪd] *n* oszlopsor
colony ['kɒlənɪ] *n* gyarmat, kolónia; (*artists'*) telep
colour (*US* **-or**) ['kʌlə] **1.** *n* szín; (*paint*) festék ‖ **~s** nemzeti zászló/színek; **be off ~** rossz színben van **2.** *v* (ki)színez, kifest; *fig* színez
colour-blind *a* színvak
coloured people *n pl* színesbőrűek
colour film *n* színes film
colourful ['kʌləfʊl] *a* színes, színpompás
colour television *n* színes televízió
column ['kɒləm] *n arch* oszlop, pillér; *mil* hadoszlop; (*of print*) hasáb; (*in newspaper*) rovat
coma ['kəʊmə] *n* kóma
comb [kəʊm] **1.** *n* fésű **2.** *v* fésül; (*search*) átfésül
combat ['kɒmbæt] *n* ütközet
combination [kɒmbɪ'neɪʃn] *n also math* kombináció
combine 1. [kəm'baɪn] *vi* egyesül; *chem* vegyül ‖ *vt* egyesít; *chem*

vegyít **2.** ['kɒmbaɪn] *n* ~
(harvester) kombájn
combustion [kəm'bʌstʃən] *n* égés
(folyamat)
come [kʌm] *v* (*pt* **came** [keɪm], *pp*
come [kʌm]) megérkezik, (el)jön
‖ ~ **and see me** látogass meg; ~
~**!** *col* ugyan, menj(en) már!; **to** ~
eljövendő, jövő; ~ **of age** eléri a
nagykorúságot
come about (meg)történik
come across összefut vkvel;
vmre (rá)akad
come along (*vm mellett*) halad ‖
~ **along!** siess!, gyerünk!
come back visszajön
come by sg vmhez jut, hozzájut
come down lejön, lemegy;
(*price*) esik
come forward with vmvel előáll
come from vhonnan származik,
ered vmből
come in bejön; (*train*) beérkezik;
(*money*) befolyik ‖ ~ **in!** tessék!,
szabad!
come into (a fortune *or* **money)**
örököl
come off vm vmről lejön, leválik;
(*button*) leszakad; (*succeed*) sike-
rül ‖ ~ **off well** jól jár
come on (*progress*) alakul, fej-
lődik ‖ ~ **on!** gyerünk!, siess már!
come out kijön; (*book*) megjele-
nik; (*be revealed*) kiderül, kitu-
dódik
come round *med* magához tér
come to vhova (el)érkezik; *med*
magához tér; (*total*) kitesz
(*összeget*)
come up feljön; (*sun*) felkel;
(*problem*) felmerül ‖ ~ **up**
against sg vmvel szembekerül

come upon sy/sg rátalál vkre/
vmre
comeback ['kʌmbæk] *n* visszatérés;
(*response*) visszavágás, replika
comedian [kə'miːdɪən] *n* komikus
comedienne [kəmiːdɪ'en] *n* komika
comedown ['kʌmdaʊn] *n* lecsúszás
(*rangban*); megalázás
comedy ['kɒmədɪ] *n* vígjáték
comet ['kɒmɪt] *n* üstökös
comfort ['kʌmfət] **1.** *n* kényelem,
komfort; (*consolation*) vigasz ‖ **all**
modern ~**s, every modern** ~
összkomfort **2.** *v* megvigasztal
comfortable ['kʌmftəbl] *a* kényel-
mes
comfort station *n US* nyilvános
illemhely/vécé
comic ['kɒmɪk] **1.** *a* humoros, vic-
ces **2.** *n* (*comedian*) komikus, hu-
morista; → **comics**
comics ['kɒmɪks] *n pl* képregény
comic strip *n* képregény
coming ['kʌmɪŋ] **1.** *a* jövő **2.** *n* ~**s**
and goings jövés-menés
comma ['kɒmə] *n* vessző (*írásjel*)
command [kə'mɑːnd] **1.** *n* (*order*)
parancs, utasítás; *mil* (*authority*) pa-
rancsnokság; *comput* parancs ‖ **be**
in ~ parancsnokol; ~ **of language**
nyelvtudás **2.** *v* parancsnokol, vezet
commander [kə'mɑːndə] *n* pa-
rancsnok
commandment [kə'mɑːndmənt] *n*
parancsolat
commando [kə'mɑːndəʊ] *n mil*
különítmény, kommandó
commemorate [kə'meməreɪt] *v*
megemlékezik vkről/vmről
commence [kə'mens] *vt* elkezd,
megkezd I *vi* elkezdődik, megkez-
dődik

commend [kə'mend] *v* (*recommend*) ajánl; (*praise*) dicsér
commendation [kɒmen'deɪʃn] *n* (*recommendation*) ajánlás; (*praise*) dicséret
commensurate [kə'menʃərət] *a* be ~ **with sg** arányban áll vmvel
comment ['kɒment] **1.** *n* megjegyzés, észrevétel ‖ **no ~!** nincs hozzáfűznivalóm! **2.** *v* ~ **on** (*text*) magyaráz
commentary ['kɒməntrɪ] *n* magyarázó szöveg, kommentár
commentator ['kɒmənteɪtə] *n* hírmagyarázó; *sp* riporter
commerce ['kɒmɜːs] *n* kereskedelem
commercial [kə'mɜːʃl] **1.** *a* kereskedelmi **2.** *n TV* reklám
commercialize [kə'mɜːʃəlɪzəm] *v* üzleti alapokra helyez
commission [kə'mɪʃn] **1.** *n* (*act*) megbízás; (*body*) bizottság; (*fee*) jutalék ‖ **give ~ to sy** megbízást ad vknek; **be out of ~** nem üzemel **2.** *v* ~ **sy to do sg** megbízást ad vknek vmre
commissionaire [kəmɪʃə'neə] *n* egyenruhás ajtónálló (*szálloda stb. előtt*)
commissioner [kə'mɪʃənə] *n* (*miniszteri*) biztos, megbízott
commit [kə'mɪt] *v* -tt- elkövet ‖ ~ **oneself to (doing) sg** vmre elkötelezi magát
commitment [kə'mɪtmənt] *n* (el)kötelezettség
committee [kə'mɪtɪ] *n* bizottság
commodity [kə'mɒdətɪ] *n* árucikk
common ['kɒmən] **1.** *a* általános, mindennapi; *pejor* közönséges; (*affecting many*) közös ‖ **it's ~**

knowledge közismert tény; be ~ talk közszájon forog; be in ~ use közkézen forog **2.** *n* (*land*) közlegelő ‖ **have sg in** ~ közös vonásuk..., közös bennük...
common law *n GB* országos szokásjog
common-law husband/wife *n* élettárs
commonly ['kɒmənlɪ] *adv* általában
commonplace ['kɒmənpleɪs] **1.** *a* közhelyszerű **2.** *n* közhely
Commons, the ['kɒməns] *n GB* az angol alsóház
common sense *n* józan ész
Commonwealth, the ['kɒmənwelθ] *n* a Brit Nemzetközösség
commotion [kə'məʊʃn] *n* (*excitement*) izgatottság; (*confusion*) zűrzavar
communal ['kɒmjʊnl] *a* közösségi, kommunális, közös
commune 1. ['kɒmjuːn] *n* önkormányzat; (*community*) kommuna **2.** [kə'mjuːn] *v* elbeszélget (*with* vkvel)
communicate [kə'mjuːnɪkeɪt] *vi* érintkezik (*with* vkvel); *rel* áldozik, úrvacsorát vesz | *vt* közöl/továbbít (*to* vknek)
communication [kəmjuːnɪ'keɪʃn] *n* (*making understood*) kommunikáció, érintkezés; (*message*) közlemény ‖ ~ **cord** *GB* vészfék
communications [kə'mjuːnɪ'keɪʃnz] *n* (*sing. or pl*) (*sending information*) híradástechnika, hírközlés; (*travelling*) közlekedés
communion [kə'mjuːnɪən] *n* (*Holy C~*) áldozás, úrvacsora
communiqué [kə'mjuːnɪkeɪ] *n* közlemény, nyilatkozat

communism ['kɒmjʊnɪzəm] *n hist* kommunizmus

communist ['kɒmjʊnɪst] *a/n hist* kommunista

community [kə'mjuːnəti] *n* közösség; (*local group*) kolónia

commute [kə'mjuːt] *v col* ingázik

commuter [kə'mjuːtə] *n* ingázó

compact 1. [kəm'pækt] *a* tömör, tömött, sűrű **2.** ['kɒmpækt] *n* (*pact*) megállapodás; *US* (*car*) kiskocsi; (*for powder*) kompakt

compact disc *n* kompaktlemez, CD-lemez || ~ **player** CD-lejátszó

companion [kəm'pænɪən] *n* társ, kísérő

company ['kʌmpənɪ] *n* társaság; *comm* vállalat, cég; *theat* (szín)-társulat || **keep sy** ~ vkt szórakoztat; **in the** ~ **of** vknek a társaságában; **in** ~ **with sy** vkvel együtt

comparable ['kɒmprəbl] *a* összehasonlítható (*to/with sg* vmvel)

comparative [kəm'pærətɪv] **1.** *a* összehasonlító **2.** *n gram* középfok

comparatively [kəm'pærətɪvlɪ] *adv* aránylag, viszonylag

compare [kəm'peə] *v* ~ **sg with sg/sy** összehasonlít vmt/vkt vmvel/vkvel; ~ **sg to sy/sg** vkhez/vmhez hasonlít vkt/vmt; **not to be** ~**d to** összehasonlíthatatlan

comparison [kəm'pærɪsn] *n* összehasonlítás || **in** ~ **with sg** vmhez képest

compartment [kəm'pɑːtmənt] *n railw* fülke, szakasz; (*in drawer*) rekesz; (*inside a bag*) zseb

compass ['kʌmpəs] *n* iránytű

compasses ['kɒmpəsəs] *n pl* körző

compassion [kəm'pæʃn] *n* együttérzés, részvét

compatible [kəm'pætəbl] *a* összeegyeztethető; *comput* kompatibilis

compel [kɒm'pel] *v* **-ll-** ~ **sy to do sg** vkt vmre (rá)kényszerít || **I am** ~**led to** kénytelen vagyok

compensate ['kɒmpənseɪt] *vt* kárpótol | *vi* ~ **for** kártérítést fizet vmért

compensation [kɒmpən'seɪʃn] *n* ellensúlyozás; (*for loss*) kártérítés

compère ['kɒmpeə] **1.** *n* konferanszié **2.** *v* konferál

compete [kəm'piːt] *v* versenyez, vetélkedik (*with sy in sg* vkvel vmben) || ~ **for sg** pályázik vmre

competence ['kɒmpɪtəns] *n* (*skill*) hozzáértés, szakértelem; (*power*) hatáskör

competent ['kɒmpɪtənt] *a* hozzáértő, szakértő || **not** ~ *law* illetéktelen

competition [kɒmpə'tɪʃn] *n* (*contest*) verseny; (*rivalry*) konkurencia

competitive [kɒm'petətɪv] *a* versenyképes || ~ **sport** versenysport

competitor [kəm'petɪtə] *n sp* versenyző; *comm* vetélytárs

compile [kəm'paɪl] *v* összeállít

complain [kəm'pleɪn] *v* panaszkodik (*about* vkre, vmre)

complaint [kəm'pleɪnt] *n* panasz, reklamáció; *med* panasz || **make a** ~ (**about sg**) panaszt tesz, reklamál

complement 1. ['kɒmplɪmənt] *n* kiegészítés; (*staff*) állomány;

gram bővítmény **2.** ['kɒmplɪment] *v* kiegészít

complementary [kɒmplɪ'mentrɪ] *n* kiegészítő

complete [kəm'pliːt] **1.** *a* (*full*) teljes, egész; (*finished*) befejezett, kész **2.** *v* befejez, elvégez; (*a form*) kiállít

completely [kəm'pliːtlɪ] *adv* teljesen

completion [kəm'pliːʃn] *n* befejezés, elvégzés

complex ['kɒmpleks] **1.** *a* bonyolult, összetett **2.** *n pszich* komplexus

complexion [kəm'plekʃn] *n* arcszín

complexity [kəm'pleksətɪ] *n* bonyolultság, összetettség

compliance [kəm'plaɪəns] *n* engedékenység || **in ~ with it** ennek megfelelően

complicate ['kɒmplɪkeɪt] *v* bonyolít, komplikál

complicated ['kɒmplɪkeɪtɪd] *a* összetett, bonyolult, komplikált

complication [kɒmplɪ'keɪʃn] *n* bonyodalom; *med* szövődmény

complicity [kəm'plɪsətɪ] *n* bűnrészesség

compliment ['kɒmplɪmənt] *n* bók

complimentary copy [kɒmplɪ'mentrɪ] *n* tiszteletpéldány

comply [kəm'plaɪ] *v* **~ with** (*request*) teljesít; (*rule*) betart

component [kəm'pəʊnənt] **1.** *a* összetevő || **~ parts** alkotórészek **2.** *n* alkotóelem; alkatrész

compose [kəm'pəʊz] *v* (*music*) komponál; (*poetry*) költ; *print* szed || **~ oneself** összeszedi magát

composed [kəm'pəʊzd] *a* nyugodt, higgadt

composer [kəm'pəʊzə] *n* zeneszerző

composite ['kɒmpəzɪt] *a* összetett

composition [kɒmpə'zɪʃn] *n* összetétel; *mus* mű, szerzemény; *isk* fogalmazás; *print* szedés

composure [kəm'pəʊʒə] *n* lélekjelenlét, nyugalom

compound ['kɒmpaʊnd] *n gram* összetett szó; *chem* vegyület

comprehend [kɒmprɪ'hend] *v* megért, felfog

comprehension [kɒmprɪ'henʃn] *n* (meg)értés, felfogás

comprehensive [kɒmprɪ'hensɪv] *a* átfogó || **~ insurance** casco biztosítás; **~ school** *GB* (általános) középiskola

compress 1. ['kɒmpres] *n* borogatás, priznic || **cold ~** hideg borogatás **2.** [kəm'pres] *v tech* tömörít, összenyom

comprise [kəm'praɪz] *v* magába(n) foglal, felölel

compromise ['kɒmprəmaɪz] **1.** *n* kiegyezés, kompromisszum **2.** *vi* kiegyezik (*on* vmben) | *vt* kompromittál

compulsion [kəm'pʌlʃn] *n* kényszer

compulsive [kəm'pʌlsɪv] *a* megszállott, megrögzött

compulsory [kəm'pʌlsərɪ] *a* kötelező

computational [kɒmpju'teɪʃənl] *a* számítógépes

computer [kəm'pjuːtə] *n* számítógép

computer-aided *a* számítógéppel támogatott/segített

computerize [kəm'pjuːtəraɪz] *v* számítógépesít

computer operator *n* számítógép-kezelő
computer program *a* számítógépi program
computer science *n* számítástechnika
computing [kəm'pjuːtɪŋ] *n* számítástechnika
comrade ['kɒmreɪd] *n* bajtárs
conceal [kən'siːl] *v* (*hide*) elrejt; (*secret*) (el)titkol
concede [kən'siːd] *v* beleegyezik vmbe
conceited [kən'siːtɪd] *a* beképzelt, hiú
conceive [kən'siːv] *v* (*imagine*) elképzel; (*idea*) kigondol
concentrate ['kɒnsəntreɪt] *vi* koncentrál, összpontosít (*on* vmre) I *vt mil* összevon
concentration [kɒnsən'treɪʃn] *n* összpontosítás, koncentráció II ~ **camp** koncentrációs tábor
concept ['kɒnsəpt] *n* fogalom
conception [kən'sepʃn] *n* (*idea*) eszme, elgondolás; *biol* fogamzás
concern [kən'sɜːn] **1.** *n* (*matter*) ügy; (*anxiety*) törődés, aggodalom; *comm* konszern, érdekeltség **2.** *v* (*affect*) érint, vkre/vmre vonatkozik II **as far as I am ~ed** ami engem illet; **be ~ed about/for** félt vkt, aggódik vkért
concerning [kən'sɜːnɪŋ] *adv* (vkre/vmre) vonatkozólag, vonatkozóan
concert ['kɒnsət] *n* hangverseny, koncert
concerted [kən'sɜːtɪd] *a* közös, együttes
concert hall *n* hangversenyterem
concertina [kɒnsə'tiːnə] *n* harmonika

concerto [kən'tʃeətəʊ] *n* versenymű, koncert
concession [kən'seʃn] *n* (*yielding*) engedmény
conciliate [kən'sɪlɪeɪt] *v* békít, kiengesztel
conciliation [kənsɪlɪ'eɪʃn] *n* kiegyezés, kiengesztelés
concise [kən'saɪs] *a* tömör, rövid, velős
conclude [kən'kluːd] *v* következtet (*from* vmből vmt/vmre); (*end*) befejez; (*treaty*) (meg)köt
conclusion [kən'kluːʒn] *n* (*deduction*) következtetés; (*end*) befejezés II **draw a ~ from sg** levonja a következtetést vmből
conclusive [kən'kluːsɪv] *a* bizonyító erejű, döntő
concoct [kən'kɒkt] *v col* (össze)-kotyvaszt; *fig* kieszel, kisüt
concoction [kən'kɒkʃn] *n* kotyvalék
concord ['kɒŋkɔːd] *n* egyetértés
concrete ['kɒŋkriːt] **1.** *n* beton **2.** *a* konkrét
concurrently [kən'kʌrəntli] *adv* egyidejűleg
concussion [kən'kʌʃn] *n* (*of the brain*) agyrázkódás
condemn [kən'dem] *v* (el)ítél II **~ to death** halálra ítél
condemned [kən'demd] *a/n* elítélt
condensation [kɒnden'seɪʃn] *n* kondenzáció, cseppfolyósítás
condense [kən'dens] *vt* (*liquid*) sűrít; *fig* (*text*) tömörít I *vi chem* lecsapódik
condensed milk *n* sűrített tej
condescending [kɒndɪ'sendɪŋ] *a* leereszkedő, vállveregető
condition [kən'dɪʃn] *n* (*state*) állapot; (*presupposition*) feltétel II **on**

no ~ semmi(lyen) körülmények között; **on** ~ **that** azzal a feltétellel, hogy; → **conditions**
conditional [kən'dıʃənl] **1.** a feltételes **2.** n gram feltételes mód
conditioner [kən'dıʃnə] n hajbalzsam, hajkondicionáló
conditions [kən'dıʃnz] n pl (circumstances) viszonyok, körülmények ‖ **under these** ~ ilyen feltételek mellett
condolences [kən'dəʊlənsız] n részvétnyilvánítás
condom ['kɒndɒm] n óvszer
condominium [kɒndə'mınıəm] n US öröklakás
conduct 1. ['kɒndʌkt] n (behaviour) viselkedés; (management) irányítás, vezetés **2.** [kən'dʌkt] v irányít, vezet; mus vezényel; el vezet ‖ ~**ed tour** vezetés
conductor [kən'dʌktə] n (on bus, US on train) kalauz; mus karmester; el vezető
cone [kəʊn] n math kúp; (for ice cream) tölcsér; (of fir) toboz
confectioner's (shop) [kən'fekʃnəz] n cukrászda
confectionery [kən'fekʃənrı] n cukrászsütemény(ek)
confederation [kənfedə'reıʃn] n konföderáció
confer [kən'fɜː] v **-rr-** vi (discuss) tárgyal, (with sy about/on sg vkvel vmről) egyeztet | vt (degree) adományoz
conference ['kɒnfərəns] n értekezlet, konferencia
confess [kən'fes] v bevall, beismer; rel gyón
confession [kən'feʃn] n (beismerő) vallomás; rel gyónás

confide [kən'faıd] v megbízik (in vkben)
confidence ['kɒnfıdəns] n bizalom; (self-~) önbizalom ‖ **have** ~ **in** vkben/vmben bízik; **in** ~ bizalmasan
confident ['kɒnfıdənt] a bizakodó; (self-assured) magabiztos
confidential [kɒnfı'denʃl] a bizalmas
confine [kən'faın] v (lock up) bezár; (imprison) elzár; (limit) korlátoz ‖ **be** ~**d to** korlátozódik/szorítkozik vmre
confinement [kən'faınmənt] n (in prison) bebörtönzés; med gyermekágy
confirm [kən'fɜːm] v (news) megerősít; (air ticket) érvényesíttet; rel bérmál, konfirmál
confirmed a (bachelor) megrögzött, notórius
confiscate ['kɒnfıskeıt] v elkoboz
conflict 1. ['kɒnflıkt] n összeütközés, ellentét **2.** [kən'flıkt] v ellentétben áll/van, összeütközésbe kerül (with sy/sg vkvel/vmvel)
conform [kən'fɔːm] v ~ **to sg/sy** vmhez/vkhez idomul ‖ ~ **with sg** megfelel vmnek
conformist [kən'fɔːmıst] n beilleszkedő, konformista
confront [kən'frʌnt] v szembeszáll ‖ ~ **sy with sy** vkt vkvel szembesít
confrontation [kɒnfrən'teıʃn] n szembesítés
confuse [kən'fjuːz] v összezavar ‖ ~ **sg with sg** összetéveszt
confusion [kən'fjuːʒn] n zűrzavar, felfordulás
congeal [kən'dʒiːl] v (blood) (meg)-alvad; (paint) megszárad

congenial [kən'dʒiːnɪəl] *a* (*person*) szimpatikus; (*weather*) kellemes

congested traffic [kən'dʒestɪd] *n* forgalmi akadály/dugó

congestion [kən'dʒestʃən] *n* forgalmi zavar(ok); *med* vértolulás

congratulate [kən'grætjʊleɪt] *v ~ sy on sg* gratulál (*vknek vmi alkalmából*)

congratulations [kəngrætjʊ'leɪʃnz] *n pl* gratuláció || *~!* gratulálok!

congregation [kɒŋgrɪ'geɪʃn] *n* gyülekezet, egyházközség

congress ['kɒŋgres] *n* kongresszus

Congress *n* az USA kongresszusa

Congressman ['kɒŋgresmən] *n* (*pl* **-men**) *US* képviselő

Congresswoman ['kɒŋgreswʊmən] *n* (*pl* **-women**) *US* képviselő-(nő)

conjecture [kən'dʒektʃə] *n* feltevés, sejtés

conjugal ['kɒndʒʊgl] *n* házastársi

conjunction [kən'dʒʌŋkʃn] *n* (*coincidence*) egybeesés, összejátszás; *gram* kötőszó

conjunctivitis [kəndʒʌŋktɪ'vaɪtɪs] *n* kötőhártya-gyulladás

conjure ['kʌndʒə] *v* bűvészkedik || *~ up* elővarázsol

conjurer ['kʌndʒərə] *n* bűvész

conk out *v col* lerobban, bedöglik

connect [kə'nekt] *vt* (össze)kapcsol (*with* vmvel/vkvel), kapcsolatba hoz | *vi railw* csatlakozik (*with* vmhez)

connection [kə'nekʃn] *n* kapcsolat, összeköttetés; *el* érintkezés; (*telephone*) kapcsolás; *railw* csatlakozás || **in this/that** *~* ebben a vonatkozásban

connoisseur [kɒnə'sɜː] *n* műértő

conquer ['kɒŋkə] *v* meghódít, legyőz

conqueror ['kɒŋkərə] *n* hódító

conquest ['kɒŋkwəst] *n* hódítás

cons [kɒns] *n pl* **the** *~ col* az ellene szóló érvek

conscience ['kɒnʃəns] *n* lelkiismeret

conscientious [kɒnʃi'enʃəs] *a* lelkiismeretes, kötelességtudó

conscious ['kɒnʃəs] *a* tudatos || **be** *~ of sg* tudatában van vmnek

consciousness ['kɒnʃəsnɪs] *n* öntudat; tudat(osság)

conscript 1. ['kɒnskrɪpt] *n* sorkatona **2.** [kən'skrɪpt] *v* besoroz

conscription [kən'skrɪpʃn] *n mil* sorozás

consecrate ['kɒnsɪkreɪt] *v* felszentel

consecutive [kən'sekjʊtɪv] *a* egymás utáni

consensus [kən'sensəs] *n* közmegegyezés

consent [kən'sent] **1.** *n* beleegyezés, hozzájárulás **2.** *v ~ to* beleegyezik vmbe, hozzájárul vmhez

consequence ['kɒnsɪkwəns] *n* következmény || **in** *~ of sg* vmnek következtében

consequently ['kɒnsɪkwəntlɪ] *conj* következésképpen, tehát

conservation [kɒnsə'veɪʃn] *n* fenntartás, állagmegóvás; (*of nature*) természetvédelem

conservative [kən'sɜːvətɪv] *a/n* konzervatív

conservatoire [kən'sɜːvətwɑː] *n mus* konzervatórium

conservatory [kən'sɜːvətrɪ] *n* (*greenhouse*) üvegház, télikert; *US mus* konzervatórium

conserve [kən'sɜːv] v (preserve)
megőriz

consider [kən'sɪdə] v megfontol;
(take into account) figyelembe
vesz vmt; (regard as) vm(lyen)-
nek ítél/tart vmt

considerable [kən'sɪdrəbl] a jelen-
tékeny, számottevő

considerably [kən'sɪdərəblɪ] adv
jelentékeny mértékben

considerate [kən'sɪdərət] a figyel-
mes

consideration [kənsɪdə'reɪʃn] n
megfontolás, meggondolás; (at-
tention) figyelembevétel; (reward)
ellenszolgáltatás, díjazás || take
sg into ~ tekintetbe/figyelembe
vesz vmt

considering [kən'sɪdərɪŋ] 1. prep/
conj tekintettel vmre 2. adv min-
dent figyelembe véve, ha jól meg-
gondoljuk (a dolgot)

consign [kən'saɪn] v (send) (el)-
küld; (hand over) átad (to vknek)

consignment [kən'saɪnmənt] n
(act) küldés; (goods) küldemény,
szállítmány

consist [kən'sɪst] v ~ of sg áll
vmből

consistency [kən'sɪstənsɪ] n
(thickness) sűrűség; (of person,
argument) következetesség

consistent [kən'sɪstənt] a következe-
zetes

consolation [kɒnsə'leɪʃn] n vigasz,
vigasztalás

console 1. ['kɒnsəʊl] n konzol;
kapcsolótábla 2. [kən'səʊl] v meg-
vigasztal

consolidate [kən'sɒlɪdeɪt] v mege-
rősít, megszilárdít

consommé [kən'sɒmeɪ] n erőleves

consonant ['kɒnsənənt] n mással-
hangzó

consort ['kɒnsɔːt] n hitves || the
prince ~ a királynő férje

conspicuous [kən'spɪkjʊəs] a
szembeötlő, feltűnő

conspiracy [kən'spɪrəsɪ] n összees-
küvés

conspire [kən'spaɪə] v ~ against
sy összeesküvést sző vk ellen

constable ['kʌnstəbl] n GB rendőr

constabulary [kən'stæbjʊlərɪ] n
rendőrség

constant ['kɒnstənt] 1. a állandó,
változatlan 2. n math állandó

constellation [kɒnstə'leɪʃn] n csil-
lagkép, csillagzat

consternation [kɒnstə'neɪʃn] n
döbbenet

constipation [kɒnstɪ'peɪʃn] n med
szorulás, székrekedés

constituency [kən'stɪtjʊənsɪ] n
szavazókerület, választókerület

constituent [kən'stɪtjʊənt] n (part)
összetevő; (person) választó(jogo-
sult)

constitute ['kɒnstɪtjuːt] v alkot, képez

constitution [kɒnstɪ'tjuːʃn] n pol, law
alkotmány; (physique) alkat, fizi-
kum

constitutional [kɒnstɪtjuːʃənl] a
law alkotmányos; med alkati

constraint [kən'streɪnt] n kényszer,
megkötöttség

construct [kən'strʌkt] v (building)
(fel)épít; (machine, geometric
figure) szerkeszt

constructive [kən'strʌktɪv] a építő,
konstruktív

construction [kən'strʌkʃn] n
(building) építés, építkezés; (object)
építmény; tech szerkesztés

consul ['kɒnsl] *n* konzul
consulate ['kɒnsjʊlət] *n* konzulátus
consult [kən'sʌlt] *v* vkvel vmről konzultál, értekezik ‖ ~ **a dictionary** szótárt forgat; ~ **a doctor** orvoshoz fordul
consultant [kən'sʌltənt] *n med* szaktanácsadó; *med* szakorvos
consultation [kɒnsəl'teɪʃn] *n* konzultáció, (szak)tanácsadás; *med* rendelés
consulting hours [kən'sʌltɪŋ] *n pl med* rendelési idő; (*office*) félfogadás
consulting room *n* orvosi rendelő
consume [kən'sjuːm] *v* felhasznál; (*food*) (el)fogyaszt
consumer [kən'sjuːmə] *n* fogyasztó ‖ ~ **goods** közszükségleti/fogyasztási cikkek; ~ **society** fogyasztói társadalom
consumption [kən'sʌmpʃn] *n* felhasználás; (*of food*) fogyasztás
contact ['kɒntækt] **1.** *n* (*touch*) érintkezés; (*communication*) összeköttetés, kapcsolat; *el* érintkezés **2.** *v* ~ **sy** kapcsolatba lép vkvel
contact lens *n* kontaktlencse
contagious [kən'teɪdʒəs] *a* (*illness*) fertőző, *also fig* ragadós
contain [kən'teɪn] *v* tartalmaz, magába(n) foglal
container [kən'teɪnə] *n* konténer, tartály
contamination [kəntæmɪ'neɪʃn] *n* szennyeződés
contemplate ['kɒntempleɪt] *v* (*look at*) szemlél; (*plan*) fontolgat, tervez
contemporary [kən'temprərɪ] **1.** *a* korabeli, mai, kortárs **2.** *n* kortárs

contempt [kən'tempt] *n* megvetés
contend [kən'tend] *v* verseng (*for sg* vmért) ‖ ~ **with sy** (vkvel vmért) versenyez
content[1] [kən'tent] *a* (meg)elégedett ‖ **be** ~ **with sg** beéri/megelégszik vmvel
content[2] ['kɒntent] *n* tartalom; → **contents**
contention [kən'tenʃn] *n* (*dispute*) vita; (*argument*) állítás, erősködés
contentment [kən'tentmənt] *n* megelégedés, elégedettség
contents ['kɒntents] *n pl* tartalomjegyzék
contest 1. ['kɒntest] *n* verseny, versengés **2.** [kən'test] *v* (*dispute*) vitat; *law* (*testament*) megtámad
contestant [kən'testənt] *n* versenyző
context ['kɒntekst] *n* (szöveg)-összefüggés
continent ['kɒntɪnənt] *n* földrész, kontinens; szárazföld ‖ **the C~** Európa (*Nagy-Britannia nélkül*)
contingent [kən'tɪndʒənt] *n* részleg, kontingens
continual [kən'tɪnjuəl] *a* folytonos, állandó; (*repeated*) ismétlődő
continuation [kəntɪnju'eɪʃn] *n* folytatás
continue [kən'tɪnjuː] *vt* folytat ǀ *vi* (tovább) tart, folytatódik ‖ **to be** ~**d** folytatása következik
continuous [kən'tɪnjuəs] *a* folyamatos, állandó; folytatólagos
contour ['kɒntʊə] *n* körvonal
contraband ['kɒntrəbænd] *n* csempészáru
contraception [kɒntrə'sepʃn] *n* fogamzásgátlás
contraceptive [kɒntrə'septɪv] *a/n* fogamzásgátló

contract 1. ['kɒntrækt] *n* szerződés, megállapodás; (*in bridge*) bemondás || **enter into** (*or* **make**) **a ~ with sy** szerződést köt vkvel **2.** [kən'trækt] *vi comm* szerződik; (*muscle*) összehúzódik | *vt* (*goods*) leköt; (*illness*) megkap
contraction [kən'trækʃn] *n* (*of muscles*) összehúzódás
contract with szerződést köt vkvel
contractor [kən'træktə] *n* vállalkozó
contradict (sg) [kɒntrə'dıkt] *v* ellentmond, megcáfol
contradiction [kɒntrə'dıkʃn] *n* ellentmondás
contradictory [kɒntrə'dıktərı] *a* ellentmondásos
contraption [kən'træpʃn] *n* ötletes szerkezet
contrary ['kɒntrərı] **1.** *a* ellentétes, ellenkező **2.** *n* vmnek az ellenkezője/ellentéte || **on the ~** ellenkezőleg **3.** *prep* **~ to sg** ellentétben/szemben vmvel
contrast 1. ['kɒntrɑːst] *n* ellentét, szembeállítás || **in ~ to/with sg** ellentétben vmvel **2.** [kən'trɑːst] *v* **~ with sg** szembeállít vmvel; ellentétben áll/van vmvel
contravene [kɒntrə'viːn] *v* (*law*) áthág, megsért
contribute [kən'trıbjuːt] *v* közreműködik (*to* vmben); hozzájárul (*to* vmhez); (*write*) (cikkeket) ír (*to* újságba, folyóiratba)
contribution [kɒntrı'bjuːʃn] *n* közreműködés, hozzájárulás vmhez; (*money*) járulék; (*in newspaper*) cikk
contributor [kən'trıbjʊtə] *n* szerző, cikkíró

contrivance [kən'traıvns] *n* szerkezet, eszköz; (*invention*) kitalálás
contrive [kən'traıv] *v* kigondol, kitalál || **~ to** sikerül...
control [kən'trəʊl] **1.** *n* irányítás, vezérlés || **be under sy's ~** vknek hatalmában *or* irányítása alatt van/áll; **be in ~ of sg** ura vmnek, vmt (jól) kézben tart; **have ~ over sy/sg** uralkodik vkn/vmn; **get/go out of ~** elszabadul, irányíthatatlanná válik **2.** *v* **-ll-** irányít, vezérel; szabályoz; (*főleg pol*) vmt (jól) kézben tart; ellenőriz
control room *n* vezérlőterem
control tower *n* irányítótorony
control unit *n* *comput* vezérlőegység
controversial [kɒntrə'vɜːʃl] *a* ellentmondásos, vitatható
controversy ['kɒntrəvɜːsı] *n* vita
convalesce [kɒnvə'les] *v* lábadozik
convalescence [kɒnvə'lesns] *n* gyógyulás
convector (heater) [kən'vektə] *n* konvektor
convene [kən'viːn] *vt* összehív | *vi* összeül
convenience [kən'viːnıəns] *n* kényelem || **with all (the) modern ~s** összkomfortos
convenient [kən'viːnıənt] *a* alkalmas, megfelelő, kényelmes
convent ['kɒnvənt] *n* kolostor, zárda
convention [kən'venʃn] *n* (*custom*) szokás; *US* elnökjelölő kongresszus
conventional [kən'venʃnl] *a* konvencionális; hagyományos
conversation [kɒnvə'seıʃn] *n* beszélgetés, társalgás

conversational [kɒnvə'seɪʃnəl] a társalgási

converse[1] [kən'vɜːs] v beszélget, társalog (with sy vkvel)

converse[2] ['kɒnvɜːs] 1. a fordított, ellentétes 2. n ellentét

conversion [kən'vɜːʃn] n átalakítás, átváltozás; rel megtérés; math átszámítás (into vmre); fin átváltás

convert 1. [kən'vɜːt] v átváltoztat; rel megtérít; math (fraction) átalakít; fin (money) átvált ‖ ~ sg into sg vmt vmvé változtat/átalakít 2. ['kɒnvɜːt] a megtért (ember)

convertible [kən'vɜːtəbl] 1. a átalakítható; fin konvertibilis 2. n nyitható tetejű autó

convey [kən'veɪ] v (el)szállít (to vhová)

convict 1. ['kɒnvɪkt] n elítélt, fegyenc 2. [kən'vɪkt] v law elítél (sy of sg vkt vm miatt)

conviction [kən'vɪkʃn] n (verdict) elítélés; (belief) meggyőződés

convince [kən'vɪns] v ~ sy of sg meggyőz vkt vmről ‖ be ~d that az a meggyőződése, hogy

convincing [kən'vɪnsɪŋ] a meggyőző

convoluted ['kɒnvəluːtɪd] a tekervényes; fig bonyolult

convoy ['kɒnvɔɪ] n védőkíséret

convulse [kən'vʌls] v összehúz (görcs testrészt)‖ be ~d with laughter gurul a nevetéstől

convulsion [kən'vʌlʃn] n összehúzódás, görcs

cook [kʊk] 1. n szakács 2. vt (meg)főz, elkészít ‖ vi (meg)fő

cookbook [kʊkbʊk] n US = cookery book

cookery book ['kʊkərɪ] n GB szakácskönyv

cookies ['kʊkɪz] n pl US teasütemény

cooking [kʊkɪŋ] n főzés

cool [kuːl] 1. a hűvös; (calm) higgadt 2. n keep your ~! col nyugi! 3. vt (ki)hűt ‖ vi (ki)hűl

cool down vt lehűt ‖ vi lehűl

coolant ['kuːlənt] n hűtőfolyadék

coolness [kuːlnɪs] n hidegvér, higgadtság

cooperate [kəʊ'ɒpəreɪt] v együttműködik (with vkvel)

cooperation [kəʊɒpə'reɪʃn] n együttműködés, kooperáció

cooperative [kəʊ'ɒpərətɪv] 1. a együttműködő; comm szövetkezeti 2. n (of farmers) szövetkezet ‖ ~ store szövetkezeti bolt

coordination [kəʊɔːdɪ'neɪʃn] n összehangolás, egyeztetés

coordinate 1. [kəʊ'ɔːdɪnət] n math koordináta 2. [kəʊ'ɔːdɪneɪt] v öszszehangol, egyeztet

cop [kɒp] n col zsaru

cope (with sg) [kəʊp] v megbirkózik vmvel

copier ['kɒpɪə] n másológép

copious ['kəʊpɪəs] a bőséges, bő

copper[1] ['kɒpə] n (metal) vörösréz

copper[2] ['kɒpə] n col (policeman) zsaru

copy ['kɒpɪ] 1. n (sg exactly the same) másolat; (imitation) utánzat; (manuscript) kézirat; (single book) példány; (of newspaper) szám 2. v (át)másol, lemásol

copy-book n füzet

copyright ['kɒpɪraɪt] n szerzői jog

coral ['kɒrəl] n korall ‖ ~ reef korallzátony

cord [kɔːd] n kötél, zsineg; US el (vasaló)zsinór; → cords

cordial ['kɔ:dɪəl] *a* szívélyes
cordon ['kɔ:dn] **1.** *n* kordon **2.** *v* ~
off kordonnal lezár/ körülvesz
vmt
cords ['kɔ:ds] *n pl* kordbársony
nadrág, kordnadrág
corduroy ['kɔ:dərɔɪ] *n* kordbársony
core [kɔ:] *n* (*of fruit*) mag; (*central
part of sg*) vmnek a belseje ‖ **to
the** ~ velejéig
cork [kɔ:k] **1.** *n* dugó **2.** *v* (be)duga-
szol
corkscrew ['kɔ:kskru:] *n* dugóhúzó
corn [kɔ:n] *n GB* (*wheat*) gabona;
US (*maize*) kukorica; (*on foot*)
tyúkszem
cornea ['kɔ:nɪə] *n* szaruhártya
corner ['kɔ:nə] **1.** *n* sarok; *sp* szög-
let(rúgás) ‖ **turn the** ~ bekanya-
rodik a sarkon; *fig* átvészel (*súlyos
betegséget*) **2.** *v* kanyarodik ‖ ~ **sy**
sarokba szorít vkt
cornet ['kɔ:nɪt] *n* (*of ice cream*)
(fagylalt)tölcsér; *mus* piszton
cornflakes ['kɔ:nfleɪks] *n pl* kukori-
capehely
coronary artery ['kɒrənərɪ] *n* ko-
szorúér
coronation [kɒrə'neɪʃn] *n* koroná-
zás
coroner ['kɒrənə] *n* halottkém
coronet ['kɒrənɪt] *n* hercegi korona
Corp. = *US* **corporation**
corporal ['kɔ:prəl] *n* tizedes
corporal punishment *n* testi
fenyítés
corporate ['kɔ:pərət] *a* testületi
corporation [kɔ:pə'reɪʃn] *n* testület;
US társaság, vállalat, kft.
corps [kɔ:] *n* (*pl* **corps**) [kɔ:z]
testület; *mil* csapattest, alakulat
corpse [kɔ:ps] *n* holttest

corpuscle ['kɔ:pʌsl] *n* részecske;
(*of blood*) vérsejt
correct [kə'rekt] **1.** *a* (*proper*)
helyes, korrekt; (*accurate*) pontos
2. *v* (ki)javít, korrigál
correction [kə'rekʃn] *n* (ki)javítás
correlate with sg ['kɒrəleɪt] *v*
kölcsönös összefüggésben van
vmvel
correlation [kɒrə'leɪʃn] *n* viszony,
(kölcsönös) összefüggés
correspond [kɒrə'spɒnd] *v* megfe-
lel (*to* vmnek); (*exchange letters*)
levelez
correspondence [kɒrə'spɒndəns]
n (*similarity*) megfelelés; (*ex-
change of letters*) levelezés
correspondence course *n* levele-
ző oktatás
correspondent [kɒrə'spɒndənt] *n*
(*newspaper* ~) tudósító
corridor ['kɒrɪdɔ:] *n* folyosó
corroborate [kə'rɒbəreɪt] *v* mege-
rősít, igazol
corrosion [kə'rəʊʒn] *n* korrózió
corrupt [kə'rʌpt] **1.** *a* korrupt, meg-
vesztegethető **2.** *n* megveszteget
corruption [kə'rʌpʃn] *n* romlás,
korrupció
cosmetic [kɒz'metɪk] **1.** *a* kozmeti-
kai ‖ ~ **articles** *pl* piperecikkek **2.**
n kozmetikai szer
cosmetician [kɒzmə'tɪʃn] *n* koz-
metikus
cosmic ['kɒzmɪk] *a* kozmikus
cosmos ['kɒzmɒs] *n* világegyetem
cost [kɒst] **1.** *n* ár, költség ‖ **at sy's**
~ vknek a rovására; **at all** ~**s** bár-
mely áron **2.** *v* (*pt/pp* **cost** [kɒst]
(bele)kerül (*vmbe*) ‖ **what does it**
~? mibe/mennyibe kerül?
co-star *n* partner (*szerepben*)

costly ['kɒstlɪ] *a* költséges
cost of living *n* megélhetési költségek
cost price *n* önköltségi ár
costume ['kɒstjuːm] *n* kosztüm; (*fancy dress*) jelmez; *GB* (*for bathing*) fürdőruha; || ~ jewellery (*US* jewelry) divatékszer
cosy ['kəʊzɪ] *US* cozy *a* (*room*) otthonos; (*atmosphere*) kellemes
cot [kɒt] *n GB* (*child's*) gyerekágy; *US* (*campbed*) kempingágy
cottage ['kɒtɪdʒ] *n* (nyári) lak, házikó
cottage-cheese *n approx* gomolya
cottage industry *n* háziipar
cotton ['kɒtn] *n* (*bot*) gyapot; (*thread*) pamut || ~ wool vatta
couch [kaʊtʃ] *n* dívány, kanapé
couchette [kuːˈʃet] *n* fekvőkocsi
cough [kɒf] 1. *n* köhögés || have a ~ köhög 2. *v* köhög
cough drop *n* köhögés elleni cukorka
could [kʊd] *v* I ~ go elmehetnék; ~ you bring me ... lenne olyan szíves hozni ...; → can[2]
couldn't = could not
council ['kaʊnsl] *n* (*of town*) városi tanács; *rel hist* zsinat || ~ house tanácsi (bér)lakás, lakótelepi (bér)ház
councillor (*US* -cilor) ['kaʊnslə] *n* tanácsos, tanácstag
counsel ['kaʊnsl] *n* (*lawyer*) jogtanácsos; (*advice*) tanács
counsellor ['kaʊnslə] *n* tanácsadó, jogtanácsos
count[1] [kaʊnt] 1. *n* (*reckoning*) (meg)számolás 2. *vt* (meg)számol I *vi* számításba jön, számít || not ~ing nem számítva

count down visszaszámol
count on sg/sy számít vmre/vkre
count[2] [kaʊnt] *n* (*nobleman*) gróf
countdown ['kaʊntdaʊn] *n* visszaszámlálás
counter ['kaʊntə] 1. *n* (*in shop*) pult; (*in bank*) pénztár; (*for games*) játékpénz; zseton 2. *vt* megcáfol I *vi* visszaüt, riposztozik
counteract [kaʊntərˈækt] *v* hatástalanít, ellensúlyoz
counter-attack *n mil* ellentámadás
counter-clockwise *a/adv US* az óramutató járásával ellenkező irányba(n)
counter-espionage *n* kémelhárítás
counterfeit ['kaʊntəfɪt] 1. *a* hamis(ított) 2. *n* utánzat, hamisítvány 3. *v* hamisít
counterfoil ['kaʊntəfɔɪl] *n* (ellenőrző) szelvény
counterpart ['kaʊntəpɑːt] *n* ellenpár || sy's American ~ *pol* vknek az amerikai kollégája
countersign ['kaʊntəsaɪn] *v* ellenjegyez, láttamoz
countess ['kaʊntɪs] *n* grófnő
countless ['kaʊntlɪs] *a* számtalan
country ['kʌntrɪ] *n* vidék, táj; (*native land*) ország, haza || all over the ~ országszerte
country dancing *n GB* népi tánc
country-house *n* kastély, (vidéki) kúria
countryman ['kʌntrɪmən] *n* (*pl* -men) vidéki, paraszt; (*fellow* ~) földi
countryside ['kʌntrɪsaɪd] *n* vidék, környék
countrywoman ['kʌntrɪwʊmən] *n* (*pl* -women [-wɪmɪn]) parasztasszony; földi (*nő*)

county ['kaʊntɪ] *n* megye, *GB* grófság

coup d'état [kuːdeɪ'tɑː] *n* (*pl* **coups** [kuːz] **d'état**) államcsíny, puccs

coupé [kuːpeɪ] *n* kétajtós kocsi

couple ['kʌpl] **1.** *n* pár ‖ **a ~ of** két, (egy) pár **2.** *v* összekapcsol

coupon ['kuːpɒn] *n* szelvény, kupon

courage ['kʌrɪdʒ] *n* bátorság ‖ **have the ~ to** megvan a bátorsága vmhez

courageous [kə'reɪdʒəs] *a* bátor

courgette ['kʊəʒet] *n GB* cukkini

courier ['kʊrɪə] *n* (*for tourists*) idegenvezető; (*diplomatic*) futár

course [kɔːs] *n* (*duration*) lefolyás, menet; (*of ship*) útirány; *sp* pálya; *school* tanfolyam, kurzus; (*book*) nyelvkönyv; (*of meal*) fogás ‖ **~ of lectures** előadássorozat; **of ~** persze, természetesen; **in the ~ of sg** vmnek (a) során

course book *n* nyelvkönyv

court [kɔːt] **1.** *n* (*royal*) királyi udvar; *law* bíróság; *sp* pálya ‖ **at ~** az udvarnál; **before the ~** a törvény előtt; **in ~** a bíróságon **2.** *v* vknek udvarol

courteous ['kɜːtɪas] *a* udvarias

courtesy ['kɜːtəsɪ] *n* udvariasság, előzékenység

court-room *n* (bírósági) tárgyalóterem

courtyard ['kɔːtjɑːd] *n* udvar

cousin ['kʌzn] *n* unokatestvér

covenant ['kʌvənənt] *n law* szerződéses kötelezettség

cover ['kʌvə] **1.** *n* (*lid*) fedő; (*for bed*) takaró; (*of book*) borító; (*of magazine*) címlap; (*of chair etc*) bútorhuzat; (*envelope*) boríték; (*insurance*) biztosítás; (*at table*) teríték; (*shelter*) menedék ‖ **under ~ of sg** vmnek a leple alatt **2.** *v* (be)takar, befed; (*hide*) leplez; (*include*) felölel; (*newspaper*) beszámol, tudósít vmről; (*distance*) megtesz; (*costs*) fedez; biztosít

cover up betakar; elleplez ‖ **~ up for sy** falaz vknek

cover with vmvel fed/borít

coverage ['kʌvərɪdʒ] tudósítás; *TV* közvetítés

covering ['kʌvərɪŋ] **1.** *a* borító, burkoló **2.** *n* (*for furniture*) bútorhuzat

cover picture *n* címkép

covert ['kʌvət] *a* titkolt

cover-up *n* eltussolás

covet ['kʌvɪt] *v* megkíván vmt, vágyik vmre

cow [kaʊ] *n* tehén

coward ['kaʊəd] *n* gyáva (ember)

cowardice ['kaʊədɪs] *n* gyávaság

cowboy ['kaʊbɔɪ] *n* gulyás, csordás; *GB pejor* fuser, kontár

coy [kɔɪ] *a* félénk, szemérmes

coyote [kɔɪ'əʊtɪ] *n* prérifarkas

cozy ['kəʊzɪ] *a US* = **cosy**

CPA *US* = **certified public accountant**

crab [kræb] *n* rák (*tengeri*)

crack [kræk] **1.** *n* (*in wall*) rés, repedés; (*in glass, pottery*) csorba; (*noise*) reccsenés; (*of whip*) csattanás ‖ **have a ~ at sg** *col* megpróbál vmt **2.** *vi* reped(ezik), megreped; (*glass, pottery*) elpattan; (*paint*) felpattogzik; (*whip*) csattan | *vt* elrepeszt; (*nut*) megtör; (*whip*) csattogtat ‖ **~ a joke** *col* elsüt egy viccet

crack down on sy lecsap (*bűnözőre*)

crack up col (nervously) kiborul, összeroppan
cracker ['krækə] n (biscuit) sós keksz; (firework) petárda; GB col (girl) jó csaj || ~s pl (for nut) diótörő
crackle ['krækl] 1. n sercegés; (of fire) ropogás 2. v serceg; (tűz) ropog
cradle ['kreɪdl] n bölcső
craft [krɑːft] n (skill) (kéz)ügyesség; (job) mesterség; (trade) kisipar; (cunning) ravaszság; (plane) repülőgép
craftsman ['krɑːftsmən] n (pl -men) kézműves, (kis)iparos
crafty ['krɑːftɪ] a col csalafinta
cram [kræm] v -mm- töm, begyömöszöl; (learn) magol, biflázz || ~ sy korrepetál
cram into beletöm, beleprésel
cram sg with sg vmvel teletöm
cramp [kræmp] 1. n görcs || get ~ görcsöt kap 2. v gátol, akadályoz
crane [kreɪn] n (machine, bird) daru
crank [kræŋk] n (indító)kar
crankshaft ['kræŋkʃɑːft] n forgatytyús tengely
crash [kræʃ] 1. n (noise) csattanás; (of cars) összeütközés; (of plane) lezuhanás; comm összeomlás 2. v (noise) csattan; (cars) összeütközik; (plane) lezuhan; (economy) összeomlik
crash down lezuhan (robajjal)
crash into belerohan (kocsival)
crash helmet n bukósisak
crate [kreɪt] 1. n rekesz 2. v rekeszbe csomagol/rak
cravat [krə'væt] n sál
crave [kreɪv] v vágyódik (for vm után)

crawl [krɔːl] v mászik, kúszik; (swim) kallózik
crayfish ['kreɪfɪʃ] n (pl ~) (freshwater) rák; (saltwater) languszta
crayon ['kreɪən] n (chalk) pasztellkréta; (wax) zsírkréta
craze [kreɪz] n (divat)hóbort
crazy ['kreɪzɪ] a bolond, őrült || be (quite) ~ about sy/sg vkért/ vmért bolondul; go ~ col bedilizik
creak [kriːk] v csikorog, nyikorog
cream [kriːm] n (from milk) tejszín; fig (people) elit, krém; (cosmetic) krém
cream-coloured (US -or-) a krémszínű
creamy ['kriːmɪ] a krémszínű
crease [kriːs] 1. n gyűrődés, ránc; (of trousers) él 2. v (össze)gyűrődik
crease-resistant a gyűrhetetlen
create [krɪ'eɪt] vt teremt, (meg)alkot; (cause) okoz | vi col hisztizik, balhézik
creation [krɪ'eɪʃn] n alkotás, teremtés
creative [krɪ'eɪtɪv] a alkotó, teremtő, kreatív
creator [krɪ'eɪtə] n alkotó || the C~ a Teremtő
creature ['kriːtʃə] n teremtmény
crèche ['kreɪʃ] n GB bölcsőde; US betlehem
credence ['kriːdəns] n give ~ to sg hitelt ad vmnek
credentials [krɪ'denʃlz] n pl megbízólevél
credibility [kredɪ'bɪlətɪ] n hihetőség
credible ['kredəbl] a (story) hihető; (person) szavahihető
credit ['kredɪt] 1. n comm hitel; school tanegység, kredit || buy sg on ~ hitelbe(n)/hitelre vesz; be a

~ to becsületére válik vknek; →
credits 2. *v* elhisz; *comm* jóváír
credit account *n* hitelszámla
credit card *n* hitelkártya
creditor ['kredɪtə] *n* hitelező
credits ['kredɪts] *n pl (of film)* köz-
reműködők
credulous ['kredjʊləs] *a* hiszékeny
creed [kriːd] *n* hiszekegy, hitvallás
creek [kriːk] *n (inlet)* kis öböl; *US*
(small river) patak
creep [kriːp] *v (pt/pp* **crept** [krept])
kúszik, csúszik-mászik
creeper ['kriːpə] *n* kúszónövény
cremation [krɪ'meɪʃn] *n* hamvasztás
crêpe [kreɪp] *n (fabric)* krepp;
(pancake) palacsinta
crept [krept] *pt/pp* → **creep**
crescent ['kresnt] *n* félhold
crest [krest] *n (of cock, wave)* taréj;
(of mountain) (hegy)gerinc; *(coat*
of arms) címerpajzs
crestfallen ['krestfɔːlən] *a* **be ~**
lógatja az orrát
crew [kruː] *n* (kiszolgáló) személy-
zet; legénység; *(of film)* stáb
crib [krɪb] **1.** *n (cot)* gyerekágy, rá-
csos ágy; *rel* jászol, betlehem;
school puska **2.** *v* -bb- *school*
puskázik
cricket[1] ['krɪkɪt] *n zoo* tücsök
cricket[2] ['krɪkɪt] *n sp* krikett
crime [kraɪm] *n* bűncselekmény
crime story *n* krimi
criminal ['krɪmɪnl] **1.** *a* bűnügyi **2.** *n*
bűnöző
Criminal Investigation Depart-
ment (CID) *n GB* bűnügyi nyo-
mozó osztály
criminal law *n* büntetőjog
crimson ['krɪmzn] *a* bíborpiros, tűz-
vörös

crinkle ['krɪŋkl] **1.** *n* ránc, redő **2.** *vt*
összegyűr | *vi* összegyűrődik
cripple ['krɪpl] **1.** *n* nyomorék, rok-
kant **2.** *v* megnyomorít
crisis ['kraɪsɪs] *n (pl* **-ses** [-siːz])
válság, krízis
crisp [krɪsp] **1.** *a* ropogós **2.** *n* **~s**
GB burgonyaszirom
criss-cross ['krɪskrɒs] *a* cikcakkos
criterion [kraɪ'tɪərɪən] *n (pl* **-ria**
[-rɪə]) kritérium, ismérv
critic ['krɪtɪk] *n* bíráló, kritikus
critical ['krɪtɪkl] *a* bíráló, kritikus;
(situation) válságos
criticism ['krɪtɪsɪzəm] *n* bírálat, kri-
tika
criticize ['krɪtɪsaɪz] *v* (meg)bírál,
(meg)kritizál
critique [krɪ'tiːk] *n* bírálat, kritika
croak [krəʊk] *v* krákog; *(crow)* ká-
rog; *(frog)* brekeg
crochet ['krəʊʃeɪ] *v* horgol
crockery ['krɒkərɪ] *n* cserépedény
crocodile ['krɒkədaɪl] *n* krokodil
crocus ['krəʊkəs] *n* sáfrány
croft [krɒft] *n* kis gazdaság/farm
croissant ['krwæsɒ] *n* kifli
crook [krʊk] *n col* svihák, széltoló
crooked ['krʊkɪd] *a* görbe, hajlott;
(action) nem tisztességes
crop [krɒp] **1.** *n agr* termés, ter-
mény **2.** *v* **-pp-** *(rövidre)* lenyír
crop up felmerül, felbukkan
croquet ['krəʊkeɪ] *n sp* krokett
croquette [krɒ'ket] *n* krokett *(étel)*
cross [krɒs] **1.** *a* rosszkedvű; mér-
ges ‖ **be ~ with sy** mérges vkre **2.**
n kereszt **3.** *v (road)* átmegy vmn;
(sea) átkel *(tengeren)*; *(roads each*
other) keresztez(ik egymást); *(legs,*
arms) keresztbe tesz
cross off/out töröl, kihúz

cross-country *a* terep- || ~ **race** *sp* mezei futás; ~ **running** terepfutás; ~ **skiing** sífutás
cross-examine *v* keresztkérdések alá fog
cross-eyed ['krɒsaɪd] *a* kancsal
crossfire ['krɒsfaɪə] *n* kereszttűz
crossing ['krɒsɪŋ] *n* (*across the sea*) átkelés; (*for pedestrians*) gyalogátkelőhely; (*crossroads*) útkereszteződés
cross-reference *n* (*in book*) utalás
crossroads ['krɒsrəʊdz] *n sing.* útkereszteződés; válaszút
cross section *n* keresztmetszet
crosswalk ['krɒswɔːk] *n US* gyalogátkelőhely
cross-wind *n* oldalszél
crossword (puzzle) ['krɒswɜːd] *n* keresztrejtvény
crouch [kraʊtʃ] *v* gubbaszt, (le)guggol
crow [krəʊ] *n* varjú
crowd [kraʊd] 1. *n* (ember)tömeg 2. *v* teletöm, összezsúfol
crowded ['kraʊdɪd] *a* tömött, zsúfolt
crown [kraʊn] 1. *n* korona 2. *v also fig* megkoronáz
crown jewels *n pl* koronaékszerek
crown prince *n* trónörökös
crucial ['kruːʃl] *a* döntő, kritikus
crucifix ['kruːsɪfɪks] *n* feszület
crucifixion [kruːsɪ'fɪkʃn] *n* keresztre feszítés
crucify ['kruːsɪfaɪ] *v* keresztre feszít
crude [kruːd] *a* (*materials*) nyers; (*behaviour*) durva || ~ **oil** nyersolaj
cruel ['kruːəl] *a* kegyetlen, kíméletlen
cruelty ['kruːəltɪ] *n* kegyetlenség

cruise [kruːz] 1. *n* cirkálás 2. *v* cirkál || **cruising speed** utazósebesség
cruiser ['kruːzə] *n* cirkáló
crumb [krʌm] *n* morzsa
crumble ['krʌmbl] *vt* szétmorzsol | *vi* (*bread*) szétmorzsolódik; (*building*) összedől
crumpet ['krʌmpɪt] *n* teasütemény
crumple ['krʌmpl] *vt* összegyűr | *vi* (össze)gyűrődik
crunch [krʌntʃ] *v* ropogtat
crunchy ['krʌntʃɪ] *a* ropogós
crush [krʌʃ] 1. *n* (*crowd*) tolongás; (*drink*) rostos gyümölcslé 2. *v* (*stones*) összetör, összezúz; (*grape*) kiprésel; (*rebellion*) letör; (*enemy*) szétzúz, letipor
crust [krʌst] *n* (*of earth, ice*) kéreg; (*of bread*) héj
crutch [krʌtʃ] *n* mankó
crux [krʌks] *n* nehézség, bökkenő
cry [kraɪ] 1. *n* (*shout*) kiáltás; (*weep*) sírás 2. *v* (*shout*) kiabál, kiált; (*weep*) sír
cry off (*sg or doing sg*) lemond vmt
cry out elkiáltja magát
crypt [krɪpt] *n* altemplom; kripta
crystal ['krɪstl] *n* kristály
CSE [siː es 'iː] *n* = *Certificate of Secondary Education approx* érettségi
cub [kʌb] *n* kölyök (*állaté*); (~ *scout*) kiscserkész
cube [kjuːb] 1. *n* kocka 2. *v math* köbre emel
cubic capacity ['kjuːbɪk] *n* köbtartalom
cubicle ['kjuːbɪkl] *n* öltöző, kabin
cuckoo ['kʊkuː] *n* kakukk
cucumber ['kjuːkʌmbə] *n* uborka

cuddle ['kʌdl] v ölelget ǁ ~ **up to sy** vkhez simul, odabújik
cue [kjuː] n theat végszó
cuff [kʌf] n kézelő, mandzsetta; US (of trousers) hajtóka, felhajtás ǁ **off the** ~ col kapásból
cuff-links n pl kézelőgomb
cuisine [kwɪ'ziːn] n konyha(művészet)
cul-de-sac ['kʌl də sæk] n (pl **cul-de-sacs**) zsákutca
culinary ['kʌlɪnərɪ] a konyhai, étkezési
culminate ['kʌlmɪneɪt] v tetőzik, kulminál
culmination [kʌlmɪ'neɪʃn] n tetőpont, csúcspont
culottes [kju'lɒts] n pl nadrágszoknya
culprit ['kʌlprɪt] n tettes
cult [kʌlt] n kultusz
cultivate ['kʌltɪveɪt] v agr (meg)művel; (person) kiművel
cultural ['kʌltʃərəl] a művelődési
culture ['kʌltʃə] n művelődés, műveltség, kultúra; biol kultúra
cultured ['kʌltʃəd] a művelt, kulturált
cumin ['kʌmɪn] n kömény
cunning ['kʌnɪŋ] a ravasz, rafinált
cup [kʌp] n csésze; (prize) kupa
cupboard ['kʌbəd] n (fali)szekrény; (built-in) beépített szekrény
curator [kjʊ'reɪtə] n (múzeum)igazgató
curb [kɜːb] 1. n fék; US járdaszegély 2. v féken tart
curd (cheese) [kɜːd] n túró
curdle ['kɜːdl] v (milk) összemegy
cure [kjʊə] 1. n gyógykezelés, gyógyítás 2. v (illness, patient) (meg)gyógyít; (meat-salt) besóz;

(smoke) füstöl ǁ ~ **sy of sg** also fig kigyógyít vmből
curfew ['kɜːfjuː] n kijárási tilalom
curiosity ['kjʊərɪ'ɒsətɪ] n kíváncsiság; (rare thing) ritkaság, furcsaság
curious ['kjʊərɪəs] a kíváncsi; (strange) furcsa
curiously ['kjuːrɪəslɪ] adv ~ **enough** (elég) különös módon
curl [kɜːl] 1. n (haj)fürt, (haj)hullám 2. vt göndörít | vi göndörödik
curler ['kɜːlə] n hajcsavaró
curly ['kɜːlɪ] a hullámos, göndör (haj)
currant ['kʌrənt] n (grape) mazsola; (black~) ribiszke, ribizli
currency ['kʌrənsɪ] n pénz(nem), valuta
current ['kʌrənt] 1. a (money) érvényes, forgalomban levő; (word) elterjedt; (tendency) jelenlegi ǁ **of the** ~ **year** folyó évi 2. n ár (folyón); el áram
current account n folyószámla (bankban)
currently ['kʌrəntlɪ] adv jelenleg
curriculum [kə'rɪkjʊləm] n tanmenet, tanterv
curriculum vitae [kə'rɪkjʊləm 'viːtaɪ] (pl **curricula** [kə'rɪkjʊlə] **vitae**) n önéletrajz
curry (powder) n curry
curse [kɜːs] 1. n átok 2. vt elátkoz, megátkoz | vi szitkozódik
cursor ['kɜːsə] n comput kurzor
cursory ['kɜːsərɪ] a futólagos
curt [kɜːt] a rövid, kurta
curtail [kɜː'teɪl] v megkurtít; (expenses) csökkent
curtain ['kɜːtn] n függöny ǁ **draw the** ~ behúzza a függönyt

curtsey ['kɜːtsɪ] n pukedli
curve [kɜːv] 1. n math görbe; arch ívelés; (in a road) kanyar 2. v (line) elhajlik; (road) kanyarodik
curved [kɜːvd] a görbe, hajlított
cushion ['kʊʃn] n (dívány)párna
custard ['kʌstəd] n approx tejsodó
custodian [kʌ'stəʊdɪən] n őr; (of museum) (múzeum)igazgató
custody ['kʌstədɪ] n (rendőri) őrizet ‖ be in ~ előzetes letartóztatásban van
custom ['kʌstəm] n (tradition) szokás; comm vevőkör; → customs
customary ['kʌstəmərɪ] a szokásos
customer ['kʌstəmə] n vásárló, ügyfél
custom-made a mérték után készült
customs ['kʌstəmz] n pl vámhivatal, vám(kezelés) ‖ ~ clearance vámkezelés, vámvizsgálat; ~ examination vámvizsgálat; ~ officer vámtiszt
cut [kʌt] 1. a vágott 2. n vágás; (of bread) szelet; (reduction) csökkentés; (of clothes) fazon, szabás; (in book) húzás 3. v (pt/pp cut [kʌt]; -tt-) (el)vág; (hair) levág, nyír; (bread) szel; (wages) csökkent ‖ ~ a class col ellóg az óráról; ~ sy short szavába vág vknek
cut down csökkent
cut in (on sy) col közbevág; elévág
cut off levág, lemetsz; fig elszigetel
cut out kivág; (clothes) kiszab
cut up (wood) felvág, felaprít; (meat) felszeletel
cutback(s) ['kʌtbæk(s)] n költségcsökkentés

cute [kjuːt] a col csini
cutlery ['kʌtlərɪ] n evőeszköz(ök)
cutlet ['kʌtlɪt] n (borda)szelet
cut-price a árengedményes
cutting ['kʌtɪŋ] 1. a vágó; (remark) éles 2. n vágás; (of newspaper) újságkivágás; film vágás
CV [siː 'viː] = curriculum vitae
cwt. = hundredweight
cyanide ['saɪənaɪd] n cián
cycle ['saɪkl] 1. n körforgás, ciklus; (bicycle) bicikli 2. v biciklizik
cycling ['saɪklɪŋ] n kerékpározás
cyclist ['saɪklɪst] n biciklista
cyclone ['saɪkləʊn] n ciklon
cylinder ['sɪlɪndə] n (also in car) henger ‖ ~ head casket hengerfejtömítés
cymbals ['sɪmblz] n pl mus cintányér
cynic ['sɪnɪk] n cinikus
cynical ['sɪnɪkl] a cinikus
cynicism ['sɪnɪsɪzəm] n cinizmus
cyst [sɪst] n med ciszta
czar [zɑː] n cár
Czech [tʃek] a/n (person, language) cseh ‖ in ~ csehül; the ~ Republic a Cseh Köztársaság, Csehország

D

dab [dæb] v -bb- (with towel) megtöröl; (with sponge) nyomogat; (paint) felrak
dabble ['dæbl] in (sg) v fig col beleszagol, belekap (vmbe)
dachshund ['dækshʊnd] n tacskó, dakszli

dad(dy) ['dæd(ı)] *n col* papa
daffodil ['dæfədıl] *n* sárga nárcisz
daft [dɑːft] *a col* bolond
dagger ['dægə] *n* tőr
daily ['deılı] 1. *a* mindennapi, na-
p(onként)i 2. *adv* mindennap,
napjában 3. *n* napilap
dairy ['deərı] *n* (*on farm*) tejüzem;
(*shop*) tejbolt ‖ ~ produce tejter-
mék(ek)
daisy ['deızı] *n* margaréta, százszor-
szép
daisy-wheel printer *n* margaréta-
kerekes nyomtató
dale [deıl] *n* völgy
dam [dæm] *a* (védő)gát
damage ['dæmıdʒ] 1. *n* kár, veszte-
ség; (*injury*) sérülés 2. *v* kárt tesz
(vmben), rongál (vmt) ‖ be ~d
tönkremegy
damages ['dæmıdʒız] *n pl* kártérí-
tés ‖ pay ~ to sy for sg kártérítést
fizet vknek vmért
damn [dæm] 1. *n* not give a ~
about sg/sy semmibe vesz vmt/
vkt 2. *v* (el)átkoz ‖ ~ (it)! fene
egye meg!
damned [dæmd] *a* átkozott
damp [dæmp] *a* nyirkos
dampen ['dæmpən] *v* (*moisten*)
(meg)nedvesít; (*reduce*) letompít
dance [dɑːns] 1. *n* tánc, bál 2. *v*
táncol
dance-hall *n* táncterem
dancer ['dɑːnsə] *n* táncos
dancing ['dɑːnsıŋ] *n* tánc
dandelion ['dændılaıən] *n* gyer-
mekláncfű, pitypang
dandruff *n* ['dændrʌf] korpa
Dane [deın] *n* dán
danger ['deındʒə] *n* veszély ‖ be in
~ veszélyben forog/van

dangerous ['deındʒərəs] *a* veszélyes
dangerously ['deındʒərəslı] *adv*
veszélyesen
dangle ['dæŋgl] *v* lóbál
Danish ['deınıʃ] *a* dán
Danube ['dænjuːb] *n* Duna
dapper ['dæpə] *a* tiptopp
dare [deə] *v* merészel ‖ ~ (to) do
sg mer vmt tenni; how ~ you?
hogy merészeli Ön?; I ~ say
meghiszem azt!
daring ['deərıŋ] 1. *a* merész 2. *n*
merészség
dark [dɑːk] 1. *a* sötét
darken ['dɑːkən] *vt* (el)sötétít ‖ *vi*
sötétedik
dark glasses *n pl* napszemüveg,
sötét szemüveg
darkness ['dɑːknıs] *n* sötétség
darkroom ['dɑːkrʊm] *n* sötétkamra
darling ['dɑːlıŋ] *a/n* kedves ‖ ~!
drágám!
dart [dɑːt] 1. *n* dárda; → darts 2. *v*
~ along/across végigsuhan
dartboard ['dɑːtbɔːd] *n* céltábla
darts [dɑːts] *n sing.* célbadobós
játék
dash [dæʃ] 1. *n* (*rushing*) nekiira-
modás; (*punctuation mark*) gon-
dolatjel ‖ a ~ of cseppnyi 2. *v*
rohan, robog
dash away *vk* vhonnan elviharzik
dash in/into beront
dash off (*run away*) elrohan;
(*letter*) odavet
dash out vhonnan kirohan
dashboard ['dæʃbɔːd] *n* műszerfal
(*autón*)
dashing ['dæʃıŋ] *a* ragyogó
data ['deıtə] *n* adat(ok)
data processing *n* (gépi) adatfel-
dolgozás

date¹ [deɪt] *n* (*fruit*) datolya
date² [deɪt] **1.** *n* (*time*) dátum, időpont; (*appointment*) találka, randevú ‖ **be out of** ~ elavult; **be up to** ~ korszerű; **have/make a** ~ **with sy** randevúzik vkvel **2.** *v* (*put date on*) keltez; (*have origin*) ered, származik
date back to *or* **date from** ered/származik vmely időből
daughter ['dɔːtə] *n* **sy's** ~ vknek a lánya
daughter-in-law *n* (*pl* **daughters-in-law**) meny
daunting ['dɔːntɪŋ] *a* ijesztő
dawn [dɔːn] **1.** *n* hajnal ‖ **at** ~ virradatkor **2.** *v* **it is** ~**ing** hajnalodik, világosodik
day [deɪ] *n* (*24 hours*) nap ‖ **by** ~ nappal; ~ **after/by day** nap mint nap; **the** ~ **after tomorrow** holnapután; **the** ~ **before yesterday** tegnapelőtt; **have a** ~ **off** szabadnapos; **from** ~ **to day** napról napra; **this** ~ **week** mához egy hétre
daybreak ['deɪbreɪk] *n* hajnal
day-care centre *n* napközi (otthon)
daydream ['deɪdriːm] **1.** *n* ábránd(ozás) **2.** *v* ábrándozik
daylight ['deɪlaɪt] *n* nappali világítás
daylight saving time; *US* **daylight time** *n* nyári időszámítás
day-nursery *n* (*kindergarten*) óvoda; *US* (*creche*) bölcsőde
daytime ['deɪtaɪm] *n* nappal ‖ **in the** ~ nappal, napközben
day-to-day *a* naponként ismétlődő, mindennapi
daze [deɪz] **1.** *n* kábultság **2.** *v* (el)kábít
dazzle ['dæzl] *v* (*light*) (el)vakít, (el)kápráztat

DC [diː 'siː] = **direct current**
dead [ded] *a* halott, holt ‖ **be** ~ **on time** hajszálpontosan érkezik
deaden ['dedn] *v* (*sound*) letompít
dead end *n* *US* zsákutca
dead heat *n* holtverseny
deadline ['dedlaɪn] *n* határidő
deadlock ['dedlɒk] *n* holtpont
deaf [def] *a* süket
deafen ['defn] *v* megsüketít
deaf-mute *a* süketnéma
deafness ['defnɪs] *n* süketség
deal [diːl] **1.** *n* üzlet(kötés), alku ‖ **a good/great** ~ jó sok(at); sokkal... **2.** *v* (*pt/pp* **dealt** [delt]) (*give*) ad; (*cards*) oszt
deal in kereskedik vmvel
deal with (*manage*) foglalkozik vmvel;, tárgyal (*kérdést*); (*be about*) szól *vmről*; (*treat*) vkvel bánik
dealer ['diːlə] *n* kereskedő
dealt [delt] *pt/pp* → **deal**
dean [diːn] *n* (*at university*) dékán
dear [dɪə] *a* *also fig* drága ‖ **my** ~ drágám; ~ **me!** ó jaj!; **D~ Sirs** (*in letter*) Tisztelt Uraim!
death [deθ] *n* halál(eset) ‖ ~ **certificate** halotti anyakönyvi kivonat; ~ **duties** *pl* örökösödési illeték
deathly ['deθlɪ] *a/adv* halálos(an)
death penalty *n* halálbüntetés
debar [dɪ'bɑː] *v* -**rr**- kirekeszt (*from vmből*)
debarkation [diːbɑː'keɪʃn] *n* partraszállás
debase [dɪ'beɪs] *v* (*humiliate*) lealáz; (*depreciate*) leront; (*degrade*) lealjasít
debatable [dɪ'beɪtəbl] *a* vitatható
debate [dɪ'beɪt] **1.** *n* vita **2.** *v* vitat(kozik)

debauchery [dɪ'bɔːtʃərɪ] n züllött-
ség, kicsapongás
debit ['debɪt] 1. n tartozik-oldal 2. v
~ sy's account with számlát meg-
terhel
debris ['deɪbriː] n törmelék
debt [det] n adósság || get into ~
eladósodik
debtor ['detə] n adós
decade ['dekeɪd] n évtized
decadence ['dekədəns] n hanyatlás
decaffeinated ['diːkæfɪneɪtɪd] a kof-
feinmentes
decay [dɪ'keɪ] 1. n (decline) romlás,
hanyatlás; (caries) fogszuvasodás
2. v (decline) hanyatlik, romlik;
(rot) rothad; (grow carious) szu-
vasodik
deceased [dɪ'siːst] a/n halott, elhunyt
deceit [dɪ'siːt] n csalás
deceive [dɪ'siːv] v becsap, rászed,
megcsal vkt
December [dɪ'sembə] n december;
→ August
decency ['diːsnsɪ] n tisztesség, illem
decent ['diːsnt] a tisztességes,
derék, rendes
deception [dɪ'sepʃn] n csalás
deceptive [dɪ'septɪv] a megtévesztő
decide [dɪ'saɪd] v (el)határoz,
(el)dönt
decided [dɪ'saɪdɪd] a határozott,
kifejezett
decimal ['desɪml] 1. a (system)
tízes; (point) tizedes 2. n tizedes-
jegy || ~ (fraction) tizedes tört
decimal point n tizedes pont
decimate ['desɪmeɪt] v megtizedel
decipher [dɪ'saɪfə] v (code) megfejt
decision [dɪ'sɪʒn] n (determination)
döntés; (judgement) bírói ítélet ||
make a ~ döntést hoz

decisive [dɪ'saɪsɪv] a döntő
deck [dek] 1. n (of ship) fedélzet;
(record player, tape-recorder)
deck 2. v ~ out feldíszít
deck-chair n nyugágy
declaration [deklə'reɪʃn] n nyilat-
kozat || make a ~ nyilatkozik
declare [dɪ'kleə] v kinyilvánít || ~
war on hadat üzen vknek
decline [dɪ'klaɪn] 1. n hanyatlás 2. v
(decay) (le)hanyatlik; (weaken)
gyengül; (refuse) visszautasít
decode [diː'kəʊd] v dekódol
decompose [diːkəm'pəʊz] vt
(szét)bont I vi szétbomlik; chem
felbomlik
decomposition [diːkɑmpə'zɪʃn] n
(dissociation) (fel)bomlás; (decay)
oszlás, romlás
décor ['deɪkɔː] n lakberendezés(i
tárgyak)
decorate ['dekəreɪt] v (adorn)
díszít; (paint room) fest; (wall-
paper) tapétáz
decoration [dekə'reɪʃn] n (orna-
ment) díszítés, dísz; (painting)
festés; (medal) kitüntetés
decorator ['dekəreɪtə] n szobafestő,
tapétázó
decoy ['diːkɔɪ] n csalétek
decrease 1. ['diːkriːs] n csök-
ken(t)és 2. [dɪ'kriːs] vi csökken I vt
lecsökkent
decree [dɪ'kriː] 1. n law rendelet,
végzés 2. v (adjudge) dönt;
(order) elrendel
decrepit [dɪ'krepɪt] a roskatag
dedicate ['dedɪkeɪt] v (devote)
(fel)ajánl; (consecrate) felszentel;
(inscribe) dedikál (to vknek)
dedication [dedɪ'keɪʃn] n aján-
lás

deduce [dɪ'djuːs] v math levezet ‖ ~ **sg from sg** vmből vmt/vmre következtet

deduct [dɪ'dʌkt] v levon, leszámít

deduction [dɪ'dʌkʃn] n (deducting) levonás; (conclusion) levezetés, következtetés

deed [diːd] n (act) tett, cselekedet; (fact) tény; (document) okirat

deem [diːm] v vmnek ítél/tart/gondol

deep [diːp] a (low) mély; (profound) alapos

deep-freeze 1. n mélyhűtő 2. (pt -froze, pp -frozen) v mélyhűt, fagyaszt

deep-frozen a mélyhűtött, mirelit

deep-fry v bő zsírban (or friteuseben) süt

deer [dɪə] n (pl ~) őz; szarvas

deface [dɪ'feɪs] v elrútít

defamation [defə'meɪʃn] n rágalmazás

default [dɪ'fɔːlt] 1. n law (absence, neglect) mulasztás; comput (basic position) alapértelmezés 2. v (el)mulaszt

defeat [dɪ'fiːt] 1. n (of army/battle) vereség; (of government) bukás 2. v (enemy) legyőz; (government) megbuktat

defeatist [dɪ'fiːtɪst] a/n kishitű, defetista

defect ['diːfekt] n (fault) hiba; (imperfection) hiány(osság)

defective [dɪ'fektɪv] a hiányos, hibás

defence (US **defense**) [dɪ'fens] n védelem

defenceless [dɪ'fenslɪs] a védtelen

defend [dɪ'fend] v (meg)véd (from/ against sy/sg vktől, vmtől, vk/vm ellen)

defendant [dɪ'fendənt] n alperes

defense [dɪ'fens] n US = **defence**

defensive [dɪ'fensɪv] 1. a védekező 2. n defenzíva

defer [dɪ'fɜː] v -rr- elhalaszt

deference ['defərəns] n tiszteletadás

defiance [dɪ'faɪəns] n dac(oskodás)

defiant [dɪ'faɪənt] a dacos, kihívó

deficiency [dɪ'fɪʃnsɪ] n hiány(osság)

deficient [dɪ'fɪʃnt] a hiányos

deficit ['defɪsɪt] n (budgetary) hiány, deficit

defile [dɪ'faɪl] v bepiszkít

define [dɪ'faɪn] v meghatároz; (word) értelmez

definite ['defɪnət] a (meg)határozott

definitely ['defɪnətlɪ] adv határozottan; feltétlenül

definition [defɪ'nɪʃn] n (of concept) meghatározás; (of word) értelmezés

definitive [dɪ'fɪnətɪv] a végleges

deflate [dɪ'fleɪt] v (gas, air) kienged

deflect [dɪ'flekt] v (turn aside) kitérít; (divert) eltérít; (bend) elhajlít

deform [dɪ'fɔːm] v eltorzít

deformity [dɪ'fɔːmətɪ] n testi fogyatékosság/hiba

defraud [dɪ'frɔːd] v megkárosít, megrövidít (of vmvel)

defrost [diː'frɒst] v (refrigerator) leolvaszt, jégtelenít; (food) felolvaszt

deft [deft] a ügyes

defunct [dɪ'fʌŋkt] a elhunyt

defuse [diː'fjuːz] v (bomb) hatástalanít

defy [dɪ'faɪ] v dacol (sy/sg vkvel/ vmvel)

degenerate 1. [dɪ'dʒenərət] *a* elfajzott; korcs **2.** [dɪ'dʒenəreɪt] *v* elfajul

degradation [degrə'deɪʃn] *n* (*self-debasement*) lealacsonyodás; (*debasement*) lealacsonyítás

degrading [dɪ'greɪdɪŋ] *a* lealacsonyító, megalázó

degree [dɪ'griː] *n* (*measurement*) fok; (*title given by university*) fokozat, diploma ‖ **10 ~s below zero** mínusz tíz fok; **by ~s** fokozatosan

de-ice [diː 'aɪs] *v* (*windscreen*) jégtelenít

de-icer [diː'aɪsə] *n* jégmentesítő (spray)

deign to [deɪn] *v* méltóztatik vmt megtenni

deity ['deɪətɪ] *n* istenség

dejected [dɪ'dʒektɪd] *a* levert, lehangolt, rosszkedvű

dejection [dɪ'dʒekʃn] *n* levertség, lehangoltság

delay [dɪ'leɪ] **1.** *n* (*of train*) késés; (*state of being delayed*) késedelem; (*postponement*) (el)halasztás ‖ **without ~** haladéktalanul **2.** *v* (*be late*) késik; (*postpone*) elhalaszt

delayed [dɪ'leɪd] *a* késleltetett; *aviat* „késik"

delectable [dɪ'lektəbl] *a* élvezetes

delegate 1. ['delɪgət] *n* küldött, megbízott **2.** ['delɪgeɪt] *v* delegál

delegation [delɪ'geɪʃn] *n* küldöttség

delete [dɪ'liːt] *v* (*words*) töröl, kihúz

deliberate 1. [dɪ'lɪbərət] *a* (*slow*) megfontolt; (*intentional*) szándékos **2.** [dɪ'lɪbəreɪt] *v* latolgat

deliberately [dɪ'lɪbərətlɪ] *adv* szándékosan; megfontoltan

delicacy ['delɪkəsɪ] *n* (*food*) ínyencfalat, csemege; (*fineness*) törékenység, gyengédség

delicate ['delɪkət] *a* (*fine, soft*) finom; (*tender*) zsenge, gyenge; (*gentle*) gyengéd; (*sensitive*) kényes; (*tactful*) tapintatos; (*fragile*) törékeny ‖ **~ situation** kínos helyzet

delicatessen (shop) [delɪkə'tesn] *n* csemegebolt

delicious [dɪ'lɪʃəs] *a* élvezetes, finom

delight [dɪ'laɪt] **1.** *n* élvezet, öröm **2.** *v* gyönyörködtet, örömet szerez vknek ‖ **~ in sg** örömét leli vmben; **be ~ed** egészen el van ragadtatva (*at, by, with* -tól/től)

delightful [dɪ'laɪtfəl] *a* élvezetes

delinquency [dɪ'lɪŋkwənsɪ] *n* (*misdeed*) vétség; (*neglect*) mulasztás

delinquent [dɪ'lɪŋkwənt] *n* bűnöző, tettes

delirious [dɪ'lɪrɪəs] *a* **be ~** félrebeszél

deliver [dɪ'lɪvə] *v* (*carry*) leszállít, (ki)kézbesít; (*pronounce*) elmond ‖ **~ from sy/sg** megszabadít vktől/vmtől; **be ~ed of a child** gyermeket szül

deliverance [dɪ'lɪvərəns] *n* szabadulás

delivery [dɪ'lɪvərɪ] *n* (*distribution*) kézbesítés; (*carrying*) szállítás; (*manner of speaking*) előadásmód; (*childbirth*) szülés

delta ['deltə] *n* torkolatvidék

delude [dɪ'luːd] *v* becsap, áltat

deluge ['deljuːdʒ] *n* áradat; özön(víz)

delusion [dɪ'luːʒn] *n* (érzék)csalódás, tévhit

de luxe [dɪ'lʌks] *a* művészi kivitelű
demand [dɪ'mɑːnd] **1.** *n*
(*requirement*) követelés; (*for goods*) kereslet ‖ **(much) in ~** keresett, kelendő **2.** *v* (meg)kíván, (meg)követel (*sg of sy* vktől vmt); (*need*) vm vmt szükségessé tesz; (*claim*) igényel
demanding [dɪ'mɑːndɪŋ] *a* (*person*) igényes; (*work*) megerőltető
demarcation [diːmɑː'keɪʃn] *n* (*separation*) elhatárolás; (*limit, line*) határvonal
demean oneself [dɪ'miːn] *v* lealjasodik, lealacsonyodik
demeanour (*US* **-or**) [dɪ'miːnə] *n* viselkedés
demented [dɪ'mentɪd] *a* őrült
demister [diː'mɪstə] *n* páramentesítő
democracy [dɪ'mɒkrəsɪ] *n* demokrácia
democrat ['deməkræt] *n* demokrata
democratic [demə'krætɪk] *a* demokratikus
demolish [dɪ'mɒlɪʃ] *v* lerombol, lebont
demolition [demə'lɪʃn] *n* lerombolás, lebontás
demon ['diːmən] *n* gonosz szellem, démon
demonstrate ['demənstreɪt] *v* (*show*) bemutat; (*prove*) igazol; (*manifest*) tüntet
demonstration [demən'streɪʃn] *n* (*show*) bemutatás, demonstráció; (*manifestation*) felvonulás, tüntetés
demotion [diː'məʊʃn] *n mil* lefokozás
demur [dɪ'mɜː] *v* **-rr-** habozik
demure [dɪ'mjʊə] *a* illedelmes

den [den] *n* (*of animal*) odú; (*study*) dolgozószoba
denial [dɪ'naɪəl] *n* (meg)tagadás
denims ['denɪmz] *n pl* farmernadrág
Denmark ['denmɑːk] *n* Dánia
denomination [dɪnɒmɪ'neɪʃn] *n* felekezet
denominator [dɪ'nɒmɪneɪtə] *n math* nevező
denote [dɪ'nəʊt] *v* jelent (*vm jelentésű*)
denounce [dɪ'naʊns] *v* (*accuse*) feljelent, beárul; (*condemn*) elítél
dense [dens] *a* sűrű
densely [denslɪ] *adv* sűrűn
density ['densətɪ] *n* sűrűség
dent [dent] **1.** *n* üreg; bemélyedés **2.** *v* bemélyít
dental ['dentl] *a* fogászati, fog- ‖ **~ surgeon** fogorvos, szájsebész
dentist ['dentɪst] *n* fogorvos
dentistry ['dentɪstrɪ] *n* fogászat
denture(s) *n* (*pl*) műfogsor
denunciation [dɪnʌnsɪ'eɪʃn] *n* feljelentés
deny [dɪ'naɪ] *v* tagad ‖ **~ sy sg** megtagad vktől vmt
deodorant [diː'əʊdərənt] *n* dezodor
depart [dɪ'pɑːt] *v* (el)indul, elutazik
department [dɪ'pɑːtmənt] *n* (*of store, office*) osztály; (*of government*) minisztérium; (*at university*) tanszék ‖ **~ store** áruház
departure [dɪ'pɑːtʃə] *n* (*of vehicle*) indulás; (*of person*) elutazás
depend [dɪ'pend] *v* **~ on** vmtől/ vktől függ ‖ **it ~s** attól függ
dependable [dɪ'pendəbl] *a* megbízható
dependence [dɪ'pendəns] *n* függőség, függés

dependent [dɪ'pendənt] *a* ~ **on sy/sg** vktől/vmtől függő
depict [dɪ'pɪkt] *v* leír, lefest
deplorable [dɪ'plɔːrəbl] *a* szánalomra méltó, sajnálatos
deplore [dɪ'plɔː] *v* sajnál, szán
deployment *n* (*of missiles, troops*) telepítés
depopulation [diːpɒpjʊ'leɪʃn] *n* elnéptelenedés
deport [dɪ'pɔːt] *v* kitelepít
deportation [diːpɔː'teɪʃn] *n* kitelepítés, deportálás
deportment [dɪ'pɔːtmənt] *n* (*behaviour*) tartás
depose [dɪ'pəʊz] *v* lemondat, letesz
deposit [dɪ'pɒzɪt] **1.** *n* (*of ore, oil, mineral*) üledék; (*in bank*) letét; (*part payment*) előleg, foglaló **2.** *v* (*with bank*) betesz, letétbe helyez
deposit account *n* folyószámla, betétszámla
depot ['depəʊ] *n* (*for buses*) kocsiszín; (*for goods*) lerakat
depreciate [dɪ'priːʃieɪt] *v* (*fall in value*) csökken az értéke; (*undervalue*) ócsárol, lebecsül
depreciation [dɪpriːʃi'eɪʃn] *n* értékcsökkenés
depress [dɪ'pres] *v* (*press down*) lenyom; (*in mood*) lehangol
depressed [dɪ'prest] *a* levert, lehangolt
depression [dɪ'preʃn] *n* (*of person*) levertség, lehangoltság; (*of business, atmosphere*) depresszió
deprivation [deprɪ'veɪʃn] *n* szűkölködés
deprive [dɪ'praɪv] *v* ~ **sy/sg of sg** vmtől megfoszt vkt/vmt
dept. = **department**
depth [depθ] *n* mélység

deputation [depjʊ'teɪʃn] *n* küldöttség
deputize ['depjʊtaɪz] *v* ~ **for sy** vkt helyettesít, kisegít
deputy ['depjʊti] *n* (*substitute*) helyettes; (*representative*) kiküldött
derail [dɪ'reɪl] *v* **be ~ed** kisiklik
deranged [dɪ'reɪndʒd] *a* őrült, megháborodott
Derby ['dɑːbɪ] *n GB* derbi
derby ['dɜːbɪ] *n US* keménykalap
derelict ['derəlɪkt] *a* lakatlan, elhagyatott
derision [dɪ'rɪʒn] *n* kigúnyolás
derisory [dɪ'raɪsərɪ] *a* nevetséges
derive [dɪ'raɪv] *vt* származtat vmből | *vi* származik vmből/vmtől (*from*)
dermatitis [dɜːmə'taɪtɪs] *n* bőrgyulladás
dermatology [dɜːmə'tɒlədʒɪ] *n* bőrgyógyászat
derogatory [dɪ'rɒgətrɪ] *a* elítélő, rosszalló, pejoratív
derrick ['derɪk] *n* (*on ship*) árbocdaru; (*for oil*) fúrótorony
derv [dɜːv] *n* dízelolaj
descend [dɪ'send] *v* leereszkedik
descendant [dɪ'sendənt] *n* utód, leszármazott
descent [dɪ'sent] *n* (*going down*) leereszkedés; (*ancestry*) (le)származás
describe [dɪ'skraɪb] *v fig* leír, ábrázol
description [dɪ'skrɪpʃn] *n* leírás, ábrázolás; (*sort*) fajta
descriptive [dɪ'skrɪptɪv] *a* leíró, ábrázoló
desecrate ['desɪkreɪt] *v* megszentségtelenít, meggyaláz
desert 1. ['dezət] *n* sivatag **2.** [dɪ'zɜːt] *vt* vktől elpártol, elhagy vkt/vmt | *vi kat* dezertál

deserts [dɪ'zɜːts] *n pl* **get one's just** ~ megkapja, amit érdemel
deserve [dɪ'zɜːv] *v* (meg)érdemel
design [dɪ'zaɪn] **1.** *n* (*plan*) terv; (*intention*) szándék; (*pattern*) minta **2.** *v* (*building*) (meg)tervez; (*machine*) (meg)szerkeszt
designate ['dezɪgneɪt] *v* kijelöl
designer [dɪ'zaɪnə] *n* tervező; (*fashion* ~) divattervező
desirable [dɪ'zaɪərəbl] *a* kívánatos
desire [dɪ'zaɪə] **1.** *n* vágy, óhaj **2.** *v* vmre vágyik, vmt óhajt
desk [desk] *n* íróasztal; (*in school*) pad; (*in shop*) pult; (*in hotel*) recepció
desk clerk *n* (*szállodai*) portás
desk-top publishing *n* házi kiadványszerkesztés
desolate ['desələt] *a* elhagyatott, sivár
desolation [desə'leɪʃn] *n* pusztulás; nyomor
despair [dɪ'speə] **1.** *n* kétségbeesés || **be in** ~ kétségbe van esve **2.** *v* kétségbeesik
despatch [dɪ'spætʃ] = **dispatch**
desperate ['despərət] *a* (*person*) kétségbeesett; (*state*) kétségbeejtő
desperation [despə'reɪʃn] *n* kétségbeesés
despicable [dɪ'spɪkəbl] *a* megvetésre méltó, megvetendő
despise [dɪ'spaɪz] *v* megvet, lenéz
despite [dɪ'spaɪt] *prep* ellenére
despondent [dɪ'spɒndənt] *a* csüggedt
dessert [dɪ'zɜːt] *n* édesség, desszert
dessertspoon *n* gyermekevőkanál
destination [destɪ'neɪʃn] *n* rendeltetési hely
destiny ['destɪnɪ] *n* végzet

destitute ['destɪtjuːt] *a* nincstelen, nyomorgó
destroy [dɪ'strɔɪ] *v* (le)rombol, (el)pusztít
destroyer [dɪ'strɔɪə] *n mil* romboló
destruction [dɪ'strʌkʃn] *n* pusztítás, rombolás
destructive [dɪ'strʌktɪv] *a* destruktív, romboló hatású
detach [dɪ'tætʃ] *v* leválaszt, elválaszt
detachable [dɪ'tætʃəbl] *a* levehető
detached [dɪ'tætʃt] *a* (*house*) különálló; (*attitude, opinion*) tárgyilagos
detached house *n* családi ház, villa
detachment [dɪ'tætʃmənt] *n* (*separation*) elkülönülés; (*troop*) különítmény; (*objectivity*) tárgyilagosság
detail ['diːteɪl] **1.** *n* részlet, részlet(ezés) || ~**s** részletes adatok; **in** ~ részletesen **2.** *v* részletez
detailed ['diːteɪld] *a* részletes
detain [dɪ'teɪn] *v* őrizetbe vesz, letartóztat
detect [dɪ'tekt] *v* felfedez
detective [dɪ'tektɪv] *n* detektív
detective story/novel *n* detektívregény
détente ['deɪtɒnt] *n pol* enyhülés
detention [dɪ'tenʃn] *n* őrizetbe vétel, letartóztatás
detergent [dɪ'tɜːdʒənt] *n* mosószer, tisztítószer
deteriorate [dɪ'tɪərəreɪt] *v* (*health, situation*) megromlik; (*quality*) romlik
determination [dɪtɜːmɪ'neɪʃn] *n* (*determining*) meghatározás; (*resolution*) elhatározás, elszántság

determine [dɪ'tɜːmɪn] *v* (*fix, settle*) meghatároz; (*resolve*) eltökél

deterrent [dɪ'terənt] *n* elrettentő eszköz

detest [dɪ'test] *v* utál, gyűlöl

detonate ['detəneɪt] *vt* felrobbant I *vi* felrobban

detonation [detə'neɪʃn] *n* robbanás

detour ['diːtʊə] *n* (*road*) kerülő út; US (*for traffic*) (forgalom)elterelés, terelőút

detriment ['detrɪmənt] *n* kár, hátrány II **to the ~ of ...** kárára

detrimental [detrɪ'mentl] *a* ártalmas, hátrányos

deuce [djuːs] *n* 40:40 (*teniszben*)

devaluation [diːvæljʊ'eɪʃn] *n* (*of currency*) leértékelés

devalue [diː'væljuː] *v* (*currency*) leértékel

devastate ['devəsteɪt] *v* elpusztít

devastating ['devəsteɪtɪŋ] *a* pusztító, megsemmisítő

devastation [devə'steɪʃn] *n* pusztítás, rombolás

develop [dɪ'veləp] *vt* fejleszt; (*photo*) előhív I *vi* fejlődik, kialakul

developing [dɪ'veləpɪŋ] *a* fejlődő II **~ country** fejlődő ország

development [dɪ'veləpmənt] *n* (*being developed*) (ki)fejlődés, kialakulás; (*developing*) fejlesztés

deviate ['diːvɪeɪt] *v* eltér vmtől

deviation [diːvɪ'eɪʃn] *n* (*iránytól*) eltérés

device [dɪ'vaɪs] *n* (*apparatus*) eszköz, szerkezet; (*trick*) trükk

devil ['devl] *n* ördög

devious ['diːvɪəs] *a* (*route*) kanyargós; (*person*) álnok, hamis

devise [dɪ'vaɪz] *v* kiötöl, kitalál

devoid [dɪ'vɔɪd] *a* mentes (*of* vmtől)

devote [dɪ'vəʊt] *v* szentel (*to* vmre); (*vm célra*) fordít II **~ oneself to** vmre adja magát

devoted [dɪ'vəʊtɪd] *a* odaadó, hűséges

devotion [dɪ'vəʊʃn] *n* (*affection*) odaadás, hűség; (*piety*) áhítat

devour [dɪ'vaʊə] *v* (fel)fal

dew [djuː] *n* harmat

dexterity [dek'sterətɪ] *n* ügyesség

diabetes [daɪə'biːtɪz] *n* cukorbaj

diabetic [daɪə'betɪk] *a/n* cukorbeteg

diagnose ['daɪəgnəʊz] *v* (*illness*) megállapít, diagnosztizál

diagnosis [daɪəg'nəʊsɪs] *n* (*pl* **-ses** [-siːz]) kórisme, diagnózis

diagonal [daɪ'ægənl] **1.** *a* átlós **2.** *n* átló

diagram ['daɪəgræm] *n* ábra; grafikon

dial ['daɪəl] **1.** *n* (*of telephone*) tárcsa; (*of clock*) számlap **2.** *v* **-ll-** (*US* **-l-**) (fel)tárcsáz

dialect ['daɪəlekt] *n* nyelvjárás

dialling tone *n* tárcsahang

dialogue (*US* **-log**) ['daɪəlɒg] *n* párbeszéd

diameter [daɪ'æmɪtə] *n* átmérő

diamond ['daɪəmənd] *n* (*jewel*) gyémánt II **~s** (*cards*) káró

diaper ['daɪəpə] *n US* pelenka

diaphragm ['daɪəfræm] *n med* rekeszizom; *el* membrán

diarrhoea [daɪə'rɪə] (*US* **-rhea**) *n* hasmenés

diary ['daɪərɪ] *n* (*daily record*) napló; (*notebook*) notesz

dice [daɪs] *n* (*pl* **~**) dobókocka

dictate **1.** ['dɪkteɪt] *n* parancs(szó) **2.** [dɪk'teɪt] *v* diktál

dictation [dɪk'teɪʃn] *n* diktálás

dictator [dɪk'teɪtə] *n* diktátor
dictatorship [dɪk'teɪtəʃɪp] *n* diktatúra, zsarnokság
diction ['dɪkʃn] *n* előadásmód
dictionary ['dɪkʃənrɪ] *n* szótár
did [dɪd] *pt* → **do**
didn't ['dɪdnt] = **did not**
die [daɪ] *v* (*pres. p.* **dying**) (*person*) meghal; (*plant, animal*) elpusztul ‖ **be dying for sg** (*v.* **to do sg**) majd megvesz vmért; ~ **of sg** meghal vmben
die away elhalkul
die down (*wind*) elcsendesedik
die out kihal
diesel ['diːzəl] *a* ~ **engine** dízelmotor; ~ **oil** dízelolaj
diet ['daɪət] *n* diéta ‖ **be on a** ~ diétázik
differ ['dɪfə] *v* különbözik, eltér (*from sg* vmtől)
difference ['dɪfrəns] *n* különbség, eltérés; (*disagreement*) nézeteltérés
different ['dɪfrənt] *a* különböző, eltérő ‖ **be** ~ **from sg** különbözik vmtől; **in a** ~ **way** másképpen
differentiate [dɪfə'renʃɪeɪt] *v* megkülönböztet (*from* vmtől/vktől)
difficult ['dɪfɪkəlt] *a* nehéz
difficulty ['dɪfɪkəltɪ] *n* nehézség
diffident ['dɪfɪdənt] *a* szerény; félénk
diffuse 1. [dɪ'fjuːs] *a* terjengős **2.** [dɪ'fjuːz] *v* terjeszt
dig [dɪg] *v* (*pt/pp* **dug** [dʌg]; **-gg-**) ás
digest 1. ['daɪdʒest] *n* kivonat **2.** [daɪ'dʒest] *v* (meg)emészt
digestion [daɪ'dʒestʃn] *n* emésztés
digit ['dɪdʒɪt] *n* számjegy; (*finger*) ujj

digital ['dɪdʒɪtl] *a* digitális
dignified ['dɪgnɪfaɪd] *a* méltóságteljes
dignity ['dɪgnətɪ] *n* méltóság
digress [daɪ'gres] *v* **from the subject** eltér/elkalandozik a tárgytól
digs [dɪgz] *n pl col GB* albérleti szoba
dilapidated [dɪ'læpɪdeɪtɪd] *a* ütöttkopott, rozoga
dilate [daɪ'leɪt] *v* (ki)tágul
diligent ['dɪlɪdʒənt] *a* szorgalmas
dilute [daɪ'ljuːt] *v* (fel)hígít
dim [dɪm] **1.** *a* homályos, halvány ‖ **grow** ~ (*light*) halványodik; (*sight*) elhomályosul **2.** *v* **-mm-** *vt* elhomályosít ǀ *vi* elhalványodik
dime [daɪm] *n US* tízcentes
dimension [dɪ'menʃn] *n* (*measurement*) kiterjedés; (*extent*) nagyság; (*size*) méret
diminish [dɪ'mɪnɪʃ] *vi* csökken, kisebbedik ǀ *vt* csökkent, kisebbít
dimmer ['dɪmə] *n GB* fényerő-szabályozós kapcsoló; *US* (*in car*) tompított fényszóró kapcsolója
dine [daɪn] *v* ebédel, vacsorázik
diner ['daɪnə] *n US* étkezőkocsi
dinghy ['dɪŋgɪ] *n* (*sailing*) kis csónak/vitorlás; (*rubber*) gumicsónak
dingy ['dɪndʒɪ] *a* piszkos
dining ['daɪnɪŋ] *a* ~ **car** étkezőkocsi; ~ **room** ebédlő
dinner ['dɪnə] *n* (*evening meal*) vacsora; (*lunch*) ebéd ‖ **have (one's)** ~ megvacsorázik
dinner jacket *n* szmoking
dinner party *n* vacsora (*vendégekkel*)
dinosaur ['daɪnɑsɔː] *n* dinoszaurusz

dint [dɪnt] *n* **by ~ of** vm segítségével, vmnél fogva

dip [dɪp] **1.** *n* (*plunging*) bemártás; (*immersion*) bemerülés; (*bathe*) fürdés **2.** *v* **-pp-** (*plunge*) (meg)-márt; (*sink*) merül; (*incline*) elhajlik || **~ped headlights** tompított fény

diploma [dɪ'pləʊmə] *n* diploma

diplomacy [dɪ'pləʊməsɪ] *n* diplomácia

diplomat ['dɪpləmæt] *n* diplomata

diplomatic [dɪplə'mætɪk] *a* (*of diplomacy*) diplomáciai; (*tactful*) diplomatikus

dipstick ['dɪpstɪk] *n* nívópálca

dipswitch ['dɪpswɪtʃ] *n* GB (*in car*) tompított fényszóró

dire [daɪə] *a* szörnyű

direct [dɪ'rekt] **1.** *a* (*straight*) egyenes; (*immediate*) közvetlen **2.** *v* (*manage, control*) irányít; (*address, lead*) útba igazít; (*film*) rendez; (*order*) felszólít vmre, utasít

direct current *n* egyenáram

direction [dɪ'rekʃn] *n* (*course*) (út)irány; (*management*) irányítás, igazgatás || **in that ~** arra(felé); **~s** utasítás; **~s (for use)** (használati) utasítás

directly [dɪ'rektlɪ] *adv* (*straight*) közvetlenül, egyenesen; (*immediately*) azonnal

director [dɪ'rektə] *n* (*of company*) igazgató; (*of film*) rendező

directory [dɪ'rektərɪ] *n* (*of addresses*) címjegyzék; (*of telephone numbers*) telefonkönyv

dirt [dɜːt] *n* piszok, szemét

dirty ['dɜːtɪ] **1.** *a* mocskos **2.** *v* bepiszkít

disability [dɪsə'bɪlətɪ] *n* (*incapacity*) alkalmatlanság; (*handicap*) rokkantság

disabled [dɪs'eɪbld] *a* rokkant, mozgásképtelen

disadvantage [dɪsəd'vɑːntɪdʒ] *n* hátrány

disagree [dɪsə'griː] *v* **~ with sy** (*differ*) nem ért egyet vkvel (*on* vmben); (*be harmful*) árt, nem tesz jót vknek

disagreeable [dɪsə'griːəbl] *a* kellemetlen

disagreement [dɪsə'griːmənt] *n* nézeteltérés, ellenkezés

disallow [dɪsə'laʊ] *v* nem ismer el; sp (*goal*) nem ad meg

disappear [dɪsə'pɪə] *v* eltűnik

disappearance [dɪsə'pɪərəns] *n* eltűnés

disappoint [dɪsə'pɔɪnt] *v* kiábrándít || **be ~ed in/with sy/sg** csalódik vkben/vmben

disappointing [dɪsə'pɔɪntɪŋ] *a* kiábrándító

disappointment [dɪsə'pɔɪntmənt] *n* csalódás, kiábrándulás

disapproval [dɪsə'pruːvl] *n* ellenzés, rosszallás

disapprove [dɪsə'pruːv] *v* **~ of sg** kifogásol/helytelenít/ellenez vmt

disarmament [dɪs'ɑːməmənt] *n* leszerelés

disaster [dɪ'zɑːstə] *n* katasztrófa

disastrous [dɪ'zɑːstrəs] *a* végzetes

disbelief [dɪsbɪ'liːf] *n* hitetlenség

disc [dɪsk] *n* (*plate*) korong, tárcsa; (*record*) hanglemez; → **disk**

discard [dɪ'skɑːd] *v* (*useless things*) kidob, (ki)selejtez

discern [dɪ'sɜːn] *v* észrevesz

discharge 1. ['dɪstʃɑːdʒ] *n* (*of cargo*) kirak(od)ás; (*of employee*) elbocsátás; (*of prisoner, patient*) szabadulás; (*of liquid*) kiöntés; (*of wound*) váladék **2.** [dɪs'tʃɑːdz] *v* (*cargo*) kirak; (*employee, patient*) elbocsát; (*of duty*) felment (vm alól); (*debt*) (ki)fizet; (*electric current*) kisül

disc jockey *n* lemezlovas

disciple [dɪ'saɪpl] *n* tanítvány

discipline ['dɪsɪplɪn] **1.** *n* (*training*) fegyelem; (*branch of science*) tudományág **2.** *v* fegyelmez

disclaim [dɪ'skleɪm] *v* nem ismer el, tagad; (*responsibility*) elhárít; (*claim*) elutasít

disclose [dɪ'skləʊz] *v* (*secret*) felfed, elárul

disclosure [dɪ'skləʊʒə] *n* felfedés, leleplezés

disco ['dɪskəʊ] *n* diszkó

discolour (*US* **-or**) [dɪ'skʌlə] *v* elszíneződik, fakul

discomfort [dɪ'skʌmfət] *n* kényelmetlenség

disconcert [dɪskən'sɜːt] *v* zavarba hoz

disconnect [dɪskə'nekt] *v* (*radio, TV*) szétkapcsol; (*electricity, telephone*) megszakít

discontent [dɪskən'tent] *n* elégedetlenség

discontinue [dɪskən'tɪnjuː] *v* (*conversation*) félbeszakít, félbehagy, megszüntet; lemond

discord ['dɪskɔːd] *n* viszály

discordant [dɪ'skɔːdənt] *a* disszonáns

discotheque ['dɪskətek] *n* diszkó

discount 1. ['dɪskaʊnt] *n* (*on article*) (ár)engedmény; (*for cash*) levonás ‖ **~ store** diszkontáruház **2.** [dɪs'kaʊnt] *v* (*money*) levon, leszámítol; (*disregard*) figyelmen kívül hagy

discourage [dɪ'skʌrɪdʒ] *v* elkedvetlenít, elriaszt

discouraging [dɪs'kʌrɪdʒɪŋ] *a* elkedvetlenítő

discover [dɪ'skʌvə] *v* felfedez, rájön

discovery [dɪ'skʌvərɪ] *n* felfedezés

discredit [dɪ'skredɪt] **1.** *n* hitelrontás **2.** *v* rossz hírbe hoz vkt

discreet [dɪ'skriːt] *a* (*tactful*) diszkrét, tapintatos; (*prudent*) szolid

discrepancy [dɪ'skrepənsɪ] *n* különbözőség, eltérés

discriminate [dɪ'skrɪmɪneɪt] *v* megkülönböztet (*sg/sy from sg/sy* vmt/vkt vmtől/vktől) ‖ **~ between two things** különbséget tesz két dolog között

discriminating [dɪ'skrɪmɪneɪtɪŋ] *a* igényes

discrimination [dɪsskrɪmɪ'neɪʃn] *n* (*discernment*) ítélőképesség; (*differentiation*) megkülönböztetés

discus ['dɪskəs] *n* diszkosz

discuss [dɪ'skʌs] *v* megbeszél, megtárgyal

discussion [dɪ'skʌʃn] *n* tárgyalás, megvitatás, vita

disdain [dɪs'deɪn] **1.** *n* megvetés **2.** *v* (*person*) lenéz; (*doing sg*) méltóságán alulinak tart

disease [dɪ'ziːz] *n* betegség, kór

disembark [dɪsɪm'bɑːk] *vi* partra száll ‖ *vt* kihajóz

disengage [dɪsɪn'geɪdʒ] *v* (*clutch*) kiold; (*energy*) felszabadít

disfigure [dɪs'fɪgə] *v* elcsúfít

disgrace [dɪs'greɪs] 1. *n* szégyen 2. *v* szégyent hoz vkre ‖ ~ **oneself** szégyent vall

disgraceful [dɪs'greɪsfəl] *a* szégyenletes

disgruntled [dɪs'grʌntld] *a* elégedetlen, zsémbes

disguise [dɪs'gaɪz] 1. *n* álruha 2. *v* leplez, álcáz

disgust [dɪs'gʌst] 1. *n* csömör 2. *v* undorít

disgusting [dɪs'gʌstɪŋ] *a* gusztustalan

dish [dɪʃ] 1. *n* (*vessel*) tál; (*food*) étel; (*course*) fogás ‖ **do the ~es** elmosogat 2. *v col* (*serve*) tálal; (*thwart*) átver; (*defeat*) megbuktat

dishearten [dɪs'hɑːtn] *v* elcsüggeszt

dishevelled [dɪ'ʃevld] *a* (*hair*) kócos; (*clothes*) zilált

dishonest [dɪs'ɒnɪst] *a* tisztességtelen

dishonour (*US* **-or**) [dɪs'ɒnə] 1. *n* gyalázat 2. *v* (*person*) megszégyenít, szégyent hoz vkre

dishwasher ['dɪʃwɒʃə] *n* mosogatógép

disillusion [dɪsɪ'luːʒn] 1. *n* kiábrándulás 2. *v* kiábrándít

disinfect [dɪsɪn'fekt] *v* fertőtlenít

disinfectant [dɪsɪn'fektənt] *n* fertőtlenítőszer

disintegrate [dɪs'ɪntɪgreɪt] *v* (*rock*) szétesik; (*group*) felbomlik

disinterested [dɪs'ɪntrɪstɪd] *a* (*uninterested*) érdektelen; (*impartial*) pártatlan

disjointed [dɪs'dʒɔɪntɪd] *a* összefüggéstelen

disk [dɪsk] *n comput* lemez, diszk ‖ ~ **drive** lemezmeghajtó; → **disc**

diskette [dɪ'sket] *n comput* = **disk**

dislike [dɪs'laɪk] 1. *n* ellenszenv 2. *v* nem szível, vktől idegenkedik

dislodge [dɪs'lɒdʒ] *v* kimozdít

disloyal [dɪs'lɔɪəl] *a* hűtlen

dismal ['dɪzməl] *a* sivár, komor

dismay [dɪs'meɪ] 1. *n* döbbenet 2. *v* **be ~ed** megdöbben (*at* vm miatt)

dismiss [dɪs'mɪs] *v* (*send away*) elbocsát; (*reject*) elutasít

dismissal [dɪs'mɪsl] *n* elbocsátás

dismount [dɪs'maʊnt] *v* (*from horse/bicycle*) leszáll

disobedience [dɪsə'biːdɪəns] *n* engedetlenség

disobedient [dɪsə'biːdɪənt] *a* engedetlen

disobey [dɪsə'beɪ] *v* nem fogad szót (vknek)

disorder [dɪs'ɔːdə] *n* (*confusion*) rendetlenség, felfordulás (*commotion*) zűrzavar

disown [dɪs'əʊn] *v* (*son*) kitagad

disparaging [dɪ'spærədʒɪŋ] *a* becsmérlő, lekicsinylő

disparity [dɪ'spærəti] *n* egyenlőtlenség

dispatch [dɪ'spætʃ] 1. *n* (*speed*) sietség; (*report*) értesítés; (*sending*) elküldés 2. *v* (*send*) elküld (vknek); (*arrange*) (gyorsan) elintéz

dispensary [dɪ'spensəri] *n* gyógyszertár

dispense [dɪ'spens] *v* (*distribute*) (ki)oszt, szétoszt; (*prepare*) elkészít

dispense with eltekint vmtől

dispensing chemist [dɪ'spensɪŋ] *n* GB gyógyszerész

disperse [dɪ'spɜːs] *vt* szétoszlat | *vi* szétoszlik

dispirited [dɪ'spɪrɪtɪd] v levert
displace [dɪ'spleɪs] v elmozdít || ~d
person hontalan
display [dɪ'spleɪ] 1. n (of goods) bemutatás; (show) kirakat; (monitor) kijelző 2. v (exhibit) kiállít; (show) bemutat
displease [dɪ'spliːz] v vknek nem tetszik
displeased [dɪ'spliːzd] a be ~ with sg vknek visszatetszik vm, vk elégedetlen vmvel
displeasure [dɪ'spleʒə] n visszatetszés
disposable [dɪ'spəʊzebl] a (nappy) eldobható
disposal [dɪ'spəʊzl] n rendelkezés || be at (sy's) ~ rendelkezésre áll
dispose [dɪ'spəʊz] v elrendez || ~ of sg/sy vmn/vkn túlad
disposed [dɪ'spəʊzd] a be ~ to do hajlandó vmre
disposition [dɪspə'zɪʃn] n (readiness) hajlandóság; (temperament) habitus, mentalitás
disproportionate [dɪsprə'pɔːʃənət] a aránytalan
disprove [dɪs'pruːv] v megcáfol
dispute [dɪ'spjuːt] 1. n vita 2. v kétségbe von, vitat
disqualify [dɪ'skwɒlɪfaɪ] v kizár, diszkvalifikál
disregard [dɪsrɪ'gɑːd] 1. n semmibevétel 2. v figyelmen kívül hagy, mellőz
disrepair [dɪsrɪ'peə] n in ~ rozoga állapotban
disrespect [dɪsrɪ'spekt] n tiszteletlenség
disrupt [dɪs'rʌpt] v megzavar
disruption [dɪs'rʌpʃn] n megszakadás; (of service) fennakadás

dissatisfaction [dɪsætɪs'fækʃn] n nemtetszés, elégedetlenség
dissatisfied [dɪ'sætɪsfaɪd] a elégedetlen
dissect [dɪ'sekt] v (cut up) (fel)boncol; (examine) elemez
dissent [dɪ'sent] 1. n eltérő vélemény 2. v különvéleményen van
disservice [dɪ's3ːvɪs] n do sy a ~ kárt okoz vknek
dissident ['dɪsɪdənt] n pol disszidens; másként gondolkodó
dissimilar [dɪ'sɪmɪlə] a különböző, eltérő
dissipation [dɪsɪ'peɪʃn] v (waste) elpocsékolás; (dissoluteness) kicsapongás
dissolute ['dɪsəljuːt] a kicsapongó, feslett
dissolve [dɪ'zɒlv] vt (substance) (fel)old; (society) feloszlat | vi (fel)oldódik; feloszlik
dissuade [dɪ'sweɪd] v ~ sy from (doing) sg lebeszél vkt vmről
distance ['dɪstəns] n (in space) táv(olság), táv; (in time) távlat || from a ~ távolból; in the ~ a távolban
distant ['dɪstənt] a távoli, messze
distaste [dɪs'teɪst] n utálat, ellenszenv
distasteful [dɪs'teɪstfəl] a visszataszító, utálatos
distil (US **distill**) [dɪ'stɪl] v -ll- lepárol
distinct [dɪ'stɪŋkt] a kivehető, világos
distinction [dɪ'stɪŋkʃn] n (difference) megkülönböztetés; (honour) kitüntetés
distinguish [dɪ'stɪŋgwɪʃ] v ~ between two things or one thing

from another különbséget tesz
két dolog között
distinguished [dɪ'stɪŋgwɪʃt] *a* kiváló, kiemelkedő
distort [dɪ'stɔːt] *v* elferdít, (el)torzít
distortion [dɪ'stɔːʃn] *n* elferdítés, torzítás
distract [dɪ'strækt] *v* eltérít || ~
attention (from) elvonja a figyelmet
distracting [dɪ'stræktɪŋ] *a* őrjítő
distraction [dɪ'strækʃn] *n* (*diversion*) elterelés; (*distress*) aggodalom
distress [dɪ'stres] **1.** *n* (*sorrow*) szomorúság, bánat; (*poverty*) ínség, nyomor **2.** *v* (*trouble*) nyomaszt
distressing [dɪ'stresɪŋ] *a* lehangoló, aggasztó
distress signal *n* vészjel(zés)
distribute [dɪ'strɪbjuːt] *v* szétoszt, eloszt, kioszt (*among* több dolgot vkk között)
distribution [dɪstrɪ'bjuːʃn] *n* kiosztás, szétosztás
distributor [dɪ'strɪbjʊtə] *n comm* nagykereskedő; (*in car*) elosztó
district ['dɪstrɪkt] *n* (*of town*) kerület, (város)negyed; (*of country*) körzet
district attorney *n US* államügyész
distrust [dɪs'trʌst] **1.** *n* bizalmatlanság **2.** *v* nem bízik (vkben)
disturb [dɪ'stɜːb] *v* (meg)zavar
disturbance [dɪ'stɜːbəns] *n* (*disturbing*) zavar(ás); (*disorder*) nyugtalanság
disturbing [dɪ'stɜːbɪŋ] *a* zavaró
disuse [dɪs'juːs] *n* **fall into** ~ kimegy a divatból, elavul
disused [dɪs'juːzd] *a* nem használt

ditch [dɪtʃ] *n* árok
ditto ['dɪtəʊ] *n* dettó, ugyanaz
divan [dɪ'væn] *n* dívány, heverő
dive [daɪv] **1.** *n* (*jump*) ugrás; (*header*) fejesugrás; *col* (*pub*) csehó **2.** *v* alámerül; (*head first*) fejest ugrik
diver ['daɪvə] *n* búvár
divergence [daɪ'vɜːdʒəns] *n* eltérés
diverse [daɪ'vɜːs] *a* különféle, különböző
diversion [daɪ'vɜːʃn] *n* (*of traffic*) elterelés; (*road*) terelőút
divert [daɪ'vɜːt] *v* eltérít; (*traffic, river*) elterel
divide [dɪ'vaɪd] *vt* (*separate*) szétválaszt; (*share out*) szétoszt, eloszt; (*number*) eloszt (*by*) vmennyivel | *vi* (*part*) elválik; szétválik (*út*) || ~ **by four** néggyel oszt; ~ **in two** (*or* **into two parts**) kettéoszt
divided highway *n US* osztott pályás úttest
dividend ['dɪvɪdənd] *n* (*share*) osztalék, részesedés; (*number*) osztandó
divine [dɪ'vaɪn] *a* isteni
division [dɪ'vɪʒn] *n* (*dividing*) felosztás; *math* osztás; (*being divided*) megoszlás; (*part*) részleg, osztály
divorce [dɪ'vɔːs] **1.** *n law* válás **2.** *vt* elválaszt | *vi* elválik
divorcee [dɪvɔː'siː] *n* elvált férfi/nő
divulge [daɪ'vʌldʒ] *v* nyilvánosságra hoz
DIY [diː aɪ 'waɪ] = **do-it-yourself**
dizzy ['dɪzɪ] *a* (*person*) szédülő; (*speed, height*) szédítő || **feel/be** ~ szédül
DJ = **disc jockey**
do [duː] (*sing. 3* **does** [dʌz]; *pt* **did** [dɪd], *pp* **done** [dʌn]) *v* (meg)tesz,

(meg)csinál, (el)végez ‖ **I'll ~ it somehow** majd valahogy megcsinálom; **I'll ~ what I can** megteszek minden tőlem telhetőt; **what can I ~ for you?** mit parancsol/óhajt?; **that'll ~** (ez) jó lesz, ez megfelel; **how ~ you do?** (*greeting*) *approx* jó napot kívánok!; **what does (s)he ~ for a living?** mit csinál?, mivel foglalkozik?; **~ you speak English?** tud(sz)/beszél(sz) angolul?; **Yes, I ~** igen(, beszélek); **No, I don't** nem(, nem beszélek/tudok); **you live in Edinburgh, don't you?** ugye te Edinburgh-ban élsz?; **be ~ing well** jól megy neki, jól keres; **done!** megegyeztünk!; **be done** készen van; *col* (*exhausted*) kivan; **he's been done** *col* becsapták; **have sg done** (el)végeztet/elkészíttet vmt

do away with (*get rid of*) megszabadul vmtől; *col* (*kill*) eltesz vkt láb alól; (*abolish*) eltöröl

do sy in (*kill*) eltesz láb alól; *col* (*let down*) vkvel kiszúr

do up (*tidy*) elrendez; (*repair*) rendbe hoz; (*button*) begombol; (*pack up*) összecsomagol

do with sg beéri/megelégszik vmvel

do without sg megvan vm nélkül

docile ['dəʊsaɪl] *a* tanulékony

dock [dɒk] **1.** *n* (*in harbour*) dokk; (*for prisoner*) vádlottak padja **2.** *v* (*ship*) dokkol; (*spacecrafts*) öszszekapcsolódik

docker ['dɒkə] *n* dokkmunkás, kikötőmunkás

dockyard ['dɒkjɒd] *n* hajógyár

doctor ['dɒktə] *n* orvos, doktor ‖ **D~ of Philosophy** bölcsészdoktor, PhD

doctrine ['dɒktrɪn] *n* tétel, tan

document ['dɒkjʊmənt] *n* irat, dokumentum, okmány

documentary [dɒkjʊ'mentrɪ] **1.** *a* dokumentációs **2.** *n* (*film*) ismeretterjesztő film

documentation [dɒkjʊmen'teɪʃn] *n* dokumentáció

dodge [dɒdʒ] **1.** *n* csel, fogás **2.** *v* kijátszik (vmt)

does [dʌz] → **do**

doesn't ['dʌznt] = **does not**

dog [dɒg] **1.** *n* kutya **2.** *v* **-gg-** nyomon követ

dogged ['dɒgɪd] *a* makacs, kitartó

doings ['duːɪŋz] *n pl* vknek a viselt dolgai

do-it-yourself *n* „csináld magad", barkácsolás

doldrums ['dɒldrəmz] *n pl* **be in the ~** (*person*) mísze van; (*business*) pang

dole [dəʊl] **1.** *n col* munkanélkülisegély ‖ **be on the ~** munkanélküli-segélyen él **2.** *v* **~ out** kiadagol

doleful ['dəʊlfəl] *a* szomorú

doll [dɒl] *n* (játék)baba

dollar ['dɒlə] *n* dollár

dolphin ['dɒlfɪn] *n* delfin

domain [də'meɪn] *n* (*of activity*) terület

dome [dəʊm] *n* kupola

domestic [də'mestɪk] **1.** *a* (*home*) házi, háztartási; (*within country*) hazai, belföldi **2.** *n* (háztartási) alkalmazott

domestic servant *n* háztartási alkalmazott

domicile ['domɪsaɪl] n állandó lakóhely

dominant ['domɪnənt] a uralkodó, domináns

domineering [domɪ'nɪərɪŋ] a uralkodni vágyó

dominion [də'mɪnɪən] n (power) uralom; (territory) domínium

domino ['domɪnəʊ] n (pl -oes [-əʊz]) dominó

dominoes ['domɪnəʊz] n sing. dominó(játék)

donate [dəʊ'neɪt] v adakozik

donation [dəʊ'neɪʃn] n (donating) adakozás; (gift) adomány

done [dʌn] pp → do

donkey ['doŋkɪ] n szamár

donor ['dəʊnə] n (to charity) adományozó; (of blood) véradó; (of organ) donor

don't [dəʊnt] = do not

donut ['dəʊnʌt] n US = doughnut

doom [duːm] 1. n (fate) balsors, végzet 2. v ítél

doomsday ['duːmzdeɪ] n az utolsó ítélet (napja)

door [dɔː] n ajtó ‖ out of ~s kinn; a szabadban

doorbell ['dɔːbel] n ajtócsengő

door-handle n kilincs

door-keeper n portás, kapus

doorman ['dɔːmən] n (pl -men) (at hotel) portás, kocsirendező

doormat ['dɔːmæt] n lábtörlő

doorstep ['dɔːstep] n küszöb

doorway ['dɔːweɪ] n kapubejárat, kapualj

dope [dəʊp] 1. n doppingszer 2. v (horse, person) doppingol

dopey ['dəʊpɪ] a col kába

dormant ['dɔːmənt] a be ~ szunynyad (vkben tehetség)

dormitory ['dɔːmɪtrɪ] n GB (room) hálóterem; US (building) diákotthon, kollégium

dormouse ['dɔːmaʊs] n (pl -mice [-maɪs]) zoo pele

dosage ['dəʊsɪdʒ] n adag(olás)

dose [dəʊs] 1. n adag, dózis 2. v (medicine) adagol

doss house [dos] n éjjeli menedékhely

dot [dot] 1. n pont ‖ on the ~ percnyi pontossággal 2. v -tt- pontoz

double ['dʌbl] 1. a kettős, kétszeres, dupla 2. n (quantity) kétszerese vmnek; (similar person) hasonmás; (of actor) dublőr, dublőz 3. vt (meg)kettőz ‖ vi megkettőződik

double bass n nagybőgő

double bed n franciaágy

double bend n S-kanyar

double-breasted a kétsoros (ruha)

double-decker n emeletes autóbusz

double room n kétágyas szoba

doubly ['dʌblɪ] adv kétszeresen, duplán

doubt [daʊt] 1. n kétség ‖ no ~ kétségkívül 2. v kétell, kétségbe von

doubtful ['daʊtfəl] a kétes, kétséges

doubtless ['daʊtlɪs] adv kétségkívül

dough [dəʊ] n tészta

doughnut ['dəʊnʌt] n approx fánk

dove [dʌv] n galamb

dowdy ['daʊdɪ] a ódivatú

down [daʊn] 1. adv/prep (to a place) le; (at/in a place) lenn, lent ‖ ~ below alul, lenn 2. v (drink) felhajt ‖ ~ tools sztrájkba lép

down-and-out a ágrólszakadt, nyomorgó

downcast ['daʊnkɑːst] a letört ‖ be ~ lógatja az orrát

downfall ['daʊnfɔːl] *n* (*of government*) bukás; (*of empire*) összeomlás

downhearted [daʊn'hɑːtɪd] *a* csüggedt

downhill [daʊn'hɪl] *adv* hegyről le, lejtőn lefelé

down payment *n* előleg, foglaló

downpour ['daʊnpɔː] *n* felhőszakadás, zápor

downright ['daʊnraɪt] **1.** *a* (*refusal*) határozott || ~ **lie** tiszta hazugság **2.** *adv* határozottan, kereken

downstairs [daʊn'steəz] *adv* (*to*) le; (*on*) a földszinten, lenn

downstream [daʊn'striːm] *adv* folyón lefelé

down-to-earth *a* (*person*) gyakorlatias; (*plan*) reális

downtown [daʊn'taʊn] *adv US* a belvárosba(n)

downward ['daʊnwəd] *a* lefelé menő/irányuló

downwards ['daʊnwədz] *adv* le(felé)

dowry ['daʊərɪ] *n* hozomány

doz. = **dozen**

doze [dəʊz] **1.** *n* szendergés **2.** *v col* szundít

doze off elbóbiskol

dozen ['dʌzn] *n* tucat

Dr = **doctor**

drab [dræb] *a* unalmas, szürke

draft [drɑːft] **1.** *n* (*outline*) tervezet; (*sketch*) vázlat; (*order for money*) váltó; *US* (*conscription*) sorozás; *US* = **draught 2.** *v* (*outline*) szerkeszt; (*sketch*) vázol; *US* (*conscript*) besoroz

draftsman ['drɑːftsmən] *n* (*pl* **-men**) *US* műszaki rajzoló

drag [dræg] **1.** *n* (*cluster of hooks*) kotróháló; (*resistance*) közegellenállás, légellenállás **2.** *v* **-gg-** vonszol, húz

drag along magával hurcol

drag on (*meeting*) hosszúra nyúlik

drag sg out of sy *col* vkből vmt kiszed

dragon ['drægən] *n* sárkány (*mesebeli*)

dragonfly ['drægənflaɪ] *n zoo* szitakötő

drain [dreɪn] *n* (szenny)csatorna; → **drains**

drainage ['dreɪnɪdʒ] *n* alagcsövezés

drainpipe ['dreɪnpaɪp] *n* lefolyócső

drains [dreɪnz] *n pl* (*out of house*) kanális

drama ['drɑːmə] *n* színdarab, dráma

dramatic [drə'mætɪk] *a also fig* drámai

dramatist ['dræmətɪst] *n* drámaíró

dramatize ['dræmətaɪz] *v also fig* dramatizál

drank [dræŋk] *pt* → **drink**

draper('s shop) ['dreɪpə] *n* méteráru(-kereskedés)

drastic ['dræstɪk] *a* drasztikus

draught [drɑːft] (*US* **draft**) *n* (*air*) huzat; (*swallow*) korty || ~ **beer** csapolt sör

draughtsman ['drɑːftsmən] *n* (*pl* **-men**) műszaki rajzoló

draw [drɔː] **1.** *n* (*lottery*) húzás, sorshúzás; (*match*) döntetlen (mérkőzés) **2.** *v* (*pt* **drew** [druː], *pp* **drawn** [drɔːn]) (*pull*) húz; (*lottery*) kihúz; (*curtain*) összehúz; (*picture*) (le)rajzol; (*money*) kivesz; (*cheque*) kiállít || ~ **a bill on sy** váltót

intézvényez; ~ **lots** sorsot húz; ~ **near** közeledik
draw back (*move back*) visszahúz(ódik)
draw out vhonnan kihúz
draw up *vi* (*car*) megáll I *vt* (*programme*) összeállít; (*contract*) megszerkeszt
drawback ['drɔːbæk] *n* hátrány
drawbridge ['drɔːbrɪdʒ] *n* felvonóhíd
drawer[1] ['drɔːə] *n* (*in furniture*) fiók
drawer[2] ['drɔːə] *n* (*of pictures*) rajzoló; (*of cheque*) kiállító
drawing ['drɔːɪŋ] *n* rajz II ~ **pin** rajzszeg
drawl [drɔːl] *v* vontatottan beszél
drawn [drɔːn] *pp* → **draw**
dread [dred] **1.** *n* rémület, rettegés **2.** *v* vmtől/vktől retteg
dreadful ['dredfl] *a* borzalmas, rémes
dreadfully ['dredfəlɪ] *adv* borzasztóan
dream [driːm] **1.** *n* álom **2.** *v* (*pt/pp* **dreamed** [dremt] *or* **dreamt** [dremt]) (*have dreams*) álmodik; (*fancy*) ábrándozik
dreamt [dremt] *pt/pp* → **dream**
dreary ['drɪərɪ] *a* sivár, komor
dredge [dredʒ] *v* kikotor (*tó fenekét*)
dredger ['dredʒə] *n* kotrógép
dregs [dregz] *n pl* üledék, alja (vmnek); *fig* söpredék
dress [dres] **1.** *n* (*for woman*) ruha; (*clothing*) öltözet **2.** *vi* (fel)öltözik I *vt* (fel)öltöztet; (*bandage*) kötöz II **get ~ed** felöltözik
dress up (*in evening dress*) kiöltözik II ~ **up as** (*in fancy dress*) beöltözik vmnek

dressing ['dresɪŋ] *n* (*on wound*) kötés; (*for salads*) (saláta)öntet II ~**-gown** pongyola; ~**-room** öltöző
dressmaker ['dresmeɪkə] *n* varrónő, női szabó
dressmaking ['dresmeɪkɪŋ] *n* varrás
dressy ['dresɪ] *a* divatos(an öltözködő); elegáns
drew [druː] *pt* → **draw**
dribble ['drɪbl] *v* (*rain*) csöpög; (*baby*) nyáladzik; (*in football*) cselez
dried [draɪd] *a* szárított, aszalt; porított II ~ **fruit** szárított gyümölcs; ~ **milk** tejpor; → **dry**
drift [drɪft] **1.** *n also fig* (*current*) áramlás, sodródás; (*tendency*) irányzat, tendencia **2.** *v* (*be carried*) sodródik; (*person, thing*) hányódik
drill [drɪl] **1.** *n* (*instrument*) fúró; (*exercise*) gyakorlat **2.** *v* fúr
drink [drɪŋk] **1.** *n* ital II **have a** ~ iszik egyet **2.** *v* (*pt* **drank** [dræŋk], *pp* **drunk** [drʌŋk]) iszik I *vt* megiszik II ~ **to sy** vk egészségére iszik
drink-driving *n* ittas vezetés
drinker ['drɪŋkə] *n* iszákos
drinking water *n* ivóvíz
drip [drɪp] **1.** *n* (*dripping*) csöpögés; (*drop*) csepp **2.** *v* -**pp**- *vi* csepeg I *vt* csepegtet
drip down lecsepeg
drip-dry *a* vasalást nem igénylő
drive [draɪv] **1.** *n* (*journey*) autózás; autóút (*megtett út*); (*road*) felhajtó; (*energy, force*) energia; (*power transmission*) (meg)hajtás; (*campaign*) mozgalom; *comput* (*disk* ~) lemezmeghajtó **2.** *v* (*pt* **drove** [drəʊv], *pp* **driven** ['drɪvn]) (*car*)

vezet; (*animals*) hajt, űz; (*operate*) meghajt
drive at céloz vmre
drive back (*enemy*) visszaver
drivel ['drɪvl] *n* ostobaság
driven ['drɪvn] *pp* → **drive**
driver ['draɪvə] *n* (*of car*) sofőr, (gépkocsi)vezető; (*of horse, cart*) hajtó
driver's license *n US* vezetői engedély
driving ['draɪvɪŋ] *n* vezetés ‖ ~ **licence** vezetői engedély; ~ **mirror** visszapillantó tükör; ~ **school** autósiskola; ~ **test** gépjárművezetői vizsga
drizzle ['drɪzl] **1.** *n* szitáló eső **2.** *v* (*rain*) csepereg
drone [drəʊn] *v* (*engine*) zúg; (*bee*) zümmög
drool [druːl] *v* nyála(d)zik, folyik a nyála
droop [druːp] *v* fonnyad, hervad
drop [drɒp] **1.** *n* (*fall*) esés; (*of liquid*) csepp ‖ **a** ~ **of sg** egy csepp vm; ~**s** (szem-, orr-) cseppek **2.** *v* **-pp-** *vt* (el)ejt, leejt; (*release*) ledob; (*insert*) bedob ‖ *vi* (*fall*) esik; (*collapse*) összeesik, összerogy; (*drip*) csepeg, cseppen ‖ **I'll** ~ **you at your door** elviszem hazáig (*autón*); ~ **me a line!** írj majd pár sort!
drop down összecsuklik
drop in on sy felugrik/benéz vkhez egy pillanatra
drop off to sleep elszenderül
drop out (*give up*) kidől a sorból; (*from school*) kimarad; (*from competition*) kiesik
dropper ['drɒpə] *n* cseppentő
droppings ['drɒpɪŋz] *n pl* ürülék

drought [draʊt] *n* aszály, szárazság
drove [drəʊv] *pt* → **drive**
drown [draʊn] *vi* vízbe fullad ‖ *vt* vízbe fojt
drowsy ['draʊzɪ] *a* álmos
drub [drʌb] *v* **-bb-** *col* vkt elcsépel
drudgery ['drʌdʒərɪ] *n* kulimunka, robot
drug [drʌg] *n* (*medicine*) gyógyszer, orvosság; (*narcotic*) kábítószer
drug-addict *n* kábítószer-élvező
druggist ['drʌgɪst] *n US* gyógyszerész
drugstore ['drʌgstɔː] *n US* gyógyszertár és illatszerbolt
drum [drʌm] **1.** *n* dob; (*container*) hordó **2.** *v* **-mm-** dobol
drummer ['drʌmə] *n* dobos
drunk [drʌŋk] *a* ittas, részeg ‖ **get** ~ *col* berúg; → **drink**
drunkard ['drʌŋkəd] *n* iszákos, részeges ember
drunk driving *n US* ittas vezetés
drunken ['drʌŋkən] *a* részeges
dry [draɪ] **1.** *a* száraz ‖ **become** ~ megszárad; **go** ~ (*well*) kiszárad **2.** *vt* (*dishes*) eltöröl; (*eyes*) megtöröl; (*hands, clothes*) (meg)szárít ‖ *vi* megszárad
dry up (*sun*) kiszárít; *col* (*actor*) belesül; (*well*) kiszárad; (*source of sg*) elapad
dry-cleaner's *n* ruhatisztító
dry-cleaning *n* vegytisztítás
dryer ['draɪə] *n* (haj- stb.) szárító
dry goods store *n pl US* méteráru
dryness ['draɪnɪs] *n* szárazság
DST [diː es 'tiː] = **daylight saving time**
DT [diː 'tiː] = **daylight time**
DTP [diː tiː 'piː] = **desk-top publishing**

dual ['djuːəl] *a* kettős ‖ ~ **carriage-way** osztott pályás úttest; ~ **nationality** kettős állampolgárság
dubbed [dʌbd] *a* szinkronizált
dubious ['djuːbɪəs] *a* kétes, kétséges
duchess ['dʌtʃɪs] *n* hercegnő; (*wife of duke*) hercegné
duck [dʌk] *n* kacsa
duckling ['dʌklɪŋ] *n* kiskacsa
duct [dʌkt] *n* csatorna, vezeték
dud [dʌd] **1.** *a* (*cheque*) fedezetlen **2.** *n* **a** ~ *col* (*person*) egy nagy nulla
due [djuː] **1.** *a* (*owing, expected*) esedékes; (*required*) kellő; (*suitable*) illő ‖ **in** ~ **course** kellő/megfelelő időben; ~ **to sg** vmnek köszönhető **2.** *n* járandóság ‖ ~**s** illeték, díj
duel ['djuːəl] *n* párbaj
duet [djuːˈet] *n mus* kettős, duett
dug [dʌg] *pt/pp* → **dig**
duke [djuːk] *n* herceg
dull [dʌl] **1.** *a* (*knife*) tompa; (*book, play*) unalmas; (*person*) buta; (*weather*) borongós **2.** *v* (*pain*) tompít
duly ['djuːlɪ] *adv* (*properly*) kellően, illően; (*on time*) kellő időben
dumb [dʌm] *a* (*mute*) néma; *col* (*stupid*) buta, süket
dumbfound [dʌmˈfaʊnd] *v* **be** ~**ed** eláll a szava, elnémul
dummy ['dʌmɪ] *n* (*for clothes*) próbababa; (*sham*) makett; (*for baby*) cumi
dump [dʌmp] **1.** *n* lerakodóhely **2.** *v* (*put down*) lerak
dumper (truck) ['dʌmpə] *n* dömper, billenőkocsi
dumpling ['dʌmplɪŋ] *n* gombóc

dune [djuːn] *n* dűne
dung [dʌŋ] *n* trágya
dungarees [dʌŋgəˈriːz] *n pl* overall
dungeon ['dʌndʒən] *n* tömlöc
dupe [djuːp] **1.** *n col* balek **2.** *v* rászed, becsap
duplex *n US* kétlakásos ház
duplicate 1. ['djuːplɪkət] *n* másodlat, másodpéldány **2.** ['djuːplɪkeɪt] *v* (*document*) másolatot készít
durability ['djʊərəˈbɪlətɪ] *n* tartósság
durable ['djʊərəbl] *a* tartós ‖ ~ **goods, consumer** ~**s** tartós fogyasztási cikkek
duration [djʊˈreɪʃn] *n* (idő)tartam
duress [djʊˈres] *n* **under** ~ kényszerből, presszió alatt
during ['djʊərɪŋ] *prep* alatt, közben, vmnek folyamán
dusk [dʌsk] *n* alkony, szürkület
dust [dʌst] **1.** *n* por **2.** *v* (*furniture*) letöröl, porol
dustbin ['dʌstbɪn] *n* szemétláda
dustcart ['dʌstkɑːt] *n* szemeteskocsi, kuka
dust jacket *n* borító
dustman ['dʌstmən] *n* (*pl* -**men** [-mən]) szemetes
dustpan ['dʌstpæn] *n* szemétlapát
dusty ['dʌstɪ] *a* poros
Dutch [dʌtʃ] *a/n* holland (nyelv) ‖ **the** ~ a hollandok
Dutchman ['dʌtʃmən] *n* (*pl* -**men**) holland férfi
dutiable ['djuːtɪəbl] *a* vámköteles
duty ['djuːtɪ] *n* (*tax*) illeték; (*customs fee*) vám; (*service*) ügyelet, szolgálat; (*obligation*) kötelezettség; (*task*) teendő ‖ **be off** ~ nincs szolgálatban; **be on** ~ ügyeletes, szolgálatban van

duty-free *a* (*goods*) illetékmentes; (*shop*) vámmentes

dwarf [dwɔːf] *n* (*pl* **dwarfs** [dwɔːfs]) törpe

dwell [dwel] *v* (*pt/pp* **dwelt** [dwelt]) (*live*) lakik; (vhol) él; (*stay*) tartózkodik ‖ ~ **on** elidőzik (*tárgynál*)

dweller [dwelə] *n* lakos, lakó

dwelling house [dwelɪŋ] *n* lakóház

dwelt [dwelt] *pt/pp* → **dwell**

dwindle ['dwɪndl] *v* leapad

dye [daɪ] **1.** *n* (*paint*) festék; (*colour*) szín **2.** *v* (*pres. p.* **dyeing** ['daɪɪŋ]) (*hair, cloth*) fest

dynamic [daɪ'næmɪk] *a* dinamikus, lendületes

dynamite ['daɪnəmaɪt] *n* dinamit

dynamo ['daɪnəməʊ] *n* dinamó

dynasty ['dɪnəstɪ] *n* dinasztia, uralkodóház

E

E = **east**

each [iːtʃ] *pron* mindegyik, mind(enki) ‖ ~ **(and every)** minden egyes; ~ **(one) of us** mindegyikünk; ~ **other** egymást; ~ **time** mindannyiszor; **10p** ~ darabja 10 penny

eager ['iːɡə] *a* buzgó, mohó ‖ **be** ~ **(to)** ég a vágytól(, hogy); ~ **to know/learn** kíváncsi vmre

eagle ['iːɡl] *n* sas

ear[1] [ɪə] *n* fül ‖ **have a good** ~ **for music** jó zenei hallása van

ear[2] [ɪə] *n* (*of corn*) kalász

earache ['ɪəreɪk] *n* fülfájás

eardrum ['ɪədrʌm] *n* dobhártya

earl [ɜːl] *n GB* gróf

early ['ɜːlɪ] **1.** *a* korai ‖ **in the** ~ **morning** korán reggel; **in** ~ **spring** kora tavasszal **2.** *adv* korán ‖ **(s)he was 10 minutes** ~ 10 perccel korábban jött; ~ **in the morning** kora reggel

earmark ['ɪəmɑːk] *v* (*funds*) előirányoz (*for* vmre)

earn [ɜːn] *v* (*money*) (meg)keres (*pénzt*) ‖ **how much does (s)he** ~? mennyit keres?; ~ **a good living** jól keres

earnest ['ɜːnɪst] *a* komoly

earnings ['ɜːnɪŋz] *n pl* kereset

earphone ['ɪəfəʊn] *n* fülhallgató

earring ['ɪərɪŋ] *n* fülbevaló

earshot ['ɪəʃɒt] *n* hallótávolság ‖ **within** ~ hallótávolságon belül

earth [ɜːθ] **1.** *n* föld; (*soil*) föld, talaj; (*world*) világ; *el GB* földelés ‖ **the E**~ a Föld **2.** *v* (le)földel

earthenware ['ɜːθənweə] *n* cserépedény, agyagáru

earthquake ['ɜːθkweɪk] *n* földrengés

earwig ['ɪəwɪɡ] *n zoo* fülbemászó

ease [iːz] **1.** *n* kényelem, könnyedség ‖ **with** ~ könnyen **2.** *vt* enyhít, könnyít I *vi* felenged, enyhül

easily ['iːzəlɪ] *adv* könnyen

east [iːst] **1.** *a* keleti **2.** *n* kelet ‖ **in the E**~ keleten

Easter ['iːstə] *n* húsvét ‖ **at** ~ húsvétkor; ~ **egg** húsvéti tojás

eastern ['iːstən] *a* keleti

easy [iːzɪ] **1.** *a* könnyű; (*manner*) fesztelen ‖ **be** ~ **about sg** nyugodt vm felől **2.** *adv* könnyen; fesztelenül ‖ **take it/things** ~ kényelmesen csinál vmt; **take it** ~! csak semmi izgalom!, nyugi!

easy chair n fotel, karosszék
easy-going a (lazy) kényelmes; (lax) hanyag
eat [iːt] v (pt ate [et], pp eaten ['iːtn]) eszik
eat away (rust) kimar
eat into (acid) kimar
eat out házon kívül étkezik (egy alkalommal)
eatable ['iːtəbl] 1. a ehető 2. n ~s étel
eaten ['iːtn] pp → eat
eaves [iːvz] n pl eresz
eavesdrop ['iːvzdrɒp] v -pp- (secretly) hallgatódzik || ~ on a conversation beszélgetést titokban kihallgat
ebb [eb] 1. n apály; 2. v apad
ebb-tide n apály
EC = European Communities
eccentric [ɪk'sentrɪk] a/n különc
echo ['ekəʊ] 1. n visszhang 2. v visszhangoz
eclipse [ɪ'klɪps] 1. n ~ of the moon holdfogyatkozás 2. v (person) háttérbe szorít; (fame) elhomályosít
ecology [iː'kɒlədʒɪ] n ökológia
economic [iːkə'nɒmɪk] a (köz)gazdasági || ~ crisis gazdasági válság
economical [iːkə'nɒmɪkl] a gazdaságos; (person) takarékos
economics [iːkə'nɒmɪks] n sing. közgazdaságtan
economist [ɪ'kɒnəmɪst] n közgazdász
economize [ɪ'kɒnəmaɪz] v beosztással él || ~ on sg vmn/vmvel takarékoskodik
economy [ɪ'kɒnəmɪ] n (system) gazdaság; (thrift) takarékosság
ecstatic [ɪk'stætɪk] a elragadtatott, eksztatikus

ecstasy ['ekstəsɪ] n elragadtatás, eksztázis
ECU ['ekjuː] = European Currency Unit ECU
ecumenical [iːkjuː'menɪkl] a ökumenikus
eczema ['eksɪmə] n ekcéma
edge [edʒ] 1. n (of knife) él; (margin) szél; (border) szegély 2. v szegélyez
edge off vhonnan kisomfordál
edgeways ['edʒweɪz] adv féloldalt
edgy ['edʒɪ] a ideges (about sg vm miatt)
edible ['edəbl] a ehető
edifice ['edɪfɪs] n épület
edit ['edɪt] v (text) (meg)szerkeszt; (film) összevág
edition [ɪ'dɪʃn] n kiadás
editor ['edɪtə] n (of book, newspaper) szerkesztő; (of film) vágó
editor-in-chief n főszerkesztő
educate ['edjʊkeɪt] v (instruct, teach) nevel, oktat; (cultivate) művel
education [edjʊ'keɪʃn] n (instruction) nevelés, oktatás; (schooling) neveltetés, iskoláztatás; (culture) művelődés, műveltség
eel [iːl] n angolna
eerie ['ɪərɪ] a hátborzongató
effect [ɪ'fekt] 1. n hatás, eredmény, kihatás || in ~ a valóságban; take ~ (drug) hat; (law) hatályba lép; to no ~ hiába; → effects 2. v (cause) okoz; (accomplish) megvalósít
effective [ɪ'fektɪv] a hatásos, eredményes, hatékony
effects [ɪ'fekt] n pl (property) ingóságok; (sound, visual) (hang-/fény)effektusok

effeminate [ı'femınət] *a* nőies, elpuhult
efficacy ['efıkəsı] *n* hathatósság
efficiency [ı'fıʃnsı] *n* hatékonyság, hatásfok
efficient [ı'fıʃnt] *a* hatékony, termelékeny
effigy ['efıdʒı] *n* képmás
effort ['efət] *n* erőfeszítés, fáradozás
effortless ['efətlıs] *a* könnyű, nem megerőltető
eg, e.g. [iː 'dʒiː] = (*Latin: exempli gratia*) *for example* pl., például
egalitarian [ıgælı'teərıən] *a* egyenlőségre törekvő
egg [eg] *n* tojás
eggplant [egplaːnt] *n US* tojásgyümölcs, padlizsán
egotist ['egəʊtıst] *n* önző
Egypt ['iːdʒıpt] *n* Egyiptom
Egyptian [ı'dʒıpʃn] *a/n* egyiptomi
eiderdown ['aıdədaʊn] *n* (pehely)-paplan
eight [eıt] *num* nyolc
eighteen [eı'tiːn] *num* tizennyolc
eighth [eıtθ] *num a* nyolcadik
eighty ['eıtı] *num* nyolcvan
Eire ['eərə] *n* Írország
either ['aıðə] *pron* egyik, valamelyik (*kettő közül*), akármelyik; (*each, both*) mindkét || ~ **of them will do** akármelyik megteszi; ~ ... **or** ... vagy ..., vagy...
eject [ı'dʒekt] *v* (*throw out*) kivet; (*expel*) kidob; (*from aircraft*) katapultál
eke [iːk] *v* ~ **out** kipótol, kiegészít
elaborate 1. [ı'læbərət] *a* (*detailed*) gondosan kidolgozott; (*careful*) választékos(an elkészített) **2.** [ı'læbəreıt] *v* (részleteiben) kidolgoz

elapse [ı'læps] *v* (el)múlik, (el)telik
elastic [ı'læstık] *a* rugalmas; gumírozott, gumis || ~ **band** gumiszalag
elated [ı'leıtıd] *a* lelkes || **he's** ~ *col* fel van dobva
elbow ['elbəʊ] **1.** *n* könyök **2.** *v* könyököl
elder[1] ['eldə] **1.** *a* (*older*) öregebb (*than* mint); (*senior*) idősebb || **my** ~ **brother** a bátyám **2.** *n* (*church official*) presbiter
elder[2] ['eldə] *n* bodza
elderly ['eldəlı] *a* idős
eldest ['eldıst] *a* legidősebb
elect [ı'lekt] *v* (meg)választ; (*decide*) dönt || ~ **sy (as) sg** (*or* **to be sg**) vkt vmnek megválaszt
election [ı'lekʃn] *n pol* választás
elective [ı'lektıv] *a US* szabadon választható (tantárgy)
elector [ı'lektə] *n* választó, szavazó
electoral [ı'lektərəl] *a* választási
electorate [ı'lektərət] *n* a választók
electric [ı'lektrık] *a* elektromos, villamos
electrical [ı'lektrıkl] *a* villamos; áram- || ~ **engineer** elektromérnök; ~ **failure** áramszünet
electric blanket *n* hőtakaró, villanytakaró
electric chair *n* villamosszék
electric current *n* villanyáram
electric heater *n* hősugárzó
electrician [ılek'trıʃn] *n* villanyszerelő
electricity [ılek'trısətı] *n* elektromosság, villanyáram
electrify [ı'lektrıfaı] *v* villamosít
electrocute [ı'lektrəkjuːt] *v* villamosszékben kivégez
electron [ı'lektrɒn] *n* elektron

electronic *a* elektronikus || ~ **mail** elektronikus posta

electronics [ɪlek'trɒnɪks] *n sing.* elektronika

elegance ['elɪgəns] *n* elegancia; (*of style*) könnyedség

elegant ['elɪgənt] *a* (*vk*) elegáns

element ['elɪmənt] *n* elem || the ~s (*forces of nature*) az elemek

elementary [elɪ'mentrɪ] *a* elemi, kezdetleges

elephant ['elɪfənt] *n* elefánt

elevate ['elɪveɪt] *v* felemel

elevation [elɪ'veɪʃn] *n* (*height*) magaslat; *archit* nézet

elevator ['elɪveɪtə] *n US* személyfelvonó, lift

eleven [ɪ'levn] *num* tizenegy

elevenses [ɪ'levnzɪz] *n pl GB* tízórai

eleventh [ɪ'levənθ] *num a* tizenegyedik

elf [elf] *n* (*pl* elves [elvz]) tündér, manó

elicit [ɪ'lɪsɪt] *v* kicsal, kiszed

eligible ['elɪdʒəbl] *a* választható

eliminate [ɪ'lɪmɪneɪt] *v* kiküszöböl, kiiktat

elimination [ɪlɪmɪ'neɪʃn] *n* kiküszöbölés

élite [ɪ'liːt] *n* elit

ellipse [ɪ'lɪps] *n* ellipszis

elm tree [elm] *n* szil(fa)

elocution [elə'kjuːʃn] *n* beszédművelés, beszédtechnika

elongate ['iːlɒŋgeɪt] *v* meghosszabbít

elope [ɪ'ləʊp] *v* megszökik (*with* vkvel)

eloquence ['eləkwəns] *n* ékesszólás

eloquent ['eləkwənt] *a* ékesszóló

else [els] *adv* (*otherwise*) vagy, különben; (*other*) egyéb, más || anybody ~ bárki más; nothing ~ semmi más(t)

elsewhere [els'weə] *adv* máshol, máshova

elusive [ɪ'luːsɪv] *a* cseles, nehezen rajtakapható

elves [elvz] *pl* → elf

emaciated [ɪ'meɪsɪeɪtɪd] *a* nagyon sovány, csont és bőr

e-mail ['iːmeɪl] *n* = electronic mail

emanate ['eməneɪt] *v* kisugároz

emancipate [ɪ'mænsɪpeɪt] *v* emancipál, egyenjogúsít

emancipation [ɪmænsɪ'peɪʃn] *n* egyenjogúsítás, emancipáció

embankment [ɪm'bæŋkmənt] *n* töltés, védőgát

embargo [ɪm'bɑːgəʊ] *n* (*pl* -goes) kiviteli tilalom, embargó

embark [ɪm'bɑːk] *v* hajóra száll || ~ on sg belekezd vmbe

embarkation [embɑː'keɪʃn] *n* behajózás

embarrass [ɪm'bærəs] *v* zavarba hoz || be ~ed zavarban van

embassy ['embəsɪ] *n* nagykövetség

embed [ɪm'bed] *v* -dd- ~ (itself) in (sg) befúródik

embellish [ɪm'belɪʃ] *v* (fel)díszít

embezzle [ɪm'bezl] *v* (el)sikkaszt

embezzlement [ɪm'bezlmənt] *n* sikkasztás

embitter [ɪm'bɪtə] *v* megkeserít, elkeserít

emblem ['embləm] *n* embléma, jelkép

embodiment [ɪm'bɒdɪmənt] *n* megtestesítés, megtestesülés

embossed work [ɪm'bɒst] *n* dombornyomás

embrace [ɪm'breɪs] 1. n ölelkezés 2.
v átölel; (include) felölel
embroidery [ɪm'brɔɪdərɪ] n hímzés,
kézimunka
embroil [ɪm'brɔɪl] v belekever (in
vmbe)
emerald ['emərəld] n smaragd
emerge [ɪ'mɜːdʒ] v felbukkan;
(problem) jelentkezik, felmerül
emergence [ɪ'mɜːdʒəns] n felbuk-
kanás, kiemelkedés
emergency [ɪ'mɜːdʒənsɪ] n szük-
ség, kényszerhelyzet; (in hospital)
US baleseti osztály ‖ state of ~
szükségállapot; in case of ~ sür-
gős esetben
emergency brake n vészfék
emergency exit n vészkijárat
emery board ['emərɪ] n körömre-
szelő
emery paper n csiszolópapír, col
smirgli
emetic [ɪ'metɪk] n hánytató(szer)
emigrant ['emɪgrənt] n kivándorló,
emigráns
emigrate ['emɪgreɪt] v kivándorol,
emigrál
emigration [emɪ'greɪʃn] n kivándor-
lás, emigráció
eminence ['emɪnəns] n kiválóság,
kitűnőség
eminent ['emɪnənt] a kiváló, kitűnő
emission [ɪ'mɪʃn] n kibocsátás; (of
heat, light) kisugárzás
emit [ɪ'mɪt] v -tt- kibocsát, kisugároz
emotion [ɪ'məʊʃn] n (feeling) érze-
lem; (excitement) meghatottság
emotional [ɪ'məʊʃnl] a érzelmes,
érzelmi
empathy ['empəθɪ] n beleérzés
emperor ['empərə] n császár
emphasis ['emfəsɪs] n hangsúly

emphasize ['emfəsaɪz] v hangsú-
lyoz
emphatic [ɪm'fætɪk] a nyomatékos
empire ['empaɪə] n birodalom
empirical [ɪm'pɪrɪkl] a tapasztalati,
empirikus
employ [ɪm'plɔɪ] v (give work) al-
kalmaz, foglalkoztat; (use) (fel)-
használ, vmt vmre alkalmaz
employee [emplɔɪ'iː] a/n alkalma-
zott, munkavállaló
employer [ɪm'plɔɪə] n munkaadó
employment [ɪm'plɔɪmənt] n (of
person, method) alkalmazás ‖ be
in ~ alkalmazásban van; be out of
~ nincs munkája/állása
employment agency n munka-
közvetítő (iroda)
empower [ɪm'paʊə] v ~ sy to do
sg vkt vmre felhatalmaz
empress ['emprɪs] n császárnő;
(emperor's wife) császárné
emptiness ['emptɪnɪs] n üresség
empty ['emptɪ] 1. a üres 2. vt kiürít ‖
vi (ki)ürül
empty-handed a üres kézzel
emulate ['emjʊleɪt] v felülmúlni
igyekszik
emulsion [ɪ'mʌlʃn] n emulzió
enable [ɪ'neɪbl] v ~ sy to do sg
képessé tesz vkt vmre
enamel [ɪ'næml] 1. n zománc ‖ ~
(paint) zománcfesték 2. v -ll- (US
-l-) zománcoz
enchanting [ɪn'tʃɑːntɪŋ] a elbűvölő,
elragadó
encircle [ɪn'sɜːkl] v bekerít, körül-
zár
enc(l). = enclosed; enclosure
enclose [ɪn'kləʊz] v (surround) kö-
rülvesz, bekerít; (with letter) mel-
lékel, csatol

enclosed [ɪn'kləʊzd] *a* csatolt, mellékelt ‖ ~ **please find** csatoltan megküldjük

enclosure [ɪn'kləʊʒə] *n* (*land*) elkerített terület; (*document*) melléklet

encore ['ɒŋkɔː] *n* ráadás(szám)

encounter [ɪn'kaʊntə] **1.** *n* találkozás **2.** *v* (*meet*) (össze)találkozik; (*confront*) megütközik

encourage [ɪn'kʌrɪdʒ] *v* (fel)bátorít, buzdít

encouragement [ɪn'kʌrɪdʒmənt] *n* bátorítás, biztatás

encroach [ɪn'krəʊtʃ] *v* ~ **(up)on (the land)** elhódít (*területet tenger*) ‖ ~ **on sy's authority** beleavatkozik vk hatáskörébe

encyclop(a)edia [ɪnsaɪklə'piːdɪə] *n* enciklopédia, lexikon

end [end] **1.** *n* vég, befejezés; (*aim*) szándék, cél; (*tip*) vég ‖ **at the** ~ **a** végén; **come to an** ~ véget ér; **in the** ~ végül (is); ~ **to** ~ szorosan egymás mögött **2.** *vi* véget ér, befejeződik; (*result in*) zárul ‖ *vt* (*close*) bezár, lezár

end in sg végződik vmben

end up végzi valahogy

endanger [ɪn'deɪndʒə] *v* veszélyeztet

endearing [ɪn'dɪərɪŋ] *a* megnyerő

endeavour (*US* **-or**) [ɪn'devə] **1.** *n* igyekezet **2.** *v* ~ **to do sg** törekszik, igyekszik vmt tenni

endless ['endlɪs] *a* végtelen

endorse [ɪn'dɔːs] *v* (*approve*) jóváhagy; (*make valid*) érvényesít; (*sign*) láttamoz; (*write on licence for motoring offence*) megbírságol

endorsement [ɪn'dɔːsmənt] *n* jóváhagyás; *comm* hátirat

endow [ɪn'daʊ] *v* alapítványt tesz ‖ ~ **sy with sg** vkt vmvel felruház

endowment [ɪn'daʊmənt] *n* (*foundation*) alapítvány; (*talent*) tehetség

endurance [ɪn'djʊərəns] *n* állóképesség, teherbírás

endure [ɪn'djʊə] *v* (vmt) elvisel, kibír

enemy ['enəmɪ] **1.** *n* ellenség **2.** *a* ellenséges

energetic [enə'dʒetɪk] *a* energikus, erőteljes

energy ['enədʒɪ] *n* energia

enforce [ɪn'fɔːs] *v* (*claims, rights*) érvényt szerez vmnek

engage [ɪn'geɪdʒ] *v* (*bind*) lefoglal; (*employ*) felvesz, alkalmaz; (*betroth*) eljegyez vkt

engage in vmre adja magát

engaged [ɪn'geɪdʒd] *a* (*telephone, seat*) foglalt; (*person*) elfoglalt ‖ **be** ~ **in (doing) sg** foglalkozik vmvel; **they are** ~ eljegyezték egymást

engagement [ɪn'geɪdʒmənt] *n* (*appointment*) elfoglaltság; (*to marry*) eljegyzés

engaging [ɪn'geɪdʒɪŋ] *a* megnyerő

engender [ɪn'dʒendə] *v* előidéz

engine ['endʒɪn] *n* (*machine*) motor, gép; (*locomotive*) mozdony ‖ ~ **driver** mozdonyvezető

engineer [endʒɪ'nɪə] *n* (*designer*) mérnök; (*operator*) gépész; *US* (*engine driver*) mozdonyvezető

engineering [endʒɪ'nɪərɪŋ] *n* műszaki tudományok, technika

England ['ɪŋglənd] *n* Anglia

English ['ɪŋglɪʃ] *a/n* angol ‖ **the** ~ az angolok; **in** ~ angolul; **speak** ~ beszél/tud angolul

English Channel, the *n* a La Manche-csatorna

Englishman ['ɪŋglɪʃmən] *n* (*pl* -men) angol (férfi)
Englishwoman ['ɪŋglɪʃwʊmən] *n* (*pl* -women [-wɪmɪn]) angol (nő)
engrave [ɪn'greɪv] *v* rézkarcot készít ‖ ~ on (*metal*) bevés, metsz
engraving [ɪn'greɪvɪŋ] *n art* metszet
engross [ɪn'grəʊs] *v* be ~ed in sg vmbe mélyed/merül
engulf [ɪn'gʌlf] *v* elborít, elnyel
enhance [ɪn'hɑːns] *v* növel
enigma [ɪ'nɪgmə] *n* talány
enigmatic [enɪg'mætɪk] *a* talányos
enjoy [ɪn'dʒɔɪ] *v* vmt élvez, vm tetszik ‖ ~ oneself vhol szórakozik
enjoyable [ɪn'dʒɔɪəbl] *a* élvezetes
enjoyment [ɪn'dʒɔɪmənt] *n* élvezet
enlarge [ɪn'lɑːdʒ] *v* (meg)növel; *photo* nagyít
enlargement [ɪn'lɑːdʒmənt] *n* nagyobbítás; *photo* nagyítás
enlighten [ɪn'laɪtn] *v* felvilágosít
Enlightenment, the [ɪn'laɪtnmənt] *n hist* a felvilágosodás
enlist [ɪn'lɪst] *v mil* besoroz
enmity ['enmətɪ] *n* ellenségeskedés
enormity [ɪ'nɔːmətɪ] *n* szörnyűség
enormous [ɪ'nɔːməs] *a* hatalmas
enough [ɪ'nʌf] *a* elég, elegendő ‖ have ~ jóllakik; I've had ~ of this nekem ebből elég volt
enquire [ɪn'kuaɪə] = inquire
enrage [ɪn'reɪdʒ] *v* dühbe hoz, felbőszít
enrich [ɪn'rɪtʃ] *v* feljavít, gazdagít
enrol (*US* enroll) [ɪn'rəʊl] *v* -ll- (*in school*) beiratkozik
enrolment [ɪn'rəʊlmənt] *n* beiratkozás
ensemble [ɑːn'sɑːmbl] *n* (*music*) együttes; (*woman's clothing*) kosztüm

ensue [ɪn'sjuː] *v* vmből következik, folyik
ensure [ɪn'ʃʊə] *v* biztosít, gondoskodik
entail [ɪn'teɪl] *v* maga után von, vele jár
entangle [ɪn'tæŋgl] *v* get ~d (*thread*) összekuszálódik ‖ get/ become ~d in sg vmbe belekeveredik
enter ['entə] *v* (*room*) belép, bemegy; (*entry*) elkönyvel; *comput* bevisz, beír; (*action*) benyújt; (*university*) felveszik
enter for (*exam*) jelentkezik; (*competition*) benevez, indul
enter into vmbe bocsátkozik
enter on/upon megkezd
enteritis [entə'raɪtɪs] *n* bélhurut
enterprise ['entəpraɪz] *n* (*initative*) vállalkozás; (*company*) vállalat
entertain [entə'teɪn] *v* (*amuse*) szórakoztat; (*receive*) fogad
entertainer [entə'teɪnə] *n* szórakoztató művész
entertaining [entə'teɪnɪŋ] *a* szórakoztató
entertainment [entə'teɪnmənt] *n* szórakozás, program
enthral (*US* -ll) [ɪn'θrɔːl] *v* -ll- elbűvöl, lenyűgöz
enthusiasm [ɪn'θjuːzɪæzəm] *n* lelkesedés, rajongás
enthusiastic [ɪnθjuːzɪ'æstɪk] *a* lelkes
enticing [ɪn'taɪsɪŋ] *a* csábító, vonzó
entire [ɪn'taɪə] *a* teljes, egész
entirely [ɪn'taɪəlɪ] *adv* teljesen, egészen
entitle [ɪn'taɪtl] *v* vmre feljogosít ‖ a book ~d ... a ... című könyv
entrails ['entreɪlz] *n pl* belek

entrance[1] ['entrəns] *n* bejárat; (*entering*) belépés

entrance[2] [ɪn'trɑːns] *v* elbűvöl

entrance examination *n* felvételi vizsga

entrance fee *n* belépődíj

entrance ramp *n US* kocsifelhajtó

entrant ['entrənt] *n sp* induló, nevező

entrenched [ɪn'trentʃt] *a fig* meggyökeresedett

entrenchment [ɪn'trentʃmənt] *n* fedezék

entrepreneur [ɒntrəprə'nɜː] *n* vállalkozó

entrust [ɪn'trʌst] *v* (rá)bíz (*sg to sy* vkre vmt)

entry ['entrɪ] *n* bejárat; (*entering*) belépés; (*of data*) bejegyzés; (*item*) tétel, adat; (*for race*) (be)nevezés ‖ ~ form jelentkezési lap

entryphone ['entrɪfəʊn] *n GB* kaputelefon

enumerate [ɪ'njuːməreɪt] *v* felsorol

enunciate [ɪ'nʌnsɪeɪt] *v* (*sound*) kiejt; (*theory*) kifejt

envelop [en'veləp] *v* beburkol

envelope ['envələʊp] *n* boríték

enviable ['envɪəbl] *a* irigylésre méltó

envious ['envɪəs] *a* irigy (*of sy/sg* vkre/vmre)

environment [ɪn'vaɪərənmənt] *n* környezet ‖ the protection of the ~ környezetvédelem

environmental [ɪnvaɪərən'mentl] *a* környezetvédelmi ‖ ~ damages környezeti ártalmak; ~ protection környezetvédelem

environs [ɪn'vaɪərənz] *n pl* (*surroundings*) környék; (*outskirts*) külső övezet

envisage [ɪn'vɪzɪdʒ] *v* (el)tervez; elképzel

envoy ['envɔɪ] *n* (ki)küldött

envy ['envɪ] **1.** *n* irigység **2.** *v* vkt/ vmt irigyel

enzyme ['enzaɪm] *n* enzim

epic ['epɪk] **1.** *a* epikus **2.** *n* eposz

epidemic [epɪ'demɪk] **1.** *a* járványos **2.** *n* járvány

epilepsy ['epɪlepsɪ] *n* epilepszia

epileptic [epɪ'leptɪk] *a* epilepsziás

epilogue (*US* -log) ['epɪlɒg] *n* utóhang

episode ['epɪsəʊd] *n* epizód

epistle [ɪ'pɪsl] *n* levél

epitaph ['epɪtɑːf] *n* sírfelirat

epithet ['epɪθet] *n* jelző

epitome [ɪ'pɪtəmɪ] *n* mintakép

epoch ['iːpɒk] *n* kor(szak)

equable ['ekwəbl] *a* (*steady*) egyenletes, állandó; (*balanced*) kiegyensúlyozott

equal ['iːkwəl] **1.** *a* egyenlő **2.** *n* his ~s a hozzá hasonlók, a vele egyenrangúak **3.** *v* -ll- (*US* -l-) *sp* (*record*) beállít

equality [ɪ'kwɒlətɪ] *n* egyenlőség

equalize ['iːkwəlaɪz] *v* (ki)egyenlít

equalizer ['iːkwəlaɪz] *n sp* egyenlítő gól

equally ['iːkwəlɪ] *adv* egyenlően, egyformán

equals sign ['iːkwəlz] *n* egyenlőségjel

equanimity [ekwə'nɪmətɪ] *n* kiegyensúlyozottság

equation [ɪ'kweɪʃn] *n* egyenlet

equator, the [ɪ'kweɪtə] *n* az Egyenlítő

equestrian [ɪ'kwestrɪən] *a* lovas ‖ ~ events *sp* lovaglás

equilibrium [iːkwɪ'lɪbrɪəm] *n* egyensúly

equinox ['i:kwınɒks] *n* napéjegyen-
lőség
equip [ı'kwıp] *v* **-pp-** ellát/felszerel
(*with sg* vmvel)
equipment [ı'kwıpmənt] *n* felszere-
lés, berendezés
equitable ['ekwıtəbl] *a* méltányos,
jogszerű
equities ['ekwətız] *n pl GB* törzs-
részvények
equity ['ekwətı] *n* méltányosság
equivalence [ı'kwıvələns] *n* egyen-
értékűség
equivalent [ı'kwıvələnt] **1.** *a* egyen-
értékű **2.** *n* egyenérték; (*in money*)
ellenérték; (*in dictionary*) egyen-
értékes, ekvivalens
equivocal [ı'kwıvəkl] *a* kétértelmű
era ['ıərə] *n* éra, korszak
eradicate [ı'rædıkeıt] *v* gyökerestől
kiirt
erase [ı'reız] *v* (*rub out*) kiradíroz;
(*tape*) letöröl
eraser [ı'reızə] *n* radír(gumi)
erect [ı'rekt] **1.** *a* egyenes, felegye-
nesedett **2.** *v* (*set up*) felállít;
(*build*) emel, felépít
erection [ı'rekʃn] *n* (*of building*)
emelés; *biol* erekció
erode [ı'rəʊd] *v* (*water*) kimos;
(*acid, rust*) kimar
erosion [ı'rəʊʒn] *n* erózió
erotic [ı'rɒtık] *a* erotikus
eroticism [ı'rɒtısızəm] *n* erotika
err [ɜ:] *v* téved; hibázik
errand boy ['erənd] *n* kifutó(fiú)
errands ['erəndz] *n pl col* komissió,
megbízás
erroneous [ı'rəʊnıəs] *a* téves
error ['erə] *n* tévedés, hiba ‖ **com-
mit an ~** hibát követ el
erudite ['erʊdaıt] *a* művelt, tanult

erupt [ı'rʌpt] *v* (*volcano, war*) kitör
eruption [ı'rʌpʃn] *n* (*of volcano,
war*) kitörés; (*of skin*) kiütés
escalate ['eskəleıt] *vt* fokoz ‖ *vi*
fokozódik; kiszélesedik (*hábo-
rú*)
escalator ['eskəleıtə] *n* mozgólép-
cső
escape [ı'skeıp] **1.** *n* (*of gas*) szi-
várgás; (*from prison*) szökés, me-
nekülés **2.** *v* (*get free*) (el)szökik,
(el)menekül; (*of gas*) elillan ‖ ~
from vhonnan/vmből megmene-
kül; **it ~d my notice** véletlenül
elnéztem
escort 1. ['eskɔ:t] *n* (védő)kíséret **2.**
[ıs'kɔ:t] *v* vkt elkísér
Eskimo ['eskıməʊ] *a/n* eszkimó
ESP [i: es 'pi:] = **extrasensory
perception**
especially [ı'speʃlı] *adv* különösen,
főleg
espionage ['espıɑnɑ:ʒ] *n* kémke-
dés
esplanade [esplə'neıd] *n* sétány
espresso [e'spresəʊ] *n* (esz-
presszó)kávé
Esq. *GB* = **Esquire**
Esquire [ı'skwaıə] *n* (*on envelope*)
G. Smith, Esq. G. Smith Úrnak
essay 1. ['eseı] *n* (*composition*)
tanulmány, esszé; (*testing*) dolgo-
zat **2.** [e'seı] *v* megpróbál
essence ['esns] *n* lényeg; (*extract*)
sűrítmény, kivonat
essential [ı'senʃl] *a* lényeges,
alapvető
establish [ı'stæblıʃ] *v* (*set up*)
létesít; (*found*) (meg)alapít; (*de-
termine*) megállapít
establishment [ı'stæblıʃmənt] *n*
létesítmény, intézmény

estate [ɪ'steɪt] *n* (föld)birtok || ~ agency ingatlanközvetítő iroda; ~ car kombi; ~ house lakótelepi (bér)ház

esteem [ɪ'stiːm] 1. *n* nagyrabecsülés 2. *v* értékel

esteemed [ɪ'stiːmd] *a* nagyra becsült

esthetic [iːs'θetɪk] *a* US = aesthetic

estimate 1. ['estɪmət] *n* becslés || ~s (*of government*) költségvetés 2. ['estɪmeɪt] *v* értékel, becsül; felbecsül

estimation [estɪ'meɪʃn] *n* (*értékelés*) becslés, megbecsülés || in my ~ becslésem szerint

estranged [ɪ'streɪndʒd] *a* elidegenedett

estrangement [ɪ'streɪndʒmənt] *n* (*making estranged*) elidegenítés; (*being estranged*) elidegenedés

estuary ['estʃʊərɪ] *n* (folyó)torkolat

etc. [et'setrə] = (*Latin: et cetera*) *and so on* stb.

etch [etʃ] *v* (*in copper*) bemetsz, (*on mind*) bevés

etching ['etʃɪŋ] *n* rézkarc, rézmetszet

eternal [ɪ'tɜːnl] *a* örök, örökös

eternity [ɪ'tɜːnətɪ] *n* örökkévalóság

ether ['iːθə] *n* éter

ethical ['eθɪkl] *a* erkölcsi, etikai

ethics ['eθɪks] *n pl* etikusság; *sing.* etika, erkölcstan

ethnic ['eθnɪk] *a* etnikai; nemzetiségi

ethnography [eθ'nɒgrəfɪ] *n* néprajz, etnográfia

etiquette ['etɪket] *n* etikett

EU = European Union

euphemism ['juːfəmɪzəm] *n* szépítő kifejezés, eufemizmus

eurhythmics [juː'rɪðmɪks] *n sing.* művészi/ritmikus torna

Eurocheque ['jʊərətʃek] *n* eurocsekk

Europe [ju'rəʊp] *n* Európa

European [jʊərə'piːən] *a* európai

European Communities *n pl* Európai Közösségek (EK)

European Union *n* Európai Unió (EU)

evacuate [ɪ'vækjuleɪt] *v* (ki)ürít, evakuál; *med* ürít

evacuation [ɪvækjʊ'eɪʃn] *n* kiürítés, evakuálás; *med* ürítés

evade [ɪ'veɪd] *v* kikerül, megkerül || ~ a question kitér egy kérdés elől; ~ the law kijátssza a törvényt

evaluate [ɪ'væljʊeɪt] *v* kiértékel

evaluation [ɪvæljʊ'eɪʃn] *n* kiértékelés

evaporate [ɪ'væpəreɪt] *v* elpárolog

evaporation [ɪvæpə'reɪʃn] *n* (ki)párolgás, gőz, kigőzölgés

evasion [ɪ'veɪʒn] *n* (*of law*) kijátszás, megkerülés; (*of question*) kitérés (*vm elől*)

evasive [ɪ'veɪsɪv] *a* ~ reply kitérő válasz

eve [iːv] *n* előeste

even ['iːvn] 1. *a* (*regular*) egyenletes; (*smooth*) sík, sima; (*equal*) egyenlő; (*divisible by 2*) páros (számú) || get ~ with sy vkvel leszámol 2. *adv* még (... is) || ~ if még akkor is, ha; ~ more még több, még inkább 3. *v* ~ out/up kiegyenlít

evening ['iːvnɪŋ] *n* este || in the ~ este; this ~ ma este; ~ dress estélyi ruha; ~ party estély

event ['vent] *n* esemény, eset; (*contest*) (verseny)szám ‖ in the ~ of vmnek esetén

eventual [ɪ'ventʃʊəl] *a* végső

eventuality [ɪventʃʊ'æləti] *n* eshetőség

eventually [ɪ'ventʃʊəlɪ] *adv* végül is, végső fokon

ever ['evə] *adv* (*at any time*) valaha ‖ for ~ (mind)örökre; have you ~ been there? jártál már ott valamikor?; ~ since attól fogva, amióta csak

evergreen ['evəgriːn] *a* örökzöld

everlasting [evə'lɑːstɪŋ] *a* örökké tartó

every ['evrɪ] *a* (*all*) mind(en); (*each*) mindegyik, valamennyi ‖ ~ day mindennap; ~ five years ötévenként; ~ now and then (nagy) néha, időnként; ~ other minden második; ~ time valahányszor, minden esetben/alkalommal

everybody ['evrɪbɒdɪ] *pron* mindenki

everyday [evrɪ'deɪ] *a* (*daily*) mindennapi, mindennapos; (*common*) hétköznapi, általános

everyone ['evrɪwʌn] *pron* mindenki

everything ['evrɪθɪŋ] *n* minden

everywhere ['evrɪweə] *adv* mindenhol, mindenhova

evict [ɪ'vɪkt] *v* kilakoltat

eviction [ɪ'vɪkʃn] *n* kilakoltatás

evidence ['evɪdəns] *n* (*proof*) bizonyíték; (*trace*) tanújel, nyom; (*testimony*) tanúvallomás ‖ give ~ tanúvallomást tesz (*for or in favour of*/*against sy* vk mellett/ellen)

evident ['evɪdənt] *a* nyilvánvaló

evidently ['evɪdəntlɪ] *adv* nyilván(valóan)

evil ['iːvl] 1. *a* rossz, gonosz, bűnös 2. *n* gonoszság

evocation [iːvəʊ'keɪʃn] *n* felidézés

evocative [ɪ'vɒkətɪv] *a* be ~ of sg felidéz vmt

evoke [ɪ'vəʊk] *v* (*memory*) felelevenít, felidéz; (*admiration*) kivált, kelt

evolution [iːvə'luːʃn] *n* fejlődés, evolúció

evolve [ɪ'vɒlv] *vt* kifejleszt ‖ *vi* kifejlődik

ex- [eks] *pref* volt, ex-

exact [ɪg'zækt] *a* pontos, precíz

exactly [ɪg'zæktlɪ] *adv* éppen, pontosan

exaggerate [ɪg'zædʒəreɪt] *v* (el)túloz

exaggeration [ɪgzædʒə'reɪʃn] *n* túlzás

exalted [ɪg'zɔːltɪd] *a* (*position, job*) magas

exam [ɪg'zæm] *n col* vizsga

examination [ɪgzæmɪ'neɪʃn] *n* (*testing*) vizsga; (*inquiry*) vizsgálat, kivizsgálás ‖ take an ~ vizsgázik

examine [ɪg'zæmɪn] *v* (*patient*) vizsgál; (*theory*) tanulmányoz; (*pupil*) vizsgáztat; (*account*) átvizsgál; (*passport*) ellenőriz

examiner [ɪg'zæmɪnə] *n* vizsgáztató

example [ɪg'zɑːmpl] *n* példa ‖ for ~ például

exasperate [ɪg'zɑːspəreɪt] *v* felbosszant, feldühít

exasperating [ɪg'zɑːspəreɪtɪŋ] *a* bosszantó, elkeserítő

exasperation [ɪgzɑːspə'reɪʃən] *n* elkeseredés

excavate ['ekskəveɪt] v kiás, feltár
excavation [ekskə'veɪʃn] n ásatás, feltárás
excavator ['ekskəveɪtə] n markológép, kotrógép
exceed [ɪk'siːd] v (in value) meghalad; (powers, limit) túllép
excel [ɪk'sel] v -ll- kiemelkedik, kitűnik (in vmben)
excellence ['eksələns] n kiválóság, kitűnőség
excellency ['eksələnsɪ] n His/Her ~ Ókegyelmessége, Óexcellenciája
excellent ['eksələnt] a kiváló, kitűnő
except [ɪk'sept] 1. prep kivéve(, hogy) ǁ ~ for vmnek/vknek kivételével; ~ that kivéve (azt), hogy 2. v kivételt tesz
excepting [ɪk'septɪŋ] prep kivéve, vmnek/vknek kivételével
exception [ɪk'sepʃn] n kivétel ǁ without ~ kivétel nélkül
exceptional [ɪk'sepʃənl] a kivételes, rendkívüli
excerpt ['eksɜːpt] n szemelvény, (rövid) részlet
excess 1. [ɪk'ses] n (súly)többlet, felesleg ǁ in ~ fölös számban 2. ['ekses] a többlet-, pót-
excess baggage n aviat túlsúly
excess fare n (railway) pótdíj
excessive [ɪk'sesɪv] a mértéktelen, túlzott
excess weight n túlsúly, súlytöbblet
exchange [ɪks'tʃeɪndʒ] 1. n csere; (of money) pénzváltás; (stock ~) tőzsde; (telephone ~) telefonközpont ǁ in ~ for cserébe vmért; foreign ~ deviza 2. v (convert) átvált; (change) becserél (sg for sg vmt vmre); (replace) kicserél

exchange rate n átváltási árfolyam
exchange student n cserediák
Exchequer, the [ɪks'tʃekə] n GB pénzügyminisztérium ǁ Chancellor of the ~ pénzügyminiszter
excise[1] [ɪk'saɪz] v med kimetsz
excise[2] ['eksaɪz] n fogyasztási adó
excitable [ɪk'saɪtəbl] a ingerlékeny
excitation [eksɪ'teɪʃn] n (fel)izgatás, ingerlés; el gerjesztés
excite [ɪk'saɪt] v (irritate) ingerel, (fel)izgat; (induce) gerjeszt
excited [ɪk'saɪtɪd] a izgatott
excitement [ɪk'saɪtmənt] n izgalom
exciting [ɪk'saɪtɪŋ] a izgató, izgalmas
exclaim [ɪk'skleɪm] v felkiált
exclamation [eksklə'meɪʃn] n felkiáltás
exclamation mark (US point) n felkiáltójel
exclude [ɪk'skluːd] v kizár; sp kiállít
excluding [ɪk'skluːdɪŋ] prep kivételével ǁ ~ VAT ÁFA nélkül
exclusion [ɪk'skluːʒn] n kizárás ǁ to the ~ of kivételével
exclusive [ɪk'skluːsɪv] a kizárólagos; zártkörű
excrement ['ekskrəmənt] n ürülék
excursion [ɪk'skɜːʃn] n kirándulás
excuse 1. [ɪk'skjuːs] n mentség, kifogás ǁ make ~s (for) mentegetődzik 2. [ɪk'skjuːz] v elnéz, megbocsát ǁ ~ me (apology) elnézést, uram ..., (addressing) kérem, bocsánat!; (inquiry) elnézést (kérek)!; ~ me? US (incomprehension) tessék?, kérem? (nem értem); ~ me for being late bocsánat a késésért
exdirectory (phone) number [eksdə'rektərɪ] n GB titkos (telefon)szám

execute ['eksɪkjuːt] *v* (*perform*) végrehajt, teljesít; (*put to death*) kivégez; (*carry out*) kivitelez; (*play*) előad; *comput* végrehajt

execution [eksɪ'kjuːʃn] *n* megvalósítás; végrehajtás; (*killing*) kivégzés; *comput* végrehajtás

executioner [eksɪ'kjuːʃnə] *n* hóhér

executive [ɪg'zekjʊtɪv] **1.** *a* végrehajtó, végrehajtási, közigazgatási **2.** *n* (*manager*) vezető (állású tisztviselő); (ügyvezető) igazgató; (*power, committee*) végrehajtó hatalom/szerv, vezetőség ‖ **Chief E~** *US* az USA elnöke

executor [ɪg'zekjʊtə] *n* végrendeleti végrehajtó

exemplary [ɪg'zempləri] *a* mintaszerű, példamutató

exemplify [ɪg'zemplɪfaɪ] *v* példáz

exempt [ɪg'zempt] **1.** *a* mentes (*from* vm alól) **2.** *v* **~ sy from sg** vkt vm alól mentesít/felment

exemption [ɪg'zempʃn] *n* mentesítés, mentesség, felmentés (*from* vm alól)

exercise ['eksəsaɪz] **1.** *n* (*practice*) gyakorlás; (*training*) testedzés; (*drill*) gyakorlat ‖ **do ones ~s** testedzést végez, mozog **2.** *v* (*practise*) gyakorol(tat); (*drill*) gyakorlatozik; (*train*) testedzést végez, mozog

exercise-book *n* füzet

exert [ɪg'zɜːt] *v* **~ influence on sg/sy** befolyást gyakorol vmre/ vkre; **~ oneself** igyekszik, megerőlteti magát, erőlködik

exertion [ɪg'zɜːʃn] *n* erőfeszítés, igyekezet

exhalation [ekshə'leɪʃn] *n* (*of vapour*) kigőzölgés; (*of breath*) kilélegzés

exhaust [ɪg'zɔːst] **1.** *n* (*pipe*) kipufogó; (*gas*) kipufogógáz **2.** *v* kimerít

exhausted [ɪg'zɔːstɪd] *a* kimerült

exhausting [ɪg'zɔːstɪŋ] *a* kimerítő, fárasztó, megerőltető

exhaustion [ɪg'zɔːstʃən] *n* kimerülés, kimerültség

exhaustive [ɪg'zɔːstɪv] *a* kimerítő, alapos

exhibit [ɪg'zɪbɪt] **1.** *n* kiállítási tárgy **2.** *v* (*in exhibition*) bemutat, kiállít

exhibition [eksɪ'bɪʃn] *n* kiállítás

exhilarating [ɪg'zɪləreɪtɪŋ] *a* felvidító

exile ['egzaɪl] **1.** *n* száműzetés; (*person*) száműzött **2.** *v* száműz

exist [ɪg'zɪst] *v* (*live*) létezik, él; (*be*) fennáll

existence [ɪg'zɪstəns] *n* lét, létezés ‖ **be in ~** létezik; **come into ~** létrejön

existing [ɪg'zɪstɪŋ] *a* fennálló, létező

exit ['eksɪt] *n* **1.** kijárat **2.** *v comput* kilép

exit ramp *n US* autófelhajtó

exonerate [ɪg'zɒnəreɪt] *v* igazol, tisztáz

exorbitant [ɪg'zɔːbɪtənt] *a* (*price*) megfizethetetlen, horribilis

exotic [ɪg'zɒtɪk] *a* egzotikus

expand [ɪk'spænd] *vt* kitágít | *vi* (ki)tágul, (ki)terjed

expanse [ɪk'spæns] *n* (*expansion*) kiterjedés; (*wide area*) nagy terület

expansion [ɪk'spænʃn] *n* tágulás, nagyobbodás

expatriate [eks'pætrɪət] *a/n* (*exiled*) száműzött; (*emigrant*) külföldön élő hazánkfia

expect [ɪk'spekt] *v* (*await*) vár vkt/vmt; (*require sg from sy*)

vktől vmt elvár; (*suppose*) vél; hisz ‖ **be ~ing a baby** kisbabát vár; **I ~ so** azt hiszem, igen; **I ~ that** úgy gondolom, hogy; **he is ~ed (to)** elvárják tőle(, hogy)
expectancy [ɪk'spektənsɪ] *n* várakozás, kilátás
expectant mother [ɪk'spektənt] *n* terhes anya, kismama
expectation [ekspek'teɪʃn] *n* várakozás; (*prospect*) remény ‖ **~s** elvárások
expediency [ɪk'spiːdɪənsɪ] *n* célszerűség
expedient [ɪk'spiːdɪənt] *a* célszerű, hasznos
expedition [ekspɪ'dɪʃn] *n* expedíció
expel [ɪk'spel] *v* **-ll-** (*from country*) kiutasít; (*enemy*) elkerget; (*from school*) kicsap; (*from party*) kizár
expend [ɪk'spend] *v* (*money*) kiad, költ; (*time, energy*) ráfordít
expenditure [ɪk'spendɪtʃə] *n* kiadás, ráfordítás
expense [ɪk'spens] *n* költség(ek), kiadás(ok) ‖ **at one's own ~** saját költségén
expenses [ɪk'spensɪz] *n pl* költségek
expensive [ɪk'spensɪv] *a* költséges, drága
experience [ɪk'spɪərɪəns] **1.** *n* tapasztalat; élmény **2.** *v* megtapasztal
experienced [ɪk'spɪərɪənst] *a* tapasztalt, gyakorlott
experiment [ɪk'sperɪmənt] **1.** *n* kísérlet **2.** *v* kísérletezik
experimental [ɪksperɪ'mentl] *a* kísérleti
expert ['eksp3ːt] *a/n* szakértő, jártas (*at/in/on sg* vmben), szakember

expertise [eksp3ː'tiːz] *n* hozzáértés, szakértelem
expire [ɪk'spaɪə] *v* letelik, lejár
expiry [ɪk'spaɪərɪ] *n* lejárat (*érvényességé*)
explain [ɪk'spleɪn] *v* (meg)magyaráz, kifejt
explanation ['eksplə'neɪʃn] *n* magyarázat
explanatory [ɪk'splænətrɪ] *a* magyarázó
explicit [ɪk'splɪsɪt] *a* kifejezett; határozott
explode [ɪk'spləʊd] *vi* (fel)robban ‖ *vt* (fel)robbant
exploit 1. ['eksplɔɪt] *n* hőstett **2.** [ɪk'splɔɪt] *v* (*land, mine*) művel; (*use fully*) kiaknáz; (*use unfairly*) kihasznál, kizsákmányol
exploitation [eksplɔɪ'teɪʃn] *n* kiaknázás, kitermelés
exploration [eksplə'reɪʃn] *n* felderítés, feltárás
exploratory [ɪk'splɔːrətrɪ] *a* felderítő, kutató
explore [ɪk'splɔː] *v* felfedez, felkutat
explorer [ɪk'splɔːrə] *n* felfedező
explosion [ɪk'spləʊʒn] *n* robbanás
explosive [ɪk'spləʊsɪv] **1.** *a* robbanó **2.** *n* robbanóanyag
exponent [ɪk'spəʊnənt] *n* (hatvány)kitevő
export 1. ['ekspɔːt] *n* kivitel, export **2.** [ɪk'spɔːt] *v* exportál
exportation [ekspɔː'teɪʃn] *n* kivitel, export
exporter [ɪk'spɔːtə] *n* exportáló, exportőr
expose [ɪk'spəʊz] *v* (*uncover*) felfed, leleplez; (*display*) megmutat; *fényk* exponál, megvilágít ‖ **~ sy to sg** vmnek kitesz vkt

exposed [ɪk'spəʊzd] *a* (*film*) exponált

exposition [ekspə'zɪʃn] *n* (*exhibition*) kiállítás; (*explanation*) magyarázat

exposure [ɪk'spəʊʒə] *n* (*photo: time*) megvilágítás, expozíció; (*photo: snap*) felvétel; (*of thief, crime*) leleplezés

exposure meter *n* megvilágításmérő

expound [ɪk'spaʊnd] *v* kifejt, (meg)magyaráz

express [ɪk'spres] **1.** *a* (*definite*) határozott, kifejezett; (*fast*) expressz **2.** *n* gyorsvonat **3.** *v* kifejez, kimond

expression [ɪk'spreʃn] *n* kifejezés

expressive [ɪk'spresɪv] *a* kifejező

expressway [ɪk'spresweɪ] *n US* autópálya

expulsion [ɪk'spʌlʃn] *n* kiutasítás, kizárás; *sp* kiállítás

expurgate ['ekspɜːɡeɪt] *v* cenzúráz

exquisite [ek'skwɪzɪt] *a* remek, pompás

extend [ɪk'stend] *vt* (*prolong*) meghosszabbít; (*stretch out*) kiszélesít; (*spread*) kiterjeszt; (*enlarge*) növel I *vi* (*reach*) terjed

extension [ɪk'stenʃn] *n* (*extent*) terjedelem, kiterjedés; (*extending*) meghosszabbítás; (*addition*) nyúlvány; (*telephone*) mellék(állomás)

extensive [ɪk'stensɪv] *a* kiterjedt, terjedelmes; (*considerable*) nagymértékű; (*expansive*) széles körű

extensively [ɪk'stensɪvlɪ] *adv* nagymértékben, széleskörűen

extent [ɪk'stent] *n* terjedelem, kiterjedés II **to a great** ~ nagymértékben

extenuating [ɪk'stenjʊeɪtɪŋ] *a* enyhítő II ~ **circumstances** *pl* enyhítő körülmény

exterior [ek'stɪərɪə] **1.** *a* külső **2.** *n* külalak, külső

exterminate [ɪk'stɜːmɪneɪt] *v* kiirt, kipusztít

extermination [ɪkstɜːmɪ'neɪʃn] *n* kiirtás

external [ek'stɜːnl] **1.** *a* külső **2.** *n* ~**s** külsőségek

extinct [ɪk'stɪŋkt] *a* (*animal*) kihalt; (*volcano*) kialudt

extinction [ɪk'stɪŋkʃn] *n* kihalás, kiveszés

extinguish [ɪk'stɪŋɡwɪʃ] *v* (*fire*) elfojt, elolt; (*law*) eltöröl

extort [ɪk'stɔːt] *v* (ki)zsarol II ~ **sg from sy** vkből vmt kierőszakol

extortion [ɪk'stɔːʃn] *n* zsarolás

extortionate [ɪk'stɔːʃənət] *a* (*person*) zsaroló; (*price*) uzsora

extra ['ekstrə] **1.** *a* pótlólagos, külön; (*special*) rendkívüli II ~ **charges** külön díjak **2.** *adv* rendkívül; (*in addition*) külön II ~ **large** extra méretű **3.** *n* (*special edition*) rendkívüli kiadás; (*addition*) ráadás; (*artist*) statiszta II ~**s** (*costs*) többletkiadás(ok); (*for car*) extrák

extract 1. ['ekstrækt] *n* (*essence*) kivonat; (*passage*) részlet, szemelvény **2.** [ɪk'strækt] *v* kihúz; (*abstract*) kivon(atol); (*extort*) kicsikar II ~ **a tooth** fogat (ki)húz

extradite ['ekstrədaɪt] *v* (*criminal*) kiad

extramarital [ekstrə'mærɪtl] *a* házasságon kívüli

extramural [ekstrə'mjʊrəl] *a* szabadegyetemi

extraordinary [ɪkstrɔːdnrɪ] *a* rendkívüli, szokatlan

extrasensory perception [ekstrə'sensərɪ] *n* érzékszervektől független érzékelés

extravagant [ɪk'strævəgənt] *a* mértéktelen, szertelen

extreme [ɪk'striːm] **1.** *a* (*furthest*) (leg)szélső; (*last*) végső; (*exaggerated*) szélsőséges || ~ **right** szélsőjobb(oldali) **2.** *n* véglet

extremely [ɪk'striːmlɪ] *adv* nagyon, rendkívül

extremities [ɪk'stremətɪz] *n pl* végtagok

extremity [ɪk'stremətɪ] *n* szélsőség, véglet; → **extremities**

extricate ['ekstrɪkeɪt] *v* kiszabadít

extrovert ['ekstrəvɜːt] *a/n* extrovertált

exuberant [ɪg'zjuːbərənt] *a* (*person*) féktelen, túláradó életkedvű; (*style*) eleven; (*plant*) dús, burjánzó

exude [ɪg'zjuːd] *v* (ki)izzad, kiválaszt; árad; *fig* áraszt

exult [ɪg'zʌlt] *v* ujjong

eye [aɪ] **1.** *n* (*organ*) szem; (*hole*) fok (*tűé*) || **keep an** ~ **on** szemmel tart vkt/vmt; **I am all** ~**s** csupa szem vagyok!

eyeball ['aɪbɔːl] *n* szemgolyó

eyebrow ['aɪbraʊ] *n* szemöldök || ~ **pencil** szemceruza

eyedrops ['aɪdrɒps] *n pl* szemcsepp

eyelash ['aɪlæʃ] *n* szempilla

eyelid ['aɪlɪd] *n* szemhéj || **not bat an** ~ arcizma sem rándul

eyeliner ['aɪlaɪnə] *n* szemkihúzó

eye-opener *n* **that was an** ~ ez felnyitotta a szemem

eyeshadow ['aɪʃedəʊ] *n* szemhéjpúder, szemhéjfesték

eyesight ['aɪsaɪt] *n* látás, látóképesség

eyewitness ['aɪwɪtnɪs] *n* szemtanú

F

F = Fahrenheit; *US* = **free way**

fable [feɪbl] *n* mese

fabric ['fæbrɪk] *n* anyag, szövet

fabricate ['fæbrɪkeɪt] *v* kitalál, eszkábál

fabulous ['fæbjʊləs] *a* mesés

face [feɪs] *n* arc; (*of clock*) számlap; (*of building*) homlokzat || **pull a** ~ grimaszt csinál/vág; ~ **to** ~ **with** szemközt, szemtől szembe(n) vkvel **2.** *v* szemben áll vkvel/ vmvel, vmvel/vkvel szembenéz

face-lift(ing) *n* (*operation*) arcfelvarrás; *fig col* (*of fault*) kozmetikázás

face powder *n* púder

face-to-face *a* szemtől szembe történő, személyes

face value *n* névérték

facial ['feɪʃl] **1.** *a* arc- **2.** *n* arcápolás

facile ['fæsaɪl] *a fig* (*easy*) könnyű; (*superficial*) felszínes

facilitate [fə'sɪlɪteɪt] *v* megkönnyít

facilities [fə'sɪlətɪz] *n* szolgáltatás(ok), lehetőség(ek)

facing ['feɪsɪŋ] *adv* szemközt, szemben

fact [fækt] *n* (*deed*) tény; (*reality*) valóság || **in** ~ ténylegesen, valójában, tulajdonképp(en)

factor ['fæktə] *n* tényező

factory ['fæktərı] n gyár, üzem
faculty ['fækəltı] n képesség; (in university) kar, fakultás || F~ of Arts bölcsészettudományi kar; F~ of Science természettudományi kar
fad [fæd] n hóbort, szeszély
fade [feɪd] v (flower) elhervad; (memory) elmosódik; (colour) halványodik, (ki)fakul
fag [fæg] 1. n (tiring work) robot, kulimunka; col (cigarette) cigi 2. v -gg- ~ **fag out** kifáraszt
Fahrenheit ['færənhaɪt] a/n Fahrenheit-fok
fail [feɪl] 1. n egyes (osztályzat) || **without** ~ haladéktalanul 2. v (plan) meghiúsul, nem/rosszul sikerül; (to do sg) elmulaszt (vmt megtenni); (in exam) megbukik; (bank) csődbe jut || ~ **to see** nem vesz észre
failing ['feɪlıŋ] 1. n (of character) hiba; vmnek/vknek a gyenge oldala/pontja 2. prep ~ **which** ellenkező esetben
failure ['feɪljə] n (of business) bukás, kudarc; (in exam) bukás; (to do sg) mulasztás; (of heart) elégtelenség; (of engine) meghibásodás
faint [feɪnt] 1. a (weak) gyenge, erőtlen; (dim) halvány 2. v elájul
fair[1] [feə] a (just) becsületes, tisztességes; (reasonable) tűrhető, meglehetős; (light-coloured) szőke
fair[2] [feə] n (market) vásár
fair-haired a szőke
fairly ['feəlı] adv elég(gé), meglehetősen
fairness [feənıs] n becsületesség
fair play n tisztességes eljárás

fairy ['feərı] n tündér
fairy tale n tündérmese
faith [feɪθ] n (trust) hit, hűség; (religion) hit, vallás || **have** ~ **in sy** hisz vkben
faithful ['feɪθfəl] a (loyal) hű(séges); (accurate) hű, pontos
faithfully ['feɪθfəlı] adv **yours** ~ (őszinte) tisztelettel
fake [feɪk] 1. n hamisítvány 2. v hamisít
falcon ['fɔːlkən] n sólyom
fall [fɔːl] 1. n (drop) esés; (decline) bukás; (defeat) eleste; US (autumn) ősz || ~**s** pl vízesés 2. v (pt **fell** [fel], pp **fallen** ['fɔːlən]) (from a height) (le)esik; (price) esik; (temperature) süllyed; (government) megbukik; (fortress) elesik || ~ **asleep** elalszik; ~ **ill** megbetegszik
fall back visszaesik
fall behind hátramarad
fall down (building) összeomlik; (hopes) meghiúsul
fall for col (person) vkbe beleesik; (trick) vknek bedől
fall in (building) beomlik; vm ledől || ~ **in!** sorakozó!; ~ **in love with sy** beleszeret vkbe
fall off (quality) romlik; (interest) csökken, fogy
fall on (accent) esik; (enemy) nekiront; (duty) sor kerül vkre
fall out megtörténik || ~ **out with sy** összevész vkvel
fall through (plan) megbukik, meghiúsul
fallacy ['fæləsı] n (lie) megtévesztés; (false idea) téveszme
fallen ['fɔːlən] a/n bukott || **the** ~ az elesettek; pp → **fall**

false [fɔ:ls] *a* hamis, téves, ál
false alarm *n* vaklárma
falsehood ['fɔ:lshʊd] *n* valótlanság
false teeth *n pl* műfogsor
falsify ['fɔ:lsɪfaɪ] *v* meghamisít
falter ['fɔ:ltə] *v* (*speaker*) dadog; (*steps*) botladozik
fame [feɪm] *n* hír(név)
famed [feɪmd] *a* nevezetes (*for* vmről)
familiar [fə'mɪlɪə] *a* (*familiar*) családias, bizalmas; (*common*) hétköznapi, mindennapi; (*well-known*) ismert (*to* vk előtt) || be ~ with sg vmben tájékozott/jártas
family ['fæmlɪ] *n* család
family planning *n* családtervezés
famine ['fæmɪn] *n* éhínség
famous ['feɪməs] *a* híres, neves || ~ for sg vmről híres
famously ['feɪməslɪ] *adv* pompásan
fan[1] [fæn] 1. *n* (*in hand*) legyező; (*mechanical*) ventilátor 2. *v* -nn- (*cool*) legyez; (*excite*) szít
fan[2] [fæn] *n col* (*of person*) rajongó; (*of sport*) szurkoló
fanatic [fə'nætɪk] *n* megszállott
fan belt *n* ékszíj
fanciful ['fænsɪfəl] *a* (*curious*) különös; (*imaginary*) fantáziadús
fancy ['fænsɪ] 1. *n* képzelet, képzelőerő 2. *v* (*imagine*) elképzel, (el)gondol; (*like, want*) gusztusa van vmre
fancy dress *n* jelmez
fancy-dress ball *n* jelmezbál
fantastic [fæn'tæstɪk] *a* fantasztikus; *col* remek
fantasy ['fæntəsɪ] *n* képzelet
far [fɑ:r] 1. *a* távoli, messzi || on the ~ side (of the street) az utca túlsó oldalán 2. *adv* (*very distant*)

messze, messzire; (*very much*) jóval, sokkal || by ~ the best messze a legjobb; as ~ as (*place*) ameddig, -ig, (*degree, extent*) amennyire; as ~ as I know amennyire én tudom; ~ away a meszszeségben; be ~ from meg sem közelíti
farce [fɑ:s] *n* bohózat
fare [feə] *n* (*charge*) viteldíj, útiköltség; (*passenger in a taxi*) utas; (*food*) ellátás, koszt
Far East, the *n* Távol-Kelet
farewell [feə'wel] *n* búcsú || say/bid ~ to sy búcsút vesz vktől
farm [fɑ:m] 1. *n* farm, gazdaság 2. *v* mezőg gazdálkodik
farmer ['fɑ:mə] *n* gazda, gazdálkodó
farmhouse ['fɑ:mhaʊs] *n* lakóház (a farmon), farmépület
farming ['fɑ:mɪŋ] *n agr* gazdálkodás
farmyard ['fɑ:mjɑ:d] *n* gazdasági udvar, szérűskert
far-reaching *a* messzemenő, szerteágazó, messze ható
far-sighted *a* (*prudent*) előrelátó; körültekintő; *US med* (*eyepatient*) messzelátó
farther ['fɑ:ðə] *a/adv* (*in place*) távolabb(i); messzebb; (*in time*) tovább
farthest ['fɑ:ðɪst] *a/adv* legtávolabb(i)
fascinate ['fæsɪneɪt] *v* lenyűgöz, elbűvöl
fascism ['fæʃɪzəm] *n* fasizmus
fascist ['fæʃɪst] *a/n* fasiszta
fashion ['fæʃn] 1. *n* (*style*) divat; (*manner*) mód || be in ~ divatban van; be out of ~ kiment a divatból 2. *v* megformál, alakít

fashionable ['fæʃənəbl] *a* elegáns, divatos
fashion show *n* divatbemutató
fast[1] [fɑːst] **1.** *a* (*quick*) gyors, sebes; (*firm*) tartós ‖ **my watch is five minutes ~** az órám öt percet siet; **be ~ asleep** mélyen alszik **2.** *adv* gyorsan
fast[2] [fɑːst] **1.** *n* böjt **2.** *v* böjtöl
fasten ['fɑːsn] *v* (*fix*) rögzít, megerősít; (*join together*) becsatol, bekapcsol
fastener ['fɑːsnə] *n* (*of door*) zár; (*of necklace*) kapocs; (*zip*) cipzár
fast food *n* gyorsétel(ek)
fastidious [fə'stɪdɪəs] *a* finnyás, válogatós
fat [fæt] **1.** *a* kövér; (*meat*) zsíros **2.** *n* (*for cooking*) zsír; (*on person*) háj ‖ **~s** zsiradék
fatal ['feɪtl] *a* végzetes ‖ **~ accident** halálos (kimenetelű) baleset
fatality [fə'tælətɪ] *n* (*death*) háláleset; (*of accident*) halálos áldozat
fate [feɪt] *n* végzet
father ['fɑːðə] *n* (édes)apa
Father Christmas *n* Mikulás
father-in-law *n* (*pl* **fathers-in-law**) após
fatigue [fə'tiːg] **1.** *n* fáradtság ‖ **~s** *mil* gyakorlóruha **2.** *v* (ki)fáraszt
fatten ['fætn] *vt* hizlal I *vi* hízik
fatty ['fætɪ] **1.** *a* zsíros **2.** *n col* dagi
faucet ['fɔːsɪt] *n US* (víz)csap
fault [fɔːlt] *n* hiba; (*mistake*) tévedés; *sp* hibapont ‖ **find ~ with** kifogásol, kritizál
faulty ['fɔːltɪ] *a* hibás
fauna ['fɔːnə] *n* állatvilág
favour (*US* **-vor**) ['feɪvə] **1.** *n* (*goodwill*) kegy; (*advantage*) kedvezés; (*kindness*) szívesség ‖

do sy a ~ szívességet tesz vknek; **be in ~ of sg** vmnek a híve **2.** *v* (*prefer*) előnyben részesít vkt; (*approve*) helyesel
favourable (*US* **-or-**) ['feɪvrəbl] *a* előnyös, kedvező
favourite (*US* **-or-**) ['feɪvrɪt] *a* esélyes; kedvenc
fawn [fɔːn] **1.** *n* őz **2.** *v* **~ on sy** vknek hízeleg
fax [fæks] **1.** *n* (*message, device*) (tele)fax **2.** *v* (tele)faxot küld, elfaxol
FBI [ef biː 'aɪ] *US* = *Federal Bureau of Investigation* Szövetségi Nyomozóiroda
fear [fɪə] **1.** *n* félelem, szorongás **2.** *v* fél vktől/vmtől ‖ **~ for sy** vkt félt
feast [fiːst] **1.** *n* (*meal*) lakoma; (*celebration*) ünnep **2.** *v* lakomázik
feat [fiːt] *n* (hős)tett
feather ['feðə] *n* (madár)toll
feature ['fiːtʃə] **1.** *n* (*characteristic*) (jellemző) vonás, tulajdonság; (*article*) (színes) riport; (*film*) játékfilm, nagyfilm **2.** *v* (*in newspaper*) fő helyen közöl
feature film *n* játékfilm, nagyfilm
February ['februərɪ] *n* február; → **August**
fed [fed] *pt/pp* **be ~ up with sg** *col* elege van vmből, torkig van vmvel; → **feed**
federal ['fedrəl] *a* szövetségi
federation [fedə'reɪʃn] *n* szövetség
fee [fiː] *n* díj; (*of artist*) gázsi; honorárium; (*for tuition*) tandíj; (*for examination*) vizsgadíj
feeble ['fiːbl] *a* gyenge, erőtlen
feed [fiːd] **1.** *n* (*for baby*) táp, étel; (*for animals*) takarmány; (*feeding*)

etetés **2.** v (pt/pp **fed** [fed]) etet, táplál; comput betáplál
feedback ['fi:dbæk] n el visszacsatolás; fig visszajelzés
feeding bottle n GB cumisüveg
feel [fi:l] **1.** n tapintás **2.** v (pt/pp **felt** [felt]) vt (touch) (meg)tapint, érez I vi (physically) érzi magát; (think) vél II ~ **cold** fázik; I ~ **fine** kitűnően érzem magam; ~ **ill** rosszul van; ~ **like doing sg** gusztusa/hangulata van vmre
feel for sy együtt érez vkvel
feeling ['fi:lıŋ] n (emotion) érzés, érzelem; (presentiment) előérzet; (sense) tehetség; érzék II **have a ~ for a language** jó nyelvérzéke van
feet [fi:t] pl → **foot**
feign [feın] v tettet, színlel
feint [feınt] **1.** n csel **2.** v cselez
fell[1] [fel] pt → **fall**
fell[2] [fel] v (tree) kidönt, kivág
fellow ['feləʊ] n (guy) fickó; col pasas; (research ~) (tudományos) munkatárs; (member) tag
fellow-countryman n (pl -men) honfitárs
fellowship ['feləʊʃıp] n vall közösség
felony ['felənı] n bűncselekmény
felt[1] [felt] n nemez, filc
felt[2] [felt] pt/pp → **feel**
felt-tip (pen) n filctoll
female ['fi:meıl] **1.** a női; nő-; (animal) nőstény **2.** n nő; (animal) nőstény
feminine ['femının] **1.** a (of woman) nőies; gram nőnemű **2.** n gram nőnem
feminist ['femənıst] a/n feminista

fence [fens] **1.** n sövény, kerítés II **sit on the ~** col várakozó álláspontra helyezkedik **2.** v sp vív
fence in bekerít, elkerít
fencing ['fensıŋ] n vívás
fender ['fendə*] n (round fireplace) ellenző; US (wing of car) sárvédő
ferment 1. ['fɜːment] n (fermentation) erjedés; (substance) fermentum; fig (excitement) forrongás **2.** [fə'ment] vi erjed; (wine) forr I vt erjeszt
fern [fɜːn] n páfrány
ferocious [fə'rəʊʃəs] a vad, kegyetlen
ferry ['ferı] n révátkelés, rév
ferry-boat n átkelőhajó, komp(hajó)
fertile ['fɜːtaıl] n termékeny
fertilize ['fɜːtılaız] v agr (mű)trágyáz; biol megtermékenyít
fertilizer ['fɜːtəlaızə] n (mű)trágya
festival ['festıvl] n (feast) ünnep; (performances) fesztivál
fetch [fetʃ] v (bring) idehoz, elhoz; (get) előkerít
fête [feıt] n (celebration) ünnep; rel (festival) búcsú
fetters ['fetəz] n pl bilincs
feudalism ['fjuːdlızəm] n hűbériség, feudalizmus
fever ['fi:və] n láz, forróság
feverish ['fi:vərıʃ] a lázas
few [fjuː] a/pron/num (utána: pl) kevés, nem sok II **a ~** egypár, (egy)néhány
fiancé [fı'ɑːnseı] n vőlegény
fiancée [fı'ɑːnseı] n menyasszony
fibre (US **fiber**) ['faıbə] n szál, rost, rostszál
fickle ['fıkl] a állhatatlan, csapodár

fiction ['fɪkʃn] *n* (*invention*) koholmány; (*novels*) regényirodalom
fiddle ['fɪdl] **1.** *n* (*violin*) hegedű; (*cheating*) csalás **2.** *v* hegedül
fiddle with babrál
fiddler ['fɪdlə] *n* hegedűs
fidelity [fɪ'delətɪ] *n* hűség
fidget ['fɪdʒɪt] *col* **1.** *n* sajtkukac **2.** *v* fészkelődik, izeg-mozog ‖ ~ **with** babrál vmvel
field [fiːld] **1.** *n* (*land*) mező, rét; (*sports ground*) pálya; *fig* (*area*) mező; (*sphere of activity*) terület, tárgykör
field events *n pl* dobó- és ugrószámok
field glasses *n pl* (*binocular*) látcső
fieldwork *n* terepmunka
fierce [fɪəs] *a* ádáz, heves, vad
fifteen [fɪf'tiːn] *num* tizenöt
fifteenth [fɪf'tiːnθ] *num a* tizenötödik
fifth [fɪfθ] *num a* ötödik
fifty ['fɪftɪ] *num* ötven
fig [fɪg] *n* füge
fight [faɪt] **1.** *n* küzdelem, harc **2.** *v* (*pt/pp* **fought** [foːt]) harcol, küzd ‖ ~ **against/with sy/sg** vk/vm ellen *or* vkvel/vmvel küzd
fight down elfojt, leküzd
fight for sg vmért/vkért küzd
fighter ['faɪtə] *n* harcos; *sp* bokszoló; *mil* vadászgép
figure ['fɪgə] **1.** *n* (*person*) alak, figura; (*drawing*) ábra; (*form*) idom; (*number*) szám(jegy) **2.** *v* (*appear*) felbukkan, előfordul; (*imagine*) elképzel; *US* (*guess*) gondol, vél
figure out (*calculate*) kiszámít; (*understand*) rájön
figure skating *n* műkorcsolyázás

file[1] [faɪl] **1.** *n* (*tool*) reszelő, ráspoly **2.** *v* reszel
file[2] [faɪl] **1.** *n* (*dossier*) akta; (*folder*) dosszié; *comput* adatállomány, fájl **2.** *v* (*papers*) nyilvántartásba vesz, iktat; (*claim*) benyújt
file[3] [faɪl] **1.** *n* (*of people*) sor **2.** *v* (*one by one*) menetel
fill [fɪl] *v* (*make full*) (meg)tölt; (*tooth*) (be)töm; (*job*) betölt
fill in (*form*) kitölt; (*hole*) betapaszt, betöm
fill up *vt* (*form*) kitölt; (*hole*) betöm; (*container*) megtölt, teletölt | *vi* (*hall*) megtelik; (*car*) (fel)tankol ‖ ~ **her up** tele kérem!
fillet ['fɪlɪt] *n* (*meat*) szelet
filling ['fɪlɪŋ] *n* tömés (*fogban*)
filling station *n* benzinkút
film [fɪlm] **1.** *n* (*for photography or motion picture*) film; (*coating*) hártya **2.** *v* (*make a film*) filmez; (*play*) megfilmesít
film star *n* filmsztár
filter ['fɪltə] **1.** *n* (*for liquid*) szűrő; (*for traffic*) kiegészítő lámpa **2.** *v* (le)szűr, megszűr
filter tip *n* füstszűrő
filthy ['fɪlθɪ] *a* piszkos, szennyes
fin [fɪn] *n* (*of fish, frogman*) uszony
final ['faɪnl] **1.** *a* befejező, záró ‖ ~ **exam** *school* záróvizsga **2.** *n* záróvizsga ‖ ~(**s**) *sp* döntő
finally ['faɪnəlɪ] *adv* végül is, legvégül
finance ['faɪnæns] **1.** *n* pénzügy **2.** *v* pénzel, finanszíroz
finances [faɪ'nænsɪz] *n pl* pénzügyek
financial [faɪ'nænʃl] *a* pénzügyi, anyagi ‖ **be in** ~ **difficulties** pénzzavarban van

find [faɪnd] v (pt/pp found [faʊnd]) (come upon) (meg)talál; (consider) vmlyennek talál/gondol ‖ ~ sy guilty bűnösnek talál vkt; ~ one's way to vhová eltalál
find out kitalál, rájön
findings ['faɪndɪŋz] n pl (verdict) (tény)megállapítás; (archeological, medical) lelet(ek), US (equipment) kellékek
fine¹ [faɪn] a (taste) finom; (weather) szép ‖ be ~ jól érzi magát
fine² [faɪn] (law) 1. n (pénz)bírság 2. v (meg)bírságol
fine arts n pl képzőművészet, szépművészet
finesse [fɪ'nes] n ravaszság
finger ['fɪŋɡə] 1. n ujj ‖ keep one's ~s crossed (for sy) vknek drukkol/szorít 2. v kézbe vesz, fogdos
fingerprint ['fɪŋɡəprɪnt] n ujjlenyomat
fingertip ['fɪŋɡətɪp] n ujjhegy ‖ he has it at his ~s a kisujjában van
finish ['fɪnɪʃ] 1. n kidolgozás (anyagé); sp hajrá, finis 2. v (end) befejez, elkészít; (carry out) kidolgoz; (complete) elvégez
finish off (kill) (végleg) elintéz vkt; (complete) végez vmvel; col (eat up) vmt megeszik
Finland ['fɪnlənd] n Finnország
Finn [fɪn] n finn (ember)
Finnish ['fɪnɪʃ] 1. a finn 2. n (language) finn (nyelv)
fir [fɜː] n (erdei)fenyő
fire [faɪə] 1. n tűz ‖ be on ~ lángol, ég; make a ~ tüzet rak; 2. v (engine) gyújt; (gun) tüzel ‖ ~ sy (employee) kirúg
fire alarm n tűzjelző
fire brigade n tűzoltóság
fire-engine n tűzoltóautó

fire escape n tűzlépcső
fire-extinguisher n oltókészülék
fireman ['faɪəmən] n (pl -men) tűzoltó
fireplace ['faɪəpleɪs] n kandalló
fireproof ['faɪəpruːf] a tűzálló, tűzbiztos
fireside ['faɪəsaɪd] n kandalló
fireworks ['faɪəwɜːk] n pl tűzijáték
firm¹ [fɜːm] a szilárd, erős
firm² [fɜːm] n cég, vállalat
first [fɜːst] num a, n első ‖ at ~ először; ~ of all először is, mindenekelőtt; in the ~ place elsősorban; for the ~ time első ízben
first aid n elsősegély
first-class a (excellent) első osztályú, kitűnő; (mail) expressz
first-hand a/adv (direct) első kézből (kapott); (new) friss
First Lady n US First Lady (az USA elnökének felesége)
firstly ['fɜːstlɪ] adv (leg)először
first name n keresztnév, utónév
fish [fɪʃ] 1. n (pl ~) hal ‖ ~ and chips sült hal hasábburgonyával 2. v (with net) halászik; (with rod) horgászik (for sg vmre)
fish-bone n szálka
fisherman ['fɪʃəmən] n (pl -men) halász
fishing ['fɪʃɪŋ] n halászat ‖ ~ boat halászhajó; ~ rod horgászbot
fishmonger('s) ['fɪʃmʌŋɡə(z)] n halkereskedő
fishy ['fɪʃɪ] a there's sg ~ about it col ez kissé bűzlik
fist [fɪst] n ököl
fit¹ [fɪt] n (of illness) roham ‖ have a ~ rohamot kap
fit² [fɪt] 1. a -tt- (suitable) alkalmas, célszerű, helyes; (in health) fitt ‖

be ~ vk jó kondícióban van; ~ **for sg** jó vmre; ~ **for work** munkaképes; ~ **to eat** ehető 2. *n* szabás 3. *v* -**tt**- (*suit*) áll; (*be suitable*) megfelel, alkalmas, jó (*sg* vmre); (*match*) (bele)illik; (*attach*) rászerel ‖ ~ **sg to sg** vmhez hozzáilleszt; ~ **sy well** (*dress*) jól áll
fit in (*appointment*) beütemez
fit in with megegyezik (*tervvel, elmélettel*), vkhez alkalmazkodik
fit out (*for expedition*) felszerel; (*for voyage*) ellát
fit together (*pieces*) összeállít
fitment(s) ['fɪtmənt(s)] *n* (*pl*) beépített bútor
fitness ['fɪtnɪs] *n* (*health*) (jó) kondíció, erőnlét; (*suitability*) alkalmasság
fitted carpet ['fɪtɪd] *n* padlószőnyeg
fitting ['fɪtɪŋ] 1. *a* illő, megfelelő 2. *n* ruhapróba ‖ ~**s** felszerelési tárgyak, szerelvények
five [faɪv] *num* öt
fiver *n* ['faɪvə] *n GB* ötfontos (bankjegy); *US* ötdolláros (bankjegy)
fix [fɪks] 1. *n* (*dilemma*) nehéz helyzet; *col* (*injection*) kábítószeres injekció; *col* bunda 2. *v* (*make firm*) vmt rögzít; *US* (*prepare*) készít; (*repair*) megjavít; (*determine*) meghatároz, megállapít
fix sg up (*settle*) megcsinál; (*provide*) szerez vknek vmt; (*accommodate*) elhelyez vkt vhol; (*ügyet*) elintéz
fixture ['fɪkstʃə] *n sp* lekötött mérkőzés ‖ ~**s** *pl* berendezési tárgyak; felszerelés
fizzle ['fɪzl] *v* (*meat*) sistereg; (*drink*) pezseg
fizzy ['fɪzi] *a* szénsavas, pezsgő

flabby ['flæbɪ] *a* (*weak*) ernyedt, petyhüdt; (*soft*) elpuhult
flag [flæg] 1. *n* zászló 2. *v* -**gg**- lankad
flag down (*car*) leint, megállít
flair [fleə] *n* (*talent*) tehetség, adottság, érzék; (*style*) sikk
flake [fleɪk] 1. *n* (*of snow, soap*) pehely 2. *v* ~ **off** (*paint*) lepattogzik
flame [fleɪm] 1. *n* láng 2. *v* (*fire*) lobog, ég ‖ ~ **up** fellángol
flammable ['flæməbl] *a* gyúlékony, tűzveszélyes
flange [flændʒ] *n* karima (*csőé*); perem
flank [flæŋk] *n* (*of army*) szárny; (*of person, animal*) lágyék; (*of mountain*) oldal
flap [flæp] 1. *n* (*of pocket, envelope*) fül 2. *v* -**pp**- csapkod
flare [fleə] 1. *n* (*flash*) fellobbanás; (*signal*) jelzőfény 2. *v* ~ **up** *fig* (*candle*) lángra lobban; (*light*) felvillan; (*anger*) fellobban
flash [flæʃ] 1. *n* (*flashing*) fellobbanás; (*light*) villanófény, vaku; (*news*) gyorshír ‖ **in a** ~ egy pillanat alatt 2. *vi* (fel)villan | *vt* felvillant
flashlight ['flæʃlaɪt] *n* (*flash*) vaku, villanófény; *US* (*torch*) zseblámpa
flask [flɑːsk] *n* (lapos) palack, üveg
flat[1] [flæt] 1. *a* (*even*) sík; (*absolute*) nyílt; (*dull*) száraz, lapos ‖ ~ **tyre/tire** (gumi)defekt 2. *n* (*land*) síkság; (*tyre*) defekt; (*note*) bé 3. *adv* (*in flat manner*) laposan; *col* (*positively*) határozottan, kereken
flat[2] [flæt] *n GB* (*rooms*) lakás ‖ ~ **to let** kiadó lakás/szoba
flatten ['flætn] *v* ellapít, elsimít

flatter ['flætə] *v* ~ **sy** vknek hízeleg

flaunt [flɔːnt] *v* vmvel hivalkodik, büszkélkedik

flavour (*US* **-or**) ['fleɪvə] **1.** *n* íz, zamat, aroma **2.** *v* (meg)ízesít

flavouring (*US* **-or-**) ['fleɪvərɪŋ] *n* ételízesítő

flaw [flɔː] *n* (*defect*) (szépség)hiba; (*imperfection*) gyenge oldala/pontja vknek

flax [flæks] *n* len

flea [fliː] *n* bolha

flea market *n* ócskapiac, bolhapiac, zsibvásár

fleck [flek] *n* piszok, petty

fled [fled] *pt/pp* → **flee**

flee [fliː] *v* (*pt/pp* **fled** [fled]) szökik, (el)menekül (*from sy* vk elől) ‖ ~ **the country** disszidál

fleet [fliːt] *n* (*of ships*) flotta; (*of buses, cars*) (jármű)park

Flemish ['flemɪʃ] *a/n* németalföldi, flamand

flesh [fleʃ] *n* hús (*élő*)

flew [fluː] *pt* → **fly**

flex [fleks] *n* villanyzsinór

flexible ['fleksəbl] *a* rugalmas

flick [flɪk] **1.** *n* (*flip*) fricska, meglegyintés; (*film*) film **2.** *v* ~ **through** átlapoz

flicker ['flɪkə] *v* (*flame*) pislákol; (*TV*) villog

flight [flaɪt] *n* (*escape*) menekülés, szökés; (*flying*) repülés; (*aircraft*) (repülő)járat

flight attendant *n US* légiutaskísérő (nő), steward(ess)

flimsy ['flɪmzɪ] *a* (*light*) könnyű; (*weak*) gyarló, gyenge

flinch [flɪntʃ] *v* meghátrál, visszaretten (*away from* vmtől)

fling [flɪŋ] **1.** *n* dobás **2.** *v* (*pt/pp* **flung** [flʌŋ]) hajít, dob

flip [flɪp] **1.** *n* fricska **2.** *v* **-pp-** dob

flirt [flɜːt] *v* kacérkodik, flörtöl

float [fləʊt] **1.** *n* (*on fishing line*) úszó **2.** *vi* úszik; (*in air*) lebeg ‖ *vt* lebegtet

flock [flɒk] **1.** *n* (*of sheep*) nyáj; (*of birds*) (madár)raj **2.** *v* ~ **to** odasereglik

flood [flʌd] **1.** *n* áradás; ár(víz) **2.** *vi* megárad ‖ *vt* eláraszt

floodlight ['flʌdlaɪt] **1.** *n* (*device*) reflektor; (*light*) reflektorfény; (*of building*) (dísz)kivilágítás **2.** *v* (*pt/pp* **~ed** *or* **floodlit**) (*building*) kivilágít

floor [flɔː] *n* (*storey*) emelet; (*of room*) padló ‖ **ground** (*or US* **first**) ~ földszint; **first** (*or US* **second**) ~ első emelet

flop [flɒp] *n col* bukás

floppy disk *n comput* hajlékony lemez

flora ['flɔːrə] *n* növényvilág, flóra

florist('s) ['flɒrɪst(s)] *n* virágkereskedés, virágárus

flounce [flaʊns] **1.** *n* (*on dress*) fodor **2.** *v* rohan(gászik)

flour ['flaʊə] *n* liszt

flourish ['flʌrɪʃ] **1.** *n* (*movement*) széles mozdulat; (*decoration*) cikornya; (*fanfare*) harsonaszó **2.** *v* virágzik

flow [fləʊ] **1.** *n* (*flowing*) folyás, áramlás; (*tide*) dagály **2.** *v* (*water*) folyik; (*money, people*) áramlik, özönlik

flower ['flaʊə] **1.** *n* virág

flowerpot ['flaʊəpɒt] *n* virágcserép

flown [fləʊn] *pp* → **fly**

flu, (the) [fluː] *n col* influenza

fluctuate ['flʌktʃʊeɪt] v hullámzik, ingadozik

fluent ['fluːənt] a (speaking) folyékony; (style) gördülékeny ‖ speak ~ English folyékonyan beszél angolul

fluid ['fluːɪd] 1. a folyékony, cseppfolyós 2. n folyadék

fluke [fluːk] n mázli

flung [flʌŋ] pp/pt → fling

flurry ['flʌrɪ] n be in a ~ (of excitement) kapkod

flush [flʌʃ] 1. a (on a level) egy szintben levő; (close to) szorosan mellette levő 2. n (arc)pír, (el)pirulás 3. vt (toilet) öblít ǀ vi (face) belepirul, elvörösödik

flute [fluːt] n fuvola ‖ play the ~ fuvolázik

flutter ['flʌtə] 1. n (of wings) szárnycsapás; (anxiety) izgalom 2. v (wings) csapkod; (flag) leng

fly¹ [flaɪ] n (insect) légy

fly² [flaɪ] v (pt flew [fluː] pp flown [fləʊn]) repül, száll; (passenger) repülővel megy/utazik; (flag) leng; (person) menekül

fly by col (time) megy

fly off (bird, plane) elszáll, elrepül; (button) lepattan

fly³ [flaɪ] n (on trousers) slicc

flyover ['flaɪəʊvə] n felüljáró

foal [fəʊl] n csikó

foam [fəʊm] 1. n hab, tajték 2. v (horse) habzik

focal point n gyújtópont

focus ['fəʊkəs] 1. n (pl ~es or foci ['fəʊsaɪ]) fókusz 2. v -s- v. -ss- (attention) összpontosít; (light) élesre állít; (concentrate) koncentrál (on vmre)

fodder ['fɒdə] n abrak, takarmány

foe [fəʊ] n ellenség

fog [fɒg] 1. n köd 2. v -gg- ~ (up) (glass) bepárásodik (üveg)

foggy ['fɒgɪ] a ködös; fig halvány ‖ it's ~ köd van

fog lamp n ködlámpa

foil [fɔɪl] n (metal foil) (alu)fólia; (for razor) szita; (sword) tőr

fold [fəʊld] 1. n (on dress) hajtás, ránc, redő 2. v (össze)hajt ‖ ~ one's arms karját összefonja

fold up (paper) összehajt; (business) felszámol

folder ['fəʊldə] n (file) iratgyűjtő; (for papers) mappa; (brochure) prospektus

foliage ['fəʊlɪɪdʒ] n lomb(ozat)

folk [fəʊk] (US folks) n pl emberek ‖ my ~s a családom

folk art n népművészet

folklore ['fəʊklɔː] n folklór

folk music n népzene

folk song n népdal

follow ['fɒləʊ] 1. v (pursue) követ vkt/vmt; (succeed) következik; (go after) vk után megy; (practice) folytat ‖ I don't quite ~ (you) nem egészen ért(ett)em; as ~s a következő...

follow out/through végigvisz

follow up (investigate) ellenőriz; (pursue) nyomon követ; (refer to) visszatér vmre

follower ['fɒləʊə] n követő, tanítvány

following ['fɒləʊɪŋ] a/n alábbi, következő ‖ in the ~ a következőkben; ~ sg vmt követően

folly ['fɒlɪ] n butaság, ostobaság

fond [fɒnd] a be ~ of szeret vkt/vmt

fondle ['fɒndl] v ölelget, cirógat

food [fuːd] *n* étel, élelem, ennivaló ‖ ~s élelmiszer(ek)

foodstuff(s) ['fuːdstʌf(s)] *n* (*pl*) élelmiszer(ek)

fool [fuːl] 1. *n* bolond ‖ make a ~ of sy bolonddá tesz vkt 2. *v* ~ about/around *col* bolondozik

foolish ['fuːlɪʃ] *a* bolond, ostoba

foot [fʊt] 1. *n* (*pl* feet [fiːt]) (*part of leg*) láb(fej); (*measure*) láb (= 30,48 cm) ‖ go on ~ gyalogol; put one's ~ down sarkára áll 2. *v* ~ the bill *col* fedezi/vállalja vmnek a költségeit

football ['fʊtbɔːl] *n* (*game*) labdarúgás; (*ball*) futball-labda

football pools *n pl* totó

foot-bridge *n* (gyalogos) felüljáró

footing ['fʊtɪŋ] *n* (*position*) helyzet; (*basis*) alap(zat) ‖ lose one's ~ elveszti egyensúlyát

footlights ['fʊtlaɪts] *n pl* rivaldafény

footman ['fʊtmən] *n* (*pl* -men) lakáj, inas

footpath ['fʊtpɑːθ] *n* gyalogút

footprint ['fʊtprɪnt] *n* lábnyom

footstep ['fʊtstep] *n* (*step*) lépés; (*track*) nyomdok

footwear ['fʊtweə] *n* lábbeli

for [fə, fɔː] 1. *prep* (*because of*) miatt, -ért; (*distance*) -ra, -re; (*time*) -ig; (*intention, price*) -ért; (*in spite of, considering*) képest; (*instead of*) helyett ‖ ~ sale eladó; leave ~ London Londonba megy 2. *conj* mert, mivel, ugyanis

forage ['fɒrɪdʒ] *n* abrak

forbad [fə'bæd] *pt* → forbid

forbade [fə'beɪd] *pt* → forbid

forbid [fə'bɪd] *v* (*pt* forbade [fə'bæd] *or* forbad [fə'bæd], *pp* forbidden [fə'bɪdn]) ~ sy sg (*or*

sy to do sg) vknek vmt megtilt, eltilt vkt vmtől

forbidden [fə'bɪdn] *a* tilos; → forbid

force [fɔːs] 1. *n* erő; (*violence*) erőszak, kényszer; (*effectiveness*) érvény(esség), hatály ‖ come into ~ életbe lép; armed ~s fegyveres erők 2. *v* erőltet, erőszakol ‖ ~ sy to do sg kényszerít vkt vmre

forceful ['fɔːsfəl] *a* energikus, erélyes

forcible ['fɔːsəbl] *a* erőszakos

ford [fɔːd] *n* gázló

foreboding [fɔː'bəʊdɪŋ] *n* balsejtelem

forecast ['fɔːkɑːst] 1. *n* előrejelzés 2. *v* (*pt* forecast ['fɔːkɑːst] *or* forecasted ['fɔːkɑːstɪd]) előre jelez

forefinger ['fɔːfɪŋgə] *n* mutatóujj

forego [fɔː'gəʊ] *v* (*sing. 3* foregoes [fɔː'gəʊz], *pt* forewent [fɔː'went], *pp* foregone [fɔː'gɒn]) (*in time*) megelőz

foregone [fɔː'gn] *pp* → forego

foreground ['fɔːgraʊnd] *n* előtér

forehead ['fɒrɪd] *n* homlok

foreign ['fɒrən] *a* idegen, külföldi ‖ ~ affairs *pl* külügyek, külpolitika

foreigner ['fɒrənə] *n* külföldi, idegen

foreign exchange *n* deviza

foremost ['fɔːməʊst] *a* elülső; legelső

forename ['fɔːneɪm] *n* keresztnév

foresaw ['fɔːsɔː] *pt* → foresee

foresee [fɔː'siː] *v* (*pt* foresaw ['fɔːsɔː], *pp* foreseen ['fɔːsiːn]) előre lát

foreseen ['fɔːsiːn] *pp* → foresee

foresight ['fɔːsaɪt] *n* előrelátás

forest ['fɒrɪst] *n* erdő
forestall [fɔː'stɔːl] *v* elébe vág, megelőz
foretell [fɔː'tel] *v* (*pt/pp* **foretold** [fɔː'təʊld]) előre megmond, megjósol
foretold [fɔː'təʊld] *pt/pp* → **foretell**
forever [fə'revə] *adv* mindörökké
forewent ['fɔːwent] *pt* → **forego**
foreword ['fɔːwɜːd] *n* előszó
forfeit ['fɔːfɪt] *n* (*in game*) zálog; (*penalty*) bírság
forgave [fɔː'geɪv] *pt* → **forgive**
forge [fɔːdʒ] *v* (*metal*) kovácsol; (*signature, banknote*) hamisít
forgery ['fɔːdʒərɪ] *n* (*forging*) hamisítás; (*document*) hamisítvány; (*accusation*) koholmány
forget [fə'get] *v* (*pt* **forgot** [fə'gɒt], *pp* **forgotten** [fə'gɒtn]; **-tt-**) elfelejt vmt, vmről megfeledkezik
forgive [fə'gɪv] *v* (*pt* **forgave** [fə'geɪv], *pp* **forgiven** [fə'gɪvn]) megbocsát (*sy for sg* vknek vmért)
forgiven [fə'gɪvn] *pp* → **forgive**
forgo [fɔː'gəʊ] *v* (*sing. 3* **forgoes** [fɔː'gəʊz]; *pt* **forwent** [fɔː'went], *pp* **forgone** [fɔː'gɒn]) lemond vmről
forgone [fɔː'gɒn] *pp* → **forgo**
forgot [fə'gɒt] *pt* → **forget**
forgotten [fə'gɒtn] *pp* → **forget**
fork [fɔːk] **1.** *n* (*for eating*) villa; (*for gardening*) vasvilla; (*of roads*) útelágazás **2.** *v* (*branch, road*) elágazik
form [fɔːm] **1.** *n* (*shape*) alak, forma; (*class*) osztály; (*condition*) erőnlét, kondíció; (*questionnaire*) űrlap **2.** *v* (*shape*) alakít, formál; (*create*) alkot, képez; (*develop*) kialakít; (*constitute*) megalakít

formal ['fɔːml] *a* (*ceremonial*) formai, formális; (*official*) hivatalos
format ['fɔːmæt] **1.** *n* formátum **2.** *v comput* formatál
formation [fɔː'meɪʃn] *n* (*forming*) keletkezés, alakítás, (ki)alakulás; (*shape*) alakzat; (*geographical*) képződmény
former ['fɔːmə] *a* előző, előbbi, korábbi, régebbi
formerly ['fɔːməlɪ] *adv* régebben, azelőtt
formula ['fɔːmjʊlə] *n* (*pl* **-las** [-ləz] *or* **-lae** [-liː]) képlet
fort [fɔːt] *n* erőd(ítmény)
forth [fɔːθ] *adv* **and so ~** és a többi, és így tovább
forthcoming [fɔːθ'kʌmɪŋ] *a* (el)következő; (*book*) megjelenés alatt(i)
forthwith [fɔːθ'wɪθ] *adv* rögtön, azonnal
fortieth ['fɔːtɪəθ] *num a* negyvenedik
fortify ['fɔːtɪfaɪ] *v* (*town*) megerősít
fortnight ['fɔːtnaɪt] *n* **a ~** *GB* két hét
fortress ['fɔːtrɪs] *n* erőd
fortunate ['fɔːtʃənət] *a* szerencsés
fortunately ['fɔːtʃənətlɪ] *adv* szerencsére
fortune ['fɔːtʃuːn] *n* vagyon ‖ **make a ~** meggazdagodik
fortune-teller *n* jósnő
forty ['fɔːtɪ] *num* negyven
forward ['fɔːwəd] **1.** *a* (*position*) elülső; (*movement*) előre irányuló/haladó; (*time*) korai, idő előtti **2.** *adv* (*movement*) előre; (*position*) elöl; (*time*) tovább **3.** *n* (*in football*) csatár **4.** *v* (*dispatch*) vmt vhová szállít; (*send*) utánaküld
forwards ['fɔːwədz] *adv* (*movement*) előre; (*position*) elöl

forwent ['fɔːwent] *pt* → **forgo**
fossil ['fɒsl] *n* kövület, őskori lelet
foster ['fɒstə] *v* (*hope*) táplál; (*children*) ápol; (*friendship*) elősegít
foster-child *n* (*pl* **-children**) fogadott/nevelt gyermek
foster-father *n* nevelőapa
foster-mother *n* nevelőanya
fought [fɔːt] *pt/pp* → **fight**
foul [faʊl] **1.** *a* (*disgusting*) undorító, ocsmány; (*dirty, filthy*) tisztességtelen; (*horrible*) csúnya, pocsék **2.** *n sp* szabálytalanság **3.** *v sp* lerúg
found[1] [faʊnd] *v* alapít, felállít
found[2] [faʊnd] *pt/pp* → **find**
foundation [faʊnˈdeɪʃn] *n* (*basis, base*) alap; (*founding*) alapítás; (*fund*) alapítvány
fount [faʊnt] *n* forrás
fountain ['faʊntɪn] *n* szökőkút
fountain-pen *n* töltőtoll
four [fɔː] *num* négy
fourteen [fɔːˈtiːn] *num* tizennégy
fourth [fɔːθ] *num a* negyedik
fowl [faʊl] *n* baromfi, szárnyas
fox [fɒks] *n* róka
foyer ['fɔɪeɪ] *n* előcsarnok
fraction ['frækʃn] *n* (*part*) töredék; *math* tört
fracture ['fræktʃə] *n med* törés
fragile ['frædʒaɪl] *a* törékeny
fragment ['frægmənt] *n* töredék
fragrance ['freɪɡrəns] *n* illat
fragrant ['freɪɡrənt] *a* illatos
frail [freɪl] *a* (*health*) törékeny; gyenge; (*person*) gyarló
frame [freɪm] **1.** *n* (*border*) keret, ráma; (*framework*) váz ‖ **~s** szemüvegkeret **2.** *v* bekeretez
framework ['freɪmwɜːk] *n* váz, keret

France [frɑːns] *n* Franciaország
frank [fræŋk] *a* őszinte, egyenes, nyílt
frantic ['fræntɪk] *a* eszeveszett, kétségbeesett
fraternity [frəˈtɜːnətɪ] *n* testvériség
fraud [frɔːd] *n* (*act*) csalás; (*person*) csaló, szélhámos
fraudulent ['frɔːdjʊlənt] *a* csalárd
freak [friːk] *n* korcs
freckle ['frekl] *n* szeplő
free [friː] **1.** *a* szabad; (*gratuitous*) ingyenes ‖ **set ~** (*prisoner*) kiszabadít; **~ from** vmtől mentes; **~ of charge** díjtalan(ul), ingyen, díjmentes(en) **2.** *v* (ki)szabadít; megszabadít (*sy/sg from sg/sy* vkt/vmt vmtől/vktől)
freedom ['friːdəm] *n* szabadság
freelance ['friːlɑːns] *a/n* szabadúszó
freemason ['friːmeɪsn] *n* szabadkőműves
free time *n* szabadidő
freeway ['friːweɪ] *n US* autópálya
freeze [friːz] **1.** *n* (*frost*) fagy; (*stop*) befagyasztás **2.** *v* (*pt* **froze** [frəʊz], *pp* **frozen** ['frəʊzn]) *vi* (*weather*) fagy; (*liquid*) megfagy | *vt* (*water*) megfagyaszt; (*wages*) befagyaszt
freezer ['friːzə] *n* mélyhűtő
freezing point *n* fagypont
freight [freɪt] *n* rakomány, teher, szállítmány
freight car *n US* teherkocsi, tehervagon
freighter ['freɪtə] *n* (*ship*) teherhajó; (*plane*) teherszállító repülőgép
French [frentʃ] **1.** *a* francia ‖ **take ~ leave** angolosan távozik **2.** *n* francia (nyelv) ‖ **the ~** a franciák
French beans *n pl* zöldbab
frenzy ['frenzɪ] *n* dühöngés, őrültség

frequent 1. ['fri:kwənt] *a* gyakori **2.** [frɪ'kwent] *v* (vmt) gyakran felkeres/látogat

fresh [freʃ] *a* (*not stale*) friss; (*cool*) hűvös, hűs; (*new*) új

freshen ['freʃn] *vi* élénkül I *vt* üdít, (fel)frissít

freshener ['freʃnə] *n* légfrissítő

freshly ['freʃlɪ] *adv* frissen, nem rég

freshness [freʃnɪs] *n* frissesség (*tárgyé*)

fresh-water *a* édesvízi

fret [fret] *v* -tt- bosszankodik, izgatja magát

friction ['frɪkʃn] *n also fig* súrlódás

Friday ['fraɪdɪ] *n* péntek II **on ~** pénteken; → **Monday**

fridge [frɪdʒ] *n col* frizsider

fried egg *n* tükörtojás

friend [frend] *n* barát II **make ~s with sy** vkvel összebarátkozik

friendly ['frendlɪ] *a* szívélyes, barátságos, baráti

friendship ['frendʃɪp] *n* barátság

fright [fraɪt] *n* ijedtség II **take ~** megijed

frighten ['fraɪtn] *v* (meg)ijeszt, (meg)rémít II **be ~ed of sg/sy** vmtől/vktől megrémült

frightful ['fraɪtfəl] *a* szörnyű, félelme(te)s, rémes

frigid ['frɪdʒɪd] *a* (*manner*) hűvös, hideg; (*woman*) frigid

frill [frɪl] *n* (*on dress*) fodor, zsabó

fringe [frɪndʒ] **1.** *n* (*of town*) külső övezet; (*on hair*) frufru; (*on shawl*) rojt II **~s** *pl* külterület **2.** *v* (*dress, road*) szegélyez, beszeg

fringe benefit(s) *n* (*pl*) járulékos juttatás(ok)

fro [frəʊ] → **to**

frock [frɒk] *n* (női) ruha

frog [frɒg] *n* béka

from [frəm, frɒm] *prep* (*place*) -tól, -től; -ból, -ből; -ról, -ről; (*time*) fogva, óta II **~ above** felülről; **~ behind** mögül; **~ below** alulról; **~ there** onnan

front [frʌnt] **1.** *a* elő, el(ül)ső II **~ page** címlap; **~ part** elülső rész; **~ seat** első ülés **2.** *n* homlokzat, front II **in ~ of** előtt, szemben

frontier ['frʌntɪə] *n* (ország)határ

front-wheel drive *n* elsőkerékmeghajtás

frost [frɒst] *n* (*freeze*) fagy; (*on leaves*) dér

frost-bite *n* (el)fagyás

frosty ['frɒstɪ] *a* (*weather*) fagyos, jéghideg; (*welcome*) jeges

froth [frɒθ] **1.** *n* hab **2.** *v* habzik

frown [fraʊn] **1.** *n* rosszalló tekintet **2.** *v* összehúzza a szemöldökét

froze [frəʊz] *pt* → **freeze**

frozen ['frəʊzn] *a* (*food*) fagyasztott, mélyhűtött; (*river*) fagyott; → **freeze**

fruit [fru:t] *n* gyümölcs II **bear ~** gyümölcsöt terem

fruitful ['fru:tfl] *a* gyümölcsöző, eredményes; jól szaporodó

fruit juice *n* gyümölcslé

frustrate [frʌ'streɪt] *v* meghiúsít

fry [fraɪ] *v* (*in hot fat*) *vt* (ki)süt I *vi* sül

fryer ['fraɪə] *n* (*pan*) serpenyő, *US* (*chicken*) sütni való csirke

frying pan ['fraɪɪŋ] *n* serpenyő

ft. = foot, feet

fuel ['fjuːəl] *n* fűtőanyag, üzemanyag

fuel oil *n* gázolaj

fuel tank *n* üzemanyagtartály

fulfil (*US* -fill) [fʊl'fɪl] *v* -ll- (*wish, condition*) teljesít; (*requirement*) eleget tesz vmnek

full [fʊl] *a* (*filled*) teli, tele, telt; (*complete*) egész, teljes; (*plump*) bő(séges), bő; (*not hungry*) jóllakott ‖ **in** ~ teljes egészében; **be** ~ **of sg** tele van vmvel; **at** ~ **speed** teljes sebességgel

full board *n* teljes ellátás/panzió

full moon *n* telihold

full-scale *a* teljes körű

full stop *n* (*punctuation mark*) pont

full-time job *n* főállás

fulsome ['fʊlsəm] *a* túlzott

fume [fjuːm] **1.** *n* ~(**s**) (*smoke*) füst; (*vapour*) pára, gőz **2.** *v* dúl-fúl, dühöng

fumigate ['fjuːmɪgeɪt] *v* kifüstöl, ciánoz

fun [fʌn] *n* (*joke*) tréfa, vicc; (*amusement*) szórakozás, mulatság ‖ **for** ~ tréfából, viccből; **have** ~**!** jó mulatást!; **make** ~ **of sy** kicsúfol

function ['fʌŋkʃn] **1.** *n* (*office, duty*) állás, hivatal, tisztség; (*activity*) működés; rendeltetés; *math* függvény **2.** *v* (*machine*) működik; (*person*) ténykedik, szerepel

fund [fʌnd] **1.** *n* (*money*) pénz-(alap); (*supply*) alap, készlet; (*foundation*) alapítvány ‖ ~**s** *pl* pénzalap, fedezet **2.** *v* (*finance*) pénzel; (*invest*) tőkésít

fundamental [fʌndə'mentl] *a* alapvető, elemi

funeral ['fjuːnərəl] **1.** *a* (*death*) halotti; (*burial*) temetési **2.** *n* temetés

funfair ['fʌnfeə] *n* angolpark, vurstli

funicular (railway) [fjuˈnɪkjʊlə] *n* sikló, drótkötélpálya

funnel ['fʌnl] *n* (*for pouring*) tölcsér; (*on ship, engine*) kémény

funny ['fʌnɪ] *a* (*comic*) vicces, tréfás; (*strange*) furcsa

fur [fɜː] *n* (*of animal*) bunda, szőrzet; (*clothing*) prém, szőrme; *med* (*on tongue*) lepedék

furious ['fjʊərɪəs] *a* (*person*) dühös; (*storm*) tomboló ‖ **be** ~ **at/about sg** dühöng vm miatt

furlong ['fɜːlɒŋ] *n* (*measure of length*) 220 yard (= 201,17 m)

furnace ['fɜːnɪs] *n* kohó, (olvasztó)-kemence

furnish ['fɜːnɪʃ] *v* (*equip*) ellát, felszerel (*with* vmvel); (*provide with furniture*) berendez, bebútoroz; (*supply*) szolgáltat

furnishings ['fɜːnɪʃɪŋz] *n pl* berendezési tárgyak

furniture ['fɜːnɪtʃə] *n* (*pl* ~) bútor(ok), berendezés

furrier ['fʌrɪə] *n* szűcs

furrow ['fʌrəʊ] *n agr* barázda; (*on brow*) ránc

further ['fɜːðə] **1.** *a* további, újabb **2.** *adv* tovább, messzebb **3.** *v* előmozdít, elősegít

furthermore [fɜːðə'mɔː] *adv* továbbá, ráadásul

furthermost ['fɜːðəməʊst] *a* legtávolabbi

furthest ['fɜːðɪst] *a* legtávolabbi

fury ['fjʊərɪ] *n* dühöngés

fuse [fjuːz] **1.** *n el* biztosíték; (*of bomb*) gyújtószerkezet **2.** *v* (*metals*) egybeolvad; (*light*) kiég

fuse box *n* biztosítószekrény

fusion ['fjuːʒn] *n* (egy)beolvadás; egyesülés, fúzió; *phys* (mag)fúzió

fuss [fʌs] **1.** *n* hűhó, felhajtás ‖ **make a** ~ **about sg** nagy felhajtást csinál (*vm miatt*) **2.** *vt* megolvaszt | *vi el* kiolvad, kiég

future ['fjuːtʃə] **1.** *a* jövő, eljövendő, leendő **2.** *n* **the ~** a jövő/jövendő; *gram* jövő idő
fuzzy ['fʌzɪ] *a* (*fabric*) bolyhos; (*hair*) göndör; (*memory*) elmosódó, homályos; (*picture*) életlen

G

gabble ['gæbl] **1.** *n* hadarás **2.** *v* hadar
gadget ['gædʒɪt] *n col* (ügyes kis) szerkentyű, készülék
gag [gæg] **1.** *n* (*in mouth*) pecek; (*joke*) bemondás **2.** kipeckel
gage [geɪdʒ] *US* = **gauge**
gaiety ['geɪətɪ] *n* jókedv, vidámság
gain [geɪn] **1.** *n* nyereség, haszon **2.** *vt* (*obtain*) elnyer, megszerez I *vi* (*watch*) siet II **~ by/from** vmből profitál; **~ weight** hízik; **my watch ~s (by) two minutes a day** naponta két percet siet az órám
gala ['gɑːlə] **1.** *a* ünnepi, gála- II **~ night** gálaest **2.** *n* díszünnepély
galaxy ['gæləksɪ] *n* galaktika II **the ~** a Tejút
gale [geɪl] *n* szélvihar
gall [gɔːl] *n* (*bile*) epe; (*bitterness*) keserűség
gallant ['gælənt] *a* udvarias, gáláns, lovagias
gallery ['gælərɪ] *n* (*in theatre*) karzat; (*of art*) galéria, kiállítási terem
galley ['gælɪ] *n* gálya
gallon ['gælən] *n* gallon (*brit* = *4,54 l, amerikai* = *3,78 l*)

gallop ['gæləp] **1.** *n* galopp, vágta **2.** *v* (*horse*) vágtat
gallows ['gæləʊz] *n* akasztófa
gamble ['gæmbl] **1.** *n* (*game*) szerencsejáték; (*risk*) kockázatos vállalkozás **2.** *v* (pénzben) játszik
gambler ['gæmblə] *n* (hazárd)játékos
game [geɪm] **1.** *a* bátor **2.** *n* (*play*) játék; (*match*) játszma; (*animal*) vad; (*meat*) vad(hús) II **~ of chess** sakkparti; **play the ~** megtartja a játékszabályokat
gamekeeper ['geɪmkiːpə] *n* vadőr
gang [gæŋ] *n* (*criminals*) banda, bűnszövetkezet; (*youths*) galeri; (*workmen*) (munkás)csoport, brigád
gangrene ['gæŋgriːn] *n med* gangréna
gangster ['gæŋstə] *n* bandita, gengszter
gangway ['gæŋweɪ] *n* (*bridge*) hajóhíd; (*passage*) átjáró
gap [gæp] *n* nyílás, hézag, rés
gape [geɪp] *v* (*be open*) tátong; (*yawn*) ásít; (*stare*) száját tátja
garage ['gærɑːʒ] *n* (*for parking*) garázs; (*for repair*) javítóműhely
garbage ['gɑːbɪdʒ] *n US* szemét, hulladék II **~ can** *US* kuka, szemétláda; **~ truck** *US* kukás autó
garden ['gɑːdn] **1.** *n* (*private*) kert; (*public*) park **2.** *v* kertészkedik
gardener ['gɑːdnə] *n* kertész
gargle ['gɑːgl] **1.** *n* szájvíz **2.** *v* gargarizál
garish ['geərɪʃ] *a* (*colour*) rikító
garlic ['gɑːlɪk] *n* fokhagyma
garment(s) ['gɑːmənt(s)] *n* (*pl*) ruhanemű
garnish ['gɑːnɪʃ] **1.** *n* köret **2.** *v* körít (*with* vmvel)

garret ['gærət] n padlásszoba
gas [gæs] n gáz; US (petrol) benzin ‖ step on the ~ gázt ad; ~ cooker gáztűzhely; ~-fitter gázszerelő; ~ lighter gázöngyújtó; ~ meter gázóra; ~ oil gázolaj
gasoline ['gæsəli:n] n US benzin
gasp [gɑːsp] v (with surprise) hápog; (for breath) zihál ‖ ~ for air/ breath levegő után kapkod
gas pedal n US gázpedál
gas tap n gázcsap
gastronomy [gæ'strɒnəmɪ] n konyhaművészet
gate [geɪt] n (of garden) kapu; (in airport) kijárat
gatekeeper ['geɪtki:pə] n kapus, portás
gateway ['geɪtweɪ] n kapubejárat
gather ['gæðə] v (collect) (össze)-gyűjt; (come together) összegyűlik; (draw together) összehúz ‖ ~ speed gyorsul; ~ strength erőt gyűjt
gathering ['gæðərɪŋ] n összejövetel
gauge (US gage) [geɪdʒ] 1. n (size) méret; (instrument) mérő(eszköz), mérce; (calibre) idomszer, kaliber; railw nyomtáv 2. v (meg)mér, lemér
gaunt [gɔːnt] a szikár
gauze [gɔːz] n kötözőpólya
gave [geɪv] pt → give
gay [geɪ] a (happy) vidám; (vivid) élénk (színű); (colourful) tarka; col (homosexual) homokos, buzi
gaze [geɪz] v ~ at rábámul/rámered vkre/vmre
GB = Great Britain
gear [gɪə] 1. n (equipment) felszerelés tartozékok; (speed) sebesség(fokozat); col (clothing) szerelés (ruha) ‖ ~s seb(esség)váltó; change ~ sebességet vált 2. v ~ up col fokoz, növel
geese [gi:s] pl → goose
gel [dʒel] n gél, zselé
gelatine [dʒelə'ti:n] n zselatin
gem [dʒem] n drágakő; fig gyöngyszem
gender ['dʒendə] n gram nem
gene [dʒi:n] n gén
general ['dʒenrəl] 1. a általános ‖ in ~ általában 2. n tábornok
generalize ['dʒenrəlaɪz] v általánosít
generally ['dʒenrəlɪ] adv általában, rendszerint
general manager n vezérigazgató
general practitioner n (általános) orvos
generate ['dʒenəreɪt] v (heat, electricity) fejleszt
generation [dʒenə'reɪʃn] n generáció, nemzedék
generator ['dʒenəreɪtə] n áramfejlesztő (gép)
generous ['dʒenərəs] a adakozó, bőkezű
genetics [dʒə'netɪks] n sing. genetika
genial ['dʒi:nɪəl] a (person) szívélyes, joviális; (climate) enyhe
genitals ['dʒenɪtlz] n pl (külső) nemi szervek
genius ['dʒi:nɪəs] n (pl geniuses) zseni, géniusz, lángelme
genre ['ʒɑːnrə] (category) műfaj; n (picture) zsánerkép
gentle ['dʒentl] a (mild) szelíd, gyengéd; (soft) lágy; (refined) finom; (well-born) nemes
gentleman ['dʒentlmən] n (pl -men) úr, úriember

gentry ['dʒentrɪ] *n* dzsentri
gents [dʒents] *n pl* férfiak (*illemhelyen*)
genuine ['dʒenjʊɪn] *a* valódi, eredeti, hiteles
geography [dʒɪ'ɒɡrəfɪ] *n* földrajz
geologist [dʒɪ'ɒlədʒɪst] *n* geológus
geology [dʒɪ'ɒlədʒɪ] *n* földtan, geológia
geometry [dʒɪ'ɒmətrɪ] *n* mértan, geometria
geranium [dʒə'reɪnɪəm] *n* muskátli
germ [dʒɜːm] *n* (*embryo, seed*) csíra; (*bacillus*) baktérium
German ['dʒɜːmən] **1.** *a* német **2.** *n* (*person, language*) német
Germany ['dʒɜːmənɪ] *n* Németország
gesticulate [dʒɪ'stɪkjʊleɪt] *v* gesztikulál
gesture ['dʒestʃə] *n* mozdulat; *fig* gesztus
get [get] *v* (*pt* **got** [ɡɒt], *pp* **got** [ɡɒt], *US* **gotten** ['ɡɒtn]; -tt-) (*receive*) (meg)kap; (*obtain*) szerez; (*buy*) vesz, vásárol; (*understand*) megért, felfog; (*radio, TV*) fog || **be ~ting better** gyógyulófélben van; **~ dressed** felöltözik; **~ hold of** hozzájut, megszerez vmt; **~ home** hazaérkezik; **I ~ it** megértettem!; **you have got it!** eltaláltad!; **~ lost** (*person*) eltéved; (*object*) elvesz; **~ lost!** tűnj(ön) el!; **~ ready** elkészít
get about (*news*) (el)terjed; (*patient*) lábadozik
get along boldogul, jól megy || **~ along with sy** kijön/összefér vkvel
get at sg hozzájut/hozzáfér vmhez

get away (*leave*) elmegy (pihenni); (*escape*) elszökik
get away with sg *col* (*steal*) meglép vmvel; (*escape punishment*) megúszik vmt
get back *vi* (*return*) megjön, viszszaér | *vt* (*recover*) visszakap; visszaszerez
get by (*pass*) elhalad; (*manage*) (valahogyan csak) megél
get down leérkezik vhova || **~ down to work** hozzáfog a munkához
get in (*arrive*) beérkezik || **~ in (a car/taxi)** beszáll
get into (*get involved*) beletanul; belejön; (*be admitted*) bekerül; (*car*) beszáll
get off (*train*) leszáll; (*car*) kiszáll || **he got off with a fine** pénzbüntetéssel megúszta
get on (*ship*) beszáll; (*bus*) felszáll; (*progress*) (jól) megy/halad; (*manage*) boldogul || **~ on a plane** repülőgépre ül; **how are you ~ting on?** hogy vagy?, hogy megy a sorod?; **they ~ on well (together)** jól kijönnek egymással
get on with (*agree*) (jól) megvan/ megfér/kijön vkvel; (*continue*) halad/boldogul vmvel
get out *vi* (*news*) kitudódik | *vt* (*book*) megjelentet
get out of (*vehicle*) kiszáll; (*business*) kiszáll; (*room*) vhonnan kimegy || **~ out!** ki innen!; **~ out of sg** (*or* **doing sg**) kibújik vm (megtétele) alól
get over (*obstacles*) legyőz, leküzd; (*difficulties*) kihever; (*illness*) átvészel

get round (*news*) terjed; (*difficulty*) kitér; (*question*) megkerül
get through (*work*) keresztüljut vmn ‖ ~ **through an exam** vizsgán átmegy
get through to (*telephone*) öszszeköttetést létesít, kapcsol
get together összegyűlik
get up (*stand up*) feláll; (*from bed*) felkel
getaway ['getəweɪ] *n* (el)menekülés
get-up *n* (*clothing*) ruha, öltözék; (*presentation*) külalak
gherkin ['gɜ:kɪn] *n* (*small*) uborka
ghost [gəʊst] *n* kísértet, szellem
giant ['dʒaɪənt] **1.** *a* óriási **2.** *n* óriás
gibberish ['dʒɪbərɪʃ] *n* halandzsa
gibe [dʒaɪb] **1.** *n* csipkelődő megjegyzés **2.** *v* ~ **at sy** *fig* vkt csipked
giblets ['dʒɪblɪts] *n pl* (*of poultry*) aprólék, belsőség
giddy ['gɪdɪ] *a* szédítő ‖ **feel** ~ (meg)szédül
gift [gɪft] *n* (*present*) ajándék; (*talent*) képesség, tehetség ‖ **have a** ~ **for sg** tehetsége van vmhez
gifted ['gɪftɪd] *a* tehetséges
gigantic [dʒaɪ'gæntɪk] *a* hatalmas, óriási
giggle ['gɪgl] **1.** *n* kuncogás, nevetgélés **2.** *v* kuncog, nevetgél
gill(s) [gɪl(z)] *n* (*pl*) kopoltyú
gilt [gɪlt] *a* aranyozott
gimlet ['gɪmlɪt] *n* (kézi) fúró
gin [dʒɪn] *n* fenyőpálinka, gin
ginger ['dʒɪndʒə] **1.** *n* gyömbér ‖ ~ **hair** vörösesszőke haj **2.** *v* ~ **up** felélénkít
ginger ale/beer *n* gyömbérsör
ginger-haired *a* vörösesszőke
gipsy ['dʒɪpsɪ] *a/n* cigány

giraffe [dʒɪ'rɑ:f] *n* zsiráf
girder ['gɜ:də] *n* tartógerenda
girl [gɜ:l] *n* lány
girl-friend *n* barátnő
girth [gɜ:θ] *n* (*circumference*) kerület; (*harness*) heveder
give [gɪv] *v* (*pt* **gave** [geɪv], *pp* **given** ['gɪvn]) *vt* ad, odaad; (*hand over*) átad; (*produce*) okoz ∣ *vi* (*yield*) enged ‖ **I wouldn't** ~ **it for anything** nem adom semmiért; ~ **rise to** okoz, előidéz; ~ **way** (*allow*) enged; (*traffic*) elsőbbséget ad (*to* vknek); (*break in*) beszakad
give away (sg to sy) (*as present*) elajándékoz vmt; (*betray*) vkt elárul vm
give back vmt visszaad
give in (*document*) vmt bead; (*surrender*) megadja magát
give off (*heat, smell*) kibocsát
give out (*supplies*) kifogy; (*books*) szétoszt; (*news, heat*) kibocsát
give over sg felhagy vmvel ‖ ~ **sg over to sy** átad vknek vmt
give up (*renounce*) lemond vmről (*surrender*) felad; (*abandon*) abbahagy; felhagy vmvel; (*withdraw*) elejt; (*hand over*) kiad ‖ ~ **up smoking** leszokik a dohányzásról; ~ **oneself up** (*criminal*) jelentkezik
given ['gɪvn] *a* (*concrete*) adott; (*definite*) meghatározott; → **give**
glacial ['gleɪsɪəl] *a* (*of ice period*) jégkori; (*cold*) jeges, fagyos
glacier ['glæsɪə] *n* gleccser
glad [glæd] *a* boldog ‖ **be** ~ **of sg** örül vmnek
glamorous ['glæmərəs] *a* elbűvölő

glance [glɑːns] **1.** *n* pillantás ‖ **at a** ~ egyetlen pillantásra **2.** *v* pillantást vet (*at* vkre/vmre)

gland [glænd] *n* mirigy

glare [gleə] **1.** *n* (*light*) vakító fény; (*stare*) átható pillantás **2.** *v* (*shine*) vakítóan ragyog; (*stare*) dühödt pillantást vet (*at* vkre)

glaring ['gleərɪŋ] *a* (*light*) vakító; (*colour*) rikító; (*injustice*) kirívó

glass [glɑːs] *n* (*substance*) üveg; (*vessel*) pohár; (*mirror*) tükör ‖ **~es** *pl* szemüveg

glassware ['glɑːsweə] *n* üvegáru

glaze [gleɪz] *v* (*window*) (be)üvegez; (*pottery*) zománcoz

glazier ['gleɪzɪə] *n* üveges, üvegező

gleam [gliːm] **1.** *n* (fel)villanás, fénysugár **2.** *v* (*light*) felvillan; (*metal, eyes*) fénylik; (fel)csillan

glee [gliː] *n* vidámság

glen [glen] *n* völgy, szurdok

glide [glaɪd] **1.** *n* (*of dancer, boat*) siklás; (*of aircraft*) siklórepülés **2.** *v* (*bird, boat*) siklik; col (*glider*) vitorlázik

glider [glaɪdə] *n* vitorlázó repülőgép

glimmer ['glɪmə] **1.** *n* (halvány) fénysugár **2.** *v* (*light*) pislákol

glimpse [glɪmps] **1.** *n* pillantás **2.** *v* megpillant

glisten ['glɪsn] *v* csillog, ragyog

glitter ['glɪtə] **1.** *n* (*glittering*) ragyogás; (*light*) fény **2.** *v* csillog

globe [gləʊb] *n* gömb ‖ **the** ~ földgömb

gloom [gluːm] *n* ború, sötétség

gloomy ['gluːmɪ] *a* sötét, borongós, bús

glorify ['glɔːrɪfaɪ] *v* dicsőít

glory ['glɔːrɪ] *n* dicsőség; (*splendour*) tündöklés

gloss [glɒs] **1.** *n* (*paint*) máz; (*shine*) fényezés **2.** *v* ~ **over** col (*error*) elken; szépít

glove(s) [glʌv(z)] *n* (*pl*) kesztyű

glow [gləʊ] **1.** *n* (*of fire*) izzás; (*of cheek*) (arc)pír **2.** *v* (*metal*) izzik; (*light*) sugárzik

glue [gluː] **1.** *n* ragasztó **2.** *v* odaragaszt (*to* vmhez)

glue-sniffing *n* szipózás

glum [glʌm] *a* **-mm-** komor, sötét

glut [glʌt] **1.** *n* bőség **2.** *v* **-tt-** eláraszt, telít

GMT = Greenwich Mean Time

gnat [næt] *n* szúnyog

gnaw [nɔː] *v* ~ **(at)** sg rág(csál) vmt

gnome [nəʊm] *a/n* gnóm

go [gəʊ] **1.** *n* (*going*) menés; (*attempt*) próbálkozás; (*energy*) lendület; *GB* (*exam*) vizsga ‖ **be on the** ~ tevékeny(kedik), sürögforog; **have a** ~ **at** megpróbál vmt **2.** *v* (*sing.* 3 **goes** [gəʊz]; *pt* **went** [went], *pp* **gone** [gɒn]) megy, halad; (*travel*) közlekedik ‖ ~ **bad** elromlik; ~ **by bus/car/train** busszal/autóval/vonattal megy; ~ **home** hazamegy; ~ **one's own way** a maga útján jár; ~ **shopping** bevásárolni megy; ~ **to bed** aludni megy; ~ **to see a doctor** orvoshoz megy; ~ **upstairs** felmegy (az emeletre); ~ **wrong** elromlik; **let's** ~! gyerünk!; **be ~ing well** (*studies*) jól megy vknek; **be ~ing to do sg** készül, szándékozik, fog vmt tenni

go ahead folytat(ódik)

go along sg végigmegy (*vm mentén*)

go away eltávozik
go back visszaér
go back on (one's word) ígéretétől/szavától eláll
go by *vi* (*pass*) (*time*) (el)múlik | *vt* (*act according to*) igazodik, tartja magát vmhez
go down lemegy; (*temperature*) süllyed; (*price*) esik; (*swelling*) lelohad; (*tyre*) leereszt
go for (*fetch*) elmegy vkért/vmért; (*aim at*) vonatkozik vmre/vkre
go in bemegy, belép
go in for (*competition*) jelentkezik vmre; (*hobby*) érdeklődik vm iránt
go into (*enter*) bemegy vhova; (*embark on*) vmlyen pályára megy || ~ **into detail(s)** részletekbe bocsátkozik
go off (*event*) lezajlik, végbemegy; (*light*) elalszik, kikapcsol; (*food*) megromlik; (*gun*) elsül || ~ **off the rails** (*train*) kisiklik; (*person*) letér a helyes útról
go on (*appear*) színre lép; (*light up*) felgyullad; (*continue*) továbbmegy, halad; (*happen*) tart, folyik || **what's ~ing on here?** mi történik itt?; ~ **on!** folytasd (csak)!, gyerünk!
go out kimegy (*of* vhonnan)
go out with *col* jár vkvel
go over felülvizsgál vmt
go round (*circulate*) körben forog; (*spread*) terjed; (*turn*) körüljár
go through (*suffer*) keresztülmegy vmn, átvészel; (*repeat*) átismétel vmt
go to (*walk/travel to*) vhova elmegy, utazik; (*contribute*) jut vknek, kap vk vmt

go up (*climb*) felfelé megy; (*rise*) emelkedik
go with (*accompany*) vkt elkísér; (*go steady with*) jár vkvel
go without sg megvan vm nélkül
go-ahead 1. *a* célratörő **2.** *n fig* zöld út
goal [gəʊl] *n* (*aim*) (vég)cél; *sp* (*place*) (futball)kapu; (*point*) gól
goalkeeper ['gəʊlkiːpə] *n sp* (futball)kapus
goat [gəʊt] *n* kecske
gobble ['gɒbl] *v* ~ **up** felfal
go-cart *n US* (*pushchair*) sportkocsi; (*walker*) járóka; *sp* (*kart*) gokart
god, God [gɒd] *n* isten, Isten || **G~ bless you!** (*as wish*) az Isten áldjon meg!, (*after sneezing*) *US* egészségére!; **for G~'s sake** az Isten szerelmére
godchild ['gɒdtʃaɪld] *n* (*pl* **-children** [-tʃɪldrən]) keresztgyermek
godfather ['gɒdfɑːðə] *n* keresztapa
godmother ['gɒdmʌðə] *n* keresztanya
godparents ['gɒdpeərənts] *n pl* keresztszülők
goes [gəʊz] → **go**
gold [gəʊld] *n* (*metal*) arany; *sp* (*medal*) aranyérem
golden ['gəʊldən] *a* (*jewellery*) arany-; (*colour, hair*) aranysárga
gold medal *n* aranyérem
golf [gɒlf] *n* golf || ~ **club** (*stick*) golfütő; (*association*) golfklub; ~ **course** *n* golfpálya
gone [gɒn] *a* (*desperate*) elveszett, reménytelen; (*pregnant*) előrehaladott; → **go**
good [gʊd] **1.** *a* jó || **a ~ deal** jó sok(at) **2.** *n* jó; (*virtue*) jóság; → **goods**

goodbye [gʊdˈbaɪ] *int/n* Isten vele(tek)!, viszontlátásra! ‖ **say ~ (to)** elbúcsúzik vktől
good-looking *a* csinos, jóképű
good-natured *a* (*person*) jóindulatú; (*joke*) ártatlan
goodness [ˈgʊdnɪs] *n* jóság ‖ **my ~!** te jó Isten!; **for ~' sake!** az ég szerelmére!
goods [gʊdz] *n pl* (*properties*) javak; (*merchandise*) áru(cikkek); (*freight*) teheráru
goodwill [gʊdˈwɪl] *n* (*benevolence*) jóakarat; (*sympathy*) megértés; (*reputation*) jó hírnév
goose [guːs] *n* (*pl* **geese** [giːs]) liba
gooseberry [ˈgʊzbrɪ] *n* (*plant*) egres; *col* (*in company of lovers*) elefánt
gorge [gɔːdʒ] **1.** *n* (*pass*) völgyszoros; (*throat*) torok, gége **2.** *v* ~ **oneself (on sg)** *col* belakik, bezabál
gorgeous [ˈgɔːdʒəs] *a* nagyszerű, ragyogó
gorilla [gəˈrɪlə] *n also fig* gorilla
gosh! [gɒʃ] *int* a mindenit!, ejnye!
Gospel [ˈgɒspl] *n rel* evangélium ‖ **g~** spirituálé
gossip [ˈgɒsɪp] **1.** *n* (*chatter*) pletyka; (*person*) pletykafészek **2.** *v* pletykál
got [gɒt] *pt/pp* → **get**
Gothic [ˈgɒθɪk] *a* gótikus
gotten [ˈgɒtn] *pp US* → **get**
gourmet [ˈgʊəmeɪ] *n* ínyenc
govern [ˈgʌvn] *v pol* kormányoz
governess [ˈgʌvənɪs] *n* nevelőnő
government [ˈgʌvnmənt] *n pol* kormány, kabinet

governor [ˈgʌvnə] *n* (*of state*) kormányzó; (*of bank*) igazgató
gown [gaʊn] *n* talár
GP [dʒiː ˈpiː] = **general practitioner**
grab [græb] *v* **-bb-** (*seize*) megragad; (*snatch*) harácsol
grace [greɪs] *n* (*mercy*) kegyelem; (*prayer*) áldás; (*gracefulness*) báj, kecsesség
graceful [ˈgreɪsfəl] *a* kecses
gracious [ˈgreɪʃəs] *a* (*kind*) kegyes, szíves; (*merciful*) irgalmas
grade [greɪd] **1.** *n* (*degree*) fokozat, fok; *US school* (*class*) osztály; *US* (*mark*) osztályzat; *US* (*slope*) lejtő(s út) **2.** *v* (*classify*) minősít; *US* (*mark*) osztályoz; (*divide*) fokokra (be)oszt
grade school *n US* elemi/általános iskola
gradual [ˈgrædjʊəl] *a* fokozatos, lépcsőzetes
graduate 1. [ˈgrædjʊət] *n* (*person with degree*) egyetemet végzett ember, diplomás; (*former student*) volt/végzett hallgató **2.** [ˈgrædjʊeɪt] *v* ~ **in sg** (*at university*) (vmlyen) diplomát szerez
graft [grɑːft] **1.** *n agr* oltvány **2.** *v agr* (*plant*) olt; *med* (*skin*) átültet
grain [greɪn] *n* (*cereals*) gabona; (*corn*) (gabona)szem; (*granule*) szemcse; (*of wood*) erezet
gram *n* gramm
grammar [ˈgræmə] *n* nyelvtan
grammar school *n GB* gimnázium
gramme [græm] *n* gramm
grand [grænd] *a* (*great*) nagy; (*magnificent*) nagyszerű; (*noble*) nagystílú

grandchild ['grændtʃaɪld] n (pl -children [-tʃɪldrən]) unoka
granddaughter ['grændɔːtə] n (leány)unoka
grandfather ['grændfɑːðə] n nagyapa
grandmother ['grænmʌðə] n nagyanya
grandparents ['grændpeərənts] n pl nagyszülők
grandson ['grænsʌn] n (fiú)unoka
granite ['grænɪt] n gránit
grant [grɑːnt] 1. n anyagi támogatás, segély; school ösztöndíj 2. v (give) adományoz; ad; (allow) teljesít || ~ sg to sy, ~ sy sg megad vknek vmt; take it for ~ed természetesnek veszi/találja
granulated sugar ['grænjʊleɪtɪd] n kristálycukor
grape(s) [greɪp(s)] n (pl) szőlő || a bunch of ~s szőlőfürt
grapefruit ['greɪpfruːt] n grépfrút
grape-juice n szőlőlé
graph [grɑːf] 1. n grafikon, diagram 2. v ~ sg grafikont készít vmről
graphic ['græfɪk] a grafikai, grafikus; (descriptive) szemléletes
graphics [græfɪks] n pl print grafika (kiadványé)
grasp [grɑːsp] 1. n (hold) megragadás; fogás; (understanding) felfogóképesség 2. v (seize) (meg)fog, megragad vmt; (hold on to) vmbe kapaszkodik; (understanding) felfog
grass [grɑːs] n (lawn) fű, gyep; col (drug) marihuána, „fű"
grasshopper ['grɑːshɒpə] n szöcske
grass snake n zoo sikló

grate [greɪt] 1. n rács, rostély 2. vt (cheese) (meg)reszel; (teeth) csikorgat I vi csikorog
grateful ['greɪtfəl] a hálás
gratefully ['greɪtflɪ] adv hálásan
gratefulness ['greɪtflnɪs] n hála
grater ['greɪtə] n (for food) reszelő
gratify ['grætɪfaɪ] v kielégít
gratitude ['grætɪtjuːd] n hála
gratuity [grə'tjuːətɪ] n borravaló, hálapénz
grave[1] [greɪv] a súlyos, komoly
grave[2] [greɪv] n sír
gravel ['grævl] n kavics
gravitation [grævɪ'teɪʃn] n gravitáció
gravity ['grævətɪ] n phys gravitáció; (seriousness) súlyosság, komolyság
gravy ['greɪvɪ] n (sauce) mártás, szósz; (juice) pecsenyelé, szaft
gray [greɪ] US = grey
graze[1] [greɪz] 1. n horzsolás 2. v (le)horzsol
graze[2] [greɪz] vt legeltet I vi legel
grease [griːs] 1. n (fat) zsír; (lubricant) kenőanyag 2. v (machine) (meg)ken, (meg)zsíroz
great [greɪt] a (large) nagy; (excellent) nagyszerű, kitűnő || a ~ deal of jó sok/adag; a ~ many nagyon sok
Great Britain n Nagy-Britannia
greater ['greɪtə] a nagyobb || the ~ part of (sg) vmnek a zöme
greatest ['greɪtɪst] a (largest) legnagyobb; (main) legfőbb
great-grandchild n (pl -children) dédunoka
great-grandfather n dédapa
great-grandmother n dédanya
Greece [griːs] n Görögország

greed [gri:d] *n* kapzsiság, mohóság
greedy ['gri:dı] *a* kapzsi, mohó || ~
for money pénzsóvár
Greek [gri:k] **1.** *a* görög **2.** *n*
(*person, language*) görög
green [gri:n] **1.** *a* (*colour*) zöld; *col*
(*person*) naiv, tapasztalatlan **2.** *n*
(*colour*) zöld (szín); (*grass*) pázsit, gyep(es pálya); (*field*) rét ||
~**s** *pl* zöldség; **the G~s** *pol* zöldek
greengage ['gri:ngeıdʒ] *n* ringló
greengrocer ['gri:ngrəʊsə] *n* zöldségárus
greenhouse ['gri:nhaʊs] *n* melegház, üvegház
Greenland ['gri:nlənd] *n* Grönland
green peas *n pl* zöldborsó
Greenwich Mean Time ['grenıdʒ] *n*
greenwichi középidő
greet [gri:t] *v* köszönt, üdvözöl
greeting ['gri:tıŋ] *n* köszön(t)és,
üdvözlés || ~**s** *pl* üdvözlet
grew [gru:] *pt* → **grow**
grey [greı] (*US* **gray**) *a* (*colour*)
szürke; (*hair*) ősz
grey-haired *a* (galamb)ősz
greyhound ['greıhaʊnd] *n* agár
grid [grıd] *n* rács, rostély
grief [gri:f] *n* bú(bánat), szomorúság
grieve [gri:v] *vt* elszomorít | *vi* kesereg (*at/about/over sg* vm miatt);
bánkódik (*for sy/sg* vm miatt, vk
után)
grill [grıl] **1.** *n* (*device*) (sütő)rostély,
grillsütő; (*food*) rostonsült **2.** *v*
(*cook*) roston süt; *col* (*question*)
faggat
grille [grıl] *n* (*grate*) rostély, rács;
(*on car*) hűtőrács
grilled [grıld] *a* roston sült, grill- || ~
chicken grillcsirke; ~ **meat** roston sült hús

grim [grım] *a* zord, komor
grimace [grı'meıs] **1.** *n* grimasz,
fintor **2.** *v* grimaszokat vág
grimy ['graımı] *a col* szutykos, koszos, szurtos
grin [grın] *v* -**nn**- vigyorog
grind [graınd] **1.** *n col* lélekölő
munka **2.** *v* (*pt/pp* **ground**
[graʊnd]) (*crush*) őröl; (meg)darál; (*sharpen*) kiélesít, (meg)köszörül; (*polish*) csiszol || ~ **one's**
teeth fogát csikorgatja; ~ **sg**
(**down**) **to dust** porrá zúz
grinder ['graındə] *n* daráló
grip [grıp] **1.** *n* fogás, megragadás
2. *v* -**pp**- *vt* (*grasp*) megragad,
megfog; (*hold*) vmben megfogódzik | *vi* (*brake, tool*) fog
grisly ['grızlı] *a* hátborzongató,
szörnyű
grit [grıt] **1.** *n* (*sand*) kőpor;
(*courage*) karakánság **2.** *v* -**tt**-
(*road*) homokkal beszór; (*teeth*)
csikorgat
grizzly bear ['grızlı] *n* (amerikai)
szürkemedve
groan [grəʊn] **1.** *n* nyögés **2.** *v* nyög
grocer ['grəʊsə] *n* fűszeres
groceries ['grəʊsərız] *n pl* élelmiszer(ek), fűszeráru
grocer's (shop) *n* fűszerüzlet,
élelmiszerbolt
groom [gru:m] **1.** *n* (*on wedding*)
vőlegény **2.** *v* (*horse*) ápol; *col*
(*person*) előkészít vkt (*for* vmre)
groove [gru:v] **1.** *n* horony, vájat,
rovátka **2.** *v* kiváj
grope [grəʊp] *v* ~ (**about**) **for sg**
tapogatózva keres vmt
gross [grəʊs] *a* (*rude*) vaskos,
durva, goromba; (*vulgar*) trágár;
comm bruttó

grotto ['grɒtəʊ] *n* barlang
ground[1] [graʊnd] **1.** *n* (*soil*) talaj, föld; (*area*) terület; (*for sport*) (futball)pálya; (*reason*) indok, alap; *US el* (~ *wire*) földelés, földvezeték ‖ **gain** ~ tért hódít; **on what ~s?** milyen alapon/(jog)címen?; **on the ~s of** vmnek az alapján **2.** *v* (*ship*) megfeneklik; *US el* (*conductor*) földel ‖ **be ~ed** (*plane*) nem száll fel
ground[2] [graʊnd] *pt/pp* → **grind**
ground floor *n GB* földszint
groundless ['graʊndlɪs] *a* alaptalan
groundwork ['graʊndwɜːk] *n* alapozás
group [gruːp] **1.** *n* (*company*) csoport; (*troop*) csapat; (*band*) együttes
grove [grəʊv] *n* liget, berek
grow [grəʊ] *v* (*pt* **grew** [gruː], *pp* **grown** [grəʊn]) *vi* nő, növekszik; (*become*) válik vmvé; (*develop*) gyarapodik, fejlődik; (*increase*) fokozódik; (*yield*) vm (meg)terem ‖ *vt* (*cultivate*) termel, termeszt; ‖ ~ **a beard** szakállt növeszt; ~ **fat** meghízik; ~ **old(er)** (meg)öregszik
grow up *vk* felnő
growl [graʊl] *v* (*dog*) morog; (*bear*) dörmög, brummog
grown [grəʊn] *pp* → **grow**
grown-up *a/n* felnőtt
growth [grəʊθ] *n* (*increase*) növekedés, gyarapodás; (*development*) fejlődés; (*tumour*) daganat
grub [grʌb] *n* (*larva*) lárva; *col* (*food*) kaja
grudge [grʌdʒ] **1.** *n* neheztelés **2.** *v* ~ **against sy for sg** vkre vmért neheztel

gruesome ['gruːsəm] *a* hátborzongató
gruff [grʌf] *a* mogorva, morcos
grumble ['grʌmbl] **1.** *n* morgás, panaszkodás **2.** *v* morog, zúgolódik (*about/at sg* vm miatt)
grunt [grʌnt] **1.** *n* röfögés **2.** *v* röfög
guarantee [gærən'tiː] **1.** *n* garancia, jótállás, szavatosság **2.** *v* kezeskedik, garanciát vállal vmért
guard [gɑːd] **1.** *n* őrség; (*sentry*) őr; (*attendant*) teremőr; (*trainman*) vonatkísérő; *sp* (*fencing*) védekező állás; (*railing*) (védő)korlát **2.** *v* (*watch*) őriz; (*take care*) vigyáz (vkre/vmre)
guard against véd(elmez), védekezik vm/vk ellen
guardian ['gɑːdɪən] *n* (*of child*) gondnok, gyám
guess [ges] **1.** *n* (*estimation*) találgatás, becslés; (*supposition*) sejtés **2.** *v* (*estimate*) találgat, tippel; (*find out*) eltalál, kitalál; *US col* (*suppose*) vél, hisz
guesswork ['geswɜːk] *n* találgatás
guest [gest] *n* vendég
guest-house *n* szálló, panzió
guest room *n* vendégszoba
guffaw [gʌ'fɔː] *vulg* **1.** *n* röhögés **2.** *v* röhög
guidance ['gaɪdəns] *n* (*direction*) irányítás, vezetés; (*counselling*) tanácsadás, útmutatás
guide [gaɪd] **1.** *n* (*person*) (idegen)vezető, kalauz; (*instruction*) tájékoztató, ismertető; (*book*) útikönyv **2.** *v* vezet, irányít
guidebook ['gaɪdbʊk] *n* útikönyv, útikalauz
guidelines ['gaɪdlaɪnz] *n pl* irányelvek, vezérfonal

guild [gɪld] n céh
guile [gaɪl] n csalafintaság
guilt [gɪlt] n law bűnösség
guilty ['gɪltɪ] a law bűnös, vétkes (of vmben) ‖ **declare/find sy ~** bűnösnek mond ki (or talál) vkt; **plead ~** bűnösséget beismer
guise [gaɪz] n ruha, mez ‖ **under the ~ of sg** vmnek az örve alatt
guitar [gɪ'tɑ:] n gitár
guitarist [gɪ'tɑ:rɪst] n gitáros
gulf [gʌlf] n öböl
gull [gʌl] n sirály
gullible ['gʌləbl] a hiszékeny, naiv
gully ['gʌlɪ] n víznyelő, vízmosás
gulp [gʌlp] **1.** n korty, slukk ‖ **at a ~** egy kortyra **2.** v (food) bekap; (drink) felhajt, kiiszik
gum[1] [gʌm] **1.** n gumi; (of tree) mézga; (glue) ragasztó(szer); (for chewing) (rágó)gumi **2.** v **-mm-** (meg)ragaszt
gum[2] [gʌm] n (around teeth) íny
gun [gʌn] n (rifle) puska, (lő)fegyver; (cannon) ágyú
gunman ['gʌnmən] n (pl **-men**) fegyveres bandita
gunpowder ['gʌnpaʊdə] n puskapor
gunshot ['gʌnʃɒt] n (with cannon) ágyúlövés; (with rifle) puskalövés; (range) lőtávol(ság)
gurgle ['gɜ:gl] **1.** n (of liquid) kotyogás, csobogás; (of baby) gőgicsélés **2.** v (liquid) kotyog, csobog; (baby) gőgicsél
gush [gʌʃ] **1.** n kitörés **2.** v (water) (sugárban) ömlik, dől
gusto ['gʌstəʊ] n gusztus; élvezet ‖ **with ~** élvezettel, örömmel
guts [gʌts] n pl (stomach) belek; (courage) mersz

gutter ['gʌtə] n (of roof) esőcsatorna; (in street)) csatorna
guy [gaɪ] n US col fickó, pasas
guzzle ['gʌzl] v vulg zabál
gym [dʒɪm] n (gymnasium) tornaterem; (fitness room) kondicionálóterem
gymnasium [dʒɪm'neɪzɪəm] n tornaterem
gymnastics [dʒɪm'næstɪks] n pl (exercises) gimnasztika, testgyakorlás; sing. sp torna
gym shoes n pl tornacipő
gypsum ['dʒɪpsəm] n (natural) gipsz
gypsy ['dʒɪpsɪ] a/n cigány
gyrate [dʒaɪ'reɪt] v forog, pörög

H

haberdasher ['hæbədæʃə] n GB (draper's shop) rövidáru-kereskedés; US (men's shop) férfidivatáru-üzlet
haberdashery ['hæbədæʃərɪ] n GB (drapery) rövidáru; US (men's wear) férfidivat(áru)
habit ['hæbɪt] n szokás, megszokás ‖ **get into the ~ of (doing) sg** vmre rászokik
habitation [hæbɪ'teɪʃn] n (living) lakás; (place) lakóhely
habitual [hə'bɪtjʊəl] a megszokott, szokásos
hack [hæk] n (blow) csapás; pejor (writer) zugíró, firkász
had [hæd] pt/pp → **have**
hadn't ['hædnt] = **had not**
hag [hæg] n boszorka

haggle ['hægl] v alkudozik (with vkvel)

hail¹ [heɪl] 1. n jégeső 2. v it is ~ing jégeső esik

hail² [heɪl] v ~ a cab int egy taxinak

hair [heə] n (on head) haj; (single) szőr(szál); (of animal) bunda ‖ do one's ~ (meg)fésülködik; have one's ~ cut levágatja a haját

hairbrush ['heəbrʌʃ] n hajkefe

haircut ['heəkʌt] n (hairdo) frizura; (cutting) hajvágás

hair-do n (női) frizura

hairdresser ['heədresə] n fodrász ‖ ~'s (salon) fodrászüzlet

hair-dryer n hajszárító

hairpin ['heəpɪn] n hajtű ‖ ~ bend (or US curve) hajtűkanyar

hair-raising a hajmeresztő

hair-style n frizura, hajviselet

hairy ['heərɪ] a szőrös

half [hɑːf] 1. a/n (pl **halves** [hɑːvz]) (a part) fél; vmnek a fele; sp (~time) félidő ‖ in ~ félbe; kétfelé; go halves with felez vkvel; ~ an hour fél óra; ~ past 5 fél hat(kor) 2. adv félig ‖ ~ as much félannyi

half board n félpanzió

half-breed a félvér

half-caste n félvér

half-light n szürkület

halfpenny ['heɪpənɪ] n (pl **halfpennies**: érme, **halfpence**: érték) fél penny

half-price adv fél áron

half-time n sp félidő

half-way adv félúton

hall [hɔːl] n terem, csarnok; (entrance ~) előszoba; (in school) díszterem; (for meals) ebédlő ‖ ~ (of residence) (for students) kollégium

hallo [həˈləʊ] int halló!

Hallowe'en [hæləʊˈiːn] n mindszentek napjának előestéje

halo ['heɪləʊ] n (of moon) holdudvar; (above head) dicsfény

halt [hɔːlt] 1. n bring to a ~ megállít; leállít 2. v megáll, leáll

halve [hɑːv] v (meg)felez

halves [hɑːvz] pl → half

ham [hæm] n sonka

hammer ['hæmə] 1. n kalapács ‖ throwing the ~ sp kalapácsvetés 2. v kalapál, kovácsol

hamper ['hæmpə] v akadályoz, gátol

hamster ['hæmstə] n hörcsög

hand [hænd] 1. n kéz; (of clock) óramutató; col (worker) melós, (segéd)munkás ‖ be in ~ elintézés alatt áll, készül; be near at ~ kéznél van; by ~ kézzel; from ~ to ~ kézről kézre; give sy a ~ segítséget nyújt vknek; ~ in ~ kézen fogva; on the one ~ ... on the other (hand) egyrészt ... másrészt...; ~s off! el a kezekkel!; ~s up! fel a kezekkel! 2. v ~ sy sg vknek vmt átnyújt

hand in vmt bead, benyújt

hand on továbbad vmt vknek

hand out szétoszt

hand over to sy vmt vknek átad/átnyújt

handbag ['hændbæg] n (kézi)táska, retikül

handball ['hændbɔːl] n kézilabda

handbook ['hændbʊk] n kézikönyv

handbrake ['hændbreɪk] n kézifék

handcuffs ['hændkʌfs] n pl bilincs (kézre)

handful ['hændfʊl] n a ~ of ... maroknyi

handicap ['hændɪkæp] **1.** *n* (*disadvantage*) hátrány; (*deficiency*) (testi *or* értelmi) fogyatékosság; (*race*) hendikep (*verseny*) **2.** *v* **-pp-** hátrányos helyzetbe hoz
handicraft ['hændɪkrɑːft] *n* kézművesség, kézműipar
handkerchief ['hæŋkətʃɪf] *n* zsebkendő
handle ['hændl] **1.** *n* (*of door*) kilincs; (*of bag*) fogantyú, fül; (*of cup*) fül; (*of saucepan*) nyél **2.** *v* (*treat*) kezel; bánik vkvel/vmvel
handmade ['hændmeɪd] *a* kézi (gyártású), kisipari || ~ **article** kézműáru
handrail ['hændreɪl] *n* korlát
handsome ['hænsəm] *a* (*man*) csinos; jóképű
handwriting ['hændraɪtɪŋ] *n* kézírás
handy ['hændɪ] *a* könnyen kezelhető, praktikus
handyman ['hændɪmən] *n* (*pl* **-men**) ezermester, mindenes
hang [hæŋ] **1.** *n* állás (*ruháé*) || **get the ~ of sg** rájön a titkára/nyitjára **2.** *v* (*pt/pp* **hung** [hʌŋ]; *criminal:* **hanged** [hæŋd]) *vi* lóg, függ I *vt* (fel)akaszt || ~ **by a hair** hajszálon függ
hang about/around lézeng, cselleng
hang on (*hold*) kapaszkodik (*to* vmbe/vkbe); (*depend on*) függ vmtől || ~ **on!** várj!
hang up (*clothes*) kitereget; (*picture*) felakaszt || ~ **up the receiver** leteszi a telefonkagylót
hanger ['hæŋə] *n* (*clothes ~*) vállfa; (*hook*) akasztó
hang-glider *n* sárkányrepülő
hang-gliding *n* sárkányrepülés

hangman ['hæŋmən] *n* (*pl* **-men**) hóhér
hang-up *n col* gátlás
hanky ['hæŋkɪ] *n col* zsebkendő
haphazard [hæp'hæzəd] *a* esetleges, véletlen; összevissza
happen ['hæpn] *v* (meg)történik, megesik, előfordul || **should it ~ that** ha úgy adódnék; **I (etc.) ~ed to ...** úgy adódott, hogy ..., történetesen ...
happen on sg nyomára akad vmnek, rábukkan vmre
happening ['hæpənɪŋ] *n* (*event*) esemény; (*entertainment*) „happening"
happiness ['hæpɪnɪs] *n* boldogság, öröm
happy ['hæpɪ] *a* boldog, szerencsés; (*appropriate*) ügyes, találó, szerencsés || **many ~ returns (of the day)** Isten éltesse(n)!
happy-go-lucky *a* nemtörődöm
harass ['hærəs] *v* zaklat, bosszant, nem hagy békén
harbour (*US* **-or**) ['hɑːbə] **1.** *n* (*haven*) (tengeri) kikötő; (*shelter*) menedék **2.** *v* (*criminal*) menedéket nyújt vknek; (*suspicion*) táplál
hard [hɑːd] **1.** *a* kemény; (*difficult*) nehéz || **be ~ at work** szorgalmasan/keményen dolgozik; ~ **luck** balszerencse, pech; ~ **of hearing** nagyothalló; ~ **times** nehéz idők **2.** *adv* keményen || ~ **by** közvetlenül mellette; **be ~ up** *col* anyagi gondjai vannak
hard-boiled egg *n* kemény tojás
hard cash *n* készpénz (*és nem csekk*)
hard disk *n comput* merevlemez, winchester

harden ['hɑːdn] *vt* (meg)edz, (meg)-
keményít I *vi* (meg)keményedik
hard labour (*US* **labor**) *n* kény-
szermunka
hardly ['hɑːdlı] *adv* alig, éppen
hogy II ~ **ever** szinte soha
hardship ['hɑːdʃıp] *n* viszontagság
hardware ['hɑːdweə] *n* vasáru;
comput hardver
hardy ['hɑːdı] *a* (*person*) edzett;
(*plant*) évelő
hare [heə] *n zoo* nyúl
harebell ['heəbel] *n* harangvirág
harm [hɑːm] **1.** *n* kár, sérelem II **do**
(sy) ~ vknek/vmnek (meg)árt;
mean sy ~ rosszat akar vknek **2.**
v vknek/vmnek árt
harmful ['hɑːmfl] *a* kártékony, ártal-
mas II ~ **to health** egészségre ár-
talmas/káros
harmless ['hɑːmlıs] *a* (*animal,*
joke) ártalmatlan; (*game, person*)
ártatlan
harmonize ['hɑːmənaız] *vi* (*notes*)
egybehangzik; (*colours, people*)
összeillik I *vt* (*plans*) összehangol,
egyeztet
harmony ['hɑːmənı] *n* harmónia;
(*music*) összhang II **be in** ~ **with**
összhangban van vmvel
harness ['hɑːnıs] **1.** *n* (*for horse*)
hám (*lószerszám*); (*for baby*) ko-
csiszíj **2.** *v* (*horse*) befog; (*re-*
sources) hasznosít
harp [hɑːp] **1.** *n* hárfa II **play (on)**
the ~ hárfázik **2.** *v* ~ **on (about)**
sg unalomig ismétel vmt
harpist ['hɑːpıst] *n* hárfás
harpsichord ['hɑːpsıkɔːd] *n* csem-
baló
harrow ['hærəʊ] **1.** *n* borona **2.** *v*
boronál

harry ['hærı] *v* zaklat
harsh [hɑːʃ] *a* (*rough*) nyers;
(*sound*) rikácsoló; (*severe*) ke-
mény, szigorú
harvest ['hɑːvıst] **1.** *n* aratás, beta-
karítás **2.** *v* arat, (le)szüretel
has [hæz] → **have**
hasn't ['hæznt] = **has not**
haste [heıst] *n* sietség, gyorsaság II
in ~ sietve, hamarjában
hasten ['heısn] *vi* siet (*to* vhová) I
vt siettet, sürget
hasty ['heıstı] *a* sietős, gyors;
(*person*) hirtelen
hat [hæt] *n* kalap
hatch[1] [hætʃ] *n* (fedélzeti) nyílás;
tolóajtó, tolóablak
hatch[2] [hætʃ] *vt* (*egg*) (ki)költ I *vi*
kikel
hatchet ['hætʃıt] *n* balta
hate [heıt] **1.** *n* gyűlölet **2.** *v* gyűlöl,
utál
hatred ['heıtrıd] *n* gyűlölet
haughty ['hɔːtı] *a* dölyfös, gőgös
haul [hɔːl] **1.** *n* húzás, vontatás;
(*distance*) távolság; (*transpor-*
tation) szállítás; (*of fish*) (halász)-
zsákmány; (*of stolen goods*) zsák-
mány **2.** *v* vontat, húz
haulier ['hɔːlıə] (*US* **hauler** [hɔːlə])
n fuvarozó (vállalat)
haunch [hɔːntʃ] *n* csípő; (*food*)
comb
haunt [hɔːnt] *v* (*ghost*) kísért;
(*frequent*) gyakran látogat vhová
have [hæv] *v* (*sing. 3rd person* **has**
[hæz], *pt/pp* **had** [hæd]) (*possess*)
van (vknek vmje); (*receive*) kap II
~ **a cold** meghűlt; ~ **breakfast**
reggelizik; I ~**n't got** nekem
nincs; ~ **to (do sg)** kell (vmt ten-
ni)

have sg on (*clothes*) hord, visel
have sg out (with sy) tisztáz vmt vkvel
haven ['heɪvn] *n* kikötő
haven't ['hævnt] = **have not**
havoc ['hævək] *n* (*destruction*) pusztítás; (*damage*) pusztulás
hawk [hɔːk] *n* héja
hay [heɪ] *n* széna
hay-fever *n* szénanátha
haywire ['heɪwaɪə] *a* zavaros ‖ **go ~** bedilizik, megbolondul
hazard ['hæzəd] **1.** *n* kockázat **2.** *v* (meg)kockáztat
hazel-nut ['heɪzlnʌt] *n* mogyoró
hazy ['heɪzɪ] *a* (*weather*) párás, ködös
he [hiː] *pron* (*masculine*) ő
head [hed] **1.** *n* fej; (*leader, director*) vezető; igazgató; (*of lettuce, cabbage*) fej ‖ **carry one's ~ high** magasan hordja az orrát; **~s or tails?** fej vagy írás?; **be at the ~ of sg** vmnek az élén áll; **from ~ to foot** tetőtől talpig **2.** *v* vezet, vmnek az élén áll; (*in football*) fejel
head for vmerre tart, vhová igyekszik
headache ['hedeɪk] *n* fejfájás
heading ['hedɪŋ] *n* (*in football*) fejelés; (*title*) cím; (*headline*) fej(léc)
headlamp ['hedlæmp] *n* = **headlight(s)**
headlight(s) ['hedlaɪt(s)] *n* (*pl*) (*on car*) fényszóró, reflektor
headline ['hedlaɪn] *n* (*heading*) főcím; cím
headmaster [hed'mɑːstə] *n school* igazgató

headmistress [hed'mɪstrəs] *n school* igazgatónő
head office *n* központi iroda, anyaintézet
head of state *n* (*pl* **heads of state**) államfő
headphone(s) ['hedfəʊn(z)] *n* (*pl*) fejhallgató
headquarters [hed'kwɔːtəz] *n pl* (*military*) főhadiszállás; (*of organization*) központ; székhely
headstrong ['hedstrɒŋ] *a* makacs, konok
headway ['hedweɪ] *n* **make ~** (*with work*) (előre)halad
headwind ['hedwɪnd] *n* ellenszél
heal [hiːl] *vt* (meg)gyógyít ǀ *vi* összeforr, begyógyul
health [helθ] *n* egészség ‖ **drink sy's ~** iszik vk egészségére
health resort *n* (*for bathing*) gyógyfürdő, fürdőhely; (*for holiday*) üdülőhely
healthy ['helθɪ] *a* egészséges, ép
heap [hiːp] **1.** *n* rakás, halom ‖ **in a ~** egy rakáson **2.** *v* **~ sg on** megrak vmt vmvel; **~ up** *vt* felhalmoz ǀ *vi* halmozódik
hear [hɪə] *v* (*pt/pp* **heard** [hɜːd]) (meg)hall; (*listen to*) meghallgat; (*witness*) kihallgat; (*case*) tárgyal ‖ **~ sg from sy** megtud vmt vktől; **H~! H~!** halljuk!
hear of sg/sy hall/értesül vkről/ vmről
heard [hɜːd] *pt/pp* → **hear**
hearing ['hɪərɪŋ] *n* (*sense*) hallás; (*questioning*) kihallgatás; (*audience*) meghallgatás; (*trial*) tárgyalás
hearing aid *n* hallókészülék
hearsay ['hɪəseɪ] *n* mendemonda

heart [hɑːt] *n* szív ǁ ~**s** *pl* (*cards*) kőr; **at** ~ szíve mélyén; **it breaks my** ~ majd megszakad a szívem ...; **by** ~ kívülről, fejből; **take sg to** ~ szívére vesz vmt; **the** ~ **of sg** vmnek a belseje
heart attack *n* szívroham, infarktus
heartbeat ['hɑːtbiːt] *n* szívverés, szívdobogás
heart-break *n* nagy szomorúság
heartburn ['hɑːtbɜːn] *n* gyomorégés
hearth [hɑːθ] *n* tűzhely
hearty ['hɑːtɪ] *a* (*friendly*) szívélyes; (*strong*) hatalmas
heat [hiːt] **1.** *n* (*hotness*) hő(ség), forróság; (*warmth*) meleg; (*competition*) (közép)futam; (*of animals*) tüzelés **2.** *v* (*room*) fűt; (*food*) (fel)melegít; (*metal*) izzít
heat up (*engine*) (be)melegít; (*food*) megmelegít; (*room*) átfűt; (*discussion*) forrósodik
heater ['hiːtə] *n* (*supplying warmth*) hősugárzó; (*in car*) fűtőberendezés; (*heating water*) vízmelegítő; (*stove*) fűtőtest
heating ['hiːtɪŋ] (*in car*) fűtés
heatproof ['hiːtpruf] *a* hőálló, tűzálló
heatstroke ['hiːtstrəʊk] *n* hőguta, napszúrás
heatwave [hiːtweɪv] *n* (*period*) hőhullám; (*weather*) kánikula
heave [hiːv] **1.** *n* (*lifting*) (fel)emelés; (*of sea*) hullámzás **2.** *v* (*pt/pp* **heaved** [hiːvd] *or* **hove** [həʊv]) *vt* (meg)emel ǀ *vi* (*rise*) emelkedik; (*move up and down*) hömpölyög
heaven ['hevn] *n* menny, ég ǁ **for H~'s sake!** az ég szerelmére!
heavy ['hevɪ] *a* nehéz, súlyos ǁ ~ **food** nehéz étel; ~ **rain** kiadós

eső; ~ **rock** kemény rock; ~ **smoker** erős dohányos
heavyweight ['hevɪweɪt] *sp* **1.** *a* nehézsúlyú **2.** *n* nehézsúly
Hebrew ['hiːbruː] **1.** *a* héber, zsidó **2.** *n* (*person*) héber, zsidó; (*language*) héber
hectic ['hektɪk] *a* (*life*) hajszás, lüktető, mozgalmas
he'd [hiːd] = **he had; he would**
hedge [hedʒ] **1.** *n* sövény(kerítés) **2.** *v* sövénnyel elkerít
hedgehog ['hedʒhɒg] *n* sün(disznó)
heed [hiːd] *n* **pay no** ~ **to** ügyet sem vet vmre/vkre; **pay** ~ **to sy** hallgat vkre
heel [hiːl] **1.** *n* (*of person, shoe*) sarok ǁ **take to one's ~s** *col* kereket old **2.** *v* (*shoes*) sarkal
hefty ['heftɪ] *a* robusztus, tagbaszakadt
height [haɪt] *n* (*being high*) magasság; (*high place*) magaslat, csúcs ǁ **at its** ~ javában; **the** ~ **of the season** (*in theatre*) főidény
heighten ['haɪtn] *vt* fokoz, növel ǀ *vi* fokozódik, növekszik
heir [eə] *n* örökös ǁ ~ **to the throne** trónörökös
heiress ['eərɪs] *n* örökös(nő)
held [held] *pt/pp* → **hold**
helicopter ['helɪkɒptə] *n* helikopter
heliport ['helɪpɔːt] *n* helikopterrepülőtér
hell [hel] *n* pokol ǁ **the ~!** a mindenit!; **where the** ~ **is it?** hol a nyavalyában van?
he'll [hiːl] = **he will; he shall**
hello [he'ləʊ] *int* (*in telephone*) halló; *col* (*greeting*) szia!, helló!, szervusz(tok)!

helmet ['helmɪt] *n* sisak
help [help] **1.** *n* segítség; (*person*) segéd ‖ ~! segítség!; **be of ~ to sy** segítségére van vknek **2.** *v* segít (*sy* vknek/vkn) ‖ ~ **yourself** (*to sg* vmből) tessék venni!; **can I ~ you?** (*in shop*) mi tetszik?; **I can't ~ it** nem tehetek róla; **I couldn't ~ laughing** nem álltam meg nevetés nélkül
helpful ['helpfl] *a* készséges, segítőkész
helping ['helpɪŋ] **1.** *a* segítő **2.** *n* (*of food*) adag
helpless ['helplɪs] *a* (maga)tehetetlen, tanácstalan
hem [hem] **1.** *n* szegés, szegély **2.** *v* **-mm-** (be)szeg
hemp [hemp] *n* (*plant*) kender; (*drug*) hasis
hen [hen] *n* tyúk; (*female bird*) tojó
hence [hens] *adv* (*from this place*) innen; (*therefore*) ennélfogva
henceforth [hens'fɔːθ] *adv* ezentúl, mostantól kezdve
her [hə, hɜː] *pron* (*nőnemben*) (*personal: accusative*) őt; (*dative*) neki; (*possessive*) az ő ...(j)a/(j)e, ...(j)ai/(j)ei ‖ ~ **book** (az ő) könyve ‖ **(to)** ~ neki
herb [hɜːb] *n* (gyógy)fű, gyógynövény
herd [hɜːd] **1.** *n* csorda, gulya, konda **2.** *v* (össze)terel ‖ ~ **together** falkába verődik
here [hɪə] *adv* itt, ide ‖ **from ~** innen; ~ **it is!** megvan!; ~ **you are** tessék, itt van!; ~'**s to you!** egészségére!
hereafter [hɪər'ɑːftə] *adv* ezentúl, a jövőben
hereby [hɪə'baɪ] *adv* ezáltal, ezennel

heredity [hɪ'redətɪ] *n* (át)öröklés
heretic ['herətɪk] *n* eretnek
herewith [hɪə'wɪð] *adv* ezennel, ezúton
heritage ['herɪtɪdʒ] *n* örökség
hermetic [hɜː'metɪk] *a* légmentes(en záródó)
hermit ['hɜːmɪt] *n* remete
hernia ['hɜːnɪə] *n* sérv
hero ['hɪərəʊ] *n* (*pl* **-es**) hős
heroin ['herəʊɪn] *n* heroin
heroine ['herəʊɪn] *n* hősnő
heron ['herən] *n zoo* gém
herring ['herɪŋ] *n* hering
hers [hɜːz] *pron* (*nőnemben*) az övé ‖ **it is** ~ az övé
herself [hɜː'self] *pron* (*nőnemben*) (*nominative*) ő maga; (*accusative*) őt magát ‖ **by** ~ (teljesen) egyedül, (saját) maga
he's [hiːz] = **he is; he has**
hesitate ['hezɪteɪt] *v* habozik, tétovázik
hexagonal [hek'sægənl] *a* hatszögű
hey! [heɪ] *int* hé!; halló!
heyday ['heɪdeɪ] *n* (*of life*) virágkor ‖ **in his** ~ fénykorában
hi! [haɪ] *int US col* (*greeting*) szia!, szervusz!, helló!
hiccough ['hɪkʌp] *n/v* = **hiccup**
hiccup ['hɪkʌp] **1.** *n* csuklás **2.** *v* csuklik
hid [hɪd] *pt* → **hide**
hidden ['hɪdn] *a* rejtett, titkos; → **hide**[1]
hide[1] [haɪd] *v* (*pt* **hid** [hɪd], *pp* **hidden** ['hɪdn]) (el)rejt, (el)titkol
hide away elrejtőzik
hide from sy elrejt(őzik) vk elől
hide[2] [haɪd] *n* bőr, irha
hide-and-seek *n* bújócska

hideous ['hɪdɪəs] *a* csúnya, csúf, ocsmány

hiding place *n* rejtekhely

hi-fi [haɪ 'faɪ] *a/n* HIFI, hifi ‖ ~ **(equipment)** hifitorony

high [haɪ] **1.** *a* magas ‖ **it is** ~ (*of meat*) szaga van már; **of a** ~ **degree** magas fokú; **at a** ~ **price** magas áron; ~ **quality** kiváló minőségű; **be in** ~ **spirits** jó kedve (*or* kedvében) van; **it is** ~ **time (that)** legfőbb ideje, hogy **2.** *adv* magasan

highbrow ['haɪbraʊ] *n* (*intellectual*) entellektüel; *pejor* (*snob*) (kultúr)-sznob

high chair *n* etetőszék

higher education *n* felsőoktatás

high-handed *a* fölényeskedő, önkényes(kedő)

high jump *n* magasugrás

highlands ['haɪləndz] *n pl* felföld, hegyvidék

Highlands, the *n* (*in Scotland*) felföld, felvidék

highlight ['haɪlaɪt] **1.** *n* (*of event*) fénypont; *comput* kurzor **2.** *v* kiemel, hangsúlyoz

highly ['haɪlɪ] *adv* rendkívül, nagyon ‖ ~ **developed economy** fejlett gazdasági viszonyok

Highness ['haɪnɪs] *n* (*title*) fenség ‖ **Her/His Royal** ~ őfensége; **Your** ~ **Fenség**

high-pitched *a* (*sound*) éles, magas; (*roof*) meredek

high-ranking *a* magas rangú

high-rise building *n* magasház

high school *n US* középiskola, gimnázium

high season *n* főidény

high street *n* főutca

high technology, high tech [tek] *n* csúcstechnológia

highway ['haɪweɪ] *n US* főútvonal

hijack ['haɪdʒæk] **1.** *n* repülőgépeltérítés **2.** *v* (repülőgépet) eltérít

hike [haɪk] **1** *n* (gyalog)túra ‖ **go for a** ~ túrát tesz **2.** *v* túrázik

hiker ['haɪkə] *n* turista

hill [hɪl] *n* (*elevation*) domb; kisebb hegy; (*slope*) lejtő, emelkedő

hillside ['hɪlsaɪd] *n* domboldal

him [hɪm] *pron* (*hímnemben*) (*accusative*) őt; (*dative*) neki ‖ **(to)** ~ neki, hozzá

himself [hɪm'self] *pron* (*hímnemben*) (*nominative*) ő maga; (*accusative*) őt magát

hind [haɪnd] *a* (*back*) hátsó

hinder ['hɪndə] *v* hátráltat, akadályoz ‖ ~ **sy in (doing) sg** vkt vmben meggátol

hindrance ['hɪndrəns] *n* akadály, gátló körülmény

Hindu ['hɪnduː] *a/n* hindu

hinge [hɪndʒ] **1.** *n* zsanér **2.** *v* ~ **on sg** vmtől/vktől függ

hint [hɪnt] **1.** *n* (*indication*) célzás, utalás; (*suggestion*) tanács, tipp ‖ ~**(s** *pl*) útmutatás **2.** *v* ~ **(at)** céloz/utal *or* célzást tesz vmre

hip[1] [hɪp] *n* (*part of the body*) csípő

hip[2] [hɪp] *n bot* csipkebogyó

hippopotamus [hɪpə'pɒtəməs] *n* (*pl* **-muses** [-məsɪz] *or* **-mi** [-maɪ]) víziló

hippy ['hɪpɪ] *n col* hippi

hire [haɪə] **1.** *n* kölcsönzés ‖ **for** ~ kibérelhető; **a** ~ **car** bérautó **2.** *v* (*car*) bérel, kölcsönöz; (*person*) szerződtet

hire out (*lease*) kibérel; (*let out*) bérbe ad

hire-purchase *n* részletfizetés || **buy (sg) on** ~ részletre vesz
his [hız] *pron* (*hímnemben*) az ő ...(j)a/(j)e, ...(j)ai/(j)ei; az övé || ~ **book** (az ő) könyve; **it is** ~ az övé
hiss [hıs] **1.** *n* pisszegés **2.** *v* (*in theatre*) fütyül, kipisszeg
historian [hɪ'stɔːrɪən] *n* történetíró, történész
history ['hɪstərɪ] *n* történelem; (*description*) történet
hit [hɪt] **1.** *n* (*blow*) ütés; (*of bomb*) becsapódás; (*on target*) találat; (*song*) sláger **2.** *v* (*pt/pp* **hit** [hɪt]; **-tt-**) (*stroke*) (meg)üt; ver; (*run over*) elüt; (*find*) eltalál
hit-and-run *a* ~ **accident** cserbenhagyásos baleset/gázolás
hitch [hɪtʃ] **1.** *n* (*technical*) nehézség, bökkenő **2.** *v* ~ **a ride** stoppol (*autót*)
hitchhike ['hɪtʃhaɪk] **1.** *n* (autó)stoppolás **2.** *v* autóstoppal utazik
hive [haɪv] *n* (méh)kaptár
hoar-frost *n* dér
hoarse [hɔːs] *a* rekedt
hobble ['hɒbl] *v* (*limp*) sántít, biceg
hobby ['hɒbɪ] *n* hobbi, időtöltés
hobo ['həʊbəʊ] *n US* csavargó
hockey ['hɒkɪ] *n* hoki
hoe [həʊ] **1.** *n* kapa **2.** *v* (*pres p* **hoeing**) (meg)kapál
hog [hɒg] *n* (hús)sertés, malac
hoist [hɔɪst] **1.** *n* (álló) csiga, emelőgép **2.** *v* (*goods*) felhúz; (*flag, sail*) felvon
hold [həʊld] **1.** *n* fogás (*megragadás*) || **take** ~ **of** megragad, megfog; **get** ~ **of** megkaparint **2.** *v* (*pt/pp* **held**) (*grasp, maintain*) tart; (*consider*) tart vmnek || ~ **a meeting** (*US* **conference**) érte-

kezletet tart; ~ **the line!** tartsa a vonalat!; ~ **one's breath** visszafojtja lélegzetét
hold back (*withhold*) vkt visszatart; (*hinder*) lassít, késleltet
hold down (*to ground*) lefog; (*people*) elnyom; (*prices*) leszorít; *col* (*job*) betölt
hold off *vi* (*rain*) elmarad | *vt* (*enemy*) elhárít
hold on (*in danger*) helytáll, kitart || ~ **on!** (kérem,) tartsa a vonalat!
hold on to vkbe/vmbe kapaszkodik
hold out *vi* (*against enemy*) kitart; (*supplies*) kitart | *vt* (*hope*) nyújt
hold up (*hand*) felmutat; (*in traffic*) feltart(óztat)
holder ['həʊldə] *n* (*person*) tulajdonos; viselő; (*object*) tok, tartó
holding ['həʊldɪŋ] *n* (*farm*) tulajdon, birtok; (*share*) vagyon(rész), tőkerészesedés
hold-up *n* (*in traffic*) forgalmi akadály/torlódás; (*by robbers*) rablótámadás
hole [həʊl] *n* lyuk; (*cavity*) üreg; (*of animal*) odú
holiday ['hɒlədɪ] *n* (*day of rest*) szünnap, munkaszüneti nap; (*feast*) ünnep(nap); (*vacation*) nyaralás, üdülés || ~**(s** *pl*) szabadság, szünidő, vakáció; **be on one's** ~**s** szabadságon van
holiday camp/centre *n GB* (*for recreation*) üdülőtelep; (*for vacation*) nyári tábor
holiday-maker *n* nyaraló, üdülő (*személy*)
holiday resort *n* nyaralóhely, üdülőhely

Holland ['hɒlənd] *n* Hollandia
hollow ['hɒləʊ] **1.** *a* üreges, lyukas **2.** *n* üreg, horpadás **3.** *v* kiváj, kimélyít
holy ['həʊlı] *a* szent
Holy Ghost *n* = **Holy Spirit**
Holy Spirit, the *n* Szentlélek
homage ['hɒmıdʒ] *n* hódolat, tisztelet
home [həʊm] **1.** *a* (*inland*) belföldi, hazai; (*of family*) családi **2.** *adv* haza **3.** *n* otthon, lakás; (*house*) (családi) ház; (*institution*) otthon; (*country*) haza ‖ **at ~** otthon; **~ for the aged** szociális otthon
home address *n* lakáscím
home affairs *n pl* belügy
homeland ['həʊmlænd] *n* anyaország, haza
homeless ['həʊmlıs] *a* hajléktalan
homesick ['həʊmsık] *a* **be ~ (for sg)** honvágya van (vm után)
homewards ['həʊmwədz] *adv* hazafelé
home-work *n* házi feladat
homosexual [həʊmə'seksjʊəl] *a/n* homoszexuális
honest ['ɒnıst] *a* becsületes, tisztességes
honesty ['ɒnəstı] *n* becsület(esség), tisztesség
honey ['hʌnı] *n* méz ‖ **~!** *US* drágám!, édes(em)!
honeymoon ['hʌnımuːn] **1.** *n* nászút, mézeshetek **2.** *v* nászúton van
honour (*US* **-or-**) ['ɒnə] **1.** *n* becsület, tisztesség ‖ **in ~ of sy** vk tiszteletére **2.** *v* (*person*) (meg)tisztel, becsül; (*bill of exchange*) elfogad; (*cheque*) kifizet, bevált; → **honours**

honours (*US* **-ors**) ['ɒnəz] *n pl* érdemjel, kitüntetés ‖ **~ degree** kitüntetéssel szerzett egyetemi fokozat/oklevél
hood [hʊd] *n* (*for head*) csuklya, kapucni; *US* (*of car*) motorháztető
hoof [huːf] *n* (*pl* **~s** *or* **hooves** [huːvz]) pata
hook [hʊk] **1.** *n* kampó; horog, kapocs **2.** *or* (*finger*) begörbít; (*fish*) felakaszt (*to* vmre) ‖ **be ~ed on a drug** (*or* **drugs**) *col* kábítószer rabja
hook-nose *n* horgas orr
hooligan ['huːlıgən] *n* huligán
hoop [huːp] *n* abroncs, pánt, karika
hoot [huːt] *v* (*car*) dudál; (*train*) sípol; (*actor*) pfujoz, kipisszeg
hooter ['huːtə] *n* (*in vehicle*) duda; (*at factory*) sziréna
hoover ['huːvə] *GB* **1.** *n* porszívó **2.** *v* (ki)porszívóz
hooves [huːvz] *pl* → **hoof**
hop¹ [hɒp] *v* **-pp-** (*jump*) szökell, szökdécsel
hop² [hɒp] *n bot* komló
hope [həʊp] **1.** *n* remény, remény(ség) ‖ **in the ~ of sg** vmnek a reményében **2.** *v* remél (*for sg* vmt), reménykedik ‖ **I ~ so** remélem, hogy igen
hopeful ['həʊpfəl] *a* reményteljes
hopeless ['həʊplıs] *a* reménytelen; (*illness*) gyógyíthatatlan
horizon [hə'raızn] *n* (*skyline*) lát(ó)határ; (*limit of knowledge*) látókör
horizontal [hɒrı'ʒɒntl] *a* vízszintes, horizontális
horizontal bar *n* nyújtó
hormone ['hɔːməʊn] *n* hormon
horn [hɔːn] *n* (*of animal*) szarv; (*substance*) szaru; (*in car*) duda, kürt; (*musical instrument*) kürt

horoscope ['hɒrəskəʊp] *n* horoszkóp
horrible ['hɒrəbl] *a* borzalmas, rémes, szörnyű
horrify ['hɒrɪfaɪ] *v* elborzaszt, megrémít
horror ['hɒrə] *n* borzalom, iszonyat
horse [hɔːs] *n* (*animal*) ló; (*for gymnastics*) ló, bak
horseback ['hɔːsbæk] *n* **on ~** lóháton
horse-chestnut *n* vadgesztenye
horsepower ['hɔːspaʊə] *n* lóerő
horse-racing *n* lóverseny(zés), lósport
horse-radish *n* torma
horseshoe ['hɔːsʃuː] *n* patkó
horticulture ['hɔːtɪkʌltʃə] *n* kertészet, kertészkedés
hose [həʊz] **1.** *n* tömlő, gumicső **2.** *v* (*grass*) (meg)öntöz ‖ **~ down** (*with hose*) lemos, megmos
hosiery ['həʊzɪərɪ] *n* harisnya- és kötöttáru (bolt)
hospital ['hɒspɪtl] *n* kórház
hospitality [hɒspɪ'tælətɪ] *n* szíveslátás, vendégszeretet
host [həʊst] *n* (*innkeeper*) szállásadó, vendéglátó; (*at home*) házigazda; (*in game*) játékvezető ‖ **a ~ of** *col* egy egész sereg (*holmi stb.*)
hostage ['hɒstɪdʒ] *n* túsz ‖ **hold sy ~** túszként tart fogva vkt
hostel ['hɒstl] *n* (*for students*) szálló; (*for workers*) szállás, otthon
hostess ['həʊstɪs] *n* (*innkeeper*) vendéglátó, szállásadó (*nő*); (*at home*) háziasszony
hostile ['hɒstaɪl] *a* ellenséges
hot [hɒt] *a* (*thing/weather*) forró, meleg; (*taste*) csípős ‖ **I am ~** melegem van; **~ and cold (water)**

hideg-meleg víz; **it is ~ (in here)** meleg van itt
hotel [həʊ'tel] *n* szálloda, szálló
hothouse ['hɒthaʊs] *n* melegház
hotplate ['hɒtpleɪt] *n* főzőlap, rezsó
hot-tempered *a* lobbanékony; ingerlékeny
hound [haʊnd] **1.** *n* kopó **2.** *v* vkt üldöz
hour [aʊə] *n* óra ‖ **an ~ and a half** másfél óra; **~s of business** pénztári órák, nyitvatartási idő
hourly ['aʊəlɪ] **1.** *adv* óránként **2.** *a* óránkénti ‖ **~ wage** óradíj
house [haʊs] *n* (családi) ház; (*for shopping*) üzletház; (*in theatre*) ház ‖ **the H~** a Ház (*GB, US képviselőház*); **from ~ to ~** házról házra
housebreaker ['haʊsbreɪkə] *n* betörő
household ['haʊshəʊld] *n* háztartás ‖ **~ appliances** háztartási gépek/készülékek; **~ utensils** háztartási eszközök, konyhaedény(ek)
housekeeper ['haʊskiːpə] *n* (*employee*) házvezetőnő; (*housewife*) háziasszony
housemaid ['haʊsmeɪd] *n* szobalány
house-rent *n* lakbér
housewife ['haʊswaɪf] *n* (*pl* **-wives** [-waɪvz]) háziasszony, háztartásbeli
housework ['haʊswɜːk] *n* háztartási munka
housing estate *n* lakótelep
hover ['hɒvə] *v* lebeg
hovercraft ['hɒvəkrɑːft] *n* légpárnás hajó/jármű
how [haʊ] *adv* (*question*) hogy(an)?, miképp(en)?, mi mó-

don?; (*exclamation*) milyen!, mennyire! ‖ ~ **about a cup of tea?** mit szólnál/szólna egy csésze teához?; ~ **are you?** hogy van?; ~ **beautiful!** de szép!; ~ **do you do?** *approx* jó napot kívánok!, üdvözlöm!; ~ **do you like it?** hogy ízlik?; ~ **far is it?** milyen messze van?; ~ **many?** mennyi?, hány?; ~ **much?** mennyi(t)?; ~ **much is it?** mennyibe kerül?

however [haʊ'evə] *adv* (*in whatever way*) bármennyire, bárhogy, akárhogy (is); (*though*) azonban, mégis, annak ellenére

howl [haʊl] **1.** *n* üvöltés, ordítás **2.** *v* (*animal*) ordít, bőg, vonít; (*baby*) bömböl; (*wind*) süvít

hp, HP [eɪtʃ 'piː] = **hire-purchase** ‖ **buy sg on (the)** ~ részletre vesz; → **horsepower**

hubbub ['hʌbʌb] *n* lárma, zaj

huckleberry ['hʌklbərɪ] *n US* (fekete) áfonya

huddle ['hʌdl] **1.** *n* (*crowd*) csoportosulás; (*confusion*) összevisszaság **2.** *v* vhol meghúzza magát ‖ ~ **(up) together** összecsődül, összebújik

hue [hjuː] *n* (szín)árnyalat

hug [hʌg] **1.** *n* ölelés **2.** *v* -gg- ölel(get)

huge [hjuːdʒ] *a* hatalmas, óriási

hulk [hʌlk] *n* törzs

hull [hʌl] **1.** *n* (*of ship*) törzs; hajótest **2.** *v* (*fruit*) lehánt; (*seed*) hántol

hullo! [hə'ləʊ] *int* (*exclamation*) hé!; (*in telephone*) halló!

hum [hʌm] **1.** *n* zúgás, búgás, berregés **2.** *v* -mm- zúg; (*machine*) berreg; (*insect*) zümmög, búg; (*person*) dúdol

human ['hjuːmən] *a* emberi

human being *n* ember (*szemben az állattal*)

humane [hjuː'meɪn] *a* humánus; emberséges

humanity [hjuː'mænətɪ] *n* (*mankind*) az emberiség; (*humaneness*) emberiesség

human rights *n pl* emberi jogok

humble ['hʌmbl] **1.** *a* (*servile*) alázatos; (*modest*) szerény ‖ **be of ~ birth** alacsony sorból származik **2.** *v* megaláz ‖ ~ **oneself** megalázkodik

humbug ['hʌmbʌg] *n* (*behaviour*) szemfényvesztés; (*person*) szélhámos; (*sweet*) mentolos cukorka

humid ['hjuːmɪd] *a* nedves, nyirkos

humiliate [hjuː'mɪlɪeɪt] *v* megaláz, lealáz

humility [hjuː'mɪlətɪ] *n* alázatosság

humor ['hjuːmə] *n US* = **humour**

humorous ['hjuːmərəs] *a* humoros

humour (*US* -or) ['hjuːmə] *n* humor, kedély(állapot) ‖ **sense of** ~ humorérzék

hump [hʌmp] *n* (*camel's*) púp; (*in ground*) domb(ocska)

hunch [hʌntʃ] *n* púp

hunchbacked ['hʌntʃbækt] *a* púpos

hundred ['hʌndrəd] *num* száz ‖ ~**s of people** emberek százai, rengeteg ember

hundredth ['hʌndrədθ] **1.** *num a* századik **2.** *n a* ~ **(part)** századrész

hundredweight ['hʌndrədweɪt] *n* fél mázsa (*GB = 50,8 kg, US = 45,3 kg*)

hung [hʌŋ] *pt/pp* → **hang**

Hungarian [hʌŋ'geərɪən] **1.** *a* magyar **2.** *n* (*person, language*) magyar ‖ **in** ~ magyarul

Hungarian-speaking *a* magyar anyanyelvű/ajkú
Hungary ['hʌŋgərı] *n* Magyarország
hunger ['hʌŋgə] **1.** *n* éhség, éhezés **2.** *v* éhezik
hung-over *a* másnapos
hungry ['hʌŋgrı] *a* éhes, éhező ‖ **be ~ for** sg *fig* szomjazik vmre
hunt [hʌnt] **1.** *n* (falka)vadászat **2.** *v* kerget, üldöz ‖ **~ for sg/sy** vmre/vkre vadászik, keres vmt/vkt
hunter ['hʌntə] *n* vadász
hurdle ['hɜːdl] *n sp* gát
hurdle-race *n* gátfutás
hurl [hɜːl] *v* dob, (el)hajít
hurricane ['hʌrɪkən] *n* orkán, hurrikán
hurried ['hʌrɪd] *a* (*steps*) sietős, szapora; (*decision*) elsietett
hurry ['hʌrɪ] **1.** *n* sietség ‖ **be in a ~** siet, sürgős dolga van **2.** *v* siet, rohan
hurry up siet ‖ **~ up!** siess!, gyerünk!
hurt [hɜːt] *v* (*pt/pp* **hurt** [hɜːt]) *vt* bánt, megsebesít; (*offend*) megsért | *vi col* (*be painful*) fáj ‖ **my leg ~s** fáj a lábam; **~ one's feelings** vknek rosszul esik vm
hurtle ['hɜːtl] *v* nekiütközik
husband ['hʌzbənd] *n* férj
hush! [hʌʃ] **1.** *int* pszt!, csitt!, csend legyen! **2.** *v col* (*fact*) eltussol, agyonhallgat
husk [hʌsk] **1.** *n* hüvely **2.** *v* lehánt, lehámoz; (*seeds*) hántol
husky ['hʌskı] **1.** *a* (*voice*) rekedt; (*person*) tagbaszakadt **2.** *n* (*dog*) husky
hustle ['hʌsl] **1.** *n* lökdösődés, sürgés-forgás **2.** *v* tolakodik, lökdösődik

hut [hʌt] *n* kunyhó, viskó
hutch [hʌtʃ] *n* (nyúl)ketrec
hyacinth ['haɪəsınθ] *n* jácint
hydrofoil ['haɪdrəʊfɔɪl] *n* szárnyashajó
hydrogen ['haɪdrədʒən] *n* hidrogén
hyena [haɪ'iːnə] *n* hiéna
hygiene ['haɪdʒiːn] *n* (*practice*) egészségügy, higiénia; (*science*) egészségtan
hymn [hım] *n* (egyházi) ének
hyphen ['haɪfn] *n* kötőjel
hypnosis [hɪp'nəʊsɪs] *n* hipnózis
hypnotize ['hɪpnətaɪz] *v* hipnotizál
hypocrite ['hɪpəkrɪt] *n* álszent, képmutató
hypothesis [haɪ'pɒθəsɪs] *n* (*pl* **-ses** [-siːz]) hipotézis
hysterical [hɪ'sterɪkl] *a* hisztérikus
hysterics [hɪ'sterɪks] *n pl* hisztéria, idegroham

I

I [aɪ] *pron* én
ice [aɪs] **1.** *n* jég; (*ice cream*) fagylalt, fagyi ‖ **on ~** jégbe hűtött **2.** *v* jegel, jégbe hűt
iceberg ['aɪsbɜːg] *n* jéghegy
icebox ['aɪsbɒks] *n* (*freezer*) mélyhűtő (rész); *US* (*refrigerator*) hűtőszekrény
ice cream *n* fagylalt
ice cube *n* jégkocka
ice hockey *n* jégkorong, jéghoki
Iceland ['aɪslənd] *n* Izland
Icelander ['aɪsləndə] *n* izlandi
Icelandic [aɪs'lændɪk] *a/n* izlandi
ice-rink *n* (*indoor*) műjégpálya

icy ['aɪsɪ] *a* jeges, jéghideg, fagyos
I'd [aɪd] = **I had; I would; I should**
idea [aɪ'dɪə] *n* eszme, gondolat, ötlet
‖ **~s** *pl* gondolatvilág; **I have no
~!** fogalmam sincs!
ideal [aɪ'dɪəl] **1.** *a* (*perfect*) eszmé-
nyi, ideális; (*ideological*) eszmei
2. *n* eszmény, ideál, példakép
identical [aɪ'dentɪkl] *a* azonos,
(meg)egyező
identification [aɪdentɪfɪ'keɪʃn] *n*
azonosítás; (*papers*) személyi ok-
mányok
identify [aɪ'dentɪfaɪ] *v* (*person*) azo-
nosít, megállapítja vk személyazo-
nosságát; (*plant*) meghatároz
identity [aɪ'dentətɪ] *n* (*sameness*)
azonosság; (*personality*) személy-
azonosság
identity card *n* személyi igazol-
vány
idiom ['ɪdɪəm] *n* állandósult szókap-
csolat, nyelvi sajátság
idiot ['ɪdɪət] *n* hülye, idióta; bolond
idle ['aɪdl] **1.** *a* (*lazy*) lusta; (*doing
nothing*) tétlen ‖ **be ~** (*machine*)
üresjáratban van **2.** *v* **~** (**about**)
tétlenkedik, henyél; **~ away one's
time** lopja a napot
idle time *n* holtidő
idol ['aɪdl] *n also fig* bálvány
i.e., ie [aɪ 'iː] (= *Latin: id est, ki-
mondva még: that is*) azaz, úgy-
mint, úm.
if [ɪf] *conj* ha, amennyiben, hogyha ‖
as ~ mintha; **~ I were you** (én) a
(te) helyedben; **~ only** hacsak
igloo ['ɪgluː] *n* (eszkimó) jégkunyhó
ignite [ɪg'naɪt] *vt* meggyújt ‖ *vi*
meggyullad
ignition [ɪg'nɪʃn] *n* gyújtás; **~ key**
indítókulcs, slusszkulcs

ignoble [ɪg'nəʊbl] *a* aljas, becstelen
ignorant ['ɪgnərənt] *a* tudatlan, tájé-
kozatlan ‖ **be ~ of sg** nincs tudo-
mása vmről
ignore [ɪg'nɔː] *v* nem vesz tudomá-
sul/figyelembe
ill [ɪl] **1.** *a* (*sick*) beteg; (*bad*) rossz ‖
be ~ rosszul van, beteg **2.** *adv*
rosszul, nem jól **3.** *n* rossz ‖ **~s** *pl*
baj, csapás
I'll [aɪl] = **I shall; I will**
ill-advised *a* meggondolatlan
ill-bred *a* modortalan, neveletlen
illegal [ɪ'liːgl] *a* törvénytelen, jogta-
lan
illegible [ɪ'ledʒəbl] *a* olvashatatlan
illegitimate [ɪlɪ'dʒɪtɪmət] *a* (*child*)
törvénytelen
ill-fated *a* balszerencsés
illiterate [ɪ'lɪtərət] *a/n* írástudatlan,
analfabéta
ill-mannered *a* modortalan
illness ['ɪlnɪs] *n* betegség
ill-treat *v* rosszul bánik vkvel
illuminate [ɪ'luːmɪneɪt] *v* (*building*)
kivilágít; (*subject*) megvilágít
illusion [ɪ'luːʒn] *n* (*misperception*)
érzékcsalódás; (*dream, fantasy*)
(üres) ábránd; illúzió
illustrate ['ɪləstreɪt] *v* képekkel ellát/
díszít, ábrázol
illustration [ɪlə'streɪʃn] *n* kép, ábra
ill-will *n* rosszakarat, rosszindulat
I'm [aɪm] = **I am**
image ['ɪmɪdʒ] *n* (*picture*) kép;
(*public ~*) imidzs
imaginary [ɪ'mædʒɪnrɪ] *a* vélt, kép-
zeletbeli
imagination [ɪmædʒɪ'neɪʃn] *n* kép-
zelet, fantázia
imagine [ɪ'mædʒɪn] *v* elgondol,
(el)képzel

imbecile ['ɪmbəsiːl] *n* gyengeelméjű
imitate ['ɪmɪteɪt] *v* utánoz, másol
imitation [ɪmɪ'teɪʃn] *n* (*imitating*) utánzás; (*copy*) utánzat
immature [ɪmə'tjʊə] *a* éretlen, idő előtti
immediately [ɪ'miːdɪətlɪ] *adv* (*at once*) azonnal, rögtön, mindjárt; (*directly*) közvetlenül
immense [ɪ'mens] *a* mérhetetlen, óriási, hatalmas
immerse [ɪ'mɜːs] *vi* alámerítkezik I *vt* belemárt (*in* vmbe)
immersion heater [ɪ'mɜːʃn] *n* villanybojler
immigrant ['ɪmɪgrənt] *n* bevándorló
immigration [ɪmɪ'greɪʃn] *n* bevándorlás
imminent ['ɪmɪnənt] *a* (*danger*) közelgő, közeli
immobile [ɪ'məʊbaɪl] *a* mozdulatlan
immobilize [ɪ'məʊbəlaɪz] *v* (*traffic*) megbénít; (*broken limb*) rögzít; (*capital*) leköt
immoral [ɪ'mɒrəl] *a* erkölcstelen
immortal [ɪ'mɔːtl] *a* halhatatlan
immune [ɪ'mjuːn] *a* (*resistant*) immúnis (*to* vmvel szemben); (*free*) ment(es) (*from* vmtől)
immunity [ɪ'mjuːnətɪ] *n med* védettség, immunitás
impact ['ɪmpækt] *n* (*collision*) becsapódás; (*effect*) (be)hatás II **have an ~ on** kihat vmre
impair [ɪm'peə] *v* (*damage*) elront; *fig* (*weaken*) csorbít
impart [ɪm'pɑːt] *v* (*quality*) kölcsönöz, tulajdonít; (*information*) közöl
impatient [ɪm'peɪʃnt] *a* türelmetlen
impede [ɪm'piːd] *v* megakadályoz, gátol

impediment [ɪm'pedɪmənt] *n* gát, akadály
imperative [ɪm'perətɪv] **1.** *a* szükségszerű, sürgető **2.** *n* felszólító mód
imperfect [ɪm'pɜːfɪkt] *a* hiányos
imperial [ɪm'pɪərɪəl] *a* birodalmi, császári
impermeable [ɪm'pɜːmɪəbl] *a* áthatolhatatlan, át nem eresztő
impersonate [ɪm'pɜːsəneɪt] *v* megszemélyesít; (*imitate*) utánoz
impertinent [ɪm'pɜːtənənt] *a* arcátlan, pimasz
impervious [ɪm'pɜːvɪəs] *a* (*to water*) vízhatlan; *fig* érzéketlen (*to* vmre)
impetus ['ɪmpɪtəs] *n* (*impulse*) lökés, ösztönzés; (*force*) lendület
impinge on [ɪm'pɪndʒ] *v* hatást gyakorol vkre; (*mind*) elhatol
implant [ɪm'plɑːnt] *v med* beültet
implement 1. ['ɪmplɪmənt] *n* eszköz, szer(szám) **2.** ['ɪmplɪment] *v* megvalósít; *law* foganatosít, érvényt szerez vmnek
implication [ɪmplɪ'keɪʃn] *n* (*of event*) kihatás, következmény; (*in crime*) belekever(ed)és
implicit [ɪm'plɪsɪt] *a* hallgatólagos; feltétlen
imply [ɪm'plaɪ] *v* magába(n) foglal, beleért
impolite ['ɪmpə'laɪt] *a* udvariatlan
import 1. ['ɪmpɔːt] *n* behozatal, import **2.** [ɪm'pɔːt] *v* behoz, importál
importance [ɪm'pɔːtəns] *n* fontosság, jelentőség II **be of no ~** nincs jelentősége
important [ɪm'pɔːtənt] *a* fontos, lényeges
impose [ɪm'pəʊz] *v* **~ sg on sy** vmt vkre rákényszerít II **~ a duty on**

sg megvámol; ~ **a tax on sy** adót
vet ki vkre
impossible [ɪm'pɒsəbl] a lehetetlen
impotent ['ɪmpətənt] a tehetetlen
impregnable [ɪm'pregnəbl] a
(*fortress*) bevehetetlen; (*argument*) megdönthetetlen
impregnate ['ɪmpregneɪt] v (*saturate*)
telít; (*fertilize*) megtermékenyít
impress [ɪm'pres] v ~ **sg on sy**
vmt vknek az elméjébe vés; ~ **sg**
on sg vmt vmre rányom; ~ **sy**
vkre hatást gyakorol
impression [ɪm'preʃn] n benyomás;
(*effect*) hatás; (*copy*) utánnyomás
‖ **make an ~ on sy** vkre hatást
gyakorol
impressionist [ɪm'preʃnɪst] a/n
impresszionista
impressive [ɪm'presɪv] a
(*appearance*) hatásos
imprint 1. ['ɪmprɪnt] n (kiadói)
embléma **2.** [ɪm'prɪnt] v ~ **sg on**
sg vmt vmre rányom
imprison [ɪm'prɪzn] v bebörtönöz
improbable [ɪm'prɒbəbl] a valószínűtlen
improper [ɪm'prɒpə] a (*diagnosis*)
helytelen, rossz; (*behaviour*) illetlen
improve [ɪm'pruːv] vt (meg)javít;
(*develop*) továbbfejleszt; (*increase*) fokoz ∣ vi (meg)javul
improvement [ɪm'pruːvmənt] n
(*making better*) javítás, fejlesztés;
(*becoming better*) fejlődés, haladás, javulás
improvise ['ɪmprəvaɪz] v (*music*)
rögtönöz; (*bed*) összeeszkábál;
(*meal*) összecsap
impudent ['ɪmpjʊdənt] a arcátlan,
pimasz

impulse ['ɪmpʌls] n lökés, impulzus; (*motive*) ösztönzés
impurity [ɪm'pjʊərətɪ] n szennyeződés
in [ɪn] prep (*state*) -ban, -ben;
(*place*) -ba, -be, -ban, -ben; (*time*)
(...n belül) -on, -en, -ön, -n, -ban,
-ben ‖ **he is ~** (*at home, in office*)
otthon/benn van; ~ **front of**
(*place*) előtt
inability [ɪnə'bɪlətɪ] n képtelenség
(*to* vmre)
inaccurate [ɪ'nækjʊrət] a pontatlan,
téves
inactive [ɪn'æktɪv] a passzív, tétlen
inadequate [ɪn'ædɪkwət] a elégtelen, nem megfelelő
inadvertent [ɪnəd'vɜːtənt] a figyelmetlen(ségből eredő), nem szándékos
inapplicable [ɪn'æplɪkəbl] a nem
alkalmazható/használható (*to* vmre)
inappropriate [ɪnə'prəʊprɪət] a
helytelen, oda nem illő
inaptitude [ɪn'æptɪtjuːd] n alkalmatlanság
inasmuch as [ɪnəz'mʌtʃ əz] conj
amennyiben
inattentive [ɪnə'tentɪv] a figyelmetlen
inaudible [ɪn'ɔːdəbl] a alig hallható
inauguration [ɪ'nɔːgjʊ'reɪʃn] n beiktatás
inborn [ɪn'bɔːn] a (*talent*) öröklött
inbred [ɪn'bred] a (*quality*) vele
született; (*animal*) beltenyésztésű
Inc US = **Incorporated**
incapable [ɪn'keɪpəbl] a képtelen
(*of* vmre)
incautious [ɪn'kɔːʃəs] a vigyázatlan
incense ['ɪnsens] n tömjén
incentive [ɪn'sentɪv] n ösztönzés,
motívum, indíték

incessant [ɪn'sesnt] *a* szüntelen
inch [ɪntʃ] **1.** *n* hüvelyk (= *2,54 cm*), col ‖ ~ **by** ~ apránként **2.** *v* ~ **forward** lassan/centikkel halad előre
incident ['ɪnsɪdənt] *n* epizód, incidens
incidentally [ɪnsɪ'dentlɪ] *adv* mellesleg, mellékesen
incise [ɪn'saɪz] *v* bemetsz
incite [ɪn'saɪt] *v* (*hatred*) szít; (*masses*) izgat, uszít
inclination [ɪnklɪ'neɪʃn] *n* (*bending*) hajlás, dőlés; (*tendency*) hajlam
incline 1. ['ɪnklaɪn] *n* emelkedő **2.** [ɪn'klaɪn] *v* ~ **to** (vmre) hajlik ‖ **be** ~**d to sg** vmre hajlamos
include [ɪn'kluːd] *v* magába(n) foglal, tartalmaz; (*in list*) felvesz; (*costs*) beszámít
including [ɪn'kluːdɪŋ] *adv* beleértve, beleszámítva
inclusive [ɪn'kluːsɪv] *a* (*price*) mindent magában foglaló, teljes
income ['ɪnkʌm] *n* jövedelem, kereset, bevétel
income tax *n* jövedelemadó
incomparable [ɪn'kɒmprəbl] *a* páratlan, egyedülálló; (*not equal*) összehasonlíthatatlan (*with/to* vmvel)
incompetent [ɪn'kɒmpɪtənt] *a* hozzá nem értő
incomplete [ɪnkəm'pliːt] *a* befejezetlen, csonka
incomprehensible [ɪnkɒmprɪ'hensəbl] *a* érthetetlen
inconsiderable [ɪnkən'sɪdrəbl] *a* jelentéktelen
inconsiderate [ɪnkən'sɪdərət] *a* meggondolatlan, tapintatlan
inconsistent [ɪnkən'sɪstənt] *a* következetlen

inconvenience [ɪnkən'viːnɪəns] *n* alkalmatlanság, kényelmetlenség
inconvenient [ɪnkən'viːnɪənt] *a* kényelmetlen, kellemetlen; (*time, place*) alkalmatlan
incorporated [ɪn'kɔːpəreɪtɪd] **1.** *a* (*registered*) bejegyzett (*cég*) **2.** *n US comm* korlátolt felelősségű társaság, kft
incorrect [ɪnkə'rekt] *a* (*text*) helytelen; (*behaviour*) inkorrekt
increase 1. ['ɪnkriːs] *n* növekedés, fokozódás; (*increasing*) növelés, fokozás ‖ ~ **in wages** béremelés **2.** [ɪn'kriːs] *v* (*become greater*) nő, növekszik; nagyobbodik; (*make greater*) növel, fokoz; (*wage*) (fel)emel
increasingly [ɪn'kriːsɪŋlɪ] *adv* mindinkább, egyre (inkább)
incredible [ɪn'kredəbl] *a* hihetetlen
incredulous [ɪn'kredjʊləs] *a* hitetlen
increment ['ɪnkrɪmənt] *n* növedék
incubator ['ɪŋkjubeɪtə] *n* (*for babies*) inkubátor; (*for chicken*) keltető(gép)
incur [ɪn'kɜː] *v* -rr- (*anger*) magára von ‖ ~ **debts** adósságba veri magát
indebted [ɪn'detɪd] *a* eladósodott ‖ **be** ~ **to sy** le van vknek kötelezve
indecent [ɪn'diːsnt] *a* illetlen, trágár
indecisive [ɪndɪ'saɪsɪv] *a* határozatlan, bizonytalan
indeed [ɪn'diːd] *adv* valóban, tényleg, igazán
indefinite [ɪn'defɪnɪt] *a* (meg)határozatlan
indemnify [ɪn'demnɪfaɪ] *v* ~ **sy for sg** kártérítést fizet vknek vmért

indemnity [ɪn'demnətɪ] *n* (*compensation*) · kártérítés, jóvátétel; (*insurance*) biztosíték

indentation [ɪnden'teɪʃn] *n* (*in metal*) horpadás; (*in coast*) csipkézet; (*in edge*) bemélyedés; (*in text*) bekezdés

independence [ɪndɪ'pendəns] *n* függetlenség

independent [ɪndɪ'pendənt] *a* független (*of sy/sg* vktől/vmtől)

indeterminate [ɪndɪ'tɜːmɪnət] *a* (meg)határozatlan

index ['ɪndeks] *n* (*pl* -dexes *or* -dices [-dɪsiːz]) (*list*) mutató, index; (*number*) mutató(szám); *math* (*pl* **indices** ['ɪndɪsiːz]) kitevő

index finger *n* mutatóujj

India ['ɪndɪə] *n* India

Indian ['ɪndɪən] *a* (*of India*) indiai; (*of America*) indián || ~ **ink** tus; ~ **summer** vénasszonyok nyara

indicate ['ɪndɪkeɪt] *v* (*point out*) (meg)mutat, feltüntet; (*be a sign*) jelöl, jelez, vmre utal

indicator ['ɪndɪkeɪtə] *n* index, mutató; (*board*) jelzőtábla; (*light*) irányjelző

indices ['ɪndɪsiːz] *pl* → **index**

indict [ɪn'daɪt] *v law* bevádol

indictment [ɪn'daɪtmənt] *n* vádindítvány

indifferent [ɪn'dɪfrənt] *a* közömbös, közönyös

indigenous [ɪn'dɪdʒɪnəs] *a* bennszülött, honos

indigestion [ɪndɪ'dʒestʃən] *n* emésztési zavar

indignant [ɪn'dɪgnənt] *a* méltatlankodó, felháborodó

indignity [ɪn'dɪgnətɪ] *n* méltatlanság

indirect [ɪndɪ'rekt] *a* közvetett

indiscreet [ɪndɪ'skriːt] *a* tapintatlan

indispensable [ɪndɪ'spensəbl] *a* nélkülözhetetlen, elengedhetetlen

indisputable [ɪndɪ'spjuːtəbl] *a* (el)vitathatatlan

indistinct [ɪndɪ'stɪŋkt] *a* elmosódott

individual [ɪndɪ'vɪdjʊəl] **1.** *a* egyéni, személyes, egyedi **2.** *n* egyén, személy, egyed

individuality [ɪndɪvɪdjʊ'ælətɪ] *n* egyéniség

indolent ['ɪndələnt] *a* henye, rest, tunya

indoor ['ɪndɔː] *a* fedett pályás, terem-

indoors [ɪn'dɔːz] *adv* otthon, benn

induce [ɪn'djuːs] *v* előidéz || ~ **sy to do sg** rábír/rávesz vkt vmre

indulge [ɪn'dʌldʒ] *v* ~ **in sg** (*pleasure*) megenged magának vmt, kiéli magát vmben

indulgent [ɪn'dʌldʒənt] *a* elnéző, erélytelen; gyenge

industrial [ɪn'dʌstrɪəl] *a* ipari

industrious [ɪn'dʌstrɪəs] *a* szorgalmas, igyekvő

industry ['ɪndəstrɪ] *n* ipar

inedible [ɪn'edəbl] *a* ehetetlen

ineffective [ɪnɪ'fektɪv] *a* hatástalan

inefficient [ɪnɪ'fɪʃənt] *a* hatástalan, eredménytelen

inept [ɪ'nept] *a* ügyetlen

inequality [ɪnɪ'kwɒlətɪ] *n* egyenlőtlenség

inert [ɪ'nɜːt] *a* tunya, tétlen, renyhe; (*matter*) tehetetlen; (*gas*) közömbös

inestimable [ɪn'estɪməbl] *a* felbecsülhetetlen

inevitable [ɪn'evɪtəbl] *a* elkerülhetetlen, szükségszerű

inexcusable [ɪnɪk'skjuːzəbl] *a* megbocsáthatatlan, menthetetlen

inexorable [ɪn'eksərəbl] a (relentless) kérlelhetetlen; (not to be stopped) feltartóztathatatlan

inexpensive [ɪnɪk'spensɪv] a olcsó

inexperienced [ɪnɪk'spɪərɪənst] a gyakorlatlan, tapasztalatlan

infallible [ɪn'fæləbl] a csalhatatlan

infancy ['ɪnfənsɪ] n (childhood) gyermekkor; (minority) kiskorúság

infant ['ɪnfənt] n csecsemő, kisbaba

infant school n GB <általános iskola kisiskolás tagozata: 5—7 éveseknek>

infatuated [ɪn'fætʃʊeɪtɪd] a be ~ with belehabarodik/beleszeret vkbe

infection [ɪn'fekʃn] n fertőzés

infectious [ɪn'fekʃəs] a fertőző

infer [ɪn'fɜ:] v -rr- következtet (sg from sg vmből vmre)

inferior [ɪn'fɪərɪə] a (in rank) alárendelt; (in quality) silány || ~ to sg vmnél alsóbbrendű

inferno [ɪn'fɜ:nəʊ] n pokol

infertile [ɪn'fɜ:taɪl] a meddő

infiltrate ['ɪnfɪltreɪt] v ~ into (substance, mind) beszivárog/beszűrődik vmbe; (organization) beépül, befurakodik

infinite ['ɪnfɪnət] a végtelen, vég nélküli

infinitive [ɪn'fɪnətɪv] n főnévi igenév

infirmary [ɪn'fɜ:mərɪ] n (hospital) kórház; (room) betegszoba

inflame [ɪn'fleɪm] v felgyújt, fellobbant

inflammable [ɪn'flæməbl] a éghető, gyúlékony

inflammation [ɪnflə'meɪʃn] n med gyulladás

inflatable [ɪn'fleɪtəbl] a felfújható

inflate [ɪn'fleɪt] v (balloon) felfúj

inflation [ɪn'fleɪʃn] n infláció

inflexible [ɪn'fleksəbl] a merev, hajlíthatatlan

inflict [ɪn'flɪkt] v kimér, kiró (on vkre)

influence ['ɪnflʊəns] 1. n befolyás, (be)hatás || exercise ~ on sg/sy befolyást gyakorol vmre/vkre; under the ~ of vk/vm hatása alatt 2. v ~ sg/sy befolyást/hatást gyakorol vmre/vkre, vkt/vmt befolyásol

influenza [ɪnflʊ'enzə] n influenza

inform [ɪn'fɔ:m] v felvilágosít, tájékoztat, értesít (of/about vmről) || be ~ed of sg értesül vmről

inform against/on sy feljelentést tesz vk ellen

informal [ɪn'fɔ:ml] a közvetlen, kötetlen, nem hivatalos

informatics [ɪnfə'mætɪks] n sing. informatika

information [ɪnfə'meɪʃn] n (pl ~) (informing) tájékoztatás, informálás, felvilágosítás; (news) értesülés, hír, információ; (bureau) tudakozó || a piece of ~ hír, információ; give sy (full) ~ felvilágosít vkt; give sy ~ about sg felvilágosít, tájékoztat (vkt vmről)

infra-red a infravörös

infringe [ɪn'frɪndʒ] v (law) áthág

infuse [ɪn'fju:z] v (tea) (le)forráz

ingenious [ɪn'dʒi:nɪəs] a ötletes, elmés

ingenuous [ɪn'dʒenjʊəs] a egyenes, őszinte

ingredients [ɪn'gri:dɪənts] n pl (of cake) hozzávalók

inhabit [ɪn'hæbɪt] v (benn) lakik

inhabitant [ɪn'hæbɪtənt] n lakos || ~s pl lakosság

inhale [ɪn'heɪl] v belélegez

inherent [ɪn'hɪərənt] a (quality) ve-
leszületett
inherit [ɪn'herɪt] v (meg)örököl
inheritance [ɪn'herɪtəns] n (át)örök-
lés; örökség
inhibit [ɪn'hɪbɪt] v ~ sy from sg
meggátol vkt vmben
inhuman [ɪn'hjuːmən] a embertelen
initial [ɪ'nɪʃl] 1. a kezdeti 2. n iniciá-
lé ‖ ~s pl kezdőbetűk, kézjegy 3.
v -ll- (US -l-) kézjegyével ellát
initially [ɪ'nɪʃli] adv eleinte
initiate [ɪ'nɪʃɪeɪt] v (method) bevezet
‖ ~ sy into sg vkt vmbe beavat
initiative [ɪ'nɪʃətɪv] 1. a kezdemé-
nyező 2. n kezdeményezés
inject [ɪn'dʒekt] v ~ into med
(liquid) befecskendez, bead; tech
injektál
injection [ɪn'dʒekʃn] n injekció
injure ['ɪndʒə] v (hurt) megsebesít;
(damage) kárt okoz vknek/vmnek
‖ be/get ~d megsérül
injurious [ɪn'dʒʊərɪəs] a ártalmas ‖
be ~ to sy/sg vknek/vmnek meg-
árt
injury ['ɪndʒərɪ] n (damage) sérülés,
sebesülés; (harm) law sérelem
injustice [ɪn'dʒʌstɪs] n igazságta-
lanság
ink [ɪŋk] n tinta
inkling ['ɪŋklɪŋ] n sejtelem
inland ['ɪnlənd] 1. a belföldi 2. adv
az ország belsejébe
inlay 1. ['ɪnleɪ] n faberakás, intarzia
2. [ɪn'leɪ] v (pt/pp inlaid [ɪn'leɪd]) ~
sg with sg berakással díszít vmt
inlet ['ɪnlet] n (kis) öböl
inmate ['ɪnmeɪt] n fegyenc
inn [ɪn] n fogadó, (kis)kocsma
innate [ɪ'neɪt] a (inclination) örök-
lött; (quality) veleszületett

inner ['ɪnə] a belső
innings n (pl ~) ütési jog (egyik
félé, krikettben)
innocent ['ɪnəsnt] a ártatlan; law
vétlen
innovate ['ɪnəveɪt] v újít
innumerable [ɪ'njuːmrəbl] a meg-
számlálhatatlan, töméntelen
inordinate [ɪ'nɔːdɪnət] a mértékte-
len
in-patient n kórházi beteg/ápolt,
fekvő beteg
input ['ɪnpʊt] n comput bemenet
inquest ['ɪnkwest] n vizsgálat
inquire [ɪn'kwaɪə] v tudakozódik,
érdeklődik (about vk/vm felől/
iránt)
inquire after kérdezősködik vm/
vk után
inquire into (question) megvizs-
gál; (case) nyomoz
inquiry [ɪn'kwaɪərɪ] n érdeklődés,
tájékozódás; (investigation) vizs-
gálat; nyomozás
inquisitive [ɪn'kwɪzətɪv] a kíváncsi
inroad ['ɪnrəʊd] n támadás ‖ make
~s on sg col vmre rájár
insane [ɪn'seɪn] a őrült, bolond
inscription [ɪn'skrɪpʃn] n felirat; (in
book) ajánlás
insect ['ɪnsekt] n rovar, bogár
insecure [ɪnsɪ'kjʊə] a nem bizton-
ságos
insensible [ɪn'sensəbl] a (un-
conscious) eszméletlen; (bodily)
érzéketlen (to vmre); (without
feelings) érzéketlen, közönyös (to
vm iránt)
insensitive [ɪn'sensətɪv] a érzéket-
len, fásult, közönyös
insert 1. ['ɪnsɜːt] n (leaf) betétlap;
(in book) melléklet; (in film) be-

játszás 2. [ın'sɜːt] v be(le)tesz, (in text) beszúr, közbeiktat

inshore ['ınʃɔː] a part menti

inside [ın'saıd] 1. a belső, benti 2. adv belül, benn ‖ ~ out fordítva; fig töviről hegyire (ismer) 3. n the ~ of sg vmnek a belseje 4. prep belül, vmnek a belsejében

inside lane n (traffic) külső sáv

insight ['ınsaıt] n bepillantás; fig éleslátás

insignificant [ınsıg'nıfıkənt] a jelentéktelen

insincere [ınsın'sıə] a nem őszinte

insinuate [ın'sınjʊeıt] v gyanúsít

insist [ın'sıst] v ragaszkodik (on sg vmhez)

insistent [ın'sıstənt] a rendíthetetlen ‖ be ~ about/on sg ragaszkodik vmhez

insolent ['ınsələnt] a pimasz, szemtelen

insolvency [ın'sɒlvənsı] n fizetésképtelenség

insomnia [ın'sɒmnıə] n álmatlanság

inspect [ın'spekt] v (examine) megvizsgál; (check) kezel

inspector [ın'spektə] n (official) felügyelő; (police) rendőrfelügyelő; (on buses) ellenőr

inspire [ın'spaıə] v (meg)ihlet, lelkesít

install [ın'stɔːl] v (US **instal**) (apparatus) felszerel, üzembe helyez, beszerel; (in office) beiktat (in állásba); (electricity) bevezet

instalment [ın'stɔːlmənt] n (US -ll-) (of payment) részlet; (of novel) folytatás ‖ **pay an** ~ részletfizetést teljesít

instance ['ınstəns] n példa ‖ **for** ~ például

instant ['ınstənt] 1. a azonnali 2. n perc, pillanat ‖ ~ **coffee** azonnal oldódó kávé, neszkávé

instead [ın'sted] adv (in place of) ehelyett, helyette; (rather) inkább

instead of prep helyett

instinct ['ınstıŋkt] n ösztön ‖ **by** ~ ösztönösen

institute ['ınstıtjuːt] 1. n intézet 2. v ~ **an action against sy** keresetet benyújt/indít vk ellen

institution [ınstı'tjuːʃn] n intézmény

instruct [ın'strʌkt] v oktat, képez ‖ ~ **sy in sg** tájékoztat vkt vmről

instruction [ın'strʌkʃn] n (teaching) oktatás, (ki)képzés; (information) felvilágosítás, tájékoztatás; comput utasítás ‖ ~**s for use** kezelési útmutató

instructor [ın'strʌktə] n (teacher) oktató; US (assistant) gyakorlatvezető; tanársegéd

instrument ['ınstrʊmənt] n tech műszer; mus hangszer

insufficient [ınsə'fıʃənt] a hiányos, elégtelen

insular ['ınsjʊlə] a (of island) sziget-; (narrow-minded) szűk látókörű

insulate ['ınsjʊleıt] v el, archit szigetel

insult 1. ['ınsʌlt] n (meg)sértés 2. [ın'sʌlt] v (meg)sért

insurance [ın'ʃʊərəns] n biztosítás ‖ ~ **company** biztosító(társaság); ~ **policy** biztosítási kötvény

insure [ın'ʃʊə] v ~ **(sy/sg against sg)** biztosítást köt vmre, biztosít vm ellen

intact [ın'tækt] a érintetlen, ép, sértetlen

intake ['ınteık] n (admission) felvétel; (number) felvett létszám

integrate ['ɪntɪgreɪt] v egyesít, beilleszt, beépít (with, into vmbe)
integrity [ɪn'tegrətɪ] n (wholeness) sértetlenség, érintetlenség; (honesty) tisztesség
intellect ['ɪntəlekt] n ész, értelem
intellectual [ɪntə'lektʃʊəl] 1. a értelmi, szellemi 2. n értelmiségi
intelligence [ɪn'telɪdʒəns] n értelem, intelligencia; (agency) hírszerző szolgálat || ~ quotient intelligenciahányados; ~ service hírszerző szolgálat
intelligent [ɪn'telɪdʒənt] a értelmes, okos, intelligens
intemperate [ɪn'tempərət] a mértéktelen
intend [ɪn'tend] v szándékozik (to do sg vmt tenni) || I ~ed it for you neked szántam
intense [ɪn'tens] a nagyfokú, erős
intensify [ɪn'tensɪfaɪ] vt elmélyít, kiélez | vi kiélesedik
intensity [ɪn'tensətɪ] n hevesség, (hang)erő
intensive [ɪn'tensɪv] a beható, alapos
intent [ɪn'tent] 1. a ~ look feszült figyelem 2. n law szándék
intention [ɪn'tenʃn] n szándék, cél, terv || have the ~ of doing sg szándékozik vmt tenni
intentional [ɪn'tenʃənl] a szándékos
interact [ɪntər'ækt] v egymásra hat
interchange 1. ['ɪntətʃeɪndʒ] n (of motorways) (különszintű) csomópont 2. [ɪntə'tʃeɪndʒ] v (exchange) felcserél; (change place) helyet cserél
intercourse ['ɪntəkɔːs] n (social) érintkezés, kapcsolat; (sexual) közösülés

interest ['ɪntrəst] 1. n érdeklődés; (concern) érdek; érdekeltség; fin kamat || show/take an ~ in sg érdeklődik (vm iránt); in the ~ of sg vmnek az érdekében 2. v be ~ed in sg vm iránt érdeklődik
interesting ['ɪntrəstɪŋ] a érdekes
interest rate n kamatláb
interfere [ɪntə'fɪə] v ~ in sg be(le)-avatkozik vmbe || ~ with piszkál vmt, zavar vkt
interference [ɪntə'fɪərəns] n beavatkozás; radio, TV interferencia; (vétel)zavar
interim ['ɪntərɪm] a ideiglenes, átmeneti
interior [ɪn'tɪərɪə] 1. a belső, bel- 2. n the ~ of sg vmnek a belseje || ~ designer belsőépítész
interlock [ɪntə'lɒk] vt összekapcsol | vi összekapcsolódik
interlude ['ɪntəluːd] n (intermezzo) közjáték; (interval) szünet
intermediate [ɪntə'miːdɪət] a közbeeső, közbülső; (course) középszintű, középhaladó
intermittent [ɪntə'mɪtənt] a (current) váltakozó; (work) időszakos
internal [ɪn'tɜːnl] a (inner) belső; (domestic) belföldi, bel-
internal affairs n pl belpolitika
international [ɪntə'næʃənl] a nemzetközi
internist ['ɪntɜːnɪst] n US (internal specialist) belgyógyász; általános orvos
interpret [ɪn'tɜːprɪt] v (explain) értelmez; (translate) tolmácsol
interpretation [ɪntɜːprɪ'teɪʃn] n értelmezés, tolmácsolás
interpreter [ɪn'tɜːprɪtə] n tolmács

interrogate [ɪn'terəgeɪt] *v* (ki)kérdez, kihallgat

interrogative [ɪntə'rɒgətɪv] *gram* **1.** *a* kérdő **2.** *n* kérdőszó, kérdő névmás

interrupt [ɪntə'rʌpt] *v* félbeszakít

intersect [ɪntə'sekt] *vt* metsz l *vi* keresztezi(k)/metszik egymást

intersection [ɪntə'sekʃn] *n* (*crossroads*) útkereszteződés, csomópont; (*geometry*) metszés

interval ['ɪntəvl] *n* (*time*) időköz; (*space*) távolság; *school* tízperc; *theat* szünet ll **at ~s** időnként

intervene [ɪntə'viːn] *v* (*event*) közbejön; (*person*)) beleszól; vmbe beavatkozik; közbelép

interview ['ɪntəvjuː] **1.** *n* *radio, TV* beszélgetés, interjú; *GB* (*for job*) felvételi beszélgetés **2.** *v* (*reporter*) meginterjúvol vkt; (*employer*) (felvételi) beszélgetést folytat vkvel

intimate 1. ['ɪntɪmət] *a* bensőséges, meghitt **2.** ['ɪntɪmət] *n* **sy's ~** vknek a bizalmasa **3.** ['ɪntɪmeɪt] *v* közöl, tudtul ad

into ['ɪntuː] *prep* -ba, -be

intolerant [ɪn'tɒlərənt] *a* türelmetlen

intoxicated [ɪn'tɒksɪkeɪtɪd] *a* ittas

intransigent [ɪn'trænsɪdʒənt] *a* meg nem alkuvó

intransitive verb *n* tárgyatlan ige

intricate ['ɪntrɪkət] *a* összetett, bonyolult

intrigue 1. ['ɪntriːg] *n* **~(s** *pl*) cselszövés, intrika **2.** [ɪn'triːg] *v* áskálódik

intrinsic [ɪn'trɪnsɪk] *a* belső ll **~ value** belső érték

introduce [ɪntrə'djuːs] *v* (*person*) bemutat (*to* vknek); (*bring into*

use) meghonosít; bevezet; (*a bill*) beterjeszt ll **~ oneself to sy** vk vknek bemutatkozik

introduction [ɪntrə'dʌkʃn] *n* (*in book*) bevezetés; (*presentation*) bemutatás; (*introducing oneself*) bemutatkozás

intrude [ɪn'truːd] *v* betolakodik

intuition [ɪntjuː'ɪʃn] *n* (*instinctive*) megérzés, intuíció

inundate ['ɪnʌndeɪt] *vt* eláraszt l *vi* vmre kiárad

invade [ɪn'veɪd] *v* (*enemy*) betör; (*country*) megszáll

invader [ɪn'veɪdə] *n* megszálló

invalid[1] [ɪn'vælɪd] *a* érvénytelen

invalid[2] ['ɪnvælɪd] **1.** *a* gyenge (lábakon álló) **2.** *n* gyengélkedő, beteg

invalidate [ɪn'vælɪdeɪt] *v* érvénytelenít

invalid chair *n* tolószék

invaluable [ɪn'væljʊbl] *a* felbecsülhetetlen

invariable [ɪn'veərɪəbl] *a* változ(hat)atlan, állandó

invasion [ɪn'veɪʒn] *n* betörés, benyomulás, megszállás

invent [ɪn'vent] *v* (*discover*) feltalál; (*find out*) kitalál; *col* (*think out*) kieszel

inventor [ɪn'ventə] *n* feltaláló

inventory ['ɪnvəntrɪ] *n* leltár

inverse [ɪn'vɜːs] *a* fordított

invert [ɪn'vɜːt] *v* felcserél

inverted commas [ɪn'vɜːtɪd] *n pl* idézőjel

invest [ɪn'vest] *v* (*in business*) beruház; (*money*) befektet

investigate [ɪn'vestɪgeɪt] *v* megvizsgál, kivizsgál; (*police*) nyomoz

investigation [ɪnvestɪ'geɪʃn] n (examination) vizsgálat; (research) vizsgálódás; (inquiry) nyomozás
investment [ɪn'vestmənt] n beruházás; befektetés
inviolable [ɪn'vaɪələbl] a sérthetetlen
invisible [ɪn'vɪzəbl] a láthatatlan
invitation [ɪnvɪ'teɪʃn] n (inviting) meghívás; (request) felkérés || ~ **(card)** meghívó
invite [ɪn'vaɪt] v (ask to come) meghív; (ask for) felkér || ~ **application tions (for)** (job) pályázatot meghirdet
invoice ['ɪnvɔɪs] 1. n számla 2. v számláz
invoke [ɪn'vəʊk] v segítségül hív
involve [ɪn'vɒlv] v maga után von, vmvel jár || ~ **sy in sg** vkt vmbe belekever
inward ['ɪnwəd] 1. a (inner) belső; (towards the inside) befelé tartó 2. adv ~**(s)** befelé
IOU [aɪ əʊ 'juː] n (= I owe you) (of debt) elismervény; (of money) bon
IQ [aɪ 'kjuː] = **intelligence quotient**
Iran [ɪ'rɑːn] n Irán
Iranian [ɪ'reɪnɪən] a/n iráni
Iraq [ɪ'rɑːk] n Irak
Iraqi [ɪ'rɑːkɪ] a/n iraki
Ireland ['aɪələnd] n Írország
iris ['aɪərɪs] n (plant) nőszirom; (of eye) szivárványhártya
Irish ['aɪrɪʃ] 1. a ír 2. n ír (nyelv) || **the** ~ az írek
irksome ['ɜːksəm] a terhes, vesződséges
iron ['aɪən] 1. n (metal) vas; (tool) vasaló || ~**s** pl bilincs 2. v (ki)vasal
ironic(al) [aɪ'rɒnɪk(l)] a gúnyos, ironikus

ironmonger ['aɪənmʌŋgə] n vaskereskedő
irony ['aɪərənɪ] n gúny, irónia
irreconcilable [ɪrekən'saɪləbl] a kibékíthetetlen
irregular [ɪ'regjʊlə] a szabálytalan, rendhagyó
irrelevant [ɪ'reləvənt] a irreleváns, nem idevágó
irreparable [ɪ'reprəbl] a jóvátehetetlen
irreplaceable [ɪrɪ'pleɪsəbl] a pótolhatatlan
irresistible [ɪrɪ'zɪstəbl] a ellenállhatatlan
irresolute [ɪ'rezəluːt] a bizonytalan, határozatlan
irresponsible [ɪrɪ'spɒnsəbl] a felelőtlen, komolytalan
irreversible [ɪrɪ'vɜːsəbl] a visszafordíthatatlan
irrevocable [ɪ'revəkəbl] a megmásíthatatlan, visszavonhatatlan
irrigate ['ɪrɪgeɪt] v (land) öntöz; (wound) kimos
irritable ['ɪrɪtəbl] a ingerlékeny
irritate ['ɪrɪteɪt] v ingerel, bosszant, idegesít
is [ɪz] → **be**
Islam ['ɪzlɑːm] n iszlám
island ['aɪlənd] n sziget
isle [aɪl] n sziget
isn't ['ɪznt] = **is not**
isolate ['aɪsəleɪt] v elszigetel
Israel ['ɪzreɪl] n Izrael
Israeli [ɪz'reɪlɪ] a/n izraeli
issue ['ɪʃuː] 1. n (question) probléma; kérdés, ügy; (outcome) fejlemény; (publication) kiadás; (copy) szám; (making out) kiállítás; (handing out) kiadás || **the matter at** ~ a szóban forgó kérdés; **take** ~ **with sy**

about/on sg vitába száll vkvel vmt
illetően **2.** *v* közrebocsát; *(bank-
note)* kibocsát; *(ticket, book)* kiad
it [ɪt] *n* az; *(accusative)* azt ‖ **that's
~ ez az!; who is ~?** ki az?
Italian [ɪ'tæljən] **1.** *a* olasz **2.** *n*
(person, language) olasz
italics [ɪ'tælɪks] *n pl* dőlt/kurzív be-
tű/szedés
Italy ['ɪtəlɪ] *n* Olaszország
itch [ɪtʃ] **1.** *n* viszketés **2.** *v* viszket ‖
(s)he is ~ing to know (majd
ki)fúrja az oldalát (a kíváncsiság)
itchy ['ɪtʃɪ] *a* *(finger)* viszketős;
(cloth) rühes
it'd ['ɪtəd] = **it would; it had**
item ['aɪtəm] *n* *(in list)* adat, tétel;
(in programme) szám; (program)-
pont; *(news)* hír
itinerary [aɪ'tɪnərən] *n* *(plan)* úti-
terv; *(route)* útvonal
it'll ['ɪtl] = **it will; it shall**
it's [ɪts] = **it is; it has**
its [ɪts] *pron* (annak a/az) ...a, ...e,
...ja, ...je
itself [ɪt'self] *pron* (ő/az) maga, ön-
maga; *(accusative)* őt/azt magát ‖
by ~ (ön)magában, (ön)magától;
in ~ egymagában (véve)
I've [aɪv] = **I have**
ivory ['aɪvərɪ] *n* elefántcsont
ivy ['aɪvɪ] *n* borostyán, repkény

J

jack [dʒæk] **1.** *n* *(cards)* bubi; *(for
raising)* (autó)emelő; *el* kapcsoló-
hüvely **2.** *v* **~ in** abbahagy; **~ up**
(car) felemel

jackal ['dʒækl] *n* sakál
jacket ['dʒækɪt] *n* *(garment)* zakó,
kabát, dzseki; *(of book)* borító
jack-knife *n* *(pl* **-knives**) bicska
jackpot ['dʒækpɒt] *n* főnyeremény,
telitalálat
jaguar ['dʒægjʊə] *n* jaguár
jail [dʒeil] *n* börtön
jam[1] [dʒæm] *n* dzsem, íz, lekvár
jam[2] [dʒæm] **1.** *n* *(traffic ~)* közle-
kedési dugó ‖ **be in a ~** pácban
van **2.** *v* **-mm-** *(block)* megakaszt;
(crowd) (be)zsúfol; *(disturb)* za-
var
jamb [dʒæm] *n* *(of door)* ajtófélfa;
(of window) ablakkeret
janitor ['dʒænɪtə] *n US* *(door-
keeper)* portás, kapus; *(caretaker)*
házfelügyelő
January ['dʒænjʊərɪ] *n* január; →
August
Japan [dʒə'pæn] *n* Japán
Japanese [dʒæpə'niːz] *n* *(person,
language)* japán
jar[1] [dʒɑː] *n* *(of earthware)* (kő)kor-
só; *(in pharmacy)* tégely; *(for
jam)* lekvárosüveg
jar[2] [dʒɑː] *v* **-rr- ~ on one's ears**
sérti a fület
jasmine ['dʒæzmɪn] *n* jázmin
jaundice ['dʒɔːndɪs] *n* sárgaság
jaunt [dʒɔːnt] *n* kirándulás, séta
javelin ['dʒævəlɪn] *n* gerely ‖ **the ~**
gerelyhajítás
jaw [dʒɔː] *n* állkapocs
jazz [dʒæz] **1.** *n* dzsessz **2.** *v* **~ up**
dzsesszesít; *col* felélénkít, feldob
jealous ['dʒeləs] *a* féltékeny *(of
vkre/vmre)*
jealousy ['dʒeləsɪ] *n* féltékenység
jeans [dʒiːnz] *n pl* farmer(nadrág)
jeep [dʒiːp] *n* dzsip

jelly ['dʒelı] *n* (*sweets*) zselé; (*with meat*) kocsonya; (*substance*) aszpik

jeopardy ['dʒepədı] *n* veszély, kockázat

jerk [dʒɜːk] **1.** *n* rándulás, döccenés, rángás **2.** *vi* (*muscles*) ráng(atódzik); (*train*) zökken I *vt* (*vehicle, person*) (meg)lök; (*liquid*) összeráz

jersey ['dʒɜːzı] *n* (*sweater*) pulóver, szvetter; (*of sportsmen*) mez

jet [dʒet] *n* (*of water*) (víz)sugár; (*nozzle*) *tech* fúvóka; (*plane*) sugárhajtású repülőgép, jet

jet-plane *n* sugárhajtású repülőgép, jet

jetty ['dʒetı] *n* móló

Jew [dʒuː] *n* zsidó

jewel ['dʒuːəl] *n* (*stone*) (drága)kő; (*piece of jewellery*) ékszer; (*in watch*) kő ‖ ~ **box** ékszerdoboz

jeweller (*US* -**l**-) ['dʒuːələ] *n* ékszerész ‖ ~**'s (shop)** ékszerbolt

jewellery (*US* -**l**-) ['dʒuːəlrı] *n* ékszerek

Jewish ['dʒuːıʃ] *a* zsidó, izraelita

jigsaw (puzzle) *n* kirakójáték

jingle ['dʒıŋgl] **1.** *n* csilingelés, csörgés **2.** *v* (*bell*) csilingel; (*key*) csörög; (*glass*) csörömpöl; (*coin*) csörget

job [dʒɒb] *n* (*work*) munka, dolog; (*employment*) munkahely, állás

jobless ['dʒɒblıs] **1.** *a* állás nélküli, munkanélküli **2.** *n* **the** ~ a munkanélküliek

jockey ['dʒɒkı] **1.** *n* zsoké **2.** *v* ~ **for position** helyezkedik

jocular ['dʒɒkjʊlə] *a* vidám

jog [dʒɒg] **1.** *n* kocogás **2.** *v* -**gg**- kocog

jogging ['dʒɒgıŋ] *n* kocogás

join [dʒɔın] **1.** *n* illesztés **2.** *v* (*unite*) egyesít; (*connect*) (össze)illeszt; (*come together*) egyesül; (*meet*) találkozik; (*follow*) csatlakozik vkhez/vmhez; (*become member of*) belép; beiratkozik ‖ ~ **the army** beáll katonának

join in (*activity*) részt vesz vmben; (*game*) beáll; (*society*) csatlakozik

join up beáll katonának, bevonul

joiner ['dʒɔınə] *n* asztalos

joint [dʒɔınt] **1.** *a* közös, együttes **2.** *n tech* (*of pipe*) csukló, kötés, illesztés; (*of body*) ízület; (*food*) sült, pecsenye; *col* (*place*) csehó; (*drug*) kábítószeres cigaretta

joint-stock company *n* részvénytársaság

joint venture *n* vegyes vállalat

joist [dʒɔıst] *n* gerenda

joke [dʒəʊk] **1.** *n* vicc, móka, tréfa ‖ **get the** ~ érti a tréfát **2.** *v* tréfál(kozik)

joker ['dʒəʊkə] *n* (*cards*) dzsóker

jolly ['dʒɒlı] *a* jókedvű, vidám, víg ‖ ~ **good fellow** jópofa

jolt [dʒəʊlt] **1.** *n* zökkenő **2.** *v* (*vehicle*) (össze)ráz, zökken

journal ['dʒɜːnl] *n* (*magazine*) (hír)lap, folyóirat; (*daily record*) napló

journalist ['dʒɜːnəlıst] *n* újságíró

journey ['dʒɜːnı] *n* utazás, út

joy [dʒɔı] *n* öröm, boldogság

joyful ['dʒɔıfl] *a* örömteli, vidám

joy-ride *n* (*in a stolen car*) sétakocsikázás

joystick ['dʒɔıstık] *n col aviat, comput* botkormány

Jr = junior

jubilee ['dʒuːbıliː] *n* jubileum

judge [dʒʌdʒ] **1.** *n* (*in court*) bíró; (*of competition*) döntnök || ~**s** *pl* zsűri **2.** *v* (el)bírál, ítélkezik

judg(e)ment ['dʒʌdʒmənt] *n* (*decision*) ítélet; (*discernment*) ítélőképesség; (*opinion*) vélemény

judo ['dʒuːdəʊ] *n* cselgáncs

jug [dʒʌg] *n* kancsó, korsó, bögre

juggler ['dʒʌglə] *n* zsonglőr

juice [dʒuːs] *n* gyümölcslé

juicy ['dʒuːsɪ] *a* (*fruit*) lédús, leveses; (*story*) pikáns

jukebox ['dʒuːkbɒks] *n* wurlitzer

July [dʒuː'laɪ] *n* július; → **August**

jumble ['dʒʌmbl] **1.** *n* zagyvaság **2.** *v* ~ (**up**) összekever(edik)

jumbo jet ['dʒʌmbəʊ] *n col* óriásjet

jump [dʒʌmp] **1.** *n* (*spring*) ugrás; (*fence*) akadály **2.** *v* ugrik, vmn átugrik || ~ **the queue** előretolakszik
jump at sg (*object*) vmnek nekiugrik; (*offer*) kapva kap vmn

jumper ['dʒʌmpə] *n* (*person*) ugró; *GB* (*pullover*) pulóver; *US* (*dress*) kötény(ruha)

jumpy *a* ideges

junction ['dʒʌŋkʃn] *n* (*of roads*) (közlekedési) csomópont; (*joining*) összekapcsol(ód)ás

June [dʒuːn] *n* június; → **August**

jungle ['dʒʌŋgl] *n* őserdő, dzsungel

junior ['dʒuːnɪə] *a/n* (*in position*) fiatal, kezdő; *sp* (*competition*) ifjúsági, junior; *school* (*in lower classes*) alsós; *US* (*in third year at high school*) harmadikos, (*at university*) harmadéves; (*younger*) ifjabb, ifjú || **he is two years my** ~ két évvel fiatalabb nálam

junk [dʒʌŋk] *n col* (*objects*) kacat, limlom; *col* (*drug*) heroin

junk-shop *n* használtcikkbolt

jurisdiction [dʒʊərɪs'dɪkʃn] *n* (*justice*) törvénykezés, bíráskodás; (*authority*) hatáskör

jurist ['dʒʊərɪst] *n* jogász

juror ['dʒʊərə] *n* (*for crimes*) esküdt; (*in competition*) zsűritag

jury ['dʒʊərɪ] *n* (*for crimes*) esküdtszék; (*in competition*) zsűri, versenybíróság

just [dʒʌst] **1.** *a* igazságos, jogos, méltányos **2.** *adv* épp(en), pont, éppen hogy (csak), csaknem || ~ **a** (*or* **one**) **moment please!** egy pillanatra kérem!; ~ **as** éppen úgy, ahogy/mint

justice ['dʒʌstɪs] *n* (*justness*) igazság; (*judge*) (törvényszéki) bíró

justified ['dʒʌstɪfaɪd] *a* igazolt, indokolt; *print* (sor)kizárt || ~ **complaint** jogos panasz/reklamáció

justify ['dʒʌstɪfaɪ] *v* (*act, deed*) igazol, indokol, tisztáz

jut [dʒʌt] *v* -**tt-** ~ **out** kiáll, előreugrik

juvenile ['dʒuːvənaɪl] **1.** *a* fiatalkori, ifjúsági **2.** *n* fiatalkorú

K

kangaroo [kæŋgə'ruː] *n* kenguru

keel [kiːl] *n* hajógerinc; tőkesúly

keen [kiːn] *a* (*sharp*) éles; (*enthusiastic*) lelkes || **be** ~ **on sg** vm nagyon érdekli, vmnek a híve, szorgalmas vmben

keep [kiːp] **1.** *n* (*food*) a létfenntartáshoz szükséges (élelem/pénz); (*cost*) tartásdíj **2.** *v* (*pt/pp* **kept**

[kept]) *vt* (meg)tart; (*rule*) betart; (*family*) fenntart; (*objects*) tárol; (*feast*) megtart | *vi* (*food*) eláll || ~ + ...ing (*vmt folyamatosan tesz*); ~ right/left! jobbra/balra hajts!; ~ house háztartást vezet; ~ one's word megtartja a szavát; ~ quiet! csend legyen!
keep back visszatart (*from* vkt/ vmt vmtől)
keep (oneself) from doing sg visszatartja magát vmtől
keep off *vt* távol tart; (*food*) tartózkodik vmtől | *vi* távol marad; (*rain*) elvonul
keep on folytatja útját, folytat(ódik)
keep to (*direction*) vmerre tart; (*promise*) vmhez tartja magát || ~ to the right! jobbra hajts!
keep up (*maintain*) fenntart; (*continue*) folytat || ~ up with sy/sg lépést tart vkvel/vmvel; ~ up with the times halad a korral
keeper ['ki:pə] *n* (*of museum*) (múzeum)igazgató; (*in zoo*) állatgondozó; (*guard*) őr
keepsake ['ki:pseɪk] *n* emlék (*tárgy*)
keg [keg] *n* kis hordó
kennel ['kenl] *n* kutyaól
kept [kept] *pt/pp* → keep
kerb (*US* curb) [kɜ:b] *n* járdaszegély
kernel ['kɜ:nl] *n* mag, belső rész; (*of nut*) (dió)bél
kettle ['ketl] *n* (*for tea*) (teavízforraló) kanna; (*for boiling*) üst
kettledrum ['ketldrʌm] *n* mus üstdob
key [ki:] 1. *n* (*for locking*) kulcs; (*of keyboard*) billentyű; (*answer, code*) megoldás, kulcs; (*tone*)

hangnem || ~ to sg vmnek a nyitja 2. *v* ~ in *comput* beír, bevisz
keyboard ['ki:bɔ:d] 1. *n* billentyűzet 2. *v comput* beír
keyhole ['ki:həʊl] *n* kulcslyuk
keynote lecture *n* megnyitó előadás
khaki ['kɑ:kɪ] 1. *a* khaki színű 2. *n* khaki szín
kick [kɪk] 1. *n* (*kicking*) rúgás; (*strength*) erő; (*pleasure*) élvezet 2. *vt* (meg)rúg; belerúg (vkbe) | *vi* (*gun*) hátrarúg || ~ a goal gólt rúg/lő
kick off *sp* (játékot) kezd (*futballban*)
kick up a fuss *col* balhézik, arénázik
kid [kɪd] 1. *n* (*goat*) (kecske)gida; (*child*) *col* gyerek, kölyök, srác 2. *v* -dd- *col* ugrat, heccel || no ~ding viccen kívül
kidnap ['kɪdnæp] *v* -pp- (*person*) elrabol
kidnapper ['kɪdnæpə] *n* emberrabló
kidney ['kɪdnɪ] *n biol* vese
kill [kɪl] *v* (*person*) (meg)öl, (meg)gyilkol, elpusztít; (*plant*) irt || be ~ed életét veszti (*balesetben*); ~ time agyonüti az időt
killer ['kɪlə] *n* gyilkos
killing ['kɪlɪŋ] 1. *a* (*disease*) gyilkos; *col* (*amusing*) elragadó, állati jó 2. *n* ölés, gyilkolás
kiln ['kɪln] *n* égetőkemence, (szárító)kemence
kilogram(me) ['kɪləgræm] *n* kilogramm, kiló
kilometre (*US* -ter) ['kɪləmi:tə] *n* kilométer
kind [kaɪnd] 1. *a* kedves, szíves || would you be so ~ as to ... len-

ne/légy olyan szíves ...; ~ **regards from** ... (*in letter*) melegen üdvözöl 2. *n* féleség, fajta ‖ **of this** ~ efféle; **sg of the** ~ ilyesmi; ~ **of** valamiféle; olyasvalahogy, mintha
kindergarten ['kındəgɑ:tn] *n* óvoda
kind-hearted *a* jószívű
kindle ['kındl] *v* (*fire*) felszít; (*passion*) fellobbant; (*interest*) felkelt
kindly ['kaındlı] **1.** *adv* kedvesen, szívesen ‖ **will you** ~ legyen/légy szíves **2.** *a* kedves, barátságos
king [kıŋ] *n* király
kingdom ['kıŋdəm] *n* királyság
king-size *a* extra méretű/nagy
kiosk ['ki:ɒsk] *n* (árusító) bódé, pavilon; (*phone box*) telefonfülke
kiss [kıs] **1.** *n* csók; *col* puszi **2.** *v* (meg)csókol
kit [kıt] *n* *mil* felszerelés; (szerszám)készlet; *sp* mez, felszerelés
kitchen ['kıtʃın] *n* konyha ‖ ~ **sink** (konyhai) mosogató
kite [kaıt] *n* sárkány ‖ **fly a** ~ sárkányt ereget
kitten ['kıtn] *n* kismacska, cica
knack [næk] *n* fogás; trükk ‖ **get the** ~ **of it** rájön a nyitjára
knapsack ['næpsæk] *n* hátizsák
knave [neıv] *n* (*cards*) alsó, bubi
knead [ni:d] *v* (*bread*) dagaszt; (*muscles*) (meg)gyúr
knee [ni:] *n* térd ‖ **be on one's** ~**s** térdel
kneel [ni:l] *v* (*pt/pp* **knelt** [nelt]) térdel
kneel down letérdel
knelt [nelt] *pt/pp* → **kneel**
knew [nju:] *pt* → **know**
knickers ['nıkəz] *n pl col* bugyi
knife [naıf] **1.** *n* (*pl* **knives** [naıvz]) kés **2.** *v* megkésel

knight [naıt] **1.** *n GB* lovag; (*in chess*) huszár, ló **2.** *v* lovaggá üt
knit [nıt] *v* (*pt/pp* **knitted** ['nıtıd] *or* **knit**; -**tt**-) *vt* (meg)köt (*ruhadarabot*) ‖ *vi* (*bones*) összeforr
knitwear ['nıtweə] *n* kötöttáru
knives [naıvz] *pl* → **knife**
knob [nɒb] *n* gomb, fogantyú; (*small swelling*) dudor
knock [nɒk] **1.** *n* (*on door*) kopog(tat)ás **2.** *vt* kopog(tat) ‖ *vi* (*car*) kopog, kotyog
knock at the door kopogtat az ajtón
knock down (*dismantle*) szétszerel; (*with car*) elüt; (*strike to ground*) földhöz vág vkt
knock off (*object*) lever; (*work*) befejez; *coll* (*steal*) ellop, megfúj
knock out (*in boxing*) kiüt
knock over felborít, feldönt; (*with car*) elüt
knock up (*wake*) vkt felzörget; (*make hurriedly*) vmt összetákol, összecsap
knot [nɒt] **1.** *n* (*also in wood*) csomó; *naut* csomó (*1853 m/óra*) **2.** *v* -**tt**- csomóra köt vmt
knotty ['nɒtı] *a* csomós; (*wood*) görcsös; (*problem*) nehéz
know [nəʊ] *v* (*pt* **knew** [nju:], *pp* **known** [nəʊn]) tud; vkt/vmt ismer ‖ **as far as I** ~ legjobb tudomásom szerint; **come to** ~ megtud; **please let me** ~ kérem tudassa velem; **get to** ~ **sg** megismer vmt; ~ **sg by hearing** hallomásból tud vmt; ~ **sg by heart** kívülről tud vmt; **make sg** ~**n** közöl/ismertet vmt; ~**n for sg** nevezetes vmről
know about/of sg tudomása van vmről

know-how *n* technikai tudás, szakértelem

knowledge ['nɒlɪdʒ] *n* tudás, ismeret || **bring sg to sy's** ~ vknek tudtára ad vmt, tudomására hoz vknek vmt; **to my** ~ tudomásom szerint, tudtommal

known [nəʊn] *a* ismert; → **know**

knuckle ['nʌkl] *n* ujjperc

koala bear [kəʊˈɑːlə] *n* koalamackó

kohlrabi [kəʊlˈrɑːbɪ] *n* kalarábé

kosher ['kəʊʃə] *a* kóser

L

label ['leɪbl] **1.** *n* címke **2.** *v* **-ll-** (*US* **-l-**) címkéz

labor ['leɪbə] *US* = **labour**

laboratory [ləˈbɒrətrɪ] *n* laboratórium

laborious [ləˈbɔːrɪəs] *a* nehéz, verítékes

labour (*US* **-or**) ['leɪbə] **1.** *n* (*work*) munka; (*worker*) munkás, munkaerő; *med* (*childbirth*) vajúdás, szülés || **be in** ~ vajúdik **2.** *v* (*work*) dolgozik; *med* (*with child*) vajúdik

labourer ['leɪbərə] *n* fizikai dolgozó

labour force *n* munkaerő

Labour Party *n GB* munkáspárt

labour-saving devices *n pl* háztartási gépek/készülékek

lace [leɪs] **1.** *n* (*fabric*) csipke; (*of shoe*) zsinór **2.** *v* ~ (**up**) **one's shoes** befűzi a cipőjét

lack [læk] **1.** *n* hiány || **for** ~ **of sg** vmnek a hiányában **2.** *v* nélkülöz vmt, szűkében van vmnek || **be ~ing in sg** hiányzik vkből vm

lacquer ['lækə] **1.** *n* lakk **2.** *v* lakkoz

lacy ['leɪsɪ] *a* csipkés

lad [læd] *n* legény, fiú

ladder ['lædə] *n* létra, hágcsó || **have a** ~ **in one's stockings** leszaladt a szem a harisnyáján

ladle ['leɪdl] **1.** *n* merőkanál **2.** *v* ~ (**out**) (*soup*) kimer

lady ['leɪdɪ] *n* hölgy, úrnő || **the ladies** (*toilet*) nők; **Ladies and Gentlemen!** Hölgyeim és uraim!; **ladies' wear** női divatáru

ladybird ['leɪdɪbɜːd] *n* katicabogár

ladybug [leɪdɪbʌg] *n US* katicabogár

ladykiller ['leɪdɪkɪlə] *n* nőcsábász

ladyship ['leɪdɪʃɪp] *n* **your** ~ *approx* méltóságos asszonyom

lag [læg] **1.** *n* késés, késedelem; lemaradás **2.** *v* **-gg-** ~ **behind** (*group*) lemarad; (*in doing sg*) késlekedik

lager ['lɔːgə] *n* világos sör

lagoon [ləˈguːn] *n* lagúna

laid [leɪd] *pt/pp* → **lay**[2]

lain [leɪn] *pp* → **lie**[2]

lake [leɪk] *n* tó

lamb [læm] *n* (*animal*) bárány; (*meat*) birkahús

lame [leɪm] *a* béna, sánta

lament [ləˈment] **1.** *n* panasz(kodás), kesergés **2.** *v* siránkozik, sopánkodik || ~ (**for**) **sy** sirat vkt

lamp [læmp] *n* lámpa

lampshade ['læmpʃeɪd] *n* lámpaernyő

lance [lɑːns] *n* gerely, lándzsa

land [lænd] **1.** *n* föld; (*property*) (föld)birtok; (*area*) terület; (*soil*) talaj; (*country*) ország **2.** *vi* (*aircraft*) leszáll, földet ér; (*from ship*) partra száll | *vt* (*fish*) kifog

landing ['lændɪŋ] *n* (*of ship*) kikötés; (*of aircraft*) leszállás; (*of person*) partraszállás; (*on stairs*) pihenő || ~ **stage** kikötőhely; ~ **strip** *aviat* leszállópálya

landlady ['lændleɪdɪ] *n* szállásadó(nő), háziasszony

landlord ['lændlɔːd] *n* szállásadó, háziúr

landmark ['lændmɑːk] *n* határkő; *fig* (*event*) fordulópont

landowner ['lændəʊnə] *n* földbirtokos

landscape ['lændskeɪp] *n* tájkép

landslide ['lændslaɪd] *n also fig* földcsuszamlás

lane [leɪn] *n* (*for running*) pálya; (*for traffic*) sáv; (*narrow road*) utcácska, köz || **inside** ~ külső sáv; **outside** ~ belső sáv

language ['læŋgwɪdʒ] *n* (*human speech*) nyelv; (*manner of speaking*) stílus, nyelv(ezet)

languid ['læŋgwɪd] *a* bágyadt, lankadt

lanky ['læŋkɪ] *a* hórihorgas, nyúlánk

lap[1] [læp] **1.** *n* (*of coat*) lebernyeg, szárny; (*of ear*) (fül)cimpa; (*of person*) öl; (*of race*) kör **2.** *v* **-pp-** (*overlap*) átlapol; (*wrap*) beteker; (*outrun*) leköröz vkt

lap[2] [læp] *v* **-pp-** (*milk*) szürcsöl; (*waves*) nyaldos

lapse [læps] **1.** *n* (*error*) (el)csúszás, hiba, mulasztás; (*interval*) kihagyás; *law* (*expiry*) elévülés; (*of date*) lejárat **2.** *v law* (*right*) elévül; (*date*) lejár

laptop ['læptɒp] *n comput* laptop (*hordozható személyi számítógép*)

lard [lɑːd] *n* zsír

larder ['lɑːdə] *n* (élés)kamra

large [lɑːdʒ] *a* nagy || **by and** ~ nagyjából; **be at** ~ szabadlábon van; **in** ~ **quantities** nagy menynyiségben

large-scale *a* nagyarányú, nagyszabású

lark[1] [lɑːk] *n* (*bird*) pacsirta

lark[2] [lɑːk] **1.** *n* (*joke*) tréfa **2.** *v* ~ (**about**) mókázik, bolondozik

laser ['leɪzə] *n* lézer

laser printer *n* lézernyomtató

lash [læʃ] **1.** *n* korbács, ostor **2.** *v* korbácsol, ostoroz

lass [læs] *n* lány(ka)

lassitude ['læsɪtjuːd] *n* kimerültség

last [lɑːst] **1.** *a* (leg)utolsó, (leg)utóbbi, múlt || ~ **night** tegnap éjjel/este; **the** ~ **time** múltkor **2.** *adv* utolsónak, utoljára **3.** *n* utolsó || **at** ~ végre **4.** *v* (*last*) tart; (*be enough*) eltart, kitart || **it won't** ~ (*effect*) semeddig se tart

lasting ['lɑːstɪŋ] *a* tartós, maradandó

latch [lætʃ] *n* (toló)zár

late [leɪt] **1.** *a* késő; (*dead*) néhai; (*recent*) legutóbbi, (leg)újabb || **be** ~ **for sg** elkésik/lekésik vmről; **it is getting** ~ későre jár az idő **2.** *adv* (el)késve, későn || ~ **at night** késő éjjel/este

lately ['leɪtlɪ] *adv* nemrég, mostanában, az utóbbi időben

latent ['leɪtənt] *a* rejtett; *med* lappangó

later ['leɪtə] **1.** *a* későbbi **2.** *adv* ~ (**on**) a későbbiek során/folyamán

lateral ['lætərəl] *a* oldalsó

latest ['leɪtɪst] **1.** *a* legutóbbi, legutolsó, legújabb || **at the** ~ legkésőbb; ~ **fashion** legújabb divat **2.** *adv* legutoljára

lathe [leɪð] *n* eszterga(pad)
Latin ['lætɪn] *a/n* latin
Latin America *n* Latin-Amerika
Latin-American *a/n* latin-amerikai
latitude ['lætɪtjuːd] *n geogr* szélesség
latter ['lætə] *a/n* későbbi, utóbbi
lattice ['lætɪs] *n* rács(ozat)
laugh [lɑːf] 1. *n* nevetés 2. *v* nevet ‖
~ **at** sg/sy nevet vmn/vkn, kinevet vmt/vkt
laughable ['lɑːfəbl] *a* nevetséges
laughter ['lɑːftə] *n* nevetés
launch [lɔːntʃ] *v* (*ship*) vízre bocsát; (*rocket*) fellő; (*debate*) elindít; (*business*) beindít
launder ['lɔːndə] *v US* kimos
launderette [lɔːndəˈret], *US* **laundromat** ['lɔːndrəmæt] *n* önkiszolgáló mosószalon
laundry ['lɔːndrɪ] *n* (*place*) mosoda; (*clothes*) szennyes
laurel ['lɒrəl] *n* babér
lava ['lɑːvə] *n* láva
lavatory ['lævətrɪ] *n* vécé, toalett
lavatory paper *n* vécépapír
lavender ['lævɪndə] *n* levendula
lavish ['lævɪʃ] 1. *a* (*gift*) pazar; (*person*) költekező 2. *v* pazarol
law [lɔː] *n* jog; (*legal rule*) törvény, jogszabály; (*science*) jogtudomány ‖ **by** ~ bírósági úton; ~ **of nature** természeti törvény
lawcourt ['lɔːkɔːt] *n* törvényszék, bíróság
lawful ['lɔːfəl] *a* törvényes, jogos
lawn [lɔːn] *n* gyep, pázsit
lawn-mower *n* fűnyíró (gép)
lawsuit ['lɔːsuːt] *n* per
lawyer ['lɔːjə] *n* jogász, ügyvéd
lax [læks] *a* hanyag
lay[1] [leɪ] *a* (*not expert*) laikus; (*not clerical*) laikus, világi

lay[2] [leɪ] *v* (*pt/pp* **laid** [leɪd]) (*put, place*) helyez, tesz, rak; (*eggs*) tojik ‖ ~ **the table** megterít; ~ **hands on** sg szert tesz vmre
lay aside vmt félretesz
lay by (*money*) félretesz (pénzt); (*habit*) abbahagy
lay down letesz, lerak
lay off (*worker*) elbocsát
lay on (*gas*) bevezet; (*paint*) felrak
lay out (*clothes*) leterít, kiterít; (*books*) szétrak; (*money*) kiad
lay up felhalmoz, beszerez
lay[3] [leɪ] *pt* → **lie**[2]
lay-by (*pl* **-bys**) *n* (*by motorway*) pihenőhely, leállósáv
layer ['leɪə] *n* (*of paint, society*) réteg
layman ['leɪmən] *n* (*pl* **-men**) laikus, világi személy
layout ['leɪaʊt] *n* (*arrangement*) elrendezés; (*plan*) alaprajz; (*design*) berendezés; (*typography*) tördelés
lazy ['leɪzɪ] *a* lusta
lb (*pl* ~ *or* **lbs**) = (*Latin: libra*) **pound** (*weight*) font
lead[1] [led] *n* (*metal*) ólom; (*graphite*) ceruzabél, grafit
lead[2] [liːd] 1. *n* (*leading*) vezetés; (*position*) előny; (*cord*) póráz; (*chief actor*) főszereplő; (*leading part*) főszerep ‖ **take the** ~ átveszi a vezetést 2. *v* (*pt/pp* **led** [led]) vezet, vkt vhová elvezet, vmre/ vmhez vezet ‖ ~ **a hard life** nehezen él; ~ **sy by the nose** vkt orránál fogva vezet; ~ **the way** elöl megy
lead astray félrevezet
lead away (*prisoner*) elvezet
lead on *col* rávesz
lead up to vhová kilyukad

leader ['liːdə] *n* vezető; (*violinist*) első hegedűs; (*article*) vezércikk
lead-free *a* ólommentes
leading ['liːdɪŋ] *a* fő, vezető ‖ ~ **article** vezércikk; ~ **light** *col* (*person*) kiválóság; ~ **part/role** főszerep
leaf [liːf] **1.** *n* (*pl* **leaves** [liːvz]) (*of tree*) falevél; (*of book*) lap **2.** *v* (ki)lombosodik
leaf through a book könyvet átlapoz
leaflet ['liːflɪt] *n* szórólap, prospektus
league [liːg] *n* liga, szövetség
leak [liːk] **1.** *n* lék **2.** *v* (*liquid*) folyik; (*container*) szivárog; (*roof*) beázik
leak out *vi* kiszivárog | *vt* kiszivárogtat
lean[1] [liːn] *a* (*person*) sovány, szikár; (*meat*) sovány
lean[2] [liːn] *v* (*pt/pp* **leant** [lent] *or* **leaned** [liːnd]) hajol, hajlik, dől
lean against sg vmnek nekidől
lean on (*depend*) vkre/vmre támaszkodik; (*rest*) megtámaszkodik vmben
lean out (of) kihajol
lean over vmn áthajol
leant [lent] *pt/pp* → **lean**
leap [liːp] **1.** *n* ugrás **2.** *v* (*pt/pp* **leapt** [lept] *or* **leaped** [liːpt]) szökken, ugrik
leap at sg (*animal*) vmre ráugrik; (*offer*) két kézzel kap vmn
leap-frog *n* bakugrás
leapt [lept] *pt/pp* → **leap**
leap year *n* szökőév
learn [lɜːn] *v* (*pt/pp* **learnt** [lɜːnt] *or* **learned** [lɜːnd]) (*gain knowledge*) vmt (meg)tanul; (*get information*)

megtud vmt, értesül vmről ‖ ~ **by heart** könyv nélkül megtanul
learned ['lɜːnɪd] *a* (*society*) tudományos; (*person*) tudós; → **learn**
learner ['lɜːnə] *n* tanuló; (~ *driver*) tanulóvezető
learning ['lɜːnɪŋ] *n* tanulás; (*knowledge*) tudás, felkészültség ‖ **a man of** ~ tanult ember
learnt [lɜːnt] *pt/pp* → **learn**
lease [liːs] **1.** *n* (*leasing*) bérbeadás; (*rent*) (haszon)bérlet **2.** *v* (*hire*) kibérel, bérbe vesz; (*let out*) bérbe ad
leash [liːʃ] *n* póráz
least [liːst] *a* legkisebb, legkevesebb ‖ **at** ~ legalább(is); **not in the** ~ a legkevésbé sem, egyáltalán nem
leather ['leðə] *n* bőr (*kikészített*)
leave [liːv] **1.** *n* (*absence*) szabadság; (*permission*) eltávozás, kimaradás **2.** *v* (*pt/pp* **left** [left]) (*quit*) (vk vkt) elhagy; (*allow*) hagy; (*go away*) (el)távozik, elutazik, vhonnan elmegy; (*depart*) indul ‖ ~ **(sg) at home** otthon felejt; ~ **home** elmegy hazulról; ~ **sy/sg alone** békén/békében hagy vkt/vmt
leave (sg) behind ottfelejt, maga mögött hagy
leave for vhova elutazik
leave out mellőz, kihagy
leaves [liːvz] *pl* → **leaf, leave**
lecherous ['letʃərəs] *a* buja, kicsapongó
lecture ['lektʃə] **1.** *n* (*at university*) előadás ‖ **deliver/read a** ~ **on sg** előadást tart vmről **2.** *v* (*at university*) előad (*on* vmről)
lecture hall *n* előadóterem

lecturer ['lektʃərə] *n* (*speaker*) (egyetemi) előadó, oktató ‖ *GB approx* (*assistant professor*) adjunktus
led [led] *pt/pp* → **lead**
ledge [ledʒ] *n* (*of window*) párkány; (*on wall*) szegély; (*shelf*) polc
leech [liːtʃ] *n zoo* pióca
leek [liːk] *n* póréhagyma
leer [lɪə] **1.** *n* kacsintás **2.** *v* ~ **at sy** kacsint vkre
leeway ['liːweɪ] *n* (*time*) szabadidő; (*space*) szabad hely/tér
left¹ [left] **1.** *a* (*side, turn*) bal (oldali); *tech* (*screw*) balmenetes **2.** *adv* balra **3.** *n* bal (oldal/kéz) ‖ **the L~** *pol* baloldal; **from the ~** balról, bal felől; **to the ~** balra, bal felé; **on the ~** a bal oldalon
left² [left] *pt/pp* → **leave**
left-hand *a* bal oldali; (*person*) balkezes; *tech* (*screw*) balmenetes
left-handed *a* (*person*) balkezes; (*compliment*) suta
left-hand side *n* bal oldal
left-luggage office *n* (pályaudvari) poggyászmegőrző
leftovers ['leftəʊvəz] *n pl* (étel)maradék
left wing *n pol* baloldal, balszárny
leg [leg] *n* (*limb*) láb(szár); (*of trousers*) szár; (*meat*) comb; (*of chair*) láb; (*of competition*) forduló
legacy ['legəsɪ] *n* örökség, hagyaték
legal ['liːgl] *a* (*lawful*) törvényes, jogos; (*of law*) jogi ‖ **take ~ action against sy** beperel vkt
legal aid *n* jogsegély
legal entity *n* jogi személy
legalize ['liːgəlaɪz] *v* legalizál
legend ['ledʒənd] *n* (*story*) legenda; (*inscription*) felirat; (*explanation*) jelmagyarázat

legible ['ledʒəbl] *a* olvasható
legislate ['ledʒɪsleɪt] *v* törvényt alkot/hoz
legislation [ledʒɪs'leɪʃn] *n* törvényhozás
legislative ['ledʒɪslətɪv] *a* törvényhozó
legislature ['ledʒɪsleɪtʃə] *n* törvényhozó testület
legitimate [lɪ'dʒɪtɪmət] *a* törvényes, jogos
leisure ['leʒə] *n* szabadidő, ráérő idő
leisure centre (*US* **center**) *n* szabadidőközpont
lemon ['lemən] *n* citrom
lemonade [lemə'neɪd] *n* limonádé
lemon squeezer (*or US* **juicer**) *n* citromnyomó
lend [lend] *v* (*pt/pp* **lent** [lent]) kölcsönöz, kölcsönad (*sg to sy or sy sg* vmt vknek)
length [leŋθ] *n* (*extent*) hossz(úság); (*duration*) tartam ‖ **~ of time** időtartam
lengthen ['leŋθən] *vt* (meg)hosszabbít ‖ *vi* (meg)hosszabbodik
lengthy ['leŋθɪ] *a* hosszadalmas
lenient ['liːnɪənt] *a* elnéző, türelmes
lens [lenz] *n phys* lencse
lent [lent] *pt/pp* → **lend**
Lent [lent] *n* nagyböjt
lentil ['lentɪl] *n bot* lencse
leopard ['lepəd] *n* leopárd
leotard ['liːətɑːd] *n* (*for girls*) testhezálló tornaruha, balett-trikó
less [les] **1.** *a* (*comparison*) kevesebb; (*minus*) mínusz ‖ **no(t) ~ than** nem kevesebb, mint **2.** *adv* kevésbé, kisebb mértékben, kevesebbet ‖ **~ and ~** egyre kevésbé

lessen ['lesn] *vt* csökkent, kisebbít; (*pain*) enyhít | *vi* csökken, fogy; (*pain*) enyhül
lesson ['lesn] *n* (*homework*) lecke; (*education*) tanítás; (*period*) óra; (*warning*) tanulság ‖ **let that be a ~ to you!** jó lecke volt ez neked!; **give English ~s** angolórákat ad; **take ~s (in sg)** órákat vesz
lest [lest] *conj* nehogy
let [let] *v* (*pt/pp* **let; -tt-**) (*allow*) hagy, enged; (*lease*) kiad, bérbe ad ‖ **to (be) ~** kiadó; **~ us** (*or* **let's**) **go!** menjünk!, gyerünk!; **~ us say** teszem azt, mondjuk; **~ alone** nem számítva; **~ me see!** hadd lássam!; **~ sy do sg** vmt enged vknek; **~ sy know sg** vkvel vmt tudat
let down leenged ‖ **~ sy down** *col* cserbenhagy vkt
let in (*admit*) beenged; (*make narrower*) bevesz
let in on beavat (*titokba*)
let off (*punishment*) elenged
let on továbbmond
let out (*room*) kiad; (*prisoner, dress*) kienged; (*secret*) kikotyog
let up (*tension*) enyhül; (*rain*) alábbhagy
lethal ['li:θl] *a* halálos
let's [lets] = **let us**
letter ['letə] *n* (*sign*) betű; (*message*) levél ‖ **~ of credit** hitellevél; → **letters**
letterbox ['letəbɒks] *n* postaláda, levélszekrény
letters ['letəz] *n pl or sing.* irodalom(tudomány)
lettuce ['letɪs] *n* (fejes) saláta
level ['levl] **1.** *a* sík, vízszintes, egyszintű ‖ **make ~** elsimít **2.** *n* szint,

színvonal **3.** *v* **-ll-** (*US* **-l-**) (*make level*) szintbe/szintre hoz, kiegyenlít; (*demolish*) lerombol; (*aim*) ráirányít
level-crossing *n* szintbeni útkereszteződés (*or* vasúti átjáró)
level-headed *a* higgadt
lever ['li:və] *n* emelő, emelőrúd
levy ['levi] **1.** *n* (*levying*) adókivetés; (*tax*) behajtott adó **2.** *v* kiró, kivet ‖ **~ a tax on sg** adót kivet vkre/vmre
lewd [lu:d] *a* (*indecent*) feslett; erkölcstelen; (*lustful*) parázna
liabilities *n pl* tartozások, passzívák
liability [laɪə'bɪləti] *n* (*responsibility*) kötelezettség; (*burden*) teher(tétel)
liable ['laɪəbl] *a* **~ for sg** (*responsible*) felelős vmért; **~ to sg** (*subject to*) vm alá esik, köteles vmre; (*prone to*) hajlamos vmre
liaison [lɪ'eɪzn] *n* kapcsolat, viszony
liar ['laɪə] *n* hazug ember
libel ['laɪbl] **1.** *n* rágalmazás **2.** *v* **-ll-** (*US* **-l-**) (meg)rágalmaz
liberal ['lɪbərəl] **1.** *a* (*generous*) nagyvonalú, bőkezű; (*open-minded*) szabadelvű, liberális **2.** *n* L~ liberális (párt tagja)
liberate ['lɪbəreɪt] *v* kiszabadít, felszabadít
liberty ['lɪbəti] *n* szabadság ‖ **be at ~** szabadlábon van; **take the ~ (of ...ing)** bátorkodik (*vmt tenni*)
librarian [laɪ'breərɪən] *n* könyvtáros
library ['laɪbrəri] *n* könyvtár
lice [laɪs] *pl* → **louse**
licence (*US* **-se**) ['laɪsns] *n* (*for driving*) jogosítvány, engedély; (*for sale*) licenc; → **license**
licence number *n* rendszám

license ['laɪsns] 1. *n US* = **licence** 2. *v* engedélyez, jogosítványt ad (vmre)
license plate *n US* rendszámtábla
lick [lɪk] 1. *n* nyalás 2. *v* (meg)nyal
lid [lɪd] *n* tető, fedél, fedő
lido ['liːdəʊ] *n* (*pl* **-os**) strand; (nyitott) uszoda
lie[1] [laɪ] 1. *n* hazugság 2. *v* (*pt/pp* **lied** [laɪd]; *pres p* **lying** ['laɪɪŋ]) hazudik
lie[2] [laɪ] *v* (*pt* **lay** [leɪ], *pp* **lain** [leɪn]; *pres p* **lying** ['laɪɪŋ]) fekszik, elterül (*ingatlan*) ‖ **sg ~s in** (...**ing**) abban rejlik, hogy
lie about szerteszét hever
lie down (le)fekszik
lie in (*stay in bed*) ágyban marad; (*after childbirth*) gyermekágyban fekszik
lieutenant [lefˈtenənt; us luː-] *n GB* főhadnagy; *US* hadnagy
life [laɪf] *n* (*pl* **lives** [laɪvz]) élet; (*biography*) életrajz ‖ **come to ~ (again)** életre kel
life assurance/insurance *n* életbiztosítás
lifebelt ['laɪfbelt] *n* mentőöv
lifeboat ['laɪfbəʊt] *n* mentőcsónak
lifeguard ['laɪfgɑːd] *n* (*in baths*) úszómester ‖ **~s** *pl* (*on beach*) mentőszolgálat
life jacket *n* mentőmellény
lifelike ['laɪflaɪk] *a* élethű
life-preserver *n US* (*belt*) mentőöv; (*jacket*) mentőmellény; (*stick*) ólmosbot
life-saver *n* (élet)mentő
life sentence *n* életfogytiglani börtönbüntetés
lifetime ['laɪftaɪm] *n* élettartam

lift [lɪft] 1. *n* lift, (személy)felvonó ‖ **give sy a ~** járműre vkt felvesz 2. *vt* (*raise*) (fel)emel; *col* (*steal*) elemel, ellop ‖ *vi* (*rise*) felszáll
light[1] [laɪt] 1. *a* (*clear*) világos; (*pale*) sápadt, halvány; (*bright*) világos (színű) 2. *n* (*brightness*) fény, világosság; (*lamp*) (villany)lámpa; (*flame*) tűz, láng ‖ **bring sg to ~** napfényre hoz vmt; (*mystery*) felderít; **~s** (*of car*) világítás; **give (sy) a ~** tüzet ad; **in the ~ of sg** vmnek fényében 3. *v* (*pt/pp* **lit** [lɪt] *or* **lighted** ['laɪtɪd]) meggyújt ‖ **~ a cigarette** cigarettára gyújt; **~ a fire** tüzet rak
light up (*room*) kivilágít; (*area*) bevilágít
light[2] [laɪt] 1. *a* (*not heavy*) könnyű; (*slight*) enyhe; gyenge ‖ **make ~ of sg** túlteszi magát vmn 2. *adv* könnyen, könnyedén 3. *v* (*pt/pp* **lit** [lɪt] *or* **lighted** ['laɪtɪd]) **~ on/upon sg/sy** ráakad/rábukkan vmre/vkre
light ale *n* világos sör
lighten[1] ['laɪtən] *v* (*heart*) enyhít; (*cargo*) könnyít
lighten[2] ['laɪtən] *vt* kivilágít ‖ *vi* (ki)világosodik
lighter ['laɪtə] *n* öngyújtó
light-headed *a* (*dizzy*) szédülő(s); (*careless*) szeleburdi
light-hearted *a* gondtalan
lighthouse ['laɪthaʊs] *n* világítótorony
light music *n* könnyűzene
lightning ['laɪtnɪŋ] *n* villám
light pen *n* fényceruza
lightweight ['laɪtweɪt] *n sp* könnyűsúly
light year *n* fényév

like[1] [laɪk] **1.** a/prep (similar) hasonló vkhez/vmhez; (comparison) mint ‖ **just** ~ (ugyan)olyan, mint; **just** ~ **you!** ez jellemző rád! **2.** adv/conj mint; úgy, amint **3.** n the **~s of him** a hozzá hasonlók

like[2] [laɪk] v szeret ‖ **as you** ~ ahogy akarod; **if you** ~ ha (úgy) tetszik; **I'd** ~ **a coffee** egy kávét kérek

likeable ['laɪkəbl] a rokonszenves

likely ['laɪklɪ] **1.** a valószínű ‖ **he is** ~ **to be late** lehet, hogy késni fog **2.** adv valószínűleg

likewise ['laɪkwaɪz] a hasonlóképpen, ugyanúgy

liking ['laɪkɪŋ] n tetszés ‖ **be to sy's** ~ ínyére/kedvére van/való; **have a** ~ **for sg** szeret/kedvel vmt

lilac ['laɪlək] n bot orgona

lily ['lɪlɪ] n liliom ‖ ~ **of the valley** gyöngyvirág

limb [lɪm] n (of body) (vég)tag; (of tree) vastag (fa)ág

lime[1] [laɪm] n (substance) mész

lime[2] [laɪm] n (tree) hársfa

lime[3] [laɪm] n (fruit) citrom

limelight ['laɪmlaɪt] n theat rivaldafény

limestone ['laɪmstəʊn] n mészkő

limit ['lɪmɪt] **1.** n határ, korlát **2.** v korlátoz, határt szab vmnek ‖ **be ~ed to** vmre korlátozódik/szorítkozik

limitation [lɪmɪ'teɪʃn] n korlátozás

limited ['lɪmɪtɪd] a korlátozott, korlátolt ‖ ~ **number of copies were printed** kis példányszámban jelent meg

limited liability company n korlátolt felelősségű társaság, kft.

limp [lɪmp] **1.** n **walk with a** ~ sántikál **2.** v biceg, sántít

line [laɪn] **1.** n (mark) vonal; (feature) vonás; (row) sor; (route) közlekedési vonal; (sea) járat; (track) sínpár; (wire, cable) huzal, vezeték; (of telephone) telefonvonal; (rope) kötél ‖ **be in** ~ **with sg** összhangban van vmvel **2.** v (mark with line) (meg)vonalaz; (clothes) (ki)bélel

line up vt felsorakoztat ‖ vi (fel)sorakozik

linen ['lɪnɪn] n (cloth) vászon; (garment) fehérnemű

liner[1] ['laɪnə] n (ship) óceánjáró; (for make-up) szemceruza; (aircraft) nagy személyszállító repülőgép

liner[2] ['laɪnə] n (for baby) (pelenka)betét; (for dust) szemeteszacskó

linger ['lɪŋgə] v sokáig távolmarad; kimarad ‖ ~ **about/around** lődörög; lézeng; ~ **on** tovább él (emlék)

lingerie ['lɒnʒərɪ] n női fehérnemű

lingo ['lɪŋgəʊ] n (pl **-goes**) col (language) nyelv; (jargon) nyelvjárás; szakzsargon

linguistics [lɪŋ'gwɪstɪks] n sing. nyelvtudomány, nyelvészet

lining ['laɪnɪŋ] n (of clothes) bélés

link [lɪŋk] **1.** n (chain) láncszem, kapcsolat; tech (connection) kötés; → **links 2.** v összekapcsol, összeköt (with vmvel)

link up vt összekapcsol ‖ vi összekapcsolódik

links [lɪŋks] n pl (golf) golfpálya

lint [lɪnt] n kötszer

lion ['laɪən] n oroszlán

lip [lɪp] *n* (*of mouth*) ajak; (*of vessel*)) száj
lipstick ['lɪpstɪk] *n* (ajak)rúzs
liqueur [lɪ'kjʊə] *n* likőr
liquid ['lɪkwɪd] **1.** *a* folyékony (halmazállapotú), cseppfolyós **2.** *n* folyadék, lé
liquidate ['lɪkwɪdeɪt] *v* (*company*) feloszlat, felszámol
liquidizer ['lɪkwɪdaɪzə] *n* turmixgép
liquor ['lɪkə] *n US* szeszes ital
lisp [lɪsp] **1.** *n* selypítés **2.** *v* selypít, pöszén beszél
list [lɪst] **1.** *n* jegyzék, lista ‖ **make a ~ of** sg jegyzékbe vesz, leltároz **2.** *v* jegyzékbe vesz, vhova besorol
listen ['lɪsn] *v* **~ (attentively)** figyel
listen in (to) rádiót hallgat, vmt meghallgat
listen to vkre odafigyel, vkt/vmt meghallgat ‖ **~ to me** hallgasson meg!; **~ to music** zenét hallgat
lit [lɪt] *pt/pp* → **light¹, light²**
liter ['liːtə] *n US* = **litre**
literally ['lɪtrəlɪ] *adv* szó/betű szerint
literary ['lɪtərərɪ] *a* irodalmi
literate ['lɪtərət] *a* (*able to read, write*) írni-olvasni tudó; (*educated*) olvasott
literature ['lɪtrətʃə] *n* irodalom
litigate ['lɪtɪgeɪt] *v* pereskedik
litre (*US* **liter**) ['liːtə] *n* liter
litter ['lɪtə] **1.** *n* (*rubbish*) hulladék, szemét; (*bedding*) alom **2.** *v* (*give birth*) kölykezik; (*with rubbish*) teleszemetel; (*make bed*) almot készít
litter bin *n* szemétláda
little ['lɪtl] *a* kis, kicsi(ny), kevés ‖ **a ~** egy kis, valamennyi; egy kicsit; **a ~ bit of** valamicske; **~ by ~**

lassanként, apránként; **in a ~ while** rövidesen, hamarosan
live 1. [laɪv] *a* élő, eleven; *el* áram alatti ‖ **be ~** (*wire*) ráz; **~ broadcast/coverage** *radio, TV* élő/egyenes adás/közvetítés **2.** [lɪv] *v* (*exist*) él; (*reside*) lakik ‖ **~ to see** sg vmely életkort megél
live down (*scandal*) kihever; (*sorrow*) idővel elfeledtet
live on sg megél vmből
live up to (*expectations*) megfelel vmnek; (*standards*) felnő (*színvonalhoz*)
livelihood ['laɪvlɪhʊd] *n* megélhetés
liveliness ['laɪvlɪnɪs] *n* elevenség, élénkség, fürgeség, frissesség
lively ['laɪvlɪ] *a* eleven, élénk
liven up ['laɪvn] *vi* felélénkül ‖ *vt* felélénkít
liver ['lɪvə] *n* máj
lives [laɪvz] *pl* → **life**
living ['lɪvɪŋ] **1.** *a* élő **2.** *n* megélhetés, kereset ‖ **what does (s)he do for a ~?** mivel foglalkozik?
living room *n* nappali (szoba)
living standard *n* életszínvonal
lizard ['lɪzəd] *n* gyík
load [ləʊd] **1.** *n* rakomány, teher, (meg)terhelés ‖ **~s of** sok, tömérdek **2.** *v* (*burden*) (be)rakodik, megrak; (*charge*) terhel (*with* vmvel); (*fill*) betölt; megtölt ‖ **~ (up) with** sg megrak vmvel
loaded question *n* beugrató kérdés
loaf¹ [ləʊf] *n* (*pl* **loaves** ['ləʊvz]) egész kenyér, egy kenyér
loaf² [ləʊf] *v* ácsorog, őgyeleg ‖ **~ about/around** cselleng, lóg, lődörög
loam [ləʊm] *n* agyag

loan [ləʊn] 1. n kölcsön(zés), kölcsönadás 2. v US ~ sg to sy (or sy sg) vknek vmt kölcsönöz/kölcsönad
loath [ləʊθ] a be ~ to do sg átall/rühell vmt tenni
loathe [ləʊð] v utál, gyűlöl
loaves [ləʊvz] pl → loaf¹
lobby ['lɒbɪ] 1. n (place) parlamenti folyosó; (group) érdekcsoport, lobby 2. v lobbyzik
lobster ['lɒbstə] n homár
local ['ləʊkl] 1. a helyi, helybeli, községi 2. n the ~s a helybeliek
local authority n helyhatóság, (helyi) önkormányzat
local government n önkormányzat
locality [ləʊ'kælətɪ] n helység, hely
localize ['ləʊkəlaɪz] v lokalizál
locally ['ləʊkəlɪ] adv helyileg
locate [ləʊ'keɪt] v (mérőműszerrel) bemér; lokalizál
location [ləʊ'keɪʃn] n (position) elhelyezkedés, fekvés; (site) hely(szín); (locating) helymeghatározás
loch [lɒk] n tó
lock [lɒk] 1. n (on door) zár; (of canal) zsilip; (of hair) (haj)fürt 2. v ~ (up) (with key) bezár ‖ ~ the door kulcsra zárja az ajtót
locker ['lɒkə] n (öltöző)szekrény
locket ['lɒkɪt] n medál, medalion
locksmith ['lɒksmɪθ] n (zár)lakatos
locomotive [ləʊkə'məʊtɪv] n mozdony
locust tree n (fehér) akác
lodge [lɒdʒ] 1. n (small house) lak, házikó, kunyhó; (of porter) portásfülke 2. v (person) elszállásol; (charge) benyújt
lodger ['lɒdʒə] n lakó, albérlő

lodging ['lɒdʒɪŋ] n szállás; → lodgings
lodging-house n panzió
lodgings ['lɒdʒɪŋz] n pl albérleti/bútorozott szoba
loft [lɒft] n padlás
lofty ['lɒftɪ] a emelkedett, fennkölt
log [lɒg] n (fa)hasáb, fatuskó, rönk
logbook ['lɒgbʊk] n hajónapló; menetnapló
logical ['lɒdʒɪkl] a logikus, okszerű
logo ['ləʊgəʊ] n (pl -gos) embléma, rövid szöveg
loins [lɔɪnz] n pl ágyék
loiter ['lɔɪtə] v ~ about/around lődörög, álldogál
loll [lɒl] v ~ about ácsorog ‖ ~ out (tongue) kilóg
lollipop ['lɒlɪpɒp] n nyalóka
lone [ləʊn] a (solitary) magányos; (single) egyedül álló
loneliness ['ləʊnlɪnɪs] n egyedüllét, elhagyatottság
lonely ['ləʊnlɪ] a magányos, elhagyatott
long¹ [lɒŋ] 1. a hosszú 2. adv hosszú ideig, hosszan ‖ it won't be ~ nem tart soká; ~ ago régen, hajdan(ában); as ~ as mindaddig, amíg; ~ live ...! éljen!; in the ~ run hosszú távon/távra; for a ~ time régóta, soká 3. n hosszú idő ‖ before ~ nemsokára, rövidesen; for ~ hosszasan, soká; take ~ (to do sg) soká tart
long² [lɒŋ] v vágyódik ‖ ~ for sg/sy vm után, vk/vm után vágyódik/sóvárog
long-distance a távolsági ‖ ~ call US távolsági beszélgetés; ~ runner hoszszútávfutó

longer ['lɒŋgə] **1.** *a* hosszabb **2.** *adv* (*extent*) hosszabbra; (*time*) tovább || **no** ~ már nem, többé (már) nem
longitude ['lɒndʒɪtjuːd] *n geogr* hosszúság
long jump *n* távolugrás
long-lasting *a* hosszú ideig tartó, tartós
long-life *a* tartós || ~ **battery** tartós elem
long-playing record *n* mikrobarázdás hanglemez, mikrolemez
long-range *a* hosszú lejáratú/távú
long-sighted *a med* messzelátó
long-standing *a* régóta meglevő/fennálló
long-term *a* hosszú lejáratú/távú
long wave *n* hosszú hullám
loo [luː] *n col* vécé
look [lʊk] **1.** *n* (*glance*) pillantás, tekintet; (*appearance*) látszat, szín, külső || **have/take a** ~ **at** megnéz; → **looks 2.** *v* (*see, glance*) (meg)néz, tekint; (*seem, appear*) látszik, tűnik, fest, kinéz (vmlyennek) || **she does not** ~ **her age** nem látszik annyinak; ~ **like sy/sg** hasonlít vkhez/vmhez, vmlyennek látszik; **it** ~**s like (it)** nagyon lehetséges
look after (*person*) figyel/vigyáz vmre/vkre; gondoskodik vkről/vmről
look around szétnéz, körülnéz
look at (meg)néz, ránéz
look back hátranéz, visszatekint (*on* vmre)
look down on sy vkt lenéz
look for sg (*seek*) keres vkt/vmt; (*expect*) vár, remél vmt
look forward to (doing) sg előre örül vmnek; vmt (alig) vár

look in (on sy) *col* vkhez beugrik/benéz
look into (*question*) megvizsgál, vmbe beletekint
look on (*watch*) végignéz; (*regard*) tart/tekint (*as* vmnek)
look out (*for danger*) vigyáz
look round szétnéz, körülnéz
look up (*raise eyes*) felnéz; (*data, facts*) visszakeres
look up to sy vkre felnéz
looker-on *n* (*pl* **lookers-on**) néző
looking-glass *n* tükör
looks [lʊks] *n pl* megjelenés, kinézés
loom[1] [luːm] *n* szövőszék
loom[2] [luːm] *v* dereng, ködlik
loony ['luːnɪ] *n col* bolond, dilis
loop [luːp] **1.** *n* (*on coat*) akasztó; (*on wire*) hurok; *comput* hurok, ciklus **2.** *v* hurkol
loophole *n* ['luːphəʊl] (*for shooting*) lőrés; *fig* (*in law*) kibúvó, kiskapu
loose [luːs] *a* laza, tág, bő; (*not firm*) petyhüdt, ernyedt; (*immoral*) feslett, léha || **come** ~ (*knitting*) meglazul
loose-leaf book *n* cserélhető lapokból álló könyv, gyűrűs könyv
loosen ['luːsn] *vt* (meg)lazít, megold; (*dress*) kitágít | *vi* meglazul
loot [luːt] **1.** *n* zsákmány, *col* szajré **2.** *v* fosztogat, rabol
looter ['luːtə] *n* fosztogató
lop-sided [lɒp'saɪdɪd] *a* aszimmetrikus
loquacious [ləʊ'kweɪʃəs] *a* bőbeszédű
lord [lɔːd] *n* lord || **My L**~ *GB* (*főrendek megszólítása*); **the L**~ *rel* az Úr (*Isten, ill. Jézus Krisztus*)

Lord Chancellor n GB igazság-ügy-miniszter

Lord Mayor [meə] n (in London) főpolgármester

lorry ['lɒrɪ] n teherautó; kamion

lorry driver n teherautó-vezető, kamionvezető

lose [luːz] v (pt/pp **lost** [lɒst]) (el)-vesz(í)t; (clock) késik ‖ **I've lost my keys** elvesz(í)tettem a kulcsaimat, elvesztek a kulcsaim; ~ **consciousness** elveszti eszméletét; ~ **one's temper** kijön a sodrából; ~ **one's way** eltéved; ~ **time** időt veszít; ~ **weight** fogy; → **lost**

loser ['luːzə] n vesztes

loss [lɒs] n (damage) veszteség, (anyagi) kár; (deprivation) csökkenés ‖ **be at a** ~ zavarban van, tanácstalan; **make a** ~ **on sg** (business) ráfizet

lost [lɒst] a elveszett, (el)vesztett ‖ **be** ~ nem ismeri ki magát, eltévedt; **get** ~ (lose one's way) eltéved; (speech) nem tud követni vmt; ~ **lost!** col tűnj el!; **be** ~ **in sg** vmbe belemélyed, vmben elmerül; → **lose**

lost-property office n talált tárgyak osztálya

lot [lɒt] n (destiny) sors, osztályrész; US (land) telek, házhely ‖ **a** ~ **of,** ~**s of** sok, egy csomó, rengeteg; **the** ~ col az egész

lotion ['ləʊʃn] n arcvíz; (body ~) testápoló

lottery ['lɒtərɪ] n lottó

loud [laʊd] **1.** a (loudy) hangos, zajos; (colour) rikító **2.** adv hangosan

loudly ['laʊdlɪ] adv hangosan

loudspeaker [laʊd'spiːkə] n hangszóró, hangosbemondó

lounge [laʊndʒ] **1.** n (in hotel) hall; (in theatre) előcsarnok; (for waiting) várócsarnok **2.** v ~ **about/ around** őgyeleg, üldögél

lounge suit n utcai ruha

louse [laʊs] n (pl **lice** [laɪs]) tetű

lousy ['laʊzɪ] a (full of lice) tetves; col (bad) komisz, pocsék

love [lʌv] **1.** n szeretet; (of opposite sex) szerelem; (in tennis) semmi ‖ **be in** ~ **with sy** szerelmes vkbe; **send one's** ~ **to sy** üdvözöl; **make** ~ **(to sy)** (vkvel) szeretkezik; **my** ~ szíve(cské)m, édesem **2.** v szeret vkt, szerelmes vkbe

love affair n szerelmi viszony

love letter n szerelmes levél

lovely ['lʌvlɪ] a szép, csinos, helyes

lover ['lʌvə] n szerető, kedves

low [ləʊ] **1.** a (deep) alacsony, mély; (inferior) alantas, alsóbbrendű; (weak) gyenge; (soft) halk, csendes ‖ **at a** ~ **price** olcsón; ~ **speed** kis sebesség; **be in** ~ **spirits, feel** ~ lehangolt, rosszkedvű; **in a** ~ **voice** halkan **2.** adv (deeply) alacsonyan, mélyen; (softly) halkan, mély hangon; (weakly) gyengén

lower ['ləʊə] **1.** a (below) alsó, lenti; (comparison) alacsonyabb ‖ **the** ~ **part of sg** vmnek az alsó része **2.** adv ~ **(down)** lejjebb, alább **3.** v (let down) leenged, süllyeszt; leereszt; (reduce) (le)-csökken(t); (weaken) lehalkít ‖ ~ **one's voice** halkabban beszél; ~ **oneself** lealacsonyodik

Lower House n (in Parliament) alsóház

lowland(s) ['ləʊlənd(z)] *n* (*pl*) alföld, síkság
low-lying *a* mélyen fekvő
low-spirited [ləʊ'spɪrɪtɪd] *a* nyomott hangulatú
loyal ['lɔɪəl] *a* hű, hűséges (*to* vkhez)
loyalist ['lɔɪəlɪst] *n* kormányhű, lojalista
loyalty ['lɔɪəltɪ] *n* hűség
lozenge ['lɒzɪndʒ] *n* (*shape*) rombusz; *med* pasztilla, tabletta
LP [el 'piː] = **long-playing record**
Ltd = **limited liability company**
lubricant ['luːbrɪkənt] *n* kenőanyag
lubricate ['luːbrɪkeɪt] *v* (*machine*) zsíroz, olajoz, ken
lubrication [luːbrɪ'keɪʃn] *n* kenés, olajozás, zsír(o)zás
lucid ['luːsɪd] *a* világos
luck [lʌk] *n* szerencse ‖ **bad/hard** ~ balszerencse, pech; **be out of** ~ rájár a rúd, balsikerű
luckily ['lʌkəlɪ] szerencsére ‖ ~ **for me** szerencsémre
lucky ['lʌkɪ] *a* szerencsés
lucrative ['luːkrətɪv] *a* gyümölcsöző, nyereséges
ludicrous ['luːdɪkrəs] *a* vidám; bolondos
lug [lʌg] *v* -gg- cipel, hurcol, vonszol
luggage ['lʌgɪdʒ] *n* (*pl* ~) (személy)poggyász, csomag ‖ ~ **office** poggyászfeladás; ~ **rack** (*in train, coach*) csomagtartó
lukewarm ['luːkwɔːm] *a* langyos
lull [lʌl] **1.** *n* szélcsend **2.** *v* ~ **to sleep** álomba ringat
lullaby ['lʌləbaɪ] *n* altatódal
lumber ['lʌmbə] *n* col (*articles*) kacat, lom; *US* (*timber*) épületfa, fa(anyag)

lumberjack ['lʌmbədʒæk] *n US* favágó
luminous ['luːmɪnəs] *a* világító
lump [lʌmp] *n* rög; (*in throat*) gombóc; (*in sauce*) csomó; (*swelling*) dudor, daganat ‖ **a ~ (of sugar)** (egy darab) kockacukor
lump sum *n* átalány
lumpy ['lʌmpɪ] *a* rögös; (*figure*) darabos; (*sauce*) csomós
lunar eclipse *n* holdfogyatkozás
lunatic ['luːnətɪk] *a/n* elmebeteg, őrült, bolond ‖ ~ **asylum** elmegyógyintézet
lunch [lʌntʃ] **1.** *n* ebéd ‖ **have** ~ ebédel **2.** *v* ebédel
luncheon ['lʌntʃən] *n* ebéd; villásreggeli ‖ ~ **meat** löncshús
lung [lʌŋ] *n* tüdő
lunge [lʌndʒ] **1.** *n* (*in fencing*) (hirtelen) szúrás, kitörés; támadás **2.** *v* (hirtelen) szúr, kitöréssel támad
lungs [lʌŋz] *n pl* tüdő
lurch [lɜːtʃ] *n* **leave sy in the** ~ cserben hagy vkt
lure [lʊə] **1.** *n* csalétek **2.** *v* ~ **into a trap** kelepcébe csal; ~ **sy to** vhová odacsal
lurid ['lʊərɪd] *a* (*sky*) ragyogó; (*accident*) rémes
lurk [lɜːk] *v* rejtőzik; bujkál
luscious ['lʌʃəs] *a* (*fruit*) zamatos; col (*girl*) érzéki
lust [lʌst] **1.** *n* érzéki/testi vágy
lustful [lʌstfl] *a* buja
lustre (*US* -**er**) ['lʌstə] *n* (*of fabric*) fényesség; *fig* (*of name*) fény
lusty ['lʌstɪ] *a* életerős; energikus
lute [luːt] *n mus* lant
luxuriant [lʌg'ʒʊərɪənt] *a* (*plants*) buja; (*imagination*) gazdag

luxurious [lʌg'ʒʊərɪəs] *a* fényűző, pazar
luxury ['lʌkʃərɪ] *n* fényűzés, luxus
lynx [lɪŋks] *n* hiúz
lyric ['lɪrɪk] *a* lírai; → **lyrics**
lyrics ['lɪrɪks] *n pl* (dal)szöveg

M

MA = **Master of Arts**
ma [mɑː] *n col* mama
mac [mæk] *n col* esőköpeny
macaroni [mækə'rəʊnɪ] *n* makaróni
machine [mə'ʃiːn] *n* gép, készülék
machine-gun *n* géppuska
machinery [mə'ʃiːnərɪ] *n* gépezet
mackerel ['mækrəl] *n* makréla
mackintosh ['mækɪntɒʃ] *n* esőköpeny
mad [mæd] *a* (*crazy*) őrült, bolond; (*angry*) dühös, mérges ‖ **drive sy** ~ megőrjít; **go** ~ megőrül
madam ['mædəm] *n* **M**~! asszonyom!
madden ['mædn] *v* megőrjít, megbolondít
made [meɪd] *a* (*thing*) készült; *fig* (*person*) beérkezett ‖ **be** ~ **of wood** fából készült/való; ~ **in Switzerland** svájci gyártmányú; → **make**
made-to-measure *a* mérték után készült (*ruha*)
madman ['mædmən] *n* (*pl* -**men**) elmebajos, bolond, őrült
madness ['mædnɪs] *n* őrültség
maelstrom ['meɪlstrɒm] *n* örvény

magazine[1] [mægə'ziːn] *n* (*store*) magazin, fegyverraktár; (*in gun, camera*) tár
magazine[2] [mægə'ziːn] *n* (képes)-lap, folyóirat
maggot ['mægət] *n* (*in fruit*) kukac
magic ['mædʒɪk] **1.** *a* varázslatos, bűvös, csodás **2.** *n* varázslat
magical ['mædʒɪkl] *a* = **magic 1.**
magician [mə'dʒɪʃn] *n* bűvész, varázsló
magistrate ['mædʒɪstreɪt] *n* (*in lowest courts*) bíró; *hist GB* (*justice of peace*) békebíró
magnesium [mæg'niːzɪəm] *n* magnézium
magnet ['mægnɪt] *n* mágnes
magnetic [mæg'netɪk] *a* (*field*) mágneses; (*personality*) vonzó, szuggesztív
magnetize ['mægnɪtaɪz] *v* (*with magnet*) mágnesez; *fig* (*by charm*) elbűvöl
magnificent [mæg'nɪfɪsnt] *a* nagyszerű, pompás, remek
magnify ['mægnɪfaɪ] *v* (*enlarge*) nagyít; (*exaggerate*) túloz
magnifying glass ['mægnɪfaɪɪŋ] *n* nagyító(üveg), nagyítólencse
magnitude ['mægnɪtjuːd] *n* nagyság, méret
magpie ['mægpaɪ] *n* szarka
mahogany [mə'hɒgənɪ] *n* mahagóni
maid [meɪd] *n* (*servant*) háztartási alkalmazott; (*maiden*) szűz, lány
maiden ['meɪdn] *n* (*unmarried*) hajadon; (*girl*) szűz
maiden name *n* leánykori név
mail [meɪl] **1.** *n* posta(i küldemény) **2.** *v US* postára ad, elküld

mailbox ['meɪlbɒks] *n US* levélszekrény, postaláda
mail-order firm *n* csomagküldő áruház
mail van (*or US* **truck**) *n* postakocsi
main [meɪn] **1.** *a* fő, lényeges, fontos, **2.** *n* (*pipe*) fővezeték ‖ **in the** ~ többnyire, főleg; → **mains**
main course *n* főétel
mainland ['meɪnlænd] *n* szárazföld
mainly ['meɪnlɪ] *adv* főleg, főként, legfőképpen
main road *n* (*in town, having precedence*) főútvonal
mains ['meɪnz] *n sing. or pl el* (*wires*) hálózat; *col* (*main pipe*) fővezeték
maintain [meɪn'teɪn] *v* (*family*) fenntart, eltart; (*road*) karbantart
maintenance ['meɪntənəns] *n* fenntartás; (*of divorced wife*) eltartás; (*money*) tartásdíj; (*of road, car etc.*) karbantartás
maize [meɪz] *n* kukorica
majestic [mə'dʒestɪk] *a* fenséges
majesty ['mædʒəstɪ] *n* (*quality*) fenség; (*addressing*) felség ‖ **His/Her M~** őfelsége
major ['meɪdʒə] **1.** *a* (*greater*) fontosabb, főbb, nagyobb; (*of full age*) nagykorú; (*elder*) idősebb; *mus* dúr ‖ ~ **road** főútvonal **2.** *n mil* őrnagy; *US* (*at university*) főszak, főtantárgy **3.** *v US* ~ **in sg** (*at university*) specializálja magát vmre/vmben, vmelyik szakra jár
majority [mə'dʒɒrətɪ] *n* többség; (*age*) nagykorúság
make [meɪk] **1.** *n* márka, gyártmány **2.** *v* (*pt/pp* **made** [meɪd]) (*do, create*) csinál, készít; (*prepare*)

elkészít, (meg)főz; (*produce*) előállít, gyárt; (*earn*) keres; (*reach*) vhova elér; (*travel*) megtesz ‖ **2 and 4 ~ 6** 2 meg 4 az annyi, mint 6; **he ~s £12 000 a year** évi 12 000 fontot keres; ~ **friends (with)** (össze)barátkozik (vkvel); ~ **as if/though** úgy tesz, mintha ...; ~ **it** *col* viszi valamire; ~ **sy do sg** vkt vmre rábír/rákényszerít; **have sg made** csináltat
make for (a place) vhová igyekszik
make (sg) of (sg) (*prepare*) vmből készít vmt; (*understand*) vhogyan ért/magyaráz vmt ‖ **be made of sg** vmből készült/van
make out (*decipher*) kisilabizál, kibetűz; (*understand*) megért; (*cheque*) kiállít; (*prescription*) felír
make up (*face*) kifest; (*medicine, dress*) elkészít; (*parcel*) összeállít; (*story*) kitalál vmt; (*ruhát*) elkészít; ~ **up one's mind to do sg** rászánja magát vmre; → **mind**
make up for (*time*) behoz; (*fact*) jóvátesz; (*loss*) pótol
make-believe 1. *a* színlelt, hamis **2.** *n* színlelés, tettetés
makeshift ['meɪkʃɪft] *a/n* hevenyészett, ideiglenes (tákolmány)
make-up *n* (*cosmetics*) arcfesték, smink; (*making-up*) arcfestés, kikészítés
malaise [mæ'leɪz] *n* rossz közérzet; *also fig* gyengélkedés
malaria [mə'leərɪə] *n* malária
male [meɪl] *biol* **1.** *a* hím(nemű), férfi **2.** *n* (*person, animal*) hím; (*animal*) bak
malevolent [mə'levələnt] *a* rosszindulatú

malfunction [mæl'fʌŋkʃn] *n* működési zavar
malice ['mælıs] *n* rosszindulat
malicious [mə'lıʃəs] *a* rosszindulatú
malign [mə'laın] 1. *a* rosszindulatú 2. *v* rossz színben tüntet fel vkt
malignant [mə'lıgnənt] *a* *med* rosszindulatú
mall [mɔːl] *n* *US* sétálóutca
malnutrition [mælnjuː'trıʃn] *n* hiányos táplálkozás
malt [mɔːlt] *n* maláta
maltreat [mæl'triːt] *v* ~ **sy** rosszul bánik vkvel, gyötör vkt
mama, mamma [mə'maː] *n* *col* mama
mammal ['mæml] *n* emlős(állat) ‖ ~**s** *pl* emlősök
mammoth ['mæməθ] *a/n* mamut
man [mæn] *n* (*pl* **men** [men]) (*person*) ember; (*male*) férfi
manage ['mænıdʒ] *v* (*control*) kezel, irányít; (*direct*) igazgat, vezet; *comm* (*deal with*) bonyolít; vmt menedzsel; (*succeed*) vmvel boldogul ‖ ~ **to do sg** (*vknek vm, vmt megtenni*) sikerül; **I can't** ~ **it** nem boldogulok vele; **can** ~ **without sg** megvan vm nélkül
management ['mænıdʒmənt] *n* (*managing*) kezelés; (*direction*) vezetés; (*managers*) vezetőség, főnökség, menedzsment; (*administration*) adminisztráció
manager ['mænıdʒə] *n* (*of bank, factory*) igazgató; (*of restaurant, shop*) vezető; (*of business*) menedzser, vállalatvezető; *sp* szövetségi kapitány
managing director *n* ügyvezető igazgató

mandarin (orange) ['mændərın] *n* mandarin
mandate ['mændeıt] 1. *n* (*authority*) mandátum 2. *v* megbíz
mane [meın] *n* sörény
maneuver [mə'nuːvə] *US* = **manoeuvre**
manful ['mænfl] *a* bátor, férfias
manhandle ['mænhændl] *v* kézi erővel mozgat/szállít; *col* bántalmaz
manhole ['mænhəʊl] *n* (*in street*) utcai akna, csatornanyílás
manhood ['mænhʊd] *n* (*state*) férfikor; (*manliness*) férfiasság
mania ['meınıə] *n* (*divat*)hóbort, mánia
maniac ['meınıæk] *n* (*madman*) őrült; (*enthusiast*) megszállott
manicure ['mænıkjʊə] 1. *n* manikűr 2. *v* manikűröz
manifest ['mænıfest] 1. *a* nyilvánvaló 2. *v* (ki)nyilvánít, kimutat ‖ ~ **itself** megnyilatkozik, megnyilvánul
manifesto [mænı'festəʊ] *n* (*pl* **-toes** *or* **-tos**) kiáltvány
manifold ['mænıfəʊld] *a* sokféle; sokszoros
manipulate [mə'nıpjʊleıt] *v* befolyásol; manipulál
mankind [mæn'kaınd] *n* (*species*) az emberi nem, emberfaj; (*sex*) férfiak
manly ['mænlı] *a* férfias
man-made *a* mesterséges, műmanequin** ['mænıkın] *n* (*dummy*) próbababa; (*model*) manöken
manner ['mænə] *n* mód, modor ‖ **in this** ~ így, ily módon; → **manners**

manners ['mænəz] *n pl* viselkedés, modor ‖ **have bad** ~ rossz modora van

manoeuvre *(US* **-neuver)** [mə'nuːvə] **1.** *n (movement)* hadművelet; *(plan)* manőver **2.** *v also mil* manőverez; *col* lavíroz

manor (house) ['mænə] *n (castle)* kastély; *(house)* udvarház

manpower ['mænpaʊə] *n* munkaerő, munkáslétszám

man-servant *n (pl* men-servants) inas

mansion ['mænʃn] *n (palace)* kastély; *(house)* (nemesi) kúria

manslaughter ['mænslɔːtə] *n* (szándékos) emberölés

mantelpiece ['mæntlpiːs] *n* kandallópárkány

mantle ['mæntl] *n* köpeny, köpönyeg

manual ['mænjʊəl] **1.** *a* kézi **2.** *n (book)* kézikönyv; *(keyboard)* billentyűzet

manufacture [mænju'fæktʃə] **1.** *n* gyártás **2.** *v* gyárt, termel

manufacturer [mænju'fæktʃərə] *n* gyártó (cég)

manure [mə'njʊə] **1.** *n* trágya **2.** *v* (meg)trágyáz

manuscript ['mænjʊskrɪpt] *n* kézirat

many ['menɪ] *a (with plural noun)* sok, számos ‖ **how** ~? hány?, mennyi?; ~ **a man** sok ember; **a good/great** ~ jó sok; ~ **a time,** ~ **times** sokszor; **as** ~ **as** annyi ... amennyi; ~ **people** rengeteg (sok) ember

map [mæp] **1.** *n* térkép **2.** *v* **-pp-** feltérképez

map out *(arrange)* kidolgoz; *(plan)* eltervez

maple ['meɪpl] *n* juharfa *(élő)*

mar [mɑː] *v* **-rr-** elront

marble ['mɑːbl] *n* márvány ‖ ~**s** *pl* (játék)golyók

March [mɑːtʃ] *n* március; → **August**

march [mɑːtʃ] **1.** *n* menet(elés); *mus* induló **2.** *v (on parade)* felvonul; *(soldiers)* gyalogol, menetel

mare [meə] *n* kanca

margarine [mɑːdʒə'riːn] *n* margarin

margin ['mɑːdʒɪn] *n* szegély, perem, (lap)szél, margó

marijuana [mæn'wɑːnə] *n* marihuána

marine [mə'riːn] **1.** *a* tengeri **2.** *n* tengerészgyalogos

mariner ['mænɪnə] *n* tengerész

marionette [mænə'net] *n* báb(u), marionett

marital status ['mæntl] *n* családi állapot

maritime ['mæntaɪm] *a* tengeri, tengerészeti

marjoram ['mɑːdʒərəm] *n* majoránna

mark [mɑːk] **1.** *n (spot)* folt; *(trace)* nyom; *(sign)* jelzés; *(stamp)* bélyeg; *(target)* cél(pont); *(in sport)* pont; *(at school)* (érdem)jegy, osztályzat ‖ **hit the** ~ (célba) talál; **leave its** ~ **on sg** rányomja a bélyegét vmre **2.** *v (indicate)* vmt vmvel (meg)jelöl; *(price)* árjelzéssel ellát; *(exam)* (le)osztályoz; *(signal)* jelez; *(pay attention)* figyel

mark out *(put line)* kijelöl, kitűz; *(for purpose)* kiszemel

marked [mɑːkt] *a* feltűnő, határozott

market ['mɑːkɪt] n (demand, trade) piac; (area) vásárcsarnok
market economy n piacgazdaság
market garden n bolgárkertészet, konyhakertészet
marketing ['mɑːkɪtɪŋ] n marketing, piacszervezés
market-place, the n a piac
marksman ['mɑːksmən] n (pl -men) céllövő, mesterlövész
marmalade ['mɑːməleɪd] n narancsdzsem
maroon [mə'ruːn] a/n gesztenyebarna
marquess ['mɑːkwɪs] n márki
marquis ['mɑːkwɪs] n márki
marriage ['mærɪdʒ] n házasság
married ['mærɪd] a házas, nős, férjes, férjezett ‖ ~ **couple** házaspár
marrow¹ ['mærəʊ] n (of bone) (csont)velő
marrow² ['mærəʊ] n GB (vegetable ~) tök
marry ['mærɪ] v (woman) feleségül vesz vkt; (man) férjhez megy vkhez; (couple) házasságot köt vkvel; (priest) összeesket ‖ **get married** házasságot köt, összeházasodik
marsh [mɑːʃ] n mocsár, láp
marshal ['mɑːʃl] n marsall
marsh-land n láp
martial law ['mɑːʃl] n statárium
martyr ['mɑːtə] n vértanú, mártír
marvel ['mɑːvl] 1. n csoda 2. v -ll- (US -l-) ~ **at (sg)** csodálkozik vmn
marvellous (US -l-) ['mɑːvələs] a csodálatos, remek
mascot ['mæskət] n amulett, talizmán, kabala
masculine ['mæskjʊlɪn] 1. a férfias; gram hímnemű 2. hímnem

mash [mæʃ] n püré
mashed potatoes [mæʃt] n pl krumplipüré
mask [mɑːsk] n (on face) álarc, maszk; (on head) sisak
mason ['meɪsn] n (builder) kőműves; (free~) szabadkőműves
masquerade [mæskə'reɪd] n (ball) álarcos felvonulás, álarcosbál; fig (pretence) komédia; (fancy dress) jelmez; maskara
mass¹ [mæs] n phys (quantity) tömeg; (bulk) halom ‖ **the ~es** a tömegek
mass² [mæs] n rel mise
massacre ['mæsəkə] 1. n öldöklés, tömegmészárlás 2. v (people) lemészárol
massage ['mæsɑːʒ] v masszíroz
massive ['mæsɪv] a tömör, masszív, (nagyon) nehéz
mass media n pl tömegtájékoztató eszközök, a média (= médiumok)
mass production n tömeggyártás
mast [mɑːst] n árboc
master ['mɑːstə] 1. n gazda, úr; (artist) mester; (teacher) tanár, tanító; (of college) igazgató; (captain) kapitány; GB (degree) **M~** „magister" 2. v ~ **sg** (instrument, language, method) vmbe beletanul, elsajátít vmt
master key n álkulcs
mastermind ['mɑːstəmaɪnd] 1. n kitűnő koponya, nagy szellem 2. v a háttérből irányít
Master of Arts n GB approx bölcsészdoktor
Master of Science GB approx természettudományi doktor
masterpiece ['mɑːstəpiːs] n mestermű, remekmű

mat¹ [mæt] **1.** *n* (*at door*) lábtörlő; (*on table*) (tányér)alátét; (*of hair*) hajcsomó **2.** *v* **-tt-** (*hair*) összecsomósodik

mat² [mæt] *a* = **matt**

match [mætʃ] **1.** *n* (*piece of wood*) gyufa; (*game*) meccs, mérkőzés; (*equal*) párja vmnek/vknek; (*marriage*) házasság ‖ **a box of ~es** egy doboz gyufa; **have no ~** nincsen párja **2.** *vi* összeillik ‖ *vt* összehangol ‖ **they ~ well** (*clothes, colours*) illenek egymáshoz

matchbox ['mætʃbɒks] *n* gyufásdoboz

mate¹ [meɪt] **1.** *n col* társ, pajtás, szaki **2.** *vi zoo* párosodik, párzik ‖ *vt* pároztat

mate² [meɪt] *n* (*in chess*) matt

material [mə'tɪərɪəl] **1.** *a* anyagi; materiális **2.** *n* (*substance*) anyag; (*cloth*) anyag, szövet

materialize [mə'tɪərɪəlaɪz] *v* megvalósul, valóra válik

maternity [mə'tɜːnəti] *n* anyaság ‖ **~ benefit** (*US* **allowance**) anyasági segély; **~ dress** kismamaruha; **~ hospital** szülészet (*kórház*)

math [mæθ] *n US col* matek

mathematician [mæθəmə'tɪʃn] *n* matematikus

mathematics [mæθə'mætɪks] *n sing.* matematika

maths [mæθs] *n sing. or pl col* matek

matinée ['mætɪneɪ] *n* délutáni előadás

matrices ['meɪtrɪsiːz] *pl* → **matrix**

matriculate [mə'trɪkjuleɪt] *vt* felvesz ‖ *vi* (*enter, enrol* beiratkozik

matrimony ['mætrɪmənɪ] *n* házasság

matrix ['meɪtrɪks] *n* (*pl* **matrices** ['meɪtrɪsiːz] *or* **matrixes**) *print* (*mould*) matrica, anyagminta; (*hotbed*) vmnek a melegágya; *math* mátrix

matron ['meɪtrən] *n* (*in hospital*) főnővér; (*in school*) gondnoknő

matt [mæt] *a* (*paint*) matt

matter ['mætə] **1.** *n* (*substance*) anyag; (*question*) ügy, kérdés, tárgy; (*business*) dolog ‖ **what's the ~?** mi történt/baj?; **no ~** nem számít; **as a ~ of fact** tulajdonképp(en), ami azt illeti; **it's a ~ of taste** ez ízlés dolga **2.** *v* (*be important*) számít ‖ **it doesn't ~** nem számít/érdekes

mattress ['mætrɪs] *n* matrac

mature [mə'tʃʊə] **1.** *a* érett; (*bill, debt*) esedékes, lejárt **2.** *v* érik, érlelődik

mauve [məʊv] **1.** *a* mályvaszín(ű) **2.** *n* mályvaszín

maxim ['mæksɪm] *n* szállóige, aforizma

maximum ['mæksɪməm] *a* maximális **2.** *n* maximum

May [meɪ] *n* május; → **August**

may [meɪ] *v* (*pt* **might** [maɪt]) szabad, lehet, -hat, -het ‖ **it ~/might be that ...** lehet/lehet(séges), hogy...; **~ I?** szabad?; megengedi?

maybe ['meɪbɪ] *adv* lehetséges; talán, lehet

mayday ['meɪd] *n* SOS

mayor [meə] *n* polgármester

mayoress ['meərɪs] *n* (*lady mayor*) polgármesternő; (*wife of mayor*) polgármesterné

maze [meɪz] *n* labirintus, útvesztő

MD = **Doctor of Medicine** orvosdoktor (*magasabb fokozattal*)

me [miː] *pron* (*accusative*) engem; (*dative*) nekem; (*stressed*) én ‖ **for** ~ nekem, számomra; **it's** ~ én vagyok (az); **to** ~ hozzám

meadow ['medəʊ] *n* rét

meagre (*US* **-ger**) ['miːgə] *a* sovány

meal[1] [miːl] *n* (*eating*) étkezés; (*food*) étel ‖ **have/take one's** ~**s** étkezik

meal[2] [miːl] *n* (*coarse*) liszt

mealtime ['miːltaɪm] *n* étkezési idő

mean[1] [miːn] **1.** *a* közepes, közép, átlagos **2.** *n* (*average*) átlag; → **means**

mean[2] [miːn] *a* (*with money*) fukar, zsugori; (*inferior*) aljas, hitvány

mean[3] [miːn] *v* (*pt/pp* **meant** [ment]) (*signify*) jelent; (*refer to*) gondol, ért; (*intend*) szándékozik, akar; (*destine*) szán (vmre) ‖ **what does it** ~**?** (ez) mit jelent?; **he didn't** ~ **it** nem szándékosan csinálta; ~ **sg for sy/sg** vknek szán vmt

meander [mɪ'ændə] *v* kígyózik, kanyarog; (*person*) bolyong

meaningful ['miːnɪŋfl] *a* jelentős, sokatmondó

meaningless ['miːnɪŋlɪs] *a* értelmetlen, semmitmondó

means[1] [miːnz] *n pl* anyagi eszközök, anyagi létalap

means[2] [miːnz] *n sing.* or *pl* eszköz(ök) ‖ **by all** ~ feltétlenül, mindenesetre; **by no** ~ semmi esetre (sem); **by** ~ **of** által, révén; ~ **of transport** közlekedési eszköz

meant [ment] *pt/pp* → **mean**[3]

meantime ['miːntaɪm] *adv* (**in the**) ~ közben, ezalatt, időközben

mean time *n* középidő

meanwhile ['miːnwaɪl] *adv* = **meantime**

measles ['miːzlz] *n sing.* kanyaró

measure ['meʒə] **1.** *n* méret; nagyság; (*unit*) mértékegység; (*ruler*) mérőrúd; (*tape*) mérőszalag; (*dish*) mérce, mérőedény; (*metre*) versmérték; (*step*) intézkedés ‖ ~ **of capacity** űrmérték; ~ **of weight** súlymérték; ~**s** intézkedés(ek); rendszabály(ok); **take** ~**s** intézkedik **2.** *v* (le)mér, megmér; (*land*) felmér

measurement ['meʒəmənt] *n* méret, mérték

meat [miːt] *n* hús (*ennivaló*)

meatball ['miːtbɔːl] *n* fasírozott, húspogácsa

meat paste *n* húskrém

meat pie *n* húspástétom

mechanic [mɪ'kænɪk] *n* (*repairer*) szerelő; (*operator*) (gép)kezelő; gépész

mechanical [mɪ'kænɪkl] *a* gépi; (*reply*) gépies, automatikus ‖ ~ **engineer** gépészmérnök

mechanics [mɪ'kænɪks] *n sing.* (*science*) mechanika; *n pl* (*mechanism*) mechanika, szerkezet

mechanism ['mekənɪzəm] *n* mechanizmus, szerkezet

medal ['medl] *n* rendjel; kitüntetés, érem

medallion [mɪ'dælɪən] *n* (*on lace*) medál, medalion

meddle ['medl] *v* kotnyeleskedik ‖ ~ **in sg** beleavatkozik vmbe

media, the ['miːdɪə] *n pl* tömegtájékoztató eszközök, tömegtájékoztatás, a média (= médiumok)

mediaeval [medɪ'iːvl] *a* középkori

mediate ['miːdɪeɪt] v (in affair) közvetít ‖ ~ between sy and sy vkért közbenjár
medic [medɪk] n col medikus; doki
Medicaid ['medɪkeɪd] n US betegsegélyezés, -biztosítás, TB (kiskeresetűeknek)
medical [mə'dɪkl] a orvosi ‖ ~ examination orvosi vizsgálat; ~ practitioner n gyakorló orvos
medicament [mə'dɪkəmənt] n gyógyszer; orvosság
medicinal herb ['medsɪnl] n gyógynövény
medicine ['medsɪn] n (science) orvostudomány; (therapy) (bel)gyógyászat; (drug) gyógyszer, orvosság
medieval [medɪ'iːvl] a középkori
mediocre [miːdɪ'əʊkə] a középszerű, gyatra
meditate ['medɪteɪt] v elmélkedik, meditál (on vmn)
Mediterranean [medɪtə'reɪnɪən] a the ~ Sea a Földközi-tenger
medium ['miːdɪəm] 1. a (quality) közepes (minőségű); (wine) félédes 2. n (pl ~s or media ['miːdiːə]) orgánum, közeg, (közvetítő) eszköz, médium
medium wave n középhullám
medley ['medlɪ] n (mixture) keverék; (music) egyveleg ‖ ~ (swimming) vegyes (úszás)
meek [miːk] a szelíd, jámbor
meet [miːt] v (pt/pp met [met]) (encounter) találkozik (sy vkvel); (join) összeér; (come together) egymásba torkollik ‖ ~ Mr X US bemutatom X urat; ~ all demands/requirements kielégíti az

igényeket, megfelel a követelményeknek
meet with an accident balesetet szenved; ~ with difficulties akadályba/nehézségbe ütközik
meeting ['miːtɪŋ] n találkozás; (discussion) megbeszélés, ülés, értekezlet ‖ have/hold a ~ ülést tart
megaphone ['megəfəʊn] n megafon
melancholy ['melənkəlɪ] 1. a búskomor, melankolikus 2. n búskomorság
mellow ['meləʊ] 1. a (wine) érett; (fruit) puha; (voice) lágy; (colour) meleg 2. v (wine, fruit) érik
melody ['melədɪ] n dallam
melon ['melən] n dinnye
melt [melt] vt (fel)olvaszt, megolvaszt I vi (el)olvad, felolvad
melting point n olvadáspont
member ['membə] n tag; (of body) testrész, (vég)tag ‖ M~ of Parliament az (angol) alsóház tagja
membership ['membəʃɪp] n (state) tagság; (number) taglétszám
memento [mɪ'mentəʊ] n (reminder) emlékeztető; (souvenir) emlék
memo ['meməʊ] n col feljegyzés
memoirs ['memwɑːz] n pl emlékirat, memoár
memorable ['memrəbl] a emlékezetes
memorandum [memə'rændəm] (pl -da [-də] or -dums) n pol jegyzék, memorandum
memorial [mɪ'mɔːnəl] n emlékmű
memorize ['meməraɪz] v betanul
memory ['memərɪ] n (faculty) emlékezet, memória; (recollection) emlék; comput memória ‖ from ~

fejből, könyv nélkül; **in ~ of** vk/
vm emlékére
men [men] *pl* → **man**
menace ['menəs] **1.** *n* fenyegetés **2.**
v fenyeget (*sy with sg* vkt vmvel)
mend [mend] **1.** *n* **be on the ~** *col*
szépen gyógyul **2.** *vt* (*improve*)
(meg)javít, kijavít; (*darn*) megfol-
toz I *vi* (*patient*) javul
menial ['mi:nɪəl] *a* (*task*) szolgai,
alantas
menopause ['menəpɔ:z] *n med* kli-
max
menses ['mensi:z] *n pl* menstruá-
ció, menses
menstruation [menstrʊ'eɪʃn] *n*
menstruáció, menses
menswear, men's wear ['menz-
weə] *n* férfidivatáru, férfiruha
mental ['mentl] *a* értelmi, gondola-
ti, szellemi; *psych* lelki
mentality [men'tæləti] *n* mentalitás,
gondolkodásmód
mention ['menʃn] **1.** *n* említés **2.** *v*
(meg)említ ‖ **don't ~ it** (*after
thanks*) nincs miért/mit!, szíve-
sen!; **not to ~** -ról nem is beszél-
ve; **as ~ed above** mint már emlí-
tettük
menu ['menju:] *n* (*dishes*) étlap, ét-
rend; *comput* menü
mercantile ['mɜ:kəntaɪl] *a* kereske-
delmi
merchandise ['mɜ:tʃəndaɪz] **1.** *n*
(*pl ~*) áru **2.** *v* kereskedik
merchant ['mɜ:tʃənt] *n* (*trader*)
nagykereskedő; *US* (*shopkeeper*)
boltos ‖ **~ bank** kereskedelmi
bank; **~ navy** kereskedelmi hajó-
zás
merciful ['mɜ:sɪfl] *a* irgalmas, kö-
nyörületes

merciless ['mɜ:sɪlɪs] *a* irgalmatlan,
könyörtelen
mercury ['mɜ:kjʊrɪ] *n* higany
mercy ['mɜ:sɪ] *n* irgalmasság, kö-
nyörület ‖ **have ~ on sy** vknek
megkegyelmez
mere [mɪə] *a* puszta, merő; csupa
merely ['mɪəlɪ] *adv* csakis, csupán,
pusztán
merge [mɜ:dʒ] *vt* (*two companies*)
összevon; *fig* összeolvaszt I *vi*
(*with company*) egybeolvad, fuzi-
onál; (*colours*) összefolyik
meridian [mə'rɪdɪən] *n* délkör
merit ['merɪt] **1.** *n* érdem (*vké*) **2.** *v*
(ki)érdemel
mermaid ['mɜ:meɪd] *n* selló
merry ['merɪ] *a* vidám, víg ‖ **M~
Christmas (and a happy New
Year)!** kellemes ünnepeket (kívá-
nunk)!
merry-go-round *n* körhinta
mesh [meʃ] *n* (háló)szem; *fig* (*of
intrigue*) szövevény
mess [mes] **1.** *n col* zűr(zavar),
rendetlenség ‖ **make a ~ (in the
flat)** rendetlenséget csinál (a la-
kásban); **make a ~ of (sg)** vmt
elszúr **2.** *v* elront, összekuszál
mess about/around (*fiddle*)
piszmog, vacakol; (*treat roughly*)
durván bánik vkvel
mess up *col* elfuserál, eltol
message ['mesɪdʒ] *n* üzenet ‖ **give
sy a ~** vknek vmt (meg)üzen
messenger ['mesɪndʒə] *n* hírnök,
küldönc; futár
Messrs ['mesəz] *pl* → **Mr**
messy ['mesɪ] *a* (*untidy*) rendetlen;
(*dirty*) koszos
met [met] *pt/pp* → **meet**
metal ['metl] *n* fém, érc

metallurgy ['metəlɜːdʒɪ] n kohászat; fémipar
metaphysics [metə'fɪsɪks] n sing. metafizika
meteor ['miːtɪə] n meteor
meteorite ['miːtɪəraɪt] n meteorit
meteorology [miːtɪə'rɒlədʒɪ] n meteorológia
mete out [miːt] v (reward) kioszt; (punishment) (ki)mér, kiszab
meter[1] [miːtə] n (instrument) (mérő)óra
meter[2] [miːtə] US = metre
method ['meθəd] n módszer, eljárás, mód
Methodist ['meθədɪst] n metodista
methylated spirits [meθɪleɪtɪd 'spɪrɪts] n pl denaturált szesz
metre (US meter) ['miːtə] n méter (= 39.37 inch); (verse rhythm) (vers)mérték
metropolis [mə'trɒpəlɪs] n világváros, főváros
mettle ['metl] n vérmérséklet, bátorság
mew [mjuː] v nyávog
miaow [miː'aʊ] 1. int miau 2. v miákol, nyávog
mice [maɪs] pl → mouse
microbe ['maɪkrəʊb] n mikroba
microcomputer [maɪkrəʊkəm'pjuːtə] n mikroszámítógép
microelectronics [maɪkrəʊɪlek'trɒnɪks] n sing. mikroelektronika
microfiche ['maɪkrəʊfiːʃ] n mikrokártya
microphone ['maɪkrəfəʊn] n mikrofon
microprocessor [maɪkrəʊ'prəʊsesə] n mikroprocesszor
microscope ['maɪkrəskəʊp] n mikroszkóp

microwave ['maɪkrəʊweɪv] n (wave) mikrohullám; (oven) mikrohullámú sütő
microwave oven n mikrohullámú sütő
mid [mɪd] a középső ‖ in ~ June június közepén
midday ['mɪddeɪ] n dél, délidő ‖ at ~ délben
middle ['mɪdl] 1. a középső, közép- 2. n közép(pont), vmnek a közepe
middle-aged a középkorú
Middle Ages n pl középkor
middle class n középosztály
Middle East, the n Közel-Kelet, Közép-Kelet
middleman ['mɪdlmən] n (pl -men) comm közvetítő
middle-sized a közepes méretű/nagyságú
midfielder ['mɪdfiːldə] n sp középpályás
midge [mɪdʒ] n (wine fly) muslica; (gnat) szúnyog
midget ['mɪdʒɪt] a apró, miniatűr 2. (person) törpe
midnight ['mɪdnaɪt] n éjfél ‖ at ~ éjfélkor
midsummer [mɪd's] n a nyár közepe
midst [mɪdst] n in the ~ of közepette
midway [mɪd'weɪ] adv félúton
midwife ['mɪdwaɪf] n (pl -wives [-waɪvz]) bába, szülésznő
might[1] [maɪt] n erő, hatalom
might[2] [maɪt] pt → may
mighty ['maɪtɪ] a hatalmas, erős
migrant ['maɪgrənt] 1. a (bird) költöző, vándorló 2. n (bird) vándormadár; (workers) vendégmunkás
migrate [maɪ'greɪt] v vándorol

migratory bird ['maɪgrətrɪ] *n* költöző madár
mike [maɪk] *n col* mikrofon
mild [maɪld] *a* (*gentle, slight*) enyhe; (*soft, tender*) szelíd
mile [maɪl] *n* mérföld
milestone ['maɪlstəʊn] *n* mérföldkő
milieu ['miːljɜː] *n* környezet
militant ['mɪlɪtənt] *a/n fig* harcos
military ['mɪlɪtrɪ] **1.** *a* katonai, hadi ‖ **of ~ age** sorköteles; **do one's ~ service** katonai szolgálatot teljesít **2.** *n* **the ~** katonaság
milk [mɪlk] **1.** *n* tej **2.** *v* (meg)fej
milk chocolate *n* tejcsokoládé
milk curds *n pl* túró
milk shake *n* turmix
milk-tooth *n* (*pl* -**teeth**) tejfog
milky ['mɪlkɪ] *a* tejes, tejszerű; (*cloudy*) homályos
Milky Way *n* Tejút
mill [mɪl] **1.** *n* (*factory*) malom; (*machine*) őrlő(gép), daráló **2.** *v* (*grain*) (meg)őröl, (meg)darál
mill around (*crowd*) nyüzsög, kavarog
millennium [mɪ'lenɪəm] (*pl* -**nia** [-niːə]) *n* ezredév, millennium
miller ['mɪlə] *n* molnár; marós
milligram(me) ['mɪlɪgræm] *n* milligramm
millimetre (*US* -**ter**) ['mɪlɪmiːtə] *n* milliméter
millinery ['mɪlɪnərɪ] *n* (*for hats*) női kalap(szalon); (*for accessories*) női divatáru-kereskedés
million ['mɪlɪən] *num* millió
millionaire [mɪlɪə'neə] *n* milliomos
milometer [maɪ'] *n* kilométeróra
mime [maɪm] **1.** *n* pantomim **2.** *v* (*with gestures*) mímel; (*with mimes*) tátogat

mimic ['mɪmɪk] *v* (-**ck**-) kifiguráz, utánoz
mince [mɪns] **1.** *n* vagdalt hús **2.** *vt* (*meat*) összevagdal ‖ *vi* (*with delicacy*) finomkodik (*in walking*) tipeg
minced meat *n* darált/vagdalt hús
mincemeat ['mɪnsmiːt] *n* mazsolás, gyümölcsös töltelék *mince pie*-ba
mince pie *n* gyümölcskosár (*édesség*)
mincer ['mɪnsə] *n* húsdaráló
mind [maɪnd] **1.** *n* (*intellect*) értelem, ész; tudat; (*memory*) emlékezet; (*way of thinking*) gondolkodásmód; (*inclination*) kedv; (*opinion*) vélemény ‖ **change one's ~** meggondolja magát; **go out of one's ~** megbolondul; **have sg in ~** vmt forgat a fejében; **make up one's ~ (to)** elhatározza/rászánja magát (vmre); **to my ~** szerintem **2.** *v* (*care about*) törődik (vmvel), figyelembe vesz; (*pay attention to*) figyel, ügyel (vmre); (*take care of*) felügyel ‖ **would you ~ (doing sg)** legyen/légy szíves...; **do you ~ if I...?** van vm kifogása az ellen, ha...?; **I do not ~ (if ...)** nem bánom, nekem mindegy; **never ~!** semmi baj!; **~ you!** jegyezze meg!; **~ your own business!** törődj a magad dolgával!
minder ['maɪndə] *n* (*of baby*) felügyelő; (*of machine*) (gép)kezelő
mindful ['maɪndfl] *a* gondos figyelmes
mindless ['maɪndlɪs] *a* (*careless*) gondatlan, nemtörődöm; (*stupid*) esztelen, értelmetlen
mine¹ [maɪn] *pron* enyém
mine² [maɪn] **1.** *n* (*of minerals*) bánya; (*of explosive*) akna **2.** *v* (*coal,*

metal) bányászik; (*road, channel*) aláaknáz

miner ['maɪnə] *n* bányász, vájár

mineral ['mɪnərəl] **1.** *a* ásványi **2.** *n* ásvány ǁ ~ **water** ásványvíz

mingle ['mɪŋgl] *vt* elegyít, összekever ǀ *vi* vegyül

miniature ['mɪnɪtʃə] *n* (*small copy*) miniatűr; (*painting*) miniatúra

minibus ['mɪnɪbʌs] *n* minibusz

minimize ['mɪnɪmaɪz] *v* minimálisra csökkent, lebecsül

minimum ['mɪnɪməm] **1.** *a* legkisebb, minimális **2.** *n* minimum

mining ['maɪnɪŋ] **1.** *a* bányászati, bánya- **2.** *n* bánya

minister ['mɪnɪstə] *n* (*member of government*) miniszter; (*diplomat*) követ; (*clergyman*) lelkész, lelkipásztor

ministry ['mɪnɪstrɪ] *n* (*duty*) miniszteri tárca, miniszterség; (*office*) minisztérium; (*service*) lelkészi/ papi szolgálat

minor ['maɪnə] *a* (*smaller, lesser*) kisebb; (*under age*) kiskorú; *mus* moll ǁ ~ **injury** könnyebb sérülés; ~ **road** alsóbbrendű út

minority [maɪ'nɒrətɪ] *n pol* kisebbség

mint[1] [mɪnt] *n* menta

mint[2] [mɪnt] *n* pénzverde

minus ['maɪnəs] **1.** *a/prep* mínusz **2.** *n* mínuszjel

minute[1] ['mɪnɪt] *n* perc ǁ **at this** ~ e(bben a) percben; **in a** ~ egy perc alatt; **just a** ~ azonnal!, mindjárt!; → **minutes**

minute[2] [maɪ'njuːt] *a* (*small*) apró, parányi; (*detailed*) tüzetes, aprólékos

minutes ['mɪnɪts] *n pl* jegyzőkönyv

miracle ['mɪrəkl] *n rel* csoda

miraculous [mɪ'rækjʊləs] *a* csodálatos

mirage ['mɪrɑːʒ] *n* délibáb

mirror ['mɪrə] **1.** *n* tükör **2.** *v* (visz-sza)tükröz

misadventure [mɪsəd'ventʃə] *n* (*misfortune*) szerencsétlenség, balszerencse; (*accident*) véletlen

misapprehension [mɪsæprɪ'henʃn] *n* félreértés

misappropriate [mɪsə'prəʊprɪeɪt] *v* elsikkaszt

misbehave [mɪsbɪ'heɪv] *v* ~ (**oneself**) rosszul viselkedik

miscarriage [mɪs'kærɪdʒ] *n* vetélés, abortusz

miscellaneous [mɪ'se'e] *a* különféle, vegyes

mischance [mɪs'tʃɑːns] *n* balszerencse

mischief ['mɪstʃɪf] *n* pajkosság, csíny

misconduct [mɪs'kɒndʌkt] *n* helytelen magatartás

miscount [mɪs'kaʊnt] *v* rosszul számol

misdemeanour (*US* **-or**) [mɪsdɪ-'miːnə] *n* vétség

misdirect [mɪsdɪ'rekt] *v* rosszul irányít/címez

miserable *a* ['mɪzrəbl] (*unhappy*) szerencsétlen; (*deplorable*) szánalmas

misery ['mɪzərɪ] *n* ínség, nyomor(úság)

misfire [mɪs'faɪə] *v* (*gun, joke*) nem sül el, csütörtököt mond; (*engine*) kihagy

misfit ['mɪsfɪt] *n* rosszul álló ruha ǁ **a social** ~ aszociális ember

misfortune [mɪs'fɔːtʃuːn] *n* szerencsétlenség, balszerencse

misgiving [mɪsˈgɪvɪŋ] *n* aggály, rossz előérzet

mishandle [mɪsˈhændl] *v* rosszul bánik/kezel

mishap [ˈmɪshæp] *n* balszerencse, malőr

mishear [mɪsˈhɪə] *v* (*pt/pp* **misheard** [mɪsˈhɜːd]) rosszul hall (vmt)

misinterpret [mɪsɪnˈtɜːprɪt] *v* rosszul értelmez, félremagyaráz

misjudge [mɪsˈdʒʌdʒ] *v* tévesen/rosszul ítél meg vmt

mislay [mɪsˈleɪ] *v* (*pt/pp* **mislaid** [mɪsˈleɪd]) elhány, elkever

mislead [mɪsˈliːd] *v* (*pt/pp* **misled** [mɪsˈled]) félrevezet

misnomer [mɪsˈnəʊmə] *n* helytelen elnevezés

misplace [mɪsˈpleɪs] *n* (*document*) rossz helyre tesz; (*confidence*) rosszul alkalmaz

misprint [ˈmɪsprɪnt] *n* nyomdahiba, sajtóhiba

misread [mɪsˈriːd] *v* (*pt/pp* **misread** [mɪsˈred]) rosszul olvas; félreért

miss[1] [mɪs] *n* kisasszony ‖ **M~ Brown** Brown kisasszony; **M~ Italy** Olaszország szépe

miss[2] [mɪs] **1.** *n* elhibázás **2.** *v* (*fail to hit*) elhibáz, eltéveszt; (*not notice*) elmulaszt; *col* elpasszol; (*overlook*) elnéz; (*long for*) hiányol; (*be late for*) vmről/vmt lekésik ‖ **be ~ing** hiányzik, elveszett; **I ~ her very much** ő nagyon hiányzik nekem; **~ the target** mellétalál
miss out (*omit*) kihagy; (*lose opportunity*) (sokat) mulaszt (*on* vmvel)

missile [ˈmɪsaɪl, ˈmɪsl] *n* lövedék, rakéta

missing [ˈmɪsɪŋ] *a* elveszett, hiányzó ‖ **be ~** nincs meg, hiányzik

mission [ˈmɪʃn] *n* feladat, misszió, (ki)küldetés

missionary [ˈmɪʃənrɪ] *n* hittérítő, misszionárius

mist [mɪst] **1.** *n* (*fog*) köd; (*haze*) pára, homály **2.** *v* elhomályosodik ‖ **~ over/up** (*glass*) bepárásodik

mistake [mɪˈsteɪk] **1.** *n* hiba, tévedés, mulasztás ‖ **by ~** tévedésből **2.** *v* (*pt* **mistook** [mɪˈstʊk], *pp* **mistaken** [mɪˈsteɪkən]) eltéveszt ‖ **~ sg for sg** tévedésből vmt elcserél; **~ sy for sy** vkt vkvel összetéveszt

mistaken [mɪˈsteɪkən] *a* hibás, téves ‖ **if I am not ~** ha nem tévedek; → **mistake**

mister [ˈmɪstə] *n* úr

mistletoe [ˈmɪsltəʊ] *n* fagyöngy

mistook [mɪˈstʊk] *pt* → **mistake**

mistreat [mɪsˈtriːt] *v* rosszul bánik (*sy* vkvel)

mistress [ˈmɪstrɪs] *n* (*head of family*) úrnő; (*housewife*) háziasszony; (*teacher*) tanárnő; (*lover*) szerető

mistrust [mɪsˈtrʌst] **1.** *n* bizalmatlanság **2.** *v* nem bízik (*sy* vkben)

misty [ˈmɪstɪ] *a* ködös, párás

misunderstand [mɪsʌndəˈstænd] *v* (*pt/pp* **-stood** [mɪsʌndəˈstʊd]) félreért

misuse 1. [mɪsˈjuːs] *n* rossz (célra történő) felhasználás; (*abuse*) viszszaélés ‖ **~ of power** hatásköri túllépés **2.** [-ˈjuːz] *v* rossz célra használ fel; (*abuse*) visszaél vmvel

mitigate [ˈmɪtɪgeɪt] *v* (*pain*) enyhít

mix [mɪks] *vt* (össze)kever, elkever, vegyít ‖ *vi* összekeveredik, vegyül

mix in(to) belekever || ~ **in society** társaságba jár
mix up összetéveszt; összezavar || ~ **sg up with sg** vmt vmvel öszszecserél; **get ~ed up in sg** vk vmbe belekeveredik
mixed [mɪkst] *a* kevert, vegyes
mixer ['mɪksə] *n* (*device*) keverő(gép); (*person*) mixer
mixture ['mɪkstʃə] *n* keverék, elegy; (*medicine*) kanalas orvosság
moan [məʊn] **1.** *n* nyögés || ~**s** *pl* jajgatás **2.** *v* nyög, jajgat
mob [mɒb] *n* csőcselék, tömeg
mobile ['məʊbaɪl] *a* mozgatható, mozgó || ~ **home** lakókocsi; ~ **(tele)phone** mobil telefon
mock [mɒk] **1.** *a* színlelt, hamis, ál- **2.** *v* (ki)csúfol, (ki)gúnyol
mockery ['mɒkəri] *n* (*mocking*) (ki)csúfolás, gúnyolódás; (*ridicule*) gúny
mod cons [mɒd 'kɒnz] *n pl col* (= *modern conveniences*) összkomfort || **flat with all** ~ összkomfortos lakás
mode [məʊd] *n* (*fashion*) divat; (*way*) mód
model ['mɒdl] **1.** *n* (*pattern*) minta, sablon, séma; (*to pose for a painter or photographer*) modell; (*mannequin*) manöken; (*design*) makett; (*ideal*) mintakép, példakép **2.** *v* **-ll-** (*US* **-l-**) (*shape*) (meg)mintáz, formál; (*make models*) modellez
moderate 1. ['mɒdərət] *a* mérsékelt, szerény, mértéktartó **2.** ['mɒdəreɪt] *v* mérsékel
modern ['mɒdən] *a* modern, korszerű

modern conveniences *n pl* összkomfort
modernize ['mɒdənaɪz] *v* korszerűsít
modest ['mɒdɪst] *a* szerény, igénytelen
modification [mɒdɪfɪ'keɪʃn] *n* változtatás, módosítás
modify ['mɒdɪfaɪ] *v* módosít, változtat
moist [mɔɪst] *a* (*surface, eye*) nedves, vizes; (*hand, climate*) nyirkos
moisture ['mɔɪstʃə] *n* nedv(esség)
mold [məʊld] *US* = **mould**
mole [məʊl] *n* (*animal*) vakond(ok); *col* (*person*) tégla
molest [mə'lest] *v* ~ **sy** vknek alkalmatlankodik
moment ['məʊmənt] *n* pillanat; *phys* nyomaték; (*importance*) jelentőség || **at the** ~ pillanatnyilag; **for the** ~ pillanatnyilag; **in a** ~ pár pillanat múlva, rögtön; **just a** ~! egy pillanat(ra)!
momentum [mə'mentəm] *n phys* mozgásmennyiség; nyomaték; (*force*) hajtóerő, lendület
monarch ['mɒnək] *n* uralkodó
monarchy ['mɒnəkɪ] *n* monarchia
monastery ['mɒnəstrɪ] *n* kolostor
Monday ['mʌndɪ] *n* hétfő || **by** ~ hétfőre; **on** ~ hétfőn; **last** ~ múlt hétfőn; **next** ~ jövő hétfőn; ~ **week** hétfőhöz egy hétre
monetary ['mʌnɪtrɪ] *a* pénzügyi, pénz- || ~ **system** pénzrendszer; ~ **unit** pénzegység
money ['mʌnɪ] *n* pénz || **make** ~ pénzt keres
money market *n* pénzpiac
money order *n* pénzesutalvány

monitor ['mɒnɪtə] **1.** *n* monitor, képernyő **2.** *v* figyel, ellenőriz
monk [mʌŋk] *n* szerzetes, barát
monkey ['mʌŋkɪ] *n* majom
monkey wrench *n* franciakulcs
monochrome ['mɒnəkrəʊm] *a* (*television*) fekete-fehér
monopoly [mə'nɒpəlɪ] *n* monopólium
monorail ['mɒnəʊreɪl] *n* egysínű vasút
monotonous [mə'nɒtənəs] *a* egyhangú, unalmas
monsoon [mɒn'suːn] *n* monszun
monster ['mɒnstə] *n* szörny(eteg)
month [mʌnθ] *n* hónap ‖ **this** ~ ebben a hónapban, folyó hó
monthly ['mʌnθlɪ] **1.** *a* havi **2.** *adv* havonta **3.** *n* (havi) folyóirat
monument ['mɒnjʊmənt] *n* (*statue*) emlékmű; (*building*) műemlék (épület)
moo [muː] *v* bőg (*tehén*)
mood[1] ['muːd] *n* hangulat, kedély, lelkiállapot
mood[2] ['muːd] *n gram* mód
moody ['muːdɪ] *a* (*gloomy*) rosszkedvű; (*variable*) szeszélyes
moon [muːn] *n astr* hold
moonlight ['muːnlaɪt] **1.** *n* holdfény **2.** *v* (*pt/pp* ~**ed**) (*at night*) maszekol; második állásban/„műszakban" dolgozik
moor [mʊə] *n* láp
moorland ['mʊələnd] *n* mocsaras terület
mop [mɒp] **1.** *n* nyeles felmosó, mop **2. -pp-** *v* felmos
mope [məʊp] *v* szomorkodik ‖ ~ **about/around** fel-alá járkál búslakodva

moral ['mɒrəl] **1.** *a* erkölcsi, morális ‖ ~ **strength** lelkierő **2.** *n* (*lesson*) erkölcsi tanulság ‖ ~**s** *pl* (*principles*) erkölcs, morál
morality [mə'rælətɪ] *n* erkölcs(iség), morál
morass [mə'ræs] *n* mocsár, ingovány
more [mɔː] **1.** *a/n* több ‖ **and what is** ~ sőt mi több; **will you have some** ~? kér(sz) még? **2.** *adv* (*in greater degree*) jobban, inkább; (*again*) többé; (*longer*) többet; (*comparative*) -abb, -ebb ‖ ~ **and** ~ (*increasingly*) egyre jobban, mindinkább; ~ **or less** többékevésbé; ~ **than** több, mint; **the** ~ ... **the better** mennél több, annál jobb
moreover [mɔːr'əʊvə] *adv* azonfelül, azonkívül, ráadásul
morning ['mɔːnɪŋ] *n* (*after dawn*) reggel; (*before noon*) délelőtt ‖ **good** ~! jó reggelt/napot (kívánok)!; **in the** ~ reggel, délelőtt; **this** ~ ma reggel, ma délelőtt
morose [mə'rəʊs] *a* komor, mogorva
morphine ['mɔːfiːn] *n* morfin, morfium
Morse code [mɔːs] *n* morzeábécé
morsel ['mɔːsl] *n* morzsa, falat
mortal ['mɔːtl] *a* halálos
mortar ['mɔːtə] *n* (*bowl*) mozsár; (*cannon*) mozsár(ágyú); (*for building*) malter
mortgage ['mɔːgɪdʒ] **1.** *n* jelzálog(kölcsön) **2.** *v* jelzáloggal terhel
mortify ['mɔːtɪfaɪ] *v* megsért, megaláz
mortuary ['mɔːtʃʊərɪ] *n* halottasház

mosaic [məʊ'zeɪɪk] *n* mozaik
Moslem ['mɒzləm] *a/n* mohamedán
mosque [mɒsk] *n* mecset
mosquito [mə'skiːtəʊ] *n* szúnyog
moss [mɒs] *n* moha
most [məʊst] **1.** *a/n* legtöbb ‖ **at (the)** ~ legfeljebb; **in** ~ **cases** legtöbbnyire **2.** *adv* (*very*) leginkább, nagyon, igen; (*superlative*) leg...bb ‖ **the** ~ **beautiful** legszebb; ~ **of all** leginkább
mostly ['məstlɪ] *adv* leginkább, legtöbbnyire, főként
motel [məʊ'tel] *n* motel
moth [mɒθ] *n* lepke, pille; (*wool-eating*) (ruha)moly
mother ['mʌðə] **1.** *n* anya **2.** *v* ~ **sy** vkvel anyáskodik
mother-in-law (*pl* **mothers-in-law**) *n* anyós
mother-to-be *n* kismama
mother tongue *n* anyanyelv
motif [məʊ'tiːf] *n* motívum
motion ['məʊʃn] *n* (*movement*) mozgás, mozdulat; (*proposal*) indítvány, javaslat ‖ **make a** ~ előterjesztést tesz vmre; **in** ~ mozgásba hoz
motion picture *n US* (mozi)film
motivate ['məʊtɪveɪt] *v* (*act*) motivál
motive ['məʊtɪv] *n* indok, indíték, ok
motley ['mɒtlɪ] *a* tarkabarka
motor ['məʊtə] **1.** *n* motor; (*vehicle*) autó **2.** *a* motoros; (*of car*) autó(s)-, gépkocsi- **3.** *v* autózik, gépkocsizik
motorbike ['məʊtəbaɪk] *n col* motorkerékpár
motor boat *n* motorcsónak
motor car *n* gépkocsi, autó

motor cycle *n* motorkerékpár
motorist ['məʊtərɪst] *n* autós
motor mechanic *n* (autó)szerelő
motor race *n* autóverseny
motorway ['məʊtəweɪ] *n* autópálya
MOT test [em əʊ 'tiː] *n* műszaki vizsga (*autóé*)
mottled ['mɒtld] *a* foltos, tarka
motto ['mɒtəʊ] *n* mottó, jelige
mould[1] (*US* **mold**) [məʊld] **1.** *n* (öntő)forma; öntőidom; (*for cake*) (kuglóf)forma; (*character*) jellem, alkat **2.** *v* (ki)alakít, (meg)formál
mould[2] (*US* **mold**) [məʊld] *n* (*mildew*) penész
moulder (*US* **molder**) (**away**) ['məʊldə] *v* (el)porlad, szétmállik
moult (*US* **molt**) [məʊlt] **1.** *n* vedlés **2.** *v* vedlik
mound [maʊnd] *n* (*hill*) domb; halom; (*earthwork*) földtúrás
mount [maʊnt] **1.** *n* hegy **2.** *v* (*climb*) felmegy; (*get on*) felszáll; (*fix*) felállít; (*install*) felszerel, beszerel; (*organize*) (meg)rendez ‖ ~ **a horse** lóra ül; ~ **the throne** trónra lép
mountain ['maʊntɪn] *n geogr* hegy ‖ ~**s** *pl* hegység, hegyvidék
mountain bike ['məʊntɪn baɪk] *n* mountain bike
mourn [mɔːn] *v* gyászol ‖ ~ **for sy** vkt meggyászol
mourning ['mɔːnɪŋ] *n* gyász ‖ **be in** ~ gyászol
mouse [maʊs] *n* (*pl* **mice** [maɪs]) *also comput* egér
moustache (*US* **mus-**) [mə'staːʃ] *n* bajusz
mousy ['maʊsɪ] *a* (*colour*) egérszürke; (*smell*) egérszagú; *fig* (*person*) csendes, félénk

mouth [maʊθ] *n* (*pl* **mouths** [maʊðz]) (*of person, bottle*) száj; (*of cave*) torok ‖ ~ **of river** folyótorkolat

mouthful ['maʊθfl] *n* egy falat

mouth-organ *n* (száj)harmonika

mouthpiece *n mus* fúvóka; *fig* (*spokesman, publication*) szócső, szószóló

movable ['muːvəbl] *a* mozdítható, mozgatható

movable property *n* ingóságok

move [muːv] **1.** *n* (*movement*) mozdulat, mozgás; (*turn*) lépés; *fig* (*action*) sakkhúzás; (*step*) indítvány, ajánlat ‖ **make a** ~ megmozdul **2.** *vt* (meg)mozgat, (meg)mozdít; (*put forward*) javasol; (*affect*) meghat | *vi* (*be in motion*) mozog, elmozdul ‖ ~ **house** (el)költözik

move away (*from house*) elköltözik; (*from person*) eltávolodik

move in beköltözik

move on továbbmegy

move to vhová költözik

movement ['muːvmənt] *n* mozgás, mozdulat; (*action*) mozgalom; (*of music*) tétel; (*activity*) járás, működés; (*mechanism*) szerkezet

movie ['muːvɪ] *n* film

movie camera *n US* filmfelvevő (gép)

movies ['muːvɪz] *n pl US* mozi

moving ['muːvɪŋ] *a* mozgó

moving staircase *n* mozgólépcső

mow [məʊ] *v* (*pt* **mowed**, *pp* **mown** [məʊn] *or* **mowed**) (le)nyír (*füvet*)

mower ['məʊə] *n* (*of lawn*) fűnyíró gép; (*of hay*) kaszálógép

mown [məʊn] *pt* → **mow**

MP [em 'piː] = **Member of Parliament**

Mr ['mɪstə] = **Mister** ‖ ~ **Brown** Brown úr

Mrs ['mɪsɪz] = -né ‖ **Mrs B.T. Atkins** B.T. Atkinsné

Ms [mɪz] (*családi állapotot nem feltüntető női megszólítás*) ‖ **Ms Rosamund Moon** Rosamund Moon

much [mʌtʃ] **1.** *a* (*with singular*) sok ‖ **how** ~ **is it?** mibe/mennyibe kerül?; **so** ~ ennyi(re), annyi(ra) **2.** *adv* (*comparison*) sokkal, jóval; (*considerably*) nagyon ‖ ~ **better** sokkal jobb(an); ~ **too small** túl kicsi; **thank you very** ~ nagyon szépen köszönöm

muck [mʌk] **1.** *n col* (*dirt*) piszok; (*manure*) gané **2.** *v* bepiszkít, bemocskol

muck about/around (el)vacakol

muck up elfuserál

mucus ['mjuːkəs] *n* nyálka, váladék

mud [mʌd] *n* sár; iszap

muddle ['mʌdl] **1.** *n col* (*mess*) zűrzavar, rendetlenség; (*confusion*) zagyvaság **2.** *v* összekever, összekutyul

muddle up (*things*) összekuszál

muesli ['mjuːzlɪ] *n* müzli

muffin ['mʌfɪn] *n* meleg vajas teasütemény

muffle ['mʌfl] *v* bebugyolál, betakar

mug[1] [mʌg] *n* bögre, csupor

mug[2] [mʌg] *v* -gg- ~ **for an/one's exam** vizsgára magol

mug[3] [mʌg] *v* -gg- (*assault*) megtámad

multicoloured (*US* **-colored**) [mʌltɪ'kʌləd] *a* sokszínű

multiple ['mʌltɪpl] *a* többszörös

multiple-choice test *n* feleletválasztós teszt

multiplication [mʌltɪplɪ'keɪʃn] *n* szorzás

multiply ['mʌltɪplaɪ] *vt* (meg)szoroz, összeszoroz | *vi* (*breed*) szaporodik; (*become greater in number*) (meg)sokszorozódik

multi-storey car park *n* parkolóház

multitude ['mʌltɪtjuːd] *n* tömeg, sokaság

mum [mʌm] *n col* (*mother*) mama, édesanya

mumble ['mʌmbl] *v* (*mutter*) motyog, dünnyög; (*chew*) majszol; (*speak indistinctly*) makog

mummy ['mʌmɪ] *n* múmia

mumps [mʌmps] *n sing.* mumpsz

munch [mʌntʃ] *v* majszol, csámcsog

municipal [mjuː'nɪsɪpl] *a* (*of town*) városi; (*of local government*) helyhatósági, önkormányzati

mural ['mjʊərəl] *n* falfestmény

murder ['mɜːdə] 1. *n* gyilkosság 2. *v* meggyilkol

murderer ['mɜːdərə] *n* gyilkos

murky ['mɜːkɪ] *a* homályos, sötét

murmur ['mɜːmə] 1. *n* moraj(lás) 2. *v* zúg, mormol, zsong

muscle ['mʌsl] 1. *n* izom 2. *v* ~ **in on sy** befurakodik

muscular ['mʌskjʊlə] *a* izmos, erős

muse [mjuːz] *v* mereng, tűnődik

museum [mjuː'zɪəm] *n* múzeum

mush [mʌʃ] *n* (*mash*) pempő, pép; *col* (*sentimentalism*) érzelgés; giccs

mushroom ['mʌʃrʊm] *n* (*eatable*) gomba; (*atomic*) felhő

music ['mjuːzɪk] *n* (*sounds*) zene; (*written signs*) kotta

musical ['mjuːzɪkl] 1. *a* zenei; (*play*) zenés; (*person*) muzikális 2. *n* musical, zenés játék

musical instrument *n* hangszer

music centre *n* HIFI-berendezés/torony, hifitorony

music hall *n* (*performance*) zenés varieté(műsor); (*theatre*) kabaré, varieté(színház)

musician [mjuː'zɪʃn] *n* zenész

Muslim ['mʊzlɪm] *a/n* muzulmán

muss (up) *v US* (*hair*) összekócol; (*room*) összekuszál

mussel ['mʌsl] *n* (ehető) kagyló

must[1] [mʌst] 1. *v* kell, muszáj || **it ~ be there** ott kell lennie; ott lesz (az)!; **you ~ do it** meg kell tenned; ~ **not** nem szabad 2. *n* **it's a ~!** *col* (*programme*) „kötelező" megnézni

must[2] [mʌst] *n* must

mustache [mə'stɑːʃ] *n US* = **moustache**

mustard ['mʌstəd] *n* mustár

mustn't ['mʌsnt] = **must not**

musty ['mʌstɪ] *a* dohos, penészes, áporodott

mutation [mjuː'teɪʃn] *n* változás; *biol* mutáció

mute [mjuːt] 1. *a* néma 2. *n mus* hangfogó; (*person*) néma 3. *v* letompít

mutiny ['mjuːtɪnɪ] *n mil* lázadás, zendülés

mutter ['mʌtə] *v* motyog, mormol, dohog

mutton ['mʌtən] *n* juhhús, birkahús, ürü(hús)

mutual ['mjuːtʃʊəl] *a* kölcsönös, közös

muzzle ['mʌzl] *n* (*of animal*) orr, pofa, száj; (*of dog*) szájkosár; (*of gun*) csőtorkolat

muzzy ['mʌzɪ] *a* (*mind*) zavaros; (*person*) kábult, bamba
my [maɪ] *pron* (az én) -m, -am, -em, -om, -öm ‖ ~ **book** a(z én) könyvem; ~ **books** a(z én) könyveim
myself [maɪ'self] *pron* (*nominative*) (én/saját) magam; (*accusative*) (saját) magamat ‖ **by** ~ magam
mysterious [mɪ'stɪərɪəs] *a* rejtélyes, titokzatos
mystery ['mɪstərɪ] *n* rejtély, titokzatosság; *fig* homály
mystify ['mɪstɪfaɪ] *v* rejtelmessé tesz, misztifikál
myth [mɪθ] *n* mítosz
mythology [mɪ'θɒlədʒɪ] *n* mitológia

N

N = **north**
nab [næb] *v* **-bb-** *col* elcsíp, elkap
nadir ['neɪdɪə] *n* mélypont, nadír
nag [næg] *v* **-gg-** nyaggat, gyötör (vkt)
nail [neɪl] **1.** *n* (*metal*) szeg; (*on finger*) köröm ‖ **bite one's** ~**s** körmét rágja **2.** *v* megszegez ‖ ~ **sg to sg** vmt vmhez odaszegez
nailbrush ['neɪlbrʌʃ] *n* körömkefe
nail file *n* körömreszelő
nail polish *n* *US* körömlakk
nail varnish *n* körömlakk
naive [naɪ'iːv] *a* naiv, együgyű
naked ['neɪkɪd] **1.** *a* meztelen, csupasz ‖ **with the** ~ **eye** puszta szemmel; **the** ~ **truth** a rideg valóság **2.** *adv* meztelenül
name [neɪm] **1.** *n* név; (*reputation*) hírnév ‖ **what's your** ~**?** hogy

hívnak?; **in the** ~ **of sy/sg** vknek/ vmnek a nevében **2.** *v* ~ **(sg sg)** (*give name*) (el)nevez, nevet ad vmnek; (*denominate*) megnevez; (*propose*) javasol; (*appoint*) kinevez (vkt)
namely ['neɪmlɪ] *adv* ugyanis (ui.), tudniillik (ti.), nevezetesen
namesake ['neɪmseɪk] *n* névrokon
nanny ['nænɪ] *n* dada, gyermekgondozónő
nap [næp] **1.** *n* szendergés, szundítás ‖ **have/take a** ~ *col* szundít **2.** *v* **-pp-** *col* szundít
napkin ['næpkɪn] *n* (*for meal*) szalvéta; (*for baby*) pelenka
nappy ['næpɪ] *n* pelenka
nappy liner *n* papírpelenka (*betét*), pelenkabetét
narcotic [nɑː'kɒtɪk] *n* (*sedative*) altató; (*drug*) narkotikum, kábítószer
narrate [nə'reɪt] *v* elmond, elbeszél
narrow ['nærəʊ] **1.** *a* szűk, keskeny ‖ **it was** (*or* **I had**) **a** ~ **escape** hajszálon múlt, hogy megmenekültem **2.** *vi* (össze)szűkül ‖ *vt* (be)szűkít
narrowly ['nærəʊlɪ] *adv* éppen hogy, alig
narrow-minded *a* szűk làtókörű, korlátolt
nasty ['nɑːstɪ] *a* komisz, undok, ocsmány
nation ['neɪʃn] *n* nemzet
national ['næʃənl] **1.** *a* (*of nation*) nemzeti; (*of country*) országos **2.** *n* állampolgár ‖ ~ **anthem** (nemzeti) himnusz ‖ ~ **dress** nemzeti viselet; népviselet
nationalism ['næʃnəlɪzəm] *n* nacionalizmus

nationality [næʃə'næləti] *n* nemzetiség; állampolgárság

nationalize ['næʃnəlaɪz] *v* államosít

native ['neɪtɪv] **1.** *a* (*inland*) belföldi; (*domestic*) hazai; (*inborn*) bennszülött; (*innate*) vele született, eredeti || ~ **land** szülőföld, haza; **a ~ speaker of Hungarian** magyar anyanyelvű (ember) **2.** *n* bennszülött, őslakó

native language *n* anyanyelv

natural ['nætʃrəl] *a* természeti; (*death*) természetes; (*child*) házasságon kívül született

natural gas *n* földgáz

natural history *n* természetrajz

naturalism ['nætʃrəlɪzəm] *n* naturalizmus

naturalize ['nætʃrəlaɪz] *v* vkt honosít

naturally ['nætʃrəlɪ] *adv* természetesen

natural science(s) *n* (*pl*) természettudomány(ok)

nature ['neɪtʃə] *n* (*world, forces*) természet; (*character, type*) jelleg || **by ~** természeténél/természettől fogva

naught [nɔːt] *n* semmi; zéró; nulla

naughty ['nɔːtɪ] *a* haszontalan, csintalan

nauseate ['nɔːsɪeɪt] *v* émelyít || **be ~d by sg** hányingere van vmtől

nautical ['nɔːtɪkl] *a* tengeri, tengerészeti, hajózási

naval ['neɪvl] *a* tengeri, (hadi)tengerészeti || ~ **officer** tengerésztiszt

navel ['neɪvl] *n* köldök

navigate ['nævɪgeɪt] *v* (*ship*) navigál, kormányoz; (*in ship*) hajózik

navigator ['nævɪgeɪtə] *n* (*sailor*) hajózó; (*navigating person*) hajózótiszt, navigátor

navvy ['nævɪ] *n* földmunkás, kubikos

navy ['neɪvɪ] *n* (hadi)tengerészet

navy blue *a* sötétkék

NE = north-east(ern)

near [nɪə] **1.** *a* közeli; közel levő/fekvő **2.** *adv* közel || ~ **by** a közelben **3.** *v* vmhez közeledik/közelít

nearby ['nɪəbaɪ] *a* közeli, szomszédos

nearest ['nɪərɪst] *a* legközelebbi || ~ **to sg** vmhez legközelebb

nearly ['nɪəlɪ] *adv* majdnem, csaknem || **not ~** közel sem

near-sighted *a* rövidlátó

neat [niːt] *a* (*tidy*) csinos, rendes, ápolt; *col* nett; (*undiluted*) tömör; *US* (*pleasing*) nagyszerű, klassz || **drink sg ~** tisztán iszik vmt

necessary ['nesəsrɪ] *a* (*essential*) szükséges; (*unavoidable*) szükségszerű

necessitate [nɪ'sesɪteɪt] *v* szükségessé tesz, (meg)követel, megkíván

necessity [nɪ'sesətɪ] *n* (*compulsion*) szükségesség; (*need*) szükség

neck [nek] **1.** *n* nyak; (*of bottle, violin*) nyak; (*of land*) földszoros **2.** *v col* szerelmeskedik, smárol

necklace ['neklɪs] *n* nyaklánc

necktie ['nektaɪ] *n US* nyakkendő

née [neɪ] *a* (*before maiden name*) született, sz.

need [niːd] **1.** *n* (*necessity*) szükség; (*poverty*) nyomor; (*misfortune*) baj, nehéz helyzet || **be in ~** szükséget lát, nyomorog; **there's a great ~ for sg** nagy szükség van vmre; ~**s** *pl* szükségletek, igények **2.** *v* ~ **sg** (*want*) szüksége van

vmre; (*require*) megkövetel vmt; megkíván; (*be necessary*) szükséges; (*be obliged*) kell ‖ **as ~ed** szükség szerint; **you ~ not** (or **needn't**) **worry** nem kell idegeskedned; **~ to (do sg)** kell (*vmt tenni*); **don't ~ to (do sg)** nem kell (*vmt tenni*); **you ~n't have hurried** nem kellett volna sietnie
needle ['niːdl] *n* tű
needless ['niːdlɪs] *a* szükségtelen, felesleges ‖ **~ to say** mondanom sem kell
needlework ['niːdlwɜːk] *n* kézimunka, varrás, hímzés
needn't ['niːdnt] = **need not**
needy ['niːdɪ] *a* nyomorgó, szűkölködő
negative ['negətɪv] **1.** *a* negatív, nemleges, tagadó ‖ **~ answer** nemleges/tagadó válasz; **~ sign** negatív előjel **2.** *n photo* negatív
neglect [nɪ'glekt] **1.** *n* mulasztás **2.** *v* elhanyagol, elmulaszt, mellőz
negligent ['neglɪdʒənt] *a* hanyag, gondatlan
negotiate [nɪ'gəʊʃɪeɪt] *v* (*discuss*) megtárgyal; (*bill, shares*)) forgat; (*get past*) átjut (vmn) ‖ **~ with sy** tárgyal vkvel
negotiation [nɪgəʊʃɪ'eɪʃn] *n* tárgyalás
Negress ['niːgrɪs] *n* (*derogatory*) néger nő (*használata sértő*)
Negro ['niːgrəʊ] *a/n* (*derogatory*) néger (*használata sértő*)
neighbour (*US* **-bor**) ['neɪbə] *n* szomszéd
neighbouring (*US* **-bor-**) ['neɪbərɪŋ] *a* vmvel szomszédos, környező
neither ['naɪðə] *pron/adv* (*also not*) se(m); (*not either of two*) egyik

sem (*kettő közül*) ‖ **~ ... nor ...** se(m) ... se(m) ...; **~ of them** egyikük sem
neon light *n* neon fénycső, neonfény
nephew ['nefjuː] *n* unokaöcs
nerve [nɜːv] *n* ideg ‖ **have the ~ to do sg** van mersze vmt tenni; **sy gets on one's/sy's ~s** az idegeire megy vk
nervous ['nɜːvəs] *a* (*excitable*) ideges; (*of nerves*) ideg- ‖ **~ breakdown** idegösszeomlás
nest [nest] **1.** *n* fészek **2.** *v* fészket rak
nestle ['nesl] *v* fészkel
net[1] [net] **1.** *a* nettó; tiszta **2.** *v* -**tt**- tisztán keres
net[2] [net] **1.** *n* háló, *col* necc **2.** *v* -**tt**- hálóval fog
Netherlands, the ['neðələndz] *n pl* Hollandia
net weight *n* nettó/tiszta súly
network ['netwɜːk] *n* hálózat
neurosis [njʊə'rəʊsɪs] *n* (*pl* **neuroses** [-iːz]) idegbetegség, neurózis
neutral ['njuːtrəl] **1.** *a* semleges **2.** *n* üresjárat
neutron bomb ['njuːtrɒn] *n* neutronbomba
never ['nevə] *adv* soha, sohase(m) ‖ **~ mind!** annyi baj legyen!
never-ending *a* szakadatlan, véget nem érő
nevermore [nevə'mɔː] *adv* soha többé
nevertheless [nevəðə'les] *adv/conj* mindamellett, mindazonáltal
new [njuː] *a* új
newborn ['njuːbɔːn] *a* újszülött
newcomer ['njuːkʌmə] *n* jövevény, újonnan érkezett (ember)

newly-weds, the *n pl* új házasok, az ifjú pár
new moon *n* újhold
news [nju:z] *n* (*pl*) hír, újság, értesülés || **the** ~ (*in radio*) hírek; (*in TV*) híradó; **what's the** ~? mi újság?
news agency *a* hírügynökség, távirati iroda
newsagent ['nju:zeɪdʒənt] *n* újságárus || ~**'s (shop)** újságosbódé
newscast ['nju:zkɑ:st] *n* hírek
newsflash ['nju:zflæʃ] *n* (*in radio, TV*) közlemény, gyorshír
newsletter ['nju:zletə] *n* hírlevél
newspaper ['nju:zpeɪpə] *n* újság, (hír)lap
newsreel ['nju:zri:l] *n* (film)híradó
news-stand *n* újságosbódé
new year *n* új év/esztendő || **Happy N~ Y~!** Boldog új évet kívánok!
New Year's Eve *n* szilveszter
next [nekst] *a* (*nearest*) legközelebbi, szomszédos; (*following*) következő || **live** ~ **door** a szomszédban lakik; **the** ~ **day** másnap; ~ **time** a következő alkalommal; ~ **year** jövőre
next to *prep* (*beside*) mellett; (*almost*) szinte || ~ **to nothing** úgyszólván semmi
nibble ['nɪbl] *v* majszol
nibble at sg torkoskodik
nice [naɪs] *a* rendes, helyes, szép
nice-looking *a* csinos, helyes
nick [nɪk] **1.** *n* (*notch*) csorba; (*score*) rovátka || **come in the** ~ **of time** a legjobbkor jön **2.** *v col* (*steal*) elcsakliz
nickel ['nɪkl] *n* nikkel; *US* (*coin*) ötcentes (érme)
nickname ['nɪkneɪm] *n* becenév, csúfnév

niece [ni:s] *n* unokahúg
niggard ['nɪgəd] *n* fösvény, zsugori
night [naɪt] *n* éjjel, éjszaka, este || **at/by** ~ éjjel; ~ **and day** éjjel-nappal
nightcap ['naɪtkæp] *n* (*cap*) hálósapka; (*drink*) lefekvés előtti itóka
night-club *n* mulatóhely
night-dress *n* (női) hálóing
nightfall ['naɪtfɔ:l] *n* esteledés; sötétedés
nightgown ['naɪtgaʊn] *n US* (női) hálóing
nightie ['naɪtɪ] *n* (női) hálóing
nightingale ['naɪtɪŋgeɪl] *n* csalogány, fülemüle
nightmare ['naɪtmeə] *n* lidércnyomás, rémkép
night school *n* dolgozók iskolája, esti iskola
night-watchman *n* (*pl* -**men**) éjjeliőr
nil [nɪl] *n* zéró, semmi, nulla
nimble ['nɪmbl] *a* mozgékony; gyors, fürge
nine [naɪn] *num* kilenc
nineteen [naɪn'ti:n] *num* tizenkilenc
ninety ['naɪntɪ] *num* (*pl* -**ties**) kilencven
ninth [naɪnθ] **1.** *num a* kilencedik **2.** *n* kilenced
nip [nɪp] *v* -**pp**- (*pinch*) megcsíp; csipked; (*clip*) csíptet; (*frost*) megcsíp
nippers ['nɪpəz] *n pl* (*tool*) csípőfogó; (*of crab*) olló
nitrogen ['naɪtrədʒən] *n* nitrogén
no [nəʊ] **1.** *a* (*not any*) semmi(féle) || ~ **one** senki; ~ **smoking** tilos a dohányzás!; ~ **parking** várakozni/parkolni tilos! **2.** *adv* (*opposite*

to 'yes') nem ‖ **Is it cold? No, it isn't.** Hideg van? Nem, nincs hideg (*or* Nincs).

No. [ˈnʌmbə] = **number**

noble [ˈnəʊbl] *a* (*fine*) nemes; (*of high rank*) nemesi

nobody [ˈnəʊbədɪ] *pron* senki; ~ **else** senki más

nod [nɒd] **1.** *n* biccentés, bólintás **2.** *v* **-dd-** (*bow*) biccent, bólint; (*doze*) bóbiskol
nod off elbóbiskol

noise [nɔɪz] *n* zaj, zörej ‖ **make a** ~ zajong, lármázik

noisy [ˈnɔɪzɪ] *a* lármás, hangos, zajos

nomad [ˈnəʊmæd] *a* nomád

nominal [ˈnɒmɪnl] *a gram* névleges; névszói

nominate [ˈnɒmɪneɪt] *v* (*propose*) vkt vmre javasol; jelöl; (*appoint*) kinevez

nominee [nɒmɪˈniː] *n* jelölt

nonchalant [ˈnɒnʃələnt] *a* (*indifferent*) nemtörődöm, közönyös; (*cool*) hidegvérű

none [nʌn] **1.** *pron* egyik sem, semelyik, senki, semmi ‖ **I have ~** (*not any*) nekem nincs **2.** *adv* **I am ~ the wiser (for it)** ettől nem lettem okosabb

none the less *adv/conj* annak ellenére(, hogy), mindazonáltal

non-flammable [nɒn ˈflæməbl] *a* éghetetlen, nem gyúlékony

nonplus [nɒnˈplʌs] *v* **-ss-** (*US* **-s-**) meghökkent, elképeszt ‖ **I was ~sed** paff voltam

nonsense [ˈnɒnsəns] *n* (*talk*) bolond beszéd; (*behaviour*) bolondság ‖ **~!** (az) nem létezik!, abszurdum!

non-smoker [nɒn ˈsmeʊkə] *n* nemdohányzó

non-stick [nɒnˈstɪk] *a* (*pan*) teflon

non-stop [nɒnˈstɒp] *a* megállás nélküli, nonstop ‖ **make a ~ flight** leszállás nélkül teszi meg az utat (*repülőgép*)

noodles [ˈnuːdlz] *n pl* tészta, metélt

nook [nʊk] *n* zug, kuckó

noon [nuːn] *n* dél (*12 óra*) ‖ **at ~** délben

no one [ˈnəʊ wʌn] *pron* senki

noose [nuːs] *n* hurok

nor [nɔː] *conj/adv* sem ‖ **neither ... ~ ...** sem ..., sem ...

norm [nɔːm] *n* minta, szabály, norma, szabvány

normal [ˈnɔːml] *a* szabályos, rendes, normális

normally [ˈnɔːməlɪ] *adv* rendes/normális körülmények között, rendszerint, általában, egyébként

north [nɔːθ] **1.** *a* északi **2.** *n* észak ‖ **in the ~** északon

North America *n* Észak-Amerika

North American *a/n* észak-amerikai

north-east *n* északkelet, ÉK

northerly [ˈnɔːðəlɪ] *a* északi

northern [ˈnɔːðən] *a* északi

Northern Ireland *n* Észak-Írország

North Pole *n* északi sark

North Sea *n* Északi-tenger

northward(s) [ˈnɔːθwəd(z)] *adv* északi irányban; észak felé, északra

north-west *n* északnyugat, ÉNY

Norway [ˈnɔːweɪ] *n* Norvégia

Norwegian [nɔːˈwiːdʒn] *a/n* norvég(iai)

nose [nəʊz] **1.** *n* (*on face*) orr; (*sense of smell*) szimat, szaglás ‖

have a good ~ for sg jó a szimata; **lead sy by the ~** orránál fogva vezet **2.** *v* **~ about** (*US* így is: **around**) **for sy/sg** *col* vk/vm után szimatol/szaglászik
nose drops *n pl* orrcsepp(ek)
nosey ['nəʊzɪ] *a col* kíváncsi
nostril ['nɒstrɪl] *n* orrlyuk
nosy ['nəʊzɪ] = **nosey**
not [nɒt] *adv* nem (*with auxiliaries*: **n't: don't, isn't** *etc*.) ‖ **~ any** egy sem; **~ at all** egyáltalán nem; (*after thanks*) szívesen!, szóra sem érdemes!; **~ that** nem mintha; **I don't go** nem megyek
notable ['nəʊtəbl] **1.** *a* számottevő, figyelemre méltó, nevezetes **2.** *n* kiválóság, előkelő személy(iség)
notch [nɒtʃ] **1.** *n* (*cut*) rovátka, bevágás; (*nick*) csorba; (*sighting slot*) nézőke **2.** *v* rovátkol, bevág
note [nəʊt] *n mus* hang, hangjegy; (*tone*) hang(nem); (*of lecture*) jegyzet; (*notice, comment*) megjegyzés; *pol* memorandum; (*bank~*) bankjegy ‖ **make/take ~s** jegyzetel; **take ~ of sg** megjegyez vmt **2.** *v* (*observe*) megjegyez, megfigyel; (*write down*) feljegyez, lejegyez
notebook ['nəʊtbʊk] *n* notesz, jegyzetfüzet; *comput* noteszgép
notecase ['nəʊtkeɪs] *n* levéltárca, pénztárca
notepaper ['nəʊtpeɪpə] *n* levélpapír
nothing ['nʌθɪŋ] *n/pron* semmi ‖ **come to ~** semmivé lesz; **for ~** ingyen, semmiért; **~ but** (semmi más) csak...; **~ can be done** hiába minden!; **~ else** semmi más(t); **there is ~ to be done** nincs mit

tenni; **I've ~ to do with it** mi közöm hozzá?
notice ['nəʊtɪs] **1.** *n* (*notification*) értesítés; (*announcement*) közlemény; (*warning*) felszólítás; (*dismissal*) felmondás; (*inscription*) felirat, kiírás ‖ **bring sg to sy's ~** vknek tudtára ad vmt; **give in one's ~** (*employee*) felmond; **take ~ of sg** tudomásul vesz vmt; **until further ~** további értesítésig **2.** *v* (*perceive*) észrevesz
notice board *n* hirdetőtábla; falitábla
notify ['nəʊtɪfaɪ] *v* (ki)értesít ‖ **~ sy of sg** vkt vmről értesít, vkvel vmt tudat
notion ['nəʊʃn] *n* fogalom, elképzelés
notorious [nəʊ'tɔːrəs] *a* hírhedt, közismert
notwithstanding [nɒtwɪð'stændɪŋ] **1.** *adv* mégis, annak ellenére, hogy, mindamellett **2.** *prep* (vmnek) ellenére
nought [nɔːt] *n* semmi, zéró, nulla
noun [naʊn] *n gram* főnév
nourish ['nʌrɪʃ] *v* táplál
nourishment ['nʌrɪʃmənt] *n* táplálék, étel
novel ['nɒvl] *n* regény
novelist ['nɒvəlɪst] *n* regényíró
novelty ['nɒvəltɪ] *n* újdonság
November [nəʊ'vembə] *n* november; → **August**
now [naʊ] *adv* most ‖ **by ~** mostanra; **just ~** ebben a pillanatban; **~ and again/then** néha-néha, néhanapján; **from ~ on** ezentúl, mostantól (fogva)
nowadays ['naʊədeɪz] *adv* manapság, napjainkban

nowhere ['nəʊweə] *adv* (*at no place*) sehol; (*to no place*) sehova
noxious ['nɒkʃəs] *a* kártékony, ártalmas
nozzle ['nɒzl] *n* (*of hose*) csővég, szórófej; (*of pipe*) kifolyó
nuclear ['njuːklɪə] *a* nukleáris, mag-, atom-
nuclear physics *n* atomfizika, magfizika
nuclear war *n* atomháború
nuclear weapon *n* atomfegyver
nude [njuːd] **1.** *a* meztelen **2.** *n* akt
nudge [nʌdʒ] **1.** *n* oldalba lökés (gyengéden) **2.** *v* oldalba lök/bök
nudist [njuːdɪst] *n* naturista, nudista
nuisance ['njuːsns] *n* (*event, thing*) kellemetlenség; alkalmatlanság; *fig* (*person*) kolonc ‖ **be a ~ to sy** terhére van vknek
null and void [nʌl] *a law* semmis
nullify ['nʌlɪfaɪ] *v* érvénytelenít
numb [nʌm] **1.** *a* (*finger*) merev, dermedt, gémberedett ‖ **go ~** elzsibbad **2.** *v* elzsibbaszt ‖ **~ed** zsibbadt
number ['nʌmbə] **1.** *n* (*numeral*) szám(jegy); (*quantity*) szám; (*of programme*) (műsor)szám; (*issue*) (folyóirat)szám ‖ **~s** *pl* számtan; **the ~ five bus** ötös autóbusz; **a ~ of** néhány **2.** *v* (*give number*) megszámoz; (*count*) (meg)számlál, (meg)számol
numberless ['nʌmbəlɪs] *a* számtalan
numeral ['njuːmərəl] *n* (*grammar*) számnév; (*number*) szám(jegy)
numerical [njuːˈmerɪkl] *a* numerikus, számszerű
numerous ['njuːmərəs] *a* számos
numismatics [njuːmɪzˈmætɪks] *n sing.* éremtan, numizmatika

nun [nʌn] *n* apáca
nunnery ['nʌnərɪ] *n* apácakolostor, zárda
nurse [nɜːs] **1.** *n* (*of child*) dajka, dada; (*of patient*) (beteg)ápolónő **2.** *v* (*child*) dajkál, szoptat; (*patient*) ápol, gondoz
nursery ['nɜːsərɪ] *n* (*room*) gyer-(m)ekszoba; (*for plants*) faiskola, kertészet ‖ **(day) ~** óvoda
nursery rhyme *n* gyermekdal
nursery school *n* óvoda
nursing home *n* (*private*) szanatórium
nut [nʌt] *n* (*fruit*) dió; (*metal*) csavaranya; *col* (*head*) kobak; → **nuts**
nutcracker ['nʌtkrækə] *n* diótörő
nutrient ['njuːtrɪənt] *n agr* táp-(anyag)
nutriment ['njuːtrɪmənt] *n* (*food*) táplálék; (*preparation*) tápszer
nutrition [njuːˈtrɪʃn] *n* (*feeding*) táplálás; (*eating*) táplálkozás
nuts [nʌts] *a col* őrült, bolond ‖ **be ~ about/on sy/sg** egészen odavan vkért/vmért, megőrül vmért/vkért; **go ~** *US* meghülyül
nutshell ['nʌt-ʃel] *n* dióhéj ‖ **in a ~** dióhéjban
NW = north-west(ern)
nylon ['naɪlɒn] *n* nejlon

O

O [əʊ] zéró, nulla
oak [əʊk] *n* tölgy(fa)
OAP [əʊ eɪˈ piː] = **old-age pensioner**

oar [ɔː] *n* evező
oasis [əʊ'eɪsɪs] *n* (*pl* -**ses** [-siːz])
oázis
oat *n* zab
oatflake(s) ['əʊtfleɪk(s)] *n* (*pl*) zab-
pehely
oath [əʊθ] *n* eskü, fogadalom ||
swear/take an ~ esküt letesz
oatmeal ['əʊmiːl] *n* zabpehely, zab-
liszt
oats [əʊts] *n pl* zab
obedient [ə'biːdɪənt] *a* engedelmes,
szófogadó || **be** ~ **to sy** engedel-
meskedik vknek
obey [ə'beɪ] *v* engedelmeskedik,
szót fogad (*sy* vknek)
object 1. ['ɒbdʒɪkt] *n* (*thing*) tárgy;
(*aim*) cél; szándék; (*obstacle*) aka-
dály; *gram* tárgy **2.** [əb'dʒekt] *v*
ellenvetést tesz, tiltakozik || ~ **to**
sg kifogásol/ellenez vmt
objection [əb'dʒekʃn] *n* ellenvetés;
kifogás, tiltakozás || **raise an** ~
kifogást emel
objective [əb'dʒektɪv] **1.** *a* (*real*)
tárgyi; (*impartial*) tárgyilagos, ob-
jektív **2.** *n* objektív, tárgylencse
obligation [ɒblɪ'geɪʃn] *n* kötelesség,
kötelezettség
obligatory [ə'blɪgətrɪ] *a* kötelező
oblige [ə'blaɪdʒ] *v* lekötelez, vmre
kötelez || **I am much** ~**d to you**
végtelen hálás vagyok; **be** ~**d to**
do sg köteles vmt megtenni
oblique [ə'bliːk] *a* ferde, rézsútos,
dőlt
obliterate [ə'blɪtəreɪt] *v* kitöröl; ki-
pusztít
oblivious [ə'blɪvɪəs] *a* feledékeny,
hanyag
oblong ['ɒblɒŋ] *a* hosszúkás, tégla-
lap alakú

oboe ['əʊbəʊ] *n* oboa
obscene [əb'siːn] *a* obszcén, trágár
obscure [əb'skjʊə] **1.** *a* sötét, ho-
mályos **2.** *v* elhomályosít; *fig* el-
ködösít
observant [əb'zɜːvnt] *a* figyelmes
observation [ɒbzə'veɪʃn] *n* (*obser-
ving*) megfigyelés, észlelés; (*re-
mark*) megjegyzés, észrevétel
observe [əb'zɜːv] *v* (*take notice*)
megfigyel, észrevesz; (*remark*)
megjegyez; (*celebrate*) megtart ||
~ **a strict diet** (szigorú) diétát tart
obsess [əb'ses] *v* **he is** ~**ed by the**
idea that az a rögeszméje, hogy
obsessive [əb'sesɪv] *a* mániákus,
megszállott
obsolete ['ɒbsəliːt] *a* elavult, ide-
jétmúlt
obstacle ['ɒbstəkl] *n* akadály
obstinate ['ɒbstɪnət] *a* csökönyös,
makacs
obstruct [əb'strʌkt] *v* akadályoz,
gátol; (*pipe*) eldugaszol
obstruction [əb'strʌkʃn] *n* akadály;
(*pipe*) dugulás; (*parliament*) obst-
rukció
obtain [əb'teɪn] *v* (meg)kap, (meg)-
szerez, elnyer, hozzájut (vmhez) ||
~ **a/one's degree (in sg)** (vmlyen)
diplomát/fokozatot szerez
obtrusive [əb'truːsɪv] *a* (*person*)
tolakodó; feltűnő; (*smell*) átható
obvious ['ɒbvɪəs] *a* nyilvánvaló,
kézenfekvő, magától értetődő
occasion [ə'keɪʒn] *n* alkalom || **on**
this ~ ez alkalommal; **on the** ~ **of**
vmnek alkalmából
occasional [ə'keɪʒənl] *a* alkalmi,
véletlen
occasionally [ə'keɪʒnəlɪ] *adv* alkal-
milag, időnként

occupation [ɒkjʊ'peɪʃn] *n* (*of house*) beköltözés, bennlakás; (*of country*) megszállás, elfoglalás; (*possession*) birtoklás; (*profession*) foglalkozás
occupied ['ɒkjupaɪd] *a* foglalt; →
occupy
occupy ['ɒkjʊpaɪ] *v* (*house*) elfoglal, birtokba vesz; *mil* (*country*) megszáll; (*position, office*) betölt ‖ **be occupied in (doing) sg** (*vmvel tartósan*) foglalkozik
occur [ə'kɜː] *v* **-rr-** (meg)történik; előfordul ‖ **it ~s to me** eszembe jut
ocean ['əʊʃn] *n* óceán, tenger
ocean-going *a* óceánjáró
ocean liner *n* óceánjáró
ochre (*US* **ocher**) ['əʊkə] *n* okker
o'clock [ə'klɒk] *adv* óra(kor) ‖ **6 ~ 6** óra(i); **at one ~** egy órakor
octane number ['ɒkteɪn] *n* oktánszám
octave ['ɒktɪv] *n mus* oktáv
October [ɒk'təʊbə] *n* október; →
August
octopus ['ɒktəpəs] *n* (*pl* **-puses**) *zoo* polip
oculist ['ɒkjʊlɪst] *n* szemorvos, szemész
odd [ɒd] *a* (*peculiar*) furcsa, különös; sajátságos; (*one of a pair*) felemás; (*not even*) páratlan ‖ **twenty ~** húsz-egynéhány; →
odds
odd jobs *n pl* alkalmi munka, apró munkák
oddment ['ɒdmənt] *n* maradék
odds [ɒdz] *n pl* (*chance*) esély, valószínűség; (*difference*) különbség ‖ **be at ~ with sy** szemben/

hadilábon áll vkvel; **~ and ends** limlom, maradék
odious ['əʊdɪəs] *a* utálatos, gyűlöletes
odour (*US* **-or**) ['əʊdə] *n* szag, illat
of [ɒv, əv] *prep* (*separation*) -ból, -ből, közül; (*concerning*) -ról, -ről, felől; (*material*) vmből való; (*possession*:) **a friend ~ mine** egyik barátom; **a piece ~ furniture** bútor(darab); **made ~ wood** fából készült/való; **very kind ~ you** nagyon kedves tőled; **a pound ~ sugar** egy font cukor
off [ɒf] **1.** *a* (*distant*) távoli, messzi; (*of right-hand side*) jobb oldali; (*not fresh*) áporodott, romlott; (*bad*) zord **2.** *adv* (*away*) el; (*far*) távol; *el* (*disconnected*) kikapcsolva, ki, elzárva; (*cancelled*) elhalasztva ‖ **be ~** elmegy; **the gas is ~** a gáz el van zárva
off-colour (*US* **-color**) *a* (*unwell*) gyengélkedő; (*pale*) halvány, elszíneződött
offence (*US* **-se**) [ə'fens] *n* (szabály)sértés, kihágás; szabálytalanság; (*serious*) bűn ‖ **commit an ~ (against the law)** törvénysértést/szabálysértést követ el; **take ~ at sg** rossz néven vesz vmt
offend [ə'fend] *v* megbánt, megsért ‖ **be ~ed at/by sg** megsértődik vm miatt
offensive [ə'fensɪv] **1.** *a* (*attacking*) támadó; goromba; (*unpleasant*) visszataszító, sértő; kellemetlen **2.** *n* offenzíva
offer ['ɒfə] **1.** *n* ajánlat, kínálat ‖ **make an ~ for sg** ajánlatot tesz vmre **2.** *v* (fel)ajánl, (fel)kínál (*sg*

to sy or sy sg vknek vmt) || ~
oneself felajánlkozik
offhand [ɒfˈhænd] **1.** *a* (*extempore*)
spontán; (*casual*) könnyed, feszte-
len, fölényes **2.** *adv* (*without
thinking*) kapásból; (*casually*) fog-
hegyről
office [ˈɒfɪs] *n* (*bureau*) hivatal,
iroda; (*duty, position*) hivatal,
tisztség; *US* (*surgery*) rendelő
office block (*US* **building**) *n* iro-
daház
officer [ˈɒfɪsə] *n mil* tiszt
office worker *n* hivatalnok, tisztvi-
selő
official [əˈfɪʃl] **1.** *a* hivatalos, hiva-
tali, hatósági, szolgálati || ~ **lan-
guage** hivatalos nyelv **2.** *n* köz-
tisztviselő, tiszt(ség)viselő
off-peak *a* csúcsforgalmi időn kí-
vüli; (*price*) előszezoni, utósze-
zoni
off-season *n* előidény, utóidény,
holt idény/szezon
offset [ˈɒfset] *v* (*pt/pp* **offset; -tt-**)
ellensúlyoz, kárpótol
offshore [ˈɒfʃɔː] *a/adv* part felől
(jövő); nem messze a parttól (*a
tengeren*)
offside [ɒfˈsaɪd] **1.** *adv sp* lesen
(*van*) **2.** *a GB* (*lane*) belső;
(*wheel*) úttest felőli, jobb oldali
offside lane *n* (*in traffic*) *GB* belső
sáv
offspring [ˈɒfsprɪŋ] *n* gyermekál-
dás, ivadék, az utódok
off-the-cuff *a* rögtönzött
off-white *a* piszkosfehér, törtfe-
hér
often [ˈɒfn] *adv* gyakran, sűrűn
oh! [əʊ] *int* ó(h)!, hű || ~ **dear!** ó
jaj!

oil [ɔɪl] **1.** *n* olaj || **paint in ~s** olaj-
jal fest **2.** *v* (*engine*) (meg)olajoz,
beolajoz
oil-colour (*US* **-or**) *n* olajfesték
oil-painting *n* olajfestmény
oil refinery *n* olajfinomító
oil-rig *n* fúrósziget
oil-tanker *n* olajszállító hajó, tank-
hajó
oil well *n* olajkút
ointment [ˈɔɪntmənt] *n* kenőcs
OK!, okay [əʊˈkeɪ] **1.** *a* (*agreement*)
jó!, nagyon helyes!, rendben! **2.** *v*
(*pt/pp* **okayed, OK'd**) jóváhagy,
helybenhagy
old [əʊld] *a* (*aged*) öreg, idős, vén;
(*former*) régi, azelőtti || **an ~ ac-
quaintance (of mine)** régi isme-
rősöm; **how ~ are you?** hány
éves?
old-age *a* öregkori, öregségi || ~
pensioner nyugdíjas
old-fashioned [əʊldˈfæʃnd] *a* ide-
jétmúlt, ódivatú, régimódi
old-timer *n col* (*old boy*) öregfiú;
(*veteran*) veterán
olive [ˈɒlɪv] *n* olajbogyó
olive-green *a* olívzöld, olajzöld
olive oil *n* olívaolaj
Olympic [əˈlɪmpɪk] *a* olimpiai || ~
champion olimpiai bajnok
Olympic Games, the (*also* **the
Olympics** [əˈlɪmpɪks]) *n* olimpiai
játékok
omen [ˈəʊmen] *n* előjel, ómen
ominous [ˈɒmɪnəs] *a* baljós(latú),
ominózus
omit [əˈmɪt] *v* **-tt-** elhagy, kihagy,
mellőz, elmulaszt (*to do sg* vmt
megtenni)
on [ɒn] **1.** *prep* (*place*) -on, -en,
-ön, -n; (*time*) -án, -én; (*at the*

time of) -kor; (*direction*) -ra, -re; (*about*) -ról, -ről (*szól*) ‖ ~ **board** fedélzeten; ~ **Monday** hétfőn; ~ **the 5(th) of May** május 5-én; ~ **my arrival home** hazaérkezésemkor **2.** *adv* (*further*) tovább; *el* (*connected*) be (*van kapcsolva*) ‖ **from now** ~ mostantól kezdve; **what has she got** ~**?** mi van rajta?; **the gas is** ~ ég a gáz; **the TV is** ~ be van kapcsolva a tévé

once [wʌns] *adv* egyszer, egy alkalommal ‖ **at** ~ azonnal, rögtön; ~ **a week** hetenként egyszer; ~ **again** még egyszer; ~ **more** újból, újra, még egyszer; ~ **upon a time there was ...** hol volt, hol nem volt

oncoming ['ɒnkʌmɪŋ] *a* szembejövő (forgalom)

one [wʌn] **1.** *num* (*number*) egy; (*indefinite*) egyik; (*any person*) valaki ‖ **no** ~ senki sem; ~ **and a half** másfél; ~ **another** egymást; ~ **by** ~ egyesével, egyenként; **on the** ~ **hand ... on the other (hand)** egyrészt ..., másrészt; ~ **of them** egyikük; ~ **or two** egypár **2.** *n* (*impersonal subject*) az ember ‖ ~ **never knows** az ember sohasem tudja **3.** *pron* (*instead of noun*) **which** ~**?** melyiket?; **that** ~ azt (ott); **the green** ~ a zöldet

onerous ['ɒnərəs] *a* súlyos, terhes

oneself [wʌn'self] *pron* maga, magát, magának ‖ **by** ~ magában; egyedül

one-to-one *a*/*adv* (*correspondence*) egy az egyben (való); (*between two people*) négyszemközti

one-way street *n* egyirányú utca

one-way traffic *n* egyirányú forgalom/közlekedés

onion ['ʌnɪən] *n* (vörös)hagyma

onlooker ['ɒnlʊkə] *n* néző

only ['əʊnlɪ] **1.** *a* egyedüli, egyetlen ‖ ~ **one** egyetlenegy **2.** *adv* csak, egyedül, csupán ‖ **not** ~ nemcsak **3.** *conj* csak (éppen), kivéve hogy, viszont

onset ['ɒnset] *n* kezdet

onshore ['ɒnʃɔː] **1.** *a* szárazföldi **2.** *a*/*adv* (*towards the shore*) szárazföldi; a szárazföld/part felé; (*on the shore*) szárazföldön, a parton

onslaught ['ɒnslɔːt] *n* támadás

onto ['ɒntuː] *prep* -ra, -re

onward ['ɒnwəd] *a* előrehaladó

onwards ['ɒnwədz] *adv* előre

ooze [uːz] *v* nedvezik, szivárog

opaque [əʊ'peɪk] *a* homályos, átlátszatlan

open ['əʊpən] **1.** *a* nyitott, nyílt; (*frank*) nyílt, egyenes, őszinte ‖ **in the** ~ **air** szabadban **2.** *adv* nyitva **3.** *n sp* nyílt teniszbajnokság ‖ **be in the** ~ kiderült **4.** *vt* (ki)nyit, megnyit | *vi* kinyílik ‖ ~ **an account** folyószámlát nyit; ~ **here** itt nyílik; ~ **the door** ajtót kinyit; ~ **the meeting** az ülést megnyitja

open-air *a* szabadtéri

open-hearted *a* nyíltszívű, őszinte

opening ['əʊpnɪŋ] **1.** *a* (meg)nyitó **2.** *n* nyitás, megnyitás; (*hole*) nyílás; (*opportunity*) munkaalkalom, üresedés

opening hours *n pl* nyitvatartási idő

openly ['əʊpənlɪ] *adv* nyíltan

open-minded *a* liberális (gondolkodású)

Open University *n GB approx* távoktatás

opera ['ɒprə] *n* opera
operate ['ɒpəreɪt] *vt* üzemeltet, működtet I *vi* működik, üzemel; *med* operál II ~ **on sy** megoperál/megműt (*sy for sg* vkt vmvel); ~**d by electricity** villamos hajtású
operating room *n US* műtő
operating theatre *n* műtő
operation [ɒpə'reɪʃn] *n* működés, üzem(elés); *also math* művelet; *mil* hadművelet; *med* műtét, operáció II **be in** ~ (*machine*) működik; (*law*) érvényben van
operator ['ɒpəreɪtə] *n* (*of telephone*) telefonkezelő; (*of machine*) kezelő
operetta [ɒpə'retə] *n* operett
opinion [ə'pɪnjən] *n* vélemény, nézet II **in my** ~ szerintem/véleményem szerint
opinion poll *n* közvélemény-kutatás
opium ['əʊpɪəm] *n* ópium
opponent [ə'pəʊnənt] *n* ellenfél
opportunity [ɒpə'tjuːnətɪ] *n* lehetőség; alkalom II **take the** ~ megragadja az alkalmat
oppose [ə'pəʊz] *v* ellenez (vmt), szemben áll vkvel/vmvel
opposed [ə'pəʊzd] *a* ellenkező; ellentétes II **be** ~ **to sg** ellenez vmt; **as** ~ **to sg** szemben vmvel
opposite ['ɒpəzɪt] **1.** *a* ellentétes, ellenkező, szemközti **2.** *adv* szembe(n), átellenben **3.** *n* ellenkezője/ellentéte vmnek
opposition [ɒpə'zɪʃn] *n* (*resistance*) szembenállás, ellenállás; (*team*) ellenfél; *pol* ellenzék
oppress [ə'pres] *v* (*nation*) elnyom

opt [ɒpt] *v* ~ **for sg** vmt választ, vm mellett dönt; ~ **out of sg** kiszáll vmből
optical ['ɒptɪkl] *a* optikai; látási
optician [ɒp'tɪʃn] *n* látszerész, optikus
optics ['ɒptɪks] *n sing.* optika, fénytan
optimism ['ɒptɪmɪzəm] *n* derűlátás, optimizmus
optimist ['ɒptɪmɪst] *n* derűlátó, optimista
optimistic [ɒptɪ'mɪstɪk] *a* bizakodó, optimista
optimum ['ɒptɪməm] *a* optimális
option ['ɒpʃn] *n* (*choice*) a választás lehetősége, alternatíva, lehetőség; (*right*) opció
optional ['ɒpʃənl] *a* szabadon választható, fakultatív (*tantárgy*)
opulent ['ɒpjʊlənt] *a* dúsgazdag, fényűző; bőséges
or [ɔː] *conj* vagy II ~ **else** (más)különben; ~ **rather** pontosabban; helyesebben; → **either**
oral ['ɔːrəl] *a* (*verbal*) szóbeli; (*by mouth*) szájon át történő II ~ **examination** szóbeli vizsga
orange ['ɒrɪndʒ] *n* narancs
orator ['ɒrətə] *n* szónok
orbit ['ɔːbɪt] **1.** *n* (*of planet, satellite*) pálya **2.** *v* (*spacecraft*) kering
orchestra ['ɔːkɪstrə] *n* zenekar; *US theat* támlásszék, zsöllye
ordain [ɔː'deɪn] *v* pappá szentel, felszentel
ordeal [ɔː'diːl] *n* megpróbáltatás
order ['ɔːdə] **1.** *n* rend; (*sequence*) sorrend; *law* rendelet; *mil* parancs; *comm* megrendelés; *rel* rend; (*medal*) rendjel, kitüntetés II **be in** ~ rendben van; **be out of** ~ nem

működik/üzemel; **give sy an ~ for sg** (*goods*) megrendel vmt vktől/vknél; **put sg in ~** rendbe rak/tesz vmt; **in ~ that/to** azzal a céllal, hogy; azért, hogy; **~!** *pol* térjen a tárgyra! **2.** *v* (*arrange*) (el)rendez; (*command*) rendelkezik, utasít, (meg)parancsol; (*goods*) megrendel

ordinal number *n* sorszámnév

ordinance ['ɔ:dɪnəns] *n* (szabály)rendelet

ordinarily ['ɔ:dɪnrəlɪ] *adv* szokásos módon, normálisan, egyébként

ordinary ['ɔ:dɪnrɪ] *a* szokásos, mindennapos, közönséges; (*member*) rendes

ore [ɔ:] *n* érc

organ ['ɔ:gən] *n biol* szerv; (*organization*) szerv, orgánum; *mus* (*instrument*) orgona ‖ **play (on) the ~** orgonál

organism ['ɔ:gənɪzəm] *n* organizmus

organization [ɔ:gənaɪ'zeɪʃn] *n* (*institution*) szervezet; (*arrangement*) szervezés, rendezés

organize ['ɔ:gənaɪz] *v* (meg)rendez, (meg)szervez

organ transplant *n* szervátültetés

orgasm ['ɔ:gæzəm] *n* (nemi) kielégülés, orgazmus

orgy ['ɔ:dʒɪ] *n* orgia

Orient ['ɔ:rɪənt] *n* kelet

oriental [ɔ:rɪ'entl] *a* keleti

orientate ['ɔ:rɪenteɪt] *vt* irányít, orientál ‖ *vi* tájékozódik

orienteering [ɔ:rɪən'tiːrɪŋ] *n* tájfutás

orifice ['ɒrɪfɪs] *n* nyílás

origin ['ɒrɪdʒɪn] *n fig* (*beginning*) eredet, kezdet; (*ancestry*) származás

original [ə'rɪdʒɪnl] **1.** *a* eredeti **2.** *n* **the ~** eredeti példány

originate [ə'rɪdʒɪneɪt] *v* (*effect*) létrehoz ‖ **~ from/in sg** ered/származik vmből

ornament ['ɔ:nəmənt] **1.** *n* dísz, ékesség **2.** *v* díszít, ékesít

ornate [ɔ:'neɪt] *a* díszes, ékes

ornithology [ɔ:nɪ'θɒlədʒɪ] *n* madártan, ornitológia

orphan ['ɔ:fn] *n* árva

orphanage ['ɔ:fnɪdʒ] *n* árvaház

orthodox ['ɔ:θədɒks] *a rel* ortodox

oscillate ['ɒsɪleɪt] *v phys* rezeg, oszcillál; (*pendulum*) leng, (ki)leng

ostensible [ɒ'stensəbl] *a* állítólagos, látszólagos

ostentatious [ɒsten'teɪʃəs] *a* hivalkodó, tüntető

ostracize ['ɒstrəsaɪz] *v* kiközösít, kizár

ostrich ['ɒstrɪtʃ] *n* strucc

other ['ʌðə] **1.** *pron/a* (*different*) más; (*not the same*) másik; (*else*) egyéb ‖ **the ~s** a többiek; **the ~ day** a napokban, nemrég; **on the ~ hand** másfelől, másrészt; **on the ~ side** odaát **2.** *adv/conj* másképp

otherwise ['ʌðəwaɪz] *adv* másképpen, (más)különben, egyébként

ought to (do sg) [ɔ:t] *v* illene, kellene ‖ **you ~ not** (*or* **oughtn't**) **to have done this** ezt nem lett volna szabad megtenned; **I ~ to have brought it** el kellett volna hoznom

ounce [aʊns] *n* uncia (= *28,35 g*)

our [aʊə] *pron* (a mi) -unk, -ünk, -aink, -jaink, -eink, -jeink ‖ **~ house** a házunk; **~ children** a gyerekeink

ours [aʊəz] *pron* a mienk || **these are** ~ ezek a mieink

ourselves [aʊə'selvz] *pron* **(we)** ~ (mi) magunk

out [aʊt] *adv* (*to a place*) ki, kifelé; (*at a place*) kinn || **she's** ~ nincs otthon; **I am 10 dollars** ~ a hiányom 10 dollár

outbreak ['aʊtbreɪk] *n* (*of disease, war*)) kitörés

outburst ['aʊtbɜːst] *n* kitörés, kirohanás (*vk ellen*)

outcast ['aʊtkɑːst] *a/n* kitaszított, száműzött

outcome ['aʊtkʌm] *n* (*issue*) kimenetel; (*result*) eredmény; következmény, fejlemény

outdated [aʊt'deɪtɪd] *a* elavult, idejétmúlt

outdid [aʊt'dɪd] *pt* → **outdo**

outdo [aʊt'duː] *v* (*pt* **outdid** [aʊt'dɪd], *pp* **outdone** [aʊt'dʌn]) (*in result*) felülmúl, *col* vkt lefőz

outdone [aʊt'dʌn] *pp* → **outdo**

outdoor ['aʊtdɔː] *a sp* szabadtéri; (*swimming pool*) nyitott; (*clothes*) utcai

outdoors [aʊt'dɔːz] *adv* kinn, a szabadban

outer ['aʊtə] *a* külső

outer space *n* világűr

outfit ['aʊtfɪt] *n* (*clothes*) öltözet; (*ensemble*) öltöny; (*equipment*) felszerelés; (*set*) készlet

outgoings ['aʊtgəʊɪŋz] *n pl* kiadások

outgrew [aʊt'gruː] *pt* → **outgrow**

outgrow [aʊt'grəʊ] *v* (*pt* **outgrew** [aʊt'gruː], *pp* **outgrown** [aʊt'grəʊn]) (*clothes, habit*) kinő

outgrown [aʊt'grəʊn] *pp* → **outgrow**

outing ['aʊtɪŋ] *n* kirándulás

outlay ['aʊtleɪ] *n* költségek, ráfordítás

outlet ['aʊtlet] *n* kifolyó, lefolyó; (*for talent*) megnyilvánulási lehetőség; *US* (*for electricity*) konnektor, (dugaszoló)aljzat

outline ['aʊtlaɪn] **1.** *n* (*silhouette*) körvonal, sziluett; (*summary*) vázlat **2.** *v* (*situation*) (fel)vázol, körvonalaz

outlook ['aʊtlʊk] *n* (*prospect*) távlat; (*view*) kilátás; (*attitude*) szemlélet(mód)

outlying ['aʊtlaɪɪŋ] *a* félreeső, távoli || ~ **district** peremkerület

outnumber [aʊt'nʌmbə] *v* számbelileg fölülmúl

out of *prep* -ból, -ből, kinn, vmn kívül, közül || ~ **order** nem működik, rossz; **be** ~ **sg** kifogyott vmből

out-of-date *a* idejétmúlt, korszerűtlen

out-of-the-way *a* félreeső

out-patient *n* járóbeteg

output ['aʊtpʊt] *n el* teljesítmény; *comput* kimenet, kimenőteljesítmény

outrage 1. ['aʊtreɪdʒ] *n* gazság, szörnyűség; (*emotion*) megbotránkozás **2.** [aʊt'reɪdʒ] *v* (*person*) durván megsért vkt; (*sense of justice*) megbotránkoztat

outright ['aʊtraɪt] **1.** *a* (*frank*) őszinte, nyílt; (*open*) leplezetlen; (*clear*) egyértelmű; (*complete*) teljes, kerek **2.** *adv* nyíltan, kereken

outset ['aʊtset] *n* kezdet || **at the** ~ az elején

outshine [aʊt'ʃaɪn] *v* (*pt/pp* **outshone** [aʊt'ʃɒn]) (*fame*) elhomályosít, vkt vmben túlszárnyal

outside 1. ['aʊtsaɪd] *a* külső, szélső, kinti **2.** [aʊt'saɪd] *adv/prep* kinn, ki; *US* ~ **of** (vkn/vmn) kívül **3.** [aʊt'saɪd] *n* vmnek a külseje, külső (oldal) ‖ **at the** ~ legfeljebb
outside lane *n GB* (*of motorway*) belső sáv
outsider [aʊt'saɪdə] *n* idegen, kívülálló
outsize ['aʊtsaɪz] *a* (*clothes*) extra méretű/nagy
outskirts, the ['aʊtskɜːts] *n pl* külváros, külterület, peremkerületek
outspoken [aʊt'spəʊkən] *a* szókimondó
outstanding [aʊt'stændɪŋ] *a* (*prominent*) kiemelkedő, kiváló; (*unpaid*) hátralékos
outstrip [aʊt'strɪp] *v* megelőz, lehagy
outward ['aʊtwəd] *a* (*of the outside*) külső; (*going out*) kifelé tartó ‖ ~ **appearance** (*of person*) külső, küllem; ~ **journey** kiutazás
outwards ['aʊtwədz] *adv* ki, kifelé
outwit [aʊt'wɪt] *v* **-tt-** túljár vknek az eszén
oval ['əʊvl] *a* ovális
oven ['ʌvn] *n* (*for baking, cooking*) sütő; (*furnace*) kemence
ovenproof ['ʌvnpruːf] *a* tűzálló
oven-ready *a* konyhakész
ovenware ['ʌvnweə] *n* tűzálló edény(ek)
over ['əʊvə] **1.** *adv* (*across*) át, keresztül; (*finished*) elmúlt, vége ‖ **it is** ~ vége van; ~ **and** ~ (**again**) újra meg újra; ~ **here** itt nálunk; ~ **there** odaát **2.** *prep* (*above*) vm fölött/fölé; (*higher than*) vmn felül; (*on top of*) rá; (*across*) vmn

át/keresztül; (*more than*) vmn túl, több mint ‖ ~ **70 kg** 70 kg felett; ~ **the sea** tengeren túl
overall [əʊvər'ɔːl] **1.** *a* általános, átfogó, globális ‖ ~ **view (of sg)** összkép **2.** *n US* = **overalls**
overalls ['əʊvərɔːlz] *n pl* kezeslábas, munkaruha, szerelőruha
overbalance [əʊvə'bæləns] I *vi* feldönt; (*outweigh*) felülmúl; (*lose balance*) elveszti egyensúlyát, feldől
overbearing [əʊvə'beərɪŋ] *a* arrogáns, erőszakos
overboard ['əʊvəbɔːd] *adv* (hajóból) ki ‖ **be washed** ~ tengerbe sodorja a hullám
overcame [əʊvə'keɪm] *pt* → **overcome**
overcast [əʊvə'kɑːst] *a* felhős, borús
overcoat ['əʊvəkəʊt] *n* felöltő, felsőkabát
overcome [əʊvə'kʌm] *v* (*pt* **overcame** [əʊvə'keɪm], *pp* **overcome**) (*difficulty, enemy*) leküzd, legyőz ‖ **be** ~ **by sg** vm rájön vkre
overcrowded [əʊvə'kraʊdɪd] *a* túlzsúfolt
overdid [əʊvə'dɪd] *pt* → **overdo**
overdo [əʊvə'duː] *v* (*pt* **overdid** [əʊvə'dɪd], *pp* **overdone** [əʊvə'dʌn]) (*exaggerate*) túlzásba esik; (*work too hard*) megerőlteti magát; (*overcook*) túlsüt
overdone [əʊvə'dʌn] *a/pp* túlsütött; → **overdo**
overdrawn [əʊvə'drɔːn] *a* (*account*) fedezetlen
overdue [əʊvə'djuː] *a* (*bill*) lejárt
overestimate [əʊvər'estɪmeɪt] *v* vmt túlbecsül

overfed [əʊvə'fed] *a* túltáplált
overflow 1. ['əʊvəfləʊ] *n* (*of liquid*) túlfolyás; (*pipe*) túlfolyó; *comput* túlcsordulás **2.** [əʊvə'fləʊ] *v* (*heart, cup*) túlcsordul, kicsordul; (*water*) elönt; (*river*) kiönt
overgrown [əʊvə'grəʊn] *a* (*child*) korához képest túl nagy; (*path*) növényekkel benőtt, gazos
overhaul 1. ['əʊvəhɔːl] *n* nagyjavítás, generáljavítás **2.** [əʊvə'hɔːl] *v* (*patient*) felülvizsgál; (*engine*) generáloz
overhead projector [əʊvə'hed] *n* írásvetítő
overheads ['əʊvəhedz] *n pl* rezsi-(költség)
overhear [əʊvə'hɪə] *v* (*pt/pp* **overheard** [əʊvə'hɜːd]) (*conversation*) kihallgat
overheard [əʊvə'hɜːd] *pt/pp* → **overhear**
overheat [əʊvə'hiːt] *vt* túlhevít | *vi* túlmelegszik
overland 1. ['əʊvəlænd] *a* szárazföldi **2.** [əʊvə'lænd] *adv* szárazföldön, szárazon
overlap 1. ['əʊvəlæp] *n* átfedés **2.** [əʊvə'læp] *v* **-pp-** átfedik egymást
overleaf [əʊvə'liːf] *adv* (*in book*) a túlsó oldalon
overload [əʊvə'ləʊd] *v* túlterhel
overlook [əʊvə'lʊk] *v* (*fail to notice*) nem vesz észre, elnéz; (*ignore*) vmről/vkről elfelejtkezik || **room ~ing the garden** kertre nyíló szoba
overnight 1. ['əʊvənaɪt] *a* éjszakai **2.** [əʊvə'naɪt] *adv* hirtelen, másról holnapra || **stay ~** ott marad éjszakára

overpower [əʊvə'paʊə] *v* legyőz, erőfölényben van (*sy* vkvel szemben)
overproduction [əʊvəprə'dʌkʃn] *n* túltermelés
overran [əʊvə'ræn] *pt* → **overrun**
overridden [əʊvə'rɪdn] *pp* → **override**
override [əʊvə'raɪd] *v* (*pt* **overrode** [əʊvə'rəʊd], *pp* **overridden** [əʊvə'rɪdn]) (*disregard*) semmibe vesz; (*prevail*) előbbre való (vmnél), megelőz (vmt); (*ride over*) átgázol (vmn)
overrode [əʊvə'rəʊd] *pt* → **override**
overrule [əʊvə'ruːl] *v* (*claim*) érvénytelenít, hatályon kívül helyez; (*decision*) megmásít
overrun [əʊvə'rʌn] *v* (*pt* **overran** [əʊvə'ræn], *pp* **overrun**) (*crowd*) elözönöl; (*troops*) lerohan
overseas [əʊvə'siːz] **1.** *a* külföldi, tengeren túli **2.** *adv* külföldön, tengeren túl
overshadow [əʊvə'ʃædəʊ] *v* (*person*) háttérbe szorít; (*place*) beárnyékol
oversight ['əʊvəsaɪt] *n* kihagyás, elnézés
oversleep [əʊvə'sliːp] *v* (*pt/pp* **overslept** [əʊvə'slept]) elalussza az időt, későn ébred
overslept [əʊvə'slept] *pt/pp* → **oversleep**
overstate [əʊvə'steɪt] *v* felnagyít, eltúloz
overstatement [əʊvə'steɪtmənt] *n* (erős) túlzás
overt ['əʊvɜːt] *a* nyilvánvaló, nyílt
overtake [əʊvə'teɪk] *v* (*pt* **overtook** [əʊvə'tʊk], *pp* **overtaken** [əʊvə'teɪkn]) (meg)előz, lehagy

overtaken [əʊvə'teɪkn] *pp* → overtake

overthrew [əʊvə'θruː] *pt* → overthrow

overthrow [əʊvə'θrəʊ] *v* (*pt* overthrew [əʊvə'θruː], *pp* overthrown [əʊvə'θrəʊn]) (*empire*) megdönt; (*dictator*) megbuktat

overthrown [əʊvə'θrəʊn] *pp* → overthrow

overtime ['əʊvətaɪm] *n* túlóra ‖ work/do ~ túlórázik; különmunkát végez

overtook [əʊvə'tʊk] *pt* → overtake

overture ['əʊvətjʊə] *n* nyitány

overturn [əʊvə'tɜːn] *vi* felborul, feldől ‖ *vt* felborít, feldönt

overweight 1. ['əʊvəweɪt] *n* túlsúly 2. [əʊvə'weɪt] *a* túlsúlyos

overwhelm [əʊvə'welm] *v* eláraszt ‖ be ~ed with work ki se látszik a munkából

overwhelming success *n col* bombasiker

overwork 1. ['əʊvəwɜːk] *n* túlfeszített munka 2. [əʊvə'wɜːk] *v* agyondolgozza/túlhajtja magát

owe [əʊ] *v* ~ sy sg tartozik/adós vknek vmvel

owing to ['əʊɪŋ] *prep* vm miatt, vm következtében

owl [aʊl] *n* bagoly

own [əʊn] 1. *a* tulajdon, saját ‖ on one's ~ magában, külön 2. *v* birtokol, van neki, bír vmvel

own up (to sg) beismer/bevall vmt

owner ['əʊnə] *n* (*of house, factory*) tulajdonos; (*of dog*) gazda

owner-occupied flat *n* öröklakás

owner-occupier [-'ɒkjupaɪə] *n* öröklakás tulajdonosa

ownership ['əʊnəʃɪp] *n* (*right*) tulajdon(jog), birtoklás; (*state*) tulajdoni viszonyok

ox [ɒks] *n* (*pl* oxen ['ɒksn]) ökör

oxide ['ɒksaɪd] *n* oxid

oxygen ['ɒksɪdʒən] *n* oxigén

oyster ['ɔɪstə] *n* osztriga

oz = ounce

ozone ['əʊzəʊn] *n* ózon

ozone layer *n* ózonpajzs

P

P [piː] = parking area

p = page[1]; [piː] penny, pence

pa[1] = per annum

pa[2] [pɑː] *n col* papa

pace [peɪs] 1. *n* (*step*) lépés; (*speed*) iram, sebesség, tempó ‖ keep ~ with sy/sg lépést tart vkvel/vmvel; set the ~ diktálja az iramot 2. *v* (*step*) lépked; (*determine pace*) iramot diktál

pacemaker ['peɪsmeɪkə] *n med* szívritmus-szabályozó, pészméker

Pacific Ocean *n* Csendes-óceán

pacifier ['pæsɪfaɪə] *n US* cumi, cucli

pacifist ['pæsɪfɪst] *n* pacifista

pacify ['pæsɪfaɪ] *v* lecsendesít, megnyugtat

pack [pæk] 1. *n* (*of goods*) csomag; (*of cards*) pakli; (*of cigarettes*) doboz; *col* (*gang*) banda 2. *vt* (*wrap*) (be)csomagol; (*crowd*) (össze)zsúfol ‖ *vi* (*do one's luggage*) becsomagol

pack off eltakarodik

package ['pækɪdʒ] **1.** *n* csomag **2.** *v* (be)csomagol
package tour *n* társasutazás
packed [pækt] *a* zsúfolt ‖ ~ **house** *theat* zsúfolt ház
packed lunch *n* GB csomagolt/hideg ebéd
packet ['pækɪt] *n* csomag ‖ **a ~ of cigarettes** egy csomag cigaretta
packet soup *n* zacskós leves
packing ['pækɪŋ] *n* (*act, material*) csomagolás
pact [pækt] *n* *pol* szerződés, egyezmény, paktum
pad [pæd] **1.** *n* (*cushion*) párna; (*stuffing*) (váll)tömés; (*for writing*) jegyzettömb, blokk; (*on finger*) ujjbegy; (*of animal*) mancs, talp; (*for leg*) lábszárvédő; (*absorbent*) tampon ‖ ~ **of gauze** mull-lap **2.** *v* **-dd-** kipárnáz, vmvel kitöm
padding ['pædɪŋ] *n* bélés, tömés; *also fig* fecsegés
paddle ['pædl] **1.** *n* (*for canoe*) evező, lapát **2.** *v* (*in water*) lubickol, pancsol; *sp col* lapátol ‖ ~ **a canoe** kenuzik, kajakozik
paddle-steamer *n* lapátkerekes gőzös
paddling pool ['pædlɪŋ] *n* pancsoló(medence)
paddock ['pædək] *n* nyergelő (*hely*)
padlock ['pædlɒk] **1.** *n* lakat **2.** *v* lelakatol
paediatrician (US **pedi-**) [ˌpiːdɪə'trɪʃn] *n* gyermekgyógyász
pagan ['peɪɡən] *a/n* pogány
page¹ [peɪdʒ] *n* lap, oldal
page² [peɪdʒ] *n* (*of knight*) apród; (*in hotel*) londiner

pageant ['pædʒənt] *n* parádé, történelmi felvonulás
pageantry ['pædʒəntrɪ] *n* pompa ‖ **with great ~** nagy pompával
page boy *n* (*in hotel*) boy
paid [peɪd] *a* fizetett; → **pay**
pail [peɪl] *n* (fém)vödör
pain [peɪn] **1.** *n* fájdalom ‖ **be in great ~** nagy fájdalmai vannak; **under ~ of punishment** *law* büntetés terhe mellett **2.** *v* ~ **sy** fájdalmat okoz vknek
pained [peɪnd] *a* fájdalmas, bánatos
painful ['peɪnfl] *a* (*wound*) fájó, fájdalmas
painkiller ['peɪnkɪlə] *n* fájdalomcsillapító
painless ['peɪnlɪs] *a* fájdalommentes
painstaking ['peɪnsteɪkɪŋ] *a* gondos, lelkiismeretes, alapos
paint [peɪnt] **1.** *n* festék **2.** *v* (*face, room*) (ki)fest; (*picture*) megfest; *med* ecsetel ‖ ~ **sg black** feketére fest
paintbox ['peɪntbɒks] *n* festékesdoboz
paintbrush ['peɪntbrʌʃ] *n* (festő)ecset
painter ['peɪntə] *n* (*artist*) festő(művész); (*workman*) (szoba)festő
painting ['peɪntɪŋ] *n* (*art*) festészet; (*picture*) festmény, kép
paintwork ['peɪntwɜːk] *n* (*of car*) fényezés
pair [peə] *n* pár ‖ **a ~ of gloves** egy pár kesztyű; **in ~s** kettős sorokban, kettesével
pajamas [pə'dʒɑːməz] *n pl* US pizsama
Pakistan [ˌpɑːkɪ'stɑːn] *n* Pakisztán
Pakistani [ˌpɑːkɪ'stɑːnɪ] *a/n* pakisztáni

pal [pæl] *n col* pajtás, haver
palace ['pælɪs] *n* palota, kastély
palatable ['pælətəbl] *a* ízletes, kellemes
palate ['pælət] *n* szájpadlás
palaver [pə'lɑːvə] *n* (hosszadalmas) tárgyalás; *col* fecsegés, szöveg(elés)
pale[1] [peɪl] *a* halvány, sápadt ǁ ~ ale világos sör
pale[2] [peɪl] *n* cölöp
paleness ['peɪlnɪs] *n* sápadtság
Palestine ['pæləstaɪn] *n* Palesztina
Palestinian [pælə'stɪnɪən] *a/n* palesztin
palette ['pælɪt] *n* paletta
paling ['peɪlɪŋ] *n* palánk, léckerítés
palisade [pælɪ'seɪd] *n* (*fence*) palánk ǁ ~(s *pl*) *US* (*cliffs*) meredek sziklafal
pall [pɔːl] *v* unalmassá válik
pallet ['pælɪt] *n* szalmazsák, priccs
palliative ['pælɪətɪv] *a/n* (fájdalom)-csillapító
pallid ['pælɪd] *a* sápadt, fakó, fénytelen
pally ['pælɪ] *a col* become ~ with sy összehaverkodik
palm[1] [pɑːm] *n* (*tree*) pálma(fa); (*symbol*) pálmaág
palm[2] [pɑːm] **1.** *n* (*of hand*) tenyér **2.** *v* ~ off *col* elsóz; elsüt ǁ ~ off sg on sy *col* (*vkre tárgyat*) rásóz
Palm Sunday *n* virágvasárnap
palpable ['pælpəbl] *a also fig* érzékelhető, kitapintható
palpably ['pælpəblɪ] *adv* érzékelhetően
palpitation [pælpɪ'teɪʃn] *n* erős szívdobogás
paltry ['pɔːltrɪ] *a* nyomorúságos (*összeg*)

pamper ['pæmpə] *v* kényeztet, dédelget
pamphlet ['pæmflɪt] *n* pamflet, brosúra, röpirat
pan[1] [pæn] *n* (*for cooking*) serpenyő, tepsi; (*of lavatory*) vécécsésze
pan[2] [pæn] *v* -nn- (*camera*) követ
panacea [pænə'sɪə] *n* csodaszer
pancake ['pænkeɪk] *n* palacsinta
Pancake Day *n GB* húshagyó kedd
pancreas ['pæŋkrɪəs] *n* hasnyálmirigy
panda ['pændə] *n* panda
panda car *n GB* rendőrautó
Panda crossing *n* (*light operated by pedestrian*) zebra
pandemonium [pændɪ'məʊnɪəm] *n* pokoli zűrzavar
pander ['pændə] *v* ~ to *pejor* felbiztat vmre
pane [peɪn] *n* ablaktábla
panel ['pænl] *n* (*board*) tábla; (*for control*) műszerfal; (*of experts*) zsűri; (*TV*) *approx* fórum ǁ ~ game tv-vetélkedő
panelling (*US* -l-) ['pænəlɪŋ] *n* faburkolat, lambéria, borítás
pang [pæŋ] *n* (*testi*) gyötrelem ǁ ~s of conscience lelkiismeret-furdalás; ~s of hunger kínzó éhség
panic ['pænɪk] **1.** *n* pánik ǁ create a ~ pánikot kelt **2.** *v* (-ck-) pánikba esik ǁ don't ~! csak semmi pánik!
panicky ['pænɪkɪ] *a* pánikra hajlamos
panorama [pænə'rɑːmə] *n* kilátás, panoráma, látkép
pansy ['pænzɪ] *n* (*flower*) árvácska; *col* buzi
pant [pænt] *v* liheg, zihál
panther ['pænθə] *n* párduc

panties ['pæntız] *n pl col* bugyi
pantihose ['pæntıhɔs] *n US* harisnyanadrág
pantomime ['pæntəmaım] *n* pantomim
pantry ['pæntrı] *n* éléskamra
pants [pænts] *n pl (for woman)* nadrág, bugyi; *(for man)* alsónadrág; *(trousers)* pantalló, (hosszú)-nadrág
pant suit *n US* nadrágkosztüm
papa [pə'pɑː] *n col* papa, apu
papacy ['peıpəsı] *n* pápaság
paper ['peıpə] **1.** *n* papír; *(newspaper)* újság, hírlap; lap; *(academic writing read aloud)* előadás, (tudományos) dolgozat; *(school)* dolgozat || ~**s** *pl* személyi okmányok **2.** *v* kitapétáz
paperback ['peıpəbæk] *n* fűzött/kartonált (v. puha fedelű) könyv
paper-clip *n* gemkapocs
paper tissue *n* papír zsebkendő
paperweight ['peıpəweıt] *n* levélnehezék
paperwork ['peıpəwɜːk] *n col* papírmunka
papoose [pə'puːs] *n* gyermekhordó hátizsák
par [pɑː] *n* névérték
parabola [pə'ræbələ] *n* parabola
parachute ['pærəʃuːt] *n* ejtőernyő
parade [pə'reıd] **1.** *n* (dísz)felvonulás **2.** *vi (march)* parádézik, felvonul | *vt* fitogtat
paradise ['pærədaıs] *n rel* paradicsom
paradox ['pærədɒks] *n* paradoxon
paradoxical [pærə'dɒksıkl] *a* paradox
paraffin ['pærəfın] *n GB* petróleum || ~ **lamp** petróleumlámpa

paragraph ['pærəgrɑːf] *n* bekezdés, paragrafus
parallel ['pærəlel] *a/n* párhuzamos
parallelogram [pærə'leləgræm] *n* paral(l)elogramma
paralyse *(US* **-lyze)** ['pærəlaız] *v also fig* megbénít || **be(come) ~d** megbénul
paralysed ['pærəlaızd] *a* béna, szélütött
paralysis [pə'rælısıs] *n* bénulás, paralízis, hűdés
paralytic [pærə'lıtık] **1.** *a* bénult, béna, paralitikus **2.** *n* béna (ember), hűdött (beteg)
paramount ['pærəmaʊnt] *a* legfőbb
parapet ['pærəpıt] *n* mellvéd
paraphernalia [pærəfə'neılıə] *n pl col* felszerelés, kellék(ek)
parasite ['pærəsaıt] *n* élősdi, parazita
parasol ['pærəsɒl] *n* napernyő
paratrooper ['pærətruːpə] *n* ejtőernyős
parcel ['pɑːsl] **1.** *n* csomag **2.** *v* **-ll-** *(US* **-l-)** ~ **up** becsomagol
parcel bomb *n* csomagbomba
parch [pɑːtʃ] *vt* kiszárít | *vi* megaszalódik || **I'm ~ed** *col* meghalok a szomjúságtól
parchment ['pɑːtʃmənt] *n* pergamen
pardon ['pɑːdn] **1.** *n* bocsánat, megbocsátás, pardon; *(amnesty)* megkegyelmezés || **I beg your ~!** *(apology)* pardon, bocsánat!; *(disagreeing)* de kérem!; **(I beg your) ~?** tessék?, mit tetszett mondani? **2.** *v* ~ **sy sg** *(or* **sy for sg)** vknek vmt megbocsát; vknek megkegyelmez || ~ **me!** bocsánat(ot kérek)!; ~ **me?** *US* kérem?, tessék?

parent ['peərənt] *n* szülő
parenthesis [pə'renθəsıs] *n* (*pl*
-ses [-siːz]) (kerek) zárójel
Paris ['pærıs] *n* Párizs
parish ['pærıʃ] *n* egyházközség,
parókia, plébánia
Parisian [pə'rızjən] *a* párizsi
parity ['pærətı] *n comm* paritás
park [pɑːk] 1. *n* park 2. *v* (*car*) par-
kol
parking ['pɑːkıŋ] *n* (*act*) várakozás,
parkolás; (*place*) parkolóhely ‖ no
~! parkolni tilos!
parking lot *n US* (fizető)parkoló
parking meter *n* parkolóóra
parking ticket *n* bírságcédula tiltott
parkolásért
parkway ['pɑːkweı] *n US* fasor
parlance ['pɑːləns] *n* beszéd(mód),
szólásmód
parliament ['pɑːləmənt] *n* parla-
ment
parliamentary [pɑːlə'mentrı] *a*
országgyűlési, parlamentáris
parlour (*US* -or) ['pɑːlə] *n* szalon
parochial [pə'rəʊkıəl] *a* (*narrow
minded*) provinciális, szűk látókö-
rű
parole [pə'rəʊl] *n* becsületszó
parquet ['pɑːkeı] *n* (*floor*) parkett;
US theat földszint
parrot ['pærət] *n* papagáj
parry ['pærı] *v* ~ a blow ütés elől
kitér, (ütést) hárít, kivéd
parsimonious [pɑːsı'məʊnıəs] *a*
szűkkeblű, szűkmarkú
parsley ['pɑːslı] *n* petrezselyem
parsnip ['pɑːsnıp] *n* paszternák
parson ['pɑːsn] *n* (anglikán) lel-
kész, plébános
parson's nose *n* püspökfalat

part [pɑːt] 1. *n* (*portion*) (alkotó)-
rész; (*section*) részleg, szakasz;
(*of the body*) tag; *US* (*in hair*)
választék; *theat* szerep; *mus* szó-
lam ‖ for my ~, on my ~ részem-
ről; for the most ~ többnyire,
túlnyomóan, túlnyomórészt; he
took it in good ~ nem sértődött
meg ezen; in ~ részben; in ~s
részenként; take sy's ~ pártját
fogja vknek; take ~ in sg részt
vesz vmben 2. *vi* elválik, kettévá-
lik ‖ *vt* elválaszt
part with sg vmtől megválik
parterre *n* virágokkal beültetett
kert; *US theat* földszinti hátsó ülés
partial ['pɑːʃl] *a* (*not complete*)
részleges, részbeni; (*biased*) elfo-
gult
partiality [pɑːʃı'ælətı] *n* részrehaj-
lás, elfogultság
partially ['pɑːʃəlı] *adv* részben
participant [pɑː'tısıpənt] *n* résztve-
vő
participate [pɑː'tısıpeıt] *v* ~ in sg
(*take part*) vmben részt vesz;
(*share*) részesül vmben
participation [pɑːtısı'peıʃn] *n* rész-
vétel
participle ['pɑːtısıpl] *n* melléknévi
igenév
particle ['pɑːtıkl] *n* részecske; *gram*
szócska, viszonyszó
particular [pə'tıkjʊlə] 1. *a* sajátos,
különleges; (*fastidious*) rendszere-
tő; (*fussy*) aprólékos ‖ in ~ külö-
nösen, főként; in this ~ case a
jelen (*or* ebben a konkrét) esetben
2. *n* ~s *pl* (*details*) (apró) részle-
tek; (*of person*) személyi adatok ‖
give full ~s of sg részletez vmt

particularly [pə'tıkjʊlǝlı] adv nagyon, különösen || not ~ nem valami nagyon; not ~ rich nem különösebben gazdag
parting ['pɑːtıŋ] n (separation) búcsú; (in hair) választék
partition [pɑː'tıʃn] 1. n (division) felosztás; (wall) válaszfal, közfal 2. v ~ off elkülönít, elrekeszt; leválaszt
partly ['pɑːtlı] adv részben || ~ ... ~ ... egyrészt ..., másrészt ...
partner ['pɑːtnǝ] n partner, comm társ
partnership ['pɑːtnǝʃıp] n társas/partneri viszony; comm társulás
part of speech n gram szófaj
partridge ['pɑːtrıdʒ] n fogoly (madár)
part-time a részidős || ~ job másodállás
part-timer n részidős (dolgozó)
party ['pɑːtı] n (meeting of friends) összejövetel; col (házi)buli; (group) csapat; pol párt; law fél || the parties concerned az érdekelt felek
pass [pɑːs] 1. n (mark) elégséges osztályzat; (permit) belépő(cédula); (for travelling) bérlet; sp átadás, passz; (in mountains) hegyszoros, hágó || get a ~ (sikeresen) átmegy a vizsgán 2. v (go past) elhalad; (expire) (el)múlik; (hand) (át)nyújt, (át)ad; sp átad, passzol; (surpass) túlhalad vmn; (cards) passzol; (spend) (el)tölt; (succeed in) átmegy (vizsgán); (approve) megszavaz, elfogad; US (overtake) (meg)előz || ~ an examination levizsgázik; ~ the bread(, please) legyen olyan szíves a kenyeret ideadni!; ~ the time by doing sg vmvel tölti (az) idejét
pass away elhuny
pass by (road) elvisz
pass for col elfogadható vmnek, elmegy; vmnek számít
pass on átad vmt, továbbít
passable ['pɑːsǝbl] a (road) járható; (work) elfogadható
passage ['pæsıdʒ] n átutazás; (voyage) átkelés; (corridor) folyosó; (street) sikátor, köz; (in book) rész(let)
passageway ['pæsıdʒweı] n átjáró
passbook ['pɑːsbʊk] n US betétkönyv
passenger ['pæsındʒǝ] n utas
passer-by [pɑːsǝ'baı] n (pl passers-by) járókelő
passing ['pɑːsıŋ] 1. a múló, pillanatnyi 2. n áthaladás; US előzés || in ~ futólag; no ~! US előzni tilos!
passion ['pæʃn] n szenvedély
passionate ['pæʃǝnǝt] a szenvedélyes, rajongó
passion flower n golgotavirág
passive ['pæsıv] 1. a tétlen, passzív 2. n gram szenvedő (alak)
passkey ['pɑːskiː] n (key to a door) kapukulcs; (for different locks) álkulcs
Passover ['pɑːsǝʊvǝ] n (zsidó) húsvét
passport ['pɑːspɔːt] n útlevél || ~ control útlevél-ellenőrzés
password ['pɑːswɜːd] n mil jelszó; (clue) kulcsszó
past [pɑːst] 1. a régi, (el)múlt 2. n múlt 3. prep túl (vmn) || he is ~ forty túl van a negyvenen; it is ~ five (o'clock) 5 óra múlt; quarter ~ four negyed öt

pasta ['pæstə] *n* (kifőtt) tészta
paste [peɪst] **1.** *n* (*meat, fish*) krém, pástétom; (*pasta*) tészta (*massza*); (*glue*) csiriz, ragasztó **2.** *v* ~ **on** felragaszt
pasteurized milk ['pæstʃəraɪzd] *n* pasztőrözött tej
pastille ['pæstɪl] *n med* pasztilla, pirula
pastime ['pɑːstaɪm] *n* időtöltés
pastor ['pɑːstə] *n* lelkipásztor
past participle *n* múlt idejű melléknévi igenév
pastry ['peɪstrɪ] *n* (*flour paste*) tészta; (*sweet cake*) cukrászsütemény(ek)
past tense *n* múlt idő
pasture ['pɑːstʃə] *n* legelő
pasty 1. ['peɪstɪ] *a* tésztás, puha **2.** *n* húsos kosárka/pite
pat [pæt] **1.** *v* -tt- megvereget **2.** *n* veregetés, legyintés
patch [pætʃ] **1.** *n* (*material*) folt; (*of ground*) telek; (veteményes)kert **2.** *v* ~ **(up)** (*material*) megfoltoz
patchy ['pætʃɪ] *a* foltozott; (*irregular*) egyenetlen, nem egységes
pate [peɪt] *n col* fej, koponya
pâté ['pæteɪ] *n* pástétom
patent ['peɪtənt] **1.** *n* szabadalom **2.** *v* szabadalmaz(tat)
patent leather *n* lakkbőr
paternal [pə'tɜːnəl] *a* apai
paternity [pə'tɜːnətɪ] *n* apaság
paternity suit *n* apasági per
path [pɑːθ] *n* (*way*) ösvény, (turista)út; (*track*) pálya
pathetic [pə'θetɪk] *a* (*pitiful*) szánalmas; (*sentimental*) patetikus
pathos ['peɪθɒs] *a* indulat, pátosz
pathway ['pɑːθweɪ] *n* turistaút, gyalogösvény

patience ['peɪʃns] *n* türelem; (*cards*) pasziánsz
patient ['peɪʃnt] **1.** *a* türelmes **2.** *n* beteg, páciens
patio ['pætɪəʊ] *n* (kis zárt belső) udvar
patrimony ['pætrɪmənɪ] *n* apai örökség
patriot ['pætrɪət] *n* hazafi
patriotic [pætrɪ'ɒtɪk] *a* hazafias
patrol [pə'trəʊl] **1.** *n* (*small group*) őrjárat; (*person*) járőr; (*scouts*) őrs ‖ **be on** ~ őrjáraton van; cirkál (*hajó*) **2.** *v* -ll- őrjáraton van
patrol car *n* (*of police*) URH-kocsi, rendőrautó; (*on motorway*) segélykocsi
patrolman [pə'trəʊlmən] *n* (*pl* -men) (*policeman*) rendőr; (*on motorway*) sárga angyal
patron ['peɪtrən] *n* (*supporter*) pártfogó, védnök; (*customer*) (állandó) vevő
patronage ['pætrənɪdʒ] *n* pártfogás, védelem, védnökség
patronize ['pætrənaɪz] *v* pártfogol, patronál
patron saint *n* védőszent
patter ['pætə] *v* (*rain, feet*) kopog
pattern ['pætən] *n* (*modell*) minta; (*sewing*) szabásminta; (*example*) mintakép, példakép
paunch [pɔːntʃ] *n* pocak
pauper ['pɔːpə] *n* szegény
pause [pɔːz] **1.** *n* szünet **2.** *v* megáll
pave [peɪv] *v* burkol, kövez ‖ ~ **the way for sy** vknek/vmnek az útját egyengeti
pavement ['peɪvmənt] *n* *GB* járda; *US* kövezet
pavilion [pə'vɪlɪən] *n* pavilon; *sp* klubház

paving stone n (*utcai*) kockakő
paw [pɔː] 1. n col pracli, mancs 2. v
(össze)fogdos
pawn[1] [pɔːn] n (in *chess*) gyalog,
paraszt
pawn[2] [pɔːn] 1. n zálog 2. v zálogba
tesz
pawnbroker ['pɔːnbrəʊkə] n zálog-
kölcsönző, zálogház
pawnshop ['pɔːnʃɒp] n zálogház
pay [peɪ] 1. n fizetés, (munka)bér 2.
v (*pt/pp* **paid** [peɪd]) (*money*) vt
fizet (*sy* vknek); (*debt*) megfizet;
(*account*) kifizet I vi (be *profita-
ble*) kifizetődik II ~ **(in) cash** kész-
pénzzel fizet; ~ **an official visit**
hivatalos látogatást tesz vknél; ~
attention (to sg) figyel/vigyáz
(vmre)
pay back visszafizet
pay for sg fizet vmért
pay off kifizet vkt; (*bribe*) lefizet
vkt
pay up kifizeti tartozását
payable ['peɪəbl] a fizetendő, ese-
dékes
payday ['peɪdeɪ] n bérfizetési nap
pay envelope n = **pay packet**
payment ['peɪmənt] n (*paying*)
(ki)fizetés; (of *cheque*) befizetés II
in ten monthly ~s tíz havi rész-
letben fizethető
pay packet n (*fizetési*) boríték
pay phone n érmés telefonállomás
payroll ['peɪrəʊl] n fizetési jegyzék,
bérjegyzék
pay station n US nyilvános telefon
pc [piː 'siː] = **per cent**
PC [piː 'siː] = **personal computer**;
police constable
PE [piː 'iː] = **physical education**
pea [piː] n borsó

peace [piːs] n béke
peaceable ['piːsəbl] a békeszerető
peaceful ['piːsfl] a békés, nyugodt,
csendes
peach [piːtʃ] n őszibarack
peach stone n barackmag
peacock ['piːkɒk] n páva
peak [piːk] n (of *mountain*) (hegy)-
csúcs; (on *cap*) ellenző; (*highest
point*) tetőpont II ~ **period** csúcs-
forgalom, csúcsforgalmi idő
peaky ['piːkɪ] a (*sharp*) hegyes;
(*weak*) sovány, vézna
peal [piːl] 1. n harangszó, harang-
zúgás 2. v (*bell*) zúg; (*thunder*)
morajlik
peanut ['piːnʌt] n amerikai mogyo-
ró, földimogyoró II ~ **butter** (föl-
di)mogyoróvaj
pear [peə] n körte (*gyümölcs*)
pearl [pɜːl] n (*igaz*)gyöngy
peasant ['peznt] n paraszt
pebble(s) ['pebl(z)] n (*pl*) kavics
peck [pek] 1. n (of *bird*) csípés; col
(*kiss*) puszi 2. v (*bird*) csíp, csip-
ked; col (*kiss*) puszil
peckish ['pekɪʃ] a col éhes
peculiar [pɪ'kjuːlɪə] a különös, fur-
csa II ~ **to sg** jellemző vmre
peculiarity [pɪkjuːlɪ'ærətɪ] n egyéni
sajátság, jellegzetesség
pecuniary [pɪ'kjuːnɪərɪ] a pénzügyi;
anyagi
pedal ['pedl] 1. n pedál 2. v -ll- (US
-l-) col bringázik, kerekezik
pedantic [pɪ'dæntɪk] a kínosan ap-
rólékos
peddler ['pedlə] n US házaló
pedestal ['pedɪstl] n talapzat
pedestrian [pɪ'destrɪən] n gyalogos
II ~ **crossing** gyalogátkelőhely II ~
precinct sétálóutca

pedi- *US* = **paedi-**
pedicure ['pedɪkjʊə] *n* lábápolás, pedikűr
pedicurist ['pedɪkjʊərɪst] *n* pedikűrös
pedigree ['pedɪgriː] 1. *a* fajtatiszta, pedigrés 2. *n* pedigré, törzskönyv (*kutyáké*)
pedlar ['pedlə] *n* házaló
pee [piː] *col* 1. *n* pisi 2. *v* pisil
peek [piːk] *v* kukucskál
peel [piːl] 1. *n* (gyümölcs)héj 2. *vt* (*fruit*) (meg)hámoz | *vi* (*skin*) hámlik
peep [piːp] *v* kandikál, kukucskál
  peep in/into vmbe bekukucskál
peephole ['piːphəʊl] *n* kémlelőnyílás
peer [pɪə] *n* (*equal*) egyenrangú; *GB* (*noble*) főnemes, mágnás || **his ~s** a vele egyenrangúak
peerage ['pɪərɪdʒ] *n GB* főnemesség
peeve [piːv] *v* bosszant, idegesít
peevish ['piːvɪʃ] *a* mogorva, durcás
peg [peg] *n* (*for coats etc.*) fogas; (*tent*) cövek; (*pin*) pecek; (*clothes*) (ruhaszárító) csipesz; *mus* (hangoló)kulcs
pejorative [pɪ'dʒɒrətɪv] *a* rosszalló, pejoratív
pelican ['pelɪkən] *n* pelikán || **~ crossing** gyalogátkelő (gyalogosoktól vezérelt jelzőlámpával)
pellet ['pelɪt] *n* galacsin, labdacs
pelmet ['pelmɪt] *n* (*wooden*) karnis; (*cloth*) drapéria
pelt¹ [pelt] *n* irha
pelt² [pelt] *vt* megdobál (*with* vmvel) | *vi* (*rain*) zuhog
pelvis ['pelvɪs] *n med* medence
pen¹ [pen] *n* (*for writing*) toll
pen² [pen] *n* (*for sheep*) akol

penal ['piːnl] *a* büntető(jogi)
penalize ['piːnəlaɪz] *v* (meg)büntet
penalty ['penltɪ] *n* (*punishment*) büntetés, pénzbírság; *sp* (*in football*) tizenegyes; (*in show jumping*) hibapont || **~ kick** *sp* tizenegyes, büntető(rúgás); **~ shoot-out** tizenegyesek rúgása
pence [pens] *pl* → **penny**
pencil ['pensl] *n* ceruza || **~ sharpener** ceruzahegyező
pendant ['pendənt] *n* függő
pending ['pendɪŋ] *a* függőben levő
pendulum ['pendjʊləm] *n* inga
penetrate ['penɪtreɪt] *v* behatol, belefúródik (*into* vmbe)
penetrating ['penɪtreɪtɪŋ] *a* átható, penetráns
penetration [penɪ'treɪʃn] *n* áthatolás
pen friend *n* levelezőtárs
penguin ['peŋgwɪn] *n* pingvin
penicillin [penɪ'sɪlɪn] *n* penicillin
peninsula [pə'nɪnsjʊlə] *n* félsziget
penitence ['penɪtəns] *n* bűnbánat, vezeklés
penitent ['penɪtənt] *a* bűnbánó, vezeklő
penitentiary [penɪ'tenʃərɪ] *n US* börtön
penknife ['pennaɪf] *n* (*pl* -**knives** [-naɪvz]) zsebkés
pen name *n* (*írói*) álnév
penniless ['penɪlɪs] *a* pénztelen
penny ['penɪ] *n* (*pl* érmek: **pennies**, *összeg:* **pence**) penny
pension ['penʃn] *n* nyugdíj
pensionable ['penʃnəbl] *a* nyugdíjjogosult
pensioner ['penʃnə] *n* nyugdíjas
pensive ['pensɪv] *a* gondolkodó, töprengő

Pentagon, the ['pentəgən] a Pentagon (*az USA védelmi minisztériuma*)
Pentecost ['pentɪkɑst] *n* pünkösd
penthouse ['penthaʊs] *n* védőtető, előtető ‖ ~ **flat** tetőlakás
penury ['penjʊərɪ] *n* szegénység, ínség
people ['piːpl] *n* (*nation*) nép, nemzet; (*persons*) emberek; (*inhabitants*) lakosság ‖ **there are ~ who** vannak, akik
pep [pep] **1.** *n* energia, rámenősség **2.** *v* **-pp-** ~ **up** felélénkít
pepper ['pepə] *n* (*spice*) bors; (*vegetable*) paprika
peppermint ['pepəmɪnt] *n* (*plant*) borsosmenta; (*sweet*) mentacukor
pepperpot ['pepəpɒt] *n* borsszóró
per [pɜː] *prep* által, révén, -nként ‖ ~ **annum** évente; ~ **capita** fejenként(i)
perceive [pə'siːv] *v* (*notice*) észrevesz; (*understand*) felfog
per cent *n* százalék
percentage [pə'sentɪdʒ] *n* százalék
perceptible [pə'septəbl] *a* észrevehető, érzékelhető
perception [pə'sepʃn] *n* érzékelés, észlelés; (*understanding*) felfogóképesség
perceptive [pə'septɪv] *a* érzékenyen reagáló
perch [pɜːtʃ] **1.** *n* (*for bird*) ág, (ülő)rúd **2.** *v* elül
percolator ['pɜːkəleɪtə] *n* eszpresszógép, kávéfőző gép
percussion [pə'kʌʃn] *n med* kopogtatás ‖ **the** ~ *mus* az ütősök; ~ **instrument** ütőhangszer
peremptory [pə'remptərɪ] *a* ellentmondást nem tűrő

perennial [pə'renɪəl] *a bot* évelő
perfect ['pɜːfɪkt] *a* tökéletes, hibátlan
perfection [pə'fekʃn] *n* tökéletesség, tökély
perfectionist [pə'fekʃnɪst] *n* maximalista
perfectly ['pɜːfɪktlɪ] *adv* tökéletesen, kitűnően; (*quite*) teljesen
perfidious [pə'fɪdɪəs] *a* álnok
perforate ['pɜːfəreɪt] *vt* kilyukaszt ‖ *vi med* perforál
perforation [pɜːfə'reɪʃn] *n* perforáció; *med* átfúródás
perform [pə'fɔːm] *vt* (*carry out*) teljesít; (el)végez; *theat, mus* előad ‖ *vi theat* játszik
performance [pə'fɔːməns] *n* (*of car*) teljesítmény; (*of an actor*) előadásmód; (*presentation*) előadás
performer [pə'fɔːmə] *n* előadó(művész)
perfume ['pɜːfjuːm] *n* illatszer, parfüm
perfunctory [pə'fʌŋktərɪ] *a* (*careless*) felületes; (*indifferent*) gépies, rutin-
perhaps [pə'hæps] *adv* talán, lehetséges; meglehet
peril ['perɪl] *n* veszély
perilous ['perɪləs] *a* veszélyes
perimeter [pə'rɪmɪtə] *n math* kerület
period ['pɪərɪəd] **1.** *a* (*furniture*) korabeli, antik; (*costume*) korhű **2.** *n* periódus; *hist* (*epoch*) kor(szak); *US* (*full stop*) pont; (*lesson*) tanítási óra; (*menstruation*) menstruáció, menses
periodic [pɪərɪ'ɒdɪk] *a* időszakos
periodical [pɪərɪ'ɒdɪkl] **1.** *a* időszakos, periodikus **2.** *n* folyóirat

peripheral [pe'nfərəl] **1.** *a* periferiális **2.** *n comput* periféria
perish ['penʃ] *v* elpusztul; (*food*) megromlik
perishable ['penʃəbl] *a* romlandó
perishing ['penʃɪŋ] *a* átkozott(ul) (*hideg*)
perjury ['pɜːdʒərɪ] *n* hamis eskü
perk(s) [pɜːk(s)] *n* (*pl*) *col* járulékos juttatás(ok), mellékes
perky ['pɜːkɪ] *a* (*lively*) élénk; (*pert*) szemtelen, pimasz
perm [pɜːm] *n* dauer
permanent ['pɜːmənənt] *a* tartós, állandó
permeable ['pɜːmɪəbl] *a* áteresztő
permissible [pə'mɪsəbl] *a* megengedhető
permission [pe'mɪʃn] *n* engedély
permissive [pə'mɪsɪv] *a* engedékeny
permit 1. ['pɜːmɪt] *n* engedély **2.** [pə'mɪt] *v* -tt- engedélyez, megenged
pernicious [pə'nɪʃəs] *a* ártalmas, kártékony
perpendicular [pɜːpən'dɪkjʊlə] *a* függőleges, merőleges
perpetrate ['pɜːpɪtreɪt] *v* elkövet
perpetrator ['pɜːpətreɪtə] *n law* (bűn)elkövető
perpetual [pə'petʃʊəl] *a* örök(ös), állandó
perpetuate [pə'petʃʊeɪt] *v* megörökít, állandósít
perpetuity [pɜːpɪ'tjuːətɪ] *n* örökkévalóság II **in** ~ örökre
perplex [pə'pleks] *v* vkt összezavar
perplexity [pə'pleksətɪ] *n* zavar; tanácstalanság
persecute ['pɜːsɪkjuːt] *v* üldöz

persecution [pɜːsɪ'kjuːʃn] *n* üldöz(tet)és
perseverance [pɜːsɪ'vɪərəns] *n* állhatatosság, kitartás
persevere [pɜːsɪ'vɪə] *v* kitart
Persia ['pɜːʃə] *n* Perzsia
Persian ['pɜːʃn] **1.** *a* perzsa **2.** *n* perzsa (nyelv)
persist [pə'sɪst] *v* kitart (*in* vm mellett)
persistence [pə'sɪstəns] *n* állhatatosság, kitartás
persistent [pə'sɪstənt] *a* (*person*) állhatatos, kitartó; (*rain*) hosszan tartó; (*illness*) makacs
persistently [pə'sɪstəntlɪ] *adv* kitartóan
person ['pɜːsn] *n* személy, egyén II **a certain** ~ valaki, egy illető
personal ['pɜːsənl] *a* személyes, személyi, egyéni II ~ **computer** személyi számítógép; ~ **stereo** walkman
personality [pɜːsə'nælətɪ] *n* személyiség, jellem II **personalities** *pl* személyeskedés
personally ['pɜːsnəlɪ] *adv* személyesen, személy szerint
personal pronoun *n* személyes névmás
personnel [pɜːsə'nel] *n* személyzet, az alkalmazottak
perspective [pə'spektɪv] *n* távlat, perspektíva
Perspex ['pɜːspeks] *n* plexiüveg
perspiration [pɜːspə'reɪʃn] *n* izzadás; izzadság
perspire [pə'spaɪə] *v* izzad
persuade [pə'sweɪd] *v* rábeszél (*into* vmre) II ~ **sy out of (doing) sg** vkt vmről lebeszél

persuasion [pə'sweɪʒn] *n* meggyőzés; meggyőződés
persuasive [pə'sweɪsɪv] *a* meggyőző
pert [pɜːt] *a* nagyszájú, pimasz
pertaining to [pə'teɪnɪŋ] *a* vmre vonatkozó
pertinent ['pɜːtɪnənt] *a* helyes, illő, találó
perturb [pə'tɜːb] *v* háborgat, megzavar
perturbing [pə'tɜːbɪŋ] *a* zavaró
peruse [pə'ruːz] *v* átolvas
pervade [pə'veɪd] *v* (*smell, light*) áthat, átjár
pervasive [pə'veɪsɪv] *a* átható
perverse [pə'vɜːs] *n* (*perverted*) perverz; (*obstinate*) önfejű
pervert 1. ['pɜːvɜːt] *n* fajtalankodó **2.** [pə'vɜːt] *v* (*truth*) elferdít, kiforgat; (*person*) megront
pessary ['pesərɪ] *n* med pesszárium, méhgyűrű
pessimism ['pesɪmɪzəm] *n* pesszimizmus
pessimist ['pesɪmɪst] *n* pesszimista
pessimistic [pesɪ'mɪstɪk] *a* pesszimista
pest [pest] *n* (*animal*) kártevő; *fig* (*person, thing*) istencsapás, átok
pester ['pestə] *v col* gyötör, nyaggat
pesticide ['pestɪsaɪd] *n* rovarirtó (szer)
pestilence ['pestɪləns] *n* járvány; dögvész
pestle ['pesl] *n* mozsártörő
pet [pet] **1.** *n* (dédelgetett) háziállat; (*favourite*) kedvenc **2.** *v* -tt- dédelget, cirógat, *col* smárol
petal ['petl] *n* szirom(levél)

peter out ['piːtə] *v* lassan kimerül/elfogy, elenyészik
petition [pɪ'tɪʃn] *n* kérvény, kérelem
petrify ['petrɪfaɪ] *v* kővé mereszt, lebénít
petrol ['petrəl] *n GB* benzin
petrolatum [petrə'leɪtəm] *n US* vazelin
petrol can *n* benzinkanna
petroleum [pɪ'trəʊlɪəm] *n* kőolaj
petrol station *n* benzinkút, töltőállomás
petrol tank *n* benzintartály
pet shop *n* állatkereskedés
petty ['petɪ] *a* jelentéktelen, bagatell, piti
petty cash *n* kiskassza, apróbb kiadásokra félretett pénz
petty officer *n* tengerész altiszt
petulant ['petjʊlənt] *a* ingerlékeny, nyűgös
petunia [pə'tjuːnɪə] *n bot* petúnia
pew [pjuː] *n* pad(sor) (*templomban*)
pewter pot *n* ónedény
phantom ['fæntəm] *n* szellem, kísértet, fantom
Pharaoh ['feərəʊ] *n* fáraó
pharmacist ['fɑːməsɪst] *n* gyógyszerész
pharmacy ['fɑːməsɪ] *n* (*shop*) gyógyszertár; (*science*) gyógyszerészet
pharyngitis [færɪn'dʒaɪtɪs] *n* torokgyulladás
phase [feɪz] *n* stádium, szakasz, fázis
PhD [piː eɪtʃ 'diː] *n* (= *Doctor of Philosophy*) doktori fokozat, PhD
pheasant ['feznt] *n* fácán
phenomenal [fə'nɒmɪnl] *a* tüneményes, fenomenális

phenomenon [fə'nɒmɪnən] *n* (*pl* -**mena** [-mɪnə]) tünet, jelenség

philanthropist [fɪ'lænθrəpɪst] *n* emberbarát, filantróp

Philippines, the ['fɪlɪpiːnz] *n pl* Fülöp-szigetek

philology [fɪ'lɒlədʒɪ] *n* filológia

philosopher [fə'lɒsəfə] *n* filozófus

philosophy [fə'lɒsəfɪ] *n* filozófia

phlegmatic [fleg'mætɪk] *a* közönyös, flegmatikus

phone [fəʊn] **1.** *n col* telefon ‖ **be on the ~** (*be talking on the phone*) (éppen) telefonál; (*have a telephone*) van telefonja **2.** *v col* telefonál ‖ **~ book** telefonkönyv; **~ booth/box** telefonfülke; **~ call** telefonhívás

phonecard ['fəʊnkaːd] *n* telefonkártya

phone-in *n* (*TV, radio*) telefonos játék/műsor

phonetics [fə'netɪks] *n sing.* fonetika, hangtan

phoney ['fəʊnɪ] **1.** *a* hamis **2.** csaló

phonograph ['fəʊnəɡrɑːf] *n US* gramofon

phonology [fə'nɒlədʒɪ] *n* fonológia

phony ['fəʊnɪ] *a* = **phoney**

photo ['fəʊtəʊ] *n* fénykép, fotó

photocell ['fəʊtəʊsel] *n* fotocella

photocopier ['fəʊtəʊkɒpɪə] *n* fénymásoló gép

photocopy ['fəʊtəʊkɒpɪ] **1.** *n* fénymásolat **2.** *v* sokszorosít, fénymásol

photograph ['fəʊtəɡrɑːf] **1.** *n* (fénykép)felvétel **2.** *v* (le)fényképez

photographer [fə'tɒɡrəfə] *n* fényképész

photographic [fəʊtə'ɡræfɪk] *a* fényképészeti; fényképes

photography [fə'tɒɡrəfɪ] *n* fényképészet, fényképezés

phrasal verb ['freɪzl] *n* elöljárós(-határozós) vonzatú ige, vonzatos ige

phrase [freɪz] *n* (*expression*) kifejezés, szólás; *gramm* (*group of words*) csoport, szerkezet ‖ **~ book** kifejezésgyűjtemény

physical ['fɪzɪkl] *a* fizikai; (*bodily*) fizikai, testi ‖ **~ education** testnevelés

physically ['fɪzɪklɪ] *adv* fizikailag, testileg ‖ **~ handicapped** mozgássérült

physician [fɪ'zɪʃn] *n* orvos, doktor; (*of medicine*) belgyógyász

physicist ['fɪzɪsɪst] *n* fizikus

physics ['fɪzɪks] *n sing.* fizika

physiotherapy [fɪzɪəʊ'θerəpɪ] *n* fizioterápia, gyógytorna

physiotherapist [fɪzɪəʊ'θerəpɪst] *n* gyógytornász

physique [fɪ'ziːk] *n* (test)alkat, fizikum

pianist ['pɪənɪst] *n* zongoraművész, zongorista

piano [pɪ'ænəʊ] *n* zongora

piccolo ['pɪkələʊ] *n* kisfuvola, piccolo, pikoló

pick [pɪk] **1.** *n* (*tool*) csákány ‖ **the ~ of sg** vmnek a krémje **2.** *v* (*choose*) (ki)választ; (*pluck*) (le)szed; letép; (*peck*) csipked; (*nibble*) eszeget, csipeget ‖ **~ one's teeth** kipiszkálja a fogát

pick at piszkál, birizgál, (*boszszantva*) piszkál ‖ **~ at one's food** csipeget az ételből

pick off (*remove*) leszed, letép; (*shoot*) egyenként lelő/leszed

pick on sy vkre pikkel

pick out (*choose*) kiválaszt, kiválogat, összeválogat; vhonnan kiszed; (*distinguish*) kinéz, kiszemel, kiszúr
pick up *vt* (*thing*) felvesz, felszed; *col* (*woman*) (utcán) felszed/felcsíp; (*knowledge*) felszed, „ragad rá"; (*health*) (meg)javul; (*disease*) elkap, összeszed; (*news*) hall, megtud I *vi* (*health*) (meg)javul II ~ **sy up** (**at**) (*by car*) vkért érte megy; ~ **up speed** gyorsul
pickaxe (*US* pickax) ['pɪkæks] *n* csákány
picket ['pɪkɪt] 1. *n* sztrájkőr(ség) 2. *v* sztrájkőrséget állít (vhol)
pickings ['pɪkɪŋz] *n pl* zugkereset
pickle ['pɪkl] 1. *n* ecetes/sós lé, pác II **be in a** ~ *col* benne van a csávában/pácban; ~**s** *pl* (*food*) savanyúság 2. *v* (*in brine*) besóz; (*in vinegar*) eltesz
pickled cucumber/gherkin ['pɪkld] *n* ecetes uborka
pick-me-up ['pɪk mɪ ʌp] *n* szíverősítő (*itóka*)
pickpocket ['pɪkpɒkɪt] *n* zsebtolvaj
pick-up *n* (*on record player*) lejátszófej, pickup; (*vehicle*) dzsip
picky ['pɪkɪ] *a US* finnyás
picnic ['pɪknɪk] 1. *n* kirándulás (*hideg élelemmel*) 2. *v* -ck- kirándul (*és a szabadban eszik*)
pictorial ['pɪktɔːrɪəl] *a* képes, illusztrált
picture ['pɪktʃə] 1. *n* (*painting, drawing*) kép; (*film*) (mozi)film II **in the** ~ a képen; **put sy in the** ~ (**about sg**) felvilágosít/tájékoztat vkt vmről; **the** ~**s** mozi 2. *v* ~ **to oneself** elképzel
picture gallery *n* képtár

picturesque [pɪktʃə'resk] *a* festői
piddling ['pɪdlɪŋ] *a col* vacak
pidgin English ['pɪdʒɪn] *n pejor* konyhanyelv
pie [paɪ] *n* (*baked, sweet*) tészta, pite; (*with meat*) kb. húsos kosárka
piece [piːs] 1. *n* (*part*) darab; (*play*) (szín)darab II **a** ~ **of bread** egy darab kenyér; **a** ~ **of soap** egy darab szappan; **go to** ~**s** szétesik 2. *v* ~ (**sg**) **together** összetold, (össze)eszkábál
piecemeal ['piːsmiːl] *adv* darabonként
piecework *n* teljesítménybér
pier [pɪə] *n* (*of bridge*) (híd)pillér, oszlop; (*for walking*) móló; (*for landing*) kikötő(gát)
pierce [pɪəs] *v* (*perforate*) átszúr; (*penetrate*) átjár
piercing ['pɪəsɪŋ] *a* (*ache*) hasogató; (*sound*) átható II ~ **cold** metsző hideg
piety ['paɪətɪ] *n* áhítat; jámborság
pig [pɪg] *n* disznó II ~ **in a poke** zsákbamacska
pigeon ['pɪdʒɪn] *n* galamb II **it's not my** ~ *col* ez nem tartozik rám
pigeonhole ['pɪdʒɪnhəʊl] 1. *n* (*for letters etc.*) rekeszek; *fig* „skatulya" 2. *v* ad acta tesz
piggy bank *n* szerencsemalac (*persely*)
pig-headed *a* makacs, csökönyös
piglet ['pɪglɪt] *n* kismalac
pigpen ['pɪgpen] *n US* disznóól
pigsty ['pɪgstaɪ] *n* disznóól
pigtail ['pɪgteɪl] *n* copf
pike[1] [paɪk] *n zoo* csuka
pike[2] [paɪk] *n* dárda, lándzsa, pika
pilchard ['pɪltʃəd] *n* szardínia

pile[1] [paɪl] **1.** *n* (*heap*) rakás, halom; (*funeral*) máglya **2.** *v* felhalmoz, egymásra/halomba rak **pile up** (*vehicles*) egymásba rohan/szalad (*több jármű*)
pile[2] [paɪl] *n* cölöp, karó; → **piles**
piles [paɪlz] *n pl med* aranyér
pile-up *n* ráfutásos baleset, tömeges autószerencsétlenség
pilfering ['pɪlfərɪŋ] *n* lopás
pilgrim ['pɪlgrɪm] *n* zarándok
pilgrimage ['pɪlgrɪmɪdʒ] *n* zarándokút, zarándoklat
pill [pɪl] *n* pirula, tabletta || **the ~** fogamzásgátló (tabletta) || **be on the ~** szedi a tablettát
pillage ['pɪlɪdʒ] *v* fosztogat
pillar ['pɪlə] *n* oszlop, pillér; *fig* támasz || **~ box** *GB* postaláda
pillion ['pɪlɪən] *n* pótülés (*motorkerékpáron*) || **ride ~** pótutasként utazik
pillory ['pɪlərɪ] **1.** *n* pellengér **2.** *v also fig* pellengérre állít, kipellengérez
pillow ['pɪləʊ] *n* (kis)párna
pillowcase ['pɪləʊkeɪs] *n* párnahuzat
pilot ['paɪlət] **1.** *a* kísérleti, próba- **2.** *n* pilóta, repülő; (*of ships*) révkalauz **3.** *v* (*ship*) kormányoz; (*plane*) vezet || **~ light** őrláng, gyújtóláng || **~ wheel** (*of ship*) kormánykerék
pimple ['pɪmpl] *n* (*on skin*) pattanás
pin [pɪn] **1.** *n* gombostű; *tech* csap (*fakötés*) || **~s and needles** zsibbadás, bizsergés **2.** *v* -nn- (*dress*) (meg)tűz
pin down (*object*) leszögez; (*person*) szaván fog
pin up feltűz, kitűz
pinafore ['pɪnəfɔ:] *n* kötény
pinafore dress *n* kötényruha

pinball ['pɪnbɔ:l] *n* flipper
pincers ['pɪnsəz] *n pl* (*tool*) harapófogó; (*of crab*) olló
pinch [pɪntʃ] **1.** *n* (meg)csípés || **a ~ of** csipetnyi; **at a ~** *col* (vég)szükség esetén **2.** *vt* (*nip*) csíp; *col* (*steal*) (el)csen *vi* (*shoe*) szorít
pincushion ['pɪnkʊʃn] *n* tűpárna
pine[1] [paɪn] *n* fenyő(fa)
pine[2] [paɪn] *v* bánkódik || **~ away** emésztődik, elsorvad; **~ for sy** sóvárog/epekedik vk után
pineapple ['paɪnæpl] *n* ananász
ping-pong ['pɪŋpɒŋ] *n* pingpong
pink [pɪŋk] **1.** *a* rózsaszínű **2.** *n* (*colour*) rózsaszín; (*plant*) szegfű || **be in the ~** majd kicsattan az egészségtől, él és virul
pink-eye *n* kötőhártya-gyulladás
pin-money *n* zsebpénz, dugipénz
pinnacle ['pɪnəkl] *n* csúcs
pinpoint ['pɪnpɔɪnt] *v* hajszálpontosan megállapít/megmutat
pin-stripe *n* csíkos szövet
pint [paɪnt] *n* pint (*0,568 l*)
pin-up *n* (*falra feltűzött női kép*)
pioneer [paɪə'nɪə] **1.** *n* (*explorer*) úttörő, előharcos
pious ['paɪəs] *a* istenfélő, jámbor, kegyes
pip[1] [pɪp] *n* (*of orange*) mag
pip[2] [pɪp] *n mil* (*star*) csillag
pip[3] [pɪp] *n* (*on radio*) sípjel
pipe [paɪp] **1.** *n* (*tube*) cső; (*for gas, water*) (cső)vezeték; (*for smoking*) pipa; (*of organ*) síp **2.** *v* (*play*) sípol, dudál; (*carry*) csövön/csővezetéken továbbít
pipe down! *col* sok a szöveg!
piped music [paɪpt] *n* halk zene (*pl. áruházban*)
pipe-dream *n* álmodozás, vágyálom

pipeline ['paɪplaɪn] *n* csővezeték, olajvezeték (*nagy távolságra*)
piper ['paɪpə] *a* dudás || **he pays the ~** az ő zsebére megy
piping ['paɪpɪŋ] *n* csővezeték
piping hot *a* tűzforró
piquant ['piːkənt] *a also fig* pikáns
pique [piːk] *n* neheztelés, sértődés
piqued [piːkt] *a* sértődött
pirate ['paɪərət] **1.** *n* kalóz **2.** *v* kalózkodik || **~ radio** kalózrádió
pirated ['paɪərətɪd] *a* **~ edition** kalózkiadás
pirouette [pɪrʊ'et] *n* piruett
piss [pɪs] *v vulg* pisál || **it's ~ing down** ömlik az eső
pissed [pɪst] *a col* tökrészeg
pistol ['pɪstl] *n* pisztoly
piston ['pɪstən] *n* dugattyú
pit[1] [pɪt] *n* (*hole*) gödör, üreg, árok; (*in garage*) akna; *theat* földszint || **the ~** pokol
pit[2] [pɪt] *n US* mag (*csonthéjasé*)
pitch[1] [pɪtʃ] **1.** *n* (*of trader*) stand; *sp* (futball)pálya; (*throw*) dobás, hajítás; *mus* hangmagasság **2.** *vi* (*fall*) (előre)esik | *vt* (*throw*) dob || **~ a tent** sátrat felállít/ver
pitch[2] [pɪtʃ] *n* (*substance*) szurok
pitch-black *a* szurokfekete
pitcher ['pɪtʃə] *n* kancsó
piteous ['pɪtɪəs] *a* szánalomra méltó, szánalmas
pitfall ['pɪtfɔːl] *n fig* csapda, kelepce, buktató
pith [pɪθ] *n* velő
pithy ['pɪθɪ] *a* magvas, velős
pitiable ['pɪtɪəbl] *a* sajnálatos, sajnálatra méltó
pitiful ['pɪtɪfl] *a* (*pitiable*) szánalmas, szánalomra méltó; (*wretched*) hitvány, siralmas, nyomorult

pitiless ['pɪtɪlɪs] *a* könyörtelen
pittance ['pɪtəns] *n* éhbér
pity ['pɪtɪ] **1.** *n* szánalom || **that's a (great) ~** de kár! **2.** *v* vkt (meg)sajnál, (meg)szán
pivot ['pɪvət] **1.** *n* (*central pin*) tengelyvégcsap; *fig* (*turning point*) sarkalatos pont, sarkpont **2.** *v* **~ on** megfordul vmn, vm körül forog
pixie ['pɪksɪ] *n* tündér
pizza ['piːtsə] *n* pizza
placard ['plækɑːd] *n* plakát
placate [plə'keɪt] *v* kiengesztel, kibékít
place [pleɪs] **1.** *n* hely; (*town*) helység; (*home*) otthon, lakás; (*open space*) tér; (*position*) helyezés || **out of ~** nem helyénvaló; **take ~** (meg)történik, sor kerül vmre **2.** *v* helyez, tesz, rak || **~d second** második helyezett
placid ['plæsɪd] *a* nyugodt, békés
plagiarism ['pleɪdʒənzəm] *n* plágium
plague [pleɪg] *n med* pestis; (*nuisance*) istencsapás
plaice [pleɪs] *n* lepényhal
plaid [plæd] *n* pléd
plain [pleɪn] **1.** *a* (*obvious*) világos, nyilvánvaló; (*frank*) egyenes, őszinte; (*simple*) egyszerű, szimpla; (*not handsome*) jelentéktelen, csúnya || **~ chocolate** étcsokoládé; **in ~ clothes** (*police*) civilben; **~ cooking** könnyű (*fűszerszegény*) étkezés **2.** *n* síkság, alföld
plaintiff ['pleɪntɪf] *n* felperes, panasztevő
plait [plæt] *n* copf
plan [plæn] **1.** *n* terv **2.** *v* -nn- (*design*) (meg)tervez; (*intend*) tervez (vmt tenni) || **~ to do sg** szándékozik vmt tenni

plane¹ [pleɪn] **1.** *a* sík, sima **2.** *n* (*surface*) sík (felület); (*aeroplane*) (repülő)gép; *tech* (*tool*) gyalu
plane² [pleɪn] *n* (*tree*) platán(fa)
planet ['plænɪt] *n* bolygó
plank [plæŋk] *n* deszka
planning ['plænɪŋ] *n* tervezés
plant [plɑːnt] **1.** *n* (*vegetable*) növény; (*shoot*) palánta; (*factory*) üzem, gyár **2.** *v* (el)ültet, palántáz
plant out *bot* kiültet
plantation [plæn'teɪʃn] *n* ültetvény
plaque [plɑːk] *n* (*on wall*) emléktábla; (*on teeth*) fogkő
plaster ['plɑːstə] **1.** *n* (*on wall*) vakolat; (*for broken leg*) gipsz **2.** *v* (*wall*) (be)vakol; (*leg etc.*) begipszel, gipszbe tesz
plastered ['plɑːstəd] *a* bevakolt; *col* (*drunk*) beszívott
plastic ['plæstɪk] **1.** *a* műanyag **2.** *n* (*material*) műanyag; *col* (*card*) (hitel)kártya ǁ ~ **bomb** plasztikbomba; ~ **card** hitelkártya
Plasticine ['plæstɪsiːn] *n* plasztilin, gyurma
plastic surgery *n* plasztikai sebészet
plate [pleɪt] *n* (*dish*) tányér; (*silver articles*) ezüst(nemű); (*sheet of metal*) (fém)lemez; (*in book*) képmelléklet, tábla; (*dental*) műfogsor
plateau ['plætəʊ] *n* (*pl* **-eaus** *or* **-eaux**) fennsík
plate glass *n* síküveg
platform ['plætfɔːm] *n* (*stage*) emelvény, pódium; (*for teacher*) dobogó; katedra; (*at station*) peron, vágány; (*on bus*) előtér; (*political*) platform ǁ ~ **ticket** peronjegy
platinum ['plætɪnəm] *n* platina

platitude ['plætɪtjuːd] *n* közhely
platoon [plə'tuːn] *n mil* szakasz
platter ['plætə] *n* tál, tálca
plausible ['plɔːzəbl] *a* valószínű, elfogadható, hihető
play [pleɪ] **1.** *n* (*sport*) játék; (*drama*) színdarab ǁ ~ **on words** szójáték **2.** *v* játszik; *mus* előad, eljátszik ǁ ~ **cards** kártyázik; ~ **fair** korrektül jár el vkvel
play against sy *sp* játszik vkvel
play back (*recording*) lejátszik, visszajátszik
play down lebecsül, lekicsinyel
play up (*cause trouble*) kellemetlenkedik
playback ['pleɪbæk] *n* lejátszás, visszajátszás, playback
player ['pleɪə] *n sp* játékos; *theat* színész
playful ['pleɪfl] *a* játékos
playground ['pleɪgraʊnd] *n* játszótér
playgroup ['pleɪgruːp] *n* óvoda
playing ['pleɪɪŋ] *n* játék ǁ ~ **cards** játékkártya; ~ **field** *sp* pálya
playmate ['pleɪmeɪt] *n* játszótárs
playroom ['pleɪruːm] *n US* gyermekszoba
playschool ['pleɪskuːl] *n* óvoda
plaything ['pleɪθɪŋ] *n fig* játékszer
playwright ['pleɪraɪt] *n* drámaíró
plc [piː el 'siː] *GB* = **public limited company**
plea [pliː] *n* kérés; kérelem
plead [pliːd] *v* (*pt/pp* **pleaded**; *US* **pled** [pled]) ~ **with sy for sy/sg** szót emel vknél vk/vm érdekében; ~ **sy's cause with sy** vk érdekében közbenjár vknél; ~ **guilty** bűnösnek vallja magát
pleasant ['pleznt] *a* kellemes; (*friendly*) szimpatikus

pleasantly ['plezntlı] *adv* kellemesen
pleasantry ['plezntrı] *n* (*joking remark*) tréfás megjegyzés; (*polite remark*) udvariaskodás
please [pliːz] *v* tetszik (vknek) ‖ ~ **come in** kérem, jöjjön be; **would you** ~ ... lesz/lenne olyan szíves; **Would you like a cup of coffee? Yes,** ~ Kér(sz) egy csésze kávét? Igen(, kérek).; **if you** ~ ha volna szíves; ~ **yourself** tégy, ahogy jónak látod (v. kedved szerint)
pleased [pliːzd] *a* megelégedett ‖ **I am very** ~ nagyon örülök; ~ **to meet you** (*presentation*) örülök, hogy megismerhetem
pleasing ['pliːzıŋ] *a* esztétikus, kellemes
pleasure ['pleʒə] *n* öröm, élvezet ‖ **it is a great** ~ **for me to ...** örömömre szolgál
pleasure-seeker *n* élvhajhászó
pleasure steamer *n* kirándulóhajó (*gőzös*)
pleat [pliːt] *n* (*on dress*) ránc, redő, hajtás
plebiscite ['plebısaıt] *n* népszavazás
pled [pled] *pp US* → **plead**
pledge [pledʒ] **1.** *n* zálog; (*promise*) (ünnepélyes) ígéret **2.** *v* elzálogosít; (*promise*) ünnepélyesen megígér
plentiful ['plentıfl] *a* bő(séges), gazdag
plenty ['plentı] *n* bőség ‖ ~ **of** elég, bőven
pleurisy ['plʊərısı] *n* mellhártyagyulladás
pliable ['plaıəbl] *a* hajlékony, hajlítható; (*person*) befolyásolható
pliers ['plaıəz] *n pl* kombinált fogó

plight [plaıt] *n* nehéz helyzet
plimsolls ['plımsəlz] *n pl GB* gumitalpú vászoncipő
plinth [plınθ] *n* talapzat (*szoboré*)
plod [plɒd] *v* **-dd-** vesződik ‖ ~ **(along)** (*on hill*) cammog, vánszorog; (*in work*) küszködik vmvel
plodding ['plɒdıŋ] *n* robotolás, gürcölés
plonk [plɒŋk] *n* lőre
plop [plɒp] *v* **-pp-** csobban, loccsan
plot [plɒt] **1.** *n* (*ground*) (hétvégi) telek; (*story*) cselekmény; (*conspiracy*) terv, cselszövés **2.** *v* **-tt-** *col* (*conspire*) mesterkedik, intrikál; (*draw*) ábrázol
plot against (*make a secret plan*) összeesküvést sző vk ellen; (*draw a graph*) vm függvényében ábrázolt vmt
plotter ['plɒtə] *n comput* plotter, rajzgép
plough (*US* **plow**) [plaʊ] **1.** *n* eke **2.** *v* (*field*) szánt; *col* (*in exam*) megbuktat, meghúz
plough through átvergődik vmn
ploy [plɔı] *n* (*stratagem*) trükk
pluck [plʌk] *v* (*chicken*) megkopaszt; (*flower*) leszakít, leszed; (*strings*) penget; ~ **up courage (to)** nekibátorodik
plucky ['plʌkı] *col* karakán, vagány
plug [plʌg] **1.** *n* dugó; *el* csatlakozó(dugasz), dugó; (*in car*) gyújtógyertya **2.** *v* **-gg-** ~ bedug(aszol) ‖ ~ **in** *el* bekapcsol
plum [plʌm] *n* szilva
plumage ['pluːmıdʒ] *n* tollazat
plumb [plʌm] **1.** *a* függőleges **2.** *adv col* (*exactly*) pont, pontosan **3.** *n* függőón **4.** *v* (*depth*) mélységet mér; *fig* mélyére lát/hatol

plumber ['plʌmə] *n* vízvezeték-szerelő

plumbing ['plʌmɪŋ] *n* (*fittings*) vizesblokk; (*craft*) vízvezeték-szerelés

plume [pluːm] **1.** *n* (*feather*) toll(azat); (*decoration*) tolldísz; forgó **2.** *v* tollászkodik

plummet ['plʌmɪt] *n* függőón

plump[1] [plʌmp] *a* (*figure*) telt, dundi, molett

plump[2] [plʌmp] *v* ~ **for** szavaz vkre

plunder ['plʌndə] **1.** *n* (*plundering*) fosztogatás; (*loot*) rablott holmi, zsákmány **2.** *vt* kirabol I *vi* fosztogat

plunge [plʌndʒ] **1.** *n* fejesugrás **2.** *vt* belemárt I *vi* víz alá bukik, lemerül

plunging neckline ['plʌndʒɪŋ] *n* mély dekoltázs

plural ['plʊərəl] *n* többes szám

pluralism ['plʊərəlɪzəm] *n* pluralizmus

plus [plʌs] **1.** *n* (*sign*) plusz; (*extra*) ráadás **2.** *prep* plusz

plus-fours *n* golfnadrág

plush [plʌʃ] *a* plüss

ply [plaɪ] *v* ~ **between** ... (*hajó*) közlekedik ... között

plywood ['plaɪwʊd] *n* furnér(lap), furnérlemez

PM [piː 'em] = **Prime Minister**

p.m., pm [piː 'em] = (*Latin: post meridiem*) délután, du. II **at 3 ~** délután 3-kor; **6 ~** este 6 óra

pneumatic [njuː'mætɪk] *a* pneumatikus

pneumonia [njuː'məʊnɪə] *n* tüdőgyulladás

poach [pəʊtʃ] *v* (*game*) tilosban vadászik

poached egg [pəʊtʃt] *n* bevert tojás

poacher ['pəʊtʃə] *a* vadorzó

poaching ['pəʊtʃɪŋ] *n* (*hunting*) orvvadászat

PO Box [piː əʊ 'bɒks], **POB** [piː əʊ 'biː] = **post office box**

pocket ['pɒkɪt] **1.** *n* zseb II **be out of ~** nincs pénze **2.** *v* zsebre tesz

pocketbook ['pɒkɪtbʊk] *n* GB (*notebook*) notesz; (*wallet*) pénztárca, levéltárca; US (*purse, bag*) retikül, (kézi)táska (*női*); (*book*) zsebkönyv

pocket knife *n* (*pl* **knives**) bicska, zsebkés

pocket money *n* költőpénz, zsebpénz

pock-marked *a* himlőhelyes

podgy ['pɒdʒɪ] *a* köpcös, zömök

podiatrist [pə'daɪətrɪst] *n* US lábápoló, pedikűrös

poem ['pəʊɪm] *n* vers, költemény

poet ['pəʊɪt] *n* költő

poetic [pəʊ'etɪk] *a* költői

poetry ['pəʊɪtrɪ] *n* költészet

poignant ['pɔɪnjənt] *a* (*sharp*) csípős, éles; (*touching*) megrendítő, szívbe markoló

point [pɔɪnt] **1.** *n* (*dot, item, score*) pont; (*moment*) időpont; (*decimal*) tizedespont, tizedesvessző; (*matter*) kérdés; (*purpose*) cél(ja vmnek); (*tip*) csúcs; (*sharp end*) hegy II **three ~ five (3.5)** három egész öt tized (3,5); **there is no ~ (in doing sg)** *col* ennek nincs (semmi) értelme; **from this ~ of view** ebből a szempontból; **be on the ~ of doing sg** (már) azon a ponton van, hogy; már-már; **come/get to the ~** a tárgyra tér;

make a ~ of (doing sg) súlyt helyez arra, hogy; **that's the ~** erről van szó! → **points 2.** *v* (*show*) (meg)mutat, felmutat; (*aim*) (rá)irányít (*at* vmre/vkre) **point out** (*indicate*) megjelöl; (*show*) rámutat **point to sg/sy** vmre/vkre mutat **point-blank 1.** *a* egyenes, közvetlen ‖ **at ~ range** közvetlen közelből **2.** *adv* (*closely*) közvetlen közelből; (*straight*) kertelés nélkül **pointed** ['pɔɪntɪd] *a* (*ending in a point*) hegyes, csúcsos; *arch* csúcsíves; (*remark*) csípős **pointedly** ['pɔɪntɪdlɪ] *adv* csípősen, nyomatékkal **pointer** ['pɔɪntə] *n* (*indicator*) mutató; (*stick*) pálca; (*dog*) angol vizsla, pointer **pointless** ['pɔɪntlɪs] *a* céltalan, értelmetlen **points** [pɔɪnts] *n pl railw* váltó **poise** [pɔɪz] **1.** *n* (*balance*) egyensúly; (*calmness*) higgadtság **2.** *v* egyensúlyoz **poison** ['pɔɪzn] **1.** *n* méreg **2.** *v* (meg)mérgez **poisoning** ['pɔɪznɪŋ] *n* mérgezés **poisonous** ['pɔɪzənəs] *a* mérges, mérgező **poke** [pəʊk] *v* (*with elbow etc*) bök; (*fire*) piszkál **poke about** matat vhol **poker**[1] ['pəʊkə] *n* piszkavas **poker**[2] ['pəʊkə] *n* (*cards*) póker **poker-faced** *a* kifejezéstelen arcú **poky** ['pəʊkɪ] *a col* szegényes, szűkös, ócska **Poland** ['pəʊlənd] *n* Lengyelország **polar** ['pəʊlə] *a* sarkvidéki ‖ **~ bear** jegesmedve

Pole [pəʊl] *n* lengyel ember **pole** [pəʊl] *n el, phys* sarok, pólus; *geogr* sark; (*of wood*) rúd **polemic** [pə'lemɪk] *n* polémia **pole vault** *n* rúdugrás **police** [pə'liːs] *n* (*pl*) rendőrség ‖ **~ car** rendőrautó; **~ constable** (köz)rendőr **policeman** [pə'liːsmən] *n* (*pl* **-men**) rendőr **police station** *n* rendőrkapitányság, rendőrőrs **policewoman** [pə'liːswʊmən] *n* (*pl* **-women**) rendőrnő **policy**[1] ['pɒləsɪ] *n* politika **policy**[2] ['pɒləsɪ] *n* (biztosítási) kötvény, biztosítás **polio** ['pəʊlɪəʊ] *n col* gyermekbénulás **Polish** ['pəʊlɪʃ] **1.** *a* lengyel **2.** *n* (*person*) lengyel; (*language*) lengyel (nyelv) **polish** ['pɒlɪʃ] **1.** *n* (*of furniture*) politúr; (*for shoes*) cipőkrém; (*of style*) utolsó simítás **2.** *v* (*furniture*) fényez; (*shoes*) kipucol; (*style*) csiszol **polish up** políroz; *fig* (*language*) felfrissít (*nyelvtudást*) **polished** ['pɒlɪʃt] *a* (*furniture*) fényezett; *fig* (*style*) csiszolt; (*manners*) finom **polite** [pə'laɪt] *a* udvarias (*to sy* vkvel) **politeness** [pə'laɪtnɪs] *n* udvariasság **politic** ['pɒlɪtɪk] *a* (*prudent*) körültekintő **political** [pə'lɪtɪkl] *a* politikai **politically** [pə'lɪtɪklɪ] *adv* politikailag **politician** [pɒlɪ'tɪʃn] *n* politikus

politics ['pɒlɪtɪks] *n sing.* *(policy)* politika; *pl* *(views)* politikai nézetek

polka dot *n* *(pattern)* petty

poll [pəʊl] *n* szavazás; *(opinion* ~*)* közvélemény-kutatás

pollen ['pɒlən] *n* virágpor, hímpor, pollen

pollination [pɒlɪ'neɪʃn] *n* beporzás

polling ['pəʊlɪŋ] *n* szavazás, választás ‖ ~ **booth** szavazófülke; ~ **day** *GB* a szavazás; ~ **station** szavazóhelyiség

pollute [pə'luːt] *v* szennyez *(környezetet)*

pollution [pə'luːʃn] *n* szennyez(őd)és ‖ ~ **of the environment** környezetszennyezés

polo ['pəʊləʊ] *n* (lovas) póló

polo-neck sweater *n* garbó

polyclinic ['pɒlɪklɪnɪk] *n* poliklinika

polyethylene [pɒlɪ'eθəliːn] *n* = **polythene**

polyp ['pɒlɪp] *n med, zoo* polip

polytechnic [pɒlɪ'təknɪk] *n GB* műszaki főiskola

polythene ['pɒlɪθiːn] *n* polietilén

pomegranate ['pɒmɪgrænɪt] *n* gránátalma

pommel horse ['pɒml] *n sp* kápás ló

pomp [pɒmp] *n* dísz, pompa, parádé

pompom ['pɒmpɒm] *n* pompon

pompous ['pɒmpəs] *a* nagyképű; *(language)* dagályos

pond [pɒnd] *n* (kis) tó

ponder ['pɒndə] *v* latolgat, mérlegel

ponderous ['pɒndərəs] *a* nehézkes

pontiff ['pɒntɪf] *n* püspök ‖ **the (Supreme) P~** a Pápa

pontificate 1. [pɒn'tɪfɪkət] *n* pápaság **2.** [pɒn'tɪfɪkeɪt] *v col* nagyképűsködik

pontoon [pɒn'tuːn] *n* ponton

pony ['pəʊnɪ] *n* póni(ló); *US (crib)* puska *(diáké)*

ponytail ['pəʊnɪteɪl] *n* lófarok

poodle ['puːdl] *n* uszkár

pool[1] [puːl] **1.** *n (fund)* közös alap/készlet; iroda ‖ **a ~ of cars** kocsipark, járműpark; → **pools 2.** *v (money)* közös alapba összegyűjt

pool[2] [puːl] *n (pond)* tó; *(puddle)* tócsa; *(artificial)* víztározó; *(for swimming)* uszoda

pools, the [puːlz] *n pl* totó

poor [pʊə] *a* szegény; *(mediocre)* rossz, silány ‖ **the ~** *pl* a szegények; **be in ~ shape** leromlott *(egészségileg)*

poorly ['pʊəlɪ] **1.** *a* be/feel ~ gyengén érzi magát **2.** *adv* gyengén, rosszul

pop[1] [pɒp] *n col* apu, papa

pop[2] [pɒp] **1.** *adv/int (suddenly)* hirtelen; *(sound)* puff!, pukk! **2.** *n (sound)* pukkanás; *(music)* popzene; *(drink)* szénsavas ital ‖ **in ~** *col* zaciban **3.** *v* -pp- *(cork)* pukkan; *(balloon)* kipukkaszt; *(corn)* pattogtat

pop in (to see sy) vkhez bekukkant

pop over to sy *col* vhova, vkhez átugrik

pop up *col* felbukkan

pop art *n* pop-art

pop concert *n* popkoncert

popcorn ['pɒpkɔːn] *a* pattogatott kukorica

pope [pəʊp] *n* pápa

pope's nose *n US* püspökfalat

pop-gun *n* riasztópisztoly
poplar ['pɒplə] *n* nyárfa
pop music *n* popzene
popper ['pɒpə] *n* patentkapocs
poppy ['pɒpɪ] *n* mák
pop singer *n* popénekes
populace ['pɒpjʊləs] *n* the ~ (at large) a lakosság, a tömeg
popular ['pɒpjʊlə] *a* népszerű
popularity [pɒpjʊ'lærətɪ] *n* népszerűség
popularize ['pɒpjʊləraɪz] *v* népszerűsít
populate ['pɒpjʊleɪt] *v* benépesít
population [pɒpjʊ'leɪʃn] *n* lakosság, népesség
populous ['pɒpjʊləs] *a* népes, sűrűn lakott
porcelain ['pɔːsəlɪn] *n* porcelán
porch [pɔːtʃ] *n* tornác, veranda
porcupine ['pɔːkjʊpaɪn] *n* zoo (tarajos) sül
pore[1] [pɔː] *n biol* pórus
pore[2] [pɔː] *v* ~ **over a book** könyv fölé hajol
pork [pɔːk] *n* sertéshús || ~ **cutlet** sertéskaraj
pornography [pɔː'nɒgrəfɪ], *col* **porn** [pɔːn] *n* pornográfia
porous ['pɔːrəs] *a* likacsos, szivacsos
porpoise ['pɔːpəs] *n* barna delfin
porridge ['pɒrɪdʒ] *n* zabkása
port[1] [pɔːt] *n* (*tengeri*) kikötő; *naut* (*left side*) bal oldal
port[2] [pɔːt] *n* (*wine*) portói (bor)
portable ['pɔːtəbl] *a* hordozható
portal ['pɔːtl] *n* bejárat, portál
portent ['pɔːtent] *n* baljós előjel, ómen
porter ['pɔːtə] *n* (*doorkeeper*) portás, kapus; (*carrier*) hordár; (*at*

hotel) londiner; *US* (*in train*) hálókocsi-kalauz
porthole ['pɔːthəʊl] *n* hajóablak
portion ['pɔːʃn] **1.** *n* (*of food*) adag, porció **2.** *v* ~ **(out)** kiadagol
portly ['pɔːtlɪ] *a* testes, terebélyes
portrait ['pɔːtrɪt] *n* arckép, portré
portraitist ['pɔːtrɪtɪst] *n* arcképfestő
portray [pɔː'treɪ] *v* (*painter, writer*) ábrázol
portrayal [pɔː'treɪəl] *n* ábrázolás (*rajzban*)
Portugal ['pɔːtjʊgl] *n* Portugália
Portuguese [pɔːtju'giːz] **1.** *a* portugál **2.** (*person*) portugál (ember); (*language*) portugál (nyelv)
pose [pəʊz] **1.** *n* (*also affectation*) póz **2.** *vi* (*attitudinize*) pózol | *vt* helyez
posh [pɒʃ] *a col* proccos, puccos (*hely stb.*)
position [pə'zɪʃn] *n* (*situation*) helyzet; (*job*) pozíció, állás; (*attitude*) álláspont
positive ['pɒzɪtɪv] *a* (*answer*) állító, igenlő, pozitív; *math* pozitív || ~ **vetting** *GB* átvilágítás
possess [pə'zes] *v* birtokol vmt
possessed [pə'zest] *a* megszállott
possession [pə'zeʃn] *n* (*property*) tulajdon, birtok; (*ownership*) birtoklás
possessive pronoun *n* birtokos névmás
possibility [pɒsə'bɪlətɪ] *n* lehetőség
possible ['pɒsəbl] *a* lehetséges || **as far as** ~ amennyire lehetséges
possibly ['pɒsəblɪ] *adv* lehetőleg, esetleg
post[1] [pəʊst] **1.** *n* (*letters*) posta || **send by** ~ postán küld **2.** *v* (*letter*) felad

potted

post² [pəʊst] **1.** *n* (*pole*) oszlop, karó, cölöp; (*of door*) ajtófélfa ‖ **hit the ~** (*in football*) kapufát lő **2.** *v* kiragaszt, kiplakátoz
post³ [pəʊst] **1.** *n* (*job, position*) állás, hivatal, pozíció; (*place of duty*) (diplomáciai) állomáshely; (*of soldier*) őrhely; (*soldier*) őrszem **2.** *v* kinevez vhová
postage ['pəʊstɪdʒ] *n* postaköltség ‖ **~ stamp** levélbélyeg
postal ['pəʊstl] *a GB* postai ‖ **~ code** (postai) irányítószám; **~ order** postautalvány
postbox ['pəʊstbɒks] *n GB* levélszekrény
postcard ['pəʊstkɑːd] *n* levelezőlap
postcode ['pəʊstkəʊd] *n GB* (postai) irányítószám
poster ['pəʊstə] *n* plakát, poszter
poste restante [pəʊst'restɒnt] *a/adv* postán maradó (*küldemény*)
posterior [pɒ'stɪərɪə] **1.** *a* hátulsó; (*in time*) későbbi, utólagos **2.** *n col* alfél
posterity [pɒ'sterətɪ] *n* utókor
postgraduate [pəʊst'grædʒʊət] *a* posztgraduális
postman ['pəʊstmən] *n* (*pl* **-men**) postás
postmark ['pəʊstmɑːk] **1.** *n* (*on letter*) (kelet)bélyegző **2.** *v* lebélyegez
postmaster ['pəʊstmɑːstə] *n* postahivatal vezetője, postamester
Postmaster General *n GB* postaügyi miniszter
post-mortem [pəʊst'mɔːtəm] *n* halottszemle
post office *n* posta(hivatal)
post office box *n* postafiók
postpone [pə'spəʊn] *v* elhalaszt

postponement [pə'spəʊnmənt] *n* elhalasztás
postscript ['pəʊsskrɪpt] *n* utóirat
postulate 1. ['pɒstjʊlət] *n* követelmény **2.** ['pɒstjʊleɪt] *v* feltételez, posztulál
posture ['pɒstʃə] *n* testtartás, pozitúra
postwar *a* háború utáni
posy ['pəʊzɪ] *n* kis csokor
pot [pɒt] **1.** *n* (*for food*) fazék, edény; (*tea~*) kanna; (*for plant*) (virág)cserép; (*for child*) bili; *col* (*drug*) marihuána ‖ **he has ~s of money** *col* sok pénze van **2.** *v* **-tt-** (*plant*) cserépbe ültet; (*child*) biliztet; (*food*) eltesz, konzervál
potato [pə'teɪtəʊ] *n* (*pl* **-oes**) burgonya, krumpli ‖ **~ crisps** (*US* **chips**) *pl* burgonyaszirom
pot-belly *n* pocak
potent ['pəʊtənt] *a* hatásos; (*argument*) meggyőző
potentate ['pəʊtnteɪt] *n* potentát
potential [pə'tenʃl] **1.** *a* lehetséges, potenciális **2.** *n* (*voltage*) potenciál, feszültség
potentially [pə'tenʃəlɪ] *adv* potenciálisan
pot-hole *n* (*cave*) barlang; (*in road*) kátyú, gödör
pot-holer *n col* amatőr barlangkutató, barlangász
pot-holing *n col* amatőr barlangkutatás, barlangászkodás
potion ['pəʊʃn] *n* (*drink*) ital; (*sip*) korty; (*dose*) adag
potluck [pɒt'lʌk] *n col* **take ~** (*for food*) azt eszik, amit talál
potted ['pɒtɪd] *a* (*food*) befőzött, (-)konzerv; (*plant*) cserepes; (*book*) rövidített, tömör

potter[1] ['pɒtə] *n* fazekas, keramikus
potter[2] ['pɒtə] *v col* (vmvel) vacakol, pepecsel
pottery ['pɒtərı] *n (craft)* fazekasmesterség; *(earthenware)* agyagáru, kerámia
potty ['pɒtı] *n col* bili
potty-trained *a* szobatiszta
pouch [paʊtʃ] **1.** *n* zacskó, erszény **2.** *v* zsebre vág
poultice ['pəʊltıs] *n* meleg (lenmaglisztes) borogatás
poultry ['pəʊltrı] *n* baromfi, szárnyas ‖ **~ farm** baromfitenyésztő telep
pounce [paʊns] *v* lecsap *(on* vmre)
pound[1] [paʊnd] *n (weight)* font *(453 gramm)*; *(money)* font *(100 pence)* ‖ **by the ~** fontonként
pound[2] [paʊnd] *v (crush)* zúz; *(in mortar)* tör ‖ **~ at the door** dörömböl az ajtón
pound sterling *n* font sterling
pour [pɔː] *vt* önt ǀ *vi* ömlik, dől ‖ **it is ~ing (with rain)** szakad/zuhog az eső
　pour in *vt* beönt ǀ *vi* beömlik; *(people)* beözönlik
　pour out *vt* kiönt ǀ *vi* kiömlik; *(people)* kiözönlik
pouring ['pɔːrıŋ] *a* **in (the) ~ rain** szakadó esőben
pout [paʊt] *v* ajkát biggyeszti
poverty ['pɒvətı] *n* szegénység ‖ **the ~ line** létminimum
poverty-stricken *a* szegény sorsú
powder ['paʊdə] **1.** *n (dust)* por; *(for gun)* lőpor; *(cosmetic)* púder **2.** *v (sugar)* tör; *(face)* (be)púderoz
powder compact *n* kőpúder

powder room *n* (női) illemhely, mosdó
powdery ['paʊdərı] *a* porszerű, porhanyós; poros; púderes
power ['paʊə] *n (authority)* hatalom; *(strength)* erő; *(ability)* képesség, energia; *el* (villamos) áram, energia; *math* hatvány ‖ **~ consumption** energiafogyasztás; **~ cut** áramszünet
powered ['paʊəd] *a* gépi hajtású
power failure *n* áramszünet
powerful ['paʊəfl] *a (engine)* nagy teljesítményű; *(person)* hatalmas
powerless ['paʊəlıs] *a (person)* erőtlen, tehetetlen
power plant *n* erőmű
power point *n el* (dugaszoló)aljzat
power station *n* erőmű
power supply *n* áramellátás, energiaellátás
powwow ['paʊwaʊ] *n* tanácskozás, *col* kupaktanács
pp = **pages**; *(Latin: per procurationem)* megbízásból, helyett, h.
PR [piː 'ɑː] = **public relations**
practicability [præktıkə'bılətı] *n* célszerűség
practicable ['præktıkəbl] *a* keresztülvihető
practical ['præktıkl] *a (of practice)* gyakorlati; *(useful)* célszerű, praktikus ‖ **~ joke** vastag tréfa
practically ['præktıklı] *adv* gyakorlatilag, tulajdonképpen
practice ['præktıs] **1.** *n* gyakorlat; *(doctor's, lawyer's)* praxis; *(practising, drill)* gyakorlás; *sp (exercise)* gyakorlat ‖ **in ~** a gyakorlatban; **be out of ~** kijött a gyakorlatból; **it needs a lot of ~** be kell gyakorolni **2.** *v US* = **practise**

practise (*US* -**ce**) ['præktıs] *v* (*habit, language*) gyakorol; (*doctor*) praktizál
practised (*US* -**iced**) ['præktıst] *a* gyakorlott
practitioner [præk'tıʃənə] *n* gyakorló orvos/ügyvéd
pragmatic [præg'mætık] *a* pragmatikus
Prague [prɑ:g] *n* Prága
prairie ['preərı] *n* préri
praise [preız] **1.** *n* dicséret **2.** *v* (meg)dicsér
praiseworthy ['praızwɜ:ðı] *a* dicséretre méltó
pram [præm] *n* gyermekkocsi
prank [præŋk] *n col* stikli, csíny
prattle ['prætl] **1.** *n* csacsogás, fecsegés **2.** *v* csacsog, fecseg
pray [preı] *v* imádkozik
prayer [preə] *n* ima, imádság
preach [pri:tʃ] *v* prédikál, szentbeszédet mond, igét hirdet
preacher ['pri:tʃə] *n* igehirdető, prédikátor
preamble [pri:'æmbl] *n* előszó, bevezetés
precarious [prı'keərıəs] *a* bizonytalan, ingatag
precaution [prı'kɔ:ʃn] *n* elővigyázatosság, óvatosság
precede [prı'si:d] *v* vkt, vmt megelőz, elsőbbsége van
precedence ['presıdəns] *n* elsőbbség
precedent ['presıdənt] *n* példa, precedens
preceding [prı'si:dıŋ] *a* (meg)előző, előbbi, korábbi
precept ['pri:sept] *n* szabály, elv; utasítás

precinct ['pri:sıŋkt] *n* bekerített terület; zóna; *US* (*district*) kerület ‖ ~**s** *pl* környék
precious ['preʃəs] *a* értékes, becses ‖ ~ **stone** drágakő
precipice ['presıpıs] *n* szakadék
precipitate 1. [prı'sıpıtət] *a* (*hasty*) elhamarkodott **2.** [prı'sıpıteıt] *v* (*hurl*) beletaszít
precipitation [prısıpı'teıʃn] *n* (*rain, snow*) *chem* csapadék; lecsapódás
precise [prı'saıs] *a* pontos, precíz
precisely [prı'saıslı] *a* pontosan
precision [prı'sıʒn] *n* pontosság, precizitás
preclude [prı'klu:d] *v* (eleve) kizár
precocious [prı'kəʊʃəs] *a* koraérett
preconception [pri:kən'sepʃn] *n* előfeltevés, előítélet
preconcieved [pri:kən'si:vd] *a* ~ **idea** előítélet
precondition [pri:kən'dıʃn] *n* előfeltétel
precursor [pri:'kɜ:sə] *n* előfutár
predator ['predətə] *n* ragadozó
predatory ['predətərı] *a* ragadozó
predestination [pri:destı'neıʃn] *n* eleve elrendelés, predestináció
predetermine [pri:dı'tɜ:mın] *v* előre elrendel
predicament [prı'dıkəmənt] *n* kellemetlen helyzet; baj
predicate ['predıkət] *n* állítmány
predict [prı'dıkt] *v* megjósol, előre megmond
prediction [prı'dıkʃn] *n* jóslás
predilection [pri:dı'lekʃn] *n* előszeretet (*for* iránt)
predispose [pri:dı'spəʊz] *v* fogékonnyá tesz vmre; predesztinál

predisposition [priːdɪspə'zɪʃn] *n* hajlam, fogékonyság (*to* vmre)
predominant [prɪ'dɒmɪnənt] *a* túlnyomó
predominantly [prɪ'dɒmɪnəntlɪ] *adv* túlnyomóan
predominate [prɪ'dɒmɪneɪt] *v* túlteng, túlsúlyban van
pre-eminent [prɪ'emɪnənt] *a* kiemelkedő
pre-empt [priː'empt] *v* elővételi jogon vásárol
prefab ['priːfæb] *n col* panelház
prefabricated [priː'fæbrɪkeɪtɪd] *a* előre gyártott
preface ['prefɪs] *n* előszó
prefect ['priːfekt] *n* elöljáró, prefektus; *GB* (*in school*) felügyelő diák
prefer [prɪ'fɜː] *v* **-rr-** ~ **sg to sg** vmt vmnél jobban szeret ‖ ~ **sy over sy else** előnyben részesít vkt vkvel szemben; **I** ~ **to wait** inkább várok
preferable ['prefərəbl] *a* kívánatosabb, jobb
preferably ['prefrəblɪ] *adv* inkább, lehetőleg
preference ['prefərəns] *n* előszeretet ‖ **have/show a** ~ **for** előszeretettel van vm iránt
preferential [prefə'renʃl] *a* kedvezményes
prefix ['priːfɪks] *n* előképző, előrag, előtag
pregnancy ['pregnənsɪ] *n* terhesség
pregnant ['pregnənt] *a* terhes ‖ **become** ~ teherbe esik
prehistory [priː'hɪstərɪ] *n* őstörténet
prejudge [priː'dʒʌdʒ] *v* eleve elítél; elmarasztal
prejudice ['predʒʊdɪs] *n* előítélet; (*bias*) elfogultság

preliminary [prɪ'lɪmɪnərɪ] *a* előzetes, megelőző ‖ ~ **heats** *sp* selejtezők
prelude ['preljuːd] *n* előjáték, prelúdium
premarital [priː'mærɪtl] *a* házasság előtti
premature ['premətʃə] *a* (*action*) idő előtti, (túl) korai; (*child*) koraérett ‖ ~ **baby** koraszülött; ~ **birth** koraszülés
premeditated [priː'medɪteɪtɪd] *a* kiszámított; (*murder*) előre megfontolt
premier ['premɪə] **1.** *a* elsőrangú, legfontosabb **2.** *n* miniszterelnök
première ['premɪə] *n* premier, bemutató
premise ['premɪs] *n* előtétel, premissza
premises ['premɪsɪz] *n pl* helyiség, épület(ek) ‖ **on the** ~ a helyszínen, az épületben
premium ['priːmɪəm] *n* (*sum for insurance*) biztosítási díj; (*additional charge*) felár; (*reward*) jutalom; bonus ‖ **at a** ~ névértéken felül, felárral
prenatal [priː'neɪtl] *a US* születés előtti ‖ ~ **care** terhesgondozás; ~ **check-up** terhességi vizsgálat
preoccupation [priːɒkjʊ'peɪʃn] *n* (*obsession*) rögeszme, mánia; (*being absorbed*) belefeledkezés
preoccupy [priː'ɒkjʊpaɪ] *v* **be preoccupied with sg** teljesen leköti vm
prep [prep] **1.** *n col* (*homework*) házi feladat; (*learning*) tanulás, készülés **2.** *v* **-pp-** *US* (*attend prep school*) előkészítő iskolába jár; (*do homework*) készül

prepacked [priː'pækt] *a* előre csomagolt, kiszerelt
prepaid [priː'peɪd] *a* bérmentesített
preparation [prepə'reɪʃn] *n* (*preparing*) előkészítés; (*for lesson*) készülés; (*of homework, meal*) elkészítés ‖ **make ~s for** előkészületeket tesz
preparatory [prɪ'pærətərɪ] *a* előkészítő; előzetes, megelőző ‖ **~ school** *GB* (*for public school*) előkészítő (magán)iskola (*8—13 éveseknek*); *US* (*for college*) előkészítő iskola
prepare [prɪ'peə] *v* (el)készít, megcsinál ‖ **be ~d to do sg** hajlandó vmre; **be ~!** (*scout motto*) légy résen!
preponderance [prɪ'pɒndərəns] *n fig* túlsúly
preponderant [prɪ'pɒndərənt] *a* túlnyomó
preposition [prepə'zɪʃn] *n gram* elöljáró, prepozíció
prep school *n* = **preparatory school**
prerequisite [priː'rekwɪzɪt] *n* előfeltétel
prerogative [prɪ'rɒgətɪv] *n* előjog
Presbyterian [prezbɪ'tɪərɪən] *a/n rel* presbiteriánus
presbytery ['prezbɪtərɪ] *n* (*administrative court*) presbitérium; (*priest's house*) paplak; (*part of church*) szentély
preschool [priː'skuːl] *a* iskola előtti
prescribe [prɪ'skraɪb] *v* előír ‖ **~ a medicine** gyógyszert felír
prescription [prɪ'skrɪpʃn] *n* előírás; *med* recept
preseason [prɪ'siːzn] *n approx* előidény

presence ['prezns] *n* jelenlét ‖ **in my ~** jelenlétemben, előttem
presence of mind *n* lélekjelenlét
present[1] ['preznt] **1.** *a* (*existing now*) jelenlegi; (*being in this place*) jelenlevő ‖ **those ~** a jelenlevők/ résztvevők; **with sy ~** vk jelenlétében **2.** *n* **the ~** a jelen ‖ **at ~** jelenleg; **for the ~** egyelőre
present[2] **1.** ['preznt] *n* ajándék ‖ **give sy a ~** ajándékot ad vknek **2.** [prɪ'zent] *v* (*give*) (át)nyújt; (*introduce*) bemutat ‖ **~ sy with sg** megajándékoz vkt vmvel
presentable [prɪ'zentəbl] *a* szalonképes, elfogadható
presentation [prezn'teɪʃn] *n* (*of play, cheque*) bemutatás; (*of petition*) beadás; (*of proposal*) beterjesztés; (*of gift*) ajándékozás; (*at conference*) előadás
present-day *a* jelenlegi, mai
presenter [prɪ'zentə] *n* (*radio, TV*) műsorvezető(-szerkesztő)
presently ['prezntlɪ] *adv* mindjárt, rögtön, nemsokára
present participle *n* jelen idejű melléknévi igenév
present perfect (tense) *n* befejezett jelen
present tense *n* jelen idő
preservation [prezə'veɪʃn] *n* megőrzés, megóvás
preservative [prɪ'zɜːvətɪv] **1.** *a* megőrző, óvó **2.** *n* tartósítószer
preserve [prɪ'zɜːv] **1.** *n* (*of fruit*) konzerv, lekvár **2.** *v* (*food*) eltesz, konzervál; (*customs*) megőriz
preset [priː'set] *v* (*pt/pp* **preset**; **-tt-**) előre beállít, beprogramoz
preside [prɪ'zaɪd] *v* elnököl (*at ülésen stb.*)

presidency ['prezɪdənsɪ] *n* elnöki tisztség, elnökség
president ['prezɪdənt] *n* (*of state, company*) elnök
presidential [prezɪ'denʃl] *a* elnöki
press [pres] **1.** *n* (*machine*) prés; (*printing house*) (könyv)nyomda; (*newspapers*) sajtó; (*cupboard*) (fehérneműs) szekrény **2.** *v* (*push*) (meg)nyom, szorít; (*squeeze*) (ki)-présel; (*iron*) vasal
press down lenyom
press for (meg)sürget, követel ‖ **be ~ed for money** pénzszűkében van; **be ~ed for time** időzavarban van
press agency *n* sajtóügynökség
press conference *n* sajtóértekezlet
pressing ['presɪŋ] *a* sürgős
press release *n* sajtóközlemény
press-stud *n* patentkapocs
press-up *n* fekvőtámasz
pressure ['preʃə] *n* nyomás ‖ **the ~ of circumstances** kényszerítő körülmények
pressure cooker *n* kukta (*fazék*)
pressure gauge (*US* **gage**) *n* nyomásmérő, feszmérő
pressure-tight *a* nyomásálló
pressurized ['preʃəraɪzd] *a* túlnyomásos
prestige [pre'stiːʒ] *n* presztízs
prestigious [pre'stɪdʒəs] *a* tekintélyes
presumable [prɪ'zjuːməbl] *a* feltételezhető
presumably [prɪ'zjuːməblɪ] *adv* feltételezhetően
presume [prɪ'zjuːm] *v* feltételez, feltesz; *law* vélelmez
presumption [prɪ'zʌmpʃn] *n* kevélység; *law* vélelem

presumptuous [prɪ'zʌmptʃʊəs] *a* szemtelen, öntelt
presuppose [priːsə'pəʊz] *v* (előre) feltételez; *law* vélelmez
presupposition [priːsʌpə'zɪʃn] *n* feltételezés, preszuppozíció
pre-tax [priː'tæks] *a* adók levonása előtti
pretence (*US* **-se**) [prɪ'tens] *n* ürügy, jogcím
pretend [prɪ'tend] *v* színlel, mímel ‖ **~ to** úgy tesz, mintha; **~ to be** (**sy/sg**) (vmnek, vknek) kiadja magát
pretension [prɪ'tenʃn] *n* igény ‖ **make no ~s to** nem tart igényt..., nem igényli(, hogy)
pretentious [prɪ'tenʃəs] *a* követelőző; (*ostentatious*) elbizakodott
pretext ['priːtekst] *n* kifogás, ürügy
pretty ['prɪtɪ] **1.** *a* (*woman*) csinos, szép ‖ **a ~ penny** csinos kis öszszeg **2.** *adv* eléggé, meglehetősen ‖ **~ good** meglehetősen jó
prevail [prɪ'veɪl] *v* uralkodik, túlsúlyban van, fennforog ‖ **~ over sg** dominál, túlsúlyban van
prevailing [prɪ'veɪlɪŋ] *a* uralkodó, fennálló, érvényes ‖ **~ conditions** (mai) korviszonyok
prevalent ['prevələnt] *a* uralkodó, gyakori, elterjedt
prevent [prɪ'vent] *v* (*action*) megakadályoz, meghiúsít; (*accident*) elhárít; (*danger*) megelőz ‖ **~ sy (from) doing sg** (meg)akadályoz vkt vmben
prevention [prɪ'venʃn] *n* megelőzés
preventive [prɪ'ventɪv] *a* megelőző, preventív
preview ['priːvjuː] *n* (*of film*) (szakmai) bemutató

previous ['pri:vɪəs] *a* (meg)előző, előzetes ‖ **(on) the ~ day** egy nappal előbb; az előtte való nap(on)
previously ['pri:vɪəslɪ] *adv* azelőtt; régebben
pre-war [pri:'wɔ:] *a* háború előtti
prey [preɪ] **1.** *n* zsákmány, préda ‖ **be/fall ~ to sg** vmnek prédájává lesz **2.** *v* **sg is ~ing on one's mind** vm emészt vkt
price [praɪs] **1.** *n* ár ‖ **at any ~** bármi áron **2.** *v* beáraz
priceless ['praɪslɪs] *a fig* megfizethetetlen
price-list *n* árjegyzék, árlap
pricey ['praɪsɪ] *a* (kissé) drága
prick [prɪk] *v* (*puncture*) (meg)szúr; (*pierce*) átlyukaszt ‖ **~ up one's ears** hegyezi a fülét
pricking ['prɪkɪŋ] *a* szúrós
prickle ['prɪkl] *n* (*of plant*) tövis; (*sensation*) bizsergés
prickly ['prɪklɪ] *a* (*plant*) tövises, szúrós; *fig* (*person*) tüskés
pride [praɪd] *n* büszkeség, gőg
priest [pri:st] *n* pap
priestess ['pri:stɪs] *n* papnő
priesthood ['pri:sthʊd] *n* papság
priestly ['pri:stlɪ] *a* papos
prig [prɪg] *n* beképzelt/öntelt ember
prim [prɪm] *a* prűd, mesterkélt
primarily ['praɪmrəlɪ] *adv* elsősorban, főleg
primary ['praɪmərɪ] *a* elsődleges, primer ‖ **of ~ importance** alapvető fontosságú
primary school *n GB approx* általános iskola alsó tagozata (*5—11 éveseknek*)
prime [praɪm] **1.** *a* elsőrendű, fő- **2.** *n* tetőfoka vmnek, fénykora vknek

‖ **in the ~ of life** a legszebb férfikor(á)ban **3.** *v* (*gun*) megtölt; (*with food, drink*) (jól) megetet-megitat ‖ **~ the pump** *col* anyagilag támogat, „dug" egy kis pénzt
Prime Minister *n* miniszterelnök
prime time *n* csúcsidő (*rádiózásban*)
primeval [praɪ'mi:vl] *a* ősi, eredeti
primitive ['prɪmɪtɪv] *a* kezdetleges, primitív, őskori, ősi
primrose ['prɪmrəʊz] *n* kankalin
primus (stove) ['praɪməs] *n* petróleumfőző
prince [prɪns] *n* herceg, királyfi ‖ **the ~ consort** a királynő férje; **the P~ of Wales** a walesi herceg, a trónörökös
princess [prɪn'ses] *n* (*daughter of prince*) hercegnő; (*wife of prince*) hercegné
principal ['prɪnsəpl] **1.** *a* fő, fontos, lényeges **2.** *n* (*of school*) igazgató, principális
principality [prɪnsɪ'pælətɪ] *n* hercegség (*terület*)
principally ['prɪnsəplɪ] *adv* legfőképp(en), leginkább
principal meal *n* főétkezés
principle ['prɪnsəpl] *n* elv ‖ **in ~** elvileg, elvben; **on ~** elvből
print [prɪnt] **1.** *n* lenyomat; (*photo*) másolat, papírkép; (*film*) kópia ‖ **out of ~** (*book*) elfogyott **2.** *v* (*photo*) másol; (*book*) (ki)nyomtat
print out *comput* kiír
printed matter *n* nyomtatvány (*küldeményen*)
printer ['prɪntə] *n* (*person*) nyomdász; *comput* nyomtató, printer ‖ **~'s error** sajtóhiba

printery ['prɪntərɪ] n US (nagyobb) nyomda

printing ['prɪŋtɪŋ] n nyom(tat)ás; photo másolás

printout ['prɪntaʊt] n comput kiírás; (on paper) printout

prior ['praɪə] a előző, korábbi || **without** ~ **notice** előzetes értesítés nélkül; ~ **to** vmt megelőzően

priority [praɪ'ɒrətɪ] n (in traffic) (áthaladási) elsőbbség

priory ['praɪərɪ] n szerzetház, zárda

prise (US **prize**) [praɪz] v ~ **open** felfeszít; feltör

prism ['prɪzəm] n phys prizma; mat hasáb

prison ['prɪzn] n börtön, fogház

prisoner ['prɪznə] n fogoly

prisoner of war n hadifogoly

prissy ['prɪsɪ] a US col fontoskodó, finomkodó

pristine ['prɪstiːn] a hajdani, régi, ősi, eredeti

privacy ['prɪvəsɪ] n (private life) magánélet; (secrecy) magány

private ['praɪvɪt] **1.** a (personal) magán, privát; (separate) saját, személyes; (not public) zártkörű; (bus) különjárat || ~! belépni tilos!; ~ **life** magánélet **2.** n közkatona || **in** ~ négyszemközt

privateer [praɪvə'tɪə] n kalózhajó

private eye n col magánnyomozó

privately ['praɪvɪtlɪ] adv négyszemközt, privátim

privation [praɪ'veɪʃn] n nyomor, szűkölködés

privatization [praɪvətaɪ'zeɪʃn] n privatizáció, magánosítás

privatize ['praɪvətaɪz] v privatizál, magánosít

privet ['prɪvɪt] v fagyal

privilege ['prɪvəlɪdʒ] n előjog, kiváltság, privilégium

privileged ['prɪvəlɪdʒd] a kiváltságos

privy ['prɪvɪ] a titkos, magán

Privy Council n GB Titkos Tanács, Királyi Államtanács

prize[1] [praɪz] n (award) díj; (in lottery) nyeremény

prize[2] [praɪz] US = **prise**

prizefighter ['praɪzfaɪtə] n (profi) bokszoló

prize-giving n díjkiosztás

prize money n pénzdíj

PRO [piː aːr 'əʊ] = **public relations officer**

pro[1] [prəʊ] n (pl **pros**) col profi

pro[2] → **pros and cons**

probability [prɒbə'bɪlətɪ] n valószínűség || **in all** ~ minden valószínűség szerint

probable ['prɒbəbl] a valószínű

probably ['prɒbəblɪ] adv valószínűleg

probate ['prəʊbɪt] n hitelesítés

probation [prə'beɪʃn] n (in employment) próbaidő; law feltételes szabadlábra helyezés || **on** ~ próbaidőre, feltételesen szabadlábon

probe [prəʊb] n tech szonda; (inquiry) felmérés

probity ['prəʊbətɪ] n feddhetetlenség

problem ['prɒbləm] n probléma; math feladat

problematic(al) [prɒblə'mætɪk(l)] a problematikus, kérdéses

procedure [prə'siːdʒə] n eljárás

proceed [prə'siːd] v (go) halad; (take place) történik, végbemegy; (continue) folytatódik || ~ **against sy** vk ellen pert indít

proceedings [prəˈsiːdɪŋz] *n pl* (*legal*) eljárás, tárgyalás; (*of society*) közlemények, akták; (a konferencia) előadásai

proceeds [ˈprəʊsiːdz] *n pl* nyereség, bevétel

process [ˈprəʊses] **1.** *n* folyamat; *tech* eljárás, módszer **2.** *v* (*material*) feldolgoz; (*food*) tartósít; (*film*) előhív, kidolgoz; (*information*) feldolgoz

processed [ˈprəʊsest] *a* tartósított ‖ ~ **cheese** ömlesztett sajt; ~ **food** tartósított étel/élelmiszer

processing [ˈprəʊsesɪŋ] *n* feldolgozás; tartósítás

procession [prəˈseʃn] *n* (ünnepélyes) felvonulás; (*funeral*) temetési menet; *rel* körmenet

proclaim [prəˈkleɪm] *v* deklarál, kihirdet

proclamation [ˌprɒkləˈmeɪʃn] *n* nyilatkozat, kiáltvány

proclivity [prəˈklɪvəti] *n* hajlam

procreation [ˌprəʊkrɪˈeɪʃn] *n* nemzés, teremtés, létrehozás

procure [prəˈkjʊə] *v* (*obtain*) megszerez, kerít; (*bring about*) kieszközöl, előidéz

prod [prɒd] **1.** *n* (*poke*) döfés **2.** *v* -dd- (*poke*) döf(köd), piszkál

prodigal [ˈprɒdɪgl] *a* pazarló, könynyelmű ‖ ~ **son** tékozló fiú

prodigious [prəˈdɪdʒəs] *a* óriási, bámulatos

prodigy [ˈprɒdɪdʒɪ] *n* csoda ‖ **child/ infant** ~ csodagyerek

produce 1. [ˈprɒdjuːs] *n agr* termény, termék **2.** [prəˈdjuːs] *v* (*products, goods*) (meg)termel; (*plants*) termeszt; (*energy, heat, electricity*)

fejleszt; (*play*) előad, bemutat; (*document*) bemutat, felmutat

producer [prəˈdjuːsə] *n film* producer

product [ˈprɒdʌkt] *n* (*production*) termék, gyártmány; (*work of art*) (mű)alkotás; *math* szorzat

production [prəˈdʌkʃn] *n* (*producing*) gyártás, termelés; (*thing*) termék; *theat* színrevitel, bemutatás; produkció

productive [prəˈdʌktɪv] *a* produktív; termelékeny; (*fertile*) termékeny

productivity [ˌprɒdʌkˈtɪvəti] *n* termelékenység

profane [prəˈfeɪn] *a* (*secular*) világi, profán; (*sacrilegious*) szentségtörő

profess [prəˈfes] *v* (*theory*) hirdet; (*faith*) vall ‖ ~ **to be** vmnek mondja magát

profession [prəˈfeʃn] *n* hivatás; foglalkozás ‖ **by** ~ foglalkozására nézve; **the** ~ a szakma

professional [prəˈfeʃənl] **1.** *a* (*not amateur*) hivatásos; (*of profession*) szakmai; szakmabeli **2.** *n* (*expert*) szakember; *also sp* hivatásos, profi

professionalism [prəˈfeʃnəlɪzəm] *n also sp* professzionalizmus

professor [prəˈfesə] *n* (*US also:* **full** ~) egyetemi tanár, professzor

proficiency [prəˈfɪʃnsɪ] *n* szakértelem, jártasság ‖ ~ **in English** jó angol nyelvtudás; **an English** ~ **test** (felsőfokú) angol nyelvvizsga

proficient [prəˈfɪʃnt] *a* jártas, gyakorlott

profile ['prəʊfaɪl] n (side view) profil, arcél; fig (portrait) jellemkép, jellemrajz

profit ['prɒfɪt] 1. n nyereség, profit, haszon ‖ draw ~ from sg jövedelmet húz vmből 2. v ~ by/from hasznát látja/veszi vmnek, vmből profitál

profitable ['prɒfɪtəbl] a jövedelmező, nyereséges

profiteering [prɒfɪ'tɪərɪŋ] 1. a nyerészkedő 2. n nyerészkedés

profit-making a nyereséges

profound [prə'faʊnd] a (knowledge) alapos; (sleep) mély

profoundly [prə'faʊndlɪ] adv behatóan

profuse [prə'fjuːs] a bőséges, pazarló, bőkezű

profusely [prə'fjuːslɪ] adv bőségesen

profusion [prə'fjuːʒn] n bőség, gazdagság

progeny ['prɒdʒənɪ] n sy's ~ vk leszármazottjai

program ['prəʊgræm] 1. n US, GB comput program 2. v -mm- (US -m-) (be)programoz

programme (US program) ['prəʊgræm] n műsor, program

programmer ['prəʊgræmə] n programozó

programming (US programing) ['prəʊgræmɪŋ] n programozás

progress 1. ['prəʊgres] n fejlődés, haladás ‖ be in ~ folyamatban/munkában van 2. [prə'gres] v fig fejlődik, (előre)halad

progression [prə'greʃn] n haladás ‖ arithmetic ~ számtani sor/haladvány

progressive [prə'gresɪv] a fig haladó; (disease) súlyosbodó, progrediáló; (recovery) fokozatos; (taxation) progresszív

progressively [prə'gresɪvlɪ] adv fokozatosan

prohibit [prə'hɪbɪt] v (from doing sg) (le)tilt, betilt

prohibited [prə'hɪbɪtɪd] a tiltott, tilos

prohibition [prəʊɪ'bɪʃn] n (be)tiltás; US hist alkoholtilalom, szesztilalom

prohibitive [prə'hɪbɪtɪv] a tiltó

prohibitory [prə'hɪbɪtərɪ] a tiltó

project 1. ['prɒdʒekt] n (scheme) (kutatási) téma, projekt; (undertaking) létesítmény; nagyberuházás 2. [prə'dʒekt] v (plan) tervez; előirányoz; (film) (le)vetít; (propel) kilő; (stick out) vm előreugrik, kiáll

projectile [prə'dʒektaɪl] n lövedék

projection [prə'dʒekʃn] n film vetítés

projector [prə'dʒektə] n vetítő(gép)

proletarian [prəʊlɪ'teərɪən] a/n proletár

proletariat [prəʊlɪ'teərɪət] n proletariátus

proliferation [prəlɪfə'reɪʃn] n osztódásos szaporodás; fig (el)burjánzás

prolific [prə'lɪfɪk] a szapora, termékeny

prologue (US -log) ['prəʊlɒg] n prológus, előjáték, előhang

prolong [prə'lɒŋ] v prolongál, meghosszabbít

prolongation [prəʊlɒŋ'geɪʃn] n meghosszabbítás

promenade [prɒmə'nɑːd] *n* (tengerparti) sétány, korzó

prominence ['prɒmɪnəns] *n* kiemelkedés; (*importance*) (nagy) jelentőség

prominent ['prɒmɪnənt] *a* (*standing out*) kiugró; (*person*) kiemelkedő, kitűnő, kiváló

promiscuity [prɒmɪ'skjuːətɪ] *n* promiszkuitás

promise ['prɒmɪs] **1.** *n* ígéret ‖ **keep one's ~** ígéretét megtartja **2.** *v* **~ sy sg** vknek (meg)ígér vmt

promising ['prɒmɪsɪŋ] *a* reményteljes, sokat ígérő

promontory ['prɒməntrɪ] *n* (hegy)-fok, földnyelv

promote [prə'məʊt] *v* (*foster*) előmozdít, elősegít, fellendít; (*advertise*) reklámoz; (*arrange*) (meg)-szervez, megrendez ‖ **~ sy** *col* menedzsel vkt; **be ~d** előléptetik

promoter [prə'məʊtə] *n* kezdeményező, támogató; (*of sporting event*) szervező

promotion [prə'məʊʃn] *n* (*in rank*) előléptetés; (*fostering*) előmozdítás; (*advertising*) reklám(ozás)

prompt [prɒmpt] **1.** *a* azonnali, haladéktalan ‖ **~ payment** azonnali/pontos fizetés **2.** *v school, theat* súg ‖ **~ sy to do sg** vmre késztet vkt; **no ~ing!** ne súgj!

prompter ['prɒmptə] *n school, theat* súgó

promptly ['prɒmptlɪ] *adv* hamar, prompt

promptness ['prɒmptnɪs] *n* gyorsaság

promulgation [prɒmlˈgeɪʃn] *n* kihirdetés, közhírré tétel

prone [prəʊn] *a* hajlamos (*to sg* vmre) ‖ **lying ~** hason fekve

prong [prɒŋ] *n* fog (*villáé*)

pronoun ['prəʊnaʊn] *n* névmás

pronounce [prə'naʊns] *v* (*articulate*) (ki)ejt; (*declare*) vmnek nyilvánít ‖ **~ sentence/judgement (on sy)** ítéletet hoz (vk felett)

pronouncement [prə'naʊnsmənt] *n* kijelentés, nyilatkozat

pronto ['prɒntəʊ] *adv US col* rögtön, (de) azonnal

pronunciation [prənʌnsɪ'eɪʃn] *n* kiejtés

proof [pruːf] **1.** *a* **~ against sg** vmtől mentes **2.** *n* (*evidence*) bizonyíték; (*trial copy*) korrektúra; (*strength of alcohol*) alkoholfok

-proof [pruːf] *a* -mentes, -biztos

prop[1] [prɒp] **1.** *n* merevítő, tartó **2.** *v* **-pp- ~ sg against sg** vmt vmnek nekitámaszt

prop up *also fig* alátámaszt

prop[2] [prɒp] *n theat* kellék

propaganda [prɒpə'gændə] *n* propaganda, hírverés

propagate ['prɒpəgeɪt] *v* (*knowledge*) hirdet, propagál; (*plant, animal*) szaporít

propagation [prɒpə'geɪʃn] *n* (*of plants, animals*) szaporodás; szaporítás

propel [prə'pel] *v* **-ll-** (*drive*) hajt (*üzemanyag*)

propeller [prə'pelə] *n* hajócsavar, légcsavar, propeller

propelling power *n* hajtóerő

propensity [prə'pensətɪ] *n* hajlam (*for* vmre)

proper ['prɒpə] *a* megfelelő, helyes, helyénvaló

properly ['prɒpəlɪ] *adv* helyesen, jól, szakszerűen ‖ ~ **dressed** az alkalomhoz illően öltözött
proper noun *n* tulajdonnév
properties ['prɒpətɪz] *n pl* kelléktár
property ['prɒpətɪ] *n* (*building, thing*) tulajdon, ingatlan; (*quality*) tulajdonság; → **properties**
property owner *n* tulajdonos
prophecy ['prɒfɪsɪ] *n* jóslat
prophesy ['prɒfɪsaɪ] *v* megjósol, megjövendöl
prophet ['prɒfɪt] *n* próféta
prophetic(al) [prəʊ'fetɪk(l)] *a* prófétai
prophylactic [prɒfə'læktɪk] **1.** *a med* megelőző **2.** *n* (*substance*) profilaktikum; *US* (*contraceptive*) óvszer
proportion [prə'pɔːʃn] *n* arány; (*share*) rész ‖ **of huge ~s** óriás méretű; **in ~ to** vmhez viszonyítva, vmvel arányban
proportional [prə'pɔːʃənl] *a* arányos ‖ ~ **representation** arányos képviselet
proportionally [prə'pɔːʃnəlɪ] *adv* arányosan
proportionate [prə'pɔːʃənət] *a* arányos
proposal [prə'pəʊzl] *n* javaslat, indítvány; (*of marriage*) házassági ajánlat
propose [prə'pəʊz] *v* javasol, indítványoz; (*marriage*) házassági ajánlatot tesz, megkéri vk kezét ‖ ~ **to do sg** (*or* **doing sg**) szándékozik vmt tenni
proposition [prɒpə'zɪʃn] *n* javaslat, ajánlat ‖ **a paying** ~ jövedelmező dolog; **he's a tough** ~ *col* nehéz pasas/eset

proprieties [prə'praɪətɪz] *n pl* illemszabályok, etikett
proprietor [prə'praɪətə] *n* (*of pub, hotel*) tulajdonos
propulsive power [prə'pʌlsɪv] *n* hajtóerő
pro rata [prəʊ'rɑːtə] **1.** *a* arányos **2.** *adv* arányosan
pros and cons, the *n pl* a mellette és ellene szóló érvek
proscribe [prə'skraɪb] *v* (*forbid*) tilt; (*outlaw*) száműz
prose [prəʊz] *n* próza
prosecute ['prɒsɪkjuːt] *v* (*lay accusation*) vádat emel (*sy* vk ellen); (*prosecutor*) a vádat képviseli ‖ **Mr X prosecuting ...** XY a vád képviseletében ...
prosecution [prɒsɪ'kjuːʃn] *n* vádhatóság
prosecutor ['prɒsɪkjuːtə] *n* ügyész ‖ **Public P~** államügyész, vádhatóság
prospect 1. ['prɒspekt] *n also fig* kilátás, távlat **2.** [prə'spekt] *v* ~ **for** (*sg*) (*minerals*) kutat
prospecting [prə'spektɪŋ] *n* terepkutatás, talajkutatás
prospective [prə'spektɪv] *a* várható, leendő
prospector [prə'spektə] *n* talajkutató, bányakutató
prospectus [prə'spektəs] *n* prospektus
prosper ['prɒspə] *v* jól megy, virágzik; (*person*) boldogul
prosperity [prɒ'sperətɪ] *n* jómód, jólét
prosperous ['prɒspərəs] *a* jómódú; virágzó
prostitute ['prɒstɪtjuːt] *n* prostituált

prostitution [prɒstɪ'tjuːʃn] *n* prostitúció

prostrate ['prɒstreɪt] *a* (*lying*) hason fekvő/fekve; (*overcome*) levert, lesújtott

protagonist [prə'tægənɪst] *n* főszereplő

protect [prə'tekt] *v* véd(elmez)

protection [prə'tekʃn] *n* védelem; (*protecting*) védekezés ‖ ~ **of the environment** környezetvédelem

protective [prə'tektɪv] **1.** *a* védelmi, védő **2.** *n* US (gumi) óvszer

protégé ['prɒtɪʒeɪ] *n* védenc

protein ['prəʊtiːn] *n* fehérje, protein

protest 1. ['prəʊtest] *n* tiltakozás, kifogás ‖ **lodge a ~ against sg** bejelenti tiltakozását vm ellen; ~ **march** tiltakozó menet, demonstráció, tüntetés **2.** [prə'test] *v* ~ **against sg** tiltakozik vm ellen

Protestant ['prɒtɪstənt] *a/n* protestáns

protestation [prɒtɪ'steɪʃn] *n* tiltakozás

protracted [prə'træktɪd] *a* (*discussion*) hosszúra nyúlt, vontatott

protraction [prə'trækʃn] *n* elnyújtás, meghosszabbítás

protractor [prə'træktə] *n* szögmérő

protrude [prə'truːd] *v* kiszögellik, vm előreugrik, kiáll

protuberance [prə'tjuːbərəns] *n* (*on body*) dudor

proud [praʊd] *a* büszke ‖ **be ~ of sg** büszke vmre/vkre

provable ['pruːvəbl] *a* bizonyítható

prove [pruːv] *v* (*pp* **proved**; US **proven** ['pruːvn] (*verify*) (be)bizonyít, kimutat ‖ ~ **to be ...** vmnek/vmlyennek bizonyul

proverb ['prɒvɜːb] *n* közmondás

proverbial [prə'vɜːbɪəl] *a* közmondásos

provide [prə'vaɪd] *v* ad, nyújt, szolgáltat ‖ ~ **for sy/sg** gondoskodik vkről/vmről; ~ **sg for sy** (*or* **sy with sg**) vknek nyújt/biztosít vmt; ellát vkt vmvel; **as ~d by law** a törvény értelmében

provided/providing that [prə'vaɪdɪd/prə'vaɪdɪŋ] *conj* feltéve, hogy

Providence ['prɒvɪdəns] *n* (isteni) gondviselés

province ['prɒvɪns] *n* tartomány; *fig* (*area of activity*) terület, reszort ‖ **it is outside my ~** nem tartozik a hatáskörömbe

provincial [prə'vɪnʃl] *a* vidéki; vidékies

provision [prə'vɪʒn] **1.** *n* gondoskodás, ellátás ‖ ~**s** *pl* élelem **2.** *v* élelemmel ellát

provisional [prə'vɪʒənl] *a* átmeneti, ideiglenes

provisionally [prə'vɪʒnəlɪ] *adv* átmenetileg, ideiglenesen

proviso [prə'vaɪzəʊ] *n* kikötés; fenntartás

provocation [prɒvə'keɪʃn] *n* kötekedés, provokáció

provoke [prə'vəʊk] *v* (*irritate*) ingerel, kötekedik, (ki)provokál; (*cause*) kivált vkből vmt ‖ ~ **sy into doing sg** vmre késztet vkt

prow [praʊ] *n* hajóorr

prowess ['praʊɪs] *n* bátorság, vitézség

prowl [praʊl] **1.** *n* portyázás, kószálás **2.** *v* (*go about*) portyázik, csavarog; (*for food*) zsákmány után jár

proximity [prɒk'sɪmətɪ] *n* közelség, közellét, közel

prude [pruːd] *n* álszemérmes, prűd
prudence ['pruːdns] *n* előrelátás, bölcsesség
prudent ['pruːdnt] *a* előrelátó, körültekintő, okos
prudently ['pruːdntlɪ] *adv* körültekintően, óvatosan
prudish ['pruːdɪʃ] *a* prűd, álszemérmes
prune [pruːn] *v agr* (*tree*) (meg)metsz; nyes
pruning scissors *n pl* metszőolló
pry [praɪ] *v* kandikál, kotnyeleskedik
PS [piː 'es] = **postscript**
psalm [sɑːm] *n* zsoltár
pseudo- [sjudəʊ-] *pref* ál-
pseudonym ['sjuːdənɪm] *n* álnév
psychiatric [saɪkɪ'ætrɪk] *a* elmegyógyászati, pszichiátriai
psychiatrist [saɪ'kaɪətrɪst] *n* elmeorvos, pszichiáter
psychic(al) ['saɪkɪk(l)] *a* lelki, pszichikai
psychoanalyst [saɪkəʊ'ænəlɪst] *n* (pszicho)analitikus
psychology [saɪ'kɒlədʒɪ] *n* lélektan, pszichológia
psychotherapy [saɪkəʊ'θerəpɪ] *n* lelki gyógymód, pszichoterápia
PT [piː 'tiː] *n* (= **physical training**) torna(óra)
PTO [piː tiː 'əʊ] = *please turn over* fordíts, ford.
pub [pʌb] *n* kocsma, kisvendéglő, pub
puberty ['pjuːbətɪ] *n* serdülőkor, pubertás
public ['pʌblɪk] **1.** *a* nyilvános, állami, közületi, köz- ‖ **make ~** nyilvánosságra hoz **2.** *n* közönség

‖ **the ~** a nagyközönség, a nyilvánosság; **in ~** nyilvánosan
public affair *n* közügy
publican ['pʌblɪkən] *n* vendéglős
publication [pʌblɪ'keɪʃn] *n* (*publishing*) közzététel, közlés; (*book*) kiadvány, publikáció
public company *n* részvénytársaság
public convenience *n* nyilvános illemhely/vécé
public holiday *n* hivatalos ünnep, munkaszüneti nap
publicity [pʌb'lɪsətɪ] *n* reklám(ozás), propaganda
public limited company *n* részvénytársaság
publicly ['pʌblɪklɪ] *adv* nyilvánosan
public opinion *n* közvélemény
Public Record Office *n* központi levéltár
public relations *n pl* közkapcsolat-szervezés, közönségszolgálat
public relations officer *n* reklámfőnök, sajtófőnök
public school *n GB* (*fee paying*) *approx* kollégium (*bentlakásos középiskola*); *US* (*free*) állami iskola
public servant *n* köztisztviselő
public service *n* közszolgálat (*pl. közművek, tömegközlekedés stb.*)
public-service corporation *n pl US* közművek
public-spirited *a* hazafias, közösségi érzelmű
public transport (*US* **transportation**) *n* tömegközlekedés(i eszközök)
publish ['pʌblɪʃ] *v* megjelentet, kiad ‖ **just ~ed** most jelent meg

publisher [ˈpʌblɪʃə] *n* kiadó(vállalat)

publishing [ˈpʌblɪʃɪŋ] *n* (*of a book*) kiadás, megjelentetés; (*business*) könyvkiadás

publishing company *n* kiadó(vállalat)

puck [pʌk] *n* (*in hockey*) korong

pucker [ˈpʌkə] **1.** *n* ránc **2.** *v* ráncol, összegyűr ‖ ~ **up one's lips** ajkát biggyeszti

pudding [ˈpʊdɪŋ] *n* (*dessert*) édesség; (*hot or cold sweet dish*) puding ‖ **black** ~ véreshurka; **white** ~ májashurka

puddle [ˈpʌdl] *n* pocsolya, tócsa

puff [pʌf] **1.** *n* (*on cigarette*) szippantás **2.** *v* pöfékel

puff out (*blow out*) elfúj; (*expand*) kidagad

puffed [pʌft] *a* felfújt; *col* (*out of breath*) puffos, dudoros

puff pastry (*US* **paste**) *n* leveles tészta

puffy [ˈpʌfɪ] *a* puffadt, dagadt

pugnacious [pʌgˈneɪʃəs] *a* harcias, verekedős

pull [pʊl] **1.** *n* (*tug*) húzás; (*attraction*) vonzás, vonzóerő; (*at oars*) evezőcsapás; (*handle*) fogantyú ‖ **give sg a** ~ meghúz; **take a** ~ **at a bottle** jót húz az üvegből **2.** *v* (meg)húz, von ‖ **you're** ~**ing my leg** *col* te ugratsz, ezt komolyan képzeled?; ~ **the other one!** *col* nekem ugyan beszélhetsz; ~ **to pieces** *also fig* ízekre szed/tép

pull apart széthúz; (*fighters*) szétválaszt

pull aside félrehúz

pull back visszahúz, hátrahúz

pull down (*illness*) lever a lábáról; (*building*) lebont; (*district*) szanál

pull in *vi* (*train*) beérkezik, behúz; (*car; at the kerb*) lehúzódik (*profit*) hoz; (*audience*) vonz

pull off (*deal etc*) sikerre visz vmt

pull out *vi* (*train*) kigördül, kihúz ‖ *vt* (*table*) kihúz; (*troops*) kivon ‖ ~ **out a tooth** fogat kihúz

pull over félreáll; (*car*) lehúzódik

pull round/through meggyógyul, talpra áll

pull up *vi* (*stop*) (hirtelen) megáll ‖ *vt* (*stop*) megállít; (*uproot*) (tövestől) kitép

pull up with utolér vkt, felzárkózik vkhez

pullet [ˈpʊlɪt] *n* jérce

pulley [ˈpʊlɪ] *n tech* csiga

pull-in *n* útmenti bisztró

pullover [ˈpʊləʊvə] *n* pulóver

pull-up *n* húzódzkodás

pulmonary [ˈpʌlmənərɪ] *a* tüdő-

pulp [pʌlp] **1.** *n* pép, kása; (*of fruit*) hús **2.** *v* péppé zúz

pulpit [ˈpʊlpɪt] *n* szószék

pulsate [pʌlˈseɪt] *v* lüktet, ver, dobog

pulsation [pʌlˈseɪʃn] *n* lüktetés, érverés

pulse [pʌls] *n* érverés, pulzus

puma [ˈpjuːmə] *n* puma

pummel [ˈpʌml] *v* **-ll-** (*US* **-l-**) püföl, ütlegel

pump [pʌmp] **1.** *n* (*to blow up tyre*) pumpa; (*to draw water*) szivattyú; (*shoe*) körömcipő **2.** *v* szivattyúz, pumpál

pump up (*tyre*) felpumpál

pumpkin [ˈpʌmpkɪn] *n* sütőtök

pun [pʌn] *n* szójáték

punch[1] [pʌntʃ] **1.** *n* (*tool*) lyukasztó **2.** *v* (ki)lyukaszt

punch[2] [pʌntʃ] **1.** *n* (*blow*) ökölcsapás **2.** *v* (ököllel) üt, öklöz

punch[3] [pʌntʃ] *n* (*drink*) puncs

punch line *n* (*of joke*) poén

punch-up *n col* bunyó

punctual [ˈpʌŋktʃʊəl] *a* (*in time*) pontos

punctually [ˈpʌŋktʃʊəlɪ] *adv* (*in time*) pontosan

punctuate [ˈpʌŋktʃʊeɪt] *v* (*divide written matter*) kiteszi az írásjeleket; (*break in on speech*) félbeszakít

punctuation [pʌŋktʃʊˈeɪʃn] *n* az írásjelek kitétele, központozás

punctuation mark *n* írásjel

puncture [ˈpʌŋktʃə] **1.** *n* gumidefekt **2.** *v* átfúr, kiszúr (*gumit*)

pungent [ˈpʌndʒənt] *a* (*sauce*) csípős; (*smell*) átható, penetráns

punish [ˈpʌnɪʃ] *v* (meg)büntet

punishable [ˈpʌnɪʃəbl] *a* büntetendő (*kihágás*)

punishing [ˈpʌnɪʃɪŋ] *col* **1.** *a* erős, strapás, kimerítő **2.** *n* strapa

punishment [ˈpʌnɪʃmənt] *n* büntetés

punk [pʌŋk] *n* punk

punt[1] [pʌnt] **1.** *n* (*boat*) lapos fenekű csónak **2.** *v* rúddal hajt (*csónakot*)

punt[2] [pʌnt] *sp* **1.** *n* kézből rúgás **2.** *v* kézből rúg

puny [ˈpjuːnɪ] *a* vézna, nyamvadt, satnya

pup [pʌp] *n* = **puppy**

pupil[1] [ˈpjuːpl] *n* (*in school*) tanuló

pupil[2] [ˈpjuːpl] *n* (*in eye*) pupilla, szembogár

puppet [ˈpʌpɪt] *n* báb(u), baba

puppet theatre (*US* **-ter**) *n* bábszínház

puppy [ˈpʌpɪ] *n* kutyakölyök ‖ **have puppies** (*dog*) ellik

purchase [ˈpɜːtʃəs] **1.** *n* vásárlás, vétel **2.** *v* (meg)vásárol, (meg)vesz ‖ ~ **a ticket** menetjegyet vált

purchaser [ˈpɜːtʃəsə] *n* vevő, vásárló

pure [pjʊə] *a* tiszta ‖ ~ **wool** tiszta gyapjú

purée [ˈpjʊəreɪ] *n* püré

purgative [ˈpɜːgətɪv] *n* hashajtó

purgatory [ˈpɜːgətrɪ] *n* tisztítótűz, purgatórium

purge [pɜːdʒ] **1.** *n pol* tisztogatás **2.** *v* kitisztít; *med* meghajt; *pol* (*party*) megtisztít

purification [pjʊərɪfɪˈkeɪʃn] *n* (*of liquid*) (meg)tisztítás

purify [ˈpjʊərɪfaɪ] *v* (*liquid*) megtisztít, derít

puritan [ˈpjʊərɪtən] *a/n* puritán ‖ **P~** *hist* puritán

purity [ˈpjʊərətɪ] *n* tisztaság, romlatlanság

purl [pɜːl] **1.** *n* fordított szem (*kötésben*) **2.** *v* fordított szemet köt

purple [ˈpɜːpl] **1.** *a* bíbor(piros) **2.** *n* bíbor

purport **1.** [ˈpɜːpət] *n* (*meaning*) jelentés; (*intention*) szándék **2.** [pɜːˈpɔːt] *v* tartalmaz, jelent

purpose [ˈpɜːpəs] *n* szándék, cél ‖ **for that** ~ e célból, ezért; **on** ~ szándékosan; **for what** ~? mi célból/végett?

purposeful [ˈpɜːpəsfl] *a* szándékos, céltudatos, tervszerű

purr [pɜː] *v* (*cat*) dorombol; (*engine*) berreg, búg

purse [pɜːs] **1.** *n* (*for money*) erszény; *US* (*handbag*) retikül, táska **2.** *v* ~ **one's lips** ajkát biggyeszti, csücsörít
purser ['pɜːsə] *n* pénztáros (*hajón*)
purse snatcher *n* zsebtolvaj
pursue [pə'sjuː] *v* (*chase*) kerget, üldöz, űz ‖ ~ **one's studies** tanulmányokat folytat
pursuer [pə'sjuːə] *n* üldöző
pursuit [pə'sjuːt] *n* kergetés; üldözés
purveyor [pə'veɪə] *n* (élelmiszer-) szállító
pus [pʌs] *n* genny
push [pʊʃ] **1.** *n* tolás, lökés **2.** *v* tol, lök; (*press*) (meg)nyom; *col* (*advertise*) reklámoz ‖ ~ **the button** megnyomja a gombot; **be ~ed for money** *col* pénzhiányban szenved
push aside félrelök, félretol
push in betol, vmt vmbe bedug
push off *col* (*person*) eltűnik, felszívódik
push on továbbmegy ‖ ~ **on with sg** folytat vmt, halad vmvel
push through (*plan*) keresztülvisz; (*exam*) sikeresen elvégez
push up (*prices*) felver
pushbike ['pʊʃbaɪk] *n col* kerékpár, bringa
push-button *a* nyomógombos
pushchair ['pʊʃtʃeə] *n* (*for child*) sportkocsi
pushover ['pʊʃəʊvə] *n* **it's a** ~ *col* gyerekjáték (az egész)
push-up *n US* fekvőtámasz
pushy ['pʊʃɪ] *a pejor* rámenős ‖ ~ **fellow** karrierista, törtető
pusillanimous [pjuːsɪ'lænɪməs] *a* félénk, kishitű, pipogya

puss [pʊs], **pussy-cat** ['pʊsɪkæt] *n* cicus, cica
put [pʊt] *v* (*pt/pp* **put**; -**tt**-) (*place*) helyez, tesz, rak; (vmt vhová) állít; (*estimate*) becsül (vmre); (*thrust*) dob, vet; (*write down*) megfogalmaz, (le)ír, kifejez ‖ ~ **sg in order** vhol rendet csinál/teremt; **to** ~ **it bluntly** őszintén szólva; ~ **the question** felteszi a kérdést
put (sg) across (*make success*) sikerre visz; (*make belive*) elhitet, elfogadtat
put away (*store*) vmt félretesz, eltesz; *col* (*food*) bevág
put back (*place*) visszatesz
put sg by félretesz (*öreg napjaira*)
put down *vi* (*aircraft*) (*set down*) lerak, letesz; (*land*) leszáll ‖ *vt* (*suppress*) elfojt; (*write down*) leír
put forward (*watch*) előretol; (*date*) előrehoz; (*plan*) indítványoz
put in *vt* (*place in*) betesz, bedug; (*interpose*) közbeszól; (*application*) benyújt ‖ *vi* behajózik, befut
put off (*postpone*) későbbre halaszt; (*set down*) letesz; (*distract*) megzavar, kizökkent (vkt vmből)
put on (*clothes*) felvesz; (*light*) meggyújt; (*radio, TV*) bekapcsol; (*record*) feltesz ‖ ~ **on airs** *col* adja a bankot, megjátssza magát, előkelősködik; ~ **on weight** meghízik
put out *vt* (*cigarette*) elnyom; (*fire*) kiolt; (*light*) elolt, lekapcsol, kikapcsol; (*book*) közread ‖ *vi* elhajózik, kifut ‖ **be** ~ **out** *col* kijön a sodrából

put through (*complete*) befejez, végrehajt || **I'll ~ you through to Mr. X** (*by telephone*) adom X urat
put up (*tent*) felállít; (*building, price*) emel || **~ sy up** elszállásol vkt, szállást ad vknek
put up with sg eltűr vmt, belenyugszik vmbe
put-on *a US* modoros, tettetett
putrid ['pjuːtrɪd] *a* bűzös, rothadt
putt [pʌt] **1.** *n* (*golf*) (be)gurítás **2.** *v* (*golf*) (be)gurít
putting-green ['pʌtɪŋ-] *n* <*golfpálya lyuk körüli sima pázsitja*>
putty ['pʌtɪ] **1.** *n* gitt || **~ in sy's hands** gyenge báb **2.** *v* begittel
put-up *a col* kicsinált || **a ~ job** kicsinált dolog, kiszámított trükk
puzzle ['pʌzl] **1.** *n* (*mystery*) rejtély; (*wordgame*) találós kérdés, fejtörő; (*toy*) türelemjáték, összerakó játék **2.** *vt* zavar (vkt), rejtély a számára | *vi* töri a fejét
puzzling ['pʌzlɪŋ] *a* rejtélyes
PW = policewoman
pyjamas [pə'dʒɑːməz] *n pl* pizsama
pylon ['paɪlən] *n* távvezetékoszlop, pilon
python ['paɪθn] *n* óriáskígyó

Q

quack [kwæk] *n pejor* (*doctor*) kuruzsló, sarlatán
quad [kwɒd] *n* = **quadrangle; quadruplet**
quadrangle ['kwɒdræŋgl] *n math* négyszög; (*in a college*) (négyszögű) udvar

quadruped ['kwɒdrʊped] *a zoo* négylábú
quadruple [kwɒ'druːpl] *a/n* négyszeres
quadruplets ['kwɒdrʊpləts] *n pl* négyes ikrek
quagmire ['kwɒgmaɪə] *n* sártenger
quail [kweɪl] *n* fürj
quaint [kweɪnt] *a* furcsa, különös; (*old-fashioned*) régies
quaintly ['kweɪntlɪ] *adv* furcsán, különösen
quake [kweɪk] **1.** *n* remegés **2.** *v* (*earth*) reng
Quaker ['kweɪkə] *n* kvéker
qualification [ˌkwɒlɪfɪ'keɪʃn] *n* képesítés, minősítés; (*limitation*) megszorítás, korlátozás; (*for a job*) követelmény, feltétel
qualified ['kwɒlɪfaɪd] *a* (*competent*) okleveles, szakképzett, képesített; (*limited*) feltételes || **~ engineer** okleveles mérnök
qualify ['kwɒlɪfaɪ] *vt* képesít, minősít | *vi* (*in competition*) továbbjut || **~ sy for sg** képesítést ad vknek, képesít; **~ for the final** bejut a döntőbe
qualifying ['kwɒlɪfaɪɪŋ] *a* **~ heats/ matches** *sp* selejtezők
quality ['kwɒlətɪ] *n* minőség || **of excellent** (*or* **first-rate**) **~** elsőrendű/kiváló minőségű
qualm [kwɑːm] *n* aggály
quandary ['kwɒndərɪ] *n* dilemma
quantity ['kwɒntətɪ] *n* mennyiség
quarantine ['kwɒrəntiːn] *n* vesztegzár, karantén
quarrel ['kwɒrəl] **1.** *n* veszekedés, vita **2.** *v* **-ll-** (*US* **-l-**) veszekszik || **~ with sy** összevesz vkvel
quarrelsome ['kwɒrəlsəm] *a* veszekedős

quarry[1] ['kwɒrɪ] *n* (*animal*) zsákmány, préda; (*man*) akit üldöznek

quarry[2] ['kwɒrɪ] *n* (*for stone*) kőbánya

quart [kwɔ:t] *n* GB 1,136 l; US 0,946 l

quarter ['kwɔ:tə] **1.** *n* (*part*) negyed(rész); (*district*) városrész, negyed; (*of year*) negyedév ‖ **a ~ to five** háromnegyed öt; **a ~ of five** US háromnegyed öt; **a ~ of an hour** negyedóra; **(a) ~ past** (*US* **after**) **one** negyed kettő; → **quarters 2.** *v* (*divide*) négy részre oszt; (*lodge*) beszállásol

quarterdeck ['kwɔ:tədek] *n* hajó tisztikar (fedélzete)

quarterly ['kwɔ:təlɪ] **1.** *a* negyedévi **2.** *adv* negyedévenként **3.** *n* negyedévenként megjelenő folyóirat

quartermaster ['kwɔ:təmɑ:stə] *n* mil szállásmester

quarters ['kwɒtəz] *n pl mil* szállás, kvártély

quartet [kwɔ:'tet] *n mus* négyes, kvartett; (*string*) vonósnégyes

quartz [kwɔ:ts] *n* kvarc

quartz watch *n* kvarcóra

quash [kwɒʃ] *v* (*verdict*) megsemmisít; (*crush*) elfojt

quasi- ['kweɪzaɪ] *pref* majdnem, kvázi-

quay [ki:] *n* rakpart

queasy ['kwi:zɪ] *a* (*stomach*) émelygő; (*food*) émelyítő

queen [kwi:n] *n* királynő; (*cards*) dáma; (*chess*) vezér ‖ **the ~ of spades** pikk dáma

queen mother *n* anyakirályné

Queen's English, the *n* helyes angolság

queer [kwɪə] **1.** *a* (*strange*) különös; különc **2.** *n col* (*homosexual*) homokos

quench [kwentʃ] *v* (*thirst*) csillapít, enyhít, olt; (*fire*) kiolt

query ['kwɪərɪ] **1.** *n* (*question*) kérdés; (*mark*) kérdőjel **2.** *v* megkérdőjelez

quest [kwest] *n* keresés, felkutatás ‖ **in ~ of** vmnek a keresésére

question ['kwestʃən] **1.** *n* kérdés ‖ **ask sy a ~** kérdést tesz fel vknek; **it is beyond ~ that** nem kétséges, hogy; **it is (quite) out of the ~** ki van zárva, szó se lehet róla! **2.** *v* (*ask*) (meg)kérdez; (*interrogate*) kihallgat; (*express doubt*) megkérdőjelez, kétségbe von ‖ **~ sy (about sg)** kérdéseket tesz fel vknek (vmről)

questionable ['kwestʃənəbl] *a* kérdéses, bizonytalan

question mark *n* kérdőjel

question-master *n* = **quiz-master**

questionnaire [ˌkwestʃə'neə] *n* kérdőív

queue [kju:] **1.** *n* sor (*emberekből*) **2.** *v* **~ (up)** sorba(n) áll (*for* vmért)

quick [kwɪk] **1.** *a* gyors, fürge ‖ **be ~!** siess!; **~ on the uptake** *col* gyors felfogású **2.** *adv* gyorsan **3.** *n* **the ~ and the dead** elevenek és holtak

quicken ['kwɪkən] *vt* (meg)gyorsít, élénkít | *vi* (meg)gyorsul

quickly ['kwɪklɪ] *adv* gyorsan

quicksand ['kwɪksænd] *n* folyós homok

quicksilver ['kwɪksɪlvə] *n* higany

quick-tempered *a* hirtelen természetű

quick-witted *a* gyors felfogású

quid [kwɪd] *n* (*pl* ~) *col* font (*sterling*), egy „kiló"

quiet ['kwaɪət] **1.** *a* (*without noise*) csendes; (*calm*) nyugodt, nyugalmas ‖ **be ~!** csend legyen!; **keep ~ about sg** hallgat vmről **2.** *n* csendesség, nyugalom, békesség **3.** *v US* = **quieten**

quieten ['kwaɪətn] *v* megnyugtat, lecsendesít

quietly ['kwaɪətlɪ] *adv* nyugodtan, csendesen

quietness ['kwaɪtnɪs] *n* nyugalom, csendesség

quill [kwɪl] *n* farktoll, szárnytoll

quilt [kwɪlt] *n* takaró; **(continental)** ~ paplan

quilted ['kwɪltɪd] *a* steppelt

quinine [kwɪ'niːn] *n* kinin

quins ['kwɪnz] *n pl col* ötös ikrek

quintet [kwɪn'tet] *n mus* ötös, kvintett

quintuplets ['kwɪntjʊplets] *n pl* ötös ikrek

quire ['kwaɪə] = **choir**

quirk [kwɜːk] *n* (*oddity*) különcség; (*behaviour*) furcsa viselkedés

quit [kwɪt] *v* (*pt/pp* **quit** *or GB* **quitted** ['kwɪtɪd]; **-tt-**) otthagy ‖ ~ **it** kiszáll a buliból; → **quits**

quite [kwaɪt] *adv* (*entirely*) egészen, teljesen; (*to some extent*) meglehetősen, elég(gé); *US* (*very*) nagyon, rettentően ‖ ~**!** pontosan (erről van szó)!; ~ **a few** jóegynéhány; ~ **a lot** elég sok(at); **it is ~ true** való igaz; **that was ~ a party!** *US* ez volt aztán a buli!, irtó klassz buli volt!

quits [kwɪts] *a* **we are ~** kvittek vagyunk

quitted ['kwɪtɪd] *pt/pp* → **quit**

quiver[1] ['kwɪvə] *n* (*for arrows*) tegez

quiver[2] ['kwɪvə] *v* (*leaf*) rezeg; (*lips, person*) remeg

quiz [kwɪz] **1.** *n* (tévé)vetélkedő **2.** *v* **-zz-** kérdez(get)

quiz-master *n* (*in TV*) játékvezető

quiz show *TV* tévévetélkedő, televíziós show-műsor

quizzical ['kwɪzɪkl] *a* incselkedő; furcsa

quorum ['kwɔːrəm] *n* határozatképesség, kvórum

quota ['kwəʊtə] *n* hányad, kvóta; kontingens

quotation [kwəʊ'teɪʃn] *n* (*of text*) idézet; (*of price*) árajánlat

quotation mark(s) *n* (*pl*) idézőjel

quote [kwəʊt] **1.** *n* idézet **2.** *v* (*text*) idéz; (*author*) hivatkozik (vkre/vmre); (*price*) árajánlatot tesz ‖ ~ **a price** árat közöl **3.** *adv* (*starting to quote*) (~) ... (**unquote**) idézet kezdődik ... eddig az idézet

quotient ['kwəʊʃənt] *n* hányados

q. v. (= *quod vide*) lásd ott, vesd össze, vö.

R

rabbi ['ræbaɪ] *n* rabbi

rabbit ['ræbɪt] *n* (*animal*) (üregi) nyúl; *col* (*tennis player*) gyenge játékos ‖ ~ **hutch** nyúlketrec

rabble ['ræbl] *n* csürhe, csőcselék

rabid ['ræbɪd] *a med* veszett

rabies ['reɪbiːz] *n med* veszettség

RAC [ɑːr eɪ 'siː] = *Royal Automobile Club* Királyi Autóklub

raccoon [rə'ku:n] *n* mosómedve
race¹ [reɪs] **1.** *n* (*competition*) verseny ‖ **100 metre** ~ százméteres síkfutás; **the ~s** lóverseny **2.** *v sp* versenyez ‖ ~ **(the engine)** túráztat(ja a motort), (*motor*) üresen jár
race² [reɪs] *n* (*species*) faj; (*sort*) fajta
racecourse ['reɪskɔ:s] *n* lóversenypálya, turf
race-horse *n* versenyló
racial ['reɪʃl] *a* faji ‖ ~ **discrimination** faji megkülönböztetés
racialism ['reɪʃəlɪzəm] *n* fajüldöző politika, rasszizmus, fajelmélet
racialist ['reɪʃəlɪst] *n* a rasszista, fajüldöző ‖ ~ **theory** fajelmélet
racing ['reɪsɪŋ] *n* (*horse*) lóversenyzés, futtatás; (*motorcar*) autóversenyzés ‖ ~ **car** versenyautó; ~ **driver** autóversenyző
racism ['reɪsɪzəm] *n* = **racialism**
racist ['reɪsɪst] *a/n* = **racialist**
rack [ræk] *n* állvány, tartó; (*for luggage*) csomagtartó
racket ['rækɪt] *n* (*for tennis*) (tenisz)ütő, rakett; (*dishonest business*) panamázás, panama
racquet ['rækɪt] *n* = **racket**
racy ['reɪsɪ] *a* (*speech, flavour*) pikáns
radar ['reɪdɑ:] *n* radar, rádiólokátor
radial ['reɪdɪəl] *a math* sugaras, sugárirányú ~ **tyre** (*US* **tire**) radiálgumi
radiant ['reɪdɪənt] *a also fig* sugárzó ‖ **with a face** ~ **with joy** örömtől sugárzó arccal
radiate ['reɪdɪeɪt] *v* sugároz, kisugároz
radiation [reɪdɪ'eɪʃn] *n* sugárzás

radiator ['reɪdɪeɪtə] *n* (*for heating*) fűtőtest, radiátor; (*in car*) hűtő ‖ ~ **cap** hűtősapka
radical ['rædɪkl] **1.** *a* radikális **2.** *n pol* radikális (politikus); *math, chem* gyök
radically ['rædɪklɪ] *adv* gyökeresen
radii ['reɪdɪaɪ] *pl* → **radius**
radio ['reɪdɪəʊ] *n* rádió ‖ **be on the** ~ (*éppen*) adásban van, a rádióban szerepel
radioactive [reɪdɪəʊ'æktɪv] *a* radioaktív ‖ ~ **waste** radioaktív hulladék
radioactivity [reɪdɪəʊæk'tɪvətɪ] *n* radioaktivitás
radiobiology ['reɪdɪəʊbaɪ'ɒlədʒɪ] *n* sugárbiológia
radio cassette recorder *n* (*portable*) magnós rádió
radiotelephone [reɪdɪəʊ'telɪfəʊn] *n* rádiótelefon
radiotherapy [reɪdɪəʊ'θerəpɪ] *n* radioterápia, sugárkezelés
radish ['rædɪʃ] *n* retek
radius ['reɪdɪəs] *n* (*pl* **radii** ['reɪdɪaɪ]) (*of circle*) sugár, rádiusz; (*bone*) orsócsont
RAF [ɑ:r eɪ 'ef] = **Royal Air Force**
raffle ['ræfl] *n approx* tombola
raft [rɑ:ft] *n* tutaj
rag [ræg] *n* (*cloth*) rongy
rag-and-bone man *n* (*pl* **men**) ószeres, zsibárus
rage [reɪdʒ] **1.** *n* (*anger*) düh, őrjöngés; (*of fashion*) divathóbort ‖ **fly into a** ~ dühbe gurul/jön **2.** *v* (*person*) őrjöng; (*storm*) tombol
ragged ['rægɪd] *a* (*clothes*) rongyos
raging ['reɪdʒɪŋ] *a* (*person*) dühöngő; (*sea*) haragos ‖ ~ **headache** őrületes fejfájás

ragout [ræ'guː] *n* ragu(leves)
raid [reɪd] **1.** *n* rajtaütés; (*by police*)
razzia; (*by aircrafts*) berepülés;
(*by thieves*) rablás **2.** *v* (*police*)
rajtaüt, razziázik; (*thief*) kifoszt
raider ['reɪdə] *n* (*attacker*) támadó;
(*thief*) fosztogató
rail [reɪl] *n* (*for train*) sín; (*on stair*)
korlát, karfa; (*bar, rod*) rúd || ~**s**
pl sínpár, vágány; **by** ~ vasúton;
go off the ~**s** (*train*) kisiklik
railcar ['reɪlkɑː] *n* (*of train*) motor-
kocsi
railing ['reɪlɪŋ] *n* (*rail*) korlát || ~**s** *pl*
(*fence*) vasrács
railroad ['reɪlrəʊd] *n US* = **railway**
railway ['reɪlweɪ] *n* (*US* **railroad**)
vasút || **work for/on the** ~**(s)** a
vasútnál dolgozik
railway bridge *n* összekötő vasúti
híd
railwayman ['reɪlweɪmən] *n* (*pl*
-men) vasutas
railway station *n* vasútállomás,
pályaudvar
rain [reɪn] **1.** *n* eső || ~ **or shine**
akár esik, akár fúj **2.** *v* esik (*eső*) ||
it is ~**ing** esik; **it began to** ~ ele-
redt az eső
rainbow ['reɪnbəʊ] *n* szivárvány
raincoat ['reɪnkəʊt] *n* esőköpeny
raindrop ['reɪndrɒp] *n* esőcsepp
rainfall ['reɪnfɔːl] *n* eső(zés), csapa-
dék
rainstorm ['reɪnstɔːm] *n* felhősza-
kadás, zivatar
rainy ['reɪnɪ] *a* esős || **for a** ~ **day**
rosszabb napokra; ~ **weather** esős
idő
raise [reɪz] **1.** *n US* fizetésemelés **2.**
v (*lift*) (fel)emel; (*increase*)
(meg)növel; (*problem*) felvet; *US*

(*bring up*) felnevel; (*hoist*) felvon;
(*take up*) felvesz || ~ **(a number)**
to the second power a második
hatványra emel, négyzetre emel
raisin ['reɪzn] *n* mazsola
rajah ['rɑːdʒə] *n* (indiai) fejedelem
rake[1] [reɪk] **1.** *n* gereblye **2.** *v* gereb-
lyéz; (*police*) átfésül
rake in (*money*) besöpör
rake[2] [reɪk] *n* (*person*) korhely
rake-off *n col* illetéktelen jutalék/
jövedelem, sáp
rakish ['reɪkɪʃ] *a* korhely, kicsapon-
gó
rally ['rælɪ] **1.** *n* (*gathering*) (nagy)-
gyűlés; (*of cars*) rali **2.** *v* (*troops*)
összegyűjt, összevon || ~ **sy round**
one (*people*) maga köré gyűjt
rallying point ['rætɪɪŋ] *n* gyüleke-
zőhely
RAM [ræm] *n* (= *random access*
memory) *comput* RAM, véletlen
elérésű memória
ram [ræm] *n* kos
ramble ['ræmbl] **1.** *n* bolyongás **2.** *v*
(*in speech*) csapong
rambler ['ræmblə] *n* (*person*)
kószáló, vándorló; (*rose*) futóró-
zsa
rambling ['ræmblɪŋ] **1.** *a bot* (*plant*)
futó, kúszó; (*speech*) összefüggés-
telen **2.** *n* kóborlás
ramp [ræmp] *n* feljáró, felhajtó,
rámpa
rampage [ræm'peɪdʒ] **1.** *n* **be on**
the ~ *col* garázdálkodik **2.** *v* tom-
bol, dühöng
rampant ['ræmpənt] *a* (*evil*) bur-
jánzó; (*plant*) buja
rampart ['ræmpɑːt] *n* bástyafal
ramshackle ['ræmʃækl] *a* dülede-
ző, rozoga

ran [ræn] *pt* → **run**
ranch [rɑːntʃ] *n US* farm
rancid ['rænsɪd] *a* avas
rancour (*US* -**cor**) ['ræŋkə] *n* gyűlölet, neheztelés
random ['rændəm] 1. *a* rendszertelen, találomra tett 2. *n* **at ~** találomra, szúrópróbaszerűen
random access *n comput* véletlen elérés
rang [ræn] *pt* → **ring**²
range [reɪndʒ] 1. *n* választék, skála, tartomány; (*scope, distance*) hatósugár, (ható)távolság; (*of gun*) lőtávolság; (*of plants*) elterjedtségi terület; (*for shooting*) lőtér; (*stove*) tűzhely ‖ **out of ~** lőtávol(ság)on kívül; **~ of interests** érdeklődési kör 2. *v* terjed, változik (*from ... to ...* vmtől vmeddig ‖ **~ over** bebarangol, kóborol
ranger ['reɪndʒə] *n* erdőőr
rank¹ [ræŋk] 1. *n* (ron) sor; *mil* rang, (rend)fokozat ‖ **the ~ and file** népség, katonaság; a köznép 2. *v* rangsorol
rank with ... ... közé számítják
rank² [ræŋk] *a* (*strong-smelling*) büdös; (*rancid*) avas
ransack ['rænsæk] *v* (*plunder*) kifoszt; (*search*) tűvé tesz vmt (*for* vmért)
ransom ['rænsəm] *n* váltságdíj
rant [rænt] *v* nagy hangon beszél
ranting ['ræntɪŋ] *a* dagályos, fellengzős
rap [ræp] 1. *n* fricska ‖ 2. *v* -**pp**- koppant, ütöget
rap at/on sg kopog(tat)
rape¹ [reɪp] 1. *n* nemi erőszak 2. *v* (*woman*) megerőszakol
rape² [reɪp] *n bot* repce

rape-seed oil *n* repce(mag)olaj
rapid ['ræpɪd] *a* gyors, szapora ‖ **~ pulse** szapora érverés
rapidity [rə'pɪdəti] *n* gyorsaság
rapidly ['ræpɪdli] *adv* gyorsan
rapids ['ræpɪdz] *n pl* (*on river*) zúgó
rapist ['reɪpɪst] *n* nemi erőszakot elkövető
rapport [ræ'pɔː] *n* egyetértés, összhang, jó viszony
rapture ['ræptʃə] *n* elragadtatás ‖ **go into ~s over sg** áradozik vkről/vmről
rapturous ['ræptʃərəs] *a* elragadtatott, rajongó
rare¹ [reə] *a* ritka ‖ **it is ~ that** ritkaság, hogy
rare² [reə] *a* (*meat*) félig (át)sült ‖ **be done ~** nincs jól átsütve
rarefy ['reənfaɪ] *vi* megritkul I *vt* ritkít
rarely ['reəli] *adv* ritkán
raring ['reərɪŋ] *a col* lelkes ‖ **be ~ to go** alig várja, hogy mehessen
rarity ['reərəti] *n* ritkaság
rascal ['rɑːskl] *n* (*person*) bitang, hitvány ember; *col* (*child*) kópé, csirkefogó
rash¹ [ræʃ] *a* könnyelmű, meggondolatlan
rash² [ræʃ] *n* (*on skin*) kiütés
rasher ['ræʃə] *n* (vékony, húsos) szalonnaszelet
rashly ['ræʃli] *adv* meggondolatlanul, elhamarkodottan
rashness ['ræʃnɪs] *n* meggondolatlanság, elhamarkodottság
rasp [rɑːsp] 1. *n* ráspoly, reszelő 2. *v* reszel
raspberry ['rɑːzbəri] *n* málna
rasping ['rɑːspɪŋ] *a* (*voice*) érdes, recsegő

rat [ræt] *n* patkány

rate [reɪt] **1.** *n* (*ratio*) arány(szám), mérték; (*speed*) sebesség; ~ **of interest** kamatláb; (*price*) tarifa ‖ ~ **of exchange** átváltási árfolyam; ~**s** *pl* árfolyamok; ~**s and taxes** közterhek **2.** *v* (*estimate*) értékel; (*classify*) besorol; osztályoz ‖ ~ **sg highly** nagyra értékel

ratepayer ['reɪtpeɪə] *n* (*local*) adófizető

rather ['rɑːðə] *adv* (*to a considerable degree*) elég(gé); (*preferably*) inkább ‖ **or** ~ jobban mondva; **I'd** ~ **wait** inkább várok

ratification [rætɪfɪ'keɪʃn] *n* jóváhagyás, ratifikáció

ratify ['rætɪfaɪ] *v* jóváhagy; (*agreement*) ratifikál

rating ['reɪtɪŋ] *n* TV (*of programme*) nézettségi fok; (*valuing*) értékelés; GB (*sailor*) matróz

ratio ['reɪʃɪəʊ] *n* arány

ration ['ræʃn] **1.** *n* (élelmiszer)adag, fejadag **2.** *v* (*food*) adagol, jegyre ad

rational ['ræʃənl] *a* ésszerű, racionális

rationale [ræʃə'nɑːl] *n* alapvető ok

rationalization [ræʃnəlaɪ'zeɪʃn] *n* ésszerűsítés, racionalizálás

rationalize ['ræʃnəlaɪz] *v* racionalizál, ésszerűsít

rationally ['ræʃnəlɪ] *adv* ésszerűen, racionálisan

rat race *n col* konkurenciaharc

rattle ['rætl] **1.** *n* (*toy*) csörgő; (*sound*) zörgés, csörgés **2.** *vi* zörög, csörömpöl, megzörren ‖ *vt* (meg)zörget, csörget

rattlesnake ['rætlsneɪk] *n* csörgőkígyó

raucous ['rɔːkəs] *a* (*voice*) rekedt, érdes

ravage ['rævɪdʒ] **1.** *n* **the** ~**s of war** háborús pusztítás **2.** *v* (*ruin*) feldúl

rave [reɪv] *v* (*person*) félrebeszél; (*storm*) dühöng, tombol ‖ ~ **about sg** *col* áradozik vmről

raven ['reɪvn] *n* holló

ravenous ['rævənəs] *a* falánk

ravine [rə'viːn] *n* (vízmosásos) szakadék

raving lunatic ['reɪvɪŋ] *n* dühöngő/közveszélyes őrült

ravings ['reɪvɪŋz] *n pl* félrebeszélés

ravioli [rævɪ'əʊlɪ] *n* ravioli

ravishing ['rævɪʃɪŋ] *a* bűbájos, elbűvölő

raw [rɔː] *a* (*food, material*) nyers; (*wound*) nyílt ‖ **he has had a** ~ **deal** csúnyán elbántak vele

raw diet *n* nyerskoszt

raw material *n* nyersanyag

ray[1] [reɪ] *n* (*of light*) sugár; ~ **of hope** reménysugár

ray[2] [reɪ] *n* (*fish*) rája

raze [reɪz] *v* ~ **to the ground** földig lerombol

razor ['reɪzə] *n* borotva

razor blade *n* borotvapenge

Rd = **road**

re [riː] *prep* ~ **sg** *comm* vmnek tárgyában

reach [riːtʃ] **1.** *n* (*distance*) hatótávolság; (*of river*) szakasz ‖ **out of (one's)** ~ elérhetetlen; **within (one's)** ~ elérhető **2.** *vi* (*stretch out*) elér ‖ *vt fig* (*gain*) vmt elér; (*arrive at*) vhova érkezik ‖ ~ **as far as** vmeddig elhat/nyúlik

reach out for sg vmért kinyúl, kinyújtja a kezét vm után

react [rɪ'ækt] *v* visszahat, reagál (*on/to* vmre)

reaction [rɪ'ækʃn] *n* visszahatás, reakció

reactor [rɪ'æktə] *n* (atom)reaktor

read [riːd] *v* (*pt/pp* **read** [red]) *vt* (el)olvas; (*meter*) leolvas; (*indicate*) mutat; (*study*) tanul I *vi* olvas; (*text*) hangzik ‖ ~ **law** jogot tanul/hallgat

read out (*loudly*) felolvas

reader ['riːdə] *n* olvasó; (*teacher*) GB *approx* docens; (*book*) olvasókönyv

readership ['riːdəʃɪp] *n* (*readers*) olvasók, olvasóközönség

readily ['redɪlɪ] *adv* szívesen, készséggel

readiness ['redɪnɪs] *n* (*willingness*) hajlandóság; készség; (*preparedness*) készenlét

reading ['riːdɪŋ] *n* olvasás; (*knowledge*) olvasottság

readjust [riːə'dʒʌst] *v* újra beállít/beigazít ‖ ~ **oneself to** átáll vmre, hozzászokik vmhez, akklimatizálódik

readjustment [riːə'dʒʌstmənt] *n* (*correction*) újraigazítás; (*adaptation*) alkalmazkodás

ready ['redɪ] *a* (*prepared*) kész; (*willing*) készséges ‖ **be** ~ **to do sg** hajlandó vmre

ready-made *a* kész, készen kapható ‖ ~ **clothes** konfekció, készruha

ready money *n* készpénz

ready-to-cook *a* konyhakész

real [rɪəl] **1.** *a* igazi, valódi, reális ‖ **a** ~ **card** *col* jópofa; **in** ~ **life** a való életben **2.** *adv US* nagyon, igazán ‖ **have a** ~ **fine time** remekül érzi magát

real estate *n* ingatlan

realistic [rɪə'lɪstɪk] *a* megvalósítható, reális

reality [rɪ'ælətɪ] *n* valóság, realitás ‖ **in** ~ a valóságban

realizable ['rɪəlaɪzəbl] *a* megvalósítható, kivihető

realization [rɪəlaɪ'zeɪʃn] *n* (*realizing*) megvalósítás; (*awareness*) felismerés

realize ['rɪəlaɪz] *v* megvalósít; (*become aware of*) felismer, rájön vmre; *comm* realizál; ~ **sg suddenly** vmre rádöbben

really ['rɪəlɪ] *adv* igazán, valóban, tényleg ‖ ~? csakugyan?

realm [relm] *n* (*kingdom*) királyság; (*sphere*) (tudományos) terület ‖ **in the** ~ **of industry** az ipar területén

reap [riːp] *v* arat

reappearance [riːə'pɪərəns] *n* újra/újbóli megjelenés

rear[1] [rɪə] **1.** *a* hátulsó, hátsó **2.** *n* hátsó rész ‖ **at the** ~ hátul

rear[2] [rɪə] *vt* (*bring up*) (fel)nevel I *vi* (*horse*) ágaskodik

rear-engined *a* farmotoros

rearguard ['rɪəɡɑːd] *n* *mil* hátvéd, utóvéd

rear lights *n pl* hátsó világítás/lámpa

rearm [riː'ɑːm] *vt* újra felfegyverez I *vi* újra fegyverkezik

rearmament [riː'ɑːməmənt] *n* újrafegyverkezés

rearrange [riːə'reɪndʒ] *v* átrendez; (*appointment*) áttesz

rear-view mirror *n* visszapillantó tükör

rear-wheel drive *n* hátsókerék-meghajtás

reason ['riːzn] **1.** *n* (*cause*) ok; (*power of mind*) ész, értelem || **for that/this** ~ ez okból; **without any** ~ minden ok nélkül; **for what** ~? mi okból? **2.** *v* érvel, okoskodik

reasonable ['riːznəbl] *a* (*able to reason*) gondolkodó, épeszű; (*rational*) ésszerű; okszerű; (*acceptable*) elfogadható, mérsékelt

reasonably ['riːznəblɪ] *adv* (*rationally*) ésszerűen; (*quite*) meglehetősen

reasoning ['riːznɪŋ] *n* érvelés

reassurance [riːə'ʃʊərəns] *n* megnyugtatás

reassure [riːə'ʃɔː] *v* megnyugtat (*sy about sg* vkt vm felől)

reassuring [riːə'ʃɔːrɪŋ] *a* biztató, bátorító

rebate ['riːbeɪt] *n* árengedmény

rebel ['rebl] **1.** *n* felkelő, lázadó **2.** *v* -**ll**- ~ **against sg/sy** (fel)lázad vm/vk ellen

rebellion [rɪ'belɪən] *n* lázadás, zendülés

rebirth [riː'bɜːθ] *n* újjászületés

rebound [rɪ'baʊnd] *v* visszapattan, visszaugrik

rebuff [rɪ'bʌf] **1.** *n* visszautasítás **2.** *v* visszautasít, elutasít

rebuild [riː'bɪld] *v* (*pt/pp* **rebuilt** [riː'bɪlt]) átépít, átalakít, újjáépít

rebuilt [riː'bɪlt] *pt/pp* → **rebuild**

rebuke [rɪ'bjuːk] **1.** *n* szidás, szemrehányás **2.** *v* megszid/megfedd (*sy for sg* vkt vmért)

recalcitrant [rɪ'kælsɪtrənt] *a* ellenszegülő, makacs

recall [rɪ'kɔːl] **1.** *n* (*summons*) visszahívás; (*remembrance*) emlékezet, emlékezőtehetség **2.** *v* (*summon back*) hazarendel, visz-

szahív; (*remember*) visszaemlékezik vmre

recant [rɪ'kænt] *v* visszavon

recap ['riːkæp] *v* -**pp**- = **recapitulate**

recapitulate [riːkə'pɪtʃʊleɪt] *v* ismétel; összefoglal

recapture [riː'kæptʃə] **1.** *n* visszafoglalás **2.** *v* (*territory*) visszafoglal

recede [rɪ'siːd] *v* visszahúzódik; (*price*) csökken

receipt [rɪ'siːt] *n* (*receiving*) átvétel; (*paper*) nyugta || ~**s** *pl* (*money*) jövedelem, bevétel

receive [rɪ'siːv] *v* (meg)kap, átvesz; (*welcome*) fogad; (*on radio*) vesz, fog

received [rɪ'siːvd] *a* elfogadott || ~ **pronunciation** a helyes (angol) kiejtés

receiver [rɪ'siːvə] *n* (*of telephone*) telefonkagyló; (*radio*) vevőkészülék

recent ['riːsnt] *a* új, új keletű, legutóbbi; (*news*) friss

recently ['riːsntlɪ] *adv* mostanában, az utóbbi időben

receptacle [rɪ'septəkl] *n* tartály, edény

reception [rɪ'sepʃn] *n* fogadás (*vké*); (*party*) (álló)fogadás; (*of radio, TV*) vétel || **give/hold a** ~ fogadást ad

reception desk *n* (szálloda)porta, recepció

receptionist [rɪ'sepʃnɪst] *n* (*in hotel*) fogadóportás; *med* asszisztens(nő)

receptive [rɪ'septɪv] *a* fogékony

recess [rɪ'ses] *n* (*in Parliament*) szünet; *US* (*at school*) (óraközi)

275

szünet, tízperc; (in wall) alkóv; bemélyedés
recession [rɪ'seʃn] n (gazdasági) pangás, recesszió
recharge [riː'tʃɑːdʒ] v (battery) újratölt
recidivist [rɪ'sɪdɪvɪst] n visszaeső bűnöző
recipe ['resɪpɪ] n (for preparing food) recept
recipient [rɪ'sɪpɪənt] n (of letter) átvevő, címzett
reciprocal [rɪ'sɪprəkl] a kölcsönös, viszonos ‖ ~ **pronoun** kölcsönös névmás
recital [rɪ'saɪtl] n (of music) szólóest; (of poetry) elmondás; (account) ismertetés
recite [rɪ'saɪt] v (poem) elszaval, elmond
reckless ['reklɪs] a pejor vakmerő, vagány ‖ ~ **driving** agresszív vezetés
recklessness ['reklɪsnɪs] n pejor vakmerőség
reckon ['rekən] v (count) vmt számít; (calculate) kiszámít, kalkulál; (suppose) gondol, vél; (estimate) becsül ‖ **what do you** ~? mire számítasz?; **I** ~ **(that)** úgy gondolom, hogy
reckon on sg/sy vmre/vkre számít
reckon up összeszámol, összead
reckon with sg/sy vmvel/vkvel számol
reckoning ['rekənɪŋ] n (calculation) számolás, (ki)számítás
reclaim [rɪ'kleɪm] v (soil) művelhetővé tesz; (from sea) lecsapol, visszahódít; (property) visszakövetel, visszaigényel

reclamation [reklə'meɪʃn] n (of land) termővé tétel
recline [rɪ'klaɪn] vi nekitámaszkodik, hátradől ‖ vt hátratámaszt, hátradönt
reclining [rɪ'klaɪnɪŋ] a ~ **chair/seat** állítható támlájú szék/ülés
recluse [rɪ'kluːs] a/n remete
recognition [rekəg'nɪʃn] n (identification) felismerés; (acknowledgement) elismerés ‖ **in** ~ **of** elismerésképpen, elismerésül
recognizable ['rekəgnaɪzəbl] a felismerhető
recognize ['rekəgnaɪz] v (identify) vkt/vmt felismer, megismer (by sg vmről); (acknowledge) elismer; (admit) beismer
recoil 1. ['riːkɔɪl] n (gun) rúgás 2. [rɪ'kɔɪl] v (spring) visszaugrik; (gun); visszarúg ‖ ~ **from sg** (or **at the sight of sg**) hátrahőköl, visszahőköl
recollect [rekə'lekt] v visszaemlékezik vmre
recollection [rekə'lekʃn] n emlékezet, emlékezés
recommend [rekə'mend] v ajánl, javasol
recommendation [rekəmen'deɪʃn] n ajánlás
recommended [rekə'mendɪd] a ajánlott ‖ ~ **route** ajánlott útvonal
recompense ['rekəmpens] 1. n (compensation) kárpótlás, kártérítés; (reward) ellenszolgáltatás ‖ **as a** ~ **for** (anyagi) ellenszolgáltatás fejében 2. v (repay) kárpótol, kártalanít (for vmért); (reward) megjutalmaz
reconcilable ['rekənsaɪləbl] a összeegyeztethető, kibékíthető

reconcile ['rekənsaɪl] v (*people*) kibékít, összebékít; (*opinions*) öszszeegyeztet ‖ ~ **oneself to sg, be ~d to sg** vmbe belenyugszik
reconciliation [rekənsɪlɪ'eɪʃn] n kibékülés; (ki)békítés
reconnaissance [rɪ'kɒnɪsəns] n mil felderítés
reconnoitre (*US* -**ter**) [rekə'nɔɪtə] v mil felderít; átkutat
reconquer [rɪ'kɒŋkə] v visszafoglal
reconsider [riːkən'sɪdə] v (*facts*) újra megfontol; (*judgement*) felülvizsgál
reconstruct [riːkən'strʌkt] v újjáépít
reconstruction [riːkən'strʌkʃn] n újjáépítés
record 1. ['rekɔːd] n (*account*) feljegyzés; (*minutes*) jegyzőkönyv; (*of police*) büntetett előélet, priusz; (*disc*) (hang)lemez; sp (*in competition*) csúcs, rekord; *comput* rekord ‖ **he has no ~** büntetlen előéletű; **off the ~** nem hivatalosan, bizalmasan **2.** [rɪ'kɔːd] v (*facts, events*) bejegyez, regisztrál; (*protest*) jegyzőkönyvbe foglal/vesz vmt; (*music etc.*) felvesz vmt ‖ ~ **sg on video** videóra felvesz vmt
record card n nyilvántartólap
recorder [rɪ'kɔːdə] n (*tape-/video*) magnó, videó(rekorder); *mus* egyenes fuvola
recording [rɪ'kɔːdɪŋ] n (*of sound*) rögzítés, felvétel
record player n lemezjátszó
recount [rɪ'kaʊnt] v elmond, elbeszél
re-count [riː 'kaʊnt] v elszámlál, újraszámlál

recoup [rɪ'kuːp] v kárpótol (*sy for sg* vkt vmért)
recourse [rɪ'kɔːs] n **have ~ to** vmhez/vkhez folyamodik
recover [rɪ'kʌvə] v (*from illness*) felgyógyul; (*consciousness, property*) visszanyer ‖ ~ **a debt** adósságot behajt
recovery [rɪ'kʌvərɪ] n (*of property*) visszaszerzés; (*from illness*) felépülés, gyógyulás
recovery vehicle n autómentő
re-create [riːkrɪ'eɪt] v újjáteremt, újjáalkot; (*friendship*) felelevenít
recreation [rekrɪ'eɪʃn] n (fel)üdülés, kikapcsolódás
recrimination [rɪkrɪmɪ'neɪʃn] n (kölcsönös) vádaskodás
recruit [rɪ'kruːt] v toboroz, verbuvál
recruitment [rɪ'kruːtmənt] n mil sorozás, toborzás
recta ['rektə] pl → **rectum**
rectangle ['rektæŋgl] n téglalap
rectangular [rek'tæŋgjʊlə] a négyszögletes
rectification [rektɪfɪ'keɪʃn] n helyesbítés
rectify ['rektɪfaɪ] v helyesbít
rector ['rektə] n (*clergyman*) (anglikán) lelkész/pap; *GB* (*head of university*) (kollégiumi) igazgató
rectory ['rektərɪ] n parókia, paplak
rectum ['rektəm] n (pl ~**s** or **recta** [rektə]) végbél
recuperate [rɪ'kuːpəreɪt] v (*financially*) rendbe jön (anyagilag); (*from illness*) meggyógyul, összeszedi magát
recur [rɪ'kɜː] v -**rr**- ismétlődik
recurrence [rɪ'kʌrəns] n ismétlődés
recurrent [rɪ'kʌrənt] a ismétlődő, visszatérő

recycle [riːˈsaɪkl] v (újra) feldolgoz, (újra)hasznosít
red [red] a/n piros, vörös ‖ **go into the** ~ col (in bank) túllépi a hitelét
Red Cross n (organization) Vöröskereszt
redcurrant [redˈkʌrənt] n ribizli, ribiszke
redden [ˈredn] v (el)vörösödik
reddish [ˈredɪʃ] a vöröses
redeem [rɪˈdiːm] v (sg in pawn) kivált; rel megvált
Redeemer, the [rɪˈdiːmə] n rel a Megváltó (Krisztus)
redemption [rɪˈdempʃn] n rel megváltás
redeploy [riːdɪˈplɔɪ] v átcsoportosít
red-haired a vörös hajú, rőt
red-handed a catch sy ~ tetten ér vkt
redhead [ˈredhed] n vörös hajú
redid [riːˈdɪd] pt → redo
redirect [riːdəˈrekt] v átirányít (to vhova)
red-letter day n piros betűs ünnep
red light n go through a ~ átmegy a piroson
redness [ˈrednɪs] n vörösség
redo [riːˈduː] v (pt **redid** [riːˈdɪd], pp **redone** [riːˈdʌn]) átalakít, rendbe hoz; újra megcsinál
redone [riːˈdʌn] pp → redo
redouble [riːˈdʌbl] vt megkettőz, növel vi megkettőződik, növekszik
redress [rɪˈdres] 1. n seek legal ~ jogorvoslattal él 2. v fig jóvátesz, orvosol
red tape n col bürokrácia
reduce [rɪˈdjuːs] v csökkent; (price) leszállít ‖ be ~d to poverty elszegényedik

reduction [rɪˈdʌkʃn] n csökkentés; (in price) árengedmény; (of judgement) enyhítés
redundancy [rɪˈdʌndənsɪ] n felesleg; (of workers) létszámfelesleg ‖ ~ **payment** (vég)kielégítés
redundant [rɪˈdʌndənt] a felesleges; (workers) létszám feletti
reed [riːd] n nád; (in wind instrument) nád(nyelv)
reef [riːf] n zátony
reek [riːk] v rossz szaga van ‖ ~s of garlic fokhagymaszagú
reel [riːl] 1. n tekercs, orsó 2. v csévél, orsóz, gombolyít
reel off letekercsel, legombolyít
ref [ref] n col = referee
refectory [rɪˈfektərɪ] n (kollégiumi) ebédlő, menza
refer [rɪˈfɜː] v -rr- vt ~ sy to sy vkt vkhez irányít ǀ vi ~ to sy/sg hivatkozik vkre/vmre ‖ ~ring to sg vonatkozással vmre
referee [refəˈriː] 1. n sp játékvezető; GB (for job) ajánló 2. v mérkőzést vezet
reference [ˈrefrəns] n (person) ajánló; GB (of character) jellemzés; referencia; (referring) utalás (to vkre/vmre); comm (number) hivatkozási szám ‖ with ~ to sg hivatkozással vmre
reference book n kézikönyv
reference number n hivatkozási szám, iktatószám, ügyiratszám
referendum [refəˈrendəm] n (pl -dums or -da [-də]) népszavazás
refill 1. [ˈriːfɪl] n (golyóstoll)betét 2. [riːˈfɪl] v újratölt
refine [rɪˈfaɪn] v finomít
refined [rɪˈfaɪnd] a (style) kifinomult; (person) kulturált

refinement [rɪ'faɪnmənt] *n* (*fineness*) kifinomulás, kifinomultság, pallérozottság; (*behaviour*) finom modor, kulturált viselkedés
refinery [rɪ'faɪnərɪ] *n* (*building*) finomító
refit 1. ['riːfɪt] *n* kijavítás, rendbehozás **2.** [riː'fɪt] *v* **-tt-** kijavít, megjavít, rendbe hoz
reflect [rɪ'flekt] *vt* (*mirror*) tükröz; (*express*) kifejez | *vi* (*meditate*) töpreng (*on* vmn) ‖ **it ~s badly on** rossz fényt vet vmre/vkre
reflection [rɪ'flekʃn] *n* (fény)visszaverődés; (*comment*) észrevétel; (*consideration*) mérlegelés
reflector [rɪ'flektə] *n* (fényvisszaverő) prizma
reflex ['riːfleks] *n* reflex
reflexive pronoun [rɪ'fleksɪv] *n* visszaható névmás
reform [rɪ'fɔːm] **1.** *n* reform **2.** *v* megreformál
reformation [refə'meɪʃn] *n* megreformálás ‖ **the R~** *rel* a reformáció
reformatory [rɪ'fɔːmətərɪ] *n US* javítóintézet
refrain[1] [rɪ'freɪn] *n* refrén
refrain[2] [rɪ'freɪn] *v* ~ tartózkodik, (*from* vmtől)
refresh [rɪ'freʃ] *v also fig* felfrissít
refreshing [rɪ'freʃɪŋ] *a* üdítő, hűsítő
refreshment [rɪ'freʃmənt] *n* (*of mind, body*) felüdítés, felfrissítés ‖ **~s** *pl* (*food, drink*) frissítők; (*place*) büfé
refrigeration [rɪfrɪdʒə'reɪʃn] *n* (le)hűtés
refrigerator [rɪ'frɪdʒəreɪtə] *n* hűtőszekrény, frizsider

refuel [riː'fjuːəl] *v* **-ll-** (*US* **-l-**) üzemanyagot vesz fel, tankol
refuge ['refjuːdʒ] *n* menedék, óvóhely
refugee [refjʊ'dʒiː] *n* menekült
refugee camp *n* menekülttábor
refund 1. ['riːfʌnd] *n* visszafizetés, visszatérítés ‖ **2.** [rɪ'fʌnd] *v* ~ **sy** vknek vmt visszafizet/visszatérít ‖ **I'll be ~ed** visszafizetik
refurbish [riː'fɜːbɪʃ] *v* felfrissít, (újra) rendbehoz
refusal [rɪ'fjuːzl] *n* elutasítás
refuse 1. ['refjuːs] *n* (*waste*) szemét **2.** [rɪ'fjuːz] *v* elutasít, visszautasít ‖ ~ **sy sg** megtagad vktől vmt
refuse bin *n* szemétláda
refuse collection *n* szemételhordás
refutation [refjʊ'teɪʃn] *n* cáfolat
refute [rɪ'fjuːt] *v* (meg)cáfol
regain [rɪ'geɪn] *v* (*health, territory*) visszanyer ‖ ~ **consciousness** magához tér
regal ['riːgl] *a* királyi
regalia [rɪ'geɪlɪə] *n pl* koronázási jelvények
regard [rɪ'gɑːd] **1.** *n* (*consideration*) tekintet, szempont; (*respect*) elismerés ‖ **~s** *pl* üdvözlet ‖ **in this ~** ebben a vonatkozásban; **best ~s** szívélyes üdvözlettel **2.** *v* ~ **sg** vmnek tekint/tart ‖ **as ~s sg** vkt/vmt illetőleg, vmre nézve
regarding [rɪ'gɑːdɪŋ] *prep* vmre vonatkozóan
regardless [rɪ'gɑːdlɪs] *adv* ~ **of sg** vmre való tekintet nélkül
regency ['riːdʒənsɪ] *n* kormányzóság, régensség
regenerate [rɪ'dʒenəreɪt] *v* regenerálódik

regent ['riːdʒənt] *n hist* kormányzó, régens

regime [reɪ'ʒiːm] *n* (politikai) rendszer, rezsim || **change of** ~ rendszerváltozás

region ['riːdʒən] *n* terület, vidék, térség, táj

regional ['riːdʒənl] *a* területi, regionális

register ['redʒɪstə] **1.** *n* (*list, record*) nyilvántartás, (név)jegyzék; *mus* (*of organ*) regiszter; (*of voice*) (hang)fekvés || ~ **(of births)** anyakönyv **2.** *vt* (*on list*) bejegyez, beír; (*in book*) törzskönyvez; (*at school*) beiratkozik; (*at hotel*) bejelentkezik; (*show*) regisztrál, jelez, mutat || ~ **a letter** ajánlva ad fel levelet; ~ **one's luggage** (*at railway station*) csomagot felad

registered ['redʒɪstəd] *a* (*trademark*) bejegyzett; (*letter*) ajánlott

registrar [redʒɪ'strɑː] *n* (*at town council*) anyakönyvvezető; (*at university*) tanulmányi osztály vezetője

registration [redʒɪ'streɪʃn] *n* bejegyzés; beiratkozás; bejelentés; cégbejegyzés || ~ **of luggage** (*US* **baggage**) poggyászfeladás

registration number *n* (*of car*) rendszám

registry office ['redʒɪstrɪ] *n* anyakönyvi hivatal

regret [rɪ'gret] **1.** *n* sajnálat, sajnálkozás || **much to my** ~ legnagyobb sajnálatomra; **send one's** ~**s (to sy)** lemondja a (vacsora)meghívást **2.** *v* -tt- sajnál || **I** ~ **to inform you that** sajnálattal közlöm, hogy

regrettable [rɪ'gretəbl] *a* sajnálatos

regroup [riː'gruːp] *v* átcsoportosít

regular ['regjʊlə] **1.** *a* szabályos, rendszeres; (*usual*) szokásos **2.** *n* (*customer*) törzsvendég

regularity [regjʊ'lærətɪ] *n* szabályosság, rendszeresség

regularly ['regjʊləlɪ] *adv* rendszeresen

regulate ['regjʊleɪt] *v* szabályoz; (*machine*) beszabályoz

regulation [regjʊ'leɪʃn] *n* (*rule*) szabály; előírás; (*regulating*) szabályozás || ~**s** *pl* szabályzat

rehabilitation [riːhəbɪlɪ'teɪʃn] *n law, med* rehabilitáció

rehearsal [rɪ'hɜːsl] *n theat* próba

re-heat [riː'hiːt] *v* (*food*) felmelegít

reign [reɪn] **1.** *n* uralkodás, uralom **2.** *v* uralkodik

reimburse [riːɪm'bɜːs] *v* visszafizet/ megtérít (*sy for sg* vknek vmt)

reimbursement [riːɪm'bɜːsmənt] *n* megtérítés

rein [reɪn] *n* gyeplő, kantárszár

reincarnation [riːɪnkɑː'neɪʃn] *n* reinkarnáció

reindeer ['reɪndɪə] *n* (*pl* ~) rénszarvas

reinforce [riːɪn'fɔːs] *v* megerősít, megszilárdít

reinforced concrete [riːɪn'fɔːst] *n* vasbeton

reinforcement [riːɪn'fɔːsmənt] *n* megerősítés || ~**s** *pl mil* utánpótlás

reinstate [riːɪn'steɪt] *v* visszahelyez, reaktivál

reissue [riː'ɪʃuː] *v* újra kibocsát/kiad

reiterate [riː'ɪtəreɪt] *v* ismétel

reject 1. ['riːdʒekt] *n* selejt(áru) **2.** [rɪ'dʒekt] *v* (*request*) elutasít, elvet; (*student*) megbuktat

rejection [rɪ'dʒekʃn] *n* elutasítás

rejoice [rɪ'dʒɔɪs] *v* örvendezik, örül (*at/over* vmnek)

rekindle [riːˈkɪndl] *vi (fire)* feléled I
vt feléleszt
relapse [rɪˈlæps] *med, law* 1. *n*
visszaesés 2. *v* visszaesik
relate [rɪˈleɪt] *vt (associate)* össze-
kapcsol; *(tell)* elmesél I *vi* össze-
függ *(to* vmvel); *(person)* rokon-
ságban áll *(to* vkvel)
related [rɪˈleɪtɪd] *a* összefüggésben
levő; *(by blood)* rokon
relating [rɪˈleɪtɪŋ] *prep* vonatkozó ‖
~ **to sg** vmre vonatkozó
relation [rɪˈleɪʃn] *n* összefüggés, vi-
szony *(relative)* rokon, hozzátarto-
zó
relationship [rɪˈleɪʃnʃɪp] *n* kapcsolat,
összefüggés
relative [ˈrelətɪv] 1. *a* viszonylagos,
relatív 2. *n* rokon
relatively [ˈrelətɪvlɪ] *adv* aránylag,
viszonylag
relax [rɪˈlæks] *v (loosen)* lanyhul;
(slacken) lazít; *(rest)* pihen, lazít
relaxation [riːlækˈseɪʃn] *n (slacke-
ning)* lanyhulás; *col (recreation)*
kikapcsolódás, lazítás
relaxed [rɪˈlækst] *a* fesztelen ‖ ~
atmosphere oldott hangulat
relaxing [rɪˈlæksɪŋ] *a* bágyasztó
relay [ˈriːleɪ] 1. *n sp* váltó, staféta; *el
(device)* relé 2. *v (programme)*
közvetít, sugároz
release [rɪˈliːs] 1. *n (from prison)*
szabadon bocsátás; *(sg issued)*
(sajtó)közlemény; *photo* kioldó 2.
v (prisoner) szabadlábra helyez;
(employee) elbocsát; *(news)* nyil-
vánosságra hoz
relegate [ˈrelɪɡeɪt] *v* **be ~d to** *(in-
ferior position)* alacsonyabb be-
osztásba kerül

relent [rɪˈlent] *v (pain)* enged;
(weather) (meg)enyhül
relentless [rɪˈlentlɪs] *a* kérlelhetet-
len, kíméletlen
relevant [ˈreləvənt] *a* idevágó, vo-
natkozó ‖ **be ~ to sg** a tárgyhoz
tartozik
reliability [rɪlaɪəˈbɪlətɪ] *n* megbízha-
tóság
reliable [rɪˈlaɪəbl] *a* megbízható
reliably [rɪˈlaɪəblɪ] *adv* megbízható-
an
reliance [rɪˈlaɪəns] *n* bizalom
reliant [rɪˈlaɪənt] *a* **be ~ on** bízik
vkben/vmben
relic [ˈrelɪk] *n rel* ereklye; *(from
past)* maradvány, emlék
relief[1] [rɪˈliːf] *n (from pain)* enyhítés,
csillapítás; *(help)* segítség ‖ ~ **of
pain** fájdalomcsillapítás
relief[2] [rɪˈliːf] *n art* dombormű
relieve [rɪˈliːv] *v (pain)* csillapít;
(bring help) segít; *(town)* felsza-
badít ‖ ~ **oneself** szükségét végzi;
~ **sy of sg** *(burden)* tehermente-
sít, felment
religion [rɪˈlɪdʒən] *n* vallás
religious [rɪˈlɪdʒəs] *a* vallásos ‖ ~
education hitoktatás
relinquish [rɪˈlɪŋkwɪʃ] *v* lemond *(to*
vmről)
relish [ˈrelɪʃ] 1. *n (flavour)* íz 2. *v* jó
étvággyal eszik ‖ ~ **doing** szíve-
sen csinál vmt
relive [riːˈlɪv] *v* újra átél
reluctance [rɪˈlʌktəns] *n* vonakodás
reluctant [rɪˈlʌktənt] *a* vonakodó
reluctantly [rɪˈlʌktəntlɪ] *adv* ímmel-
ámmal, vonakodva
rely [rɪˈlaɪ] *v* ~ **on (sg/sy)** vmre/vkre
számít, vkre/vmre hagyatkozik ‖

you cannot ~ on him nem lehet benne megbízni
remain [rɪ'meɪn] v (*stay*) marad; (*be left*) vmből megmarad ‖ **it ~s to be seen** a jövő zenéje
remainder [rɪ'meɪndə] n maradék
remaining [rɪ'meɪnɪŋ] a hátralevő, maradék
remains [rɪ'meɪnz] n pl maradványok; (*of food*) maradék
remand [rɪ'mɑːnd] **1.** n vizsgálati fogság **2.** v vizsgálati fogságban tart
remark [rɪ'mɑːk] **1.** n megjegyzés, észrevétel **2.** v ~ **on** szóvá tesz vmt; megjegyzést tesz vmre/vkre
remarkable [rɪ'mɑːkəbl] a nevezetes, említésre méltó
remarkably [rɪ'mɑːkəblɪ] adv rendkívül
remedial [rɪ'miːdɪəl] a gyógyító, gyógy- ‖ ~ **class(es)** kiegészítő iskolai oktatás
remedy ['remɪdɪ] **1.** n also fig gyógyszer, orvosság **2.** v (*disease, situation*) orvosol
remember [rɪ'membə] v vmre emlékezik ‖ **as far as I can ~** amennyire emlékszem
remembrance [rɪ'membrəns] n (*act*) emlékezés; (*keepsake*) emlék ‖ **in ~ of sy** vk emlékére
remind [rɪ'maɪnd] v ~ **sy of sg** emlékeztet vkt vmre ‖ **that ~s me** erről jut eszembe, apropó!
reminder [rɪ'maɪndə] n emlékeztető
reminisce [remɪ'nɪs] v emlékeiről beszél, visszaemlékezik
reminiscence [remɪ'nɪsns] n emlékezés ‖ **sy's ~s** vk emlékei
reminiscent [remɪ'nɪsnt] a **be ~ of sg** vmre emlékeztet

remission [rɪ'mɪʃn] n (*of debt, punishment*) elengedés
remit [rɪ'mɪt] v -tt- (*forgive*) elenged; (*money*) átutal
remittance [rɪ'mɪtns] n (*money*) átutalt összeg; (*remitting*) átutalás
remnant(s) ['remnənt(s)] n (*pl*) comm maradék
remold [riː'məʊld] v US = **remould**
remorse [rɪ'mɔːs] n bűnbánat, lelkiismeret-furdalás
remorseful [rɪ'mɔːsfl] a bűnbánó
remorseless [rɪ'mɔːslɪs] a könyörtelen
remote [rɪ'məʊt] a távoli, távol eső
remote control n távirányítás; (*device*) távirányító
remote-controlled a távirányítású, távvezérlésű
removable [rɪ'muːvəbl] a (*furniture*) szállítható; (*cover*) elmozdítható, levehető
removal [rɪ'muːvl] n (*move*) költözés; (*dismissal*) eltávolítás ‖ ~ **van** bútorszállító kocsi
remove [rɪ'muːv] v (*take away*) eltávolít, elmozdít; (*move*) átköltöz(köd)ik (*from* vhonnan *to* vhova)
remover [rɪ'muːvə] n (*for stains*) folttisztító; (*of furniture*) (bútor)-szállító
remuneration [rɪmjuːnə'reɪʃn] n díjazás
renal ['riːnl] a biol vese-
rename [riː'neɪm] v átkeresztel
rend [rend] v (*pt/pp* **rent** [rent]) vt (el)szakít; beszakít ‖ vi szakad; beszakad, elreped
render ['rendə] v (*make*) vmvé tesz; (*interpret*) visszaad; (le)fordít;

(*give*) ad, nyújt ‖ ~ **an account of** vmről/vmvel elszámol

rendering ['rendərıŋ] *n mus* előadás(mód)

rendezvous ['rɒndıvuː] *n* (*pl* **-vous** [-vuːz]) találka, randevú

renew [rı'njuː] *v* (*library book*) meghosszabbít; (*friendship*) felújít

renewal [rı'njuːəl] *n* megújulás; (*of friendship*) felújítás; (*of passport, bill*) megújítás; (*of book*) meghoszszabbítás

renounce [rı'naʊns] *v* (*claim, right*) lemond

renovate ['renəveıt] *v* felújít, renovál, tataroz

renovation [renə'veıʃn] *n* felújítás, renoválás, tatarozás

renown [rı'naʊn] *n* hírnév

renowned [rı'naʊnd] *a* híres

rent[1] [rent] **1.** *n* (*for land, factory*) bérleti díj; (*for house, room*) házbér, lakbér ‖ **for** ~ *US* kiadó **2.** *v* (*hold as tenant*) bérbe vesz; (*car*) (ki)bérel; (*let*) bérbe ad

rent[2] [rent] *pt/pp* → **rend**

rent-a-car agency *n US* gépkocsikölcsönző

rental ['rentl] *n* bérleti díj; (*for car*) kölcsönzési díj

renunciation [rınʌnsı'eıʃn] *n* (*of claim*) lemondás

reopen [riː'əʊpən] *vt* (*shop*) újra kinyit ǀ *vi* (*negotiations*) újrakezdődik

reorganization [rɔːgənaı'zeıʃn] *n* újjászervezés, átszervezés

reorganize [riː'ɔːgənaız] *v* átszervez, újjászervez

rep [rep] *n comm* képviselő

repaid [rı'peıd] *pt/pp* → **repay**

repair [rı'peə] **1.** *n* javítás ‖ **be in bad** ~ rossz állapotban/karban van; **beyond** ~ helyrehozhatatlan **2.** *v* (*building*) renovál; (*error*) kijavít; (*road, clothes*) megjavít, megcsinál

repair kit *n* szerszámosláda

repair shop *n* autójavító

repartee [repɑː'tiː] *n* visszavágás

repast [rı'pɑːst] *n* étkezés

repay [rı'peı] *v* (*pt/pp* **repaid** [rı'peıd]) (*money*) visszafizet, visszatérít ‖ ~ **sy (a sum)** megad, vknek vmt visszafizet; ~ **sy for sg** meghálál vknek vmt

repayment [rı'peımənt] *n* visszafizetés, megtérítés

repeal [rı'piːl] **1.** *n* visszavonás; eltörlés **2.** *v* visszavon, eltöröl

repeat [rı'piːt] **1.** *n* (*of performance*) ismétlés **2.** *v* (meg)ismétel

repeatedly [rı'piːtıdlı] *adv* ismételten, többször

repel [rı'pel] *v* **-ll-** (*drive back*) visszaver; (*disgust*) (vissza)taszít

repellent [rı'pelənt] **1.** *a* taszító ‖ **water-~** víztaszító **2.** *n* (*insect* ~) rovarirtó (szer)

repent [rı'pent] *v* ~ **(of) one's sins** *rel* megbánja bűneit

repentance [rı'pentəns] *n* bűnbánat

repercussion [riːpə'kʌʃn] *n* **have ~s on sg** vmre visszahat

repertoire ['repətwɑː] *n theat* repertoár

repetition [repı'tıʃn] *n* ismétlés, ismétlődés; (*at school*) (iskolai) felelés

replace [rı'pleıs] *v* helyettesít, kicserél (*with* vmvel); (*put back*) visszatesz replacement [rɪ'pleɪsmənt] n pótlás, kicserélés

replay 1. ['riːpleɪ] n (of match) újrajátszás; (of recording) lejátszás; TV ismétlés 2. [riː'pleɪ] v (match) újrajátszik; (recording) (újra) lejátszik

replenish [rɪ'plenɪʃ] v újra megtölt, teletölt

replete [rɪ'pliːt] a tele, teletömött (with vmvel)

replica ['replɪkə] n másolat

reply [rɪ'plaɪ] 1. n felelet, válasz ‖ in ~ to sg válaszképpen 2. v felel, válaszol

reply coupon n (nemzetközi) válaszkupon

report [rɪ'pɔːt] 1. n (statement) tudósítás, riport; (account) jelentés (on vmről); GB school bizonyítvány 2. vt jelent vknek vmt (on sg to sy); (officially) bejelent; (to the police) feljelent ‖ vi (make a report) jelentést tesz; (present oneself) jelentkezik (to vknél)

reportedly [rɪ'pɔːtɪdlɪ] adv állítólag, jelentések szerint

reporter [rɪ'pɔːtə] n riporter

reprehend [reprɪ'hend] v megró

represent [reprɪ'zent] v (show) ábrázol; (speak for) képvisel; comm képvisel

representation [reprɪzen'teɪʃn] n (description) ábrázolás képviselet; (presentation) feltüntetés; értelmezés; (agency) ábrázolás ‖ make ~s to sy kifogást emel vknél

representative [reprɪ'zentətɪv] 1. a (typical) jellegzetes, reprezentatív; (acting for) képviseleti 2. n also pol képviselő

repress [rɪ'pres] v (emotions) elnyom, visszafojt

repression [rɪ'preʃn] n elnyomás, elfojtás

repressive [rɪ'presɪv] a elnyomó; (measures) megtorló

reprieve [rɪ'priːv] 1. n halálbüntetés felfüggesztése 2. v law megkegyelmez

reprimand ['reprɪmɑːnd] 1. n feddés, dorgálás 2. v megdorgál, megfedd, megszid

reprint 1. ['riːprɪnt] n utánnyomás 2. [riː'prɪnt] v újra kinyomtat

reprisal [rɪ'praɪzl] n megtorlás, retorzió

reprivatization [rɪpraɪvətaɪ'zeɪʃn] n reprivatizálás, reprivatizáció

reproach [rɪ'prəʊtʃ] 1. n szemrehányás 2. v ~ sy for sg vknek szemrehányást tesz vm miatt

reproduce [riːprə'djuːs] v visszaad, reprodukál

reproduction [riːprə'dʌkʃn] n biol szaporodás; (copy) másolat, reprodukció

reproductive [riːprə'dʌktɪv] a újrateremtő, reproduktív; (of reproduction) szaporodási ‖ ~ organs nemzőszervek

reprove [rɪ'pruːv] v ~ sy (for sg) vknek szemrehányást tesz

reptile ['reptaɪl] n hüllő

republic [rɪ'pʌblɪk] n köztársaság

republican [rɪ'pʌblɪkən] a/n (US R~) republikánus

repudiate [rɪ'pjuːdɪeɪt] v (person) eltaszít; (payment) megtagad; (accusation) megcáfol

repugnance [rɪ'pʌgnəns] n ellenszenv (to vm iránt)

repugnant [rɪ'pʌgnənt] *a* visszata- szító, ellenszenves

repulse [rɪ'pʌls] 1. *n* (*of enemy*) visszaverés; (*of help*) elutasítás 2. *v* (*drive back*) visszaver; (*refuse*) visszautasít, elutasít

repulsion [rɪ'pʌlʃn] *n* (*distaste*) iszony; *phys* (*repelling*) taszítás

repulsive [rɪ'pʌlsɪv] *a* visszataszító, ellenszenves

repurchase [riː'pɜːtʃəs] *v* visszavá- sárol

reputable ['repjʊtəbl] *a* jó hírű

reputation [repjʊ'teɪʃn] *n* hír(név) ‖ have a good ~ jó hírnévnek ör- vend, jó nevű

repute [rɪ'pjuːt] *n* hírnév ‖ of good ~ jó hírű

reputed [rɪ'pjuːtɪd] *a* (*famed*) híres; (*supposed*) állítólagos

reputedly [rɪ'pjuːtɪdlɪ] *adv* állító- lag

request [rɪ'kwest] 1. *n* kérés, kíván- ság ‖ on ~ kívánságra 2. *v* (*ask*) kér (*sg from/of sy* vmt vktől); (*apply for*) vmért folyamodik ‖ ~ sy to do sg kér vkt vmre, vkt vmre megkér

request stop *n GB* feltételes megálló(hely)

requiem ['rekwɪəm] *n* gyászmise, rekviem

require [rɪ'kwaɪə] *v* (*demand*) kér, kíván, igényel; (*need*) (meg)köve- tel, (meg)kíván ‖ ~ sg szüksége van vmre; it is ~d (of me) that I ... elvárják tőlem, hogy ...

requirement [rɪ'kwaɪəmənt] *n* kíván- nalom, követelmény; (*need*) szük- séglet

requisite ['rekwɪzɪt] 1. *a* szükséges 2. *n* rekvizitum, kellék

requisition [rekwɪ'zɪʃn] 1. *n* (*de- mand*) kívánalom, követelés 2. *v mil* rekvirál

resale ['riːseɪl] *n* viszonteladás

reschedule [riː'ʃedjuːl] 1. *n* átüte- mezés 2. *v* átütemez

rescue ['reskjuː] 1. *n* (meg)mentés 2. *v* megment (*sy from sg* vkt vmből)

rescue party *n* mentőosztag

research [rɪ'sɜːtʃ] 1. *n* (tudomá- nyos) kutatás 2. *v* ~ into/on sg tu- dományos kutatást végez vmlyen területen

researcher [rɪ'sɜːtʃə] *n* (tudomá- nyos) kutató

resemblance [rɪ'zembləns] *n* ha- sonlóság

resemble [rɪ'zembl] *v* ~ sy/sg ha- sonlít vkhez/vmhez *or* vkre/vmre

resent [rɪ'zent] *v* ~ sg rossz néven vesz vmt, zokon vesz vmt

resentful [rɪ'zentfəl] *a* bosszús, neheztelő, haragtartó

resentment [rɪ'zentmənt] *n* nehez- telés, sértődés

reservation [rezə'veɪʃn] *n* (*in hotel*) szobafoglalás; (*for train*) hely- jegyváltás; (*doubt*) fenntartás; (*on road*) (középső) elválasztó sáv; *US* (*land*) védett terület, rezervá- ció

reservation desk *n* (*at hotel*) recepció, fogadópult

reserve [rɪ'zɜːv] 1. *n* (*store*) tarta- lék; (*player*) tartalék (játékos); (*land*) (vad)rezervátum, termé- szetvédelmi terület 2. *v* (*book*) lefoglal; előjegyez; (*store*) tartalé- kol ‖ ~ a seat helyjegyet vált; ~ a table asztalt foglal; ~ the right fenntartja a jogot

reserved [rɪ'zɜːvd] *a* (*seat, room*) (le)foglalt; (*person*) tartózkodó
reset [riː'set] *v* (*pt/pp* **reset** [riː'set]; **-tt-**) (*text*) újra kiszed; (*tool*) megélesít; (*watch*) beállít, utánaállít; *comput* újraindít
reshape [riː'ʃeɪp] *v* átalakít
reshuffle [riː'ʃʌfl] **1.** *n* ~ **of the cabinet** kormányátalakítás **2.** *v* (*cabinet*) átalakít
reside [rɪ'zaɪd] *v* (*person*) (vhol) él, lakik; (*authority*) vhol székel
residence ['rezɪdəns] *n* (*residing*) tartózkodás; (*house*) rezidencia; (*official*) székhely
resident ['rezɪdənt] **1.** *a* (benn)lakó; *comput* rezidens **2.** *n* (*in house*) lakó; (*in hotel*) vendég; (*in area*) lakos
residential [rezɪ'denʃl] *a* lakó-, tartózkodási; (*college*) bennlakásos ‖ ~ **area** lakónegyed
residue ['rezɪdjuː] *n* maradék, maradvány; *comm* hátralék
resign [rɪ'zaɪn] *v* lemond, leköszön (*from* vmről); (*employee*) felmond
resignation [rezɪg'neɪʃn] *n* (*submission*) beletörődés, lemondás, belenyugvás; (*of office, right*) lemondás; (*from job*) felmondás
resigned [rɪ'zaɪnd] *a* lemondó, beletörődő
resilience [rɪ'zɪlɪəns] *n also fig* rugalmasság
resilient [rɪ'zɪlɪənt] *a also fig* rugalmas
resin ['rezɪn] *n* gyanta
resist [rɪ'zɪst] *v* ellenáll vmnek
resistance [rɪ'zɪstəns] *n phys, el also* ellenállás
resistant [rɪ'zɪstənt] *a* ellenálló(képes)

resolute ['rezəluːt] *a* elszánt, határozott
resolutely ['rezəluːtlɪ] *adv* elszántan, határozottan
resolution [rezə'luːʃn] *n* (*decision*) döntés, határozat; (*resoluteness*) elszántság; *phys* felbontóképesség
resolve [rɪ'zɒlv] **1.** *n* elszántság **2.** *v* (*decide*) (el)határoz; *phys* felbont
resolved [rɪ'zɒlvd] *a* elszánt
resonance ['rezənəns] *n* (együtt)-hangzás, zengés, rezonancia
resonant ['rezənənt] *a* (*sound*) zengő, együtthangzó, rezonáns
resort [rɪ'zɔːt] **1.** *n* (*recourse*) eszköz, megoldás; (*place*) üdülőhely, nyaralóhely ‖ **as a last** ~ végső eszközként **2.** *v* folyamodik (*to* vmhez)
resound [rɪ'zaʊnd] *v* felhangzik, zeng (*with* vmtől)
resounding [rɪ'zaʊndɪŋ] *a* zengő; ‖ ~ **success** átütő siker
resource [rɪ'sɔːs] *n* mentsvár ‖ ~**s** *pl* erőforrás; **financial** ~**s** anyagi eszközök; **natural** ~**s** természeti kincsek
resourceful [rɪ'sɔːsfl] *a* ötletes, találékony
resp. = respectively
respect [rɪ'spekt] **1.** *n* (*consideration*) figyelembevétel; (*esteem*) tisztelet ‖ ~**s** *pl* üdvözlet; **with ~ to ...** tekintettel ...-ra/...-re **2.** *v* ~ **sy** tiszteletben tart vkt
respectable [rɪ'spektəbl] *a* becsületes, tiszteletre méltó
respectful [rɪ'spektfl] *a* (*person*) tiszteletteljes, tisztelettudó
respective [rɪ'spektɪv] *a* saját; külön ‖ **we all went to our** ~

rooms ki-ki bement a (saját) szobájába

respectively [rɪ'spektɪvlɪ] *adv* illetőleg ‖ **they made the journey by car, train and air** ~ útjukat kocsival, vonattal, ill. repülővel tették meg

respiration [respə'reɪʃn] *n* légzés, lélegzés

respite ['respaɪt] *n* (*rest*) pihenő, szünet; (*delay*) haladék

respond [rɪ'spɒnd] *v* válaszol; (*react*) reagál (*to* vmre)

response [rɪ'spɒns] *n* (*answer*) válasz, felelet; (*reaction*) visszajelzés

responsibility [rɪspɒnsə'bɪlətɪ] *n* felelősség

responsible [rɪ'spɒnsəbl] *a* felelős (*for* vmért, vkért); felelősségteljes

responsive [rɪ'spɒnsɪv] *a* fogékony (*to* vmre)

rest[1] [rest] **1.** *n* nyugalom, pihenés; *mus* szünet(jel); (*support*) támaszték ‖ **have/take a** ~ lepihen **2.** *v* (meg)pihen ‖ ~ **on/against** (rá)támaszkodik vmre

rest[2] [rest] **1.** *n* (*remainder*) maradék, maradvány ‖ **the** ~ a többi(ek)/többit; **for the** ~ ami a többit illeti, különben **2.** *v* marad ‖ **it** ~**s with him (to do sg)** rajta áll/múlik; ~ **on sy/sg** vktől/vmtől függ, vmn alapszik

restaurant ['restrɒnt] *n* étterem, vendéglő ‖ ~ **car** étkezőkocsi

rest day *n* pihenőnap

restful ['restfl] *a* nyugalmas

rest-home *n* öregek otthona, szeretetotthon

restitution [restɪ'tjuːʃn] *n* (*reparation*) helyreállítás; visszatérítés; (*damages*) jóvátétel, kárpótlás

restive ['restɪv] *a* nyugtalan, ideges

restless ['restlɪs] *a* nyugtalan, ideges, türelmetlen

restlessly ['restlɪslɪ] *adv* nyugtalanul, idegesen

restoration [restə'reɪʃn] *n* (*of building*) restaurálás, helyreállítás

restore [rɪ'stɔː] *v* restaurál, helyreállít, felújít ‖ ~ **(public) order** helyreállítja a rendet; **be** ~**d to health** visszanyeri egészségét

restorer [rɪ'stɔːrə] *n* restaurátor ‖ **hair** ~ hajnövesztő

restrain [rɪ'streɪn] *v* (*hold back*) visszatart, megfékez ‖ ~ **oneself** (*or* **one's temper**) mérsékeli magát, uralkodik magán/érzelmein

restrained [rɪ'streɪnd] *a* mérsékelt, visszafojtott

restraint [rɪ'streɪnt] *n* (*restriction*) korlátozás, megszorítás; (*moderation*) mérséklet ‖ **with** ~ fenntartással

restrict [rɪ'strɪkt] *v* korlátoz, megszorít

restriction [rɪ'strɪkʃn] *n* korlátozás, megszorítás

restrictive [rɪ'strɪktɪv] *a* korlátozó, megszorító

rest room *n US* illemhely, mosdó

result [rɪ'zʌlt] **1.** *n* eredmény, kimenetel ‖ **as a** ~ **of** vmnek következtében **2.** *v* ~ **from** következik/származik/ered vmből; ~ **in sg** végződik vmben

resume [rɪ'zjuːm] *v* (*restart*) újrakezd; folytat

résumé ['rezjuːmeɪ] *n* (tartalmi) kivonat, rezümé

resumption [rɪ'zʌmpʃn] *n* újrakezdés, folytatás

resurgence [rɪ'sɜːdʒəns] *n* (*of hope*) feltámadás, újjászületés
Resurrection, the [rezə'rekʃn] *n rel* feltámadás
resuscitate [rɪ'sʌsɪteɪt] *v* feléleszt, magához térít
resuscitation [rɪsʌsɪ'teɪʃn] *n* felélesztés, életre keltés
retail ['riːteɪl] **1.** *n* kiskereskedelem || **sell by** ~ kicsi(ny)ben árusít **2.** *v* kicsi(ny)ben árusít || **(goods)** ~ **at** ... áruk ...-os áron kerülnek kiskereskedelmi forgalomba
retailer ['riːteɪlə] *n* kiskereskedő, viszonteladó
retain [rɪ'teɪn] *v* megtart, visszatart || ~ **a lawyer** ügyvédet fogad
retainer [rɪ'teɪnə] *n* (*fee*) ügyvédi költség
retaliate [rɪ'tælɪeɪt] *v* megtorol, megtorló intézkedéseket tesz
retaliation [rɪtælɪ'eɪʃn] *n* megtorlás, retorzió || **in** ~ megtorlásként
retard [rɪ'tɑːd] *v* késleltet
retarded [rɪ'tɑːdɪd] *a* értelmi fogyatékos
reticence ['retɪsns] *n* elhallgatás; hallgatagság, szűkszavúság
reticent ['retɪsnt] *a* hallgatag, zárkózott
retina ['retɪnə] *n* recehártya, retina
retinue ['retɪnjuː] *n* kíséret
retire [rɪ'taɪə] *v* (*withdraw*) visszavonul (*from* vhonnan, vmtől); (*from work*) nyugdíjba megy; (*go away*) félrevonul
retired [rɪ'taɪəd] *a* (*pensionary*) nyugdíjas, nyugalmazott
retirement [rɪ'taɪəmənt] *n* nyugdíjazás; nyugállomány
retiring [rɪ'taɪərɪŋ] *a* félénk, visszahúzódó, szerény

retort [rɪ'tɔːt] **1.** *n* (*reply*) replika **2.** *v* replikázik, visszavág
retract [rɪ'trækt] *v* (*claws*) behúz; (*statement*) visszavon
retractable [rɪ'træktəbl] *a* (*undercarriage*) behúzható
retrain [riː'treɪn] *v* átképez
retraining [riː'treɪnɪŋ] *n* átképzés
retreat [rɪ'triːt] **1.** *n rel* lelkigyakorlat, csendes nap(ok); *mil* visszavonulás **2.** *v* (*army*) visszavonul
retribution [retrɪ'bjuːʃn] *n* büntetés, megtorlás || **the day of** ~ *rel* az ítélet napja
retrieval [rɪ'triːvl] *n* visszanyerés; *comput* visszakeresés
retrieve [rɪ'triːv] *v* visszanyer, visszakap; *comput* visszakeres
retrograde ['retrəgreɪd] *a* (*declining*) maradi, retrográd
retrospect ['retrəspekt] *n* **in** ~ visszatekintve
retrospective [retrə'spektɪv] **1.** *a* visszatekintő; *law* visszamenő hatályú
return [rɪ'tɜːn] **1.** *n* (*coming back*) visszaérkezés; (*giving back*) visszaadás, visszatérítés; (*recompense*) viszonzás, ellenszolgáltatás; (*ticket*) menettérti jegy || **in** ~ **(for sg)** viszonzásul; **in** ~ **for** ellenében; ~**s** *pl* üzleti forgalom, bevétel; **many happy** ~**s (of the day)!** minden jót kívánok! (*születésnapra*) **2.** *v* (*come back*) visszatér, visszajön, hazajön, megjön; (*give back*) visszaad, viszszatérít; (*recompense*) viszonoz || ~ **a profit** jövedelmez; ~ **(one's income)** jövedelmet bevall
return ticket *n* menettérti jegy

reunion [riː'juːnɪən] *n* (*of friends*) összejövetel, találkozó
reunite [riːjuː'naɪt] *vt* újraegyesít I *vi* újra egyesül
reuse [riː'juːz] *v* újból felhasznál, újra feldolgoz/hasznosít
Rev. = Reverend
rev [rev] **1.** *n col* fordulatszám **2.** *v* -vv- ~ **up the engine** felpörgeti a motort
reveal [rɪ'viːl] *v* felfed, feltár
revealing [rɪ'viːlɪŋ] *a* leleplező, jellemző
revel ['revl] *v* -ll- (*US* -l-) lumpol, mulat II ~ **in** *sg* örömét leli vmben
revelation [revə'leɪʃn] *n* (*of secret*) (valóságos) felfedezés, reveláció; *rel* kijelentés
revelry ['revlrɪ] *n* dínomdánom, mulatozás, tivornya
revenge [rɪ'vendʒ] **1.** *n* bosszú II **in** ~ bosszúból; **take** ~ **on** *sy* (**for** *sg*) megbosszul vmt (vkn)
revengeful [rɪ'vendʒfl] *a* bosszúvágyó
revenue ['revənjuː] *n* (állami) jövedelem, adóbevétel
revenue office *n* adóhivatal
reverberate [rɪ'vɜːbəreɪt] *v* (*sound*) visszaverődik
reverberation [rɪvɜːbə'reɪʃn] *n* visszhangzás, visszaverődés
revere [rɪ'vɪə] *v* tisztel, nagyra becsül
reverence ['revərəns] *n* tisztelet, nagyrabecsülés
Reverend ['revərənd] *a* nagytiszteletű, tisztelendő
reverent ['revərənt] *a* tisztelő, tiszteletteljes
reverie ['revərɪ] *n* ábrándozás, álmodozás

revers [rɪ'vɪə] *n* (*pl* ~ [-'vɪəz]) (*of coat*) kihajtó; hajtóka
reversal [rɪ'vɜːsl] *n* (*reversing*) megfordítás; (*being reversed*) megfordulás
reverse [rɪ'vɜːs] **1.** *a* fordított, ellenkező II **the** ~ **side of the coin** az érem másik oldala **2.** *n* (*opposite*) vmnek a fordítottja; (*of car*) hátramenet **3.** *v* (*turn*) megfordít; (*car*) tolat
reverse(d)-charge call *n* R-beszélgetés, a hívott költségére kért beszélgetés
reversible [rɪ'vɜːsəbl] *a* (*garment*) megfordítható, kifordítható
reversing light *n* tolatólámpa
revert [rɪ'vɜːt] *v* visszatér (*to* vmre/vmhez)
review [rɪ'vjuː] **1.** *n* (*survey*) felülvizsgálat, számbavétel; (*of book*) recenzió; bírálat, kritika; (*magazine*) szemle; *mil* szemle II ~ **of the press** lapszemle **2.** *v* (*reexamine*) áttekint, számba vesz; (*book*) ismertet
reviewer [rɪ'vjuːə] *n* (*of book*) ismertető, recenzens
revile [rɪ'vaɪl] *v* gyaláz, ócsárol
revise [rɪ'vaɪz] *v* (*reconsider*) átnéz, revideál; (*book*) átdolgoz; (*correct*) kijavít
revision [rɪ'vɪʒn] *n* felülvizsgálat; *comm* revízió; (*of book*) átdolgozás; *school* ismétlés
revitalize [riː'vaɪtəlaɪz] *v* újraéleszt, feléleszt, feltámaszt
revival [rɪ'vaɪvl] *n* megújulás, feléledés; *rel* ébredés; *theat* felújítás
revive [rɪ'vaɪv] *vt also fig* (fel)éleszt; *theat* felújít I *vi* (fel)éled, újjászületik

revoke [rɪ'vəʊk] v (*order*) visszavon
revolt [rɪ'vəʊlt] **1.** n felkelés, lázadás **2.** v ~ **against sg/sy** vm/vk ellen (fel)lázad
revolting [rɪ'vəʊltɪŋ] a vérlázító
revolution [revə'luːʃn] n (*turn*) fordulat; *pol* forradalom || **100 ~s per minute** percenként 100 fordulat
revolutionary [revə'luːʃənərɪ] **1.** a forradalmi **2.** n forradalmár
revolutionize [revə'luːʃənaɪz] v forradalmasít, gyökeresen megváltoztat
revolve [rɪ'vɒlv] v kering; (*on own axis*) forog
revolver [rɪ'vɒlvə] n revolver
revue [rɪ'vjuː] n *theat* revü
revulsion [rɪ'vʌlʃn] n (*disgust*) ellenérzés, visszatetszés
reward [rɪ'wɔːd] **1.** n jutalom, ellenszolgáltatás **2.** v (meg)jutalmaz
rewarding [rɪ'wɔːdɪŋ] a kifizetődő, hasznos
rewrite [riː'raɪt] v (*pt* **rewrote** [riː'rəʊt], *pp* **rewritten** [riː'rɪtn]) átír, újraír; (*book*) átdolgoz
rewritten [riː'rɪtn] *pp* → **rewrite**
rewrote [riː'rəʊt] *pt* → **rewrite**
rhapsody ['ræpsədɪ] n rapszódia
rhetoric ['retərɪk] n ékesszólás, retorika, szónoklattan
rhetorical [rɪ'tɒrɪkl] a szónoki, retorikai
rheumatic [ruː'mætɪk] **1.** a reumás **2.** n reumás beteg
rheumatism ['ruːmətɪʒəm] n reuma
rhinoceros [raɪ'nɒsərəs] n orrszarvú, rinocérosz
rhombus ['rɒmbəs] n rombusz
rhubarb ['ruːbɑːb] n rebarbara

rhyme [raɪm] **1.** n rím **2.** v rímel, összecseng
rhythm ['rɪðəm] n ritmus, ütem
rib [rɪb] n borda
ribald ['rɪbld] a/n mocskos (szájú), trágár
ribbon ['rɪbən] n szalag
rice [raɪs] n rizs
rice pudding n rizses puding
rich [rɪtʃ] **1.** a (*wealthy*) gazdag; (*plentiful*) bőséges; (*soil*) termékeny || **get ~** meggazdagodik; **~ food** zsíros étel; **~ in vitamins** vitamindús **2.** n **the ~** a gazdagok; → **riches**
riches ['rɪtʃɪz] n pl vagyon, gazdagság
richness ['rɪtʃnɪs] n gazdagság, bőség
rickets ['rɪkɪts] n sing. angolkór
rickety ['rɪkɪtɪ] a (*furniture*) rozoga; (*person*) angolkóros
rid [rɪd] v (*pt/pp* **rid; -dd-**) megszabadít || **get ~ of, ~ oneself of sy** vktől megszabadul
ridden ['rɪdn] *pp* → **ride**
riddle¹ ['rɪdl] n (*enigma*) rejtély, talány; (*puzzle*) rejtvény
riddle² ['rɪdl] **1.** n rosta **2.** v (át)rostál || **~ sy with bullets** *col* szitává lő vkt
ride [raɪd] **1.** n (*in car*) autózás; (*on horse*) lovaglás || **go for a ~** (*on horse*) kilovagol; (*in vehicle*) autózik, utazik, sétakocsizásra megy; **take sy for a ~** *col fig* átver/átejt vkt **2.** v (*pt* **rode** [rəʊd], *pp* **ridden** ['rɪdn]) *vi* lovagol, lóháton megy || **~ a bicycle** biciklizik; **~ a horse** lovagol; **~ motorcycle** motorozik

rider ['raɪdə] *n* lovas; (*weight*) tolósúly; (*addition*) záradék
ridge [rɪdʒ] *n* (*of mountain*) (hegy)-gerinc; (*of roof*) (tető)gerinc
ridicule ['rɪdɪkjuːl] **1.** *n* gúny **2.** *v* (ki)csúfol, (ki)gúnyol ‖ **~ sy** gúnyt űz vkből/vmből
ridiculous [rɪ'dɪkjʊləs] *a* nevetséges
riding ['raɪdɪŋ] *n* lovaglás ‖ **~ school** lovasiskola, lovaglóiskola
rife [raɪf] *a* gyakori, elterjedt
riff-raff ['rɪfræf] *n* söpredék, csőcselék
rifle ['raɪfl] *n* puska ‖ **~ range** lőtér
rift [rɪft] *n* repedés, rés
rig[1] [rɪg] **1.** *n col* (*clothing*) szerelés, öltözék; (*for oil*) fúrótorony **2.** *v* **-gg-** (*with clothes*) kiöltöztet; (*equipment*) felszerel ‖ **~ out** kiöltöztet; felszerel; **~ up** felállít, összeszerel
rig[2] [rɪg] *n sp col* bunda
rigging ['rɪgɪŋ] *n naut* kötélzet
right[1] [raɪt] **1.** *a* (*correct, just*) helyes, igazi, találó ‖ **he is ~** igaza van; **all ~!** helyes!, rendben! **2.** *adv* helyesen, jól; (*directly*) éppen, pont ‖ **~ away** azonnal, rögtön; **~ in the middle** pont a közepébe **3.** *n* igazságosság, jog(osság) ‖ **by ~** jogosan; **by what ~?** milyen jogcímen?; **have the ~ to** joga van vmhez; **~ of way** áthaladási elsőbbség; **put sg to ~s** elintéz, elrendez
right[2] [raɪt] **1.** *a* (*not left*) jobb **2.** *adv* jobbra, jobb felé **3.** *n* jobb (oldal) ‖ **from the ~** jobbról, jobb felől; **the ~** jobb oldal; **to the ~** jobbra; **the R~ (in Parliament)** jobboldal, jobbszárny
right angle *n* derékszög

righteous ['raɪtʃəs] *a* (*just*) becsületes, tisztességes; (*justifiable*) jogos, igazságos
rightful ['raɪtfl] *a* jogos, törvényes
rightfully ['raɪtfəlɪ] *adv* törvényes úton, jogosan
right-hand *a* jobb oldali, jobb kéz felőli ‖ **~ man** *col* bizalmi ember
right-handed *a* (*person*) jobbkezes
right-minded *a* józan gondolkodású
right wing *n pol* jobbszárny
rigid ['rɪdʒɪd] *a also fig* merev
rigidity [rɪ'dʒɪdətɪ] *n also fig* merevség
rigidly ['rɪdʒɪdlɪ] *adv* ridegen, mereven
rigorous ['rɪgərəs] *a* szigorú
rigorously ['rɪgərəslɪ] *adv* szigorúan, mereven
rigour (*US* **-or**) ['rɪgə] *n* szigor
rile [raɪl] *v* felidegesít; *col* felhúz
rim [rɪm] *n* karima, perem, szél
rime [raɪm] *n* dér, zúzmara
rind [raɪnd] *n* (*of fruit*) héj; (*of bacon*) bőr
ring[1] [rɪŋ] **1.** *n* (*on finger*) gyűrű; *sp* (*for boxing*) szorító, ring; (*group*) kör **2.** *v* (*pt/pp* **~ed**) (*surround*) körülfog; (*put ring on*) (meg)gyűrűz
ring[2] [rɪŋ] **1.** *n* (*of telephone*) csengetés ‖ **give me a ~** hívj(on) fel! **2.** *v* (*pt* **rang** [ræŋ], *pp* **rung** [rʌŋ]) (*telephone*) cseng, szól; (*bell*) megkondul ‖ **it ~s a bell** *fig* vm rémlik
ring (sy) back (later) (*by telephone*) visszahív, újra hív
ring off leteszi a (telefon)kagylót
ring sy up felhív (*telefonon*)
ringing ['rɪŋɪŋ] *a* csengő, zengő

ringing tone *n* (*in telephone*) cseng(et)és
ringleader [ˈrɪŋliːdə] *n* bandavezér, főkolompos
ring road *n GB* körgyűrű
rink [rɪŋk] *n* fedett jégpálya
rinse [rɪns] **1.** *n* öblítés **2.** *v* öblít
riot [ˈraɪət] **1.** *n* zavargás, lázadás **2.** *v* zavarog, lázad
rioter [ˈraɪətə] *n* zavargó, lázadó, rendbontó
riotous [ˈraɪətəs] *a* lázadó, rendbontó, zavargó
riot police *n* rohamrendőrség
rip [rɪp] *v* **-pp-** *vi* (be)hasad, reped, szakad | *vt* elszakít, hasít
rip-cord *n* (*of parachute*) oldózsinór
ripe [raɪp] *a* (*fruit*) érett
ripen [ˈraɪpən] *v* (*fruit*) (meg)érik, beérik; (*corn*) sárgul
ripple [ˈrɪpl] **1.** *n* kis hullám, fodor **2.** *v* hullámzik, fodrozódik
rise [raɪz] **1.** *n* (*movement*) (fel)emelkedés; (*of wages*) emelés; (*tide*) áradás || **give ~ to sg** előidéz **2.** *v* (*pt* **rose** [rəʊz], *pp* **risen** [ˈrɪzn]) (*move upward*) (fel)emelkedik; (*from bed*) felkel; (*sun*) felkel; (*price*) felmegy; (*curtain*) felgördül, felmegy; (*rebel*) felkel, fellázad; (*river*) árad; (*in rank*) előlép || **~ to the occasion** a helyzet magaslatára emelkedik
risen [ˈrɪzn] *pp* → **rise**
rising [ˈraɪzɪŋ] **1.** *a* felnövő (*nemzedék*) **2.** *n* felkelés
risk [rɪsk] **1.** *n* kockázat, rizikó || **take the ~ of (doing) sg** kockázatot vállal, megkockáztat vmt **2.** *v* kockáztat, reszkíroz || **~ one's life** életét kockáztatja

risk factor *n* rizikófaktor
risky [ˈrɪskɪ] *a* kockázatos, veszélyes, hazárd
rite [raɪt] *n* rítus, szertartás
ritual [ˈrɪtʃʊəl] **1.** *a* rituális **2.** *n* szertartás, rítus
rival [ˈraɪvl] **1.** *n* rivális, vetélytárs **2.** *v* **-ll-** (*US* **-l-**) (*emulate*) versenyez, vetélkedik (vkvel/vmvel); *comm* konkurál
rivalry [ˈraɪvlrɪ] *n* versengés, vetélkedés; *comm* konkurencia
river [ˈrɪvə] *n* folyó || **down/up the ~** a folyón lefelé/felfelé; **sell sy down the ~** *col* csőbe húz vkt, átejt vkt
river bank *n* folyópart
river bed *n* folyómeder
riverside [ˈrɪvəsaɪd] *n* folyópart || **by the ~** a parton
rivet [ˈrɪvɪt] **1.** *n* szegecs **2.** *v* szegecsel
road [rəʊd] *n* út; közút || **by ~** autóval, kocsival; **on the ~** úton
roadblock [ˈrəʊdblɒk] *n* útakadály, úttorlasz
road hog *n* garázda vezető (*autós*)
road junction *n* útelágazás
road map *n* autótérkép
roadside [ˈrəʊdsaɪd] **1.** *n* útszél || **by the ~** az útszélen **2.** *a* út menti, országúti || **~ telephone** segélyhívó telefon
road sign *n* közúti jelzőtábla
roadway [ˈrəʊdweɪ] *n* úttest
road-works *n pl* útjavítás, útépítés
roadworthy [ˈrəʊdwɜːðɪ] *a* közlekedésre alkalmas
roam [rəʊm] *v* bolyong, kószál
roar [rɔː] **1.** *n* (*of lion*) bőgés; (*of sea*) zúgás **2.** *v* (*lion*) üvölt, ordít,

bőg; (sea) zúg ‖ ~ **with laughter** hahotázik, nagyot nevet

roast [rəʊst] **1.** a/n sült, pecsenye **2.** vt (meat) (meg)süt; (coffee) pörköl I vi (meg)sül

roast beef n marhasült, rosztbif

rob [rɒb] v **-bb-** (ki)rabol ‖ ~ **sy of sg** vkt meglop; **I've been ~bed** kiraboltak

robber ['rɒbə] n rabló

robbery ['rɒbərɪ] n rablás

robe [rəʊb] n (judge's) talár

robin ['rɒbɪn] n vörösbegy

robot ['rəʊbɒt] n robot ‖ ~ **pilot** robotpilóta

robust [rəʊ'bʌst] a tagbaszakadt

rock[1] [rɒk] n (kő)szikla ‖ **on the ~s** (drink) jégkockával; (ship, also fig) zátonyra futott

rock[2] [rɒk] **1.** n rock(zene) **2.** vi hintázik I vt ring(at), hintáztat

rock and roll [rɒk ən 'rəʊl] n rock and roll, rock(zene)

rocker ['rɒkə] n (rocking chair) hintaszék; (person) rocker

rockery ['rɒkərɪ] n sziklakert

rocket ['rɒkɪt] n rakéta

rocking chair ['rɒkɪŋ] n hintaszék

rocking horse n hintaló

rock music n rockzene

rock'n'roll [rɒk ən 'rəʊl] n rock and roll, rock(zene)

rock opera n rockopera

rocky ['rɒkɪ] a sziklás

rod [rɒd] n (stick) vessző, pálca; (bar) rúd ‖ ~ **and line** horgászbot

rode [rəʊd] pt → **ride**

rodent ['rəʊdənt] n rágcsáló

roe[1] [rəʊ] n (of fish) (hal)ikra

roe[2] [rəʊ] n (deer) őz

rogue [rəʊg] n pejor betyár, gazember; hum zsivány

roguish ['rəʊgɪʃ] a (dishonest) gaz; (playful) huncut

role [rəʊl] n also fig szerep ‖ **play the ~ of sy** vmlyen szerepet játszik

roll [rəʊl] **1.** n (scroll) tekercs; (cake) zsömle, vajaskifli; (list) lista, névsor; (undulation) ringás; (of drum) dobpergés; (of cannon) (ágyú)dörgés; US (banknotes) bankjegyköteg ‖ **call the ~** névsort olvas **2.** vt (barrel) gördít, hengerít; (metal) hengerel I vi (wheel) gurul; (thunder, drum) dübörög ‖ **be ~ing in money** majd felveti a pénz

roll about vt (ball) ide-oda gurít; (person) meghemperget I vi (dog) hentereg

roll by (vehicle) elgurul; (time) elrepül

roll in vt begördít, begurít I vi begurul

roll over felborul, felfordul

roll up (carpet) felteker ‖ ~ **up one's sleeves** felgyűri ingét

roll-call ['rəʊlkɔːl] n névsorolvasás

roller ['rəʊlə] n (cylinder) henger; (road ~) úthenger; (wheel) görgő; (for hair) hajcsavaró; (wave) tajtékos hullám ‖ ~ **bearing** görgőscsapágy; ~ **skate(s** pl) görkorcsolya

rolling ['rəʊlɪŋ] **1.** a (vehicle) guruló, gördülő; (motion) himbálódzó; (ship) ringó; (land) dimbes-dombos **2.** n (of car) gurulás; (of metal) hengerlés; (of thunder) dörgés

roll-on deodorant n golyós dezodor

ROM [rɒm] n (= read-only memory) comput ROM, csak olvasható memória

Roman ['rəʊmən] a/n római
Roman alphabet, the n latin betűk
Roman Catholic a/n római katolikus
romance [rə'mæns] n (style) romantika; (story) szerelmes történet; col (love) szerelem
Romanesque [rəʊmə'nesk] 1. a román (stílus) 2. n román stílus
Romania [ruː'meɪnjə] n Románia
Romanian [ruː'meɪnjən] 1. a romániai, román 2. n (person language) román
Roman numerals n pl római számok
romantic [rə'mæntɪk] a romantikus, regényes
Romanticism [rəʊ'mæntɪsɪzəm] n art romanticizmus, romantika
Rome [rəʊm] n Róma
romp (about) [rɒmp] v hancúrozik, rakoncátlankodik
rompers ['rɒmpəz] n pl tipegő, kezeslábas
roof [ruːf] n háztető
roof rack n tetőcsomagtartó
rook¹ [rʊk] n zoo vetési varjú
rook² [rʊk] n (chess) bástya
room [rʊm] 1. n (in house) szoba, helyiség; (space) (férő)hely ‖ do the ~ szobát kitakarít; ~ to let kiadó lakás/szoba 2. v ~ with sy vkvel együtt lakik (albérletben)
room-mate n szobatárs, hálótárs
room service n (at hotel) szobapincéri szolgálat
roomy ['ruːmɪ] a tágas
rooster ['ruːstə] n US kakas
root [ruːt] n gyökér; math gyök; (grammatical) tő 2. v be ~ed in sg vmben gyökerezik
root about (pig) túr

root for US col sp szurkol, biztatja csapatát
root out (remove) kiirt; (find) kitúr
rope [rəʊp] n kötél ‖ know the ~s col ismeri a dörgést
rope-ladder n kötélhágcsó
rosary ['rəʊzərɪ] n rel rózsafüzér
rose¹ [rəʊz] n bot (plant) rózsa; (colour) rózsaszín
rose² [rəʊz] pt → rise
rosebud ['rəʊzbʌd] n rózsabimbó
rosemary ['rəʊzmərɪ] n rozmaring
rosette [rəʊ'zet] n (of ribbon) csokor; (badge) kokárda
rostrum ['rɒstrəm] n (for speaker) emelvény, pulpitus
rosy ['rəʊzɪ] a rózsás
rot [rɒt] 1. n rothadás 2. v -tt- rothad, (meg)rohad, korhad
rotary ['rəʊtərɪ] 1. a forgó; rotációs 2. n US körforgalom
rotate [rəʊ'teɪt] v körben forog
rotating [rəʊ'teɪtɪŋ] a körben forgó
rotation [rəʊ'teɪʃn] n (rotating) körforgás; (being rotated) forgatás
rotten ['rɒtn] a (fruit) rothadt, romlott; (wood) korhadt; (society) korrupt
rouble (US ruble) ['ruːbl] n rubel
rouge [ruːʒ] n (ajak)rúzs; (for cheeks) arcfesték
rough [rʌf] 1. a (surface) durva; (handling, manners) durva, goromba, nyers; (person) faragatlan; (sea) háborgó; (crossing) viharos; (approximate) hozzávetőleges ‖ ~ draft piszkozat, első fogalmazvány; ~ translation nyersfordítás 2. n (person) kellemetlen alak/fráter 3. v col ~ it kényelmetlenül él
rough out felvázol

rough-and-ready *a* (*work*) elnagyolt, összecsapott
roughen ['rʌfn] *v* (*surface*) megcsiszol
roughly ['rʌflı] *adv* (*handle*) durván; (*make*) összecsapva; (*approximately*) nagyjából, durván, körülbelül ‖ ~ **speaking** nagyjából
roughness ['rʌfnıs] *n* durvaság, nyerseség
roulette [ruː'let] *n* rulett
Roumania [ruː'meınjə] *n* = **Romania**
round [raʊnd] **1.** *a* kerek; (*figures*) kerek, egész **2.** *adv/prep* (*around*) körbe(n); (*about*) táján, körül ‖ ~ **and** ~ körbe-körbe; ~ **the clock** éjjel-nappal, állandóan; **all the year** ~ egész éven át; ~ **about** körös-körül; → **roundabout; ask sy** ~ elhív vkt (magához) **3.** *n* körfordulat, forgás; (*of meat*) szelet; (*of policeman*) (kör)út; (*of competition*) forduló, menet; (*of drinks*) egy rund; **the doctor is doing his ~s** az orvos sorra látogatja a betegeit **4.** *vt* (*make round*) (le)kerekít; (*finish*) befejez, lezár ‖ *vi* (*become round*) (ki)kerekedik
round down (to) (*sum*) lekerekít
round out (*figure*) kikerekít; (*story*) kiegészít
round up (*people*) összefogdos; összeterel; (*price*) felkerekít
roundabout ['raʊndəbaʊt] **1.** *a* **go a** ~ **way** kerülőt tesz; kerül **2.** *n* (*in traffic*) körforgalom; (*merry-go-round*) körhinta
roundish ['raʊndıʃ] *a* molett
roundly ['raʊndlı] *adv* (erő)teljesen, kereken, alaposan

round-the-clock *a* éjjel-nappal tartó; nonstop
round trip *n* (*back and forth trip*) oda-vissza út; (*round voyage*) körutazás; *US* (*also* ~-**trip ticket**) menettérti jegy
roundup ['raʊndʌp] *n* **a news** ~ hírösszefoglaló
rouse [raʊz] *v* (*wake up*) felébreszt; *fig* (*stimulate*) felráz
rousing ['raʊzıŋ] *a* (*welcome*) lelkes; (*speech*) lelkesítő
route [ruːt] *n* útvonal, útirány ‖ ~ **map** útitérkép
routine [ruː'tiːn] *n also comput* rutin ‖ ~ **job** rutinmunka
rove [rəʊv] *v* kóborol, vándorol
rover ['rəʊvə] *n* (*wanderer*) kóborló, vándor; (*senior scout*) öregcserkész
row[1] [rəʊ] *n* (*line*) sor
row[2] [rəʊ] **1.** *n* (*in boat*) evezés **2.** *v* evez
row[3] [raʊ] **1.** *n* (*noise*) zaj; ricsaj; (*quarrel*) veszekedés **2.** *v* veszekszik
rowboat ['rəʊbəʊt] *n US* = **rowing-boat**
rowdy ['raʊdı] *a* garázda
rower ['rəʊə] *n* evezős
row house *n US* sorház
rowing ['rəʊıŋ] **1.** *a* evezős **2.** *n* evezés
rowing-boat *n* evezős csónak
rowlock ['rɒlək] *n* evezővilla
royal ['rɔıəl] *a* királyi ‖ **R**~ **Air Force** *GB* Királyi Légierő ‖ ~ **court** királyi udvar
royalist ['rɔıəlıst] *a/n* királypárti
royalty ['rɔıəltı] *n* (*family*) királyi család; (*for book*) (szerzői) jogdíj

rpm [ɑːr piː 'em] = *revolutions per minute* percenkénti fordulatszám

RSVP [ɑːr es viː 'piː] (= *répondez s'il vous plaît*) (*to invitation*) választ kérünk

rub [rʌb] **1.** *n* dörzsölés; *col* (*problem*) bökkenő || **there's the** ~ ez itt a bökkenő! **2.** *v* **-bb-** (*hands*) dörzsöl; (*surface*) csiszol
rub off (*dirt*) vmt ledörzsöl; (*paint*) lecsiszol
rub out (*remove*) kitöröl; (*with eraser*) kiradíroz; *US col* (*murder*) kinyír vkt
rub up feldörzsöl || ~ **sy up the wrong way** *col* cukkol vkt

rubber ['rʌbə] *n* gumi; *GB* (*eraser*) radír; *US* (*condom*) gumi || **~s** *pl US* sárcipő

rubbish ['rʌbɪʃ] *n* (*waste*) szemét; (*nonsense*) baromság, marhaság, buta beszéd || ~ **bin** szemétláda, kuka

rubbishy ['rʌbɪʃɪ] *a col* ramaty, vacak

rubble ['rʌbl] *n* kőtörmelék

rubella [ruːˈbelə] *n* rózsahimlő, rubeóla

ruble ['ruːbl] *n US* rubel

ruby ['ruːbɪ] *n* rubin

rucksack ['rʌksæk] *n* hátizsák

ructions ['rʌkʃnz] *n pl col* kalamajka, zűr

rudder ['rʌdə] *n* kormány(lapát)

ruddy ['rʌdɪ] *a* vörös, vöröses

rude [ruːd] *a* goromba || **be** ~ (**to sy**) gorombáskodik (vkvel)

rudely ['ruːdlɪ] *adv* durván, gorombán

rudeness ['ruːdnɪs] *n* (*of behaviour*) durvaság

rudimentary [ruːdɪˈmentrɪ] *a* (*elementary*) elemi, alapvető; *pejor* (*primitive*) kezdetleges, primitív

rudiments ['ruːdɪmənts] *n pl* alapelemek, alapfogalmak

ruffian ['rʌfɪən] *n* útonálló, bicskás

ruffle ['rʌfl] **1.** *n* (*on dress*) fodor **2.** *v* (*hair*) (össze)borzol

rug [rʌg] *n* (kis) szőnyeg

rugby (*or* **football**) ['rʌgbɪ] *n* rögbi

rugged ['rʌgɪd] *a* (*uneven*) göröngyös; (*rough*) nyers, kemény; (*solid*) masszív

rugger ['rʌgə] *n col* rögbi

ruin ['ruːɪn] **1.** *n* (*remains*) rom; (*fall*) bukás **2.** *v* tönkretesz

ruinous ['ruːɪnəs] *a* pusztító

rule [ruːl] **1.** *n* (*government*) uralom, uralkodás; (*law*) jogszabály (*for measuring*) vonalzó || **as a** ~ általában, rendszerint **2.** *v* (*govern*) kormányoz, irányít, uralkodik; (*decide*) dönt; (*order*) elrendel; (*make lines*) vonalaz
rule out (**sg**) (*vmnek a lehetőségét*) kizárja

ruled [ruːld] *a* (*paper*) vonalas

ruler ['ruːlə] *n* (*sovereign*) uralkodó; (*device*) vonalzó

ruling ['ruːlɪŋ] *a* kormányzó || ~ **parties** kormányzó pártok

rum [rʌm] *n* rum

Rumania [ruːˈmeɪnjə] *n* = **Romania**

rumble ['rʌmbl] **1.** *n* (*of thunder*) moraj(lás); (*of stomach*) korgás **2.** *v* morajlik; (*stomach*) korog

rummage ['rʌmɪdʒ] *v* turkál, matat, motoszkál

rumour (*US* **-or**) ['ruːmə] **1.** *n* (rém)hír **2.** *v* **it is ~ed** úgy hírlik

rump [rʌmp] *n* hátsórész, far

rumpsteak ['rʌmpsteɪk] *n* hátszín
rumpus ['rʌmpəs] *n col* rumli, zűr ‖
kick up a ~ *col* nagy zrít csinál
run [rʌn] **1.** *n* futás; (*route, trip*) (megtett) út, autózás; (*working*) működés, üzem(elés); (*series*) sorozat, széria; (*course*) folyás; (*trend*) tendencia; (*track*) (sí)pálya; (*ski-running*) lesiklás ‖ **in the long** ~ hosszú távon **2.** *v* (*pt* **ran** [ræn], *pp* **run** [rʌn]; **-nn-**) *vi* fut, szalad, rohan; (*vehicle*) közlekedik, jár; (*machine*) jár; (*liquid*) folyik; (*text*) szól, hangzik | *vt* (*shop*) üzemeltet; (*hotel*) vezet; *comput* futtat; **his nose is** ~**ning** folyik az orra; ~ **sy to (a place)** (*by car*) elvisz; ~ **the risk of doing sg** megkockáztat, kockázatot vállalva tesz
run about összevissza szaladgál, futkározik
run across sy összetalálkozik vkvel
run away (*person*) elfut; (*animal*) elszabadul
run down *vt* (*car*) elgázol, elüt | *vi* (*clock*) lejár ‖ **be** ~ **down** *col* le van strapálva, leromlott
run in *vi* (*runner*) befut | *vt* (*car*) bejárat
run into (*car*) belehajt/belerohan vmbe; *col* (*person*) beleszalad, vkvel összeakad
run off (*person*) elfut, elszalad
run out (*passport*) lejár; (*liquid*) kicsordul; (*supplies*) kifogy; (*money*) elfogy ‖ ~ **out of money** kifogy a pénzből
run over (*vehicle*) elgázol, elüt; (*liquid*) túlfolyik, túlcsordul
run through futólag átnéz, átfut

run up *vi* (*upstairs*) felszalad | *vt* (*building*) felhúz ‖ ~ **up a bill** nagy számlát csinál
run up against (*difficulties*) vmbe ütközik
runabout ['rʌnəbaʊt] *n* kétüléses kisautó
runaway ['rʌnəweɪ] *n* menekülő, szökevény
run-down *a col* lerobbant
rung[1] [rʌŋ] *n* (*of ladder*) létrafok
rung[2] [rʌŋ] *pp* → **ring**[2]
runner ['rʌnə] *n sp* futó; (*messenger*) küldönc; (*for sliding*) görgő
runner-up *n* (*pl* **runners-up**) második helyezett
running ['rʌnɪŋ] **1.** *a* rohanó ‖ **five days** ~ egymást követő öt napon **2.** *n* rohanás; *sp* síkfutás; (*of business*) üzemeltetés
running water *n* (*from tap*) folyó víz
runny ['rʌnɪ] *a* nyúlós, folyós
run-of-the-mill *a pejor* középszerű
run-up *n sp* (*of athlete*) nekifutás; (*of election*) (választási) kampány
runway ['rʌnweɪ] *n* kifutópálya
rupture ['rʌptʃə] **1.** *n med* sérv; (*of relations*) megszakadás **2.** *v* (*cause hernia*) sérvet okoz; (*end*) megszakít ‖ **he** ~**d himself** sérvet kapott
rural ['rʊərəl] *a* falusi, vidéki
ruse [ruːz] *n* csel
rush [rʌʃ] **1.** *n* (*hurry*) rohanás, sietség; (*of crowd*) tolongás; *col* (*urge*) (nagy) hajtás ‖ **there is no** ~ a dolog nem sürgős **2.** *vi* (*hurry*) rohan, siet; (*run*) iramlik | *vt* (*urge*) sürget, siettet ‖ ~ **downstairs** lépcsőn lerohan

rush-hour(s) *n* (*pl*) csúcsforgalom
rusk [rʌsk] *n* kétszersült
Russia ['rʌʃə] *n* Oroszország
Russian ['rʌʃn] **1.** *a* orosz **2.** *n*
(*person, language*) orosz; →
English
rust [rʌst] **1.** *n* rozsda **2.** *v* (meg)-
rozsdásodik
rustic ['rʌstɪk] *a* paraszti, rusztikus,
népies
rustle ['rʌsl] **1.** *n* (*of leaves*) suso-
gás, nesz **2.** *v* (*leaves*) susog;
(*clothes*) suhog; *US* (*cattle*) elköt
rustproof ['rʌstpruːf] *a* rozsdaálló
rusty ['rʌstɪ] *a* rozsdás
ruthless ['ruːθlɪs] *a* könyörtelen
rye [raɪ] *n* rozs ‖ ~ **bread** rozske-
nyér

S

S = South
's = is, has
sabbatical (year) [sə'bætɪkl] *n* al-
kotószabadság, kutatóév
sabotage ['sæbətɑːʒ] **1.** *n* szabo-
tázs **2.** *v* (el)szabotál
saccharin ['sækərɪn] *n* szacharin
sack [sæk] **1.** *n* zsák ‖ **get the** ~
col repül az állásából **2.** *v* (*from
job*) kirúg
sacking ['sækɪŋ] *n* zsákvászon
sacrament ['sækrəmənt] *n* szent-
ség
sacred ['seɪkrɪd] *a* szent; szentelt
sacrifice ['sækrɪfaɪs] **1.** *n* rel, *also
fig* áldozat **2.** *v* (fel)áldoz
sacristy ['sækrɪstɪ] *n* sekrestye

sad [sæd] *a* szomorú; (*about* vm
miatt)
sadden ['sædn] *v* elszomorít
saddle ['sædl] **1.** *n* nyereg **2.** *v*
(*horse*) (meg)nyergel
sadism ['seɪdɪzəm] *n* szadizmus
sadist ['seɪdɪst] *n* szadista
sadness ['sædnɪs] *n* szomorúság
safari [sə'fɑːrɪ] *n* szafari ‖ ~ **park**
szafaripark
safe [seɪf] **1.** *a* (*unharmed*) ép; (*not
dangerous*) biztonságos; (*careful*)
óvatos ‖ ~ **from sg** vmtől mentes;
to be on the ~ **side** a biztonság
kedvéért; **better (to be)** ~ **than
sorry** biztos, ami biztos; ~ **and
sound** baj nélkül, épségben **2.** *n*
páncélszekrény, széf
safe-conduct *n* menlevél
safe-deposit (box) *n* széf
safeguard ['seɪfgɑːd] **1.** *n* biztosí-
ték; védelem **2.** *v* ~ **sy's interests**
védi vk érdekeit
safekeeping [seɪf'kiːpɪŋ] *n* megó-
vás; megőrzés
safely ['seɪflɪ] *adv* (*without risk*)
biztonságban; (*unharmed*) épség-
ben, szerencsésen
safety ['seɪftɪ] *n* biztonság(i) ‖ ~
belt biztonsági öv; ~ **gap** követési
távolság; ~ **island** *US* járdasziget;
~ **pin** biztosítótű
saffron ['sæfrən] *n* sáfrány
sag [sæg] *v* -**gg**- behajlik, belóg
sage [seɪdʒ] *n* (*plant*) zsálya
said [sed] *pt/pp* → **say**
sail [seɪl] **1.** *n* vitorla ‖ **be under** ~
(*ship*) úton van **2.** *v* (*travel*) vitor-
lázik, hajózik; (*person*) hajóval
megy; (*leave port*) kifut ‖ **go** ~**ing**
vitorlázik, hajózik, hajóval megy;

~ **under French flags** francia zászló alatt hajózik
sail into (port) (*ship*) befut
sailboard ['seɪlbɔːd] *n* szörf
sailboat ['seɪlbɔːt] *n US* vitorlás (hajó)
sailing ['seɪlɪŋ] **1.** *a* vitorlás **2.** *n* (*sport*) vitorlázás
sailing boat *n* vitorlás (hajó)
sailor ['seɪlə] *n* tengerész, matróz, hajós
sailplane ['seɪlpleɪn] *n* vitorlázó repülőgép
saint [seɪnt] *n* szent (*before names:* **St** [sənt])
sake [seɪk] *n* **for sy's** ~, **for the** ~ **of sy** vk kedvéért/miatt; **for God's** ~ az Isten szerelmére!
salad ['sæləd] *n* (*dish*) saláta || ~ **bowl** salátástál; ~ **cream** majonéz; ~ **dressing** salátaöntet; ~ **oil** salátaolaj
salami [sə'lɑːmɪ] *n* szalámi
salaried ['sælərɪd] *a* fizetéses, fix fizetésű || **the** ~ **classes** a fizetésből élők
salary ['sælərɪ] *n* fizetés
sale [seɪl] *n* eladás, árusítás; (*at reduced price*) (engedményes) vásár || **for** ~ (*by owner*) eladó; **on** ~ (*in shop*) eladó, kapható
sales assistant *n* eladó(nő), elárusító(nő)
salesman ['seɪlzmən] *n* (*pl* **-men**) (*in shop*) eladó; (*representative*) ügynök
salesmanship ['seɪlzmənʃɪp] *n* eladás művészete
sales-room *n* árverési csarnok/terem
saleswoman ['seɪlzwʊmən] *n* (*pl* **-women**) eladónő, elárusítónő

salient ['seɪlɪənt] *a* kiugró, kiszögellő
saliva [sə'laɪvə] *n* nyál
salmon ['sæmən] *n* lazac
saloon [sə'luːn] *n* (*room*) szalon; (*car*) négyajtós kocsi; *US* (*bar*) *approx* söntés, bár
salt [sɔːlt] **1.** *n* só **2.** *v* (meg)sóz
salt away (*food*) besóz; (*money*) félretesz
saltless ['sɔːltlɪs] *a* sótalan
salt water (*sea*) sós víz
salty ['sɔːltɪ] *a* sós (ízű)
salutary ['sæljʊtrɪ] *a* üdvös
salute [sə'luːt] **1.** *n mil* tisztelgés; (*of guns*) üdvlövés **2.** *v mil* (*make salute*) tiszteleg, szalutál
salvage ['sælvɪdʒ] **1.** *n* mentés(i munkálat) **2.** *v* megment, kiment
salvage vessel *n* mentőhajó
salvation [sæl'veɪʃn] *n rel* üdvösség, üdvözülés || **S~ Army** üdvhadsereg
salve [sælv] *n* gyógyír, kenőcs
salver ['sælvə] *n* tálca
same [seɪm] *a/pron* ugyanaz, azonos || **the** ~ ... **as** ugyanaz(t), mint..., ugyanolyan ... mint; **in the** ~ **breath** egy füst alatt; **the** ~ **day** ugyanazon a napon; aznap; **at the** ~ **time** ugyanabban az időben, ugyanakkor
sample ['sɑːmpl] **1.** *n* (*specimen*) minta, (minta)példány **2.** *v* (*food, wine*) (meg)kóstol
sanatorium [sænə'tɔːrəm] *n* (*pl* **-riums** *or* **-ria** [-rɪə]) szanatórium
sanction ['sæŋkʃn] **1.** *n* (*permission*) jóváhagyás; (*penalty*) szankció **2.** *v* jóváhagy
sanctity ['sæŋktətɪ] *n* szentség
sanctuary ['sæŋktʃʊərɪ] *n rel* szentély; (*refuge*) menedékhely

sand [sænd] *n* homok, föveny; (*beach*) homokos part/strand
sandal ['sændl] *n* szandál, saru
sandbank ['sændbæŋk] *n* homokzátony
sand box *n US* = **sandpit**
sand dune *n* homokdűne
sand-glass *n* homokóra
sandpaper ['sændpeɪpə] *n* csiszolópapír, *col* smirgli
sandpit ['sændpɪt] *n* (*for children*) homokozó
sandstone ['sændstəʊn] *n* homokkő
sandstorm ['sændstɔːm] *n* homokvihar
sandwich ['sænwɪdʒ] **1.** *n* szendvics **2.** *v* be ~ed (between) közbeékelődik
sandwich board *n* reklámtábla
sandwich course *n GB* elméleti és gyakorlati oktatás
sandy ['sændɪ] *a* homokos; (*hair*) vörösesszőke
sane [seɪn] *a* épeszű, józan gondolkodású
sang [sæŋ] *pt* → **sing**
sanitarium [sænə'teərɪəm] *n* (*pl* -riums *or* -ria [-rɪə]) *US* szanatórium
sanitary ['sænɪtrɪ] *a* (*of health*) egészségi, (*köz*)egészségügyi; (*clean*) tiszta || ~ pad egészségügyi/intim betét
sanitation [sænɪ'teɪʃn] *n* (köz)-egészségügy
sanity ['sænətɪ] *n* józan ész, józanság
sank [sæŋk] *pt* → **sink**
Santa Claus ['sæntə klɔːz] *n* (*at Christmas*) Mikulás (bácsi)
sap [sæp] **1.** *n* (*of plant*) nedv; (*energy*) életerő **2.** *v* -pp- életerőt kiszív vkből

sapling ['sæplɪŋ] *n* facsemete
sapphire ['sæfaɪə] *n* zafír
sarcastic [sɑː'kæstɪk] *a* gúnyos, rosszmájú, szarkasztikus || ~ remark epés megjegyzés
sardine [sɑː'diːn] *n* szardínia
Sardinia [sɑː'dɪnɪə] *n* Szardínia
sardonic [sɑː'dɒnɪk] *a* keserűen gúnyos, kaján, cinikus
sash window [sæʃ] *n* tolóablak
sat [sæt] *pt/pp* → **sit**
Satan ['seɪtn] *n* sátán
satanic [sə'tænɪk] *a* sátáni, ördögi
Satanism ['seɪtənɪzəm] *n* sátánizmus
Satanist ['seɪtənɪst] *n* sátánista
satchel ['sætʃl] *n* (*child's*) iskolatáska
sated ['seɪtɪd] *a* jóllakott, kielégült, eltelt
satellite ['sætəlaɪt] *n* mellékbolygó, hold; *fig* csatlós
satin ['sætɪn] *n tex* szatén
satire ['sætaɪə] *n* szatíra
satiric(al) [sə'tɪrɪk(l)] *a* szatirikus
satisfaction [sætɪs'fækʃn] *n* (*satisfying*) kielégítés; (*being satisfied*) kielégülés
satisfactorily [sætɪs'fæktərɪlɪ] *adv* kielégítően, megfelelően
satisfactory [sætɪs'fæktrɪ] *a* kielégítő; (*mark*) közepes
satisfy ['sætɪsfaɪ] *v* kielégít; (*convince*) megnyugtat/biztosít (*of* vmről)
satisfying ['sætɪsfaɪɪŋ] *a* (*answer*) kielégítő, megnyugtató; (*food*) kiadós
saturate ['sætʃəreɪt] *v chem* telít
saturation [sætʃə'reɪʃn] *n chem* telítés
Saturday ['sætədɪ] *n* szombat || ~ off szabad szombat; → **Monday**

sauce [sɔːs] *n* mártás, szósz
saucepan ['sɔːspən] *n* (nyeles) serpenyő/lábas
saucer ['sɔːsə] *n* csészealj
saucy ['sɔːsɪ] *a* (*impudent*) szemtelen, pimasz; (*coquettish*) kacér
sauna ['sɔːnə] *n* szauna
saunter ['sɔːntə] *v* bandukol
sausage ['sɒsɪdʒ] *n approx* kolbász
‖ ~ **roll** zsemlében sült kolbász
sauté ['səʊteɪ] *a* (*meat, potato*) pirított, pirítva
savage ['sævɪdʒ] **1.** *a* vad, brutális **2.** *n* vadember
savagery ['sævɪdʒrɪ] *n* vadság, kegyetlenség, brutalitás
save [seɪv] **1.** *n sp* védés **2.** *v*
(*protect, rescue*) megment, megóv, (meg)véd (*from* vmtől); (*prevent*) megkímél (*sy sg* vkt vmtől); (*spare*) megtakarít, spórol; *rel* megvált, üdvözít; *sp* véd; *comput* elment ‖ **to ~ space** helykímélés céljából; **~ time** időt nyer; **~ against a rainy day** félretesz nehéz időkre
saver ['seɪvə] *n* takarékos ember
saving ['seɪvɪŋ] **1.** *a* (meg)mentő **2.** *n* takarékosság; (*rescue*) megmentés ‖ **~s** *pl* megtakarítás
savings account ['seɪvɪŋz] *n* folyószámla
savings bank *n* takarékpénztár
saviour (*US* -or) ['seɪvɪə] *n* megmentő ‖ **the S~** a Megváltó, az Üdvözítő
savour (*US* -or) ['seɪvə] **1.** *n* íz, aroma, zamat **2.** *v* ízlel(get)
savoury (*US* -ory) ['seɪvərɪ] **1.** *a* (*tasty*) jóízű **2.** *n* pikáns utóétel
savoy (cabbage) [sə'vɔɪ] *n* kelkáposzta, fodorkel

saw[1] [sɔː] **1.** *n* fűrész **2.** *v* (*pt* ~ed, *pp* sawn [sɔːn] *or* ~ed) fűrészel
saw[2] [sɔː] *pt* → see
sawmill ['sɔːmɪl] *n* fűrésztelep
sawn [sɔːn] *pp* → saw[1]
saxophone ['sæksəfəʊn] *n* szaxofon
say [seɪ] **1.** *n* beleszólás; mondanivaló ‖ **it's my ~ now** letettem a garast **2.** *v* (*pt/pp* said [sed]) mond, elmond, kimond ‖ **as we ~** ahogy mondani szokás; **how do you ~ it in English?** hogy mondják angolul?; **I ~** (*exclamation*) izé; **~ goodbye to sy** elbúcsúzik vktől; **he is said to be coming** állítólag jön
saying ['seɪɪŋ] *n* szólás
scab [skæb] *n* rüh
scabby ['skæbɪ] *a* (*person*) rühes
scaffold ['skæfəʊld] *n* állvány(zat); (*for execution*) vesztőhely
scaffolding ['skæfəldɪŋ] *n* állvány(zat)
scald [skɔːld] **1.** *n* égési seb **2.** *v* (*vegetable*) leforráz; (*milk*) forral
scalding ['skɔːldɪŋ] *a* forró
scale[1] [skeɪl] **1.** *n* (*instrument*) mérleg(serpenyő); (*measure*) mérce; (*on map*) lépték; (*gradation*) skálabeosztás; *mus* skála ‖ **~ of wages** bérskála; **~s** *pl* (*in kitchen*) mérleg **2.** *v* vmennyit nyom
scale down arányosan kisebbít
scale[2] [skeɪl] *n* (*of fish*) pikkely; (*in boiler, pipe*) vízkő
scale model *n* mérethű modell, makett
scallop ['skɒləp] *n zoo* fésűkagyló
scalp [skælp] *n* fejbőr, skalp

scalpel ['skælpəl] *n* szike
scamp [skæmp] *n* haszontalan gyerek, kópé
scamper ['skæmpə] *v* elillan, megugrik
scan [skæn] *v* -nn- (*examine*) átvizsgál; *el* letapogat
scandal ['skændl] *n* botrány
scandalous ['skændələs] *a* botrányos
Scandinavia [skændɪ'neɪvɪə] *n* Skandinávia
Scandinavian [skændɪ'neɪvɪən] *a/n* skandináv
scanner ['skænə] *n* szkenner; (bizonylat)letapogató
scanty ['skæntɪ] *a* hiányos, fogyatékos, szegényes
scapegoat ['skeɪpgəʊt] *n* bűnbak
scar [skɑ:] **1.** *n* heg, sebhely, forradás **2.** *v* -rr- hegesedik
scarce [skeəs] *a* ritka, gyér ‖ **make oneself ~** *col* elhúzza a csíkot; elpárolog
scarcely ['skeəslɪ] *adv* alig
scarcity ['skeəsətɪ] *n* hiány
scare [skeə] **1.** *n* ijedelem, rémület **2.** *v* megijeszt, megrémít ‖ **be ~d stiff** halálra rémül
scarecrow ['skeəkrəʊ] *n* also fig madárijesztő
scaremonger ['skeəmʌŋgə] *n* rémhírterjesztő
scarf [skɑ:f] *n* (*pl* **scarves** [skɑ:vz]) sál, (váll)kendő
scarlet ['skɑ:lət] *a/n* skarlát(vörös) ‖ **~ (-fever)** *med* skarlát
scarred [skɑ:d] *a* forradásos, ragyás ‖ **~ by small pox** himlőhelyes
scarves [skɑ:vz] *pl* → **scarf**
scary ['skeərɪ] *a* ijesztő

scathing ['skeɪθɪŋ] *a* (*remark*) maró
scatter ['skætə] *vt* (*disperse*) (szét)szór; (*spread*) (el)terjeszt ‖ *vi* (*light*) terjed, szóródik; (*crowd, clouds*) eloszlik, szétoszlik
   scatter about (*objects*) szétszór
scatter-brain(ed) *a/n* hebehurgya, kelekótya
scavenger ['skævɪndʒə] *n* (*person*) guberáló; (*animal*) dögevő állat
scenario [sɪ'nɑ:rəʊ] *n* (*of film, play*) szövegkönyv; (*of programme*) forgatókönyv
scene [si:n] *n* (*of play*) szín, jelenet; (*of event*) színhely ‖ **on the ~** a helyszínen
scenery ['si:nərɪ] *n* theat díszlet, színfalak; (*landscape*) panoráma
scent [sent] *n* illat; (*sense of smell*) szaglás
scent bottle *n* kölnisüveg
scepter ['septə] *n US* = **sceptre**
sceptic (*US* **skep-**) ['skeptɪk] *n* kételkedő, szkeptikus
sceptical (*US* **skep-**) ['skeptɪkl] *a* szkeptikus, kételkedő
sceptre (*US* **-ter**) ['septə] *n* jogar
schedule ['ʃedju:l, *US* 'skedʒʊl] **1.** *n* program; (*plan*) ütemterv, ütemezés; *US* (*timetable*) menetrend ‖ **fall behind ~** *col* (*of work*) elúszik; **on ~** terv/menetrend szerint **2.** *v* beütemez
scheduled ['ʃedju:ld, *US* 'skedʒʊld] *a* menetrendszerű
scheme [ski:m] **1.** *n* séma, vázlat; (*project*) elgondolás; (*plot*) cselszövés **2.** *v* áskálódik (*against sy* vk ellen)
   scheme against sy vkt fúr
scheming ['ski:mɪŋ] **1.** *a* cselszövő, intrikus **2.** *n* cselszövés, intrika

schizophrenia [skɪtsə'fri:nɪə] n tudathasadás, szkizofrénia

scholar ['skɒlə] n (learned person) tudós; (student) ösztöndíjas

scholarly ['skɒləlɪ] a (work) tudományos; (person) tudós

scholarship ['skɒləʃɪp] n (grant) ösztöndíj

school [sku:l] n iskola; (lessons) tanítás; (department, faculty) kar, fakultás; US (university) egyetem, főiskola ‖ be at ~ iskolába jár

school age n iskolaköteles kor

schoolbag ['sku:lbæg] n iskolatáska

schoolbook ['sku:lbʊk] n tankönyv

schoolboy ['sku:lbɔɪ] n iskolás, kisdiák

school break n (óraközi) szünet

schooldays ['sku:ldeɪz] n pl diákévek

schoolfellow ['sku:lfeləʊ] n = schoolmate

schoolgirl ['sku:lgɜ:l] n iskolás leány, diáklány

schooling ['sku:lɪŋ] n iskoláztatás, neveltetés

school-leaver n végzős

schoolmaster ['sku:lmɑ:stə] n tanár

schoolmate ['sku:lmeɪt] n diáktárs, iskolatárs

schoolmistress ['sku:lmɪstrəs] n tanárnő

school report n (iskolai) bizonyítvány, iskolai értesítő

school teacher n tanár(nő); (primary) tanító(nő)

science ['saɪəns] n (organized knowledge) tudomány; (natural ~) természettudomány(ok) ‖ ~ fic-

tion tudományos-fantasztikus regény(irodalom), sci-fi

scientific [saɪən'tɪfɪk] a tudományos

scientist ['saɪəntɪst] n (of natural, physical sciences) kutató, tudós

sci-fi [saɪ'faɪ] n sci-fi

scintillating ['sɪntɪleɪtɪŋ] a szikrázó, csillogó, sziporkázó

scissors ['sɪzəz] n pl (a pair of) ~ olló

scoff [skɒf] (mock) v kigúnyol, kicsúfol (at vmt, vkt)

scold [skəʊld] v (meg)szid

scone [skɒn] n approx pogácsa

scoop [sku:p] 1. n (shovel) lapát; (for ice cream) adagolókanál; kanál; (news) szenzációs hír 2. v ~ out kimártogat ‖ ~ sg out of sg vmt vmből kimer

scooter ['sku:tə] 1. n (motor cycle) robogó; (toy) roller 2. v rollerozik

scope [skəʊp] n (extent) kiterjedés; (range of activity) működési kör; terület

scorch [skɔ:tʃ] v (sun) éget, perzsel; (earth) kiszárít

scorching ['skɔ:tʃɪŋ] a (sun) tűző

score [skɔ:] 1. n (points) pont, pontszám; (football etc.) gólarány; mus partitúra; (twenty) húsz (darab) ‖ on what ~? milyen alapon?, mi okból?; what's the ~? mi az eredmény? 2. v sp (give points) pontoz; (get points) pontot ér el ‖ ~ a goal gólt rúg/lő

scoreboard ['skɔ:bɔ:d] n eredményhirdető tábla

scoreless ['skɔ:lɪs] a gól nélküli

scorer ['skɔ:rə] n (judge) pontozó; (of point) pontszerző; (of goal) góllövő

scorn [skɔːn] 1. *n* lenézés, megvetés 2. *v* lenéz, megvet

scornful ['skɔːnfəl] *a* megvető, fitymáló, gúnyos

scornfully ['skɔːnflɪ] *adv* megvetően, lenézően, gőgösen

scorpion ['skɔːpɪən] *n* skorpió

Scot [skɒt] *n* (*person*) skót

Scotch [skɒtʃ] *n* skót whisky

scotch [skɒtʃ] *v* (*end*) véget vet (vmnek), leállít (vmt)

Scotch tape *n US* cellux

scot-free [skɒt'friː] *adv* (*unpunished*) büntetlenül; (*unharmed*) sértetlenül

Scotland ['skɒtlənd] *n* Skócia

Scots [skɒts] *a* skót

Scotsman ['skɒtsmən] *n* (*pl* -men) skót férfi

Scotswoman ['skɒtswʊmən] *n* (*pl* -women) skót nő

Scottish ['skɒtɪʃ] *a* skót

scoundrel ['skaʊndrəl] *n* gazember, gazfickó

scour ['skaʊə] *v* (*clean*) súrol

scourer ['skaʊərə] *n* súrolókefe, „dörzsike"

scourge [skɜːdʒ] *n* korbács

scout [skaʊt] 1. *n* felderítő, járőr || S~ cserkész 2. *v* felderít

Scouting ['skaʊtɪŋ] *n* cserkészet

scoutmaster ['skaʊtmaːstə] *n* cserkészparancsnok, -tiszt

scowl [skaʊl] 1. *n* dühös tekintet 2. *v* ~ at sy dühösen néz vkre

scrabble ['skræbl] *v* négykézláb keres

Scrabble ['skræbl] *n* kirakós játék, játék a betűkkel

scraggy ['skrægɪ] *a* vézna, csenevész

scram [skræm] *v* ~! kotródj innen!, ki innen!

scramble ['skræmbl] *v* ~ for sg vmért tülekedik

scrambled eggs ['skræmbld] *n pl* rántotta

scrap[1] [skræp] 1. *n* (*bit*) darabka; (*waste*) hulladék; (*of iron*) ócskavas || **not a** ~ semmi 2. *v* szemétre dob; → **scraps**

scrap[2] [skræp] *col* 1. *n* (*fight*) verekedés, bunyó 2. *v* verekedik, bunyózik

scrape [skreɪp] 1. *n* kaparás; (*sound*) nyekergetés 2. *v* (*scratch*) kapar, (meg)karcol; (*make clean*) vakar; (*rub*) ledörzsöl

scrape through átcsúszik (*vizsgán*)

scrape up *col* (*money*) kiizzad

scraper ['skreɪpə] *n* (*tool*) vakaró; (*person*) zsugori

scrap heap *n* ócskavasdomb

scrappy ['skræpɪ] *a* hiányos, szedett-vedett

scraps ['skræps] *n pl* ócskavas; → **scrap**[1]

scratch [skrætʃ] 1. *n* karcolás || **be up to** ~ *col* megüti a mértéket; **start from** ~ semmiből kezdi 2. *v* (meg)karcol || ~ **a living** eléldegél

scratchpad ['skrætʃpæd] *n US* jegyzettömb

scrawl [skrɔːl] 1. *n* irkafirka, rossz kézírás 2. *v* csúnyán ír; kapar

scream [skriːm] 1. *n* sikoltás, sikoly 2. *v* sikolt, rikácsol

screech [skriːtʃ] *v* rikácsol, sikolt

screen [skriːn] 1. *n* (*for fire*) ellenző; (*for film*) (vetítő)vászon; *TV* (kép)ernyő 2. *v* (*hide, protect*) fedez, elfed; (*filter*) szűr; (*show*) vetít; *med* (meg)szűr

screening ['skri:nıŋ] *n* (*sifting*) szűrés; (*of film*) vetítés ‖ ~ **for cancer** rákszűrés

screenplay ['skri:npleı] *n* (*of film*) szövegkönyv, forgatókönyv

screw [skru:] **1.** *n* csavar; (*propeller*) hajócsavar ‖ **have a** ~ **loose** *col* hiányzik egy kereke **2.** *vt* becsavar | *vi* csavarodik ‖ ~ **tight** csavart meghúz

screwball ['skru:bɔ:l] *n US col* őrült/dilis (alak)

screwdriver ['skru:draıvə] *n* csavarhúzó

scribble ['skrıbl] **1.** *n* ákombákom, irkafirka **2.** *v* firkál, irkál

script [skrıpt] **1.** *n* (*scenario*) szövegkönyv, forgatókönyv; (*text*) szöveg; (*handwriting*) kézírás; (*alphabet*) írás; (*examination paper*) vizsgadolgozat

Scriptures, the ['skrıptʃəz] *n pl rel* a Szentírás

scroll [skrəʊl] *n* kézirattekercs

scrounge [skraʊndʒ] *v col* elcsen, „szerez" (*from* vktől)

scrub [skrʌb] **1.** *n* bozót **2.** *v* -bb- (*floor*) felmos, felsúrol ‖ ~ **sg clean** tisztára súrol vmt

scruff [skrʌf] *n* tarkó(bőr)

scruffy ['skrʌfı] *a col* ápolatlan, koszos

scrum(mage) ['skrʌm(ıdʒ)] *n sp* (*in rugby*) csomó

scruple ['skru:pl] *n* (lelkiismereti) aggály; skrupulus

scrupulous ['skru:pjʊləs] *a* lelkiismeretes, aggályos(kodó)

scrutinize ['skru:tınaız] *v* (meg)vizsgál, átvizsgál

scrutiny ['skru:tını] *n* alapos vizsgálat

scuff [skʌf] *v* csoszog

scuffle ['skʌfl] *n* dulakodás

sculptor ['skʌlptə] *n* szobrász

sculpture ['skʌlptʃə] *n* (*art*) szobrászat; (*statue*) szobor

scum [skʌm] *n* (*on liquid*) hab; *fig* söpredék

scurf [skɜ:f] *n* (*on scalp*) korpa

scurry ['skʌrı] *v* surran

scurvy ['skɜ:vı] *n* skorbut

scuttle[1] ['skʌtl] *n* (*coal* ~) szenesvödör

scuttle[2] ['skʌtl] *n* (*on ship*) fedélzeti lejáró

scythe [saıð] *n* kasza

SE = **south-east(ern)**

sea [si:] *n* tenger ‖ **across the** ~ tengeren túl; **by the** ~ a tenger mellett; **by** ~ tengeri úton, hajóval, hajón; **be all at** ~ *col* nem ismeri ki magát

seaboard ['si:bɔ:d] *n* tengerpart

sea breeze *n* tengeri szél

seafood ['si:fu:d] *n* tengeri hal/rák és kagyló

sea front *n* (*of town*) tengerparti rész

seagoing ['si:gəʊıŋ] *a* tengerjáró

seagull ['si:gʌl] *n* (tengeri) sirály

seal[1] [si:l] **1.** *n* (*of wax*) pecsét **2.** *v* (*letter*) leragaszt

seal[2] [si:l] *n* (*animal*) fóka

sea level *n* tengerszint ‖ **100 metres above** ~ 100 méterre a tengerszint fölött

sea-lion *n* oroszlánfóka

seam [si:m] *n* varrat, varrás

seaman ['si:mən] *n* (*pl* **-men**) tengerész, hajós

seamy ['si:mı] *a* mocskos ‖ **the** ~ **side of life** az élet árnyoldala

seaplane ['si:pleɪn] *n* hidroplán
seaport ['si:pɔ:t] *n* tengeri kikötő
sear [sɪə] *v* kiéget
search [sɜ:tʃ] **1.** *n* kutatás/keresés (*for* vm után) ‖ **be in ~ of sg** kutatva keres vmt **2.** *v* (*look for*) keres, kutat; (*examine*) átvizsgál
search for sg (*look for*) keres; (*look up*) kikeres
search through átkutat
searcher ['sɜ:tʃə] *n* (*person*) kutató; (*device*) szonda
searching ['sɜ:tʃɪŋ] *a* kutató; (*look*) fürkésző
searchlight ['sɜ:tʃlaɪt] *n* (*reflector*) fényszóró; (*beam*) fénykéve
search party *n* mentőosztag
search warrant *n* házkutatási parancs
sea shell *n* tengeri kagyló
seashore ['si:ʃɔ:] *n* tengerpart
seasick ['si:sɪk] *a* tengeribeteg
seasickness ['si:sɪknɪs] *n* tengeribetegség
seaside ['si:saɪd] *n/a* tengerpart(i) ‖ **~ resort** tenger(part)i üdülőhely
season ['si:zn] **1.** *n* (*of year*) évszak; (*for activity*) idény, szezon ‖ **off ~** holt szezon; **the ~'s greetings!** kellemes ünnepeket (kívánunk)! **2.** *v* (*food*) fűszerez
seasonal ['si:zənl] *a* idényjellegű, idény-
seasoned ['si:znd] *a* (*food*) fűszeres
seasoning ['si:znɪŋ] *n* fűszer(ezés)
season ticket *n* bérlet(jegy)
seat [si:t] **1.** *n* ülés, (ülő)hely; (*in Parliament*) képviselői mandátum; (*buttock*) ülep ‖ **take a ~** helyet foglal **2.** *v* **please be ~ed** (kérem,) foglaljon helyet; **the hall**

~s 500 people a terem befogadóképessége 500 személy
seat belt *n* biztonsági öv
seat reservation *n* helyfoglalás
sea water *n* tengeri víz
seaweed ['si:wi:d] *n* tengeri hínár
seaworthy ['si:wɜ:ðɪ] *a* hajózásra alkalmas
sec = *second* másodperc, s
secession [sɪ'seʃn] *n* (*from state*) elszakadás
secluded [sɪ'klu:dɪd] *a* félreeső, magányos
seclusion [sɪ'klu:ʒn] *n* **live in ~** elvonultan él
second ['sekənd] **1.** *a* második ‖ **~ floor** *GB* második emelet; *US* első emelet **2.** *n* másodperc, pillanat; (*gear*) kettes, második sebesség ‖ **just this ~** ebben a percben **3.** *v* (*support*) támogat
secondary ['sekəndrɪ] *a* (*subordinate*) másodlagos; (*less important*) mellékes
secondary school *n* középiskola
second-class *a* másodosztályú
second hand *n* másodpercmutató
second-hand 1. *a* használt, antikvár **2.** *adv* másodkézből, használtan
secondly ['sekəndlɪ] *adv* másodszor, másodsorban
second-rate *a* másodrendű, silány
Second World War, the *n* a második világháború
secrecy ['si:krəsɪ] *n* titoktartás
secret ['si:krɪt] **1.** *a* titkos **2.** *n* titok ‖ **in ~** titokban
secretarial [sekrə'teərɪəl] *a* titkári, titkárnői
secretary ['sekrətrɪ] *n* titkár, titkárnő ‖ **S~** miniszter; *GB* államtitkár;

S~-General *n* főtitkár; **S~ of Defense** *n US* védelmi miniszter; **S~ of State** *GB* miniszter; *US* külügyminiszter; **S~ of the Treasury** *US* pénzügyminiszter
secretly ['si:krətlı] *adv* titkon
sect [sekt] *n rel* szekta
sectarian [sek'teərıən] *a* szektariánus, szektás
section ['sekʃn] *n* (*part*) rész; (*department*) osztályrészleg; (*at conference*) szekció; (*of book, law*) szakasz, paragrafus
sector ['sektə] *n* (*branch*) szektor; (*of circle*) körcikk
secular ['sekjʊlə] *a* világi
secure [sı'kjʊə] **1.** *a* biztonságos ‖ ~ **job** biztos állás/megélhetés **2.** *v* (*make safe*) biztosít, megvéd; (*obtain*) kieszközöl
securities *n pl* értékpapír(ok), kötvény(ek)
security [sı'kjʊərətı] *n* (*safety*) biztonság; (*money*) biztosíték; → **securities**
security forces *n pl* állambiztonsági erők/rendőrség
sedan [sı'dæn] *n US* négyajtós (nagy)kocsi
sedation [sı'deıʃn] *n med* nyugtatás, szedálás, csillapítás
sedative ['sedətıv] *n* nyugtató(szer)
sedentary ['sedntrı] *a* ~ **job** ülő foglalkozás
sedge [sedʒ] *n* sás
sediment ['sedımənt] *n* üledék
seditious [sı'dıʃəs] *a* államellenes, lázító
seduce [sı'dju:s] *v* elcsábít
seducer [sı'dju:sə] *n* csábító
seduction [sı'dʌkʃn] *n* (el)csábítás
seductive [sı'dʌktıv] *a* csábító

see [si:] *v* (*pt* **saw** [sɔ:], *pp* **seen** [si:n]) lát; (*understand*) felfog; (meg)ért; (*visit*) meglátogat; (*receive*) fogad; (*take care*) gondoskodik, utánanéz ‖ I ~! értem!; **I'll/we'll** ~ majd meglátjuk!; **you have to** ~ **a doctor** orvoshoz kell fordulni; ~ **you** (*soon*) (mielőbbi) viszontlátásra
see about vmnek utánanéz
see sy off kikísér (*állomásra*)
see sy out kikísér (*ajtóhoz*)
see through sy/sg átlát vkn, vmn
see to sg (*or* **doing sg**) intézkedik, utánanéz (vmnek)
seed [si:d] *n bot* mag
seeded player ['si:dıd] *n* kiemelt játékos
seedless ['si:dlıs] *a* (*fruit*) mag nélküli
seedy ['si:dı] *a* (*fruit*) magvas, sokmagvú; *col* (*shabby*) topis, rongyos, ágrólszakadt
seeing ['si:ıŋ] **1.** *conj* ~ **(that)** tekintettel arra(, hogy) ... **2.** *n* látás
seek [si:k] *v* (*pt/pp* **sought** [sɔ:t]) keres
seem [si:m] *v* látszik, tűnik ‖ **it ~s as if** ... úgy tűnik, mintha
seemingly ['si:mıŋlı] *adv* látszólag
seen [si:n] *pp* → **see**
seep [si:p] *v* szivárog
see-saw *n* mérleghinta, libikóka
segment ['segmənt] *n math* (*of circle*) szelet; (*of orange*) gerezd
segregate ['segrıgeıt] *v* elkülönít
segregation [segrı'geıʃn] *n* faji elkülönítés
seismic ['saızmık] *a* földrengési, szeizmikus

seize [si:z] v (grasp) megfog, megragad; (take hold of) elvesz; (take legally) lefoglal || be ~d with sg vm rájön vkre, elfogja vm
seize on/upon kapva kap vmn
seize up (engine) besül
seizure ['si:ʒə] n law lefoglalás, elkobzás; med roham
seldom ['seldəm] adv ritkán
select [sɪ'lekt] v kiválogat
selection [sɪ'lekʃn] n válogatás, (ki)választás
self [self] n (pl selves [selvz]) (saját) maga
self-adhesive a öntapadó(s)
self-assured a magabiztos
self-catering a (holiday flat) ellátás nélkül; önkiszolgálással
self-centred (US -centered) a önző, egocentrikus
self-confidence n önbizalom
self-conscious a öntudatos
self-contained a (person) zárkózott; GB (flat) külön bejáratú
self-contented a önelégült
self-defence (US -se) n önvédelem
self-denial n önmegtagadás
self-discipline n önfegyelem
self-employed a önálló, maszek
self-government n önkormányzat, autonómia
self-interest n önérdek
selfish ['selfɪʃ] a önző
selfishness ['selfɪʃnɪs] n önzés
selfless ['selflɪs] a önzetlen
selflessly ['selflɪslɪ] adv önzetlenül
self-made man n (pl men) aki a maga erejéből lett azzá, ami
self-pity n önsajnálat
self-portrait n önarckép
self-possessed a nagy önuralommal rendelkező

self-possession n önuralom
self-reliant a magabízó, önmagában bízó
self-respect n önbecsülés
self-sacrifice n önfeláldozás
selfsame ['selfseɪm] a ugyanaz
self-satisfied a öntelt
self-serve a US önkiszolgáló
self-service 1. a önkiszolgáló 2. n (in restaurant) önkiszolgálás
sell [sel] v (pt/pp sold [səʊld]) vt árul, árusít, elad I vi || be ~ing (goods) fogy; be ~ing like hot cakes veszik, mint a cukrot
sell off kiárusít
sell out mindent elad
seller ['selə] n eladó
selling ['selɪŋ] n eladás
selling price n eladási ár
Sellotape ['seləʊteɪp] n cellux
sell-out n (event) telt ház, „minden jegy elkelt"; col (betrayal) (el)árulás
selves [selvz] pl → self
semaphore ['seməfɔ:] n szemafor
semblance ['sembləns] n (appearance) látszat
semester [sɪ'mestə] n school félév, szemeszter
semi ['semɪ] n = semidetached house
semicircle [semɪ's3:kl] n félkör
semicolon [semɪ'kəʊlən] n pontosveszsző
semiconductor [semɪkən'dʌktə] n el félvezető
semi-detached house n ikerház
semifinal [semɪ'faɪnl] n középdöntő; elődöntő
seminar ['semɪnɑ:] n (class) szeminárium
seminarist ['semɪnərɪst] n kispap

seminary ['semɪnərɪ] *n rel* szeminárium
semi-official *a* félhivatalos
semiskilled [semɪ'skɪld] *a* (*worker*) betanított
senate ['senɪt] *n* szenátus
senator ['senətə] *n* szenátor
send [send] *v* (*pt/pp* **sent** [sent]) (el)küld, továbbít || ~ **(sy) sg by post** postán küld vmt
send away vkt vhonnan elküld
send down (*from university*) eltanácsol, kizár
send for (*thing*) hozat; (*person*) (oda)hívat
send off (*goods*) elküld; *GB sp* (*player*) leküld a pályáról, kiállít
send out (to) vhová kiküld
sender ['sendə] *n* küldő
send-off *n sp* kiállítás
senior ['siːnɪə] **1.** *a* (*higher in rank*) rangidős; (*older*) idősebb, öregebb; (*after name*) idős(b), id. || **he is two years my** ~ két évvel öregebb nálam **2.** *n* (*at university*) *US* végzős; *US* felsőéves
senior citizen *n* nyugdíjas
senior high school *n US approx* általános iskola felső tagozata
seniority [siːnɪ'ɒrətɪ] *n* (*in rank*) rangidősség, magasabb rang
sensation [sen'seɪʃn] *n* (*sense*) érzékelés; (*physical feeling*) érzés, érzet; (*event*) szenzáció
sensational [sen'seɪʃnəl] *a* szenzációs
sense [sens] **1.** *n* (*organ*) érzékszerv; (*understanding*) értelem, ész; (*meaning*) jelentés, értelem || ~ **of duty** kötelességérzet; ~ **of humour** humorérzék **2.** *v* érzékel, érez

senseless ['senslɪs] *a* értelmetlen; (*unconscious*) öntudatlan, eszméletlen
sensibility [sensə'bɪlətɪ] *n* érzékenység
sensible ['sensəbl] *a* bölcs, okos; (*reasonable*) ésszerű
sensibly ['sensəblɪ] *adv* okosan; (*reasonably*) ésszerűen
sensitive ['sensətɪv] *a* érzékeny (*to* vmre)
sensitivity [sensə'tɪvətɪ] *n* érzékenység
sensual ['senʃʊəl] *a* érzéki, testi
sensuality [senʃʊ'ælətɪ] *n* érzékiség
sensuous ['senʃʊəs] *a* érzéki
sent [sent] *pt/pp* → **send**
sentence ['sentəns] **1.** *n law* ítélet; *gram* mondat **2.** *v* elítél (*to* vmre) || ~ **sy to death** halálra ítél
sentiment ['sentɪmənt] *n* érzelem, érzés
sentimental [sentɪ'mentl] *a* érzelmes, szentimentális
sentry ['sentrɪ] *n mil* őr(szem)
separable ['seprəbl] *a* elválasztható
separate 1. ['seprət] *a* elkülönített; különálló || **under** ~ **cover** külön levélben **2.** ['sepəreɪt] *vt* elválaszt | *vi* elválik || **they are** ~**d** (*couple*) külön élnek; elváltak
separately ['seprətlɪ] *adv* külön, külön-külön
separation [sepə'reɪʃn] *n* (*separating*) elválasztás; (*being separated*) elkülönülés; *law* különélés
September [sep'tembə] *n* szeptember; → **August**
septic ['septɪk] *a* **go** ~ elgennyed, elmérgesedik
sequel ['siːkwəl] *n* folytatás

sequence ['siːkwəns] *n* sorrendi következés, sorrend
sequential [sı'kwenʃl] *a* (*events*) egymás utáni; *comput* szekvenciális
Serbian ['sɜːbıən] *a/n* szerb
serenade [serə'neıd] *n* szerenád
serene [sı'riːn] *a* derűs, nyugodt; (*unclouded*) derült
serenity [sı'renətı] *n* derű, nyugalom; (*of sky*) derültség
sergeant ['saːdʒənt] *n* őrmester
sergeant-major *n* törzsőrmester
serial ['sıərıəl] **1.** *a* (*novel*) folytatásos; *comput* soros **2.** *n* (*novel*) folytatásos regény; (*series*) tv-sorozat
serial number *n* sorszám; sorozatszám, gyártási szám
series ['sıəriːz] *n* (*pl* ~) sorozat, széria; *TV* tévésorozat
serious ['sıərıəs] *a* komoly; (*illnes, injury*) súlyos
seriously ['sıərıəslı] *adv* komolyan; (*hurt*) súlyosan || **take sg** ~ vkt/vmt komolyan vesz
seriousness ['sıərıəsnıs] *n* komolyság; súlyosság
sermon ['sɜːmən] *n* igehirdetés, prédikáció, szentbeszéd
serum ['sıərəm] *n* (*pl* **-rums** *or* **-ra** [-rə]) szérum, védőoltás
servant ['sɜːvənt] *n* szolga || ~**s** *pl* házi személyzet
serve [sɜːv] *vt* szolgál; (*customer*) kiszolgál; (*food*) felszolgál | *vi* szolgál (*as* vmül/vmként); (*in tennis*) adogat || ~ **for (sg)** vmre szolgál; **are you being** ~**d?** (*in restaurant*) tetszett már rendelni?; **it** ~**s him right** úgy kell neki!; megérdemelte!; ~ **in the army** katonai szolgálatot teljesít; ~ **one's sentence** büntetését (ki)tölti
serve up tálal
server ['sɜːvə] *n* (*in restaurant*) felszolgáló; (*in tennis player*) adogató; (*tray*) tálca; *comput* szerver
service ['sɜːvıs] **1.** *n* (*help, work*) szolgálat; (*of car*) átvizsgálás, szerviz; (*trains, buses*) viszonylat; járat; (*in church*) istentisztelet; (*in tennis*) adogatás; (*set of dishes*) szerviz; (*of food*) felszolgálás || ~**s** *pl* szolgáltatások || **at your** ~**!** parancsára!; ~ **included** kiszolgálással együtt; → **Services 2.** *v* átvizsgál; (*car*) szervizel
serviceable ['sɜːvısəbl] *a* használható, hasznos
service area *n* (*on motorway*) pihenőhely (szervizzel)
service charge *n* kiszolgálási díj
serviceman ['sɜːvısmən] *n* (*pl* **-men**) sorkatona, kiskatona
Services, the ['sɜːvısız] *n pl* a fegyveres erők
service station *n* benzinkút szervizállomással
serviette [sɜːvı'et] *n* szalvéta
servile ['sɜːvaıl] *a* szolgai
session ['seʃn] *n* (*at university*) tanév, *US* évharmad; (*period of discussion*) ülés, ülésszak || **be in** ~ ülést tart, ülésezik
set [set] **1.** *a* (*rigid*) szilárd; (*fixed*) kötött; (*arranged*) megállapított; (*prescribed*) kötelező (*olvasmány*) || ~ **phrase** állandósult szókapcsolat **2.** *n* (*of cutlery, garment*) készlet, szerviz, szett; *tech* (*apparatus*) készülék; (*in tennis*) játszma, szett; (*in theatre*) díszlet; (*of*

hair) berakás ‖ ~ **of china** porcelán étkészlet; ~ **of furniture** szobaberendezés **3.** *v* (*pt/pp* set; -tt-) *vt* (*place*) helyez, tesz, rak; (*adjust*) beállít; beszabályoz; (*fix*) kijelöl, kitűz; (*give a task*) felad (*leckét*); *print* (ki)szed ǀ *vi* (*solidify*) megköt; megmerevedik; (*join*) összeforr ‖ ~ **in motion** (*machine*) elindít; ~ **sail for** vhová elhajózik; ~ **free** (*sy*) szabadon enged, szabadjára enged (*sg*); ~ **sg on fire** lángra lobbant, felgyújt; ~ **the table** megterít

set about (doing) sg vmnek nekilát, vmhez hozzáfog

set aside (*hostilities*) félretesz, eltesz; (*money*) szán

set (sg) back (*put back*) visszatesz; (*retard*) visszavet ‖ ~ **the clock back one hour** egy órával visszaállítja az órát

set off (*start*) útra kel, elindul; (*break out*) kirobbant ‖ ~ **off to do sg** vmhez hozzáfog

set out elindul, útnak indul ‖ ~ **out to do sg** elhatározza magát vmre

set to (*work*) vmnek nekilát; (*fight*) összeverekedik

set up (*institution*) létesít; (*building*) felépít; (*statue*) emel; (*committee*) alakít; (*business*) elindít ‖ ~ **up a record** csúcsot felállít

set-back *n* balsiker, kudarc

settee [se'tiː] *n* kanapé

setter ['setə] *n* (hosszú szőrű) vizsla, szetter

setting ['setɪŋ] *n* (*of jewel*) foglalat; (*scene*) színhely; *tech* beállítás

settle ['setl] *vt* (*arrange*) elintéz, lezár; (*decide*) megold; (*bill*) kie-

gyenlít, kifizet ǀ *vi* (*make home*) letelepedik, megállapodik; megtalálja a helyét; (*sink down*) leülepedik ‖ **the matter is** ~**d** az ügy el van intézve; **be** ~**d** rendben van

settle down letelepedik; *fig* (*calm down*) megállapodik, rendbe jön ‖ ~ **(oneself) down in a chair** székbe letelepedik

settle on (*dust*) rászáll, rárakódik

settle up (*bill*) elintéz, kiegyenlít

settlement ['setlmənt] *n* (*arrangement*) elintézés; (*payment*) kiegyenlítés; (*making home*) letelepedés; (*village*) település

settler ['setlə] *n* betelepülő, telepes

set-up *n* (*of committee*) összetétel; (*of organization*) felépítés

seven ['sevn] *num* hét ‖ **at** ~ hét órakor, hétkor; **by** ~ hétre; ~ **hundred** hétszáz; ~ **of them** heten; ~ **times** hétszer

seventeen [sevn'tiːn] *num* tizenhét

seventeenth [sevn'tiːnθ] *num/a* tizenhetedik

seventh ['sevnθ] **1.** *num/a* hetedik **2.** *n* heted

seventieth ['sevntɪəθ] *num a* hetvenedik

seventy ['sevntɪ] *num* hetven ‖ **the seventies** (*or* **the 70s** *or* **the 1970s**) a hetvenes évek

sever ['sevə] *v* leválaszt, kettéválaszt

several ['sevrəl] *a/pron* (*some*) néhány, több; (*separate*) különféle, különböző ‖ ~ **of them** többen (közülük); ~ **times** többször

severally ['sevrəlɪ] *adv* külön-külön

severance ['sevərəns] *n* (*of relations*) megszakítás ‖ ~ **pay** végkielégítés

severe [sɪ'vɪə] *a* szigorú; (*serious*) súlyos
severity [sɪ'verətɪ] *n* szigor; *fig* (*seriousness*) súlyosság
sew [səʊ] *v* (*pt* **sewed**, *pp* **sewn** [səʊn] *or* **sewed**) (*garment*) (meg)varr; (*book*) fűz
sew sg on rávarr, felvarr
sewage ['suːɪdʒ] *n* szennyvíz
sewer ['səʊə] *n* szennycsatorna
sewing ['səʊɪŋ] *n* varrás || ~ **machine** varrógép
sewn [səʊn] *pp* → **sew**
sex [seks] **1.** *a* nemi, szexuális **2.** *n* (*condition*) szex, nemiség; (*act*) szex; (*gender*) nem || **have** ~ **with sy** *col* vkvel közösül, lefekszik
sex act *n* nemi aktus
sexpot ['sekspɒt] *n* szexbomba
sextet [seks'tet] *n* szextett
sexual ['sekʃʊəl] *a* nemi, szexuális || ~ **intercourse** nemi közösülés
sexually ['sekʃʊəlɪ] *adv* nemileg, szexuálisan || ~ **transmitted disease** nemi úton terjedő betegség
sexy ['seksɪ] *a col* szexi(s)
SF [es 'ef] = **science fiction**
shabby ['ʃæbɪ] *a* (*dress*) kopott, ócska; *col* (*person*) topis
shack [ʃæk] *n* putri, viskó
shackles ['ʃæklz] *n pl* bilincs
shade [ʃeɪd] **1.** *n* árnyék; (*for lamp*) lámpaernyő; (*colour*) (szín)árnyalat || **a** ~ **better** egy árnyalattal jobb; ~ **of colour** árnyalat; **in the** ~ **of sg** vmnek az árnyékában **2.** *v* megvéd, árnyékot csinál (*nap ellen*)
shadow ['ʃædəʊ] **1.** *n* árnyék || **cast a** ~ **(on/over sy/sg)** árnyékot vet **2.** *v* ~ **sy** (észrevétlenül) követ vkt

shadow cabinet *n* árnyékkormány
shadowy ['ʃædəʊɪ] *a* árnyékos, árnyas
shady ['ʃeɪdɪ] *a* árnyas, árnyékos; (*transaction*) kétes, gyanús
shaft [ʃɑːft] *n* (*of tool*) nyél; (*of wheel*) tengely; (*in a mine*) akna
shaggy ['ʃægɪ] *a* bozontos
shake [ʃeɪk] **1.** *n* rázás, rázkódás; (*drink*) turmix **2.** *v* (*pt* **shook** [ʃʊk], *pp* **shaken** ['ʃeɪkən]) *vt* (meg)ráz | *vi* (*quake*) reng; (*tremble*) (meg)rázkódik, reszket || **to be** ~**n before use** használat előtt felrázandó; ~ **hands with sy** kezet fog vkvel; ~ **one's head** fejét rázza
shake off (*apple, snow*) leráz
shake (sy) up *also fig* felráz
shaken ['ʃeɪkən] *pp* → **shake**
shaky ['ʃeɪkɪ] *a* remegő; (*building*) rozoga
shall [ʃæl] *v* (*auxiliary verb for future tense*) fog || **I** ~ (*or* **I'll**) **go** el fogok menni, elmegyek; **I** ~ **not** (*or* **shan't**) **stay** nem fogok maradni, nem maradok
shallow ['ʃæləʊ] *a* (*water*) sekély; (*person*) felületes, felszínes
shallows ['ʃæləʊz] *n pl* sekély víz
sham [ʃæm] **1.** *a* tettetett **2.** *v* tettet, színlel
shambles ['ʃæmblz] *n sing.* rendetlenség, „kupi"
shame [ʃeɪm] *n* szégyen || **bring** ~ **on sy** szégyent hoz vkre; **for** ~**!** szégyelld magad!, pfuj!; **what a** ~**!** milyen kár!
shameful ['ʃeɪmfəl] *a* szégyenletes, gyalázatos
shameless ['ʃeɪmlɪs] *a* szégyentelen, szemérmetlen

shampoo [ʃæm'puː] *n* sampon; (*washing*) hajmosás
shan't [ʃɑːnt] = **shall not**
shantytown ['ʃæntɪtaʊn] *n* viskótelep, kalibanegyed
shape [ʃeɪp] **1.** *n* alak, forma ǁ **be in bad** ~ rossz bőrben van; **take** ~ alakot/testet ölt, kialakul **2.** *vt* (meg)formál, (ki)alakít ǀ *vi* fejlődik, (ki)alakul
shape up alakul, fejlődik ǁ **be shaping up** formába lendül/jön
-shaped [ʃeɪpt] *a* alakú
shapeless ['ʃeɪplɪs] *a* alaktalan
shapely ['ʃeɪplɪ] *a* formás, jó alakú
share [ʃeə] **1.** *n* (osztály)rész; (*stock*) részvény **2.** eloszt ǁ ~ **a room with sy** megosztozik vkivel a szobán
share in sg vmben részesül
share out vmt szétoszt/kioszt
shareholder ['ʃeəhəʊldə] *n* részvényes
share-out *n* osztozkodás
shark [ʃɑːk] *n* cápa; *pejor* (*swindler*) csaló
sharp [ʃɑːp] **1.** *a* (*knife, pain, wits, eyes*) éles ǁ *mus* **C** ~ **minor** ciszmoll; ~ **bend** éles kanyar **2.** *adv* pontosan ǁ **at five (o'clock)** ~ pontban ötkor **3.** *n mus* kereszt
sharpen ['ʃɑːpən] *v* (*knife*) (meg)élesít; (*pencil*) kihegyez
sharpener ['ʃɑːpənə] *n* (*pencil* ~) hegyező
sharp-eyed *a also fig* éles látású/szemű
sharply ['ʃɑːplɪ] *adv* élesen; (*stop*) hirtelen
sharpshooter ['ʃɑːpʃuːtə] *n* mesterlövész

shatter ['ʃætə] *vt* darabokra tör; *fig* letör
shave [ʃeɪv] **1.** *n* borotválás ǁ **have a** ~ megborotválkozik; **he had a very close** ~ egy hajszálon múlt, hogy elkerülte a bajt **2.** *vt* megborotvál ǀ *vi* megborotválkozik
shave off leborotvál
shaven ['ʃeɪvn] *a* borotvált
shaver ['ʃeɪvə] *n* villanyborotva
shaving cream *n* borotvakrém
shaving soap *n* borotvaszappan
shawl [ʃɔːl] *n* kendő
she [ʃiː] *pron* (*feminine*) ő; (*animal*) nőstény
she- *pref* nőstény
sheaf [ʃiːf] *n* (*pl* **sheaves** [ʃiːvz]) kéve
shear [ʃɪə] *v* (*pt* **sheared**, *pp* **shorn** [ʃɔːn] *or* **sheared**) (*sheep*) (meg)nyír ǁ **be shorn of sg** megfosztanak vkt vmtől
shears [ʃɪəz] *n pl* nyíróolló
sheath [ʃiːθ] *n* (*of sword*) hüvely; (*condom*) óvszer
sheave *v* kévét köt
sheaves [ʃiːvz] *pl* → **sheaf**
shed [ʃed] **1.** *n* fészer, szín, pajta **2.** *v* (*pt/pp* **shed** [ʃed]; **-dd-**) (*leaves, tears, blood*) hullat ǁ ~ **its coat** vedlik; ~ **its leaves** leveleit hullatja
she'd [ʃiːd] = **she had; she would; she should**
sheen [ʃiːn] *n* ragyogás, fény(esség)
sheep [ʃiːp] *n* (*pl* ~) juh, birka
sheepdog ['ʃiːpdɒg] *n* juhászkutya
sheepish ['ʃiːpɪʃ] *a* szégyenlős
sheepskin ['ʃiːpskɪn] *n* báránybőr, birkabőr
sheer [ʃɪə] *a* teljes, tiszta, igazi ǁ **by** ~ **accident** puszta véletlenségből

sheet [ʃiːt] n (of linen) lepedő; (of paper) (papír)lap, ív; (of metal) lemez

shelf [ʃelf] n (pl **shelves** [ʃelvz]) polc, állvány

shell [ʃel] 1. n (of egg, nut) héj; zoo (shellfish) kagyló; mil gránát 2. v (peas) (ki)fejt, lehánt; (enemy) ágyúz, (gránátokkal) lő/lövet

shell out kiguberál

she'll [ʃiːl] = she will

shellfish [ʃelfɪʃ] n zoo kagyló

shelter [ʃeltə] 1. n menedék(ház); (at station, stop) váróhely, bódé; (in war) óvóhely 2. v behúzódik (from vm elől)

sheltered [ʃeltəd] a védett

shelve [ʃelv] v ad acta tesz

shelves [ʃelvz] pl → shelf

shepherd [ʃepəd] n (birka)pásztor, juhász

sheriff [ʃerɪf] n seriff

she's [ʃiːz] = she has; she is

shield [ʃiːld] 1. n (armour) pajzs; el árnyékolás 2. v (protect) megvéd (from vmtől); el árnyékol

shift [ʃɪft] 1. n eltolódás; (working period) műszak, turnus 2. vi elmozdul, eltolódik I vt megmozdít

shift key n váltóbillentyű

shift work n műszakban végzett munka, műszakmunka

shifty [ʃɪftɪ] a sunyi, hamis

shilling [ʃɪlɪŋ] n (coin) shilling

shimmer [ʃɪmə] 1. n pislákolás 2. v pislákol

shin [ʃɪn] n lábszár (elülső része); (bone) sípcsont

shin up (tree) felkúszik

shin-bone n sípcsont

shine [ʃaɪn] 1. n fény, ragyogás II take a ~ to col „csíp" vkt 2. vi

(pt/pp **shone** [ʃɒn]) ragyog; (sun) süt I vt (pt/pp **shined**) (shoe) kifényesít; kipucol

shingle [ʃɪŋgl] n (on beach) kavics

shingles [ʃɪŋglz] n sing. med övsömör

shiny [ʃaɪnɪ] a fényes

ship [ʃɪp] 1. n hajó 2. v -pp- (put in ship) hajóba/hajóra rak; (transport) fuvaroz, szállít

shipbuilding [ʃɪpbɪldɪŋ] n hajóépítés, hajógyártás

shipment [ʃɪpmənt] n (transportation) fuvarozás, szállítás; (goods) szállítmány

shipper [ʃɪpə] n tengeri szállító

shipping [ʃɪpɪŋ] n (ships) hajózás; (transportation) szállítás

shipshape [ʃɪpʃeɪp] 1. a rendes, kifogástalan 2. adv rendesen, kifogástalanul

shipwreck [ʃɪprek] 1. n (accident) hajótörés; (wreckage) hajóroncs 2. v be ~ed hajótörést szenved

shipyard [ʃɪpjɑːd] n hajógyár

shire [ʃaɪə] n GB grófság, megye

shirk [ʃɜːk] v kitér (vm elől)

shirt [ʃɜːt] n ing II **keep one's ~ on** col megőrzi hidegvérét

shirty [ʃɜːtɪ] a col ideges, ingerült

shiver [ʃɪvə] v borzong; reszket

shivers [ʃɪvəz] n pl hidegrázás

shoal [ʃəʊl] n (sandbank) (homok)zátony

shock [ʃɒk] 1. n ütődés, lökés; (emotional) megrázkódtatás, sokk; el áramütés; med sokk 2. v megdöbbent, megráz; sokkol

shock absorber n lengéscsillapító

shocking [ʃɒkɪŋ] a botrányos, felháborító

shod [ʃɒd] pt/pp → shoe

shoddiness ['ʃɒdınıs] *n* gyenge minőség
shoddy ['ʃɒdı] *a* gyenge minőségű, vacak
shoe [ʃuː] 1. *n* (fél)cipő; (*of horse*) patkó ‖ **a pair of ~s** cipő; **I should not like to be in his ~s** nem szeretnék a bőrében lenni 2. *v* (*pt/pp* **shod** [ʃɒd]) megpatkol
shoe brush *n* cipőkefe
shoelace ['ʃuːleıs] *n* cipőfűző
shoe polish *n* cipőkrém
shoe shop (*US* **store**) *n* cipőbolt
shoestring ['ʃuːstrıŋ] *n US* cipőfűző
shone [ʃɒn] *pt/pp* → **shine**
shook [ʃʊk] *pt* → **shake**
shoot [ʃuːt] 1. *n* (*plant*) hajtás, sarj; (*party*) vadásztársaság 2. *v* (*pt/pp* **shot** [ʃɒt]) *vt/vi* (*with gun*) lő; (*animal*) kilő; (*hunt*) vadászik (*sg* vmre); (*film*) forgat ‖ *vi* (*plant*) hajt, sarjad ‖ **~ a goal** gólt lő
shoot at sy vkre rálő
shoot forth a branch ágat hajt
shoot off eliramodik
shooting ['ʃuːtıŋ] 1. *a* (*pain*) éles, nyilalló 2. *n* (film)felvétel, forgatás
shooting star *n* hullócsillag, meteor
shop [ʃɒp] 1. *n* bolt, üzlet; (*workshop*) műhely 2. *v* **-pp-** vásárol ‖ **go ~ping** (be)vásárol
shop around *col* körülnéz az üzletekben
shop assistant *n* bolti eladó
shop-floor, the *n col* az üzem dolgozói
shopkeeper ['ʃɒpkiːpə] *n* boltvezető, tulajdonos
shoplifting ['ʃɒplıftıŋ] *n* (áruházi) lopás

shopper ['ʃɒpə] *n* vásárló
shopping ['ʃɒpıŋ] *n* vásárlás ‖ **do one's/the ~** bevásárol
shopping bag *n* bevásárlószatyor
shopping centre (*US* **-ter**) *n* bevásárlóközpont
shopping precinct (*US* **mall**) *n* vásárlóutca, bevásárlóközpont
shop-soiled *a* összefogdosott
shop window *n* kirakat
shore [ʃɔː] 1. *n* part 2. *v* **~ up** aládúcol, feltámaszt
short [ʃɔːt] 1. *a* rövid; (*person*) alacsony ‖ **I am 10 dollars ~** 10 dollárom hiányzik; **in ~** röviden, mindent összevéve; **~ of money** pénztelen; **sg is in ~ supply** kevés van belőle; **a ~ time ago** kevéssel/röviddel ezelőtt; **after a ~ while** egy kis idő múlva 2. *adv* röviden; (*suddenly*) hirtelen ‖ **stop ~** hirtelen megáll; **fall ~ of sg** nem üti meg a kívánt mértéket; **~ of...** hacsak (vm nem történik)..., vmn kívül; **run ~ (of)** kifogy, elfogy (vm); → **shorts**
shortage ['ʃɔːtıdʒ] *n* (*of goods*) hiány ‖ **~ of cash** pénzzavar
shortbread ['ʃɔːtbred] *n approx* omlós (vajas)keksz
short circuit *n* rövidzárlat
shortcomings ['ʃɔːtkʌmıŋz] *n pl* fogyatékosság
short cut *n* (*way*) átvágás
short drinks *n pl* röviditalok
shorten ['ʃɔːtn] *vt* (meg)rövidít; (*clothes*) felhajt ‖ *vi* (meg)rövidül
shorter ['ʃɔːtə] *a* **become ~** megrövidül
shortest ['ʃɔːtıst] *a* legrövidebb
shortfall ['ʃɔːtfɔːl] *n* hiány, deficit

shorthand [ˈʃɔːthænd] *n GB* gyorsírás ‖ ~ typist gép- és gyorsíró(nő)
shortly [ˈʃɔːtlɪ] *adv* rövidesen ‖ ~ after kevéssel azután
shorts [ʃɔːts] *n pl* rövidnadrág, sort
short-sighted *a also fig* rövidlátó
short story *n* novella
short-tempered *a* indulatos
short-term *a* rövid távú/lejáratú
short wave *n* rövidhullám
shot[1] [ʃɒt] *n* (*shooting*) lövés; (*of film*) filmfelvétel; (*projectile*) lövedék, sörét; (*kick*) rúgás, lövés; (*injection*) injekció; *sp* súly ‖ like a ~ mintha puskából lőtték volna ki
shot[2] [ʃɒt] *pt/pp* → shoot
shotgun [ˈʃɒtɡʌn] *n* vadászpuska
should [ʃəd, ʃʊd] *v* (*auxiliary verb*) kellene; volna ‖ I ~ like to... szeretnék...; ~ he come abban az esetben, ha eljönne; I ~ think so meghiszem azt!; you ~ not (*or* shouldn't) drink nem kellene (*v.* nem lenne szabad) innod
shoulder [ˈʃəʊldə] *n* váll ‖ give sy the cold ~ *col* ridegen elutasít vkt; ~ to ~ vállvetve
shoulder bag *n* oldaltáska
shoulder blade *n* lapocka
shoulder-high *a* vállmagasságú
shoulder strap *n* vállszíj
shouldn't [ˈʃʊdnt] = should not
shout [ʃaʊt] 1. *n* kiáltás ‖ give a ~ felkiált 2. *v* kiált, kiabál, ordít
shout at sy rákiált vkre
shout sy down lehurrog
shouting [ˈʃaʊtɪŋ] *n* kiabálás
shove [ʃʌv] 1. *n* taszítás, tolás, lökés 2. *v* (*push*) lök, tol; (*jostle*) lökdösődik, furakodik

shove aside félrelök
shovel [ˈʃʌvl] *n* lapát
show [ʃəʊ] 1. *n* (*performance*) előadás, show; (*exhibition*) kiállítás; *col* (*business*) vállalkozás, üzlet, buli ‖ the ~ is on az előadás folyik; put up a good ~ szép teljesítményt ér el; a poor ~ *col* gyenge dolog/szereplés 2. *v* (*pt* showed, *pp* shown [ʃəʊn]) (*let be seen*) (meg)mutat; (*present*) bemutat; (*display*) kiállít; (*indicate*) vmre rámutat; (*appear*) látszik, kilátszik ‖ ~ one's hands nyílt kártyával játszik
show in bevezet
show off nagyzol, fitogtat
show sy out (*to door*) kikísér
show up *vt* (*reveal*) felmutat I *vi* (*appear*) látszik, mutatkozik
showbiz [ˈʃəʊbɪz] *n* = show business
show business *n* szórakoztatóipar
showcase [ˈʃəʊkeɪs] *n* tárló, vitrin
shower [ˈʃaʊə] 1. *n* (*rain*) zápor, zivatar; (*bath*) zuhany ‖ have/take a ~ (le)zuhanyozik 2. *v* eláraszt, záporoz ‖ ~ sy with sg vkt vmvel elhalmoz
showerproof [ˈʃaʊəpruːf] *n* esőálló
showing [ˈʃəʊɪŋ] *n* (film)vetítés
show jumping *n* díjugratás
shown [ʃəʊn] *pp* → show
show-off *n* hencegő, felvágós (alak)
showpiece [ˈʃəʊpiːs] *n* (látványos) kiállítási darab
showroom [ˈʃəʊrum] *n* bemutatóterem, mintaterem
showy [ˈʃəʊɪ] *a* (*clothes*) mutatós, feltűnő; (*person*) hatásvadász(ó)
shrank [ʃræŋk] *pt* → shrink

shred [ʃred] 1. *n* (*of cloth*) rongy-darab(ka) 2. *v* **-dd-** darabokra tép ‖ **~ vegetables** zöldséget gyalul
shredder ['ʃredə] *n* (*for vegetables*) gyalu
shrewd [ʃruːd] *a* éles eszű, okos
shriek [ʃriːk] 1. *n* sikoltás, sikoly 2. *v* rikácsol, sikít
shrine [ʃraɪn] *n* szentély
shrink [ʃrɪŋk] *v* (*pt* shrank [ʃræŋk]; *pp* shrunk [ʃrʌŋk] *or* shrunken ['ʃrʌŋkən]) *tex* összemegy, (össze)-zsugorodik
shrinkage ['ʃrɪŋkɪdʒ] *n* (*shrinking*) zsugorodás, összemenés; (*in hot water*) beavatás
shrivel ['ʃrɪvl] *v* **-ll-** (*US* **-l-**) össze-zsugorodik, (el)fonnyad
Shrove Tuesday [ʃrəʊv] *n* húsha-gyó kedd
shrub [ʃrʌb] *n* bokor, cserje
shrubbery ['ʃrʌbərɪ] *n* bozót, bok-rok
shrug [ʃrʌg] 1. *n* **~ (of the shoul-ders)** vállrándítás 2. *v* **-gg- ~ one's shoulders** vállat von
shrunk [ʃrʌŋk] *pp* → shrink
shrunken ['ʃrʌŋkən] *pt* → shrink
shudder ['ʃʌdə] *v* borzong, resz-ket
shudder at sg irtózik vmtől
shuffle ['ʃʌfl] 1. *n* csoszogás 2. *v* (*cards*) (meg)kever
shun [ʃʌn] *v* **-nn-** vkt (szándékosan) elkerül
shunt [ʃʌnt] *v* *vasút* tolat
shut [ʃʌt] *v* (*pt/pp* shut [ʃʌt]; **-tt-**) *vt* becsuk, (be)zár ‖ *vi* (be)csukódik, (be)záródik ‖ **~ one's eyes to sg** szemet huny vm fölött
shut down (*lid*) becsuk
shut in bezár, elzár

shut out (*person, noise*) kizár, vmből kirekeszt, kicsuk
shut up vmt vhová elzár ‖ **~ up!** fogd be a szád!, csend legyen!
shutdown ['ʃʌtdaʊn] *n* (*in factory*) üzemszünet
shutter ['ʃʌtə] *n photo* zár
shutters ['ʃʌtəz] *n pl* zsalu ‖ **put up the ~** lehúzza a redőnyt
shuttle ['ʃʌtl] 1. *n* (*train etc*) ingajá-rat; (*space ~*) űrkomp 2. *v* (*by train, plane*) ingázik
shuttlecock ['ʃʌtlkɒk] *n* (*game*) tollaslabda
shuttle service *n* ingajárat
shy [ʃaɪ] *a* félénk, szégyenlős
shyster ['ʃaɪstə] *n US* zugügyvéd
sibling ['sɪblɪŋ] *n* testvér
sick [sɪk] 1. *a* (*ill*) beteg; (*humour*) fekete ‖ **be ~** (*vomiting*) hány; **fall ~** megbetegszik (*with* vmben); **feel ~** betegnek érzi magát; **be ~ of sg** *col* torkig van vmvel, un vmt 2. *n* **the ~** a betegek
sickbay ['sɪkbeɪ] *n* betegszoba, gyengélkedő
sicken ['sɪkn] *v* émelyít
sickening ['sɪkənɪŋ] *a* émelyítő; *fig* gusztustalan, undorító
sickle ['sɪkl] *n* sarló
sick leave *n* betegszabadság ‖ **be on ~** táppénzen van
sickly ['sɪklɪ] *a* beteges, vézna
sickness ['sɪknɪs] *n* betegség ‖ **~ benefit** táppénz
sick pay *n* táppénz
sick-room *n* betegszoba
side [saɪd] 1. *n* (*of body, mountain, subject*) oldal ‖ **~ by ~** egymás mellett; **on this ~ of sg** vmn in-nen; **from all ~s** mindenfelől; **take ~s** (*in dispute*) állást foglal

vm ügyben; **take ~s against sy** állást foglal vk ellen **2.** *a* mellék- **3.** *v* ~ **with sy** vknek az oldalára áll
side-aisle *n archit* mellékhajó
sideboard ['saɪdbɔːd] *n* tálaló
sideboards ['saɪdbɔːdz] *n pl* oldalszakáll
sideburns ['saɪdbɜːnz] *n pl US* oldalszakáll
side-car *n* oldalkocsi
side-effect *n* mellékhatás
side-issue *n* másodrendű kérdés, mellékszempont, mellékes dolog
sidelight ['saɪdlaɪt] *n* oldalvilágítás; *GB (on car)* helyzetjelző
sideline ['saɪdlaɪn] *n (extra job)* mellékfoglalkozás; *sp* oldalvonal
sidelong ['saɪdlɒŋ] **1.** *a* ferde, oldalsó **2.** *adv* oldalra, oldalt
side road *n* bekötőút, mellékút
side-show *n (exhibition)* mellékkiállítás; *(amusement)* vurstli, mutatványosbódé
side street *n* mellékutca
sidewalk [saɪdwɔːk] *n US* járda
sidewards (*US* **sideward**) ['saɪdwəd(z)] *adv* = **sideways**
sideways ['saɪdweɪz] *adv* (fél)oldalt, oldalról
siding ['saɪdɪŋ] *n* kitérővágány
sidle ['saɪdl] *v* oldalaz
siege [siːdʒ] *n* ostrom
sieve [sɪv] **1.** *n* szita, rosta **2.** *v (sift)* (át)szitál
sift [sɪft] *v* átszitál; *also fig* (meg)rostál
sigh [saɪ] **1.** *n* sóhaj, sóhajtás ǁ **give a ~** sóhajt egyet **2.** *v* (fel)sóhajt
sight [saɪt] *n (power of seeing)* látás; *(view)* látvány, látványosság; *(of gun)* irányzék ǁ **at first ~,**

on ~ első látásra; **within ~** látótávolságon belül; **~s** *pl* látnivalók, nevezetességek
-sighted ['saɪtɪd] *a* -látású, -látó
sightless ['saɪtlɪs] *a* világtalan
sightseer ['saɪtsiːə] *n* városnéző, turista
sightseeing ['saɪtsiːɪŋ] *n* városnézés ǁ **go ~** megnézi a látnivalókat, városnézésre megy
sign [saɪn] **1.** *n* jel; *(indication)* tünet; *(traffic)* jelzőtábla ǁ **make a ~** jelt ad; **show no ~ of life** nem ad életjelt **2.** *v* aláír
sign in *(at hotel)* bejelentkezik
sign on *(for work)* munkát vállal
sign out *(of hotel)* kijelentkezik
sign up *(worker)* (le)szerződtet
signal ['sɪgnəl] **1.** *n* jel, jelzés; *(device)* szemafor ǁ **give a ~** jelt ad **2.** *v* -ll- (*US* -l-) jelt ad, jelez
signal-box *n railw* őrház
signature ['sɪgnətʃə] *n* aláírás
signboard ['saɪnbɔːd] *n* cégtábla
significance [sɪgˈnɪfɪkəns] *n* jelentőség, fontosság
significant [sɪgˈnɪfɪkənt] *a* jelentős, fontos
signify ['sɪgnɪfaɪ] *v* jelent vmt (*vm jelentése van*)
signpost ['saɪnpəʊst] *n* jelzőtábla
silence ['saɪləns] **1.** *n* csend; *(of person)* hallgatás ǁ **in ~** csendben; **~ please!** csendet kérek!; **reduce sy to ~** elhallgattat vkt **2.** *v* (el)csendesít, elhallgattat
silencer ['saɪlənsə] *n (of gun)* hangtompító; *GB (of car)* kipufogódob
silent ['saɪlənt] *a (quiet)* csendes, szótlan; *(mute)* néma ǁ **remain ~** nem szól, hallgat
silent film *n* némafilm

silhouette [sɪluːˈet] n árnykép, sziluett
silk [sɪlk] n selyem
silky [ˈsɪlkɪ] a selymes
sill [sɪl] n ablakpárkány
silly [ˈsɪlɪ] a buta, ostoba ‖ don't be ~ ne légy csacsi!
silt [sɪlt] n hordalék, iszap
silver [ˈsɪlvə] n ezüst; (tablewear) ezüst; evőeszköz(ök); (coin) ezüstpénz
silver paper n ezüstpapír
silver-plated a ezüstözött
silversmith [ˈsɪlvəsmɪθ] n ezüstműves
silverware [ˈsɪlvəweə] n ezüsttárgyak
silvery [ˈsɪlvərɪ] a ezüstös
similar [ˈsɪmɪlə] a (resembling) hasonló; (like) ugyanolyan ‖ be ~ to sg hasonlít vkhez/vmhez or vkre/vmre
similarity [sɪmɪˈlærətɪ] n hasonlóság
similarly [ˈsɪmələlɪ] adv ugyanúgy
simile [ˈsɪmɪlɪ] n hasonlat
simmer [ˈsɪmə] vi lassú tűzön fő | vt lassú tűzön főz
simple [ˈsɪmpl] a egyszerű, szimpla; math elsőfokú ‖ it's not so ~ ez nem olyan egyszerű
simple-minded a naiv, hiszékeny
simpleton [ˈsɪmpltən] n együgyű ember, mulya
simplicity [sɪmˈplɪsətɪ] n egyszerűség; (foolishness) együgyűség
simplify [ˈsɪmplɪfaɪ] v (le)egyszerűsít
simply [ˈsɪmplɪ] adv egyszerűen
simulate [ˈsɪmjʊleɪt] v színlel; tech szimulál
simulation [sɪmjʊˈleɪʃn] n színlelés; tech szimuláció

simultaneous [sɪmlˈteɪnɪəs] a egyidejű, szimultán (with vmvel) ‖ ~ translation szinkrón tolmácsolás
simultaneously [sɪmlˈteɪnɪəslɪ] adv egyidejűleg, szimultán
sin [sɪn] 1. n rel bűn, vétek 2. v -nn- ~ against sy/sg vétkezik vk/vm ellen
since [sɪns] 1. adv/prep (from that time) azóta, hogy; (after) óta, attól fogva, -tól, -től ‖ ~ Monday hétfő óta; ever ~ azóta is, amióta csak... 2. conj (because) mivel, minthogy, mert
sincere [sɪnˈsɪə] a őszinte
sincerely [sɪnˈsɪəlɪ] adv őszintén ‖ Yours ~ (or US S~ yours) szívélyes üdvözlettel
sincerity [sɪnˈserətɪ] n őszinteség
sinew [ˈsɪnjuː] n ín
sinful [ˈsɪnfəl] a bűnös, vétkes
sing [sɪŋ] v (pt sang [sæŋ], pp sung [sʌŋ]) énekel, dalol
singe [sɪndʒ] v (pres p singeing) (meg)perzsel, pörköl
singer [ˈsɪŋə] n énekes
single [ˈsɪŋgl] 1. a (sole) egyes, egyedüli; (happening once) egyszeri; (unmarried) egyedülálló, (woman) hajadon, (man) nőtlen ‖ in ~ file sorban egyesével 2. n (ticket) egyszeri utazásra szóló jegy ‖ ~(s pl) sp egyes; men's ~ férfi egyes 3. v ~ out kiválogat
single bedroom n egyágyas szoba
single-breasted a (coat) egysoros
single-handed a/adv egyedül
single-minded a (purposeful) céltudatos; (frank) őszinte, nyílt
single room n egyágyas szoba
single-sided a egyoldalú; comput egyoldalas

single-storey *a* földszintes
singlet ['sɪŋglɪt] *n* atlétatrikó
single ticket *n* egyszeri utazásra szóló jegy
singly ['sɪŋglɪ] *adv* (*solely*) egyedül; (*one by one*) egyenként
singular ['sɪŋgjʊlə] **1.** *a gram* egyes számú; (*strange*) különös, furcsa **2.** *n gram* egyes szám
sinister ['sɪnɪstə] *a* vészjósló
sink [sɪŋk] **1.** *n* (konyhai) mosogató; kiöntő **2.** *v* (*pt* **sank** [sæŋk], *pp* **sunk** [sʌŋk]) *vi* (*ship*) (el)süllyed I *vt* elsüllyeszt; (*hole, voice*) mélyít II ~ **or swim** vagy megszokik, vagy megszökik
sink into belemerül, belesüpped II ~ **into oblivion** feledésbe merül
sinner ['sɪnə] *n rel* bűnös
sip [sɪp] **1.** *n* korty **2.** *v* -pp- kortyol(gat)
siphon ['saɪfn] **1.** *n* (*tube*) szívócső; (*stink-trap*) bűzelzáró; (*bottle*) autoszifon **2.** *v* ~ **off/out** szívócsővel elvezet/kiszív
sir [sɜː] *n* (*in addressing*) uram!; (*teacher*) tanár úr (kérem), (*at lower school*) tanító bácsi (kérem); *GB* (*knight*) II **yes** ~ igenis (uram); (*in letter*) **Dear S~(s)** Tisztelt Uram/Uraim; **S~ Winston (Churchill)** (*lovag címe, mindig keresztnévvel együtt*)
siren ['saɪərən] *n* sziréna
sirloin ['sɜːlɔɪn] *n* bélszín, hátszín
sister ['sɪstə] *n* (*daughter of the same parents*) (lány)testvér, (*elder*) nővér; (*younger*) húg; (*nun*) nővér; (*nurse*) (ápoló)nővér
sister-in-law *n* (*pl* **sisters-in-law**) sógornő

sit [sɪt] *v* (*pt/pp* **sat** [sæt]; -tt-) ül; (*hold meeting*) ülésezik II ~ **an exam** vizsgázik
sit down (*on chair*) leül II **will you** ~ **down please** tessék helyet foglalni!
sit for (*exam*)) jelentkezik II ~ **for an exam** vizsgázni megy, vizsgázik
sit in on (*discussion*) részt vesz
sit up (*not go to bed*) fenn marad; (*in bed*) felül
sit-down strike *n* ülősztrájk
site [saɪt] *n* telek, házhely II **on the** ~ a helyszínen
sit-in *n* ülősztrájk
siting ['saɪtɪŋ] *n* elhelyezés
sitting ['sɪtɪŋ] *n* (*of committee*) ülés II ~ **room** nappali (szoba)
situated ['sɪtjʊeɪtɪd] *a* **be** ~ (*town, building*) fekszik, elterül
situation [sɪtjʊ'eɪʃn] *n* (*position*) helyzet; fekvés; (*condition*) szituáció; (*job*) állás; (*in advertisement*) ~**s vacant** felveszünk:
six [sɪks] *num* hat II **at six (o'clock)** hatkor
sixteen [sɪk'stiːn] *num* tizenhat
sixteenth [siːk'stiːnθ] *num a* tizenhatodik
sixth [sɪksθ] **1.** *num a* hatodik **2.** *n* hatod
sixtieth ['sɪkstɪəθ] *num a* hatvanadik
sixty ['sɪkstɪ] *num* hatvan II **the sixties** (*or* **the 60s** *or* **1960s**) a hatvanas évek
size[1] [saɪz] **1.** *n* (*extent*) terjedelem; (*of clothing*) méret; nagyság, szám II ~ **15 collar** 39-es nyakbőség **2.** *v* felmér, felbecsül II ~ **up the situation** felméri a helyzetet

size² [saɪz] n (glue) csiriz
sizzle ['sɪzl] 1. n sercegés 2. v serceg
skate [skeɪt] 1. n korcsolya ‖ get/put one's ~s on col vedd föl a nyúlcipőt 2. v korcsolyázik
skateboard ['skeɪtbɔːd] n gördeszka
skater ['skeɪtə] n korcsolyázó
skating ['skeɪtɪŋ] n korcsolyázás ‖ ~ rink műjég(pálya)
skeet [skiːt] n agyaggalamb-lövészet
skeleton ['skelɪtn] n csontváz ‖ a ~ in the cupboard titkolt (családi) szégyenfolt
skeleton key n álkulcs
skeptic ['skeptɪk] US → sceptic
sketch [sketʃ] 1. n vázlat, skicc; theat szkeccs 2. v (fel)vázol, leskiccel
sketch-block n vázlattömb
sketchy ['sketʃɪ] a vázlatos
skewer ['skjʊə] n kis nyárs, pecek
ski [skiː] 1. n (pl skis or ski) sí ‖ a pair of ~s sí 2. v (pt/pp ski'd or skied; pres p skiing) síel, sízik
ski boot(s) n (pl) sícipő
ski course n sípálya
skid [skɪd] 1. n (for brake) féksaru; (sliding) farolás, (meg)csúszás 2. v -dd- (vehicle) megcsúszik, megfarol
skiing ['skiːɪŋ] n síelés, sízés
ski-jumping n síugrás
skilful (US skillful) ['skɪlfəl] a (adroit) ügyes; (skilled) szakképzett
ski-lift n sífelvonó, sílift
skill [skɪl] n jártasság; szakértelem, ügyesség

skilled [skɪld] a képzett, gyakorlott, (szak)képzett, hozzáértő ‖ ~ worker szakmunkás
skim [skɪm] v -mm- lefölöz, leszed ‖ ~ the cream off sg leszedi vmnek a javát
skim over/through átnéz, átolvas, átfut
skimp [skɪmp] v (work) gyorsan összecsap
skimpy ['skɪmpɪ] a hiányos, szegényes, snassz
skin [skɪn] 1. n bőr; (of fruit) héj; (of milk) bőr, föl 2. v -nn- (animal) megnyúz; (wound) lehorzsol
skin cream n (kozmetikai) krém
skin-deep a felületes, felszínes; (knowledge) sekélyes
skin-diver n könnyűbúvár
skinhead ['skɪnhed] n bőrfejű
skinny ['skɪnɪ] a sovány
skintight [skɪn'taɪt] a (dress) tapadó(s), testhezálló
skip [skɪp] v -pp- (jump) szökdécsel; szökell; (jump over) átugrik; (omit) kihagy
ski pole n síbot
skipper ['skɪpə] n sp (csapat)kapitány
skipping-rope n ugrókötél
ski resort n téli üdülőhely, síparadicsom
skirt [skɜːt] n szoknya
ski suit n síruha, síöltöny
skit [skɪt] n (rövid) tréfás jelenet, paródia
skittle ['skɪtl] n tekebábu; → skittles
skittles ['skɪtlz] n sing. kugli, tekejáték (9 fával)
skive [skaɪv] v col (from school) lóg

skulk [skʌlk] **1.** *n* lógós **2.** *v* leselkedik
skull [skʌl] *n* koponya
sky [skaɪ] *n* ég(bolt), mennybolt
skylight ['skaɪlaɪt] *n* tetőablak
skyscraper [skaɪskreɪpə] *n* felhőkarcoló
slab [slæb] *n* kőlap
slack [slæk] **1.** *a* (*skin*) petyhüdt; (*muscles*) ernyedt; (*business*) lanyha, gyenge **2.** *v* (*rope*) lazán lóg; (*person*) lazít, lazsál
slacken ['slækn] *vi* (meg)lazul; (*careless*) hanyag I *vt* (meg)lazít
slacks [slæks] *n pl* (hosszú)nadrág
slag [slæg] *n* salak
slain [sleɪn] *pp* → **slay**
slalom ['slɑːləm] **1.** *n* műlesiklás, szlalom **2.** *v* szlalomozik
slam [slæm] **-mm-** *v* (*door*) *vi* bevágódik I *vt* bevág
slander ['slɑːndə] **1.** *n* rágalmazás, rágalom **2.** *v* (meg)rágalmaz
slang [slæŋ] *n* szleng
slant [slɑːnt] **1.** *n* (*slope*) lejtő, dőlés; (*presentation*) vmlyen beállítás II **on the ~** ferdén **2.** *v* (*lean*) dől; (*slope*) lejt; (*distort*) elferdít, vmlyen beállításban ad elő
slanting ['slɑːntɪŋ] *a* ferde
slap [slæp] **1.** *n* könnyed ütés, legyintés; (*on face*) pofon **2.** *v* **-pp-** (meg)üt, (meg)legyint
slapdash ['slæpdæʃ] *a* felületes II **in a ~ manner** felületesen, felibeharmadába
slash [slæʃ] *v* (*face*) összeszabdal; (*expenditure*) radikálisan csökkent
slate [sleɪt] **1.** *n* (*rock* or *roof cover*) pala; (*board*) palatábla **2.** *v* (*cover*) palával fed; *col* (*criticize*) lehúz

slaughter ['slɔːtə] *v* (*animal*) levág; (*people*) lemészárol
slaughterhouse ['slɔːtəhaʊs] *n* vágóhíd
Slav [slɑːv] *a/n* szláv
slave [sleɪv] **1.** *n* rabszolga II **be a ~ of/to sg** rabja vmnek **2.** *v* **~ away** *fig* robotol
slavery ['sleɪvərɪ] *n* rabszolgaság
slavish ['sleɪvɪʃ] *a* szolgai
Slavonic [slə'vɒnɪk] **1.** *a* szláv **2.** *n* szláv nyelv
slay [sleɪ] *v* (*pt* **slew** [sluː], *pp* **slain** [sleɪn]) (meg)öl
sled [sled] *n*; *v* **-dd-** *US* = **sledge**
sledge [sledʒ] **1.** *n* szán(kó) **2.** *v* szánkózik
sleek [sliːk] *a* (*hair*) sima, fényes; (*person*) sima (modorú)
sleep [sliːp] **1.** *n* alvás **2.** *v* (*pt/pp* **slept** [slept]) alszik II **go to ~** (*person*) elalszik; (*leg*) elzsibbad; **~ well!** szép álmokat!
sleep in *US* (jó) sokáig alszik
sleep with sy *col* lefekszik vkvel
sleeper ['sliːpə] *n* (*person*) (jó/rossz) alvó; *railw* (*car*) hálókocsi; (*on track*) talpfa
sleepily ['sliːpɪlɪ] *adv* álmosan
sleeping ['sliːpɪŋ] *a* alvó II **~ bag** hálózsák; **~ car** hálókocsi; **~ pill** altató(szer)
sleepless ['sliːplɪs] *a* álmatlan
sleeplessness ['sliːplɪsnɪs] *n* álmatlanság
sleepwalker ['sliːpwɔːkə] *n* alvajáró, holdkóros
sleepy ['sliːpɪ] *a* álmos; (*inactive*) unalmas, álmosító
sleet [sliːt] *n* havas eső, dara
sleeve [sliːv] *n* ruhaujj; (*for record*) hanglemezborító

sleeveless ['sliːvlɪs] *a* ujjatlan
sleigh [sleɪ] *n* szán(kó)
sleight [slaɪt] *n* ~ **of hand** bűvészmutatvány
slender ['slendə] *a* karcsú; (*not enough*) csekély
slept [slept] *pt/pp* → **sleep**
slew[1] [sluː] *v* csavarodik
slew[2] [sluː] *pt* → **slay**
slice [slaɪs] **1.** *n* (*of fruit*) gerezd; (*of bread*) szelet **2.** *v* szel(etel)
sliced bacon [slaɪst] *n* (szeletelt) angolszalonna
slick [slɪk] **1.** *a* (*skilful*) ügyes; (*smart*) elegáns; (*sly*) ravasz, „dörzsölt" **2.** *n* (**oil**) ~ (*on sea*) olajréteg **3.** *v* (*hair*) lenyal
slid [slɪd] *pt/pp* → **slide**
slide [slaɪd] **1.** *n* (*sliding*) csúszás; (*in playground*) csúszda; (*picture*) dia **2.** *v* (*pt/pp* **slid** [slɪd]) csúszik, siklik
slide projector *n* diavetítő
sliding door ['slaɪdɪŋ] *n* tolóajtó
slight [slaɪt] **1.** *a* (*small*) csekély, kevés; (*trivial*) jelentéktelen ‖ **not in the ~est (degree)** a legcsekélyebb mértékben sem **2.** megbánás, sértés **3.** *v* (*offend*) megbánt, megsért
slightly ['slaɪtlɪ] *adv* kissé, némiképp(en), valamivel
slim [slɪm] **1.** *a* karcsú **2.** *v* -mm- fogyó(kúrá)zik
slime [slaɪm] *n* (*mud*) iszap; (*mucus*) nyálka
slimming cure ['slɪmɪŋ] *n* fogyókúra
slimy ['slaɪmɪ] *a* nyálkás
sling [slɪŋ] **1.** *n* parittya **2.** *v* (*pt/pp* **slung** [slʌŋ]) (*stone*) hajít, parittyáz

slingshot ['slɪŋʃɒt] *n US* parittya
slip [slɪp] **1.** *n* (*slipping*) (meg)csúszás; (*mistake*) hiba, botlás; (*of paper*) cédula; (*of pillow*) (párna)huzat; (*undergarment*) kombiné ‖ ~ **of the tongue** nyelvbotlás, *col* baki **2.** *v* -pp- (*glide*) megcsúszik; (*escape*) kicsúszik (*from* vmből, vhonnan) ‖ **let** ~ (*chance*) elszalaszt; ~ **sy (money)** *col* jattot ad; **sg ~s one's mind** kiesik az emlékezetéből
slip away búcsú nélkül (*or* angolosan) távozik
slip in beoson, besomfordál
slip into/on (*garment*) bebújik
slip up *col* bakizik
slipped disc [slɪpt] *n med* porckorongsérv
slippers ['slɪpəz] *n pl* papucs
slippery ['slɪpərɪ] *a* csúszós
slipping ['slɪpɪŋ] *a* csúszó
slip-road *n* (*off/onto motorway*) leágazás, bekötőút, ráhajtóút
slipshod ['slɪpʃɒd] *a* (*work*) trehány; (*style*) pongyola
slip-up *n col* baki
slipway ['slɪpweɪ] *n* sólya(pálya)
slit [slɪt] **1.** *n* rés, nyílás **2.** *v* (*pt/pp* **slit; -tt-**) felvág, metsz
slither ['slɪðə] *v* (meg)csúszik
slithery ['slɪðərɪ] *a* síkos
sliver ['slɪvə] *n* (*of wood*) forgács; (*of glass*) szilánk **2.** *vt* leszakít, lerepeszt (vmről); *vi* leszakad, lehasad
slog [slɒg] **1.** *n col* (*effort*) nagy hajtás **2.** *v* -gg- *v* (*work*) erőlködik; ~ **away at** *col* hajt
slogan ['sləʊgən] *n* jelszó; szlogen
slop [slɒp] **1.** *n* (*dish-water*) mosogatólé; szennyvíz; (*swill*) moslék

2. v -pp- vi kiloccsan I vt kilocs-
csant
slope [sləʊp] **1.** n (slant) lejtő,
emelkedő; (direction) lejtés **2.** v
lejt
sloping [ˈsləʊpɪŋ] a lejtős
sloppily [ˈslɒpɪlɪ] col rendetlenül
sloppy [ˈslɒpɪ] a col (work) rendet-
len, trehány; (style) pongyola
slot [slɒt] n (for coins, letters) nyí-
lás; col (place) lehetőség, alka-
lom, hely
slot machine n (for tickets, ciga-
rettes) (pénzbedobós) automata;
(for gambling) játékautomata
slouch [slaʊtʃ] v lomhán csoszog/
áll/ül II **don't ~!** húzd ki magad!
Slovak [ˈsləʊvæk] **1.** a szlovák **2.** n
(language, person) szlovák
Slovakia [sləʊˈvækɪə] n Szlovákia
Slovakian [sləʊˈvækɪən] a szlovák
Slovene [ˈsləʊviːn] n (language)
szlovén
Slovenia [sləʊˈviːnɪə] n Szlovénia
Slovenian [sləʊˈviːnɪən] a szlovén
slovenly [ˈslʌvnlɪ] a elhanyagolt
(külsejű), slampos
slow [sləʊ] **1.** a lassú; (stupid) ne-
hézfejű; (dull) vontatott II **be ~**
(watch) késik; **his watch is five
minutes ~** öt percet késik az órája
2. adv lassan **3.** v (vk, vm) lassít
slow down (vehicle) (le)lassít, le-
fékez; (le)lassul
slow up (vehicle) lelassít
slowly [ˈsləʊlɪ] adv lassan II **~!** (road
sign) lassan!
slowness [ˈsləʊnɪs] n lassúság
slow-witted a lassú észjárású
sludge [slʌdʒ] n lucsok
slug[1] [slʌg] n (animal) meztelen
csiga; (bullet) (puska)golyó

slug[2] [slʌg] v -gg- US col (erősen)
üt, püföl
sluggish [ˈslʌgɪʃ] a lomha, rest
sluice [sluːs] n zsilip
slum [slʌm] n szegénynegyed
slumber [ˈslʌmbə] **1.** n szendergés
2. v szendereg
slump [slʌmp] n gazdasági válság,
depresszió II **~ in prices** árzuha-
nás
slung [slʌŋ] pt/pp → **sling**
slunk [slʌŋk] pt/pp → **slink**
slur [slɜː] **1.** n (stain) gyalázat,
szégyenfolt; (bad pronounciation)
nem tiszta (ki)ejtés, hadarás **2.** v
-rr- (disregard) átsiklik (over
vmn), semmibe vesz; (depreciate)
becsmérel; (pronounce indis-
tinctly) hibásan/hadarva beszél
slush [slʌʃ] n csatak, latyak
slushy [ˈslʌʃɪ] a (ice) kásás, latyakos
sly [slaɪ] a alattomos, ravasz II **on
the ~** alattomban
slyness [ˈslaɪnɪs] n ravaszság, alat-
tomosság
smack[1] [smæk] **1.** n (on face) po-
fon **2.** v megüt II **~ one's lips**
csettint
smack[2] [smæk] v **~ of** vm érzik
vmn
small [smɔːl] a kis, kicsi, kevés;
(short) alacsony, kicsi II **~ ads** pl
apróhirdetések; **~ change** apró-
pénz
smaller [ˈsmɔːlə] a kisebb
smallest [ˈsmɔːlɪst] a legkisebb
smallholder [ˈsmɔːlhəʊldə] n kis-
gazda
smallholding [ˈsmɔːlhəʊldɪŋ] n
kisbirtok
small hours n pl **the ~** a kora
hajnali órák

smallish ['smɔːlıʃ] *a* meglehetősen kicsi
small-minded *a* (szellemileg) korlátolt
smallpox ['smɔːlpɒks] *n* himlő
small talk *n* bájcsevegés
small-time *a US col* kisszerű, kisstílű, piti
smart [smɑːt] **1.** *a* csinos, elegáns; (*clever*) okos, eszes; (*quick*) gyors ǁ **the ~ set** az előkelő/elegáns világ **2.** *v* **my eyes are ~ing** ég a szemem
smarten (oneself) up ['smɒːtn] *v* csinosítja magát
smash [smæʃ] **1.** *n* (*noise*) csattanás; (*collision*) (súlyos) összeütközés, szerencsétlenség; (*in tennis*) lecsapás **3.** *v* (*crash*) (össze)-tör, összezúz, eltör; (*break*) betör; (*in tennis*) lecsap
smash up összetör, összezúz, összerombol, szétzúz ǁ **my car got ~ed up** összetörték a kocsimat
smash-hit *n col* bombasiker
smashing ['smæʃıŋ] *a col* bomba jó, klassz
smattering ['smætərıŋ] *n* **a ~ of knowledge** *col* csekélyke tudás
smear [smıə] **1.** *n med* kenet **2.** *v* elken, elmaszatol
smear campaign *n* (politikai) rágalomhadjárat
smell [smel] **1.** *n* szag; (*sense*) szaglás ǁ **~ of gas** gázszag **2.** *v* (*pt/pp* **smelt** [smelt]) (meg)szagol, szimatol ǁ **~ good** jó szaga van; **~ of sg** vmlyen szaga van
smelly ['smelı] *a* büdös
smelt[1] [smelt] *v* (*metal*) olvaszt
smelt[2] [smelt] *pt/pp* → **smell**

smelter ['smeltə] *n* olvasztár
smile [smaıl] **1.** *n* mosoly **2.** *v* mosolyog ǁ **keep smiling** légy mindig derűs
smite [smaıt] *v* (*pt* **smote** [sməʊt], *pp* **smitten** ['smıtn]) megüt, rásújt ǁ **smitten with** vmvel sújtott
smith [smıθ] *n* kovács
smitten ['smıtn] *pp* → **smite**
smog [smɒg] *n* füstköd, szmog
smoke [sməʊk] **1.** *n* füst ǁ **have a ~** elszív egy cigarettát **2.** *vi* (*chimney*) füstöl; (*smoker*) dohányzik, cigarettázik ǀ *vt* (*a cigarette*) elszív; (*cigarettes*) dohányzik; (*food*) füstöl
smoked [sməʊkt] *a* (*meat*) füstölt
smoker ['sməʊkə] *n* (*person*) dohányos; *railw* dohányzó szakasz ǁ **heavy ~** erős dohányos
smoking ['sməʊkıŋ] *n* dohányzás ǁ **no ~** tilos a dohányzás!
smoky ['sməʊkı] *a* füstös
smooth [smuːð] **1.** *a* sima **2.** *v* (le)-simít
smooth out kisimít; (*difficulty*) áthidal
smote [sməʊt] *pt* → **smite**
smother ['smʌðə] *v* (*choke*) megfojt; (*stifle*) elfojt
smoulder (*US* -ol-) ['sməʊldə] *v* hamvad, parázslik
smudge [smʌdʒ] **1.** *n* folt, pecsét **2.** *vt* elmaszatol ǀ *vi* elkenődik
smudged [smʌdʒd] *a* maszatos
smug [smʌg] *a* önelégült
smuggle ['smʌgl] *v* csempész(ik)
smuggler ['smʌglə] *n* csempész
smuggling ['smʌglıŋ] *n* csempészés
snack [snæk] *n* gyors ebéd, harapnivaló ǁ **let's have a ~** *col* harapjunk valamit!

snack bar *n* ételbár, gyorsbüfé
snag [snæg] *n* (*difficulty*) váratlan akadály
snail [sneɪl] *n* csiga
snake [sneɪk] *v* kígyó
snap [snæp] **1.** *n* (*sound*) csattanás; (*photo*) (gyors)fénykép **2.** *v* **-pp-** *vi* (*break*) elpattan; (*make sound*) csattan | *vt col* (*take photo*) lekap || **~ at sy's heels** (*kutya*) belekap (vk lábába); **~ shut** (*lock*) bekattan
snap up elkapkod (*árut*)
snap-fastener *n* patentkapocs
snappy [ˈsnæpɪ] *a* talpraesett, szellemes; (*smart*) csinos, divatos
snapshot [ˈsnæpʃɒt] *n* (fény)kép
snare [sneə] *n* (*for catching animals*) hurok, csapda
snarl [snɑːl] *v* **~ at sy** rávicsorog/ráförmed vkre
snatch [snætʃ] **1.** *n* (*seizing*) odakapás; (*portion*) töredék **2.** *v* (*seize*) elkap, vm után kap; (*grab*) megkaparint
sneak [sniːk] *vi* (*go quietly*) settenkedik | *vt* (*steal*) elcsen
sneak in besurran
sneak out (of) vhonnan kisomfordál
sneakers [ˈsniːkəz] *n pl US* edzőcipő, szabadidőcipő
sneaky [ˈsniːkɪ] *a* sunyi
sneer [snɪə] **1.** *n* gúnyos mosoly **2.** *v* gúnyosan mosolyog (*at* vmn)
sneeze [sniːz] **1.** *n* tüsszentés **2.** *v* tüsszent
snide [snaɪd] *a* rosszindulatú, epés
sniff [snɪf] **1.** *n* (*of air*) szippantás **2.** *v* (*air*) szippant; (*flower*) vmbe beleszagol
snip [snɪp] **1.** *n* (lemetszett) darab; (*cutting*) (le)metszés; *col* (*bar-*

gain) olcsó dolog || **it's a ~** megéri! **2.** *v* **-pp-** lemetsz
sniper [ˈsnaɪpə] *n* orvlövész
snivelling (*US* **-l-**) [ˈsnɪvlɪŋ] *a col* (*snotty*) taknyos; (*crying*) bőgő, siránkozó
snob [snɒb] *n* sznob
snooker [ˈsnuːkə] *n* sznúker (*biliárdféle*)
snoop [snuːp] *v US col* szimatol, spicliskedik
snooty [ˈsnuːtɪ] *a col* felvágós, beképzelt
snooze [snuːz] *col* **1.** *n* szundikálás **2.** *v* szundít
snore [snɔː] *v* horkol
snorkel [ˈsnɔːkl] *n* (*for diver*) légzőcső
snout [snaʊt] *n* (*of animal*) orr
snow [snəʊ] **1.** *n* hó **2.** *v* havazik || **be ~ing** havazik
snowball [ˈsnəʊbɔːl] *n* hógolyó
snow-bank *n* hófúvás, hóakadály
snow-bound *a* behavazott, hóban elakadt
snow-chain *n* hólánc
snowdrift [ˈsnəʊdrɪft] *n* hóakadály, hófúvás
snowdrop [ˈsnəʊdrɒp] *n* hóvirág
snowfall [ˈsnəʊfɔːl] *n* havazás, hóesés
snowflake [ˈsnəʊfleɪk] *n* hópehely
snow goggles *n pl* hószemüveg
snowman [ˈsnəʊmæn] *n* (*pl* **-men**) hóember
snowplough (*US* **-plow**) [ˈsnəʊplaʊ] *n* hóeke
snow-tyre (*US* **-tire**) *n* téli gumi
snowy [ˈsnəʊɪ] *a* havas; (*white*) hófehér
snub [snʌb] **1.** *n* visszautasítás **2.** *v* **-bb-** visszautasít

snub-nosed *a* fitos (orrú), pisze
snuffle ['snʌfl] *v* (*from flu*) szipog, szipákol
snug [snʌg] *a* -gg- kényelmes; lakályos
so [səʊ] *adv*/*conj* (*to such extent*) olyan, ilyen, annyira; (*in this manner*) úgy, így; (*therefore*) úgyhogy, tehát || **isn't it** ~ vagy nem?; ~ **as to** abból a célból, hogy ...; úgy ..., hogy; **not** ~ **bad** *col* megjárja; ~ **did I** én is (*így tettem*); ~ **far** (mind) a mai napig; **in** ~ **far as** már amennyire; ~ **long!** *int* viszontlátásra!; ~ **many** oly sok; annyi; ~ **much** olyan nagyon; úgy, annyi; **and** ~ **on** és így tovább; ~ **that** úgy ..., hogy; ~ **to say** hogy úgy mondjam; ~ **what?** na és (aztán)?
soak [səʊk] *vt* (*wet*) áztat; (*saturate*) átitat vmvel | *vi* (*become wet*) ázik || **be** ~**ed through** teljesen átázott
soaking (wet) ['səʊkɪŋ] *a* bőrig ázott, csuromvizes
so-and-so ['səʊənsəʊ] *n* X. Y.
soap [səʊp] 1. *n* szappan; *US* (*money*) csúszópénz 2. *v* szappanoz
soap-flakes *n pl* szappanpehely
soap opera *n* (*in TV, radio*) családsorozat, „szappanopera"
soapy ['səʊpɪ] *a* szappanos
soar [sɔː] *v* szárnyal
soaring ['sɔːrɪŋ] *a* szárnyaló
sob [sɒb] *v* -bb- zokog
sober ['səʊbə] 1. *a* józan, higgadt 2. *v* ~ **up** kijózanodik
sobriety [sə'braɪətɪ] *n* józanság
so-called *a* úgynevezett
soccer ['sɒkə] *n col* futball, foci
sociable ['səʊʃəbl] *a* barátságos

social ['səʊʃl] *a* szociális, társas
social democrat *n* szociáldemokrata
socialism ['səʊʃəlɪzəm] *n* szocializmus
socialist ['səʊʃəlɪst] *n* szocialista
social security *n* társadalombiztosítás
social work *n* szociális (gondozói) munka
social worker *n* szociális munkás/szervező
society [sə'saɪətɪ] *n* társadalom; (*company*) társaság; (*organization*) egyesület
sociologist [səʊsɪ'ɒlədʒɪst] szociológus
sociology [səʊsɪ'ɒlədʒɪ] *n* szociológia
sock [sɒk] → socks
socket ['sɒkɪt] *n el* dugaszolóaljzat; (*of eye*) szemgödör
socks [sɒks] *n pl* (a pair of) ~ zokni
soda (water) ['səʊdə] *n* szódavíz
sodden ['sɒdn] *a* átitatott
sodium ['səʊdɪəm] *n* nátrium
sofa ['səʊfə] *n* pamlag, szófa
soft [sɒft] *a* lágy, puha; (*not loud*) halk || ~ **boiled egg** lágy tojás; ~ **drink** alkoholmentes ital, üdítő ital; ~ **drugs** *pl* enyhébb kábítószer
soften ['sɒfn] *vt* (meg)puhít, (meg)lágyít; (*tone down*) letompít, lehalkít | *vi also fig* (meg)puhul, (meg)lágyul
softener ['sɒfnə] *n* vízlágyító (szer)
soft-hearted *a* vajszívű
softly ['sɒftlɪ] *adv* lágyan; halkan
softness ['sɒftnɪs] *n* lágyság, puhaság

soft-spoken *a* csendes szavú
software ['sɒftweə] *n* szoftver
soggy ['sɒgɪ] *a* átázott, nedves
soil [sɔɪl] **1.** *n* talaj **2.** *v* bepiszkít
soiled [sɔɪld] *a* piszkos
solar ['səʊlə] *a astr* nap-, szoláris ‖
~ **cell** napelem
solarium [sə'leərɪəm] *n* (*pl* **-iums** *or* **-ia** [-ɪə]) szolárium
sold [səʊld] *pt/pp* → **sell**
solder ['sɒldə] *v* (meg)forraszt
soldier ['səʊldʒə] *n* katona
sole[1] [səʊl] *a* egyedüli, egyetlen, kizárólagos ‖ ~ **agent/trader** *comm* kizárólagos képviselő, önálló üzletember
sole[2] [səʊl] *n* (*of shoe*) (cipő)talp; (*fish*) nyelvhal, szól
solely ['səʊllɪ] *adv* egyedül, kizárólag
solemn ['sɒləm] *a* ünnepélyes
solicitor [sə'lɪsɪtə] *n GB* (*lawyer*) ügyvéd; *US* (*attorney*) városi tiszti ügyész; *US comm* (*agent*) ügynök
solid ['sɒlɪd] **1.** *a* (*hard*) szilárd; (*of same material*) tömör; (*reliable*) megbízható, szolid **2.** *n math, phys* test
solidarity [sɒlɪ'dærətɪ] *n* szolidaritás
solidify [sə'lɪdɪfaɪ] *vi* megszilárdul ‖ *vt* megszilárdít
solid-state physics *n* szilárdtestfizika
solitaire [sɒlɪ'teə] *n* (*game*) egyedül játszható játék; *US* pasziánszjáték
solitary ['sɒlɪtrɪ] *a* (*sole*) magában álló; (*lonely*) magányos
solitude ['sɒlɪtjuːd] *n* magány
solo ['səʊləʊ] *n mus* szóló
soloist ['səʊləʊɪst] *n mus* szólista

solstice ['sɒlstɪs] *n* napforduló
soluble ['sɒljʊbl] *a* (*substance*) oldható; (*problem*) megoldható
solution [sə'luːʃn] *n* (*dissolving*) (fel)oldás; (*solving*) megoldás, megfejtés; (*liquid*) oldat
solve [sɒlv] *v also math* megold
solvent ['sɒlvənt] **1.** *a fin* fizetőképes **2.** *n chem* oldószer
sombre (*US* **-ber**) ['sɒmbə] *a* komor
some [səm, sʌm] **1.** *a/pron* (*certain*) némely, valami, (egy) bizonyos; (*a few, little*) (egy)néhány, egy kis/kevés, némi; egypár ‖ ~ **day** (*in future*) egyszer, egy szép napon; **in** ~ **places** helyenként; **in** ~ **way or (an)other** akár így, akár úgy; **can I have** ~ **more?** kérek még!; ~ **more (soup)? no more(,) thank you** parancsol még (levest)? köszönöm, elég!; ~ **years ago** néhány évvel ezelőtt **2.** *adv* mintegy, körülbelül
somebody ['sʌmbədɪ] *pron* valaki ‖ ~ **else** másvalaki; ~ **I know** egy ismerősöm
someday ['sʌmdeɪ] *adv US* majd egyszer/valamikor, egy napon
somehow ['sʌmhaʊ] *adv* valahogy(an)
someone ['sʌmwʌn] *pron* = **somebody**
somersault ['sʌməsɔːlt] **1.** *n* bukfenc **2.** *v* bukfencezik
something ['sʌmθɪŋ] *pron* valami ‖ ~ **to read** olvasnivaló
sometime ['sʌmtaɪm] **1.** *adv* (*in past*) egykor, valamikor; (*in future*) (majd) valamikor, egyszer majd **2.** *a* egykori, hajdani
sometimes ['sʌmtaɪmz] *adv* néha

someway ['sʌmweɪ] *adv US col* = **somehow**

somewhat ['sʌmwɒt] *adv* némileg, némiképp, egy kissé

somewhere ['sʌmweə] *adv* (*at some place*) valahol; (*to some place*) valahova || **from** ~ valahonnan

son [sʌn] *n* **sy's** ~ (vk) fia

song [sɒŋ] *n* ének, dal

sonic ['sɒnɪk] *a* hang- || ~ **boom** hangrobbanás

son-in-law *n* (*pl* **sons-in-law**) vő

sonnet ['sɒnɪt] *n* szonett

sonny ['sʌnɪ] *n* ~! kisfiam!, fiam!

soon [suːn] *adv* hamar, nemsokára || ~ **after** röviddel azután; **as** ~ **as possible** minél előbb, amint lehet

sooner ['suːnə] *adv* (*time*) korábban; (*preference*) inkább || ~ **or later** előbb vagy utóbb; **the** ~ **the better** minél előbb, annál jobb

soot [sʊt] *n* korom

soothe [suːð] *v* (*relieve pain*) enyhít; (*quiet*) lecsendesít; (*calm*) megnyugtat

sophisticated [sə'fɪstɪkeɪtɪd] *a* (*person*) igen művelt; (*machine, method*) (igen) bonyolult

soporific [sɒpə'rɪfɪk] *a* altató (hatású)

sopping (wet) ['sɒpɪŋ] *a* alaposan átázott

soppy ['sɒpɪ] *a* (*wet*) átázott, nedves; *col* (*sentimental*) érzelgős

soprano [sə'prɑːnəʊ] *n* (*pl* **-nos** *or* **-ni** [-niː]) szoprán

sorcerer ['sɔːsərə] *n* varázsló

sorceress ['sɔːsərɪs] *n* varázslónő, boszorkány

sordid ['sɔːdɪd] *a also fig* (*dirty*) piszkos; (*vile*) aljas

sore [sɔː] **1.** *a* fájó(s), sebes || **one's** ~ **point** érzékeny pontja vknek; **have a** ~ **throat** fáj a torka **2.** *n* seb

sorely ['sɔːlɪ] *adv* súlyosan, nagyon

sorrow ['sɒrəʊ] **1.** *n* szomorúság, bánat **2.** *v* bánkódik (*about/for/over* vm miatt, vk után)

sorrowful ['sɒrəʊfəl] *a fig* fájó, bánatos, bús

sorry ['sɒrɪ] **1.** *int* (**I'm**) ~! (*apology*) elnézést (kérek)!, bocsánat!; ~? (*pardon*) tessék?, kérem? **2.** *adv* **be** ~ **to** sajnál vmt, sajnálja, hogy...; **be/feel** ~ **for** vkt sajnál, sajnálkozik vk/vm miatt **3.** *a* sajnálatos, szomorú

sort [sɔːt] **1.** *n* fajta, féle || **what** ~ **of...?** milyen?, kiféle?, miféle? **2.** *v* ~ (**out**) rendez, kiválogat; ~ **out** *col* (*arrange*) elrendez, elintéz

SOS [es əʊ 'es] *n* vészjel, SOS

so-so *adv* csak-csak, úgy-ahogy

soufflé ['suːfleɪ] *n* felfújt, szuflé

sought [sɔːt] *pt/pp* → **seek**

soul [səʊl] *n* lélek || ~ (**music**) soul-zene; **with all my** ~ teljes szívemből

soulful ['səʊlfəl] *a* (*person*) mélyen érző; (*eyes*) kifejezésteljes

sound[1] [saʊnd] **1.** *n* (*noise*) hang **2.** *vi* (*be heard*) hangzik, hallatszik | *vt* (*produce sound*) megszólaltat, megfúj; (*pronounce*) hangoztat, kimond || **it** ~**s true** igaznak hangzik; ~ **a horn** kürtöl; ~ **the horn** (*in car*) kürtöl

sound[2] [saʊnd] *a* (*healthy*) ép, egészséges; (*thorough*) alapos || **be** ~ **asleep** mélyen alszik; **of** ~ **mind** épeszű

sound³ [saʊnd] **1.** *n med, naut* szonda **2.** *v* (*measure depth*) mélységet mér; *tech* (*test*) szondáz; *med* (*examine*) meghallgat, megkopogtat

sounding¹ ['saʊndɪŋ] **1.** *a* hangzó **2.** *n* hangzás

sounding² ['saʊndɪŋ] *n* (*of patient*) kopogtatás, hallgatózás; (*of depth*) mélységmérés, szondázás

sound insulation *n* hangszigetelés

soundly ['saʊndlɪ] *adv* (*beat*) alaposan; (*sleep*) mélyen

soundproof ['saʊndpruːf] *a* hangszigetelt

sound-track *n* hangsáv; (*music*) film zenéje

sound-wave *n* hanghullám

soup [suːp] *n* leves ‖ **be in the ~** *col* benne van a pácban

soup plate *n* levesestányér

soup spoon *n* leveseskanál

sour ['saʊə] *a fig* savanyú ‖ **~ grapes** savanyú a szőlő!

source [sɔːs] *n* forrás, eredet ‖ **~ of a river** forrásvidék; **~ of energy** energiaforrás

sour cream *n* tejföl, tejfel

sour milk *n* aludttej

south [saʊθ] **1.** *a* déli, dél- **2.** *adv* délre, dél felé **3.** *n geogr* dél

South Africa *n* Dél-Afrika

South-African *a* dél-afrikai

South America *n* Dél-Amerika

South-American *a* dél-amerikai

southbound ['saʊθbaʊnd] *a* dél felé haladó/tartó, délnek tartó

south-east *n* délkelet

south-eastern *a* délkeleti

southerly ['sʌðəlɪ] *a geogr* déli

southern ['sʌðən] *a* déli

South Pole, the *n* Déli-sark

South Sea, the *n* a Csendes-óceán déli része

southward(s) ['saʊθwəd(z)] *adv* délre, déli irányba(n)

south-west *n* délnyugat

south-western *a* délnyugati

souvenir [suːvə'nɪə] *n* emlék(tárgy); (*gift*) ajándék(tárgy)

sovereign ['sɒvrɪn] **1.** *a* szuverén **2.** *n* uralkodó; államfő

sovereignty ['sɒvrəntɪ] *n* (*antonomy*) szuverenitás; (*rights*) felségjog

Soviet ['səʊvɪət] *a/n hist* szovjet

Soviet Union *n hist* Szovjetunió

sow¹ [saʊ] *n* koca

sow² [səʊ] *v* (*pt* **sowed**, *pp* **sown** [səʊn] *or* **sowed**) (*seed*) elvet ‖ **~ the seeds of sg** elveti/elhinti vmnek a magvát

sown [səʊn] *pp* → **sow²**

soya ['sɔɪə], *US* **soy** [sɔɪ] *n* szója

soya bean, *US* **soybean** ['sɔɪbiːn] *n* szójabab

spa [spɑː] *n* gyógyfürdő, fürdőhely

space [speɪs] **1.** *n* tér, táv; (*room*) férőhely; (*between lines*) sorköz; (*between letters*) betűköz; (*universe*) (világ)űr; (*interval*) időköz ‖ **in the ~ of 5 weeks** öt hét leforgása alatt **2.** *v* **~ (out)** (*spread*) feloszt

space bar *n* (*on keyboard*) szóközbillentyű

spacecraft ['speɪskrɑːft] *n* űrhajó

spaceman ['speɪsmæn] *n* (*pl* **-men**) űrhajós

spaceship ['speɪsʃɪp] *n* űrhajó

space shuttle *n* űrrepülőgép, űrkomp

spacesuit ['speɪssuːt] *n* űrruha

space vehicle *n* űrhajó

spacing ['speɪsɪŋ] *n* sorköz
spacious ['speɪʃəs] *a* terjedelmes, kiterjedt, tágas
spade[1] [speɪd] *n* (*tool*) ásó
spade[2] [speɪd] *n*, **spades** [speɪdz] *n pl* (*in cards*) pikk
spaghetti [spə'getɪ] *n* spagetti
Spain [speɪn] *n* Spanyolország
span [spæn] **1.** *n* (*of bridge*) fesztáv(olság); (*measurement*) arasz **2.** *v* **-nn-** (*bridge*) áthidal
Spaniard ['spænjəd] *n* spanyol (*ember*)
Spanish ['spænɪʃ] **1.** *a* spanyol **2.** *n* spanyol (nyelv) ‖ **the ~** *pl* a spanyolok
spank [spæŋk] *v* elfenekel
spanner ['spænə] *n* csavarkulcs, villáskulcs
spare [speə] **1.** *a* tartalék-, pót- **2.** *n* (*tyre*) pótkerék ‖ **~s** *pl* (*parts*) (pót)alkatrészek **3.** *v* (*time, energy*) megtakarít ‖ **can you ~ me a cigarette?** tudsz adni egy cigarettát?
spare part(s) *n* (*pl*) alkatrész(ek), pótalkatrész(ek)
spare time *n* szabad idő
spare wheel *n* pótkerék
sparing ['speərɪŋ] *a* takarékos
sparingly ['speərɪŋlɪ] *adv* takarékosan
spark [spɑːk] **1.** *n* szikra **2.** *v* (*engine*) gyújt
spark(ing) plug *n* (*in car*) gyertya
sparkle ['spɑːkl] **1.** *n* ragyogás, szikrázás **2.** *v* (*diamond, eyes*) szikrázik, ragyog
sparkling ['spɑːklɪŋ] *a* (*eyes, lights*) szikrázó, ragyogó; (*drink*) szénsavas
sparrow ['spærəʊ] *n* veréb

sparse [spɑːs] *a* ritka, gyér
spasm ['spæzəm] *n* görcs
spasmodic [spæz'mɒdɪk] *a med* görcsös; (*growth*) rapszodikus, lökésszerű
spat [spæt] *pt/pp* → **spit**[1]
spate [speɪt] *n* árvíz, áradás ‖ **a ~ of...** rengeteg
spatter ['spætə] *v* **~ sg on/with sg** (vmt vmre) fröccsent
spatula ['spætʃʊlə] *n* spatula, nyelvlapoc
spawn [spɔːn] **1.** *n* (hal)ikra **2.** *v* ívik
speak [spiːk] *v* (*pt* **spoke** [spəʊk], *pp* **spoken** ['spəʊkən]) (*talk*) beszél, szól; (*make a speech*) beszédet mond; (*use a language*) beszél, tud ‖ **can you ~ English?** tud(sz) angolul?; **can I ~ to Judith?** Juditot kérem a telefonhoz
speak about sg beszél vmről
speak of beszél vkről/vmről
speak to vkvel/vkhez beszél, vknek/vkhez szól
speak up hangosa(bba)n beszél ‖ **~ up!** beszéljen hangosabban!
speaker ['spiːkə] *n* (*person*) szónok, előadó; (*loudspeaker*) hangfal ‖ **~ of English** angol anyanyelvű
Speaker, the *n GB* a képviselőház elnöke
spear [spɪə] *n* dárda, lándzsa
spec [spek] *n col* **on ~** próbaképpen, próba szerencse; → **specs**
special ['speʃl] *a* különös, különleges, speciális ‖ **~ delivery letter** *US* expresszlevél
specialist ['speʃəlɪst] *n* szakember, szakértő (*in vmben*); (*doctor*) specialista, szakorvos

speciality [speʃɪ'ælətɪ] *n* specialitás, különlegesség
specialization [speʃəlaɪ'zeɪʃn] *n* (*specializing*) specializálódás; (*field*) szakterület
specialize ['speʃəlaɪz] *v* specializálja magát (*in sg* vmre)
specialized ['speʃəlaɪzd] *a* szakosított
specially ['speʃlɪ] *adv* különösen
specialty ['speʃltɪ] *n US* = **speciality**
species ['spiːʃiːz] *n* (*pl ~*) *biol* faj
specific [spə'sɪfɪk] *a* (*particular*) különleges, specifikus; (*definite*) meghatározott
specifically [spə'sɪfɪklɪ] *adv* kifejezetten, speciálisan
specification [spesɪfɪ'keɪʃn] *n* részletezés, műleírás; (*stipulation*) kikötés || *~s pl tech* műszaki adatok
specify ['spesɪfaɪ] *v* (*determine*) pontosabban meghatároz; *comm* (*stipulate*) előír
specimen ['spesəmən] *n* minta(példány), mutatvány
speck [spek] *n* homokszem; porszem
speckled ['spekld] *a* pettyes, piszkos
specs [speks] *n pl col* szemüveg
spectacle ['spektəkl] *n* látvány; *theat* előadás || *~s pl* szemüveg
spectacular [spek'tækjʊlə] *a* látványos
spectator [spek'teɪtə] *n* néző || *~s pl* nézőközönség, nézők
spectre (*US* **specter**) ['spektə] *n* kísértet
speculate ['spekjʊleɪt] *v* elmélkedik, tűnődik || *~ in sg comm* vmvel spekulál

speculation [spekjʊ'leɪʃn] *n* elmélkedés, spekuláció; *comm* spekuláció, üzérkedés
sped [sped] *pt/pp* → **speed**
speech [spiːtʃ] *n* (*faculty*) beszéd (képessége); (*oration*) beszéd, szónoklat
speed [spiːd] **1.** *n* sebesség; (*gear*) sebesség(fokozat) **2.** *v* (*pt/pp* **sped** [sped] *or* **speeded**) *vi* (*move quickly*) siet; (*drive fast*) gyorsan hajt | *vt* (*urge*) siettet; (*take quickly*) gyorsan (oda)szállít
speed up *vt* felgyorsít | *vi* felgyorsul
speedboat ['spiːdbəʊt] *n* (gyorsasági) motorcsónak
speedily ['spiːdɪlɪ] *adv* gyorsan
speeding ['spiːdɪŋ] *n* gyorshajtás
speed limit *n* sebességkorlátozás
speedometer [spɪ'dɒmɪtə] *n* sebességmérő
speedway ['spiːdweɪ] *n* (*race*) salakpályaverseny
speedy ['spiːdɪ] *a* sebes, gyors
spell[1] [spel] *n* (*magic*) varázslat, bűvölet
spell[2] [spel] *v* (*pt/pp* **spelt** [spelt] *or* **spelled** [speld]) (*letters*) betűz; (*word*) lebetűz || **he can't ~** nem tud helyesen írni; **how do you ~ it?** hogyan írjuk (ezt a szót)?
spell[3] [spel] *n* (*period*) időszak
spellbound ['spelbaʊnd] *a* **hold sy ~** lenyűgöz
spelling ['spelɪŋ] **1.** *a* helyesírási || **~ checker** *comput* helyesírás-ellenőrző (program) **2.** *n* helyesírás
spelt [spelt] *pt/pp* → **spell**[2]
spend [spend] *v* (*pt/pp* **spent** [spent]) (*time*) tölt; (*money*) (el)-

költ (*on* vmre) ‖ **how do you ~ your leisure?** mivel töltöd szabadidődet?
spending money *n* költőpénz
spendthrift ['spendθrıft] *n* költekező, pazarló
spent [spent] *a* fáradt, kimerült; → **spend**
sperm [spɜːm] *n* sperma, ondó
sperm-whale *n* ámbráscet
spew [spjuː] *v* (*flame, smoke*) okád
sphere [sfıə] *n* (*globe*) gömb; (*of activity*) (működési) kör, szféra, terület
spice [spaıs] 1. *n* fűszer 2. *v* fűszerez
spick-and-span [spıkən'spæn] *a* ragyogó tiszta, tipp-topp
spicy ['spaısı] *a* fűszeres; *also fig* pikáns
spider ['spaıdə] *n zoo* pók
spider's web *n* pókháló
spike [spaık] *n* (*pointed metal*) (vas)hegy; (*on shoe*) szeg; *bot* kalász
spiky ['spaıkı] *a* (*flower, leaf*) hegyes, szúrós; *fig* (*person*) tüskés
spill [spıl] 1. *n* bukás, (le)esés 2. *v* (*pt/pp* **spilt** [spılt] *or* **spilled**) *vt* kiönt, kilöttyent ‖ *vi* kiloccsan, kicsordul ‖ **it is no use crying over spilt milk** késő bánat ebgondolat
spilt [spılt] *pt/pp* → **spill**
spin [spın] 1. *n* (*of wheel*) pörgés, forgás; (*trip in car*) autózás; *aviat* dugóhúzó 2. *v* (*pt/pp* **spun** [spʌn]; **-nn-**) (*thread*) fon, sodor, sző; (*ball*) pörget
spin out (*meeting, story*) elhúz, elnyújt
spinach ['spınıdʒ] *n* spenót

spinal ['spaınl] *a* gerinc- ‖ ~ **column** gerincoszlop, hátgerinc; ~ **cord** gerincvelő
spindle ['spındl] *n tech* orsó
spindly ['spındlı] *a* **having ~ legs** pipaszárlábú
spin-drier *n* (háztartási) centrifuga
spine [spaın] *n* (hát)gerinc; (*of plant*) tüske, tövis; (*of book*) gerinc
spine-chilling *a* (*story*) hátborzongató, horror
spineless ['spaınlıs] *a* gerinctelen
spinning ['spınıŋ] *n* (*of thread*) fonás; (*of ball*) pörgés, forgás ‖ ~ **top** (*toy*) csiga; ~ **wheel** rokka
spinster ['spınstə] *n* hajadon, vénkisasszony, vénlány
spiral ['spaıərəl] 1. *a* csigavonalú, spirális 2. *n* csigavonal, spirál
spiral staircase *n* csigalépcső
spirit ['spırıt] *n* szellem, lélek; (*mood*) kedély, kedv; (*alcohol*) szesz, alkohol ‖ **in the ~ of sg** vmnek a jegyében; **~s** *pl* röviditalok; **in good ~s** jókedvű
spirited ['spırıtıd] *a* élénk, talpraesett
spiritual ['spırıtʃʊəl] *a* szellemi, lelki ‖ ~ **life** szellemi élet
spit¹ [spıt] 1. *n* (*saliva*) köpés, köpet 2. *v* (*pt/pp* **spat** [spæt]; **-tt-**) köp; (*rain*) szemerkél; (*oil*) serceg
spit² [spıt] *n* (*for roasting*) nyárs
spite [spaıt] *n* rosszakarat, rosszindulat ‖ **in ~ of** ellenére
spiteful ['spaıtfəl] *a* gyűlölködő
spittle ['spıtl] *n* köpés, köpet
splash [splæʃ] 1. *n* (*noise*) loccsanás; (*spot*) folt ‖ **make a ~** nagy szenzációt kelt 2. *vt* (le)fröcsköl, befröcsköl ‖ *vi* (ki)loccsan

splash down (*spaceship*) leszáll
splash-down *n* (*of spaceship*) vízre szállás
spleen [spliːn] *n* (*organ*) lép
splendid ['splendɪd] *a fig* ragyogó, pompás
splendour (*US* **-or**) ['splendə] *n* ragyogás, pompa
splint [splɪnt] **1.** *n med* rögzítőkötés, sín **2.** *v* (*broken bone*) rögzít
splinter ['splɪntə] *n* szilánk, szálka; (*of bomb*) repesz
split [splɪt] **1.** *a* kettévágott, (ketté)hasított II **in a ~ second** egy másodperc ezredrésze alatt **2.** *n* (el)hasadás; (*in wall*) rés, hasadék; (*of party*) pártszakadás **3.** *v* (*pt/pp* **split; -tt-**) (*tear*) *vi* (el)hasad, beszakad; (*break*) repedezik, bereped, szétreped, szétszakad I *vt* (*cleave*) felhasít, széthasít; (*divide*) eloszt II **~ in two** kettéhasít; kettéhasad
split up *vt* széthasít I *vi* szétválnak
splitting ['splɪtɪŋ] *a* (*pain*) hasogató
spoil [spɔɪl] *v* (*pt/pp* **spoilt** [spɔɪlt] *or* **spoiled**) *vi* megromlik I *vt* (*child*) (el)kényeztet; (*plan*) elront, felborít
spoils [spɔɪlz] *n* (*pl*) (*stolen goods*) zsákmány
spoilsport ['spɔɪlspɔːt] *n* ünneprontó
spoilt [spɔɪlt] *pt/pp* → **spoil**
spoke[1] [spəʊk] *n* küllő
spoke[2] [spəʊk] *pt* → **speak**
spoken ['spəʊkən] *pp* → **speak**
spoken language *n* a beszélt nyelv
spokesman ['spəʊksmən] *n* (*pl* **-men**) szóvivő

spokeswoman ['spəʊkswʊmən] *n* (*pl* **-women**) szóvivő(nő)
sponge [spʌndʒ] **1.** *n* szivacs **2.** *v col* **~ on sy** vkn élősködik II **~ (up)** (*liquid*) felitat
sponge-cake *n* piskótatészta
spongy ['spʌndʒɪ] *a* szivacsos
sponsor ['spɒnsə] **1.** *n* szponzor; (*godfather*) keresztapa II **~s** *pl* keresztszülők **2.** *v* szponzorál, finanszíroz, pénzel
sponsorship ['spɒnsəʃɪp] *n* támogatás, szponzorálás
spontaneous [spɒn'teɪnɪəs] *a* akaratlan, spontán
spooky ['spuːkɪ] *a* kísérteties
spool [spuːl] **1.** *n* orsó, tekercs **2.** *v* felteker(csel)
spoon [spuːn] *n* kanál
spoon-feed *v* (*pt/pp* **-fed**) (*feed*) kanállal etet; *fig* (*supply, teach*) szájába rág
spoonful ['spuːnfʊl] *n* kanálnyi II **a level ~** egy csapott kanállal
sport [spɔːt] *n* (*game*) sport; (*branch*) sportág; (*amusement*) szórakozás, tréfa; → **sports**
sportcast ['spɔːtkast] *n US* sportközvetítés
sporting ['spɔːtɪŋ] *a* sport-; (*person*) sportos; (*fair*) sportszerű
sports [spɔːts] *n pl* sport, sportolás II **~ car** sportkocsi
sportsman ['spɔːtsmən] *n* (*pl* **-men**) sportoló, sportember
sportsmanlike ['spɔːtsmənlaɪk] *a* sportszerű
sportsmanship ['spɔːtsmənʃɪp] *n* sportszerűség
sportswear ['spɔːtsweə] *n* sportöltözet

sportswoman ['spɔːtswʊmən] *n* (*pl* **-women**) női sportoló

sporty ['spɔːtɪ] *a* (*clothes*) sportos; (*person*) sportkedvelő

spot [spɒt] **1.** *n* (*mark, stain*) folt; (*locality*) vidék, hely; (*on face*) pattanás; (*announcement*) reklám ‖ **~s** *pl* pörsenés; **on the ~** a helyszínen **2.** *v* **-tt-** észrevesz, „kiszúr"

spot check *n* szúrópróba

spotlight ['spɒtlaɪt] *n* (*light*) reflektorfény; (*lamp*) reflektor

spotted ['spɒtɪd] *a* (*pattern*) pettyes

spotty ['spɒtɪ] *a* (*face*) pattanásos

spouse [spaʊz] *n* házastárs

spout [spaʊt] **1.** *n* (*of jug*) csőr, kifolyó; (*stream*) vízsugár **2.** *v* **~ out** (**of/from**) sugárban ömlik (vmből)

sprain [spreɪn] **1.** *n* ficam **2.** *v* kificamít

sprained ankle *n* bokaficam

sprang [spræŋ] *pt* → **spring**

sprawl [sprɔːl] *v* terpeszkedik

spray [spreɪ] **1.** *n* (*liquid*) permet; (*atomizer*) permetezőpalack, spray **2.** *v* (*plant*) permetez; (*hair*) vmvel befúj; (*paint*) szór (*on/over* vmre), fényez (*autót*)

spread [spred] **1.** *n* (*extent*) kiterjedés, terjedelem; (*dispersion*) (szét)szórás; (*advertisements*) egész oldalas hirdetés ‖ **what a ~!** micsoda terülj-terülj asztalkám! **2.** *v* (*pt/pp* **spread** [spred]) *vi* (*extend*) terjed, elterjed, szóródik ‖ *vt* (*distribute*) (el)terjeszt; (*bread*) megken (vmvel)

spread abroad/around (*news*) elterjeszt

spread out (*arms*) széttár; (*map*) szétterít

spreadsheet ['spredʃiːt] *n* *comput* táblázatkezelő (program)

spree [spriː] *n* *col* muri ‖ **go on the ~** *col* lumpol, kirúg a hámból

sprig [sprɪg] *n* gally

sprightly ['spraɪtlɪ] *a* vidám, fürge, élénk

spring [sprɪŋ] **1.** *n* (*source*) forrás; (*piece of metal*) rugó; (*leap*) ugrás; (*season*) tavasz ‖ **in (the) ~** tavasszal **2.** *v* (*pt* **sprang** [spræŋ], *pp* **sprung** [sprʌŋ]) (*leap*) ugrik; (*arise*) fakad, ered ‖ **~ a leak** léket kap

spring up *fig* keletkezik, támad

springboard ['sprɪŋbɔːd] *n* ugródeszka ‖ **~ diving** műugrás

spring-cleaning *n* tavaszi nagytakarítás

springtime ['sprɪŋtaɪm] *n* tavasz

sprinkle ['sprɪŋkl] *v* (*with salt*) meghint, (be)szór; (*with liquid*) permetez, meglocsol

sprinkler ['sprɪŋklə] *n* szórófej

sprint [sprɪnt] **1.** *n* vágta, hajrá **2.** *v* vágtázik, sprintel

sprinter ['sprɪntə] *n* *sp* rövidtávfutó, vágtázó, sprinter ‖ **~ (in freestyle)** gyorsúszó

sprite [spraɪt] *n* tündér, manó

sprout [spraʊt] *bot* **1.** *n* hajtás, sarj **2.** *v* (*grow*) sarjad, kihajt; (*produce*) vmt hajt

spruce[1] [spruːs] *n* lucfenyő

spruce[2] [spruːs] *a* takaros, csinos

sprung [sprʌŋ] *pp* → **spring**

spry [spraɪ] *a* virgonc, fürge

spume [spjuːm] *n* (*of sea*) hab, tajték

spun [spʌn] *a* fonott; → **spin**

spur [spɜː] **1.** *n* sarkantyú **2.** *v* **-rr-** megsarkantyúz

spur sy on *fig* sarkantyúz || **~ sy on to** vkt vmre sarkall, ösztönöz
spurious ['spjʊərɪəs] *a* hamis, ál-
spurn [spɜːn] **1.** *n* elutasítás **2.** *v* elutasít, kiadja az útját
spurt [spɜːt] **1.** *n* (*jet*) sugár; (*burst*) kitörés; (*run*) hajrá(zás) **2.** *v* **~ (out)** kifröccsen, kilövell
spy [spaɪ] **1.** *n* kém **2.** *v* kémkedik (*on* vk után; *for* vknek)
spying ['spaɪɪŋ] *n* kémkedés
sq = square
Sq = *Square* tér
squabble ['skwɒbl] *v* **~ (with sy) about sg** (*apróságok miatt*) veszekszik (vkvel)
squad [skwɒd] *n mil* raj, szakasz, osztag; *sp* (*sportsmen*) keret
squadron ['skwɒdrən] *n* (*of aircrafts*) repülőszázad; (*of warships*) hajóraj; (*of cavalry*) lovasszázad
squalid ['skwɒlɪd] *a* (*dirty*) mocskos; (*mean*) hitvány
squall [skwɔːl] **1.** *n* sikoltás **2.** *v* sikolt, sikít
squander ['skwɒndə] *v* elpazarol, elherdál
square [skweə] **1.** *a* négyszögletes, négyzet alakú || **we are now ~** kvittek vagyunk; **~ metre** négyzetméter; **a ~ meal** *col* kiadós étkezés **2.** *n math* (*shape or number*) négyzet; (*area*) tér **3.** *v math* négyzetre emel
squash[1] [skwɒʃ] **1.** *n* (*crowd*) tolongás, tumultus; (*drink*) szörp, üdítőital; *sp* (*game*) fallabda **2.** *v* szétnyom
squash[2] [skwɒʃ] *n US bot* sütőtök
squat [skwɒt] **1.** *a* tömzsi, zömök **2.** *v* **-tt- ~ down** leguggol

squatter ['skwɒtə] *n* (*of flat*) (jogcím nélküli) beköltöző
squawk [skwɔːk] *v* (*bird*) vijjog, rikolt
squeak [skwiːk] **1.** *n* (*of door*) nyikorgás; (*of mouse*) cincogás; (*of floor*) reccsenés **2.** *v* nyikorog; recseg; (*mouse*) cincog
squeal [skwiːl] *v* visít, rikolt
squeeze [skwiːz] **1.** *n* összenyomás; (*juice*) (kipréselt) gyümölcslé; *col* (*restriction*) korlátozás, megszorítás **2.** *v* (*press*) összenyom, összeprésel; (*get juice*) kicsavar, kinyom
squeeze in beleprésel, vmt be-(le)nyom, begyömöszöl
squeeze out (*fruit*) kinyom
squid [skwɪd] *n* tintahal
squint [skwɪnt] **1.** *n* kancsalság || **have a ~** kancsalít, kancsal **2.** *v* kancsalít
squint-eyed *a* kancsal
squire [skwaɪə] *n GB* földesúr
squirrel ['skwɪrəl] *n* mókus
squirt [skwɜːt] *v* spriccel
St = Saint; Street
stab [stæb] **1.** *n* szúrás; (*wound*) szúrt seb **2.** *v* **-bb-** átszúr; (*with knife*) megszúr || **~ sy (to death)** vkt leszúr
stability [stə'bɪlətɪ] *n* állandóság, stabilitás
stabilization [steɪbəlaɪ'zeɪʃn] *n* állandósulás, stabilizáció
stabilize ['steɪbəlaɪz] *vt* állandósít, stabilizál | *vi* állandósul, stabilizálódik
stable[1] ['steɪbl] *a* állandó; stabil
stable[2] ['steɪbl] *n* (*building*) (ló)istálló
stack [stæk] **1.** *n* boglya, kazal **2.** *v* boglyába/kazalba rak

stadium ['steɪdɪəm] *n* (*pl* **-diums** *or* **-dia** [-dɪə]) stadion
staff [stɑːf] *n* (*stick*) bot, rúd; *mil* (*officers*) törzs(kar); (*personnel*) személyzet, az alkalmazottak ‖ **teaching** ~ tantestület, tanári kar
staff cuts *n pl* létszámcsökkentés
staff room *n* tanári szoba
stag [stæg] *n* szarvas(bika)
stage [steɪdʒ] **1.** *n* színpad; (*period*) szakasz; (*degree*) fokozat; (*point*) stádium, fázis ‖ **the** ~ színművészet, színészi pálya; **at this** ~ ezen a ponton; **travel by easy** ~**s** megszakításokkal utazik **2.** *v* színpadra állít vmt
stage door *n* színészbejáró
stage-manager *n theat* ügyelő
stagger ['stægə] *v* tántorog, botladozik ‖ **was** ~**ed to hear** megdöbbenve hallotta, hogy...
staggering ['stægərɪŋ] *a* döbbenetes, megdöbbentő
stagnant ['stægnənt] *a* pangó, stagnáló ‖ ~ **water** állóvíz
stagnate [stæg'neɪt] *v* stagnál
stain [steɪn] **1.** *n also fig* folt **2.** *v* bepiszkít ‖ ~ **sg/sy with blood** összevérez vmt/vkt
stained [steɪnd] *a* foltos, pecsétes ‖ ~ **glass window** festett/színes üvegablak
stainless ['steɪnlɪs] *a* (*steel*) rozsdamentes
stain remover *n* folttisztító (szer)
stair [steə] *n* lépcsőfok; → **stairs**
staircase ['steəkeɪs] *n* lépcsőház
stairs [steəz] *n pl* lépcső ‖ **up/down the** ~**s** fel/le a lépcsőn
stairway ['steəweɪ] *n* lépcsőház
stake [steɪk] *n* (*post*) karó, cölöp; (*bet*) tét ‖ **be at** ~ kockán forog

stale [steɪl] *a* (*not fresh*) áporodott, állott; (*bread*) száraz; (*air*) elhasznált
stalemate ['steɪlmeɪt] *n* (*in chess*) patt
stalk [stɔːk] *n bot* szár
stall [stɔːl] **1.** *n* (*in stable*) állás, rekesz; (*in market*) bódé; → **stalls** **2.** *vi* leáll, bedöglik ‖ *vt* leállít
stalls [stɔːlz] *n pl theat* földszint, zsöllye
stamina ['stæmɪnə] *n* jó erőnlét, állóképesség
stammer ['stæmə] *v* dadog, hebeg
stamp [stæmp] **1.** *n* (*postage* ~) bélyeg; (*on document*) bélyegző, pecsét **2.** *v* (*stick a stamp on*) bélyeget ragaszt vmre, felbélyegez; (*mark by pressing*) lepecsétel, felülbélyegez; (*one's foot*) dobbant
stance [stæns] *n* (*posture*) állás, helyzet; (*attitude*) beállítottság, álláspont
stand [stænd] **1.** *n* (*support*) állvány; (*stall*) bódé, árusítóhely; (*station*) taxiállomás, stand; *sp* tribün ‖ **come to a** ~ megáll; **take a** ~ **on sg** állást foglal vm ügyben **2.** *v* (*pt/pp* **stood** [stʊd]) *vi* (*be erect*) áll, megáll; (*be valid*) érvényes ‖ *vt* (*place*) tesz, állít; (*withstand*) elvisel, (ki)bír, tűr ‖ **it** ~**s to reason** magától értetődik; ~ **sy a drink** vknek fizet egy pohárral
stand by (*move uninvolved*) (csak) áll (és tétlenül néz); (*be ready*) készenlétben áll ‖ ~ **by (one's evidence)** vallomását fenntartja
stand down (*candidate*) visszalép

stand for (*signify*) vmt jelent; (*be candidate*) jelölteti magát || ~ for (Parliament) election képviselőjelöltként lép fel

stand in for sy vkt helyettesít || ~ in line *US* sorba(n) áll (*for* vmért)

stand out vm vmből kiáll

stand up (*from sitting*) felkel, feláll

stand up for sg/sy kiáll vmért/ vkért *or* vm/vk mellett

stand up to (*person*) szembeszáll vkvel; (*pressure*) ellenáll vmnek

standard ['stændəd] 1. *a* szabványos, szabvány- 2. *n* szabvány; (*flag*) zászló

standardize ['stændədaız] *v* szabványosít, egységesít

standard lamp *n* állólámpa

standard of living *n* életszínvonal

standard time *n* zónaidő

stand-by *n* (*reserve*) tartalék; (*help*) segítség || ~ (passenger) helyre váró utas; ~ ticket olcsóbb jegy helyre váróknak

stand-in *n* dublőr, dublőz

standing ['stændıŋ] 1. *a* (*erect*) álló; (*permanent*) állandó; (*established*) fennálló, (még) érvényes || ~ crops lábon álló termés 2. *n* állás, pozíció, rang || of high ~ magas állású/rangú

standing committee *n* állandó bizottság

standing room *n* állóhely

stand-offish [stænd'ɒfıʃ] *a* tartózkodó, hideg

standpoint ['stændpɔınt] *n* álláspont, nézőpont

standstill ['stændstıl] *n* nyugalmi állapot, leállás || be at a ~ nyugalmi állapotban van; (*machine,*

trade) áll; come to a ~ leáll, holtpontra jut

stank [stæŋk] *pt* → stink

staple[1] ['steıpl] 1. *n* (*for papers*) fűzőkapocs, kapocs 2. *v* összefűz

staple[2] ['steıpl] *n* (*article*) főtermék

stapler ['steıplə] *n* (irodai) fűzőgép

star [staː] 1. *n* (*celestial body*) csillag; (*person*) sztár || the S~s and Stripes *US* csillagos-sávos lobogó 2. *v* -rr- ~ring... a főszerepben...

starboard ['staːbəd] *n* (*of ship, aircraft*) jobb oldal

starch [staːtʃ] *n* keményítő

stardom ['staːdəm] *n* sztárok világa

stare [steə] 1. *n* merev tekintet 2. *v* mered, bámul

stare at sy megbámul, rábámul

starfish ['staːfıʃ] *n* tengeri csillag

stark [staːk] 1. *a* merev 2. *adv* teljesen || ~ naked anyaszült meztelen(ül), pucér(an)

starless ['staːlıs] *a* csillagtalan

starling ['staːlıŋ] *n* seregély

starring [staːrıŋ] *a* → star 2.

starry ['staːrı] *a* (*sky*) csillagos

start [staːt] 1. *n* (*beginning*) kezdet; (*departure*) indulás; *sp* (*of race*) rajt, start 2. *vt* (*set off*) elindít; (*ignite*) begyújt; (*frighten*) megijeszt | *vi* (*leave*) (el)indul; (*ignite*) beindul; (*begin*) megkezdődik, elkezdődik; (*begin to do*) kezd, vmbe belefog; *sp* rajtol, startol || be about to ~ indulóban/indulófélben van; it ~ed raining esni kezdett; ~ again elölről kezdi, újrakezd; ~ doing sg vmhez hozzáfog

start off útnak ered

starter ['stɑːtə] *n col* (*meal*) előétel; (*device*) indítómotor
starting block ['stɑːtɪŋ] *n* rajtgép
starting point *n* kiindulási pont
startle ['stɑːtl] *v* (*frighten*) felriaszt, megijeszt; (*astonish*) megdöbbent, meghökkent
startling ['stɑːtlɪŋ] *a* meglepő, megdöbbentő
starvation [stɑːˈveɪʃn] *n* éhezés, koplalás
starve [stɑːv] *vi* éhezik, koplal I *vt* éheztet
starving ['stɑːvɪŋ] *a* éhező
state [steɪt] **1.** *n* (*condition*) állapot; (*nation*) állam II ~ **of emergency** szükségállapot, rendkívüli állapot; → **States 2.** *v* (*express*) kijelent, megállapít; (*quote*) megad II ~ **one's case** kifejti az álláspontját
State Department *n US* külügyminisztérium
stately ['steɪtlɪ] *a* (*dignified*) mutatós, reprezentatív; (*lofty*) büszke
statement ['steɪtmənt] *n* (*of facts*) állítás, megállapítás, kijelentés, nyilatkozat II ~ **of account** számlakivonat
statesman ['steɪtsmən] *n* (*pl* **-men**) államférfi(ú)
States, the *n pl* Amerikai Egyesült Államok, az USA
static ['stætɪk] **1.** *a* (*stationary*) nyugvó, statikus; (*of statics*) statikai **2.** *n* légköri zavarok
statics ['stætɪks] *n sing.* statika
station ['steɪʃn] **1.** *n* (*for train or bus*) állomás, pályaudvar; (*stop*) megállóhely **2.** *v* állomásoztat
stationary ['steɪʃənrɪ] *a* (*not moving*) álló; (*car*) parkoló

stationer ['steɪʃnə] *n* papírkereskedő II ~**'s (shop)** papírkereskedés
stationery ['steɪʃənrɪ] *n* levélpapír, írószerek
station wagon *n* kombi
statistical [stəˈtɪstɪkl] *a* statisztikai
statistics [stəˈtɪstɪks] *n sing.* (*science*) statisztika; *pl* (*data*) statisztika(i adatok)
statue ['stætʃuː] *n* szobor
stature ['stætʃə] *n* (*of person*) alak, termet
status ['steɪtəs] *n* állapot, helyzet, státus
status symbol *n* státusszimbólum
statute ['stætʃuːt] *n* szabályrendelet, törvény
statute law *n* írott jog
statutory ['stætʃʊtrɪ] *a* törvényen alapuló, törvényes II ~ **law** tételes jog
staunch [stɔːntʃ] *a* ragaszkodó
stave [steɪv] *n* (*of barrel*) hordódonga
stay [steɪ] **1.** *n* (*staying*) tartózkodás, időzés II **during her** ~ ottléte alatt **2.** *v* vhol ideiglenesen tartózkodik, marad II ~ **put** mozdulatlan marad
stay at (*hotel*) megszáll
stay in (*at hotel*) otthon marad
stay off (*food, work*) tartózkodik; távoltart
stay on (*remain after*) tovább marad
stay out (*of house*) kimarad, nem megy haza
stay with sy vknél megszáll
staying power ['steɪɪŋ] *n* állóképesség, jó erőnlét

STD [es tiː 'diː] = **sexually transmitted disease**; *GB* **subscriber trunk dialling**
STD call *n* belföldi távhívás
stead [sted] *n* **in sy's** ~ vk helyett
steadfast ['stedfɑːst] *a* állhatatos, kitartó
steadily ['stedəlɪ] *adv* (*firmly*) szilárdan; (*regularly*) egyenletesen; (*constantly*) állandóan
steady ['stedɪ] **1.** *a* (*firm*) szilárd, biztos; (*regular*) egyenletes, szabályos; (*constant*) állandó; (*reliable*) állhatatos || ~! csak nyugodtan! **2.** *adv* **go** ~ **with** *col* jár vkvel
steak [steɪk] *n* (hús)szelet, bifsztek
steal [stiːl] *v* (*pt* **stole** [stəʊl], *pp* **stolen** ['stəʊlən]) (el)lop || ~ **a glance at** vmt lopva megnéz
stealth [stelθ] *n* **by** ~ lopva, titkon, suttyomban
stealthy ['stelθɪ] *a* titkos, rejtett, óvatos
steam [stiːm] **1.** *n* gőz **2.** *vi* gőzölög, párolog | *vt* párol
steam up (be)párásodik
steamed [stiːmd] *a* párolt
steam-engine *n* gőzgép
steamer ['stiːmə] *n* gőzhajó
steam iron *n* gőzölős vasaló
steam-roller *n* úthenger
steamy ['stiːmɪ] *a* gőzös, párás
steed [stiːd] *n* paripa
steel [stiːl] **1.** *n* acél **2.** *v* (*iron*) edz; (*heart*) megacéloz; *fig* (*person*) edz
steel blade *n* acélpenge
steelworks [stiːlwɜːks] *n pl or sing.* acélmű(vek)
steely ['stiːlɪ] *a* acélos
steep[1] [stiːp] *a* (*slope*) meredek; (*price*) magas, csillagászati

steep[2] [stiːp] *vt* (be)áztat | *vi* ázik
steeple ['stiːpl] *n* (*of church*) torony
steer [stɪə] *v* (*ship, car*) irányít, vezet, kormányoz
steering ['stɪərɪŋ] *n* (*of car*) kormányzás || ~ **lock** kormányzár; ~ **wheel** kormánykerék
stem [stem] *n* (*of pipe*) (pipa)szár; (*of plant*) szár; (*of word*) szótő
stench [stentʃ] *n* bűz
stencil ['stensl] **1.** *n* (*metal*) sablon, betűrajzoló minta; (*paper*) stencil **2.** *v* **-ll-** (*US* **-l-**) sablonnal sokszorosít; stencilez
step [step] **1.** *n* (*pace*) lépés; (*stair*) lépcsőfok, lépcső || ~**s** *pl* utaslépcső; ~ **by** ~ fokozatosan **2.** *v* **-pp-** lép
step aside (*out of way*) félreáll
step in közbelép
step out kilép
step up növel, fokoz
stepbrother ['stepbrʌðə] *n* mostohatestvér
stepchild ['steptʃaɪld] *n* (*pl* **-children**) mostohagyermek
stepdaughter ['stepdɔːtə] *n* mostohaleány
stepfather ['stepfɑːðə] *n* mostohaapa
stepladder ['steplædə] *n* szobalétra
stepmother ['stepmʌðə] *n* mostohaanya
stepping stone ['stepɪŋ] *n* gázlókő; *fig* ugródeszka
stepsister ['stepsɪstə] *n* mostohanővér, mostohatestvér
stepson ['stepsʌn] *n* mostohafiú
stereo ['sterɪəʊ] **1.** *n* (*pl* ~**s**) ~ (**system**) sztereó berendezés/készülék || **in** ~ sztereóban **2.** *a* sztereo(-)

stereophonic [sterɪə'fɒnɪk] a sztereofonikus, sztereo
stereo radio cassette recorder n sztereó magnós rádió
stereotype ['sterɪətaɪp] n print klisé, nyomódúc; fig (phrase, idea) sablon
sterile ['steraɪl] a csíramentes, steril; (person) meddő
sterility [stə'nlətɪ] n sterilitás, meddőség
sterilization [sterəlaɪ'zeɪʃn] n (of instrument) fertőtlenítés, sterilizálás
sterling ['stɜːlɪŋ] 1. a (silver) törvényes finomságú 2. n sterling
stern¹ [stɜːn] a zord, szigorú
stern² [stɜːn] n naut tat; far
stew [stuː] 1. n párolt hús, ragu 2. v (meat, vegetables) párol, főz; gőzöl
steward ['stjuːəd] n (on estate) (gazdasági) gondnok; (in ship) (hajó)pincér
stewardess ['stuːədɪs] n légi utaskísérő (nő), stewardess
stick [stɪk] 1. n (staff) bot; (for hockey) ütő; col (glue) ragasztó 2. v (pt/pp stuck [stʌk]) vt (pierce) szúr, döf; (glue) (oda)ragaszt, összeragaszt I vi (get stuck) (ösz-sze)ragad; (jam) (meg)akad; →
stuck
stick in beragaszt vmbe
stick on felragaszt
stick out (point) kiáll; (ears) eláll
stick up (poster) kifüggeszt; (hair) feltűz
sticker ['stɪkə] n matrica
sticking plaster ['stɪkɪŋ] n (waterproof) sebtapasz
stickler ['stɪklə] n szőrszálhasogató

stick-up n col (fegyveres) rablótámadás
sticky ['stɪkɪ] a ragadós
stiff [stɪf] a merev; (hard) kemény; (difficult) nehéz; (drink) erős
stiffen ['stɪfn] vt (meg)merevít I vi (meg)merevedik, (meg)keményedik
stiffening ['stɪfnɪŋ] 1. a zsibbasztó 2. n zsibbadás
stiffness ['stɪfnɪs] n merevség, keménység; (numbness) zsibbadtság
stifle ['staɪfl] v elnyom, elfojt
stifling ['staɪflɪŋ] a fullasztó
stigma ['stɪgmə] n (of shame) szégyenbélyeg; (of flower) bibe
stile [staɪl] n (over fence) lépcsős átjáró; (turnstile) forgókereszt
stiletto (heel) [stɪ'letəʊ] n tűsarok
still [stɪl] 1. a csendes, nyugodt 2. adv még mindig; (de azért) mégis ‖ be ~ to come még hátravan 3. n (quietness) nyugalom 4. v csendesít, elcsendesít
stillborn ['stɪlbɔːn] a halva született
still life n (pl lifes) csendélet
stilts [stɪlts] n pl gólyalábak
stimulant ['stɪmjʊlənt] n dopping-szer, serkentőszer
stimulate ['stɪmjʊleɪt] v élénkít, stimulál, serkent
stimulation [stɪmju'leɪʃn] n ösztönzés, buzdítás, biztatás
stimulus ['stɪmjʊləs] n (pl -li [-laɪ]) (of senses) inger
sting [stɪŋ] 1. n csípés, szúrás; (organ) fullánk 2. v (pt/pp stung [stʌŋ]) (insect) (meg)csíp, megszúr; (nettle) éget
stinginess ['stɪndʒɪnɪs] n col fösvénység, fukarság

stingy ['stındʒı] *a col* fösvény, zsugori, smucig, sóher

stink [stıŋk] **1.** *n* bűz **2.** *v* (*pt* **stank** [stæŋk] *or* **stunk** [stʌŋk], *pp* **stunk** [stʌŋk]) bűzlik

stinking ['stıŋkıŋ] *a* büdös; *fig* (*person*) ellenszenves

stint [stınt] **1.** *n* (*limit*) korlátozás; (*work*) előírt munka(feladat) ‖ **do one's daily** ~ végzi a napi robotot, melózik **2.** *v* fukarkodik vmvel

stipulate ['stıpjʊleıt] *v* feltételeket szab, kiköt

stipulation [stıpjʊ'leıʃn] *n* kikötés, feltétel

stir [stɜ:] **1.** *n* (*stirring*) kavarás, keverés; (*excitement*) kavarodás, sürgölődés; (*sensation*) szenzáció ‖ **create a general** ~ közfeltűnést kelt **2.** *v* **-rr-** *vt* (*with spoon*) (meg)kever, (meg)kavar; (*excite*) felkavar ‖ *vi* (*move*) moccan

stir up (*fire*) felpiszkál; (*person*) felkavar; (*revolt*) szít

stitch [stıtʃ] **1.** *n* (*in knitting*) szem; *also med* öltés; (*pain*) szúrás, szúró fájdalom **2.** *v* (össze)varr; ölt

stoat [stəʊt] *n* hermelin

stock [stɒk] **1.** *n* (*of goods*) készlet; *comm* raktár; (*of animals*) állatállomány; (*of rifle*) puskatus; (*shares*) részvény(tőke); (*capital*) alaptőke ‖ **be out of** ~ kifogyott; elfogyott **2.** *v* tárol, raktáron tart

stock with (*supplies*) ellát

stockade [stɒ'keıd] *n* (*of fortress*) cölöpkerítés

stockbroker ['stɒkbrəʊkə] *n* tőzsdeügynök, alkusz

stock exchange *n* (érték)tőzsde

stocking ['stɒkıŋ] *n* harisnya ‖ **a pair of** ~**s** harisnya

stockkeeper ['stɒkki:pə] *n* raktáros

stock market *n* (érték)tőzsde

stock phrase *n* közhely, klisé

stockpile ['stɒkpaıl] **1.** *n* tartalékkészlet, árukészlet **2.** *v* felhalmoz

stocktaking ['stɒkteı:kıŋ] *n* leltározás

stocky ['stɒkı] *a* zömök, köpcös

stodgy ['stɒdʒı] *a* (*food*) nehéz, nehezen emészthető

stole[1] [stəʊl] *n* stóla

stole[2] [stəʊl] *pt* → **steal**

stolen ['stəʊlən] *pp* → **steal**

stolid ['stɒlıd] *a* közönyös

stomach ['stʌmək] **1.** *n* gyomor; (*belly*) has ‖ **his** ~ **is upset** gyomorrontása van **2.** *v fig* eltűr, lenyel ‖ **I can't** ~ **it** ezt nem veszi be a gyomrom

stomach ache *n* gyomorfájás ‖ **have (a)** ~ fáj a gyomra

stone [stəʊn] *n also med* kő; (*of fruit*) (gyümölcs)mag

stone-cold *a* jéghideg

stone-deaf *a* teljesen süket

stone-hard *a* kőkemény

stonework ['stəʊnwɜ:k] *n* kőfal

stony ['stəʊnı] *a* kőkemény

stood [stʊd] *pt/pp* → **stand**

stool [stu:l] *n* (támla nélküli) szék ‖ ~**(s** *pl*) *med* széklet

stoop [stu:p] *v* lehajol

stop [stɒp] **1.** *n* (*stopping*) megállás; (*place*) megálló; (*in punctuation*) pont **2.** *v* **-pp-** *vi* (*halt*) megáll; (*cease*) eláll, megszűnik ‖ *vt* megállít; (*bring to end*) megszüntet, véget vet (vmnek); (*block*) eltöm, betöm ‖ ~! állj!; **it (has)** ~**ped raining** az eső elállt;

~ **doing sg** vmvel felhagy, abbahagy; ~ **it!** elég volt!, hagyd már abba!

stop at (*train, bus*) megáll

stop up (*hole*) eldugaszol, tömít ‖ ~ **up a gap** lyukat betöm

stoplight ['stɒplaɪt] *n* (*US traffic light*) tilos jelzés; (*brakelight*) féklámpa, stoplámpa

stopover ['stɒpəʊvə] *n* útmegszakítás

stoppage ['stɒpɪdʒ] *n* megállás; (*in traffic*) torlódás; (*in work*) munkabeszüntetés

stopper ['stɒpə] *n* dugó

stop sign *n* stoptábla

stop-watch ['stɒpwɒtʃ] *n* stopper(óra)

storage ['stɔːrɪdʒ] *n* (*of goods*) tárolás, raktározás; *comput* tár

store [stɔː] **1.** *n* (áru)készlet; (*warehouse*) raktár; *GB* (*large shop*) áruház; *US* (*shop*) üzlet, bolt ‖ **keep in** ~ készenlétben tart **2.** *v* (el)raktároz, *also comput* tárol

storekeeper ['stɔːkiːpə] *n US* = **shopkeeper**

storey (*US* **story**) ['stɔːrɪ] *n* emelet

stork [stɔːk] *n zoo* gólya

storm [stɔːm] *n* vihar ‖ ~ **in a teacup** vihar egy pohár vízben

stormy ['stɔːmɪ] *a* viharos

story[1] ['stɔːrɪ] *n* elbeszélés, történet ‖ **that is quite another** ~ ez más lapra tartozik

story[2] ['stɔːrɪ] *n US* = **storey**

storybook ['stɔːrɪbʊk] *n* mesekönyv

stout [staʊt] **1.** *a* (*fat*) vaskos, testes **2.** *n* (*beer*) barna sör

stove [stəʊv] *n* (*for cooking*) tűzhely; (*for heating*) kályha

stow [stəʊ] *v* megrak, megpakol

stowaway ['stəʊəweɪ] *n col* (*on ship, aircraft*) potyautas

straddle ['strædl] *v* (*stand*) terpeszállásban áll; (*sit*) lovaglóülésben ül vmn ‖ ~ **(one's legs)** szétterpeszti a lábát, szétterpesztett lábbal áll/ül

straggle ['strægl] *v* (*stray*) (el)csatangol; (*lag behind*) lemaradozik

straight [streɪt] **1.** *a* egyenes; (*honest*) becsületes, egyenes; (*drink*) tiszta **2.** *adv* egyenesen; (*directly*) közvetlenül; (*frankly*) őszintén, egyenesen ‖ ~ **from the horse's mouth** első kézből; ~ **off** azonnal; ~ **on** egyenesen előre/tovább; ~ **out** egyenesen, nyíltan; ~ **up?** *GB col* komolyan?

straightaway [streɪtə'weɪ] *adv* azonnal, rögtön

straighten ['streɪtn] *v* ~ **(out)** egyenlővé tesz; (*misunderstanding*) elsimít

straight-faced *a* pléhpofájú

straightforward [streɪt'fɔːwəd] *a* őszinte, egyenes

strain[1] [streɪn] **1.** *n* feszültség; (*effort*) erőlködés; (*sprain*) húzódás; (*overstressing*) túlterhelés **2.** *v* (*stretch*) megfeszít; (*overstrain*) (meg)erőltet; (*filter*) (le)szűr

strain[2] [streɪn] *n* (*tendency*) hajlam, vonás; (*breed*) fajta

strained [streɪnd] *a* (*relations*) feszült; (*smile*) erőltetett; (*person*) agyonhajszolt

strainer ['streɪnə] *n* szűrő

strait [streɪt] *n* (tenger)szoros

straitjacket ['streɪtdʒækɪt] *n* kényszerzubbony

strait-laced *a pej* prűd

strand¹ [strænd] **1.** *n* (*of thread*) szál, fonal; (*of hair*) hajtincs **2.** *v* (kötelet) ver

strand² [strænd] *v* **be ~ed** megfeneklett, zátonyra futott, vesztegel

strange [streɪndʒ] *a* különös, furcsa; (*unusual*) szokatlan; (*foreign*) idegen || **~ to say...** fura módon

stranger ['streɪndʒə] *n* idegen, külföldi

strangle ['stræŋgl] *v* megfojt

stranglehold ['stræŋglhəʊld] *n* **have a ~ on sy** markában tart vkt

strap [stræp] **1.** *n* szíj; (*on clothes*) pánt **2.** *v* -pp- beszíjaz

strapping ['stræpɪŋ] *a* jókötésű; *col* stramm

strata ['strɑːtə] *n pl* → **stratum**

strategic [strə'tiːdʒɪk] *a* hadászati, stratégiai

strategy ['strætɪdʒɪ] *n* hadászat, *also fig* stratégia

stratum ['strɑːtəm] *n* (*pl* -ta [-tə]) *geod, also fig* réteg

straw [strɔː] *n* szalma; (*for drinking*) szívószál || **a ~ in the wind** vmnek előszele

strawberry ['strɔːbrɪ] *n* (földi)eper || **~ jam** eperdzsem

stray [streɪ] **1.** *a* (*animal*) kóbor **2.** *v* (*animal*) kóborol, bitangol || **~ (from)** elkalandozik

streak [striːk] **1.** *n* (*stripe*) csík, sáv; (*ore*) ér || **a ~ of** (van benne) valami... **2.** *vt* csíkoz | *vi col* (*run away*) elhúzza a csíkot

streaky ['striːkɪ] *a* csíkos, sávos || **~ bacon** szeletelt császárszalonna

stream [striːm] **1.** *n* (*current*) áramlás; (*river*) folyam, folyó **2.** *v* áramlik, özönlik

stream in beömlik, beözönlik

stream out kiárad, kizúdul

streamer ['striːmə] *n* (*flag*) (szalag)lobogó; (*of paper*) szerpentin(szalag); *comput* sztrímer

streamline ['striːmlaɪn] *n* áramvonal

street [striːt] *n* utca || **across the ~** az utca túloldalán; **not up my ~** *col* nem az én asztalom

streetcar ['striːtkɑː] *n US* villamos

street-walker *n* utcalány

street-wise *a col* dörzsölt

strength [streŋθ] *n* erő, erősség

strengthen ['streŋθn] *vt* (meg)erősít | *vi* megerősödik

strenuous ['strenjʊəs] *a* (*energetic*) fáradhatatlan, kitartó

stress [stres] **1.** *n* feszültség; *gram* hangsúly; (*mental, nervous*) sztressz || **lay (great) ~ on sg** súlyt helyez vmre **2.** *v* hangsúlyoz, kiemel

stretch [stretʃ] **1.** *n* (*stretching*) nyúlás, rugalmasság || **at a ~** egyhuzamban; **the home ~** a célegyenes **2.** *vt* (*strain*) (ki)nyújt, (ki)feszít; (*widen*) kitágít | *vi* nyúlik, kifeszül || **~ as far as** vmeddig ér; **~ (oneself)** nyújtózkodik

stretch out *vt* kinyújt | *vi* vmeddig nyúlik

stretcher ['stretʃə] *n* hordágy

strew [struː] *v* (*pt* **strewed** [struːd], *pp* **strewed** *or* **strewn** [struːn]) (el)hint, szór

strewn [struːn] *pp* → **strew**

stricken ['strɪkn] *a* vmvel sújtott

strict [strɪkt] *a* (*severe*) szigorú; (*precise*) pontos

strictly ['strɪktlɪ] *adv* szigorúan || **~ speaking** az igazat megvallva

stridden ['strɪdn] *pp* → **stride**

stride [straɪd] **1.** *n* (nagy) lépés **2.** *v* (*pt* **strode** [strəʊd], *pp* **stridden** ['strɪdn]) ~ **(along)** nagyokat lép
strident ['straɪdnt] *a* (*sound*) fülhasogató, csikorgó; (*colour*) harsány
strife [straɪf] *n* küzdelem
strike [straɪk] **1.** *n* (*stopping of work*) sztrájk; (*attack*) csapás ‖ **go (out) on** ~ sztrájkba lép **2.** *v* (*pt/pp* **struck** [strʌk]) *vt* (*hit*) megüt; (*knock against*) (neki)ütődik; (*lightning*) becsap; (*find*) talál ‖ *vi* (*clock*) üt; (*stop working*) sztrájkol (*for* vmért, *against* vm ellen) ‖ **it struck me that** az jutott eszembe, hogy; ~ **camp** tábort bont; ~ **a match** gyufát gyújt
strike down leüt, lever
strike out töröl, kihúz
strike up a tune énekre, zenére rákezd ‖ ~ **up a conversation with sy** beszélgetésbe kezd vkvel
strikebound ['straɪkbaʊnd] *a* sztrájktól megbénított
striker ['straɪkə] *n* (*worker*) sztrájkoló
striking ['straɪkɪŋ] *a* (*appearance*) feltűnést keltő; (*worker*) sztrájkoló
string [strɪŋ] **1.** *n* spárga, madzag; (*of beads*) (gyöngy)sor; *mus* húr; *comput* (karakter)sorozat ‖ **the ~s** *mus* a vonósok; **pull ~s** protekciót vesz igénybe **2.** *v* (*pt/pp* **strung** [strʌŋ]) (*beads*) felfűz; (*beans*) megtisztít
string up *col* (*vkt*) felköt, felakaszt
string beans *n pl US* zöldbab
stringed instrument [strɪŋd] *n* húros/vonós hangszer

stringent ['strɪndʒənt] *a* (*rules*) szigorú; (*market*) pénzszűkében lévő
string quartet *n* vonósnégyes
strip [strɪp] **1.** *n* szalag, csík; *sp* mez; (*of clothes*) vetkőzés ‖ **a ~ of land** földsáv **2.** *v* **-pp-** *vt* (*deprive of*) (le)hánt, lehámoz; (*clothes*) levet ‖ *vi* (*undress*) (le)vetkőzik
strip cartoon *n* (*in newspaper*) (tréfás) képregény
stripe [straɪp] **1.** *n* csík, sáv ‖ ~**s** *pl* rangjelzés **2.** *v* csíkoz
striped [straɪpt] *a* csíkos
strip light *n* fénycső
stripper ['strɪpə] *n* sztriptíztáncosnő
striptease ['strɪptiːz] *n* sztriptíz
strive [straɪv] *v* (*pt* **strove** [strəʊv], *pp* **striven** ['strɪvn]) ~ **after/for** (*or* **to do**) **sg** törekszik vmre
striven ['strɪvn] *pp* → **strive**
strode [strəʊd] *pt* → **stride**
stroke [strəʊk] **1.** *n* (*blow*) ütés; csapás; (*of clock*) (óra)ütés; *med* agyvérzés, szélütés; (*of piston*) löket, ütem; (*caress*) simogatás; (*rowing person*) vezérevezős ‖ **at a** ~ egy csapásra/csapással; **on the** ~ **of 6** pontosan 6 órakor **2.** *v* simogat
stroll [strəʊl] **1.** *n* séta **2.** *v* sétál, kószál
strong [strɒŋ] *a* erős ‖ **a 30-~ delegation** 30 fős küldöttség; ~ **language** durva szavak
stronghold ['strɒŋhəʊld] *n* erőd; *fig* védőbástya
strongly ['strɒŋlɪ] *adv* erősen, nyomatékosan
strong-minded *a* erélyes, határozott
strong-room *n* páncélszoba
strove [strəʊv] *pt* → **strive**

struck [strʌk] *pt/pp* → **strike**
structural ['strʌktʃərəl] *a* szerkezeti, strukturális
structure ['strʌktʃə] *n* szerkezet, struktúra, felépítés
struggle ['strʌgl] **1.** *n* küzdelem, harc || ~ **for life** küzdelem a létért **2.** *v* küzd, harcol
strung [strʌŋ] *pt/pp* → **string**
stub [stʌb] **1.** *n* (*of cheque*) (ellenőrző) szelvény; (*of cigarette*) csikk **2.** *v* **-bb-** (*foot*) beleüt (*lábat kőbe*)
stub out (*cigarette*) elolt
stubbly ['stʌblɪ] *a col* (*chin*) borostás
stubborn ['stʌbən] *a* makacs
stubby ['stʌbɪ] *a* köpcös, zömök
stuck [stʌk] *a* (*jammed*) elakadt || **be/get** ~ elakad(t) (*in* vmben); **(be)** ~ **on** *col* bele van esve vkbe; → **stick**
stuck-up *a col* elkapatott
stud[1] [stʌd] **1.** *n* (*button*) inggomb; (*on boots*) stopli **2.** *v* **-dd-** szeggel kirak/kiver
stud[2] [stʌd] *n* (*of horses*) ménes; (*stallion*) csődör; *fig col* (*man*) bika
studded ['stʌdɪd] *a* szegekkel kivert || ~ **with diamonds** gyémántokkal kirakott
student ['stjuːdənt] *n* (*at school*) tanuló, diák; (*at university, college*) hallgató; főiskolás || **medical** ~ orvostanhallgató; ~ **majoring in English** angol szakos hallgató
student driver *n US* tanulóvezető
studied ['stʌdɪd] *a* (*deliberate*) szándékolt; (*sophisticated*) keresett; → **study 2.**

studio ['stjuːdɪəʊ] *n* stúdió; (*of artist*) műterem; ~ (**flat**, *US* **apartment**) szoba-konyhás lakás, garzonlakás
studious ['stjuːdɪəs] *a* (*diligent*) szorgalmas, igyekvő
studiously ['stjuːdɪəslɪ] *adv* (*diligently*) szorgalmasan; (*painstakingly*) gondosan
study ['stʌdɪ] **1.** *n* (*studying*) tanulás; (*examination*) vizsgálat; (*essay*) tanulmány; *mus* etűd; (*room*) dolgozószoba || **one's studies** (*at school*) vk tanulmányai **2.** *vt* tanul vmt; (*examine*) (át)tanulmányoz, vizsgál / *vi* tanul, tanulmányokat folytat || ~ **law** jogi tanulmányokat folytat; ~ **at the university** egyetemre jár
stuff [stʌf] **1.** *n* (*substance, material*) anyag, dolog; *tex* (*fabrics*) szövet, anyag; *col* cucc **2.** *v* (ki)töm (*with* vmvel); (*food*) tölt || **get** ~**ed!** *col* menj a fenébe!
stuffed shirt *n col* nagyképű alak
stuffing ['stʌfɪŋ] *n* töltelék
stuffy ['stʌfɪ] *a* (*room*) fülledt, levegőtlen; (*person*) begyepesedett fejű
stumble ['stʌmbl] **1.** *n* botlás **2.** *v* (meg)botlik || ~ **(up)on sg** vmre akad
stumbling block *n* botránykő
stump [stʌmp] *n* (fa)tönk, (fa)tuskó
stun [stʌn] *v* **-nn-** (*make unconscious*) elkábít; (*stock*) megdöbbent || **I was** ~**ned to hear/learn** elképedve hallottam
stung [stʌŋ] *pt/pp* → **sting**
stunk [stʌŋk] *pt/pp* → **stink**
stunning ['stʌnɪŋ] *a* elképesztő; (*success*) szédítő

stunt [stʌnt] n (nyaktörő) mutatvány, kunszt
stunted ['stʌntɪd] a csenevész
stuntman [stʌntmən] n (pl -men) kaszkadőr
stupefy ['stjuːpɪfaɪ] v (dazzle) elkábít; (amaze) elképeszt
stupendous [stjuː'pendəs] a óriási, elképesztő(en nagy)
stupid ['stjuːpɪd] a buta, hülye
stupidity [stjuː'pɪdətɪ] n butaság, hülyeség
stupor ['stjuːpə] n kábulat
sturdy ['stɜːdɪ] a erős, izmos, stramm
sturgeon ['stɜːdʒən] n tok(hal)
stutter ['stʌtə] 1. n dadogás, hebegés 2. v dadog, hebeg
sty¹ [staɪ] n (for pigs) disznóól
sty² or stye [staɪ] n (on eye) árpa
style [staɪl] n stílus; (fashion) divat
stylish ['staɪlɪʃ] a divatos
stylist ['staɪlɪst] n (hair ~) fodrász-(nő)
stylus ['staɪləs] n (lejátszó)tű
subconscious [sʌb'kɒnʃəs] 1. a tudat alatti 2. n tudatalatti
subdue [səb'djuː] v leigáz; (lighting) tompít ‖ in a ~d voice halkan
subject 1. ['sʌbdʒɪkt] a ~ to sg vm alá eső; ~ to taxation adóköteles 2. ['sʌbdʒɪkt] n (topic) tárgy, téma; (discipline) tantárgy; gram alany; (of kingdom) alattvaló; (citizen) állampolgár ‖ change the ~ témát vált 3. [səb'dʒekt] v ~ sg to sg vmt vmnek alávet
subjective [səb'dʒektɪv] a egyéni, szubjektív
subject matter n (of book) téma

subjunctive [səb'dʒʌŋktɪv] n kötőmód
sublime [səb'laɪm] a fennkölt, emelkedett
submachine gun [sʌbmə'ʃn] n géppisztoly
submarine [sʌbmə'riːn] n tengeralattjáró
submerge [səb'mɜːdʒ] vt elmerít; (food) eláraszt ‖ vi elmerül
submission [səb'mɪʃn] n beadvány, felterjesztés
submissive [səb'mɪsɪv] a beletörődő; lemondó
submit [səb'mɪt] v -tt- vt bead; benyújt; (plan) előterjeszt ‖ vi behódol (to vknek)
subordinate [sə'bɔːdɪnət] a vknek, vmnek alárendelt
subordination [səbɔːdɪ'neɪʃn] n függő helyzet/viszony, függőség
subscribe [səb'skraɪb] v aláír; (to newspaper) előfizet (to vmre) ‖ I do not ~ to it nem azonosítom magam vele, ezt én nem írom alá
subscriber [səb'skraɪbə] n aláíró; (to newspaper) előfizető
subscriber trunk dialling n GB távhívás
subscription [səb'skrɪpʃn] n előfizetés; (money) előfizetési díj; (for membership) tagdíj
subsequent ['sʌbsɪkwənt] a későbbi, utólagos
subsequently ['sʌbsɪkwəntlɪ] adv pótlólag, utólag
subside [səb'saɪd] v (flood) apad; (pain, wind) enyhül
subsidiary [səb'sɪdɪərɪ] a mellékes
subsidy ['sʌbsədɪ] n szubvenció, dotáció, (pénzbeli) támogatás

subsistence [səbˈsɪstəns] *n* létfenntartás ‖ ~ **level** létminimum
substance [ˈsʌbstəns] *n* (*material*) anyag; (*essence*) lényeg
substantial [səbˈstænʃl] *a* lényeges; (*considerable*) tekintélyes; (*meal*) kiadós
substantiate [səbˈstænʃɪeɪt] *v* megindokol
substitute [ˈsʌbstɪtjuːt] **1.** *n* (*person*) helyettes; *sp* csere(játékos); (*thing*) pótszer, pótlék **2.** *v* ~ **for sy** vkt helyettesít; ~ **sg for sg** vmt vmvel helyettesít
substitution [sʌbstɪˈtjuːʃn] *n* helyettesítés
subtitle [ˈsʌbtaɪtl] *n* alcím ‖ **with ~s** (*film*) feliratos
subtle [ˈsʌtl] *a* árnyalt, finom
subtract [səbˈtrækt] *v math* kivon, levon
subtraction [səbˈtrækʃn] *n math* kivonás
suburb [ˈsʌbɜːb] *n* külváros
suburban [səˈbɜːbən] *a* külvárosi, kültelki
subversive [səbˈvɜːsɪv] *a* felforgató, diverzáns
subway [ˈsʌbweɪ] *n GB* (*passage*) (gyalogos-)aluljáró; *US* (*railway*) metró
succeed [səkˈsiːd] *v* sikert ér el, érvényesül ‖ ~ **sy (as...)** helyébe lép, követ (vkt); ~ **in doing sg** (vknek vm, vmt megtenni) sikerül; **(s)he ~ed** sikerült neki; ~ **to the throne** követ(kezik) a trónon
succeeding [səkˈsiːdɪŋ] *a* következő, egymást követő
success [səkˈses] *n* siker ‖ **have a** ~ sikert arat
successful [səkˈsesfl] *a* sikeres

successfully [səkˈsesfəlɪ] *adv* eredményesen
succession [səkˈseʃn] *n* (*following*) sorrend, egymásután; (*to title, property*) öröklés, utódlás
successive [səkˈsesɪv] *a* egymásra következő
successor [səkˈsesə] *n* utód
succinct [səkˈsɪŋkt] *a* tömör, rövid
succulent [ˈsʌkjʊlənt] *a* (*fruit*) leveses; (*meat*) szaftos
succumb [səˈkʌm] *v* megadja magát; enged (*to* vmnek)
such [sʌtʃ] *a/pron* olyan, ilyen ‖ **in** ~ **a manner (that/as)** oly módon; ~ **a(n)** (egy) olyan..., ilyen ...; ~ **as** úgymint, mint például; ~ **is life** ilyen az élet; **at** ~ **times** olyankor
such-and-such *a* ilyen és ilyen
suck [sʌk] *v* szív; (*baby*) szopik
sucker [ˈsʌkə] *n zoo* szívóka; *col* (*person*) balek
suction [ˈsʌkʃn] *n* szívás
sudden [ˈsʌdn] *a* hirtelen, váratlan ‖ **all of a** ~ hirtelen, egyszer csak
suddenly [ˈsʌdnlɪ] *adv* hirtelen
suds [sʌdz] *n pl* szappanlé, szappanhab
sue [suː] *v law* perel vmt/vkt
suede [sweɪd] *n* szarvasbőr, őzbőr
suet [ˈsuːɪt] *n* faggyú
suffer [ˈsʌfə] *vi* szenved | *vt* (*tolerate*) elszenved, elvisel ‖ ~ **defeat** *sp* vereséget szenved; ~ **from** vmben/vmtől szenved
suffering [ˈsʌfərɪŋ] *n* szenvedés
suffice [səˈfaɪs] *v* ~ **it to say** *kif* elég az hozzá(, hogy)
sufficient [səˈfɪʃnt] *a* elég, elegendő
sufficiently [səˈfɪʃntlɪ] *adv* eléggé
suffix [ˈsʌfɪks] *n gram* rag, képző

suffocate ['sʌfəkeɪt] vt (meg)fojt I vi megfullad
suffocating ['sʌfəkeɪtɪŋ] a fojtó
suffocation [sʌfə'keɪʃn] n fuldoklás, (meg)fulladás
sugar ['ʃʊgə] 1. n cukor 2. v (meg)cukroz
sugar cane n cukornád
sugary ['ʃʊgərɪ] a édes(kés)
suggest [sə'dʒest] v (propose) javasol, ajánl; (indicate) vmre utal II this would ~ that ez amellett szól, hogy ...
suggestion [sə'dʒestʃən] n javaslat, indítvány
suggestive [sə'dʒestɪv] a emlékeztető/utaló (of vmre); (indecent) kétértelmű
suicide ['suːɪsaɪd] n (act) öngyilkosság; (person) öngyilkos
suit [suːt] 1. n (man's) öltöny; (woman's) kosztüm; (in cards) szín; law per(es eljárás); kereset 2. v ~ sy (be convenient) alkalmas/megfelel vknek; (fit) jól áll vknek II ~ sg well jól illik vmhez; it does not ~ me nem felel meg nekem
suitable ['suːtəbl] a jó/alkalmas (for vmre)
suitably ['suːtəblɪ] adv megfelelően; (for occasion) az alkalomhoz illően
suitcase ['suːtkeɪs] n bőrönd, koffer
suite [swiːt] n (of furniture) garnitúra; US (of rooms) lakosztály; mus szvit; comput összefüggő programok készlete
suitor ['suːtə] n (of woman) kérő
sulf... US = sulph...
sulk [sʌlk] v duzzog
sulky ['sʌlkɪ] a duzzogó, durcás

sullen ['sʌlən] a mogorva
sully ['sʌlɪ] v bepiszkít
sulphur ['sʌlfə] n kén
sultana [sʌl'tɑːnə] n mazsola
sultry ['sʌltrɪ] a (weather) fullasztó, fülledt
sum [sʌm] 1. n (pénz)összeg; (problem) számtanpélda 2. v - mm- ~ up (add up) összead, öszszesít; (summarize) összefoglal
summarize ['sʌməraɪz] v összegez, összefoglal
summary ['sʌmərɪ] 1. n összefoglalás; (account) összesítés 2. a law ~ court rögtönítélő bíróság
summer ['sʌmə] n nyár II in (the) ~ nyáron; this ~ ezen a nyáron
summer-house n nyári lak
summer-time n (daylight-saving time) nyári időszámítás
summit ['sʌmɪt] n csúcs, hegycsúcs; (~ meeting) csúcs(találkozó)
summon ['sʌmən] v law (gather) összehív, behív
summons ['sʌmənz] law 1. n (pl -ses) idézés, beidézés 2. v beidéz
sump [sʌmp] n GB olajteknő
sumptuous ['sʌmptʃʊəs] a pompás
sun [sʌn] n nap (égitest)
sunbathe ['sʌnbeɪð] v napozik
sunburn ['sʌnbɜːn] n lesülés; (painful) leégés
sunburned ['sʌnbɜːnd], sunburnt ['sʌnbɜːnt] a napbarnított; (painful) leégett
Sunday ['sʌndɪ] n vasárnap II (on) ~ vasárnap; one's ~ best ünneplő(ruha); → Monday
Sunday school n vasárnapi iskola
sun-dial n napóra
sundown ['sʌndaʊn] n naplemente

sundries ['sʌndrız] *n pl* vegyes kiadások/tételek
sundry ['sʌndrı] *a* különböző, különféle ‖ **all and ~** kivétel nélkül mind
sunflower ['sʌnflaʊə] *n* napraforgó
sung [sʌŋ] *pp* → **sing**
sun-glasses *n pl* napszemüveg
sunk [sʌŋk] *pp* → **sink**
sunken ['sʌŋkən] *a* elsüllyedt
sunlight ['sʌnlaıt] *n* napfény
sunlit ['sʌnlıt] *a* napfényes, napsütötte
sunny ['sʌnı] *a* napos; (*cheerful*) derűs ‖ **it is ~** süt a nap
sunny-side up *n US* tükörtojás
sunrise ['sʌnraız] *n* napkelte
sunset ['sʌnset] *n* naplemente
sunshade ['sʌnʃeıd] *n* (*over table*) napernyő
sunshine ['sʌnʃaın] *n* napsütés
sunstroke ['sʌnstrəʊk] *n* napszúrás
suntan ['sʌntæn] *n* lesülés, barnaság ‖ **~ lotion** napolaj
super ['suːpə] *a col* nagyszerű, szuper
superannuation [suːpərænjʊ'eıʃn] *n* (*pensioning*) nyugdíjazás; (*pension*) nyugdíj
superb [suː'pɜːb] *a* nagyszerű, remek, gyönyörű
supercilious [suːpə'sılıəs] *a* fölényes, fennhéjázó
superficial [suːpə'fıʃl] *a* felületi; *fig, pej* felületes, felszínes
superfluous [suː'pɜːflʊəs] *a* felesleges, nélkülözhető
superimpose [suːpərım'pəʊz] *v* egymásra rak
superintendent [suːpərın'tendənt] *n* felügyelő

superior [suː'pıərıə] **1.** *a* felsőbb; (*better*) jobb minőségű **2.** *n* elöljáró, felettes
superiority [səpıərı'ɒrətı] *n* felsőbbség, fölény
superlative (degree) [suː'pɜːlətıv] *n gram* felsőfok
superman ['suːpəmən] *n* (*pl* **-men**) felsőbbrendű ember
supermarket ['suːpəmaːkıt] *n* ABC-áruház, szupermarket
supernatural [suːpə'nætʃrəl] *a* természetfölötti
superpower ['suːpəpaʊə] *n* szuperhatalom
supersede [suːpə'siːd] *v* (*exceed*) helyettesít, pótol
supersonic [suːpə'sɒnık] *a* szuperszonikus
superstition [suːpə'stıʃn] *n* babona
superstitious [suːpə'stıʃəs] *a* babonás
supervise ['suːpəvaız] *v* ellenőriz, felügyel
supervision [suːpə'vıʒn] *n* felügyelet, ellenőrzés
supervisor ['suːpəvaızə] *n* ellenőr, felügyelő
supper ['sʌpə] *n* vacsora ‖ **have (one's) ~** (meg)vacsorázik
supple ['sʌpl] *a* hajlékony; *also fig* rugalmas
supplement 1. ['sʌplımənt] *n* pótlás, kiegészítés; (*of book*) pótkötet **2.** [sʌplı'ment] *v* kiegészít
supplementary [sʌplı'mentrı] *a* kiegészítő, járulékos, pót-
supplier [sə'plaıə] *n* szállító
supply [sə'plaı] **1.** *n* (*supplying*) ellátás, szállítás; (*stock*) készlet ‖ **supplies** *pl* raktári készlet; **~ and demand** kereslet és kínálat **2.** *v*

(*electricity, gas*) szolgáltat; (*goods*) szállít (*sg to sy* vmt vknek)
support [sə'pɔːt] **1.** *n* (*aid, maintenance*) támasz, támogatás; *tech* támasz **2.** *v* (*sustain*) alátámaszt; (*uphold*) támogat, patronál; (*family*) fenntart, eltart ‖ ~ **(a team)** *col* szurkol (csapatnak)
supporter [sə'pɔːtə] *n pl* támogató; *sp* szurkoló
suppose [sə'pəʊz] *v* feltételez; (*imagine*) gondol ‖ **let's** ~ tegyük fel; **he is** ~**d (to)** az a kötelessége/dolga(, hogy)
supposedly [sə'pəʊzɪdlɪ] *adv* állítólag, feltehetően
supposing [sə'pəʊzɪŋ] *conj* ~ **(that)** feltéve, hogy
supposition [sʌpə'zɪʃn] *n* feltételezés, feltevés
suppository [sə'pɒzɪtrɪ] *n* (végbél)kúp
suppress [sə'pres] *v* lever, elnyom; (*yawn*) elfojt
suppression [sə'preʃn] *n* elnyomás, elfojtás
supremacy [sʊ'preməsɪ] *n* felsőbbrendűség, fennhatóság
supreme [sʊ'priːm] *a* legfelső, legfelsőbb
surcharge ['sɜːtʃɑːdʒ] *n* pótdíj, pótilleték
sure [ʃʊə] *a* biztos, bizonyos ‖ **make** ~ **of sg** meggyőződik vmről; **be** ~ **to write!** feltétlenül írj(on)!; ~**!** *US* hogyne!, persze!
sure-fire *a col* holtbiztos, tuti
sure-footed *a* biztos járású; *fig* céltudatosan haladó
surely ['ʃʊəlɪ] *adv* bizonyára, biztosan, hogyne; *US col* ~**!** (*in answer*) hogyne!, persze!

surety ['ʃʊərətɪ] *n* jótállás, kezesség; (*person*) kezes
surf [sɜːf] **1.** *n* (*foam*) hab; tajték; (*waves*) hullámverés **2.** *v* **go** ~**ing** szörfözik
surface ['sɜːfɪs] **1.** *n* felszín, felület **2.** *v* (*road*) burkol; (*submarine*) felmerül
surface mail *n* sima posta (*nem légi*)
surfboard ['sɜːfbɔːd] *n* szörf
surfeit ['sɜːfɪt] *n* csömör, undor
surfer ['sɜːfə] *n* hullámlovas, szörföző
surfing ['sɜːfɪŋ] *n* hullámlovaglás, szörfözés
surge [sɜːdʒ] **1.** *n* nagy hullám **2.** *v* hullámzik, hömpölyög
surgeon ['sɜːdʒən] *n* sebész
surgery ['sɜːdʒərɪ] *n* sebészet; (*operation*) műtét; (*room*) orvosi rendelő; (*time*) rendelés ‖ **undergo** ~ műtéten esik át
surgery hours *n pl* rendelési idő
surgical ['sɜːdʒɪkl] *a* sebészeti, műtéti ‖ ~ **ward** sebészeti osztály, sebészet
surly ['sɜːlɪ] *a* mogorva, barátságtalan
surmount [sə'maʊnt] *v* legyőz, leküzd
surname ['sɜːneɪm] *n* családi név, vezetéknév
surpass [sə'pɑːs] *v* felülmúl, túlszárnyal
surplus ['sɜːpləs] **1.** *a* fölös(leges), többlet- **2.** *n* felesleg, többlet
surprise [sə'praɪz] **1.** *n* meglepetés ‖ **much to my** ~ legnagyobb meglepetésemre **2.** *v* meglep ‖ **be** ~**d at sg** meglepődik vmn
surprising [sə'praɪzɪŋ] *a* meglepő

surprisingly [sə'praɪzɪŋlɪ] *adv* meglepően
surrender [sə'rendə] **1.** *n* fegyverletétel, kapituláció **2.** *v* megadja magát, kapitulál
surreptitious [sʌrəp'tɪʃəs] *a* titkos, lopva tett
surrogate ['sʌrəgət] *n* pótszer, pótlék ǁ ~ **mother** pótanya
surround [sə'raʊnd] *v* körülvesz, körülfog
surrounding [sə'raʊndɪŋ] *a* környező
surroundings [sə'raʊndɪŋz] *n pl* környék; (*environment*) környezet
surveillance [sə'veɪləns] *n* felügyelet, őrizet
survey 1. ['sɜːveɪ] *n* áttekintés; (*inquiry*) felmérés; szemle **2.** [sə'veɪ] *v* felmér, áttekint
surveyor [sə'veɪə] *n* földmérő, geodéta
survival [sə'vaɪvl] *n* túlélés ǁ ~ **kit** mentőláda
survive [sə'vaɪv] *v* (*person*) vmt túlél, életben marad; (*custom*) fennmarad
survivor [sə'vaɪvə] *n* túlélő
susceptible [sə'septəbl] *a* érzékeny, fogékony, hajlamos (*to* vmre)
suspect 1. ['sʌspekt] *a* gyanús **2.** ['sʌspekt] *n* gyanúsított **3.** [sə'spekt] *v* sejt, gyanít ǁ ~ **sy of (doing) sg** (meg)gyanúsít vkt vmvel
suspend [sə'spend] *v* (*from work*) felfüggeszt; (*hang*) felakaszt; (*stop*) leállít
suspended [sə'spendɪd] *a* (*sentence*) felfüggesztett; (*activity*) félbeszakadt

suspender (belt) [sə'spendə] *n* harisnyatartó
suspenders [sə'spendəz] *n pl US* (*for trousers*) nadrágtartó
suspense [sə'spens] *n* bizonytalanság, izgatott várakozás
suspension [sə'spenʃn] *n* (*from work*) felfüggesztés; (*of vehicle*) rugózás, felfüggesztés; (*of payment*) letiltás ǁ ~ **of sentence** ítélet felfüggesztése
suspicion [sə'spɪʃn] *n* gyanú, gyanakvás
suspicious [sə'spɪʃəs] *a* (*causing suspicion*) gyanús; (*feeling suspicion*) gyanakvó
sustain [sə'steɪn] *v* (*maintain*) (fenn)tart; (*endure*) (el)szenved; *law* (*uphold*) helyt ad (vmnek)
sustained [sə'steɪnd] *a* (*effort*) kitartó
sustenance ['sʌstɪnəns] *n* (*food*) táplálék
SW = **south-west(ern)**
swab [swɒb] *n med* tampon
swaggerer ['swægərə] *n* szájhős
swallow[1] ['swɒləʊ] *n* (*bird*) fecske
swallow[2] ['swɒləʊ] *v* nyel; *also fig* lenyel
swam [swæm] *pt* → **swim**
swamp [swɒmp] *n* mocsár
swan [swɒn] *n* hattyú
swap [swɒp] *v* -**pp**- *col* kicserél, elcserél, becserél
swarm [swɔːm] **1.** *n* (*of insects, people*) raj **2.** *v* nyüzsög (*with* vmtől)
swarthy ['swɔːðɪ] *a* sötét bőrű
swat [swɒt] *v* agyoncsap
swatter ['swɒtə] *n* légycsapó
sway [sweɪ] **1.** *n* ringás, himbálás **2.** *vt* ring, lebeg | *vi* himbál

swear [sweə] v (pt **swore** [swɔ:],
pp **sworn** [swɔ:n]) (take an oath)
(meg)esküszik (to vmre); (curse)
káromkodik, átkozódik
swearword ['sweəwɜ:d] n károm-
kodás
sweat [swet] 1. n izzadság, veríték
2. v izzad, verítékezik
sweatband ['swetbænd] n (of
sportsman) homlokpánt
sweater ['swetə] n pulóver
sweatsuit ['swetsu:t] n tréningruha,
melegítő
sweaty ['swetɪ] a izzadt
Swede [swi:d] n svéd
Sweden ['swi:dn] n Svédország
Swedish ['swi:dɪʃ] 1. a svéd 2. n
svéd (language, person) || **the** ~ a
svédek
sweep [swi:p] 1. n (sweeping) söp-
rés; (curve) nagy kanyar/ív;
(range) átfogóképesség; col
(chimney ~) kéményseprő 2. v
(pt/pp **swept** [swept]) (clean) (le)-
söpör; (move quickly) végigsöpör
sweep away elsodor, félresöpör
sweeping ['swi:pɪŋ] 1. a rohanó,
elsöprő 2. ~**s** n pl összesöpört
szemét/hulladék
sweet [swi:t] 1. a édes; (charming)
aranyos 2. n ~**(s** pl) édesség, cu-
korka; desszert
sweet corn n csemegekukorica
sweeten ['swi:tn] v also fig (meg)-
édesít, cukroz
sweetener ['swi:tnə] n édesítőszer
sweetheart ['swi:tha:t] n **sy's** ~
vknek a szerelme(se)
sweetness ['swi:tnɪs] n (taste)
édesség
sweet pea n szagosbükköny

swell [swel] 1. a US col elegáns,
csinos, klassz 2. n (of sea) hul-
lámzás 3. v (pt **swelled** [sweld],
pp **swollen** ['swəʊlən] or **swel-
led**) (wood) (meg)dagad, (meg)-
duzzad; (river) árad
swelling ['swelɪŋ] n (of body) daga-
nat, duzzanat
sweltering ['sweltərɪŋ] a tikkasztó
swept [swept] pt/pp → **sweep**
swerve [swɜ:v] v (car) farol, meg-
farol
swift [swɪft] a gyors, fürge
swig [swɪg] n (of drink) slukk
swill [swɪl] n moslék
swim [swɪm] 1. n úszás || **go for a** ~
úszik (egyet) 2. v (pt **swam**
[swæm], pp **swum** [swʌm]; -mm-)
vi úszik | vt (cross) átúszik || ~
with the tide úszik az árral
swim float n úszódeszka
swimmer ['swɪmə] n úszó
swimming ['swɪmɪŋ] n úszás || ~
cap úszósapka; ~ **costume** fürdő-
ruha; ~ **pool** uszoda; ~ **trunks** pl
fürdőnadrág
swimsuit ['swɪmsu:t] n fürdőruha,
úszódressz
swindle ['swɪndl] 1. n csalás 2. v rá-
szed, becsap
swindler ['swɪndlə] n csaló, szél-
hámos
swine [swaɪn] n (pl ~) (pig) disznó
|| **you** ~ utolsó gazember!
swing [swɪŋ] 1. n (movement) ki-
lengés; (children's) hinta; mus
szving || **be in full** ~ javában fo-
lyik 2. v (pt/pp **swung** [swʌŋ]) vi
leng, kileng; (child) hintázik | vt
lenget, lóbál
swing door n lengőajtó

swingeing ['swɪndʒɪŋ] *a col* igen nagy, hatalmas, erős
swinging ['swɪŋɪŋ] *n sp (on bar)* lengés
swipe [swaɪp] *v (strike)* üt, csap, odavág *(at* -ra/-re); *col (steal)* zsebre tesz/vág vmt
swirl [swɜːl] **1.** *n* örvény **2.** *v* örvénylik
swish [swɪʃ] **1.** *n* zizegés, suhogás **2.** *v* suhog, zizeg
Swiss [swɪs] **1.** *a* svájci **2.** *n* the ~ a svájciak
switch [swɪtʃ] **1.** *n el* (villany)kapcsoló; *(change)* áttérés, átállás **2.** *v (turn on, off)* (át)kapcsol; *(change)* átvált, áttér *(to* vmre) **switch off** kikapcsol; *(light)* leolt **switch on** bekapcsol *(light)* meggyújt
switchboard ['swɪtʃbɔːd] *n (of institution)* telefonközpont, házi központ
Switzerland ['swɪtsələnd] *n* Svájc
swivel ['swɪvl] *n* forgattyú **2.** *v* -ll- *(US* -l-) forog
swollen ['swəʊlən] *a med* dagadt, duzzadt; → **swell**
swoon [swuːn] **1.** *n* ájulás **2.** *v* elájul
swoop [swuːp] **1.** *n* rajtaütés **2.** *v* ~ **down on** *(enemy)* lecsap
swop [swɒp] *v* -pp- = **swap**
sword [sɔːd] *n* kard
swore [swɔː] *pt* → **swear**
sworn [swɔːn] *a* esküt tett, hites ‖ ~ **enemy** esküdt ellenség; → **swear**
swot [swɒt] *col* **1.** *n* magoló **2.** *v* -tt- magol
swum [swʌm] *pp* → **swim**
swung [swʌŋ] *pt/pp* → **swing**

sycamore ['sɪkəmɔː] *n* szikomorfa, hegyi juhar; *US* platán(fa)
sycophantic [sɪkə'fæntɪk] *a* hízelgő
syllable ['sɪləbl] *n* szótag
syllabus ['sɪləbəs] *n (pl* -**buses** or -**bi** [-baɪ]) tanterv; tanmenet
symbol ['sɪmbl] *n* jel(kép), szimbólum
symbolic [sɪm'bɒlɪk] *a* jelképes, szimbolikus
symbolize ['sɪmbəlaɪz] *v* jelképez
symmetrical [sɪ'metrɪkl] *a* szimmetrikus
symmetry ['sɪmətrɪ] *n* szimmetria
sympathetic [sɪmpə'θetɪk] *a* együttérző, rokonszenvező
sympathetically [sɪmpə'θetɪklɪ] együttérzően
sympathize ['sɪmpəθaɪz] *v* ~ **with** együtt érez vkvel; azonosul vmvel
sympathy ['sɪmpəθɪ] *n* szimpátia; *(pity)* együttérzés ‖ **be in** ~ **with sy** szimpatizál
symphonic [sɪm'fɒnɪk] *a* szimfonikus
symphony ['sɪmfənɪ] *n* szimfónia
symposium [sɪm'pəʊzɪəm] *n* szimpózium
symptom ['sɪmptəm] *n* tünet, szimptóma
synagogue *(US* -**gog**) ['sɪnəgɒg] *n* zsinagóga
synchronize ['sɪŋkrənaɪz] *v (clocks)* összeigazít, szinkronizál
synchronous ['sɪŋkrənəs] *a* szinkrón, egyidejű
syndicate ['sɪndɪkət] *n (of firms)* egyesülés, szindikátus
syndrome ['sɪndrəʊm] *n* tünetcsoport, szindróma
synonym ['sɪnənɪm] *n* rokon értelmű szó, szinonima

synonymous [sɪ'nɒnɪməs] *a* rokon értelmű, szinonim

synopsis [sɪ'nɒpsɪs] *n* (*pl* -ses [-siːz]) összegzés, szinopszis

syntactic [sɪn'tæktɪk] *a* mondattani

syntax ['sɪntæks] *n* mondattan

synthesis ['sɪnθəsɪs] *n* (*pl* -ses [-siːz]) szintézis

synthesizer ['sɪnθəsaɪzə] *n* szintetizátor

synthetic [sɪn'θetɪk] *a* szintetikus

syphilis ['sɪfəlɪs] *n* szifilisz

syringe ['sɪrɪndʒ] *n* fecskendő

syrup ['sɪrəp] *n* szörp

system ['sɪstəm] *n* rendszer

systematic [sɪstə'mætɪk] *a* rendszeres, szisztematikus

systemic [sɪs'temɪk] *a* rendszerszerű

T

ta [tɑː] *int GB col* köszönöm

tab[1] [tæb] *n* (*on coat*) akasztó; (*label*) címke || keep a ~ (*or* ~s) on figyelemmel kísér

tab[2] [tæb] = tabulator

table ['teɪbl] 1. *n* asztal; (*list*) táblázat || be at the ~ asztalnál ül 2. *v* előterjeszt

tablecloth ['teɪblklɒθ] *n* abrosz, terítő

table d'hôte [tɑːbl'dəʊt] *n* ~ (dinner) menü

table salt *n* konyhasó

tablespoon ['teɪblspuːn] *n* leveseskanál, evőkanál

tablespoonful ['teɪblspuːnfʊl] *n* evőkanálnyi

tablet ['tæblɪt] *n* tabletta, pirula

table tennis *n* asztalitenisz

table wine *n* asztali bor

taboo [tə'buː] *n* tabu || ~ words tabu szavak

tabulator ['tæbjuleɪtə] *n* tabulátor

tacit ['tæsɪt] *a* hallgatólagos

taciturn ['tæsɪtɜːn] *a* hallgatag

tack [tæk] 1. *n* (*nail*) kis rövid szeg; (*drawing pin*) rajzszeg; (*stitch*) hosszú öltés; *naut* lavírozás; (*course*) irányhelyzet 2. *vt* (*nail*) odaszögez; (*stitch*) összefércel, tűz | *vi naut* lavíroz; (*change course*) irányt változtat

tackle ['tækl] 1. *n naut* kötélzet; (*for lifting*) csigasor; *sp* (*with ball*) szerelés; (*fishing* ~) (horgász)felszerelés 2. *v* (*seize*) (le)szerel; (*deal with*) megbirkózik; *sp* szerel

tacky ['tækɪ] *a* (*sticky*) ragacsos; *col* (*worthless*) ócska

tact [tækt] *n* tapintat

tactful ['tæktfl] *a* tapintatos

tactical ['tæktɪkl] *a* harcászati, taktikai

tactics ['tæktɪks] *n sing.* harcászat, taktika

tactless ['tæktlɪs] *a* tapintatlan

tadpole ['tædpəʊl] *n* ebihal

taffy ['tæfɪ] *n US* (*food*) karamella; *col* (*flattery*) hízelgés

tag [tæg] 1. *n* (*label*) (függő)címke; (*with price*) árcédula; (*question*) utókérdés; (*phrase*) elcsépelt szólás 2. *v* -gg- (fel)címkéz || ~ along vkvel (*együtt*) megy

tail [teɪl] 1. *n* farok; (*end*) vég || ~s *pl* frakk 2. *v* (*person*) szorosan követ; (*fruit*) lecsutkáz

tail away/off (*become smaller*) elritkul, lecsökken; (*fall behind*) lemarad
tailback ['teɪlbæk] *n* forgalmi torlódás, autósor
tailcoat ['teɪlkəʊt] *n* frakk
tailgate ['teɪlgeɪt] *n* (*of car*) hátsó ajtó
tailor ['teɪlə] *n* szabó
tailor-made *a* mérték után készült
tail wind *n* hátszél
tainted ['teɪntɪd] *a* (*food*) romlott; (*water*) szennyezett
take [teɪk] **1.** *n* cine felvétel **2.** *v* (*pt* took [tʊk], *pp* **taken** ['teɪkən]) *vt* vesz, fog; (*grasp*) elvesz, megragad; (*carry*) elvisz, (oda)visz; *mil* (*capture*) elfoglal; (*catch*) elfog; (*consume*) eszik/iszik vmt; (*rent*) bérel, kivesz; (*need time*) tart (vmeddig); (*understand*) megért | *vi* (*plant, vaccination*) megered || **this will ~ time** ehhez idő kell; **what do you ~ for a headache?** mit szedsz fejfájás ellen?; **~ a bath** megfürdik; **~ a bus (to)** buszra száll; **~ a cab (to)** taxin/taxival megy (vhová); **~ a flat** (*US* **an apartment**) lakást bérel/kivesz; **~ a paper** újságot járat; **~ it from me** én mondom neked!; **~ lunch** ebédel; **~ place** végbemegy, lebonyolódik, lejátszódik, lezajlik; **~ sy by car** kocsin visz; **~ tea** (*or* **a cup of tea**) teázik; **~ it easy** csak nyugodtan!, lassan!; **~ your time** ne siesd el a dolgot!
take after sy vkre hasonlít
take apart szétszerel, szétszed
take away (*seize*) elvesz; (*carry off*) elvisz
take away from levon vmből

take back (*get back*) visszavesz; (*return*) visszavisz
take down (*get down*) levesz; (*lower*) levisz (*to* vhová); (*write down*) leír
take for tart vmnek || **what do you ~ me for?** minek nézel (te engem)?
take in (*receive in his home*) befogad; (*make narrower*) bevesz; *col* (*deceive*) rászed, becsap
take off *vi* (*start*) felszáll; *col* vk „eltűz" | *vt* (*clothing*) levet; (*imitate*) utánoz
take on (*employee*) felvesz; (*work*) vállal; (*opponent*) megküzd vkvel
take out (*book*) kivesz, kikölcsönöz; (*remove*) kivesz, eltávolít; (*accompany*) elvisz vkt || **~ out insurance** biztosítást köt; **~ sg out of sg** (*pocket, drawer*) elővesz vmt vmből
take over (*power*) átveszi a hatalmat; (*goods*) átvesz
take to rákap/rászokik vmre
take up (*raise*) vmt fölemel/felvesz; (*start doing*) vmbe/vmhez fog || **~ up a lot of room** sok helyet foglal el (*or* vesz igénybe)
take-away (*US* **~-out**) *n* kifőzés || **~ lunch/meal** ebéd/vacsora elvitelre
taken ['teɪkən] *pp* → **take**
take-off *n* (*leaving*) felszállás; (*imitation*) utánzás
take-out *n US* = **take-away**
take-over *n* (*of power*) hatalomátvétel; (*of business*) átvétel
takings ['teɪkɪŋz] *n pl comm* bevétel
talc [tælk] *n* hintőpor

talcum powder ['tælkəm] n hintőpor
tale [teıl] n (story) elbeszélés; történet, mese; (fiction) kitalálás || tell ~s árulkodik, fecseg
talent ['tælənt] n tehetség
talented ['tæləntıd] a tehetséges
talisman ['tælısmən] n talizmán
talk [tɔːk] 1. n (conversation) beszélgetés; megbeszélés; (speech) előadás; (gossip) csevegés || have a ~ with sy megbeszélése van vkvel; ~s pl pol tárgyalás(ok) 2. v (speak) beszél; (chatter) beszélget || ~ turkey US nyíltan beszél
talk about beszél vmről/vkről
talk sy into (doing) sg rábeszél vkt vmre
talk (sg) over megvitat (with vkvel vmt)
talkative ['tɔːkətıv] a beszédes
talk shaw n „telefere"
tall [tɔːl] a magas, nagy || he is ~ for his age korához képest magas; a ~ story col képtelen történet
tallboy ['tɔːlbɔı] n GB fiókos szekrény
tally ['tælı] 1. n (account) jegyzék 2. v egybevág (with vmvel)
talon ['tælən] n (claw) karom; (cards) talon
tame [teım] 1. a (animal) szelídített; col (story) unalmas, lapos 2. v megszelídít
tamper with ['tæmpə] v (meddle) babrál vmt, bütyköl
tampon ['tæmpən] n med tampon
tan [tæn] 1. a sárgásbarna 2. vt -nn- (le)barnít | vi lebarnul, lesül
tandem ['tændəm] n (bicycle) kétüléses kerékpár, tandem

tang [tæŋ] n erős/csípős íz/szag
tangent ['tændʒənt] n math érintő, tangens
tangerine [tændʒə'riːn] n mandarin
tangible ['tændʒəbl] a kézzelfogható
tangle ['tæŋgl] 1. n összevisszaság; (difficulty) bonyodalom 2. v ~ up összegubancol || get ~d up összegubancolódik
tank [tæŋk] n (container) tartály, tank; (vehicle) harckocsi, tank
tankard ['tæŋkəd] n söröskancsó
tanker ['tæŋkə] n (ship) tartályhajó; (truck) tartálykocsi
tanned [tænd] a (face) napbarnított
tantamount ['tæntəmaʊnt] a egyértelmű (to vmvel)
tap [tæp] 1. n (of pipe) csap; (plug) dugasz; col (of telephone) lehallgatókészülék 2. v -pp- (liquid) lecsapol; (on shoulder) megvereget; (telephone) lehallgat || ~ sy for money megpumpol
tape [teıp] 1. n szalag; (magnetic) (magnó)szalag; (adhesive) ragasztószalag; (on racetrack) célszalag 2. v (record) felvesz vmt
tape measure n mérőszalag
taper ['teıpə] v csúcsban végződik
tape recorder n magnó
tapestry ['tæpıstrı] n faliszőnyeg
tar [tɑː] n kátrány
tardy ['tɑːdı] a (late) elkésett; (slow) lassú, nehézkes
target ['tɑːgıt] n cél; (board) céltábla || miss the ~ célt téveszt
target practice n céllövészet
tariff ['tærıf] n díjszabás, vámtarifa
tarmac ['tɑːmæk] n (beton)kifutó, felszállópálya

tarnish ['tɑːnɪʃ] *also fig vt* elhomályosít I *vi* elhomályosul
tarpaulin [tɑː'pɔːlɪn] *n* vízhatlan ponyva
tarry ['tærɪ] *a* kátrányos
tart[1] [tɑːt] *a* (*taste*) fanyar; *fig* (*remark*) csípős, éles
tart[2] [tɑːt] *n* (*pastry*) gyümölcstorta
tart[3] [tɑːt] *col* **1.** *n* (*woman*) lotyó **2.** *v* ~ **up** felcicomáz II ~ **oneself** kicsípi magát
tartan ['tɑːtən] *n* skótkockás szövet/ anyag, tartán
tartar ['tɑːtə] *n* (*of wine*) borkő; (*on teeth*) fogkő II ~ **sauce** tartármártás
task [tɑːsk] *n* feladat II **take sy to** ~ felelősségre von vkt vmért
tassel ['tæsl] *n* bojt, rojt
taste [teɪst] **1.** *n* (*flavour*) íz; (*sense*) ízlés; (*liking*) gusztus II **be to sy's** ~ ínyére van, szája íze szerinti **2.** *v* ízlel, (meg)kóstol II ~ **good** ízlik; ~ **like sg**, ~ **of sg** vmlyen íze van
tasteful ['teɪstfl] *a* ízléses
tasteless ['teɪstlɪs] *a* (*food*) ízetlen; (*joke*) ízléstelen
tasty ['teɪstɪ] *a* (*food*) jóízű
tatters ['tætəz] *n pl* rongy, foszlány
tattoo[1] [tæ'tuː] *n mil* (*show*) parádé
tattoo[2] [tæ'tuː] **1.** *n* (*on skin*) tetoválás **2.** *v* tetovál
tatty ['tætɪ] *a GB col* topis
taught [tɔːt] *pt/pp* → **teach**
taunt [tɔːnt] **1.** *n* gúnyos megjegyzés **2.** *v* kigúnyol
taut [tɔːt] *a* feszes, kifeszített
tavern ['tævən] *n* kocsma
tawdry ['tɔːdrɪ] *a* csiricsáré, csicsás
tawny ['tɔːnɪ] *a* homokszínű; (világos) sárgásbarna

tax [tæks] **1.** *n* adó II **pay** ~ **(on sg)** adót fizet (vm után) **2.** *v* megadóztat; *fig* (*strain*) próbára tesz
taxable ['tæksəbl] *a* adóköteles, adó alá eső
taxation [tæk'seɪʃn] *n* adózás, (meg)adóztatás
tax avoidance *n* adófizetés alóli (legális) kibújás
tax fraud *n* adócsalás
tax-free *a* adómentes
taxi ['tæksɪ] **1.** *n* taxi II **take a** ~ **(to)** taxin/taxival megy (vhová) **2.** *v* (*pt/pp* **taxied**; *pres p* **taxiing** *or* **taxying**) (*aircraft*) gurul
taxicab ['tæksɪkæb] *n* = **taxi**
taxi driver *n* taxisofőr, taxis
taximeter ['tæksɪmiːtə] *n* viteldíjmérő, taxaméter
taxi rank *n* taxiállomás
taxi stand *n* taxiállomás
taxpayer ['tækspeɪə] *n* adófizető
tax relief *n* adókedvezmény
tax return *n* adóbevallás
tea [tiː] *n* tea II **have** ~ (*or* **a cup of tea**) teázik
tea bag *n* filteres/zacskós tea
tea break *n* teaszünet
teacake ['tiːkeɪk] *n* teasütemény
teach [tiːtʃ] *v* (*pt/pp* **taught** [tɔːt]) *vi* tanít, oktat I *vt* ~ **sy sg**, ~ **sg to sy** megtanít vkt vmre
teacher ['tiːtʃə] *n* (*in primary school*) tanító, tanítónő; (*in secondary school*) tanár, tanárnő II ~ **of English, English** ~ angoltanár
teacher training college, *US* **teachers college** *n US* tanárképző főiskola
teaching ['tiːtʃɪŋ] *n* tanítás; (*doctrine*) vknek a tanításai/tanai II ~ **staff** tanári kar, tantestület

tea cosy *n* teababa
teacup ['tiːkʌp] *n* teáscsésze
teak [tiːk] *n* tíkfa, indiai tölgyfa
tea kettle *n* teáskanna (*forraláshoz*)
tea-leaf *n* (*pl* **-leaves**) *n* tealevél
team [tiːm] *n* *sp* csapat; (*workers*) (munka)csoport, team; (*of animals*) fogat
team game *n* csapatjáték
teamwork ['tiːmwɜːk] *n* csapatmunka, összjáték
tea party *n* tea
teapot ['tiːpɒt] *n* teáskanna
tear[1] [teə] **1.** *n* szakadás, repedés **2.** *v* (*pt* **tore** [tɔː], *pp* **torn** [tɔːn]) *vt* (el)tép, (el)szakít, elrepeszt | *vi* elszakad, elreped || ~ **open** (*letter*) kibont, felszakít, feltép
   tear along *fig col* (*on motorcycle*) tép, repeszt, dönget
   tear out kitép
   tear up (*paper*) összetép
tear[2] [tɪə] *n* könny || **burst into ~s** könnyekre fakad
tearful ['tɪəfl] *a* könnyes
teargas ['tɪəgæs] *n* könnygáz
tearoom ['tiːrʊm] *n* teázóhelyiség
tease [tiːz] *v* bosszant, ugrat
tea set *n* teakészlet, teáskészlet
teaspoon ['tiːspuːn] *n* kávéskanál, kiskanál
teaspoonful ['tiːspuːnfʊl] *n* kávéskanálnyi
teat [tiːt] *n* (*of woman*) mellbimbó; (*of bottle*) cumi
tea time *n* teaidő, teázás ideje
tea towel *n* konyharuha, törlőruha
technical ['teknɪkl] *a* (*mechanical, practical*) technikai, műszaki, gyakorlati; (*of profession or technique*) szakmai, szak- || ~ **college** *col tech GB* műszaki/

iparművészeti stb. főiskola; ~ **term** szakkifejezés
technically ['teknɪklɪ] *adv* gyakorlatilag, technikailag || ~ **speaking** a szó szoros értelmében
technician [tek'nɪʃn] *n* (*mechanic*) műszerész, technikus; (*skilled worker*) szakember
technique [tek'niːk] *n* *art, sp* technika
technological [teknə'lɒdʒɪkl] *a* technikai, műszaki, technológiai
technology [tek'nɒlədʒɪ] *n* (*science*) műszaki tudományok, technika; (*methods*) technológia
teddy (bear) ['tedɪ] *n* (játék)mackó, maci
tedious ['tiːdɪəs] *a* egyhangú, unalmas
tedium ['tiːdɪəm] *n* unalom, unalmasság
tee[1] [tiː] *n* (*letter*) T-betű, té; (*pipe*) T alakú cső, T idom
tee[2] [tiː] *n* (*in golf*) elütési hely, „tee”
teem [tiːm] *v* ~ **with** (*insects*) nyüzsög vmtől; (*mistakes*) hemzseg vmtől
teenage ['tiːneɪdʒ] *a* tizenéves, tinédzser
teenager ['tiːneɪdʒə] *n* *col* tinédzser, tizenéves, tini
teens [tiːnz] *n* *pl* **be in one's ~** tizenéves
tee-shirt *n* póló(ing)
teeter ['tiːtə] *v* ingadozik, imbolyog
teeth [tiːθ] *pl* → **tooth**
teethe [tiːð] *v* fogzik
teething troubles ['tiːðɪŋ] *n* *pl* kezdeti nehézségek
teetotal [tiː'təʊtl] *a* absztinens, antialkoholista

teetotaller (*US* **-taler**) [tiːˈtəʊtlə] *n* absztinens, antialkoholista
telecommunications [telɪkəmjuːnɪ-ˈkeɪʃnz] *n pl* távközlés, híradástechnika
telefax [ˈtelɪfæks] *n* telefax
telegram [ˈtelɪgræm] *n* távirat
telepathy [tɪˈlepəθɪ] *n* telepátia
telephone [ˈtelɪfəʊn] [ˈtelɪfəʊn] **1.** *n* telefon(készülék) ‖ **answer the ~** felveszi a telefont/kagylót **2.** *v* telefonál (vknek)
telephone answering equipment *n* üzenetrögzítő
telephone box/booth *n* telefonfülke
telephone call *n* telefonbeszélgetés, hívás
telephone directory *n* telefonkönyv
telephone number *n* telefonszám
telephonist [tɪˈlefənɪst] *n* telefonkezelő
telephoto lens [telɪˈfəʊtəʊ] *n* teleobjektív
teleprinter [ˈtelɪprɪntə] *n* telexgép
telescope [ˈtelɪskəʊp] **1.** *n* (*monocular*) távcső, teleszkóp **2.** *v* **~ (together)** (*vehicles*) egymásba fúródnak
teletext [ˈtelɪteks] *n* (*in TV*) képújság
televise [ˈtelɪvaɪz] *v* tévében közvetít/ad
television [ˈtelɪvɪʒn] *n* (*broadcasting, set*) televízió, tévé, tv ‖ **on (the) ~** a televízióban
telex [ˈteleks] **1.** *n* telex **2.** *v* telexezik
tell [tel] *v* (*pt/pp* **told** [təʊld]) (el)mond, (el)mesél ‖ **~ sy sg** vknek megmond vmt, közöl vkvel vmt; **I**

can't ~ nem tudom; **~ him to wait** mondd meg neki, hogy várjon; **can you ~ me the time?** hány óra van?; **I was told that ...** nekem azt mondták, hogy ...
tell sg from sg/sy vmt/vkt vmtől/vktől megkülönböztet
tell sy off *col* jól beolvas vknek, leszid vkt
tell on sy beárul, megmond; *school* árulkodik
teller [ˈtelə] *n* (bank)pénztáros
telling [ˈtelɪŋ] *a* hatásos
telling-off *n col* (le)szidás, letolás
telltale [ˈtelteɪl] *a/n* (*sign*) áruló; (*person*) árulkodó
telly [ˈtelɪ] *n GB col* tévé
temerity [tɪˈmerətɪ] *n* vakmerőség
temper [ˈtempə] **1.** *n* (*disposition*) hangulat, kedv; (*anger*) düh ‖ **be in a bad/good ~** rossz/jó kedvében van; **lose one's ~** kijön a sodrából **2.** *v* (*metal*) edz; (*passion*) enyhít, mérsékel
temperament [ˈtemprəmənt] *n* vérmérséklet, temperamentum
temperamental [temprəˈmentl] *a* (*passionate*) temperamentumos; (*changeable*) szeszélyes
temperance [ˈtempərəns] *n* (*moderation*) mértékletesség; (*abstinence*) alkoholtól tartózkodás
temperate [ˈtempərət] *a* mértéktartó, mértékletes, józan; (*climate*) mérsékelt égöv
temperature [ˈtemprətʃə] *n* hőmérséklet; (*degree of body*) láz ‖ **have you got a ~?** van láza(d)?; **have/run a ~** hőemelkedése/láza van
tempest [ˈtempɪst] *n* vihar
tempestuous [temˈpestʃʊəs] *a* viharos

tempi ['tempiː] pl → tempo
template ['templɪt] n sablon
temple[1] ['templ] n rel templom
temple[2] ['templ] n med halánték
tempo ['tempəʊ] n (pl -pos, mus -pi [-piː]) sebesség; also mus tempó, ütem
temporal ['tempərəl] a (of time) időbeli; (secular) világi
temporary ['temprərɪ] a ideiglenes, átmeneti
tempt [tempt] v (meg)kísért, csábít ‖ ~ sy into doing sg rávesz vkt, hogy csináljon vmt
temptation [temp'teɪʃn] n kísértés, csábítás
tempting ['temptɪŋ] a csábító ‖ ~ offer csábító ajánlat
temptress ['temptrɪs] n (woman) csábító
ten [ten] num tíz ‖ at ~ (o'clock) in the morning délelőtt tízkor
tenacious [tɪ'neɪʃəs] a kitartó, szívós
tenaciously [tɪ'neɪʃəslɪ] adv kitartóan, szívósan
tenacity [tɪ'næsətɪ] n kitartás, szívósság, kitartás, makacsság; (of memory) megbízhatóság
tenancy ['tenənsɪ] n bérleti viszony
tenant ['tenənt] n (of tenement) lakó; (of flat, land) bérlő
tend[1] [tend] v (sick person) ápol, gondoz, ellát
tend[2] [tend] v (be directed to) irányul (to vmre) ‖ ~ to do sg hajlamos/hajlik vm megtételére
tendency ['tendənsɪ] n irányzat, tendencia; (of person) hajlam (to vmre)
tender[1] ['tendə] a lágy, puha; (person, sore) érzékeny; (voice)

szelíd; (affectionate) gyengéd ‖ ~ spot sebezhető pont
tender[2] ['tendə] 1. n árajánlat ‖ invite ~s versenytárgyalást hirdet; legal ~ törvényes fizetőeszköz 2. v felajánl, felkínál ‖ ~ one's resignation benyújtja lemondását
tenderloin ['tendəlɔɪn] n US ~ (steak) bélszínjava, vesepecsenye
tendon ['tendən] n ín
tenement ['tenɪmənt] n bérház
tenet ['tenɪt] n tan, hittétel
tennis ['tenɪs] n tenisz ‖ play ~ teniszezik
tennis ball n teniszlabda
tennis court n teniszpálya
tennis racket n teniszütő
tennis shoes n pl teniszcipő, tornacipő
tenor ['tenə] n mus (voice) tenor (hang); (person) tenorista
tenpins ['tenpɪnz] n sing. US teke(játék), kugli
tense[1] [tens] n gram (ige)idő
tense[2] [tens] a (rope) feszes; (nerves) feszült, megfeszített
tension ['tenʃn] n (stretching) feszesség; (voltage) feszültség
tent [tent] n sátor
tentative ['tentətɪv] a (experimental) kísérleti, próbaképpen tett; (hesitant) óvatos
tentatively ['tentətɪvlɪ] adv (experimentally) próbaképpen; (hesitantly) óvatosan, puhatolódzva
tenth [tenθ] 1. num tizedik 2. n tized
ten thousand num tízezer
tent peg n sátorcövek
tent rope n sátorkötél
tenuous ['tenjʊəs] a gyenge; (thread) vékony, finom

tenure ['tenjʊə] *n* (*period of office*) hivatali idő; (*holding a job*) megbízatás

tepid ['tepɪd] *a* langyos

term [tɜːm] **1.** *n* (*period of time*) időtartam; (*limit*) határidő; *school* (év)harmad; félév; (*word*) szakkifejezés, szakszó; (*condition*) feltétel; (*of session*) ülésszak; *math* tag, kifejezés || **come to ~s with sg** megalkuszik/kiegyezik vmvel; **in ~s of** vmnek az értelmében, szempontjából, tekintetében; **~s of payment** fizetési feltételek; **be on good/bad ~s with sy** jó/rossz viszonyban van vkvel **2.** *v* **~ sg sg** nevez vmt vmnek

terminal ['tɜːmɪnl] **1.** *a* végső; (*disease*) halálos **2.** *n* comput, *aviat* terminál; (*of rail, bus*) végállomás

terminate ['tɜːmɪneɪt] *vt* megszüntet | *vi* lezáródik

terminus ['tɜːmɪnəs] *n* (*pl* **-ni** [-naɪ] *or* **-nuses**) végállomás

terrace ['terəs] *n* terasz; (*row of houses*) sorház || **~s** *pl* lelátók

terraced ['terəst] *a* teraszos, lépcsőzetes || **~ house** *GB* sorház

terrain [te'reɪn] *n* terep

terrestrial [tə'restrɪəl] *a* földi

terrible ['terəbl] *a* borzalmas, borzasztó, rettenetes

terribly ['terəblɪ] *adv* szörnyen, rettenetesen

terrific [tə'rɪfɪk] *a* rettentő, félelmetes

terrify ['terɪfaɪ] *v* megfélemlít

territorial [terɪ'tɔːrɪəl] *a* területi

territory ['terətrɪ] *n also fig* terület

terror ['terə] *n* (*fear*) rémület; *pol* terror, rémuralom

terrorism ['terərɪzəm] *n* terrorizmus

terrorist ['terərɪst] *n* terrorista

terrorize ['terəraɪz] *v* rettegésben tart, terrorizál

terse [tɜːs] *a* tömör

test [test] **1.** *n* próba; *med* vizsgálat; *isk* (*examination*) vizsga; (*paper*) teszt; (*of scouts*) cserkészpróba; *psych* teszt **2.** *v* (*knowledge*) felmér, tesztel; (*person*) (meg)vizsgál

testament ['testəmənt] *n* végrendelet || **New T~** Újszövetség; **Old T~** Ószövetség

test case *n* próbaper

test drive *n* (*of car*) próbaút

testicle ['testɪkl] *n* here

testify ['testɪfaɪ] *v* **~ to sg** (*or that ...*) tanúsít vmt

testimony ['testɪmənɪ] *n* tanúság(tétel); *law* (tanú)vallomás

test match *n sp* nemzetközi mérkőzés (*krikett*)

test tube *n* kémcső

test-tube baby *n* lombikbébi

testy ['testɪ] *a* ingerlékeny

tetanus ['tetənəs] *n* tetanusz

tetchy ['tetʃɪ] *a* ingerlékeny

tether ['teðə] **1.** *n* **at the end of one's ~** elfogyott a cérnája, nem bírja (tovább) idegekkel **2.** *v* kipányváz/kiköt (*to* vmhez)

text [tekst] *n* szöveg

textbook ['tekstbʊk] *n* tankönyv

textile ['tekstaɪl] *n* szövet, textil

texture ['tekstʃə] *n* (*tissue*) szövet; (*structure*) szerkezet

Thames [temz] *n* **the ~** a Temze

than [ðən, ðæn] *conj* (*comparison*) mint, -nál, -nél || **I know you better ~ he does** én jobban ismerlek, mint ő

thank [θæŋk] v ~ sy (for sg) megköszön vknek vmt, köszönetet mond (vknek vmért) || ~ you very much köszönöm szépen; ~ you in advance előre is hálásan köszönöm
thankful ['θæŋkfl] a hálás (for vmért)
thankless ['θæŋklıs] a hálátlan
thanks [θæŋks] n pl köszönet || no ~ (to offering) nem kérek; many ~ köszönöm szépen; ~ to ... vknek/vmnek köszönhető; → thank
Thanksgiving (Day) ['θæŋksgıvıŋ] n US hálaadó ünnep (november negyedik csütörtöke)
that¹ [ðæt] 1. pron/a (pl those [ðəʊz]) az(t); aki(t); amelyik(et) || ~ is (to say) azaz; who's ~? ki az?; at ~ time abban az időben, az idő tájt; in those days azokban a napokban; the watch ~ you gave me... (az) az óra, amelyiket tőled kaptam; those present a jelenlevők; ~'s all ez minden, ez/ennyi az egész; ~'s it! ez az; ~'s why éppen azért/ezért 2. adv ennyire, annyira || it isn't all ~ cold azért nincs annyira hideg; ~ much ennyi(t), nagyon sokat
that² [ðæt] conj hogy || she said ~ the book... azt mondta, hogy a könyv...
thatch [θætʃ] n zsúpfedél, nádfedél
thatched [θætʃt] a zsúpfedelű, nádfedeles || ~ roof zsúpfedél
thaw [θɔː] 1. n olvadás; fig (of person, weather) enyhülés 2. v (ice) (el)olvad; (food) felolvad; fig (weather) (meg)enyhül; (person) felenged

the [ðə; before vowel: ðiː] 1. (definite article) a, az 2. adv (in comparisons) ~ ... ~ minél ..., annál ...; ~ sooner ~ better mennél hamarabb, annál jobb
theatre (US -ter) ['θıətə] n színház; (for lectures) előadóterem; (for operations) műtő
theatre-goer n színházlátogató
theatrical [θı'ætrıkl] a színházi; (behaviour) színpadias, teátrális
theft [θeft] n lopás, tolvajlás
their [ðeə] pron (az ő...) -(j)uk, -(j)ük, -(j)aik, -(j)eik || ~ house a(z ő) házuk; ~ houses a(z ő) házaik
theirs [ðeəz] pron övé(i)k || our house is bigger than ~ a mi házunk nagyobb, mint az övék
them [ðem, ðəm] pron (accusative) őket, azokat; (dative) nekik; || with ~ velük, náluk
thematic [θı'mætık] a tematikus
theme [θiːm] n also mus téma || ~ song fődal (filmé)
themselves [ðəm'selvz] pron (ők) maguk; (accusative) (őket) magukat; (dative) (nekik) maguknak
then [ðen] 1. adv (at that time) akkor; (next) majd, azután || by ~ akkorára, akkorra; since ~ attól fogva, azóta; ~ and there azon nyomban 2. a akkori || the ~ prime minister az akkori miniszterelnök
theologian [θıə'ləʊdʒən] n hittudós, teológus
theological [θıə'lɒdʒıkl] a teológiai
theology [θı'ɒlədʒı] n teológia, hittudomány
theorem ['θıərəm] n tétel, szabály
theoretical [θıə'retıkl] a elméleti

theory ['θɪərɪ] *n* elmélet
therapist ['θerəpɪst] *a* specialista (*vmlyen gyógymódban*)
therapy ['θerəpɪ] *n* kezelés, terápia
there [ðeə] *adv* (*at a place*) ott; (*to a place*) oda; (*grammatical subject*:) ~ **is** ... van; ~ **are** ... vannak; ~ **is a book on the table** az asztalon van egy könyv; ~ **you are!** na ugye!, nem megmondtam?; **from** ~ onnan
thereafter [ðeər'ɑːftə] *adv* azután, attól kezdve
therefore ['ðeəfɔː] *adv* ezért, azért
thereof [ðeər'ɒv] *adv* arról, abból
there's = there is; there has
thermal ['θɜːml] *a* termál-, hő- ‖ ~ **baths** *pl* termálfürdő; ~ **waters** *pl* hévíz
thermometer [θə'mɒmɪtə] *n* hőmérő
Thermos (flask) (*US* **bottle**) ['θɜː-mɒs] *n* termosz
thesaurus [θɪ'sɔːrəs] *n gram* (*dictionary*) tezaurusz; fogalomköri szótár
these [ðiːz] *pl* → this
thesis ['θiːsɪs] *n* (*pl* **theses** ['θiːsiːz]) (*theory*) (tan)tétel, tézis; (*dissertation*) értekezés, disszertáció
they [ðeɪ] *pron* (*persons*) ők; (*things*) azok; (*general subject*) az emberek ‖ ~ **say** ... azt mondják ...
they'd [ðeɪd] = they had; they would
they'll [ðeɪl] = they shall; they will
they're ['ðeɪə] = they are
they've [ðeɪv] = they have
thick [θɪk] 1. *a* (*not thin*) vastag; (*dense*) sűrű; *col* (*stupid*) ostoba ‖ **it's 5 cm** ~ 5 cm vastag 2. *n*

vmnek a közepe ‖ **in the** ~ **of** vmnek a kellős közepén
thicken ['θɪkən] *vt* besűrít ‖ *vi* (be)sűrűsödik, megsűrűsödik
thickness ['θɪknɪs] *n* (*of wall, line*) vastagság; (*of forest, liquid*) sűrűség
thickset [θɪk'set] *a* (*person*) zömök; (*hedge*) sűrűn ültetett
thick-skinned *a also fig* vastagbőrű, érzéketlen
thief [θiːf] *n* (*pl* **thieves** [θiːvz]) tolvaj
thieving ['θiːvɪŋ] *n* lopás, tolvajlás
thigh [θaɪ] *n* comb
thighbone ['θaɪbəʊn] *n* combcsont
thimble ['θɪmbl] *n* gyűszű
thin [θɪn] 1. *a* -nn- (*not thick*) vékony; (*watery*) híg; (*sparse*) ritka, gyér; (*slim*) sovány 2. *v* -nn- *vt* (el)vékonyít; (*liquid*) hígít ‖ *vi* (el)vékonyodik; (*fog, hair*) megritkul
thing [θɪŋ] *n* (*object*) dolog; (*affair*) ügy ‖ ~**s** *pl* dolgok, holmi ‖ **the** ~ **is (that)** a helyzet az, hogy; **how do** ~**s stand?** hogy áll a dolog?
think [θɪŋk] *v* (*pt/pp* **thought** [θɔːt]) gondolkodik; (*consider, believe*) gondol/tart vmnek ‖ **don't you** ~? nem gondolja/gondolod?; **I** ~ úgy hiszem/vélem/látom; **I should** ~ **so** meghiszem azt!; **I** ~ **so!** azt hiszem, igen; ~ **better of sg** meggondolja magát; **what do you** ~ **(of it)?** mit szólsz hozzá?
think about (*have in mind*) vkre/vmre gondol; (*reflect on*) gondolkodik vmn
think of (*have in mind*) gondol vmre/vkre ‖ ~ **of doing sg** szándékozik vmt tenni

think out kigondol
think over (*plan*) átgondol, végiggondol
think up kigondol, kiagyal
third [θɜːd] **1.** *num* harmadik ‖ ~ **floor** harmadik emelet; *US* második emelet; **be in the ~ form** (*US* **grade**) *school* harmadikba jár; ~ **gear** hármas, harmadik sebesség **2.** *n* harmadrész, (egy)harmad
Third Age, the *n* az öregkor
third-degree *a* harmadfokú
thirdly [θɜːdlɪ] *adv* (*enumeration*) harmadszor
third-party insurance *n* kötelező (gépjármű-)felelősségbiztosítás
third-rate *a* harmadrangú, gyenge minőségű
Third World, the *n* a harmadik világ
thirst [θɜːst] **1.** *n* szomj(úság) ‖ ~ **for power** hatalomvágy **2.** *v* szomjazik
thirsty [θɜːstɪ] *a* szomjas ‖ **I'm ~** szomjas vagyok; **get ~** megszomjazik
thirteen [θɜːˈtiːn] *num* tizenhárom
thirty [θɜːtɪ] *num* harminc ‖ ~ **of us** harmincan; ~ **years old** harmincéves; **the thirties** (**30s** *or* **1930s**) a harmincas évek
this [ðɪs] **1.** *pron* (*pl* **these** [ðiːz]) ez ‖ **what's ~?** mi ez?; **who is ~?** ki ez?; ~ **morning** ma reggel/délelőtt; ~ **is Mr Brown** bemutatom Brown urat; **in these days** manapság **2.** *adv* ~ **much** ennyi (se több, se kevesebb); ~ **far** eddig, mind ez ideig
thistle [θɪsl] *n* bogáncs
thong [θɒŋ] *n* szíj
thorn [θɔːn] *n* tüske, tövis

thorny [θɔːnɪ] *a* tüskés, tövises ‖ ~ **question** fogas kérdés
thorough [θʌrə] *a* alapos, tüzetes
thoroughbred [θʌrəbred] *a*/*n* telivér
thoroughfare [θʌrəfeə] *n* (*road*) főútvonal ‖ **"no ~"** mindkét irányból behajtani tilos!
thoroughly [θʌrəlɪ] *adv* alaposan, behatóan
those [ðəʊz] *pl* → **that**
though [ðəʊ] *conj*/*adv* habár, (ám)bár, noha ‖ **strange ~ it may appear** bármily különösnek tűnik is
thought [θɔːt] *n* (*thinking*) gondolkodás; (*idea*) gondolat; (*consideration*) megfontolás ‖ **a ~ better** valamicskével jobb(an); → **think**
thoughtful [θɔːtfl] *a* (*thinking*) (el)gondolkodó; (*considerate*) megfontolt; (*attentive*) figyelmes
thoughtless [θɔːtlɪs] *a* meggondolatlan; (*inattentive*) figyelmetlen
thousand [θaʊznd] *num* ezer ‖ **by the ~** ezrével; **~s of** ezernyi
thousandth [θaʊzənθ] *num a* ezredik
thrash [θræʃ] *v col* elpáhol, elver
thrash out *fig* (*discuss*) kitárgyal
thread [θred] **1.** *n* fonal, cérna; (*on screw*) (csavar)menet **2.** *v* (*needle*) befűz ‖ ~ **one's way through the crowd** átfurakszik a tömegen
threadbare [θredbeə] *a* kopott, elnyűtt, viseltes
threat [θret] *n* fenyegetés
threaten [θretn] *v* (meg)fenyeget (*with sg* vmvel)
three [θriː] *num* három
three-course dinner *n* háromfogásos ebéd

three-dimensional, three-D *a* háromdimenziós
three-piece *a* (*suit*) háromrészes
three-quarter *a* háromnegyedes
three-storeyed (*US* **storied**) *a* (*house*) háromszintes
three-wheeler *n* háromkerekű jármű; tricikli
thresh [θreʃ] *v* (gabonát) csépel
threshold [ˈθreʃhəʊld] *n* küszöb
threw [θruː] *pt* → **throw**
thrice [θraɪs] *adv* háromszor
thrift [θrɪft] *n* takarékosság
thrifty [ˈθrɪftɪ] *a* (*saving*) takarékos; (*economical*) gazdaságos
thrill [θrɪl] *v* felvillanyoz, izgalomba hoz
thriller [ˈθrɪlə] *n* izgalmas olvasmány, krimi
thrilling [ˈθrɪlɪŋ] *a* izgalmas, érdekfeszítő; (*news*) szenzációs
thrive [θraɪv] *v* (*pt* **thrived** *or* **throve** [θrəʊv], *pp* **thrived** *or* **thriven** [ˈθrɪvn]) boldogul, jól megy (neki), prosperál
thriven [ˈθrɪvn] *pp* → **thrive**
thriving [ˈθraɪvɪŋ] *a* virágzó, jól menő, prosperáló
throat [θrəʊt] *n* torok, gége
throb [θrɒb] **1.** *n* dobbanás **2.** *v* -**bb**- (*heart*) dobog
throes [θrəʊz] *n pl* **in the** ~ **of** folyamán, közepette
thrombosis [θrɒmˈbəʊsɪs] *n* (*pl* -**ses** [-siːz]) trombózis
throne [θrəʊn] *n* trón
throng [θrɒŋ] **1.** *n* tolongás, tömeg **2.** *v* (*crowd*) tolong
throttle [ˈθrɒtl] **1.** *n* (*valve*) fojtószelep; (*of motorcycle*) gázkar **2.** *v* (*throat*) fojtogat, megfojt; (*feelings*) elfojt

through [θruː] **1.** *prep/adv* (*place*) át, keresztül; (*time*) alatt; (*means*) vmnek a révén, vmnek az útján ǁ **drive** ~ **the red light** áthajt a piroson; **you are** ~ **now** *GB* (*connected*) tessék beszélni; *US* (*finished*) bontok, befejezték? **2.** *a* (*traffic*) átmenő; (*train*) közvetlen ǁ **No** ~ **road!** Behajtani tilos!
throughout [θruːˈaʊt] *adv/prep* (*place, time*) át, keresztül; (*in every part*) mindenütt ǁ ~ **the country** országszerte; ~ **the week** egész héten át
throve [θrəʊv] *pt* → **thrive**
throw [θrəʊ] **1.** *n* dobás, hajítás **2.** *v* (*pt* **threw** [θruː], *pp* **thrown** [θrəʊn]) dob, vet, (el)hajít, repít ǁ ~ **a party** vendégeket hív (vacsorára); ~ **light on sg** fényt vet vmre
throw away kidob, eldob
throw back visszadob
throw off one's coat ledobja a kabátját
throw out (*rubbish*) kidob; (*chest*) kifeszít; (*suggestion*) elvet
throw (sg) together col (*food, also essay*) összecsap
throw up col (ki)hány, rókázik
throwaway [ˈθrəʊəweɪ] *a* (*wrapping*) eldobható
thrower [ˈθrəʊə] *n* dobó
throw-in *n sp* bedobás
thrown [θrəʊn] *pp* → **throw**
thru [θruː] *US* = **through**
thrush [θrʌʃ] *n* rigó
thrust [θrʌst] **1.** *n* (*push*) lökés; (*stab*) szúrás **2.** *v* (*pt/pp* **thrust**) (*push*) lök; (*stab*) szúr
thrusting [ˈθrʌstɪŋ] *a* tolakodó
thruway [ˈθruːweɪ] *n US* autópálya

thud [θʌd] *n* puffanás, koppanás
thumb [θʌm] **1.** *n* hüvelykujj ‖ **a
rule of** ~ (durva) ökölszabály **2.**
(*a book*) lapozgat ‖ ~ **a lift/ride**
(*in car*) stoppol
thumb-index *n* élregiszter (*könyvön*)
thumbtack ['θʌmtæk] *n US* rajzszeg
thump [θʌmp] **1.** *n* (*blow*) ütés;
(*sound*) puffanás **2.** *vt* (*strike*) üt,
ver ‖ *vi* (*fall loudly*) puffan ‖ ~ **sy
(one)** *col* vkre nagyot húz, egyet
rásóz vkre; ~! zsupsz!
thunder ['θʌndə] **1.** *n* (menny)dörgés **2.** *v* dörög
thunderbolt ['θʌndəbəʊlt] *n* villámcsapás
thunderclap ['θʌndəklæp] *n* mennydörgés
thunderstorm ['θʌndəstɔːm] *n* zivatar mennydörgéssel
thunderstruck ['θʌndəstrʌk] *a*
megdöbbent
thundery ['θʌndərɪ] *a* viharos, viharra hajló
Thursday ['θɜːzdɪ] *n* csütörtök; →
Monday
thus [ðʌs] *adv* (*in this way*) így, ily
módon; (*therefore*) következésképpen, tehát
thwart [θwɔːt] *v* meghiúsít, keresztülhúz
thyme [taɪm] *n* kakukkfű
thyroid (gland) ['θaɪrɔɪd] *n* pajzsmirigy
tibia ['tɪbɪə] *n* (*pl* -biae [-biiː]) sípcsont
tic [tɪk] *n* arcrángás
tick[1] [tɪk] **1.** *n* (*of clock*) ketyegés;
col (*moment*) pillanat; (*on list*)
pipa ‖ **on the** ~ hajszálpontosan;

wait a ~! *col* várj egy percig! **2.**
vi (*clock*) ketyeg ‖ *vt* (*name*) kipipál
tick off kipipál ‖ get ~ed off *col*
letolják
tick over (*engine*) alapjáratban jár
tick[2] [tɪk] *n zoo* kullancs
ticket ['tɪkɪt] *n* (*entrance*) (belépő)-
jegy; (*travel*) (menet)jegy; (*label*)
cédula; *US* (*of party*) pártprogram;
(*parking* ~) bírság(cédula); (*permission*) parkolójegy ‖ **single** ~
egyszeri utazásra szóló jegy
ticket collector *n* jegyellenőr, kalauz
ticket office *n* jegypénztár
tickle ['tɪkl] *vi* (*throat*) kapar ‖ *vt*
csiklandoz; (*amuse*) megnevettet,
mulattat
ticklish ['tɪklɪʃ] *a* csiklandós;
(*question*) rázós ‖ ~ **situation** *col*
ciki
tidal ['taɪdl] *a* árapály- ‖ ~ **wave**
szökőár
tidbit ['tɪdbɪt] *n US* = **titbit**
tide [taɪd] **1.** *n* (*of sea, feeling*) ár,
áradat ‖ **against the** ~ ár ellen
tidy ['taɪdɪ] **1.** *a* rendes **2.** *v* ~ **oneself (up)** rendbe hozza magát; ~
up the room kitakarítja a szobát
tie [taɪ] **1.** *n* (*necktie*) nyakkendő;
(*rope*) kötél, madzag; (*fastening*)
csomó; kötés; *sp* (*equality*) holtverseny; döntetlen; (*match*) kupamérkőzés ‖ ~**s** *pl* kapcsolatok **2.**
v (*pt/pp* **tied;** *pres p* **tying**)
(*fasten*) (meg)köt; átköt; (*knot*)
megkötöz ‖ ~ **a knot in one's
handkerchief** csomót köt a zsebkendőjére
tie down leköt
tie on ráköt(öz)

tie up (*dog*) megköt; (*parcel*) átköt; (*boat*) kiköt ‖ **I'm ~d up** el vagyok (teljesen) foglalva
tie-break(er) *n sp* rövidített játék
tier [tɪə] *n* üléssor ‖ **a wedding cake with three ~s** háromemeletes menyasszonyi torta
tie-up *n* (*partnership*) társulás; *US* (*stoppage*) megbénulás
tiff [tɪf] *n* összezördülés
tiger ['taɪgə] *n* tigris
tight [taɪt] **1.** *a* (*close*) szoros, szűk; (*programme*) feszített zsúfolt; (*control*) szigorú; (*airtight, watertight*) légmentes, vízhatlan; (*difficult to obtain*) nehezen megszerezhető ‖ **a bit ~** *col* spicces; **be in a ~ corner/spot** *col* szorult/nehéz helyzetben van **2.** *adv* szorosan, feszesen; → **tights**
tighten ['taɪtn] *vt* megszorít; megfeszít, szűkít; (*screw*) meghúz; (*rope*) kifeszít | *vi* (meg)feszül, szűkül
tight-fisted *a* szűkmarkú
tightly ['taɪtlɪ] *adv* (*closely*) szorosan, feszesen; (*airtight, watertight*) légmentesen, vízhatlanul
tightrope ['taɪtrəʊp] *n* kötél ‖ **~ walker** kötéltáncos
tights [taɪts] *n pl* (*on legs*) harisnyanadrág; (*on body*) trikó
tigress ['taɪgrɪs] *n* nőstény tigris
tile [taɪl] *n* (*on wall, floor*) csempe, (burkoló)lap; (*on roof*) (tető)cserép
till[1] [tɪl] *prep, conj* = **until**
till[2] [tɪl] *n* pénztár(fiók)
tiller ['tɪlə] *n naut* kormányrúd
tilt [tɪlt] **1.** *n* billenés **2.** *vi* (meg)billen, (meg)dől | *vt* (meg)billent, megdönt

timber ['tɪmbə] *n* (épület)fa, faanyag
time [taɪm] **1.** *n* idő; (*moment*) időpont; (*period*) időszak, kor(szak) ‖ **at the same ~** ugyanakkor; **at a ~** egyszerre, egy alkalommal; **be on ~** pontosan érkezik; **have you got the ~?** hány óra van?; **do one's ~** *col* kitölti a büntetését; **in due ~** kellő/megfelelő időben; **in no ~** *col* egy perc alatt; **in ~** megfelelő időben; **just in ~** éppen jókor; **since that ~** azóta; **this ~** ezúttal; **at what ~?** mikor?, hány órakor?; **we had a good/glorious ~** remekül éreztük magunkat; **for the ~ being** egyelőre, ideiglenesen; **it is ~ I went** ideje, hogy hazamenjek; **this ~ tomorrow** holnap ilyenkor; **from this ~ on** ezentúl, ettől az időtől kezdve; **from ~ to ~** időnként; **what ~ is it?** hány óra? **2.** *v* (*measure time*) mér, megállapít; *sp* stoppol, idejét méri; (*choose time*) időzít; → **times**
time bomb *n* időzített bomba
time clock *n* bélyegzőóra
time-lag *n* (*delay*) késés, lemaradás; (*interval*) időkülönbség
timeless ['taɪmlɪs] *a* időtlen
time limit *n* határidő
timely ['taɪmlɪ] *a* időszerű, (megfelelő) időben történő
time off *n* szabadidő
timer ['taɪmə] *n* (*person, watch*) időmérő; (*with sand*) homokóra; (*switch*) időkapcsoló
times [taɪmz] *n pl* -szor, -szer, -ször ‖ **how many ~?** hányszor; **five ~ two is/equals ten** ötször kettő (az) tíz

time-saving *a* időt megtakarító, időkímélő
time switch *n* időkapcsoló
timetable ['taɪmteɪbl] *n school* tanrend, órarend; (*in transport*) menetrend; (*schedule*) időbeosztás, program
time zone *n* időzóna, óraövezet
timid ['tɪmɪd] *a* félős, félénk
timidity [tɪ'mɪdətɪ] *n* félénkség
timing ['taɪmɪŋ] *n* időzítés; *sp* időmérés
tin [tɪn] *n* (*metal*) ón, cin; (*container*) konzerv ‖ ~ **foil** alufólia
tinge [tɪndʒ] **1.** *n* (halvány) árnyalat **2.** *v* (*colour*) árnyal, színez; (*affect*) kissé befolyásol
tingle ['tɪŋgl] **1.** *n* bizsergés **2.** *v* bizsereg
tinker ['tɪŋke] **1.** *n* (*worker*) (vándorló) üstfoltozó, bádogos; (*amateur*) kontár **2.** *v* (*mend*) megfoltoz, kijavít; (*patch up*) összeeszkábál
tinker with sg *col* (*patch*) bütyköl vmvel; (*fuss*) vacakol
tinkle ['tɪŋkl] **1.** *n* csengés **2.** *v* cseng, csilingel
tinned [tɪnd] *a* (*food*) -konzerv ‖ ~ **fish** halkonzerv
tin opener *n* konzervnyitó
tint [tɪnt] *n* (szín)árnyalat, tónus
tiny ['taɪnɪ] *a* kicsi, apró, pici
tip[1] [tɪp] *n* (*pointed end*) hegy, hegyes vég ‖ **have sg on the ~ of one's tongue** a nyelve hegyén van
tip[2] [tɪp] **1.** *n* (*money*) borravaló, jatt; *col* (*piece of advice*) tipp **2.** *v* **-pp-** (*give money*) borravalót ad (vknek); (*tilt*) (meg)billent, felborít

tip-off *n col* (*information*) „füles"
tipped [tɪpt] *a* (*cigarette*) filteres
tipsy ['tɪpsɪ] *a col* spicces
tiptoe ['tɪptəʊ] *n* lábujjhegy ‖ **on ~** lábujjhegyen
tiptop [tɪp'tɒp] *a* legjobb, elsőrendű, tipp-topp
tire[1] ['taɪə] *vt* (ki)fáraszt ‖ *vi* elfárad (*of* vmben); ~ **out** elfáraszt, kifáraszt, kimerít, lestrapál; ~ **sy to death** agyoncsigáz; → **tired**
tire[2] ['taɪə] *n US* = **tyre**
tired ['taɪəd] *a* fáradt ‖ **I am (very) ~** (nagyon) fáradt vagyok, elfáradtam; **get ~ of (sg)** belefárad/beleun vmbe; → **tire**[1]
tireless ['taɪəlɪs] *a* fáradhatatlan
tiresome ['taɪəsəm] *a* (*tiring*) fárasztó; (*boring*) unalmas
tiring ['taɪərɪŋ] *a* (*exhausting*) fárasztó, kimerítő; (*boring*) unalmas
tissue ['tɪʃuː] *n biol* szövet; (*handkerchief*) papírzsebkendő
tit[1] [tɪt] *n* (*bird*) cinege, cinke
tit[2] [tɪt] *n col* (*breast*) cici
titbit (*US* **tidbit**) ['tɪtbɪt] *n* (*of food*) ínyencfalat, csemege, nyalánkság; (*information*) füles
tit for tat *kif* szeget szeggel
titillate ['tɪtɪleɪt] *v* csiklandoz
title ['taɪtl] *n* (*of book*) cím; (*rank*) cím; *sp* bajnoki cím; (*right*) jog (*to* vmhez) ‖ ~ **deed** birtoklevél; ~ **role** címszerep
titter ['tɪtə] **1.** *n* kuncogás, vihogás **2.** *v* kuncog, vihog
titular ['tɪtjʊlə] *a* címzetes
to[1] [tuː, tə] **1.** *prep* (*direction*) -hoz, -hez, -höz; -ra, -re, -nak, -nek; -ba, -be; (*time*) -ig ‖ **the road ~ London** a Londonba vezető út; ~ **this**

day a mai napig; ~ her őhozzá, őneki

to² [tʊ, tə] prep (infinitive) -ni || ~ be or not ~ be lenni vagy nem lenni; ~ be had (with verb) kapható, beszerezhető

toad [təʊd] n varangy(os béka)

toast [təʊst] 1. n (bread) pirítós (kenyér); (drinking) pohárköszöntő 2. vt (meg)pirít; (drink) iszik vk egészségére | vi (meg)pirul

toaster ['təʊstə] n kenyérpirító

tobacco [tə'bækəʊ] n dohány

tobacconist [tə'bækənɪst] n trafikos || ~'s dohánybolt, trafik

toboggan [tə'bɒgən] 1. n sp szánkó, tobogán 2. v szánkózik, tobogánozik

tocsin ['tɒksɪn] n (bell) vészharang; (signal) vészjel

today [tə'deɪ] adv/n ma || from ~ mától fogva; a week ~ mához egy hétre

toddler ['tɒdlə] n (totyogós) kisgyerek

to-do n col hűhó, felhajtás

toe [təʊ] 1. n lábujj; (of shoe) (cipő)orr 2. v ~ the line (or US mark) rajthoz áll

toenail ['təʊneɪl] n lábujjköröm

toffee ['tɒfɪ] n (tej)karamella

together [tə'geðə] adv együtt || ~ with vmvel/vkvel együtt

togs [tɒgz] n pl col szerelés

toil [tɔɪl] 1. n nehéz munka, robot 2. v erőlködik

toilet ['tɔɪlɪt] n vécé, WC, toalett || ~ articles pl piperecikkek; ~ bowl vécékagyló; ~ paper vécépapír, toalettpapír; ~ soap pipereszappan; ~ water (gyenge) kölnivíz

token ['təʊkən] n (sign) jel(kép); fig zálog; (coin) zseton || book ~ könyvutalvány

told [təʊld] pt/pp → tell

tolerable ['tɒlərəbl] a (bearable) elviselhető; (fairly good) tűrhető

tolerance ['tɒlərəns] n türelem, tolerancia

tolerate ['tɒləreɪt] v eltűr, elvisel

toll¹ [təʊl] n (of road) autópályadíj; (tax) vám

toll² [təʊl] 1. n (of bell) harangszó 2. vi (bell) szól | vt (bell) kongat

tomato [tə'mɑːtəʊ] n (pl -toes) bot paradicsom || ~ soup paradicsomleves

tomb [tuːm] n sír, sírbolt, kripta

tombola [tɒm'bəʊlə] n tombola

tomboy ['tɒmbɔɪ] n fiús lány

tombstone ['tuːmstəʊn] n sírkő

tomcat ['tɒmkæt] n kandúr

tome [təʊm] n (vastag) kötet

tomorrow [tə'mɒrəʊ] adv holnap || ~ evening holnap este; ~ week holnaphoz egy hétre

tomtit ['tɒmtɪt] n GB (kék) cinege

ton [tʌn] n tonna (GB long ~ = 2240 font = 1016 kg; US short ~ = 2000 font = 907,18 kg) || do a ~ col (vehicle) repeszt, dönget

tone [təʊn] 1. n modor, hangnem 2. v színez, árnyal

tone down (sound) lehalkít; (colour) árnyal

tone up felélénkít

tone-deaf a botfülű

tongs [tɒŋz] n pl (for coal, sugar) fogó; (for hair) hajsütő vas

tongue [tʌŋ] n nyelv || hold one's ~ befogja a száját; put out one's ~ at sy kinyújtja a nyelvét vkre

tongue-lashing n col letolás

tongue-tied *a* kuka || **he was ~** meg sem tudott mukkanni

tongue-twister *n* nyelvtörő

tonic ['tɒnɪk] *n* (*medicine*) erősítő(szer); (*drink*) tonik

tonight [tə'naɪt] *adv* ma este/éjjel

tonne [tʌn] *n* (*metric ton*) tonna (1000 kg)

tonsil ['tɒnsɪl] *n med* mandula

tonsillitis [tɒnsɪ'laɪtɪs] *n* mandulagyulladás

too [tuː] *conj* (*also*) szintén, is; (*very*) túl || **I went ~** én is elmentem; **~ bad** de kár!, ez pech!

took [tʊk] *pt* → take

tool [tuːl] *n* szerszám; (*also person*) eszköz

toolkit ['tuːlkɪt] *n* szerszámkészlet

toot [tuːt] *v* **~ one's/the horn** (*driver*) dudál

tooth [tuːθ] *n* (*pl* teeth [tiːθ]) *med, tech* fog || **have a ~ (pulled) out** kihúzatja a fogát; **in the teeth of sg** vmnek ellenére

toothache ['tuːθeɪk] *n* fogfájás

toothbrush ['tuːθbrʌʃ] *n* fogkefe

toothpaste ['tuːθpeɪst] *n* fogkrém

toothpick ['tuːθpɪk] *n* fogpiszkáló

top [tɒp] **1.** *a* (leg)felső; (*in rank*) magas rangú, vezető; (*best*) menő || **at ~ speed** teljes sebességgel; **~ dog** *fig* nagykutya, fejes **2.** *n* (*upper surface*) tető; (*summit*) csúcs; hegy; (*highest point*) tetőpont; (*toy*) pörgettyű || **on ~ of it all** *col* tetejébe; **at the ~ of the hill** a hegy tetején; **from ~ to toe** tetőtől talpig **3.** *v* -pp- (*be at top*) első a listán

top up feltölt, utánatölt || **can I ~ you up?** tölthetek még neked?

top hat *n* cilinder

top-heavy *a* fejnehéz

topic ['tɒpɪk] *n* (beszéd)téma; tárgy

topical ['tɒpɪkl] *a* időszerű, aktuális

topless ['tɒplɪs] *a* (*dress*) felsőrész nélküli

top-level *a* legmagasabb szintű

topmost ['tɒpməʊst] *a* legmagasabb; legfelső

topping ['tɒpɪŋ] *a col* remek, klassz

topple ['tɒpl] *vi* billen; (*fall*) ledől | *vt* billent; ledönt; (*overturn*) megbuktat

top-secret *a* szigorúan bizalmas

topsy-turvy [tɒpsɪ'tɜːvɪ] *a* **everything is ~** minden a feje tetején áll

top-up *n* **would you like a ~?** (*drink*) kér még egyet?

torch [tɔːtʃ] *n* (*wood*) fáklya; (*lamp*) zseblámpa

tore [tɔː] *pt* → tear[1]

torment **1.** ['tɔːment] *n* kín, gyötrelem **2.** [tɔː'ment] *v* (meg)kínoz, (meg)gyötör

torn [tɔːn] *a* szakadt; → tear[1]

tornado [tɔː'neɪdəʊ] *n* (*pl* ~es) tornádó

torpedo [tɔː'piːdəʊ] *n* (*pl* ~es) torpedó

torrent ['tɒrənt] *n* áradat, özön

torrential [tə'renʃl] *a* (*rain*) zuhogó, szakadó, ömlő

torrid ['tɒrɪd] *a* perzselő

torso ['tɔːsəʊ] *n* (*trunk*) (emberi) felsőtest; (*statue*) torzó

tortoise ['tɔːtəs] *n* (szárazföldi) teknős(béka)

tortuous ['tɔːtʃʊəs] *a* tekervényes, görbe

torture ['tɔːtʃə] **1.** *n* (*pain*) kín; (*torturing*) kínvallatás, kínzás **2.** *v* (meg)kínoz

towel

Tory ['tɔːrɪ] *a/n GB* konzervatív (párti), tory

toss [tɒs] **1.** *n* lökés ‖ ~ **of a coin** pénzfeldobás **2.** *v* (*throw*) lök; (*ship*) hány(kol)ódik ‖ ~ **and turn** (*in bed*) forgolódik; ~ **a coin,** ~ **up for sg** pénzfeldobással sorsot húz

toss-up *n* pénzfeldobás

tot [tɒt] *n* **tiny** ~ (*child*) csöppség; *col* (*drink*) (egy) kupica pálinka

total ['təʊtl] **1.** *a* egész, teljes, összes, globális ‖ ~ **consumption** összfogyasztás **2.** *n* (vég)összeg **3.** *v* **-ll-** (*US* **-l-**) (*amount to*) kitesz; (*add up*) összead

totalitarian [təʊˈtælɪˈteərɪən] *a* totalitárius állam

totally ['təʊtəlɪ] *adv* teljesen

totter ['tɒtə] *v* tántorog

touch [tʌtʃ] **1.** *n* (*touching*) fogás, érintés; (*sense of feeling*) tapintás ‖ **be in** ~ **with sy** kapcsolatban van vkvel **2.** *v* (meg)tapint; (*handle*) (meg)érint; (*refer to*) érint; (*affect*) meghat ‖ **don't** ~ **(it)!** ne nyúlj hozzá!

touch down (*aircraft*) leszáll

touch on (*subject*) érint

touch up (*photo*) retusál; (*picture*) kiszínez

touch-and-go *a col* **it was** ~ csak egy hajszálon múlt

touchdown ['tʌtʃdaʊn] *n* (*of aircraft*) földetérés

touched [tʌtʃt] *v* (*moved*) meghatódott

touching ['tʌtʃɪŋ] *a* megható

touch-line ['tʌtʃlaɪn] *n sp* partvonal

touchstone ['tʌtʃstəʊn] *n fig* próbakő

touchy ['tʌtʃɪ] *a* (*person*) sértődős, érzékeny

tough [tʌf] **1.** *a* edzett, szívós; (*difficult, hard*) kemény, nehéz; (*meat*) rágós ‖ **that's** ~**!** ez kellemetlen/ciki! **2.** *n col* vagány, huligán

toughen ['tʌfn] *vt* megkeményít; szívóssá tesz; (*make hard*) megszigorít ‖ *vi also fig* megkeményedik

tour [tʊə] **1.** *n* (*journey*) utazás; (*round trip*) körutazás; (*package tour*) társasutazás; (*guided*) megtekintés(e vmnek), vezetés; (*of theatre*) turné **2.** *vi* körutazást tesz; *theat* turnézik ‖ *vt* (*country*) beutazik

touring ['tʊərɪŋ] *n* (*journey*) (kör)utazás; (*tourism*) turizmus; *theat* turné ‖ ~ **by car** autótúra

tourism ['tʊərɪzəm] *n* turizmus, idegenforgalom

tourist ['tʊərɪst] *n* kiránduló, utazó, turista

tourist office *n* idegenforgalmi iroda

tournament ['tʊənəmənt] *n sp* verseny, torna

tousled ['taʊzld] *a* (*hair*) kusza, kócos

tout [taʊt] **1.** *n* **ticket** ~ jegyüzér **2.** *v* ~ **(for)** (*tickets*) üzérkedik; ~ **for customers** vevőket hajt fel

tow [təʊ] **1.** *n* vontatás **2.** *v* (*vehicle*) vontat

toward(s) [təˈwɔːd(z)] *prep* (*time, direction*) felé, vmlyen irányba; (*of attitude*) iránt

towel ['taʊəl] *n* törülköző ‖ **throw in the** ~ *col* bedobja a törülközőt

towelling (*US* **-l-**) ['taʊəlɪŋ] *a* frottír ‖ ~ **socks** frottírzokni
towel rail (*US* **-rack**) *n* törülközőtartó
tower ['taʊə] *n* torony ‖ ~ **block** toronyház
towering ['taʊərɪŋ] *a* (*building*) toronymagasságú; (*rage*) heves
town [taʊn] *n* város ‖ ~ **centre** (*US* **-ter**) városközpont, belváros; ~ **clerk** (városi) főjegyző; ~ **hall** városháza; ~ **plan** várostérkép
towrope [təʊrəʊp] *n* vontatókötél
tow truck *n US* autómentő
toxic ['tɒksɪk] *a* toxikus, mérgező
toy [tɔɪ] **1.** *n* játék(szer) **2.** *v* ~ **(with)** játszadozik (vmvel)
toyboy ['tɔɪbɔɪ] *n* selyemfiú
toyshop ['tɔɪʃɒp] *n* játékbolt
trace [treɪs] **1.** *n* nyom **2.** *v* (*find*) kinyomoz; (*copy*) átmásol
trace element *n biol* nyomelem
track [træk] **1.** *n* (*trail*) nyom, keréknyom; (*path*) ösvény, csapás; (*course*) (futó)pálya; (*rails*) sínpár, vágány; (*gauge*) nyomtáv ‖ **keep** ~ **of sy** nyomon követ vkt; ~ **events** *sp* futószámok **2.** *v* ~ **(down)** kinyomoz, felkutat
track suit *n* melegítő, tréningruha
tract¹ [trækt] *n* (*of land*) terület
tract² [trækt] *n* (*pamphlet*) értekezés
traction ['trækʃn] *n* vontatás
tractor ['træktə] *n also comput* traktor
trade [treɪd] **1.** *n* (*commerce*) kereskedelem; (*job*) szakma, foglalkozás; *comm* (*business*) forgalom **2.** *v* kereskedik, foglalkozik (*in* vmvel)
trade in sg *vt* (*new one*) kicserél ‖ *vi* (*business*) kereskedik/foglalkozik vmvel

trademark ['treɪdmɑːk] *n* védjegy, márka
trade name *n* márkanév, cégnév
tradesman ['treɪdzmən] *n* (*pl* **-men**) kereskedő
trade union *n* szakszervezet
trading ['treɪdɪŋ] *a* kereskedelmi ‖ ~ **estate** ipari negyed, gyárnegyed
tradition [trə'dɪʃn] *n* hagyomány, tradíció
traditional [trə'dɪʃnəl] *a* hagyományos
traffic ['træfɪk] **1.** *n* forgalom, közlekedés ‖ ~ **in drugs** kábítószer-kereskedelem **2.** *v* (*pt/pp* **trafficked**) kereskedik, üzérkedik (*in* vmvel)
traffic circle *n US* körforgalom
traffic island *n* járdasziget
traffic jam *n* (forgalmi) torlódás, dugó
traffic lane *n* forgalmi sáv
traffic-light(s) *n* (*pl*) (forgalmi) jelzőlámpa
traffic sign *n* közúti jelzőtábla, KRESZ-tábla
traffic warden *n GB approx* közterületi felügyelő
tragedy ['trædʒədɪ] *n* tragédia
tragic ['trædʒɪk] *a* tragikus
trail [treɪl] **1.** *n* (*track*) nyom; (*path*) ösvény; (*of dust*) porfelhő ‖ **be on sy's** ~ vk nyomában van **2.** *v* üldöz, követ ‖ ~ **after sy** vk után kullog; ~ **along** (*skirt*) a földet söpri; ~ **along behind** kullog vk után
trailer ['treɪlə] *n* utánfutó, pótkocsi; *US* (*caravan*) lakókocsi; (*of film*) (film)előzetes
train [treɪn] **1.** *n* vonat, szerelvény; (*of people*) kíséret; (*of dress*) uszály ‖ **go by** ~ vonaton utazik

2. v (teach) tanít, képez; sp (prepare) edz; előkészít; (animals) idomít
train on sg (telescope) ráirányít
train attendant n US hálókocsikalauz
trained [treɪnd] a tanult, (szak)képzett
trainee [treɪ'niː] n szakmunkástanuló, (bolti) tanuló, gyakornok
trainer ['treɪnə] n sp edző, oktató; (of animals) idomító ‖ ~(s pl) edzőcipő
training ['treɪnɪŋ] n (education) oktatás, képzés; sp edzés; mil (drill) gyakorlatozás ‖ ~ college tanárképző főiskola; ~ shoe(s) (pl) edzőcipő; ~ teacher US tanárjelölt
trait [treɪt] n jellemvonás, jellegzetesség
traitor ['treɪtə] n hazaáruló
tram(car) ['træm(kɑː)] n villamos
tramline ['træmlaɪn] n villamosjárat, villamosvonal
tramp [træmp] **1.** n (vagabond) csavargó; (homeless person) hajléktalan **2.** v (hike) kóborol; (walk) kutyagol
trample ['træmpl] v ~ (down) sg letipor, eltapos
trance [trɑːns] n révület, transz
tranquil ['træŋkwɪl] a nyugalmas, nyugodt, békés
tranquillity (US -l-) [træŋ'kwɪlətɪ] n nyugalom; békesség
tranquillizer (US -l-) ['træŋkwəlaɪzə] n nyugtató(szer)
transact [træn'zækt] v comm (le)bonyolít
transaction [træn'zækʃn] n tranzakció, üzletkötés

transatlantic [trænzət'læntɪk] a tengeren túli
transcendent [træn'sendənt] a páratlan, kitűnő
transcribe [træn'skraɪb] v átír
transcript ['trænskrɪpt] n (transcription) átírás; (copy) leírás, másolat
transcription [træn'skrɪpʃn] n leírás; (phonetic) átírás; (broadcast) (hang)felvétel
transept ['trænsept] n archit kereszthajó
transfer 1. ['trænsfɜː] n (of person) áthelyezés; (of money) átutalás; sp átigazolás; (design) levonókép, matrica; comput (adat)átvitel **2.** [træns'fɜː] v -rr- áthelyez; (money) átutal; sp átigazol; comput (data) átvisz
transform [træns'fɔːm] v átalakít, átváltoztat (into vmvé); újjávarázsol ‖ be ~ed átalakul, átváltozik (into vmvé)
transformation [trænsfə'meɪʃn] n átalakítás, átalakulás
transformer [træns'fɔːmə] n transzformátor
transfusion [træns'fjuːʒn] n vérátömlesztés, transzfúzió
transient ['trænzɪənt] a átmeneti
transistor [træn'zɪstə] n tranzisztor; (radio) tranzisztoros rádió
transit ['trænzɪt] **1.** a átutazó, tranzit- **2.** n átutazás, tranzit
transition [træn'zɪʃn] n átmenet
transitional [træn'zɪʃənl] a átmeneti
transitive verb ['trænzətɪv] n tárgyas ige
transit lounge n tranzitváró
transitory ['trænsɪtrɪ] a mulandó, átmeneti

transit passanger *n* tranzitutas
transit visa *n* átutazóvízum
translate [trænz'leıt] *v* (le)fordít; (*interpret*) tolmácsol ‖ ~ **from English into Hungarian** angolból magyarra fordít
translation [trænz'leıʃn] *n* fordítás; (*interpretation*) tolmácsolás
translator [trænz'leıtə] *n* fordító
transmission [trænz'mıʃn] *n* (*of news*) átadás, továbbítás; (*of power*) átvitel; (*radio, TV*) adás; közvetítés; (*of vehicle*) sebességváltó
transmit [trænz'mıt] *v* **-tt-** (*message*) átad, továbbít; (*radio, TV*) sugároz, közvetít
transmitter [trænz'mıtə] *n* (*person*) átadó; *el* (*station*) adó
transom ['trænsəm] *n* szemöldökfa
transparency [træn'spærənsı] *n* átlátszóság; *photo* dia
transparent [træn'spærənt] *a* átlátszó
transpire [træn'spaıə] *v* (*plant*) kipárologtat; (*become known*) kitudódik, kiszivárog; *col* (*happen*) (meg)történik
transplant 1. ['trænsplɑːnt] *n* szervátültetés; (*organ*) átültetett szerv **2.** [træns'plɑːnt] *v* (*plant, organ*) átültet
transport 1. ['trænspɔːt] *n* szállítás, fuvarozás; (*traffic*) közlekedés ‖ ~ **by road** tengelyen történő szállítás **2.** [træns'pɔːt] *v* (el)szállít, fuvaroz
transportation [trænspɔː'teıʃn] *n* *US* = **transport 1.**
transport café *n* *GB* autósbisztró

transversal [trænz'vɜːsl] *a* átlós, haránt
trap [træp] **1.** *n* csapda **2.** *v* **-pp-** csapdával fog
trapdoor ['træpdɔː] *n* *theat* sülylyesztő
trapeze [trə'piːz] *n* (*in circus*) trapéz
trapezium [trə'piːzıəm] *n* *math GB* trapéz; *US* négyszög
trapezoid ['træpızɔıd] *n* *math GB* négyszög; *US* trapéz
trapper ['træpə] *n* *US* (csapdaállító) prémvadász
trappings ['træpıŋz] *n* *pl* (*uniform*) ünnepi díszruha
trash [træʃ] *n* *lit* ponyvairodalom, giccs; (*goods*) bóvli
trashcan ['træʃkæn] *n* *US* kuka, szemétláda
trauma ['trɔːmə] *n* (*pl* **-mas**) sérülés, trauma
travel ['trævl] **1.** *n* utazás **2.** *v* **-ll-** (*US* **-l-**) *vi* (*person*) utazik; (*vehicle*) halad | *vt* (*distance*) megtesz; (*country*) beutazik ‖ ~ **by sea** hajóval megy
travel agency *n* utazási iroda
travel documents *n* *pl* úti okmányok
traveler *US* = **traveller**
traveler's check *n* *US* utazási csekk
traveller (*US* **-l-**) ['trævlə] *n* utazó, utas
traveller's cheque *n* utazási csekk
travelogue (*US* **-log**) ['trævəlɒg] *n* útleírás, útirajz
travel-sickness *n* útibetegség
travesty ['trævıstı] *n* paródia
tray [treı] *n* tálca
treacherous ['tretʃərəs] *a* áruló

treachery ['tretʃərɪ] *n* árulás
tread [tred] **1.** *n* lépés; (*walking*) járás; (*of tyre*) futófelület **2.** *v* (*pt* **trod** [trɒd], *pp* **trodden** ['trɒdn]) (*walk*) lép(ked); (*step*) tapos
tread on sg rátapos
treason ['triːzn] *n* (haza)árulás ‖ **high ~** felségárulás
treasure ['treʒə] **1.** *n* kincs **2.** *v* nagy becsben tart
treasurer ['treʒərə] *n* (*of society*) pénztáros
treasury ['treʒərɪ] *n* kincstár ‖ **the T~** pénzügyminisztérium
treat [triːt] **1.** *n* (*pleasure*) csemege, (ritka) élvezet **2.** *vt* bánik vkvel; (*cure*) gyógykezel; (*deal with*) foglalkozik vmvel, tárgyal ‖ **~ sy badly** rosszul bánik vkvel
treatise ['triːtɪz] *n* értekezés
treatment ['triːtmənt] *n* (*of person*) bánásmód, elbánás; *med* kezelés
treaty ['triːtɪ] *n* nemzetközi szerződés
treble ['trebl] **1.** *a* háromszoros **2.** *v* megháromszoroz
treble clef *n mus* G-kulcs
tree [triː] *n* fa (*élő*) ‖ **~ top** (fa)korona; **~ trunk** fatörzs
trek [trek] *n* utazás, nagy út
tremble ['trembl] **1.** *n* reszketés, remegés **2.** *v* reszket, remeg; (*ground*) reng
tremendous [trɪ'mendəs] *a* félelmetes, óriási, szédítő
tremor ['tremə] *n* remegés; (*of earth*) földrengés
trench [trentʃ] *n* árok; *mil* lövészárok ‖ **~es** *pl* fedezék
trend [trend] *n* irányzat, tendencia
trendy ['trendɪ] *a* divatos, menő

trepidation [trepɪ'deɪʃn] *n* izgalom, felindulás; remegés
trespass ['trespəs] *v* tilosban jár, megszegi a törvényt ‖ **~ on sy's estate** birtokháborítást követ el; **"no ~ing"** magánterület, belépni tilos
trestle ['tresl] *n* állvány, bak
trial ['traɪəl] *n* (*test*) próba; (*attempt*) kísérlet; *law* (bírósági) tárgyalás; (*hardship*) megpróbáltatás ‖ **on ~** próbaképpen
trial-and-error method *n math* fokozatos megközelítés módszere, találgatós módszer
triangle ['traɪæŋgl] *n* háromszög; *mus* triangulum
triangular [traɪ'æŋgjʊlə] *a* háromszögletű, háromszögű
tribal ['traɪbl] *a* törzsi
tribe [traɪb] *n* (nép)törzs
tribulation [trɪbjʊ'leɪʃn] *n* csapás, megpróbáltatás
tribunal [traɪ'bjuːnl] *n* bíróság
tributary ['trɪbjʊtrɪ] *n* (*river*) mellékfolyó
tribute ['trɪbjuːt] *n* (*admiration*) (köteles) tisztelet ‖ **pay ~ to sy** elismeréssel adózik vknek
trice [traɪs] *n* **in a ~** *col* egy szempillantás alatt
trick [trɪk] **1.** *n* trükk, csel; (*in cards*) ütés ‖ **play ~s on sy** megtréfál, bolonddá tesz vkt; **play sy a dirty ~** rútul becsap vkt **2.** *v* **~ sy into sg** vkt vmbe beugrat
trickery ['trɪkərɪ] *n* csalás, szemfényvesztés
trickster ['trɪkstə] *n col* szélhámos
tricky ['trɪkɪ] *a col* (*problem*) nehéz; (*situation*) cikis

tricolour (US -or) ['trɪkələ] n háromszínű (nemzeti) lobogó/zászló, trikolór

tricycle ['traɪsɪkl] n tricikli

trifle ['traɪfl] 1. n csekélység, apróság; approx (food) somlói galuska || a ~ egy kicsit 2. v ~ with sy vkvel packázik

trifling ['traɪflɪŋ] a jelentéktelen

trigger ['trɪgə] 1. n (of gun) ravasz; (of machine) kioldógomb 2. v (effect) kivált

trigger off (war) kirobbant

trim [trɪm] 1. a rendes, csinos; col nett 2. v -mm- (cut) levág; (trees) stuccol; (decorate) díszít; (border) szegélyez (with vmvel)

trimming ['trɪmɪŋ] n (cutting) stuccolás; (border) szegély(dísz) || ~s pl (pieces cut off) levágott darabok; (for car) extrák; (for dish) köret

trinity ['trɪnətɪ] n the T~ a Szentháromság

trinket ['trɪŋkɪt] n (apró) dísztárgy, csecsebecse

trio ['triːəʊ] n trió

trip [trɪp] 1. n utazás; (outing) kirándulás; (stumble) megbotlás || go on a ~ túrát tesz, túrázik 2. v -pp- (stumble) megbotlik

trip over sg vmben megbotlik

trip (sy) up vi megbotlik; fig hibázik | vt elgáncsol

tripe [traɪp] n (food) pacal; (refuse) ócskaság, vacakság

triple ['trɪpl] a hármas, háromszoros

triplets ['trɪplɪts] n pl hármas ikrek

tripod ['traɪpɒd] a háromlábú állvány

tripper ['trɪpə] n kiránduló

trite [traɪt] a elcsépelt, banális

triumph ['traɪəmf] 1. n diadal 2. v ~ (over) vk/vm felett, vkn/vmn diadalmaskodik

triumphal [traɪ'ʌmfl] a diadalmi, győzelmi

triumphant [traɪ'ʌmfənt] a győzelmes, diadalmas

trivial ['trɪvɪəl] a jelentéktelen, elcsépelt, triviális

trod [trɒd] pt → tread

trodden ['trɒdn] pp → tread

trolley ['trɒlɪ] n el áramszedő; (handcart) targonca; (for luggage) kofferkuli; (in shop) bevásárlókocsi || ~ bus trolibusz; ~ car US villamos

trombone [trɒm'bəʊn] n harsona

troop [truːp] 1. n csapat || ~s pl mil csapatok, katonák; in ~s csapatosan 2. v csoportosan vonul || ~ in/out betódul/kitódul; ~ing the colour GB zászlós díszszemle

trooper ['truːpə] n (soldier) lovas katona; US (policeman) (lovas/motoros) rendőr

trophy ['trəʊfɪ] n trófea

tropic ['trɒpɪk] n T~ of Cancer Ráktérítő; T~ of Capricorn Baktérítő; → tropics

tropical ['trɒpɪkl] a tropikus, trópusi

tropics, the n pl a forró égöv, a trópusok

trot [trɒt] 1. n (pace) ügetés; (race) ügetőverseny || on the ~ GB fig col egymás után 2. v -tt- üget

trouble [trʌbl] 1. n (difficulty) baj, nehézség; (effort) fáradság, vesződség; (distress) bánat; (illness) bántalom; (defect) üzemzavar || get sy into ~ bajba kever vkt;

take the ~ (to do sg) veszi magának a fáradságot, hogy; **What's the ~?** mi a baj? **2.** *v* (*worry*) nyugtalanít; (*distress*) zavar, bánt; (*disturb*) zaklat || **may I ~ you for ... kérem szépen a ...; may I ~ you for the salt** szabad a sót, kérem?

troubled [trʌbld] *a* (*person*) nyugtalan; (*life*) mozgalmas; (*water*) zavaros

trouble-free *a* üzembiztos

troublemaker ['trʌblmeɪkə] *n* rendbontó

troublemaking ['trʌblmeɪkɪŋ] *n* zavarkeltés

troubleshooter ['trʌblʃuːtə] *n* hibakereső (szerelő); *pol* (*mediator*) közvetítő

troublesome ['trʌblsəm] *a* (*problem*) vesződséges; (*person*) zavaró

trough [trɒf] *n* (*for animals*) vályú; (*of baker*) teknő; (*channel*) csatorna

trouser press ['traʊzə] *n* éltartósító nadrágakasztó

trousers ['traʊzəz] *n pl* (**a pair of**) ~ (hosszú)nadrág

trouser suit *n* nadrágkosztüm

trousseau ['truːsəʊ] *n* (*pl* **-seaux** *or* **-seaus** [-səʊz]) (*of bride*) kelengye, stafírung

trout [traʊt] *n* pisztráng

truant ['truːənt] *n* iskolakerülő || **play ~** (*from school*) lóg

truce [truːs] *n* fegyverszünet

truck [trʌk] *n US* (*lorry*) teherautó, kamion; *GB* (*wagon*) pőrekocsi

trucker ['trʌkə] *n US* kamionvezető, kamionos

truck farm *n US* bolgárkertészet, konyhakertészet

truckload ['trʌkləʊd] *n* teherkocsirakomány

trudge [trʌdʒ] *v* ballag, kutyagol

true [truː] *a* igaz; (*real*) igazi, valódi; (*accurate*) hiteles, pontos || **it can't be ~!** (ez) lehetetlen!

truly ['truːlɪ] *adv* (*really*) valóban || **Yours ~** (*in letter*) őszinte tisztelettel

trump [trʌmp] *n* ütőkártya, adu

trump-card *n* (*fig is*) ütőkártya

trumped-up ['trʌmptʌp] *a* (*story*) kitalált; (*charge*) koholt

trumpet ['trʌmpɪt] *n* trombita

trumpeter ['trʌmpɪtə] *n* trombitás; *mil* kürtös

truncated [trʌŋkeɪtɪd] *a* megcsonkított

truncheon ['trʌntʃən] *n* gumibot

trunk [trʌŋk] *n* (*of tree, person*) törzs; (*of elephant*) ormány; (*case*) bőrönd; *US* (*in car*) csomagtartó || **~ call** távolsági beszélgetés; **~s** *pl* fürdőnadrág

trust [trʌst] **1.** *n* (*confidence*) bizalom; (*property*) őrizet, letét; (*company*) tröszt || **in ~ for sy** vk részére letétben **2.** *v* (vkben/vmben) (meg)bízik || **~ sy with sg** vkre bíz vmt

trust in sy/sg bízik/bizakodik vkben/vmben

trusted ['trʌstɪd] *a* megbízható, bizalmas

trustee [trʌ'stiː] *n law* vagyonkezelő; *school* gondnok

trustful ['trʌstfl] *a* bizakodó

trustworthy ['trʌstwɜːðɪ] *a* megbízható, hitelt érdemlő

trusty ['trʌstɪ] *a* megbízható, becsületes

truth [truːθ] *n* igazság || **to tell the** ~ az igazat megvallva

truthful ['truːθfl] *a* (*person*) őszinte; (*description*) hű

try [traɪ] **1.** *n* kísérlet || **have a** ~ **at** megkísérel/megpróbál vmt **2.** *v* (*attempt*) kipróbál, (meg)próbál; (*test*) próbára tesz; (*examine a case*) tárgyal || ~ **one's best to (do sg)** azon igyekszik, hogy

try on (*dress*) felpróbál

try sg out vmt kipróbál

trying ['traɪɪŋ] *a* fárasztó

T-shirt ['tiː ʃɜːt] *n* póló

T-square ['tiː skweə] *n* fejes vonalzó

tub [tʌb] *n* dézsa; (*bath*) fürdőkád

tubby ['tʌbɪ] *a col* köpcös

tube [tjuːb] *n* (*pipe*) cső; (*for water*) tömlő; (*container*) tubus; (*for tyre*) tömlő, belső; *GB* (*underground railway*) földalatti

tuberculosis [tjuːbɜːkjʊˈləʊsɪs] *n* gümőkór, tuberkulózis, tbc

tubular ['tjuːbjʊlə] *a* csővázas

TUC [tiː juː 'siː] = *GB Trades Union Congress approx* Szakszervezeti Szövetség

tuck [tʌk] **1.** *n* (*fold*) felhajtás, szegély; *GB col* (*food*) nyalánkság **2.** *v* (*fold*) behajt; begyűr; (*pleat*) ráncol, redőz

tuck away *col* (*person*) zabál, burkol

tuck in (*cover*) betakar; (*fold*) begyűr; *col* (*eat*) burkol

tuck up (*child*) bebugyolál

Tuesday ['tjuːzdɪ] *n* kedd; → **Monday**

tuft [tʌft] *n* (*of bird*) bóbita

tug [tʌg] **1.** *n* (*ship*) vontatóhajó **2.** *v* **-gg-** (*ship*) vontat

tug-of-war *n* kötélhúzás

tuition [tjuːˈɪʃn] *n* (*teaching*) oktatás, tanítás; (*fee*) tandíj || **private** ~ magántanítás, magánórák

tulip ['tjuːlɪp] *n* tulipán

tumble ['tʌmbl] **1.** *n* (le)esés, (le)bukfenc(ezés) **2.** *v* (le)esik, bukik

tumble down lezuhan, ledől, lezúg

tumble-down ['tʌmbldaʊn] *a col* düledező, rozoga

tumbler ['tʌmblə] *n* (*glass*) vizespohár

tummy ['tʌmɪ] *n col* has, poci

tumour (*US* **-or**) ['tjuːmə] *n* daganat, tumor

tumult ['tjuːmʌlt] *n* csődület

tumultuous [tjuːˈmʌltʃʊəs] *a* zajos, lármás

tuna ['tjuːnə] *n* tonhal

tune [tjuːn] **1.** *n* dallam, melódia || **sing out of** ~ hamisan énekel **2.** *v mus* (fel)hangol; (*radio, TV, car*) beállít

tune in (the radio) to a station vmlyen állomásra beállítja a rádiót

tune up (*orchestra*) hangol

tuneful ['tjuːnfl] *a* dallamos

tuner ['tjuːnə] *n* (*person*) (zongora)hangoló; (*radio*) tuner

tungsten ['tʌŋstən] *n* volfrám

tunic ['tjuːnɪk] *n* zubbony

tuning ['tjuːnɪŋ] *n mus* hangolás; (*radio, TV, car*) beállítás || ~ **fork** hangvilla

tunnel ['tʌnl] **1.** *n* alagút **2.** *v* **-ll-** (*US* **-l-**) alagutat fúr

turbojet [tɜːbəʊˈdʒet] *n* gázturbinás sugárhajtómű; (*plane*) turbó-sugárhajtású repülőgép

tureen [tjʊˈriːn] n (leveses)tál
turf [tɜːf] n gyep, pázsit; (square of grass) gyeptégla || **the** ~ (racecourse) lóversenypálya, turf; (horse-racing) lóversenyzés
turgid [ˈtɜːdʒɪd] a dagadt; (style) dagályos
Turk [tɜːk] n török
Turkey [ˈtɜːkɪ] n Törökország
turkey [ˈtɜːkɪ] n pulyka
Turkish [ˈtɜːkɪʃ] **1.** a török **2.** n (person, language) török || ~ **bath** gőzfürdő
turmoil [ˈtɜːmɔɪl] n forrongás, lázongás, izgalom
turn [tɜːn] **1.** n (turning) (meg)fordítás; (turn around) körfordulat, (meg)fordulás; fig (change) fordulat; (bend) kanyar(odás); (shift) váltás, műszak || **by** ~**s** felváltva; **in** ~ egyik a másik után, sorban; **it's his** ~ ő következik, ő van soron; **"no left** ~**"** balra kanyarodni tilos; **do sy a good** ~ vkvel jót tesz; ~ **of mind** gondolkodásmód; ~ **of the century** századforduló **2.** vt (revolve) forgat; (once) (meg)fordít | vi (move round) forog; (once) (meg)fordul; (bend) kanyarodik; (milk) összemegy; (become) lesz/válik vmvé || ~ **a page** (egyet) lapoz; ~ **cool** hűvösödik; ~ **left** balra kanyarodik; ~ **pale** elsápad; ~ **the corner** befordul a sarkon; fig túljut a nehezén; ~ **twenty** huszadik évébe lép
turn away elfordul; (refuse) vkt elutasít
turn back vi visszafordul | vt visszafordít; (clock) visszaállít

turn down (collar) lehajt, kihajt; (radio) lehalkít; (invitation) visszautasít
turn in vi col (go to bed) lefekszik | vt (fold) behajt
turn off (radio, TV) kikapcsol; (gas) elolt, elzár; (light) elolt; (road) letér, lekanyarodik
turn on (radio, TV) bekapcsol; (gas) meggyújt, kinyit; (light) felgyújt; (vehicle) kivilágít
turn out (light, gas) elolt || ~ **out that ...**, ~ **out to be ...**, ~ **out sg** kiderül, hogy ..., vmnek/vmlyennek bizonyul
turn over (car) felborul, felbillen || **please** ~ **over** fordíts!
turn round (car) (meg)fordul; (rotate) forog
turn up (collar) felhajt; (arrive) megjelenik, eljön, beállít; (lost object) előkerül || ~ **up (the radio)** (fel)hangosít
turn upside down fenekestül felforgat
turncoat [ˈtɜːnkəʊt] n köpönyegforgató
turned-up [ˈtɜːndʌp] n (nose) pisze
turning [ˈtɜːnɪŋ] n (of car) kanyarodás; (in road) kanyar || ~ **point** fordulópont
turnip [ˈtɜːnɪp] n (fehér)répa
turn-out [ˈtɜːn aʊt] n (attendance) megjelenés, részvétel || **there was a good** ~ szép számmal voltak jelen
turnover [ˈtɜːnəʊvə] n comm forgalom || **apple** ~ almáspite
turnpike [ˈtɜːnpaɪk] n US fizetőautópálya

turnstile ['tɜːnstaɪl] *n* (útelzáró) forgókereszt, forgósorompó
turntable ['tɜːnteɪbl] *n* (*on record player*) lemeztányér
turn-up(s) *n* (*pl*) (*of trousers*) felhajtás
turpentine ['tɜːpəntaɪn] *n* terpentin
turquoise ['tɜːkwɔɪz] **1.** *a* türkiz(kék) **2.** *n* (*gem*) türkiz
turret ['tʌrɪt] *n* (*tower*) tornyocska
turtle ['tɜːtl] *n* (tengeri) teknős(béka)
turtle-neck *n* garbó(nyak)
tusk [tʌsk] *n* agyar
tussle ['tʌsl] *n* verekedés, birkózás
tutor ['tjuːtə] **1.** *n* (*at university*) *approx* konzultáló tanár, (egyetemi) oktató, tutor **2.** *v* korrepetál, instruál, tutora vknek
tutorial [tjuːˈtɔːrɪəl] *n* GB (*at university*) *approx* szeminárium (*max. 1-2 hallgatónak*)
tuxedo [tʌkˈsiːdəʊ] *n* US szmoking
TV [tiː ˈviː] = **television** TV, tv, tévé
twang [twæŋ] **1.** *n* pengés **2.** *v* peng
'twas [twəz, twɒz] = **it was**
tweed [twiːd] *n* gyapjúszövet, tweed ‖ ~**s** *pl* tweedöltöny
tweezers ['twiːzəz] *n pl* csipesz
twelfth [twelfθ] *num a* tizenkettedik
twelve [twelv] *num* tizenkettő, tizenkét ‖ **at ~ o'clock** (*midday*) délben; (*midnight*) éjfélkor
twentieth ['twentɪəθ] *num a* huszadik ‖ **in the ~ century** a XX. században
twenty ['twentɪ] *num* húsz ‖ **~ of them** húszan; **the twenties (20s** *or* **1920s**) a húszas évek

twice [twaɪs] *num adv* kétszer ‖ ~ **a day** napjában kétszer
twig [twɪg] *n* gally, ág
twilight ['twaɪlaɪt] *n* alkony, szürkület
twin [twɪn] **1.** *a* kettős, páros; iker- **2.** *n* iker ‖ **my ~ brother/sister** az ikertestvérem; ~**s** *pl* ikerpár, ikrek
twin-bedded room *n* kétágyas szoba
twine [twaɪn] *v* (*thread*) sodor
twinge [twɪndʒ] **1.** *n* szúró fájdalom, szúrás **2.** *v* szúr
twinkle ['twɪŋkl] *v* (*homályosan*) csillámlik, pislog; (*eyes*) csillog
twirl [twɜːl] **1.** *n* pörgés **2.** *vt* (*moustache*) sodor, pödör ‖ *vi* (*person*) megperdül
twist [twɪst] **1.** *n* (*turning*) (meg)-csavarás; (*bend*) kanyar; (*in story*) (váratlan) fordulat; (*tendency*) (különös) hajlam, fonákság **2.** *vt* (*head, key*) (el)csavar, elfordít; (*thread*) sodor ‖ *vi* (*plant*) elcsavarodik; (*road*) kanyarog ‖ **you can ~ him round your little finger** az ujja köré csavarhatja
twit [twɪt] *n col* kis hülye, béna, tökfej
twitch [twɪtʃ] **1.** *n* rángás **2.** *v* (*face*) rángató(d)zik
two [tuː] *num* kettő, két ‖ **not ~ alike** ahány, annyiféle; **the ~ of them** ők ketten
two-door *a* kétajtós
two-faced *a* kétarcú, kétszínű
two-piece *a* kétrészes ‖ ~ **swimsuit** kétrészes fürdőruha
two-seater *n* kétüléses autó
twosome ['tuːsəm] *n* (*people*) kettős

two-way a (traffic) kétirányú
tying ['taɪɪŋ] → **tie**
tycoon [taɪ'kuːn] n col iparmágnás
type [taɪp] **1.** n (kind) jelleg, típus; (letter) betű(típus) ‖ **she is not my** ~ nem a zsánerem **2.** vi írógéppel ír I vt (le)gépel
type-cast a (actor) beskatulyázott
typescript ['taɪpskrɪpt] n gépelt kézirat
typewriter ['taɪpraɪtə] n írógép
typhoid (fever) ['taɪfɔɪd] n (has)tífusz
typhoon [taɪ'fuːn] n tájfun, forgószél
typhus ['taɪfəs] n kiütéses tífusz
typical ['tɪpɪkl] a jellemző, tipikus ‖ ~ **of sy** vkre jellemző
typify ['tɪpɪfaɪ] v megtestesít
typing ['taɪpɪŋ] n (on typewriter) gépelés
typist ['taɪpɪst] n gépíró(nő)
tyrannical [tɪ'rænɪkl] a zsarnoki
tyranny ['tɪrənɪ] n zsarnokság
tyrant ['taɪrənt] n zsarnok
tyre (US tire) [taɪə] n (autó)gumi, köpeny ‖ ~ **pressure** abroncsnyomás

U

ubiquitous [juː'bɪkwɪtəs] a mindenütt jelenvaló
udder ['ʌdə] n tőgy
UFO ['juːfəʊ] = **unidentified flying object**
ugh! [ɜːh] int jaj!, au!, pfuj!
ugliness ['ʌglɪnɪs] n csúnyaság
ugly ['ʌglɪ] a csúnya, ronda

UK [juː 'keɪ] = **United Kingdom**
ulcer ['ʌlsə] n med fekély
Ulster ['ʌlstə] n Ulster
ulterior [ʌl'tɪərɪə] a (later) későbbi; (further) túlsó ‖ ~ **motive** hátsó gondolat
ultimate ['ʌltɪmət] a utolsó, legvégső ‖ ~ **object** végső cél
ultimately ['ʌltɪmətlɪ] adv végtére, végül is
ultrasound ['ʌltrəsaʊnd] n ultrahang ‖ ~ **scan** ultrahangos vizsgálat
ultraviolet [ʌltrə'vaɪələt] a ibolyántúli
umbilical cord [ʌm'bɪlɪkl 'kɔːd] n köldökzsinór
umbrage ['ʌmbrɪdʒ] n **take ~ at sg** neheztel vm miatt
umbrella [ʌm'brelə] n esernyő
umpire ['ʌmpaɪə] **1.** n sp mérkőzésvezető, bíró **2.** v (match) (le)vezet
umpteen ['ʌmptiːn] num a/n col kismillió
umpteenth ['ʌmptiːnθ] a sokadik ‖ **for the ~ time** x-szer
UN [juː 'en] = **United Nations**
unabashed [ʌnə'bæʃt] a anélkül, hogy zavarba jönne
unabated [ʌnə'beɪtɪd] a nem csökkent, változatlan
unable [ʌn'eɪbl] a képtelen (to vmre) ‖ **be ~ to do sg** nem képes vmre
unaccompanied [ʌnə'kʌmpənɪd] a kíséret nélkül(i)
unaccountable ['ʌnə'kaʊntəbl] a megmagyarázhatatlan, rejtélyes
unaccustomed [ʌnə'kʌstəmd] a szokatlan ‖ **be ~ to sg** vmben járatlan, vmhez nem szokott

un-American *a* (*activity*) Amerikaellenes

unanimous [juːˈnænɪməs] *a* egyhangú; egyértelmű

unarmed [ʌnˈɑːmd] *a* fegyvertelen

unashamed [ʌnəˈʃeɪmd] *a* nem szégyenlős; *pejor* pofátlan

unattached [ʌnəˈtætʃt] *a* (*not engaged*) egyedül élő, önálló

unattainable [ˈʌnəˈteɪnəbl] *a* *fig* elérhetetlen

unattended [ʌnəˈtendɪd] *a* őrizetlenül hagyott

unauthorized [ʌnˈɔːθəraɪzd] *a* illetéktelen, jogosulatlan || **no ~ parking** csak parkolási engedéllyel

unavoidable [ʌnəˈvɔɪdəbl] *a* elkerülhetetlen

unaware [ʌnəˈweə] *a* **be ~ of sg** nincs tudomása vmről

unawares [ʌnəˈweəz] *adv* váratlanul

unbalanced [ʌnˈbælənst] *a* kiegyensúlyozatlan; (*mentally*) megháborodott

unbearable [ʌnˈbeərəbl] *a* kibírhatatlan

unbeatable [ʌnˈbiːtəbl] *a* verhetetlen; legyőzhetetlen

unbelievable [ʌnbɪˈliːvəbl] *a* hihetetlen

unbend [ʌnˈbend] *v* (*pt/pp* **unbent** [ʌnˈbent]) *vt* kiegyenesít | *vi* felenged, felszabadul

unbent [ʌnˈbent] *pt/pp* → **unbend**

unbias(s)ed [ʌnˈbaɪəst] *a* elfogulatlan, tárgyilagos

unbreakable [ʌnˈbreɪkəbl] *a* törhetetlen

unbroken [ʌnˈbrəʊkn] *a* (*intact*) ép, egész; (*continuous*) folytonos, összefüggő

unbuilt [ʌnˈbɪlt] *a* beépítetlen

unburden [ʌnˈbɜːdn] *v* **~ oneself (to sy)** kiönti a szívét

unbutton [ʌnˈbʌtn] *v* kigombol

uncalled-for [ʌnˈkɔːld fɔː] *a* szükségtelen; (*unjustified*) indokolatlan

uncanny [ʌnˈkænɪ] *a* szokatlan, rejtélyes

unceasing [ʌnˈsiːsɪŋ] *a* szakadatlan, szüntelen

uncertain [ʌnˈsɜːtn] *a* bizonytalan; (*doubtful*) kétséges

uncertainty [ʌnˈsɜːtntɪ] *n* bizonytalanság

unchanged [ʌnˈtʃeɪndʒd] *a* változatlan

uncharted [ʌnˈtʃɑːtɪd] *a* térképen nem szereplő, fel nem kutatott

unchecked [ʌnˈtʃekt] *a* ellenőrizetlen; (*not stopped*) akadálytalan

uncivilized [ʌnˈsɪvəlaɪzd] *a* műveletlen, kulturálatlan

uncle [ˈʌŋkl] *n* (*brother of father, mother*) nagybácsi; (*old man*) bácsi || **U~ John** János bácsi

uncock [ʌnˈkɒk] *v* (*gun*) biztosít

uncomfortable [ʌnˈkʌmftəbl] *a* kényelmetlen

uncommon [ʌnˈkɒmən] *a* rendkívüli, kivételes, szokatlan

uncompromising [ʌnˈkɒmprəmaɪzɪŋ] *a* meg nem alkuvó

unconcealed [ʌnkənˈsiːld] *a* leplezetlen

unconcerned [ʌnkənˈsɜːnd] *a* (*indifferent*) közönyös; (*not involved*) semleges

unconditional [ʌnkən'dɪʃənl] *a* feltétlen, feltétel nélküli

unconscious [ʌn'kɒnʃəs] *a* öntudatlan, eszméletlen ‖ **be ~ of sg** nincs tudatában vmnek

unconsciousness [ʌn'kɒnʃəsnɪs] *n* eszméletlenség, önkívület

uncooperative [ʌnkəʊ'ɒpərətɪv] *a* nem segítőkész

uncork [ʌn'kɔːk] *v* ~ **a bottle** kihúzza a dugót az üvegből

uncouth [ʌn'kuːθ] *a* (*behaviour*) durva

uncover [ʌn'kʌvə] *v* kitakar; felfed; (*scandal*) leleplez

unctuous ['ʌŋktʃʊəs] *a* kenetteljes, kenetes

undaunted [ʌn'dɔːntɪd] *a* rettenthetetlen

undecided [ʌndɪ'saɪdɪd] *a* eldöntetlen

undeclared war [ʌndɪ'kleəd] *n* hadüzenet nélküli háború

undeniable [ʌndɪ'naɪəbl] *a* megcáfolhatatlan, tagadhatatlan

under ['ʌndə] **1.** *a* alsó **2.** *prep/adv* alatt(a), alá, alul, lenn ‖ **from ~** alulról; **see ~** l. ... alatt; **~ the circumstances** az adott körülmények között

underage [ʌndər'eɪdʒ] *a* law fiatalkorú, kiskorú

undercarriage ['ʌndəkærɪdʒ] *n* futómű

underclothes ['ʌndəkləʊðz] *n pl* (testi) fehérnemű, alsónemű

undercoat ['ʌndəkəʊt] *n* (*paint*) alapozófesték, alapozóréteg

undercover [ʌndə'kʌvə] *a* titkos ‖ **~ agent** beépített ügynök

undercurrent ['ʌndəkʌrənt] *n* rejtett/ellentétes áramlat

undercut [ʌndə'kʌt] **1.** *n* ~ **(of sirloin)** hátszínszelet **2.** *v* (*pt/pp* **undercut**) olcsóbb áron ad

underdeveloped [ʌndədɪ'veləpt] *a* (fejlődésben) elmaradt

underdog ['ʌndədɒg] *n* esélytelenebb fél

underdone [ʌndə'dʌn] *a* (*meat*) félig (át)sült ‖ **I want it ~** angolosan kérem

underestimate [ʌndər'estɪmeɪt] *v* alábecsül, lebecsül

underexposed [ʌndərɪk'spəʊzd] *a* alexponált

underfed [ʌndə'fed] *a* rosszul táplált, alultáplált

underfoot [ʌndə'fʊt] *adv* láb alatt, alul, lent ‖ **be/get ~** útban van, lábatlankodik

undergo [ʌndə'gəʊ] *v* (*pt* **underwent** [ʌndə'went], *pp* **undergone** [ʌndə'gʌn]) *fig* átél vmt, keresztülmegy vmn ‖ **~ an operation** aláveti magát egy műtétnek

undergone [ʌndə'gʌn] *pp* → **undergo**

undergraduate [ʌndə'grædjʊət] *n* (*of university*) (egyetemi) hallgató, egyetemista; (*of college*) főiskolás

underground ['ʌndəgraʊnd] **1.** *a* föld alatti **2.** *n* földalatti, metró

undergrowth ['ʌndəgrəʊθ] *n* bozót, haraszt, aljnövényzet

underhand [ʌndə'hænd] *a* (*business*) gyanús

underlie [ʌndə'laɪ] *v* (*pt* **underlay** [ʌndə'leɪ], *pp* **underlain** [ʌndə'leɪn]; *pres p* **underlying**) vmnek alapját alkotja

underline [ʌndə'laɪn] *v* aláhúz; (*emphasize*) aláhúz, hangsúlyoz underling ['ʌndəlɪŋ] *n* alantas, alárendeltje vknek

undermine [ʌndə'maɪn] *v also fig* aláás

underneath [ʌndə'niːθ] *adv/prep* alul, alatt; (*direction*) alá || **from ~** alulról

undernourished [ʌndə'nʌrɪʃt] *a* rosszul táplált, alultáplált

underpaid [ʌndə'peɪd] *a* rosszul fizetett; → **underpay**

underpants ['ʌndəpænts] *n pl GB* alsónadrág

underpass ['ʌndəpɑːs] *n* aluljáró

underpay [ʌndə'peɪ] *v* (*pt/pp* **underpaid** [ʌndə'peɪd]) rosszul fizet

underprice [ʌndə'praɪs] *v* leáraz

underprivileged [ʌndə'prɪvɪlɪdʒd] *a* hátrányos helyzetben levő

underrate [ʌndə'reɪt] *v* alábecsül, aláértékel

undersecretary [ʌndə'sekrətərɪ] *n* államtitkár

undershirt ['ʌndəʃɜːt] *n US* alsóing, trikó

undershorts ['ʌndəʃɔːts] *n pl US* alsónadrág

underside [ʌndə'saɪd] *n* alsó lap/rész

undersigned [ʌndə'saɪnd] *a/n* alulírott

underskirt ['ʌndəskɜːt] *n* alsószoknya

understand [ʌndə'stænd] *v* (*pt/pp* **understood** [ʌndə'stʊd]) (*comprehend*) (meg)ért; (*learn*) értesül || **give sy to ~** értésére ad vknek vmt; **I ~!** értem!; **I ~ he is in Paris** úgy értesültem/tudom, hogy Párizsban van; **make oneself understood** megérteti magát

understandable [ʌndə'stændəbl] *a* érthető

understanding [ʌndə'stændɪŋ] **1.** *a* megértő **2.** *n* ész, felfogás, megértés

understood [ʌndə'stʊd] *a* közismert, tudott; → **understand**

understudy ['ʌndəstʌdɪ] *n* helyettesítő/beugró színész(nő)

undertake [ʌndə'teɪk] *v* (*pt* **undertook** [ʌndətʊk], *pp* **undertaken** [ʌndə'teɪkən]) elvállal, felvállal, vmre vállalkozik || **~ (a piece of work)** (munkát) (el)vállal; **~ odd jobs** alkalmi munkát vállal

undertaker ['ʌndəteɪkə] *n* temetkezési vállalkozó

undertaking [ʌndə'teɪkɪŋ] *n* (*enterprise*) vállalkozás; (*promise*) kötelezettség

undertook [ʌndə'tʊk] *pt* → **undertake**

underwater ['ʌndəwɔːtə] **1.** *a* víz alatti **2.** *adv* víz alatt

underwear ['ʌndəweə] *n* fehérnemű, alsónemű

underwent [ʌndə'went] *pt* → **undergo**

underworld ['ʌndəwɜːld] *n* (*criminals*) alvilág

underwriter [ʌndə'raɪtə] *n* (*in insurance*) a biztosító fél

undesirable [ʌndɪ'zaɪərəbl] *a* nem kívánatos

undid [ʌn'dɪd] *pt* → **undo**

undies ['ʌndɪz] *n pl col* (női) fehérnemű/alsónemű

undisciplined [ʌn'dɪsɪplɪnd] *a* fegyelmezetlen

undisputed [ʌndɪ'spjuːtɪd] *a* vitathatatlan

undo [ʌn'duː] v (*pt* **undid** [ʌn'dɪd], *pp* **undone** [ʌn'dʌn]) (*unfasten*) kinyit, kibont; (*untie*) kiold; (*unstitch*) felfejt; (*reverse*) visszacsinál

undoing [ʌn'duːɪŋ] n **sy's** ~ vknek a veszte

undone [ʌn'dʌn] *pp* → **undo**

undoubted [ʌn'daʊtɪd] a kétségtelen

undoubtedly [ʌn'daʊtɪdlɪ] *adv* kétségkívül, tagadhatatlanul

undress [ʌn'dres] **1.** n **in** ~ negligésében **2.** vi (le)vetkőzik I vt levetkőztet

undue [ʌn'djuː] a (*excessive*) túlzott; (*improper*) helytelen

undulate ['ʌndjʊleɪt] v hullámzik

undulating ['ʌndjʊleɪtɪŋ] a hullámzó; (*countryside*) dimbes-dombos

unduly [ʌn'djuːlɪ] *adv* (*excessively*) túlzottan, túlságosan; (*impropely*) helytelenül, indokolatlanul

unearth [ʌn'ɜːθ] v kiás; *fig* kibányász, előkotor

unearthly [ʌn'ɜːθlɪ] a (*beauty*) földöntúli; (*hour*) lehetetlenül korai

uneasy [ʌn'iːzɪ] a (*worried*) nyugtalan; (*feeling*) kényelmetlen, kínos

uneconomic [ʌniːkə'nɒmɪk] a gazdaságtalan

unemployed [ʌnɪm'plɔɪd] a (*person*) munkanélküli II **the** ~ a munkanélküliek

unemployment [ʌnɪm'plɔɪmənt] n munkanélküliség; ~ **benefit** (*US* **compensation**) munkanélkülisegély

unenjoyable [ʌnɪn'dʒɔɪəbl] a élvezhetetlen

unequivocal [ʌnɪ'kwɪvəkl] a egyértelmű, világos

unerring [ʌn'ɜːrɪŋ] a tévedhetetlen

uneven [ʌn'iːvn] a (*road surface*) göröngyös, hepehupás; (*quality*) egyenetlen

unexpected [ʌnɪk'spektɪd] a váratlan

unexplained [ʌnɪk'spleɪnd] a rejtélyes, tisztázatlan

unfailing [ʌn'feɪlɪŋ] a (*endless*) kifogyhatatlan; (*sure*) csalhatatlan; biztos

unfair [ʌn'feə] a *comm* tisztességtelen, sportszerűtlen

unfaithful [ʌn'feɪθfl] a hűtlen (*to* vkhez)

unfamiliar [ʌnfə'mɪlɪə] a (*unknown*) idegen, ismeretlen; (*strange*) szokatlan

unfashionable [ʌn'fæʃənəbl] a divatjamúlt

unfasten [ʌn'fɑːsn] v (*belt*) leold, kiold, kikapcsol

unfavourable (*US* **-or-**) [ʌn'feɪvərəbl] a kedvezőtlen

unfeeling [ʌn'fiːlɪŋ] a (*hardhearted*) lelketlen; (*indifferent*) érzéketlen

unfinished [ʌn'fɪnɪʃt] a befejezetlen

unfit [ʌn'fɪt] a képtelen, alkalmatlan (*for* vmre); (*ill*) beteg

unflappable [ʌn'flæpəbl] a *col* rendíthetetlen nyugalmú

unfold [ʌn'fəʊld] vt kinyit;*fig* felfed I vi kibomlik

unforeseeable [ʌnfɔː'siːəbl] a előre nem látható

unforeseen [ʌnfɔː'siːn] a váratlan, előre nem látott

unforgettable [ʌnfə'getəbl] a feledhetetlen

unforgivable [ʌnfə'gıvəbl] *a* megbocsáthatatlan

unfortunate [ʌn'fɔːtʃənıt] *a* szerencsétlen, sajnálatra méltó

unfortunately [ʌn'fɔːtʃənətlı] *adv* sajnos

unfounded [ʌn'faʊndıd] *a* alaptalan

unfriendly [ʌn'frendlı] *a* barátságtalan

unfurnished [ʌn'fɜːnıʃt] *a* bútorozatlan

ungainly [ʌn'geınlı] *a* esetlen, idétlen, otromba

ungodly [ʌn'gɒdlı] *a* istentelen ‖ **at an ~ hour** lehetetlen időpontban

ungrateful [ʌn'greıtfəl] *a* hálátlan

unguarded [ʌn'gɑːdıd] *a* (*moment*) óvatlan

unhappy [ʌn'hæpı] *a* boldogtalan ‖ **~ with** (*arrangements etc*) elégedetlen vmvel

unharmed [ʌn'hɑːmd] *a* ép, sértetlen

unhealthy [ʌn'helθı] *a* egészségtelen; (*person*) beteges

unheard-of [ʌn'hɜːd əv] *a* soha nem hallott, hallatlan

unhinged [ʌn'hındʒd] *a* megzavarodott, meghibbant (elméjű)

unhook [ʌn'hʊk] *v* (*dress*) kikapcsol; (*from wall*) leakaszt

unhoped-for [ʌn'həʊpt fɔː] *a* nem remélt

unhurt [ʌn'hɜːt] **1.** *a* ép, sértetlen **2.** *adv* épen, sértetlenül

unidentified [ʌnaı'dentıfaıd] *a* ismeretlen ‖ **~ flying object** UFO, ufó

uniform ['juːnıfɔːm] **1.** *a* egyforma, egységes **2.** *n* egyenruha

uniformity [juːnı'fɔːmətı] *n* egyformaság

unify ['juːnıfaı] *v* egységesít

unilateral [juːnı'lætərəl] *a* egyoldalú

unimaginable [ʌnı'mædʒınəbl] *a* elképzelhetetlen

uninhabited [ʌnın'hæbıtıd] *a* lakatlan

unintelligible [ʌnın'telıdʒəbl] *a* értelmetlen, érthetetlen

unintentional [ʌnın'tenʃənl] *a* akaratlan, önkéntelen

union ['juːnıən] *n* (*uniting*) egyesítés; (*being united*) egyesülés; (*unity*) egység; (*association*) unió; (*trade ~*) szakszervezet ‖ **the U~ Jack** az angol zászló

unique [juː'niːk] *a* egyedülálló, páratlan ‖ **~ of its kind** páratlan a maga nemében

unisex ['juːnıseks] *a* uniszex

unison ['juːnısn] **1.** *a* egyszólamú **2.** *n* (*singing*) egyszólamú éneklés ‖ **in ~** *mus* egy szólamban, uniszónó; *fig* egyetértésben (*with* vkvel)

unit ['juːnıt] *n* (*measure*) egység; *mil* (*troop*) alakulat, egység

unite [juː'naıt] *vi* egyesül | *vt* egyesít; (*bones*) összeilleszt

united [juː'naıtıd] *a* egyesített, egyesült ‖ **the U~ Kingdom** az Egyesült Királyság; **the U~ Nations Organization, the U~ Nations** *sing. or pl* az Egyesült Nemzetek Szervezete, az ENSZ; **U~ States of America** *sing. or pl* Amerikai Egyesült Államok, az USA

unit furniture *n* elemes bútor

unity ['juːnətı] *n* egység, egységesség

universal [juːnı'vɜːsl] *a* egyetemes, univerzális

universality [juːnɪvɜːˈsælətɪ] *n* egyetemesség

universally [juːnɪˈvɜːslɪ] *adv* általánosan, egyetemesen

universe [ˈjuːnɪvɜːs] *n* világegyetem, univerzum

university [juːnɪˈvɜːsətɪ] *n* egyetem || ~ **degree** egyetemi végzettség

unjust [ʌnˈdʒʌst] *a* méltatlan, igazságtalan; (*claim*) jogtalan

unjustifiable [ʌndʒʌstɪˈfaɪəbl] *a* nem igazolható/menthető

unkempt [ʌnˈkempt] *a* ápolatlan, fésületlen, kócos

unkind [ʌnˈkaɪnd] *a* (*person*) nem kedves/szíves; (*fate*) mostoha

unknown [ʌnˈnəʊn] *a* ismeretlen

unlace [ʌnˈleɪs] *v* kifűz

unlawful [ʌnˈlɔːfl] *a* törvénytelen, törvényellenes

unleaded [ʌnˈledɪd] *a* ólommentes

unleash [ʌnˈliːʃ] *v* ~ **war** háborút kirobbant

unless [ənˈles] *conj* hacsak ... nem; kivéve, ha || ~ **I am (very much) mistaken** ha nem tévedek; ~ **something happens** hacsak valami közbe nem jön

unlicensed [ʌnˈlaɪsnst] *a* GB (*restaurant*) alkoholt nem árusító étterem

unlike [ʌnˈlaɪk] *a/prep* eltérő, más || **it's very ~ him...** ez egyáltalán nem jellemző rá

unlikely [ʌnˈlaɪklɪ] *a* (*not likely*) valószínűtlen || **he's ~ to come** nem valószínű, hogy eljön

unlimited [ʌnˈlɪmɪtɪd] *a* határtalan, korlátlan

unlined [ʌnˈlaɪnd] *a* béleletlen

unlisted [ʌnˈlɪstɪd] *a* US (*telephone number*) titkos

unload [ʌnˈləʊd] *vt* kirak | *vi* kirakodik

unlock [ʌnˈlɒk] *v* (*door*) kinyit

unlucky [ʌnˈlʌkɪ] *a* szerencsétlen; *col* peches; (*omen*) baljós

unmarried [ʌnˈmærɪd] *a* egyedül élő; (*woman only*) hajadon, (*man only*) nőtlen, egyedül élő

unmerciful [ʌnˈmɜːsɪfl] *a* könyörtelen, kíméletlen

unmistakable [ʌnmɪˈsteɪkəbl] *a* félreérthetetlen

unmitigated [ʌnˈmɪtɪgeɪtɪd] *a* teljes, abszolút || **an ~ scoundrel** hétpróbás gazember

unnatural [ʌnˈnætʃərəl] *a* természetellenes; (*affected*) mesterkélt, erőltetett

unnecessary [ʌnˈnesəsrɪ] *a* szükségtelen, felesleges

UNO [ˈjuːnəu] = **United Nations Organization**

unobserved [ʌnəbˈzɜːvd] *a/adv* észrevétlen(ül)

unobtainable [ʌnəbˈteɪnəbl] *a* beszerezhetetlen

unofficial [ʌnəˈfɪʃl] *a* félhivatalos, nem hivatalos

unopened [ʌnˈəʊpənd] *a* felbontatlan

unpack [ʌnˈpæk] *v* kicsomagol

unpalatable [ʌnˈpælətəbl] *a* (*food*) rossz ízű; (*fact, truth*) kellemetlen

unparalleled [ʌnˈpærəleld] *a* páratlan, hasonlíthatatlan

unpick [ʌnˈpɪk] *v* szétbont, felfejt

unpleasant [ʌnˈplezənt] *a* kellemetlen

unplug [ʌnˈplʌg] *v* -**gg**- falidugót kihúz

unpopular [ʌnˈpɒpjʊlə] *a* népszerűtlen

unpredictable [ʌnprɪ'dɪktəbl] *a* kiszámíthatatlan, előre meg nem mondható

unprepared [ʌnprɪ'peəd] *a* készületlen

unpretentious [ʌnprɪ'tenʃəs] *a* szerény, igénytelen

unqualified [ʌn'kwɒlɪfaɪd] *a* szakképzetlen, képesítés nélküli; (*success*) teljes

unravel [ʌn'rævl] *v* **-ll-** (*US* **-l-**) *also fig* kibogoz; megfejt || **be ~led** (*plot*) kibontakozik

unreadable [ʌn'riːdəbl] *a* élvezhetetlen, olvashatatlan

unreasonable [ʌn'riːzənəbl] *a* ésszerűtlen

unrelated [ʌnrɪ'leɪtɪd] *a* **be ~ to** (*event*) nincs összefüggésben vmvel; (*person*) nincs rokonságban vkvel

unrelenting [ʌnrɪ'lentɪŋ] *a* kérlelhetetlen, könyörtelen

unreliable [ʌnrɪ'laɪəbl] *a* megbízhatatlan, komolytalan

unremitting [ʌnrɪ'mɪtɪŋ] *a* szüntelen, lankadatlan

unrepentant [ʌnrɪ'pentənt] *a* dacos

unresolved [ʌnrɪ'zɒlvd] *a* megoldatlan

unrest [ʌn'rest] *n* (*discontent*) nyugtalanság; (*fighting*) zavargások

unroll [ʌn'rəʊl] *v* (*carpet*) kigöngyöl

unruly [ʌn'ruːlɪ] *a* (*child*) izgága, nehezen kezelhető; (*hair*) fésülhetetlen

unsafe [ʌn'seɪf] *a* nem biztonságos

unsaid [ʌn'sed] *a* ki nem mondott

unsatisfied [ʌn'sætɪsfaɪd] *a* kielégítetlen

unsavoury (*US* **-ory**) [ʌn'seɪvərɪ] *a* (*food*) rossz ízű; (*person, district*) rossz hírű

unscathed [ʌn'skeɪðd] *a* ép, sértetlen

unscrew [ʌn'skruː] *v* (*screw*) kicsavar; (*lid*) lecsavar; (*tap*) kinyit

unseen [ʌn'siːn] *a* (*unobserved*) látatlan; (*invisible*) láthatatlan

unsettled [ʌn'setld] *a* (*undecided*) kialakulatlan; (*unpaid*) rendezetlen, fizetetlen; (*weather*) bizonytalan, változékony

unsightly [ʌn'saɪtlɪ] *a* csúnya

unskilled [ʌn'skɪld] *a* (*untrained*) szakképzetlen; (*inexperienced*) járatlan (*in* vmben) || **~ worker** segédmunkás

unsold [ʌn'səʊld] *a* eladatlan

unspeakable [ʌn'spiːkəbl] *a* (*joy*) kimondhatatlan; (*crime*) szörnyű

unstable [ʌn'steɪbl] *a* ingatag, labilis, bizonytalan

unsteady [ʌn'stedɪ] *a* labilis, ingatag, nem állandó

unstuck [ʌn'stʌk] *a* **come ~** leválik, lejön; *fig* kútba esik

unsuccessful [ʌnsək'sesfl] *a* sikertelen

unsuitable [ʌn'suːtəbl] *a* nem megfelelő; (*person*) alkalmatlan (*for* vmre)

unsurpassable [ʌnsə'pɑːsəbl] *a* felülmúlhatatlan

unsuspecting [ʌnsə'spektɪŋ] *a* gyanútlan

untangle [ʌn'tæŋgl] *v* (*mystery*) kibogoz; (*hair*) kifésül

unthinkable [ʌn'θɪŋkəbl] *a* elképzelhetetlen

untidy [ʌn'taɪdɪ] *a* rendetlen
untie [ʌn'taɪ] *v* (*pres p* **untying**) kibont
until [ən'tɪl] **1.** *prep* (*time*) -ig ‖ ~ **5 o'clock** 5 óráig **2.** *conj* addig, amíg; **not** ~ mindaddig nem, amíg
untimely [ʌn'taɪmlɪ] *a* korai, idő előtti
untold [ʌn'təʊld] *a* elmondatlan; (*suffering*) leírhatatlan; (*wealth*) mérhetetlen
untouched [ʌn'tʌtʃt] *a* érintetlen
untoward [ʌntə'wɔːd] *a* kellemetlen, kínos
untrue [ʌn'truː] *a* nem igaz, valótlan
untrustworthy [ʌn'trʌstwɜːðɪ] *a* megbízhatatlan
unused [ʌn'juːzd] *a* használatlan
unusual [ʌn'juːʒʊəl] *a* különös, szokatlan
unutterable [ʌn'ʌtərəbl] *a* kimondhatatlan
unveil [ʌn'veɪl] *v* (*statue*) leleplez
unwanted [ʌn'wɒntɪd] *a* nem kívánatos
unwashed [ʌn'wɒʃt] *a* (*person*) mosdatlan; (*clothes*) mosatlan
unwavering [ʌn'weɪvərɪŋ] *a* megingathatatlan
unwell [ʌn'wel] *a* **be/feel** ~ nem érzi jól magát, nincs jól
unwieldy [ʌn'wiːldɪ] *a* otromba
unwilling [ʌn'wɪlɪŋ] *a* vonakodó ‖ **be** ~ **to do sg** nem akar vmt tenni, vmtől húzódozik
unwillingly [ʌn'wɪlɪŋlɪ] *adv* kelletlenül, vonakodva
unwind [ʌn'waɪnd] *v* (*pt/pp* **unwound** [ʌn'waʊnd]) *vt* letekercsel | *vi* legombolyodik; (*relax*) kikapcsolódik

unwise [ʌn'waɪz] *a* esztelen
unwitting [ʌn'wɪtɪŋ] *a/adv* szándékolatlan, akaratlan
unworthy [ʌn'wɜːðɪ] *a* (*person*) méltatlan (*of* vmre)
unwound [ʌn'waʊnd] *pt/pp* → **unwind**
unwrap [ʌn'ræp] *v* **-pp-** kicsomagol, kibont
unwritten [ʌn'rɪtn] *a* íratlan
unzip [ʌn'zɪp] *v* **-pp-** cipzárját kinyitja/lehúzza (vmnek), kicipzároz
up [ʌp] **1.** *a* felfelé haladó ‖ **the** ~ **train** a főváros felé menő vonat **2.** *adv* fenn, fent; (*direction*) fel, felfelé ‖ **be** ~ fenn van; **be** ~ **and about** (*patient*) már fenn van, kijár; ~ **and down** fel és alá, lefel; ~ **there** odafenn, ott fenn/fent; ~ **to this day** (mind) a mai napig; **what's** ~? *col* (na) mi az?, mi baj?; **it's** ~ **to him** ez tőle függ **3.** *n* ~**s and downs** az élet viszontagságai
up-and-coming *a* col (*person*) sikeres
upbringing ['ʌpbrɪŋɪŋ] *n* neveltetés
update [ʌp'deɪt] *v* korszerűsít, naprakész állapotba hoz
upgrade [ʌp'greɪd] *v* (*soil*) feljavít; (*person*) előléptet
upheaval [ʌp'hiːvl] *n* forrongás, kavarodás
upheld [ʌp'held] *pt/pp* → **uphold**
uphill [ʌp'hɪl] **1.** *a* (*sloping upward*) felfelé haladó; (*difficult*) nehéz **2.** *adv* hegynek fel, lejtőn felfelé, hegymenetben
uphold [ʌp'həʊld] *v* (*pt/pp* **upheld** [ʌp'held]) (*decision*) fenntart, megerősít, jóváhagy

upholstery [ʌp'həʊlstərɪ] *n* (*trade*) kárpitozás; (*cover*) kárpit; üléshuzat, bútorhuzat

upkeep ['ʌpkiːp] *n* üzemeltetési költségek

upon [ə'pɒn] *prep* -on, -en, -ön, -n; (*direction*) -ra, -re ‖ **once ~ a time** egyszer volt, hol nem volt

upper ['ʌpə] *a* felső ‖ **get the ~ hand over sy** fölébe kerekedik vknek; **~ arm** felsőkar; **the U~ Chamber/House** a felsőház; **the ~ crust** a felső tízezer; → **uppers**

uppermost ['ʌpəməʊst] *a* legfelső, legmagasabb

uppers ['ʌpəz] *n pl* (cipő)felsőrész

uppish ['ʌpɪʃ] *a* fölényes, fennhéjázó

upright ['ʌpraɪt] **1.** *a* függőleges, egyenes; (*honest*) tisztességes, becsületes ‖ **~ (piano)** pianínó **2.** *adv* egyenesen; felfelé

uprising ['ʌpraɪzɪŋ] *n* (nép)felkelés

uproar ['ʌprɔː] *n* kavarodás, felfordulás

uproot [ʌp'ruːt] *v* gyökerestől kitép

upset 1. [ʌp'set] (*person*) feldúlt, zaklatott ‖ **easily ~** sértődős, érzékeny; **have an ~ stomach** gyomorrontása van **2.** [ʌp'set] *v* (*pt/pp* **upset; -tt-**) (*knock over*) felborít, felforgat; (*excite*) felkavar, felzaklat; (*disturb*) felborít ‖ **~ one's stomach** felkavarja/elrontja a gyomrát, émelyít; **~ sy's plans** keresztülhúzza vk számításait **3.** ['ʌpset] *n* (*excitement*) felfordulás, izgalom; (*indigestion*) gyomorrontás

upshot ['ʌpʃɒt] *n* következmény, eredmény

upside-down [ʌpsaɪd'daʊn] *adv* fejjel lefelé; *fig* összevissza

upstairs [ʌp'steəz] **1.** *a* emeleti, fenti **2.** *adv* (fenn) az emeleten, (oda)fent; (*go*) fel az emeletre

upstart ['ʌpstɑːt] *n* parvenü

upstream [ʌp'striːm] *adv* folyón felfelé

upsy-daisy [ʌpsɪ'deɪzɪ] *int* (*for child*) hoppá

uptake ['ʌpteɪk] *n* értelem, felfogás ‖ **quick/slow on the ~** gyors/lassú felfogású

uptight [ʌp'taɪt] *a* feszült, ideges

up-to-date *a* mai, korszerű, modern ‖ **bring sg up to date** *col* naprakész állapotba hoz, korszerűsít, modernizál

upturn ['ʌptɜːn] *n* fellendülés

upward ['ʌpwəd] **1.** *a* felfelé irányuló ‖ **~ tendency** emelkedő irányzat **2.** *adv* felfelé

upwards ['ʌpwədz] *adv* felfelé

uranium [jʊ'reɪnɪəm] *n* urán

urban ['ɜːbən] *a* városi, városias

urbane [ɜː'beɪn] *a* udvarias, finom modorú

urbanization [ɜːbənaɪ'zeɪʃn] *n* elvárosiasodás, urbanizáció

urchin ['ɜːtʃɪn] *n* csibész

urge [ɜːdʒ] **1.** *n* belső kényszer/késztetés **2.** *v* **~ sy to do sg** ösztönöz/sarkall vkt vmre

urgency ['ɜːdʒənsɪ] *n* sürgősség

urgent ['ɜːdʒənt] *a* (*letter*) sürgős; (*tone*) sürgető ‖ **~ need** égető szükség

urinate ['jʊərɪneɪt] *v* vizel

urine ['jʊərɪn] *n* vizelet ‖ **pass ~** vizel

urn [ɜːn] *n* (*for ashes*) urna; (*voting*) szavazás

urology [juˈrɒlədʒɪ] *n* urológia

us [əs, ʌs] *pron* (*accusative*) minket; bennünket; (*dative*) nekünk; *col* (*we*) mi || **to ~** hozzánk; **with ~** velünk; (*at home*) nálunk

US [ju ˈes] = *United States* (*of America*) az Egyesült Államok

USA¹ [juː es ˈeɪ] = **United States of America**

USA² [juː es ˈeɪ] = *United States Army* az USA hadserege

usable [ˈjuːzəbl] *a* (fel)használható

USAF [juː es ˈeɪ ef] = *United States Air Force* az USA légiereje

usage [ˈjuːsɪdʒ] *n* használat; (*of language*) nyelvhasználat, szóhasználat

use 1. [juːs] *n* (*employment*) felhasználás, használat; (*usefulness*) haszon, hasznosság || **be of no ~** hasznavehetetlen; **be of ~** hasznos, vm vknek használ; **what's the ~ of it?** mire való ez?; **what's the ~ of...?** mi értelme van (annak)?; **it's no ~ talking to him** neki ugyan beszélhetsz **2.** [juːz] *v* (fel)használ || **~ sg for/as sg** vmely célra felhasznál vmt; **what is it ~d for?** mire való?; → **used²; used to**

use up (*utilize*) felhasznál; (*consume*) elhasznál, felél

useable [ˈjuːzəbl] *a* (fel)használható

used¹ [juːzd] *a* (*car*) használt

used² [juːst] *a* vmhez hozzászokott || **be ~ to sg** hozzá van szokva; **get ~ to sg** hozzászokik vmhez, megszokik vmt

used to [ˈjuːst tə] (*auxiliary verb*) **there ~ be a house here** azelőtt

volt itt egy ház; **it ~ be ...** régente szokás volt ...

useful [ˈjuːsfl] *a* hasznos || **be ~ for sy** használ vknek

usefulness [ˈjuːsfəlnɪs] *n* hasznosság

useless [ˈjuːslɪs] *a* hasznavehetetlen, haszontalan

user [ˈjuːzə] *n* használó, felhasználó || **~s instructions** használati utasítás

user-friendly *a comput* felhasználóbarát

usher [ˈʌʃə] **1.** *n theat* jegyszedő **2.** *v* betessékel, bevezet

usherette [ʌʃəˈret] *n theat* jegyszedőnő

USN [juː es ˈen] = *United States Navy* az USA haditengerészete

USS [juː es ˈes] = *United States Ship* az USA hadihajója

USSR [juː es es ˈɑː] *n* **the ~** *hist* a SZU

usual [ˈjuːʒʊəl] *a* szokásos || **as ~** a szokásos módon

usually [ˈjuːʒʊəlɪ] *adv* rendszerint, szokás szerint || **he ~ comes this way** erre szokott jönni

usurp [juːˈzɜːp] *v* bitorol

usury [ˈjuːʒərɪ] *n* uzsora

utensil [juːˈtensl] *n* (háztartási) eszköz || **kitchen ~s** konyhaedények

uterus [ˈjuːtərəs] *n* (*pl* **-ruses**) *med* (anya)méh

utility [juːˈtɪlətɪ] *n* hasznosság, használhatóság || **public ~ company** közmű, szolgáltató vállalat

utilization [juːtɪlaɪˈzeɪʃn] *n* felhasználás

utilize [ˈjuːtɪlaɪz] *v* felhasznál, hasznosít

utmost ['ʌtməʊst] *a/n* (*furthest*) (leg)végső; (*greatest*) a lehető legnagyobb ‖ **do one's** ~ mindent elkövet, minden tőle telhetőt megtesz; **to the** ~ a végsőkig

utter[1] ['ʌtə] *a* (*complete*) teljes, tökéletes; (*total*) végső ‖ **in** ~ **despair** végső kétségbeesésében

utter[2] ['ʌtə] *v* (*word*) kimond ‖ **doesn't** ~ **a sound/word** egy kukkot sem szól, mélységesen hallgat

utterance ['ʌtərəns] *n* (*in words*) megnyilatkozás

utterly ['ʌtəlɪ] *adv col* teljesen; tisztára

U-turn ['juː tɜːn] *n* **make a** ~ (*car*) megfordul; **no** ~**s** megfordulni tilos!

V

v = **versus**

vacancy ['veɪkənsɪ] *n* (*job*) álláskínálat; (*room*) szabad szoba ‖ **no vacancies** nincs üres/kiadó szoba

vacant ['veɪkənt] *a* (*empty*) üres; (*unoccupied*) szabad; (*to be let*) kiadó; szabad ‖ ~ **look** kifejezéstelen arc; ~ **lot** *US* beépítetlen telek

vacate [veɪ'keɪt] *v* (*room*) kiürít ‖ ~ **the room** (*in hotel*) elhagyja a szobát

vacation [və'keɪʃn] *n* *school US* (nyári) szünet, vakáció; (*of worker*) szabadság

vacationist [və'keɪʃnɪst] *n* nyaraló, üdülő, vakációzó

vaccinate ['væksɪneɪt] *v* *med* beolt

vaccination [væksɪ'neɪʃn] *n* (védő)-oltás

vaccine ['væksiːn] *n* *med* oltóanyag, vakcina

vacillate ['væsɪleɪt] *v* tétovázik, ingadozik, meginog

vacuum ['vækjʊəm] **1.** *n* légüres tér, vákuum ‖ ~ **bottle** *US* termosz; ~ **cleaner** porszívó; ~ **flask** termosz **2.** *v* (ki)porszívóz

vacuum-packed ['vækjʊəmpækt] *a* vakuumcsomagolású

vagary ['veɪgərɪ] *n* szeszély, hóbort

vagina [və'dʒaɪnə] *n* hüvely, vagina

vagrant ['veɪgrənt] *n* csavargó

vague [veɪg] *a* (*idea*) bizonytalan, ködös; (*person*) szórakozott

vaguely ['veɪglɪ] *adv* határozatlanul, bizonytalanul

vain [veɪn] *a* (*person*) hiú; (*attempt*) hasztalan, hiábavaló ‖ **in** ~ hiába

valentine ['væləntaɪn] *n* (*card*) Bálint napi üdvözlet

valet ['vælɪt] *n* komornyik

valiant ['vælɪənt] *a* bátor

valid ['vælɪd] *a* érvényes; (*law*) hatályos; (*argument*) elfogadható ‖ ~ **until further notice** visszavonásig érvényes

validate ['vælɪdeɪt] *v* (*document*) érvényesít

validity [və'lɪdətɪ] *n* érvényesség

valley ['vælɪ] *n* völgy

valour (*US* **-or**) ['vælə] *n* vitézség

valuable ['væljʊəbl] **1.** *a* (*jewel*) értékes; (*time*) drága **2.** *n* ~**s** *pl* értéktárgyak

value ['væljuː] **1.** *n* érték ‖ **of no** ~ értéktelen **2.** *v* (*fix price*) értékel;

(*estimate*) megbecsül, méltányol || ~ **added tax (VAT)** általános forgalmi adó, ÁFA, értéktöbbletadó
valued ['vælju:d] *a* értékes, becses
valueless ['vælju:lɪs] *a* értéktelen, hitvány
valve [vælv] *n* (*in engine*) szelep; (*in heart*) (szív)billentyű; (*in radio*) elektroncső
vamp [væmp] *n* (*woman*) csábító, démon
van [væn] *n* (zárt) teherautó; *railw* (zárt) tehervagon
vandal ['vændl] *a/n* vandál
vandalism ['vændəlɪzəm] *n* vandalizmus || **piece of** ~ vandál pusztítás/rombolás
vanguard ['vænɡɑ:d] *n* élvonal, élgárda || **in the** ~ a csapat élén
vanilla [və'nɪlə] *n* vanília
vanish ['vænɪʃ] *v* (*hope*) szertefoszlik, eltűnik
vanity ['vænətɪ] *n* hiúság || ~ **bag/ case** piperetáska
vanquish ['væŋkwɪʃ] *v* (*enemy*) legyőz, (meg)hódít
vantage ['vɑ:ntɪdʒ] *n* előny || ~ **point** jó kilátást nyújtó pont; *fig* előnyös helyzet, helyzeti előny
vaporize ['veɪpəraɪz] *vi* elpárolog | *vt* elpárologtat
vapour (*US* **-or**) ['veɪpə] *n* gőz, pára
variable ['veərɪəbl] *a/n* változó
variance ['veərɪəns] *n* különbség || **be at** ~ nézeteltérése van vkvel
variant ['veərɪənt] *n* változat, variáns
variation [veərɪ'eɪʃn] *n* (*varying*) változás; *mus* változat, variáció; *math* variáció

varicose veins ['værɪkəʊs] *n pl col* visszértágulat || **have** ~ visszeres a lába, *col* visszere van
varied ['veərɪd] *a* változatos, tarka
variety [və'raɪətɪ] *n* (*sort*) fajta; (*diversity*) változatosság || ~ **show** varietéműsor, revü
various ['veərɪəs] *a* különböző, különféle
varnished ['vɑ:nɪʃt] *a* fényezett, politúrozott
vary ['veərɪ] *v* változik; (*price*) ingadozik; (*differ*) eltér, különbözik || ~ **from ... to ...** (*between limits*) váltakozik
vase [vɑ:z] *n* váza
vast [vɑ:st] *a* kiterjedt, mérhetetlen; (*amount*) hatalmas
vastly ['vɑ:stlɪ] *adv* mérhetetlenül
vat [væt] *n* erjesztőkád
VAT [væt] = **value added tax**
vaudeville ['vɔ:dəvɪl] *n US* varieté(színház)
vault [vɔ:lt] **1.** *n* (*arch*) boltív, boltozat; (*in bank*) páncélterem; (*leap*) ugrás **2.** *v* ~ **(over)** átugrik
vaulted ['vɔ:ltɪd] *a* boltíves, bolthajtásos
vaulting horse ['vɔ:ltɪŋ] *n* (*for gymnastics*) bak
vaunt [vɔ:nt] henceg; büszkélkedik vmvel
vaunted ['vɔ:ntɪd] *a* feldicsért, magasztalt || **much-**~ agyondicsért
V-belt *n* ékszíj
VCR [vi: si: 'ɑ:] = **video cassette recorder**
VD [vi: 'di:] = **venereal disease**
VDU [vi: di: 'ju:] = **visual display unit**
've [-v] = **have**

veal [viːl] *n* borjúhús || ~ **cutlet/ escalope** natúrszelet; ~ **fillet** borjúszelet

veer [vɪə] *v* (el)kanyarodik || ~ **back** visszakanyarodik; ~ **round** megfordul

vegetable ['vedʒtəbl] **1.** *a* (*of dish*) zöldség-; (*of plant*) növényi || ~ **oil** növényi olaj **2.** *n* ~**s** *pl* zöldségfélék; főzelékfélék

vegetarian [vedʒɪ'teərɪən] *a/n* vegetáriánus

vegetate ['vedʒɪteɪt] *v* (*plant*) tenyészik; (*person*) vegetál

vegetation [vedʒɪ'teɪʃn] *n* növényzet, vegetáció

vehemence ['viːəməns] *n* (*of person, character*) hevesség

vehement ['viːəmənt] *a* vehemens

vehicle ['viːɪkl] *n* jármű || **motor** ~ gépjármű, gépkocsi; ~ **licence** (*US* **-se**) forgalmi engedély

veil [veɪl] *n* fátyol

vein [veɪn] *n biol* véna, gyűjtőér; visszér; (*of ore*) telér; (*mood*) hajlam, véna

velcro ['velkrəʊ] *n* tépőzár

velocity [vɪ'lɒsətɪ] *n* sebesség

velour(s) [və'lʊə] *n* (*fabric*) velúr

velvet ['velvɪt] *n* bársony

vendetta [ven'detə] *n* vérbosszú

vending machine ['vendɪŋ] *n* (*of cigarette, food*) automata

vendor ['vendə] *n* (utcai) árus

veneer [vɪ'nɪə] *n* furnér

venerable ['venərəbl] *a* (*aged*) tiszteletre méltó

venereal disease [vɪnɪərəl dɪ'ziːz] *n* nemi betegség

Venetian [vɪniːʃn] *a* velencei; ~ **blind** ablakredőny, *approx* reluxa

vengeance ['vendʒəns] *n* bosszú || **take** ~ **(up)on sy for sg** bosszút áll vkn vmért

vengeful ['vendʒfl] *a* bosszúálló

Venice ['venɪs] *n* Velence

venison ['venɪzn] *n* (*of deer*) őzhús; vadhús, vadpecsenye

venom ['venəm] *n* (kígyó)méreg

venomous ['venəməs] *a* (*snake*) mérges; *fig* (*tone*) epés, dühös

vent [vent] **1.** *n* szellőztetőnyílás; (*in coat*) hasíték || **give** ~ **to one's rage** kiadja a mérgét **2.** *v* (*one's feelings*) szabadjára enged

ventilate ['ventɪleɪt] *v* kiszellőztet

ventilation [ventɪ'leɪʃn] *n* szellőzés

ventilator ['ventɪleɪtə] *n* szellőztetőkészülék, ventilátor

ventriloquist [ven'trɪləkwɪst] *n* hasbeszélő

venture ['ventʃə] **1.** *n* (kockázatos) vállalkozás **2.** *v* (*risk*) megkockáztat || **nothing** ~, **nothing gain/ win** aki mer, az nyer; próba szerencse

venue ['venjuː] *n* (*of meeting, contest*) helyszín

veranda(h) [və'rændə] *n* tornác, veranda

verb [vɜːb] *n gram* ige

verbal ['vɜːbl] *a* (*of verb*) igei; (*of words*) szóbeli

verbally ['vɜːbəlɪ] *adv* (*in spoken words*) élőszóban

verbatim [vɜː'beɪtɪm] **1.** *a* szó szerinti **2.** *adv* szó szerint

verbose [vɜː'bəʊs] *a* szószátyár

verdict ['vɜːdɪkt] *n* ítélet

verge [vɜːdʒ] **1.** *n* (*edge*) szél; *fig* (*border*) határ || **on the** ~ **of sg** vmnek a szélén/határán 2. *v* ~ **on sg** vmnek a határán mozog, vmvel határos

verification [verɪfɪ'keɪʃn] *n* (*proof*) igazolás; hitelesítés; (*check*) öszszeegyeztetés

verify ['verɪfaɪ] *v* ellenőriz; (*statement*) igazol, hitelesít; (*accounts*) összeegyeztet

veritable ['verɪtəbl] *a* valóságos, igaz

vermilion [və'mɪlɪən] *a* élénkpiros, cinóberpiros

vermin ['vɜːmɪn] *n pl* kártevők; (*insects*) férgek

vermouth ['vɜːməθ] *n* vermut

vernacular [və'nækjʊlə] 1. *a* anyanyelvi 2. *n* anyanyelv

versatile ['vɜːsətaɪl] *a* sokoldalú

verse [vɜːs] *n* (*poetry*) vers; költemény; (*stanza*) versszak ‖ **in** ~ versben

versed [vɜːst] *a* (**well** ~) járatos, verzátus (*in sg* vmben)

versify ['vɜːsɪfaɪ] *v* versel

version ['vɜːʃn] *n* változat, verzió; (*of car*) modell

verso ['vɜːsəʊ] *n* (*pl* **-sos**) (*of book*) bal/páros oldal; (*of coin*) hátlap

versus ['vɜːsəs] *prep* ellen, kontra

vertebra ['vɜːtɪbrə] *n* (*pl* **-brae** [-briː]) (hát)csigolya ‖ **the vertebrae** *a* hátgerinc

vertebral column ['vɜːtɪbrəl] *n* gerincoszlop

vertebrate ['vɜːtɪbrət] *a/n biol* gerinces

vertical ['vɜːtɪkl] *a* függőleges

vertigo ['vɜːtɪɡəʊ] *n* szédülés

verve [vɜːv] *n* lendület

very ['verɪ] *adv/a* (*extremely*) nagyon; (*itself*) maga a... ‖ ~ **much so** nagyon is; ~ **soon** rövidesen; ~ **well** (nagyon) helyes!; **the** ~ **idea** maga a gondolat; **this** ~ **afternoon** még ma délután; **at the** ~ **back of sg** leghátul; **at the** ~ **best** a legjobb esetben; **the** ~ **same** egy és ugyanaz, pontosan ugyanaz

vespers ['vespəz] *n pl* vecsernye

vessel ['vesl] *n* (*ship*) hajó; (*bowl*) edény

vest [vest] 1. *n GB* (*undergarment*) trikó, atlétatrikó; *US* (*waistcoat*) mellény 2. *v* felruház (*with* vmvel); ráruház (*in* vmt)

vestibule ['vestɪbjuːl] *n* (*hall*) előcsarnok; (*of house*) előszoba

vestige ['vestɪdʒ] *n* (*trace*) nyom; (*remainder*) maradvány; (*rudiment*) csökevény

vestry ['vestrɪ] *a* (*office*) lelkészi hivatal; (*for vestment*) sekrestye

vet [vet] 1. *n col* állatorvos 2. *v* **-tt-** (*check*) ellenőriz; (*person*) átvilágít

veteran ['vetərən] *n* veterán ‖ ~ **car** (*of the years before 1916*) veterán autó

veterinarian [vetərɪ'neərɪən] *n US* állatorvos

veterinary ['vetrɪnrɪ] *a* állatorvosi ‖ ~ **surgeon** állatorvos

veto ['viːtəʊ] 1. *n* (*pl* **vetoes**) vétó 2. *v* (*pt/pp* **vetoed;** *pres p* **vetoing**) megvétóz

vex [veks] *v* vm vkt bosszant, ingerel ‖ **be** ~**ed with sg** vm miatt bosszankodik

vexation [vek'seɪʃn] *n* bosszúság, méreg

via [vaɪə] *prep* (*travelling*) ...-n át/ keresztül ǁ ~ **Vienna** Bécsen keresztül
viable ['vaɪəbl] *a* (*plant*) életképes; *also fig* (*way*) járható; (*plan*) megvalósítható
viaduct ['vaɪədʌkt] *n* viadukt
vial [vaɪəl] *n* fiola
vibrant ['vaɪbrənt] *a* rezgő, vibráló
vibrate [vaɪ'breɪt] *v* rezeg, vibrál
vibration [vaɪ'breɪʃn] *n* rezgés
vicar ['vɪkə] *n* (*clergyman*) (anglikán) lelkész, vikárius; (*parson*) plébános
vicarage ['vɪkərɪdʒ] *n* lelkészlakás, parókia, paplak
vice[1] [vaɪs] *n* (*evil*) bűn, vétek
vice[2] (*US* **vise**) [vaɪs] *n tech* satu
vice- [vaɪs-] *pref* al-
vice-admiral *n* altengernagy
vice versa [vaɪsə 'vɜːsə] *adv* és viszont
vicinity [vɪ'sɪnətɪ] *n* szomszédság ǁ **in the** ~ a közelben
vicious ['vɪʃəs] *a* (*remark*) rosszindulatú; (*attack*) brutális ǁ **a** ~ **circle** circulus vitiosus, ördögi kör
vicissitude [vaɪ'sɪsətjuːd] *n* viszontagság
victim ['vɪktɪm] *n* áldozat ǁ **fall a** ~ **to sg** áldozatul esik vmnek
victimize ['vɪktɪmaɪz] *v* feláldoz; (*after strike*) megtorlást gyakorol
victor ['vɪktə] *n* győztes, győző
Victorian [vɪk'tɔːrɪən] *a* viktoriánus; Viktória korabeli
victorious [vɪk'tɔːrɪəs] *a* győztes
victory ['vɪktərɪ] *n* győzelem ǁ **gain a** ~ győzelmet arat
video ['vɪdɪəʊ] **1.** *n* (*pl* **videos**) (*system*) videó; (*act*) videózás;

(*cassette*) videokazetta; (*recorder*) videó, videomagnó; (*recording*) videofelvétel **2.** *v* (*pt/pp* **videoed**; *pres p* **videoing**) videóra felvesz vmt, videózik
video camera *n* videokamera
video cassette *n* videokazetta
video (cassette) recorder *n* videomagnó, videó
videoclip ['vɪdɪəʊklɪp] *n* videoklip
videodisc ['vɪdɪəʊdɪsk] *n* videolemez
video game *n* videojáték
videotape ['vɪdɪəʊteɪp] *n* videoszalag
videotext ['vɪdɪəʊtekst] *n* videotex(t), képújság
videotheque ['vɪdɪəʊtek] *n* videotéka, videokölcsönző
vie [vaɪ] *v* (*pres p* **vying** ['vaɪɪŋ]) verseng (*with sy* vkvel)
Vienna [vɪ'enə] *n* Bécs
Viennese [vɪə'niːz] *a/n* bécsi
view [vjuː] **1.** *n* (*sight*) látvány, kilátás; (*landscape*) látkép, tájkép; (*opinion*) vélemény ǁ **give one's** ~**s** kifejti nézeteit; **in my** ~ véleményem szerint; **in** ~ **of** tekintetbe véve, tekintettel ...-ra, -re; **on** ~ megtekinthető; **with a** ~ **to** abból a célból, hogy... **2.** *v* (meg)néz, megtekint
viewdata ['vjuːdeɪtə] *n* videotext, képújság
viewer ['vjuːə] *n* (*person*) (tévé)néző; (*apparatus for slides*) dianéző (készülék)
viewfinder ['vjuːfaɪndə] *n photo* kereső
viewpoint ['vjuːpɔɪnt] *n* szempont, álláspont
vigil ['vɪdʒɪl] *n* virrasztás, vigília

vigilance ['vɪdʒɪləns] *n* éberség
vigilant ['vɪdʒɪlənt] *a* éber
vigorous ['vɪgərəs] *a* viruló, élete-rős; (*protest*) élénk, heves
vigour (*US* -**or**) ['vɪgə] *n* életerő, energia; (*of protest*) hevesség
vile [vaɪl] *a* (*person*) alávaló, aljas; (*weather*) pocsék
villa ['vɪlə] *n* nyaraló, villa
village ['vɪlɪdʒ] *n* falu, község
villager ['vɪlɪdʒə] *n* falubeli, falusi
villain ['vɪlən] *n* gazember, gazfic-kó
vindicate ['vɪndɪkeɪt] *v* (*justify*) iga-zol; (*uphold*) megvéd
vindictive [vɪn'dɪktɪv] *a* bosszúálló, haragtartó
vine [vaɪn] *n* szőlőtő(ke), szőlő; (*climbing plant*) kúszónövény
vinegar ['vɪnɪgə] *n* ecet
vine-grower *n* szőlősgazda
vine-stock *n* szőlőtőke, szőlőtő
vineyard ['vɪnjəd] *n* szőlő(hegy)
vintage ['vɪntɪdʒ] *n* (*harvesting*) (szőlő)szüret; (*wine*) bortermés; (*year*) évjárat ‖ ~ **wine** márkás bor; ~ **year** jó bortermésű év
vinyl ['vaɪnɪl] *n* pévécé, PVC
viola [vɪ'əʊlə] *n* brácsa
violate ['vaɪəleɪt] *v* (*law*) (meg)sért, megszeg; (*woman*) megerőszakol
violation [vaɪə'leɪʃn] *n* ~ **of (a) contract** szerződésszegés; ~ **of the law** törvénysértés
violence ['vaɪələns] *n* (*brutality*) erőszak; (*force*) hevesség ‖ **use** ~ erőszakoskodik
violent ['vaɪələnt] *a* (*forceful*) erő-szakos; (*vehement*) heves
violet ['vaɪələt] **1.** *a* ibolyaszínű **2.** *n* (*plant*) ibolya; (*colour*) ibolya-szín

violin [vaɪə'lɪn] *n* hegedű ‖ **play the** ~ hegedül
violinist [vaɪə'lɪnɪst] *n* hegedűmű-vész, hegedűs
violoncellist [vaɪələn'tʃelɪst] *n* gor-donkaművész, csellista
violoncello [vaɪələn'tʃeləʊ] *n* csel-ló, gordonka
VIP [vi: aɪ 'pi:] *n* = *very important person* fontos személyiség
viper ['vaɪpə] *n* vipera
VIP lounge *n aviat* kormányváró, VIP-váró
viral ['vaɪərəl] *a* vírusos
virgin ['vɜ:dʒɪn] *a* szűz ‖ ~ **forest** őserdő
virginity [və'dʒɪnətɪ] *n* szüzesség
virile ['vɪraɪl] *a* férfias
virility [vɪ'rɪlətɪ] *n* férfiasság
virtual ['vɜ:tʃʊəl] *a* tényleges, tulaj-donképpeni
virtue ['vɜ:tʃu:] *n* erény ‖ **by** ~ **of** azon a jogcímen
virtuosity [vɜ:tʃʊ'ɒsətɪ] *n* bravúr
virtuous ['vɜ:tʃʊəs] *a* erényes, er-kölcsös
virulent ['vɪrʊlənt] *a* (*poison*) erős, halálos
virus ['vaɪrəs] *n* (*pl* ~**es**) vírus
visa ['vi:zə] *n* vízum ‖ **apply for a** ~ vízumot kér
vis-à-vis [vi:zə'vi:] *a* szemközti
viscount ['vaɪkaʊnt] *n* (*rank*) vicomte
vise [vaɪs] *n US* = **vice**[2]
visibility [vɪzə'bɪlətɪ] *n* látási viszo-nyok *pl*
visible ['vɪzəbl] *a* látható
visibly ['vɪzəblɪ] *adv* szemmel látha-tólag
vision ['vɪʒn] *n* (*power of sight*) látás; (*dream, imagination*) láto-

más, vízió ‖ **man of** ~ nagy koncepciójú ember

visit ['vɪzɪt] **1.** *n* látogatás, vizit ‖ **pay a** ~ **(to sy), pay sy a** ~ vkhez ellátogat, vkt meglátogat **2.** *v* (*go to see*) vkt meglátogat ‖ ~ **the places of interest** megnézi a látnivalókat

visiting ['vɪzɪtɪŋ] *a* vendég- ‖ ~ **card** névjegy; ~ **hours** *pl* (*in hospital etc*) látogatási idő; ~ **professor** vendégtanár

visitor ['vɪzɪtə] *n* (*in house*) látogató; (*in hotel*) vendég ‖ ~**s' book** vendégkönyv

visor ['vaɪzə] *n* (*of cap*) napellenző, szemellenző; (*of helmet*) (sisak)-rostély

vista ['vɪstə] *n also fig* kilátás, távlat ‖ **open up new** ~**s** új perspektívákat nyit

visual ['vɪʒʊəl] *a* látási, vizuális ‖ ~ **aid** szemléltetőeszköz; ~ **display unit** *comput* képernyős megjelenítő, képernyő

visualize ['viːʒʊəlaɪz] *v* megjelenít, elképzel

vital ['vaɪtl] *a* életbevágó, létfontosságú ‖ **of** ~ **importance** életbevágóan fontos

vitality [vaɪ'tælətɪ] *n* életerő, vitalitás

vitally ['vaɪtəlɪ] *adv* életbevágóan

vitamin ['vɪtəmɪn] *n* vitamin

vivacious [vɪ'veɪʃəs] *a* élénk

vivacity [vɪ'væsətɪ] *n* élénkség

vivid ['vɪvɪd] *a* (*colour, imagination*) élénk; (*light*) erős

vivify ['vɪvɪfaɪ] *v* felélénkít

vixen ['vɪksn] *n* (*fox*) nőstény róka; *col* (*woman*) (női) sárkány

viz [vɪz] (= *Latin: videlicet, kimondva még: namely*) nevezetesen; tudniillik; ti.

V-neck ['viː-] *n* hegyes kivágás (*ruhán*)

vocabulary [və'kæbjʊlərɪ] *n* (*of language*) szókincs; (*list of words*) szójegyzék, szószedet

vocal ['vəʊkl] *a* hang-; (*music*) vokális ‖ ~ **cords** *pl* hangszálak

vocation [və'keɪʃn] *n* hivatás

vocational [və'keɪʃnl] *a* hivatásszerű, szakmai ‖ ~ **guidance** pályaválasztási tanácsadás

vociferous [və'sɪfərəs] *a* lármás, zajos

vogue [vəʊg] *n* divat ‖ **be in** ~ divatban van; **come into** ~ divatba jön

voice [vɔɪs] **1.** *n* hang (*emberé*) ; *gram* igealak ‖ **active/passive** ~ aktív/passzív igealak; **give** ~ **to sg** hangot ad vmnek **2.** *v* kifejez, kimond ‖ ~ **one's opinion** hallatja véleményét

voiced [vɔɪst] *a gram* zöngés

voiceless [vɔɪslɪs] *a gram* zöngétlen

void [vɔɪd] *a* (*empty*) üres; (*invalid*) érvénytelen ‖ **(be)** ~ **of sg** mentes vmtől **2.** *n* űr **3.** *v* (*agreement*) érvénytelenít, felbont

volatile ['vɒlətaɪl] *a* illanó, illékony; *chem* illó

volcanic [vɒl'kænɪk] *a* vulkáni, vulkanikus

volcano [vɒl'keɪnəʊ] *n* (*pl* -**noes**) tűzhányó, vulkán

vole [vəʊl] *n zoo* pocok

volley ['vɒlɪ] *n* (*of shots*) sortűz; *sp* (*in tennis*) röpte

volleyball ['vɒlɪbɔːl] *n* röplabda
volt [vəʊlt] *n el* volt
voltage ['vəʊltɪdʒ] *n el* feszültség
voluble ['vɒljʊbl] *a* beszédes
volume ['vɒljuːm] *n* (*space*) térfogat; (*book*) kötet; (*of newspapers*) évfolyam; (*of sound*) hangerő ‖ ~ **control** hangerő-szabályozó
voluminous [və'luːmɪnəs] *a* (*in space*) terjedelmes
voluntarily ['vɒləntrəlɪ] *adv* önként, önszántából
voluntary ['vɒləntrɪ] *a* önkéntes; spontán
volunteer [vɒlən'tɪə] **1.** *n mil* önkéntes **2.** *v* ~ **for sg** (*or* **to do sg**) önként jelentkezik vmre
voluptuous [və'lʌptʃʊəs] *a* érzéki, kéjes; buja
vomit ['vɒmɪt] *v* (*food*) (ki)hány, (ki)okád; (*smoke*) okád
voracious [və'reɪʃəs] *a* telhetetlen, mohó
vote [vəʊt] **1.** *n* szavazat, voks; (*right to* ~) (aktív) választójog ‖ **give one's** ~ **for sy** leadja szavazatát vkre **2.** *v* (le)szavaz
voter ['vəʊtə] *n pol* választó, szavazó
voting ['vəʊtɪŋ] *n* választás, szavazás
vouch [vaʊtʃ] *v* ~ **for** felelősséget vállal (*or* felel) vkért/vmért, vmért jótáll
voucher ['vaʊtʃə] *n* (*document*) bon, bizonylat; (*receipt*) nyugta; (*token*) utalvány
vow [vaʊ] **1.** *n* fogadalom; eskü **2.** *v* (meg)fogad, szentül ígér vmt
vowel ['vaʊəl] *n* magánhangzó
voyage ['vɔɪɪdʒ] *n* (tengeri) utazás, hajóút

vs = **versus**
vulgar ['vʌlgə] *a pejor* közönséges, alantas, vulgáris
vulnerable ['vʌlnərəbl] *a* sebezhető ‖ ~ **point** gyenge pontja (vmnek)
vulture ['vʌltʃə] *n* keselyű
vying ['vaɪɪŋ] *pres p* → **vie**

W

W = **west(ern)**
wad [wɒd] *n* (*cotton-wool*) vatta-(csomó); (*tampon*) tampon; (*banknotes*) bankjegyköteg
waddle ['wɒdl] *v* tipeg
wade [weɪd] *v* ~ **through** (*river*) átgázol
wader ['weɪdə] *n* gázlómadár
wafer ['weɪfə] *n also rel* ostya
waffle[1] ['wɒfəl] *n US approx* gofri
waffle[2] ['wɒfəl] *col* **1.** *n* (*empty talk*) süket duma **2.** *v* ~ **on** nyomja a sódert
waft [wɒft] **1.** *n* (*breeze*) fuvallat; (*floating*) lebegés **2.** *v* fúj, sodor; (*on water*) lebegtet
wag [wæg] *v* **-gg-** (*tail*) (meg)csóvál
wage [weɪdʒ] **1.** *n* ~(**s** *pl*) munkabér, kereset **2.** *v* ~ **war on/against sy** hadat visel vk ellen
wage scale *n* bérskála
waggle ['wægl] *v* = **wag**
wag(g)on ['wægən] *n railw* (teher)-vagon; (*horse-drawn*) kocsi, szekér; *col* (*car*) kombi
wail [weɪl] **1.** *n* jajgatás, siránkozás **2.** *v* siránkozik, jajgat

waist [weɪst] *n* (*of person*) derék ‖ **to the** ~ derékig érő
waistcoat ['weɪskəʊt, *US* 'weskət] *n* (*for men*) mellény
waistline ['weɪstlaɪn] *n* derékbőség
wait [weɪt] **1.** *n* várakozás ‖ **lie in** ~ **for sy** leselkedik vkre **2.** *v* vár; várakozik ‖ ~ **a minute!** várj egy kicsit
wait at table felszolgál
wait for sg vár vkre/vmre, (meg)-vár vkt/vmt ‖ **what are you ~ing for?** mire vársz?
wait on (*in restaurant*) kiszolgál
waiter ['weɪtə] *n* felszolgáló, pincér
waiting ['weɪtɪŋ] **1.** *a* váró, várakozó **2.** *n* (*staying, expectation*) várakozás; (*serving*) felszolgálás, kiszolgálás ‖ ~ **list** várólista; ~ **room** váróterem
waitress ['weɪtrɪs] *n* felszolgálónő, pincérnő
waive [weɪv] *vt* lemond vmről
wake [weɪk] **1.** *n* virrasztás **2.** *v* (*pt* woke [wəʊk], *pp* woken ['wəʊkən]) (*also* ~ up) *vi* felébred | *vt* felébreszt ‖ ~ up with a start felriad álmából
waken ['weɪkən] *vt* felébreszt | *vi* felébred
Wales [weɪlz] *n* Wales
walk [wɔːk] **1.** *n* séta; (*way of walking*) járás; (*journey*) gyalogtúra; (*path*) sétaút ‖ **go for a** ~, **take a** ~ elmegy sétálni; **it is only an hour's** ~ egy óra járásnyira van **2.** *vi* megy; jár, megy; (*stroll*) sétál; (*tour*) túrázik | *vt* (*distance*) megtesz; (*dog*) sétáltat ‖ ~ **home** gyalog megy haza
walk off with meglóg vmvel
walk out on *col* cserbenhagy

walker ['wɔːkə] *n* gyalogos, sétáló; (*hiker*) természetjáró, turista
walkie-talkie [wɔːkɪ'tɔːkɪ] *n* walkie-talkie, adó-vevő (készülék)
walking ['wɔːkɪŋ] **1.** *a* sétáló **2.** *n* gyaloglás, járás; (*hiking*) túrázás ‖ ~ **stick** sétabot
Walkman ['wɔːkmən] *n* (*pl* -**mans**) sétálómagnó, walkman
walkout ['wɔːkaʊt] *n* munkabeszüntetés, sztrájk
walkover ['wɔːkəʊvə] *n* fölényes győzelem
walkway ['wɔːkweɪ] *n* (*in park*) sétány; (*in factory*) kezelőhíd, járó
wall [wɔːl] **1.** *n* fal **2.** *v* ~ **up** befalaz
walled [wɔːld] *a* fallal körülvett, -falú
wallet ['wɒlɪt] *n* pénztárca, levéltárca
wallow ['wɒləʊ] *v* fetreng, hentereg
wallpaper ['wɔːlpeɪpə] **1.** *n* tapéta **2.** *v* tapétáz
wally ['wɒlɪ] *n col* hülye
walnut ['wɔːlnʌt] *n* (*nut*) dió; (*tree, wood*) diófa
walrus ['wɔːlrəs] *n* rozmár
waltz [wɔːls] **1.** *n* keringő, valcer **2.** *v* keringőzik
wan [wɒn] *a* -**nn**- hal(o)vány, sápadt (arcú)
wand [wɒnd] *n* (*magic* ~) varázspálca
wander ['wɒndə] *v* vándorol, kószál; (*thoughts*) csapong
wanderer ['wɒndərə] *n* vándor
wane [weɪn] *v* (*moon*) fogy
want [wɒnt] **1.** *n* (*lack*) hiány; (*need*) nélkülözés ‖ **live in** ~ nélkülözések között él; **for** ~ **of sg** vmnek hiányában/híján **2.** *vt*

(*desire*) akar, kíván; (*need*) szüksége van vmre, kell neki vm ‖ **what do you** ~**?** mit akarsz?; **I don't** ~ **any** (*food*) nem kérek belőle; **sg is** ~**ed** szükség van vmre; **he** ~**s to leave** el akar menni; **be** ~**ing** nincs meg, hiányzik; ~**s for nothing** semmiben nem szenved hiányt; ~**ed...** (*in advertisement*) felveszünk; (*by police*) körözött
want ad(s) *n* (*pl*) *US col* apróhirdetés
wanting ['wɒntɪŋ] **1.** *a* (*missing*) hiányzó, hiányos; (*needly*) szűkölködő (*in* vmben) **2.** *prep* nélkül, híján
wanton ['wɒntən] **1.** *a* (*motiveless*) oktalan, értelmetlen; (*licentious*) szabados; (*capricious*) játékos, szeszélyes; (*luxuriant*) buja
war [wɔː] *n* háború ‖ **between the** ~**s** a két világháború közt; **make** ~ **(on)** háborút indít, hadat visel (*on/against sy* vk ellen)
ward [wɔːd] **1.** *n* (*in hospital*) osztály, kórterem; *pol* választókerület; (*person*) gyámolt **2.** *v* ~ **off** elhárít
warden ['wɔːdn] *n* (*of museum*) (múzeumi) teremőr; (*of hostel*) gondnok; *US* (*of prison*) börtönigazgató
warder ['wɔːdə] *n* börtönőr
wardrobe ['wɔːdrəʊb] *n* (*cupboard*) ruhásszekrény; (*clothes*) vknek a ruhatára
ware [weə] *n* áru
warehouse ['weəhaʊs] *n* (áru)raktár
warfare ['wɔːfeə] *n* háborúskodás; hadviselés

warhead ['wɔːhed] *n* robbanófej, robbanótöltet
warily ['weərɪlɪ] *adv* óvatosan
warlike ['wɔːlaɪk] *a* harcias
warm [wɔːm] **1.** *a/n* meleg ‖ ~ **welcome** meleg fogadtatás; **I'm** ~ melegem van; **it is** ~ meleg van **2.** *vt* melegít **|** *vi* melegszik; *col* (*voice*) megélénkül
warm up *vt* (*food*) felmelegít, megmelegít; (*engine*) bemelegít **|** *vi* felmelegszik; (*sportsman*) bemelegít
warm-hearted *a* melegszívű, szívélyes, jóságos
warmly ['wɔːmlɪ] *adv* (*clothe*) melegen; (*welcome*) szívélyesen; (*thank*) hálásan
warmonger ['wɔːmʌŋgə] *n* háborús uszító
warmth [wɔːmθ] *n* *also fig* melegség
warn [wɔːn] *v* figyelmeztet; óv (*of/against* vmtől)
warning ['wɔːnɪŋ] *n* figyelmeztetés ‖ ~ **light** figyelmeztető jelzőlámpa
warp [wɔːp] **1.** *n* (*in wood*) vetemedés **2.** *v* megvetemedik
warrant ['wɒrənt] **1.** *n* (*order*) elfogatóparancs; (*voucher*) bizonylat **2.** *v* garantál, szavatol
warranty ['wɒrəntɪ] *n* garancia, jótállás, szavatosság
warrior ['wɒrɪə] *n* harcos
Warsaw ['wɔːsɔː] *n* Varsó
warship ['wɔːʃɪp] *n* hadihajó
wart [wɔːt] *n* bibircsók, szemölcs
wartime ['wɔːtaɪm] **1.** háborús **2.** *n* háborús évek *pl* ‖ **in** ~ háború idején
warty ['wɔːtɪ] *a* bibircsókos, szemölcsös

wary ['weərı] *a* óvatos, körültekintő

was [wɒz, wəz] → **be**

wash [wɒʃ] **1.** *n* (*of body*) mosdás, mosakodás; (*of clothes*) mosás ‖ **give sy/sg a ~** megmosdat; lemos; **have a ~** megmosdik **2.** *vt* (*clothes*) (ki)mos; (*child*) megmosdat ‖ *vi* mosakszik; (*do washing*) mos ‖ **~ one's hair** hajat mos; **~ the dishes** elmosogat **wash away** (*shore*) kimos **wash up** *GB* (el)mosogat; *US* mosakszik; kezet mos

washable ['wɒʃəbl] *a* mosható

washbasin ['wɒʃbeısn], *US* **washbowl** ['wɒʃbəʊl] *n* mosdókagyló

wash-down *n* (*of car*) lemosás

washer ['wɒʃə] *n* (*ring*) tömítőgyűrű; *US* (*machine*) mosógép

washing ['wɒʃıŋ] *n* mosás; (*dirty clothes*) szennyes; (*clean clothes*) kimosott ruha ‖ **~ machine** mosógép; **~ powder** mosópor

Washington ['wɒʃıŋtən] *n* Washington

washing-up *n* mosogatás ‖ **do the ~** (el)mosogat

wash-out *n col* leégés, csőd

washroom ['wɒʃrʊm] *n US* illemhely (mosdóval), mosdó

wasn't ['wɒznt] = **was not**

wasp [wɒsp] *n* darázs ‖ **~'s nest** darázsfészek

wastage ['weıstıdʒ] *n* (*rejects*) hulladék; (*loss*) veszteség; (*wasting*) pazarlás

waste [weıst] **1.** *a* (*useless*) selejt; (*left over*) fölösleges; (*land*) puszta ‖ **lay sg ~** letarol vmt **2.** *n* (*wasting*) pazarlás; (*refuse*) hulladék, szemét; (*wasteland*) pusztaság ‖ **~ of time** időpocsékolás **3.** *v* (*time, money*) elveszteget, elpocsékol ‖ **~ effort on sg** fáradságot pazarol vmre; hiába beszél; **(s)he ~d no time in sg** nem sokat teketóriázott

wastebasket ['weıstbɑːskıt] *n US* papírkosár, szemétkosár

waste bin *GB n* szemétkosár, szemétvödör

waste disposal unit *n* konyhamalac, (konyhai) hulladékőrlő (és -nyelő) berendezés

wasteful ['weıstfl] *a* pazarló, könnyelmű

waste ground *n* (*in town*) üres/beépítetlen telek

waste oil *n* fáradt olaj

waste-paper basket *n* papírkosár

watch [wɒtʃ] **1.** *n* (*guard*) őr; (*duty*) őrség őrszolgálat; (*timepiece*) óra ‖ **keep a close ~ on sg/sy** éberen figyel/őriz vmt/vkt; **the ~ is (ten minutes) slow/fast** az óra (tíz percet) késik/siet **2.** *v* néz; (*observe*) figyel; (*guard*) őriz ‖ **~ television** tévét néz **watch out** vigyáz ‖ **~ out!** vigyázz!

watchdog ['wɒtʃdɒg] *n* házőrző kutya

watchful ['wɒtʃfl] *a* éber

watchmaker ['wɒtʃmeıkə] *n* órás

watchman ['wɒtʃmən] *n* (*pl* **-men**) őr; (*night ~*) éjjeliőr

watch strap *n* óraszíj

water ['wɔːtə] **1.** *n* víz ‖ **by ~** vízen, vízi úton; **make ~** (*leak*) ereszt; **make/pass ~** (*urinate*) vizel **2.** *vt* (*animal*) megitat; (*garden*) (meg)locsol; (*wine*) vizez ‖ *vi* (*eye*) könnyezik

water-bottle *n* kulacs
water closet *n* vécé
watercolour (*US* **-or**) ['wɔːtəkʌlə] *n* (*picture*) akvarell; (*paint*) vízfesték
watercourse ['wɔːtəkɔːs] *n* (*stream*) vízfolyás; (*bed*) folyómeder
watercress ['wɔːtəkres] *n* vízitorma
waterfall ['wɔːtəfɔːl] *n* vízesés
water heater *n* vízmelegítő
watering can ['wɔːtərɪŋ] *n* öntözőkanna
water level *n* vízszint, vízállás
water lily *n* tavirózsa
waterline ['wɔːtəlaɪn] *n* (*of ship*) vízvonal, merülési vonal
waterlogged ['wɔːtəlɒgd] *a* vízzel teleivódott
water main *n* vízvezetéki főnyomócső
watermark ['wɔːtəmɑːk] *n* (*on paper*) vízjel
watermelon ['wɔːtəmelən] *n* görögdinnye
water polo *n* vízilabda
waterproof ['wɔːtəpruːf] *a* vízálló, vízhatlan
watershed ['wɔːtəʃed] *n* *also fig* vízválasztó
water-skis *n pl* vízisí
watertight ['wɔːtətaɪt] *a* vízhatlan
water tower *n* víztorony
waterway ['wɔːtəweɪ] *n* vízi út
waterworks ['wɔːtəwɜːks] *n pl* vízművek
watery ['wɔːtəri] *a* vizes; (*coffee*) gyenge, híg; (*colour*) fakó; (*eyes*) könnyes
wave [weɪv] **1.** *n* hullám; (*with hand*) integet **2.** *vt* (*flag*) lobogtat; (*handkerchief*) integet | *vi*

(*person*) integet; (*flag*) lobog || ~ **sy goodbye** búcsút int vknek
wave down leint, leállít
waveband ['weɪvbænd] *n* hullámsáv
wavelength ['weɪvleŋθ] *n* hullámhossz
waver ['weɪvə] *v fig* vk meginog, ingadozik
wavy ['weɪvi] *a* (*hair*) hullámos
wax [wæks] *n* viasz
waxworks ['wækswɜːks] *n pl* panoptikum
way [weɪ] *n* (*road, route*) út; (*direction*) irány; (*method*) módszer, mód || **this ~ please!** erre tessék!; **be on one's ~** útba esik; **be on the ~ to** útban van vhova; **on the ~** útközben, menet közben; **be under ~** folyamatban van; **by the ~** erről jut eszembe, apropó; **give ~** megadja az elsőbbséget (*to* vknek); **in one ~ or (an)other** akár így, akár úgy; **in this ~** ily módon; **no ~!** semmi esetre (sem)!, semmi szín alatt!; **in what ~?** milyen módon?; **by ~ of** vmlyen útvonalon, vmn át/keresztül; *fig* gyanánt, -képpen; **by ~ of introduction** bevezetésképpen; **~ of life** életforma
way in *n* bejárat
waylay [weɪ'leɪ] *v* (*pt/pp* **waylaid** [weɪ'leɪd]) (*bandit*) feltartóztat
way out *n* kijárat
wayward ['weɪwəd] *a* akaratos, önfejű, csökönyös
WC [dʌblju: 'si:] *n* vécé, WC
we [wi:] *pron* mi
weak [wi:k] *a* gyenge || **be ~ at mathematics** gyenge a matematikában

weaken ['wi:kən] *vt* (le)gyengít | *vi* (le)gyengül

weakling ['wi:klɪŋ] *n* vézna (ember); *pejor* nyápic

weakly ['wi:klɪ] **1.** *a* gyenge; (*sickly*) beteges **2.** *adv* gyengén; betegesen

weakness ['wi:knɪs] *n* (*of body, character*) gyengeség; (*liking*) vknek a gyengéje

wealth [welθ] *n* gazdagság, vagyon

wealthy ['welθɪ] *a* jómódú, vagyonos, gazdag

weapon ['wepən] *n* fegyver

wear [weə] **1.** *n* (*use*) használat; (*damage caused by use*) kopás; (*clothing*) viselet || ~ **and tear** kopás; **ladies'** ~ női ruha/divatáru **2.** *v* (*pt* **wore** [wɔ:], *pp* **worn** [wɔ:n]) *vt* (*have on*) visel, hord | *vi* (*become used*) (el)kopik; (*last*) tart

wear away *vt* elkoptat | *vi* elkopik

wear down (*shoes*) elkoptat

wear (sg) into holes kilyukad

wear off *vt* lekoptat | *vi* lekopik

wear out *vt* nyúz, lestrapál (vmt, vkt); (*exhaust*) kimerít, kifáraszt | *vi* elkopik, elrongyolódik

wearily ['wɪərɪlɪ] *adv* fáradtan

weariness ['wɪərɪnɪs] *n* fáradtság, kimerültség

weary ['wɪərɪ] **1.** *a* (*tired*) fáradt; (*dispirited*) csüggedt || ~ **of life** életunt **2.** kimerít, fáraszt

weasel ['wi:zl] *n* menyét

weather ['weðə] *n* idő(járás) || **what is the ~ like?** milyen az idő?; **be under the ~** *fig col* maga alatt van

weather-beaten *a* (*person*) viharedzett; (*building*) viharvert; (*skin*) cserzett (arcbőrű)

weather forecast *n* időjárás-jelentés, (időjárási) előrejelzés

weave [wi:v] **1.** *n* szövés(mód) **2.** *v* (*pt* **wove** [wəʊv], *or* **weaved**, *pp* **woven** ['wəʊvn] *or* **weaved**) sző || ~ **a plot against sy** összeesküvést sző vk ellen

web [web] *n* (*of spider*) (pók)háló; *fig* szövedék; (*of duck*) úszóhártya

wed [wed] *v* (*pt/pp* **wedded** ['wedɪd] *or* **wed** [wed]) *vt* összeesket | *vi* megesküszik

we'd [wi:d] = we had; we would; we should

wedded ['wedɪd] *pt/pp* → wed

wedding ['wedɪŋ] *n* esküvő || ~ **breakfast** esküvői ebéd; ~ **dress** menyasszonyi ruha; ~ **night** nászéjszaka; ~ **present** nászajándék; ~ **ring** jegygyűrű

wedge [wedʒ] **1.** *n* (*of wood*) ék; (*of cake*) szelet **2.** *v* kiékel

wedlock ['wedlɒk] *n* házasság

Wednesday ['wenzdɪ] *n* szerda; → Monday

wee [wi:] *a col* kicsike, pici

weed [wi:d] **1.** *n* gyom, gaz **2.** *v* (ki)gyomlál

weed out *fig* gyomlál; kihajigál

weed-killer *n* gyomirtó (szer)

weedy ['wi:dɪ] *a* (*ground*) gyomos; (*person*) vézna, vékonydongájú || **become** ~ elburjánzik

week [wi:k] *n* hét || **for a** ~ egy hétre; **this** ~ ezen a héten; **a** ~ **(ago) today** ma egy hete; **a** ~ **(from) today, today** ~ mához egy hétre; ~ **in** ~ **out** hétről hétre; **a** ~ **later** rá egy hétre, egy héttel később

weekday ['wi:kdeɪ] *n* hétköznap

weekend [wi:k'end] *n* hétvég(e), víkend || **spend the ~ at** vhol tölti a hétvégét; **at the ~ a** hétvégén
weekend cottage *n* hétvégi ház; víkendház
weekly ['wi:klı] **1.** *a* heti || **~ pass** hetijegy; **~ pay** hetibér **2.** *n* hetilap
weep [wi:p] **1.** *n* **have a good ~** jól kisírja magát **2.** *v* (*pt/pp* **wept** [wept]) sír || **~ for/over** megsirat
weeping willow ['wi:pıŋ] *n* szomorúfűz
weepy ['wi:pı] *a* sírós
weigh [weı] *vt* (*find the weight of*) (meg)mér, lemér; *fig* (*consider*) mérlegel | *vi* (*have weight*) nyom (vmennyit) || **how much does it ~?** hány kiló?; **~ anchor** horgonyt felszed; **it ~s 5 kilos** a súlya 5 kiló
weigh down nyomaszt(ólag hat vkre)
weigh up latolgat, megfontol || **~ things up** felméri a helyzetet
weight [weıt] *n* (*heaviness*) súly; *fig* (*importance*) súly, nyomaték || **~s** *pl* súlymértékek; **put on ~** hízik
weighting ['weıtıŋ] *n* (*allowance*) pótlék, pótdíj
weightlessness ['weıtlısnıs] *n* súlytalanság
weight-lifting *n* súlyemelés
weighty ['weıtı] *a* súlyos; (*argument*) nyomós
weir [wıə] *n* duzzasztómű
weird [wıəd] *a* (*unearthly*) természetfölötti; (*strange*) furcsa
welcome ['welkəm] **1.** *a* szívesen látott || **~ news** örvendetes hír; **you're ~!** (*answer to "thanks"*) kérem!, szívesen! **2.** *n* fogadtatás ||

give sy a warm ~ meleg/szívélyes fogadtatásban részesít vkt **3.** *v* (*greet*) üdvözöl, köszönt; (*receive*) fogad || **~ sy** szívesen lát vkt **4.** *int* **~!** isten hozott!
weld [weld] **1.** *n* hegesztés(i varrat) **2.** *v* hegeszt
welder ['weldə] *n* hegesztő
welfare ['welfeə] *n* jólét || **~ state** jóléti állam; **~ worker** szociális gondozó
well[1] [wel] **1.** *n* kút **2.** *v* ömlik, bugyog
well out from (*blood*) dől belőle
well up (*tear*) kibuggyan; (*water*) feltör
well[2] [wel] **1.** *a* jó, szerencsés; (*in good health*) egészséges || **be ~** jól érzi magát; **get ~!** gyógyulj meg!; **all's ~ that ends ~** minden jó, ha jó a vége. **2.** *adv* jól; **as ~** szintén; **do sg ~** *col* jól csinálja (művész); **be doing ~** (*school, business*) jól megy (neki); (*health*) szépen javul; **be ~ off** jólétben él, jól megy neki; **as ~ as** továbbá, valamint; **~ done!** ez pompás!, bravó!; **be ~ up in sg** ért vmhez, vmben jártas; **you'd do ~ to** jól tennéd, ha... **2.** *int* (*resuming*) nos, szóval, hát; (*question*) na!? || **~ I never!** (no) de ilyet!, na hallod!
we'll [wi:l] = **we shall/we will**
well-behaved *a* jó magaviseletű
well-being *n* jólét
well-built *a* jó felépítésű, jókötésű
well-deserved *a* megérdemelt
well-dressed *a* jól öltözött
well-fed *a* jól táplált
well-groomed *a* ápolt (külsejű), jól öltözött
well-heeled *a col* jómódú, pénzes

wellingtons ['welɪŋtənz] *n pl* gumi-
csizma, hócsizma
well-kept *a* jól ápolt/gondozott
well-known *a* közismert, híres || **it
is** ~ **that** tudvalevő, hogy
well-matched *a* összeillő
well-meaning *a* jó szándékú
wellnigh ['welnaɪ] *adv* majdnem
well-off *a* jómódú
well-timed *a* jól időzített
well-to-do *a* jómódú
Welsh [welʃ] **1.** *a* walesi **2.** *n* walesi
nyelv || **the** ~ a walesiek
Welshman ['welʃmən] *n* (*pl* **-men**)
walesi (férfi)
Welsh rarebit *n* (sajtos) meleg
szendvics
Welshwoman ['welʃwʊmən] *n* (*pl*
-women) walesi nő
went [went] *pt* → **go**
wept [wept] *pt/pp* → **weep**
were [wɜː] → **be**
we're [wɪə] = **we are**
weren't [wɜːnt] = **were not**
west [west] **1.** *a* nyugati **2.** *adv*
nyugatra, nyugat felé || ~ **of Lon-
don** Londontól nyugatra **3.** *n*
nyugat || **in the** ~ nyugaton; **the
W~** *pol* a Nyugat
westerly ['westəlɪ] *a* (*wind*) nyugati
western ['westən] **1.** *a* nyugati **2.** *n*
vadnyugati film, western
Western Europe *n* Nyugat-Európa
West Indian *a/n* nyugat-indiai
West Indies, the *n pl* Nyugat-India
westward(s) ['westwəd(z)] *adv*
nyugat felé, nyugatra
wet [wet] **1.** *a* (*road*) vizes, nedves;
(*weather*) nyirkos, esős; (*baby*)
pisis || ~ **through** (*person*) csu-
romvizes; **get** ~ vk megázik; ~
blanket *col* ünneprontó, savanyú

alak/ember; ~ **paint!** vigyázat,
mázolva! **2.** *v* **-tt-** megvizez, be-
nedvesít || ~ **one's pants,** ~ **one-
self** *col* bepisil; ~ **the bed**
(*ágyba*) bevizel; ~ **through** át-
nedvesít
wet suit *n* szörfruha
we've [wiːv] = **we have**
whack [wæk] *v col* megver
whale [weɪl] *n* bálna
wharf [wɔːf] *n* (*pl* **wharfs** *or*
wharves [wɔːvz]) rakpart
what [wɒt] **1.** *pron* (*interrogative*)
(*thing or things*) mi?, mit?; (*what
kind of?*) milyen? || **for** ~? mire?;
~ **about a cup of tea?** mit szól-
nál/szólna egy csésze teához?; ~
am I to do? mit tegyek?; ~ **can I
do for you?** (*in shop*) mi tetszik?;
~ **for?** mi célból/végett?, miért?;
~'**s this (thing) for?** ez (meg)
mire való?; ~ **is he talking
about?** miről beszél?; ~ **is it
about?** miről szól?; ~ **is ... like?**
milyen?; ~ **next?** (hát) még mit
nem!, mi lesz?; **so** ~? hát aztán?,
na és (aztán)?; ~ **shall I do?** mit
tegyek?; ~ **size?** (*shoe*) hányas?;
~ **time is it?** hány óra van?; ~ **will
you have?** (*to eat*) mit paran-
csol?; ~'**s on (the) TV?** mi megy
a tévében?; ~'**s up?** mi tör-
tént/baj?; ~ **a(n) ...** (*exclamation*)
micsoda, mekkora; ~ **a mess!** mi-
csoda zsibvásár!; ~ **an idea!** mi-
csoda ötlet! **2.** *pron* (*relative*)
ami(t), amely(et); az ami; ami
csak; azt amit || ~ **I like is music**
a zene az, amit szeretek; **and** ~ **is
more** sőt mi több
whatever [wɒt'evə] *pron* (*anything
that*) akármi(t), bármi(t), ami(t)

csak; (*of any sort*) bármilyen ‖ **from ~ direction** akármerről; ~ **happens** bármi történjék is
wheat [wiːt] *n* búza
wheatgerm [ˈwiːtdʒɜːm] *n* búzacsíra
wheel [wiːl] **1.** *n* kerék; (*steering ~*) volán, kormány(kerék) **2.** *v US* biciklizik, bringázik, kerekezik
wheelbarrow [ˈwiːlbærəʊ] *n* talicska
wheelchair [ˈwiːltʃeə] *n* tolószék
wheel clamp *n* kerékbilincs
wheeze [wiːz] **1.** *n* (*breath*) zihálás **2.** *v* liheg, zihál
when [wen] **1.** *adv* (*interrogative*) mikor? ‖ **since ~?** mióta?; **till/ until ~?** (*time*) meddig?; **since ~ have you been living here?** mióta lakik itt? **2.** *adv* (*relative*) mikor, amikor **3.** *conj* (amikor) pedig, amikor, ha ‖ **just ~** éppen akkor, amikor; **~ due** esedékességkor
whenever [wenˈevə] *adv* valahányszor, amikor csak ‖ **~ you like** amikor csak akarsz/akarja
where [weə] **1.** *adv* (*interrogative*) hol?; (*direction*) hova? ‖ **from ~** honnan?; **~ do you live?** hol laksz? **2.** *adv* (*relative*) ahol; (*direction*) ahova ‖ **from ~** ahonnan; **this is ~ I live** itt lakom
whereabouts [ˈweərəbaʊts] **1.** *n* hollét, tartózkodási hely **2.** *adv* (*interrogative*) hol?; (*direction*) merre?
whereas [weərˈæz] *conj* (*while*) míg, ezzel szemben; (*although*) noha; (*since*) minthogy
wherever [weərˈevə] *adv* akárhol; (*direction*) akárhova, akármerre ‖ **from ~** akárhonnan, ahonnan csak

whet [wet] *v* **-tt-** (meg)fen, kiélesít ‖ **~ sy's appetite** étvágyat csinál vknek
whether [ˈweðə] *conj* vajon, -e ‖ **I don't know ~ he's gone** nem tudom, hogy elment-e; **~ ... or ...** akár ..., akár ...; **~ you like it or not** akár tetszik, akár nem; **~ or no(t)** mindenképpen
which [wɪtʃ] **1.** *pron* (*interrogative*) melyik(et)?, mely(et)?; melyek(et)? ‖ **from ~** melyiktől?; **~ bus?** hányas busz?; **~ one?** melyiket?; **~ way?** merre?, hova? **2.** *pron* (*relative*) amely(et), amelyek(et); azt, amit ‖ **from among ~** amelyek közül; **that ~** az, ami
whichever [wɪtʃˈevə] *pron* akármelyik(et)
whiff [wɪf] *n* (*puff*) fuvallat; (*smell*) illat, beszippantás
while [waɪl] **1.** *conj* amíg, mialatt; (*whereas*) míg (viszont), ezzel szemben ‖ **~ I was there** amíg ott voltam; **~ playing** játék közben **2.** *n* (kis) idő ‖ **after a ~** kis idő múlva **3.** *v* **~ away the time** időt eltölt, agyonüt
whim [wɪm] *n* szeszély, hóbort
whimper [ˈwɪmpə] *v* (*baby*) bőg, nyafog; (*dog*) nyüszít
whimsical [ˈwɪmzɪkl] *a* szeszélyes, hóbortos
whine [waɪn] **1.** *n* (*of child*) nyafogás; (*of dog*) nyüszítés **2.** *v* (*child*) nyafog; (*dog*) nyüszít
whip [wɪp] **1.** *n* (*lash*) korbács; (*for riding*) ostor, pálca; *pol* (*person*) fegyelmi elöljáró **2.** *v* **-pp-** ostoroz; korbácsol

whip out (*sword*) előránt; (*dust*) felkavar

whipped cream ['wɪpt] *n* tejszínhab

whip-round *n* col (*collection*) gyűjtés

whirl [wɜːl] **1.** *n* forgás, pörgés; (*of water*) örvény **2.** *vt* megperdít | *vi* megperdül; (*water*) örvénylik

whirlpool ['wɜːlpuːl] *n* örvény

whirlwind ['wɜːlwɪnd] *n* forgószél

whirr (*US* **whir**) [wɜː] **1.** *n* zúgás, búgás **2.** *v* (*machine*) zúg, búg

whisk [wɪsk] *v* (*eggs*) felver

whiskers ['wɪskəz] *n pl* (*of cat*) bajusz

whisky (*US* **whiskey**) ['wɪskɪ] *n* whisky

whisper ['wɪspə] **1.** *n* suttogás || **in a ~** suttogva, halkan **2.** *v* suttog

whistle ['wɪsl] **1.** *n* (*sound*) fütty; (*instrument*) síp **2.** *v* (*with lips*) fütyül; (*with a ~*) sípol

white [waɪt] **1.** *a* fehér || **~ coffee** tejeskávé **2.** *n* (*colour*) fehér (szín); (*person*) fehér (ember); (*in chess*) világos; (*of egg*) tojásfehérje

white-collar worker *n* értelmiségi/szellemi dolgozó

white elephant *n* haszontalan vagyontárgy

white lie *n* füllentés

whiten ['waɪtn] *vi* elfehéredik | *vt* fehérít

white pudding *n GB* májas hurka

whitewash ['waɪtwɒʃ] *v* kimeszel

Whitsun ['wɪtsn] *n* pünkösd

whiz(z) ['wɪz] *v* (*sword*) suhog; (*arrow*) süvít, (el)zúg

whiz(z)-kid *n* col sikerember, menő

who [huː] **1.** *pron* (*interrogative*) ki?; kik? || **~ can tell?** ki tudja?; **~ is it?** ki az? **2.** *pron* (*relative*) aki, akik; azok, akik || **he ~** az, aki; **it was he ~ invented it** ezt ő ötlötte ki

whodunit [huːˈdʌnɪt] *n* col bűnügyi regény, krimi

whoever [huːˈevə] *pron* aki csak, akárki || **~ could that be?** ki lehetett az?

whole [həʊl] **1.** *a* (*complete*) egész, teljes; (*unbroken*) ép, hiánytalan || **go the ~ hog** ha (már) lúd, legyen kövér **2.** *n* **the ~** az egész; **on the ~** egészében véve, nagyjából

whole food(s) *n* (*pl*) természetes étel(ek)

whole-hearted [həʊlˈhɑːtɪd] *a* szívből jövő; (*support*) teljes mértékű

wholemeal ['həʊlmiːl] *a* (*bread, flour*) korpás (*kenyér*)

wholesale ['həʊlseɪl] *comm* **1.** *a* nagybani **2.** *adv* nagyban **3.** *n* nagybani árusítás

wholesaler ['həʊlseɪlə] *n* nagykereskedő

wholesome ['həʊlsəm] *a* (*food*) egészséges

whole-wheat *a* = **wholemeal**

wholly ['həʊllɪ] *adv* egészen, teljesen

whom [huːm] **1.** *pron* (*interrogative*) kit? || **to ~** kinek? **2.** *pron* (*relative*) akit || **to ~** akinek

whooping cough ['huːpɪŋ] *n* szamárköhögés

whopper ['wɒpə] *n* col irtó nagy dolog; (*lie*) bődületes hazugság

whopping ['wɒpɪŋ] *a* col óriási

whore [hɔː] *n vulg* kurva, szajha
who're ['huːə] = **who are**
who's [huːz] = **who is/who has**
whose [huːz] **1.** *pron (interrogative)* kié?, kinek a...? || ~ **book is this?** kié ez a könyv? **2.** *pron (relative)* akié, akinek a... || **the boy** ~ **father is abroad** a fiú, akinek az apja külföldön van
who've [huːv] = **who have**
why [waɪ] **1.** *adv (interrogative)* miért? || ~ **did you go?** miért mentél el? **2.** *adv (relative)* amiért, ami miatt || **that's the reason** ~ ... ezért **3.** *int (surprise)* no de, nocsak; *(certainty)* hát (persze); *(protest)* hiszen
wick [wɪk] *n* (gyertya)bél, kanóc
wicked ['wɪkɪd] *a* gonosz, bűnös; *(mischievious)* rosszindulatú; *(smile)* gúnyos
wicker basket *n* vesszőkosár
wicket ['wɪkɪt] *n* (krikett)kapu
wide [waɪd] **1.** *a* széles; *(knowledge)* széles körű; *(choice)* bő, bőséges || **18 inches** ~ két arasz széles; **too** ~ *(dress)* bő; **a** ~ **selection** széles választék **2.** *adv* szélesen || **be** ~ **open** szélesre tárt, tárva-nyitva van
wide-angle lens *n* nagy látószögű objektív
wideawake [waɪdə'weɪk] *a* szemfüles
wide-boy *n* vagány
widely ['waɪdlɪ] *adv* széleskörűen || ~ **read** igen olvasott; **it is** ~ **known** széles körben ismert
widen ['waɪdn] *vi* kiszélesedik, kibővül | *vt* kiszélesít, kibővít
wide-open *a (gate)* szélesre tárt; *(eye)* tágra nyílt

widespread ['waɪdspred] *a* széleskörűen elterjedt; általános
widow ['wɪdəʊ] *n* özvegy(asszony)
widower ['wɪdəʊə] *n* özvegyember
width [wɪdθ] *n* szélesség
wield [wiːld] *v (sword, pen)* forgat; *(power)* gyakorol
wife [waɪf] *n (pl* **wives** [waɪvz]*)* feleség
wig [wɪg] *n* paróka
wild [waɪld] *a (animal, anger)* vad, szilaj; *(violent)* heves
wild cat *n* vadmacska
wilderness ['wɪldənɪs] *n* vadon, pusztaság
wild-goose chase *n fig* hiábavaló vállalkozás, ábrándkergetés
wildlife ['waɪldlaɪf] *n* vadvilág; állatvilág; állat- és növényvilág
wildly ['waɪldlɪ] *adv* vadul, féktelenül
Wild West, the *n* vadnyugat
wilful *(US* **willful)** ['wɪlfl] *a (person)* akaratos, önfejű; *(action, crime)* szándékos
will [wɪl] **1.** *n* akarat; *(testament)* végrendelet || **at** ~ tetszés szerint **2.** *v (auxiliary verb for future tense)* **he** ~ **come** el fog jönni; **you won't tell her,** ~ **you?** ugye nem mondod el neki? **3.** *v* akar || **call it what you** ~ nevezd, aminek akarod; → **would**
willful ['wɪlfl] *a US* = **wilful**
willing ['wɪlɪŋ] *a* készséges, segítőkész || **be** ~ **to do sg** hajlandó vmre
willingly ['wɪlɪŋlɪ] *adv* önként, készséggel
willingness ['wɪlɪŋnɪs] *n* hajlandóság, jóakarat
willow ['wɪləʊ] *n* fűzfa

willpower ['wɪlpaʊə] *n* akaraterő
willy-nilly [wɪlɪ'nɪlɪ] *adv* akarva-akaratlan; ha tetszik, ha nem
wily ['waɪlɪ] *a* rafinált, furfangos, ravasz
win [wɪn] **1.** *n sp* győzelem || **easy ~** fölényes győzelem **2.** *v* (*pt/pp* **won** [wʌn]; **-nn-**) (*be victorious*) győz, nyer; (*gain*) elnyer || **~ a scholarship** elnyer/kap egy ösztöndíjat
win sy over/round rábeszéléssel megnyer
wince [wɪns] *v* (*face*) megvonaglik, megrándul
winch [wɪntʃ] *n* csörlő
wind[1] [wɪnd] **1.** *n* szél; *med* felfúvódás || **before the ~** széliránba(n) **2.** *v* (*pt/pp* **~ed** ['wɪndɪd]) (*running*) kifullaszt; (*dog*) megszimatol || **be ~ed** elállt a lélegzete, kifulladt
wind[2] [waɪnd] *v* (*pt/pp* **wound** [waʊnd]) (*river, road*) *vi* kígyózik, kanyarog | *vt* (*wool*) csévél, tekercsel; (*watch*) felhúz
wind off legombolyít, leteker
wind up (*debate*) bezár; (*company*) felszámol; *col* (*emotionally*) felizgat
windbreaker ['wɪndbreɪkə] *n US* széldzseki
windfall ['wɪndfɔːl] *n* talált pénz || **have a ~** pénz áll a házhoz
winding ['waɪndɪŋ] *a* kanyargó(s)
wind instrument *n* fúvós hangszer
windmill ['wɪndmɪl] *n* szélmalom
window ['wɪndəʊ] *n* ablak; (*in shop*) kirakat; (*in bank*) pénztár || **~ cleaner** (*person, agent*) ablaktisztító; **~ glass** ablaküveg; **~ seat** ablak melletti ülés

window-sill *n* ablakpárkány
windpipe ['wɪndpaɪp] *n* légcső
windscreen ['wɪndskriːn] *n* (*of car*) szélvédő (üveg) || **~ washer** (*of car*) ablakmosó; **~ wiper** ablaktörlő
windshield(-) ['wɪndʃiːld] *n US* = **windscreen(-)**
windsurf ['wɪndsɜːf] *v* **be/go ~ing** szörfözik
windsurfer ['wɪndsɜːfə] *n* (*board*) szörf; (*person*) szörföző
windsurfing ['wɪndsɜːfɪŋ] *n* szörfözés
windswept ['wɪndswept] *a* (*place*) szeles, széljárta; (*hair*) összeborzolódott
windy ['wɪndɪ] *a* (*weather*) szeles || **it is ~** fúj a szél
wine [waɪn] *n* bor || **~ cellar** borospince
wineglass ['waɪnglɑːs] *n* borospohár
wine list *n* borárjegyzék, borlap
wine tasting *n* borkóstolás
wine waiter *n* italpincér
wing [wɪŋ] *n also mil, pol* szárny; (*of building*) szárnyépület; *sp* szélső || **the ~s** *theat* kulisszák
winger ['wɪŋə] *n sp* szélső
wing mirror *n* (oldalsó) visszapillantó tükör
wink [wɪŋk] **1.** *n* **~ of the eye** szemvillanás **2.** *v* hunyorít, kacsint
wink at sy vkre kacsint
winner ['wɪnə] *n* nyertes; *sp* győztes || **~ of a Nobel prize** Nobel-díjas
winning ['wɪnɪŋ] *a* nyerő; *sp* győztes; (*goal*) döntő → **winnings**
winning post *n* céloszlop

winnings ['wınıŋz] *n pl* nyeremény
winter ['wıntə] **1.** *n* tél ‖ **in** ~ télen;
this ~ e télen **2.** *v* telel
winter clothes *n pl* téli ruha
winter sports *n pl* télisportok
wintry ['wıntrı] *a* (*weather*) fagyos,
télies
wipe [waıp] **1.** *n* (le)törlés, feltörlés
2. *v* (le)töröl, megtöröl ‖ ~ **one's**
feet (on the mat) megtörli a lá-
bát
wipe (sg) down (*window*) letö-
röl
wipe off (*tears*) kitöröl
wipe out (*bowl*) kitöröl; (*debt*) ki-
fizet, rendez; (*annihilate*) meg-
semmisít
wipe up feltöröl
wire [waıə] **1.** *n* drót, huzal;
(*telegram*) távirat ‖ **by** ~ távirati
úton, táviratilag **2.** *v* (*telegraph*)
(meg)táviratoz
wireless ['waıəlıs] *n* GB rádió(ké-
szülék)
wire-tapping *n* (*of telephone*) le-
hallgatás
wiry ['waıərı] *a* (*wire-like*) drótsze-
rű, drót-; (*sinewy*) szívós és izmos
(de sovány)
wisdom ['wızdəm] *n* bölcsesség ‖ ~
tooth (*pl* **-teeth**) bölcsességfog
wise¹ [waız] *a* bölcs, okos
wise² [waız] *adv* **in no** ~ sehogy(an)
wisecrack ['waızkræk] *n* beköpés,
bemondás
wish [wıʃ] **1.** *n* kívánság, óhaj ‖
best ~es (*on birthday etc*) jókí-
vánságok; (*in letter*) szívélyes üd-
vözlettel **2.** *v* kíván, óhajt, akar ‖ ~
sy sg vknek vmt kíván; **as you** ~
ahogy akarod/tetszik; **I** ~ **he were**
here (bár)csak itt lenne már!

wish for (*desire*) óhajt; (*long for*)
vmt megkíván
wishy-washy ['wıʃıwɒʃı] *a* (*coulour*)
halvány, elmosódott; (*food*) híg;
se íze, se bűze
wisp [wısp] *n* (*of straw*) csutak,
szalmacsomó; (*of hair*) hajfürt;
(*of smoke*) füstfelhő
wistful ['wıstfl] *a* vágyakozó, sóvár-
gó
wit [wıt] *n* (~s *pl*) elme, ész; (*hu-
mour*) szellemesség ‖ **I am at my**
~'s **end** megáll az eszem(, ami-
kor...)
witch [wıtʃ] *n* boszorkány
witchcraft ['wıtʃkrɑːft] *n* boszor-
kányság
with [wıð, wıθ] *prep* (*connection*)
-val, -vel; (*nearness*) -nál, -nél ‖ **I**
am ~ **you** benne vagyok!; ~ **her**
vele, nála; ~ **sy** vkvel együtt
withdraw [wıð'drɔː] *v* (*pt* **withdrew**
[wıð'druː], *pp* **withdrawn** [wıð-
'drɔːn]) *vt* visszavon; (*money*) ki-
vesz, felvesz ‖ *vi* (*retire*) visszavo-
nul, visszahúzódik; (*retract*) visz-
szalép (*from* vmtől) ‖ ~ **from cir-
culation** forgalomból kivon
withdrawal [wıð'drɔːəl] *n* (*of*
troops, coins) visszavonás; (*of*
money, drug) megvonás; (*from*
bank) kivét; (*of work*) visszavonu-
lás ‖ ~ **symptoms** *pl med* elvo-
nási tünetek
withdrawn [wıð'drɔːn] *a* (*person*)
zárkózott, visszavonult; → **with-
draw**
withdrew [wıð'druː] *pt* → **withdraw**
wither ['wıðə] *v* (el)hervad
withhold [wıð'həʊld] *v* (*pt/pp* **with-
held** [wıð'held]) (*truth, wage*)
visszatart; (*money*) levon ‖ ~

sg/sy from sg visszatart vkt/vmt vmtől; ~ sg from sy *vmt vk elől* elhallgat

within [wɪ'ðɪn] *prep* benn; (*also in time, distances*) belül ‖ ~ the week még a héten

without [wɪ'ðaʊt] *prep* nélkül ‖ ~ that/this e nélkül; ~ you nélküled, nélkületek

withstand [wɪð'stænd] *v* (*pt/pp* **withstood** [wɪð'stʊd]) vmnek ellenáll

witness ['wɪtnɪs] **1.** *n* (*person*) tanú; (*evidence*) tanúbizonyság ‖ bear false ~ hamis tanúvallomást tesz **2.** *v* (*sign*) tanúsít, tanúként aláír; (*see*) szemtanúja vmnek

witness box (*US* **stand**) *n* tanúk padja

witticism ['wɪtɪsɪzəm] *n* elmés mondás, aranyköpés

witty ['wɪtɪ] *a* elmés, szellemes

wives [waɪvz] → **wife**

wizard ['wɪzəd] *n* varázsló

wobble ['wɒbl] *v* inog

woe [wəʊ] *n* szomorúság, bánat, baj ‖ ~ is me! jaj nekem!

woeful ['wəʊfl] *a* szánalmas

woke [wəʊk] *pt* → **wake**

woken ['wəʊkən] *pp* → **wake**

wolf [wʊlf] *n* (*pl* **wolves** [wʊlvz]) farkas

woman ['wʊmən] *n* (*pl* **women** ['wɪmɪn]) asszony, nő ‖ ~ doctor orvosnő; ~ friend barátnő

womanish ['wʊmənɪʃ] *a* (*man*) nőies

womb [wuːm] *n* (*organ*) méh

women ['wɪmɪn] *pl* → **woman**

women's lib, women's liberation *n* nőmozgalom

women's room *n US* női vécé, toalett, „nők"

won [wʌn] *pt/pp* → **win**

wonder ['wʌndə] **1.** *n* (*marvel*) csoda; (*surprise*) csodálkozás; (*admiration*) csodálat ‖ it's no ~ that nem csoda, hogy **2.** *v* ~ at vmn csodálkozik/meglepődik ‖ I ~ if ... szeretném tudni, vajon ...; I ~! erre aztán kíváncsi vagyok!

wonderful ['wʌndəfəl] *a* csodálatos, bámulatos

wonderfully ['wʌndəfəlɪ] *adv* csodálatosan

wonderland ['wʌndəlænd] *n* csodaország, tündérország

won't [wəʊnt] = **will not**

woo [wuː] *v* (*pt/pp* ~ed) ~ sy csapja a szelet vknek, udvarol vknek

wood [wʊd] *n* fa(anyag); (*firewood*) tüzelő, tűzifa; (*forest*) erdő ‖ ~ carving fafaragás

woodcut ['wʊdkʌt] *n* fametszet

wooded ['wʊdɪd] *a* (*area*) fás, erdős

wooden ['wʊdn] *a* fából készült, fa-; *fig* (*look*) kifejezéstelen

woodland ['wʊdlənd] *n* erdőség

woodpecker ['wʊdpekə] *n* harkály

woodwind ['wʊdwɪnd] *n pl mus* fafúvósok

woodwork ['wʊdwɜːk] *n* (*craft, subject*) famunka ‖ do the ~ ácsol

woodworm ['wʊdwɜːm] *n* szú

woody ['wʊdɪ] *a* (*area*) erdős, fás; (*plant*) pudvás, fás

wool [wʊl] *n* gyapjú

woollen (*US* **woolen**) ['wʊlən] *a* gyapjú-

woolly (*US* **wooly**) ['wʊlɪ] **1.** *a* gyapjas; *fig* (*mind*) zavaros, ködös

word [wɜːd] **1.** *n* szó; (*message*) üzenet ‖ ~s *pl* dalszöveg; ~ for ~ szó szerint; in other ~s más szóval; **keep one's** ~ ígéretét megtartja; **the last** ~ **(in)** a legutolsó divat (vmben); **upon my** ~ szavamra!; **the W~ (of God)** Isten igéje, az Ige **2.** *v* megfogalmaz, szövegez

wording ['wɜ:dɪŋ] *n* megfogalmazás, szövegezés

word-perfect *a* kifogástalan, hibátlan

word processor *n* szövegszerkesztő

wordy ['wɜ:dɪ] *a* terjengős, bőbeszédű

wore [wɔ:] *pt* → **wear**

work [wɜ:k] **1.** *n* munka; (*product, composition*) mű, munka || **be at** ~ munkában van; **be out of** ~ munka nélkül van, nincs munkája; ~ **of art** műalkotás; → **works 2.** *v* dolgozik; (*funcion*) üzemel; működik; (*medicine*) hat || **it did not** ~ nem vált be; ~ **hard** keményen dolgozik; ~ **(itself) loose** (*screw*) meglazul

work on tovább dolgozik || ~ **on sg** vmn dolgozik

work out *vt* (*method*) kidolgoz | *vi* (*problem*) megoldódik; *sp* edz || **it didn't** ~ **out** *col* (ez) nem jött össze

work up (*theme*) feldolgoz || **get ~ed up** *col* indulatba jön

workable ['wɜ:kəbl] *a* (*plan*) kivitelezhető, megvalósítható

workaholic [wɜ:kə'hɒlɪk] *a col* a munka megszállottja, munkamániás

workday ['wɜ:kdeɪ] *n US* = **working day**

worked up *a col* (fel)izgatott

worker ['wɜ:kə] *n* munkás

working ['wɜ:kɪŋ] **1.** *a* (*person*) dolgozó; (*machine*) működő **2.** *n* (*of person*) dolgozás; (*of machine*) működés || ~ **class** munkásosztály; ~ **day** munkanap; **be in** ~ **order** üzemképes állapotban van; ~ **time** munkaidő

workman ['wɜ:kmən] *n* (*pl* -**men**) munkás, *col* melós

work-out *n sp* edzés

workplace ['wɜ:kpleɪs] *n US* munkahely

works [wɜ:ks] *n sing. or pl* (*factory*) gyár, üzem; (*plant*) telep; (*product*) művek || **the** ~ (*establishment*) mű, művek; (*moving parts*) szerkezet

workshop ['wɜ:kʃɒp] *n* műhely; (*discussion*) műhelymunka

workteam ['wɜ:kti:m] *n* munkacsoport

work-to-rule *n* munkalassítás

world [wɜ:ld] *n* világ, föld || **all over the** ~ az egész világon, világszerte

world-famous *a* világhírű

worldly ['wɜ:ldlɪ] *a* földi, világi

world record *n* világcsúcs, világrekord

world war *n* világháború

world-wide *a* világméretű

worm [wɜ:m] *n* kukac, hernyó

wormy ['wɜ:mɪ] *a* férges, kukacos

worn [wɔ:n] *a* használt, kopott, nyűtt; → **wear**

worn-out *a* (*clothes*) ócska, elnyűtt; (*person*) kimerült, nyúzott

worried ['wʌrɪd] *a* aggódó, gondterhelt

worry ['wʌrɪ] **1.** *n* aggodalom, gond **2.** *vi* aggódik, nyugtalankodik

(*about* vm miatt) I *vt* aggaszt, nyugtalanít II **don't** ~! ne aggódj!, ne izgulj!
worrying ['wʌrııŋ] *a* nyugtalanító, kínzó
worse [wɜːs] **1.** *a* rosszabb II **2.** *adv* rosszabbul II **get** ~ rosszabbodik; ~ **and** ~ egyre rosszabb(ul) **3.** *n* rosszabb dolog/állapot II **change for the** ~ rosszra fordul
worsen ['wɜːsn] *v* (*situation*) roszszabbodik, súlyosbodik; (*health*) romlik
worship ['wɜːʃıp] **1.** *n* (*adoration*) imádás; (*religious service*) istentisztelet II **Your W**~ méltóságod **2.** *v* **-pp-** *vt* (*God*) imád I *vi* (*in church*) istentiszteleten vesz részt (vhol)
worshipper (*US* **-p-**) ['wɜːʃıpə] *n* **the** ~**s** a hívek, istentiszteleten részt vevők
worst [wɜːst] **1.** *a* legrosszabb **2.** *adv* legrosszabbul; ~ **of all** legesleg-rosszabb(ul) **3.** *n* **at (the)** ~ a legrosszabb (*or* végső) esetben; **the** ~ **is over** a nehezén már túl vagyunk
worsted ['wʊstıd] *n* fésűsgyapjú fonal/szövet, kamgarn(szövet)
worth [wɜːθ] **1.** *a* értékű II **what is it** ~? mennyit ér?; **is it** ~ **it?** *col* megéri?, érdemes?; **be** ~ **one's while** megéri a fáradságot; **it isn't** ~ **the trouble** nem éri meg a fáradságot **2.** *n* érték II **10 pounds'** ~ **of ...** 10 font értékű ...
worthless ['wɜːθlıs] *a* értéktelen, haszontalan
worthy ['wɜːðı] *a* érdemes, méltó (*of* vmre); **(be)** ~ **of credit** hitelt érdemel

would [wʊd] *v* (*auxiliary verb*) **1.** (*future in the past*: **will** *pt* -e) **he thought it** ~ **rain** azt hitte, esni fog **2.** (*request*) ~ **you please...**, ~ **you kindly...** lenne/legyen olyan szíves... **3.** (*wish*) **I** ~ **like to...** szeretnék..., szeretném... **4.** (*conditional*) **if I dropped it, it** ~ **explode** ha leejteném, felrobbanna **5.** (*habit*) **he** ~ **get up very early** nagyon korán szokott felkelni (régebben); → **will**
would-be *a* jövendőbeli; leendő
wouldn't ['wʊdnt] = **would not**
wound[1] [wuːnd] **1.** *n* seb **2.** *v* megsebesít
wound[2] [waʊnd] *pp* → **wind**[2]
wounded ['wuːndıd] **1.** *a* (*person*) sebesült; (*pride*) sebzett **2.** *n* **the** ~ a sebesültek
wove [wəʊv] *pt* → **weave**
woven ['wəʊvən] *a* fonott, szövött; → **weave**
wow[1] [waʊ] *int* hű!
wow[2] [waʊ] *n* nagy siker
WP [dʌblju: 'piː] = **word processor**
WPC ['dʌblju: pi: si:] = *woman police constable* női rendőr, rendőrnő
wrangle ['ræŋgl] **1.** *n* veszekedés, huzakodás **2.** *v* veszekedik, huzakodik
wrap [ræp] **1.** *n* (*shawl*) sál; (*dressing-gown*) pongyola **2.** *v* **-pp-** (be)csomagol, beburkol
wrap up (*cover*) becsomagol II ~ **oneself up** betakaródzik
wrapper ['ræpə] *n* csomagolóanyag, göngyöleg; (*of book*) burkoló

wrapping paper ['ræpɪŋ] *n* csomagolópapír
wrath [rɒθ] *n* harag
wreath [riːθ] *n* koszorú
wreathe [riːð] *v* (meg)koszorúz
wreck [rek] **1.** *n* roncs **2.** *v* szétroncsol; szétver || **be ~ed** hajótörést szenved
wreckage ['rekɪdʒ] *n* (*of ship*) roncs
wrecker ['rekə] *a US* autómentő
wren [ren] *n* (*bird*) ökörszem
wrench [rentʃ] *n US* villáskulcs, csavarkulcs
wrestle ['resl] *v* **~ with** birkózik vkvel; (*with problem etc*) megbirkózik vmvel
wrestler ['reslə] *n* birkózó
wrestling ['reslɪŋ] *n* birkózás
wretched ['retʃɪd] *a* (*very poor*) nyomorúságos; (*unhappy*) szerencsétlen; (*weather, holiday*) pocsék
wriggle ['rɪgl] *v* vonaglik, vergődik || **~ (about)** fészkelődik, izeg-mozog
	wriggle out of sg kibújik vm alól, kihúzza magát vmből; **~ oneself out (of)** (*difficulty*) kievickél
wring [rɪŋ] **1.** *n* facsarás **2.** *v* (*pt/pp* **wrung** [rʌŋ]) kiteker; (*clothes*) kifacsar || **~ sg from sy** vkből vmt kicsikar
wringer ['rɪŋə] *n* facsarógép
wringing (wet) ['rɪŋɪŋ] *a* csuromvíz, csöpög belőle a víz
wrinkle ['rɪŋkl] **1.** *n* (*in dress*) gyűrődés, ránc; (*on face*) ránc **2.** *vt* ráncol, gyűr | *vi* ráncolódik, gyűrődik
wrist [rɪst] *n* (*of hand*) csukló

wristband ['rɪstbænd] *n sp* csuklóvédő
wristwatch ['rɪstwɒtʃ] *n* karóra
writ [rɪt] *n* bírói idézés
write [raɪt] *v* (*pt* **wrote** [rəʊt], *pp* **written** ['rɪtn]) ír, megír || **~ sy a letter** ír vknek egy levelet; **~ in ink** tintával ír; **~ in pencil** ceruzával ír
write down leír
write off megír (és elküld); (*debt*) leír
write out (*cheque*) kiállít
write up (*event*) feldolgoz; (*diary*) napra kész állapotba hoz
write-off *n* **the car is/was a (complete) ~** totálkáros (a) (gép)kocsi, leírták (a kocsit)
writer ['raɪtə] *n* író, szerző
writing ['raɪtɪŋ] *n* írás || **in ~** írásban
writing pad *n* (író)mappa
writing paper *n* levélpapír
written ['rɪtn] *pp* → **write**
wrong [rɒŋ] **1.** *a* rossz, téves || **be ~** téved; **he is ~** nincs igaza; **what's ~ with you?** mid fáj?, mi bajod van?; **you've got the ~ number** rossz számot hívott, téves kapcsolás; **it's in the ~ place** nincs a helyén **2.** *adv* helytelenül, tévesen || **get it ~** elhibáz; **go ~** hibázik, téved; (*machine*) meghibásodik, elromlik **3.** *n* (*injustice*) igazságtalanság, méltatlanság; (*error*) hiba, tévedés
wrongful ['rɒŋfl] *a* jogtalan, igazságtalan, törvénytelen
wrongly ['rɒŋli] *adv* (*incorrectly*) rosszul, tévesen; (*unjustly*) ártatlanul, jogtalanul
wrote [rəʊt] *pt* → **write**
wrought iron [rɔːt] *n* kovácsoltvas

wrung [rʌŋ] *pt/pp* → **wring**
wry [raɪ] *a* (*smile*) kényszeredett; (*face*) savanyú
wt = **weight**

X

xerox ['zɪərɒks] **1.** *n* (*copy, machine*) xerox **2.** *v* fénymásol, xeroxoz
Xmas ['krɪsməs, 'eksməs] = **Christmas**
X-ray ['eks reɪ] **1.** *a* röntgen- **2.** *n* (*process*) (meg)röntgenezés; (*photograph*) röntgenfelvétel **3.** *v* (meg)röntgenez
xylophone ['zaɪləfəʊn] *n* xilofon

Y

yacht [jɒt] **1.** *n* jacht, luxushajó; (*for racing*) versenyvitorlás **2.** *v* vitorlázik
yachting ['jɒtɪŋ] *n sp* vitorlázás
yachtsman ['jɒtsmən] *n* (*pl* -men) vitorlázó, jachtozó
yak [jæk] *v* -kk- *col* szövegel
Yank [jæŋk] *n col* jenki
Yankee ['jæŋkɪ] *n col* jenki
yap [jæp] *v* -pp- (*dog*) vakkant
yard[1] [jɑːd] *n* (*measure*) yard (*0,91 m*)
yard[2] [jɑːd] *n* (*enclosed area*) udvar; ‖ **the Y~** *col* a Scotland Yard
yardstick ['jɑːdstɪk] *n* egy yardos mérőrúd; *fig* mérce, etalon

yarn [jɑːn] *n* (*thread*) fonal; *col* (*tale*) mese
yawn [jɔːn] **1.** *n* ásítás **2.** *v* ásít
yawning ['jɔːnɪŋ] *a* (*person*) ásítozó; (*hole*) tátongó
yd(s) = **yard(s)**
yeah [jeə] *int US col* igen
year [jɪə] *n* év; *school* évfolyam ‖ **this ~** (az) idén; **last ~** tavaly; **~ by ~** évről évre; **be ten ~s old** tízéves; **a ten-~-old child** egy tízéves gyerek
year-long *a* egy évig tartó
yearly ['jɪəlɪ] **1.** *a* évi **2.** *adv* évenként, évente
yearn [jɜːn] *v* áhítozik (*for* vmre), sóvárog (vk után)
yearning ['jɜːnɪŋ] *n* sóvárgás
yeast [jiːst] *n* élesztő
yell [jel] **1.** *n* felordítás, felkiáltás **2.** *v* felordít, rivall, sipít
yellow ['jeləʊ] *a/n* sárga
yelp [jelp] *v* csahol, vakkant
Yeoman of the Guard ['jəʊmən] *n* (*pl* **Yeomen**) (*at the Tower*) testőr
yes [jes] **1.** *int* igen ‖ **~ indeed** hogyne!, de igen!; **~ (sir)!** igenis! **2.** *n* (*answer, vote*) igen
yesterday ['jestədɪ, -deɪ] *adv* tegnap ‖ **~ evening** tegnap este; **the day before ~** tegnapelőtt
yet [jet] **1.** *adv* (*in negatives*) még; (*in questions*) már ‖ **Has Peter come home ~? — No, not ~.** Hazajött már Péter? — Még nem.; **as ~** mind ez ideig **2.** *conj* (*nevertheless*) mégis, de azért
yew [juː] *n* tiszafa
Yiddish ['jɪdɪʃ] *a/n* jiddis
yield [jiːld] **1.** *n* hozam, termés **2.** *vt agr* (*crop*) hoz, megterem; (*interest*) kamatozik; (*profit*) hoz;

(*concede*) átenged, felad I *vi* enged (*to* vknek/vmnek); *mil* megadja magát II ~ **(to)** *US* elsőbbséget ad; ~! *US* elsőbbségadás kötelező!

Y-junction *n* Y-elágazás

yoga ['jəʊgə] *n* jóga

yog(h)urt ['jɒgət] *n* joghurt

yoke [jəʊk] *n* iga, járom

yolk [jəʊk] *n* tojássárgája

yonder ['jɒndə] *adv* amott; (*direction*) amoda

you [juː] *pron* te; (*pl*) ti; (*polite form*) ön, maga; (*pl*) önök, maguk; (*accusative*) téged; (*pl*) titeket; önt, magát; (*pl*) önöket, magukat; (*indefinite pronoun*) az ember II **to** ~ neked; (*pl*) nektek; önnek, magának; (*pl*) önöknek, maguknak II **here's to ~!** (*drinking*) egészségére!; ~ **never can tell** nem lehet tudni, az ember sose tudja

you'd [juːd] = **you had; you should; you would**

you'll [juːl] = **you shall; you will**

young [jʌŋ] **1.** *a* fiatal, ifjú II ~ **man** (*pl* **-men**) fiatalember, ifjú; ~ **people today** a mai fiatalok **2.** *n* fióka, kölyök II **the** ~ a fiatalok/fiatalság

younger ['jʌŋgə] *a* fiatalabb, ifjabb II **my** ~ **brother** öcsém

youngish ['jʌŋgɪʃ] *a* fiatalos

youngster ['jʌŋstə] *n* ifjú

your [jɔː] *pron* (a te) -d; (az ön) -(j)a, -(j)e; (a ti) -atok, -etek; az önök -(j)a/-(j)e II ~ **bid** te licitálsz; **this is ~ book** ez a te könyved, ez az ön(ök) könyve; ~ **car** a (te) kocsid, az ön kocsija

you're [jɔː] = **you are**

yours [jɔːz] *pron* a tied, az öné, a magáé; a tietek, az önöké, a ma-

guké II **this is** ~ ez az ön(ök)é; **Y~ sincerely, ...** (*in letter*) szívélyes üdvözlettel; **Y~ truly, ...** őszinte tisztelettel

yourself [jɔːˈself] *pron* (*pl* **yourselves** [jɔːˈselvz]) **you** ~ (te) magad, (ti) magatok; **(all) by** ~ egyedül, egymagad, magadtól; **you can be proud of** ~ büszkék lehettek magatokra

youth [juːθ] *n* (*period, state*) fiatalság, ifjúság; (*young*) fiatal, fiatalember II ~ **s** *pl* [juːðz] fiatalok

youthful ['juːθfəl] *a* (*mistake*) fiatalkori; (*appearance*) fiatalos

youth hostel *n* ifjúsági (turista)-szálló, turistaház

you've [juːv] = **you have**

Yugoslav ['juːgəʊslɑːv] *a/n hist* jugoszláv

Yugoslavia [juːgəˈslɑːvɪə] *n hist* Jugoszlávia

Z

zany ['zeɪnɪ] *a* dilis

zap [zæp] *v* **-pp-** *comput* töröl

zeal [ziːl] *n* lelkesedés, buzgalom

zealous ['zeləs] *a* buzgó, lelkes

zebra ['ziːbrə] *n zoo* zebra II ~ **crossing** *GB* (kijelölt) gyalogátkelőhely, zebra

zenith ['zenɪθ] *n also fig* zenit; delelő

zero ['zɪərəʊ] *n* nulla, zéró; (*on scale*) nullapont II **below** ~ fagypont alatt

zest [zest] *n* (*enthusiasm*) lelkesedés; (*flavour*) zamat

zigzag ['zɪgzæg] **1.** *a* zegzugos **2.** *n* cikcakk, zegzug **3.** *v* **-gg-** *(lightning)* cikázik; *(path)* cikcakkban halad

zinc [zɪŋk] *n* cink, horgany

zip [zɪp] **1.** *n* *(sound)* fütyülés; *GB* *(fastener)* cipzár **2.** *v* **-pp-** *vi* *(bullet)* fütyül I *vt* *(dress)* cipzárt behúz II ~ **sg open** *(bag)* kinyit

zip up *vt* cipzárt behúz I *vi* cipzárral záródik

zip code ['zɪp kəʊd] *n* *US* (postai) irányítószám

zip-fastener (*US* **zipper** ['zɪpə]) *n* cipzár

zodiac ['zəʊdɪæk] *n* állatöv

zombie ['zɒmbɪ] *n* zombi II **like a** ~ *fig* gépiesen

zone [zəʊn] *n* övezet, zóna; *geogr* égöv II ~ **time** zónaidő

zoo [zuː] *n* állatkert

zoological [‚zəʊə'lɒdʒɪkl] *a* állattani, zoológiai II ~ **gardens** *pl* állatkert

zoologist [zəʊ'ɒlədʒɪst] *n* zoológus

zoology [zəʊ'ɒlədʒɪ] *n* állattan, zoológia

zoom [zuːm] *v* ~ **in on (sg)** *photo* vmt (gumiobjektívvel) behoz

zoom lens *n* gumiobjektív

zucchini [zuːˈkiːnɪ] *n* *US* cukkini

NTC's
HUNGARIAN
and
ENGLISH
Dictionary

Preface

The present dictionary contains 18,000 headwords and 8,000 examples and set phrases. In selecting the vocabulary we have concentrated on the contemporary language as spoken and written today in Hungary. Essentially practical and modern in content, the dictionary gives a remarkably wide coverage of technical vocabulary to meet especially the interest of young people.

To the User

The layout of the dictionary is very simple, all headwords being in a strict alphabetical order.

Headwords spelled in the same way but radically different in meaning, called homographs, appear as separate headwords with superscript numbers, e.g., **ég**[1], **ég**[2].

A number of Hungarian words figure in two or more word classes or parts of speech (i.e., nouns or verbs, adjectives or adverbs). The various word classes are differentiated by means of bold Arabic numerals, e.g., **dolgozó 1.** *a*... **2.** *n*..., **csempész 1.** *v*... **2.** *n*...

As with English, the overwhelming majority of Hungarian words have more than one meaning. For this reason, the various meanings of the headwords, and their translations, are separated by a semicolon (;) preceded in each case by an italicized *guide word* or *usage label* in Hungarian. Wherever it was felt necessary, information on usage has been given by square bracketed *context words* following the English translations or equivalents, in English, e.g., **hallgat** *v* (*vmt, vkt*) listen to, hear*; (*egyetemi előadást*) attend [lectures on sg]; (*nem szól*) keep*/be* si*l*ent; (*vkre*) listen to sy; (*tanácsra*) take*/follow sy's [advice] ...; **gyakoriat** *n* practice; (*feladat*) exercise; *zene* étude; *sp* training; *kat* drill, etc.

Grammatical (syntactical) information is given in various forms such as prepositional usage following the *English* translations (as can be seen in the previous examples), the asterisk (*) that marks irregular verb in English and degree sign (°) that marks irregular plural forms of nouns.

Előszó

Ez a szótár 18 000 címszót és 8 000 állandósult szókapcsolatot valamint példát tartalmaz. A szóanyag kiválogatásában az vezérelt, hogy megfeleljen a ma élő új generáció nyelvhasználatának. Korszerű és gyakorlatias kíván tehát lenni, messzemenően figyelembe véve a mai köznyelvben is használt műszaki – és általában szaknyelvi – szavakat, fordulatokat is.

A szótár használatáról

A szótár felépítése igen egyszerű: CÍMSZAVAI szigorú ábécérendben követik egymást.

Az alakjukra nézve azonos, de gyökeresen eltérő jelentésű szavakat, vagyis a HOMONIMÁKAT, indexszámmal különböztetjük meg, pl. ég^1, ég^2.

Számos magyar szó több szófajban is előfordul (főnév, ige, melléknév stb.). Ezeket félkövér arab számokkal különbözteti meg a szótár, pl. **dolgozó 1.** *a* ... **2.** *n* ...; **csempész 1.** *v* ... **2.** *n* ...

Mint az angolban, a magyarban is a szavak túlnyomó többségének egynél több JELENTÉSE van. Az egyes jelentéseket, illetőleg azok angol *megfelelőit* (*egyenértékeseit, ekvivalenseit*) szótárunk gondosan megkülönbözteti egymástól zárójelbe tett dőlt betűs magyar *irányítószavakkal*, ill. szaknyelvi *rövidítésekkel*. Egy-egy ilyen egységet pontosvessző választ el egymástól. Segítséget jelent továbbá a magyar használónak az, hogy, ahol szükséges és lehetséges volt, az angol egyenértékes után szög-

letes zárójelben *szövegkörnyezeti szavakkal* („context words")
egészítettük ki a csupán egy-egy szóból álló egyenértékest. Pl.
hallgat *v* (*vmt, vkt*) listen to, hear*; (*egyetemi előadást*) attend
[lectures on sg]; (*nem szól*) keep*/be* silent; (*vkre*) listen to sy;
(*tanácsra*) take*/follow sy's [advice].

A NYELVTANI (MONDATTANI) INFORMÁCIÓ különféle for-
mában jelentkezik: mindenütt, ahol szükséges és lehetséges,
megadjuk a *vonzatokat*. A rendhagyó igéket csillag (*), a rend-
hagyó többes számú főneveket kis felső karika (°) jelzi. A főne-
vek után álló *pl* azt jelzi, hogy többes számú igei szerkezettel
kell fordítani. Pl. **bajusz** *n* moustache (*US* mus-); (*macskáé*)
whiskers *pl*. Mellékneveknél az *ut.* pedig arra figyelmeztet,
hogy nem jelzőként, hanem *utótételként* használható a – rend-
szerint – többszavas jelzős szerkezet. Pl. **alkalmatlan** *a* (*vmre*)
unfit(ted)/ unsuitable for *ut.*; (*állásra*) unqualified for *ut.*; (*kelle-
metlen*) inconvenient.

Latin eredetű tudományos szavak esetében szótárunk megadja
a latinos többes számokat is. Pl. **baktérium** *n* bacterium (*pl* -ria).

Az AMERIKAI ANGOL NYELVHASZNÁLATOT ez a szótár is
igyekszik mindvégig feltüntetni, mindenütt *US* jelzéssel. Pl.
emelés ... (*növelés pl. béré*) rise (*US* raise).

A TÖBBSZAVAS LEXIKAI EGYSÉGEKET (idiomatikus kifeje-
zéseket és példákat) mindig a szócikk második felében, az egyes
jelentések és azok angol megfelelői után szótározzuk, a két rész
közé ‖ jelet téve. A kifejezések félkövér szedésűek, s bennük a
címszót a tilde (~) helyettesíti. Pl. **gyenge 1.** *a* weak; (*csekély*)
slender, slight etc ... ‖ **a ~bb nem ...; ~ a matematikában ...; ~
idegzetű ...; ~ minőségű ...; ~ oldala/pontja vknek ...**

Az angol szavak KIEJTÉSÉT ez a szótár *nem* adja meg; azt bárki megtalálhatja az angol–magyar részben. Ellenben minden angol szónak a HANGSÚLYÁT megadjuk, mégpedig a hangsúlyos szótag magánhangzójának, ill. magánhangzóinak dőlt szedésével. Pl. **gyenge** *a* (*erélytelen*) lenient, ind*u*lgent; (*erőtlen*) feeble.

Arra azonban itt is felhívjuk a figyelmet, hogy a magyar hangrendszer angol megfelelőit táblázatosan bemutatja a szótár a 10. lapon.

Kiejtés
Pronunciation

Phonetic Chart of Hungairian Speech Sounds

In the left column the letters of the Hungarian alphabet are given followed by the phonetic symbols representing the Hungarian vowels and consonants. This is followed by examples, first English or foreign words with approximate sound correspondences, and finally Hungarian examples in which the respective sounds occur.

Note that the stress of Hungarian words falls always on the first syllable.

Vowels*

a	[a]	as in *card*, but darker and shorter	**kar** arm, **ablak** window
á	[a:]	as in *baa*, but more open; German *Haar*	**tál** dish, **hálás** thankful
e	[e]	as in *get, pen*	**ember** man
é	[e:]	as in *cake;* French *thé*, German *See*	**kép** picture
i	[i]	as in *lip*, only somewhat tenser	**kit** whom
í	[i:]	as in *tea*	**híd** bridge
o	[ɔ]	as in *not* in Scottish pronunciation; French *pomme*	**toll** pen
ó	[ɔ:]	as in *all, short;* French *beau*, German *Boot*	**tó** lake
ö	[ø]	as in French *le*, German *Löffel*	**öröm** joy
ő	[ø]	as in French *deux*, German *schön, Öl*	**nő** woman
u	[u]	as in *put*, but more rounded	**ugrik** jump
ú	[u:]	as in *too, boot*	**húz** pull
ü	[y]	as in French *tu*, German *dünn*	**ül** sit
ű	[y:]	as in French *s–r, rue*, German *früh*	**tű** needle

*There are no diphthongs in Hungarian, except *au* [aú] in some words of foreign origin, as in **autó, augusztus** etc.

Consonants

a) *Represented by single letters of the Hungarian alphabet*

Consonants for which the phonetic symbol is the same as the letter itself, and which therefore cause no pronunciation difficulties, are as follow:

b, d, f, k, l, m, n, p, t, v, and **z.**

As for the rest:

c	[ts]	as in *tsetse, hats*	**ceruza** pencil
g	[g]	as in *get, give*	**gazdag** rich
h	[h]	as in *hip, he*	**ház** house
		Finally, however, and within a word preceding a consonant, it is mute	**méh** [me:] bee
j	[j]	as in *yet, you*	**jó** good
r	[r]	always rolled as in Scottish *rule, Burns*	**óra** watch, class
s	[ʃ]	as in *ship, shoe*	**só** salt, **és** and

b) *Double letters,* such as **bb, cc, dd** etc. represent consonants which are always pronounced *long,* as in *unnatural.*

c) *Digraphs*

i.e. the combination of two—or in one case three—letters which represent a single speech sound, as *gh* in English *tough.*

cs	[tʃ]	as in *church*	**csúcs** summit
dz	[dz]	short, as in *roads, bids*	**fogódznak** they cling on
		long, between two vowels	**edző** ['eddz ø:] coach
dzs	[dʒ]	short as in *page*	**lándzsa** ['la:ndʒa] lance
		long, in a few foreign words	**bridzs** [briddʒ] bridge
gy	[dj]	as in *due, during;* French *adieu*	**magyar** Hungarian
ly	[j]	as in *yet, you*	**gólya** stork
ny	[nj] or [ñ]	as in new; French *cognac, vigne*	**nyak** neck
sz	[s]	as in *see, slow*	**szép** nice
ty	[tj]	as in *student;* French *Étienne*	**tyúk** hen
zs	[ʒ]	as in *measure, usual;* French *jour*	**zseb** pocket

Rövidítések és jelek
Abbreviations and Signs

a	melléknév	adjective
adv	határozó	adverb
átv	átvitt	figurative
bány	bányászat	mining
biol	biológia	biology
biz	bizalmas	colloquial
bot	botanika, növénytan	botany
conj	kötőszó	conjunction
csill	csillagászat	astronomy
el	elektromosság	electricity
épít	építészet	architecture
etc	s a többi	et cetera
fil	filozófia	philosophy
film	filmművészet	cinema
fiz	fizika	physics
foto	fényképezés	photography
földr	földrajz	geography
GB	brit szóhasználat	British usage
geol	geológia	geology
H	Magyarországon	in Hungary
hajó	hajózás	nautical
hiv	hivatalos	formal
int	indulatszó	interjection
ir	irodalmi	literary
isk	iskola, oktatás	school
jog	jog	law
kat	katonai	military
kb.	körülbelül	approximately
kém	kémia	chemistry
ker	kereskedelem	commerce
kif	az angolban ilyen kifejezéssel	in English construed as ...

11

közg	közgazdaság	economics
közl	közlekedés	traffic
mat	matematika	mathematics
mezőg	mezőgazdaság	agriculture
műv	művészet	art
n	főnév	noun
num	számnév	numeral
nyelvt	nyelvtan	grammar
nyomd	nyomdászat	printing
orv	orvostudomány	medicine
pejor	pejoratív	pejorative
pénz	pénzügy	finance
pl	többes szám	plural
pl.	például	for example
pol	politika	politics
post	névutó	postposition
pref	előtag	prefix
prep	elöljáró	preposition
pron	névmás	pronoun
pszich	pszichológia	psychology
rep	repülés	aviation
sg	valami	something
sing.	egyes szám	singular
sp	sport	sports
stb.	s a többi	and so on
suff	utótag	suffix
swhere	valahol; valahova	somewhere
sy	valaki	somebody
szính	színház	theatre
szt	számítógép	computers
tech	technika	technology
tört	történelem	history
tréf	tréfás	humorous
TV	televízió	television
ua.	ugyanaz (mint)	the same (as)
US	amerikai szóhasználat	(North) American usage

ut.	csak utótételben	in apposition only
v	ige	verb
v.	vagy	or
vall	vallás	religion
vasút	vasút	railways
vhol	valahol	somewhere
vhova	valahova	somewhere
vi	tárgyatlan ige	intransitive verb
vk	valaki	somebody
vm	valami	something
vt	tárgyas ige	transitive verb
vulg	vulgáris, durva	vulgar
zene	zene	music
zoo	zoológia, állattan	zoology
~	tilde – a címszót helyettesíti	tilde – representing the headword
´~	ékezetes tilde – ha a címszó utolsó magánhangzója megnyúlik (**fa; ´~t=fát**)	tilde with acute accent – indicating the lengthening of the final vowel of the word it stands for
→	lásd még	see also, see under
=	ugyanaz, mint	same as
*	rendhagyó ige, lásd a függelékben, 413. o.	irregular verb, see Appendix, pp 413–419
°	rendhagyó főnév, lásd a függelékben, 420. o.	irregular noun, see Appendix, p 420
‖	a példákat választja el	separates the examples
|	a tárgyas és tárgyatlan jelentést választja el	separates the transitive and intransitive senses

A, Á

a (*határozott névelő*) the
á *int* oh, ah
à (*darabonként*) at ‖ **4 db szék** ~
400 Ft four chairs at 400 forints
each
abba *pron* into that, there
abbahagy *v* stop (doing sg), cease;
(*végleg*) give* up
abbamarad *v* cease
abban *pron* in that
abból *pron* from/of that, out of that
ABC-áruház *n* supermarket
ábécé *n* alphabet, ABC
ablak *n* window; (*toló*) sash-win-
dow; (*földig érő*) French window;
(*jegypénztáré*) (ticket) counter
ablakkeret *n* window/sash-frame
ablaktörlő *n* (*járművön*) windscreen-
wiper, *US* windshield wiper
ablaküveg *n* window-glass
abortusz *n* abortion, miscarriage
ábra *n* illustration, picture; (*szöveg-
közi, mértani*) figure
ábrándoz|ik *v* be* daydreaming
ábrázol *v* (*rajzol*) represent, deli-
neate; (*személyt*) portray; (*leír*)
describe
ábrázolás *n* (*rajzban*) delineation,
portrayal, representation; (*írás-
ban*) description
abroncs *n* (*keréken*) tyre, *US* tire
abszolút *a* absolute
absztinens *a* abstinent; (*alkohol-
tól*) teetotal
absztrakt *a* abstract; nonfigurative
acél *n* steel
acélos *a* steely; *átv* firm
acélszürke *a* steel-grey

ács *n* carpenter
ácsol *v* scaffold
ácsorog *v* stand* about; (*tétlenül*)
lounge, loaf
ad *v* give*, present; (*adományoz*)
grant, donate; (*rádió, tévé*) broad-
cast*, transmit; (*színházban stb.
játsszák*) be* on ‖ **~om X urat**
(*telefonon*) I'll put you through to
Mr. X; **angolórákat** ~ give*
English lessons; **majd ~ok én
neked!** I'll give you what for!;
sokat ~ vmre lay* great stress on
sg
adag *n* (*orvosság*) dose; (*élelmi-
szer*) ration, portion
adagol *v* portion/measure out;
(*gyógyszert*) dose
adás *n* giving (to); (*rádió, tévé*)
broadcast(ing), transmission
adásvétel *n* sale and purchase,
trading
adat *n* ~**(ok)** data (*többnyire sing.*);
(*tények*) fact(s); (*tétel*) item ‖
részletes ~ok details; **személyi
~ok** sy's particulars
adatbank *n* data bank
adatbázis *n* data base
adatfeldolgozás *n* (*gépi*) data
processing
adatlap *n* data sheet
addig *adv* (*hely*) as far as that; (*idő*)
till, until ‖ ~ **is** meanwhile, in the
meantime
addigra *adv* by that time
adjunktus *n kb. GB* senior lecturer,
US assistant/associate professor
adminisztratív *a* administrative,
executive
adminisztrátor *n* administrator,
executive
admirális *n* admiral

adó n (állami) tax; (községi) rate(s)
|| ~ **alá esik** be* taxable; **leírható
az** ~**ból** be tax-deductable; ~**t
fizet** pay* tax (vm után on sg); ~**t
kivet vkre/vmre** tax sy/sg, levy a
tax on sy/sg
adóalap n taxable income
adócsalás n tax avoidance/evasion
adód|ik v vm happen, present itself;
vmből issue (from), derive (from)
adófizetés n payment of taxes/
rates
adófizető n taxpayer, ratepayer
adókedvezmény n tax allowance
adóköteles a taxable, liable to tax
ut.
adomány n gift, donation
adományoz v donate; (kitüntetést)
award
adómentes a tax-free, exempt
from tax ut.
adoptál v adopt
adós 1. a in debt ut., owing ut. || ~
vknek vmvel owe sy sg **2.** n
debtor || ~**a marad vknek** remain
sy's debtor (v. in sy's debt)
adóslevél n bond; biz IOU (= I
owe you)
adósság n debt || ~**ot csinál**
contract a debt
adottság n (körülmények) circum-
stances, conditions (hajlam) bent;
(képesség) capacity, ability
adó-vevő (készülék) n transceiver,
walkie-talkie
adózás n taxation
adóz|ik v (adót fizet) pay* tax(es)/
rates (vm után on)
aerobic n aerobics sing.
ÁFA, áfa n VAT, vat
afelől adv (amiatt) ~ **biztos le-
hetsz** you may be sure of that;

(vm felől) ~ **érdeklődött, hogy** he
inquired about/whether ...
afféle a of that sort ut, a sort of
afgán a/n Afghan
Afganisztán n Afghanistan
áfonya n cranberry || **fekete** ~
whortleberry, US huckleberry
Afrika n Africa
afrikai a/n African || ~ **amerikai**
African American
ág n (fáé, tudományé, szakmáé)
branch; (gally) twig; (folyóé)
branch, arm
agancs n antlers pl
agár n greyhound
ágazat n (fáé) branches pl; (egyéb)
section, sector
agg a very old, aged
aggály n misgiving, scruple; (aggo-
dalom) anxiety, worry
aggályoskod|ik v be* anxious
(about doing sg), worry (about)
aggaszt v worry ||~**ja vm** be*
worried about sg
agglegény n (elderly) bachelor
aggodalmas a anxious, worried
aggodalom n anxiety, worry
aggód|ik v (vmért, vkért) be*
anxious (for/about sg/sy), worry
(about sg/sy) || **ne** ~**j!** don't
worry!
agrármérnök n agricultural en-
gineer
agrártudomány n agricultural
science
agresszív a aggressive
ágrólszakadt a down-and-out
agronómus n agronomist, agri-
culturist
agy n brain; (puskáé) butt(-end),
stock; (keréké) hub || **az** ~**ára
megy vm** it is driving him mad

ágy *n* bed || **felkel az ~ból** get* up, get* out of bed; **lefekszik az ~ba** go* to bed

agyafúrt *a* crafty, cunning

agyag *n* clay, potter's earth

agyagedény *n* earthen pot/vessel, earthenware

ágyás *n* (flower)bed

ágyaz *v* make* the bed(s)

ágyék *n* loins *pl*

ágyhuzat *n* bed linen

agyi *a* cerebral

agymunka *n* brain-work

ágynemű *n* bed-clothes *pl*, bed linen

agyondolgozza magát *v* over-work, work oneself to death

agyonhajszol *v* (*munkával*) work sy to death, over-fatigue || **~t** tired/fagged out *ut.*

agyontapos *v* trample/tread* sy/sg down

agyonüt *v* strike* sy dead || **~i az időt** kill time

agyonver *v* beat* sy to death

agysebészet *n* brain surgery

ágytál *n* bedpan

ágyterítő *n* bedspread

ágyú *n* cannon

ágyúgolyó *n* cannon-shot/ball

ágyúlövés *n* cannon-shot

agyvelő *n* brain, cerebrum

agyvérzés *n* apoplexy, stroke || **~t kap** have* a stroke

ah! *int* ah!

ahá! *int* I see!

ahány *pron* as many

ahelyett *adv* instead of [doing sg]

áhítat *n* (*összejövetel*) devotions *pl*; (*ima*) prayers *pl*

ahogy *adv* (*mód*) as; (*amint*) as soon as

ahol *adv* where

ahonnan *adv* from where

ahova *adv* where

aj! *int* oh!

ajaj! *int biz* oh dear!, *US* (that's) too bad!

ajak *n* lip || **ajkát biggyeszti** purse one's lips, pout

ajakrúzs *n* lipstick

ajándék *n* gift, present || **~ba kap** receive as a present; **~ot ad vknek** give* sy a present

ajándékoz *v* present (sy with sg)

ajánl *v* suggest (that), advise (sy that ... *v.* sy to ...); recommend (sg to sy *v.* sy sg); (*árut*) offer

ajánlás *n* recommendation; (*jelölté*) nomination

ajánlat *n* offer; (*indítvány*) move, proposition; (*árverésen*) bid(ding); (*árlejtésen*) tender || **~ot tesz** make* an offer/tender for sg

ajánlatos *a* advisable, expedient

ajánlólevél *n* (letter of) recommendation; references *pl*

ajánlott *a* recommended || **~ levél** registered letter

ajkú 1. *a* **magyar ~** Hungarian-speaking **2.** *n* **magyar ~ak** Hungarian speakers, speakers of Hungarian

ajtó *n* door || **~n belép** enter by/through the door; **~t becsuk** close the door; **~t bezár** lock the door

ajtócsengő *n* doorbell

ájulás *n* swoon, faint(ing fit), collapse || **~ba esik** faint

ájult *a* in a faint *ut.*, unconscious

akácfa *n bot* locust (tree); (*fája*) locust (wood)

akad *v* vmben, vmn get* stuck/caught (in/on); (*előadódik*) occur, turn up || **kezébe ~** get* *i*nto the hands of sy

akadály *n* (*tárgy*) *o*bstacle; (*úton*) obstr*u*ction; (*gátló körülmény*) d*i*fficulty || **~ba ütközik** meet* with d*i*fficulties; **forgalmi ~** tr*a*ffic jam

akadályoz *v* h*i*nder; (*vkt vmben*) prevent sy (from) d*o*ing sg || **~za a forgalmat** is obstr*u*cting the tr*a*ffic

akadémia *n* (*tudományos*) ac*a*demy; (*főiskola*) c*o*llege

akadémikus *n* academ*i*cian

akar *v* (*kíván*) want (sg *v*. to do sg), wish (sg to h*a*ppen *v*. for sg); (*szándékozik*) intend to, be* g*o*ing to || **ahogy ~od** as you like; **akár ~(ja), akár nem** wh*e*ther he wants to or not; **ha ~ja** if you like; **mit ~sz ezzel mondani?** what do you mean (by that)?; **tégy, ahogy ~sz** do as you wish/please

akár 1. *adv* (*megengedés*) **~ el se gyere** you might as well stay away **2.** *conj* (*hasonlítás*) just/ quite like; (*választás*) **~ hiszi, ~ nem** bel*i*eve it or not; **~ tetszik, ~ nem** wh*e*ther you like it or not

akarat *n* will, wish || **~tal** on p*u*rpose, int*e*ntionally

akaraterő *n* w*i*ll-power

akaratlan *a* unint*e*ntional; (*véletlen*) acc*i*dental

akaratos *a* s*e*lf-w*i*lled, *o*bstinate

akárcsak *conj* just like, (the) same as ...

akárhányszor *pron e*very time, when*e*ver

akárhogy(an) *adv* how*e*ver, what*e*ver way

akárhol *adv* wher*e*ver, *a*nywhere

akárhonnan *adv* from wher*e*ver; from *a*nywhere

akárhova *adv* wher*e*ver, *a*nywhere

akárki *pron* who*e*ver, *a*nyone

akármeddig *adv* (*hely*) how*e*ver far; (*idő*) how*e*ver long

akármekkora *pron* how*e*ver large

akármelyik *pron a*ny, which*e*ver, no m*a*tter which; (*kettő közül*) *ei*ther

akármennyi *pron* how*e*ver much/ many

akármerre *adv* wher*e*ver

akármerről *adv* from wher*e*ver/ *a*nywhere

akármi *pron* what*e*ver, whatso*e*ver; *a*nything

akármikor *adv* (*bármely időben*) (at) *a*ny time, when*e*ver you wish/ like; (*valahányszor*) when*e*ver, *e*very time

akármilyen *pron* **nem ~ ember az!** he's not just *a*nybody

akaszt *v* (*embert*) hang; (*tárgyat*) hang* (up), susp*e*nd

akasztó *n* (*vállfa*) h*a*nger; (*kabáton*) loop

akcentus *n a*ccent || **idegen(es) ~sal beszél** speak* with a f*o*reign *a*ccent

akció *n a*ction, act*i*vity; (*vállalkozás*) camp*a*ign; (*vásár*) sale

aki *pron* who || **~ csak** who*e*ver; **~é** whose; **~ért** for whom; **~hez** to whom; **~nek** to whom; **~nél** (*hely*) with whom; (*hasonlítás*) than who; **~ről** ab*o*ut/of whom; **~t** whom; **~től** from/of whom; **~vel** with whom

akkor *adv* then, at the/that time

akkora *pron* such a ... || **~, mint az apja** be* as tall as his f*a*ther

akkorára *adv* = **akkorra**
akkord *n* (*zenei*) chord
akkori *a* of that/the time *ut*.
akkoriban *adv* in those days, at that time
akkorra *adv* by then, by that time
akku(mulátor) *n* battery
akna *n* *bány* (mine) shaft; (*szellőző*) air-shaft; (*szerelő*) pit
aközben *adv* meanwhile, (in the) meantime
akt *n* nude
akta *n* document, paper, file
aktatáska *n* briefcase
aktív *a* active
aktíva *n* (*szerv*) action committee; (*ember*) activist, political/party worker; *ker* ~k assets
aktivitás *n* activity
aktivizál *v* activate
aktuális *a* timely, topical, current ‖ **már nem** ~ be* out of date
aktus *n* act; (*ünnepi*) ceremony
akvarell *n* watercolour (*US* -or)
akvárium *n* aquarium (*pl* -s *v*. -ria)
alá 1. *post* under, underneath, below **2.** *adv* **fel s** ~ up and down
alább *adv* lower down, below; down under ‖ **az** ~ **említett** the undermentioned; **lásd** ~ see below
alábbhagy *v* diminish, lessen
alábbi *a* undermentioned, following
alábecsül *v* underrate, undervalue
alacsony *a* low; (*ember*) short, small ‖ ~ **ár** low price
alacsonyan *adv* low ‖ ~ **fekvő** low-lying
alacsonyrendű *a* inferior, lower
alagsor *n* basement
alagút *n* tunnel
aláhúz *v* underline

aláírás *n* signing (one's name); (*aláírt név*) signature
alak *n* form, shape; (*emberé*) figure; *biz* (*személyről*) fellow, chap
alakít *v* form, shape; (*ruhát*) alter; (*szerepet*) act, play
alakítás *n* formation; (*ruháé*) altering; (*színészi*) interpretation
alaktalan *a* formless, deformed
alakú *suff* -shaped, -formed
alakul *v* (*alakot ölt*) take* shape, assume a form, be* formed; *vmvé* become*; (*létrejön*) come* into being ‖ **úgy** ~**t, hogy** it so happened that
alakzat *n* form(ation), figure, configuration
alámerül *v* submerge, dive; (*hajó*) sink*
alamuszi *a* shifty, sly
alantas *a* base, vulgar
alany *n* *nyelvt* subject
alap *n* base; (*házé*) foundation; (*nem anyagi*) basis (*pl* bases); (*pénz*) funds *pl* ‖ **az iratok** ~**ján** on the evidence of the documents; **nincs semmi** ~**ja** have* no foundation; **vmnek** ~**ján** on the basis/grounds of
alapanyag *n* basic (raw) material, base
alapdíj *n* minimum charge
alapelem *n* essential element/component
alapelv *n* (fundamental/basic) principle
alapfeltétel *n* primary condition
alapfok *n* *nyelvt* positive (degree)
alapfokú *a* lower/first grade ‖ ~ **nyelvtanfolyam** a course for beginners
alapít *v* found, establish

alapító *n* founder
alapítvány *n* foundation, endowment, fund
alapokmány *n* charter
alapos *a* (*ember*) thorough(-going); (*ok*) sound; (*tudás*) thorough, profound
alaposan *adv* thoroughly, soundly
alapoz *v* lay* the foundations (of)
alaprajz *n* ground-plan, sketch
alapszabály *n* fundamental rule; (*szabályzat*) constitution
alaptalan *a* (*vád*) unfounded; (*gyanú*) groundless
alapterület *n* (basic) area
alaptőke *n* capital
alapvető *a* fundamental, essential, basic
alapzat *n* foundation, groundwork
álarc *n* mask; *átv* disguise
alárendel *v* vknek, vmnek subordinate (to)
alárendelt *a/n* vknek, vmnek subordinate, inferior (to)
alátét *n* pad, support; (*asztali*) (table-)mat
alatt *post* (*hely*) under, below; (*idő*) in, during || ez ~ az idő ~ during this time; öt nap ~ (with)in five days
alatta *adv* ~ áll stand* underneath; ~ marad *átv* fall* short of sg
alattomos *a* sneaking, sly
alattvaló *n* subject
alávet *v* vmnek submit/subject to sg
alázat *n* humility, humbleness
alázatos *a* humble
albán *a/n* Albanian
Albánia *n* Albania
albérlet *n* ~be megy rent a room/flat; ~ben lakik live in lodgings

albérlő *n* lodger
album *n* album
álcáz *v* mask, disguise
alcím *n* subtitle, subheading
áld *v* bless || Isten ~jon! goodbye!
áldás *n* (*papi*) blessing, benediction
áldatlan *a* unfortunate || ~ állapotok evil conditions
áldomás *n* drink, toast (to sy)
áldott *a* blessed
áldoz *v* sacrifice, offer (sg to God); *átv* devote [time etc.] to
áldozat *n* vall sacrifice, offering; (*vm rosszé*) victim (of) || ~ot hoz make sacrifices (*vkért/vmért* for sy/sg); ~ul esik fall* victim (*vmnek* to); a halálos ~ok száma death toll
alelnök *n* vice-president
alezredes *n* lieutenant-colonel (Lt-Col.)
alfabetikus *a* alphabetical
alföld *n* plain
alga *n* alga (*pl* algae)
algebra *n* algebra
alhadnagy *n* (*GB és US hadseregben*) 2nd lieutenant; (*tengerészetben*) sub-lieutenant, *US* master-sergeant
alig *adv* hardly, scarcely, barely || ~ ismerem I hardly know him; már ~ várom I can hardly wait (to do sg)
aligha *adv* scarcely, hardly
alighanem *adv* (most) probably, very likely
alighogy *adv* (*mihelyt*) hardly, scarcely
alja *n* (*alsó rész*) bottom, lower part, foot; (*üledék*) dregs *pl*, sediment
aljas *a* base, mean, vile

alkalmas *a vmre* (be*) suitable, fit (for sg); (*illő*) appropriate (for) ‖ ~ **időben** at a convenient time

alkalmatlan *a (vmre)* unfit(ted)/unsuitable for *ut.*; (*állásra*) unqualified for *ut.*; (*kellemetlen*) inconvenient

alkalmatlankod|ik *v vknek* bother sy, be* a trouble to sy

alkalmaz *v vmt vmre* apply (to), use (for); (*eljárást*) adopt; *vkt* employ, engage ‖ **színpadra** ~ adapt (sg) [for the stage]

alkalmazás *n vmé* application, use; (*eljárásé*) adoption; (*színre*) adaptation; (*vké*) employment

alkalmazható *a vm* be* applicable (*vmre* to)

alkalmazkod|ik *v vmhez* adjust (oneself) to sg, adapt (oneself) to sg

alkalmazott 1. *a* applied 2. *n* employee ‖ **az** ~**ak** staff, personnel

alkalmi *a* occasional, incidental; (*véletlen*) casual ‖ ~ **ár** special/bargain price; ~ **vétel** (special) bargain

alkalom *n* occasion; (*lehetőség*) opportunity, chance ‖ **vmnek alkalmából** on the occasion of; **ez** ~**mal** this time

alkat *n* structure, build; (*emberé*) constitution; (*testi*) physique

alkatrész *n* part; (*pót~*) spare part(s)

alkohol *n kém* alcohol, spirit; (*szeszes ital*) alcoholic drinks *pl*

alkoholista *a/n* alcoholic, habitual/hard drinker

alkoholmentes ital *n* nonalcoholic/soft drink

alkony *n* twilight, nightfall

alkot *v* create; form; (*szellemi művet*) compose

alkotmány *n pol* constitution

alkotó 1. *a* creative, constructive 2. *n* creator, composer

alkotóelem *n* = **alkotórészek**

alkotórészek *n pl* constituent parts, components

alku *n* bargain, deal

alkudoz|ik *v* (*vkvel vmről/vmn*) haggle (with sy over sg)

alkusz|ik *v* bargain (*vkvel vmre* with sy for sg)

áll[1] *n* chin ‖ **majd leesett az** ~**a** he stood gaping

áll[2] *v vhol* stand*; (*gép*) be* at a standstill; (*vonat*) stop; (*ruha*) fit/suit sy; (*vmből*) consist of sg; *átv* (*vkn, vmn*) depend on (sy, sg) ‖ **az** ~ **rajta, hogy** it says/reads ...; **esőre** ~ it looks like rain; **munkába** ~ begin* work; **5:1-re** ~**nak** the score stands at 5—1; ~**ja az ígéretét** keep* one's promise

állag *n* (*anyag*) substance; (*állapot*) condition

állam *n* state

állambiztonság *n* state security

államcsíny *n* coup (d'état) (*pl* coups d'état)

államelnök *n* president (of the state)

államforma *n* form of state

államfő *n* head of state; (*király*) sovereign, monarch

állami *a* state, public ‖ ~ **bevétel** public revenue; ~ **gazdaság** state farm; ~ **gondozott** child° in care; ~ **iskola** state school, *US* public school; ~ **tulajdon** state/national property; ~ **vállalat** state enterprise

államigazgatás *n* public administration
államkincstár *n* the (st*a*te) Treasury
államkölcsön *n* government loan
államosít *v* nationalize
állampolgár *n* citizen, *GB* subject *v.* citizen
állampolgárság *n* citizenship, nationality
államrend *n* political/social system
államszövetség *n* confederation
államtitkár *n* under-secretary (of state)
államügyész *n* public prosecutor
államvizsga *n* state examination
állandó **1.** *a* (*tartós*) permanent, constant; (*szakadatlan*) continuous, perpetual; (*változatlan*) unchanging; (*rögzített*) fixed ‖ ~ lak(ó)hely permanent address/residence; ~ lakos resident
állandóan *adv* constantly, permanently
állapot *n* state (of affairs), condition ‖ ~a javul is (getting) better; jó ~ban van be* in good condition/repair
állapotos *a* pregnant
állás *n* stand(ing); (*helyzet*) state, position; (*alkalmazás*) job, employment; (*hivatal*) position ‖ ~t foglal vm ügyben take* a stand on sg; a játék ~a the score (of the game); a dolgok ~a the state of things
állásfoglalás *n* attitude, stand(point)
álláspont *n* point of view, viewpoint, stand(point)
állástalan *a/n* jobless, unemployed
állásváltoztatás *n* change of job

állat *n* animal, beast
állatfaj *n* species (*pl* ua.), breed
állatias *a* beastly, brutal
állatkereskedés *n* pet shop
állatkert *n* zoological gardens *pl*, zoo
állatorvos *n* veterinary surgeon, *biz* vet
állattan *n* zoology
állattenyésztés *n* animal husbandry
állatvilág *n* fauna
allergiás *a* allergic (*vmre* to)
állít *v* (*vmt vhová*) place, stand* (sg swhere); (*mondva*) assert, state
állítmány *n* predicate
állító *a* affirmative, positive
állítólag *adv* supposedly, allegedly ‖ ~ jön he is said to be coming
állkapocs *n* jaw
álló *a* (*vhol*) standing; (*nem mozgó*) stationary, fixed; (*függőleges*) vertical, upright; (*vmből*) consisting of sg *ut.*
állomány *n* (*személyi*) staff; (*készlet*) stock ‖ ~ba vesz engage, employ
állomás *n* station
állomáshely *n* *kat* garrison; (*diplomáciai*) post
állott *a* (*étel*) stale
állóvíz *n* standing/stagnant water
állvány *n* stand; (*épülethez*) scaffolding; (*könyvnek*) shelf°
alma *n* apple ‖ az ~ nem esik messze a fájától like father like son
almabor *n* cider
almafa *n* apple-tree
almalé *n* apple-juice
almás *a* ~ pite apple-cake/pie; ~ rétes apple-turnover

álmatlan *a* sleepless
álmatlanság *n* sleeplessness, insomnia
álmélkod|ik *v* (*vmn*) wonder (at sg), be* amazed (to see sg)
álmod|ik *v* dream (*vmről* of/about)
álmodozó *n* daydreamer
álmos *a* sleepy, drowsy
alól *post* from beneath/under
álom *n* (*amit álmodunk*) dream; (*alvás*) sleep || **~ba merül** fall* asleep; **rossz** ~ nightmare; **szép álmokat!** sweet dreams!
alorvos *n* junior doctor
alosztály *n* subdivision; *zoo* subclass
alperes *n* defendant
Alpok *n pl* **az ~** the Alps
álruha *n* disguise
alsó 1. *a* lower, under, bottom || **~ fokú** lower-grade; **~ fokú oktatás** primary education; **~ tagozat** *isk kb.* primary (*US* elementary) school, junior school **2.** *n* (*ruha*) underclothes, underwear; (*kártya*) knave, jack
alsóbbrendű *a* inferior (*vmnél* to) || **~ út** minor road
alsóház *n* (*parlamenti*) Lower House, *GB* House of Commons, *US* House of Representatives
alsónadrág *n* (under)pants, briefs, *US* shorts (*mind: pl*)
alsónemű *n* underwear, underclothes *pl*
alsószoknya *n* petticoat
alsz|ik *v* sleep*, be* asleep || **~ik, mint a bunda** sleep* like a top/log; **aludni megy** go* to bed
alt *a/n* (*nő*) contralto; (*énekes; férfi, fiú*) alto

által 1. *post* by, by means/way of, through **2.** *adv* **~a** by/through him/her
általában *adv* in general, generally, usually
általános *a* general; universal, common, overall || **~ iskola** *kb.* primary school; **~ mérnök** civil engineer; **~ műveltség** general education
általánosság *n* generality || **nagy ~ban** largely, on the whole
altat *v* (*gyereket*) lull (sy) to sleep; *orv* anaesthetize (*US* anes-)
áltat *v* delude, mislead*, deceive
altató 1. *a* (*hatású*) sleep-inducing, soporific **2.** *n* (*szer*) sleeping draught/pill; narcotic
altatóorvos anaesthetist, *US* anesthesiologist
altemplom *n* crypt
aludttej *n* curdled/sour milk
alufólia *n* (tin)foil
alul 1. *adv* (down) below, underneath **2.** *post* **áron ~ ad** *átv* sell* below cost (price)
alulírott *a/n* undersigned
aluljáró *n* (*autóknak*) underpass; (*gyalogosoknak*) subway
alulmarad *v* lose*, be* beaten
alulnézet *n* bottom-view
alumínium *n* aluminium, *US* aluminum
alvad *v* congeal; (*vér*) clot
alvajáró *n* sleep-walker
alvás *n* sleep
alváz *n* frame; (*autóé*) chassis
alvilág *n* (*ókori*) the nether world; (*bűnözőké*) underworld
a. m. = annyi mint
ám 1. *adv/int* (*nyomatékként*) well, then || **~ legyen!** so be it!, all

right!; **de nem** ~! oh no, by no
means **2.** *conj* (*azonban*) yet,
though
amatőr *a/n* amateur
amaz *pron* that (one), yonder
ámbár *conj* (al)though
ambíció *n* ambition
ambulancia *n* (*hely*) outpatient
department; (*rendelés*) outpatient/
ambulant treatment
ameddig *adv* (*hely*) as far as, to;
(*idő*) as/so long as, till
amekkora *pron* as large/great as
amellett *adv* yet, besides ‖ ~, **hogy**
apart from the fact that
amely *pron* which, that ‖ **az autó,**
amellyel jöttem the car I came in
amelyik *pron* which, that ‖ ~**ünk**
előbb ér oda, az ... whoever gets
there first
amennyi *pron* as much as
amennyiben *conj* (*amely mérték-*
ben) in so far as, inasmuch as;
(*ha*) if
amennyire *adv* as/so far as ‖ ~ **én**
tudom as far as I know
Amerika *n* America
amerikai *a/n* American ‖ **A**~
Egyesült Államok United States
of America; ~ **angol (nyelv)**
American English; ~ **mogyoró**
peanut, groundnut
amerre *adv* where ‖ ~ **csak**
wherever
amerről *adv* from where
ami *pron* that, which ‖ **az(t),** ~**(t)**
what; ~ **engem illet** as far as I am
concerned; ~ **azt illeti** as a matter
of fact
amiatt *adv* because (of), owing to
amiért *pron* on account of, because
(of)

amíg *adv* (*vmely idő alatt*) as long
as, while; (*időpontig*) till, until
amikor *pron* when ‖ ~ **csak**
whenever; ~**ra** by the time
amilyen *pron* such as; as
amint 1. *conj* (*mihelyt*) as soon as;
(*amíg*) while, when ‖ ~ **lehet** as
soon as possible **2.** *adv* (*mód*) as
amióta *pron* since ‖ ~ **csak** ever
since
ámít *v* delude, deceive
ámítás *n* delusion, deception
amnesztia *n* amnesty
amolyan *pron* **ez** ~ **kabátféle** it's a
sort of coat
amortizáció *n* amortization
amott *adv* (over) there, yonder
amper *n* ampere
ampulla *n* ampoule, *US* ampule
amúgy *adv* otherwise ‖ ~ **is ...**
anyway
ámul *v* marvel (*US* -l), wonder
ámulat *n* amazement
-án *suff* **huszadikán (20-án)** on the
20th; on 20(th) May etc.
analfabéta *a/n* illiterate
analízis *n* analysis (*pl* -ses)
analóg *a* analogous (*vmvel* to/with)
analógia *n* analogy
ananász *n* pineapple
anarchia *n* anarchy
anatómia *n* anatomy
Andok *n pl* the Andes
Anglia *n* England; (*tágabb értelem-*
ben) Great Britain, the United
Kingdom
angliai *a* English, of England *ut.*;
(*tágabb ért.*) British, of Great
Britain *ut.*
anglicizmus *n* English idiom
anglikán *a* Anglican ‖ **az** ~ **egyház**
the Church of England

angol 1. *a* English; *(tágabb ért.)* British ‖ ~ **anyanyelvű** English-speaking; *(főnévvel)* a *na*tive speaker of English, English speaker; ~ **nyelvű** English; **~osan távozik** take* French leave **2.** *n (férfi)* Englishman°; *(nő)* English-woman°; *(nyelv)* the English language, English ‖ **az ~ok** the English; *(tágabb ért.)* the British

angolna *n* eel

angolóra *n* English lesson/class

angolpark *n* amusement park, funfair

angolszász *a* Anglo-Saxon

angoltanár *n* English teacher

angolul *adv* (in) English ‖ **hogy van ~?** how do you say it/that in English?; ~ **beszél** speak* English; ~ **beszélő** English-speaking; ~ **tanul** learn* English; **tud(sz) ~?** can you speak English?

angyal *n* angel

annak *pron (birtokos)* of that; *(részeshatározó)* to/for that ‖ ~ **ellenére, hogy** in spite of

annál *pron (hely)* at/with that; *(középfok mellett)* all the, so much the ‖ ~ **is inkább, mert** (all) the more so since; ~ **kevésbé** all the less, let alone; **minél gyorsabb, ~ jobb** the quicker the better

anorák *n* anorak, shower coat

Antarktisz *n* the Antarctic

antenna *n* aerial, antenna

antialkoholista 1. *a* teetotal **2.** *n* teetotaller *(US* -totaler)

antibiotikum *n* antibiotic

antidemokratikus *a* antidemocratic

antifasiszta *a/n* antifascist

antik *a* antique

antikvárium *n* second-hand book-shop

antilop *n* antelope

antipátia *n* antipathy (to), aversion (to)

antiszemita *a* anti-Semitic

antiszemitizmus *n* anti-Semitism

antropológia *n* anthropology

anya *n* mother ‖ **anyja neve** *(űrlapon)* mother's maiden name; **Anyák napja** Mothering Sunday, *US* Mother's Day

anyacsavar *n* nut

anyag *n* matter, material, substance; *tex* cloth, fabric; *(írásműé)* subject-matter, theme; *(vitáé)* topic

anyagi 1. *a* material; *(pénzügyi)* financial ‖ ~ **eszközök** financial means; ~ **javak** material goods/assets; **rosszak az ~ körülményei** be* badly off **2.** *n* ~**ak** material resources

anyagias *a* materialistic

anyai *a* maternal; *(érzelmi)* motherly

anyajegy *n* birthmark

anyakönyvi *a* ~ **hivatal** registry office; ~ **kivonat** birth/marriage/death certificate

anyakönyvvezető *n* registrar

anyanyelv *n* mother tongue

anyanyelvű *a* = ajkú

anyaország *n* mother-country

anyaság *n* motherhood

anyasági segély *n GB* maternity grant

annyi *pron* so much/many, as much/many ‖ ~ **bizonyos, hogy** ... this much *(v.* one thing) is certain that; ~ **mint (a. m.)** that is (to say), i.e. *v.* ie

annyiban *adv* so much, so far as ||
~ **hagy** leave* at that
annyira *adv* (*távolság*) as far as;
(*fok*) so, so much (that), to such a
degree (*v.* an extent)
annyira-amennyire *adv* more or
less, somehow (or *other*)
annyit *pron* so much/many || csak
~ mondott ... all he said was ...
anyós *n* mother-in-law (*pl* mothers-
in-law)
anyu(ka) *n* Mum(my)
apa *n* father || apjára ütött he
takes* after his father
apáca *n* nun
apad *v* (*tenger*) ebb; (*folyó*) fall*;
(*ár*) subside
apai *a* paternal; (*érzelmi*) fatherly
apály *n* ebb(-tide) || ~ és dagály
ebb and flow
apaság *n* paternity
apát *n* abbot
apátság *n* abbey
aperitif *n* aperitif
ápol *v* (*beteget*) nurse; (*kultúrát*)
foster, promote; (*gondoz*) take*
care of, look after, (*barátságot,
kertet*) cultivate
ápolatlan *a* (*külső*) unkempt
ápoló *n* nurse; (*állatkerti*) keeper
ápolónő *n* (hospital) nurse
ápolt 1. *a* (*külső*) well-groomed,
neat 2. *n* (*beteg*) (in-)patient
áporodott *a* (*levegő*) stuffy
após *n* father-in-law (*pl* fathers-in-
law)
apostol *n* vall apostle
apparátus *n* (*gépi*) apparatus, out-
fit
Appenninek *n pl* the Apennines
apránként *adv* little by little

április *n* April || ~ban, ~ folyamán
in (the course of) April; ~
bolondja April fool
áprilisi *a* April, of/in April *ut.* || ~
eső April shower
aprít *v* chop (up)
apró 1. *a* small, little, tiny 2. *n* =
aprópénz
apróhirdetés *n* classified ad(verti-
sement)
aprólékos *a* (*részlet*) minute; (*em-
ber*) meticulous
aprópénz *n* (small) change
apropó *int* by the way
apróság *n* (*dolog*) trifle, bagatelle;
(*gyerek*) tiny tot
aprósütemény *n* = teasütemény
apu(ka) *n biz* Dad(dy)
ár¹ *n* (*árué*) price, cost || mi az ~a?
what is the price (of it)?; 10 forint
az ~a it costs 10 forints; bármely
~on at any cost
ár² *n* (*áradás*) inundation, flood; (*fo-
lyón*) current; (*tengeré*) tide || úszik
az ~ral go*/swim* with the tide
ár³ *n* (*cipészé*) awl
arab 1. *a* Arabian, Arab(ic) 2. *n*
(*ember*) Arab; (*nyelv*) Arabic
árad *v* (*folyó*) rise*, swell*, flood;
(*vmből ömlik*) flow, stream
árajánlat *n* quotation
áram *n el* (electric) current, power
áramforrás *n* source of current
áramkör *n* (electric) circuit
áramlás *n* stream, flow
áramlat *n* current; *átv* trend, ten-
dency
áraml|ik *v* stream, flow
áramszünet *n* power cut
arany 1. *a* gold || ~ középút the
golden mean 2. *n* gold

arány *n* proportion, ratio || **százalé-kos** ~ percentage; **~ban áll** be* proportional (*vmvel* to)
aranyérem *n* gold medal
aranyeső *n bot* laburnum
aranyfedezet *n* gold reserve
aranygyűrű *n* gold ring
aranyhal *n* goldfish (*pl* goldfish)
aránylag *adv* relatively, comparatively
arányl|ik *v* be* in proportion to || **2 úgy ~ik a 4-hez, mint 6 a 12-höz** 2 is to 4 as 6 is to 12
aranyos *a* (*kedves*) charming, sweet, lovely
aranyos *a* proportional
aranyoz *v* gild*
aranyozott *a* gilt, gilded
aranypénz *n* gold piece/coin
aranysárga *a* golden yellow
aranyszőke *a* gold-blond(e)
aránytalan *a* disproportionate || **~ul nagy** disproportionately large/big
árapály *n* ebb and flow
áraszt *v* (*fényt*) shed*; (*hőt*) radiate; (*illatot*) breathe
arat *v* reap, harvest || **győzelmet** ~ gain a victory; **sikert** ~ have* a success
aratás *n* harvest(ing), reaping
árboc *n* mast
arc *n* face; (*orca*) cheek; (*arculat*) image || **~ul üt** slap sy in the face; **~cal vm felé** facing sg
arcápoló szerek *n pl* beauty products, cosmetics
arcátlan *a* impudent, impertinent
arcbőr *n* complexion
arcél *n* profile
arcfestés *n* make-up
archeológia *n* archaeology (*US* archeol-)

arckép *n* portrait
arckifejezés *n* expression, look
arckrém *n* face-cream
arcszín *n* complexion
arcú *suff* -faced, -featured
arculat *n* face; *átv* aspect
arcvíz *n* lotion
arcvonal *n* front (line)
arcvonás|ok *n pl* features
árcsökkentés *n* price cut/reduction
áremelés *n* rise of prices
aréna *n* arena
árengedmény *n* discount, rebate || **~es vásár** sale
árfolyam *n* (*tőzsdei*) (current) price(s), quotation(s); (*devizáé*) rate of exchange
argentin *a* Argentine, Argentinian
Argentína *n* Argentina
argó *n* (*tolvajnyelv*) argot; (*főleg ifjúsági*) slang
ária *n* aria
árindex *n* price index
arisztokrácia *n* aristocracy
árjegyzék *n* price-list, catalogue
árkedvezmény *n* (price) redutcion
árkülönbözet *n* difference in price(s)
árleszállítás *n* price reduction/cut; (*kiárusítás*) sale
árny *n* shade, shadow
árnyalat *n* shade of colour || **~nyi különbség** a slight difference
árnyék *n* (*ahová a nap nem süt*) shade; (*amit vm/vk vet*) shadow
árnyékol *v* shade, overshadow
árnyékos *a* shaded, shady
árnyoldal *n* the dark side of sg
árok *n* ditch; (*ásott*) trench
aroma *n* aroma, flavour (*US* -or)
aromaterápia *n* aromatherapy
árpa *n bot* barley; (*szemen*) sty(e)

arra adv (vmre rá) on that, onto that; in that direction, that way || ~ **fogta magát és elment** biz (thereupon) he upped and left; ~ **nézve pedig** as regards, as to/for

arrafelé adv (irány) in that direction, that way; (hely) thereabouts

árrendszer n price system

arról 1. adv (abból az irányból) from that direction, from there **2.** pron about that || ~ **van szó, hogy** the question/point is that

árszint n price level

árt v (vknek/vmnek) harm (sy), hurt* (sy); átv be* harmful/injurious (to sy/sg) || **nem fog ~ani** it won't hurt (you to ...); **vmbe ~ja magát** interfere in sg

ártalmas a injurious || **egészségre ~** unhealthy

ártalmatlan a harmless, inoffensive

ártalom n harm, injury, damage

ártatlan a innocent; (tréfa) harmless || **adja az ~t** play the innocent; **~nak mondja magát** plead not guilty

artista n acrobat

áru n goods pl, merchandise (pl ua.); commodity, article

árubehozatal n importation (of goods)

árucikk n article, commodity, goods pl

áruforgalom n ker trade; (üzleté) turnover

áruház n (department) store

áruhiány n shortage of goods

árukészlet n stock (in/on hand)

árukiadás n dispatch, goods delivery

árukivitel n exportation (of goods)

árul v sell*

árulás n betrayal; pol, kat treachery

árulkod|ik v peach on sy; vmről reveal sg

áruló 1. a pol traitorous, treacherous; (nyom) telltale **2.** n traitor

áruminta n sample(s)

áruraktár n warehouse, store(house)

árus n seller; (utcai) vendor

árusít v sell*; (utcán) vend

árusítóhely n stand, stall

áruszállítás n transport (of goods); shipment

árutőzsde n merchandise exhange

árva 1. a orphaned **2.** n orphan

árvácska n pansy

árvaház n orphanage

árverés n (sale by) auction

árvíz n (high) flood, inundation

árvízkár n flood damage

arzén n arsenic

ás v dig* (out/up)

ásatás n excavation

ásít v yawn

ásó n spade

ásvány n mineral

ásványvíz n mineral water

ász n ace (in cards)

aszalt a dried

aszály n drought

aszerint adv ~, **hogy** accordingly, according to

aszfalt n asphalt

aszott a (föld) arid; (növény) withered

aszpik n aspic(-jelly)

asszisztál v vknek vmhez assist sy in sg

asszisztens n assistant

asszony n woman° || **~om** Madam

asztal n table || **~hoz ül** sit* down to table

asztalitenisz n table-tennis
asztalos n joiner; (műbútor~) cabinet-maker
asztma n asthma
asztrológia n astrology
asztronómia n astronomy
aszú n **tokaji** ~ (old) Tokay
át adv (vmnek felszínén) across; (vm felett) over; (keresztül) through; (útiránynál) via; (időben) through-out, during
átad v vmt vknek hand sg over to sy, give*/pass sg to sy; (hőt stb.) transmit ‖ ~**ja magát vmnek** abandon oneself to sg
átalakít v (épületet) rebuild*, reconstruct; convert (into); (ruhát) alter; vmvé transform sg into sg
átalakul v be* transformed (into), turn into (sg)
átáll v vhová change sides; (más módszerre) switch over (from sg) to sg
átállít v switch over (to), convert (to)
átáz|ik v (ember) get* drenched (to the skin); (tárgy) get* soaked/wet through
átbocsát v = **átenged**
átbúj|ik v vmn creep*/slip through
átcsap v vmn sweep* through/across; vmbe change over into
átcsoportosít v regroup, rearrange
átcsúsz|ik v slip/slide* through; (vizsgán) scrape through (an examination)
átdob v vm fölött throw*/hurl over sg
átdolgoz v rewrite*, revise; (irodalmi művet) adapt; (tervet) redraft
átdolgozás n revision, rewriting; (irodalmi műé) adaptation
átdöf v pierce (through with sg)

ateista a/n atheist
ateizmus n atheism
átejt v biz do* sy, lead* sy up the garden path
átél v (időben) live through; átv experience; (szerepet) live (one's/the part)
átellenes a opposite, facing sg ut.
átemel v lift over/across
átenged v vknek vmt give* up, yield; (vizsgán) let* sy through
átépít v rebuild*, reconstruct
átér v vmeddig reach across; (átjut) get* to, reach
átereszt v = **átenged**
áteresztő a permeable ‖ **át nem eresztő** impermeable
átérez v vmt be* conscious/aware of sg, feel* the significance of sg
átes|ik v (tárgyon) fall* over/through; (túljut vmn) get* over sg ‖ ~**ik a ló másik oldalára** swing* to the other extreme
átfagy v = **átfázik**
átfáz|ik v freeze* to the bone/marrow, get* chilled through
átfedés n overlapping
átfest v paint over, repaint
átfésül v (hajat) comb (out); (írást) touch up; (területet) rake [a district for sg], comb
átfog v (kezével) grasp, seize; átv span, comprehend
átfogó 1. a overall, comprehensive; (elme) keen, sharp **2.** n (háromszögé) hypotenuse
átfoly|ik v flow through
átfordul v turn over
átforrósod|ik v become* very hot; (motor) run* hot
átfut v vhová run* over to; (átolvas) take* a quick look at sg ‖ **hi-**

deg futott át rajta he had the shivers

átgázol v (folyón) wade across; vkn trample on/over

átgondol v consider; think* over

átgondolt a jól ~ well thought-out

áthajol v vmn lean* over

áthalad v pass through; (úttesten) cross [the road]

átható a penetrating, pervasive; (pillantás) searching

áthatol v vmn make* one's way through sg; (erővel) break* through sg

áthelyez v vhová remove sg; (vkt más állásba) move, transfer; (időpontot) put* off

Athén n Athens

áthidal v bridge (over)

áthív v vkt ask sy over

áthívat v send* for sy

áthoz v (tárgyat) bring* over; (magával) bring* along

áthúz v vhová pull through (to); (ágyat) change the bedclothes; (szöveget) delete

átír v (szöveget) rewrite*; (zeneművet) arrange for; (ingatlant) transfer to sy by deed

átirányít v (vhová) direct (to)

átírás n (szövegé) rewriting; (átruházás) transfer

átismétel v go* over [a lesson] again

átitat v vmt vmvel soak, saturate (sg with sg)

átível v span

átizzad v drip with sweat

átjáró n (út) passage(-way)

átjut v get* across/over

átkapcsol v switch over (vmre to); (telefonon) connect sy

átkarol v vkt embrace

átkel v vmin cross

átkelőhely n (gyalogosoké) (pedestrian) crossing

átképzés n retraining

átkeresztel v rename

átkísér v escort/see* (sy) across

átkozód|ik v curse, swear*

átkozott a damned

átköltöz(köd)|ik v move house

átköt v (csomagot) tie up

átkutat v search through

átküld v vmt send* over to; vkért send* for sy

átlag 1. n average; (számításban) mean 2. adv on average

átlagjövedelem n average income

átlagos a average, ordinary, common

átlagosan adv on average

átlagsebesség n average speed

átlagteljesítmény n average output

atlanti a Atlantic

Atlanti-óceán n az ~ the Atlantic (Ocean)

átlapoz v (könyvet) leaf through; (másik oldalra) turn the page

atlasz n atlas

átlát v átv vmn/vkn see* through sg/sy; vmt comprehend

átlátsz|ik v show* through

átlátszó a transparent

átlép v vmn step over; vmt cross; (mértéket) exceed

atléta n athlete, sportsman°

atlétatrikó n vest, singlet

atlétika n athletics sing.

átlós a diagonal

átmegy v vhol pass (through); vhová go* over/across to; (úttesten) cross; (megpróbáltatáson) undergo* (sg); (vmn, tanulmányozva)

go* through sg || ~ **a szomszédba** go* next door; **átment (a vizsgán)** (s)he passed (the examination); **betegségen megy át** go* through a disease
átmeleged|ik v warm up
átmenet n transition (from ... to) || ~ **nélkül** suddenly
átmeneti a transition(al); (*ideiglenes*) temporary
átmenő a transit || ~ **forgalom** közl through traffic; ker transit trade
átmérő n diameter
atmoszféra n atmosphere
átnedvesed|ik v become* damp/wet
átnéz v (*nyíláson*) peep through; (*vm fölött*) look over/across; (*szomszédba*) biz drop in (on sy); (*írást*) look through
átnyújt v vknek vmt hand (over) sg to sy, present sg to sy
átok n curse || **átkokat szór vkre** call down curses upon sy
átolvas v read* through; (*futólag*) look over
atom n atom
atombomba n atom(ic) bomb, A-bomb
atomenergia n atomic energy
atomerőmű n nuclear power station
atomfegyver n nuclear weapon
atomfegyvermentes a nuclear-free
atomfizika n nuclear physics sing.
atomháború n nuclear war(fare)
atomkísérlet n atomic test, A-test
atommag n nucleus
atomrakéta n nuclear missile
atomrobbantás n atomic blast
átölel v embrace

átöltöz(köd)|ik v change (one's clothes)
átönt v pour over (into)
átpártol v change sides
átrajzol v (*másol*) trace
átrak v (*árut*) transfer, transship
átrepül v (*vm fölött*) fly* over/across; vhová fly* to
átrohan v vmn, vhol rush through/over; vhova run*/rush over to
átruház v (*értéket*) transfer; (*jogot*) grant (to)
átruházható a transferable
átsikl|ik v (*hibán*) pass over sg, overlook (sg); (*tényeken*) disregard
átszab v refashion
átszalad v vhova dash/run* over to
átszáll v vmn át fly* across/through; (*járművön*) change || ~ **a 7-es buszra** change to the number seven bus
átszállás n change
átszámít v convert (into)
átszámol v (*újra*) count over; (*ellenőriz*) verify
átszervez v reorganize
átszervezés n reorganization
átszitál v sift
átszól v call over to sy
átszúr v pierce, stab
átszűr v strain, filter
átszűrőd|ik v filter through
áttanulmányoz v examine, study
attasé n attaché
áttekint v vmt survey, look over
áttekintés n (*szemle*) survey, view; (*tárgyköré*) summary; (*eseményeké*) review
áttér v (*másik oldalra*) cross (over) (to); (*más témára*) pass over/on to; (*más módszerre*) switch over to, turn to; (*más hitre*) be* converted

to || **más témára tér át** change the subject

átterjed *v* spread* (*over*) (*vhová* to)

áttesz *v* *vkt/vmt máshová* transfer to; (*időpontot*) rearrange

áttétel *n* transfer; *tech* (*gear*) transmission; *orv* metastasis (*pl* -ses)

áttetsző *a* semi-transparent

attól 1. *pron* from that || ~ **félek, hogy** I am afraid that; **ez** ~ **van, hogy** this is due to **2.** *adv* ~ **fogva** from that time, since then

áttör *v* *vmt/vmn* break* through || ~ **a tömegen** squeeze through the crowd

áttörés *n* *átv is* breakthrough

átugr|ik *v* *vmn* jump sg; (*kihagy*) skip, leave* out

átúsz|ik *v* (*folyót*) swim* [a river]

átutal *v* (*pénzt*) remit, transfer

átutalás *n* remittance

átutazás *n* transit

átutaz|ik *v* *vmn* travel (*US* -l) (in transit) through/across

átutazó 1. *a* passing, transit || ~ **vendég** temporary guest **2.** *n* transit passenger || ~**ban van vhol** passing through (swhere)

átutazóvízum *n* transit visa

átültet *v* *bot, orv* transplant; (*szöveget*) translate (from ... into)

átültetés *n* *bot, orv* transplant; (*fordítás*) translation

átütemezés *n* rescheduling

átvág *v* (*mezőkön*) take* a short cut; *vmt* cut* through

átvált *v* (*pénzt*) exchange (*vmre* for), convert into; *el* (*másik csatornára*) switch over

átváltható *a* (*valuta*) convertible (into)

átváltozás *n* transformation

átváltoz|ik *v* = átalakul

átváltoztat *v* transform, convert, change

átvesz *v* *vktől vmt* take* over *sg* from *sy*, receive; (*rossz szokást*) adopt

átvészel *v* go* through, (manage to) survive; (*betegséget*) get* over [an illness]

átvétel *n* taking over; (*árué, pénzé*) receipt (of) || **a hatalom ~e** takeover (of power); **~kor fizetve** cash on delivery

átvételi elismervény *n* (acknowledgement of) receipt

átvezet *v* (*út vmn*) lead*/pass through; (*híd*) pass over

átvilágítás *n* *pol* checking sy's background, positive vetting

átvisz *v* *vmt vhol* take*/carry (sg) over (sg); *vkt vhol* help sy cross over; (*tételt*) carry forward, carry over

átvitt értelemben *adv* figuratively

átvizsgál *v* examine, check; (*szöveget*) revise; (*gépet*) service

atya *n* father

atyafi *n* (*rokon*) relation, relative

au *int* ouch!

augusztus *n* August || ~**ban,** ~ **folyamán** in (the course of) August; ~ **5-én** on 5th August

augusztusi *a* August, in/of August *ut.* || ~ **napok** August days

aukció *n* auction

ausztrál *a/n* Australian

Ausztrália *n* Australia

Ausztria *n* Austria

autó *n* (motor)car, *US* automobile, *biz* auto || ~**n/~val megy** go*/travel (*US* -l) by car; **vknek az** ~**ján/~jával** in sy's car

autóbaleset *n* car accident

autóbusz n bus; (emeletes) double-decker; (távolsági) coach ‖ **a 12-es** ~ bus number twelve; **autóbusszal** by bus/coach
autóbuszjárat n bus line
autóbuszjegy n bus ticket
autóbuszkalauz n bus conductor
autóbuszmegálló n bus-stop; (távolsági) coach-stop
autóbusz-pályaudvar n coach station
autóbuszvezető n bus-driver
autogram n autograph
autógumi n tyre, US tire
autójavító (műhely) n (car) repair shop
automata 1. a ~ **sebváltó** automatic transmission **2.** n (pénzbedobós) automat, slot machine, US (cigaretta-, büféáru- stb.) vending machine
automatikus a automatic
autómentő a/n ~ **(kocsi)** breakdown van, US tow truck
autómosó n (hely) carwash
autonómia n autonomy, self-government
autópálya n motorway, US expressway ‖ **fizető** ~ US turnpike
autópályadíj n toll
autóparkoló n car park
autós n motorist
autósiskola n driving school
autóstop n ~**pal utazik** hitchhike, thumb a lift
autószerelő n car/motor mechanic
autószerviz n service station
autóút n (úttest) motor road; (megtett út) motor tour, drive
autóverseny n motor race, car rally
autóvezető n (car) driver
autóz|ik v go* for a drive/ride

avagy conj or (else)
avas a rancid, rank
avat v (emlékművet) dedicate; (épületet) inaugurate
az[1] (határozott névelő) the
az[2] pron that (pl those) ‖ ~, **aki** (he) who; ~, **ami** what, that which; **ki** ~? who is that/it?; **én vagyok** ~ it's me; **mi** ~? what's that?, what's the matter?; → **abba, abban, annak** stb
azalatt adv meanwhile, in the meantime
azáltal adv thereby, by that means
azaz conj that is (to say), namely
azelőtt adv before, earlier, previously, formerly ‖ ~ **én is szerettem** I, too, used to like it; **úgy, mint** ~ just as before
azért adv/pron (azon okból) therefore, for that reason, that's why; (amiatt, cél) for ‖ ~ **is!** for all that!, still ...; ~, **hogy** (azzal a céllal) in order that/to
áz|ik v (lében) soak, steep; (esőben) get* wet ‖ **bőrig** ~**ik** get* wet through
aznap adv that day; (ugyanazon a napon) the same day
azon[1] adv/pron vmn on that ‖ ~ **az áron** at that price; ~ **leszek, hogy** I shall do my best to ...
azon[2] **1.** pron (az a ...) that (pl those) **2.** adv ~ **nyomban** there and then
azonban conj but, however
azonkívül adv besides, moreover
azonnal adv immediately, instantly, at once
azonos a vmvel/vkvel identical with sg/sy, the same as sg/sy ut. ‖ ~ **értékű** equivalent

azonosít *v* identify (with)
azonosság *n* identity
azontúl *adv* (*idő*) after that
azóta *adv* since then, ever since ‖
~, **hogy** since
aztán *adv* (*azután*) then, after-
wards, after that ‖ **na és** ~**?** so
what
áztat *v* soak, wet; (*vegyszerben*)
steep
azután *adv*/*conj* afterwards, after
that, then
azzal *pron*/*adv* vmvel with that ‖ ~
a feltétellel, hogy on condition
that; ~ **már el is szaladt** having
said this he ran away
Ázsia *n* Asia
ázsiai *a*/*n* Asian, Asiatic

B

-ba, -be *suff* **A)** (*helyhatározó*) **a)** to
‖ **a városba megy** go* to the
town; **b)** in, into ‖ **bemegy a**
házba go* in(to) the house; **c)** for
‖ **elutazott Sopronba** (s)he left
for Sopron **B)** (*időhatározó*) **sok**
időmbe került it took me a long
time **C)** (*vmként*) as ‖ **ajándékba**
kap vmt receive/get* sg as a
present
bab *n bot* bean
báb *n* (*baba*) doll; (*kézre húzható*)
(glove) puppet; (*zsinóros*) mario-
nette; (*rovaré*) pupa
baba *n* (*játék*) doll; (*csecsemő*)
baby
babakocsi *n* = **gyermekkocsi**
babér *n* laurel

babona *n* superstition
babrál *v* fiddle with
bábszínház *n* puppet theatre
bábu *n* → **báb**
babusgat *v* fondle
bacilus *n* germ, bacillus (*pl* -cilli)
bácsi *n* uncle ‖ **János** ~ Uncle
John
bádog *n* sheet metal, tin (plate)
bagoly *n* owl
bágyadt *a* weary, weak
baj *n* trouble, misery, grief,
misfortune ‖ **annyi** ~ **legyen!**
never mind!; ~**ban van** be* in
trouble; **mi (a)** ~**?** what's the
matter?; **nem** ~**!** it does not
matter!
báj *n* charm
bajlód|ik *v* vmvel take* trouble
with/over sg, bother about/with sg
bajnok *n sp* champion
bajnoki *a* ~ **cím** title, champion-
ship
bajor *a*/*n* Bavarian
Bajorország *n* Bavaria
bajos *a* difficult
bájos *a* charming, lovely
bajtárs *n kat* comrade, mate
bajusz *n* moustache (*US* mus-);
(*macskáé*) whiskers *pl*
bak *n* (*őz stb.*) buck; (*hím állat*)
male; (*favágóé*) sawhorse; (*ko-*
csin) (coach-)box
bakancs *n* boots *pl*, brogue
bakfis *n* teenage girl
baki *n biz* slip (of the tongue)
baklövés *n* blunder; (*vizsgán*)
howler
baktat *v* trudge; (*ló*) amble
Baktérítő *n* Tropic of Capricorn
baktérium *n* bacterium (*pl* -ria) ‖ ~
okozta bacterial

bal *a/n* left || ~ **oldal** the left, the left-hand side → **baloldal**; ~**ra** (to the) left; ~**ra kanyarodik** turn left; ~**ra kanyarodni tilos!** no left turn; ~**ról jobbra** from left to right; ~**ul üt ki** turn out badly

bál *n* ball, dance

bála *n* bale

Balaton *n* Lake Balaton || **a** ~**on/~nál** by Lake Balaton

balerina *n* ballet-dancer

baleset *n* accident || **halálos** ~ a fatal accident; ~ **érte** (s)he had an accident; ~ **következtében meghalt** (s)he was killed in an accident

baleset-biztosítás *n* accident insurance

balett *n* ballet

balga *a* silly, stupid

balgaság *n* (*viselkedés*) silliness; (*kijelentés*) nonsense

balhé *n biz* row, shindy, fuss

balhéz|ik *v biz* kick up a fuss

baljós *a* ominous || ~ **jel** ill omen

Balkán *n* the Balkans *pl*

balkáni *a* Balkan

balkezes *a* left-handed; (*ügyetlen*) (s)he is all thumbs || ~ **ember** left-hander; ~ **ütés** left-hand stroke

balkon *n* balcony

ballada *n* ballad, lay

ballag *v jog* along, trudge

ballépés *n átv* blunder

ballon *n* balloon

ballonkabát *n* raincoat

bálna *n* whale

baloldal *n pol* the Left, left wing

baloldali *pol a* left(-wing), leftist

balsors *n* bad luck, misfortune

balszerencse *n* bad luck, misfortune

balta *n* hatchet, ax(e)

balti *a* Baltic

Balti-tenger *n* the Baltic (Sea)

bálvány *n* idol

balzsam *n* balsam, balm

bamba *a* foolish, stupid

bámészkod|ik *v* gape/stare at sg || **az ott** ~**ók** the bystanders

bámul *v* (*elképedve vmn*) wonder at; (*vmt*) gaze at, stare at; (*csodál*) admire (sy, sg)

bámulatos *a* surprising, amazing

-ban, -ben *suff* **A)** (*helyhatározó*) **a)** in || **ágyban marad** stay in bed; **Angliában** in England; **b)** at || **a buszmegállóban** at the bus-stop; **iskolában van** be* at school **B)** (*időhatározó*) **a)** in || **egész életemben** (in) all my life; **idejében** in (good) time; **júniusban** in June; **b)** at || **délben** at noon; (*elöljáró nélkül*) **ebben az évben** this year **C)** (*állapothatározó*) **a)** in || **bajban van** be* in trouble; **b)** at || **jó vmben** (*tevékenységben*) be* good at sg

bán *v* regret, be* sorry for || **nem** ~**om** I don't care/mind

banán *n* banana || **unja a** ~**t** *biz* be* fed up

bánásmód *n* treatment

bánat *n* sorrow, grief

bánatos *a* sorrowful, sad

banda *n* band; (*bűnöző*) gang

bandita *n* bandit, gangster

bán|ik *v vkvel* treat/handle sy; *vmvel* deal* with sg

bank *n* bank || ~**ba teszi a pénzét** deposit one's money in a bank

bankár *n* banker

bankbetét *n* bank deposit

bankett *n* banquet, (public) dinner

bankhitel *n* bank credit
bankjegy *n* (bank)note, *US* (bank)-bill
bankjegykiadó automata *n* = **pénzautomata**
bánkód|ik *v* sorrow (about/over sg), grieve (for sy/sg)
bankrabló *n* bank robber
bankszámla *n* bank(ing) account
banktisztviselő *n* bank-clerk
bánt *v* hurt*, harm; (*bosszant*) annoy || **ne ~sd!** leave it alone!
bántalmaz *v* hurt, assault
bántalmazás *n* mistreatment
bántó *a* (*sértő*) offensive, insulting; (*bosszantó*) annoying
banya *n* hag, witch
bánya *n* mine
bányász *n* miner
bányászat *n* mining
bányász|ik *v* mine
baptista *a/n* Baptist
bár[1] **1.** *conj* (*habár*) (al)though **2.** *adv* = **bárcsak**
bár[2] *n* nightclub; bar
barack *n* (*sárga*) apricot; (*őszi*) peach
barangol *v* ramble, wander (*mind*: about)
bárány *n* lamb
bárányfelhő *n* fleecy/cirrus cloud
bárányhimlő *n* chicken-pox
barát *n* friend; (*nőé*) (boy)friend; (*szerzetes*) monk, friar || **~okat szerez** make* friends
baráti *a* friendly, amicable
barátkoz|ik *v* make* friends (*vkvel* with)
barátnő *n* girlfriend
barátság *n* friendship || **jó ~ban van vkvel** be* on friendly terms

with sy; **~ot köt vkvel** make* friends with sy
barátságos *a* friendly, amicable || **~ szoba** cosy (*US* cozy) room
barátságtalan *a* (*modor*) unfriendly; (*időjárás*) dull
barázda *n* furrow
bárcsak *adv* if only || **~ velünk jöhetnél** I wish you could come with us, if only you could come with us
bárd[1] *n* hatchet
bárd[2] *n* (*dalnok*) bard
bárdolatlan *a* uncouth; rough
bárgyú *a* idiotic, imbecile
bárhogy(an), bárhol, bárhonnan, bárhova = **akár...**
barikád *n* barricade
bariton *n* baritone (voice)
barka *n* catkin
bárka *n* boat || **Noé ~ja** Noah's Ark
barkácsol *v* do* a bit of carpentry
bárki *pron* = **akárki**
barlang *n* cave, cavern; (*állaté*) den
bármeddig, bármekkora, bármelyik, bármennyi, bármerre, bármerről, bármi, bármikor = **akár...**
bármilyen 1. *pron* whatever, any (kind of) || **~ áron** at whatever price **2.** *adv* (*bármennyire*) however || **~ különösnek tűnik is** strange though it may appear
barna 1. *a* brown || **~ bőrű** dark(-coloured); (*lesült*) (sun)tanned; **~ kenyér** wholemeal (*US* wholewheat) bread; **~ nő** brunette; **~ szemű** brown-eyed **2.** *n* brown (colour) || **~ra fest** paint sg brown
barnaszén *n* brown coal, lignite

barnít *v* (make*) brown; (*nap*)
bronze, tan
barnul *v* brown; (*naptól*) get*
(sun)tanned
báró *n* baron
barokk *a/n* Baroque
barom *n* (*állat*) cattle *pl*; (*szidás*)
brute
barométer *n* barometer
baromfi *n* poultry *pl*
bársony *n* velvet
bástya *n* (*váré*) bastion; (*sakkfigu-ra*) castle
baszk *a/n* Basque ‖ ~ **sapka** beret
basszus *n* bass (voice)
batiszt *a/n* cambric, batiste
bátor *a* courageous, brave
bátorít *v* encourage
bátorság *n* courage, bravery
bátortalan *a* timid
bátran *adv* courageously, bravely;
(*nyugodtan*) safely
bátya *n* (*idősebb fivér*) elder
brother; (*megszólítás*) uncle
batyu *n* bundle, pack
bauxit *n* bauxite
bazalt *n* basalt
bazár *n* fancy goods shop, bazaar
bazilika *n* basilica, cathedral
bázis *n* base, basis (*pl* bases)
be *adv* into, in; (*műszeren*) on
-be *suff* → **-ba**
bead *v* *vmt* give*/hand in; (*orvos-ságot vknek*) administer [medicine
to sy]; → **benyújt** ‖ ~ **vknek vmt**
átv (try to) make* sy swallow sg
(whole)
beadvány *n* (*kérelem*) application,
petition; (*javaslat*) submission,
proposal
beágyaz *v* *vmt vmbe* (em)bed (sg in
sg); (*ágyat*) make* one's/the bed

beakad *v* *vmbe* get* caught in sg
beáll *v* *vhová* enter swhere, stand*
in; (*beköszönt*) set* in ‖ ~ **a sorba**
join the queue; **fordulat állt be**
the tide has turned; **nem áll be a**
szája *biz* his tongue is* always
wagging/going
beállít *vt* *vhova* put* sg in(to); (*be-igazít*) set*, adjust; *sp* (*csúcsot*) equal
[the record] ‖ *vi* (*bejön*) turn up, drop
in ‖ **~ja a rádiót** tune in the radio;
úgy állítja be a dolgot, hogy
present an affair in such a way as
beállítás *n* adjustment, setting; (*rá-dióé*) tuning in; *átv* (*feltüntetés*)
presentation
beállítottság *n* (mental) attitude (to
sg), disposition *ut.*
beárul *v* *vkt* denounce sy
beatzene *n* beat (music)
beavat *v* *vkt vmbe* initiate/let* sy
into sg; *tex* preshrink*
beavatkozás *n* intervention,
interference ‖ **be nem avatkozás**
nonintervention
beavatkoz|ik *v* *vmbe* intervene in
(sg)
beáz|ik *v* leak
beáztat *v* steep, soak
bébi *n* baby
bebizonyít *v* prove, demonstrate
bebiztosít *v* insure
bebocsát *v* let* in, admit
bebocsátás *n* admission, admittance
beborít *v* cover
beborul *v* (*ég*) cloud over, get*
cloudy
bebörtönöz *v* imprison
bebugyolál *v* wrap* up in
bebúj|ik *v* slip in; (*nehezen*) creep*
in ‖ **bújj be!** *tréf* come on in!
beburkol *v* wrap*, cover

becenév n pet name; (*tréfás*) nickname
becéz v call by a pet name
Bécs n Vienna
becsap vt (*rászed*) swindle, cheat I vi (*villám*) strike* ‖ ~ja az ajtót slam the door; ~ták he's been done/had
becsatol v (*iratot*) enclose with; (*csatot*) clasp; (*biztonsági övet*) fasten
becsavar v (*csavart*) screw in; (*begöngyöl*) roll up
becsavarod|ik v biz go* off one's nut/rocker
becses a precious, valuable
bécsi a/n Viennese, (of) Vienna
becsíp v pinch in; (*berúg*) get* a bit squiffy/tight ‖ ~te az ujját az ajtóba he caught his finger in the door
becslés n estimate; (*értékelés*) estimation
becsmérel v disparage
becsomagol v (*árut*) pack, wrap* (up); (*ládába*) case, crate
becstelen a dishonest
becstelenség n infamy, dishonesty
becsuk v shut*, close; (*börtönbe*) lock up; → **bezár**
becsúsz|ik v (*tárgy*) slip in; (*élőlény*) sneak/creep* in ‖ **hiba csúszott be a számításába** átv an error has crept into the figures
becsül v (*mennyiséget*) estimate; (*értéket*) value; (*vkt*) esteem; (*vmt értékel*) appreciate
becsület n honour (*US* -or); honesty; (*hírnév*) reputation ‖ ~be vágó affecting one's honour ut.

becsületes a honest, honourable (*US* -or-), fair ‖ ~en viselkedik behave decently/properly (towards sy)
becsületszó n word of honour (*US* -or) ‖ **becsületszavamra** on my word; **becsületszavát adja** give*/pledge one's word
becsvágy n ambition
bediliz|ik v biz go* crazy
bedob v throw*/cast* in/into; (*postaládába*) drop [a letter in the letter-box]
bedögl|ik v fail; (*motor*) stall
bedől v (*fal*) fall* in, collapse; biz vknek be* taken in (by), be* fooled (by)
bedug v vmt vmbe put*/thrust* in; (*betöm*) stop, block, plug [a hole]
beenged v let* in, admit
beépített a (*terület*) built-up; (*bútor*) built-in ‖ ~ ember biz mole
beépül v (*terület*) be* built up; (*szervezetbe*) infiltrate
beér vi (*vhova*) arrive (at/in), reach sg I vt catch* up with (sy) ‖ ~i vmvel be*/rest content/satisfied with sg
beér|ik v ripen
beérkezés n arrival; ker receipt
beérkez|ik v arrive; vk átv make* one's name
beesteled|ik v it is* growing dark, night is* falling
befagy v freeze* in/over
befagyaszt v freeze*
befalaz v wall up
befed v cover (over); (*tetővel*) roof over/in
befejez v accomplish, end, finish

befejezés n finish(ing), conclusion, end(ing)

befejezetlen a unfinished, incomplete

befejezett a finished, complete

befejeződ|ik v end, come* to an end

befektet v lay* in; (ágyba) put* to bed; (pénzt vmbe) invest [money in sg]

befektetés n investment

befektető n investor

befelé adv inward(s)

befizet v pay* in [a sum] ǁ ~ **egy társasutazásra** book a tour

befog v (szemet/fület/szájat) stop, cover; (lovat) harness; (vkt munkára) make* sy work ǁ ~ja a száját hold* one's tongue; **fogd be a szád!** shut up!

befogad v vkt vhova receive into; (tömeget terem) hold*, accommodate

befolyás n (hatás) influence (on) ǁ **vk ~a alá kerül** fall* under sy's influence; ~**t gyakorol vmre/vkre** influence sg/sy

befolyásol v influence

befon v vmt entwine; (hajat) plait

befordul v (fal felé) turn in; (utcába) turn into [a street]

beforr v = **összeforr**

befőtt n (üvegben) bottled fruit

befőz v (eltesz) bottle, preserve; (lekvárnak) make* jam of

befúj v (szél vhová) blow* in/into in; vmt vmvel spray

befúr v vmbe bore into, pierce sg

befurakod|ik v vk vhova force/make* one's way in

befut v (vonat) enter (the station), arrive (at); (hajó) sail into [port];

(futó) run* in; (pályát) run* [a course]; vk átv biz be* a success

befűt v ~ **a kályhába** make* a fire in the stove; ~ **vknek** biz give* sy hell

befűz v (tűt, filmet) thread; (cipőt) lace (up)

begombolkoz|ik v button (up)

begöngyöl v roll up; (becsomagol) wrap*/pack up

begurul v roll in; átv biz lose* one's cool

begy n (madáré) crop, craw ǁ **a ~ében van** átv (neheztel vmért) resent sg; (neheztel vkre) bear* sy a grudge

begyömöszöl v stuff, cram, jam (amibe mind: in/into)

begyújt v (kályhába) light*/make* a fire; (motort) start

begyullad v (motor) start; biz (ember) get* scared

behajt[1] v (ajtót) half-close [door]; (könyvet) close

behajt[2] v (állatot, kocsit) drive* in; (követelést) collect [money], recover [a debt] ǁ ~**ani tilos!** no entry

behasad v (ruha) rip, tear*; (köröm) split*

behasít v cleave*; (textilt) tear*, split*

beható a intensive, profound

behatóan adv thoroughly

behatol v (erőszakkal) penetrate (into); (betörő) break* into [a building]

behint v dust/powder with

behív v call in, invite in; kat call up

behívat v ask/call sy in

behívó n kat call-up papers pl

behízelgő a (modor) winning, engaging

behorpad *v* be*/get* dented
behoz *v* *vmt* bring*/carry in; (*árut külföldről*) import; (*elmaradást*) make* up for, catch* up with || ~**ott áruk** *ker* imported goods
behozatal *n* import(ation)
behunyja a szemét *kif* close one's eyes
behúz *v* pull/draw* in; *biz vkt vmbe* inveigle sy into doing sg || ~ **vknek (egyet)** *biz* give* sy a clip (on the ear)
behűt *v* (*ételt*) refrigerate; (*italt*) chill
beidéz *v* summon (sy) to appear || ~**ik tanúnak** be* summoned
beigazolód|ik *v* prove true
beígér *v* promise
beiktat *v* (*állásba*) install; (*ceremóniával*) inaugurate
beilleszked|ik *v* adapt (oneself) to
beilleszt *v* fit/set* in
beindít *v* (*motort*) start (up); (*tevékenységet*) launch
beindul *v* (*motor*) start; (*tevékenység*) be* launched
beír *v* *vmt vmbe* write* sg in/down; (*nevet, tételt*) enter/record sg; (*számítógépbe*) key in
beiratkozás *n* registration
beiratkoz|ik *v* register (at), enrol (*US* enroll)
beismer *v* admit, confess
beismerő *a* ~ **vallomást tesz** confess one's crime
bejár *v* (*területet*) walk/wander all over; (*országot*) tour || ~**ja a boltokat** go* into the shops
bejárat[1] *v* (*gépkocsit*) run* [one's new car] in
bejárat[2] *n* entrance, entry; (*kapu*) gate
bejárónő *n* charwoman°

bejátszás *n film* insert
bejegyez *v* put* down; (*hivatalosan*) register, record; (*névsorba*) enter [sg in a book]
bejelent *v* announce, make* sg known || **előzetesen** ~**i magát vknél** make* an appointment with sy
bejelentés *n* announcement, registration
bejelentkez|ik *v* (*rendőrségen*) register with; (*szállodában, reptéren*) check in
bejelentőlap *n* registration form
bejut *v* *vhová* get* in (to), manage to get in
béka *n* frog
békaember *n* frog-man°
bekalkulál *v* take* (sg) into account
bekanyarod|ik *v* turn into
bekap *v* (*ételt*) bolt, gulp down || ~ **vmt** have* a snack
bekapcsol *v* (*ruhát*) fasten, clasp; (*készüléket*) switch/turn on || **be van kapcsolva** it's on
béke *n pol* peace; (*nyugalom*) calmness, tranquillity || ~**t köt** make*/conclude a peace; **hagyj** ~**n!** leave me alone!
békegalamb *n* dove of peace
békekötés *n* conclusion of peace
békéltet *v* conciliate
békéltető **1.** *a* conciliatory **2.** *n* mediator
beken *v* spread* sg over sg, smear with; (*mocsokkal*) (be)daub, soil, dirty
békepipa *n* peace pipe
békepolitika *n* peace policy
beképzelt *a* conceited, self-important
bekeretez *v* frame

bekerít v enclose; kat surround, encircle

békés a peaceful || ~ egymás mellett élés peaceful coexistence

békesség n peace(fulness); (nyugalom) tranquillity, quiet

békeszerződés n peace-treaty

béketárgyalás n peace-negotiations pl

béketűrés n patience || kijön a ~ből lose* one's temper

béketűrő a tolerant, patient

bekezdés n paragraph

bekiált v cry in, shout in

bekísér v vkt vhova see* sy in; (rendőr) take* sy into custody

béklyó n (lónak) hobble

bekopogtat v knock (on the door)

beköltöz|ik v move in; (házba) move into [a house]

beköp v biz vkt grass on

beköszönt v (idő) set* in

beköt v bind*/tie up; (sebet) dress [a wound]; (könyvet) bind* [a book]; (vezetéket) connect up

bekötőút n access road

bekötöz v = beköt

bekövetkez|ik v result, follow

bekukucskál v vmbe peep/peer in

bél n (emberé) intestines pl, bowels pl; (dióé) kernel [of nut]; (ceruzába) lead

belakkoz v lacquer; (képet, bútort, körmöt) varnish

belát v (területet) survey; (megért) see*, realize; (elismer) admit || hibát ~ admit a fault; lásd be you must realize

belátás n consideration, understanding

belátó a considerate

bele adv into, inwards

beleártja magát v (vmbe) meddle/ interfere in

belebeszél v (közbeszól) interrupt, break* into [a conversation]

belebolondul v (vmbe) sg is driving sy mad/crazy; (vkbe) fall* head over heels in love with sy

belebonyolód|ik v vmbe get* entangled in (sg)

belebúj|ik v (lyukba) creep* into; (ruhába) get* into one's clothes

belebuk|ik v fall*, go* bankrupt

belecsap v ~ott a villám a fába (the) lightning struck the tree

beleegyezés n consent, approval

beleegyez|ik v vmbe consent/agree to || szülei nem egyeztek bele his parents refused their consent

beleél v ~i magát vmbe enter into the spirit of sg

beleért v imply; (összeget) comprise, include || ~ve including...

beleérzés n empathy

belees|ik v (vmbe) fall* into; biz (vkbe) fall* for sy, have* a crush on sy

belefárad v get* tired of (sg)

belefog v vmbe start/begin* sg; ~ a munkába get* down to work, start working

belefojt v (vkt vízbe) drown || ~ja a szót vkbe átv silence sy

belefoly|ik v flow/pour into; vk vmbe have* a say in sg

belegázol v ~ a vízbe wade into the water; ~ vk becsületébe slander sy

belehal v (betegségbe) die of || ~t sérüléseibe he died from his wounds; majd ~tam I nearly died

beleill|ik v vmbe fit; vk be* suitable for || a kulcs ~ik a zárba the key fits the lock

beleír *v* = **beír**
beleizzad *v* (*ruhába*) sweat through [one's clothes] || ~ **a munkába** sweat over a job
belejön *v* (*vmbe beletanul*) get* the hang of, get* into
belekapaszkod|ik *v vmbe* cling* (on) to sg, clutch sg; *vkbe/vmbe* hang* on to sy/sg
belekarol *v vkbe* take* sy's arm
belekényszerít *v* (*vkt vmbe*) browbeat* sy into sg
belekerül *v* (*pénzbe*) cost*, come* to; (*időbe*) = **beletelik**
belekever *v* mix with; *vkt vmbe* involve sy in sg
belekevered|ik *v vk vmbe* get* involved in sg
belekezd *v vmbe* start (...ing); undertake* (sg)
bélel *v* (*ruhát*) line; *tech* case
belélegzés *n* inhalation
belelép *v vmbe* step into sg
belemárt *v vmbe* dip in, immerse (in)
belemegy *v vk/vm vmbe* go*/get* into; *átv vk vmbe* consent to || ~ **a játékba** enter into the game
belemerül *v* sink* into || ~ **a munkába** be* wrapped up in one's work
belenéz *v* (have* a) look into
belenyom *v vmt vmbe* force/squeeze sg into sg
belenyugsz|ik *v vmbe* resign/reconcile oneself to sg
belenyúl *v* (*kézzel*) reach into || ~ **a zsebébe** *átv* dip into one's pocket/purse
beleolvad *v vmbe* fade/melt into sg; (*szín*) shade into
beleöml|ik *v* flow/pour into

beleőrül *v* sg is driving sy mad
belép *v* (*helyiségbe*) go*/come* in, enter [a room] || ~ **egy pártba** join a party; ~**ni tilos!** no admittance/entrance
belépés *n* entry, entrance || **a ~ díjtalan** admission free
belépődíj *n* entrance/entry fee
belépőjegy *n* (admission) ticket
belerak *v* = **berak**
bélés *n* (*ruháé*) lining
belesül *v* (*beszédbe*) *biz* dry up
beleszagol *v vk vmbe* sniff/smell* sg; *átv biz* dabble in (sg)
beleszámít *v* reckon in, include || ~**va** including..., ...included
beleszeret *v vkbe* fall* in love with sy
beleszok|ik *v vmbe* get* accustomed/used (to sg)
beleszól *v* (*beszélgetésbe*) interrupt (the conversation); (*ügybe*) intervene (in)
beleszólás *n átv* say; (*beavatkozás*) intervention, interference
beleszúr *v* (*tűt*) stick* into || ~**t az oldalamba** (*a fájás*) I have* a stitch in my side
beletalál *v* (*célba*) hit* [the mark]
beletanul *v vmbe* master/learn* sg
beletartoz|ik *v* belong (in)to, fit into; (*hatáskörébe*) come* within [one's competence]
beletel|ik *v* **két hét is ~ik abba, amíg** it will be/take a good 2 weeks before
beleun *v vmbe* tire of sg, get* fed up with sg
belevág *v* (*vmbe késsel*) cut* into; (*villám*) = **belecsap**; (*vk szavába*)

interrupt sy; (*vállalkozásba*) take* on, undertake* (sg)
belezavarod|ik *v* get* muddled/ confused || ~**tam** I got* all mixed up
belföld *n* inland || ~**ön** at home
belföldi 1. *a* native, home, domestic, inland || ~ **termék** home product **2.** *n* native
belga *a/n* Belgian
Belgium *n* Belgium
Belgrád *n* Belgrade, Beograd
belgyógyász *n* physician; *US* internist
belgyógyászat *n* (*ág*) internal medicine; (*beosztály*) medical ward
-beli *suff* (*hely*) of, belonging to *ut.*; (*idő*) dating from *ut.*
beljebb *adv* further in || **kerüljön** ~ (please) walk in, *US* come right in
belkereskedelem *n* internal/home (*US* domestic) trade
belosztály *n* medical ward
belök *v* (*ajtót*) push/thrust* open; *vkt vhova* throw*/shove in
belőle *adv* out of it, from it/him || **nem kérek** ~ (*ételből*) I don't want any(, thank you); **semmi sem lesz** ~ (*dologból*) it will come to nothing
belpolitika *n* internal politics/ affairs *pl*
belső 1. *a* (*belül levő*) inside, internal, inner; (*bizalmas*) intimate, confidential || ~ **égésű motor** internal-combustion engine; ~ **sérülés** internal injury/lesion **2.** *n* (*futballé*) bladder; (*kerékgumié*) inner tube || **vmnek a belseje** the interior/inside of sg

belsőépítész *n* interior decorator/designer
belsőleg *adv* *orv* for internal application
belterület *n* (*városé*) *GB* inner city, the centre of the city, *US* downtown
belügy *n* (*országé*) home affairs *pl*
belügyminiszter *n* (the) Minister of the Interior, *GB* Home Secretary, *US* Secretary of Interior
belügyminisztérium *n* Ministry of the Interior, *GB* Home Office, *US* Department of the Interior
belül *adv/post* (*terület*) within, inside; (*idő*) within, in
belváros *n* city centre; (*Londonban*) the City, *US* downtown || **a** ~**ban** in town, *GB* in the City; *főleg US* downtown; **bemegy a** ~**ba** go* downtown
belvíz *n* inland waters *pl*
bélyeg *n* (*levélen*) (postage) stamp; (*jel*) mark; (*beégetett*) brand
bélyegez *v* (*bélyegzővel*) cancel (*US* -l-), postmark; (*munkahelyen érkezéskor*) clock in; (*távozáskor*) clock out
bélyegzőóra *n* time clock
bemárt *v* (*folyadékba*) = **belemárt**; *biz vkt vknél* blacken sy's character/name
bemegy *v vk* go* in, enter (sg); (*víz*) penetrate || ~ **a házba** go* indoors/inside
bemelegít *v* (*helyiséget*) warm/heat up; (*motort*) warm up; (*sportoló*) warm/limber up
bemenet *n* entrance, entry; *el, szt* input || **tilos a** ~ no admittance
bemér *v* (*távolságot*) find* the range of; (*mérőműszerrel*) locate

bemerít v immerse (in), dip in
bemerül v sink* into
bemetsz v notch, incise, indent
bemocskol v = **bepiszkít**
bemond v (rádióban) announce; (kártyában) bid*, call
bemondás n (bejelentés) announcement; (kártyában) bid, call; (bridzsben) contract; biz (szellemeskedő) (wise)crack; (színpadon) gag
bemondó n announcer
bemutat v vkt introduce sy (to sy), (magas rangúnak) present sy (to sy); (okmányt) present; (színművet) produce; (filmet) present, show*; (kísérletet) demonstrate; (kiállításon) exhibit, display; (áldozatot) offer (up) || ~om X urat this is Mr X, US meet Mr X
bemutatás n (személyé) introduction; (okmányé, színműé) production, showing; (árué) display, exhibit; (kísérleté) demonstration; (áldozaté) offering
bemutatkoz|ik v vknek introduce oneself to sy
bemutató n szính first night, première; (filmé) first run; (csekké) bearer
-ben suff → **-ban**
béna a (végtag) paralysed, crippled; (csak láb) lame; biz (ügyetlen) awkward, clumsy
Benelux államok n pl the Benelux States
benevez v (versenyre) enter for
benéz v (vmbe) look into; biz (vkhez) look/drop in (on sy)
benn adv inside, within || ~ **lakik** live in; ~ **van** (= nincs házon kívül) (s)he is in

benne adv in it, inside (it), within (it) || **nem vagyok** ~ I am out of it; ~ **vagyok!** agreed; I am all for it
bennfentes a well-informed
bennlakásos (közép)iskola n boarding school; (GB zártkörű, magán) public school
bennszülött 1. a native, aboriginal **2.** n native, aborigine
bensőséges a intimate, close
bent adv = **benn**
benti a inside
benzin n petrol, US gas(oline) || **kár a ~ért** it is not worth the trouble/candle
benzinkút n filling/petrol station, US gas station; (szervizzel) service station
benzinmotor n petrol engine
benyit v vhova enter (sg), go*/come*/step in
benyom v vmt press/squeeze in; (jelzést vmbe) impress on, stamp sg
benyomás n átv impression || **az volt a ~om, hogy** I got the impression that
benyújt v hand/send* in, present; (kérelmet) put* in, US file || **~ja lemondását** offer one's resignation
beolajoz v oil, lubricate
beolt v vkt inoculate; (himlő ellen) vaccinate; mezőg (fát) make* a graft onto [a tree]
beolvad v (tárgy) melt into, dissolve in/into; (körvonal) fade into; (szín) merge into; (nép) be* assimilated into; (intézmény) merge with
beoml|ik v fall*/cave in, give* way

beoszt *v* arrange; *(több részre)* divide *into*; *(fokokra)* graduate; *(fizetést)* spread* out; *(takarékosan)* economize

beosztás *n* arrangement; *(hivatali)* assignment, duty || **jó a lakás ~a** it is a well-arranged flat

beosztott *a/n* subordinate

bepanaszol *v vkt* complain about

beperel *v* sue sy/sg, take* sy/sg to court

bepillant *v (benéz)* (cast* a) glance *into*; *átv* obtain an insight (into)

bepiszkít *v (bemocskol)* make* (sg) dirty, make* (sg) filthy, stain; *(erkölcsileg)* taint, sully

bepiszkolód|ik *v* get* dirty

beprogramoz *v szt* program

bér *n (munkásé)* wage(s), pay; *(bérleté)* rent; || **~be ad** *(házat, földet)* let*, *US* rent; *(rövidebb időre)* hire (sg) out, *US* rent (sg) out; **~be vesz** rent, lease; **~ből és fizetésből élők** wage- and salary-earners

beragad *v* be*/get* stuck

beragaszt *v vmbe* paste/stick* in

berak *v (behelyez)* put*/place in/into; *(árut kocsiba)* load [goods] (in, on to); *(szoknyát)* pleat

berakod|ik *v* load (up)

bérbeadás *n (házé)* letting; *(földé)* leasing; *(rövidebb időre)* renting, hiring

bérbefagyasztás *n* wage-freeze

bereked *v (ember)* get*/become* hoarse

bérel *v* hire, *US* rent; *(hajót, repülőt)* charter; *(földet)* lease

béremelés *n* wage-increase

berendezés *n (folyamat)* furnishing; *(tárgyak)* furniture; *(üzem-ben)* equipment, fittings *pl*; *tech (készülék stb.)* apparatus, set

berendezked|ik *v* furnish one's house; *átv* settle down

bereteszel *v* bolt, secure [the door]

bérgyilkos *n* hired assassin

bérház *n* block of flats

bérlakás *n* flat

bérlemény *n* rented/leased property

bérlet *n (birtok)* lease; *(lakásé)* rent; *szính* subscription; *(vasúti, busz stb.)* season(-ticket), travelcard

bérleti *a* ~ **díj** *(földé, házé stb.)* rent; *(autóé, televízióé stb.)* rental; *szính* subscription || ~ **szerződés** lease agreement/contract

bérletjegy *n (idényre)* season(-ticket); *(havi)* monthly ticket/pass

bérlő *n (földé)* lessee, tenant; *(lakásé)* renter, tenant; *szính* subscriber

bérmálás *n* confirmation

bérmentes *a* post-free/paid, carriage-free/paid

bermuda *n* Bermuda shorts *pl*

bérmunka *n* paid work

bérmunkás *n* wage labourer *(US* -or-)

berreg *v (hangosan)* buzz; *(motor)* throb, purr, hum, whirr

bérrendszer *n* wage-system

bérszínvonal *n* wage-level

berúg *v (ajtót)* kick in; *biz (italtól)* get* drunk/tipsy || ~**ja a gólt** score (a goal)

beruházás *n* investment; *(nagyméretű)* project

besétál *v* walk/stroll in

beskatulyáz *v átv* label *(US* -l) sy/sg (as) sg, pigeonhole sy

besorol *v vkt vhova* include, put* (sy) on a list, classify; *(kocsival sávba)* get* into [lane]

besoroz *v kat* enlist (sy)
besóz *v* salt down || **be van sózva**
átv be* like a cat on hot bricks
besötéted|ik *v* grow* dark
besúg *v* (*rendőrségnek*) inform
against/on sy
besúgó *n* (*rendőrségi*) spy, informer; (*beépített ember*) mole
besurran *v* slip/sneak/dart in/into
beszabályoz *v* *tech* adjust,
regulate, set*
beszakad *v* break* in; (*köröm*)
break*, split*
beszalad *v* run* in/into
beszáll *v* get* on(to)/in(to) sg; (*repülőbe, vonatba*) board sg; (*hajóba*) embark; (*ügybe*) join in (sg)
beszállókártya *n* boarding pass/
card
beszámít *v* (*költségeket*) include;
(*szolgálati időt*) take* into
account; (*körülményt*) make*
allowance (for)
beszámíthatatlan *a* not accountable *ut.* || ~ **állapotban** not responsible for (one's actions)
beszámol *v vmről* give* an account
of sg; (*hírlap*) cover
beszed *v* collect, take* in; (*orvosságot*) take*
beszéd *n* (*képesség*) speech; (*módja*) speaking; (*beszélgetés*) conversation, talk; (*szónoklat*) speech;
(*üdvözlő*) address || **~et mond**
make*/deliver a speech; **se szó,**
se ~ without much/further ado
beszédes *a* talkative; *biz* chatty
beszédkészség *n* fluency (in
speech)
beszédtéma *n* subject/topic of
conversation
beszeg *v* edge, border, fringe

beszél *v* speak*; *vkvel/vkhez* speak*/
talk to sy || **arról nem is ~ve, hogy**
to say nothing of; ~ **ön angolul?**
do you speak English?; **~nek róla**
(*szó van róla*) it is in the wind/air;
(*telefonban*) **ki** ~? who is
speaking?; **azt ~ik, hogy** it is said
that; **magában** ~ talk to oneself;
magyarul ~ speak* Hungarian
beszélgetés *n* conversation, chat,
talk; (*interjú*) interview; (*telefonbeszélgetés*) call
beszélő 1. *a* talking, speaking **2.** *n*
talker, speaker; (*narrátor*) narrator; (*börtönben*) visiting hours *pl*
beszennyez *v* soil, dirty
beszerez *v* get*, obtain
beszervez *v vmbe* recruit sy (into sg)
beszerzés *n* (*árucikkeké*) purchase;
(*szerzemény*) acquisition
beszív *v* (*légneműt*) inhale, draw*
in; (*folyadékot*) suck in, absorb ||
jól ~ott *biz* get* pickled/soaked
beszivárog *v* seep/filter/ooze in
beszólít *v* call sy in, summon (sy to
swhere)
beszorul *v vm* get* stuck/jammed
(in sg)
beszúr *v vmbe vmt* stick* sg into
sg; (*szövegbe*) insert
beszüntet *v* stop, cease || **munkát**
~ stop work, walk out
beszűrőd|ik *v* (*fény*) filter in
betakar *v* cover up/over, wrap up;
(*ágyban*) tuck in
betakarítás *n* gathering (in),
harvest(ing)
betanított munkás *n* semi-skilled
worker
betáplál *v* (*számítógépbe*) feed*
[data/information] into [the/a
computer]

betart v (*szabályt*) keep*, observe; (*vknek*) sp biz trip sy up

beteg 1. a vk ill, sick; (*testrész*) diseased; (*igével*) be* ill || ~ **lesz** fall* ill **2.** n (*páciens*) patient

betegállomány n sick-list || ~**ban van** be* on the sick-list

betegbiztosítás n health insurance

betegfelvétel n (*kórházban*) reception [of patients]; (*feliratként*) admissions

beteglap n case sheet/card

betegség n (*állapot*) illness, sickness; (*kór*) disease || ~**ben szenved** suffer from a disease; ~**éből felgyógyul** recover from his/her illness

betegszállító 1. a ~ **kocsi** ambulance **2.** n (hospital) orderly/porter

betel|ik v vmvel have* enough of sg; (*étellel*) eat* one's fill || ~**t a létszám** we are full up; ~**t a pohár** that was the last straw

betemet v bury; (*árkot*) fill up/in

beterjesztés n (*törvényjavaslaté*) introduction; (*költségvetésé*) presentation

betét n (*bankban*) deposit [in bank]; (*üvegért*) deposit; (*golyóstollban*) refill || **egészségügyi/intim** ~ sanitary pad

betétkönyv n bank-book, passbook

betétlap n (*cserélhető*) loose leaf°, insert || **elvették a ~ját** kb. have* one's licence endorsed

betétszámla n deposit account

betéve adv (*könyv nélkül*) by heart || ~ **tudja a szerepét** be* word-perfect

betilt v ban, suppress, prohibit

betol v push/shove in

betolakod|ik v barge in; (*hívatlanul*) gatecrash

betoldás n insertion

beton n concrete

betonkeverő n concrete/cement mixer

betonoz v concrete

betölt v (*folyadékot*) pour into; (*hiányt*) fill (in) [a gap]; (*hivatását*) perform, fulfil || **állást** ~ be* in office, occupy a post/job; ~**ötte 20. életévét** he has turned 20; **filmet** ~ **fényképezőgépbe** load a camera

betöltetlen a (*állás*) vacant

betöm v (*lyukat*) stop (up); (*fogat*) fill

betör vt (*ablakot*) break* in; (*lovat*) break* in | vi; (*ellenség*) invade; (*betörő*) break* in(to a house), burgle

betörő n burglar

betud v (*összeget vmbe*) charge to, include; (*vknek vmt tulajdonít*) attribute to

betű n letter; (*írott*) script; (*nyomtatott*) character, type || **dőlt** ~ italics pl; ~ **szerinti** literal; ~**ről ~re** letter by letter

betűrend n alphabet, alphabetical order

betűz[1] v (*betűket*) spell*

betűz[2] vt (*tűvel*) pin in/up | vi (*nap vhová*) shine* in

betyár n (*egykor*) highwayman°, outlaw; *pejor* rogue

beugratás n átv take-in, hoax

beugr|ik v vk vhová jump/spring* in; (*vízbe fejest*) dive into; (*szerepbe*) step in; vkhez look/drop in (on sy); biz (*tréfának*) be* taken in

beutaló n (*kórházi*) referral; (*üdülői*) kb. holiday voucher

beutazóvízum *n* entry visa
beül *v* (*karosszékbe*) sit* down in; (*járműbe*) get* in(to) [a car]
beültet *v* (*kocsiba*) seat sy in; (*földbe*) plant in; *vmvel* plant with
beüt *v* knock/hit* sg in/into
bevág *v* (*vágást csinál*) cut*; *biz* (*leckét*) learn* (sg) by heart ‖ ~**ja az ajtót** slam/bang the door
bevágód|ik *v* (*ajtó*) slam, bang; *biz vk vknél* worm oneself (*v.* one's way) into sy's confidence
bevakol *v* plaster (over)
beváll|ik *v vm* prove (to be) good; (*remény*) come* true
bevall *v* confess, admit
bevált *v* (*pénzt*) (ex)change [*vmre* for]; (*csekket*) cash [a cheque]; (*ígéretét*) keep* [one's promise]; (*reményeket*) fulfil [hopes]
bevándorlás *n* immigration
bevándorol *v* immigrate (into)
bevarr *v vmbe* sew* in; (*sebet*) sew* up [a wound]
bevásárlás *n* shopping
bevásárlókocsi *n* (*áruházi*) (shopping) trolley
bevásárlókosár *n* shopping basket
bevásárlóközpont *n* shopping centre, hypermarket
bevásárol *v* do* one's/the shopping ‖ ~**ni megy** go* shopping; **jól** ~**t vmvel** *átv biz* (s)he made a bad bargain with sg
bever *v* (*szeget*) drive*/hammer in; (*ablakot*) break* in ‖ ~ **az eső (az ablakon)** the rain keeps* driving in (at the window)
bevés *v* (*fémbe*) engrave in/on ‖ ~ **vmt az emlékezetébe** commit sg to (one's) memory

bevesz *v* (*kívülről*) take* in; (*szövegbe*) include; (*várost*) take*, capture; (*ruhából*) take* in; (*orvosságot*) take* [medicine]
bevet *v* (*földet vmvel*) crop/sow* [a field] with; *kat* put* into action ‖ ~**i az ágyat** make* one's/the bed
bevétel *n* (*jövedelem*) income; (*üzleti*) returns *pl*; (*előadásé*) receipts *pl*
bevett szokás *n* generally accepted custom
bevezet *v* (*helyiségbe*) lead*/show* in/into; (*társaságba*) introduce into; (*ismeretekbe*) initiate (into); (*villanyt*) install; (*tételt*) enter; (*módszert*) introduce
bevezetés *n* (*könyvben*) introduction
bevezető 1. *a* introductory ‖ ~ **út** access road **2.** *n* introduction
bevisz *vt vkt/vmt vhová* take* in; (*csomagot*) carry in; (*vkt rendőr*) take* into custody; (*számítógépbe*) feed* [data] into [a/the computer], (*beír*) key in | *vi* (*út vhová*) lead* to
bevonul *v* enter; *kat* join up
bezár *v* close, shut*; (*kulcscsal*) lock (up); (*intézmény stb.*) close; (*végleg*) close down
bezzeg *adv* truly, to be sure
bezsúfol *v* cram/crush/squeeze into
biankó csekk *n* blank cheque (*US* check)
biblia *n* Bible, the Scriptures *pl*
bibliográfia *n* bibliography
bíboros *n* cardinal
bíborvörös *a* purple, scarlet
biccentés *n* nod
biceg *v* limp, hobble

bicikli *n* bicycle, bike
bicikliz|ik *v* ride* a bicycle
bicska *n* pocket/jack-knife°
bifsztek *n* beefsteak
bigámia *n* bigamy
bika *n* bull
bikini *n* bikini
bili *n biz* pot(ty)
biliárd *n* billiards *pl*
bilincs *n* shackles *pl*; (*kézre*) handcuffs *pl*; *tech* clamp
billeg *v* seesaw, be* loose
billen *v* tilt, tip over
billentyű *n* (*hangszeren*) key; *tech, orv* valve
billentyűzet *n* keyboard
billió *n GB* billion, *US* trillion
bimbó *n* bud
biológia *n* biology
biológus *n* biologist
bioritmus *n* biorhythm
bioszféra *n* biosphere
bír *v* (*fizikailag*) (be* able to) carry; (*elvisel*) (be* able to) bear*; (*képes*) can*, be* able to; *biz* (*kedvel*) take* a shine to (sy); *vkvel* equal (*US* -l) sy || **~ja a hideget** he can take the cold; **~ja az italt** he can carry/hold his liquor (well); **nem ~ magával (jókedvében)** be* beside himself (with joy); **nem ~ok vele** he is too much (of a handful) for me
bírálat *n* judgement; (*szóban*) criticism
birka *n* (*állat*) sheep (*pl* ua.); (*hús*) lamb
birkózás *n* wrestling
birkózó *n* wrestler
bíró *n* (*bíróságon*) judge, magistrate; *sp* umpire, referee
birodalom *n* empire

bíróság *n* (*hatóság*) court (of law) || **a ~on** in court; **~ elé állít** bring* to trial/justice
bírósági *a* judicial || **~ tárgyalás** hearing, trial; **~ úton** legally, by law
birs *n* quince
bírság *n* fine, penalty
bírságol *v* fine
birtok *n* (*tulajdon*) possession; (*földbirtok*) estate, land || **~ba vesz vmt** take*/get* possession of sg
birtokol *v* have*, possess
birtokos 1. *a nyelvt* possessive || **~ eset** genitive (case) **2.** *n* (*vagyoné*) owner, possessor
bisztró *n* snack bar, bistro
bit *n szt* bit
bitumen *n* bitumen, asphalt
bivaly *n* buffalo
bíz *v vkre vmt* trust sy with sg
bizakodó *a* hopeful, trustful
bizalmas 1. *a* (*közlés*) confidential; (*hangulatú*) informal, colloquial || **~ értesülés** inside information **2.** *n vknek a ~a* sy's intimate
bizalmatlan *a* distrustful (*vk iránt* of sy)
bizalmi *a* confidential || **~ ember** confidential clerk/secretary
bizalom *n* confidence/trust (in) || **bizalmat szavaz vknek** give* sy a vote of confidence
bizarr *a* bizarre
bíz|ik *v vkben/vmben* trust (in) sy/sg, have* confidence in || **nem ~ik vkben** distrust sy
bizomány *n* commission; (*eladásra*) consignment
bizony *adv* certainly, really, surely || **Isten ~!** so help me (God)!

bizonyára _adv_ no doubt, in all probability || **~ lekésett a vonatról** he must have missed the train
bizonyít _v_ prove; _(okmánnyal)_ certify; _(adattal)_ verify
bizonyíték _n_ proof, evidence || **tárgyi ~** material proof; **~ hiányában** in the absence of evidence
bizonyítvány _n (hivatali)_ certificate, testimonial; _isk_ school report
bizonyos _a (biztos)_ certain, sure; _(kétségtelen)_ undoubted || **annyi ~, hogy** one thing is certain (namely); **egy ~ fokig** to some extent
bizonyosan _adv_ = **bizonyára**
bizonyosság _n_ certainty
bizonytalan _a (dolog)_ uncertain, dubious; _(kimenetelű)_ doubtful; _(alapokon álló)_ unstable; _(ember)_ irresolute || **~ időjárás** changeable weather; **~ időre elhalaszt** postpone indefinitely
bizonytalankod|ik _v_ hesitate
bizonyul _v vmnek/vmlyennek_ prove (to be ...)
bizottság _n_ committee, board; _(kiküldött)_ commission
biztat _v vmre_ encourage; _(vigasztalva)_ reassure; _vmvel_ allure
biztató _a_ encouraging, promising || **~ (elő)jel** hopeful sign
biztonság _n_ safety, security || **a ~ kedvéért** to be* on the safe side
biztonságos _a_ safe, secure
biztos _a (kétségtelen)_ sure; certain || **~ állás** secure job; **~ vagyok benne, hogy** I'm sure ...
biztosan _adv_ surely, certainly; _(kétségtelenül)_ no doubt, undoubtedly || **~ eljön** he is sure/certain to come

biztosít _v (biztonságossá tesz)_ make* certain/sure; _(erősít)_ make* safe, secure (from, against); _(vmt vknek nyújt)_ provide sg for sy; _(biztosítást köt)_ insure (sg against sg) || **vkt vmről ~** assure sy of sg
biztosítás _n_ insurance || **~t köt** take* out insurance → **casco-, felelősségbiztosítás**
biztosíték _n (pénz)_ security, deposit; _(erkölcsi)_ guarantee; _el_ fuse
biztosító (társaság) _n_ insurance company
biztosítótű _n_ safety-pin
bizsu _n_ fashion/costume-jewellery
blokád _n_ blockade
blokk _n (jegyzettömb)_ (writing) pad; _(üzletben)_ bill; _(háztömb)_ block (of houses); _(bélyeg)_ block
blokkolóóra _n_ time clock
blöff _n_ bluff
blúz _n_ blouse
bob _n_ bobsleigh
bóbiskol _v_ nod, doze
bóbita _n_ tuft, crest
bocsánat _n_ pardon || **~ot kér** beg sy's pardon, apologize _(vmért_ for); **~ot kérek!, ~!** pardon/excuse me!, I beg your pardon!, (I'm) sorry!
bocsát _v_ let* go
bódé _n (piaci)_ stall, stand; _(újságos)_ newsstand, _GB_ kiosk
bódító _a (illat)_ overpowering
bodros _a (haj)_ curly, frizzy
bodza _n_ elder
bogáncs _n_ thistle
bogár _n zoo_ insect, beetle, _US_ bug; _biz (szeszély)_ whim, fad
bogrács _n_ stew-pot, kettle
bográcsgulyás _n kb._ Hungarian kettle goulash

bogyó n berry
bohóc n clown; átv buffoon, fool ||
~ot csinál magából biz play the
fool
bohózat n farce, burlesque
bója n buoy
bojkott n boycott
bojler n (gáz) (gas) heater; (villany)
immersion heater
bojt n tassel, pompon
bók n compliment
boka n ankle || **megüti a ~ját** kb.
have*/get* one's fingers burnt
bókol v pay* sy a compliment
bokor n bush, shrub
bokréta n bunch of flowers
boksz[1] n (cipőkrém) shoe-polish
boksz[2] n (ökölvívás) boxing
boksz[3] n (rekesz) box
bokszer n (verekedéshez) knuckle-
duster; (kutya) boxer
bokszoló n boxer; (profi)
prizefighter
-ból, -ből suff A) (helyhatározó) a)
from || **a Debrecenből érkező**
vonat the train from Debrecen; b)
out of || **felkel az ágyból** get* out
of bed B) (állapothatározó) a)
from || **betegségből meggyó-**
gyul recover from an illness; b)
out of || **álmából ébred** come*
out of one's sleep; c) of || **áll**
vmből consist of sg C) (eredetha-
tározó) a) from || **ered vmből** átv
originate from sg, come* from sg;
vmből következik result from; b)
of, out of || **készült vmből** be*
(made) of sg D) (eszközhatározó)
él vmből live on/by sg E)
(okhatározó) a) for || **mi okból?**
for what reason?; b) from, out of,
of || **féltékenységből** from (v. out

of) jealousy; **kíváncsiságból**
from (v. out of) curiosity F) (cél-
határozó) **ebből a célból** for this
purpose; **abból a célból, hogy...**
in order to/that G) (módhatározó)
ebből a szempontból from this
point of view, in this respect;
látásból ismer vkt know* sy by
sight
boldog a happy; (igével) feel*/be*
glad || **B~ új évet (kívánok)!** (I
wish you a) Happy New Year!
boldogít v make* (sy) happy
boldogság n happiness, joy,
gladness
boldogtalan a unhappy
boldogtalanság n unhappiness
boldogul v (életben) get* on,
prosper, succeed; vmvel get* on
with sg
boldogult a the late
bólé n kb. (fruit) punch
bolgár a/n Bulgarian
bolha n flea
bólint v nod
bolond 1. a (őrült) mad, insane,
crazy; (viselkedés) foolish, silly,
stupid || **majd ~ leszek!** I am not
such a fool **2.** n (elmebajos)
madman°, lunatic; (bolondságokat
csináló) fool, idiot || **~dá tesz vkt**
fool/dupe sy; **~ja vmnek** be*
crazy about sg
bolondít v make* a fool of
bolondokháza n biz lunatic asylum
bolondoz|ik v play the fool
bolondság n (beszéd) nonsense;
(hóbort) folly, silliness
bolondul v vkért/vmért be* crazy
about sy/sg
bolt n (üzlet) shop, US store
boltív n arch(way)

boltos *n* shopkeeper
bolygó *n* planet ‖ **mesterséges ~** (artificial) satellite
bolyhos *a* (*szövet*) napped, woolly
bolyong *v* roam, wander (about)
bomba 1. *n* bomb **2.** *a* ~ **jó** *biz* smashing, super, crazy, bang-up
bombariadó *n* bomb scare
bombasiker *n* *biz* overwhelming success
bombatámadás *n* bomb attack
bomlás *n* decay, disintegration; *kém* decomposition; (*erkölcsé*) depravation
boml|ik *v* (*alkotórészeire*) disintegrate, go* to pieces, decay; *kém* dissolve; *biz* vkért be* madly in love with sy
bon *n* (*áruról*) voucher; (*pénzről*) IOU
bonbon *n* bonbon, sweet
boncol *v* *orv* dissect; (*kérdést*) analyse (*US* -lyze)
boncolás *n* dissection
bonctan *n* anatomy
bont *v* take* to pieces, take* apart; *kém* decompose; (*épületet*) pull down; (*telefonbeszélgetést*) disconnect ‖ **részekre** ~ break* sg down into its component parts
bonyodalom *n* complication
bonyolít *v* complicate; *ker* (*ügyletet*) handle, manage
bonyolult *a* complicated, sophisticated
bor *n* wine ‖ **egy pohár** ~ a glass of wine
borbély *n* barber
borda *n* (*emberi*) rib; (*borjú, ürü*) cutlet; (*sertés*) pork chop
bordélyház *n* brothel
bordó *a* claret(-coloured)

borít *v* (*vmvel fed*) cover (with), cast*/spread* over; (*feldönt*) overturn
boríték *n* envelope
borjú *n* calf°
borjúhús *n* veal
borogatás *n* (*hideg*) (cold) compress; (*meleg*) poultice
boróka *n* juniper
borongós *a* melancholic, gloomy; (*idő*) cloudy
borospince *n* wine-vault/cellar
borostás *a* (*zoo*) bristly, unshaven
borostyán *n* ivy
borosüveg *n* wine-bottle
borotva *n* razor; (*villany~*) (electric) shaver ‖ **úgy vág az esze, mint a** ~ he is sharp-witted
borotvakrém *n* shaving cream
borotvál *v* shave
borotválkoz|ik *v* shave
borotvapenge *n* razor blade
borozó *n* wine bar, tavern
borravaló *n* tip ‖ **~t ad vknek** give* sy a tip
bors *n* pepper ‖ **~ot tör vk orra alá** play a trick on sy
borsó *n* pea ‖ **falra hányt** ~ it's like talking to a brick wall
borsos *a* peppered ‖ ~ **ár** *biz* stiff/steep price
bortermés *n* vintage
borul *v* (*ég*) cloud over; (*vmbe*) overturn (into sg), fall*
borús *a* (*idő*) dull, gloomy [weather]; (*tekintet/hangulat*) gloomy
borz *n* badger
borzad *v* shudder (with horror) (*vmtől* at), be* horrified/shocked (*vmtől* at)
borzalmas *a* horrible, terrible

borzalom n horror, dread
borzas a tousled, dishevelled
borzasztó a = **borzalmas**
borzol v (szél) ruffle, tousle
borzong v shiver [with cold/fear]
boszorkány n witch
bosszant v vk vkt annoy; vm vkt
irritate
bosszú n revenge; (megtorlás)
vengeance
bosszús a annoyed, irritated
bot n stick, staff ‖ **a füle ~ját sem**
mozgatja will not take the
slightest notice of sg
botanika n botany
botanikus 1. a ~ **kert** botanical
garden **2.** n botanist
botfülű a unmusical
botkormány n control stick/
column; biz joystick
botl|ik v vmbe stumble (on)
botorkál v (fáradtan) stagger
along, totter; (sötétben) feel*
one's way
botrány n scandal ‖ ~**t csap** make*
a scene
bóvli n junk, trash
bozontos a hairy, bushy; (szakáll)
shaggy
bozót n thicket, brushwood
bő a (tág) roomy, loose; (ruha)
(too) wide; (bőséges) full, rich
bőbeszédű a talkative
bőg v (sír) cry; (csecsemő)
whimper; (ordít) bawl, roar;
(tehén) low, moo
bőgő 1. a (síró) howling **2.** n
(nagy~) double-bass
bögöly n horse-fly
bögre n mug, jug
böjt n fast(ing)
bök v butt; (ujjal) poke

bőkezű a generous
-ből suff → **-ból**
bölcs 1. a wise **2.** n wise man°
bölcsen adv wisely
bölcsesség n wisdom
bölcsészet(tudomány) n arts pl,
US humanities pl
bölcsészkar n faculty of arts (US
humanities)
bölcső n cradle
bölcsőde n GB crèche, US day
nursery
bölény n bison, buffalo
bömböl v (állat, vihar) bellow,
roar; (csecsemő) howl
bőr n (élő) skin; (állaté) hide; (kiké-
szített) leather ‖ ~**ig ázott**
drenched to the skin ut., wet
through ut.; **jó** ~ (nőről) biz a
piece of crumpet; **majd kiugrik a**
~**éből** be* beside himself; **rossz**
~**ben van** be* in bad shape
bőrápoló krém n beauty cream
bőráru n leather goods
bőrgyógyászat n dermatology
bőrkiütés n (cutaneous) eruption
bőrönd n (kézi) suitcase; (nagy)
trunk
börtön n prison ‖ ~**be zár** imprison
bőség n abundance, plenty; (va-
gyoni) wealth, affluence
bőven adv plentifully, abundantly ‖
~ **elég** more than enough
bővít v enlarge, amplify, widen;
(kiegészít) complete
bővül v (szélességben) widen;
(mennyiségben) increase, grow*
brácsa n viola
bravó int bravo!, well done!
brazil a/n Brazilian
Brazília n Brazil
brekeg v croak

bridzs *n* bridge
brigád *n* brigade, team
briliáns *a/n* brilliant
briós *n* brioche
brit 1. *a* British || ~ **angol** British
English; **B~ Nemzetközösség**
British Commonwealth (of Na-
tions); ~ **szigetek** the British Isles
2. *n US* Britisher || **a ~ek** the
British
Britannia *n* Britain
bronz *n* bronze
bronzérem *n* bronze medal
bross *n* brooch
brummog *v* growl, hum
brutális *a* brutal
bruttó *a* gross || ~ **hazai termék**
gross domestic product (GDP); ~
jövedelem gross/total income; ~
nemzeti termék gross national
product (GNP)
búb *n* crest, tuft
buborék *n* bubble
búcsú *n* (*távozáskor*) (saying)
goodbye, farewell; (*templomi*) pat-
ronal festival || ~**t mond vknek**
say* goodbye to sy
búcsúzkod|ik *v* vktől take* leave
(of sy), say* goodbye (to sy)
búcsúztat *v* bid* farewell to;
(*állomáson stb.*) see* sy off
búgás *n* (*motoré*) hum(ming),
purr(ing); (*repülőgépé*) drone
buggyos *a* baggy
bugyi *n biz* briefs, panties, knickers
(*mind: pl*)
buja *a* (*ember*) sensual, lecherous;
(*növényzet*) luxuriant
búj|ik *v* (*vm elől*) hide* (from),
conceal oneself (from); *vmbe* slip
into
bújócska *n* hide-and-seek

bújtat *v* (*rejt*) hide*, conceal
bujtogatás *n* incitement
bukás *n* (*esés*) fall; (*kormányé*)
downfall, defeat; (*üzleti*) collapse,
bankruptcy; (*vizsgán*) failure
bukfenc *n* somersault
bukfencez|ik *v* turn a somersault
buk|ik *v* (*esik*) fall*, tumble; (*víz
alá*) dive, plunge; *isk* = **megbu-
kik**; *biz* ~**ik vkre/vmre** fall* for
sy/sg
bukkan *v vmre* come* across sg
bukósisak *n* crash-helmet
buktató *n átv* pitfall
Bulgária *n* Bulgaria
buli *n biz* party || **benne van a**
~**ban** be* in on it; **kiszáll a ~ból**
quit* it
bulvár *n* boulevard
bulvárlap *n* tabloid
bumeráng *n* boomerang
bumm *int* bang!, boom!
bunda *n* (*kabát*) fur-coat; (*állaté*)
fur; *sp biz* fix || **alszik, mint a** ~
sleep* like a log
bungaló *n* bungalow
bunkó *n* knob, butt; (*ember*) boor
búr *a/n* Boer
bura *n* (*üveg*) bell-jar/glass; (*lám-
páé*) lampshade
burgonya *n* potato (*pl* -oes) || **sült**
~ fried potatoes
burgonyapüré *n* mashed potatoes *pl*
burgonyaszirom *n* (potato) chips
pl
burkol *v vmbe* cover with, wrap*
(up) (in); (*utat*) pave; (*csempével*)
tile
burkolat *n* cover, wrapper; (*úté*)
pavement
burkolt *a* covered; *átv* hidden,
disguised

burleszk n burlesque
burok n (dióé) shell; (magzaté) caul
búskomor a melancholic, depressed
búslakod|ik v be* sorrowful || ~ik vm miatt be* grieved at/about sg
búsul v = búslakodik || ne ~j! cheer up!, never mind!
busz n (helyi) bus; (távolsági) coach || felszáll a 2-es ~ra take* a No 2 bus (v. bus No 2); beszáll a ~ba get* on (to) the bus; leszáll a ~ról get* off the bus; busszal megy go* by bus
buszjegy n bus ticket
buszmegálló n bus-stop
buta a stupid, foolish
butaság n stupidity, folly; (beszéd) nonsense
butik n boutique
bútor n (a piece of) furniture
bútorhuzat n furniture cover; (kárpitozás) upholstery
bútorozott a furnished || ~ szoba lodgings pl
búvár n diver
búvóhely n hiding-place
búza n wheat
búzacsíra n wheat germ
búzadara n semolina
búzaliszt n wheat(en) flour
búzavirág n cornflower
buzdít v encourage, animate, stimulate (amire mind: to do sg)
buzgó a zealous, ardent, keen; (vallásilag) devout
buzi a/n biz gay, queer, US fag
bűbájos a átv enchanting, charming
büdös a stinking, smelly || ~ neki a munka biz be* work-shy

büfé n (önálló) snack-bar; szính buffet; (felirat) "refreshments" pl; (üzemben) canteen
bükk(fa) n beech (tree/wood)
bűn n jog crime, offence; vall sin || ~t követ el jog commit a crime
bűnhődés n punishment
bűnös 1. a jog guilty; (hibás) be* responsible for sg; átv evil, wicked; vall sinful || ~nek talál vkt find* sy guilty; ~nek vallja magát plead guilty 2. n jog criminal; (enyhébb) offender
bűnözés n crime
bűnöző n criminal; (enyhébb) delinquent, offender || visszaeső ~ recidivist
bűntény n crime
büntet v punish; (pénzzel) fine (sy) || ötévi börtönnel ~ték he was given (v. sentenced to) five years' imprisonment
büntetés n punishment; jog penalty; (pénz) fine || ~t elenged remit a punishment/sentence
büntető a criminal; (megtorló) punitive
bűntudat n guilty conscience
bűnügyi a criminal || ~ film detective film, (crime) thriller; ~ regény detective novel/story; biz whodunit
büszke a vk proud (vmre of)
büszkélked|ik v flaunt, swagger; (vmvel) be* proud of sg
büszkeség n pride
bűvész n conjurer, magician
bűvölet n charm, spell
bűvös a magic(al
bűz n stink, stench
bűzl|ik v stink*, smell* (bad)
bűzös a stinking, putrid, smelly, fetid

C

°C → Celsius-fok

cáfol a refute, disprove; (tagad) deny

cammog v trudge along, plod (along)

cápa n shark

cár n tsar, czar

casco(biztosítás) n comprehensive insurance

CD n CD (= compact disc)

CD-lejátszó n CD-player

CD-ROM n CD-ROM

cédrus(fa) n bot cedar

cédula n slip; (katalógusé) (index-) card

cég n firm, company

cégvezető n manager

céh n g(u)ild

cékla n beetroot

cél n (szándék) aim, object, purpose; (végcél) goal; (végpont) end, destination; (célpont) mark, target ‖ a ~ból, hogy in order to/that, so as to; azzal a ~lal, hogy with the aim of; ~ba lő shoot* at a target; e ~ból for that/this purpose

célállomás n destination

célkitűzés n object, aim

cella n cell

cellulóz n cellulose

celofán n cellophane

céloz (fegyverrel) (take*) aim at; (beszédben) hint at, allude at ‖ mire ~ (ezzel)? what do* you mean by that?; vkre ~ refer/allude to sy

célpont n target, mark; átv aim, goal

célratörő a determined, resolute

Celsius-fok, °C n 38 °C 38°C (38 degrees centigrade)

célszerű a expedient, suitable

céltábla n target

céltalan a aimless, purposeless

célzás n aiming; átv hint, allusion ‖ ~t tesz vmre hint at sg

cement n cement

cent n cent

centenárium n centenary

centi(méter) n centimetre (US -meter); (mérőszalag) tape measure

centrifuga n spin-dryer

centrum n centre (US -ter); (városé) city centre

ceremónia n ceremony, formality

cérna n thread, (cotton) yarn

ceruza n pencil ‖ ~val ír write* in pencil

cet(hal) n whale

cézár n Caesar, emperor

cián n cyanide

cibál v tug at, lug

cica n puss(y)

cifra a fancy, ornamented, adorned; pejor flashy, showy

cigány a/n gipsy ‖ a ~ok, a ~ nép the Gipsies, the Gipsy people; ~ nyelv Romany; magyar ~ Tzigane

cigánykereket hány kif turn cartwheels

cigányzene n gipsy/tzigane music

cigaretta n cigarette ‖ ~ra gyújt light* a cigarette

cigarettáz|ik v smoke a cigarette

cigi n biz cig(gy), GB biz fag

cikáz|ik v (villám) flash

cikcakkos a zigzagged

ciki a/n biz dicey/ticklish situation

cikk *n* (*újságban*) *a*rticle; (*áru*) *a*rticle, goods *pl*; (*cikkely*) paragraph
cikkely *n* paragraph
ciklámen *n* cyclamen
ciklon *n* cyclone
ciklus *n* cycle; (*előadás*) series
cilinder *n* top/silk hat
cím *n* (*lakásé*) address; (*állásé/könyvé*) title; (*rang*) rank; (*újságcikké*) headline, heading ‖ **milyen ~en?** by what right?; **Tóth úr ~én** c/o Mr. T. (care of...)
cimbalom *n* cimbalom
cimbora *n* fellow, compan*i*on
címer *n* (*nemesi*) coat of arms, shield ‖ **családi ~** family crest **nemzeti ~** the arms of [a nation] *pl*
címez *v vmt vknek* address to sy
címke *n* label, tag, sticker
címlap *n* (*könyvé*) title page; (*folyóiraté*) front-page
című *a* ... **~ könyv** a book entitled ...
címzés address
cin *n* tin
cincog *v* squeak; (*hegedűn*) scrape [his violin]
cinege *n* t*i*tmouse°
cingár *a* slight, lean, thin
cinizmus *n* cynicism
cink *n* zinc
cinkos *n* accomplice, acc*e*ssory
cintányér *n zene* cymbal(s)
cipel *v* carry; (*nehezet*) dr*a*g
cipész *n* shoemaker, cobbler
cipó *n* loaf°
cipő *n* (*fél*) shoes; (*magas*) boots (*mind: pl*) ‖ **~t húz** put* on (one's) shoes

cipőfűző *n* shoelace
cipőkrém *n* sh*o*e cream/p*o*lish
cipőtalp *n* sole
ciprus *n* cypress
cipzár *n* zip (fastener), *US* zipper
cirill *a* Cyr*i*llic ‖ **~ (betűs) írás** Cyr*i*llic script
ciripel *v* chirr, chirp
cirkáló **1.** *a* cru*i*sing ‖ **~ rakéta** cruise m*i*ssile **2.** *n* (*hajó*) cru*i*ser
cirkusz *n* circus; *átv biz* a fuss/scene ‖ **ne csinálj ~t!** don't make (such) a fuss/scene!
cirógat *v vkt* fondle, pet, car*e*ss
ciszta *n orv* cyst
ciszterna *n* c*i*stern
citadella *n* c*i*tadel, fort(ress)
citera *n* z*i*ther
citrom *n* lemon
civakod|ik *v* wrangle, qu*a*rrel (*US* -l)
civil *a/n* civilian
civilizáció *n* civiliz*a*tion
civilizált *a* civilized
cm = centiméter
cm² = négyzetcentiméter
cm³ = köbcentiméter
colstok *n* folding rule
comb *n* thigh; (*étel*) ham; leg
copf *n* plait, p*i*gtail
cölöp *n* stake, pile, post
cövek *n* peg, spike, pin
cucli *n* dummy; (*üvegen*) teat
cukkol *v biz* banter
cukor *n* s*u*gar; (*kockacukor*) lump (of s*u*gar)
cukorbeteg *a/n* diabetic
cukorka *n* sweets *pl*, *US* c*a*ndy
cukrász *n* confectioner
cukrászda *n* confectioner's (shop), *US* c*a*ndy store/shop

cukrászsütemény(ek) *n* confectionery
cukroz *v* sugar, sweeten
cumi *n* = **cucli**
C-vitamin *n* vitamin C

Cs

csábít *v* lure, entice || **bűnre ~** tempt to evil/sin
csábító 1. *a* alluring, tempting **2.** *n* (*férfi*) seducer; (*nő*) temptress
csacsi 1. *a* silly, foolish **2.** *n* (*szamár*) donkey || **ne légy ~** don't be silly
csaj *n biz* woman°, girl, lass
csak *adv* (*csupán*) only, merely; alone; (*nyomósítás*) just, only; (*óhajtás*) if only; (*válasz*) ~! (just) because! || ~ **azért is!** for all that; go/carry on!; ~ **hárman vagyunk** there are only (the) three of us; ~ **jönne már!** if he would only come!; ~ **nem?** really?; ~ **nem akarsz elmenni?** you are not going yet, are you?; ~ **semmi izgalom!** take it easy!
csákány *n* pickaxe
csakhamar *adv* soon, before long
csakhogy 1. *conj* (*ellenkezés*) however, but (then) **2.** *adv* (*végre*) at last!
csakis *adv* (*csupán*) only, alone, merely || ~ **abban az esetben** only if
csaknem *adv* almost, nearly
csakúgy *adv* (*ugyanúgy*) in the same way || ~ **mint** just as (much as)

csakugyan *adv* (*erősítés*) really, indeed || ~? is that so?, really?
csal *v* cheat, swindle || ~**ja a feleségét** is unfaithful to his wife; **ha az emlékezetem nem** ~ unless I am (very much) mistaken
család *n* family; (*uralkodói*) dynasty || ~**ot alapít** start/establish a family
családfa *n* family tree
családfő *n* head of a/the family
családi *a* family || ~ **állapot(a)** marital status; ~ **ház** house, home; ~ **név** surname, family name
családias *a* familiar
családtag *n* member of the family
csalafinta *a* crafty, sly
Csalagút *n* Chunnel
csalamádé *n* mixed pickles *pl*
csalán *n* (stinging-)nettle
csalás *n* cheating; (*játékban*) swindle
csalétek *n* lure; (*halnak*) bait; *átv* decoy
csalfa *a* false, deceitful
csaló 1. *a* = **csalóka**; (*erkölcsileg*) deceitful **2.** *n* cheat, swindler
csalódás *n* disappointment (with); (*érzéki*) delusion, illusion
csalód|ik *v* be* disappointed (*vkben* in/with sy); (*téved vmben*) be* mistaken in sg || **ha nem ~om** unless I am mistaken; **kellemesen ~ik** be* pleasantly surprised
csalódott *a* disappointed
csalogány *n* nightingale
csalogat *v vmvel* entice, (al)lure
csalóka *a* deceptive, illusory
csámcsog *v* champ, munch
csámpás *a* knock-kneed
csap[1] *n* tap, *US* faucet; (*hordóé*) spigot; (*fakötés*) peg, pin

csap^2 v (üt) strike*, hit*; (dob) throw*, fling* ‖ **az asztalra** ~ bang/hit* the table
csáp n (rovaré) feeler
csapadék n rainfall
csapadékos a wet, rainy
csapágy n bearing
csapás^1 n (ütés) stroke, blow, hit; kat strike; (természeti) calamity, misfortune ‖ **egy ~ra** at a/one stroke
csapás^2 n (ösvény) path, track
csapat n troop, band; (kutatóké/ sport) team
csapatmunka n teamwork
csapatverseny n team competition
csapda n trap, snare; átv pitfall ‖ **~ba esik** fall* into a trap
csapóajtó n trap-door; (lengő) swing door
csapodár a fickle, inconstant
csapolt sör n draught (US draft) beer, beer on draught (US draft)
csapongás n (beszédben) digression; (képzeleté) flight of fancy
csapszeg n bolt, pin
csapzott a (haj) matted
csárda n (wayside/village) inn
csarnok n hall; (vásár~) market-hall ‖ ~ **5. vágány** platform 5
császár n emperor
császármetszés n C(a)esarean section
császárné, császárnő n empress
császárság n (ország) empire; (uralom) imperial rule/power
csat n clasp, buckle
csata n kat battle; átv fight(ing), struggle
csatangol v vhol hang*/loaf about
csatár n (futball) forward
csatatér n battlefield

csatáz|ik v vkvel fight*/battle (against/with sy)
csatlakozás n vké vkhez joining (sy); (vasúti) connection; el terminal, connection
csatlakoz|ik v vkhez join sy; (tagja lesz vmnek) join [a club/union etc.]
csatlakozó 1. a connecting, joining ‖ ~ **vonat** connecting train **2.** n el plug
csatol v (csattal) buckle (up) sg, clasp sg; (vmhez hozzáerősít) fasten/bind* to; (iratot) enclose, attach
csatorna n (természetes) channel; (mesterséges) canal, ditch; (szennyvízlevezető) drain; (utcai) gutter; tv channel
csattan v clap; (ostor) crack
csattanó n point, punch line
csattog v crack, clack; (szárny) flap
csavar 1. n screw, bolt ‖ **meghúzza a ~t** tighten a screw **2.** v (elfordít) twist, turn; (vm köré) wind* around; (csavart) screw (sg) in
csavaranya n nut
csavarhúzó n screwdriver
csavarkulcs n spanner, US wrench
csavarog v vhol loaf, wander
csavaros a screwed; (üveg) screw-topped ‖ ~ **eszű** biz wily, cunning
csavarvonal n spiral
csecsebecse n knick-knack
csecsemő n infant, baby
csecsemőgondozás n infant care
cseh a/n Czech; ~ **Köztársaság** Czech Republic
Csehország n Czech Republic
csehül adv (in) Czech; → **angolul** ‖ ~ **áll** be* in a bad way
csekély a trifling, small

csekélység n (vmnek csekély volta) smallness; (apróság) bagatelle, trifle

csekk n cheque, US check || ~et kiállít write* out a cheque; ~el fizet pay* by cheque/check

csekkfüzet, csekk-könyv n chequebook, US checkbook

csekkszámla n bank/current account

csel n ruse, trick; (ravaszság) contrivance

cseléd n servant, maid, domestic (servant)

cselekedet n action, act || jó ~ good deed; rossz ~ misdeed

cseleksz|ik v vhogyan act; vmt do*

cseles a biz wily, tricky

cselgáncs n judo

cselló n cello

cselszövés n plot(ting), intrigue

csembaló n harpsichord

csemege n delicacy, dainty

csemegebolt n delicatessen (shop)

csemete n (fa) sapling, seedling; (gyermek) child°

csempe n tile

csempész 1. v smuggle 2. n smuggler

csempéz v cover (sg) with tiles

csend n silence || ~ legyen! be/ keep quiet!; (durván) shut up!; ~ben in silence

csendes a still, quiet; (élet) tranquil; (ember) silent; (zavartalan) undisturbed

csendesed|ik v calm down; (szél) drop; (vihar) abate

csendesít v calm, silence

Csendes-óceán n Pacific Ocean, the Pacific

csendül v (re)sound, ring* (out)

cseng v (hang) ring* (out), tinkle; (üveg, fém) clink; (telefon) ring*

csengő 1. a ringing, tinkling 2. n bell || a ~ szól the bell rings*

csepeg v drip, dribble

cséplőgép n threshing-machine

csepp n drop; (nagyon kevés) tiny, a (little) bit of sg || (egy) ~et sem not in the least

cseppfolyós a fluid, liquid

cseppkő n (csüngő) stalactite; (álló) stalagmite

cseppkőbarlang n stalactite/ stalagmite cave

cseppnyi a/n a drop of, a little bit of, tiny

cser n bot Turkey oak

cserbenhagy v leave* sy in the lurch

cserbenhagyásos gázolás n hit-and-run accident

csere n change; (áru) exchange, trade; sp substitution || ~be(n) vmért in exchange/return for sg

cserebogár n cockchafer

cserél v change; (ex)change || lakást ~ change flats

cserép n (tetőn) tile; (virág) (flower) pot

cserepes a (tető) tiled; (bőr) chapped || ~ növény pot plant

cserépkályha n tile stove

cseresznye n cherry

cseresznyefa n bot cherry(-tree)

cseresznyepaprika n chilli

cserfes a chattery

cserje n shrub

cserkész n (boy) scout; (leány) girl scout

cserzett a tanned

csésze n cup || egy ~ tea a cup of tea

csészealj *n* saucer
csettint *v* (*nyelvével*) click (one's tongue)
cseveg *v* chat, converse
csibe *n* chick(en)
csibész *n* urchin, rascal
csicsergés *n* twitter, chirp
csiga *n* zoo snail; (*gép*) pulley; (*álló*) hoist
csigalépcső *n* spiral stairs *pl*
csigavonal *n* spiral (line)
csigolya *n* vertebra (*pl* vertebrae)
csík *n* (*sáv*) stripe, band; (*szín*) streak
csikk *n* (cigarette-)stub, butt
csiklandós *a* ticklish
csiklandoz *v* tickle
csikó *n* foal
csikorgó *a* creaking, grating ‖ ~ **hideg van** it is biting cold
csikorog *v* grate, grit, creak; (*fog*) gnash
csikós *n* horseherd, US cowboy
csíkos *a* striped
csilingel *v* ring*, tinkle
csillag *n* star ‖ ~**okat lát** (*a fájdalomtól*) see* stars
csillagászat *n* astronomy
csillagászati *a* astronomical, sidereal ‖ ~ **ár** biz sky-high price
csillaghullás *n* star/meteor shower
csillagkép *n* constellation
csillagszóró *n* sparkler
csillagvizsgáló *n* (*intézet*) observatory
csillan *v* flash, gleam
csillapít *v* (*éhséget*) appease; (*szomjúságot*) quench; (*fájdalmat*) relieve, ease; (*indulatot*) calm
csillapító *n* (*szer*) sedative, tranquillizer

csillapod|ik *v* become* quiet/calm; (*fájdalom*) abate, diminish; (*düh*) calm down; (*szél*) drop, die down
csillár *n* chandelier
csille *n* bány miner's truck; (*kötélpályán*) car, cabin
csillog *v* shine, glitter
csimpánz *n* chimpanzee
csinál *v* (*készít*) make*; (*tesz*) do* ‖ „~**d magad**" do it yourself; **mit** ~**sz?** (*most*) what are you doing? (*mi a foglalkozásod?*) what do you do (for a living)?
csináltat *v* have* sg made
csinos *a* (*nő*) pretty, good-looking; (*öltözködésű*) smart; (*férfi*) handsome
csintalan *a* naughty
csíny *n* trick, prank ‖ ~**t követ el** play a trick (on sy)
csíp *v* (*ujjal, fogóval*) pinch, nip; (*csalán, méh, füst a szemet*) sting*; (*szúnyog*) bite*; (*fagy*) nip; biz ~ **vmt** be* (very) keen on sg
csipeget *v* (*madár magot*) pick about ‖ ~ **az ételből** pick at one's food
csiperkegomba *n* champignon
csipesz *n* tweezers *pl*; (*ruhaszárító*) clothes peg
csipke *n* lace
csipkebogyó *n* (rose)hip
csipkelődés *n* banter, teasing
csipog *v* cheep
csipogó *n* bleeper
csípő *n* hip ‖ ~**re tett kézzel** with arm(s) akimbo
csípős *a* (*fűszer*) hot; (*hideg*) biting, severe; (*nyelv*) snappish ‖ ~ **megjegyzés** cutting/biting re-

mark; ~ **paprika** hot pepper; ~
szél fúj there's a biting wind
csíra n germ, seed-bud; *biol o*vum
(*pl o*va) ‖ *~*jában elfojt vmt nip
sg in the bud
csíramentes a sterile
csiripel v chirp
csiriz n flour-paste, size
csirke n chicken ‖ **rántani való** ~
broiler
csirkefogó n *biz* rascal; *pejor*
layabout
csiszol v (*tárgyat*) polish, rub;
(*üveget*) grind*; (*stílust*) chisel
csiszolatlan a (*tárgy/stílus*) un-
polished; *átv* crude, rude, rough
csiszolt a (*tárgy*) polished; (*gyé-
mánt*) cut; (*üveg*) ground; *átv* re-
fined
csitít v silence, hush
csitt! *int* hush!
csizma n (top-)boots *pl*
csobban v (s)plash, plop
csobog v plash, splash
csoda n *vall* miracle; (*rendkívüli do-
log*) marvel, wonder ‖ *~*k *~*ja for/
what a wonder!; **hol a** *~***ban lehet?**
biz where on earth can it/he be?;
minden ~ három napig tart it's a
nine-days' wonder; **nem ~, hogy/
ha** no/little wonder (that/if)
csodabogár n (*ember*) queer fish
csodálat n (*vm/vk iránt*) admira-
tion (for sg/sy); (*csodálkozás*)
wonder, amazement ‖ *~***ba ejt**
astonish, amaze
csodálatos a (*remek*) wonderful,
marvellous (*US* -l-) ‖ ~ **módon**
surprisingly (enough)
csodálkoz|ik v *vmn* wonder at,
marvel at (sg); (*meglepődik*) be*
surprised/astonished at

csodás a marvellous
csók n kiss
csóka n (jack)daw
csoki n *biz* chocolate
csókol v kiss, give* sy a kiss ‖
*~***om!** *biz kb.* hello; **sokszor** ~
(*levél végén*) Love (from)
csokoládé n chocolate
csókolódz|ik v *biz* be* billing and
cooing
csokor n bunch, bouquet
csokornyakkendő n bow-tie
csomag n package, parcel, packet;
(*poggyász*) luggage (*pl* ua.);
baggage (*pl* ua.) ‖ *~***ot felad** (*pos-
tán*) post a parcel; (*vonaton*) reg-
ister one's luggage; **egy ~ ciga-
retta** a packet (*US* pack) of ciga-
rettes; **egy ~ kártya** a pack of
cards
csomagküldő áruház n mail-order
firm/house
csomagmegőrző n = **poggyász-
megőrző**
csomagol v pack (up); (*papírba
stb.*) wrap (up)
csomagolás n pack(ag)ing; (*papír-
ba*) wrapping; (*burkolat*) cover,
wrapper
csomagtartó n (*vasúti fülkében*)
luggage rack; (*autóban*) boot; (*te-
tőn*) roof rack
csomó n knot ‖ *~***t köt** tie/make* a
knot (in sg); **egy ~ ember** a num-
ber/lot of people
csomópont n junction; (*különszin-
tű*) interchange
csomóz v knot (sg)
csónak n boat
csonk n stump
csonka a mangled, broken; (*kéz,
láb*) maimed; (*mű*) incomplete

csont *n* bone ‖ **(csupa)** ~ **és bőr** nothing but skin and bone
csonthéjas gyümölcs *n* stone-fruit
csontos *a* bony
csonttörés *n* fracture (of bone)
csontváz *n* skeleton
csoport *n* group; (*munkás*) gang, team
csoportmunka *n* teamwork
csoportos *a* collective
csoportosítás *n* grouping, classification
csoportvezető *n* group leader/chief; (*munkásoknál*) gang boss
csór *v biz* filch, nick
csorba **1.** *a* nicked; chipped **2.** *n* (*szerszámon*) notch, nick; (*poháron*) chip
csorda *n* herd
csorog *v* run*, flow
csoszog *v* shuffle (along)
csótány *n* cockroach
csóvál *n* **farkát** ~**ja** wag its tail; **fejét** ~**ja** shake* one's head
cső *n* tube, pipe; (*vízvezetéké*) conduit
csőd *n* bankruptcy, failure ‖ ~**be jut** become* bankrupt; ~**öt mond** fail
csődület *n* throng, crowd
csökken *v* decrease, diminish, lessen; (*sebesség*) slow down
csökkent *v* reduce, diminish, lessen; (*árakat, létszámot*) reduce; (*kiadást/béreket*) cut* (down); (*termelést*) decrease
· **csökkentés** *n* reduction, decrease
csökönyös *a* obstinate, stubborn
csőr *n* bill, beak
csőrepedés *n* pipe burst
csörget *v* clatter, clang; (*pénzt*) jingle

csörgő *n* (*játék*) rattle
csörög *v* jangle, clang, clatter; (*pénz*) chink
csörömpöl *v* rattle, clatter
csősz *n* (*közkertben*) park-keeper; (*mezőn*) field-guard
csőtészta *n* macaroni
csöves **1.** *a* (*cső alakú*) tubular; (*csővel ellátott*) piped **2.** *n biz* (*csőlakó*) dosser
csővezeték *n* pipe; (*nagy távolságra*) pipeline
csúcs *n* (*hegyes vég*) point, tip; (*hegyé*) peak, top; (*legmagasabb*) summit; *pol* summit (meeting); *sp* record
csúcsforgalom *n* peak period, the rush hour(s)
csúcsíves *a* pointed, ogival ‖ ~ **stílus** Gothic (style)
csúcsos *a* pointed, peaked
csúcspont *n* (*hegyé*) summit; (*folyamaté*) culmination; (*életpályáé*) zenith
csúcstalálkozó *n* summit meeting
csúcstechnológia *n* high tech(nology)
csúf **1.** *a* ugly, hideous **2.** *n* ~**ot űz vkből** make* fun of sy
csúfnév *n* nickname
csúfolód|ik *v* mock, make* fun of (sy)
csuk *v* close, shut*
csuka *n zoo* pike; *biz* (*cipő*) creepers *pl*
csuklik *v* hiccup, hiccough
csukló *n* (*kézé*) wrist; *tech* joint, link
csuklós *a tech* hinged ‖ ~ **autóbusz** articulated bus
csuklya *n* hood
csúnya *a* (*külsőleg*) ugly, hideous; (*idő*) foul

csupa *adv* all, mere, pure ‖ ~ **fül vagyok** I am all ears
csupán *adv* merely, only, purely ‖ ~ **azt mondtam** I said simply and solely (that)
csupasz *a* naked, nude; (*szőrtelen*) hairless
csúszda *n* slipway, slide
csúsz|ik *v* slide*, glide; (*siklik*) slip
csúszómászó *n* (*hüllő*) reptile; (*féreg*) crawling insect
csúszós *a* slippery
csutka *n* core
csücsök *n* (*kendőé*) point; (*sarok*) corner
csügged *v* despair ‖ **ne ~j!** cheer up!
csüggedt *a* discouraged
csülök *n* hoof (*pl* hooves)
csüng *v vmn* hang*; *átv vkn, vmn* cling* to
csűr *n* barn
csütörtök *n* Thursday ‖ **~öt mond** (*terv*) fail, miscarry; → **kedd, keddi**

D

D = *dél* south, S
dac *n* spite; (*makacsság*) obstinacy
dacos *a* (*makacs*) defiant, obstinate; (*akaratos*) wilful
dada *n* nurse
dadog *v* stammer, stutter
dagad *v* (*testrész*) swell* (up)
dagadt *a orv* swollen; (*kövér*) fat
dagály *n* flood/incoming tide
daganat *n* (*külső*) swelling; (*ütéstől*) bump; (*belső*) tumour (*US* -or)

dajka *n* nurse
dal *n* song
daliás *a* strapping
dallam *n* melody, tune
dallamos *a* melodious, tuneful
dalol *v* sing*
dalszöveg *n* lyrics, words
dáma *n* (*hölgy*) lady; (*kártya*) queen
dán 1. *a* Danish ‖ ~ **nyelv** Danish (language) **2.** *n* (*ember*) Dane; (*nyelv*) Danish
Dánia *n* Denmark
dara *n* (*búza*) semolina; (*csapadék*) sleet
darab 1. *n* piece; (*kis*) bit; (*rész*) part; fragment; (*színdarab*) play, piece ‖ **~ja öt forint** five forints each; **~okban** in pieces; **egy ~ig** (*időben*) for a (little) while **2.** *a* **egy ~ szappan** a bar/piece of soap; **húsz ~ marha** twenty head of cattle
darabáru *n* piece goods *pl*
darabol *v* cut* up
darabonként *adv* piece by piece
darabos *a* (*anyag*) lumpy, coarse; (*ember*) rough
darál *v* (*őröl*) grind*; (*finomra*) mill; (*húst*) mince
darázs *n* wasp
darázsfészek *n* wasps' nest ‖ **~be nyúl** stir up a hornet's nest
dárda *n* spear, lance
daru *n* crane
datolya *n* date
dátum *n* date ‖ **~mal ellát** date (sg)
dauerol *v biz* perm
db. = *darab* piece, pc
de 1. *conj* but, still, however **2.** *int* ~ **igen!** yes indeed!, certainly!, of course; ~ **hát nem sikerült** but it

just didn't work out; **nem látod?**
~! can't you see it/him/her? (Oh)
yes, I can
de. = **délelőtt**
december n December || **~ben,** ~
folyamán in/during December; ~
5-én on 5th December
decemberi a December, in/of
December *ut.* || **egy ~ napon** on a
(certain) December day
deci n decilitre (*US* -liter)
decibel n decibel
decigramm n decigram(me)
deciliter n decilitre (*US* -liter)
decimális a decimal
deciméter n decimetre (*US* -meter)
dédanya n great-grandmother
dédapa n great-grandfather
dédelget v (*cirógat*) fondle, caress;
(*kényeztet*) pamper
dédszülő n great-grandparent
dédunoka n great-grandchild°
defekt n (*gumié*) puncture, flat tyre
(*US* tire), *US* flat || **~et kap** have*
a flat (tyre)
deficit n deficit, loss
definíció n definition
degenerált a degenerate
dehogy(is) *int* certainly not, by no
means, ... not at all
dehogy(is)nem *int* why not?, of
course
deka n decagram(me)
dekadens a decadent, declining
dekagramm n decagram(me)
dékán n dean
dekódol v decode
dekorál v decorate
dél n (*napszak*) noon, midday; (*ég-
táj*) south, (the) South || **a ház ~re
néz** the house faces south; **~ben**
at noon/midday; **~en** in the south;

~re southward(s), to (the) south;
élete delén in the prime of life
Dél-Afrika n South Africa
Dél-Amerika n South America
delegáció n delegation
délelőtt 1. *adv* in the morning || ~
tízkor at ten (o'clock) in the
morning, at 10 a.m.; **ma** ~ this
morning; **egész** ~ all morning **2.** n
morning; **szabad** ~ morning off
Dél-Európa n Southern Europe
delfin n dolphin
déli 1. a (*napszak*) noon, midday;
(*égtáj*) south(ern), southerly || **a ~
órákban** about noon; ~ **fekvésű
ház** house facing south; ~ **irány-
ban** southward(s), towards the
south; ~ **népek** the Mediterranean
peoples **2.** n (*ember*) southerner
délibáb n mirage, Fata Morgana
déligyümölcs n southern/tropical
fruits *pl*
Déli-sark n the South Pole, the
Antarctic
délkelet n south-east
délkör n meridian
délnyugat n south-west
délután 1. *adv* in the afternoon ||
ma ~ this afternoon; ~ **3-kor** at
three (o'clock) in the afternoon, at
3 p.m.; **kedden** ~ (on) Tuesday
afternoon; **minden** ~ every after-
noon **2.** n afternoon
demokrácia n democracy
demokrata 1. a democratic || ~
párt democratic party **2.** n demo-
crat
demokratikus a democratic
démon n demon
demonstráció n (*tüntetés*) demon-
stration; (*bizonyítás*) proof; (*szem-
léltetés*) display

denevér n bat
depresszió n depression
dér n (hoar)frost
derék[1] a (jellem) honest, straight ||
~ **dolog!** well done!; ~ **fickó** he is
a fine fellow
derék[2] n (emberé/ruháé) waist || **a
nyár derekán** in the middle of
summer; ~**ba törik** break*/split*
in two; ~**ig érő** to the waist ut.; **fáj
a derekam** my back aches
derékszíj n waist-belt
derékszög n right angle
derékszögű a rectangular
deres a (színű) grey; (dértől)
frosty
derít v (fényt vmre) throw* light on
sg; (jókedvre vkt) cheer sy up
dermedt a numb, stiff
derűlátás n optimism
derült a (ég) clear, cloudless,
bright; (kedély) cheerful
derűs a (vk hangulata) cheerful;
(arc) smiling
deszka n board, plank
desszert n dessert
desztillál v distil (US distill)
detektívfelügyelő n (detective-)
inspector
detektívregény n detective novel,
crime story; biz whodunit
deviza n foreign exchange
devizaárfolyam n exchange rate
devizanem n currency
dezertál v desert
dezodor n deodorant
dia n slide, transparency
diadal n triumph, victory
diafilm n film strip, slidefilm
diagnózis n diagnosis (pl diagno-
ses)
diagram n diagram, graph

diák n pupil, schoolboy, schoolgirl,
US high school boy/girl; (főisko-
lás) student
diáklány n schoolgirl
diákotthon n (students') hostel, US
dormitory
diákság n students pl, undergradu-
ates pl
diákszálló n = diákotthon
dialektus n dialect || ~**ban beszél**
speak* a/in dialect
dialógus n dialogue
diavetítő n slide projector
dicseked|ik v vmvel boast (of/about
sg)
dicsér v vkt/vmt vmért praise sy/sg
for sg
dicsőít v glorify, praise
dicsőség n glory, honour (US -or)
didereg v shiver (with cold)
diéta n diet
diétáz|ik v be* on a diet
diftéria n diphtheria
digitális a digital
díj n (kitűzött) prize; (honorárium)
fee; (munkáé) pay, wages pl;
(szolgáltatásért) charge; (illeték)
tax || ~**at (el)nyer win*** a/the prize
díjaz v (jutalmaz) reward; biz (mél-
tányol) appreciate
díjköteles a subject to dues/fees ut.
díjmentes(en) a/adv free (of
charge) ut.
díjnyertes n prize-winner
díjszabás n tariff
díjtalan a (ingyenes) free of charge
ut.
diktál v dictate (sg) (to sy)
dilettáns n dilettante (pl dilettanti),
amateur
dilis a liz crazy, cracked
dimenzió n dimension

docens

dinamika *n* dynamics *sing.*
dinamit *n* dynamite
dinasztia *n* dynasty
dinnye *n* melon; (*görög*) watermelon; (*sárga*) musk-melon
dió *n* nut, walnut
diploma *n* isk diploma (in sg); (*egyetemi v. főiskolai*) degree (in sg); (*egyéb*) certificate || **-t szerez** take* a/one's diploma (in sg)
diplomáciai *a* diplomatic
diplomamunka *n* diploma work
diplomás *a/n* professional, graduate
diplomata *n* diplomat
diplomatatáska *n* attaché case
diplomatikus *a* diplomatic
direkt 1. *a* direct, straight **2.** *adv* directly
dirigál *v* direct; *zene* conduct
dísz *n* (*díszítés*) decoration, ornament; (*pompa*) pomp, parade
díszes *a* ornamental, decorative
diszharmónia *n* dissonance, disharmony
díszít *v* decorate, adorn, ornament
diszkó *n* disco
diszkrét *a* discreet, tactful
díszlet *n* scenery
disznó *n* pig; (*emberről*) swine || **~ vicc** dirty story
disznóhús *n* pork
disznóól *n* pigsty
disznóság *n* scandal, a shame; (*tett*) dirty/lousy trick
díszőrség *n* guard of honour (*US* -or)
díszszemle *n* (dress) parade
disszertáció *n* thesis (*pl* theses)
disszidál *v* (*külföldre*) defect
dísztárgy *n* (*árucikk*) fancy goods *pl*; (*lakásban*) bric-a-brac

dísztávirat *n* congratulatory telegram
díszterem *n* ceremonial hall
disztingvál *v* distinguish
dívány *n* divan, couch, sofa
divat *n* fashion, mode, vogue || **az utolsó ~** the latest fashion; **~ba jön** come* into fashion; **~ban van** be* in fashion; **kimegy a ~ból** go* out of fashion
divatáru *n* (*férfi*) men's wear; (*női*) ladies' wear
divatbemutató *n* fashion-show
divatjamúlt *a* old-fashioned
divatos *a* fashionable, stylish; in vogue *ut.*
dív|ik *v* be* in fashion
dízelmotor *n* diesel engine
dízelolaj *n* diesel oil/fuel
DK = *délkelet* south-east, SE
dkg = *dekagramm* → **deka**
DNy = *délnyugat* south-west, SW
dob[1] *n* drum; *tech* drum, cylinder, barrel
dob[2] *v* throw*; hurl
dobban *v* (*szív*) throb, beat*
dobbant *v* (*lábbal*) stamp (one's foot/feet); (*ugró*) jump off
dobhártya *n* eardrum
dobog *v* (*szív*) throb, beat*; (*lábbal*) stamp (one's foot/feet)
dobogó *n* (*előadóé*) platform; *szính* stage, podium
dobókocka *n* dice (*pl* ua.)
dobol *v* drum
doboz *n* box; (*karton*) cardboard box; (*bádog*) tin, *US* can; (*nagyobb*) case
dobozos *a* boxed, canned || **~ narancslé** a carton of orange juice; **~ sör** canned beer
docens *n* kb. *GB* reader, *US* associate professor

dogma *n* dogma
dohány *n* bot tobacco; *biz* (*pénz*) dough
dohánybolt *n* tobacconist's
dohányos *n* smoker || **erős ~** heavy smoker
dohányzás *n* smoking || **tilos a ~!** no smoking
dohányz|ik *v* smoke
dohányzó 1. *a* smoking **2.** *n* (*személy*) smoker; (*helyiség*) lounge; (*vasúti kocsi*) smoker
dohos *a* musty, fusty; (*levegő*) stale
dokk *n* dock(yard)
doktor *n* (*egyetemi*) doctor (Dr); (*orvos*) physician, doctor || **a tudomány ~a** Doctor of Science (DSc); **jogi ~** *kb.* Doctor of Laws (*GB* LLD)
doktorál *v* take* one's doctorate
doktornő *n* woman-doctor
dokumentál *v* prove, document
dokumentum *n* document
dolgos *a* industrious
dolgozat *n* paper, essay, test
dolgoz|ik *v* work; (*gép*) run*, function || **keményen ~ik** work hard; **mit ~ik?** what do you do (for a living)?; **vknek ~ik** work for sy; **vmn ~ik** work on sg
dolgozó 1. *a* working, labouring (*US* -or-) **2.** *n* worker; (*fizikai*) manual worker; (*szakmában*) workman°; (*gyári*) blue-collar worker; (*segédmunkás*) labourer || **értelmiségi/szellemi ~** white-collar worker
dolgozószoba *n* study
dollár *n* dollar
dolog *n* (*munka*) work, job, task; (*ügy*) matter, business, affair;

(*tárgy*) thing, object || **az ő dolga, hogy** it's up to him to; **biztos a dolgában** be* sure of himself/herself; **ez ízlés dolga** it's a matter of taste; **micsoda ~ ez?** what are* you up to?, what does this mean?; **nem az én dolgom** it's none of my business
dóm *n* cathedral
domb *n* hill
dombormű *n* relief
domború *a* convex
domborzat *n* (features *pl* of) the terrain
dombos *a* hilly
dominál *v* prevail (over sg), dominate (sg)
dominó *n* domino (*pl* dominoes)
dongó *n* bumble-bee
donor *n* donor
doppingszer *n* dope, stimulant
dór *a* (*oszlop*) Doric [pillar] || **~ hangnem** *zene* Dorian mode
dorombol *v* purr
dosszié *n* file, dossier
dotál *v* (*intézményt*) subsidize; (*alkalmazottat*) pay*
dózis *n* dose
döcög *v* jolt, advance slowly
döf *v* (*kést*) run* a knife° into sy/sg; (*tőrrel*) stab; (*szarvval*) butt
dög *n* carrion
döglött *a* dead [animal]
dől *v* (*hajlik*) lean* (to one side); *vmnek* lean* against; (*oldalt*) tilt; (*esik, bukik*) fall*, tumble down; (*eső*) pour; (*folyadék*) gush (out/forth from) || **ágynak ~** take* to one's bed
dőlt *a* slanting, oblique || **~ betű** italics *pl*
dölyfös *a* arrogant, haughty

dömper *n* dumper (truck)
dönget *v* bang, batter, rag
dönt *v* upset*, overturn; tilt; (*rekordot*) break*/beat*; (*elhatároz*) decide; (*bíróság*) rule, decree
döntés *n* (*fáé*) felling; (*elhatározás*) resolution, decision; (*esküdtszéké*) verdict || **bírósági** ~ judg(e)ment of the court
döntetlen *a/n* ~ **(mérkőzés)** a drawn game, a draw/tie; ~**re állnak** the score/match is level
döntő 1. *a* decisive || ~ **bizonyíték** conclusive proof; ~ **pillanat** critical/crucial moment **2.** *n sp* final(s)
döntőbíró *n* arbitrator
dörmög *v* (*medve*) growl; (*ember*) mutter; (*morog*) grumble
dörög *v* boom, thunder || ~ **(az ég)** it is thundering
dörömböl *v* ~ **az ajtón** hammer/bang at/on the door
dörzsöl *v* rub
drága *a* (*költséges*) expensive, dear; (*értékes*) precious, valuable; *átv* dear || ~**m** my dear, darling
drágakő *n* precious stone, jewel
dráma *n* drama
drámai *a* dramatic
drámaíró *n* dramatist
drapéria *n* drapery
drapp *a* beige
drazsé *n* chocolate drop, dragée
dressz *n sp* = **mez**
drog *n* drug
drót *n* wire
drukkol *v* (*fél*) be* in a (blue) funk; *vknek* keep* one's fingers crossed (for sy); → **szurkol**
drusza *n* namesake
du. = **délután**

duda *n* (*hangszer*) bagpipes *pl*; (*autón*) horn
dudál *v* (*hangszeren*) play the bagpipe(s); (*autós*) sound one's horn
dúdol *v* hum [a tune]
dudor *n* (*testen*) swelling, bump; (*ütéstől*) lump; (*tárgyon*) boss, knob
dug *v* *vmt vmbe* stick*/put* into; (*rejt*) hide*
dugaszol *v* (*palackot*) cork; (*lyukat*) stop (up)
dugattyú *n* piston
dugó *n* cork; (*üveg*) stopper; *el* plug; (*forgalmi*) (traffic) jam
dugóhúzó *n* corkscrew
dúl *v* (*pusztít*) ravage; (*vihar, háború*) rage
dulakodás *n* scrimmage, scuffle
duma *n biz* chatter, gossip
Duna *n* Danube
dunai *a* Danubian
Dunakanyar *n* the Danube bend
Dunántúl *n* Transdanubia
Duna-part *n* Danube embankment
dundi *a* chubby, plump
dupla 1. *a* double, twofold || ~ **vagy semmi** double or quits **2.** *n* (*kávé*) espresso, coffee
dúr *a/n* major || ~ **skála** major scale; **C-**~ C-major
durcás *a* sulky, peevish
durr! *int* bang!
durran *v* (*robbanószer*) explode, detonate; (*pezsgősüveg*) go* bang/pop
durrdefekt *n* burst tyre (*US* tire), blowout
durva *a* rough, coarse, rude || ~ **beszéd** coarse words *pl*; ~ **hiba** gross error

durván *adv* roughly, rudely ‖ ~
bánik vkvel handle/treat sy
roughly; ~ **(számítva)** roughly
dús *a* rich (in sg); plentiful
dutyi *n tréf* lockup
duzzad *v* swell*; (*izom*) bulge (out)
duzzadt *a* swollen
duzzogás *n* resentment
düh *n* fury, rage ‖ **~be gurul** lose*
one's temper
dühít *v vkt* enrage, infuriate (sy)
dühöng *v* rage, fume
dühös *a* furious, (very) angry
dülledt *a* ~ **szem** protrud-
ing/bulging eyes *pl*
düne *n* (sand) dune
dünnyög *v* mumble

Dzs

dzseki *n* jacket
dzsem *n* jam
dzsessz *n* jazz
dzsip *n* jeep
dzsörzé *n* jersey
dzsúdó *n* judo
dzsungel *n* jungle
dzsúsz *n* juice

E, É

e *pron* (*ez*) this ‖ ~ **célból** for that
purpose, to that end
-e *adv* (*vajon*) whether ‖ **szereted-
e?** do you like it?
É = *észak* north, N

eb *n* dog
ebbe *pron* in/into this ‖ ~ **nem
megyek bele** I won't agree to
this, count me out
ebben *pron* in this, here(in)
ebből *pron* from/of this, out of this
‖ ~ **következik, hogy** it follows
ebéd *n* lunch, midday meal; (*este*)
dinner ‖ ~ **után** after lunch
ebédel *v* lunch, take*/have lunch;
(*este*) dine, have/eat* dinner
ebédlő *n* dining-room; *isk* dining
hall; (*kollégiumi*) refectory
éber *a átv* watchful, vigilant
ébred *vi* wake* (up), awake*
ébreszt *vt* wake* (up); (*érzést*)
(a)rouse, awaken
ébresztőóra *n* alarm-clock
ecet *n* vinegar
ecetes *a* vinegary, vinegarish ‖ ~
uborka pickled cucumber
ecset *n* brush
eddig *adv* (*hely*) up to this point;
(*idő*) till now, so far ‖ ~ **még** as
yet
edény *n* vessel, pot, bowl
édes 1. *a* (*íz*) sweet; (*dolog*) de-
lightful **2.** *n* **~em!** (my) dear(est),
darling
édesanya *n* mother
édesapa *n* father
édesség *n* (*ennivaló*) sweet(s);
(*cukrászati*) confectionery; *US*
candy; (*mint fogás*) sweet, dessert
édességbolt *n* sweet-shop; *US*
candy store
edz *vt* coach (sy for sg) | *vi* be*
training (for a sport), have* a
workout
edzés *n* (*acélé*) hardening; *sp*
training, workout
edzett *a* (*test, ember*) fit, tough

edző *n sp* coach, trainer
edzőcipő *n* trainer/training shoe(s), trainers *pl, US* sneaker
efelől *adv* on this/that account, about that
effektív *a* real, actual, effective
efféle *a* such, of this kind *ut.*
ég¹ *n* (*égbolt*) sky, heavens *pl*; (*menny*) Heaven || **az ~ szerelmére!** for Heaven's sake!
ég² *v* (*tűz*) burn*, be* on fire; (*lánggal*) flame, be* in flames; (*gáz, villany*) be* on
égbekiáltó *a* blatant, atrocious
égbolt *n* sky, firmament
egér *n szt is* mouse°
egérfogó *n* mousetrap
egész 1. *a* whole, entire, complete, all || **~ éjjel** the whole night; **~ nap** all day (long); **~ napos** all-day; (*állás*) full-time **2.** *adv* = **egészen 3.** *n* the whole, totality
egészen *adv* entirely, wholly, quite, completely, altogether || **~ Debrecenig** as far as D.
egészség *n* health || **~ére!** (*iváskor*) your (good) health!, cheers!; *US* here's mud in your eye!; (*tüsszentéskor*) (God) bless you!
egészséges *a* (*ember*) healthy; (*étel*) wholesome, healthy || **~en** healthily, in good health
egészségi *a* sanitary, relating to health *ut.* || **~ állapot** state of health
egészségtelen *a* unhealthy, injurious to health *ut.*
egészségügyi *a* hygienic, sanitary || **~ főiskola** (training) college for health workers/officers
éget *v* burn*; (*jelet tüzes vassal*) mark, brand; (*nap*) scorch || **egész**

nap ~i a villanyt leave* the light on all day
égetett *a* burnt (*US* burned *is*) || **~ szeszes ital(ok)** spirits *pl*
égető *a* burning || **~ kérdés** burning question
éghajlat *n* climate
éghetetlen *a* incombustible, non-flammable || **~ film** safety film
éghető *a* inflammable; *US* flammable
égi *a* heavenly, celestial
égitest *n* heavenly/celestial body
égő 1. *a* burning, flaming **2.** *n* (*villanykörte*) (light) bulb
égöv *n* zone || **forró ~** torrid zone
egres *n* gooseberry
égtáj *n* point of the compass || **a négy ~** the four cardinal points
egzisztencia *n* (*megélhetés*) living || **kétes ~** (*egyén*) shady character
egy¹ *num* one || **~ alkalommal** on one occasion || **~ kettő!** one-two!; **~ null(a)** one-nil; **~kor** (*időpont*) at one o'clock; **még ~et** one more, another || **egy-egy**
egy² (*határozatlan névelő*) a; (*magánhangzó előtt*) an || **~ ismerősöm** an acquaintance
egyágyas szoba *n* single (bed)room
egyáltalán *adv* at all || **~ nem** not at all, not in the least
egyben *adv* (*egyúttal*) at the same time; (*egy darabban*) in one piece/block
egybeolvaszt *v* blend, fuse
egybevág *v* coincide (*vmvel* with)
egybevágó *a* concordant, agreeing; *mat* congruent
egyből *adv* (*azonnal*) forthwith, on the spot, at once

egyéb *pron* other, else || **egyebek között** among others
egyébként *adv* otherwise; (*máskor*) ordinarily, normally
egyedi *a* individual
egyedül *adv* alone, by oneself; (*segítség nélkül*) single-handed
egyedülálló *a* (*személy*) unmarried, single; (*példátlan*) unique
egyedüllét *n* solitude, loneliness
egy-egy *num* **adott nekik ~ forintot** gave them a forint each, gave one forint to each (of them)
egyelőre *adv* for the time being
egyén *n* individual, person
egyenáram *n* direct current
egyenérték *n* equivalent; *ker* exchange value, par (value)
egyenes 1. *a* (*vonal*) straight, direct; (*tartás*) erect, upright; (*becsületes*) straightforward, honest; (*határozott*) express || ~ **beszéd** *nyelvt* direct speech, *átv* plain talk; 2. *n mat* straight (line); *sp* straight
egyenesen *adv* straight, in a straight line; (*közvetlenül*) straight, directly; *átv* honestly
egyenetlen *a* uneven
egyéni *a* individual, personal, private; *sp* individual [event]
egyenirányító *n* rectifier
egyéniség *n* individuality
egyenjogúság *n* equality of rights || **női ~** the emancipation of women
egyenként *adv* one by one
egyenleg *n* balance
egyenlet *n* equation
egyenletes *a* (*felületű*) even, smooth; (*arányú*) equal, uniform
egyenlítő *n* **az E~** the equator

egyenlő *a* equal (*vmvel* to) || **a ~ b-vel** a equals (*v.* is equal to) b
egyenlőtlenség *n* inequality
egyenruha *n* uniform
egyensúly *n* balance, equilibrium
egyensúlyoz *v* balance
egyértelmű *a* unambiguous
egyes 1. *a* (*külön*) single, individual; (*bizonyos*) certain, some || ~ **busz** a No.1 (bus) [*kiolvasva*: number one] 2. *n* (*szám*) (number) one; (*osztályzat*) very poor (marks *pl*); *sp* (*csónak*) scull; (*verseny*) singles *pl* || **~ek** certain people; *mat* units
egyesével *adv* one by one
egyesít *v* unite, join; (*vállalatokat*) amalgamate, merge
egyesül *v* unite, join; (*intézmény*) merge, amalgamate
egyesület *n* society, association; *sp* club
egyesült *a* united; (*vállalat*) amalgamated || **E~ Államok** → **amerikai; E~ Királyság** the United Kingdom (UK)
egyetem *n* university || **~re jár** study at a/the university
egyetemes *a* universal; *tech* universal, all-purpose
egyetemi *a* university, academic || **~ tanulmányok** university studies
egyetért *v* (*vkvel vmben*) agree (with sy about/on sg)
egyetértés *n* agreement, concord || **kölcsönös ~** mutual understanding
egyetlen *a* only, sole, single || **~ gyermek** an only child
egyez|ik *v* (*vmvel*) agree/correspond with
egyezmény *n* agreement, pact

egyező *a* identical (with *vmvel*)

egyezség *n* agreement

egyeztet *v* (*szövegezést*) harmonize; (*időpontot stb.*) agree, discuss, (*ellenőrizve*) check

egyfelé *adv* in the same direction

egyfelől *adv* (*irányból*) from the same direction || ~... **másfelől** on the one hand...on the other (hand)

egyfolytában *adv* uninterruptedly, continuously

egyforma *a* of the same form/shape/size *ut.*

egyformán *adv* alike, equally

egyhamar *adv* **nem** ~ not before long

egyhangú *a* (*unalmas*) monotonous, dull, tedious

egyhangúság *n* (*unalmasság*) monotony, dullness

egyharmad *num* a/one third

egyház *n* the Church; (*egyházközség*) (local) church

egyidejű *a* simultaneous (*vmvel* with)

egyidejűleg *adv* at the same time, simultaneously

egyidős *a* (of) the same age *ut.* || ~ **velem** he is my age

egyik *pron* one (of) || ~ **a kettő közül** one or other of the two, *either*

Egyiptom *n* Egypt

egyirányú *a* one-way || ~ **közlekedés** one-way traffic

egy-két *num* one or two, a few || ~ **napon belül** in a day or two

egykettőre *adv* *biz* in a second, very fast

egykor *adv* (*régen*) at one time, formerly, once (upon a time); (*órakor*) at one (o'clock)

egykori *a* former, one-time

egykönnyen *adv* **nem** ~ not so easily

egykutya *a/int biz* all the same

egylet *n* society, association, club

egymaga *pron* alone, in itself; (*ember*) (all) by himself/herself

egymás *pron* each one another, other || ~ **közt** between/among ourselves/yourselves/themselves; ~ **mellett** side by side; ~ **után** one after the other, one after another, successively

egymásután *n* succession || **gyors ~ban** in quick succession

egynéhány *pron* some, a few, several || **harminc-~** thirty-odd

egypár *num* one or two, a couple (of), a few

egyre *adv* (*mindig*) continually, on and on; (*egy órára*) by one (o'clock) || ~ **inkább** more and more

egyre-másra *adv* continuously

egyrészt *adv* in one respect || ~..., **másrészt** both... and, on the one hand ... on the other (hand)

egység *n* *mat, kat* unit; (*egységesség*) unity

egységes *a* uniform; unified

egyszer *adv* once; (*múltban*) once, one day; (*jövőben*) some day || ~ **használatos** disposable [hypodermic needle]; ~ **s mindenkorra** once and for all

egyszeregy *n* multiplication table

egyszeri *a* happening once *ut.*, single

egyszerre *adv* (*hirtelen*) suddenly; (*egy alkalomra*) for one occasion; = **egyidejűleg**

egyszerű *a* simple; (*viselkedés*) modest, unaffected

egyszerűen *adv* simply

egyszerűség *n* simplicity

egyszerűsít *v* simplify; *mat* reduce

egyszínű *a* single-coloured (*US* -colored), self-coloured

egyszobás lakás *n* one-room flat, *US* studio apartment

egyszóval *adv* in short/brief, in a word

egytálétel *n* one-course meal/dish

egyujjas kesztyű *n* mitten(s)

egyúttal *adv* at the same time

együgyű *a* simple(-minded)

együtt 1. *adv* together; (*vkvel*) with, in the company of || ~ **érez vkvel** sympathize with sy; ~ **jár vkvel** *biz* be* going out with sy **2.** *post* (together) with, including

együttérző *a* sympathizing

együttes 1. *a* joint, common, collective || ~ **felelősség** joint responsibility; ~**en** jointly **2.** *n* zene (*kamara*) ensemble; (*zenekar*) orchestra; (*rock*) group

együttható *n* co-efficient, factor

együttlét *n* being together || **bizalmas** ~ tête-à-tête

együttműködés *n* cooperation

együttműköd|ik *v* cooperate (*vkvel* with), collaborate (with)

együttvéve *adv* (taken) all together

egyveleg *n* mixture, miscellany; *zene* potpourri, medley

ehelyett *adv* instead

éhes *a* hungry || ~ **marad** go* hungry

ehetetlen *a* uneatable

ehető *a* (*étel*) eatable; (*vadon termő növény*) edible

éhez|ik *v* hunger, starve, famish; *átv* (*vmre*) long (for)

ehhez *pron* to this || **mit szólsz** ~? what do you think of this?

éhség *n* hunger

éjfél *n* midnight || ~**kor** at midnight

éjjel 1. *n* night **2.** *adv* at night, by night || **tegnap** ~ last night; **ma** ~ tonight

éjjeli 1. *a* night, nightly, nocturnal || ~ **lámpa** bedside lamp; ~ **műszak** nightshift; ~ **ügyelet** night duty **2.** *n* chamber-pot

éjjeliedény *n* chamber-pot

éjjel-nappal *adv* day and night, night and day, round the clock

ejnye! *int* now then; (*haragosan*) gosh!, hey!

éjszaka 1. *n* night || **jó** ~**t!** good night! **2.** *adv* = **éjjel 2.**

éjszakai *a* = **éjjeli 1.**

éjszakás *a* (*dolgozó*) night(-shift) worker; (*ügyeletes*) (sy) on night duty *ut.*

éjszakáz|ik *v* (*fenn marad*) keep* late hours; (*mulat*) make* a night of it

ejt *v* drop, let* (sg) fall; (*hangot, szót*) pronounce

ejtőernyő *n* parachute

ék *n* wedge

ÉK = *északkelet* north-east, NE

eke *n* plough, *US* plow

ékel *v* wedge (in)

ékezet *n* accent (mark)

EKG *n* ECG

ekkor *adv* then, at this time

ekkora *pron* as large as this/that *ut.*, this size/big *ut.*

ekkoriban *adv* at about that/this time

ekkorra *adv* by this/that time

ékkő *n* precious stone, gem

ekörül adv (idő) about this/that time

eközben adv meanwhile

ékszer n jewel, piece of jewellery (US jewelry)

ékszerész n jeweller (US -l-)

ékszíj n V-belt, fan-belt

eksztázis n ecstasy

éktelen a (lárma) infernal || ~ **haragra gerjed** fly into a violent rage

el adv away, off || ~ **innen!** be off!, get out!

él[1] n (késé) edge; (nadrágé) crease

él[2] v live, be* alive; (vhol) live, dwell* || ~ **vmből** earn/make* one's living by; ~**jen!** long live...!

elad v sell* || **nagyban** ~ sell* wholesale

eladás n sale, selling (of) || ~ **nagyban** wholesale

eladó 1. a for sale ut. || **ez a ház** ~ this house is (up) for sale **2.** n seller; (üzleti) shop assistant (US így is: salesclerk)

eladósod|ik v get*/run* into debt

elágaz|ik v (út) branch (off) [to the left/right etc.], fork

elajándékoz v give* away (sg to sy)

elájul v faint

elakad v (beszédben) come* to a sudden stop; (autó) break* down

elakadásjelző (háromszög) n warning triangle

eláll v (tárgy) stand*/stick* out; (étel) keep*; (megszűnik) cease, stop; átv (vmtől) give* up, desist (from); (vmit) block, stop || **az eső** ~**t** it (has) stopped raining; ~**t a lélegzete** vmtől sg took his/her breath away

elállít v (vérzést) stop

elalsz|ik v fall* asleep

elaltat v (vkt) put*/send* to sleep; orv anaesthetize (US anes-)

elalvás n (vké) falling asleep

elámul v be* amazed

elaprózód|ik v (idő, energia) be* frittered away

eláraszt v (vízzel) inundate, flood, overflow; átv shower sg upon sy || **fénnyel** ~ flood with light

elárul v (ügyet) betray; (titkot) reveal, disclose; vkt betray, denounce

elárulás n (titoké) disclosure; vké betrayal

elárverezés n selling by (US at) auction

elás v bury

elátkoz v curse, damn

elavult a out of date, obsolete

eláztat v (eső) soak through; (vkt bemárt) backbite* (sy)

elbájol v charm

elballag v (vhonnan) saunter/wander off; (vhova) walk slowly to

elbánás n treatment

elbán|ik v vkvel treat sy (scurvily)

elbátortalanod|ik v lose* courage

elbeszélés n (folyamat) narration, telling; (novella) (short) story

elbeszélget v vkvel have* a long (and friendly) conversation with sy, biz have* a chat with sy; (jelölttel) have* an interview with sy

elbír v (súlyt) be* able to carry; átv bear*, stand*, endure; (pénzügyileg) can afford

elbizakodott a (self-)conceited

elbliccel v biz give* (sg) a miss

elbóbiskol *v* doze/nod off
elbocsát *v* (*alkalmazottat*) dismiss (from), discharge (from), *biz* fire
elbocsátás *n* (*alkalmazotté*) dismissal, discharge
elboldogul *v* (be* able to) manage (somehow)
elborít *v* cover, overrun*; (*víz*) inundate, flood
elbotl|ik *v* *vmben* slip (up) (on sg)
elbúcsúz|ik *v* *vktől* take* leave (of), say* goodbye (to)
elbúcsúztat *v* (*elmenőt*) say* farewell (to); (*halottat*) deliver a speech at the funeral (of sy)
elbúj|ik *v* hide* (away), conceal oneself; (*vk elől*) hide* (from sy)
elbuk|ik *v* (*elesik*) fall*, tumble (over); *átv* fail
elbűvöl *v* charm, enchant
élcelőd|ik *v* joke, tease (sy); *vkvel* joke with sy, banter sy
elcipel *v* carry off, drag away
elcsábít *v* (*nőt*) seduce; *biz vkt vhova* entice away (to)
elcsal *v* *vkt vhonnan* (al)lure, entice away
elcsap *v* *biz vkt* discharge, dismiss
elcsattan *v* go* off, crack
elcsavar *v* twist; (*fedelet*) twist off; (*csapot*) turn off || *~ja vk fejét* turn sy's head
elcsen *v* *biz* filch, walk off with (sg)
elcsendesed|ik *v* *GB* quieten (down), *US* quiet; (*vihar*) abate; (*szél*) calm down
elcserél *v* *vmt vmért* exchange (sg for sg); *biz* swap, swop
elcsigázott *a* tired out, exhausted
elcsíp *v* *biz* catch*
elcsúfít *v* disfigure, deform

elcsukl|ik *v* ~*ik a hangja* his voice falters
elcsúsz|ik *v* *vk* slip (up) (on sg)
eldob *v* throw* away/off
eldobható *a* (*egyszer használatos*) disposable
eldől *v* (*tárgy*) fall* down; (*ügy*) be* decided
eldönt *v* *átv* decide, settle
eldugaszol *v* stop up, choke (up); (*üveget*) cork
eldugott *a* hidden, concealed; (*falu*) in the back of beyond
eldugulás *n* stoppage, blockage
eldurran *v* go* off, explode
eldurvul *v* grow* coarse, coarsen
elé *post vk ~ áll* (*sorban*) (go* and) stand* in front of sy
elébe *adv* before, in front of || ~ *megy vk vknek* go* to meet sy
eledel *n* food, provisions *pl*; (*állaté*) fodder
elefánt *n* elephant
elefántcsont *n* ivory
elég[1] 1. *a* enough, sufficient || *nincs* ~ *vmből* be* short of sg; ~ *volt!* enough!, stop it! 2. *n elege van vmből* *biz* be* fed up with sg 3. *adv* fairly, rather, quite || ~ *gyakran* quite often
elég[2] *v* burn* (away/up)
elegáns *a* (*vk*) elegant, fashionable; (*ruha*) stylish, smart
elégedetlen *a* discontented, dissatisfied (*vmvel* with)
elégedett *a* content(ed); *vmvel* satisfied/content with sg
elegen *adv* enough (people), in sufficient numbers
eléget *v* burn* (up), incinerate; (*ételt*) burn*, scorch
eléggé *adv* sufficiently, fairly

elégséges *a* sufficient, enough, satisfactory ‖ ~ **(osztályzat)** satisfactory (mark)

elégszer *adv* quite often

elégtelen *a* insufficient, not enough ‖ ~ **(osztályzat)** unsatisfactory (mark)

elégtétel *n* satisfaction, amends *pl*

elegyed|ik *v* mix, mingle, (*vmvel* with) ‖ **szóba ~ik vkvel** engage sy in conversation

elegyenget *v* make* even; (*földet*) level (*US* -l); *átv* adjust, settle [matters]

eleinte *adv* in the beginning

eleje *n* vmnek fore-part; (*időnek*) beginning ‖ **a nyár ~n** in early summer; **~től végig** (*időben*) from beginning to end; (*elolvas*) from cover to cover

elejt *v* (*leejt*) drop, let* drop/fall; (*vadat*) kill, bring* down

elektromérnök *n* electrical engineer

elektromos *a* electric(al)

elektromosság *n* electricity

elektronika *n* electronics *sing.*

elektronikus *a* electronic

elektrotechnika *n* electrical engineering

élelem *n* food, foodstuff(s)

élelmes *a* practical, resourceful

élelmiszer *n* ~(ek) foodstuffs, food-products, foods (*mind: pl*)

élelmiszer-áruház *n* food-store, supermarket

élelmiszerbolt *n* grocer's, grocery, *US* grocery store

élelmiszeripar *n* food industry

élelmiszerosztály *n* (*áruházban*) food department

elem *n* element; *el* battery; *fiz* cell; *kém* element

elemes *a el* battery(-operated) ‖ ~ **bútor** unit furniture

elemez *v* analyse

elemi *a* elementary; *jog* basic, fundamental; (*természeti erők okozta*) elemental ‖ ~ **csapás** act of God; ~ **iskola** primary school, *US* grade school

elemzés *n* analysis

elenged *v* (*kezéből*) let* go/drop; (*szabadon enged*) let* go, set* free; (*vkt vhova menni*) let* sy go to; (*tartozást*) remit, cancel (*US* -l); (*büntetést*) let* off, remit ‖ ~**i magát** let* oneself go

élénk *a* lively; (*fürge*) agile, brisk; (*fantázia*) vivid ‖ ~ **érdeklődés** keen interest in sg

elér *v* (*kézzel*) reach; (*vkt üldözve*) catch* up (with sy); *vkt átv* reach, contact (sy); (*buszt stb.*) (manage to) catch*; *vmt átv* reach, attain; *vhova* reach, make*, arrive (at) ‖ ~**i a célt** achieve one's aim; ~**i a vonatot** (can) make* the train

elered *v* ~**t az eső** it began to rain

elérhetetlen *a* out of reach *ut.*; *átv* unattainable, inaccessible

elérhető *a* (*kézzel*) within reach *ut.*, accessible; *átv* attainable

elernyed *v* relax

elért *v* ~**i a tréfát** can see the joke; ~**i a célzást** take* a hint

elérzékenyül *v* be* touched

éles *a* (*kés*) sharp; (*arcvonások*) marked; (*ész*) sharp, keen; (*fájdalom*) sharp; (*fény*) strong, keen; (*fül, hallás*) sharp, keen, good; (*kanyar*) sharp; (*szem*) keen ‖ ~

szemű *átv is* sharp-eyed, clear-sighted

eleség *n* (*állaté*) provender, fodder; (*baromfinak*) (hen) feed

elesett 1. *a* (*egészségileg*) be* in poor health **2.** *n* (*háborúban*) **az ~ek** those killed in the war, the fallen

eles|ik *v* have* a fall, fall* (down); (*háborúban*) be* killed; (*város*) fall*; (*vk vmtől*) lose* (sg)

élesít *v* sharpen, make* sharp

éléskamra *n* larder, pantry

éleszt *v* (*embert*) revive, bring* to life; (*tüzet*) stir, poke [fire]

élesztő *n* yeast; (*kovász*) leaven

élet *n* life°; (*megélhetés*) living || **~be lép** come* into force, *US* become* effective; **~ben marad** survive; **~ét veszti** (*balesetben*) be* killed

életbelépés *n* coming into force

életbevágó *a* vital

életbiztosítás *n* life assurance/insurance

életfogytig *adv* for life

életfogytiglani szabadságvesztés *n* life imprisonment

élethű *a* lifelike, true to life *ut.*

életkedv *n* joy of life

életképes *a* capable of living *ut.*

életkor *n* age, time of life

életlen *a* blunt; *foto* fuzzy

életmentő 1. *a* life-saving **2.** *n* (*személy*) life-saver

életmód *n* way of life, life style

életmű *n* life-work, oeuvre

életösztön *n* instinct for life

életrajz *n* biography, life°

életszemlélet *n* view of life

életszínvonal *n* standard of living, living standard(s)

élettan *n* physiology

élettapasztalat *n* practical experience, an experience of life

élettárs *n* *jog* common-law wife/husband

élettartam *n* lifetime, life span

élettelen *a* (*holt*) lifeless, dead; *átv* inanimate, inert

életunt *a* tired/weary of life *ut.*

életveszély *n* mortal danger

életveszélyes *a* perilous; (*állapot*) critical || **a vezeték érintése ~ danger!** high voltage!

életvidám *a* brimming with life *ut.*

eleve *adv* from the first

eleven 1. *a* (*élő*) live, living; (*élénk*) lively, vivid **2.** *n* **az ~ébe vág vknek** cut*/touch sy to the quick

elévül *v* be(come)* out of date, date; *jog* lapse

elévülhetetlen *a* undying

elévült *a* (out)dated, obsolete

elfagyott *a* frozen; (*testrész*) frostbitten; (*termés*) frost-damaged

elfárad *v* *vmtől, vmben* get* tired (of); *vhova* take* the trouble to go (swhere) || **~tam** I am tired

elfáraszt *v* tire (out), fatigue

elfásult *a* indifferent, insensible

elfecsérel *v* (*idejét*) waste [one's time]; (*pénzt*) fritter away [one's money]

elfehéred|ik *v* turn white/pale

elfeketed|ik *v* turn black

elfekvő *a* **~ (áru)készlet** dead stock; **~ (kórház)** hospital/ward for incurables

elfelejt *v* forget* || **el ne felejtsd!** don't forget!, mind you [do* sg]

elfér *v* have* room, (can) hold*

elfog *v* *vkt/vmt* catch*

elfogad v accept; (*javaslatot*) carry, ad*o*pt ‖ **nem fogad el** ref*u*se, decl*i*ne, rej*e*ct

elfogadható a acceptable; (*ár*) re*a*sonable

elfogadott a accepted, rec*ei*ved

elfoglal v *kat* take*, *o*ccupy; (*teret* v*m*) take* up, *o*ccupy ‖ **el van foglalva** be* b*u*sy/eng*a*ged

elfogódott a deeply moved *ut.*

elfogulatlan a unb*i*as(s)ed, unprejudiced, imp*a*rtial ‖ **~ul** imp*a*rtially, with*o*ut b*i*as

elfogulatlanság n impartiality

elfogult a prejudiced, b*i*assed, p*a*rtial

elfogultság n prejudice, parti*a*lity, b*i*as

elfogy v give* out, come* to an end; (*készlet*) bec*o*me* exh*au*sted; (*pénz*) be* spent, ru*n* out; (*könyv*) be* out of print ‖ **~ a türelme** lose* one's p*a*tience; **~ott** (*áru*) (be*) out of stock; (*könyv*) (be*) out of print

elfogyaszt v (*ételt*) eat* (up), cons*u*me

elfojt v (*tüzet*) extinguish; (*érzelmet*) sti*f*le, suppr*e*ss; (*könnyeket*) choke/gulp back; (*lázadást*) suppress, put* down

elfoly|ik v v*m mellett* flow/ru*n* past; *átv* (*pénz*) drain aw*a*y

elfordít v turn aw*a*y ‖ **~ja a fejét** look the *o*ther way

elfordul v turn aw*a*y/as*i*de; *vmtől* ab*a*ndon (sg), turn one's back on/to sg

elfullad v choke, s*u*ffocate

elfuserál v *biz* b*u*ngle, botch

elgáncsol v (*futball*) tri*p* sy (up), bring* down

elgázol v (*jármű*) ru*n* down/*o*ver ‖ **~ta egy autó** he was run down/ *o*ver by a car

elgémbered|ik v grow* stiff

elgennyed v ge*t* full of pus

elgondolás n id*e*a, c*o*ncept

elgondolkod|ik v be* th*i*nking deeply/s*e*riously (ab*o*ut)

elgörbül v bend*, ge*t* crooked

elgurul v roll away/off

elgyötör v torment, t*o*rture

elgyötört a h*a*rrowed; (*arc*) haggard

elhagy v (*vkt*) leave*, ab*a*ndon; (*mellőz*) leave* out, dro*p*; (*elveszít*) lose* ‖ **~ja magát** (*elcsügged*) lose* heart, give* up

elhagyatott a (*magányos*) l*o*nely, s*o*litary; (*hely*) desolate

elhagyott a unc*a*red-for ‖ **~ javak** ab*a*ndoned pr*o*perty *sing.*

elhájasodás n obesity, f*a*ttyness

elhajl|ik v deviate, diverge; (*vonal*) bend*, curve; (*iránytű*) di*p*

elhajt v (*elterel*) drive* away/off; (*kocsiban*) drive* off/away

elhal v (*testrész*) necrose; (*zaj*) die down/away

elhalad v v*m*/v*k mellett* pass (by)

elhalaszt v put* off, del*a*y; (*ülést*) adj*o*urn

elhalasztás n p*u*tting off, del*a*y; (*ülésé*) adj*o*urnment

elhalkul v grow* f*a*int(er), die away/down

elhallgat v stop spe*a*king/t*a*lking; (*hirtelen*) break* off; (*zaj*) sto*p*; (*vmt vk elől*) keep* back, withh*o*ld* (sg from sy)

elhallgattat v s*i*lence; (*letorkol*) shut* sy up

elhalmoz *v vkt vmvel* shower sy with sg; (*munkával*) overburden (sy with work)

elhalványod|ik *v* (*fény, emlék stb.*) grow* dim, dim, fade

elhamarkodott *a* (*döntés*) rash, hasty; (*cselekedet*) hurried

elhamvaszt *v* (*halottat*) cremate

elhangz|ik *v vhova* be* heard in; (*előadás*) be* delivered || ~**ott** ... (*rádióban*) you've been listening to ...

elhanyagol *v* neglect

elhanyagolt *a* neglected

elharapó(d)z|ik *v* spread*, gain ground

elhárít *v* (*akadályt*) clear away; (*felelősséget*) decline; (*támadást*) beat* off, repel; (*ütést*) parry; (*veszélyt*) avert

elhasznál *v* use up; (*ruhát*) wear* out

elhasznált *a* used up; (*ruha*) worn-out, shabby; (*levegő*) stale

elhatároz *v vmt* decide (to *v.* that), resolve (to *v.* on ...ing)

elhatározás *n* decision, resolution

elhelyez *v vmt vhol/vhova* place, put*, plant sg swhere; (*elszállásol*) accommodate (sy swhere); (*árut*) place, sell*; (*pénzt bankban*) deposit || **kórházban** ~ hospitalize

elhelyezked|ik *v* (*állásban*) find* employment; (*leül*) take* a seat

elhibáz *v* make* a mistake in (sg); (*lövést*) miss

elhibázott *a* unsuccessful

elhidegül *v vktől* become* estranged/alienated from sy

elhisz *v* believe [sg to be true] || ~ **vknek vmt** believe sy

elhivatottság *n* calling, vocation

elhízás *n* obesity, corpulence

elhíz|ik *v* grow* fat/corpulent

elhódít *v* win* over; (*nőt vktől*) steal* sy's girl(friend)

elhomályosít *v* dim, obscure; (*köd*) mist (up/over), blur, cloud

elhomályosul *v* (*dolog*) become* dim/obscure, blur; (*üveg*) tarnish, become* dull

elhoz *v* (*magával*) bring*/carry along (with one); *vhonnan* fetch from swhere; (*csomagot*) collect

elhunyt 1. *a* dead, deceased **2.** *n* **az** ~ the deceased

elhurcol *v* (*vmt*) drag away/off; (*vkt börtönbe*) carry off

elhúz *v vmt vhonnan* draw*/drag away/off; (*időt*) drag/spin* out; *biz* (*vizsgán*) fail (sy), *US biz* flunk (sy) || ~**ták (a vizsgán)** (s)he was ploughed (*US* flunked)

elhúzód|ik *v* (*ügy*) drag on; *vktől* draw* away from sy

elhűl *v* (*étel*) cool; *átv* be* amazed

eligazít *v vmt* arrange, adjust, settle; *vkt* direct; *kat* brief

eligazítás *n vmé* arrangement; *vké* orientation; *kat* briefing

eligazodás *n* orientation

elillan *v* (*folyadék*) evaporate, vaporize; *biz vk* slip away

elindít *v* start, set* (sg) off; (*gépet*) set* in motion; (*üzleti vállalkozást*) get* (sg) afloat

elindul *v vk* start, depart; *vk vhová* start/set* out for; (*kocsival*) drive* off, pull away; (*jármű*) start

elindulás *n* start, departure

elintéz *v* (*ügyet*) settle, arrange; (*adósságot*) settle up || **majd én** ~**em!** I'll see to it

elintézés *n* arrangement, settling; (*ügyeké*) dispatch [of business]

elismer v (*elfogad*) admit, acknowledge; (*igazol*) recognize; (*követelést*) admit

elismerés n acknowledgement; (*adósságé*) admission; (*érdemeké*) appreciation, recognition

elismert a recognized, acknowledged, well-known

elismervény n receipt; (*átvételi*) acknowledgement (of receipt)

elissza v ~ **a pénzét** squander one's money on drink

elítél v condemn; *vmre* sentence to

elítélendő a condemnable

elítélt n convict, the condemned

eljár v (*vhova*) go* regularly to; (*idő*) pass || **becsületesen járt el** he played fair, he dealt fair and square with sy

eljárás n (*hivatalos*) (course of) action, procedure; (*bírósági*) proceedings *pl*; *tech* process, procedure, method

eljátsz|ik v (*zeneművet*) play, perform; (*pénzt*) gamble away

eljegyezték egymást *kif* they are/were engaged

eljegyzés n engagement

éljen! int (hip, hip,) hurray/hurrah!

éljenzés n cheers *pl*, ovation

eljön v *vhonnan* come* (away from); *vkért/vmért* come* for, (come* to) fetch/collect sy/sg

eljut v *vhová* get* to, come* to

elkábít v (*ütés*) stun, daze; *orv* narcotize; *átv* stupefy

elkalauzol v guide sy (to a place)

elkallód|ik v get* lost; (*tehetség*) run* to waste

elkanyarod|ik v turn/veer (to the right/left); (*út*) bend*, veer

elkap v *vmt* catch*; *vkt biz* collar, nab; *biz* (*buszt stb.*) catch*

elkápráztat v dazzle

elkártyáz v (*pénzt*) gamble away

elkedvetlened|ik v lose* heart

elkel v (*áru*) find* a (ready) sale/market || **~ne már egy jó eső** we could do with some rain

elkényeztet v spoil*

elképed v be* stupefied, be* taken aback

elképeszt v stupefy

elképesztő a stunning, amazing

elképzel v imagine, fancy

elképzelés n idea, notion

elképzelhetetlen a unimaginable

elképzelhető a imaginable

elkér v *vktől vmt* ask sy for sg; (*kölcsön*) borrow sg from sy

elkerget v chase/drive* away

elkerül v (*helyet*) bypass; *vkt* avoid; (*büntetést*) evade, escape; *vhova* (happen to) get* swhere

elkerülhetetlen a inevitable

elkerülhető a avoidable

elkeseredés n despair

elkeseredett a bitter, embittered, desperate || **~en** desperately

elkesered|ik v despair, become* embittered (*vm miatt* about/over)

elkés|ik v be* late (for sg)

elkészít v do*, achieve, finish (off); (*ételt, leckét*) prepare || **~i a reggelit** get* the breakfast ready

elkészül v (*teljesen*) be* complete(d); *vk vmvel* be* ready with sg, finish sg; *vmre* get* ready (for)

elkever v mix, mingle, blend

elkevered|ik v mix, (inter)mingle

elkezd v begin*, start || **~ esni** it starts raining

elkezdőd|ik v begin*, start

elkísér v *vkt* go*/walk with, accompany || **~ vkt hazáig** see* sy home

elkoboz *v* confiscate, seize
elkomolyod|ik *v* turn serious
elkomorod|ik *v* become* gloomy
elkop|ik *v* wear* out/away; (*cipő*)
wear* out; (*ruha*) become*
threadbare
elkorhad *v* moulder (*US* -ol),
decay, rot* (away)
elkótyavetyél *v* sell* at any
price
elkölt *v* (*pénzt*) spend* (*vmre* on);
(*könnyelműen*) waste, squander
(*vmre* on); (*ételt*) consume
elköltöz|ik *v* move (house), move
away
elköszön *v* vktől take* leave (of),
say* goodbye/farewell (to)
elkötelezett *a* committed
elkötelezettség *n* commitment
elkövet *v* (*rosszat*) commit ‖ **hibát
követ el** make* a mistake
elkövető *n jog* perpetrator
elküld *v* send* (off), dispatch;
(*árut*) forward, consign; (*levelet*)
post; *vkt vhonnan* send* away; *vkt
vhová* send* sy to
elkülönít *v* separate, isolate
elkülönülés *n* separation
ellankad *v* languish, droop
ellanyhul *v* (*erőfeszítés*) abate,
slacken; (*erő*) flag, weaken
ellát[1] *vt* (*anyaggal*) supply/furnish
with; (*felszereléssel*) equip with,
fit out with; (*pénzzel*) provide
(with); (*beteget*) look after (sy) ‖
jó tanácsokkal ~ give* sy (some)
sound/good advice
ellát[2] *vi* (*vmeddig*) see* (as far
as)
ellátás *n vmvel* supply, provision ‖
teljes ~ full board

ellátogat *v* vkhez go* to visit (sy),
pay* a visit (to sy)
ellátott *a* provided/supplied (*vmvel*
with) *ut*.
ellen *post* against ‖ **egymás** ~ against
each other; **mit szedsz fejfájás
~?** what do you take for a head-
ache?
ellenállás *n fiz, el is* resistance; *pol*
opposition
ellenállhatatlan *a* irresistible
ellenálló 1. *a* (*hatóságnak*) insub-
ordinate, rebellious **2.** *n pol* resis-
tance fighter
ellenben *conj* on the other hand
ellene *adv* against, in opposition to
‖ ~ **van vmnek** be* against sg,
be* opposed to sg
ellenében *adv* against, in return for
‖ **nyugta** ~ against a receipt
ellenére *adv* in spite of, despite ‖
annak ~(, hogy) in spite of the
fact (that), nevertheless
ellenérték *n* equivalent, value
ellenez *v* be* against sg, be*
opposed to (sg)
ellenfél *n* opponent, adversary; *sp*
opponent; (*csapat*) opposition
ellenhatás *n* reaction
elleni *a* anti- ‖ **fogfájás** ~ **szer**
antiodontalgic, analgesic
ellenintézkedés *n* preventive
measure(s)
ellenjavallat *n* contraindication
ellenkezés *n* (*ellenállás*) opposi-
tion, resistance
ellenkez|ik *v* (*szembeszáll*) resist,
offer resistance to ‖ **ne ~z(él)
vele!** don't contradict him
ellenkező 1. *a* contrary, opposite;
(*ellenálló*) resisting ‖ ~ **esetben**

(or) else, otherwise; ~ **irányban** in the opposite direction **2. az ~je** just the (very) opposite
ellenkezőleg adv on the contrary
ellenméreg n (gyógyszer) antidote
ellenőr n controller; (vasúti) ticket inspector
ellenőriz v check, verify; (minőséget) control; (útlevelet) examine
ellenőrzés n check(ing); (kísérleté) control
ellenőrző a ~ **bizottság** control commission; ~ **könyv** isk kb. (student's) file/record
ellenpólus n (átv is) counterpole
ellenség n enemy
ellenséges a hostile, enemy
ellenségeskedés n hostility, enmity
ellenszavazat n (a vote of) no
ellenszenv n (vk iránt) antipathy (against); (vm iránt) repugnance (to), aversion (to)
ellenszenves a (ember) antipathetic; vm repugnant, offensive
ellenszer n (méreg ellen) antidote; átv remedy (for)
ellenszolgáltatás n (anyagi) ~ **fejében** in recompense for
ellentét n (vm ellenkezője) opposite, contrast; (nézeteltérés) antagonism, conflict; (súlyos) hostility || ~**be kerül vmvel/vkvel** come* into conflict with sy; ~**ben van vmvel** contrast with sg, be*/run* counter to sg; ~**ben vkvel** (as) contrasted with sy; ~**ben vmvel** in contrast with/to sg
ellentétes a opposite, contrary
ellentmond v vknek contradict (sy), oppose (sy); vmnek contradict (sg)

ellentmondás n contradiction, opposition || ~**ban van vmvel** be* inconsistent with sg
ellentmondásos a contradictory
ellenvélemény n contrary opinion
ellenvetés n objection (to)
ellenzék n opposition
ellenzéki a ~ **pártok** the opposition parties
ellenzés n opposition (to)
ellenző **1.** a opposing **2.** n (aki ellenez) opposer, opponent; (sapkán) peak, visor
ellep v cover; (víz) flood
ellipszis n ellipse
elliptikus a elliptic(al), ellipsoidal
ellóg biz v ~ **az óráról** cut* a class, play truant
ellop v steal* (sg from sy), biz walk off with (sg); ~**ták az órámat** my watch has been stolen, someone has stolen my watch
elmarad v not happen/occur, not take* place; (előadás) be* cancelled (US -l-); (fejlődésben) be* backward
elmaradhatatlan a inevitable
elmaradott a backward
elmaradottság n backwardness
elmarasztal v jog find* guilty; (erkölcsileg) condemn
elmaszatol v smudge, smear
elme n mind, intellect
elmebajos **1.** a insane, psychotic **2.** n lunatic, insane person
elmebeli a mental
elmegy v vhonnan go* away/off, leave*; (gyalog) walk away; (autón) drive* off/away; vhova go* to, leave* for; (gyalog) walk to; (autón) drive* to; (kerékpáron, lóháton) ride* to; biz (elfogadható

vmnek) pass as/for || ~ **hazulról** leave* home; ~ **vkért/vmért** go* for sy/sg, (go and) fetch sy/sg

elmegyógyintézet *n* mental hospital/home, lunatic asylum

elmélet *n* theory

elméleti *a* theoretical

elmélked|ik *v* (*vmn*) meditate (on)

elmélyed *v* (*vmbe*) become* absorbed/immersed in (sg)

elmélyít *v* deepen; (*kapcsolatokat*) strengthen

elmélyül *v* vk vmbe become* absorbed/immersed in (sg); (*válság*) become* more serious, deepen

elmenekül *v* get*/break* away, escape

elment *v* szt save

élmény *n* (interesting personal) experience; (*kaland*) adventure

elmeorvos *n* psychiatrist, mental specialist

elmérgesed|ik *v* (*seb*) go* septic; (*helyzet*) worsen, get* worse

elmérgesít *v* aggravate, embitter

elmerül *v* sink*; (*hajó*) go* under/down; *átv* vmben be* immersed/absorbed in sg

elmés *a* witty, smart, ingenious || ~ **mondás** witticism

elmesél *v* tell* [a story], narrate

elmeszesedés *n* orv calcification

elmezavar *n* insanity, mental disorder

élmezőny *n* leading group

elmond *v* tell*; (*verset*) recite

elmondhatatlan *a* unspeakable

elmos *v* (*edényt*) wash up; (*árvíz*) sweep*/carry away

elmosódott *a* (*vonal*) indistinct, blurred; (*emlék*) obscure, faded

elmozdít *v* (*vmt helyéről*) remove, move (sg out of the way)

elmozdul *v* move

elmúlás *n* (*időé*) passing; (*halál*) death, mortality

elmulaszt *v* (*vmt megtenni*) fail, omit (to do sg); (*alkalmat*) miss, let* slip; (*kötelességet*) neglect; (*betegséget*) cure

elmúl|ik *v* (*idő*) pass, elapse; (*év*) go* by; (*eső, betegség*) be* (all) over; (*fájdalom*) stop, cease || **ami ~t, ~t** *kb.* let bygones be bygones

elmúlt *a* past, bygone

elnagyol *v* do* sg superficially

elnapol *v* adjourn, put* off

elnapolás *n* adjournment

elnémít *v* silence, reduce to silence

elnéptelened|ik *v* become*/be* depopulated/deserted

elneveti magát *v* burst* out laughing

elnevez *v* call, name

elnéz *v* (*hosszan*) look at, watch; (*vknek hibát*) overlook (sg), close one's eyes to (sg); (*tévedésből*) overlook, miss

elnézés *n* (*türelem*) lenience, leniency; (*tévedés*) mistake, error || **~t kér** (*vktől vmért*) apologize (to sy for sg); **~t (kérek)!** (*kérdezni akarok vmt*) excuse me!; (*bocsánatot kérek*) sorry!, I beg your pardon!; **~t kérek a zavarásért** (I'm) sorry to trouble you

elnéző *a* indulgent, lenient

elnök *n* (*államé*) president; (*gyűlésen*) chairman°; (*igével*) chair [a meeting]

elnökhelyettes *n* deputy/acting president

elnöki *a* presidential

elnöknő *n* lady president, (*gyűlésen*) chairwoman°

elnökség *n* (*tisztség*) presidency; (*gyűlésen*) chairmanship
elnökválasztás *n* presidential election
elnyel *v* swallow (up); absorb
elnyom *v* (*népet*) oppress; (*érzelmet*) repress; (*csikket*) put* out
elnyomás *n* (*népé*) oppression; (*érzelemé*) repression
elnyomó 1. *a* oppressive, tyrannical **2.** *n* (*népé*) oppressor, tyrant
elnyomott *a* oppressed, downtrodden
elnyújt *v* stretch/draw*/pull out; *átv* drag/spin* out; extend
elnyúl||ik *v* (*fekve*) stretch oneself out; ·(*vmeddig ér*) reach (as far as *v.* to) extend (to)
elnyűhetetlen *a* hard-wearing
elnyűtt *a* worn-out, threadbare
elolt *v* (*cigarettát*) put*/stub out; (*gázt*) turn off; (*villanyt*) turn out, switch off; (*tüzet*) extinguish
elolvad *v* melt, liquefy; (*hó*) thaw
elolvaszt *v* melt, thaw out
eloszl||ik *v* (*kétség*) be* resolved; (*tömeg*) disperse, break* up; (*vm szétoszlik*) be* distributed
eloszt *v* divide (into); (*több dolgot vkk között*) distribute (among); *mat* divide (*vmvel* by)
elosztás *n* (*részekre*) division, parcelling (*US* -l-) out; (*több dologé*) distribution
elosztó 1. *a* distributive, distributing **2.** *n* (*autóban*) distributor; (*konnektorhoz*) adapter
elosztófej *n* (*autóban*) distributor
élő 1. *a* living || ~ **adás/közvetítés** (*rádió, tévé*) live broadcast/ coverage; ~ **nyelvek** modern languages **2.** *n* **az ~k** the living

előad *v* (*eseményeket*) narrate, relate; (*színdarabot*) perform, act; (*tényállást*) set* forth; (*verset*) recite; (*zeneművet*) play || **történelmet ad elő** lecture on history
előadás *n* (*színházi, zenei*) performance; (*egyetemi*) lecture; (*konferencián*) paper; presentation; (*rádióban*) talk || **délutáni** ~ matinée, afternoon performance
előadó 1. *a* performing **2.** *n* (*egyetemi*) lecturer; (*konferencián*) speaker; (*zeneműé*) performer; (*referens*) executive (officer)
előadóterem *n* lecture room/hall
előáll *v* (*előlép*) step forward
előállít *v* (*készít*) produce, make*; (*iparcikket*) manufacture; (*rendőrségen*) arrest
előbb *adv* (*korábban*) sooner, earlier; (*mielőtt vmt tesz*) first || **egy nappal** ~ (on) the day before; **minél** ~ as soon as possible
előbbi 1. *a* preceding, previous **2.** *n* **az ~ekben** in the foregoing
előbbre *adv* nearer, more foreward || ~ **hoz** (*időpontot*) bring* forward
előcsarnok *n* (*entrance*) hall; (*szállodáé*) (hotel) lobby, foyer
előd *n* (*hivatali*) predecessor; (*ős*) ancestor, forefather
elődöntő *n* semifinals *pl*
előélet *n* antecedents *pl*, past || **büntetlen** ~ a clean record
előérzet *n* presentiment, *US* hunch
előeste *n* eve || **vmnek az ~jén** on the eve of
előétel *n* hors-d'oeuvre
előfeltétel *n* precondition
előfizetés *n* subscription

előfizetési díj n (újságra) subscription; (tv) TV licence fee
előfizető n (újság) subscriber; (tv) licence holder
előfordul v (történik) happen, occur, take* place
előfordulás n occurrence
előhívás n foto developing
előhoz v (tárgyat) bring* up/out; (szóban) mention
előhúz v draw* forth; (zsebéből) produce
előidéz v cause, make*, create
előír v prescribe; (hatóság) order; ker specify
előirányoz v schedule, estimate; (összeget) set* aside, earmark
előirányzott a set aside, allocated (mind: ut., vmre for)
előírás n prescription; ker specification
előírásos a prescribed; ker specified; (szabályos) regular
előírt a prescribed; ker specified
előítélet n prejudice, bias, preconception
előjáték n prelude
előjegyez v (vmt vm célra) earmark (for); (jegyet, szobát) book (in advance), reserve
előjel n (jövőre nézve) sign, omen; mat sign
előkelő 1. a distinguished, illustrious || ~ társaság fashionable society 2. n az ~k persons of high rank, notables
előkelőség n (személy) notability, man° of rank; (tulajdonság) distinction, nobility
előkerít v vhonnan bring* forth; (dolgot) hunt up; vkt get* hold of (sy)

előkerül v turn up, come* to light
előkészít vt prepare (vmre for)
előkészítés n preparation
előkészítő a preparatory
előkészület n preparations pl, arrangements pl
elöl adv ahead, in front || ~ megy lead* the way
elől post from before, away from || ~em from before me
előleg n (banktól) advance (payment); (vásárláskor) deposit, down payment
élőlény n living being, creature
előléptet v (rangban) promote (sy to sg)
előléptetés n promotion
elöl-hátul adv before and behind
elöljáró n (hivatali) superior, principal, chief; nyelvt preposition
elöljáróság n borough council
elölnézet n front-view/elevation
elölről adv (nézve) from the front; (kezdve) from the beginning || ~ kezd begin*/start again
előmenetel n progress, advance
elönt v (folyadék) inundate, flood, overflow || ~ a düh it makes me furious
előny n advantage, benefit; (haszon) profit; sp advantage; közl lead
előnyös a advantageous
előnytelen a (hátrányos) disadvantageous
előránt v pull/take* out suddenly
előre 1. adv (térben) forward(s), onward(s), ahead; (időben) in advance, beforehand || ~ lát foresee*, forecast*; ~ megfontolt premeditated, deliberate; ~ nem látott unforeseen 2. int ~! forward!, (go) on!

előregyártás *n* prefabrication
előrehalad *v* (*térben*) make* progress, progress; (*fejlődésben*) progress, get* on
előrehaladott *a* advanced
előre-hátra *adv* backwards and forwards, back and forth
előreigazít *v* (*órát*) put* forward
előrejelzés *n* forecast; (*időjárási*) weather forecast
előrelátás *n* foresight; (*óvatos*) caution, prudence
előrelátható *a* predictable, foreseeable
előreláthatólag *adv* in all probability
előrelátó *a* farsighted, farseeing; (*óvatos*) prudent, circumspect
előretör *v* forge ahead
előretörés *n kat* sudden advance
előreugr|ik *v vk* rush to the front; *vm* project, protrude
előreugró *a* protruding
élősdi 1. *a* parasitic(al) **2.** *n* parasite
elősegít *v* help (on), further, promote, advance
élősköd|ik *v biz vkn* sponge/live on sy
élősövény *n* hedge
előszele *n vmnek* a straw in the wind, premonitory signs *pl*
előszeretet *n* predilection (for), preference (for)
előszezon *n kb.* early season
előszó *n* foreword, preface
előszoba *n* vestibule; (*angol ház-ban*) hall; (*hivatalé*) anteroom
élőszóban *adv* by word of mouth
először *adv* (*első ízben*) (for) the first time, first; (*sorrendben*) at first, first(ly) ‖ ~ **is** (*mindenek-előtt*) first of all, to begin with
előszörre *adv* at one go

előtér *n* (*terület*) foreground; (*la-kásban*) entrance-hall; (*szính*) forestage, proscenium
előteremt *v vmt* procure, produce; *vkt* hunt out/up, find* ‖ **pénzt** ~ raise money (for)
előterjeszt *v* submit (sg to sy); (*ügyet*) report
előterjesztés *n* (*javaslat*) proposal, proposition; (*jelentés*) report
előtt *post* (*időben*) before; (*megelő-zően*) prior to; (*térben*) in front of; (*vk jelenlétében*) in the presence of ‖ **a bíróság** ~ in court, before a/the court
előtte *adv* in front of (*v. before*) him/her/it ‖ **az** ~ **való napon** the day before; ~**m** before me, in front of me; (*jelenlétemben*) in my presence
előtti *a* (*időben*) before *ut.*; (*térben*) in front of *ut.* ‖ **a ház** ~ **kert** the front garden; **a háború** ~ **évek** the pre-war years
előtűn|ik *v* appear
előváros *n* suburb
elővesz *v* (*vhonnan, zsebből*) produce; (*betegség*) exhaust, take* it out of one
elővétel *n* (*jegyé*) advance booking
elővigyázatlan *a* rash, careless
elővigyázatos *a* cautious, careful
előz *v* overtake*, *US* pass ‖ ~**ni tilos!** no overtaking!, *US* no passing!
előzékeny *a vk iránt* obliging, attentive (*mind*: to)
előzékenység *n* consideration, courtesy
előzés *n* overtaking, *US* passing
előzetes 1. *a* previous, preliminary ‖ ~**en** in advance, beforehand **2.** *n* (*filmé*) trailer

előzmény *n* antecedents *pl*, precedents *pl*, preliminaries *pl*
előző *a* previous, preceding, former
előzőleg *adv* previously, before(hand), first
elpárolog *v* evaporate, vaporize
elpártol *v vktől* turn away (from)
elpirul *v* blush, turn red/crimson
elpityered|ik *v* start crying
elpocsékol *v* waste, squander
elpuhult *a* soft, enervate
elpuskáz *v biz* make* a mess of sg, bungle
elpusztít *v* destroy, demolish; (*megsemmisít*) annihilate; (*országot*) devastate; (*élőlényt*) kill; (*kiirt*) exterminate
elpusztul *v* be* destroyed; (*ország*) be* laid waste; (*élőlény*) perish, die, be* killed
elrabol *v* rob (*vktől vmt* sy of sg); (*embert*) kidnap; (*nőt és gyereket így is*) abduct; (*repülőt*) hijack
elragad *v vktől vmt* snatch, take* away (from); (*vkt indulat*) overcome*
elragadó *a* delightful, charming
elragadtat *v* el van ragadtatva be* in raptures (at, over), be* delighted (by, with)
elragadtatás *n* rapture, ecstasy
elragadtatott *a* ecstatic, rapturous
elrak *v vmt* put* away; (*útból*) clear away
elrákosod|ik *v* become* cancerous
elrejtőz|ik *v* hide* away
elrendel *v* order
elrendez *v* arrange, put* in order; (*ügyet*) settle, straighten out
elrendezés *n* (*folyamat*) arranging, (*eredmény*) arrangement; (*ügyé*) settlement

elreped *v* crack; (*ruha*) tear*
elrepül *v vk vm* fly* away; (*repülőgép*) take* off; *vhova* fly* to
elrestelli magát *v* feel* ashamed
elreteszel *v* (*tolózárral*) bolt
elrettent *v* deter (sy from doing sg)
elrettentő *a* deterrent
elriaszt *v* scare/frighten away/off; *átv* discourage, deter
elringat *v* lull/rock to sleep
elrobog *v* (*járművön*) drive* away (at full speed), speed* away; (*vm mellett*) dash/rattle past
elroml|ik *v* go* bad/wrong, deteriorate; (*étel*) spoil*, go* bad/off; (*gép*) break* down || ~ott az idő the weather has broken
elront *v* (*szerkezetet*) put* out of order; damage; (*szemet*) ruin; (*gyereket*) spoil* || ~ja a gyomrát have* an upset stomach
elrothad *v* rot, decompose, putrefy
elrozsdásod|ik *v* become* rusty
elsajátít *v* (*tudást*) acquire, attain; (*nyelvet*) master
elsápad *v* pale, turn/grow* pale
elseje *n* the first (day of the month)
elsiet *v* hurry off/away (from); (*vk mellett*) rush past || ne siesd el take* your time
elsikkad *v* get* lost
elsikkaszt *v* embezzle, misappropriate; (*közpénzt*) peculate
elsikl|ik *v* ~ik vm felett *átv* skate over sg; (*szándékosan*) turn a blind eye to sg
elsimít *v* smooth away/out, flatten; *átv* smooth over
elsimul *v* become*/get* smooth; (*nehézség*) disappear, vanish; (*ügy*) be* smoothed over
elsír *v* ~ja magát burst* into tears

elsorvad v waste/pine away; (*szerv*) atrophy

elsóz v put* too much salt (in sg); *átv* fob off (*vknek* on sy)

első 1. *num a* (*sorrendben*) first (*számmal*: 1st); (*időben*) earliest, primary; (*rangsorban*) first, foremost, principal || ~ **emelet** first floor, *US* second floor; ~ **fejezet** chapter one; ~ **látásra** at first sight; ~ **osztályos** first-form pupil; ~ **osztályú** first-class; ~ **sor** (*üléseké*) front row; ~ **számú** No. 1 (*szóban:* number one); ~ **ülés** front seat; **I. Henrik** Henry I (*szóban:* the first) **2.** *n* ~**be jár** be* in the first form

elsőbbség *n* priority; *közl* right of way, priority || ~**et ad** give* way (to), *US* yield (*vknek* to)

elsőbbségadás kötelező! give way, *US* yield

elsődleges *a* primary

elsőéves 1. *a* first-year **2.** (*hallgató*) first-year student, freshman°

elsőfokú *a* ~ **bíróság** court of first instance; ~ **égés** first-degree burn; ~ **egyenlet** equation of the first-degree

elsöprő *a* ~ **győzelem** a clean sweep

elsőrangú *a* first-rate/class, of the first rank *ut.*

elsőrendű *a* = **elsőrangú** || ~ **út** trunk-road, main road

elsős *a/n* ~ **(tanuló)** first-form pupil

elsősegély *n* first aid

elsősorban *adv* in the first place, first (of all), above all

elsőszülött *a/n* firstborn

elsötéted|ik v (*ég*) become/get* dark, darken

elsötétít v darken, make* dark

elsül v (*puska*) go* off, fire || **rosszul sült el a dolog** the plan failed

elsüllyed v sink*, go* down/under

elsüllyeszt v sink*

elsüt v (*puskát*) fire (off); *biz* (*elsóz*) palm off || ~ **egy viccet** *biz* crack a joke

elszabadul v (*rab*) get*/break* away/out; (*állat*) break* loose

elszakad v (*kötél*) break*; (*ruha*) tear*, be*/get* torn; (*tartomány*) secede (from)

elszakadás *n* (*kötélé*) breaking; (*ruháé*) tearing; (*államtól*) secession

elszakít v (*kötelet*) break*, snap; (*ruhát*) tear*, rip; *vmt vmtől* detach (from)

elszalaszt v *vkt vmért, vkért* send* sy (out) for (*v.* to fetch) sg/sy || ~**ja az alkalmat** let* the opportunity slip

elszáll v fly* away; (*füst*) rise*

elszállásol v put* (sy) up, lodge, accommodate; *kat* billet, quarter

elszállít v *vhová* convey, transport, carry; (*árut hajón*) ship (*mind:* to)

elszámol v *vmről, vmvel* account for; *vkvel* settle up with (sy)

elszámolás *n* (*eljárás*) settling of accounts; (*írásos*) accounts *pl*

elszánja magát v *vmre* make* up one's mind (to do sg)

elszánt *a* determined, resolute

elszaporod|ik v multiply, increase (in number)

elszárad v dry (up)

elszédít v make* (sy) dizzy; átv turn sy's head

elszédül v become* (suddenly) dizzy

elszegényedés n impoverishment; (általános) pauperization

elszégyelli magát v feel* ashamed

elszigetelőd|ik v become* isolated

elszigetelt a isolated

elszigeteltség n isolation

elszíneződ|ik v discolo(u)r, fade

elszív v ~egy cigarettát smoke a cigarette, have* a smoke

elszok|ik v vmtől grow*/get*/ become* unused to sg

elszór v scatter (about), strew*

elszórakoz|ik v vmvel amuse oneself with

elszórakoztat v entertain, amuse

elszórtan adv sporadically

elszorul v átv get* stuck || ~t a szíve his heart sank

elszök|ik v run* away, escape (from)

elszörnyed v be* horrified (vmn at/by)

elszundít v doze off

elszúr v biz vmt bungle (sg)

eltakar v cover (up); (elrejt) hide*

eltakarít v clear away, remove

eltalál v (fegyverrel) hit* (the target); (kitalál) hit* upon, guess (right); vhová find* the way (to) || ~tad! you got it right!

eltapos v trample down/on, crush

eltart v vkt keep*, support; (vmenynyi ideig) last, go* on; (ruha, cipő) wear*, last

eltávolít v vkt remove, send* off/ away; vmt remove, clear away; (foltot) remove

eltávolítás n removal

eltávolodás n átv estrangement

eltávolod|ik v (térben) move/go* away/off; átv retire, withdraw*

eltekint v vmtől disregard (sg) || ettől ~ve apart from this

eltel|ik v (érzéssel) fill (with); (idő) pass

eltér v (iránytól) deviate from, turn aside from; (vélemény) differ, diverge || ~ a tárgytól digress from the subject

elterel v (forgalmat) divert; (figyelmet) divert, distract

elterelés n (figyelemé) distraction; (forgalomé) diversion, US detour

eltérít v (irányától) divert; (repülőt) hijack; (figyelmet, vkt vmtől) divert, distract

eltérítés n (repülőé) hijack(ing)

elterjed v spread* || igen el van terjedve be* current, be* widely used

elterjedt a wide-spread, general

elterjeszt v spread* (abroad), propagate; (szokást) bring* into vogue

eltérő a different (from), unlike ut.; (rendestől) abnormal, irregular

elterül v (terület) lie*, be* situated; (vk a földön) fall* on the ground

eltesz v (helyére) put* sg in its place; (máshová) lay* aside || ~ láb alól biz do* away with, kill

éltet v (életben tart) keep* sy alive; (éljenez) cheer || Isten éltesse(n)! (születésnapon) many happy returns!

eltéved v lose* one's way

eltéveszt v (célt) miss; (két dolgot) confuse

eltitkol v keep* (sg) secret

eltol v (térben) shift; (időben) shift; put* off, postpone; biz (elhibáz) bungle

eltolható *a* (re)movable, mobile
eltolód|ik *v* (*térben*) be* moved away, be* shifted; (*időben*) be* postponed, be* put off
eltorlaszol *v* block (up/off)
eltorzít *v* deform, disfigure; *átv* misrepresent; (*értelmet*) distort
eltökélt *a* (*ember*) resolved, resolute, determined
eltökéltség *n* determination, resolution
eltölt *v* *vmvel átv* fill; (*szánalommal*) touch; (*gyűlölettel*) imbue; (*étel*) fill up; (*időt*) pass; spend*
eltöpreng *v* *vmn* brood on (sg)
eltör *v* break*, shatter, smash || ~**te a lábát** he broke his leg
eltörlés *n* (*törvényé*) repeal, abrogation; (*intézményé*) abolition
eltöröl *v* (*nyomokat*) efface; (*edényt*) dry; (*törvényt*) repeal
eltörpül *v* (*vm mellett*) look small beside sg, be* dwarfed by sg
eltűn|ik *v* disappear, vanish; (*távolban*) fade away
eltűnőd|ik *v* *vmn* meditate (up)on (sg), reflect on (sg)
eltűnt *a* vanished; (*kat is*) missing
eltüntet *v* make* sy/sg disappear; (*elrejt*) hide*, conceal; (*foltot*) remove
eltűr *v* endure, tolerate, suffer
elutasít *v* *vmt* refuse, reject, decline; (*vádat*) deny, repudiate; *vkt* turn down
elutazás *n* departure, leaving
elutaz|ik *v* leave* (*ahonnan* swhere, *ahová* for)
elül *v* (*zaj*) die down; (*máshová*) sit* elsewhere || ~**t a szél** the wind has dropped
elülső *a* front(-), fore-

elültet *v* (*növényt*) plant, bed
elüt *v* (*autó vkt*) hit*, knock/run* down, run* over; *vm vmtől* differ (from), clash (with) || ~**i az időt** while away the time, kill time
elv *n* principle || ~**ben** in principle
elvadul *v* become* wild/savage; (*emberektől*) be* alienated (from); *bot* grow* wild
elvág *v* cut* (in two); (*összeköttetést*) break* off
elvágód|ik *v* (*földön*) fall* flat (on the ground)
elvakít *v* (*fény*) blind, dazzle; *átv* delude, dupe
elválaszt *v* part, separate; (*szót*) divide; (*hajat*) part; (*bíróilag*) divorce
elválasztás *n* parting, separation; (*sor végi*) end-of-line division; (*házasfeleké*) divorce; *biol* secretion
elválaszthatatlan *a* inseparable
elvál|ik *v* (*ketté*) part, separate; (*házastárstól*) divorce (sy)
elvállal *v* undertake*, take* (on); (*megbízást*) accept
elvált *a* divorced, divorcee
elvámol *v* levy duty on (sg); (*árut*) clear [goods] (through the customs)
elvámolnivaló *n* **van ~juk?** have you anything to declare?
elvár *v* *vktől vmt* expect (sy to do sg) || ~**ják tőle(, hogy)** he is expected/supposed (to)
elvárások *n pl* expectations
élve *adv* alive, living || ~ **vagy halva** dead or alive
elvégez *v* (*befejez*) finish, bring* to an end, complete; (*megtesz*) do*, perform || ~**te az egyetemet** (s)he has a (university) degree

elver v vkt thrash; (vagyont) squander, fritter away

elvesz[1] v take* sg away/off from sy; (erőszakkal) seize; (feleségül) marry

elvesz[2], **elvész** v (tárgy) be*/get* lost; (kárba vész) be* wasted; (elpusztul) perish ‖ **elveszett az órám** I have lost my watch

elveszt v lose* ‖ ~**i a fejét** lose* one's head, get* flurried

elvet v (magot) sow; (elutasít) reject, refuse

elvetél v miscarry, abort

elvetendő a rejectable, unacceptable

élvez v vmt enjoy, find*/take* pleasure (in); (jogot) enjoy; (előnyöket) benefit from

élvezet n pleasure, enjoyment, delight

elvi a of principle ut.

elvileg adv in principle, theoretically

elvirágz|ik v cease flowering; átv fade

elvisel v (eltűr) tolerate, suffer, bear*

elviselhetetlen a unbearable

elviselhető a tolerable, bearable

elvisz v (tárgyat) carry away/off, take* away; (elszállít) transport; (magával vmt) take* (sg) with one, take* along; (vkt magával) take* along; (járművel) drive* sy to [a place], give* sy a lift

elvon v (elhúz) draw* away/off; vktől vmt deprive sy of sg ‖ ~**ja a figyelmet** distract attention (from)

elvonókúra n (alkoholtól) detoxication cure

elvont a abstract

elvontat v tow/haul away

elvonul v (vihar) pass, pass/blow* over; (sokaság) withdraw*

elzálogosít v put* in pawn, pawn

elzár v vmt vhová lock/shut* up/in; (csapot) turn [the tap] off; (készüléket) switch off ‖ **az út** ~**va** road closed

elzárás v vhová locking (up), shutting (up); jog custody

elzárkóz|ik v be* reserved, hold*/keep* aloof from

elzsibbad v go* numb; (végtag) go* to sleep

emancipáció n emancipation

embargó n embargo, ban (on)

ember n man (pl men); (szemben az állattal) human (being) ‖ **az** ~ (mint általános alany) one, people pl, we, you; **az** ~ **sohasem tudja** one never knows, you never know; ~**ek** people, US folks

embercsempészés n smuggling people (out/in)

emberélet n human life ‖ ~**ben nem esett kár** there are/were no casualties

emberevő n cannibal

emberfölötti a superhuman

emberi a human; (emberies) humane ‖ ~ **jogok** human rights

emberiség n humanity, mankind

emberismeret n knowledge of mankind

emberismerő a (keen) observer/judge of human nature

emberölés n murder, homicide ‖ **szándékos** ~ manslaughter

emberöltő n generation

emberrablás n kidnapping ‖ ~**t követ el** kidnap

emberséges *a* (*humánus*) humane; (*tisztességes*) honest, fair

embertan *n* anthropology

embertelen *a* inhuman, barbarous

embertelenség *n* inhumanity

embléma *n* emblem, symbol; (*kiadói*) imprint, logo

embólia *n* embolism

emel *v* lift, hoist; (*épületet*) build*, erect; (*szobrot*) erect, raise; (*árat*) raise, *US* boost

emelés *n* lifting (up), hoisting; (*növelés, pl. béré*) rise* (*US* raise), increase [in wages]

emelet *n* storey (*US* story), floor ‖ **az első ~en** on the first floor, *US* on the second floor; **felmegy az ~re** go* upstairs

emeletes *a* -storeyed, -storey, *US* -storied ‖ **~ autóbusz** double-decker

emelkedés *n* rise; (*értéké*) increase; (*áraké*) rise; (*lejtőé*) ascent

emelked|ik *v* rise*; (*út*) climb, ascend; *átv* rise*, increase, go* up (*vmre, mind*: to) ‖ **a levegőbe ~ik** (*repülőgép*) take* off

emelkedő **1.** *a* rising, ascending **2.** *n* (*úté*) rise, incline, (*upward*) slope, hill

emellett *adv* (*ezenkívül*) besides, in addition, moreover

emelő **1.** *a* raising, elevating **2.** *n* tech lever; (*kocsin*) jack

emelvény *n* platform, stand

émelygés *n* nausea, sickness

emészt *v* (*ételt*) digest ‖ **~i magát** worry (about)

emésztés *n* digestion

emészthető *a* digestible

emésztőrendszer *n* digestive tract

emiatt *adv* this is why, for this reason, because of this ‖ **~ ne**

aggódj don't (you) worry about that

emigrál *v* emigrate

emlék *n* (*tárgy*) souvenir (*US* sou-); (*régi becses*) relic ‖ **vk/vm ~ére** in memory of

emlékezet *n* (*képesség*) memory, recollection ‖ **~ből** by heart

emlékezetes *a* memorable

emlékezetkiesés *n* amnesia; (*pillanatnyi*) black-out

emlékez|ik *v* vmre remember, recollect, recall (*mind*: sg) ‖ **ha jól ~em** as far as I can remember

emlékezőtehetség *n* (power of) memory ‖ **gyenge ~** poor memory

emlékeztet *v* (*figyelmeztet vmre*) remind (sy that... *v.* sy to do sg *v.* sy of sg); (*vkben felidéz vmt/vkt*) remind sy of sg/sy

emlékeztető *n* reminder, memento

emlékirat *n* (*hivatalos*) memorandum (*pl* -da); (*magán*) memoirs *pl*

emlékmű *n* monument, memorial ‖ **hősi ~** war memorial

emléktábla *n* memorial plaque

említ *v* mention, make* mention of; (*futólag*) touch upon

említett *a* mentioned ‖ **az előbb ~** just mentioned *ut.*

emlő *n* breast; (*állaté*) udder

emlős(állat) *n* mammal

-en *suff* → **-on**

én **1.** *pron* (*személyes névmás*) I, biz me; (*birt. jelzőként*) my ‖ **az ~ anyám** my mother; **~ magam** I (...) myself; **~ vagyok** it is I, biz it's me **2.** *n* (*vk énje*) self°, ego

-én *suff* **ötödikén, 5-én** on the fifth/5th; **május 5-én** on 5(th) May

enciklopédia *n* encyclop(a)edia

enciklopédikus *a* encyclop(*a*)edic
ének *n* (*dal*) song; (*egyházi*) hymn; (*éneklés*) singing; (*madáré*) (bird) song, warble
énekel *v* sing*; (*madár*) warble
énekes *n* singer
énekkar *n* chorus, choir
energia *n* *fiz, tech* energy, power; (*emberi*) vigour (*US* -or), drive
energiaforrás *n* source of energy/power, energy source
energiahordozó *n* energy source/carrier
energiatakarékos(sági) *a* energy-saving
energikus *a* energetic, forceful
enged *v vmt* allow/permit (sy to do sg), let* (sy do sg); (*nem áll ellen*) yield, give* way (to); (*feszültség*) yield, give* way (under pressure) ‖ **a fagy ~** the frost is breaking; **vk kérésének ~** comply with sy's request
engedelmes *a* obedient
engedelmesked|ik *v vknek* obey (sy) ‖ **nem ~ik** disobey (sy)
engedély *n* permission; (*írott*) permit; (*hivatalos*) authorization; (*ipari*) licence ‖ **~t kap vmre** be* licensed for sg (*v.* to sell sg)
engedélyez *v* allow, permit; *vknek vmt* give*/grant (sy) permission (to do sg); (*hatóság*) authorize; (*ipart*) grant a licence (for), license sg
engedetlenség *n* disobedience
engedmény *n* (*vitában*) concession; *ker* discount, reduction
engedményes vásár *n* sale
engem *pron* me ‖ **ami ~ illet** as for myself
énmiattam *adv* because of me

ennek *pron* (*birtokos*) of this; (*részeshatározó*) to/for this ‖ **~ a fiúnak add oda** give it to this boy; **~ az embernek a háza** the house of this man, this man's house
ennél *pron* (*hely*) at this/that; (*középfok mellett*) than this/that ‖ **nincs ~ jobb** there is none/nothing better
enni *v* → **eszik**
ennivaló **1.** *n* food **2.** *a biz* (*aranyos*) lovely
ENSZ = *Egyesült Nemzetek Szervezete* The United Nations (Organization), UNO, UN
ÉNy = *északnyugat* north-west, NW
enyém *pron* mine ‖ **ez a könyv az ~** this book is mine, this book belongs to me; **az enyéim** (*a családom*) my family/children/folks
enyhe *a* (*idő*) mild; (*éghajlat*) genial, mild; (*szél*) light; (*fájdalom*) slight; (*büntetés*) light, mild ‖ **~ túlzás** *biz* slight exaggeration
enyhít *v* (*bánatot, fájdalmat*) ease, mitigate, alleviate; (*éhséget*) appease; (*feszültséget*) ease; (*ítéletet*) reduce
enyhítő *a* mitigating, alleviating ‖ **~ körülmény** mitigating circumstances *pl*
enyhül *v* (*fájdalom*) subside, abate; (*feszültség*) ease, slacken, *US* let* up; (*idő*) turn milder
enyhülés *n* (*fájdalomé*) abatement, mitigation; *pol* détente
ennyi *pron* (*súly, terjedelem*) so much; (*számban*) so many ‖ **~ az egész** that's all
enyv *n* glue

ép *a* (*egész*) whole; (*sértetlen*) unhurt; (*egészséges*) healthy, sound
epe *n* bile ‖ **elönti az** ~ lose* one's temper
epegörcs *n* bilious attack
epekő *n* gallstone ‖ **epeköve van** he has (got) gallstones
épen *adv* (*tárgy*) in perfect condition, unbroken; (*személy*) safe and sound, unhurt
eper *n* (*földi*~) strawberry
épeszű *a* of sound mind *ut.*
epikus *a* epic
epilepszia *n* epilepsy
epilepsziás *a/n* epileptic
epilógus *n* epilogue (*US* epilog)
épít *v* build*, construct; *átv vmre* build* (up)on, rely on (sg)
építés *n* building; (*gépé*) construction
építési *a* building, construction
építésügy *n kb.* housing and construction
építész *n* (*vállalkozó*) (general) builder, building contractor; = **építészmérnök**
építészet *n* architecture
építészmérnök *n* (qualified) architect, building engineer
építkezés *n* building; (*nagyobb*) construction
építmény *n* building, structure
építőipar *n* the building industry/trade
építőmunkás *n* construction/ building worker, builder
epizód *n* episode, incident
éppen *adv* just, exactly ‖ ~ **ezért** for that very reason, that's why; ~ **most** just (now), *US* right now
épség *n* wholeness ‖ ~**ben** safe(ly), unharmed

épül *v vm* be* built/constructed; (*most*) be* being built; *vmn, vmre* be* founded/based on
épület *n* building
épületes *a átv* edifying
épületszárny *n* (side-)wing, annexe (*US* annex)
épülettömb *n* block (of houses)
ér[1] *n* (*testben*) blood-vessel; *bány* vein, lode; (*falevélen*) rib, vein; (*vízi*) brook(let), rill; (*kábelé*) core wire
ér[2] *v vhova* get* to, arrive at; *vmeddig* reach to; *vmhez* touch sg; (*értéket*) be* worth (sg); (*vmre megy vele*) be* of use (to sy); *vm vkt* hit*, happen to; *vkt vmn* catch* ‖ **baleset** ~**te** he had an accident; **tetten** ~ catch* sy in the (very) act of [doing sg]
éra *n* era, age, period
érc *n* (*nyers*) ore; (*fém*) metal; (*bronz*) bronze
érces *a bány* metallic, ore; (*hang*) sonorous, brazen
erdei *a* wood-, forest-
érdek *n* interest ‖ **vknek az** ~**ében** on sy's behalf, in the interests of sy
érdekel *v vkt vm* sg interest sy, sy is interested in sg ‖ **érdekli a zene** be* interested in music; **nem** ~ I don't care for it
érdekelt 1. *a* interested, concerned ‖ ~ **vmben** have* a(n) share/interest in sg **2.** *n* **az** ~**ek** those concerned/involved
érdekeltség *n* (*állapot*) interest, concern; (*pénzügyi*) interest, share; (*cég*) concern
érdekes *a* interesting
érdekesség *n* interest; (*tárgy*) thing of interest, curiosity

érdeklődés *n* (*figyelem*) *i*nterest (shown); (*tudakozódás*) inquiry
érdeklődési kör *n* sphere of *i*nterests
érdeklőd|ik *v* (*vm iránt*) be* *i*nterested (in sg); (*tudakozódik*) inqu*i*re, ask for informat*i*on (*vm felől mind*: ab*o*ut) || ~ni szeretnék I should like to inqu*i*re about ...
érdektelen *a* un*i*nteresting
Erdély *n* Transylv*a*nia
érdem *n vké* mer*i*t || ~ben on its merits, in all detail; ez az ő ~e this is due to him
érdemel *v* deserve, mer*i*t || szót sem ~ it's not worth mentioning; (*köszönetre*) don't mention it!
érdemes *a vmre* worthy of ... *ut.*; (*igével*) deserve (sg) || ~ elolvasni it's worth re*a*ding
érdemleges *a* definitive, f*i*nal
érdes *a* rough, r*u*gged; (*hang*) rasping, harsh
erdész *n* f*o*rester, f*o*rest-ranger
erdő *n* f*o*rest; (*kisebb*) wood(s)
erdőmérnök *n* f*o*restry engine*e*r
erdős *a* wooded, w*o*ody
erdőtűz *n* f*o*rest-fire
ered *v* (*folyó*) have* its source (in); *átv* issue, der*i*ve (*vmből mind*: from); (*időből*) date from || futásnak ~ take* (to) flight
eredet *n átv o*rigin; (*folyóé*) source
eredeti *a/n o*riginal
eredetileg *adv o*riginally
eredetiség *n* originality
eredetű *a* of ... *o*rigin *ut.* || latin ~ szó word of L*a*tin *o*rigin
eredmény *n* result, *i*ssue; *mat* res*u*lt, *a*nswer || jó ~ success, h*a*ppy issue; ~ek (*pl. gazdasági életben*) achi*e*vements; vmlyen ~re vezet res*u*lt in sg, come* to sg

eredményes *a* success*f*ul, fru*i*tful
eredményez *v* res*u*lt in, yield (sg)
eredményhirdetés *n* public*a*tion/ announcement of the res*u*lts
eredménytelen *a* unsucc*e*ssful
eredő 1. *a vmből* resulting/arising from *ut.* 2. *n* res*u*ltant
ereklye *n* relic
érelmeszesedés *n* arterioscler*o*sis
erélyes *a* energetic(al), f*o*rceful
érem *n* m*e*dal; (*nagyobb*) medallion
erény *n* v*i*rtue
ereszcsatorna *n* (*ea*ves) g*u*tter
ereszked|ik *v* (*alá*) descend; (*lejtő*) slope; *rep* lose* height
ereszt *v* (*vhová, vhonnan*) let* go/pass; (*lazul*) slacken; (*hordó, textilfesték*) run* || ~ az első kerék one of the front tyres is flat
éretlen *a* (*gyümölcs*) unripe; *átv* immat*u*re, raw
eretnek 1. *a* her*e*tical 2. *n* heretic
érett *a* (*gyümölcs*) ripe; (*bor, sajt*) mellow; *átv* mature
érettségi 1. *a* ~ bizonyítvány cert*i*ficate of f*i*nal examin*a*tion [in a Hung*a*rian sec*o*ndary school] 2. *n* final examin*a*tion
érettségiző *a/n* school-leaver, *GB* sixth-former
érez *v* feel* || együtt ~ vkvel sympathize with sy; érzi magát feel; hogy érzi magát? how are you (getting on)?; (*betegtől*) how are you f*e*eling?; jól érzem magam I feel quite well, I am all right; nem érzi jól magát feel/be* unwell, be *u*nder the w*e*ather
érezhető *a* (*felfogható*) palpable, perceptible; (*érzik vm vmn*) smack of

éreztet v vkvel vmt make* sy feel sg, make sy conscious of sg

ér|ik v ripen; (bor, sajt) mature, mellow

érint v touch; (érzelmileg) concern, affect

érintkezés n (emberi) contact, relations pl, connection; contact

érintkez|ik v (ember vkvel) communicate, be* in contact (vkvel with); (tárgyak) touch; (vezetékek) be in contact

érintő 1. a átv touching, concerning, affecting (mind: ut.) 2. n mat tangent

erjedés n fermentation

erkély n szính is circle, balcony

érkezés n vhová arrival, coming; (kiírás) arrivals ‖ ~(e)kor on (sy's) arrival

érkez|ik v vhova arrive (kisebb helyre: at, nagyobbra: in), come* (to), get* to; (vonat) call at

érkező 1. a arriving 2. n arrival, person arriving

erkölcs n morals pl, morality

erkölcsös a moral, virtuous, ethical; (nemileg) chaste

erkölcsrendészet n the Vice Squad

erkölcstelen a immoral

erkölcstelenség n immorality

erkölcsű a jó ~ moral, of good morals ut.; rossz ~ immoral, morally bad ut.

érme n coin; (tantusz) token

ernyő n (eső) umbrella; (lámpa) shade; (nap) parasol, sunshade; tech screen

erotika n eroticism

erotikus a erotic

erő n power, strength; (hangé) intensity; (fiz, jog, kat) force ‖ **teljes**

~**ből** with all one's might; **ereje teljében** in the prime of life

erőd n fortress; átv stronghold

erőfeszítés n effort, exertion

erőforrás n source of energy, resources pl

erőleves n clear soup, consommé

erőlköd|ik v exert oneself (to)

erőltet v insist on (sg), urge (sg); (vmely szervét) strain

erőltetett a forced

erőmű n power station/plant

erős a strong, powerful; (izmos) muscular, robust; (jellem) firm, resolute; (bor) strong, heady; (fűszer) hot; (szag) penetrating, strong; (szél) high ‖ ~ **dohányos** heavy smoker

erősáram n heavy/power current

erősen adv strongly; (dolgozik) hard; (nagyon) very (much)

erősít v strengthen; (beteget) tone up; kat fortify; vmt vhová fix (to), fasten (to); el amplify; (rádió hangját) increase [volume]

erősítés n strengthening; kat fortification; vmhez fastening (to); el amplification

erőszak n force, violence; (nemi) rape; (hatósági közeg elleni) assault ‖ ~**kal** by (main) force

erőszakol v force [matters], press [things], insist on (sg)

erőszakos a violent, aggressive ‖ ~ **nemi közösülés** rape

erőszakoskod|ik v use violence; vkvel maltreat (sy); (nővel) rape (sy)

erőteljes a powerful, strong

erőtlen a weak, feeble

erre adv (vmre rá) on this, onto this; (idevonatkozólag) concerning this; (irány) this way, in this direction || ~ **nézve** with regard to this, on this point

errefelé adv (irány) in this direction, this way; (hely) hereabouts, in these parts

érrendszer n vascular system

erről 1. adv (ebből az irányból) from this direction, from here **2.** pron about this || ~ **van szó!** that's the point, that is exactly what I mean

érsek n archbishop

erszény n purse

érszűkület n constriction of the arteries

ért v (megért) understand*, follow; (vkre, vmre) allude to, refer to; (vmhez) be* skilled/expert in sg || ~**em!** yes, I understand!, I see!; **nem ~ed?** don't you see?

érte adv vmért, vkért for it/him/her; (érdekében) for its/his/her sake || ~ **jön** vmért come* to fetch sg, collect sg; ~ **megy** vmért go* and get* it, (go* and) fetch sg; vkért pick sy up (at); ~**d** for you

érték n value, worth; (pénzbeli) value; (erkölcsi) worth; mat value || **minta ~ nélkül** sample (of no commercial value)

értékcikkek n pl (postai kb.) stamps, money orders and stationary issued by the P.O.

értékel v (méltányol) appreciate, esteem; (felbecsül) value, appraise, estimate || **nagyra ~** value/rate sg highly

értékes a valuable, precious, of (great/high) value ut.

értékesít v (elad) sell*, realize

értekezlet n meeting; főleg US: conference

értékmegőrző n safe deposit

értékpapír n securities pl, bonds pl

értéktárgy n valuables pl

értéktelen a worthless, valueless

értéktöbbletadó n value added tax, VAT

értéktőzsde n the Stock Exchange

értékű a worth sg ut., of [great/little etc.] value ut. || **kétes ~** of doubtful value ut.

értelem n (ész) intelligence, intellect; (jelentés) sense, meaning || **a szó szoros értelmében** literally, in the proper sense of the word

értelemszerűen adv (űrlapon) where/as appropriate

értelmes a (ember) intelligent; (érthető) intelligible, clear

értelmetlen a (beszéd) unintelligible, meaningless; (cselekedet) senseless, foolish

értelmetlenség n (emberi) unintelligence; (beszédé) unintelligibility; (cselekedeté) senselessness

értelmez v (felfog) interpret

értelmezés n (felfogás) interpretation, explanation; (vmlyen értelemben) acceptation

értelmező szótár n (explanatory) dictionary

értelmi a intellectual, mental || ~ **fogyatékos** mental defective, mentally retarded

értelmiségi 1. a intellectual **2.** n intellectual || **az ~ek** the intellectuals, the intelligentsia

értesít v vkt vmről inform sy about sg; ker advise

értesítés n information, notification; (üzenet) message; (hivatalos) notice; ker advice

értesül v vmről hear* of sg, learn* of sg, get* to know sg

értesülés n information (pl), news (pl)

értetőd|ik v magától ~ik it goes without saying, of course

értetődő a magától ~ obvious, self-evident

érthető a intelligible, clear; (belátható) understandable, comprehensible; (füllel) audible ‖ könnyen ~ easy to understand ut.

érv n argument

érvel v argue, reason

érvény n validity, force ‖ ~be lép come* into operation/force

érvényes a valid, effective; (jogszabály) be in force ‖ 2 hónapig ~ valid for 2 months

érvényesít v (jogot) enforce, assert; (követelést) put* forward; (okiratot) validate

érvényesítés n (igényé) enforcement, assertion; (okiraté) validation

érvényesíttet v (repülőjegyet) have (sg) confirmed, confirm

érvényesség n validity, force

érvényesül v (ember) get* on, succeed, make* one's way

érvényesülés n success

érvénytelen a invalid, void; (szabály) inoperative; (jegy) not good/valid ut., cancelled (US -l-) ‖ ~ szavazat spoiled ballot

érvénytelenít v invalidate, annul; (töröl) cancel (US -l)

érvénytelenség n invalidity

érverés n pulse, pulsation

érzék n (szerv) sense; (tehetség) sense of/for (sg) ‖ ~e van a zenéhez be* musical

érzékcsalódás n delusion, hallucination

érzékelés n perception, sensation

érzékeny a sensitive (vmre to); (sértődős) sensitive (about sg) ‖ ~ pontja vknek one's sore spot

érzéketlen a (testileg) insensible (to); (lelkileg) insensitive (to)

érzéki a (buja) sensual, carnal

érzékszerv n (organ of) sense ‖ az öt ~ the five senses pl

érzelem n sentiment, feeling, emotion

érzelgős a mawkishly sentimental

érzelmes a sentimental, emotional

érzelmi a emotional, sentimental

érzelmű a -hearted ‖ gyengéd ~ tender-hearted, gentle

érzés n (lelki) feeling, sentiment; (testi) sensation, feeling

érzéstelenít v orv anaesthetize (US anes-)

érzéstelenítő n (szer) anaesthetic (US anes-)

érz|ik v (may) be* felt/perceptible

érző a sensitive, feeling

és conj and ‖ ~ a többi and so on/forth, etc. (kimondva: etcetera)

esedékes a due

esedékesség n due-date; (lejárat) expiration ‖ ~kor when due

esély n chance

esélyegyenlőség n equality of opportunity

esélyes 1. a having a (good) chance ut. 2. n probable winner, favourite (US -or-)

esemény n event, occurrence

esernyő n umbrella

esés n (zuhanás) fall(ing)

eset n case, instance; (esemény) event; (ügy) affair, business; (tör-

ténet) story, tale; *nyelvt* case ||
abban az ~ben, ha if, *US* in case;
vmnek az ~én in case of, in the
event of; **semmi ~re (sem)** cer-
tainly not!, on no account, by no
means
esetenként *adv* in each case
(separately); from time to time
esetleg *adv* by chance, by accident
esetlen *a* awkward, clumsy
eshetőség *n* possibility, eventual-
ity; (*lehetőség*) contingency
es|ik *v* fall*, drop; (*vk vmbe kerül*)
get* into, fall into; (*eső*) it rains;
(*most*) it is raining; (*ár*) fall, go*
down; (*időpont*) fall on; *vkre vm
átv* fall* to sy || **adó alá ~ik** be*
liable to taxation; **~ni kezdett** it
started raining; **rosszul ~ik vm
vknek** hurt* sy's feelings
esketés *n* marrying, marriage
ceremony
eskü *n* oath || **~t tesz** take*/swear*
an oath (*vmre* on) **~t megszeg**
break* an oath
esküdt 1. *a* sworn || **~ ellenség**
sworn/mortal enemy **2.** *n* (*bírósá-
gi*) juryman°, juror
esküdtszék *n* (common) jury
esküsz|ik *v* swear* (*vmre* on, *vkre*
by); take an oath || **~öm...** *biz* so
help me
esküvő *n* wedding || **egyházi ~**
church wedding; **polgári ~** civil
marriage
eső 1. *a* (*zuhanó*) falling, dropping
|| **adó alá ~** liable to taxation *ut.*,
taxable; **vm alá ~** falling under
ut., subject to *ut.* **2.** *n* rain || **~re áll**
it looks like rain; **szakad az ~** it is
raining hard, it is pouring (with
rain)

esőköpeny *n* raincoat, mackintosh
esős *a* rainy
este 1. *n* evening || **jó ~t!** good
evening! **2.** *adv* in the evening ||
ma ~ this evening, tonight
estefelé *adv* towards evening
esteled|ik *v* it is getting dark
estély *n* (evening) party, (social)
evening, soirée
estélyi ruha *n* evening dress
esténként *adv* in the evenings
estére *adv* by evening/night
esti *a* evening || **~ lap** evening
paper; **~ mese** bedtime story
ész *n* reason, mind, brain ||
eszembe jut it occurs to me; (*egy
név/adat*) I remember; **nem jut
eszembe** I (just) can't think of it;
it escapes me; **~re tér** come* to
one's senses, think* better (of)
észak *n* north || **~on** in the north;
~ra northward, (towards the)
north, northerly; **vmtől ~ra fek-
szik** lie* north of sg
Észak-Amerika *n* North America
észak-atlanti *a* É~ Szerződés
Szervezete North Atlantic Treaty
Organization, NATO
északi *a* northern, north, of the
north *ut.*; (*szél*) northerly || **~ né-
pek** the Nordic peoples
Északi-Jeges-tenger *n* the Arctic
Ocean
Észak-Írország *n* Northern Ireland
Északi-sark *n* the North pole, the
Arctic
északkelet *n* north-east
északnyugat *n* north-west
észbontó *a biz* mind-boggling
eszerint *adv* (*így*) (in) this way;
(*tehát*) if that is the case
eszes *a* intelligent, clever, smart

esz|ik v eat*; → **étkezik**
eszkimó a/n Eskimo
eszköz n instrument, device; (*szerszám*) tool, appliance; (*háztartási*) utensil; *átv* means sing. v. pl ‖ **anyagi** ~**ök** resources, means, funds
észlel v observe, notice, perceive
eszme n idea, thought
eszmélet n consciousness ‖ ~**ét veszti** lose* consciousness, faint
eszméletlen a unconscious
eszményi a ideal
eszpresszó n coffee-bar
eszpresszókávé n espresso
észrevehetetlen a imperceptible
észrevehető a perceptible, noticeable ‖ ~**en** perceptibly, noticeably
észrevesz v observe, notice, perceive; (*megpillant*) catch* sight of
észrevétel n observation, noticing; (*megjegyzés*) remark, comment
észrevétlen(ül) adv unobserved, unnoticed; (*lopva*) by stealth
ésszerű a rational, reasonable
ésszerűtlen a unreasonable, illogical
észt a/n (*ember, nyelv*) Estonian
esztelen a unreasonable, foolish
esztendő n = **év**
esztétika n aesthetics (US es-) sing.
esztétikus a aesthetic (US es-)
Észtország n Estonia
étcsokoládé n bitter chocolate
étel n food; (*tálalva*) dish, meal
ételbár n snack bar
ételízesítő n stock (cube)
ételkülönlegesség n food speciality (US specialty)
etet v give* sy sg (to eat), feed; (*állatot*) feed*,.give food (to)

etika n ethic; (*erkölcstan*) ethics sing.
etikett n etiquette, proprieties pl
etikus a ethical
étkészlet n tableware, dinner service/set
étkezde n eating-house; (*kat* mess(-room); (*üzemi*) canteen; (*hajón*) dining saloon; *isk* refectory, dining hall
étkezés n (*egyszeri*) meal; (*rendszeres*) meals pl; (*ellátás*) board ‖ ~ **előtt/után** before/after meal(s)
étkez|ik v eat*, have*/take* one's meals ‖ **nem otthon** ~**ik** eat* out, have a meal out
étkezőkocsi n dining car, US diner
étlap n menu, bill of fare
étolaj n cooking-oil, edible oil
étrend n menu; (*betegé*) diet
étterem n restaurant; (*kisebb szállodáé*) dining-room
ettől 1. pron from this ‖ ~ **az embertől** from this man **2.** adv ~ **kezdve** from this time onward
étvágy n appetite ‖ **jó** ~**a van** eat* well, have* an appetite
étvágygerjesztő a appetizing
étvágytalanság n lack/loss of appetite
Európa n Europe; (*Nagy-Britannia nélkül*) the Continent
európai a European; (*Nagy-Britannia nélkül*) continental ‖ **E~ Közösségek** European Communities (EC); **E~ Unió** European Union (EU)
Európa-szerte adv all over (v. throughout) Europe
év n year ‖ **jövő** ~ next year; **múlt** ~ last year; **ma egy** ~**e** a year ago today, this day last year; **három**

~vel ezelőtt three years ago (*US* back); **~ről ~re** year by year, year in year out
évad *n* season
evangélikus *a* Lutheran
evangélium *n* *vall* Gospel
évelő *a* perennial (plant)
évente *adv* every year, yearly, annually || **~ kétszer** twice a year
evés *n* eating
éves *a* (*vkről*) ... years old *ut*., ... years of age, ... -year-old; (*x évre szóló*) for ... years *ut*.; (*x évig tartó*) lasting ... years *ut*. || **hány ~ vagy?** how old are you?; **tizenhat ~** (*igével*) (s)he is sixteen years old (*v*. years of age), (*jelzőként*) 16-year-old, aged sixteen *ut*.; **tizennyolc ~ korában** at the age of eighteen
evez *v* row; (*kajak*) paddle
evezés *n* rowing
evező 1. *a* rowing **2.** *n* oar; (*rövidebb*) scull; (*kajakhoz, kenuhoz*) paddle
évezredes *a* a thousand years old *ut*., millennial, a thousand-year-old
évfolyam *n* (*folyóiraté*) volume; *isk* class, year
évfolyamtárs *n* classmate || **~am volt** (s)he was in my year/class
évforduló *n* anniversary
évi *a* yearly, annual, year's || **ez ~** this year's, of this year *ut*.; **egy~** for one year *ut*.
evidens *a* evident, obvious
évjárat *n* (*bor*) vintage
évkönyv *n* almanac; (*intézményé*) yearbook; *tört* chronicle, annals *pl*
évnyitó *n* *isk* opening ceremony
evőeszköz(ök) *n* (*pl*) cutlery, silver

evőkanál *n* tablespoon || **három ~lal** three tablespoonfuls (of...)
évszak *n* season || **az ~hoz képest** for the time of the year
évszám *n* (*dátum*) date
évszázad *n* century
évszázados *a* century old
évtized *n* decade
évtizedes *a* decennial, ten years old
évzáró *n* *isk* speech-day
expedíció *n* *kat*, expedition
exponál *v* *foto* make* an exposure, expose
export *n* (*művelet*) exportation; (*áru*) export(s *pl*)
exportál *v* export
expressz 1 *a* (*levél*) express, *GB* first class; *főleg US* special delivery **2.** *adv* **~ ad fel** send* sg express, *GB* send sg first class **3.** *n* (*vonat*) express (train)
expresszáru *n* express goods *pl*
expresszvonat *n* express (train)
extra *a* extra || **~ méretű** (*ruha*) outsize, extra large; (*cigaretta*) king-size
ez *pron* this (*pl* these), that (*pl* those) || **~ a ház** this house; **~ az** that's it!; **~ek az emberek** these people; **~ek után** after that/these, thereupon; → **ebbe, ebben, ennek** *stb*.
ezalatt *adv* in the meantime, meanwhile
ezáltal *adv* hereby, by this means
ezelőtt *adv* formerly, in former times; (*határozott időjelöléssel*) ago || **két évvel ~** two years ago, *US* two years back
ezen *adv* *vmn* at/on this || **~ az asztalon** on this table

ezenkívül *adv* besides, in addition

ezennel *adv* herewith, hereby

ezentúl *adv* = **ezután**

ezer *num* (a/one) thousand ‖ ~ **dollár** a thousand dollars; **harminc~ lakos** thirty thousand inhabitants; ~ **éve nem láttalak!** I haven't seen you for ages!

ezermester *n* jack-of-all-trades

ezermillió *num* one/a thousand million(s), *US* one/a billion (10^9)

ezernyi *a* thousands of; *(igen sok)* millions of

ezerszer *adv* a thousand times

ezért *adv/pron (emiatt)* therefore, for this/that reason, so, that/this is why; *(evégett)* for that/this purpose, with that/this object, to that/this end ‖ ~ **vagyok itt** that's why I am here

eziránt *adv (erre nézve)* with regard to this, on this point

ezóta *adv* since this time, ever since

ezred *n kat* regiment; *(rész)* thousandth (part)

ezredes *n* colonel

ezredév *n* millennium *(pl* millennia)

ezredik *num* thousandth

ezredszer *adv* for the thousandth time

ezrelék *n* per thousand/mill/mil, one thousandth

ezres **1.** *a (tízes rendszerben)* thousand; ~ **szám** the number 1,000 **2.** *n (bankjegy)* a thousand pound/dollar/forint note

ezután *adv (ezentúl)* henceforth, from now on, from this time on

ezúton *adv (így)* thus; *(hivatalosan)* hereby, herewith

ezúttal *adv* this time, on this occasion

ezüst *n* silver

ezüstérem *n* silver medal

ezüstlakodalom *n* silver wedding

ezzel *adv vmvel* with this/that, herewith, hereby; *(időben)* on this ‖ ~ **szemben** whereas, on the other hand, while

F

f = **fillér**

fa *n (élő)* tree; *(anyag)* wood; *(építőanyag)* timber ‖ **maga alatt vágja a ~t** cut* the ground from under one's own feet; **nagy ~ba vágta a fejszéjét** bite* off more than one can chew

faág *n* branch; *(nagyobb)* bough

faanyag *n* timber, wood

fácán *n* pheasant

facsar *v* wring*

facsavar *n* screw

facsemete *n* sapling

fafúvósok *n pl (zenészek)* the woodwind *sing. v. pl*

faggat *v* (close) interrogate

fagott *n* bassoon

fagy **1.** *n* frost **2.** *v* freeze* ‖ ~ **(odakinn)** it's freezing

fagyálló **1.** *a* frost-resistant/proof **2.** *n (folyadék)* antifreeze

fagyaszt *v* freeze*; *(ételt)* chill, deep-freeze*

fagyasztóláda *n* (chest) freezer

fagyasztószekrény *n (háztartási)* freezer; *(frizsiderrel egybeépített)* fridge freezer

fagyasztott *a* frozen; *(mélyhűtött)* deep-frozen

fagylalt *n* ice-cream, ice

fagyos *a (idő)* frosty, chilly; *(út)* icy; *átv (tekintet)* chilling

fagyott *a* frozen

fagyöngy *n* mistletoe

fagypont *n* freezing-point

faház *n* wooden house, log cabin

fahéj *n (fűszer)* cinnamon

faj *n biol* species *(pl* species); *(emberfajta)* race; *(válfaj)* type, sort

fáj *v (élesen)* hurt*; *(tompán)* ache; *(vm lelkileg vknek)* pain sy ‖ **~ a fejem** I have* a headache; **mi ~?** what's wrong with you?

fájás *n (kis)* ache, hurt; *(nagy, szervi)* pain

fájdalmas *a* painful, aching, sore

fájdalom *n (testi)* pain, ache; *(lelki)* grief, sorrow ‖ **nagy fájdalmai vannak** suffer/feel* great pains

fájdalomcsillapító *n* painkiller

faji *a* racial ‖ **~ megkülönböztetés** *n* racial discrimination

fájlal *v* complain of a pain (in sg); *átv* regret, be*/feel* sorry for

fajsúly *n* specific gravity

fajta 1. *n* sort, kind, variety, type 2. *a (fajtájú)* of the ... kind/type *ut.*

fajtatiszta *a* pure-bread, pedigree

fajüldözés n racism

fakad *v (forrás)* spring* (from); *vmből átv* arise* from ‖ **sírva ~** burst* into tears

fakanál *n* wooden spoon

fáklya *n* torch

fakó *a* pale, faded

fakul *v* fade, discolour

fakultás *n* faculty

fakultatív *a* optional, *US* elective

fal[1] *n* wall ‖ **négy ~ között** indoors; **akár a ~nak beszélne** it's like talking to a brick wall

fal[2] *v* devour

falánk *a* gluttonous, greedy

falat *n* mouthful, bit, bite ‖ **nincs egy betevő ~ja** have* not a bite to eat

falevél *n* leaf°

falfestmény *n* wall-painting, fresco

fali *a* mural, wall

falióra *n* wall-clock, hanging clock

falka *n* pack (of hounds/wolves)

falu *n* village

falusi 1. *a* rural, village- 2. *n* a **~ak** the villagers

fametszet *n* woodcut

fanatikus *a* fanatic(al)

fánk *n kb.* doughnut

fantasztikus *a* fantastic

fantázia *n* imagination

fanyar *a (íz)* tart, acrid; *(mosoly)* wry ‖ **~ humor** dry sense of humour

far *n (emberé)* bottom; *orv* buttocks *pl*; *(hajóé)* stern

fárad *v (elfárad)* get* tired; *(fáradozik)* take* the trouble (to do sg)

fáradhatatlan *a* tireless

fáradozás *n* trouble, pains *pl*, effort

fáradság *n (fáradozás)* trouble, pains *pl*, effort ‖ **kár a ~ért** it isn't worth the trouble

fáradságos *a* tiring, exhausting

fáradt *a* tired, exhausted

fáradtság *n* tiredness, exhaustion, fatigue

farag *v (fát)* carve, cut*; *(követ)* hew*, trim; *(szobrot)* sculpt, sculpture

fáraó *n* Pharaoh

fáraszt *v* tire, fatigue

fark *n* tail
farkas *n* wolf°
farkasszemet néz vkvel *kif* stare sy out
farm *n* farm
farmer *n* (*gazdálkodó*) farmer; (*nadrág*) jeans *pl*
farol *v* (*oldalt*) skid; (*hátra*) reverse
farsang *n* carnival (time)
fás *a* (*terület*) wooded; (*zöldség*) stringy
fasírozott *n* meatball, hamburger
fasizmus *n* fascism
fasor *n* avenue
fatörzs *n* (tree-)trunk
fátyol *n* veil
fátyolos *a* veiled || ~ **hang** veiled voice
fattyú *n* bastard
fauna *n* fauna
favágó *n* woodman°, logger
fazék *n* pot
fazekas *n* potter
fáz|ik *v* be*/feel* cold; *átv vmtől* shrink* from
fázis *n* phase, stage
fazon *n* (*ruháé*) cut
február *n* February; → **december**
fecseg *v* chatter
fecske *n* swallow
fecskendez *v* squirt (*vmt vmbe sg* into sg), spray; (*tűzoltó*) play the hose (on sg); *orv* inject (*vkbe vmt* sy with sg)
fecskendő *n orv* syringe; (*tűzoltóé*) (fire-)hose
fed *v* (*takar*) cover (*vmvel* with sg); (*házat*) put* a roof on || **ez nem ~i a valóságot** this does not accord with the facts
fedd *v* reprove, rebuke

fedél *n* (*házé*) roof; (*dobozé*) lid; (*könyvé*) cover
fedélzet *n* (*hajóé*) deck || **a repülőgép ~én** on board the aircraft
fedett *a* covered || ~ **pályás** indoor
fedez *v kat sp* cover; (*költséget*) cover
fedezet *n* security; (*pénz*) funds *pl*
fedő *n vmn* cover, lid
fegyelem *n* discipline
fegyelmez *v* discipline || ~**i magát** control oneself
fegyelmi 1. *a* disciplinary 2. *n* disciplinary procedure || ~**t indít vk ellen** take* disciplinary action against sy
fegyenc *n* convict
fegyház *n* prison, *US* penitentiary
fegyver *n* weapon, arms *pl*; (*lőfegyver*) gun || ~**t fog vk ellen** take* up arms against sy; **leteszi a ~t** surrender
fegyveres 1. *a* armed || ~ **felkelés** armed uprising 2. *n* armed man°
fegyverkezés *n* military preparations *pl*
fegyverszünet *n* armistice || ~**et köt** conclude an armistice
fegyverzet *n kat* armament
fehér 1. *a* white || ~ **bőrű** white-skinned; ~ **ember** white man°; **a Fehér Ház** *US* the White House
fehérje *n kém* albumin, protein; (*tojás~*) egg-white
fehérnemű *n* underwear, underclothes *pl*
fehérvérűség *n* leukaemia (*US* -kem-)
fej[1] *n átv is* head; (*testületé*) head, chief || **egy ~jel nagyobb** a head taller; ~ ~ **mellett** neck and neck; ~ **vagy írás?** heads or tails?; ~**be**

ver vkt hit*/knock sy on the head; **~ből** by heart; **~en áll** stand* on one's head; **fel a ~jel!** cheer up!; **jó ~** *biz* he's a good man **két ~ hagymát kérek** two onions, please; **nem fér a ~embe** I can't believe it; **teljesen elvesztette a ~ét** he completely lost his head; **vm jár a ~ében** be* thinking of sg
fej² v (*tehenet*) milk
fejedelem n (reigning) prince
fejel v head [the ball]
fejenként adv a/per head, each || **~ 10 forintot adott a fiúknak** he gave the boys 10 forints each
fejes 1. a **~ saláta** (cabbage) lettuce **2.** n biz (*vezető*) bigwig; (*ugrás*) header, dive || **~t ugrik** dive/jump head first
fejetlenség n disorder, anarchy
fejezet n chapter
fejfájás n headache
fejhallgató n headphone(s), US headset
fejkendő n kerchief
fejlemény n developments pl, outcome
fejleszt v develop, improve; (*képességet*) develop, cultivate; (*áramot*) generate
fejlesztés n development, improvement
fejletlen a (*gyerek*) undeveloped, backward || **gazdaságilag ~ ország** underdeveloped country
fejlett a (*testileg*) fully/well developed; átv highly developed, advanced || **(iparilag) ~ ország** developed country
fejlődés n development, evolution; átv progress, advance || **~ben**

elmaradt ország underdeveloped country
fejlőd|ik v develop, progress, advance
fejlődő a developing || **~ ország** developing country
fejmosás n shampoo
fejsze n axe (US ax)
fejt v (*varrást*) undo*; (*kötést*) rip up; (*babot*) shell; (*szenet*) mine; (*rejtvényt*) solve
fejteget v expound, explain
fejtörő n puzzle
fejvesztett a crazy, panic-stricken || **~en menekül** flee* in terror
fék n brake || **~en tart** keep* in check, restrain
fekély n orv ulcer
fekete 1. a black; átv dark, dusky || **~ bőrű** black(-skinned); **~ doboz** rep black box **2.** n (*kávé*) black coffee || **a ~k** the Blacks
fekete-fehér a (*film*) black-and-white || **~ tévé** monochrome TV
feketegazdaság n black economy
feketekereskedelem n the black market
feketepiac n black market
feketerigó n blackbird
Fekete-tenger n the Black Sea
feketéz|ik v (*kávézik*) drink* black coffee; átv biz trade/deal in/on the black market
fékez v brake; átv (*szenvedélyt*) bridle, restrain || **~i magát** control oneself
féklámpa n brake light, US stoplight
feksz|ik v lie* (*vmn* on); (*ingatlan*) be* situated || **betegen ~ik** lie* ill, be* (ill) in bed; **későn ~ik** stay up (late); **korán ~ik** go* early to bed;

nekem ez a dolog nem ~ik *biz* it's not my cup of tea

féktelen *a* wild, unrestrained || ~ **jókedv** high spirits *pl*; ~ **harag** unbridled fury

fektet *v vmt vhová* lay*, put*; *(pénzt vmbe)* invest [money] in sg || **vkt ágyba** ~ put* sy to bed

fekvés *n (cselekvés)* lying; *(vidéké)* situation, location; *(házé)* aspect

fel *adv* up || ~ **és alá** up and down; ~ **a kezekkel!** hands up!; ~ **az emeletre** upstairs; **hegynek** ~ uphill

fél[1] **1.** *n (vmnek a fele)* half° (of sg); *(oldal)* side; *(ügyfél) ker* customer; *(perben)* party; *(ügyvédé)* client || **a szerződő felek** the contracting parties; **az utca túlsó fele** the far/other side of the street; **ennek a fele sem tréfa** this is no joke; **felébe vág** cut* in half **2.** *a* half; *(időpont)* half past || ~ **áron** at/for half-price; ~ **év** half a year → **félév**; ~ **füllel hallottam** I have it only from hearsay; ~ **kézzel** with one hand; ~ **nap** half a day; ~ **oldal** one side; ~ **óra** half an hour → **félóra**; ~ **ötkor** at half past four; ~ **szemére vak** blind in one eye; **fele arányban** half-and-half

fél[2] *v vmtől, vktől* fear sg/sy, be* afraid of sg/sy || ~ **a kutyá(k)tól** be* afraid of dogs; ~**ek, hogy nem jön el** I'm afraid he won't come; **ne** ~**j!** don't be afraid!, have no fear!

felad *v (vmt kézzel)* hand/pass sg up; *(levelet)* post, *US* mail; *(pogygyászt)* register; *(versenyt)* give* up; *(várat)* surrender; *(feladatot)* set* || **kabátot** ~ **vkre** help sy on

with his coat; **rendelést** ~ place an order for goods

feladat *n* task, work; *átv* duty; *isk* exercise(s) || ~**ot megold** solve a problem; **házi** ~ homework; **teljesíti** ~**át** perform one's task

feladatlap *n* test(-sheet), worksheet → **feleletválasztós teszt**

feladó *n* sender

feladvány *n* problem

felakaszt *v vmt* hang* up *(vmre* on); *(embert)* hang

feláldoz *v* sacrifice, devote

feláll *v (ülésből)* get*/stand* up, rise*; *vmre* stand* on sg

felállít *v* stand* sg upright; put* up; *(gépet)* install; *(sátrat)* put*/set* up *(intézményt)* establish, set* up

félárú *a* ~ **jegy** half-fare/price ticket

felavat *v (épületet)* inaugurate

felbecsül *v* appraise, assess, estimate

felbecsülhetetlen *a* priceless, inestimable

félbehagy *v* break*/leave* off

félbemaradt *a* unfinished, uncompleted

félbeszakít *v* interrupt; *(munkát)* break* off

felbiztat *v vkt vmre* encourage sy to do sg

felbocsát *v (űrhajót)* launch

felboml|ik *v (varrás)* come* apart; *(szervezet)* dissolve, disintegrate; *(házasság)* break* up; *kém* decompose

felbont *v (levelet)* open; *(vmt részeire)* break* down, dissolve; *(eljegyzést)* break* off; *(szerződést)* cancel *(US* -l); *kém* decompose

felborít *v* push/knock over, overturn; *átv (tervet)* upset*

felborul *v vk/vm* overturn, fall*
over; (*autóval*) turn over
felbőszít *v* enrage, infuriate
felbukkan *v* (*személy*) appear
suddenly; (*nehézség*) crop up
félcipő *n* shoes *pl*
felcsap *v* (*láng*) dart/shoot* up;
(*katonának*) enlist, join up
felcsavar *v* roll/wind* sg on (to)
sg; (*csavart*) screw on; (*hajat*)
put* up
felcserél *v* (*sorrendben*) invert; (*té-
vedésből*) mistake* for
felcsillan *v* flash, gleam ‖ ~**t a
szeme** her eyes sparkled
feldagad *v* swell* (up)
feldarabol *v* cut* into pieces, cut*/
chop up, divide up
felderít *v* (*rejtélyt*) clear up, find*
out; (*jókedvre hangol*) cheer (up)
feldíszít *v* decorate, adorn
feldob *v* throw*/fling* up ‖ **fel van
dobva** *biz* he's elated
feldolgoz *v* process, prepare; (*hul-
ladékot*) recycle; *biol* assimilate;
(*témát*) write*/work up
feldönt *v* knock/push over, overturn
feldúl *v* ravage, devastate
felduzzad *v* swell* (up) ‖ ~**t** (*folyó*)
be* swollen
feldühít *v* make* (sy) angry
felé *adv* (*térben*) toward(s); (*időben*)
towards, about, around ‖ **a ~ a ház
~** towards that house; **dél ~** (*térben*)
southwards; (*időben*) towards noon;
~**je se néz** he does not care for
him; **ötven ~ jár** be* nearly fifty;
10 óra ~ gyere come about ten
-féle *a* (*fajta*) a kind/sort of ...
felébred *v* wake* up, awake*
felébreszt *v* wake* (up)
feledékeny *a* forgetful

feledés *n* oblivion ‖ ~**be merül** be*
forgotten
felejt *v* forget* ‖ **hamar ~** have* a
short memory; **otthon ~** leave*
(sg) at home
felejthetetlen *a* unforgettable
felekezet *n* denomination
felekezeti *a* denominational
felel *v* (*válaszol*) answer, reply;
(*iskolában*) recite (the lesson);
(*vkért/vmért*) be* responsible for
sy/sg ‖ **egyesre ~t** he got* an
"unsatisfactory"; (*vizsgán*) he
failed (the examination)
felél *v* consume, use up
feléled *v* (*magához tér*) revive,
come* to/round, awaken; (*tűz*)
rekindle
félelem *n* fear (of sg), dread (of sg)
‖ ~ **fogta el** he was seized by fear;
félelmében tesz vmt do* sg out
of fear
felélénkít *v* vivify, revive
feléleszt *v* (*élőlényt*) revive; (*tüzet*)
stir up
felelet *n* answer, reply
feleletválasztós teszt *n* multiple-
choice exam
felelevenít *v* (*vm emlékét*) evoke,
recall; (*nyelvtudást stb.*) brush up
félelme(te)s *a* dreadful, frightful
felelős 1. *a* (*vmért/vkért*) be*
responsible for sg/sy, be* in
charge of sy/sg **2.** *n* person/official
responsible for sg
felelősség *n* responsibility (for sg);
(*bajért*) blame ‖ **vállalja a ~et**
vkért/vmért take* the responsibil-
ity of sg
felelősségbiztosítás *n* **kötelező ~**
GB third-party insurance, *US*
automobile insurance

felelőtlen *a* irresponsible
feleltet *v* question, test [pupil on]
felemás *a* (*cipő stb.*) odd
felemel *v* (*magasba*) lift (up), raise; (*földről tárgyat*) pick/take* up; (*árakat/fizetést*) raise ‖ ~**i a szavát vk/vm ellen** protest against
felemelked|ik *v* rise*; (*földről*) get* up; (*magasba*) ascend; (*repülőgép*) take* off
felenged *v* vkt vhová let* sy go up; (*hideg idő*) grow* milder; (*jég*) melt; (*feszültség*) ease; (*ember*) relax
félénk *a* shy, timid
felépít *v* build, erect, construct
felér *v* (*vhová*) reach up to; (*vmvel értékben*) be* worth (as much as) sg ‖ **ésszel** ~ **vmt** comprehend/grasp sg
felerősít *v* vmt vhová fix/fasten sg to sg; (*rádiót stb.*) turn up (the sound)
feleség *n* wife° ‖ ~**ül vesz vkt** marry sy
felesel *v* answer back
felesleg *n* surplus; (*többlet*) excess
felesleges *a* (*több*) superfluous; (*szükségtelen*) unnecessary, needless ‖ ~**en** unnecessarily
féleszű *a* half-witted
felett *post* (*vmnél magasabb helyen*) above; (*vmn át*) over; *átv* about ‖ **a föld** ~ above (the) ground; **fagypont** ~ above zero (centigrade); **fejem** ~ overhead
felette *adv* ~ **áll vknek** (*rangban*) be* above sy
felettes *n* superior
félév *n* isk semester, half-year; *GB* (*évharmad*) term
felez *v* halve, divide into halves

felfal *v* eat*/gobble up, devour
felfed *v* uncover; (*titkot*) disclose, reveal ‖ ~**i a lapját** put* one's cards on the table
felfedez *v* (*új vmt*) discover; (*földr így is:*) explore; (*titkot*) find* out
felfedezés *n* discovery
felfelé *adv* (*irány*) upwards; (*dombra*) uphill; (*folyón*) upstream ‖ ~ **megy** go* up(hill)
félfogadás *n* consulting hours *pl*, office hours *pl*
felfogás *n* = **felfogóképesség**; (*vélemény*) opinion, idea; (*megközelítés*) approach
felfogású *a* **gyors** ~ quick-witted; **nehéz/lassú** ~ slow-witted
felfoghatatlan *a* incomprehensible
felfogóképesség *n* grasp, (power of) comprehension
felfordul *v* (*felborul*) overturn, turn over; (*állat*) die ‖ ~ **a gyomra vmtől** (it) makes one's stomach turn
felfordulás *n* confusion; (*lakásban*) disorder
felforr *v* (come* to the) boil
felföld *n* highlands *pl*
felfrissít *v* refresh; (*készletet*) restock ‖ ~**i vk emlékezetét** refresh sy's memory
felfúj *v* (*léggömböt/ügyet*) blow* up
felfújt **1.** *a* inflated **2.** *n* soufflé
felfuttat *v* (*növényt vmre*) train [plant] on sg
felfúvód|ik *v* (*has*) become* distended/bloated; (*állat*) be* bloated
felfüggeszt *v* (*tárgyat*) hang up; (*állásából*) suspend; (*ülést*) interrupt
félgömb *n* hemisphere
felgöngyöl(ít) *v* roll/fold up; (*bandát*) crack down on sy

felgördül v (függöny) rise*
felgyógyul v recover
felgyorsul v accelerate, speed* up
felgyújt v set* sg on fire; (lámpát) turn/switch on (the light)
felgyullad v catch* fire
felgyüleml|ik v accumulate, pile up
felháborító a revolting, scandalous
felháborod|ik v vmn be* indignant at sg, be* shocked at sg
felhagy v vmvel give* up sg
felhajt[1] v (járművel) drive* up; (vadat) beat*; biz (vmt) chase up (sg)
felhajt[2] v (felvarr) turn up; (italt) gulp down
felhajtó n (házhoz) drive(way)
felhalmoz v accumulate, pile up
felhangz|ik v (re)sound, be* heard
felhasad v split*, crack; (szövet) tear*
felhasznál v (elhasznál) use up; (pénzt vmre) spend* [money] on; (alkalmaz) use, employ; (hasznosít) make* use of, utilize || ~ja az alkalmat take* the opportunity (to do sg); újból ~ reuse, recycle
felhatalmazás n authorization
felhígít v dilute
felhív v vkt vhova call up; (telefonon) ring* sy (up), (tele)phone sy || hívj(on) fel (telefonon)! give me a ring/call!, US call me (up)!
felhívás n vmre request, appeal; (hivatalos hirdetmény) warning, notice || ~t intéz vkhez appeal to sy
félhomály n semi-darkness; (esti) dusk, twilight
felhoz v vmt vhova bring* up; (érvet) bring* up/forward; (példát) mention, refer to

felhő n cloud
felhőkarcoló n skyscraper
felhős a (ég) clouded, cloudy; (erősen) overcast
felhőszakadás n cloudburst
felhúz v draw*/pull up; (terhet/zászlót) hoist; (ruhadarabot) put* on; (órát) wind* (up); (lőfegyver ravaszát) cock; (falat, épületet) put* up, erect; biz (felingerel vkt) put* sy's back up, rile
felidegesít v set* sy's nerves on edge
felidéz v (emléket) recall
félidő n half; (két félidő között) half-time
félig adv half, partly || ~ kész half/semi-finished
félig-meddig adv partly, more or less
felindulás n emotion, excitement
felingerel v irritate, stir up
felír v (feljegyez) write* down, note (down); orv prescribe; (vkt a rendőr) take* sy's name and address
felirat n inscription; (filmen) (sub)titles pl; (tárgyon) label; (utcán) notice
felismer v vkt/vmt recognize (sy/sg); (rájön vmre) realize (sg)
felismerhetetlen a unrecognizable
felizgat v excite, agitate; (szexuálisan) turn (sy) on
feljáró n way up (to); (kocsinak) drive(way)
feljebb adv higher (up) || egy emelettel ~ on the next floor up; lásd ~ see above
feljebbvaló a superior
feljegyez v note (down); (hivatalosan) register (sg)

feljegyzés *n* note, record; (*irat*) *biz* memo

feljelent *v vkit* report sy, denounce sy

feljogosít *v vmre* authorize (to do sg)

felkap *v* (*tárgyat vhonnan*) snatch (up); (*ruhát magára*) tumble into; (*divatos dolgot*) bring* into fashion

felkapaszkod|ik *v* climb (up)

felkapott *a* in vogue *ut.*, fashionable ‖ ~ **könyv** best-seller

felkarol *v* (*ügyet*) take* up

felkavar *v* (*átv is*) stir up; (*vizet*) trouble; (*lelkileg*) upset*

felkel *v* (*ágyból*) get* up; (*helyéről*) stand* up, rise*; (*nép*) rise* (up), revolt (*vk ellen* against) ‖ **a nap keleten kel fel** the sun rises in the east; **már ~t** (*beteg*) he is* up and about

felkelés *n* (*népé*) uprising, revolt

felkelt *v* (*álmából*) wake* (up); (*érzést*) awake*, arouse

felkér *v* ask, request

felkeres *v vkt* call on sy, visit sy

félkész *a* semi-finished

felkészül *v vmre* get* ready for; (*vizsgára*) prepare for; (*versenyre*) *sp* train for

félkör *n* semicircle

felköszönt *v* (*évfordulókor*) congratulate sy

felköt *v* bind*/tie up; (*embert*) string up, hang

felkutat *v* track sy/sg down; (*új területet*) explore

fellázad *v* rebel *v.* rise* (up) against

fellebbez *v vhova* appeal to

fellebbviteli bíróság *n* Court of Appeal

fellendül *v* prosper, boom, flourish

fellendülés *n* upswing, boom

fellép *v vmre* step up (*onto* sg); (*szerepben*) play, appear as; (*viselkedik*) act on; (*betegség*) set* in, occur

fellépés *n vmre* stepping up; (*színészé*) appearance; (*magatartás*) behaviour (*US* -or) ‖ **határozott** ~ self-assurance/confidence

fellobban *v* (*tűz*) blaze/flame up

fellő *v* (*rakétát*) launch, send* up

felmász|ik *v vmre* climb (up)

felmegy *v* *vhova*, *vmn* go* up; (*gyalog*) walk up; (*függöny*) rise*; (*láz*) go* up; (*ár*) rise*, go* up ‖ ~ **(az emeletre)** go* upstairs

felmeleged|ik *v* grow*/get* warm; (*motor*) warm up

felmelegít *v* heat, warm up

felment *v* (*vm alól*) exempt (sy from sg); (*vádlottat vm alól*) acquit [the accused] of sg (*v.* on the charge) ‖ **állásából** ~ relieve sy of his office

felmér *v* measure; (*földterületet*) survey; (*lehetőséget*) size up; (*jelentőséget*) assess; (*ismeretet*) test

felmérés *n* (*területé*) surveying; (*vizsgálat*) survey; (*felbecsülés*) assessment

felmérő *n isk* test

felmerül *v* (*víz felszínére*) emerge; (*kérdés, nehézség*) arise*, crop/ come* up ‖ ~**t költségek** expenses incurred

felmond *v* (*leckét*) say*/repeat/ recite; (*szerződést*) cancel (*US* -l); (*lakást, munkaviszonyt*) give* sy notice ‖ ~**ja a szolgálatot** (*gép*) break* down

felmondás *n* (*leckéé*) saying, repetition; (*munkaviszonyé*) notice; (*szerződése*) cancellation (*US* -l-)

felmos *v* (*padlót*) scrub, wash

felmutat *v* show*, produce

felnevel *v* (*gyermeket*) bring* up; (*állatot*) raise, breed*

felnő *v* *vk* grow* up ‖ ~ **a feladathoz** rise* to the occasion

felnőtt *a/n* grown-up, adult

felnyit *v* open; (*zárat*) unfasten, unlock

felocsúd|ik *v* come* to (one's senses)

felold *v* (*folyadékban*) dissolve; (*vkt vm alól*) exempt, absolve (sy from sg); (*tilalmat*) lift

féloldalt *adv* on one side

feloldoz *v* (*pap*) absolve (from)

felolvas *v* (*hangosan*) read* (out); (*előad*) lecture (on sg), read* [a paper]

felolvaszt *v* melt*, dissolve; (*fagyasztott ételt*) defrost

félórás *a* of half an hour *ut.*, half-hour, half-hourly ‖ ~ **késéssel** half an hour late

feloszlat *v* (*testületet*) dissolve; (*céget*) liquidate; (*tömeget*) disperse; (*gyűlést*) dismiss

feloszl|ik *v* (*részekre*) be* divided (into); (*hulla*) rot (away)

feloszt *v* (*részekre*) divide (into); (*országot*) partition; (*szétoszt*) distribute (among)

felől *post* (*irány*) from; (*róla*) about, concerning

felöltő *n* (over)coat

felöltöz(köd)|ik *v* dress, put* on one's clothes

felöltöztet *v* dress; *átv* clothe sy

felőröl *v* wear* out; (*egészséget*) undermine

félős *a* timid, shy

felpakol *v* load

félpanzió *n* half-board

felpattan *v* (*kinyílik*) burst*/fly* open; (*helyéről*) spring*/jump up

felperes *n* plaintiff

felpofoz *v* box sy's ears

felpróbál *v* try on

felpumpál *v* inflate, pump/blow* up

felrak *v* (*terhet járműre*) load sg into/onto sg; (*festéket*) lay* on

felráz *v* shake* up; *átv* stir up, rouse

félre *adv* aside ‖ ~ **az útból!** (get) out of the way!

félreállít *v* set* aside; *átv* *vkt* remove (sy) from office

félrebeszél *v* be* delirious, rave

félreért *v* misunderstand*

félreértés *n* misunderstanding

félreérthetetlen *a* unmistakable

félreérthető *a* mistakable

félrefordul *v* turn away

félreismer *v* mistake* (sy/sg)

félrelép *v* (*hibáz*) blunder; *biz* (*házasfél*) be* unfaithful

félremagyaráz *v* misinterpret

félretesz *v* *vmt* put*/lay* aside; (*pénzt vmre*) save (up) for sg

félrevezet *v* mislead*

félrevonul *v* withdraw*, retire

felriad *v* start up

felriaszt *v* startle, alarm

felrobban *v* (*tárgy*) blow* up; (*robbanóanyag*) explode

felrúg *v* kick over ‖ ~**ja a szabályokat** disregard the regulations

felruház *v* clothe ‖ **vkt vmvel** ~ invest/endow sy with sg

felség *n* majesty ‖ **F~ed** Your Majesty

felséges *a* (*pompás*) splendid, magnificent

felsegít *v* (*földről*) help sy up ‖ ~i vkre a kabátot help sy on with her/his coat

felsóhajt *v* heave a sigh, sigh

felsorakoz|ik *v* line up

felsorol *v* enumerate, list

felső *a* upper, higher ‖ ~ korhatár (*upper*) age limit; ~ tagozat *kb.* the middle school; ~ tízezer the upper ten/crust

felsőbbrendű *a* superior

felsőfok *n nyelvt* superlative (degree)

felsőház *n* the Upper House, *GB* the House of Lords, *US* the Senate

felsőkabát *n* overcoat

felsőoktatás *n* higher education ‖ ~i intézmények institutions of higher education

felsőrész *n* (*cipőé*) uppers *pl* ‖ ~ nélküli (*fürdőruha*) topless

felsőruha *n* clothes *pl*

felsőtest *n* trunk

felsúrol *v* scrub, scour

felszabadít *v* set* free, liberate; (*zárolás alól*) release, declassify

felszabadítás *n* liberation, setting free

felszáll *v* fly* up; (*repülőgép*) take* off; (*köd*) lift; (*lóra*) mount [a horse]; (*vonatra*) get* into/on/ onto, board [a/the train]; (*hajóra*) go* on board (the ship), embark; (*buszra, villamosra*) get* on/into; (*repülőgépre*) get* on/onto, board [a/the plane]

felszállás *n* (*levegőbe*) flying up; (*repülőgépé*) takeoff; (*vonatra, buszra*) getting into/on; (*hajóra*) embarking; (*repülőgépre*) getting on(to), boarding

felszállópálya *n* runway

felszámol *v* wind* up, liquidate

felszánt *v* plough (*US* plow) up

felszárít *v* dry* (up); (*könnyeket*) wipe away

felszed *v* pick/take* up; *biz* (*betegséget*) catch*; *biz* (*vmennyit hízik*) put* on; (*ismeretet, nyelvtudást*) pick up

félszeg *a* awkward, clumsy

felszeletel *v* slice (up), carve

felszerel *v* (*készlettel*) stock with; (*berendezéssel*) equip (with); (*gépet*) install, mount ‖ jól fel van szerelve (*árukészlettel*) be* well stocked (up) with

felszerelés *n* (*tartozékok*) accessories *pl*, gear; (*gépen*) mountings *pl*, fittings *pl*; (*berendezés*) equipment, installation, apparatus; (*konyhai*) (kitchen) utensils *pl*; (*lakásé*) fixtures *pl*; *sp* gear, kit

félsziget *n* peninsula

felszín *n* surface

felszít *v* (*tüzet*) stir/fan

felszólal *v* rise* to speak*

felszólaló *n* speaker

felszolgál *v* (*ételt*) serve (up); (*asztalnál*) wait at table

felszolgáló *n* waiter; (*nő*) waitress

felszólít *v* vmre call upon (sy); (*tanulót*) question, test [pupil on sg]

felszólítás *n* call, invitation

felszólító mód *n* imperative

felszök|ik *v* (*ár*) rise* suddenly; (*láz*) go* up

félt *v* vkt be* concerned/anxious about sy ‖ nem kell őt ~eni *biz* don't worry about him/her

feltalál *v* (*újat*) invent ‖ ~ja magát quickly find* one's feet

feltaláló *n* inventor
feltámadás *n vall* Resurrection
feltankol *v* fill up
feltár *v* (*bányát*) *o*pen up; (*régész vmt*) excavate; (*szívét vk előtt*) *o*pen [one's heart to sy]; (*helyzetet*) reve*al*; (*titkot*) disclose
feltárcsáz *v* di*al* (sy), ring* sy up
feltartóztat *v* (*mozgást*) arrest; (*útonálló*) hold* up; (*vkt munkában*) hinder (sy in sg)
feltárul *v o*pen (wide); (*ajtó*) fly* *o*pen; (*titok*) come* to light
feltehető *a* pr*o*bable
feltehetően *adv* presumably
féltékeny *a* jealous (*vkre/vmre* of)
feltép *v* tear*/rip *o*pen
feltérképez *v* map, chart
féltestvér *n* (*férfi*) half-brother; (*nő*) half-sister
feltesz *v vmt vhova* put* (sg on) || ~**i a levest** put* the soup on; ~**i a szemüvegét** put* one's glasses on; **kérdést tesz fel vknek** ask sy a question; **feltette magában** (s)he made up his/her mind to...
feltétel *n* condition, term; (*kikötés*) stipul*a*tion || ~ **nélküli** uncondi*t*ional; **azzal a ~lel, hogy** on condition that
feltételes *a* conditional || ~ **megálló(hely)** (*busz*) request stop; ~ **mód** *nyelvt* conditional
feltételez *v* (*feltesz*) suppose, presume, assume || **tételezzük fel, hogy** let us suppose that
feltételezhető *a* presumable, probable || ~**en** presumably
feltétlen 1. *a* (*bizalom*) absolute, implicit; (*feltétel nélküli*) unconditional **2.** *adv* = **feltétlenül**

feltétlenül *adv* absolutely; (*okvetlenül*) by all means || ~ **írj(on)!** be* sure to write!
feltéve *adv* ~, **hogy** provided/ supposing that; ~, **hogy önnek igaza van** granted that you are right
feltör *vt* (*erőszakkal kinyit*) break* *o*pen; (*zárat*) force; (*diót*) crack; (*földet*) break*; (*ember bőrét*) chafe | *vi* (*víz*) rush/well up; (*vk felküzdi magát*) go* up in the world
feltöröl *v* wipe/mop up
feltűnés *n* (*felbukkanás*) appearance (of sg); *átv* sensation, stir || ~**t keltő** striking, sensational
feltűn|ik *v* (*felbukkan*) appe*a*r, emerge; *átv* strike* the eye || ~**t nekem** it struck me (that)
feltűnően *adv* strikingly
feltüntet *v* (*írásban stb.*) indicate, show*
felugr|ik *v* (*ültéből*) jump/leap* up || ~**ik vkhez egy pillanatra** drop in on sy
felújítás *n* renov*a*tion, renewal; (*színdarabé*) revival; (*filmé*) rerun
félúton *adv* half-way, midway
felüdít *v* refresh
felügyel *v vkre/vmre* look after, take* care of (sy, sg) || **gyerekekre** ~ (*rendszeresen*) be* a babysitter
felügyelő *n* superintendent, supervisor; (*rendőr~*) (police) inspector
felül[1] *v* (*ágyban*) sit* up; (*lóra/vonatra*) get* on; *biz vknek* be* taken in by
felül[2] *adv/post* (*vmn rajta*) above, over, on (the) top; (*mennyiségen*) over

felület n surface
felületes a superficial; (munka) perfunctory
felüljáró n flyover, US overpass; (csak gyalogos) footbridge
felülkereked|ik v vkn get* the upper hand (over sy), prevail (over sy); (nehézségen) overcome* (sg)
felülmúl v surpass, outdo* (vmben mind: in)
felülmúlhatatlan a unsurpassable
felülnézet n view from above
felültet v vmre seat sy on sg; (becsap) make* a fool of sy || ~ték (s)he was taken in
felülvizsgálat n revision; (számláé) checking; orv checkup
felvágott n (hideg) cold meat
félvállról adv ~ beszél vkvel talk down to sy
felvált v (pénzt) give* sy change (for), change, break* into; (helyébe lép) be* succeeded/followed by
felváltva adv by turns, alternately || ~ végeznek vmt take* turns at doing sg
felvásárlás n buying up
felvázol v sketch, outline
felver v (álmából) awaken, rouse; (vadat) beat*; (tejszínt) whip; (tojásfehérjét) beat* (up); (sátrat) put* up; (árakat) bid*/force up prices
félvér n (ember, állat) half-breed
felvesz v (vmt fölemel) take*/pick/ lift up; (járműre vkt) give* sy a lift; (vonat utast) pick/take* up; (ruhát) put* on; (járandóságot) collect; (kölcsönt) take* out/up, raise; (vkt munkahelyre) engage, employ; (egyetemre) admit; (adatokat) take* down; (magnóra) re-

cord sg; (videóra) video sg, videotape sg; (szokást, nevet) adopt || ~i a kapcsolatot vkvel get* in touch with sy; ~i a telefont lift the receiver; felvették az egyetemre (s)he has been admitted to the/a university; nem vették fel (s)he has been rejected
felvet v (víz vmt) cast* up || ~i a kérdést raise the question; majd ~i a pénz be* rolling in it/money
felvétel n (adatoké) inclusion, entry; (vasúton poggyászé) luggage/parcels office; (állásba) employment; (munkásé) hiring/ engaging of [workers]; (egyetemre) admission; (fénykép) photograph; (film) shooting; (hangfelvétel) recording || ~re jelentkezik apply for admission; nincs ~ (munkára) no vacancies
felvételi a ~ beszélgetés (GB egyetemre) interview (with); ~ vizsga entrance examination
felvételiz|ik v sit* (for) an/the entrance examination
felvidék n the highlands pl
felvidul v cheer up
felvilágosít v vkt vmről inform sy about sg
felvilágosítás n information || nemi ~ sex(ual) education; ~t kér vmről inquire about sg
felvilágosult a enlightened
felvillan v (fény) flash, gleam
felvirágz|ik v thrive*, prosper
felvonás n szính act; (zászlóé) hoisting
felvonó n lift, US elevator
felvonul v march
felvonulás n (ünnepélyes) procession; (tüntető) demonstration

felzaklat v upse*t*
felzavar v (*álmából*) rouse, startle
fém n metal
fémes a metallic
feminista a/n feminist
fémkohászat n metallurgy
fémötvözet n metallic alloy
fémpénz n coin
fen v hone, sharpen || **~i a fogát vmre** hanker after sg
fene 1. a damned **2.** n a **~ egye meg!** damn/blast (it)!; **menj a ~be!** go to hell!
fenegyerek n enfant terrible (*pl* enfants terribles)
fenék n bottom; biz (*emberé*) bottom, behind; (*nadrágé*) seat || **~be rúg vkt** give* sy a kick in the behind; **~ig üríti a poharat** drain one's glass; **nagy feneket kerít vmnek** spin* a long yarn (about sg)
fenevad n (*vadállat*) wild beast; (*ember*) brute
fenn adv above, up || **~ az emeleten** upstairs; **~ hordja az orrát** be* proud; **~ marad** (*nem fekszik le*) stay up; (*vízen*) float
fennakad v (*beleakad*) get* caught/ stuck; (*megütközik vmn*) find* fault with; (*megakad*) stop
fennakadás n (*megállás*) stoppage; (*forgalomé*) traffic-jam
fennállás n **~a óta** since its foundation
fennhangon adv aloud
fennhatóság n authority || vk **~a alatt** under sy's authority
fennmarad v (*utókornak*) survive, remain; (*mennyiség*) be* left over
fennsík n plateau, table-land

fenntart v (*víz színén*) buoy (up); (*intézményt*) maintain; (*rendet*) keep*, preserve; (*családot*) keep*, maintain, support; (*helyet*) reserve; (*kapcsolatot*) maintain || **minden jog ~va** all rights reserved
fenntartás n (*intézményé*) maintenance; (*családé*) keeping, support; (*feltétel*) reservation || **azzal a ~sal** provided that; **~ nélkül** without reserve; **~sal** with reservations
fent adv = **fenn** || **a ~ említett** the above-mentioned
fenti a/n (*helyileg*) above; (*lakó*) (sy) upstairs; (*fent említett*) the above-mentioned || **a ~ek értelmében** according to the above
fény n light; átv splendour (*US* -or), pomp || **~t vet vmre** throw*/shed* light on sg; **vmnek ~ében** in the light of sg
fenyeget v threaten, menace
fényes a (*fénylő*) shining, bright; (*fényesített*) shiny, polished; átv splendid; (*győzelem*) glorious || **~ nappal** in broad daylight
fényesít v polish, brighten
fényév n light-year
fényez v polish; (*bútort*) varnish
fényezés n (*cselekvés*) polishing; (*felület*) polish, varnish; (*autóé*) paintwork
fenyítés n punishment
fénykép n photo(graph), picture, snap(shot) || **~et készít vkről/ vmről** take* a photograph of sy/sg
fényképészet n photography
fényképez v photograph, take* a photograph of sy/sg
fényképezőgép n camera

fényl|ik *v* shine*; (*csillogva*) glitter, glisten

fénymásolat *n* photocopy

fénymásoló gép *n* photocopier, copier

fenyő *n* fir(tree), pine(-tree)

fénypont *n* **az előadás ~ja** the highlight of the performance

fénysorompó *n* light-controlled level crossing

fényszóró *n* searchlight; (*autón*) headlight(s)

fénytan *n* optics *sing.*

fénytelen *a* dull, dim

fényűző *a* luxurious

fenyves *n* pinewood

fényvisszaverő prizma *n* reflector

fér *v* vmbe go* into sg, find* room in/on sg, get* in(to); (*vmhez hozzáfér*) have* access to sg

ferde *a* (*sík*) slanting, inclined; (*él, szél*) bevel || **~ szemmel néz vkre** look askance at sy/sg

féreg *n* worm, insect

férfi *n* man (*pl* men); (*jelzőként*) male; (*sp és öltözködés*) men's || **~ vécé** men's toilet(s), the gents; **légy ~!** be a man!

férfias *a* manly, masculine

férfidivatáru *n* menswear, men's clothes *pl*

férfifodrász *n* men's hairdresser, barber

férfikor *n* manhood

férfiruha *n* men's clothing, menswear

férfiszabó *n* tailor

férges *a* wormy

férj *n* husband || **~hez megy** get* married (to sy), marry (sy); **~nél van** she is married

férőhely *n* space, room (for); (*szállás*) accommodation

fertőtlenítés *n* disinfection; (*műszeré*) sterilization

fertőz *v* infect, be* contagious/ infectious

fertőző *a* infectious, contagious

fest *v* (*falat*) decorate, paint; (*hajat, kelmét*) dye; (*arcot*) make* up; (*kifest*) colour (*US* -or); (*képet*) paint || **~i magát** make* up (one's face); **úgy ~ a dolog, hogy** it looks as if

festék *n* paint; (*vízfesték*) watercolours (*US* -ors) *pl*; (*arcra*) rouge, make-up; (*falra*) paint; (*hajra, kelmére*) dye

festmény *n* painting, picture

festő *n* (*művész*) painter, artist; (*szoba~*) decorator

fésű *n* comb

fésülköd|ik *v* comb/do* one's hair

feszeget *v* (*zárat*) try to force open; (*kérdést*) harp on sg

fészek *n* nest || **fészket rak** build* a nest

feszélyez *v* embarrass

feszes *a* (*ruha*) tight

feszít *vt* stretch, tighten; (*izmot*) flex, tense | *vi* (*hencegve*) show* off

fesztelen *a* uninhibited, relaxed

fesztivál *n* festival

feszül *v* (*ruha*) fit tightly

feszület *n* crucifix

feszült *a* (*izmok*) tense || **~ figyelem** close attention

feszültség *n* (*politikai, lelki*) tension; *el* voltage

feudális *a* feudal

f. év = *folyó év* this year

f. hó = *folyó hó* this month, inst.
fiatal 1. *a* young || **~abbnak látszik a koránál** he does* not look his age/years; ~ **házasok** young couple; **két évvel ~abb nálam** he is* two years younger than I/me **2.** *n* young person, youth || **a ~ok** the young people
fiatalkor *n* youth
fiatalkorú *a/n* youthful, juvenile
fiatalság *n* (*életkor*) youth; (*állapot*) youthfulness; (*fiatalok*) young people
ficam *n* dislocation
fickó *n* fellow, chap, lad; *biz* guy
figura *n* (*alak*) figure; (*sakk*) (chess-)piece; (*regényalak*) character
figyel *v* watch, keep* an eye on sy; *vmre* pay* attention to; (*tanuló*) listen attentively || **~j!** listen!, pay attention!
figyelem *n* (*érdeklődés*) attention, notice; (*figyelembevétel*) regard; (*figyelmesség*) thoughtfulness, consideration || **elkerüli a figyelmét** escape one's attention; **felhívja vknek a figyelmét vmre** call/draw* sy's attention to sg; **~!** attention (please)!; **~be vesz vmt** take* sg into consideration **~mel kísér vmt/vkt** follow sg with attention; **~re méltó** notable, remarkable; **figyelmen kívül hagy vmt** leave* sg out of consideration
figyelmes *a* (*aki figyel*) attentive; (*gondos*) careful; (*előzékeny*) thoughtful, considerate
figyelmetlen *a* (*nem figyelő*) inattentive, careless; (*más iránt*) inconsiderate

figyelmeztet *v* (*vmre*) call/draw* sy's attention to sg; (*eszébe juttat*) remind sy of sg; (*rendőr*) give* sy a warning
filc *n* felt
filctoll *n* felt-tip (pen)
fillér *n* fillér || **nincs egy ~em se** I have not a penny
film *n* (*filmszalag*) film; (*mozifilm*) film, picture, movie
filmez *v* film, shoot* (a film)
filmfelvevő (gép) *n* cine camera
filmhíradó *n* newsreel
filmrendező *n* director
filmvászon *n* screen
filmvetítés *n* screening, projection
filmvígjáték *n* comedy (film)
filológia *n* philology
filozófia *n* philosophy
filozófus *n* philosopher
finálé *n* finale
finanszíroz *v* finance; (*támogat*) subsidize, sponsor
finn 1. *a* Finnish || **~ nyelven** = **finnül 2.** *n* (*ember*) Finn, Finlander; (*nyelv*) Finnish
Finnország *n* Finland
finnül *adv* Finnish → **angolul**
finom *a* (*minőségileg*) fine; (*íz*) delicious; (*ízlés*) refined || **~an** gently
finomít *v* make* better; *átv* polish, improve, refine
fintorog *v* pull faces, pull
finnyás *a* fastidious, fussy
fiók *n* (*bútoré*) drawer; (*banké, cégé*) branch
fióka *n* young (of birds)
fiola *n* vial, phial
firkál *v* scribble, scrawl
firtat *v* pry into sg, be* inquisitive about sg

fitogtat v show* off
fitymál v bel*i*ttle
fiú n (young) boy, lad || (vk) **fia**
(sy's) son; **apáról ~ra** (száll)
(go*) from f*a*ther to son; **a ~ja** her
b*o*yfriend
fiús a b*o*yish
fivér n br*o*ther
fix a fixed
fixál v fix (up)
fizet v pay*; (adósságot, számlát)
disch*a*rge, s*e*ttle (up); átv vmért
pay* for sg || **csekkel ~** pay* by
cheque (US check); **~ek!** (vendég-
lőben) the bill, please!; **készpénz-
zel ~** pay* cash; **mennyit ~ek?**
how much is it?; **nagy árat ~ett**
vmért he paid d*e*arly for sg
fizetés n payment; (vknek adott)
pay, s*a*lary; (bér) w*a*ges pl || **~
nélküli szabadság** unp*a*id leave
fizetésemelés n rise (in s*a*lary)
fizetési a **~ eszköz** means of
p*a*yment pl; c*u*rrency, m*o*ney;
törvényes ~ eszköz legal t*e*nder
fizetésképtelenség n ins*o*lvency,
b*a*nkruptcy
fizetetlen a unp*a*id, uns*e*ttled
fizetett a vk paid, s*a*laried || **~
szabadság** paid h*o*liday/leave
fizetőképes a s*o*lvent
fizetőparkoló n p*a*ying car park
fizika n physics sing.
fizikai a physical || **~ dolgozó**
m*a*nual w*o*rker
fizikum n phys*i*que, constit*u*tion
fizikus n physicist
fiziológia n physi*o*logy
F-kulcs n zene bass clef
flamand 1. a **~ (nyelvű)** Fl*e*mish **2.**
n (ember, nyelv) Flemish
flanel n fl*a*nnel

flipper n biz = **játékautomata**
flóra n fl*o*ra
flörtöl v vkvel flirt with sy
foci n biz s*o*ccer
fociz|ik v biz play s*o*ccer/f*o*otball
fodor n (ruhán) frill; (vízen) r*i*pple
fodrász n h*a*irdresser || **női ~**
ladies' h*a*irdresser
fodros a frilled, fr*i*lly
fodrozód|ik v (víz) r*i*pple
fog[1] n tooth°; (villáé) prong; (fogas-
keréké) cog || **fáj a ~a** have* (a)
t*o*othache; **~ához veri a garast**
count *e*very p*e*nny; **~at (be)töm**
fill a tooth; **~at ~ért** a tooth for a
tooth; **~at mos** brush/clean one's
teeth; **jön a ~a** (gyereknek) be*
t*ee*thing; **lyukas ~** carious/
dec*a*ying tooth
fog[2] v (tart) hold*; (megragad)
take*, seize, grasp; (állatot)
catch*; (rádión, tévén) g*e*t*, pick
up; vkn vm have* an effect/in-
fluence on sy; (festék) stain, dye ||
halat ~ catch* fish; **jól ~ az esze**
be* quick on the *u*ptake; **nem ~ a
toll** the pen won't write; **puskát ~
vkre** point a gun at sy; **vmbe/
vmhez ~** beg*i*n* to do sg, take*
up sg
fog[3] v (segédige) shall; (2. és 3.
személyben) will; be* g*o*ing to; ||
~ esni? is it g*o*ing to rain?; **~ vmt
tenni** (szándékában áll) be* going
to do sg; **ő tudni ~ja** (valószínű-
ség) he will (v. is bound to) know
fogad vt vkt receive; (vendéget)
w*e*lcome, rec*e*ive, entert*a*in; (ügy-
felet) see*; (alkalmazottat) en-
g*a*ge, empl*o*y; (elfogad) accept,
rec*e*ive, take* | vi vkvel vmben
bet*/w*a*ger sy sg || **~ 3-5-ig** Con-

sulting Hours 3-5 p.m.; **~ja hálás
köszönetemet** please accept my
grateful thanks; **~ok, hogy** I('ll) bet
(you) that; **szót ~ vknek** obey sy
fogadalom *n* pledge, oath
fogadás *n vké* reception; welcome;
(*pénzben*) wager, bet ‖ **~t ad**
give*/hold* a reception; **~t köt**
make* a bet (*vmre* on)
fogadó *n* inn, hostelry, lodge;
(*pénzben*) punter
fogadóóra *n* consulting hours *pl*;
hiv office/business hours *pl*
fogadott *a* (*gyermek*) adopted
fogalmazás *n* (*szöveg*) draft; *isk*
composition
fogalom *n fil* concept, notion; (*el-
képzelés*) idea ‖ **fogalmam sincs**
I have no idea (*vmről* of)
fogamzás *n* conception
fogamzásgátló *a/n* contraceptive ‖
~ (tabletta) contraceptive pill, *biz*
the pill; **~t szed** *biz* be* on the pill
fogan *v* (*méhben*) conceive, be-
come* pregnant; *átv* originate (in)
fogantyú *n* handle, holder
fogas[1] **1.** *a* (*élőlény*) toothed ‖ **~
kérdés** thorny/difficult question
2. *n* (*fali*) coat-rack; (*álló*) coat-
stand
fogas[2] *n* (*hal*) pike perch
fogás *n* (*megragadás*) grip, grasp,
hold; (*vmnek a tapintása*) feel,
touch; (*ügyes*) trick, knack; (*mes-
terségbeli*) technique; (*étel*)
course, dish ‖ **jó ~t csinál** make*
a good catch; **ügyes ~** a good
trick
fogaskerék *n* cogwheel
fogaskerekű (vasút) *n* rack/cog
railway
fogász *n* = **fogorvos**

fogda *n* lock-up
fogékony *a* susceptible/sensitive to
sg
fogfájás *n* toothache
fogház *n* prison, jail, *GB így is*: gaol
fogkefe *n* toothbrush
fogkrém *n* toothpaste
foglal *v* (*birtokba vesz*) seize, oc-
cupy, take* possession of ‖ **asztalt
~** reserve a table; **írásba ~** put* in
writing; **(kérem,) ~jon helyet**
please take a seat; **magába(n) ~**
contain, include; (*csak átv*) involve,
imply; **szavakba ~ vmt** put* sg
into words; **szobát ~** book a room
foglalat *n el* socket; (*drágakőé*)
setting
foglalkozás *n* occupation, busi-
ness; (*állás*) employment; (*szak-
ma*) trade; (*szellemi pályán*) pro-
fession; *isk* class; (*tevékenység*)
activity; *kat* drill ‖ **mi a ~a?** what
is his/her profession, what does
(s)he do for a living?
foglalkoz|ik *v* (*vmvel tartósan*) be*
employed/occupied/engaged in
(doing) sg; (*érdeklődésből vmvel*)
be* interested in sg; (*kérdéssel*)
deal* with; (*témával*) study sg ‖
azzal a gondolattal ~ik, hogy he
is considering sg
foglalkoztatás *n* employment
foglalt *a* (*hely stb.*) occupied,
engaged; (*asztal*) 'reserved'; (*taxi*)
hired ‖ **~ (a vonal)** (the number is)
engaged, *US* (the line is) busy
fogó *n* (*harapó~*) pincers *pl*; (*kombi-
nált, lapos*) pliers *pl*; (*orvosi*) for-
ceps *pl*; (*fogantyú*) handle, holder
fogócskáz|ik *v* play tag/tig
fogódzkod|ik *v vkbe, vmbe* cling*/
hold (on)to

fogoly[1] *n* (*hadi~*) prisoner (of war), captive; (*letartóztatott*) convict, prisoner
fogoly[2] *n* (*madár*) (grey) partridge
fogorvos *n* dentist, dental surgeon
fogpiszkáló *n* toothpick
fogság *n* captivity, imprisonment || **~ban van** be* in prison
fogsor *n* (*saját*) row/set of teeth; (*hamis*) dentures *pl*
fogtömés *n* (*plomba*) filling
fogva 1. *post* (*időben*) from, since || **attól (az időtől)** ~ from that time/moment (on); **vm oknál** ~ in consequence of, as a result of **2.** *adv* ~ **tart** keep* in prison; **karjánál** ~ [take* sy] by the arm
fogy *v* lessen, grow* less, decrease; (*áru*) sell*, be* selling; (*készlet/pénz*) be* running out; (*súlyban ember*) lose* weight
fogyaszt *v* (*anyagot*) use up; (*áramot, energiát*) consume; (*ételt*) eat* || **5 litert** ~ [the car] does 20 km to the litre
fogyasztási *a* ~ **cikkek** consumer goods; **tartós** ~ **cikk(ek)** consumer durable(s)
fogyatékos *a* (*hiányos*) deficient, insufficient || **értelmileg** ~ mentally handicapped [person], educationally subnormal (ESN); **értelmileg** ~ **gyermekek** ESN children; **testileg** ~ **gyermekek** physically handicapped children
fogyókúra *n* slimming cure/diet
fogytán *adv* ~ **van** be* coming to an end; be* running out
fojt *v* choke, stifle; (*füst*) suffocate || **vízbe** ~ drown
fok *n* (*beosztásban*) degree, scale; (*hőé*) degree(s); (*lépcsőé*) step;

(*fejlődési*) stage, phase || **egy bizonyos** ~**ig** to a certain degree
fóka *n* seal
fokhagyma *n* garlic
fokoz *v* (*sebességet*) increase; (*termelést*) step up
fokozat *n* (*tudományos*) degree; (*hivatali*) grade, class; *kat* rank; (*fejlődési*) stage, phase
fokozatosan *adv* gradually, step by step
fókusz *n* focus (*pl* focuses *v.* foci)
fólia *n* (*fém*) foil; (*műanyagból*) clingfilm
folt *n* (*pecsét*) stain, spot; (*bőrön*) blotch, freckle; (*felvarrt*) patch; (*jellemen*) stain, blemish || **~ot ejt vmn** stain sg
foltoz *v* (*ruhát*) patch
folyadék *n* liquid, fluid
folyamán *post* **vmnek** ~ in the course of, during
folyamat *n* process || **~ban van** be* under way, be* going on
folyamatos *a* continuous; unbroken || ~ **jelen (idő)** present continuous; **~an** continuously
folyamod|ik *v* **vmért** apply for sg, request sg; **vmhez** resort to
folyékony *a* (*halmazállapotú*) fluid, liquid; (*beszéd*) fluent
folyékonyan *adv* ~ **beszél angolul** speak* fluent English
foly|ik *v* (*folyadék*) flow, run*; (*hibás edény*) leak; (*tart*) go* on, be* in progress; (*beszélgetés vmről*) run* on; (*következik vmből*) follow, result || **ebből ~ik, hogy** it follows from this that; **~ik az orra** (*náthás*) his nose is running; **mi ~ik itt?** what's going on here?
folyó 1. *a* ~ **hó** this month; ~ **ügyek** ordinary business; ~ **víz**

(*csapból*) running water **2.** *n* river, stream

folyóirat *n* periodical; (*havi*) monthly

folyópart *n* (river-)bank

folyosó *n* corridor, passage; (*nézőtéren*) gangway

folyószámla *n* current account, *US* checking account

folyótorkolat *n* mouth (of river)

folytán *post* as a result of, owing/due to

folytat *v* continue, go* on/ahead (with), carry on; (*meghosszabbít*) extend, prolong; (*mesterséget*) follow, pursue || **folytasd (csak)!** go on!, carry on!; **tanulmányokat** ~ pursue/continue studies; **viszonyt** ~ **vkvel** have* an affair with sy

folytatás *n* continuation || **~a következik** to be continued

folytatásos *a* serial [novel]

folyton *adv* always, continually, continuously

folytonos *a* continuous; (*panasz*) continual

fon *v* (*fonalat*) spin*; (*hajat*) braid

fonal *n* yarn, thread; (*kötéshez*) knitting wool

fonetikus *a* phonetic

font *n* (*pénz*) pound (*röv* £); (*súly*) pound (*röv* lb) || **10 ~ba kerül** it costs £10 (*szóban:* ten pounds); **kérek két** ~ **almát** two pounds of apples, please

fontolgat *v* ponder (over), consider

fontos *a* important; significant || **nem ~, hogy ki** no matter who

fonnyadt *a* withered

fordít *v* (*vmlyen irányba*) turn; (*lapot*) turn over; (*meg~*) reverse; (*más nyelvre*) translate (sg from sg into sg); (*vmt vm célra*) devote to || **~s!** (*lap alján*) please turn over; **angolról magyarra** ~ **vmt** translate sg from English into Hungarian; **vmre ~ja a pénzét** spend* money on sg

fordítás *n* (*más nyelvre*) translation

fordító *n* translator

fordított *a* reversed; (*nyelvből*) translated (from) || ~ **arányban** in reverse proportion (to); ~ **sorrendben** in reverse order

fordítva *adv* inversely; (*ellenkezőleg*) on the contrary

fordul *v* (*vmlyen irányba*) turn (round); *vkhez* apply/appeal to sy (for sg) || **a kocsi az árokba ~t** the car overturned into the ditch; **balra** ~ **az út** the road turns/ bears* left; **jóra** ~ take* a turn for the better; **orvoshoz** ~ (go* to) see* a doctor; **vk ellen** ~ turn against sy

fordulat *n* (*keréké*) revolution; *átv* (sudden) change, turn; (*nyelvi*) phrase || **döntő** ~ decisive change; ~ **áll be** the tide is turning

forduló *n* (*úté*) turn(ing); (*versenypályán*) bend, curve; (*verseny*) round; leg

fordulópont *n* turning-point

forgalmas *a* busy

forgalmaz *v* (*forgalomba hoz*) put* into circulation; (*filmet*) distribute; *ker* bring* in, take*

forgalmi *a* **általános** ~ **adó (ÁFA** *v.* **áfa)** value-added tax (VAT);

~ **csomópont** junction, *inter*-change; ~ **dugó** traffic jam; ~ **engedély** vehicle licence; ~ **jelzőlámpa** traffic lights/signals *pl*
forgalom *n* (*közúti*) traffic; *ker* turnover, trade || ~**ba hoz** put* *into* circulation
forgat *v* turn (round), revolve, rotate; (*filmet*) shoot*; (*könyvet*) read*; (*pénzt*) reinvest, circulate || **vmt ~ a fejében** turn over sg in one's mind
forgatókönyv *n film* script; (*rendezvényé*) scenario
forgolód|ik *v* (*sürögve*) busy oneself, bustle about; (*vm körökben*) move about (in); (*ágyban*) toss and turn
forgószél *n* whirlwind (*átv is*)
forgótőke *n* working capital
forint *n* (*magyar*) forint (ft *v*. fts); (*holland*) guilder, gulden
forma *n* (*alak*) form, shape; (*minta*) model || **(jó) ~ban van** be* in (good) form; **nincs ~ban** be* out of form
formál *v* form, mould (*US* mold), frame
formaság *n* formality, ceremony
formatervezés *n* (industrial) design
forog *v* (*körbe*) turn, revolve; (*pénz, könyv, hír*) circulate; (*társaságban*) move (in society) || ~ **velem a világ** I feel* giddy
forr *v* boil; (*csendesen*) simmer; (*bor*) ferment || ~ **benne a düh** boil with anger
forradalom *n* revolution
forradás *n* (*seb*) scar

forral *v* (*folyadékot*) boil; (*tejet*) scald; (*gonosz tervet*) hatch
forrás *n* (*felforrás*) boiling; (*víz előtörése*) spring; (*folyóé*) source; (*eredet*) source, origin
forrásvíz *n* spring-water
forraszt *v* (*fémet*) solder
forró *a* (very) hot; (*étel, ital*) steaming hot; (*égöv*) torrid; (*szerelem*) passionate
forrófejű *a* hotheaded
forróvérű *a* hot-blooded
fortély *n* trick
fortélyos *a* wily, tricky
fórum *n* forum; (*hatóság*) authority
foszfor *n* phosphorus
foszl|ik *v* fray; (*ruha*) get* threadbare
fosztogat *v* loot, pillage
fotel *n* armchair
fotó *n* = **fénykép**
fotokópia *n* photocopy
fotóriporter *n* press photographer
fő[1] **1.** *n* (*fej*) head; (*személy*) person || ~**be lő vkt** shoot* sy in the head; **három ~ből álló bizottság** a committee of three **2.** *a* (*lényeges*) main, principal, (most) important, chief || **az a ~, hogy** the main thing is that
fő[2] *v* (*étel, ital*) boil, cook; (*lassú tűzön*) simmer || ~ **a fejem** my head is reeling (with/from sg)
főbejárat *n* front door
főbérlő *n* tenant [of a flat]
főcím *n* main title; (*újságban*) headline
födém *n* floor
főépület *n* main building
főétkezés *n* main/principal meal
főfelügyelő *n* chief inspector

főhadiszállás *n* general headquarters *pl v. sing.*
főidény *n* high season
főiskola *n* college
főiskolás *n* student, undergraduate
főkapitányság *n* police headquarters *pl v. sing.*
főkapu *n* main gate
főként *adv* mainly, chiefly, mostly
föl[1] *n* (*tejé*) the top of the milk; *átv* the cream (of sg)
föl[2](...) *adv* up → **fel(...)**
föld *n* (*égitest*) the Earth; (*világ*) earth, world; (*talaj*) ground, earth, soil; (*birtok*) land, estate, property; = **földelés** ‖ **a ~ön** on the ground; (*padlón*) on the floor; **az egész ~ön** all over the world; **~ alatti** underground → **földalatti; ~ feletti** overground; **~ körüli** round the world *ut.*; **~be gyökerezik a lába** stand* rooted to the spot; **~höz vág** *vmt* throw* sg on the floor/ground; **~et ér** (*repülőgép*) land; **majd a ~ alá bújik szégyenében** he wishes the earth would swallow him up
földalatti *n* (*vasút*) the underground (railway); (*Londonban*) tube; → **metró**
földbirtok *n* landed property/estate
földelés *n* *el* earth, *US* ground
földgáz *n* natural gas
földgömb *n* (the) globe
földi 1. *a* (*földön termő*) ground-; (*evilági*) earthly, worldly **2.** *n* fellow-countryman°/townsman°
földieper *n* strawberry
földigiliszta *n* earthworm
földimogyoró *n* peanut
Földközi-tenger *n* the Mediterranean (Sea)

földmunka *n* earthwork
földművelés *n* agriculture
földműves *n* farmer, farmhand
földnyelv *n* promontory
földöntúli *a* (*mosoly*) unearthly; (*boldogság*) heavenly
földrajz *n* geography
földrajzi *a* geographical ‖ **~ hosszúság** (geographical) longitude; **~ szélesség** (geographical) latitude
földrengés *n* earthquake
földrész *n* continent
földszint *n* (*házban*) ground floor, *US* first floor; (*színházban elöl*) (front) stalls *pl*; (*hátrább*) *GB* pit
földszoros *n* isthmus, neck
földterület *n* area
földút *n* minor/dirt road
fölé *adv/post* over, above ‖ **~be helyez vmnek** prefer sg to sg; **~be/~je kerekedik vknek** get*/ gain the upper hand over sy
főleg *adv* = **főként**
fölény *n* superiority, ascendancy ‖ **~be kerül vkvel szemben** get* the upper hand over sy
fölényes *a* *pejor* superior ‖ **~ győzelem** easy win/victory, walkover
fölös *a* extra, surplus ‖ **~ számban** in excess
fölösleg(es) = **felesleg(es)**
fölöttébb *adv* exceedingly, extremely
főmondat *n* main clause
főnemes *n* aristocrat; *GB* peer
főnév *n* noun
főnök *n* (*hivatali*) principal, head [of department], *biz* boss
főnyeremény *n* top/first prize
főosztályvezető *n* head of department/section

főparancsnok n commander-in-chief (pl commanders-in-chief)
főparancsnokság n (hely) general headquarters pl v. sing.
főpincér n head waiter
főpolgármester n the Mayor (of Budapest); (London) Lord Mayor; (Skócia) Lord Provost
főpróba n dress rehearsal
főrendező n szính artistic director
fösvény 1. a miserly, avaricious 2. n miser, niggard
főszerep n leading part/role || a ~ben ... starring ...
főszerkesztő n general editor, editor-in-chief
főtér n main/principal square
főtitkár n secretary-general (pl secretaries-general)
főtt a boiled, cooked
főúr n = **főnemes**; = **főpincér** || ~, fizetek! (the) bill please!
főutca n High (US Main) Street
főútvonal n (gépjárműveknek) main/principal road, (busy) thoroughfare; főleg US: highway; (városi, elsőbbséggel) major/main road
főügyész n (állami) public prosecutor
fővállalkozó n main contractor
főváros n capital
fővezér n = **főparancsnok**
főz v (ételt) cook, prepare; (húst) stew; (lassú tűzön) simmer; (pálinkát) distil; (kávét, teát) make* || a feleségem ~ my wife° does the cooking
főzelék n vegetable (dish)
főző n electric hob, hotplate
főzőedény n pot, pan
főzőkanál n (stirring) spoon, stirrer

főzőlap n (villanytűzhelyé) hob, hotplate
frakk n tailcoat
francia 1. a French || ~ kártya playing card; ~ kenyér French stick 2. n (ember) Frenchman°, Frenchwoman°; (nyelv) French, the French language; → **angol**
franciaágy n double bed
Franciaország n France
franciasaláta n mixed salad
frappáns a striking, apt
frász n vulg (pofon) slap in the face; (rémület) fright
frázis n pejor (közhely) platitude, commonplace; (főleg pol) (empty) slogan
fregoli n (ruhaszárító) clothes drier/airer
frekvencia n frequency
freskó n fresco
frigy n alliance; (házasság) matrimony
friss a (gyümölcs, víz stb.) fresh; (levegő) fresh, cool, refreshing; (hír) recent; (emlék) green
frissítő 1. a refreshing 2. n ~k refreshments
frizura n hair-style; (női) hair(-do); (férfi) (hair-)cut
front n kat front (line); = **homlokzat**; (meteorológiai) front || hideg/meleg ~ cold/warm front
frontális ütközés n head-on collision
frontátvonulás n frontal passage
fröcsköl v splash
fruska n lass, filly
Ft = **forint**
fúj v blow*; (fúvós hangszert) blow*, sound; (szél) blow* || északról ~ a szél there's a north

wind blowing; **orrot** ~ blow* one's nose

fukar *a* miserly, stingy

fuldokl|ik *v* (*vízben*) be* drowning; (*nem kap levegőt*) gasp (for air/ breath)

fullad *v* (*nem kap levegőt*) be* suffocating/choking || **vízbe** ~ drown

fullánk *n* sting

funkció *n* function

fúr *v* (*lyukat*) drill, bore; (*kutat*) sink*; *vkt kb.* scheme/plot against sy

fura *a* = **furcsa**

furakod|ik *v* push, intrude

furcsa *a* strange, odd, peculiar, curious

furfangos *a* smart, clever, wily

fúró *n* (*kézi*) gimlet; (*nagy kézi*) auger; (*villany~*) electric drill

fúrógép *n* drilling/boring machine; (*fognak*) (tooth/dental) drill

fúrótorony *n* derrick

furulya *n* flute, pipe

furulyáz|ik *v* play the flute/pipe

fut *v* (*szalad*) run*; *sp* (*rövid távon*) sprint; (*hosszú távon*) race; (*menekül*) flee*, run* away, escape || **erre már nem ~ja** (*a pénzemből*) I can't afford it; **ha ~ja az időből** if I have the time; **nők után** ~ run*/chase after women

futár *n* (*küldönc*) messenger; (*motoros*) dispatch-rider; (*diplomáciai*) courier; (*sakkban*) bishop

futball *n* football, *biz* soccer || **amerikai** ~ American football

futballbíró *n* referee

futballcsapat *n* football team/ eleven

futó 1. *a* (*szaladó*) running, racing; = **futólagos** || ~ **zápor** passing/ sudden shower **2.** *n* *sp* runner; (*sakkban*) bishop

futólagos *a* passing, hasty

futómű *n* undercarriage

futószalag *n* assembly/production line

futószámok *n pl sp* track events

fuvar *n* (*szállítás*) transport, carriage; (*szállítmány*) freight, cargo; (*szállítóeszköz*) conveyance, carriage, transport

fuvardíj *n* (freight) carriage

fuvaroz *v* carry, transport, ship

fuvarozás *n* transport(ation), carriage

fuvarozó *n* carrier, shipping agent

fuvola *n* flute

fuvoláz|ik *v* play the flute

fúvós hangszer *n* wind instrument

fű *n* (*gyep stb.*) grass; (*gyógyfű*) herb; *biz* (*marihuána*) grass, weed || **a ~re lépni tilos** keep off the grass; **~be harap** bite* the dust; **~höz-fához kapkod** clutch at straws

füge *n* fig

függ *v* hang* (down) (*vmről* from); *vmtől, vktől* depend on sg/sy || **attól** ~ it (all) depends; **tőled** ~ it's up to you

függelék *n* (*könyvhöz*) appendix (*pl* -dixes *v.* -dices); (*kiegészítés*) supplement

független *a* independent (*vktől/ vmtől* of sy/sg) || **ez teljesen ~ attól** this has nothing to do with ...

függetlenség *n* independence; (*államé*) sovereignty

függetlenül *adv* independently || **ettől** ~ apart from this

függő 1. *a* (*lógó*) hanging, suspended ‖ **attól ~en, hogy** depending on whether ...; **~ beszéd** *nyelvt* indirect/reported speech; **~ játszma** (*sakk*) adjourned game; **vktől/vmtől ~** dependent on/upon sy/sg *ut.* **2.** *n* (*ékszer*) pendant ‖ **~ben marad** be* pending/postponed

függőágy *n* hammock

függőhíd *n* suspension bridge

függőleges *a* perpendicular, vertical

függöny *n* (*szính is*) curtain ‖ **a ~ legördül** the curtain falls/drops; **a ~ felmegy** the curtain rises

függőség *n* dependence, subordination

függővasút *n* cable-railway

függvény *n mat* function

fül *n* (*testrész*) ear; (*fogó*) handle; (*sapkán, zseben*) flap; (*könyv borítólapján*) blurb ‖ **csupa ~ vagyok** I am all ears; **fáj a ~e** have* an earache; **~em hallatára** in my hearing; **~ig szerelmes vkbe** be* head over heels in love with sy; **jó ~e van** (*jól hall*) have* sharp ears; (*zenéhez*) have* an ear for music; **nem hisz a ~ének** he can't believe his ears

fülbemászó 1. *a* catching, melodious **2.** *n zoo* earwig

fülbevaló *n* ear ring/drop

fülel *v* be* all ears

fülemüle *n* nightingale

fülészet *n* otology

fülhallgató *n* earphone

fülke *n* (*falban*) niche; (*hajón*) cabin; (*lifté*) car; (*telefoné*) call/phone box, *US* (tele)phone booth; (*vasúti*) compartment

fülledt *a* close, sultry ‖ **~ nyári nap** a stifling hot day

füllent *v* tell a fib

fülsiketítő *a* deafening

fültanú *n* ear-witness

fűnyíró (gép) *n* lawnmower

fürd|ik *v* (*kádban*) take*/have* a bath, bath; (*szabadban*) bathe

fürdő *n* (*kádban*) bath(ing); (*intézmény*) public baths *pl*

fürdőhely *n* health-resort, spa

fürdőkád *n* bath

fürdőköpeny *n* bathrobe

fürdőmedence *n* swimming pool

fürdőnadrág *n* swimming trunks *pl*

fürdőruha *n* bathing suit, swimsuit

fürdőszoba *n* bath(room)

fűrész *n* saw

fűrészel *v* saw* (off/up)

fürge *a* nimble, agile, quick

fürj *n* quail

fürt *n* (*szőlő*) bunch; (*haj*) lock (of hair)

füst *n* smoke ‖ **egy ~ alatt** at the same time; **~be megy** go* up in smoke

füstköd *n* smog

füstöl *v* (*kémény stb.*) give* off smoke; (*dohányzik*) smoke; (*húst*) smoke, cure

fűszer *n* spice

fűszeres 1. *a* (*étel*) spicy, (highly) spiced, seasoned **2.** *n* (*mint üzlet*) grocer's (shop), *US* grocery (store)

fűszerez *v* season, spice

fűt *v* (*szobát*) heat; (*kazánt*) stoke (up) ‖ **olajjal ~** have* oil heating

fűtés *n* heating

fűtőanyag *n* fuel

fűtőtest *n* radiator, heater

fütyül *v vk* whistle; (*színházban*) hiss, boo; (*madár*) pipe, sing*; **~ök rá!** *biz* I don't care a rap

füves *a* grassy

fűz[1] *n* = **fűzfa**

fűz[2] *v* (*könyvet*) stitch; (*tűbe*) thread [needle]; *vmhez vmt* attach, bind*, tie (*mind:* sg to sg); (*vmhez megjegyzést*) comment on sg; *biz* (*szédít vkt*) string* sy along

füzet *n* (*irka*) exercise book, copybook; (*nyomtatott*) booklet, brochure

fűzfa *n bot* willow (tree); (*fája*) willow (wood)

fűzött *a* (*könyv*) stitched ‖ **a hozzá ~ remények** *vmhez* the hopes set/pinned on it; **~ könyv** paperback

G

g = *gramm* gram(me), g

gabona *n* grain, cereals *pl*; *GB* corn

gabonafélék *n* grains, cereals

gabonatermés *n* corn/grain crop

gágog *v* cackle, gaggle

gagyog *v* babble, gurgle

gála *a/n* gala

galád *a* base, vile, low

gálaest *n* gala night/evening

galagonya *n* hawthorn, may- (flower)

galaktika *n* galaxy

galamb *n zoo* pigeon; (*vad*) (turtle-)dove

galambszürke *a* dove-grey

gáláns *a* (*udvarias*) polite, gallant

gálaruha *n* gala/full dress

galeri *n biz* gang (of hooligans)

galéria *n* gallery

gall *a/n* Gallic ‖ **a ~ok** the Gauls

gallér *n* (*ruhán*) collar; (*köpeny*) cape

galóca *n* agaric

galopp *n* (*vágta*) gallop; (*verseny*) the races *pl*

gally *n* twig, sprig

gáncsoskod|ik *v* find* fault with

garancia *n* guarantee, warranty ‖ **még nem járt le a ~** sg is still under guarantee; **~t ad vmre** guarantee sg; **kétévi ~val** guaranteed for two years, have a two-year guarantee

garancialevél *n* warranty

garantál *v* guarantee, warrant ‖ **ezt ~om** I can assure you

garat *n* (*torokban*) pharynx (*pl* pharynges *v.* -nxes)

garázda *a* ruffianly, rowdy

garázs *n* garage

garbó *n* polo-neck (sweater/jumper), *US* turtleneck

gárda *n* (*testőrség*) the Guards *pl*

garnitúra *n* set ‖ **egy ~ bútor** a suit (of furniture)

garzonlakás *n* (*kislakás*) flatlet; (*egyszobás*) one-room flat (*US* apartment)

gát *n* (*folyó menti*) dam, dike *v.* dyke, embankment; (*akadály*) impediment, obstacle, hindrance; *sp* hurdle ‖ **~at vet vmnek** put* a stop to sg

gátlás *n* (*akadály*) hindrance, impediment; (*lelki*) inhibition

gátlástalan *a* shameless, uninhibited

gátol *v vmt* hinder sg; *vkt* throw* an obstacle in sy's way

gavallér *n* gallant
gavalléros *a* (*bőkezű*) generous, open-handed; (*lovagias*) chivalrous, gallant
gaz 1. *a* villainous, wicked 2. *n* (*gyom*) weed, rank grass; = **gazember**
gáz *n* gas; *biz* ~ **van!** the heat's on; ~**t ad** (*motornak*) step on it
gázcsap *n* gas-tap
gazda *n* *mezőg* farmer, smallholder; (*tárgyé*) owner, proprietor; (*főnök*) chief, boss ‖ ~**ja vmnek** (*felelőse*) be* in charge of sg
gazdag 1. *a* (*ember*) rich, wealthy, affluent; (*növényzet*) rich, luxuriant; *átv* ample, abundant ‖ ~ **vmben** (be*) rich in sg *ut.* 2. *n* **a** ~**ok** the rich/wealthy
gazdagság *n* (*vagyon*) riches *pl*, wealth; (*bőség*) abundance
gazdálkodás *n* *mezőg* farming, agriculture; (*gazdasági rendszer*) economy; (*vállalati*) management
gazdálkod|ik *v* *mezőg* run*/have* a farm, farm ‖ **jól** ~**ik vmvel** make* good use of sg, manage sg well
gazdaság *n* *mezőg* farm; (*nagyobb*) estate; (*gazdasági rendszer*) economy
gazdasági *a* *mezőg* agricultural, farming; (*közgazdasági*) economic; (*anyagi ügyeket intéző*) financial ‖ ~ **élet** economic life, economy; ~ **helyzet** economic situation; ~ **válság** economic crisis, depression
gazdaságos *a* economical, profitable
gazdaságpolitika *n* economic policy
gazdaságtan *n* economics *sing.*

gazdasszony *n* housewife°
gazdátlan *a* (*tulajdon*) unclaimed; (*állat*) stray
gazember *n* villain, scoundrel
gázégő *n* gas ring, *US* burner
gázfőző *n* gas ring
gázfűtés *n* gas heating
gázló *n* (*folyóban*) ford, shallows *pl*
gázol *v* (*autó*) run* over/down ‖ **halálra** ~ run* over and kill; **térdig** ~ **a vízben** be* up to the knees in water; **vk becsületébe** ~ blacken sy's good name
gázolaj *n* gas/fuel/diesel oil
gázóra *n* gas meter
gázöngyújtó *n* gas/butane lighter
gázpedál *n* accelerator (pedal), *US* gas pedal
gaztett *n* outrage
gáztűzhely *n* gas cooker (*US* stove)
gázvezeték *n* gas piping
gázsi *n* pay, (*alkalomszerű*) fee
gége *n* larynx (*pl* larynges *v.* -nxes), throat
gégészet *n* laryngology
gejzír *n* geyser
gél *n* gel
gém *n* (*madár*) heron; (*kúté*) sweep
gemkapocs *n* (paper-)clip
gén *n* gene
generáció *n* generation
generátor *n* generator, dynamo
genetika *n* genetics *sing.*
gengszter *n* gangster
génsebészet *n* genetic engineering
genny *n* pus
geodézia *n* geodesy
geológia *n* geology
geometria *n* geometry
gép *n* machine; (*eszköz, készülék*) apparatus, appliance ‖ ~**pel ír**

type; **~pel mosható** machine washable; **~pel varr** machine
gépalkatrész(ek) *n* (*pl*) machine/engine parts *pl*; (*pót*) spare parts *pl*
gepárd *n* cheetah
gépel *v* (*írógépen*) type; (*varrógépen*) machine(-sew*)
gépesít *v* mechanize; *kat, mezőg* motorize
gépész *n* (*gépkezelő*) mechanic; (*hajón*) (marine) engineer
gépészet *n* (mechanical) engineering
gépészmérnök *n* mechanical engineer
gépezet *n* machinery
gépi *a* mechanical, power(-driven); (*géppel készült*) machine-made || **~ adatfeldolgozás** data processing
gépies *a* mechanical, automatic; (*önkéntelen*) unconscious; reflex || **~ munka** routine (work/job)
gépipar *n* engineering industry
gépíró(nő) *n* typist
gépjármű *n* (motor) vehicle
gépjármű-biztosítás *n* car (*US* automobile) insurance
gépkocsi *n* (motor) car, *US* auto(mobile)
gépkocsivezető *n* driver; (*sofőr*) chauffeur
gépolaj *n* machine/lubricating oil
géppuska *n* machine-gun
géptan *n* mechanics *sing.*
gépterem *n* machine room; (*nyomdában*) print(ing) shop
gereblye *n* rake
gerely *n sp* javelin
gerenda *n* beam; (*szarufa*) rafter, joist

gerezd *n* (*gyümölcs*) slice; (*narancs*) segment; (*fokhagyma*) clove
gerinc *n* (*emberi*) spine, backbone; (*hegyé*) ridge
gerinces 1. *a zoo* vertebrate; (*jellemes*) of strong character *ut.*, steadfast **2.** *n* **~ek** vertebrata
gerinctelen *a zoo* invertebrate; (*jellemtelen*) spineless
gerjeszt *v el* excite || **haragra ~** make* sy angry
gerle *n* turtle-dove
gerontológia *n* gerontology
gesztenye *n* (*szelíd*) chestnut; (*vad*) horse chestnut
gesztikulál *v* gesticulate, gesture
gesztus *n* gesture, motion
gettó *n* ghetto
géz *n* (antiseptic) gauze
Gibraltári-szoros *n* Strait of Gibraltar
giccses *a* kitsch, *US* trashy
gida *n* (*kecske*) kid; (*őz*) fawn
giliszta *n* (*földi*) earthworm; (*bélben*) tapeworm
gimnasztika *n* gymnastics *sing.*
gimnazista *n* grammar-school *v. US* high-school boy/girl
gimnázium *n GB* grammar school, *US* high school
gipsz *n* (*természetes*) gypsum; (*égetett*) plaster of Paris || **~be tesz** (*végtagot*) put* [a limb] in plaster
gitár *n* guitar
gitt *n* putty
G-kulcs *n zene* G clef
gleccser *n* glacier
globális *a* total, inclusive, overall
glória *n* halo, nimbus, glory

gnóm *a/n* gnome, dwarf (*pl* -fs *v.* dwarves)

góc *n* (*gyújtópont*) focus (*pl* -ses *v.* foci); (*betegségé*) focus, centre (*US* -ter)

gól *n* goal || ~**t rúg/lő** kick/score a goal

golf *n* golf

Golf-áram *n* the Gulf Stream

golfütő *n* (golf) club

gólya *n zoo* stork; (*elsőéves*) fresher

golyó *n* ball; (*játék~*) marble; (*puskába*) bullet, cartridge

golyóscsapágy *n* ball bearing

golyóstoll *n* ballpoint (pen), ballpen

golyóstollbetét *n* (ball-pen) refill

gomb *n* button; (*ajtón*) knob

gomba *n bot* fungus (*pl* -gi *v.* -uses); (*ehető*) mushroom; (*mérges*) toadstool; *orv* fungus

gomblyuk *n* buttonhole

gombóc *n* dumpling; (*húsból, burgonyából*) ball

gombol *v* button (up)

gombolyag *n* ball; (*fonal*) skein

gombostű *n* pin

gond *n* (*aggódás*) worry, concern, anxiety; (*nehézség*) difficulty, problem, trouble; (*törődés*) care (for sg), concern, attention || **anyagi** ~**ok** financial difficulties; **ez nem** ~ that's no problem; **majd** ~**om lesz rá** I'll see to it; **nagy** ~**ot fordít vmre** devote great care to sg

gondatlan *a* careless, negligent

gondnok *n* (*kiskorúé*) guardian; (*intézményé*) warden, caretaker

gondol *v* think*, (*fontolva*) consider; (*vmlyennek vél*) think*, judge, find*; *vkre/vmre* think* of/about sy/sg || ~**hattam volna** I

might have known; **hova** ~**sz?** how can you think of such a thing?; **miből** ~**od, hogy megbízható?** what makes you think you can trust him?; **mindjárt** ~**tam** I thought as much; **mire** ~**sz?** what are you thinking of?; **mit** ~**(sz)?** what do you think?; **úgy** ~**om, hogy ...** I think/believe/ expect that, *US* I guess/reckon that

gondolat *n* thought, idea, reflection || ~**ban** mentally, in thought

gondolatjel *n* dash

gondolkodásmód *n* way of thinking, mentality

gondolkod|ik *v* think* (*vmről, vmn* of/about); (*fontolgatva*) consider (sg) || ~**j(ál) (csak)!** use your brains!, think (again)!

gondos *a* careful

gondosan *adv* carefully

gondoskod|ik *v vkről, vmről* take* care of, provide for, look after; *vmről* see* to sg || **arról majd én** ~**om!** I shall see to it

gondoz *v* look after, take* care of, attend to; (*beteget*) nurse

gondozó *n vk* caretaker

gondtalan *a* carefree, light-hearted || ~ **élet** easy life

gondterhelt *a* troubled, worried

gondviselés *n* providence

gonosz *a* evil(-minded), wicked, vicious, vile

gonoszság *n* evil, wickedness, viciousness

gordonka *n* (violon)cello

gorilla *n átv is* gorilla

goromba *a* rough, rude

gorombáskod|ik *v* be* rude/ offensive (to sy)

gót stílus *n* Gothic style

gótika *n* Gothic art
gödör *n* pit, hole
gőg *n* arrogance, haughtiness, pride
gőgös *a* arrogant, haughty, proud
gömb *n* ball, orb; sphere; *földr* globe ‖ ~ alakú spherical, globular
gömbölyű *a* round, spherical
gönc *n* (*ócska ruha*) cast-off clothing; (*limlom*) odds and ends *pl*
göndör *a* curly
göngyöleg *n* (*csomag*) bundle, bale, package; (*csomagolóanyag*) wrapping
görbe 1. *a* curved; (*hajlított*) bent 2. *n mat* curve; (*grafikon*) graph
görbít *v* bend*, make* crooked
görcs *n* (*fában*) knot, gnarl; (*kötött*) knot; (*izomé*) cramp, spasm
görcsoldó *a/n* ~ (szer) antispasmodic
gördeszka *n* skateboard
gördül *v* roll (along)
gördülékeny *a* (*stílus*) easy(-flowing), fluent
görény *n* polecat
görgő *n* (*bútoron*) caster *v.* castor
görkorcsolya *n* roller-skates *pl*
görnyedt *a* bent, bowed
görög 1. *a* Greek; (*kultúra*) Hellenic 2. *n* (*ember, nyelv*) Greek ‖ a ~ök the Greeks
görögdinnye *n* water-melon
görögkeleti *a* (Greek) Orthodox
Görögország *n* Greece
göröngyös *a* uneven, rough
gőz *n* vapour (*US* -or); evaporation; (*mint hajtóerő*) steam ‖ halvány ~öm sincs róla *biz* I haven't the faintest idea; teljes ~zel (at) full steam/tilt, at full speed

gőzgép *n* steam-engine
gőzhajó *n* steamer; steamboat
gőzmozdony *n* steam-engine
gőzölög *v* steam
gőzölős vasaló *n* steam iron
grafika *n műv* graphic arts *pl*; *nyomd* artwork, graphics *pl*
grafikon *n* graph
grafikus 1. *a* graphic 2. *n* (*művész*) graphic artist
grafológia *n* graphology
gramm *n* gram(me)
gránát[1] *n* (*robbanó*) grenade, shell
gránát[2] *n* (*kő*) garnet
gránit *n* granite
gratulál *v* (*vknek vmely alkalomból*) congratulate sy (on sg) ‖ ~ok! congratulations! ~ok születésnapjára (I wish you) many happy returns (of the day)
gravitáció *n* gravitation
grépfrút *n* grapefruit
grill(sütő) *n* (*konyhában*) grill, *US* broiler; (*szabadban*) barbecue ‖ grillen süt grill, *US* broil
grimasz *n* grimace ‖ ~okat vág make*/pull faces
gríz *n* semolina
gróf *n* (*a kontinensen*) count; *GB* earl
grófnő *n* countess
grófság *n GB* shire
groteszk *a* grotesque
Grönland *n* Greenland
guberál *v* rake/grab about
gubó *n* (*rovaré*) cocoon
guggol *v* squat (on one's heels), crouch (down)
gúla *n* pyramid ‖ ~ alakú pyramidal
gulya *n* herd
gulyás *n* herdsman°

gulyásleves *n* goulash soup
gumi *n* (*anyag*) rubber; (*radír*)
(*I*ndia-)rubber, eraser; (*gumiab-
roncs*) tyre, *US* tire; (*óvszer*)
sheath, condom
gumiabroncs *n* tyre, *US* tire
gumicsizma *n* gumboots *pl*, *GB*
wellingtons *pl*
gumicsónak *n* inflatable boat
gumimatrac *n* air mattress
gumó *n* (*burgonyáé*) tuber, root
gúny *n* ridicule, mockery; (*finom*)
irony || **~t űz vkből/vmből** make*
fun of sy/sg, ridicule/mock sy
gúnynév *n* nickname
gúnyos *a* sarcastic, ironic(al)
gúnyrajz *n* caricature, cartoon
gurít *v* roll; (*labdát, tekét*) bowl
gurul *v* roll; (*repülőgép*) taxi
gusztus *n* biz (*ízlés*) taste || **~a van
vmre** fancy sg, feel like (doing)
sg
gusztusos *a* appetizing, inviting
gusztustalan *a* disgusting, repul-
sive, unappetizing
guta *n* apoplexy, stroke || **megüt a
~, ha** I shall have a fit if

Gy

gyakori *a* frequent
gyakorlás *n* practicing
gyakorlat *n* practice; (*feladat*)
exercise; *zene* étude; *sp* exercise;
kat drill || **a ~ban** in practice;
kijött a ~ból be*/get* out of
practice
gyakorlati *a* practical || **~ érzék**
(practical) common sense

gyakorlatias *a* practical, down-to-
earth
gyakorlatilag *adv* in practice,
practically
gyakorlatlan *a* inexperienced,
unpractised
gyakorlott *a* practised, trained,
experienced
gyakornok *n* trainee; (*irodában*)
junior clerk; (*üzletben*) assistant
gyakorol *v* practise (*US* -ce); *biz*
(*szakmai gyakorlatot folytat*) be*
on probation || **befolyást ~ vkre/
vmre** exert influence on sy/sg
gyakran *adv* often, frequently
gyalázatos *a* shameful, dishonour-
able
gyalog 1. *adv* on foot **2.** *n* (*sakk-
ban*) pawn
gyalogátkelőhely *n* zebra crossing,
(pedestrian) crossing, *US* crosswalk
gyalogol *v* go* on foot, walk; *kat*
march
gyalogos *n* walker, pedestrian
gyalogtúra *n* walking tour, hike
gyalogút *n* footpath, footway, lane
gyalu *n* tech plane; (*káposztának
stb.*) slicer, cutter; (*zöldségnek*)
shredder
gyám *n* jog (*gyermeké*) (legal)
guardian; (*tulajdoné*) trustee
gyámfiú *n* ward, foster-son
gyámleány *n* ward, foster-daughter
gyámolít *v* support, aid, protect
gyámoltalan *a* (*tehetetlen*) help-
less; (*ügyetlen*) awkward, clumsy
gyámság *n* jog guardianship || **~
alá helyez** place under the care of
a guardian
gyanakod|ik *v* vkre be*/feel*
suspicious about/of sy, suspect sy
gyanakvó *a* suspicious

gyanánt *post* as, by way of
gyanít *v* suspect, presume
gyanta *n* resin
gyanú *n* suspicion || **az a ~m, hogy** I suspect that; **~ba kerül** fall* under suspicion; **~ba kever vkt** cast* suspicion on sy; **~n felül áll** be* above suspicion
gyanús *a* (*dolog, viselkedés*) suspicious, suspect; (*ügy*) shady; (*ember*) shifty
gyanúsít *v* suspect sy of sg; (*alattomosan*) insinuate
gyanútlan *a* unsuspecting, naive *v.* naïve
gyapjú *n* wool; (*állaton*) fleece; (*jelzőként*) woollen (*US* woolen)
gyapot *n* cotton
gyár *n* factory, works *sing. v. pl,* plant
gyarapít *v* increase, add to, augment; (*gyűjteményt, ismereteket*) expand, enrich
gyarapod|ik *v* (*nő*) increase, grow*; (*testileg*) grow* strong(er); (*tudásban*) know* more about sg
gyári *a* (*áru*) factory/machine-made, manufactured || **~ munkás** factory worker/hand
gyarló *a* (*ember*) frail, feeble
gyarmat *n* colony
gyárt *v* manufacture, produce || **szériában ~** mass-produce
gyártásvezető *n* film producer
gyártmány *n* product (*márka*) make || **milyen ~?** what make is it?; **hazai ~** home product
gyász *n* (*gyászolás*) mourning; (*gyászeset*) bereavement
gyászjelentés *n* death-notice; (*újságban*) obituary

gyászol *v* mourn for sy, be* in mourning; (*gyászruhát visel*) wear* mourning || **~ vkt** mourn for sy
gyászszertartás *n* funeral service
gyáva **1.** *a* cowardly **2.** *n* coward
gyékény *n* (*növény*) bulrush; (*fonat*) mat(ting); (*lábtörlő*) door-mat
gyémánt *n* diamond || **csiszolt ~** cut diamond, brilliant
gyenge **1.** *a* weak; (*csekély*) slender, slight; (*erélytelen*) lenient, indulgent; (*erőtlen*) feeble; (*törékeny*) frail, fragile; (*elégtelen fokú/értékű*) poor || **a ~bb nem** the gentle(r) sex; **~ a matematikában** be* bad/weak at mathematics; **~ idegzetű** weak-nerved; **~ minőségű** of poor quality *ut.*; **~ oldala/pontja** *vmnek* vulnerable point, weakness, *vknek* sy's weak side/point **2.** *n* **a ~bbek kedvéért** *kif* let me spell it out; **vknek a ~je** weakness (for), foible
gyengeáram *n* light/weak current
gyengéd *a* gentle, tender(-hearted), affectionate
gyengeelméjű *a* mentally retarded
gyengeség *n* (*múló*) weakness, feebleness; (*alkati, erkölcsi*) weakness, frailty; (*tehetetlenség*) impotence
gyengül *v* weaken; (*erő*) decline || **vk ~** sy is* losing strength
gyep *n* grass, lawn
gyeplő *n* reins *pl*
gyér *a* sparse, scanty; (*haj*) thin; (*növényzet*) straggling || **~en lakott** underpopulated
gyere! *int* come (on)! || **~ ide!** come (over) here!
gyerek *n* child°; (*fiú*) boy; (*leány*) girl; (*felnőttről*) kid, fellow
gyerekes *a* childish, infantile

gyerekjáték n (könnyű dolog) child's play; = **gyermekjáték**

gyermek n = **gyerek**

gyermekbetegség n children's disease/illness

gyermekdal n children's song, nursery rhyme

gyermekes a = **gyerekes** ‖ három~ anya mother of three

gyermekjáték n (fogócska) children's game; (játékszer) toy

gyermekklinika n children's/ p(a)ediatric clinic

gyermekkocsi n pram; (összecsukható, könnyű) pushchair

gyermekkor n childhood; (korai) infancy

gyermekláncfű n dandelion

gyermekmegőrző n crèche

gyermekorvos n p(a)ediatrician

gyermekotthon n children's home

gyermekőrző n baby-sitter, childminder

gyermekrablás n kidnapping

gyermekruha n children's wear

gyermekszülés n child-bearing, childbirth

gyertya n (fényforrás) candle; (autóban) spark(ing) plug; (tornában) candle

gyertyatartó n candlestick

gyerünk! int let's go; (siettetve) come/go on!, hurry up!

gyík n lizard

gyilkol v murder, kill

gyilkos 1. a murderous, bloody 2. n murderer, killer; pol assassin

gyilkosság n jog murder; pol assassination ‖ ~ot követ el commit murder

gyógyászat n medicine, therapeutics sing.

gyógyfürdő n (víz) medicinal bath(s); (hely) watering-place, spa; (vízgyógyintézet) health resort

gyógyintézet n (kórház) hospital; (szanatórium jellegű) sanatorium (pl -ums v. -ria)

gyógyít v cure

gyógykezelés n (medical) treatment, cure

gyógynövény n medicinal plant/ herb

gyógypedagógia n education of backward/handicapped children

gyógyszer (orvosság) medicine, drug; átv remedy

gyógyszerész n chemist, pharmacist, US druggist

gyógyszertár n pharmacy, chemist's (shop); US (és illatszertár) drugstore

gyógytea n herb(al) tea

gyógytorna n physiotherapy

gyógyul v (vk) be* recovering (from sg); (seb) be* healing (up)

gyom n weed(s)

gyomirtó(szer) n weed-killer, herbicide

gyomlál v (kertet) weed; átv weed out

gyomor n stomach; (tehéné) maw

gyomorfájás n stomachache

gyomorfekély n gastric/peptic ulcer

gyomorhurut n gastric influenza

gyomoridegesség n nervous stomach

gyomorrontás n indigestion ‖ ~a van he has a stomach upset

gyomorsav n gastric acid

gyón v make* a confession

gyors 1. a quick; (állat) swift; (futó) fast; (mozgó tárgy) rapid;

(*rövid időt igénylő*) speedy, prompt, immediate; (*mozgékony*) nimble, agile, brisk || ~ **beszédű** fast-talking; ~ **észjárású** smart, quick/ready-witted; ~ **lábú** swift/ nimble-footed **2.** *n* = **gyorsvonat; gyorsúszás**

gyorsan *adv* quickly, fast, rapidly

gyorsbüfé *n* snack bar

gyors- és gépírás *n* shorthand typing

gyorsfagyasztott *a* quick-frozen

gyorsforgalmi út *n* GB clearway, US freeway

gyorshajtás *n* speeding

gyorsít *v* increase the speed (of), step/speed* up, accelerate

gyorsjárat *n* (*busz*) express bus/ coach service

gyorssegély *n* emergency aid

gyorsul *v* gather speed, speed* up, accelerate, quicken

gyorsúszás *n* freestyle (swimming)

gyorsvasút *n* (*urban*) rapid transit system

gyorsvonat *n* express (train)

gyök *n* *mat* root || **~öt von** extract a root

gyökér *n* root; (*petrezselyemé*) paisley root

gyökeres *a* (*növény*) rooted; *átv* radical, thorough

gyökerez|ik *v* *vmben* be* rooted in sg

gyökvonás *n* extraction of root

gyömbér *n* ginger

gyöngy *n* (*igazgyöngy*) pearl; (*üveg, izzadság*) bead; = **gyöngysor;** (*italban*) bubble

gyöngyház *n* mother-of-pearl

gyöngyöz|ik *v* (*ital*) sparkle, bubble; (*csillogva*) glisten, glitter

gyöngysor *n* pearls *pl*, pearl necklace

gyöngyvirág *n* lily of the valley

gyönyör *n* (*érzés*) pleasure; *átv* delight

gyönyörköd|ik *v* *vmben* take* delight in sg, enjoy sg

gyönyörű *a* wonderful, magnificent, superb, splendid

gyötör *v* (*testileg*) torture, torment; (*belsőleg*) worry; (*zaklatva*) pester || **a féltékenység gyötri** be* eaten up with jealousy

gyötrelem *n* (*testi*) pain, suffering, torture; (*lelki*) anguish, worry

gyötrőd|ik *v* be* worried (*vm miatt* about)

győz *v* (*harcban*) gain a victory, win*, (*választáson*) come*/get* in, win*; *sp* win*; (*munkát*) manage to do; (*vmt pénzzel*) (can) afford || **nem ~öm** I can't afford sg; **nem ~i kivárni** become* impatient

győzelem *n* victory; *sp* win || **győzelmet arat** gain a victory

győztes 1. *a* (*harcban*) victorious, triumphant; *sp* winning **2.** *n* (*harcban*) victor, conqueror; *sp* winner

gyufa *n* match || **egy doboz ~ a** box of matches

gyújt *v* (*motor*) spark, fire || **cigarettára ~** light* a cigarette, *biz* light* up; **gyufát ~** strike* a match; **tüzet ~** light* a fire

gyújtás *n* (*motorban*) ignition

gyújtogat *v* set* (sg) on fire

gyújtópont *n* focus (*pl* -es *v.* foci), focal point

gyúlékony *a* inflammable, US és GB *tech* flammable || **nem ~** non-flammable

gyullad v catch*/take* fire
gyulladás n orv inflammation
gyúr v (tésztát) knead; (masszőr) massage
gyurma n Plasticine
gyúró n masseur
gyűjt v gather (together), collect; (vagyont) amass, hoard; vmre save (up) (for sg); (erőt) gather
gyűjtemény n collection
gyülekezet n (egyházi) congregation
gyülekez|ik v gather (together), assemble
gyűlés n (összejövetel) meeting, assembly, gathering; (US párté) caucus
gyűl|ik v (tömeg) assemble, come*/ get* together; (seb) gather; (pénz) be* accumulating, be* piling up
gyűlöl v hate/loathe/detest sg/sy
gyűlölet n hatred, hate
gyümölcs n bot fruit; (eredmény) fruit(s), result
gyümölcsfa n fruit-tree
gyümölcshéj n peel, rind, skin
gyümölcsös a orchard, fruit-garden
gyümölcsöző a átv fruitful, profit-able
gyümölcstermés n fruit crop
gyűr v crumple, rumple, crush, crease
gyűrhetetlen a crease-resistant/ proof
gyűrőd|ik v crease, crumple
gyűrött a (szövet) crumpled, rumpled, creased; (arc) worn, tired, wrinkled
gyűrű n (kézen) ring; tech hoop, collet, circle; sp rings pl
gyűrűsujj n ring/third-finger
gyűszű n thimble

H

h. = helyett for; = **helyettes**
ha[1] conj if, supposing, when ‖ ~ **én volnék a helyedben** if I were you; ~ **nem** if not, otherwise; ~ **tetszik,** ~ **nem** (whether you) like it or not; ~ **tudnám** if (only) I knew (it)
ha[2] = hektár hectare, ha
hab n (parti hullámon) surf; (tengeren) foam; (söré) froth; (szappané) lather; (tejszíné) whipped cream; (tojásé) beaten white [of egg] ‖ ~**ot ver** (tejszínt) whip [cream]; (tojásfehérjét) beat* up, whisk [eggs]
habar v stir, mix
habár conj (al)though, even if/though, notwithstanding
habarcs n mortar
habfürdő n foam bath
háborgat v disturb, bother
háborog v (tenger) be* stormy/rough; (tömeg) be* discontented; (ember) grumble
háború n war ‖ ~ **idején** in war-time; **kitör a** ~ war breaks out; ~ **utáni** post-war; ~**t indít** start a war
habos a frothy, foamy; (sütemény) cream
haboz|ik v hesitate (about sg v. to do sg), be* reluctant to do sg
habverő n egg-whisk
habz|ik v (szappan) lather; (sör) froth, foam
habzsol v (ételt) eat* greedily; átv devour
hacsak conj if only, if at all ‖ ~ **lehet** if (at all) possible; ~ **(...)** **nem** unless

had *n* (*sereg*) army, troops *pl*, forces *pl* ‖ **~at üzen** declare war (*vknek* on); **~at visel** make*/wage war (*vk ellen* on/against sy)
hadar *v* jabber (away), gabble
hadd *int* **~ lám!** let me see!; **~ fusson!** let him run!
haderő *n* military force, (armed) forces *pl*
hadgyakorlat *n* army exercises *pl*
hadi *a* military, war-
hadiállapot *n* state of war
hadiflotta *n* naval force, fleet
hadifogoly *n* prisoner of war
hadifogság *n* being a prisoner of war ‖ **~ba esik** be* taken prisoner of war
hadihajó *n* warship
haditengerészet *n* the navy, naval forces *pl*
haditerv *n* plan of campaign
haditudósító *n* war correspondent
hadjárat *n* campaign
hadművelet *n* (military) operations *pl*
hadnagy *n* second lieutenant
hadonász|ik *v* gesticulate
hadsereg *n* army
hadügyminiszter *n* Minister of War
hadügyminisztérium *n* Ministry of War
hadüzenet *n* declaration of war
hadvezér *n* general, (supreme) commander
hadviselés *n* war(fare)
hágó *n* (mountain) pass, col
hagy *v* let*, leave*, allow, permit; (*örökül*) leave*/bequeath sg to sy (*v.* sy sg) ‖ **magára ~** leave* sy alone (*v.* to oneself); **nem ~ja magát** not give* in

hagyaték *n* legacy, bequest, inheritance
hagyma *n* (*vörös~*) onion; (*fok~*) garlic; (*növényé*) bulb
hagyomány *n* tradition
hagyományos *a* traditional
haj *n* hair ‖ **égnek áll a ~a** his hair stands on end; **~at mos** wash/shampoo one's hair; **~at vágat** have* one's hair cut
háj *n* (*disznóé*) (leaf-)lard; (*emberen*) fat, flab
hajadon 1. *a* unmarried; (*családi állapot*) single 2. *n* girl, a single woman°
hajadonfőtt *adv* bare-headed
hájas *a* (very) fat, flabby, obese
hajbókol *v* (*vk előtt*) kowtow (to sy)
hajcsat *n* hairgrip
hajcsavaró *n* hair-curler
hajdan(ában) *adv* in olden days/times
hajfestés *n* (hair) dyeing
hajfürt *n* lock (of hair)
hajít *v* throw*, hurl
hajlam *n* *vmre* inclination (to), bent (for); (*betegségre*) susceptibility (to)
hajlandó *a* **~ vmre** be* ready/willing/prepared to do sg
hajlás *n* bend; (*felületé*) inclination, slope; (*függőlegestől*) lean(ing)
hajlékony *a* flexible, pliable
hajléktalan *a/n* homeless
hajl|ik *v* bend*; (*ívben*) arch; (*vm oldalirányba*) curve; (*tárgy vm fölé*) hang* over; *átv* (*vmre*) incline to, tend to
hajmosás *n* shampoo
hajnal *n* dawn, daybreak ‖ **(kora) ~ban** at dawn

hajnalod|ik v dawn, day is breaking

hajó n (nagyobb) ship; (kisebb) boat; (óceánjáró) (ocean) liner; (teher~) freighter; (templom~) nave || **~n** on board (ship); **~ra száll** go* on board (ship), embark (vhol at); **~val megy** go* by ship/sea, sail

hajóállomás n landing place

hajógyár n dockyard, shipyard

hajóhad n fleet

hajóhíd n (folyón) pontoon/floating bridge; (hajóról partra) gangway; (hajón) bridge

hajókürt n (ship's) horn; (ködkürt) foghorn

hajol v bend* (down), stoop

hajórakomány n shipload, cargo, shipment

hajóroncs n (ship)wreck

hajóskapitány n captain; (kereskedelmi hajón) master

hajótörés n shipwreck || **~t szenved** be* shipwrecked

hajóút n voyage

hajózás n shipping, sailing

hajóz|ik v sail, go* by sea, voyage

hajrá 1. int forward! **2.** n (verseny finise) sprint, the finish; (munkában) rush

hajsza n (vm után) hunt after sg, chase/pursuit of sg; (vk ellen) persecution of sy; (munkával) rush

hajszál n (single) hair || **egy ~ híján** within a hair; **csak egy ~on múlt** (megmenekülés) biz it was a close shave

hajszárító n (electric) hair dryer

hajszol v chase/hunt after, pursue

hajt¹ v (állatot/járművet) drive*; (vadat) beat*; (gépet erő) drive*,

propel, work; biz (erősen dolgozik) slave away || **hasznot ~** yield a profit; **jobbra ~s!** keep (to the) right!

hajt² v (hajlít) bend*; (papírt stb.) fold || **álomra ~ja fejét** go* (off) to sleep

hajt³ v (növény) sprout (up), shoot*

hajtás¹ n (állaté/járműé) driving; (vadászaton) beat(ing), battue; biz (nagy erőkifejtés) rush (at work)

hajtás² (ruhán) pleat, fold || **egy ~ra** at one gulp

hajtás³ n bot sprout, bud, shoot

hajthatatlan a átv unyielding

hajtóerő n motive power; átv driving force

hajtű n hairpin

hajvágás n haircut

hajviselet n hair(style)

hal¹ n fish (pl ua; de több fajtából: fishes)

hal² v die

hál v sleep*, spend*/pass the night; vkvel sleep* with sy

hála n gratitude, thanks pl || **~t ad vknek** thank sy

hálaadás n vall thanksgiving

halad v (megy) go*, advance, go* on; (jármű) travel (US -l); átv advance, progress, get* on; (minőségileg) improve || **az idő ~** time passes; **jól ~** (munka) be* coming along/on well/fine

haladás n progress, advance

haladék n (késedelem) delay

haladéktalanul adv immediately, without delay

haladó 1. a átv progressive, advanced **2.** n isk advanced student

halál n death || **~án van** be* dying; **~ra gázolja vm** be* killed in an accident; **~ra ítél** sentence/ condemn to death

halálbüntetés *n* capital punishment

halálos *a* deadly, mortal; (*végzetes*) fatal || **~ adag** lethal dose; **~ betegség** deadly disease; **~ bűn** deadly/mortal sin; **~ ítélet** sentence of death

halandó *a/n* mortal

halandzsa *n* gibberish

halánték *n* temple

hálapénz *n* thank-you money

hálás *a* vknek vmért grateful (to sy for sg), thankful (for sg) || **~ köszönet!** (many) thanks!; **nagyon ~ak lennénk, ha** we should greatly appreciate it if

halastó *n* fish pond

halász *n* fisher(man°)

halász|ik *v* fish (*vmre* for sg)

halászlé *n* fish-soup

halaszt *v* postpone, put* off/back, adjourn

halaszthatatlan *a* pressing, urgent

hálátlan *a* vk ungrateful; (*munka*) thankless

haldokl|ik *v* be* dying

halhatatlan *a* immortal

halk *a* (*hang*) soft, low || **~ szavú** soft-spoken

halkít *v* (*beszédhangot*) lower one's voice; (*rádiót, tévét*) turn down

halkul *v* become* faint

hall[1] *n* (*lakásban*) hall; (*szállodában*) lobby, lounge

hall[2] *v* (*hangot*) hear*; (*értesül*) hear* (*vkről/vmről* of), learn* (*vmről* of) || **nagyot ~** be* hard of hearing

hallás *n* (sense of) hearing || **jó ~a van** (*zeneileg*) have* an ear for music

hallássérült *a* hearing-impaired

hallatsz|ik *v* be* heard/audible, sound

hallgat *v* (*vmt, vkt*) listen to, hear*; (*egyetemi előadást*) attend [lectures on sg]; (*nem szól*) keep*/be* silent; *vkre* listen to sy; (*tanácsra*) take*/follow sy's [advice] || **ne hallgass rá!** you mustn't mind him/her; **ide hallgass!** look here!, listen!; **hallgass!** silence!, be/ keep quiet!; **jogot ~** read* law; **rádiót ~** listen to the radio

hallgatag *a* taciturn, silent

hallgató *n* (*rádióé*) listener; (*egyetemi*) undergraduate, student

hallgatóság *n* audience; (*egyetemi*) students *pl*

halló *int* (*telefonban*) hello!, hullo!, hallo!; (*vkre rákiáltva*) I say!, hey!

hallókészülék *n* hearing-aid

halmaz *n* heap, pile; *mat* set

halmazállapot *n* state, physical condition

halmoz *v* heap/pile (up); (*árut*) hoard, stockpile

háló[1] *n* net; (*halászé*) trawl; (*vadászé*) mesh

háló[2] *n* bedroom

halogat *v* keep postponing/delaying

hálóing *n* (*férfi*) nightshirt; (*női*) nightdress, *US* nightgown

hálókocsi *n* sleeping-car, sleeper

hálóköntös *n* dressing-gown, *US* bathrobe

halom *n* (*domb*) hill, mound; (*tárgyakból*) heap, pile

hálószoba *n* bedroom || **kétágyas ~** double bedroom

hálóterem *n* dormitory

halott **1.** *a* dead; (*elhunyt*) deceased **2.** *n* a dead person; (*az elhunyt*) the deceased; (*holttest*) corpse

hálózat *n* network; *el* mains *sing. v. pl*

hálózsák *n* sleeping-bag

halvány *a* pale; (*arcú*) wan, pallid; (*szín*) faint; *átv* faint, vague || ~ **fogalmam sincs** (*róla*) I haven't the faintest idea; ~ **remény** faint hope

hám *n* (*lószerszám*) harness || **kirúg a ~ból** *átv* go* on the razzle

hamar *adv* soon, quickly, fast

hamarosan *adv* before long, shortly, in a little while

hamis *a* (*nem valódi*) false, not genuine, fake(d); (*pénz*) counterfeit; (*aláírás*) forged; (*érzelem*) feigned, untrue; (*ember*) treacherous, cunning; (*hang*) false || ~ **ékszer** imitation jewellery; ~ **eskü** false oath; ~ **tanú** false witness

hamisan *adv* ~ **énekel** sing* off key; ~ **játszik** (*hangszeren*) play out of tune

hamisít *v* falsify; (*aláírást*) forge; (*pénzt*) counterfeit

hamisítvány *n* forgery, counterfeit; (*műtárgyé*) fake

háml|ik *v* peel

hámoz *v* (*gyümölcsöt*) peel

hamu *n* ash(es *pl*)

hamutartó *n* ash-tray

hancúroz|ik *v* romp/frisk about

hanem *conj* but; → **nemcsak**

hang *n* sound; (*emberé*) voice; (*állati*) cry; (*zenei*) note, tone; (*modor*) tone || ~**ot ad vmnek** give* voice to sg; **más ~ot üt meg** change one's tune

hangadó *a* leading, dominant, influential

hangár *n* hangar

hangerő *n* (*rádió, tévé*) volume

hangerősítő *n* (*sound*) amplifier

hangfal *n* (*sztereó berendezésé*) speaker

hangfelvétel *n* (*készítése*) recording; (*a felvett szalag*) tape (recording)

hanghordozás *n* tone, accent

hangjegy *n* note

hanglejtés *n* intonation

hanglemez *n* record, disc (*US* disk)

hangmérnök *n* (*film, rádió*) sound/audio engineer/editor; (*hanglemezgyári*) recording engineer

hangnem *n* zene key; *átv* tone

hangol *v* (*hangszert*) tune; (*zenekar*) tune up || **jókedvre** ~ cheer sy up; **vkt vk ellen** ~ set*/turn sy against sy

hangos *a* loud; (*lármás*) noisy

hangosan *adv* (*fennhangon*) aloud; (*erős hangon*) loudly || **beszéljen hangosabban!** speak up!

hangosbemondó *n* loudspeaker

hangoztat *v* emphasize, stress

hangsebesség *n* speed of sound || ~ **feletti** supersonic

hangsúly *n* emphasis, *nyelvt is* stress

hangsúlyoz *v* (*szótagot*) stress; *átv* emphasize

hangszalag *n* biol ~**ok** vocal cords; (*magnó*) (magnetic) tape

hangszer *n* (musical) instrument || **vmlyen ~en játszik** play (on) an instrument

hangszigetelt *a* soundproof

hangszín *n* timbre, tone(-colour)

hangszóró *n* (loud)speaker

hangtan *n* fiz acoustics *sing.*; *nyelvt* phonetics *sing.*

hangulat *n* (*kedély*) mood, spirit(s); (*társaságé/helyé*) atmosphere || **jó**

~**ban van** be* in good/high spirits; **rossz ~ban van** be* in low spirits

hangverseny *n* concert; (*szólóest*) recital

hangversenyterem *n* concert hall

hangvétel *n* tone

hangzás *n* sound, tone, resonance

hangzavar *n* cacophony, discord

hangz|ik *v* (*hang és átv*) sound; (*szöveg*) run*, read*

hangya *n* ant

hangyaboly *n* ant-hill

hány[1] *pron* how many? || ~ **éves?** how old is (s)he?; ~ **óra van?** what's the time?, what time is it?

hány[2] *v* (*okád*) vomit; (*csak GB*) be* sick; (*dob*) throw*, cast*

hányad *n* proportion

hányadik *pron* which [of a given number]? || ~ **lap?** which page?; ~**a van ma?** what is the date (today)?

hányados *n* quotient

hanyag *a* (*ember*) negligent, careless; (*munka*) slipshod

hányas *pron* what number?; (*cipő*) what size? || ~ **busz?** which bus?

hanyatl|ik *v* decline, decay; (*egészségileg*) sink*, fail

hanyatt *adv* ~ **esik** fall* backwards; ~ **fekszik** lie* on one's back

hányinger *n* nausea || ~**em van tőle** it makes me feel sick

hányszor *adv* how many times?, how often?

hapci! *int* atishoo!

hápog *v* (*kacsa*) quack, gaggle

hapsi *n biz* chap, fellow, guy

harag *n* anger, rage || ~**ban van vkvel** be* on bad terms with sy;

~**ra gerjed** fly* into a temper/passion

haragos 1. *a* angry, furious **2.** *n* enemy

haragsz|ik *v* be* angry, be* furious || ~**ik vm miatt** be* angry at/about sg; ~**ik vkre** be* angry with sy; **ne haragudjon, hogy zavarom** I'm sorry to disturb/trouble you

harang *n* (church) bell

harangoz *v* ring* the (church) bells

harangvirág *n* bluebell

haránt 1. *a* transversal **2.** *adv* transversely, diagonally

harap *v* bite* || ~ **vmre** *biz vk* leap*/jump at sg; ~**junk valamit!** *biz* let's have a snack

harapófogó *n* pincers *pl*

harapós *a* biting; *átv* snappish || ~ **kutya** vicious dog

harc *n* fight(ing), combat, battle

harcias *a* warlike; (*ember*) pugnacious, aggressive

harckocsi *n* tank

harcmező *n* battlefield

harcol *v átv is* fight* (*vmért* for sg, *vk ellen* against sy, *vkvel* with sy), battle (*vkvel* with/against sy)

harcos 1. *a* (*harcoló*) fighting, combative; *átv* bellicose **2.** *n* fighter, warrior

harctér *n* the front/field

harcsa *n* catfish

hardver *n szt* hardware

hárfa *n* harp

harisnya *n* (pair of) stockings *pl*

harisnyanadrág *n* tights *pl*, *US* pantihose

hárít *v* (*felelősséget*) shift [the responsibility]; (*költségeket*) charge [the expenses]

harkály *n* woodpecker

harmad *num* (*rész*) third (part)
harmadfokú *a* ~ **égés** third-degree burn; ~ **egyenlet** equation of the third degree
. **harmadik 1.** *num a* third, 3rd ‖ ~ **személy** *nyelvt* third person; *jog* third party/person; ~ **világ** Third World **2.** *n* (*osztály*) the third form/class
harmadrész *n* third part, a third
harmadszor *adv* (*harmadszorra*) for the third time; (*felsorolásban*) third(ly)
hárman *adv* the three of us/you/ them
hármas 1. *a* (*három részből álló*) threefold, treble, triple ‖ ~ **ikrek** triplets **2.** *n* (*szám*) (the number/ figure) three; *isk* satisfactory, fair ‖ ~**ban** the three of us/you/ them
harmat *n* dew
harminc *num* thirty
harmincadik *num a* thirtieth
harmónia *n* harmony
harmonika *n* (*tangó~*) (piano) accordion; (*kisebb*) concertina; (*száj~*) mouth-organ
harmónium *n* harmonium
három *num* three ‖ ~ **ízben** three times; ~ **példányban** in triplicate; ~**kor** at 3 (o'clock); ~**ra** by 3 (o'clock)
háromdimenziós *a* three-dimensional, 3-D
háromféle *a* three kinds/sorts of
háromnegyed *num/n* (*rész*) three-quarters *pl*; (*idő*) ~ **öt** a quarter to five
háromszáz *num* three hundred
háromszínű *a* three-colour(ed) ‖ ~ **lobogó** tricolour (*US* -or)

háromszor *adv* three times
háromszoros *a* triple, threefold, triplex
háromszög *n* triangle ‖ **szerelmi** ~ the eternal triangle
háromszögű *a* triangular
hárs(fa) *n* lime/linden tree
harsány *a* loud, ringing, shrill
harsona *n* trombone
hártya *n* membrane, film
hárul *v vkre* fall* to the lot of sy
has *n orv* abdomen; (, *ill. gyomor*) stomach; *biz* tummy, belly ‖ **fáj a** ~**a** have* stomach-ache; ~**ra esik** fall* prone/flat
hasáb *n* (*fa*) log; (*újságban*) column; *mat* prism
hasábburgonya *n* fried potato(es), chips *pl*, *US* French fries *pl*
hasad *v* burst*, crack; (*szövet*) tear*
hasadék *n* split, crack
hasal *v* lie* on one's stomach; *biz* (*mellébeszél*) talk drivel
hasfájás *n* stomach-ache
hashajtó *n* laxative, purgative
hasít *v* cleave*, split*; (*fát*) chop (up); (*szövetet*) rip, tear*
hasmenés *n* diarrhoea (*US* -rhea)
hasnyálmirigy *n* pancreas
hasonlat *n* simile; comparison
hasonlít *v vkhez, vmhez v. vkre, vmre* resemble sy/sg, be* similar to sy/sg; *vkhez, vmhez vkt, vmt* compare sy/sg to sy/sg ‖ **apjához** ~ the boy takes after his father
hasonló *a* similar; *vkhez/vmhez* (*igével*) be* similar to sy/sg, be*/ look like sy/sg ‖ **hozzám** ~ such as me *ut.*
hasonmás *n* (*kép*) likeness, portrait; (*személy*) double

használ *vt* use, make* use of; (*képességet*) *u*tilize; (*módszert*) employ, apply I *vi vm vknek* be* of use, be* *u*seful (to sy); (*gyógyszer, eljárás*) do* (sy) good II ~**t neki vm** sg did him good

használat *n* use; (*tárgyé*) handling; (*ruháé*) wea*r*(ing); (*szóé*) *u*sage; (*eljárásé*) application, employment II ~ **előtt felrázandó** to be shaken before use; ~**ba vesz** put* to use

használhatatlan *a* unusable, useless

használható *a* serviceable, useful

használt *a* used, second-hand

hasznos *a* useful, serviceable; (*vmre*) be* good for; (*egészségre*) beneficial

hasznosít *v* utilize, make* use of; (*hulladékanyagot*) recycle

haszon *n* (*előny, hasznosság*) advantage, benefit; (*nyereség*) profit, gain II **hasznát veszi vmnek** make* use of sg; **hasznot húz vmből** make* a profit out of (*v.* on) sg

haszontalan *a* (*hasznavehetetlen*) useless; *biz* (*ember*) good-for-nothing, worthless; (*kölyök*) naughty

hasztalan 1. *a* useless, vain **2.** *adv* in vain

hat¹ *num* six II ~**kor** at six (o'clock); ~**ra** by six (o'clock)

hat² *v* (*gyógyszer stb.*) act, take* effect; *vm vkre* impress/affect sy; *vk vkre* influence sy; (*vmnek tűnik*) give* the impression of

hát¹ *adv/conj* well, why, then II ~ **aztán?** so (what)?; ~ **persze** of course, to be sure

hát² *n* (*vké, vmé*) back (of); (*vm visszája*) reverse II **vk ~a mögött** (*átv is*) behind sy's back; ~**at fordít vknek** (*átv is*) turn one's back on sy/sg; ~**ba támad** attack (sy) from/in the rear; ~**tal ül vmnek** sit* with one's back to sg

hatalmas *a* (*óriási*) very large, huge, gigantic; (*épület*) enormous, monumental; (*uralkodó*) mighty, powerful

hatalom *n* (*erő*) power, might, strength, force; (*tekintély*) authority, power II **hatalmába kerít** get* control over (sg), (*országot*) conquer; **hatalmon van** (*kormány, párt*) be* in power/office; ~**ra jut** come* to power

hatalomátvétel *n* takeover

hatály *n* force, power II ~**ba lép** come* into force/effect; **azonnali hatállyal** with immediate effect

hatálytalanít *v* repeal, annul, cancel (*US* -l), nullify

hatan *num adv* six (people), six of them/us/you

határ *n* (*területé*) boundary; (*országé*) border, frontier; (*képességé*) limit II **a** ~**on** at/on the border; **mindennek van** ~**a** that's the limit!

határátkelőhely *n* crossing point, checkpoint

határérték *n* limit

határidő *n* (*vm benyújtására*) deadline, time limit II **a fizetési** ~ **augusztus 31.** payment due by 31 August

határidőnapló *n* date calendar

határoz *v* decide (*vmről, vmben* on sg *v.* to do sg), determine (sg); (*hivatalos szerv*) resolve; (*bíróság*) rule

határozat n decision, resolution ‖ **~ot hoz** (*hivatalos szerv*) pass/ adopt a resolution; (*bíróság*) pass judg(e)ment/sentence

határozatlan a (*dolog*) indefinite, undetermined; (*ember*) irresolute, hesitant ‖ **~ névelő** indefinite article; **~ válasz** vague reply

határozószó n adverb

határozott a (*jellemben*) determined, resolute; (*fellépés*) self-confident; (*körülírt*) definite, precise; (*időpont*) settled, fixed ‖ **~ kérés** express wish; **~ névelő** definite article

határőr n frontier/border guard

határtalan a (*átv is*) unlimited, boundless

hatás n effect, influence, impression; (*vegyi, belső*) action ‖ **érezteti ~át** make* itself felt; **~sal van** vkre have*/produce an effect on sy, influence/impress sy; vmre affect sg

hatásfok n efficiency, efficacy ‖ **nagy ~kal** very efficiently

hatáskör n (sphere of) authority, powers pl; (*bírói*) competence, jurisdiction ‖ **vk ~ébe tartozik** fall*/be* within the competence of sy

hatásos a effective, effectual; (*megjelenés*) impressive; (*beszéd*) powerful; (*érv*) potent; (*orvosság*) efficacious

hatástalan a ineffective, ineffectual; (*beszéd stb.*) unimpressive

hatékony a efficient, effective, powerful

hatéves a six-year-old; **~ kor(á)-ban** at the age of six

hátgerinc n spine, backbone

hátha adv supposing, maybe

hátizsák n rucksack, US backpack

hátlap n back; (*éremé*) reverse (side), verso

hatóanyag n agent

hatod n (*hatodrész*) (a/one) sixth; zene sixth

hatodik 1. num a sixth; 6th **2.** n (*osztály*) the sixth class/form (*US* grade) → **első**

hatodrész n a sixth part, (one) sixth

hatóerő n (active) force

hatol v (*vmbe*) penetrate into

hatos 1. a six(fold) **2.** n (*számjegy*) (the number/figure) six; zene sextet(te)

hatóság n authority

hatótávolság n range

hátra adv (*irány*) back(wards) ‖ **~ arc!** about turn!

hátrább adv further/farther back

hátradől v sit*/lean* back

hátrafelé adv back(wards)

hátrafordul v turn (a)round; (*csak fejjel*) look round/back

hátrahagy v (*otthagy*) leave* (sg) behind; (*vknek örökséget*) bequeath (sg to sy)

hátraigazít v (*órát*) put* [the clock] back

hátrál v (*ember*) back away, draw* back; (*sereg*) retreat; (*jármű*) reverse

hátralék n arrears pl, remainder (of debt); (*restancia*) backlog

hátráltat v hinder, impede

hátramarad v (*lemarad*) fall*/stay behind; (*vk után*) be* left behind

hátrány n disadvantage, drawback

hátravan v (*ezután kerül sorra*) remain (to be done), be* still left ‖

nincs más hátra, mint there's nothing for it but to
hátsó *a* (*hátul levő*) back(-), rear(-) ‖ ~ **gondolat** ulterior motive; ~ **lábak** (*állaté*) hind legs; ~ **lépcső** backstairs *pl*; ~ **rész** *vmé* (the) rear; (*állaté*) hindquarters *pl*; ~ **ülés** back seat
hatszáz *num* six hundred
hatszor *num adv* six times
hatszoros *a* sextuple, sixfold
háttér *n* background
hátul *adv* at the back, in/at the rear, behind
hátúszás *n* backstroke (swimming)
hatvan *num* sixty
hatvanadik *num a* sixtieth, 60th
hatvány *n* power [of a number] ‖ **második** ~ second power, square; **harmadik** ~ third power, cube; **a második ~ra emel** raise [a number] to the second power
hattyú *n* swan
havas 1. *a* (*hóval borított*) snowy ‖ ~ **eső** sleet **2.** *n* **a ~ok** snow-covered mountains
havazás *n* snowfall
havaz|ik *v* snow, be* snowing
haver *n biz* pal, *US* buddy
havi *a* monthly
havibérlet *n* monthly season ticket
havonta *adv* a/every/per month, monthly ‖ ~ **kétszer** twice a month
Hawaii *n* Hawaii(an Islands)
ház *n* house; (*nagyobb*) residence; (*otthon*) home; (*képviselőház*) The House, *GB* House of Commons, *US* House of Representatives; (*uralkodói*) dynasty ‖ ~**hoz szállít** deliver; ~**on kívül van** is out, is not in; **telt** ~ *szính* full house

haza 1. *n* native land, country, mother country, home(land) ‖ ~**nkban** in Hungary, (*ritkábban*) in this country **2.** *adv* home ‖ **elindult** ~ he started (back) for home
hazaáruló *n* traitor
hazaenged *v* let* sy (go) home; (*iskolából tanítás után*) dismiss; (*hadifoglyot*) release
hazaérkez|ik *v* return/come*/arrive home ‖ ~**ett már?** is (s)he back yet?
hazafelé *adv* homewards, on the way home
hazafi *n* patriot
hazafiság *n* patriotism
hazahoz *v* bring*/fetch home
hazai 1. *a* native, domestic, home, national ‖ **a** ~ **csapat** the home team; ~ **termék** home produce/product **2.** *n* **kap egy kis ~t** get* a hamper from home
hazáig *adv* (as far as) home, to one's house/home
hazajön *v* come* home, return
hazakísér *v* see*/take* sy home
hazamegy *v* go*/walk home
hazárdjátékos *n* gambler
házas 1. *a* married **2.** *n* ~**ok** married couple
házasodik *v* get* married, marry
házaspár *n* (married) couple
házasság *n* marriage ‖ ~**ot köt** get* married, *vkvel* marry sy
házasságtörés *n* adultery
házastárs *n* spouse, one's husband/wife
hazaszeretet *n* love of one's country, patriotism
hazavisz *v* (*vkt*) take* sy home; (*vmt*) carry home

házbér *n* rent
házfelügyelő *n* caretaker, porter
házi 1. *a* home-; (*otthon készült*) home-made ǁ ~ **feladat** homework **2.** *n* **a** ~**ak** the tenants
háziállat *n* domestic/farm animal
házias *a* house-proud; (*férfi*) domesticated
háziasszony *n* housewife°; (*vendégségkor*) hostess; (*szállásadó*) landlady
házibuli *n biz* party
házigazda *n* (*vendégségkor*) host
háziipar *n* handicraft(s)
házimunka *n* housework
háziorvos *n* family doctor, general practitioner (GP)
házirend *n* rules of the house *pl*
háziúr *n* landlord
házszám *n* street-number
háztartás *n vké* household; (*tevékenység*) housekeeping ǁ ~**t vezet** keep* house (*vkét* for sy)
háztartásbeli *n* housewife°, *US* homemaker
háztartási *a* ~ **alkalmazott** domestic, (home) help; ~ **bolt** household stores *pl*; ~ **gépek** household appliances, labour-saving devices; ~ **munka** housework
háztető *n* roof
háztömb *n* block (of houses)
hazud|ik *v* tell* a lie, lie*
hazug *a* (*ember*) lying; (*valótlan*) untrue ǁ ~ **ember** liar
házvezetőnő *n* houskeeper
hé! *int* hey!, hello!, hi!
hébe-hóba *adv* now and then/again
héber *a/n* ~ **(nyelv)** Hebrew
heccel *v* (*ugrat*) tease, chaff, kid; (*vkt vk ellen*) egg sy on
heg *n* scar

hegedű *n* violin
hegedül *v* play the violin
hegedűs *n* violinist
hegeszt *v* (*fémet*) weld
hegy[1] *n földr* mountain; (*kisebb*) hill ǁ **a** ~ **oldalán** on the hillside; ~**nek föl** uphill; ~**ről le** downhill
hegy[2] *n* (*ceruzáé, tűé*) point; (*ujjé, nyelvé, orré*) tip
hegycsúcs *n* peak, mountaintop, summit
hegyes[1] *a* (*vidék*) mountainous
hegyes[2] *a* (*tárgy*) pointed, sharp
hegyesszög *n* acute angle
hegyez *v* (*ceruzát*) sharpen ǁ ~**i a fülét** prick up one's ears
hegylánc *n* mountain range
hegymászás *n* mountaineering, alpinism
hegymenetben *adv* uphill
hegyoldal *n* mountainside, hillside
hegység *n* mountains *pl*
hegyszoros *n* (mountain) pass, defile
hegytető *n* mountain-top
hegyvidék *n* mountainous region/area
hej! *int* oh!; (*lelkesítve*) hey!
héj *n* skin; (*tojás, dió*) shell; (*kenyér*) crust; (*lehámozott*) peel, parings *pl*
héja *n* hawk
hektár *n* hectare
helikopter *n* helicopter
hélium *n* helium
hely *n* place; (*férő*) room, space; (*ülő~*) seat; (*szín~*) spot, scene; (*épületé*) site; (*vidék*) locality, spot ǁ **(én) a (te)** ~**edben** if I were you; **foglaljon** ~**et!** please take a seat ~**ben** in/at the place, on the spot; (*levélen*) local; ~**ére tesz**

vmt (*vissza*) return sg to its place; **~et kérek!** make* way please!; **~hez köt** localize; **~t ad vmnek** admit sg; (*fellebbezésnek*) grant [an appeal]

helybeli *a/n* local

helyenként *adv* here and there

helyénvaló *a* fitting, proper, appropriate

helyes *a* (*helyénvaló*) right, proper; (*korrekt*) correct; (*számszerűen*) accurate; *biz* (*vkről*) nice, sweet; lovely ‖ **~ angolság** good English; **(nagyon) ~!** (that's) right!

helyesbít *v* correct, set*/put* (sg) right

helyesel *v vmt* approve of sg, agree to/on sg

helyesírás *n* spelling, orthography ‖ **rossz ~sal ír vmt** misspell*

helyett *post* instead of, in place of

helyettes 1. *a* deputy, assistant **2.** *n* (*állandó*) deputy, assistant; (*alkalmilag*) sy's substitute

helyettesít *v vkt* deputize/substitute for sy, be* sy's substitute/deputy; *vmt vmvel* replace sg by/with sg

helyez *v vmt vhova* place, put*, lay* (*mind*: sg swhere); (*vkt hivatalba*) appoint (sy) to, place sy swhere

helyezked|ik *v vhol* take* up a place somewhere; *sp* position oneself; (*érvényesülést keresve*) jockey/manoeuvre (*US* maneuver) for position

helyfoglalás *n* (*seat*) reservation, advance booking

helyhatóság *n* local authority

helyi *a* local ‖ **~ beszélgetés** local call

helyiérdekű vasút *n* suburban/local railway/line

helyiség *n* room, premises *pl*

helyjegy *n* reserved seat (ticket)

helyreállít *v* restore, repair

helyrehoz *v* repair; (*épületet*) restore; (*jóvátesz*) put* sg right

helyreigazít *v* adjust; set* (sg) right; *átv* rectify, correct

helység *n* place, locality; (*község*) community

helyszín *n* (*pl. konferenciáé*) venue ‖ **a ~en** on the spot/scene

helyszíni *a* **~ bírságolás** on-the-spot fine; (*tilos parkolásért*) parking ticket; **~ közvetítés** running commentary (on)

helytáll *v* (*küzdelemben*) hold*/stand* one's ground; (*megállja a helyét vmben*) cope with sg; (*állítás*) be* (still) valid

helytelen *a* incorrect, wrong; (*viselkedés*) improper, inappropriate

helytelenít *v* disapprove of

helyzet *n* (*tárgyé*) situation, position; (*testi*) posture, attitude; (*fekvés*) setting, site; (*társadalmi*) social standing/status; position ‖ **a ~ az, hogy** the fact/thing is* (that); **abban a ~ben van, hogy** he is in a position to...; **a jelen ~ben** as things stand

henceg *v* brag, boast

henger *n* cylinder; (*simító, textilnyomó*) roller ‖ **~ alakú** cylindrical

hentes *n* (pork-)butcher

hentesüzlet *n* butcher's shop, the butcher's

henyél *v* idle/laze/lounge around/about

hepehupás *a* bumpy, rough, uneven

herceg *n* (*GB királyi*) prince; (*nem királyi*) duke
hercegnő *n* (*GB királyi*) princess; (*nem királyi*) duchess
here *n* (*méh*) drone; (*emberről*) idler, parasite; (*testrész*) ~k testicles
hering *n* herring ‖ **(sózott és) füstölt ~** kipper
hernyó *n* caterpillar, worm
hervad *v* fade, wither
hess *int* shoo!, boo!
hét[1] *num* seven ‖ **~kor** at seven; **~re** (*időpont*) at seven; (*határidő*) by seven
hét[2] *n* (*hét nap*) week ‖ **két ~** two weeks *pl*, *GB* a fortnight; **jövő ~en** next week; **kétszer egy ~en** twice a week; **minden ~en** every week; **mához egy ~re** today week, a week (from) today; **egy ~re** for a week; **~ről ~re** from week to week
heted *n* seventh
hetedik *num a* seventh; 7th ‖ **~ osztály** the seventh class/from (*US* grade)
heten *num adv* seven (people), seven of them/us/you
hetente *num adv* weekly, every week
hetes[1] 1. *a* seven(fold) 2. *n* (*szám*) (the number/figure) seven
hetes[2] 1. *a* (*életkor*) ... weeks old *ut.*, of ... weeks *ut.* 2. *n* (*szolgálatban*) person on duty for a/the week; *isk* monitor
hétfő *n* Monday; → **kedd, keddi**
heti *a* weekly, a week's
hetilap *n* weekly (paper)
hétköznap *n* weekday
hétköznapi *a* (*hétköznapra eső*) weekday-; *átv* everyday

hétszáz *num* seven hundred
hétszer *num adv* seven times
hétszeres *a* sevenfold
hétvég(e) *n* weekend ‖ **vhol tölti a ~ét** spend* the weekend (at); **a ~én** during/at the weekend
hetven *num* seventy
hetvenedik *num a* seventieth
hetvenes *a* **a ~ évek** the seventies (70s)
hév *n* heat ‖ **nagy ~vel dolgozik** hammer away
HÉV *n* = **helyiérdekű vasút**
heveder *n* strap, band; (*gépé*) belt
heveny *a* acute
hever *v vk* lie*, be* lying
heverő *n* (*bútor*) single bed, couch, divan
heves *a* violent; (*ember*) passionate, hot(-tempered); (*fájdalom*) intense, sharp; (*harc*) fierce, bitter; (*vita*) heated
hevít *v* (*forróvá tesz*) heat; *átv* fire, incite, stimulate
-hez *suff* → **-hoz**
hézag *n* (*nyílás*) gap; *tech* clearance; *átv* deficiency
hiába *adv* in vain, to no purpose ‖ **~ minden!** all is in vain; **nem ~** not for nothing
hiábavaló *a* useless, vain, fruitless
hiány *n* want (of sg), lack, absence; (*áruban stb.*) shortage of (sg); (*elégtelenség*) deficiency; (*költségvetési*) deficit; (*pénztári*) amount missing ‖ **vmnek ~ában** for want/lack of sg; **vmnek ~át érzi** feel* the want of sg
hiánycikk *n* article/commodity/ goods in short supply; (*eladó válasza*) (sorry,) it's out of stock
hiányol *v* (*hiányát érzi*) miss (sg/sy)

hiányos *a* defective, imperfect, deficient, incomplete

hiánytalan *a* complete, entire, full, whole

hiányz|ik *v* (*nincs jelen*) be* absent; (*nincs meg*) be* missing/ wanting/lacking; (*szükség volna rá*) miss, need, be* wanting (in) sg ‖ **még csak ez ~ott!** that's the last straw!

hiba *n* (*tévedés, mulasztás*) mistake, error, fault; (*tökéletlenség*) deficiency; (*szervi*) defect; (*működési*) trouble; (*jellembeli*) failing, blemish, fault ‖ **beismeri a ~ját** admit one's mistake; **ez nem az én ~m** it is not my fault; **~t követ el** make* a mistake

hibás *a* vm defective; deficient, faulty; (*bűnös*) guilty, at fault ut. ‖ **ki a ~?** who is to blame?

hibátlan *a* faultless, perfect; (*áru*) undamaged; (*jellem*) perfect; (*nyelvileg*) correct; (*számítás*) exact

hibáz|ik *v* make* a mistake, commit an error

híd *n* bridge

hideg 1. *a* cold, chilly ‖ **~ étel(ek)** cold foods/dish(es)/meal(s); **~ vacsora** buffet supper; **~ víz** cold water 2. *n* cold, chill ‖ **rázza a ~** (*láztól*) be* shivering with fever; **5 fok ~ van** it is 5 degrees below [zero]; **~re fordul** [weather] turns cold

hidegkonyha *n* buffet meals *pl*

hidegvér *n* coolness, sang froid ‖ **megőrzi a ~ét** keep* one's head/ temper (*v. biz* cool); **~rel** in cold blood

hidrogén *n* hydrogen

hidrogénbomba *n* hydrogen bomb, H-bomb

hiéna *n* hyena

hifitorony hi-fi equipment/set/unit, hi-fi

híg *a* thin, watery, diluted

higany *n* mercury

higgadt *a* sober, settled, calm

higiénia *n* hygiene

hígít *v* (*bort*) dilute; (*festéket*) thin (*vmvel* with)

hígító *n* (*oldat*) thinner

hihetetlen *a* unbelievable, incredible

hihető *a* credible, believable

híja *n* vmnek ~ lack/want of sg; **kis ~, hogy ... nem** all but, almost, nearly; **jobb ~n** for want/lack of something better

hím 1. *a* male, he- 2. *n* male

hímez *v* embroider

himlő *n* smallpox

hímnem *n* nyelvt masculine (gender)

hímnemű *a* biol male; nyelvt masculine

himnusz *n* (*nemzeti*) national anthem

hímzés *n* embroidery

hínár *n* (*édesvízi*) reed-grass; (*tengeri*) seaweed

hinta *n* (*kötélen*) swing; (*deszka*) seesaw

hintaszék *n* rocking chair

hintáz|ik *v* (*kötélen*) swing*; (*deszkán*) seesaw; (*hintaszéken*) rock

hipnotizál *v* hypnotize

hír *n* (*értesülés*) news (*pl* ua.) (*vmről* of sg), information (*pl* ua.); (*hírnév*) reputation, fame ‖ **az a ~ járja, hogy** rumour has it that; **~ek** (*rádió, tv*) the news sing.; **~ből ismer** know* sy (only) by repute/report

híradástechnika n telecommunications sing.
híradó n (moziban) newsreel; (tévé) (TV) news sing.
hirdet v (eseményt tudtul ad) announce, proclaim; (újságban) advertise; (plakáttal) put* up a poster about sg; (tant, eszmét) advocate, propagate ‖ **eredményt** ~ declare/publish the result(s); **ítéletet** ~ pass sentence (on sy)
hirdetés n (cselekvés) advertising; (szöveg) advertisement; (apró) (classified/small) ad; (plakát) poster, bill
hirdetőtábla n notice board; (nagyobb) hoarding, US billboard
híres a vk, vm famous, celebrated, well-known ‖ **vmről** ~ famous/noted for sg ut.
híresztelés n report, rumour (US -or), talk
hírhedt a notorious, ill-famed
hírközlés n telecommunications sing.
hírközlő szervek n pl the (mass) media pl v. sing.
hírlap n (news)paper; (napi) daily
hírnév n reputation, fame
hírnök n herald, messenger
hírszerző szolgálat n intelligence service
hirtelen 1. a sudden, unexpected; (mozdulat) quick, rapid; (ember) hasty, impulsive 2. adv suddenly, all of a sudden
hírügynökség n news agency
história n (történelem) history; (történet) story, tale
hisz v vmt, vmben believe (in) sg; (vél) believe, think*, expect, US guess; vknek believe sy, trust sy ‖

ki hitte volna! who'd have thought it!; **nem akart hinni a szemének** he couldn't believe his eyes
hiszékeny a credulous, naive
hiszen adv/conj (magyarázva) for, as, since; (elvégre) after all ‖ **de** ~ but then, why
hisztérikus a hysteric(al) ‖ ~ **rohama van** have* hysterics
hit n (meggyőződés) belief (in sg), faith, trust, confidence; (vallás) faith, religion ‖ **(vmlyen)** ~**re tér** be* converted (to)
hiteget v feed* (sy) with promises/hopes
hitel n ker credit; (hihetőség) authenticity, trustworthiness; (elhivés) belief (in sg) ‖ ~**re vesz** buy* sg on credit; ~**t ad vmnek** believe sg; ~**t érdemlő** authentic, credible
hiteles a (valódi) authentic, genuine; (hitelesített) authenticated, certified
hitelesít v authenticate, certify; (mértéket) check, test
hitelez v (pénzt) credit sy with
hitelkártya n credit card
hitetlen a (kétkedő) incredulous, sceptical (of sg); (nem hívő) unbelieving, faithless
hitoktatás n religious education
hitoktató n teacher of religious education, RE teacher
hitszegő a perfidious
hittan n (tantárgy) religious education; (elmélet) theology, divinity
hittérítő n missionary
hittudomány n theology, divinity
hitvallás n vall confession (of faith); (hiszekegy) creed

hitvány a (minőségileg) worthless, valueless; (erkölcsileg) base, mean || ~ áru rubbish

hitves n (feleség) wife°; (házastárs) spouse

hiú a (ember) vain, conceited || ~ remény vain hope

hív[1] n ~e (vknek, vmnek) follower, adherent (of sy/sg); vall a ~ek the congregation/flock sing.

hív[2] v vkt vhová call (to); (telefonon) ring* sy (up), (tele)phone sy; (nevez) call, name || ebédre ~ invite/ask to dinner; hogy ~nak? what's your name?; orvost ~ send* for a doctor; segítségül ~ call sy to one's aid

hívat v send* for sy; (magához) summon sy

hivatal n (hely) office, bureau (pl -s v. -x); (állás) position, function, post, job || ~ba lép take* up (v. enter) office; ~ból officially

hivatalnok n (state) official, civil servant, clerk

hivatalos a (hatóságtól előírt) official; (hivatali) official, administrative, professional; (vhová meghíva) be* invited (to) || ~ idő office/business hours pl; ~ ügyben on business; nem ~ unofficial, informal

hivatás n (elhivatottság) calling, vocation (to); (szakma) profession, trade, career

hivatásos a professional || nem ~ non-professional, amateur

hivatkoz|ik v vmre refer to sg; vkre (pl. állásnál) give* sy as a reference || aug. 10-i levelére ~va with reference to your letter of 10 August

hívatlan a uninvited

híve n → hív[1]

hívő 1. a believing 2. n believer

hízeleg v vknek flatter sy, fawn on sy

híz|ik v put* on weight, grow*/get* fat; fatten; (dicsérettől) swell* (with pride)

hizlal v (állatot) fatten (up); vm vkt make* (sy) fat

hó[1] n snow || esik a ~ it is snowing

hó[2] n = hónap

hobbi n hobby

hóbort n (szeszély) whim, fad, caprice; (divat) craze, mania

hóbortos a eccentric, cranky, crazy

hód n beaver

hódít v (földet, országot) conquer; (nő, férfi) make* a conquest of sy

hódító 1. a conquering || ~ háború war of conquest 2. n conqueror

hódol v vknek pay* homage (to sy); (szenvedélynek) have* a passion (for sg); (divatnak) follow

hódoló n admirer, devotee, follower

hófúvás n (hóvihar) snow-storm; (akadály) snowdrift

hógolyó n snowball

hogy[1] adv (hogyan) how, in what manner; (mennyire) how || de még ~! and how!; ~ a szilva? how much are the(se) plums?; ~ mondják ezt angolul? how do you say it/that in English?; ~ vagy? how are you (getting on)?; ~ volt! encore!

hogy[2] conj that; (célhatározó) in order to/that, so that; (függő kérdésben) whether || kérdezte, ~ elmegyek-e he asked me whether

I was going; **kért, ~ siessek** he asked me to hurry
hogyha *conj* if, supposing, presuming
hogyhogy *adv* what do you mean?
hogyisne *int* certainly not, nothing of the sort!
hogyne *adv* of course, naturally, sure, certainly
hoki *n* hockey
hol[1] *adv* **A)** (*kérdő*) where?, in what place?, whereabouts? **B)** (*vonatkozó*) = **ahol**
hol[2] *conj* ~ **hideg,** ~ **meleg** now hot now cold; ~ **volt,** ~ **nem volt** once upon a time there was ...
hold[1] *n csill* moon; (*más bolygóé*) satellite, moon ‖ **mesterséges** ~ earth satellite
hold[2] *n* (*mérték*) Hungarian acre <0,57 hectares or 1,42 English acres>
holdfény *n* moonlight
holdfogyatkozás *n* eclipse of the moon
holdkóros *n* sleepwalker
holdtölte *n* full moon
holdvilág *n* moonlight
holland *a/n* Dutch ‖ ~ **(nyelv)** Dutch; ~ **férfi** Dutchman°; **a ~ok** the Dutch
Hollandia *n* the Netherlands *pl*, Holland
holló *n* raven
holmi *n* sy's things *pl*, belongings *pl*
holnap 1. *adv* tomorrow ‖ ~ **reggel** tomorrow morning, in the morning; ~**ra** (by) tomorrow **2.** *n* (*másnap*) the next day
holnapután *adv* the day after tomorrow

holott *conj* (al)though, whereas
holt *a* dead, deceased ‖ ~ **nyelv** dead language; ~ **szezon** off season
holtidő *n* (*munkában*) idle time
holtjáték *n* play; (*túl nagy*) backlash
holtpontra jut *v* come* to a deadlock
holtsúly *n* dead-weight/load
Holt-tenger *n* Dead Sea
holttest *n* dead body, corpse
holtverseny *n* dead heat, tie, draw
hólyag *n* (*szerv*) bladder; (*bőrön*) blister; *biz* (*emberről*) fathead, idiot
homály *n* (*sötétség*) obscurity, darkness, dimness; (*esti*) twilight, dusk; *átv* obscurity, mystery
homályos *a* (*sötét*) dim, obscure; (*fémfelület*) dull; (*célzás*) not clear *ut.*, obscure
homár *n* lobster
homlok *n* forehead, brow
homlokzat *n* front, façade
homogén *a* homogeneous
homok *n* sand
homokóra *n* sand-glass
homokos[1] *a* sandy, sanded; ~ **part** sandy beach, sands *pl*
homokos[2] *a biz* (*homoszexuális*) gay, queer
homonima *n* homonym
homorú *a* concave, hollow
homoszexuális *a* homosexual
hónalj *n* armpit
hónap *n* month ‖ **egy ~ leforgása alatt** within a month
hónaponként *adv* a/per month, monthly
hónapos *a* ...-month-old; monthly
honfitárs *n* compatriot, fellow-countryman°

honnan *adv* **A)** (*kérdő*) (*irány, hely*) from where?, where ... from?, from what place?; *átv* how?, why? || ~ **tudja?** how do* you know? **B)** (*vonatkozó*) = **ahonnan**

honorál *v* recompense

honorárium *n* fee; (*szerzői*) royalty

honpolgár *n* citizen, subject

hontalan 1. *a* homeless, exiled **2.** *n* displaced person

honvágy *n* homesickness; ~**a van** be* homesick

honvédelmi *a* of national defence (*US* -se) *ut.* || ~ **miniszter** Minister of Defence, *GB* Defence *US* Defense Secretary; ~ **minisztérium** *H, GB* Ministry of Defence, *US* Department of Defense

hópehely *n* snowflake

hopp! *int* oops!

hord *v* (*visz*) carry; (*ruhát, cipőt*) wear*, have* sg on

hordágy *n* stretcher

hordár *n* porter

hordó *n* (*fa v. fém*) barrel; (*fa*) cask; (*kisebb*) keg

hordozható *a* portable

horgany *n* zinc

horgász *n* angler

horgászbot *n* fishing-rod

horgászfelszerelés *n* fishing tackle

horgász|ik *v* angle/fish (*vmre* for sg)

horgol *v* crochet

horgony *n* anchor || ~**t vet** cast*/ drop anchor

horgonyoz *v* anchor

horizont *n* horizon; (*város sziluettjével*) skyline

horkol *v* snore

hormon *n* hormone

horog *n* (*kampó*) hook; (*horgászé*) fish-hook || ~**ra akad** (*hal*) take* the hook

horoszkóp *n* horoscope

horpadás *n* dent (in sg); (*talajban*) dip

horvát 1. *a* Croatian **2.** (*ember, nyelv*) Croatian, Croat

Horvátország *n* Croatia

hossz *n* length

hosszában *adv* lengthways, lengthwise || **vmnek** ~ along(side) sg

hosszabbít *v* lengthen; (*időt*) prolong; *sp* extend the time

hosszas *a* (*hosszadalmas*) lengthy

hosszú *a vm* long; (*emberről*) tall || **3 méter** ~ three metres long; ~ **életű** long-lived; ~ **ideig** for a long time; ~ **lejáratú** long-range, (*hitel*) long-term; ~ **távon** in the long run

hosszúság *n* length; *földr* longitude

hosszútávfutás *n* long-distance running

hotel *n* hotel

hova *adv* **A)** (*kérdő*) in which direction?, where?, which way? || ~ **mész?** where are* you going (to); ~ **valósi (vagy)?** where do you come from? **B)** (*vonatkozó*) = **ahova**

hóvihar *n* snow-storm, blizzard

hóvirág *n* snowdrop

hoz *v* bring*, carry; (*érte menve*) fetch; (*eredményez*) bring* in; (*jövedelmet*) yield; (*kamatot*) bear*; (*gyümölcsöt*) produce || **Isten ~ott!** welcome!

-hoz, -hez, -höz *suff* **A)** (*helyhatározó*) **a)** to || **házhoz szállít** deliver to one's house; **b)** (*elöljáró nélkül*) **közel vmhez** near sg; **menj (el) az orvoshoz** go to see the doctor! **B)** (*időhatározó*) **mához egy hétre** today week, a week (from) today **C)** (*véghatározó*) **a)** to || **fordul vkhez** apply to sy for sg; **szól vkhez** speak* to sy; **b)** to (*v. elöljáró nélkül*) **csatlakozik vkhez** join sy; **c)** (*különféle elöljáróval v. elöljáró nélkül*) **ért vmhez** be* proficient in sg; **hozzáfog vmhez** set*/go* about sg, begin*/start/commence sg; **semmihez sincs kedve** take* no interest in anything **D)** (*hasonlításban*) **hasonlít vkhez/vmhez** resemble sy/sg, be* similar to sy/sg; **jól illik vmhez** suit sg well, go* well with sg

hozam *n* output, yield
hozomány *n* dowry
hozzá *adv* to/towards sy || ~**m** to me; ~**d** to you; ~**nk** to us; ~**tok** to you; ~**juk** to them
hozzáad *v vmhez vmt* add (sg to sg) || ~**ja a lányát vkhez** marry one's daughter (off) to sy
hozzáállás *n vmhez* attitude, approach (to sg)
hozzáér *v vmhez* touch sg
hozzáerősít *v vmhez* fasten/fix sg to sg
hozzáértő *a* competent, expert
hozzáfér *v vmhez* reach (sg); *vkhez* come*/get* near (enough) to sy
hozzáfog *v vmhez* set* about sg, start/begin* to do sg, start doing sg || ~ **a munkához** get* down to work
hozzáfűz *v vmhez* tie (sg) on (sg), bind*/fasten (sg) to (sg); (*megjegy-*

zést) add || **(ehhez) nincs mit ~ni** I've nothing to add, no comment
hozzáillő *a* suitable, fitting || **színben** ~ ... to match
hozzájárulás *n* contribution (*vmhez* to); (*beleegyezés*) assent, consent
hozzájut *v* (*térben vmhez*) get* at; (*időben*) find* time (for sg)
hozzálát *v* (*evéshez*) settle down to sg; → **hozzáfog**
hozzámegy *v* (*feleségül vkhez*) get* married to (sy)
hozzányúl *v vmhez* touch/handle sg || **ne nyúlj hozzá!** don't touch (it)!, leave it alone
hozzászámít *v vmhez* add on, include (in sg)
hozzászok|ik *v vmhez* get* accustomed to sg, get* used to sg
hozzászól *v vmhez* speak* (on a subject), comment on sg || **mit szólsz hozzá?** what do you think (of it)?
hozzászólás *n* (*ülésen*) contribution, remarks *pl*
hozzátapad *v vmhez* stick*/adhere to sg
hozzátartoz|ik *v vmhez* belong to sg
hozzátartozó *n* (*rokon*) relative, relation
hozzátesz *v vmt vmhez* add (sg to sg) || **nincs semmi hozzátennivalóm** I have nothing to add
hozzávaló *n* (*kellékek*) accessories *pl*; (*ételhez*) ingredients *pl*
hozzávetőleg *adv* approximately, about
hő *n* heat
hőálló *a* heat-resistant, heatproof
hőemelkedés *n orv* slight fever/temperature || ~**e van** have*/run* a temperature

hőfok *n* temperature
hőguta *n* heat-stroke, sunstroke
hőhullám *n* heat-wave
hőlégballon *n* hot-air balloon
hölgy *n* lady || **~eim és uraim!**
Ladies and Gentlemen!
hőmérő *n* thermometer
hőmérséklet *n* temperature
hörcsög *n* hamster, *US* gopher
hörghurut *n* bronchitis
hős *n* hero || **a regény ~ei** the main
characters of the novel
hőség *n* (great) heat || **nagy ~ van**
it is very hot
hősnő *n* heroine
hősugárzó *n* (electric) heater
hőszigetelés *n* heat insulation
-höz *suff* → **hoz**
húg *n* younger sister
húgy *n* urine
huligán *n* hooligan
hull *v* fall* (off), drop (down/off);
(*könny*) flow || **~ a haja** his hair is
falling out; **~ a hó** it is snowing
hulla *n* corpse; (*állati*) carcass
hulladék *n* waste (material), refuse,
US garbage
hullám *n* wave; (*nagy tengeri*)
billow || **tartós ~** permanent wave
hullámhossz *n* wavelength
hullámlovaglás *n* surfing
hullámos *a* (*haj*) wavy, curly
hullámsáv *n* waveband
hullámvasút *n* roller coaster
hullámz|ik *v* (*szelíden*) ripple,
undulate; (*erősen*) surge, billow,
swell*; (*árak*) fluctuate
hullócsillag *n* shooting star
humán *a* **~ beállítottságú** inter-
ested in (*v.* oriented towards) the
arts/humanities *ut.*; **~ műveltség**
education in the humanities/

classics; **~ tárgyak** arts, *US* hu-
manities
humanista *a/n* humanist
humánus *a* humane
humor *n* humour (*US* -or)
humorérzék *n* sense of humour
(*US* -or)
huncut *a* waggish, prankish,
impish; (*nem becsületes*) wily,
crafty
hunyorít *v* (*egyet*) wink
húr *n* *zene* string; *mat* chord || **egy
~on pendülnek** they are thick as
thieves
hurcol *v* drag, haul
hurka *n* sausage
hurok *n* noose, slip-knot, loop
húros hangszer *n* string(ed)
instrument
hurrá *int* (hip, hip) hurray! || **há-
romszoros ~** three cheers (for sy)
hús *n* (*élő*) flesh; (*ennivaló*) meat;
(*vadé*) game
húsbolt *n* butcher's (shop)
húsdaráló *n* mincer, *US* meat
grinder
húsleves *n* meat-soup
hússzelet *n* steak
húsvét *n* Easter || **~kor** at Easter
húsz *num* twenty || **~ óra** twenty
hours, 8 p.m.
huszadik *num a* twentieth || **a XX.
század** the 20th century
huszár *n* hussar, cavalryman°;
(*sakkban*) knight
huszonegyedik *num a* twenty-first
(21st)
húz *v* draw*, pull; (*vonszolva*)
drag, haul; (*ruhát*) put* on; *biz*
(*ugrat vkt*) kid (sy), pull sy's leg;
(*vonzódik vkhez*) feel* drawn to-
wards sy || **ágyat ~** change/make*

the bed; **cipőt** ~ put* on one's shoes

huzal *n* wire; (*erősebb*) cable

huzamos *a* protracted, (long-)lasting || ~ **időre** for a long time

huzat *n* (*lég~*) draught (*US* draft); (*bútor~*) cover; (*párna~*) case

húzód|ik *v* (*anyag*) stretch; (*ügy*) drag on; (*terület vmeddig*) extend to/over; (*vk vhová bújik*) withdraw* to, hide* in

húzódoz|ik *v* *vmtől* be*/feel* reluctant/loath to do sg

hű[1] *a* faithful, loyal, true (*vkhez, vmhez mind*: to sy/sg) || ~ **marad vkhez** remain faithful/loyal to sy

hű[2] *int* oh!, wow!

hűhó *n* ado || **nagy ~t csap vmért** make* a fuss about sg

hűl *v* grow*/get* cool

hüllő *n* reptile

hülye 1. *a* idiotic, stupid **2.** *n* idiot

hülyeség *n* idiocy, stupidity; *biz* ~! (stuff and) nonsense!

hülyésked|ik *v* act foolishly || **ne ~j!** don't be silly!

hűséges *a* faithful, loyal, true

hűsít *v* refresh

hűsítők *n pl* soft drinks

hűt *v* cool; (*hűtőkészülékkel*) refrigerate, chill

hűtlen *a* faithless, unfaithful, disloyal

hűtőfolyadék *n* coolant

hűtőláda *n* chest freezer

hűtőszekrény *n* refrigerator, *biz* fridge || ~ **mélyhűtővel egybeépítve** fridge freezer

hűtőtáska *n* freezer bag

hűtővíz *n* cooling water

hüvely *n* (*kardé*) scabbard; (*töltényé*) cartridge-case; (*tok*) case; *tech* sleeve, jacket; *bot* legume, pod; (*női*) vagina

hüvelyk *n* (*mérték*) inch (= *2,54 cm*)

hüvelykujj *n* (*kézen*) thumb; (*lábon*) big toe

hűvös 1. *a* (*idő, kellemesen*) cool, fresh; (*kellemetlenül*) chilly; (*modor*) stiff, icy || ~ **fogadtatás** cold/frosty reception; ~ **helyen tartandó** to be kept in a cool place **2.** *n biz* (*börtön*) the cooler || ~**re tesz** clap (sy) in jail/jug

I, Í

-i *suff* (*vhonnan származó*) **budapesti** of Budapest *ut.*

ibolya *n* violet

ibolyántúli *a* ultraviolet

ibolyaszínű *a* violet(-coloured) (*US* -or-)

idáig *adv* (*időben*) up to now, till now, so far; (*térben*) as far as here, this far

ide *adv* here, to this place || **gyere ~!** come here!; ~ **figyelj!** listen!, look here

ideál *n* ideal

idealista 1. *a* idealistic **2.** *n* idealist

ideát *adv* over here

idébb *adv* further this way, nearer here

ideg *n* nerve || **az ~eire megy vm/vk** sg/sy gets on one's/sy's nerves

idegbeteg *a/n* neurotic

idegcsillapító *n* sedative, tranquillizer (*US* -l-)

idegen 1. *a* (*ismeretlen*) foreign, strange; (*külföldi*) foreign, alien **2.** *n* stranger, outsider; (*külföldi*) foreigner, alien ‖ **~eknek tilos a bemenet** no admittance (except on business)

idegenforgalom *n* tourism

idegenvezető *n* guide

ideges *a* nervous; (*nyugtalan*) restless

idegesked|ik *v* be* nervous

ideggyógyászat *n* neurology

ideggyógyintézet *n* neurological clinic

idegkimerültség *n* nervous breakdown

idehoz *v* bring* (sg/sy) here, fetch (sg)

idei *a* **(ez)** ~ this year's, of this year *ut.*

idejekorán *adv* in (good) time

idejétmúlt *a* out-of-date, outdated, old-fashioned

idejön *v* come* here

idén *adv* this year

idenéz *v* look here

ide-oda *adv* here and there; (*előrehátra*) to and fro

ideológia *n* ideology

idetartoz|ik *v* (*vk, vm*) belong here; (*ügyhöz átv*) pertain/relate to

idétlen *a* (*alakra*) misshapen; (*megjegyzés*) inept, foolish; (*ügyetlen*) clumsy, awkward

idevágó *a* relevant

idevaló *a* local; (*ideillő*) suitable, proper, relevant ‖ **~ vagyok** I belong here; **nem vagyok ~** I am a stranger here

idéz *v* (*szöveget*) quote (*vmt* sg, *vkt* sy), cite (sy/sg); (*hatóság elé*) summon

idézet *n* quotation (from)

idézőjel *n* quotation marks *pl*

idióta 1. *a* idiotic **2.** *n* idiot

idom *n* mat figure; (*női*) figure, form

idomít *v* (*állatot*) train; (*vadállatot*) tame

idő *n* time; (*~tartam*) (length of) time, period, term; (*~pont*) (point of) time, date; (*kor*) age, period; (*időjárás*) weather; nyelvt tense ‖ **a pontos ~ ...** time now ...; **annak idején** (*akkor*) at the/that time; (*jövőben*) when the time comes; **az egész ~ alatt** all the time; **az ~ pénz** time is money; **egy ~ óta** for some time (past), lately; **egy ~ben** (*valamikor*) at one time; **egy ~re** for a while/time; **ettől az ~től kezdve** from this time on; **ez ideig** up to now, so far; **húzza az ~t** be* marking time; **ideje, hogy** it is time to; **~ben, idejében** in (good) time; **~ről ~re** from time to time; **kis ~ múlva** after a while/time/bit, before long; **mennyi az ~?** what's the time?, what time is it?; **milyen ~ van?** what's the weather like (today)?; **sok idejébe került** it took him a long time; **szép ~ van** it's fine; **vmvel tölti (az) idejét** spend* one's time (doing sg); **vknek/vmnek az idején** in the days/time of

időhiány *n* lack of time

időjárás *n* weather

időjárás-jelentés *n* weather-report; (*előjelzés*) weather forecast

időjelzés *n* time-signal; (*rádióban biz*) (the) pips *pl*

időköz *n* interval, space of time

időközben *adv* meanwhile, (in the) meantime

időnként *adv* from time to time, (*every*) now and then

időpont *n* (point of) time, date ‖ **megbeszél egy ~ot vkvel** make*/fix an appointment with sy (*v.* to see sy)

idős *a* old, *a*ged, elderly ‖ **mennyi ~?** how old is he?; **nem látszik annyi ~nek** he does not look his age; **~ebb** *o*lder; (*testvéreknél*) *e*lder; **három évvel ~ebb nálam** he is three years *o*lder than me

időszak *n* period, term

időszámítás *n* (*rendszere*) time ‖ **~unk előtt (i. e.)** B.C. (= be*f*ore Christ); **~unk szerint (i. sz.)** A.D. (= *Anno Domini*, in the year of our Lord); **helyi ~** *l*ocal time; **nyári ~** *s*ummer time

időszerű *a* t*i*mely, topical

időtartam *n* length of time, period

időtöltés *n* pastime, recreation, hobby

időváltozás *n* change in the w*e*ather

időz|ik *v* stay (*vknél* with sy, *vhol* at/in); (*tárgynál*) dwell* on sg

időzít *v* time

idült *a* chronic

i. e. → **időszámításunk előtt**

ifjabb *a* y*o*unger; (*személynévvel*) Junior

ifjú 1. *a* young ‖ **az ~ pár** the young (*v.* n*e*wly ma*r*ried) c*o*uple, the n*e*wly-weds **2.** *n* young man°, youth

ifjúság *n* (*kor*) youth; (*ifjak*) youth, young p*e*ople *pl*, the young *pl*

ifjúsági *a* of/for youth *ut.*; *sp* junior ‖ **~ (turista)szálló** youth h*o*stel; **~ válogatott** junior team

-ig *suff* **A)** (*helyhatározó*) **a)** to ‖ **Londontól Edinburghig** from London to *E*dinburgh; **b)** as far as ‖ **(egészen) Londonig** as far as London **B)** (*időhatározó*) **a)** (*idő-pont*) to, up to ‖ **elejétől végig** from be*g*inning to end; **b)** (*vmely időpontig nem*) not be*f*ore ... **c)** (*időtartamon belül valameddig*) till, unt*i*l ‖ **három óra utánig** unt*i*l *a*fter three o'clock; **reggeltől estig** from m*o*rning till night; **d)** (*időtartam alatt*) for ‖ **két évig tanult angolul** he learnt *E*nglish for two years **C)** (*fokhatározó*) to (*v.* elölj*á*ró nélk*ü*l) ‖ **az utolsó emberig elestek** they fell to a man; → *h*atározók*ban*, *pl.* **eddig, sokáig** *stb.*

iga *n* yoke

igaz 1. *a* (*való*) true, genuine, r*e*al; (*becsületes*) true, straight, just ‖ **egy szó sem ~ belőle** there is not a word/grain of truth in it; **~, hogy ...** (*állításban*) true (en*o*ugh) (that), no doubt; (*elismerem*) I adm*i*t; **~ (is)** (*most jut eszembe*) by the way; **(nem) ~?** *i*sn't that so? **2.** *n* (*való-ság*) truth ‖ **~a van** he is right; **az ~at megvallva** to tell the truth

igazán *adv* (*állítva*) r*e*ally, truly, indeed; (*kérdve*) really?, indeed?

igazgató *n* (*vállalaté, banké*) m*a*nager, director, head; (*múzeu-mé*) custodian, keeper; *isk* head-master; (the) head [of the school]

igazgatóhelyettes *n* (*banké, válla-laté*) deputy/assistant manager; *isk* deputy headmaster (*nő*: headmis-tress)

igazgatónő *n* (*banké, vállalaté*) directress; *isk* headmistress

igazgatóság n (*testület*) management, board of directors; (*állás*) managership, directorship; (*helyiség*) manager's/director's office

igazi a true, real

igazít v put* (sg) right; (*beállít*) adjust, set*

igazod|ik v vk vmhez go* by sg, adjust to sg; vk vkhez adjust to sy

igazol v (*cselekedetet*) justify; (*tudományosan*) prove*, verify,; (*mulasztást*) excuse; (*okmánnyal vmt*) certify; (*vmnek átvételét*) acknowledge [receipt of]; sp vhova be* transferred to ‖ ~**ja magát!** your identity card please!

igazolás n (*cselekedeté*) justification, (*állításé*) verification; (*okmánnyal*) certification; (*az irat*) certificate

igazolvány n certificate‖ **személyi** ~ identity card

igazság n truth ‖ ~ **szerint** to tell the truth, as a matter of fact

igazságos a just, fair

igazságszolgáltatás n jurisdiction

igazságtalan a unjust, unfair

igazságügy n justice

igazságügy-miniszter n Minister of Justice, *GB* Lord Chancellor, *US* Attorney-General

ige n nyelvt verb; vall the Word; ~**t hirdet** preach

igehirdetés n sermon

igeidő n tense

igekötő n verb prefix

igemód n mood

igen[1] 1. int yes ‖ **Nem is láttad. - De** ~! You didn't see it. - But I did. 2. n yes; ~**nel felel** answer in the affirmative

igen[2] adv = **nagyon**

igenév n **főnévi** ~ infinitive; **melléknévi** ~ participle

igenis int (*igen*) yes (sir)!, yes indeed! ‖ **de** ~ **így lesz!** well, that's how it's going to be

igenlő a affirmative, positive ‖ ~ **válasz** affirmative answer

igény n vmre claim (to), demand (on) ‖ ~**be vesz** make use of, employ; **túl nagyok az** ~**ei** has too many expectations

igényel v (*jogot formál vmre*) claim (sg); (*szükségessé tesz*) demand, require

igényes a (*vk*) exacting, demanding; (*munka stb.*) taxing; (*színvonalas*) of a high standard ut.

igénytelen a (*szerény*) unassuming, modest; (*egyszerű*) simple, plain; (*jelentéktelen*) insignificant

ígér v vk vmt promise; ker bid*, offer ‖ **sokat** ~ be* promising

igeragozás n conjugation

ígéret n promise; (*ünnepélyes*) pledge

így 1. adv so, thus, in this way/manner ‖ **a szöveg** ~ **szólt** the text went as follows; **és** ~ **tovább** and so on/forth; ~ **áll a dolog** that's how it is; ~ **van?** am I right? 2. conj (*eszerint*) so, thus; (*tehát, következésképpen*) thus, consequently, therefore

igyeksz|ik v (*szorgalmas*) work hard; vhová make*/head for ‖ **azon** ~**ik, hogy** try/do* one's best to (do sg)

ihlet 1. v inspire 2. n inspiration

íj n bow

íjászat n archery

ijedt a frightened, scared

ijedtség n fright, alarm, fear

ijeszt v frighten, alarm, terrify
ijesztő a frightening, frightful
iker n twin ‖ **hármas ikrek** triplets
ikerház n semi-detached (US duplex) house
iktat v (hivatalban) file, register ‖ **törvénybe** ~ enact
ill. = illetőleg
illat n fragrance, scent ‖ **jó/kellemes** ~a **van** have a pleasant smell/scent
illatszer n scent, perfume
illatszerbolt n kb. chemist's (shop), US drugstore
illedelmes a well-behaved/ mannered, polite
illegális a illegal; pol underground
illem n proper/decent behaviour (US -or), good manners pl
illemhely n toilet, (női) powder room, US washroom
illeszt v vmbe/vmhez fit (to, into)
illet v (vm vké) belong/appertain to sy; (vonatkozik vkre/vmre) concern sy/sg, refer/relate to ‖ **ami azt** ~**i** as a matter of fact; **ami engem** ~ as for/regards me, as far as I am concerned; **akit** ~ to whom it may concern
illeték n dues pl, fee, tax; (nagyobb) duty
illetékes a (vk) competent (to), authorized (to); (intézmény) appropriate (authority)
illetlen a improper, indecent
illető 1. a (szóban forgó) in question/point ut., the said ...; (vkre vonatkozó) concerning; (vknek járó) due/belonging to (mind: ut.) **2.** n (ember) the person in question
illetőleg 1. adv vkt/vmt ~ concerning/regarding sy/sg **2.** conj ...

respectively; (pontosabban) or rather; **5, ill. 8% a kamat** interest is 5 and 8 per cent resp./respectively
ill|ik v vhova, vmbe fit (into); vmhez vm go* (well) with sg; vkhez vm become*/suit sy; (színek) the colours go well together ‖ **ahogy** ~**ik** in a due manner, duly; ~**enek egymáshoz** they are made for each other; (ruhadarabok) they match well; (viselkedésben) **nem** ~**ik vkhez vm** it does not become him/her to ...
illő a proper, fitting, due, suitable; (vkhez, vmhez) appropriate for/to ut.
illusztráció n illustration
illúzió n illusion ‖ **nincsenek** ~**i vkt/vmt illetően** have* no illusions about sy/sg
ilyen 1. pron such, such a(n), of this/the kind/sort ut. ‖ ~ **az élet** such is life, that's life; ~ **még nem volt** it is unprecedented **2.** adv so, such a(n) ‖ **egy** ~ **okos ember** such a clever man° **3.** n **nekem senki se mondjon** ~**eket!** don't try to fool me!
ilyenformán adv (így) in this manner/way, in such a way; (így tehát) thus
ilyenkor adv (ilyen időben) at such a time; (ilyen esetben) in such a case ‖ **holnap** ~ tomorrow at this time
ilyesmi pron such a thing, something of the kind
ima n prayer
imád v adore, worship
imádkoz|ik v pray
imádság n prayer

imakönyv *n* prayer-book
íme *int* there (you are)!, lo! || ~ néhány példa here are some examples
immúnis *a* immune (*vmvel szemben* to/against sg)
immunrendszer *n* immune system
imperializmus *n* imperialism
import *n* (*művelet*) importation; (*áru*) import(s *pl*)
importál *v* import
impotencia *n* impotence
impresszionizmus *n* impressionism
improvizál *v* improvise, extemporize
impulzus *n* impulse, impetus
ín *n* tendon, sinew || **inába száll a bátorsága** get*/have* cold feet
inas[1] *a* (*hús*) stringy
inas[2] *n* (*ipari tanuló*) apprentice; (*gazdagoknál*) valet, man-servant (*pl* men-servants), footman°
inda *n* trailer, creeper
index *n* = **indexszám**; = **irányjelző**; (*műszeren*) pointer, hand, indicator; *isk kb.* record/report (card); (*névmutató*) index (*pl* indexes)
indexel *v* = **jelez**
indexszám *n mat* index (*pl* indices)
India *n* India
indiai *a/n* Indian; (*hindu*) Hindu
Indiai-óceán *n* Indian Ocean
indián *a/n* (American) Indian
indiszkrét *a* indiscreet, tactless
indít *v* (*járművet*) start (up), set* (sg) in motion; (*űrhajót*) launch; *sp* (*jeladással*) give* the starting signal || **folyóiratot** ~ launch a periodical; **pert** ~ bring* an action (against)
indíték *n* motive, reason

indítókulcs *n* ignition key
indítvány *n* motion, proposal || ~t tesz make* a proposal
indítványoz *v* propose, suggest; (*tervet*) put* forward
indok *n* motive, reason, ground; (*érv*) argument
indokol *v* (*vk vmt*) give*/offer (one's) reasons for sg, account for sg
indokolatlan *a* unjustified
indokolt *a* justified || ~ **esetben** for good cause
indul *v* (*gép*) start; (*repülőgép*) take* off, (*hajó*) sail, (*busz, vonat*) depart, leave (*vhonnan* from, *vhová* for); *sp* take* part, (*benevez*) enter for [a race] || (**éppen**) ~**ni készül** be (just) about to start/leave; ~**junk!** let's go/start!
indulás *n* (*gépé*) start; (*repülőgépé*) takeoff; (*hajóé*) sailing; (*buszé, vonaté*) departure; (*kiírás*) departures; *sp* start
indulat *n* (*harag*) temper || ~**ba jön** lose* one's temper
indulatos *a* passionate, hot-tempered
indulatszó *n* interjection
induló **1.** *a* starting, departing **2.** *n sp* competitor, entrant; (*autóversenyen*) starter, *zene* march
infarktus *n* infarction, heart attack
infláció *n* inflation
influenza *n* influenza, *biz* (the) flu
információ *n* information (*pl* ua.); (*adatok*) particulars *pl*; (*vkről munkavállalásnál*) reference || téves ~ misinformation
informál *v vkt vmről* inform sy of sg
informálód|ik *v* make* inquiries (about sg/sy)

informatika *n* information science/ technology

infrastruktúra *n* infrastructure

infravörös *a* infrared

ing *n* shirt

inga *n* pendulum

ingadoz|ik *v* (*mennyiség*) fluctuate (between ... and ...); *vk* vacillate, hesitate

ingatlan *n* real estate, property

inger *n* (*érzékszervi*) stimulus (*pl* -li)

ingerlékeny *a* irritable, excitable, hot/short-tempered

ingerült *a* irritated

ingóságok *n pl* personal/movable property *sing.*

ingyen *adv* free (of charge), gratis, for nothing

ingyenes *a* free, gratuitous

injekció *n* injection ‖~t ad give* sy an injection

injekciós tű *n* hypodermic needle

inkább *adv* rather, sooner‖ ~ **várok** I prefer to wait, I'd rather wait; **minél ~ ..., annál kevésbé ...** the more ... the less ...; ~ **mint** rather than

innen *adv* (*hely*) from here, hence ‖ **menj ~!** be off!, get out of here!; **vmn ~** (on) this side of sg

inog *v* (*tárgy*) be* unsteady, wobble, shake*

int *v* make* a sign, (*kézzel*) beckon, wave; (*fejjel*) nod; *vkt vmre* warn sy to do sg ‖ **óva ~ vkt** (*vmtől*) caution/warn sy against sg

integet *v* wave (one's hand)

intelligencia *n* (*értelem*) intelligence

intelligens *a* intelligent

intenzív *a* intensive; ~ **osztály** intensive care unit (ICU)

interjú *n* interview

intéz *v* (*ügyet*) manage; (*elrendez*) arrange; *vmt vkhez* address sg to sy

intézet *n* (*tudományos stb.*) institute; = **nevelőintézet**

intézkedés *n* measure(s), step(s); (*törvényé*) provision

intézmény *n* institution, establishment, institute

intő 1. *a* exhorting, warning 2. *n isk kb.* warning

invázió *n* invasion

íny *n* (*szájpadlás*) palate; (*fogíny*) gums *pl* ‖ **nincs ~emre** it is not to my taste/liking

ínyenc *n* gourmet

ion *n fiz* ion

ipar *n* (*gazdaság ága*) industry; (*egy bizonyos*) trade; (*mesterség*) trade, (handi)craft

iparcikk *n* (industrial) product, manufacture

ipari *a* industrial, industry-, trade- ‖ ~ **tanuló** (industrial/trade) apprentice; ~ **termelés** industrial production, output

iparművész *n* industrial designer/artist

iparos *n* (*kis*) craftsman°

iparosít *v* industrialize

ír[1] 1. *a* Irish 2. *n* (*férfi*) Irishman°, (*nő*) Irish woman°; (*nyelv*) Irish ‖ **az ~ek** the Irish

ír[2] *v* write*; (*írógéppel*) type ‖ **csúnyán ~** have* poor handwriting; **hogyan ~juk (ezt a szót)?** how do you spell it?; **~j majd pár sort!** drop me a line!

iram *n* pace, speed ‖ **nem győzi az ~ot** (s)he can't stand the pace

iránt *post* (*vk/vm felé és átv*) towards, to ‖ **érdeklődik vk ~** ask after sy; **érdeklődik vm ~** inquire after/about sg

iránti *a* concerning *ut.*, regarding *ut.* ‖ **az ön ~ tiszteletből** out of respect for you

irány *n* (*földrajzi*) direction, course; (*hajó*) bearing; = **irányzat** ‖ **~t változtat** change (one's) direction; **vmlyen ~ba(n)** in the direction of, towards sg

irányelv *n* directive, guiding principle

irányít *v vkt vhova* direct (to), guide (to); *vkt vkhez* refer sy to sy, (*küldeményt vhova*) send*, address; (*intézményt*) direct, manage

irányítószám *n* (*postai*) postal code, *US* zip code

irányjelző *n* (*gépkocsin*) direction indicator signals *pl*, (*rövidebben:*) indicator, *US* (turn) signal; **használja az ~t** signal, give* signals

iránytű *n* compass

irányzat *n* tendency, trend

írás *n* writing; (*kézírás*) (hand)-writing ‖ **~ban** in writing

írásbeli (vizsga) *n* (examination) paper

írásjel *n* (*vessző stb.*) punctuation mark

írástudatlan *a* illiterate

írásvetítő *n* overhead projector

irat *n* (*hivatalos stb.*) document ‖ **az ~aim** my papers

irattár *n* archives *pl*, files *pl*

irattáska *n* briefcase

irgalom *n* (*könyörület*) mercy, pity; (*kegyelem*) clemency, pardon

irigy *a* envious (*vkre, vmre* of sy/sg)

irigyel *v vkt, vmt* envy (sy, sg)

irka *n* exercise book, copy-book

író *n* writer, author

íróasztal *n* desk

iroda *n* office, bureau (*pl -s v. -x*)

irodai *a* office ‖ **~ dolgozó** office worker, *biz* white-collar worker; **~ órák** office hours

irodalom *n* (*írott művek*) literature; (*felhasznált*) **~** bibliography; (*folyóiratcikk végén*) references *pl*

írógép *n* typewriter ‖ **~pel ír** type

irónia *n* irony

Írország *n* Ireland, Eire

írószerbolt *n* stationer's (shop)

írott *a* written ‖ **kézzel ~** handwritten; **géppel ~** typewritten

irt *v* (*rovart*) kill [insects]

irtózatos *a* horrible, dreadful

is *conj* also, too ‖ **én ~ voltam Bécsben** I too have been to Vienna; **Bécsben ~ voltam** I have been in Vienna, too; **még akkor ~** even if; **látni fogod Pestet ~, Budát ~** you will see both Pest and Buda; **én ~!** me too!

iskola *n* (*intézmény, irányzat*) school ‖ **ma nincs ~** there are no lessons/classes today; **~ba jár** go* to school, attend school

iskolás *a/n* **~ (gyermek)** schoolboy, schoolgirl, pupil

iskolaszék *n* school board

iskolatárs *n* schoolmate, schoolfellow

iskolázott *a* educated

ismer *v vkt, vmt* know* (sy, sg), be* acquainted with (sy, sg); (*jártas vmben*) be* familiar with (sg)

ismeret *n* knowledge

ismeretes *a* (well-)known

ismeretlen 1. *a* unknown (to sy); (*arc*) unfamiliar **2.** *n mat* unknown (quantity)

ismeretség *n* acquaintance ‖ **~ben van vkvel** be* acquainted with sy

ismerked|ik *v* get* to know* (sy, sg); → **megismerkedik**

ismerős 1. *a* known (*vk számára* to) ‖ **ebben a városban nem vagyok** ~ I am a stranger here **2.** *n* acquaintance

ismert *a* (well-)known

ismertetőjel *n* distinctive feature, characteristic

ismét *adv* again, once more

ismétel *v* repeat; (*összefoglalva*) recapitulate; *isk* (*vizsgára*) do* some revision [for the exam]

istálló *n* (*ló*) stable(s); (*marha*) cow-shed/house

isten (*tulajdonnévként:* Isten) *n* god, God ‖ ~ **hozott!** welcome!; ~ **vele(d)!** goodbye!; ~ **ments!** God/heaven forbid

istennő *n* goddess

istentagadás *n* atheism

istentisztelet *n* service ‖ **~en részt vesz** attend a/the service, worship (swhere)

i. sz. → **időszámításunk szerint**

iszákos *n* drunkard, alcoholic

iszap *n* mud; (*folyóhordalék*) silt

isz|ik *v* drink*; (*iszákos*) drink*, be* a drunkard ‖ **~ik egyet** have* a drink; **mit ~ol?** what will you drink/have?; **vk egészségére ~ik** drink* to sy

iszlám *n* Islam

iszonyatos *a* horrible, terrible, dreadful, awful

ital *n* drink; (*gyűjtőnév*) beverage ‖ **meleg ~ok** (*tea, kávé*) warm/hot beverages; **szeszes** ~ alcoholic drink(s)/beverage(s)

italbolt *n* (*kocsma*) pub(lic house), bar

Itália *n* Italy

itáliai *a/n* Italian

itat *v* (*inni ad*) give* sy sg to drink; (*állatot*) water

ítél *v* (*törvényszéken*) pass sentence on; **börtönre** ~ sentence sy to imprisonment; **vmlyennek ~ vmt** consider, think*, hold*

ítélet *n* judg(e)ment, decision; (*büntető*) sentence

itt *adv* here, in this place ‖ ~ **vagyok** here I am; **tessék,** ~ **van** here you are; ~ **Kovács (beszél)** (*telefonon*) (this is) Kovács speaking

ittas *a* drunk, tipsy ‖ ~ **vezetés** drink-driving; ~ **vezető** drink-driver

itthon *adv* (here) at home ‖ ~ **van** he is (at) home, he is in; **nincs** ~ he is not at home, he is out; **egy óra múlva** ~ **leszek** I'll be back in an hour

ív *n* (*boltozat*) arch; (*hídé*) span; *mat, fiz* arc; (*vonal*) curve; (*papírlap*) sheet

ível *v* arch, bend ‖ **pályája felfelé** ~ his star is rising

ivó *n* (*ember*) drinker; (*kocsma*) bar

ivólé *n* juice

ivóvíz *n* drinking-water

íz *n* (*ennivalóé*) taste, flavour (*US* -or); (*lekvár*) jam, jelly ‖ **vmlyen ~e van** taste like/of sg

izé *n* (*dolog*) what's-it('s name), what-d'you-call-it; (*mondat elején*) I say; (*közben*) er

ízesít *v* flavour (*US* -or); (*fűszerrel*) season, spice

ízetlen *a* tasteless, flavourless (*US* -or-); *átv* (*száraz, lapos*) dull, flat; (*ízléstelen*) tasteless

izgalmas *a* exciting; (*esemény*) sensational, thrilling

izgalom *n* excitement

izgat *v* (*vkt kellemetlenül érint*) excite, upse**t***; (*érzéket*) excite, st*i*mulate; (*tömeget*) stir (up), inflame, provoke || **ne izgasd magad!** don't worry (about it), keep calm!, take it easy!

izgatószer *n* st*i*mulant

izgatott *a* excited, agitated

izgul *v* be* excited/anxious, worry (*vm miatt mind*: about sg); *vkért* keep* one's fingers crossed || **ne ~j!** don't get excited!, don't worry!

Izland *n* Iceland

izlandi 1. *a* Icelandic, of Iceland *ut.* **2.** *n* (*ember*) Icelander; (*nyelv*) Icelandic

ízlel *v* taste

ízlés *n* (*ízek érzékelése*) sense of taste, tasting; *átv* taste || **~ kérdése** a matter of taste; **jó ~** (good) taste

ízléses *a* tasteful, neat

ízléstelen *a* tasteless, in bad/poor taste *ut.*

ízletes *a* tasty

ízl|ik *v* taste good; *vknek vm* sy likes sg || **hogy ~ik?** how do you like it?

izmos *a* muscular

izom *n* muscle

Izrael *n* Israel

izraeli *a/n* Israeli

izraelita 1. *a* Jewish **2.** *n* Jew; (*bibliai*) Israelite

ízület *n* joint

izzad *v* sweat, perspire; *átv* (*munkában*) toil (away)

izzadt *a* sweaty, sweating

izzasztó *a* (*meleg*) sweltering || **~ munka** sweaty work

izz|ik *v* glow; be* red-hot

izzó 1. *a* (*parázs*) glowing; *átv* ardent, fervent **2.** *n* (light) bulb

J

ja *int* ah

jácint *n* hyacinth

jaguár *n* jaguar

jaj *int* ow!, ouch!, oh!, ah! || **~ de szép!** how beautiful; **~ nekem!** oh dear!

jámbor *a* (*vallásos*) pious, devout; (*jó*) simple, meek; (*állat*) tame

január *n* January; → **december**

Japán *n* Japan

japán 1. *a* Japanese || **~ nyelv** Japanese **2.** *n* (*ember, nyelv*) Japanese || **a ~ok** the Japanese

jár *v* (*helyét változtatja*) go* (about); (*jármű közlekedik*) go*, run*; (*vmlyen ruhában*) wear* sg; (*gép, szerkezet*) work; (*vmvel*) involve sg, bring* about sg; (*vknek pénz stb.*) sg is due to sy || **autón ~** go* by car; **az idő már későre ~** it is* getting late; **az órám jól ~** my watch keeps* good time; **egyetemre ~** attend (a) university; **gyalog ~** go* on foot; (*vhova*) walk (to); **iskolába ~** go* to school; **úszni ~** swims regularly; **~ a szája** his tongue is (always) going/wagging; **~ vkvel,**

~nak *biz* go* out with [a girl/boy]; **jól ~t** he came off well; **súlyos következményekkel ~t** it involved grave/serious consequences; **5 év szabadságvesztés ~ érte** it is punishable by 5 years in prison
járat 1. *n* (*hajó, busz*) line, service; (*repülő*) flight; *bány* gallery; (*egyéb anyagban*) channel || **mi ~ban van?** what are you doing here? **2.** *v* run*, *o*perate || **a bolondját ~ja vkvel** make* a fool of sy; **a Magyar Nemzetet ~ja** (s)he takes/gets Magyar Nemzet
járda *n* pavement, *US* sidewalk
járdaszegély *n* kerb, *US* curb
jármű *n* vehicle
járóbeteg *n* outpatient
járóka *n* (*ketrec*) playpen; (*kerekes*) baby-walker
járókelő *n* passer-by (*pl* passers-by)
jártas *a* (*vmben*) be well up in sg, be an expert in sg
járul *v* (*vk elé*) appear (before sy); (*vk vmhez*) approach (sg); (*vmhez vm*) add to (sg)
járvány *n* epidemic
játék *n* (*sp is*) play; (*csapatjáték*) game; (*szerencsejáték*) gambling; (*színészi*) acting, playing; (*hangszeren*) play(ing); (*játékszer*) toy || **~ból** for fun
játékautomata *n* *GB* one-armed bandit, fruit machine, *US* slot machine
játékfilm *n* feature film
játékos 1. *a* playful **2.** *n* *sp* player; (*csapatban*) member/one of the team; (*szerencsejátékban*) gambler
játékszabály *n* laws/rules of the game *pl*

játékszer *n* toy
játékvezető *n* refer*ee*, *u*mpire; (*vetélkedőben*) quizmaster
játsz|ik *v* *sp is* play; (*előadóművész*) perform, play; (*színész szerepet*) play, act; (*szerencsejátékban*) gamble || **az Otellót játsszák** Othello is on; **bújócskát ~ik** play (at) hide-and-seek; **életével ~ik** trifle with one's life, risk one's life; **hangszeren ~ik** play an instrument
játszma *n* game; (*tenisz*) set
játszótér *n* playground
java 1. *a* best || **vmnek a ~ része** the better/best/greater part of sg **2.** *n* (*embereknek*) pick (of men), él*i*te; (*üdve*) good, benefit || **a ~ még hátra van** the best is yet to come
javak *n pl* goods, possessions
javára *adv* for the good/benefit of || **egy null a javadra** one up to you; **3:1 a Fradi ~** 3-1 to Fradi; **a számlám ~** to my credit
javaslat *n* proposal, suggestion; (*ülésen*) motion || **~ot tesz** put* foward a proposal (for sg)
javasol *v* propose, suggest, recommend
javít *v* (*tárgyat*) mend, repair; (*épületet*) restore; *átv* improve; (*hibát*) correct; (*rekordot*) break*
javítóintézet *n* *GB* approved school, *US* reformatory
javítóműhely *n* garage, (*főleg US*) service station
javul *v* improve; (*egészségileg*) be* getting better; (*idő*) change for the better
jázmin *n* jasmine
jég *n* ice; (*eső*) hail || **~ esik** it's hailing; **~be hűtött** *i*cecooled

jégcsap *n* icicle
jegenye(fa) *n* poplar
jegesmedve *n* polar bear
jégeső *n* hail
jéghideg *a* ice-cold, icy
jégkocka *n* ice cube || ~val *(felszolgálva)* on the rocks
jégkrém *n* ice lolly
jégpálya *n* skating rink; *(fedett, mű)* ice-rink
jégszekrény *n* *(villamos)* refrigerator; *biz* fridge
jegy *n* *(közlekedési, színház- stb.)* ticket; *(ismertetőjel)* (distinguishing) mark; *(jel)* sign, token; *isk* mark, *US* grade || a ~eket kérem! *(járművön)* tickets please!; ~ben jár vkvel be* engaged to sy; ~et vesz/vált *(vasúton)* buy* a ticket *(vhová* to, for); *szính* book a seat
jegybank *n* National Bank
jegyes *n* *(férfi)* fiancé; *(nő)* fiancée
jegyespár *n* engaged couple; *(az esküvőn)* the bride and groom
jegyez *v* *(ír)* make*/take* notes (of sg), write* down; *ker (céget)* sign (the firm); *(részvényt)* subscribe for [shares]
jegygyűrű *n* *(esküvő előtt)* engagement ring; *(utána)* wedding ring
jegypénztár *n* booking-office, ticket office; *szính* box-office
jegyszedő *n* *szính* usher; *(nő)* usherette; *vasút* ticket collector
jegyzék *n* list; *(névsor)* roll; *(választókról)* register; *(diplomáciai)* (diplomatic) note
jegyzet *n* note; *(egyetemi)* lecture notes *pl*
jegyzetel *v* make*/take* notes *(vmt* of sg)
jegyzetfüzet *n* notebook

jegyzőkönyv *n* *(ülésen)* minutes *pl*; *(diplomáciai)* protocol
jel *n* sign, mark; *(betegségé)* symptom; *(vmre utaló)* indication; *(figyelmeztető)* signal, sign || ~t ad give* a/the signal
jelen 1. *a* present || a ~ esetben in the present case; ~ (idő) present tense; a ~ pillanatban the present time 2. *adv* ~ van be* present; nincs ~ be* absent 3. *int* Sir!, Madam!, present!
jelenet *n* scene
jelenleg *adv* at present, for the time being
jelenség *n* *(tünet)* phenomenon *(pl* -mena), symptom
jelent *v* *(közöl)* report (sg to sy), notify (sy of sg); *(vm jelentése van)* mean*, signify || beteget ~ report sick; (ez) mit ~? what does it mean?
jelentékeny *a* important, significant, considerable
jelentéktelen *a* unimportant, insignificant
jelentés *n* *(közlés)* report *(vmről* on); *(hivatalos)* official statement; *(szóé)* meaning, sense
jelentkez|ik *v* *vk* present oneself, report; *vknél* call on (sy); *(állásra)* apply for; *(vizsgára)* enter for; *(betegség)* break* out; *(nehézség)* arise*
jelentőség *n* importance, significance
jeles 1. *a isk* excellent, very good; *(nevezetes)* excellent, famous 2. *n* *(osztályzat)* very good (mark), an A (in)
jelez *v* *(jelt ad)* signal (*US* -l); *(mutat)* indicate, show*; *(autóban*

irányjelzőt használ) signal, give* signals; **jobbra/balra** ~ give a right/left turn signal
jelige *n* motto, slogan
jelkép *n* symbol
jelleg *n* character, type
jellegzetes *a* typical, characteristic
jellem *n* (personal) character, personality || **erős** ~ man° of (strong) character
jellemző *a* *vkre* characteristic/ typical of sy; *vmre* peculiar to sg || ~ **tulajdonság** (characteristic) feature
jelmez *n* *szính* costume; (*jelmezbálon*) fancy dress
jelmezbál *n* fancy-dress ball
jelöl *v* *vmt vmvel* mark (sg with sg); (*jelez*) indicate, show*; (*állásra*) propose as [candidate], nominate (for)
jelölt *n* candidate (for); (*állásra*) nominee
jelszó *n* (*párté*) slogan, watchword; *kat* password
jelvény *n* (*kitűzhető*) badge
jelzés *n* (*megjelölés*) marking, stamping; (*a jel*) mark, stamp; *ker* brand, label; (*jeladás*) signalling (*US* -l-); (*figyelmeztető*) warning || **közúti** ~**ek** traffic signs and signals; **piros** ~ red (light)
jelző *n* *nyelvt* attribute
jelzőlámpa *n* (*forgalmi*) traffic lights *pl*
jelzőtábla *n* (*közúti*) (road/traffic) sign; (*veszélyt jelző*) warning signs *pl*
jó 1. *a* good; (*alkalmas, célszerű*) fit, suitable, proper; (*ember*) upright, good, honest; (*íz*) pleasing, delicious; (*levegő*) fresh; (*sok*)

rather, pretty, fairly || **ez nem** ~ **rám** it doesn't fit me; **(ez)** ~ **lesz** that'll do; (*beleegyezés*) ~**!** (all) right!, okay!, OK!; ~ **minőségű** good quality, first-rate; ~ **modorú** well-mannered; ~ **nagy** pretty big, fairly large; ~ **napot (kívánok)!** (*délig*) good morning!; (*délután*) good afternoon!; (*búcsúzáskor*) good-bye; ~ **utat!** have a pleasant journey!; ~ **vknél** *biz* be* well in with sy; ~ **vmben** (*vk*) be good at sg; **mire** ~**?** what is it good for?; **nem** ~ **szemmel néz** disapprove of **2.** *n* good (thing); (*osztályzat*) good, a B (for/in) || ~**ban van vkvel** be* on good terms with sy; ~**ra fordul** change for the better; ~**t akar vknek** have* good intentions towards sy; ~**t fog tenni** it will do you good; **minden** ~**t kívánok** (my) best wishes (to); (*születésnapra*) many happy returns
jobb[1] *a* (*a jó középfoka*) better (*vmnél* than) || **annál** ~ all the better; ~ **volna (ha)** it would be better (to/if), one had better
jobb[2] *a/n* (*kéz, oldal stb.*) right [hand], right(-hand) [side] || ~ **kéz felől** to the right; ~ **oldal** the right, the right-hand side → **jobboldal**; ~**ra** to(wards) the right, right; ~**ra hajt(s)!** keep (to the) right!; ~**ra kanyarodik** turn right; ~**ról balra** (from) right to left
jobban *adv* better; (*erősebben*) more, harder || ~ **van** be* better; **egyre** ~ better and better; (*erősebben*) more and more; ~ **mondva** or rather, that is to say; ~ **szeret** *vmt vmnél* (*v. vmt tenni*) prefer sg

to sg; ~ **tennéd, ha mennél** you'd better leave now
jobbkézszabály n priority on the right
jobboldal n pol the Right, right wing
jobboldali 1. a pol right(-wing), rightist **2.** n right-winger, rightist
jód n iodine
jóformán adv practically, virtually
jog n law, jurisprudence; vmhez right (to), title (to) ‖ **emberi ~ok** human rights; **~a van vmhez** have* the right to (do) sg; **~gal** rightly, with good reason; **mi ~on?** by what right?; **minden ~ fenntartva** all rights reserved
jogállam(iság) n the rule of law
jogar n sceptre (US -ter)
jogász n (ügyvéd) lawyer, jurist
jóga n yoga
jogcím n (legal) title ‖ **azon a ~en** by right/virtue of, on/under the pretext of
joghézag n biz loophole
joghurt n yog(h)urt
jogi a legal ‖ **~ képviselő** legal representative; **~ személy** legal entity
jogkör n sphere of authority, jurisdiction
jogos a lawful, rightful, legitimate, legal; (igény) just ‖ **~ panasz** justified complaint; **~an** rightly, by right
jogosít v entitle (to), authorize (to)
jogosítvány n licence (US -se); = **vezetői engedély**
jogszabály n law, rule
jogszerű a lawful, legal ‖ **~en** by right
jogtalan a unlawful, illegal

jogtanácsos n legal adviser, counsel
jóhiszemű a well-meaning, honest
jóindulat n goodwill, benevolence
jóindulatú a (ember) well-meaning; (daganat) benign [tumour]
jóízű a (étel) tasty, delicious
jókedvű a cheerful, jolly, merry
jóképű a good-looking, handsome
jókívánság n best wishes pl
jókor adv (idejében) in (good) time; (korán) early
jól adv well; (helyesen) properly, fairly; (hibátlanul) correctly ‖ **~ áll** vknek suit sy; (ruha) fit sy well; **~ értesült** well-informed; **~ érzi magát** be* well/fine, be* all right; **~ jön** vknek vm come* in useful/handy; **~ megy** (vállalkozás, ember boldogul) prosper, get* along/on; **~ nevelt** well-bred/educated; **~ van** feel*/be* well; **~ van!** (all) right, that's right, US OK
jóles|ik v vknek vm be* pleased (with sg), be* flattered by (sg); (étel) enjoy (sg)
jólét n (anyagi) well-being; (bőség) wealth, plenty ‖ **~ben él** be* well off
jóllak|ik v eat* one's fill, have* enough
jómódú a well-to-do, wealthy, well-off
jópofa n jolly good fellow; (jelzőként) funny
jós n prophet, seer, oracle
jóságos a good, kind(ly)
jóslat n prophecy, prediction
jósnő n prophetess, fortune-teller
jósol v prophesy, foretell*, predict

jószág n (*állat*) cattle *pl*
jószívű a kind-h*e*arted
jótállás n guarant*ee* ‖ **kétévi** ~ a two-year guarant*ee*
jótékonyság n ch*a*rity
jóváhagy v (*tervet stb.*) appr*o*ve (sg), agr*ee* to (sg)
jóváír v cr*e*dit [an am*ou*nt v. sy with an am*ou*nt]
jóval adv much, far ‖ ~ **előbb** long bef*o*re; ~ **idősebb** much *o*lder
jóvátesz v (*hibát*) remedy, rep*ai*r; (*sérelmet*) make* amends for; (*veszteséget*) c*o*mpensate for
józan a (*nem iszik*) temperate; (*nem részeg*) s*o*ber; (*higgadt*) restr*ai*ned ‖ ~ **ész** c*o*mmon sense
jön v come*, be* c*o*ming; (*érkezik*) arrive; (*származik*) come* (from); (*pénzbe*) cost* ‖ **honnan** ~ **(ön)?** where do you come from?; **jól** ~ (*vm vknek*) come* in h*a*ndy/ *u*seful; **rögtön jövök** I'll be back in a m*i*nute
jövedelem n (*magán*) *i*ncome; (*vállalaté*) receipts *pl*; (*állami*) revenue; **havi jövedelme ... Ft** (s)he earns ... fts a month
jövendő n the f*u*ture
jövevény n newcomer
jövő 1. a (*vhonnan*) coming (from) *ut.*; (*eljövendő*) future, coming ‖ ~ **héten** next week **2.** n (*jövendő*) the f*u*ture, the time to come; *nyelvt* future tense ‖ **a ~ben** in the future; **nagy ~ vár rá** have* fine prospects
jövőre adv next year
jubileum n jubilee, anniversary
juh n sheep (*pl* ua.)
juharfa n maple(-tree/wood)
juhász n shepherd

juj int oh!, my g*oo*dness!
július n July; → **december**
június n June; → **december**
jut v (*vhová térben*) come* (to), get* to; *átv vmre* arrive at; (*állapotba*) become* (sg); *vmhez* get* at sg, obt*ai*n sg; *vknek vm* fall* to the share/lot of sy ‖ ~ **is, marad is** there is en*ou*gh and to spare; **szóhoz** ~ have* a chance of speaking
jutalmaz v reward, recompense
jutalom n (*jó teljesítményért*) reward; (*pályadíj*) prize, award; (*teljesítménytöbbletért*) premium, bonus
juttat v vkt vhová bring*/get* sy to; vkt vmhez let* sy get sg; (*kiutal*) *a*llocate (sg to sy)
juttatás n (*pénzbeni*) all*o*wance

K

K = *kelet* east, E
kabala n (*babona*) superst*i*tion; (*tárgy*) m*a*scot
kabaré n *szính kb.* cabaret, *GB* music hall; (*műsor*) cabaret, (floor) show; **kész ~!** this is sheer comedy!
kabát n (*felső*) (*o*ver)coat; (*zakó*) jacket
kábel n cable
kábeltelevízió n cable telev*i*sion
kabin n (*strandon, uszodában*) (changing) c*u*bicle, beach hut; (*hajón*) c*a*bin, stateroom
kabinet n (*kormány*) cabinet, government, *US* administration

kábítószer *n* drug, narcotic || ~es
cigaretta *biz* joint
kábítószer-élvező *n* drug-addict
kábult *a* dazed; (*ütéstől*) stunned
kacag *v* laugh heartily
kacat *n biz* junk, lumber
kacér *a* coquettish
kacérkod|ik *v vkvel* flirt with sy
kacifántos *a* convoluted, compli-
cated
kacsa *n* (*állat*) duck; (*hírlapi*) false
report, canard
kacsasült *n* roast duck
kacsint *v* wink
kád *n* (*fürdő*) bath; (*erjesztő, cser-
ző*) vat
kagyló *n* (*állat*) shellfish, mollusc
(*US* -sk); (*kagylóhéj*) (cockle-)
shell; (*emberi füle*) concha; (*tele-
foné*) receiver; (*mosdóé*) wash
basin
kaja *n biz* grub, nosh, eats *pl*
kajak *n* kayak; (*összecsukható*)
faltboat; ~ egyes the single, K–1
kalandor *n* adventurer
kajszi(barack) *n* apricot
kaka *n biz* shit
kakál *v vulg* shit*
kakaó *n bot* cacao; (*por és ital*)
cocoa; (*ital még*) hot chocolate
kakas *n zoo* cock, *csak US*: rooster;
(*fegyveré*) cock
kakasülő *n biz szính* the gods *pl*
kaktusz *n* cactus (*pl* -es *v.* cacti)
kakukk *n* cuckoo
kakukktojás *n átv* odd man out
kalács *n kb.* milk loaf°
kaland *n* adventure; (*szerelmi*)
(love) affair
kalandos *a* adventurous
kalap *n* (*fejfedő*) hat; (*gombáé*) cap
|| egy ~ alá vesz lump together,

treat (sy) alike; le a ~pal! I take
my hat off to you/him etc.; meg-
emeli a ~ját take* off (*v.* raise)
one's hat
kalapács *n orv is* hammer; (*elnöki,
árverező*) gavel
kalapácsvetés *n* throwing the
hammer
kalapál *v* hammer
kalarábé *n* kohlrabi
kalász *n* ear
kalauz *n* (*villamoson, buszon*)
conductor; (*vonaton*) ticket-
inspector; (*útikönyv*) guide(-book)
kalauzol *v* guide (sy); (*körbevezet-
ve*) show* (sy) round
kalcium *n* calcium
kaliber *n* (*csőé*) calibre (*US* -ber);
(*furat*) bore || nagy ~ű ember a
man of high calibre
kalitka *n* cage
kálium *n* potassium
kalkulál *v* calculate, reckon; (*árat*)
cost sg
kalória *n* calorie
kalóz *n* pirate
kályha *n* stove
kamara *n* (*testület*) chamber
kamaraszínház *n* studio/fringe
theatre
kamarazene *n* chamber music
kamasz *n* adolescent
kamaszkor *n* adolescence, puberty
kamat *n* interest || 15% ~ra ad
kölcsönt lend* money at 15%
interest
kamatláb *n* rate of interest
kamera *n* camera
kamilla *n* camomile
kamion *n* (articulated) lorry, *US*
truck
kampány *n* campaign

kamra n (*éléskamra*) pantry, larder; (*egyéb*) shed; (*lomtár*) lumber-room; (*gépé, zsilipé*) chamber
kan n (*állat hímje*) male [animal]
Kanada n Canada
kanadai a/n Canadian
kanál n spoon; (*merítő*) ladle
kanális n sewer
kanapé n settee, sofa, couch
kanári n canary
Kanári-szigetek n pl Canary Islands
kanca n mare
kancellár n chancellor
kancsal a cross/squint-eyed
kancsó n pitcher, jug, carafe
kandalló n fireplace
kandikál v peep, peek, pry
kandúr n tomcat
kánikula n heatwave, dog days pl
kankalin n primrose
kanna n can; (*teás*) (tea)pot; (*víz-forralásra*) (tea)kettle
kánya n kite
kanyar n bend, curve, turn(ing) || **éles** ~ sharp bend/turn
kanyaró n measles sing. v. pl
kanyarod|ik v turn, bend || **jobbra ~ni tilos!** no right turn!
kanyarog v wind*, meander
kap v (*ajándékot*) get*, receive; (*hozzájut*) get* (hold of), obtain; (*betegséget*) catch* || **ruhát ~ magára** slip on one's clothes; **szívéhez ~ott** he clutched his chest; **utána~** try to catch/reach
kapa n hoe
kapál v hoe
kapar v scratch, scrape
kapásból adv off the cuff, extempore, on the spot || ~ **válaszol** answer like a shot

kapaszkod|ik v vmre *fel* climb up (on); vmbe grasp sg, hang*/hold* on to sg, cling* (on) to sg
kapaszkodósáv n crawler lane
kapcsol v connect, join; (*áramkört*) connect [the wires] (*telefonon*) connect sy (to/with); biz (*megért*) catch* on
kapcsolat n (*személyes*) connection, contact; (*dolgoké*) link, tie(s) || ~**ban van vkvel** be* in touch/contact with sy; **üzleti ~ok** business relations; **vmvel ~ban** in connection with sg
kapcsoló n switch
kapcsolótábla n switchboard
kapható a obtainable, available || **nem** ~ be* out of stock, be* sold out
kapitalista a/n capitalist
kapitalizmus n capitalism
kapitány n captain || **szövetségi** ~ manager
kapitányság n (*rendőri*) district police station
kapkod v (*árut*) snap up, buy* up; (*vm után*) catch*/grab/snatch at sg || **levegő után** ~ gasp/pant for breath
kapocs n hook, fastener; (*ruhán*) hook and eye; (*patent*) snap (fastener); (*gem~*) clip
kápolna n chapel
kapor n dill
káposzta n cabbage
káposztasaláta n coleslaw
kápráz|ik v ~**ik a szeme** (*fénytől*) be* dazzled
kapu n (*kerti*) gate; (*házé*) (street) door, entrance door; (*futballban*) goal
kapualj n gateway, doorway

kapucni *n* hood
kapus *n* (*portás*) gate/door-keeper, porter; (*futball*) goalkeeper
kaputelefon *n* entryphone
kapzsi *a* greedy, grasping
kar[1] *n* (*emberé*) arm; *tech* (*emelőé*) arm; (*mérlegé*) (scale-)beam || **jó ~ban** in good repair/condition; **~on fog** take* sy by the arm; **~on ülő gyermek** child°/babe in arms
kar[2] *n* (*egyetemi*) faculty; (*ének~*) choir, chorus; (*tánc~*) (corps de) ballet || **tanári ~** (teaching) staff; **bölcsészettudományi ~** Faculty of Arts (*US* Humanities)
kár *n* (*anyagi*) damage, loss; (*pénzbeli*) cost, expense; (*erkölcsi*) harm, injury, wrong || **de ~!** what a pity!; **~ a fáradságért** it's not worth the trouble; **~ba vész** be* wasted; **~t okoz** *vknek/vmnek* cause/do* damage (to sy/sg)
karácsony *n* Christmas || **~kor** at Christmas; → **szenteste**
karácsonyfa *n* Christmas tree
karácsonyi *a* Christmas || **~ ajándék** Christmas present; **kellemes ~ ünnepeket (kívánok)!** (I wish you a) merry Christmas
karaj *n* (*sertés*) (pork) chop
karakter *n* *szt is* character
karalábé *n* kohlrabi
karambol *n* collision, (road) accident
karbantartás *n* maintenance, servicing
karcol *v* (*kapar*) scratch, scrape
karcsú *a* slim, slender
kard *n* sword; (*lovassági és sp*) sabre (*US* -ber)
kardigán *n* cardigan
karéj *n* (*kenyér*) slice (of bread)

káreset *n* damage
karfiol *n* cauliflower
karhatalom *n* force of arms, armed force || **~mal** by force
kari ülés *n* faculty meeting
kárigény *n* claim for damages
karika *n* ring; (*rajzolt*) circle; (*játék, abroncs*) hoop
karikás *a* ringed || **~ a szeme** have* rings round one's eyes
karikatúra *n* caricature
karima *n* edge, border, rim; (*kalapé*) brim
karkötő *n* bracelet
karmester *n* conductor
karmol *v* claw
karnevál *n* carnival
karó *n* *mezőg* stake, pale, post; (*szőlőé*) stick
káró *n* (*kártya*) diamond
káromkod|ik *v* swear*
káros *a* injurious, harmful
karosszék *n* armchair
karosszéria *n* bodywork
káröröm *n* malicious joy/glee
Kárpát-medence *n* Carpathian basin
Kárpátok *n pl* the Carpathians
karperec *n* bracelet, bangle
kárpitos *n* upholsterer
kárpótol *v* *vkt vmért* compensate sy for sg, make* amends to sy for sg
karrier *n* career || **~t csinál** make* one's fortune
kártékony *a* harmful, damaging, detrimental
kártérítés *n* compensation, damages *pl* || **~t fizet vknek vmért** pay* damages to sy for sg
karton[1] *n* (*papír*) cardboard; (*keményebb*) pasteboard; (*doboz*) carton
karton[2] *n* *tex* cotton

kartonált *a* (*könyv*) paperback
kartonruha *n* print dress
kártya *n* (*játék*) card; (*cédula*) slip; (*bank~*) bank card; (*ügyfél~*) cash card || *~*t **vet** tell* fortune by cards; **keveri a** *~*t *átv* stir it/things up
karzat *n szính* gallery; (*templomi*) choir
kása *n* mush, pap; (*dara~*) gruel; (*zab~*) porridge
kastély *n* mansion (house); (*palota*) palace; (*várkastély*) castle
kasza *n* scythe
kaszál *v* (*füvet*) mow
kaszinótojás *n* egg mayonnaise
kassza *n* (*boltban*) cash desk; (*pénztárgép*) cash register; (*szupermarketben*) checkout
katalizátor *n* catalytic converter
katalógus *n* (*jegyzék*) catalogue (*US* -log); (*névsorolvasás*) roll-call
katapultál *v* eject
katasztrófa *n* catastrophe, disaster
katedra *n isk* (*dobogó*) platform; (*tanári asztal*) teacher's desk
katedrális *n* cathedral
kategória *n* category; (*osztály*) class
katicabogár *n* ladybird, *US* ladybug
katolikus *a/n* Catholic || **a** *~* **egyház** the (Roman) Catholic Church
katona *n* soldier, serviceman° || *~***nak megy** join the army/services
katonai *a* military || *~* **behívó** call-up papers *pl*; *~* **szolgálat** military service
katonaság *n* the army/military, armed forces *pl*
kátrány *n* tar
kattog *v* click

kavar *v* stir
kavarog *v* whirl, swirl || *~* **a gyomra** feel* sick
kávé *n* coffee; (*eszpresszókávé*) espresso; (*tejes*) white coffee || *~*t **főz** make* coffee
kávédaráló *n* (*elektromos*) coffee grinder
kávéfőző *n* (*gép*) (coffee) percolator; (*nagyobb*) coffee maker
kávéház *n* café
kávéscsésze *n* coffee-cup
kávéskanál *n* teaspoon || *~***nyi** teaspoonful
kaviár *n* caviar
kavics *n* pebble(s *pl*); (*murva*) gravel; (*tengerparton*) shingle
kazal *n* rick, stack
kazán *n* boiler
kazetta *n* (*ládika*) case, casket; (*foto, magnó, video*) cassette
kazettás magnó *n* cassette recorder
kb. = *körülbelül* approximately, approx.
kebel *n* (*mell*) bosom, breast; *átv* heart
kecses *a* graceful, charming
kecske *n zoo* goat
kecskebéka *n* bull-frog
kecskegida *n* kid
kecskeszakáll *n* (*emberé*) goatee
kedd *n* Tuesday || *~* **reggel** Tuesday morning; *~***en** on Tuesday; **jövő** *~***en** next Tuesday; **minden** *~***en** on Tuesdays; **múlt** *~***en** last Tuesday; *~***re** by Tuesday
keddenként *adv* every Tuesday, on Tuesdays, *US* Tuesdays
keddi *a* Tuesday, of Tuesday *ut.*, Tuesday's || **a múlt** *~* **hangverseny** last Tuesday's concert

kedély n temper(ament), humour (US -or), spirit, mood ‖ **jó ~ good** humour, high spirits pl
kedélyes a jovial, merry
kedv n (hangulat) mood, temper; (hajlam) disposition; (öröm vmben) liking, pleasure ‖ **jó ~e van** be* in good humour (US -or), be* in high spirits; **rossz ~e van** be* in bad humour, feel* blue; **~e van vmhez** feel* like ...ing; **nincs ~em hozzá** I don't feel like it; **vknek a ~éért** for the sake of sy; **vmnek a ~éért** (vm érdekében) because of sg
kedvenc 1. a favourite (US -or-); (egyetlen) pet **2.** n favourite
kedves 1. a (szeretett) dear; (nyájas) kind, gentle, nice; (bájos) sweet, charming, lovely ‖ **ez igen ~ tőled** that's very kind/nice of you; **legyen olyan ~ és** be so kind as to (do sg) **2.** n (nő) his sweetheart; (férfi) her lover ‖ **~em!** my dear!, darling!
kedvetlen a moody, dispirited
kedvez v vk vknek favour (US -or) sy; vm vknek/vmnek be* favourable (US -or-) to sy/sg
kedvezmény n (előny) advantage, favour (US -or); (engedmény) allowance, discount ‖ **~ben részesít** grant/give* sy a (special) discount
kedvező a favourable (US -or-), advantageous
kedvtelés n (öröm) pleasure, fancy, delight; (időtöltés) diversion, pastime, hobby
kefe n brush
kefél v brush
kefír n kephir, kefir

kegyelem n mercy; (büntetés enyhítése) clemency; (elengedése) pardon; vall grace
kegyetlen a cruel, merciless, brutal (vkhez mind: to)
kehely n (ivó) drinking cup; vall (katolikus) chalice, (prot.) cup; (virágé) flower-cup
kéj n pleasure, delight
kék 1. a blue ‖ **~ szemű** blue-eyed **2.** n (szín) blue ‖ **~re fest** paint (sg) blue
keksz n biscuit; (sós) cracker
kel v (ágyból) rise*, get* up; (égitest) rise*; (növény) shoot*, sprout; (tészta) rise*, swell* ‖ **levele okt. 25-én ~t** his letter was dated 25 October
kelbimbó n Brussels sprouts pl
kelendő a **~ áru** marketable goods pl, goods much in demand pl
kelengye n (menyasszonyé) trousseau (pl -seaux v. -seaus)
kelepce n trap, pitfall, snare
kelet[1] n (égtáj) East, east; (vidék) the (far) East, the Orient ‖ **~en** in the east; **~re** to(wards) the east; **~ről** from the east
kelet[2] n = keltezés
kelet[3] n **nagy ~je van** be* much in demand
Kelet-Európa n Eastern Europe
keleti a eastern, of the East/east ut., east; (távol~) oriental ‖ **~ irányban** eastward(s), towards the east
keletkez|ik v come* into being; vmből originate in/from sg, (a)rise*/issue from sg
Kelet-Közép-Európa n East-Central Europe
kelkáposzta n savoy cabbage
kell v (vm szükséges) be* needed; vknek vm sy wants/needs sg;

vmhez be* necessary/required for sg ‖ **ehhez idő** ~ it will take (some) time to ...; **el ~ mennem** I must go; **el ~ett mennem** I had to go; *(feltételes)* **el ~ett volna hoznom** I should (*v.* ought to) have fetched/brought it; **mondanom sem** ~ I need hardly say, needless to say

kellék *n* ~ek *(felszerelések)* accessories, *US* fixings; *(főzéshez)* ingredients; *(színpadi)* props; *(varráshoz)* trimmings

kellemes *a* agreeable, pleasant, nice ‖ ~ **ünnepeket!** *(karácsonykor)* I wish you a merry Christmas, *(formálisabban)* the season's greetings

kellemetlen *a* disagreeable, unpleasant

kelletlen *a* unwilling, reluctant

kellő *a* proper, right, due ‖ ~ **időben** in due time

kellőképpen *adv* duly, properly, as required

kelme *n* material, fabric, cloth

kelt[1] *a* ~ **tészta** leavened/raised dough/pie/cake

kelt[2] *a* **hivatkozva f. hó 10-én** ~ **levelére** with reference to your letter of the 10th inst.

kelt[3] *v (alvót)* wake* (up); *(gyanút)* give* rise to [suspicion]; *(hatást)* produce; *(szánalmat)* arouse ‖ **azt a benyomást ~i, hogy ...** it gives* the impression of ...ing (*v.* that...); **életre** ~ *(ájultat)* revive

kelta 1. *a* Celtic ‖ ~ **nyelv** Celtic **2.** *n (ember)* Celt

keltezés *n* date ‖ **okt. 24-i ~ű levél** letter dated 24 October

kém *n* spy

kémcső *n* test tube

kemence *n (péké)* oven; *(olvasztó)* furnace

kemény *a* hard, stiff; *átv* severe; harsh; *(elhatározott)* resolute ‖ ~ **hideg** severe cold; ~ **munka** hard work; ~ **tojás** hard-boiled egg

kémény *n* chimney

keményítő *n* starch

kémia *n* chemistry

kémked|ik *v* spy *(vk után* on sy)

kémlel *v (fürkészve)* pry into, scrutinize, investigate

kemping *n* campsite, camping ground/site

kempingbicikli *n* fold-up bicycle

kempingez|ik *v* camp ‖ ~**ni megy** go* camping

kempingfelszerelés *n* camping equipment

kémtörténet *n* spy story/thriller

ken *v vmt vmvel* smear sg with sg; *vmt vmre* smear/spread* sg on/over sg; *(gépet)* grease ‖ **másra** ~ *vmt* lay* sg at sy's door; **vajat** ~ **a kenyérre** spread* butter on the/one's bread

kén *n* sulphur, *US* sulfur

kender *n* hemp

kendő *n (fejre, vállra)* shawl; *(nyakra, vállra)* scarf°

kenguru *n zoo* kangaroo; *(kis fajtájú)* wallaby; *(gyermekhordó)* (baby) carrier

kengyel *n* stirrup

kenőcs *n* ointment, cream

kenőolaj *n* lubricant

-ként *suff* as (*v.* elöljáró nélkül) ‖ **edzőként működik** act as coach to; *(hasonlító)* **egy emberként** as one man

kenu *n* canoe

kényelem n comfort, ease, convenience

kényelmes a vm comfortable; (lakályos) cosy, US cozy; (alkalmas) convenient; (emberről) comfort-loving, easy-going

kényelmetlen a uncomfortable; (alkalmatlan) inconvenient; (kellemetlen) awkward

kényelmetlenség n discomfort, lack of comfort; (kellemetlenség) inconvenience

kenyér n bread; (kereset) livelihood, a living || vajas ~ a slice of bread and butter

kenyérhéj n (bread)crust

kenyérpirító n toaster

kényes a (nem ellenálló) delicate, tender, fragile; (ízlésre) refined, fastidious; (kínos) thorny, awkward || ~ ügy delicate matter, ticklish affair; ~ vmre (érzékeny) be* sensitive to sg

kényeztet v pamper, spoil*

kényszer n compulsion, force; pressure

kényszeredett a constrained; (mosoly) wry || ~en with a bad grace

kényszerít v vkt vmre compel/force/press sy to do sg

kénytelen a be* forced/compelled/obliged to (do sg) || ~ vagyok I can't help [doing sg], I cannot choose but

kénytelen-kelletlen adv willy-nilly, unwillingly, reluctantly

kép n picture; (arckép) portrait; (fénykép) photo(graph), snap-(shot); (festmény) painting; (képmás) image; (könyvben) illustration; biz (arc) face, visage; (lát-vány) sight, view, prospect || a ~en in the picture; van ~e hozzá have* the nerve/cheek/face to sg

képcsarnok n (art) gallery

képernyő n screen

képes[1] a (képpel ellátott) with pictures ut., illustrated

képes[2] a (vmre) (be*) able (to do sg), (be*) capable of (doing) sg

képesít v (képessé tesz vkt vmre) enable sy to do sg; (képesítést ad vknek) qualify sy for sg

képesítés n qualification || ~t szerez (egyetemit) take* a degree (at); ~ nélküli unqualified [teacher etc.]

képesített a qualified

képeslap n (újság) (illustrated) magazine; (levelezőlap) (picture) postcard

képesség n ability, capacity; (különleges) talent, gift || jó ~ű gifted, talented

képest post compared to/with sg || hozzá ~ compared to/with her/him/it; korához ~ magas he is tall for his age

képez v (tanít) instruct, train, teach*; (alkot) form, constitute, compose

képlet n formula (pl -las v. -lae)

képmagnó n video (cassette recorder), videorecorder

képmás n picture, image; (arckép) portrait

képmutatás n hypocrisy

képregény n comic strip(s pl), strip cartoon; US comics pl

képtár n picture/art gallery

képtelen a vmre incapable of, unable to; (lehetetlen) absurd, impossible

képtelenség *n* (*lehetetlenség*) absurdity, impossibility
képújság *n* (*tévében*) teletext
képvisel *v* represent (sy); (*vk nevében eljár*) act on behalf of sy, act for sy || **vk érdekeit ~i** promote/protect sy's interests
képviselet *n* representation; *ker* agency
képviselő *n* representative; (*küldött*) delegate || **(országgyűlési)** ~ *GB, H* Member of Parliament (MP, *pl* Mps), representative, Congressman, -woman
képviselőház *n* *GB* House of Commons, (*US, Ausztrália*) House of Representatives
képviselőtestület *n* (*önkormányzaté*) (elected) representatives (of the local government), municipal corporation
képzel *v* imagine, suppose || **magát vknek/vmnek ~i** he imagines/fancies himself (to be) sy/sg; **~je (csak), mi történt!** just imagine what happened!
képzelet *n* imagination, fantasy
képzett *a* (*tanult*) educated, trained, skilled; (*képesített*) qualified
képzőművészet *n* the fine arts *pl*
kér *v* vmt ask for (sg), request (sg); (*kérvényez*) apply for || **csendet ~ek!** silence please!; **~ek ...** I should like to have ..., please give me ...; **~em** (*könyörögve*) please; (*mint megszólítás*) excuse me, *US* pardon me; (*tessék?*) sorry?, (I beg your) pardon? (*„köszönöm"-re adott válaszban*) not at all!, you're welcome!; **önt ~ik a telefonhoz** you are wanted on the phone
kerámia *n* pottery, ceramics *pl*

kérdés *n* question, query; (*érdeklődés*) inquiry; (*probléma*) question, problem, issue || **ez más** ~ that's another matter; **ízlés ~e** (it's) a matter/question of taste; (*kétséges dolog*) **~, hogy ...** I wonder whether/if...
kérdéses *a* (*szóban forgó*) in question *ut.*; (*eldöntetlen*) problematical; (*bizonytalan*) questionable, doubtful
kérdez *v* ask, put* a question; (*érdeklődve*) inquire (about/after sg)
kérdezősködés *n* inquiring, inquiry
kérdőív *n* questionnaire
kérdőjel *n* question mark
kéreg *n* (*fáé*) bark; (*földé*) crust
kéreget *v* beg (alms), go* begging
kerek *a* (*kör alakú*) round(ed), circular; (*egész*) round || ~ **elutasítás** flat refusal; ~ **összeg** a round sum
kerék *n* wheel || **kereket old** take* to one's heels
kereken *adv* (*nyíltan*) bluntly, flatly || ~ **megmond** tell* (sy sg) straight; ~ **visszautasít** flatly refuse sg
kerekes *a* wheeled || ~ **kút** drawwell
kerékpár *n* bicycle, *biz* bike
kerékpároz|ik *v* cycle, ride* (on) a bicycle
kerékpárút *n* cycle path
keres *v* vmt look for sg, seek* sg; (*kutatva*) search for/after sg; *vkt* seek*, look for; (*alkalmazottat*) want; (*pénzt*) earn; (*üzlettel*) make* [money] || **gépírónőt ~ünk** (*hirdetésben*) typist wanted; **havi ... Ft-ot** ~ he earns (*v. biz* makes) ... fts a month

kérés *n* request ‖ **vk ~ére** at sy's request
keresés *n* search, seeking, pursuit
kereset *n* (*megélhetés*) living; (*jövedelem*) income, earnings *pl*; (*fizetés*) salary; (*munkabér*) wages *pl*; *jog* action, suit
kereskedelem *n* trade, commerce
kereskedelmi *a* commercial, of commerce *ut.*, trade, business ‖ **~ egyezmény** trade agreement; **~ kamara** Chamber of Commerce, *US* board of trade; **~ minisztérium** Ministry of Internal Trade
keresked|ik *v* trade; (*vkvel*) transact/do* business with sy, trade with sy; (*vmvel*) trade/deal* in sg
kereskedő *n* (*boltos*) tradesman°, shopkeeper; (*üzletember*) merchant, trader, businessman°
kereslet *n* demand ‖ **~ és kínálat** supply and demand
kereszt *n* cross; (*feszület*) crucifix; *zene* sharp (sign) ‖ **~et vet** cross oneself; **~re feszít vkt** crucify
keresztanya *n* godmother
keresztapa *n* godfather
keresztbe(n) *adv* across, crosswise
keresztel *v* baptize, christen
keresztelő *n* baptism, christening
keresztény *a* Christian
kereszténység *n* Christianity, Christian faith
keresztez *v* cross; (*meghiúsít*) cross; *mezőg* (*állatot*) cross(-breed*); *bot* cross(-fertilize)
kereszteződés *n* crossing
kereszthajó *n épít* transept
keresztmetszet *n* cross-section
keresztnév *n* first/Christian name
keresztrejtvény *n* crossword (puzzle)

keresztszülők *n pl* godparents
keresztút *n* crossroad(s); *vall* the stations of the Cross *pl*
keresztutca *n* side street
keresztül *adv* (*térben*) through, across, over; (*utazásnál*) via; (*segítségével*) by means of; (*időben*) for, during ‖ **a réten ~** across the fields; **a sajtón ~** by means of (*v.* through) the press; **Bécsen ~** via Vienna; **tíz éven ~** (for) ten years
keresztülmegy *v* (*halad*) pass (through), cross; (*átél*) undergo*, go* through; (*vizsgán*) pass
keresztvas *n* cross-bar, cross-piece
keresztyén = keresztény
keret *n* frame; *kat* cadre; (*határ*) compass, range, limits *pl*; (*váz*) framework ‖ **nincs rá ~** it is not budgeted for; **vm ~ében** (with)in the scope/framework of sg
kéret *v* send* for sy
kérges *a* (*kéz*) horny, callous
kerget *v* chase, pursue
kering *v* (*bolygó*) revolve (*vm körül* round); (*űrhajó*) orbit; (*vm a levegőben*) circle; (*hír*) circulate
keringő *n* waltz
kerít *v* (*szerez*) get* hold of, obtain
kerítés *n* fence
kérked|ik *v* talk big; (*vmvel*) boast of sg
kérő 1. *a* asking, requesting **2.** *n* (*leányé*) suitor
kérődző *a* ruminant
kert *n* garden; (*gyümölcsös*) orchard; (*konyha~*) kitchen-garden
kertészet *n* (*foglalkozás*) gardening horticulture; (*üzem*) garden
kertmozi *n* open-air cinema
kertváros *n* garden city/suburb

kerül v *vhova* get* somewhere, arrive at; *vmre* come* to; (*vmbe, pénzbe*) cost*; (*időbe*) take*, require; *vkt, vmt* avoid; (*kerülőt tesz*) go* a roundabout way, go* round || **az életébe ~t** it cost him his life; **csak egy szavadba ~** you need only say a/the word; **hát te hogy ~tél ide?** how (on earth) did you get here?; **mennyibe ~?** how much is it?, what does it cost?; **rá ~ a sor** it is his/her turn now; **sokba ~** it costs a lot

kerület n (*körvonal*) outline; *mat* circumference; (*közigazgatási*) district

kerülő n (*út*) detour

kérvény n application, request, petition

kérvényez v make*/submit an application (for sg), apply for (sg)

kés n knife°

késedelem n delay; (*fizetési*) default || **~ nélkül** without delay

keselyű n vulture

keserű a bitter

keserűség n (*íz*) bitterness; (*szomorúság*) bitterness, grief, distress

keserves a (*fájó*) painful; (*keserű*) bitter; (*nehéz*) troublesome, hard

kés|ik v be* late || **két órát ~ett** he was two hours late; **öt percet ~ik az órája** his watch is five minutes slow

keskeny a narrow, tight; (*szűk*) strait

késő 1. a (*elkésett*) late, coming (too) late *ut.* || **~ éjszakáig** far into the night **2.** adv (too) late || **már ~ van** it is getting late; **már ~** (*nincs tovább*) it is too late

később adv later (on), afterwards || **egy évvel ~** a year later; **~re halaszt vmt** put* off sg

későn adv (too) late || **~ fekszik le** stay up late; **~ kel(ő)** get* up late, be* a late riser

kész a (*befejezett*) ready, finished; (*készen kapható*) ready-made, ready-to-wear; (*készséges*) obliging, willing || **~ örömmel** with pleasure; **~ vagyok** I am ready; *vmvel* I have finished/done it; **mindenre ~** be* ready for anything

készakarva adv deliberately, on purpose, intentionally

keszeg n bream

készít v (*csinál*) make*, prepare; (*előállít vmből*) produce; (*gyárilag*) manufacture; (*ételt*) prepare, cook; (*összeállít*) construct

készítmény n product, manufacture; *kém* preparation

készlet n (*áru*) store, stock (in hand); (*tartalék*) reserve (fund), supply; (*összetartozó dolgok*) set; (*szerszámok*) kit

készpénz n cash, ready money || **~zel fizet** pay* in cash

készruha n ready-to-wear clothes *pl*

készség n (*szerzett*) skill; (*hajlandóság*) readiness, willingness || **~gel** readily, willingly

készséges a ready, willing

kesztyű n glove(s)

készül v (*munkában van*) be* being made; (*gyártott*) be* made from/of sg; (*előkészületeket tesz*) make* preparations/arrangements for; (*szándékozik vmt tenni*) be* going to do sg, be* about to do sg; *vhova* be* about to go somewhere; (tanul) study for; (diák a másnapi órákra stb.) prepare for

készülék n apparatus, appliance; (rádió, tévé) (radio/TV) set

készültség n (készenlét) preparedness, readiness, standby || ~ben van kat be* on (the) alert; (orvos) be* on call

két num two

kétágyas szoba n double bedroom

kétbalkezes a ham-fisted/handed, clumsy

kételkedés n doubt(ing), scepticism (US skepticism)

kételked|ik v doubt; vmben be* doubtful/sceptical (US skep-) (about)

kétéltű 1. a amphibious 2. n amphibian || ~ek amphibia

kétely n doubt, scruple

kétemeletes a ~ ház threestorey(ed) (US three-storied) house

kétértelmű a having a double meaning ut., ambiguous

kétes a doubtful, dubious; (bizonytalan) uncertain; (vitás) disputed; (gyanús) suspicious

kétféle a of two (different) kinds/ sorts ut.

kétharmad adv two-thirds pl

kétirányú a two-way, two directional

kétjegyű a ~ betű digraph; ~ szám double figures pl

kétoldalú a bilateral

kétpályás autóút n dual carriageway road

ketrec n cage; (baromfinak) coop

kétrészes a two-piece || ~ fürdőruha two-piece bathing suit, bikini

kétség n doubt || ehhez ~ nem fér there is no doubt about it; ~be ejt drive* sy to despair; ~be von question, doubt; (vitat) dispute; (tagad) deny

kétségbeesett a desperate

kétségbees|ik v despair, lose* heart

kétségkívül adv undoubtedly, without doubt

kétségtelen a unquestionable

kétszáz num two hundred

kétszemélyes a for two (people) ut. || ~ ágy double bed

kétszer num adv twice || ~ annyi twice as much/many

kétszeres a double

kétszersült n zwieback, rusk

kétszintes a (ház) two-storey(ed), US two-storied

kétszínű a átv hypocritical, double-dealing

ketté pref in two (halves)

ketten adv (in) two, the two of us/you/them || mind a ~ both (of us/you/them)

kettes 1. a (számú) (number) two 2. n (számjegy) figure/number two; (osztályzat) rather weak (mark)

kettesben adv (párosan) in pairs/ twos; (együtt) (the two of them/us/ you) together

kettesével adv by/in twos, two by/and two

kettő num two; vmből a couple of || mind a ~ both

kettős 1. a (kétszeres) double, twofold 2. n zene duet

kettőspont n colon

ketyeg v tick

kétüléses autó n two-seater

kéve *n* sheaf°, bundle
kever *v* (*össze*) mix; (*főzéskor*) stir; (*vegyileg*) combine; (*kártyát*) shuffle; (*átv, vmbe*) involve in || **bajba ~ vkt** get* sy into trouble
keverék *n* mixture; (*dohány, kávé*) blend; (*rendszertelen*) medley, mishmash
kevés *num* little, few (*utána: pl*), small; (*valamennyi*) some; (*idő*) short; (*csekély*) slight; (*nem elég*) wanting, not enough || **~ a pénzem** I have* little money; **~sel azután** shortly/soon after
kevésbé *adv* (the) less || **annál ~, mert** all the less since
kevesebb *a* less, fewer || **valamivel ~** a little/trifle less
kevéssé *adv* a little/trifle, somewhat, a little bit
kéz *n* hand || **kezébe vesz** vkt/vmt take* sy/sg into one's hands; **vmt (jól) ~ben tart** átv keep* one's hands on sg; **~en fog vkt** take* sy by the hand; **~en fogva** hand in hand; **~nél van** be* to hand; **kezet fog vkvel** shake* hands with sy; **~zel festett** hand-painted; **fel a kezekkel!** hands up!
kézápolás *n* manicure
kézbesít *v* deliver, hand
kezd *v* vmt, vmbe, vmhez begin*/ start sg (*v.* to do sg); set* out to (do sg) || **most mihez ~jünk?** what (are we to do) now?; **~em megszokni** I'm getting used to it
kezdeményez *v* take* the initiative (in sg)
kezdet *n* beginning, start || **~ben** in the beginning; **~től fogva** from the beginning/outset

kezdeti *a* initial || **~ stádium** early/ initial stage
kezdetleges *a* primitive
kezdő *n* beginner
kezdőbetű *n* initial (letter)
kezdőd|ik *vi* begin*, start, commence
kezdősebesség *n* initial velocity
kezel *v* (*beteget*) treat (vkt vm ellen sy for sg), attend (sy); (*gépet*) handle; (*karbantart*) maintain, service; (*jegyet*) check, control; (*ügyeket*) manage; (*vkt vhogyan*) treat (sy), deal* with (sy)
kezelés *n* orv treatment, therapy; (*gépé*) handling; (*jegyeké*) check, control; (*pénzé, ügyeké*) administration, managing
kezelő *n* (*gépé*) operator, mechanic; (*kórházi*) surgery; (*telefoné*) operator; (*ügyé*) administrator, manager; (*vagyoné*) trustee
kézenfekvő *a* obvious, (self-)evident, clear
kezes[1] *a* (*szelíd*) tame, meek
kezes[2] *n* (*összegért*) guarantor
kezesked|ik *v* vmért guarantee sg, vouch for sg; vkért stand*/be* security/surety for sy, vouch for sy; (*feltételesen szabadlábra helyezettért*) go* bail for sy
kézfogás *n* handshake
kézi *a* (*kéz-*) hand-, of the hand(s) ut.; (*kézzel végzett*) manual; (*kézi működtetésű*) hand-operated || **~ vezérlés** manual controls *pl*
kézifék *n* handbrake || **be van húzva a ~** the handbrake is on
kézikönyv *n* manual, handbook
kézilabda *n* handball
kézimunka *n* (*kötés, hímzés, horgolás*) needlework, fancywork;

(*főleg hímzés*) embroidery; (*a tárgy*) a piece of needlework/fancywork/embroidery
kézipoggyász *n* hand luggage (*US* baggage), personal luggage (*US* baggage)
kézírás *n* (hand)writing
kézirat *n* manuscript
kézitáska *n* (*női*) handbag, *csak US*: purse; (*kis bőrönd*) suitcase
kézjegy *n* initials *pl*
kézműves *n* craftsman°, artisan
kézszorítás *n* handshake, handgrip
kézügyesség *n* manual skill || **jó a ~e** be* good with one's hands
kft. = *korlátolt felelősségű társaság* limited liability company, Ltd, *US* Inc (= incorporated)
ki[1] *pron* **A)** (*kérdő*) who? || **~ az?** who is that/it/there?; **~é?** whose?; **~ért?** for whom?, for whose sake?; **~hez?** to whom?; **~nek?** for/to whom?; **~re gondolsz?** who are you thinking of?; **~t?** whom?; **~t láttál?** who did you see?; **~t vár?** who are you waiting for?; **~től?** from whom?, who ... from?; **~vel?** with whom?, who ... with? **B)** (*vonatkozó*) → **aki C)** (*határozatlan: némelyik*) **~ erre, ~ arra** some this way and some that (way)
ki[2] *adv* (*irány*) out; (*kifelé*) outwards || **~ innen!** get out!
kiabál *v* (*ember*) shout, cry; (*ordít*) bawl
kiábrándító *a* disappointing, disillusioning
kiad *v* (*vhonnan*) give* out; (*kiszolgáltat*) deliver, give* up, hand over; (*bűnözőt*) extradite; (*munkát*) assign, distribute; (*parancsot*)

give*; (*rendeletet, sajtóterméket*) publish, issue; (*házat*) let* (out), *csak US* rent (sg) out; (*pénzt*) spend*
kiadás *n* (*kiszolgáltatás*) handing out, delivery; (*sajtóterméké*) publication, issue; (*könyvé*) edition; (*költségek*) expenses *pl*; (*kormányé stb.*) expenditure
kiadó 1. *a* (*bérbe vehető*) to (be) let *ut.*, vacant, *US* for rent *ut.* || **~ lakás/szoba** flat/room to let **2.** *n* (*vállalat*) publisher(s), publishing house
kiadós *a* abundant, plentiful || **~ ebéd** a substantial lunch; **~ eső** a heavy rain, heavy rains *pl*
kiadvány *n* publication
kialakul *v* form, take* shape; (*kifejlődik*) develop
kiáll *v vk vhová* go*/stand* out; (*vhonnan előlép*) step out; *vm vmből* stand*/stick* out; *vkvel* stand* up to (sy), accept the challenge of; *vmért/vkért* fight* for sg; (*fájás megszűnik*) cease, stop; (*kibír vmt*) endure, suffer, stand*, bear* || **ki nem állhatom** I can't stand/bear him; **~ja a próbát** pass/stand* the test
kiállít *v vhová* put*/place out; *sp* send* off, exclude; (*kiállításon*) exhibit; (*bemutat*) display, show*; (*okmányt, számlát*) make* out
kiállítás *n* exhibition, show; (*külső*) finish, presentation; *sp* (*játékosé*) send(ing)-off; (*iraté*) issue
kialsz|ik *v* (*lámpa*) go* out; (*tűz*) burn* (itself) out, be* extinguished; *átv* die away, fade; *vmt* sleep* off || **kialussza magát** have* a good night's rest

kiált v cry, shout
kiáltvány n proclamation
kiárad v (folyó) flood; (fény) stream out, emanate
kibékít v vkt vkvel reconcile sy with sy
kibékül v vkvel be reconciled (with sy)
kibélel v line
kibérel v (csónakot stb.) hire (out); (házat hosszabb időre v. földet) lease; (házat/szobát rövidebbre v. autót) rent
kibetűz v make* out, decipher; (jeleket) decode
kibírhatatlan a unbearable
kibocsát v send* out; (hőt, szagot) emit, give* off/out; (sugarat) radiate; (bankjegyet) put* into circulation, issue; (rendeletet) publish, issue
kibont v (csomót stb.) undo*, untie; (csomagot) open, unpack, unwrap; (vitorlát, zászlót) unfurl, unfold
kiborít v (edényt) overturn; (folyadékot) spill*; biz vkt upset* sy
kiborul v biz get* upset; (idegileg) break* down
kibök v (szemet) poke out; biz (szót) utter, blurt out
kibúj|ik v vhonnan creep*/crawl out, emerge from, come* out
kibúvó n (ürügy) pretext; (mentség) excuse
kicsal v vkt vhonnan coax into coming out; vkből vmt wheedle/worm sg out of sy; (pénzt vktől) cheat/swindle/do* sy out of sg
kicsavar v (csavart) unscrew; (vizes ruhát) wring* (out); (gyümölcsöt) squeeze

kicselez v dodge, elude
kicserél v vmt vmért/vmre exchange sg for sg; biz swap sg for sg; (újjal) replace (sg with/by sg); (becserél) trade sg for sg; (nézeteket) exchange [views]
kicsi 1. a little, small; (nagyon kicsi) tiny; (termetre) short; (jelentéktelen) petty, insignificant, trifling **2.** n (gyerek) little one/boy/girl, csak US: junior ‖ **egy ~t** a little/bit/trifle; **~re nem adunk** we are not so very particular
kicsinyes a small/petty-minded; (aprólékos) fussy, pedantic; (szűkmarkú) niggardly
kicsíráz|ik v sprout, bud, germinate
kicsoda pron who(ever)?
kicsomagol v unpack
kicsúfol v mock sy, make* fun of sy
kicsúsz|ik v (kézből) slip (out) ‖ **~ott vm a száján** sg slipped from his lips
kiderít v find* out, bring* to light; (rejtélyt) unravel, clear up
kiderül v (idő) clear up, get* brighter; (ég) clear ‖ **~t, hogy** it came to light that, it turned out that
kidob v vmt throw* out; (pénzt) throw* away, waste; biz vkt vhonnan throw*/turn* sy out (of swhere); (állásából) sack sy
kidolgoz v (anyagot) make* up; (kikészít) process; (részleteiben vmt) work out, elaborate (sg)
kidönt v (fát) fell; (falat) pull/knock down, demolish; (kiborít) spill*, overturn, upset*
kié → ki¹
kiég v (ház) burn* out ‖ **~ett az égő** the bulb has gone; **~ett a biztosíték** the fuse has blown

kiegészítés *n* completion, addition, supplement; (*könyvben*) addendum (*pl* addenda)

kiegyenlít *v* (*egyenlővé tesz*) equalize, straighten, even out/up; (*számlát*) settle; (*adósságot*) clear, pay* (off)

kiegyensúlyozott *a* balanced || ~ **ember** well-balanced man°

kiegyezés *n* compromise, conciliation, accord

kiejt *v* (*kezéből*) drop, let* sg fall/slip; (*szót*) pronounce

kiejtés *n* (*szóé*) pronunciation

kielégít *v vkt* satisfy, give* satisfaction to; (*óhajt*) fulfil (*US* -fill) || ~**i az igényeket** meet*/satisfy all demands/requirements

kielégítő *a* satisfactory; (*megfelelő*) adequate; (*elég*) sufficient

kielégületlen *a* unsatisfied, frustrated

kiélvez *v* enjoy (sg) fully

kiemel *v vmből* take*/lift sg out (of sg); (*sok közül*) pick (out); (*hangsúlyoz*) stress, emphasize; (*mint fontosat*) highlight (sg)

kiemelked|ik *v vhonnan* rise* (from); *vm fölé* tower above

kiemelkedő *a* (*kiugró*) projecting, prominent; (*kiváló*) outstanding, excellent

kiemelt *a* (*hangsúlyozott*) stressed

kienged *v vkt* let* (sy) out; *vmt* emit; (*gázt/levegőt vmből*) deflate sg; (*ruhát*) let* out

kiengesztel *v* conciliate

kiérdemel *v* merit, deserve, earn

kiértékel *v* evaluate, appraise

kies|ik *v* (*vhonnan*) fall*/drop out (of sg); *sp* be* eliminated || ~**ik az emlékezetéből** sg slips one's mind

kieszel *v* invent, think* up

kifacsar *v* (*ruhafélét*) wring* (out); (*gyümölcsöt*) squeeze

kifakad *v* (*kelés*) burst*; (*bimbó*) burst* open, open; (*vk*) break* out into angry words

kifakul *v* fade, lose* colour (*US* -or)

kifárad *v vmtől* tire (of), become*/get* tired (of/from)

kifáraszt *v* tire (out), make* sy tired/weary

kifecseg *v* blurt out || **titkot** ~ *biz* let* the cat out of the bag

kifejez *v* (*szavakkal*) express || ~**i magát** express oneself

kifejezés *n* expression, (*nyelvben még*) idiom

kifejezetten *adv* expressly, definitely

kifejleszt *v* develop

kifejlődik *v* develop, grow*

kifejt *v* (*varrást*) undo*, unpick; (*borsót*) hull, shell; (*képességet*) display, show*; (*magyaráz*) explain, make* clear

kifelé *adv* (*irány*) out, outward(s) || (**mars**) ~! out you go!

kifényesít *v* polish, buff up, shine*

kifér *v vm/vk vmn* get* out through, pass through sg

kifest *v* (*szobát*) decorate; (*arcot*) make* up; (*kiszínez*) colour || ~**i magát** make* up (one's face)

kifeszít *v* (*feszessé tesz*) stretch (out), tighten; (*felfeszít*) break*/force open

kificamít *v* sprain

kifinomult *v* refined

kifizet *v* pay (up/out)

kifli *n* croissant

kifog *v* (*vízből*) fish; (*halat*) catch*; *biz vkn* get*/have* the better of sy

‖ **ez ~ott rajtam** that beats me; **ezt jól ~tuk** (*rosszat*) it's not our day; (*jót*) we're in luck
kifogás n (*helytelenítés*) objection; (*panaszos*) complaint, protest; (*mentség*) pretext, excuse ‖ **ha nincs ellene ~od** if you don't mind
kifogásol v object to, protest against; (*hibáztat*) disapprove of
kifogástalan a unexceptionable, unobjectionable; (*hibátlan*) faultless; (*minőség*) excellent
kifogy v (*elfogy*) come* to an end, run*/be* short; (*készlet*) give*/run* out ‖ **~ott** (*pl. mosogatószer*) it's run out; (*áru*) be* out of stock; (*könyv*) be* out of print
kifordít v (*megfordít*) reverse; (*ruhát*) turn (out/over)
kifoszt v vkt rob; (*háborúban*) plunder
kifőtt tészta n pasta
kifőz v (*tésztát*) boil, cook; (*fertőtlenít*) sterilize (sg by boiling); (*tervet*) brew, plot
kifúj v (*füstöt stb. vmből*) blow* out ‖ **~ja az orrát** blow* one's nose; **~ja magát** get* one's breath (back)
kifullad v get* out of breath
kifúr v bore (out/through), drill
kifut v (*kirohan*) run* out; (*hajó*) sail; (*tej*) boil over; **~ az időből** biz run* out of time
kifutópálya n rep runway
kifürkész v ferret out
kigombol v unbutton
kigondol v think* up, conceive, invent; (*tervet*) think*/work out
kigúnyol v ridicule, mock, make* game/fun of sy

kígyó v snake; ir serpent
kigyógyít v vkt vmből cure sy of sg
kigyógyul v recover, be* cured
kígyóz|ik v (*út, folyó*) twist and turn, wind*
kigyullad v (*lámpa, fény*) be* lit, light* up; (*tüzet fog*) catch* fire
kihagy v (*mellőz*) leave* out, omit; (*lehetőséget*) miss ‖ **~(ott) a pulzusa** his pulse missed a beat; **~ott az emlékezete** (s)he had a lapse
kihajol v lean* out (of) ‖ **~ni veszélyes** do not lean out of the window
kihajt v (*állatot*) drive* out; (*gallért*) turn down [one's collar]; bot sprout, put* out shoots; (*rügyezik*) bud
kihal v (*család*) die out; (*terület elnéptelenedik*) become*/be* deserted; (*állatfaj*) become* extinct
kihallgat v (*kikérdez*) interrogate, question; (*beszélgetést*) overhear* =; (*tanút*) hear*
kihallgatás n (*kikérdezés*) examination, questioning; (*államfőnél stb.*) audience
kihány v (*kidob*) throw* out; (*ételt*) vomit
kihasznál v vmt utilize, exploit, take* (full) advantage of (sg); (*anyagi haszonra*) profit by/from; vkt (*tisztességtelenül*) take* advantage of sy, exploit sy ‖ **~ja az alkalmat** take the opportunity [to... v. of ...ing]
kihatás n effect, influence, impact; (*eredmény*) result ‖ **~sal van vmre** have* an effect/impact on sg
kihever v (*bajt*) get* over; (*betegséget*) recover from; (*csapást*) survive; (*balesetet*) get* over

kihirdet *v* announce, proclaim

kihív *v vkt vhová* call out/to; (*küzdelemre*) challenge; (*diákot felelni*) call upon, ask sy questions ‖ **~ja a rendőrséget** call (out) the police

kihoz *v vhonnan* bring*/get*/take* out; *biz* (*vmből vm eredményt*) produce ‖ **~ vkt a béketűréséből** exasperate sy, provoke sy

kihúz *v vhonnan* draw*/pull out; (*töröl*) cross/strike* out, delete; (*sorsjegyet*) draw* ‖ **dugót ~ az üvegből** uncork a bottle; **falidugót ~** unplug sg; **fogat ~** extract a tooth°; *átv* **~ vkből vmt** drag/draw* sg out of sy; **~za magát** draw* oneself up; **~za magát vmből** (*v.* **vm alól**) wriggle out of sg

kihűl *v* cool, get* cold/cool

kiír *v* (*kimásol*) copy out; (*számítógép*) print out; (*vhonnan*) write* out; (*pályázatot*) announce; *orv biz* (*táppénzesnek*) put* sy on sickness benefit ‖ **választásokat ~** call elections

kiirt *v* wipe out; (*gyökerestől*) root out; (*erdőt*) clear; (*megsemmisít*) annihilate, destroy; (*állatfajt*) kill (off); (*népet*) exterminate

kiismer *v vkt* come*/get* to know sy; (*átlát vkn*) see* through sy ‖ **~i magát** *vhol* find*/know* one's way about/around; **nem ismeri ki magát** *vhol* be* lost

kiismerhetetlen *a* inscrutable

kiizzad *v* get* hot, work up a sweat; (*náthát*) sweat out [a cold] ‖ **ki van izzadva** he is hot and sweaty

kijár *v vm vmből* come* off/out; *vknek vm* be* due/owing to; (*vknél vk számára vmt*) manage to obtain/get sg for sy; (*iskolát*) finish/complete one's studies

kijárat *n* way out, exit

kijátsz|ik *v* (*kártyát*) lead*; (*becsap*) cheat, take* (sy) in ‖ **~ik vkt vk ellen** play off one person against the other; **kijátssza a törvényt** evade the law

kijavít *v* (*hibát, dolgozatot*) correct; *isk* (*dolgozatokat*) mark, *US* grade; (*szöveget*) revise; (*helyesbít*) rectify; (*gépet*) repair; (*házat*) repair, renovate; (*ruhát*) mend

kijelentés *n* (*nyilatkozat*) declaration, statement

kijelöl *v* (*helyet*) designate, indicate, point/mark/stake out; (*időt*) fix, set*, appoint; (*vknek vmlyen munkát*) assign [a/the job] to sy

kijelző *n el* display

kijön *v vhonnan* come* out (of); (*folt vmből*) come* out/off; *biz* (*könyv*) come* out; (*számítás*) be* right; (*számtanpélda*) work out; *biz vkvel* get* on well with sy ‖ **ebből az jön ki, hogy** it follows from this that; **jól ~nek egymással** they get* along/on well (together); **nem lehet vele ~ni** (s)he is not easy to get on with; **kijött a gyakorlatból** he is out of practice; **nem jön ki a fizetéséből** he can't manage on his salary

kijut *v vhonnan* (manage to) get* out (of); *vhova* find* one's way (to) ‖ **ugyancsak ~ott neki!** he (has) had a hard time (of it)!

kikalkulál *v* calculate

kikap v (kiragad) snatch (sg v. sg from sy v. sg out of sy's hand); (megkap) get*, receive, obtain; (megszidják) be* told/ticked off, get* a telling off (vmért mind: for sg); biz (vereséget szenved) be* defeated/beaten
kikapcsol v (ruhát stb.) undo*, unfasten; (áramot, gázt) cut* off; (telefont) disconnect; (készüléket) switch/turn off
kikapcsolódás n átv getting away from it all, relaxation
kikapcsolód|ik v (kapocs, ruha stb.) come* undone/unfastened; vk átv relax, get* away from it all
kikefél v (ruhát) brush, give* sg a brush; (cipőt) polish
kikel v (ágyból) rise* (from bed); (tojásból) hatch out; bot spring*, sprout || ~ magából lose* one's temper/patience
kiképez v vkt train, instruct, teach*; kat drill; (kialakít) form, shape
kikérdez v (rendőr) (cross-)question, interrogate || ~i a leckét hear* the lesson
kikeres v look/search for, seek* (out); (kiválogat) choose*, select; (szót) look up [a word in the dictionary]
kikerics n (őszi) ~ meadow-saffron, autumn crocus
kikerül v (tócsát) go*/walk round; (autóval) drive* round; vkt get* out of the way of sy, evade sy; (bajt) avoid; (vk vmből) come* out; átv get* out of
kikerülhetetlen a inevitable, unavoidable
kikészít v (előkészít) put*/set* out, arrange, prepare; (bőrt) curry; biz (vkt vm kimerít) finish sy (off)

kikísér v (ajtóig) show* sy to the door; (állomásra) see* sy off
kikölcsönöz v borrow, US loan
kikölt v (fiókát, tojást) hatch
kiköltekez|ik v run* out of money
kiköltöz|ik v (lakásból) move (out)
kikötés n (feltétel) stipulation, condition; (hajóval) landing || azzal a ~sel, hogy on condition that
kikötő n (tengeri) harbour (US -or), port; (menetrendszerű) port of call; (kisebb) (landing-)pier
kiközösít v (közösségből) expel, exclude (from); (társadalomból) ostracise; (egyházból) excommunicate
kikúrál v cure (sy of sg)
kiküld v vhonnan send* out (of); vhová send* out (to), dispatch (to); (megbíz) delegate; bizottságot küld ki appoint a committee
kiküldetés n posting, mission || ~ben van vhol be* on a mission/posting swhere
kiküszöböl v eliminate, get* rid of
kilakoltatás n eviction
kilátás n vhonnan view, prospect, panorama; átv (távlati) outlook, prospect(s) (for sg); (egyéni) chance || ~ba helyez hold* out the prospect of
kilátástalan a without prospects ut., hopeless
kilátótorony n look-out (tower)
kilenc num nine
kilenced n ninth
kilencedik num a ninth, 9th
kilencedszer num adv for the ninth time
kilencen num adv nine (people) || ~ vagyunk there are nine of us

kilences 1. *a* (*számú*) number nine
2. *n* (*számjegy*) (the number) nine
kilencszáz *num* nine hundred
kilencszer *num adv* nine times
kilencszeres *a* ninefold
kilencven *num* ninety
kilencvenedik *num a* ninetieth
kilencvenes *a* **a** ~ **évek** the nineties (90s)
kilép *v vhonnan* step/come* out; (*siet*) walk quickly, step out ‖ ~ **a vállalattól** leave* the company/ firm; ~ **egy pártból** resign from (*v.* leave*) a party
kilincs *n* door-handle; (*kerek*) (door)knob
kiló *n biz* kilo; **62** ~ **vagyok** I weigh 62 kilos
kilóg *v vm vhonnan* hang*/stick* out; (*látszik*) show* ‖ ~ **a sorból** *biz* (*nem illik bele*) be* the odd one out
kilogramm *n* kilogram(me)
kilométer *n* kilometre (*US* -ter)
kilométeres *a* **80** ~ **sebességgel haladt** he drove at 50 miles per hour
kilométerkő *n* kilometre mark/ stone, *GB* milestone
kilométeróra *n* mil(e)ometer
kilő *v vhonnan* shoot*/fire out (of); (*puskából*) fire, shoot*; (*rakétát*) launch; (*vadat*) shoot*, bag
kilyukad *v* (*lyukas lesz*) wear* through ‖ **hova akarsz ezzel ~ni?** what are you driving/aiming/ getting at?
kilyukaszt *v* perforate, make* a hole in (sg); (*jegyet*) punch
kimagasló *a* outstanding, eminent
kimarad *v* (*kihagyták*) be* left out, be* omitted; (*iskolából*) drop out;

(*sokáig távolmarad*) stay away too long; (*nem alszik otthon*) sleep* out
kimegy *v vhonnan* go*/pass/get* out (of) ‖ ~ **vk elé az állomásra** (go* to) meet* sy at the station; ~ **a fejéből** go* out of (*v.* slip) one's mind
kímél *v* (*óv*) take* care of; (*megtakarít*) spare ‖ **nem ~i magát** he doesn't spare himself; **nem ~i a fáradságot** spare no pains
kímélet *n* forbearance, regard, consideration
kíméletlen *a vkvel szemben* (*tapintatlan*) inconsiderate (to/towards); (*kegyetlen*) cruel (to), unsparing (of/in)
kimenetel *n* issue, outcome, result
kiment *v vkt vmből* rescue/save sy from sg
kimér *v* (*távolságot*) measure (out); (*földet*) survey; (*bort*) sell* by the litre; (*húst*) weigh (out)
kimereszt *v* ~**i a szemét** goggle, stare
kimerít *v* (*tartalékot/témát*) exhaust; (*kifáraszt*) wear* out
kimerítő *a* (*alapos*) exhaustive; (*fárasztó*) exhausting, tiring
kimerül *v* (*elfárad*) get* exhausted, be*/feel*/look run down; (*elfogy*) be* used up, be* exhausted; (*készlet*) give* out
kimerült *a* (*ember*) exhausted, rundown, worn-out; (*igével*) be*/feel* worn out
kimerültség *n* exhaustion, weariness
kimond *v* (*szót*) pronounce, utter; (*érthetően*) articulate; (*kijelent*) state, declare; (*véleményt*) express

kimos v (ruhát) wash, US launder; (sebet) bathe; (üveget) rinse
kín n pain, torture, torment
Kína n China
kínai a/n Chinese
kínál v vkt vmvel offer sy sg; (árut) offer (sg) for sale; (áruért összeget) offer [a price] || **étellel** ~ help sy to [food]; **hellyel** ~ offer sy a seat
kínálat n supply, offer
kincs n treasure, jewel
kinevet v (have* a) laugh at, make* fun of
kinevez v (állásba) appoint (sy sg); (tisztségre) name (as/for)
kinevezés n appointment, nomination
kinéz v (magának vmt) pick/look out, choose*, select; (vhonnan) look out [of the window] || **jól néz ki** look well; **úgy néz ki, hogy esni fog** it looks like rain; **nem néz ki olyan idősnek, mint amennyi** he doesn't look his age; **jól nézünk ki!** now we are in a fine mess!; **~tem magamnak egy színes tévét** I've got my eyes on a colour TV
kínlód|ik v (szenved) suffer pain; átv vmvel struggle (with), bother with/about sg
kinn adv outside, out (of doors), outdoors; (külföldön) abroad || **~ a szabadban** in the open (air)
kínos a (fájdalmas) painful; (kellemetlen) embarrassing, awkward, unpleasant
kínoz v torment, torture
kinő v (földből) grow*, spring* forth; (ruhát, rossz szokást) grow* out of

kint adv = **kinn**
kinti a outside; (külföldi) foreign
kinyíl|ik v open; (virág) blossom, bloom
kinyit v (ablakot, ajtót) open; (zárat) unlock; (boltot, bolt) open; (összecsukott vmt) open; (kibont) unfold; (vm csavarosat) unscrew; (csapot) turn on || **kinyissam az ablakot?** shall I open the window?; **~ja a szemét** open one's eyes; **a bolt 10-kor nyit ki** the shop opens at 10 a.m.
kinyomoz v trace, track (down), hunt down
kinyomtat v print
kinyújt v (kezét stb.) stretch/reach out; (meghosszabbít) draw*/pull out, lengthen; (tésztát) roll out || **~ja a nyelvét** put*/stick* one's tongue out
kioktat v vmre brief sy on sg, instruct sy in sg; pejor put* sy wise (to)
kiolvas v (könyvet) finish (reading) a book
kioszk v kiosk; stall, stand
kioszt v (vmt szét) distribute, give*/share out, divide (among); (díjat) award; (kiadagol) portion out; biz vkt give* sy a (good) dressing down
kiöblít v rinse (out)
kiöml|ik v run*/pour/spill* out
kiönt v (vizet stb.) pour out, spill*; (folyó) overflow || **~i a szívét** pour one's heart out
kipakol v unpack
kipattan v (rügy) burst*; (szikra) fly* out; (titok, hír) leak/come* out
kipiheni magát v have* a rest

kipipál v tick, US check
kipirul v flush
kiporol v dust; (szőnyeget) beat* (the dust from) ‖ **jól ~ják a nadrágját** get* a sound thrashing
kiporszívóz v vacuum (out), GB hoover (sg)
kipótol v (hiányzó dolgot) supply, add; (kiegészít) supplement; (veszteséget) make* up [the loss]; (mulasztást) make* up for sg
kipödör v (bajuszt) twist
kiprésel v (szőlőt) press; (egyéb gyümölcsöt) squeeze; átv (vkből) extort sg from sy
kipróbál v vmt try sg (out); vkt put* sy to the test
kipucol v clean; (cipőt) shine*, polish
kipufogó(cső) n exhaust (pipe)
kipuhatol v biz (try to) find* out; (vk szándékát) sound sy out [on sg]
kipukkad v burst*, split*; (gumi) puncture
kirabol v (házat, személyt) burgle; (vkt úton) rob, hold* up
kiradíroz v rub out, erase
kirak v vmt vmből take* sg out of sg; (árut/hajót) unload; (megtekintésre) display; vmvel stud, trim (with); biz (állásból) turn out, dismiss
kirakat n shop-window ‖ **~o(ka)t néz(eget)** (vásárlás nélkül) window-shop
kirakójáték n jigsaw puzzle
király n king
királyfi n prince
királyi a royal; (királyhoz méltó) regal, kingly, king's ‖ **~ ház** dynasty; **~ palota** royal palace; **~ udvar** royal court, the Court
királykisasszony n princess

királyleány n princess
királyné n queen (consort)
királynő n queen ‖ **a ~ férje** the prince consort; **az angol ~** the Queen of England
királyság n (ország) kingdom, realm; (államforma) kingdom, monarchy
kirándul v vhova go* on an excursion/outing (to), take* a trip (to); (egy napra, hideg élelemmel) go* on a picnic ‖ **~t a bokája** he has sprained his ankle
kirándulás n excursion, trip
kirándulóhely n beauty spot
kiránt[1] v vmt vhonnan pull out (violently)
kiránt[2] v (húst) fry (sg) in breadcrumbs
kirekesztés n discrimination
kirepül v (madár) fly* away, take* wing; (golyó puskából) fly*/ shoot* out
kiró v (vkre büntetést) inflict [punishment] (up)on ‖ **bírságot ró ki vkre** fine sy
kirobban v átv burst*, break* out ‖ **~t a válság** there was a sudden crisis
kiröhög v vkt laugh in sy's face, laugh at sy
kiről pron A) (kérdő) about whom? ‖ **~ beszél?** who are you talking about? B) (vonatkozó) = **akiről** → **aki**
kirúg v vmt kick out; (állásból) sack, fire, give* sy the sack ‖ **~ja a labdát** sp (kapuból) take* the goal-kick
kirügyez|ik v bud
kis a little, small; (nem magas) short ‖ **egy ~** a little, a bit of,

some; **egy ~ ideig** for a (little) while, for a/some time; **egy ~ idő múlva** shortly, in/after a (short) while

kisasszony *n* miss, young lady

kisautó *n* mini

kisbaba *n* baby, *infant* ‖ **~t vár** be* expecting a baby

kisbetű *n* small letter; *nyomd* lower case

kisdiák *n* schoolboy, schoolgirl

kisebb *a* (*méretre*) smaller; (*menynyiségre, fontosságra*) less; (*fiatalabb*) younger; (*kisebbfajta*) lesser, minor ‖ **a ~ testvér** (the) younger brother/sister; **jóval ~ a kelleténél** much too small

kisebbítés *n* diminution, reduction

kisebbség *n pol* minority

kisegít *v* (*vkt munkájában*) assist/help sy [in his work]; (*helyettesít*) deputize (for sy)

kisegítő iskola *n* special school

kísér *v vkt* go* with, accompany; *kat* escort ‖ **zongorán ~** accompany on/at the piano

kísérlet *n* (*megpróbálás*) attempt (*vmre* at sg); experiment ‖ **~et tesz vmre** make* an attempt at sg (*v.* to do sg)

kísérletez|ik *v vmvel* make* experiments (with sg), experiment (with sg)

kísérő 1. *a* accompanying; (*velejáró*) concomitant **2.** *n* (*társ*) companion, follower, attendant; (*gyerek mellett*) guardian; *zene* accompanist; *biz* (*ital*) a glass of soda (water); (*gyengébb alkohol*) chaser

kísért *v* (*megkísért*) tempt; (*szellem*) haunt

kísértés *n* temptation ‖ **~be esik** be* (sorely) tempted; **enged a ~nek** yield (*v.* give* in) to temptation

kísértet *v* ghost, phantom, spirit

kisfilm *n* (*játékfilm*) short (film); (*dokumentumfilm*) (short) documentary (film)

kisfiú *n* little boy; (*megszólítás*) **kisfiam!** son!, sonny!

kisgazda *n* small-holder

kisgyerek *n* small/little child°

kisikl|ik *v* (*vonat*) get* derailed

kisimul *v* become* smooth

kisipar *n* small(-scale) industry; (*egy ága*) craft

kisiparos *n* craftsman°

kiskabát *n* jacket

kiskanál *n* teaspoon ‖ **két ~ cukor** two teaspoonfuls of sugar

kiskapu *n átv* the back door

kiskereskedelem *n* retail trade

kiskereskedő *n* retailer, shopkeeper

kiskorú 1. *a* not of age *ut.*, under age *ut.*, underage **2.** *n* minor

kislány *n* little/young girl; (*akiknek vk udvarol*) [one's] girl(friend)

kismama *n* young mother(-to-be), mother-to-be

kismutató *n* hour hand

kisorsol *v* draw*, select (sg) by a draw

kisöpör *v* sweep* out

kisportolt *a* athletic

kisregény *n* long short-story, short novel

kissé *adv* a little (bit), a bit, slightly ‖ **egy ~** a little, rather, somewhat

kistányér *n* dessert plate

kisugároz *v* radiate, emit

kisujj *n* little finger ‖ **a ~ában van** he has it at his fingertips

kisül v (kenyér, tésztaféle) get* baked; (hús) get* roasted; (kiderül) turn/come* out, come* to light; fiz discharge

kisüsti a/n home distilled (brandy)

kisüt v (kenyeret) bake; (húst sütőben) roast; (zsírban) fry; (roston) grill; biz (kieszel) concoct, invent; (nap) begin* to shine

kisvállalkozás n small business

kisvállalkozó n small businessman°

kisvendéglő n intimate/small restaurant

kiszab v (ruhát) cut* out; (határidőt) fix, set* [a date]; (büntetést vkre) impose [a fine/punishment on sy]

kiszabadít v (rabot) liberate, release, set* free; (állatot) let* out; (veszedelemből) rescue, save

kiszáll v (járműből) get* off/out (vhol at); (hajóból) land, go* ashore; (helyszínre) visit the scene/spot; biz (játszmából, üzletből) pull/get*/back out

kiszállás n (járműből) getting off; (helyszínre) on-the-spot investigation; (tanulmányi céllal) field trip

kiszámít v calculate, count, compute

kiszárad v (kút) dry up, run*/go* dry; (élő fa) die; (növény) wither; (torok) get* parched/dry

kiszed v vhonnan take* out (of swhere), pick out; (válogatva) sort out; nyomd set* up; biz vkből vmt get*/drag sg out of sy

kiszemel v vkt vmre select/choose*/pick sy for sg; (kiválaszt vmt) look/pick out sg (vknek for sy)

kiszivárog v (folyadék/hír) leak out

kiszolgál v vkt serve (sy), attend on sy; (étteremben) wait on, serve [guests]; (üzletben) serve, attend to [customers] || **szolgáld ki magad** help yourself

kiszolgálás n service; ~sal service included

kiszolgáltat v (vmt átad) deliver, hand over (sg); (vknek átad vkt) give*/hand sy over to sy; (bűnöst) extradite

kiszótároz v look up the words [in a dictionary]

kiszögellés n projection

kiszúr v (hegyes tárggyal) pierce, prick; biz (kiszemel) pick out; biz vkvel do* sy in

kitagad v (gyereket) disown; (örökségből) disinherit

kitágít v (rugalmas dolgot) stretch, expand; (ruhát, övet) loosen, slacken; (lyukat) enlarge; átv (látókört) widen/broaden [one's horizons]

kitakar v uncover, bare

kitakarít v (szobát) do* [the room], clean up, tidy up [the room]

kitalál v (eltalál) guess, find* out; (kiötöl) invent, devise; (nem tisztességes dolgot) make* up, concoct; vhonnan find* one's way out || ~**ja vk gondolatát** read* sy's thoughts

kitapasztal v learn* by experience

kitapétáz v paper [the room]

kitár v (ablakot, ajtót) open (wide) || **szívét ~ja vk előtt** open one's heart to sy

kitart v (kezével) hold* out; (állhatatos) be* persistent, hold* out/on; (ügy mellett) hold* firm to ǁ ~ **amellett, hogy** (s)he maintains that ...; ~ **vk mellett** remain loyal to sy, stand* by sy; ~ **vm mellett** persist in, insist on

kitartás n (állhatatosság) persistence, steadfastness; (vk/vm mellett) sticking (to sy/sg), standing by sy/sg ǁ **csak ~!** hold on!

kitárul v open (out), be* thrown open

kitel|ik v vmből be* enough/sufficient (for); vm vktől be* capable of sg

kitér v (útból) get* out of the way; (helyet adva) make* way, let* pass; (vk elől) shun/avoid sy; vmre (also) touch upon sg, mention ǁ ~ **egy kérdés elől** dodge/evade a question

kiterjed v fiz expand; (terület vmeddig) extend (to/over), spread* over, range (as far as); vmre cover/include sg

kiterjedés n (test növekedése) expansion; (terjedelem) extension; fiz dimension

kitervel v (ravaszul) scheme (to do sg)

kitesz v (kihelyez) put* out(side); (kirakatba) display, show* (in the shop-window); (írásjeleket) punctuate [a text]; (ékezeteket) put* on (the) diacritics; (állásból) turn out, dismiss ǁ **az ár(a) 5000 Ft-ot tesz ki** the price amounts to (v. totals) 5,000 fts; ~ **magáért** do* one's utmost; **veszélynek teszi ki magát** expose oneself to danger

kitilt v (országból) expel/banish (from); (házból) forbid* (to enter) the house

kitisztít v clean

kitol v biz vkvel do* sy down

kitoloncol v deport, expel

kitölt v (folyadékot edénybe) pour out; (űrt) fill in/up; (űrlapot) fill in (v. US out) [a form]

kitör v (ablakot) break*, smash; (testrészt) break*, fracture; (háború, járvány, vihar) break* out; (tűzhányó) erupt ǁ ~**te a karját** (s)he broke his/her arm; **nevetésben tör ki** break*/burst* into laughter

kitöröl v (edényfélét) wipe (out); (írást) erase, rub out; (könyvből) expunge; (emlékezetből) wipe [from memory]

kitűn|ik v (több közül) excel, be* prominent among; vmben excel (szellemiekben in sg; sportban: at sg); vmből appear (from), be* evident (from)

kitűnő 1. a excellent, eminent, splendid, first-class/rate ǁ ~ **minőség** top quality; ~**en érzem magam** I am/feel fine **2.** n isk (an) excellent (mark)

kitüntetés n medal, decoration ǁ ~**sel érettségizik** obtain en excellent school-leaving certificate

kitűz v (jelvényt) pin on/up, put* on; (zászlót) hoist, set* up; (helyet) mark/set* out; (időt) set*, appoint, fix; (célt) set* [oneself a(n) aim/target]

kitűző n badge

kiugr|ik v (vhonnan, vmből) jump/leap* out; átv biz (vk vmből) break* away (from), drop out (of), desert sg

kiutal v (pénzt) remit, grant

kiutaz|ik v go* abroad, leave* for

kiürít v empty; (fiókot) clear out; (poharat) drain; (helyiséget) vacate, quit; (várost) evacuate

kiüt v (vkt bokszban) knock out, KO [alakjai: KO's, KO'ing, KO'd]; (sakkfigurát) take*, remove [chess-man°]; (tűz, járvány) break* out || **rosszul üt ki vm** biz sg has a bad ending

kiütés n (bokszban) knock-out, KO; (bőrön) rash, spot(s), eruption

kiűz v vhonnan drive*/chase out

kivág v (ollóval, késsel) cut*/clip* (sg) out; (fát) fell, cut* down; (rögtönöz) improvise, get* up || **~ja magát** give* a smart answer; (nehézségekből) extricate/free oneself (from)

kivágás n (ruhán) neckline, décolletage

kiválaszt v (több közül) choose*, select, pick out

kiváló a eminent, excellent, outstanding, very good

kivált v (zálogot) redeem [article in pawn]; (foglyot) ransom, buy*/bail out; (bérletet, jogosítványt) take* out; (hatást) produce, bring* about, evoke; (helyettesít) replace

kiváltság n privilege

kíván v vknek vmt wish (sy sg); vmt wish/want sg; (vágyódik vm után) desire sg, long for sg; (megkövetel vmt) demand/expect sg of sy, require || **jó estét ~ok!** good evening!; **minden jót ~ok!** (my) best wishes

kívánalom n requirement, demand

kíváncsi a curious, inquisitive || ~ **vmre** be* curious/eager to know/ learn; ~ **vagyok, vajon ...** I wonder whether/if ...; ~ **vagyok, mi történt** I wonder what happened

kivándorlás n emigration

kivándorló 1. a emigrating 2. n emigrant

kivándorol v emigrate (to)

kívánság n wish, desire, request || **vknek ~ára** at sy's request; **~ra** on request

kivasal v iron, press

kivéd v ward/fend off, parry; átv hold* one's ground || **lövést ~** (futballban) save a shot

kivégez v execute

kivégzés n execution

kiver v (ellenséget) drive* out, chase away; (szőnyeget) beat* || **ezt verd ki a fejedből** get that out of your head

kivesz v vmből vmt take* out (of), remove (from); (lakást) rent, take* (out); (szemmel) discern, make* out; (következtetve) gather (from) || **~i a részét vmből** (részesedik) take* one's share (of sg); (munkából) do* one's share/bit; **~i a szabadságát** take* one's/a holiday

kivet v (idegen anyagot) reject; (társadalomból) cast* out || **adót vet ki vkre** impose/levy a tax on sy

kivét n (bankból) withdrawal

kivétel n exception || ~ **nélkül** without exception; **vmnek/vknek ~ével** with the exception of, except for

kivételes a exceptional, uncommon || **~en** (rendkívülien) exception-

ally; (*most az egyszer*) just this once
kivetít *v* project
kivéve *adv* except, but for, all but ‖ ~, **ha** unless
kivisz *v* (*vmt*) take*/carry out; (*árut*) transport/convey (to); (*külföldre*) export (*vhova* to); (*mosószer piszkot*) take* out, remove
kivitel *n* (*külföldre*) export; (*minőség*) quality
kivizsgálás *n orv* check-up
kivív *v* achieve, reach, effect; (*eredményt*) obtain; (*győzelmet*) win*
kivizsgál *v vmt* examine, investigate; (*ügyet*) look into [the matter], inquire into sg ‖ ~**ják a klinikán** have*/get* a check-up at the hospital
kivon *v* (*kihúz*) drag/draw*/pull out; (*munka alól*) keep* away from; (*felelősség alól*) avoid; *mat* subtract ‖ ~ **a forgalomból** withdraw* from circulation; ~**ja magát vm alól** back out of sg
kivonat *n* (*irat*) extract; (*könyvé*) abridgement, summary; (*főleg . cikké*) abstract; *kém* essence
kivonul *v vhova* turn out; *kat vhonnan* withdraw* (troops) from
kívül 1. *adv* (*vhol kinn*) outside, outdoors ‖ ~ **marad** stay outside; *átv* stand* aloof/apart, keep* out (of) 2. *post* (*helyileg*) outside (of); (*vkn/vmn felül*) beside(s), in addition to ‖ **ezen**~ beyond that; **rajta** ~ besides him; **rajta ~ álló okokból** for reasons beyond his control; **vkn** ~ (*kivéve*) except **vmn** ~ (*vmtől eltekintve*) apart/aside from sg
kívülálló *n* stranger, outsider

kívülről *adv* (*helyileg*) from⇐ outside; (*könyv nélkül*) by heart
kizár *v* (*kapun*) lock/shut* out; (*egyesületből*) exclude; (*iskolából, pártból*) expel (from); (*versenyből*) disqualify; (*vmnek a lehetőségét*) preclude (the possibility of) sg ‖ **ki van zárva** it is out of the question, no way; **nincs** ~**va** it's just possible (that)
kizárólag *adv* exclusively, solely
kizöldül *v* (*fa*) come* into leaf
kizsákmányol *v* (*munkást*) exploit; (*energiaforrást*) exploit, utilize
klarinét *n* clarinet
klassz *a biz* great, *US* slick
klasszicizmus *n* classicism
klasszikus 1. *a műv* classical; (*mintaszerű*) classic ‖ ~ **zene** classical music 2. *n az angol* ~**ok** the English classics
klerikális *a* clerical
klikk *n* clique
klíma *n* climate
klímaberendezés *n* air-conditioner
klimax *n orv* menopause
klinika *n* teaching/university hospital; (*egyes klinikák*) department of ...
klór *n* chlorine
klub *n* club
koalíció *n* coalition ‖ ~**ba lép** form a coalition
kóbor *a* vagrant, roving ‖ ~ **kutya** stray dog
kóborol *v* roam/wander/stroll about; (*állat*) stray
koccan *v* knock against (sg); (*autók*) bump each other
koccanás(os baleset) *n* a (slight) bump

koccint *v* clink [glasses] || ~ **vknek az egészségére** drink* sy's health

kocka *n* (*mat is*) cube; (*dobó*) dice (*pl* ua.); (*mintában*) square, check || ~ **alakú** cube-shaped; ~**n forog** be* at stake; ~**ra tesz vmt** risk/hazard sg

kockacukor *n* lump sugar; (*darab*) a lump (of sugar)

kockás *a* squared, checked, chequered (*US* checkered)

kockázat *n* risk, hazard, venture

kockázatos *a* risky

kockáztat *v* risk, chance, venture

kocog *v* (*ló*) trot; (*ember*) jog

kocogás *n* jogging

kócos *a* tousled, dishevelled

kócsag *n* heron, egret

kocsi *n* (*lófogatú*) carriage; (*kétkerekű*) cart; (*négykerekű*) wagon; (*hintó*) coach; (*autó*) car, *főleg US*: auto; (*közlekedési eszköz*) vehicle; (*zárt, szállító*) van; (*vasúti, metró*) carriage; (*kötélpályán*) cabin; (*kézikocsi*) handcart; (*poggyásznak*) trolley; (*gyermekkocsi*) pram ||; ~**val** by car, (*de:*) **a(z új)** ~**mmal** in my (new) car; ~**n visz** vkt drive* sy swhere, take* sy by car

kocsimosás *n* car-wash

kocsis *a* driver, coachman°

kocsiút *n* dirt road, track

kocsma *n* inn, tavern, pub

kocsonya *n* meat jelly

kód *n* code

kódex *n* codex (*pl* codices)

kódol *v* (en)code

koedukáció *n* coeducation

kofa *n* (*piaci*) fish wife°, market-woman°

koffein *n* caffeine

kohó *n* furnace

koholmány *n* forgery, invention

kokárda *n* cockade, rosette

koksz *n* coke

koktél *n* cocktail

kókuszdió *n* coconut

kóla *n* *biz* Coke

kolbász *n* *kb.* sausage

koldus *n* beggar

kolera *n* cholera

koleszterin *n* cholesterol

kolléga *n* colleague

kollégium *n* *isk tört* (*bennlakásos, nyolcosztályos*) college; (*szállás*) hall (of residence), *US* dormitory; (*testület*) board, college; (*előadássorozat egyetemen*) course (of lectures)

kollekció *n* collection; *ker* samples *pl*

kollektív *a* collective

kollokvium *n* oral exam

kolónia *n* colony, community

kolostor *n* monastery, cloister; (*apáca~*) convent, nunnery

koma *n* (*barát*) crony, old friend

kóma *n* coma

kombi *n* (*önállóan*) estate (car), *US* (station) wagon

kombinál *v* vmvel combine sg with sg

kombiné *n* slip

komédia *n* comedy, farce

komfort *n* comfort, ease, convenience || ~ **nélküli lakás** cold water flat

komisz *a* (*erkölcsileg*) bad, vile, nasty; (*dolog*) abominable, wretched || ~ **kölyök** naughty brat

kommentár *n* vmhez commentary (on sg) || ~**t fűz vmhez** comment on sg

kommentátor *n sp* commentator

kommersz *a* mass-produced

kommunista *a/n* communist

kommunizmus *n* communism

komoly *a* serious, grave; *(arc)* stern; *(ember)* earnest; *(jelentős)* considerable ‖ ~ **zene** classical music

komolyan *adv* seriously, earnestly ‖ ~**?** really?; **nem gondolta** ~ he did not mean it; ~ **vesz vmt** take* sg seriously

komor *a* gloomy, sombre *(US* -ber); *(ember)* grave

komp *n* ferry(boat); *(autós)* car-ferry

kompaktlemez *n* compact disc

komplett *a* complete, entire, whole

komponál *v* compose

kompót *n* stewed fruit, compote; *(konzerv)* tinned *(US* canned) fruit

kompromisszum *n* compromise, concession

koncentrál *v* concentrate ‖ **vmre** ~ concentrate on sg

koncert *n (előadás)* concert

koncertmester *n* leader, *US* concertmaster

kondíció *n (feltétel)* condition, terms *pl*; *(erőnlét)* (physical) condition, form; fitness ‖ **jó** ~**ban van vk** be* fit, be* in good condition/form

konferencia *n* conference

konfliktus *n* conflict, dispute, quarrel

kong *v* ring*/sound hollow/empty

kongresszus *n (tanácskozás)* congress, *US pol* convention, *US (törvényhozó testület)* Congress

konjunktúra *n* boom, prosperity

konkrét *a* concrete, particular ‖ **ebben a** ~ **esetben** in this particular case

konkurencia *n* competition, rivalry

konkurens 1. *a* rivalling *(US* -l-), competing **2.** *n* rival, competitor

konnektor *n (dugója)* plug; *(aljzata)* (power) point, socket

konok *a* obstinate, stubborn

konstrukció *n* construction; *(szerkezet)* structure

kontaktlencse *n* contact lens

kontár 1. *a* bungling, bungled ‖ ~ **munka** botched (piece of) work **2.** *n* bungler, botcher

konténer *n* container

kontinens *n* continent

kontraszt *n* contrast

kontroll *n* check(ing), control

konty *n* knot (of hair)

konvektor *n* convector

konvertibilis *a* convertible [currency]

konvex *a* convex

konzekvencia *n* consequence, issue, outcome ‖ **levonja a** ~**t** draw* the conclusion (from sg)

konzerv *n (fémdobozban)* tinned *(US* canned) food; *(gyümölcs)* preserve, conserve

konzervatív *a/n* conservative

konzervatórium *n* conservatoire, *US* conservatory

konzervdoboz *n* tin, *US* can

konzervnyitó *n* tin *(US* can) opener

konzul *n* consul

konzulátus *n* consulate

konyak *n* cognac, brandy

konyakos meggy *n* liqueur(-filled) chocolate, liqueur

konyha *n* (*helyiség*) kitchen; (*főzésmód*) cuisine, cooking
konyhakert *n* kitchen/vegetable-garden
konyhakész *a* oven-ready
kooperáció *n* cooperation
kopár *a* (*föld*) barren, bare; (*fa*) leafless
kopasz *a* bald(headed), hairless
kópé *n* biz (*furfangos ember*) rascal, rogue; (*gyerek*) scamp
kópia *n* copy; (*papírkép*) print; (*film*) print, copy
kop|ik *v* wear* away/out; (*szövet*) become* threadbare/frayed
kopjafa *n* wooden headboard [on a tomb]
koplal *v* (*szándékosan*) fast, go* on a hunger cure; (*nincs mit ennie*) starve
kopog *v* (*ajtón*) knock (at the door); (*máson*) tap/rap at/on sg; (*eső, láb*) patter; (*motor*) knock
kopoltyú *n* gill
koponya *n* skull; *átv* head, brain
koporsó *n* coffin
kopott *a* *vm* worn; (*ruha*) shabby, threadbare, frayed
kor *n* (*életkor*) age; (*időegység*) age, epoch, era, period, time || (a) mai ~ our age/time, the present day; ~ához képest nagy be* tall for one's age; 15 éves ~a óta since he was fifteen (years old); 30 éves ~ában at (the age of) thirty
-kor *suff* (*időhatározó*) a) at || hány órakor? at what time?, when?; öt órakor at five o'clock; b) on, elutazásakor on leaving; c) during, while || ottlétemkor during my stay (there)
kór *n* disease, illness

kora *a* early || ~ délután early in the afternoon; ~ tavasszal in early spring
korább(an) *adv* (*hamarabb*) earlier, sooner; (*azelőtt*) previously, before || 10 perccel ~ jött (s)he came/was 10 minutes early
korabeli *a* (*egyidejű*) contemporary; (*akkori*) period-, of the age/time *ut*.|| Mátyás ~ of the age of Matthias I Corvinus (*v.* Mátyás) *ut.*; Erzsébet ~ Elizabethan
korai *a* early; (*idő előtti*) premature, untimely
korall *n* coral
korán *adv* early, in good time || ~ fekszik go* early to bed; ~ kel rise* early; ~ jön arrive/come* too soon; még ~ van it's early yet
korántsem *adv* by no means, not at all
koraszülött *n* premature baby
koravén *a* prematurely old/aged; (*gyerek*) precocious
korbács *n* lash, whip, scourge
korcsolya *n* skate(s)
korcsolyapálya *n* skating/ice rink
korcsolyáz|ik *v* skate
kordbársony *n* corduroy || ~ nadrág corduroys *pl*, cords *pl*
Korea *n* Korea
koreai *a* Korean
koreográfia *n* choreography
korhadt *a* rotten, decayed
korhatár *n* age limit
kórház *n* hospital || ~ba szállít vkt take* sy to hospital
korhol *v* chide*/scold/reprove sy, nag (at) sy
korlát *n* (*védő*) bar, barrier, guard; (*karfa*) banister, railing; (*hajón, mozgólépcsőn*) handrail; (*torna-*

szer) parallel bars *pl*; *átv* limit, bounds *pl*

korlátlan *a* boundless; (*lehetőség*) unlimited; (*mennyiség*) unrestricted; (*hatalom*) absolute

korlátozás *n* restriction, limitation

kormány *n* (*kerék*) steering wheel; (*hajón a kerék*) (steering/pilot) wheel, helm; (*kerékpáron*) handlebar(s); (*repülőgépen*) control stick/column; *biz* joystick; *pol* government, cabinet, regime, *US* administration || **~on van** be* in power; **~t alakít** form a cabinet/government

kormányfő *n* premier, prime minister

kormánykerék *n* steering wheel

kormányoz *v* (*járművet*) steer; *pol* govern, rule

kormánypárt *n* government/governing party

kormányzat *n* (system of) government, regime, *US* administration

kormányzó 1. *a* governing, ruling || **~ párt** governing/ruling party **2.** *n* *US és tört* governor; (*1920 után*) regent

kormos *a* sooty, smoky

korog *v* rumble, grumble || **~ a gyomra** his stomach is rumbling

korom *n* soot

korona *n* crown

korong *n* disc, *US* disk; (*hoki*) puck

koros *a* elderly, aged

kóros *a* morbid, pathological, abnormal

korosztály *n* age-group/bracket

korpa *n* (*őrlési termék*) bran; (*fejbőrön*) dandruff

korrekt *a* correct, straight, fair || **nem ~** unfair

korrepetál *v* coach (sy)

korrigál *v* correct, rectify, check

korrózió *n* corrosion

korrupció *n* corruption; (*vesztegetés*) bribery

korsó *n* jug; (*agyag*) pitcher; (*kő*) jar, pot; (*sörös*) mug, stein; (*üveg/vizes*) carafe || **egy ~ sör** a pint/mug of beer

korszak *n* period, era, epoch

korszerű *a* modern, up-to-date

korszerűsít *v* modernize, bring* up to date, update

korszerűtlen *a* out-of-date

kortárs *n* contemporary

korty *n* (*nagy*) draught; (*kis*) sip, drop || **egy ~ra** at a gulp

kórus *n* choir, chorus

korzó *n* promenade, walk

kos *n* ram

kosár *n* (*sp is*) basket || **kosarat ad vknek** turn sy down, refuse sy

kosárlabda *n* basketball

kosárlabdáz|ik *v* play basketball

kóstol *v* taste, try, sample

kosz *n* *biz* (*piszok*) dirt

kósza *a* stray, idle || **~ hírek** vague rumours (*US* -ors)

koszorú *n* wreath

koszos *a* *biz* dirty

koszt *n* (*élelem*) food; (*étkezés*) meal(s); (*rendszeres*) board

kosztol *v* board, eat*, take* one's meals

kosztüm *n* (*női*) suit, ensemble, outfit; (*korabeli viselet*) costume

kotor *v* scoop; (*medret*) dredge

kotta *n* (sheet) music; (*partitúra*) score || **~ból játszik** play from music

kovács *n* (black)smith; (*patkoló*) farrier

kóvályog *v* (*kóborol*) wander about, stroll ‖ ~ **a fejem** my head is swimming
kozmetika *n* beauty culture, cosmetology
kozmetikus *n* beautician, cosmetician
kozmikus *a* cosmic ‖ ~ **fegyverek** space weapons
kő *n* stone; (*drágakő*) precious stone; (*órában*) jewel; (*epe, vese*) stone, calculus (*pl* -li *v.* -luses) ‖ ~**vé dermed** be* petrified; **nagy** ~ **esett le a szívemről** (it's) a load/weight off my mind!
köb *n* cube ‖ ~**re emel** raise to the third power
kőbánya *n* quarry
köbcenti(méter) *n* cubic centimetre (*US* -ter)
köbméter *n* cubic metre (*US* -ter)
köcsög *n* jug, *US* pitcher
köd *n* (*sűrű*) fog; (*ritka*) mist, haze ‖ ~ **van** it's foggy
ködös *a* (*sűrű*) foggy; (*párás*) hazy, misty ‖ ~ **elmélet** muddled theory
ködszitálás *n* (misty) drizzle
kőfal *n* stonewall, stonework
kőfaragás *n* stone-cutting/masonry
köhög *v* cough, have* a cough
kökény *n* blackthorn; (*bogyója*) sloe
kökörcsin *n* pasqueflower
kölcsön 1. *n* (*bankból*) (bank) loan ‖ ~**t ad vknek** lend* sy [money]; ~**t felvesz** *vktől* borrow money (from sy); (*bankból*) raise a loan; **visszaadja a** ~**t** *átv* pay* sy back 2. *adv* (*kölcsönbe*) **elviszem ezt** ~ I'll borrow that/it 3. *a* borrowed, on loan *ut.*

kölcsönad *v vmt vknek* lend* sg to sy
kölcsönkér *v vktől vmt* borrow sg from sy
kölcsönkönyvtár *n* lending library
kölcsönös *a* mutual, reciprocal
kölcsönöz *v vknek vmt* lend* sg to sy (*v.* sy sg), *US* loan sg to sy (*v.* sy sg); (*könyvtár könyvet*) lend* [books]; *vktől vmt* borrow sg from sy; (*rövidebb időre*) hire [a boat, car etc.]; (*hosszabb időre és US*) rent [a television etc.]; *átv* lend*, add (to) ‖ **vmlyen jelleget** ~ **vmnek** endow sg with sg
kölcsönvesz *v vktől vmt* borrow sg from sy
kölcsönző *n* (*kölcsönadó*) loaner, lender; (*vállalat*) hire/leasing service/company; (*autóé*) car rental (firm); (*kölcsönvevő*) borrower
köldök *n* navel
kölni(víz) *n* eau de cologne
költ¹ *v* (*felébreszt*) wake* (up)
költ² *v* (*madár*) brood; (*fiókákat*) hatch
költ³ *v* (*pénzt*) spend* (*vmre* on)
költ⁴ *v* (*verset*) compose/write* [a poem]
költemény *n* poem
költészet *n* poetry
költő *n* poet
költőpénz *n* pocket/spending money
költöz|ik *v vk* move (*vhova* to, *vmbe* in), remove (*vhova* to)
költöző madár *n* migratory bird
költség *n* expense(s); (*kiadás*) expenditure, cost ‖ ~**ek** expenses, charges, costs; **megélhetési** ~**ek** living costs; **saját** ~**én** at one's own expense

költséges *a* expensive, costly, dear
költségvetés *n* estimate (of the cost), calculation; (*állami*) budget, estimates *pl*
kölyök *n* (*állaté*) young [of an animal]; (*kutya*) pup(py); (*macska*) kitten, puss(y); (*gyerek*) kid, brat
köménymag *n* caraway seed
kőműves *n* bricklayer
köntös *n* (*köpeny*) (dressing) gown, US (bath)robe
könny *n* tear || ~**ek között** in tears; ~**ekre fakad** break*/burst* into tears
könnycsepp *n* tear(drop)
könnyed *a* easy; (*lépés, mozdulat*) light; (*modor*) free (and easy); (*stílus*) easy-flowing, fluent
könnyedén *adv* lightly, easily
könnyelmű *a* light-headed, rash; (*veszélyben*) heedless; (*nemtörődöm*) happy-go-lucky, careless; (*pénzügyileg*) prodigal, wasteful
könnyen *adv* easily, lightly || ő ~ **beszél** it's easy for him to talk
könnyít *v* (*terhen*) lighten; *átv vmn* make* sg easier, facilitate; (*fájdalmon*) ease, lessen
könnyű *a* (*súly*) light; (*anyag*) thin; *átv* easy || ~ **étel** light food; ~ **ezt mondani** that's easy to say; ~ **olvasmány** light reading; ~ **sérülés** minor/slight injury
könnyűbúvár *n* skin-diver
könnyűipar *n* light industry
könnyűvérű *a* (*nő*) fast, loose, easy
könnyűzene *n* light music
könyök *n* elbow || **már a ~ömön jön ki** I am fed up with it

könyörög *v vmért* beg/supplicate for sg; *vkhez* beg, entreat
könyörtelen *a* merciless, unmerciful, pitiless
könyörület *n* mercy, compassion, pity
könyv *n* book; (*kötet*) volume || ~ **nélkül megtanul** learn* (sg) by heart; *ker* (**üzleti**) ~ books (of account) *pl*
könyvel *v ker* (*bevezet vmt*) enter sg into the books; (*könyvelést végez*) keep* the books/accounts
könyvelő *n* bookkeeper
könyvesbolt *n* bookshop, US bookstore
könyvespolc *n* bookshelf°
könyvjelző *n* bookmark(er)
könyvkereskedő *n* bookseller
könyvkiadó *n* publisher, publishing house
könyvnyomtatás *n* printing (of books)
könyvsiker *n* best-seller
könyvszekrény *n* bookcase
könyvtár *n* library
kőolaj *n* (crude) oil, petroleum
kőolajvezeték *n* pipeline
köp *v* spit*; (*bűnöző*) sing*, grass (on sy)
köpeny *n* (*ruhadarab*) cloak, gown; (*női*) wrap; (*ujjatlan*) cape; (*munkaköpeny*) white coat
köpönyegforgató *n* time-server, turncoat
kör *n* (*vonal*) circle; (*emberekből stb.* álló) ring; (*versenypályán*) lap; (*társas*) club, circle || **baráti** ~ circle of friends; **hosszúsági** ~ *földr* (line of) longitude; **írói** ~**ökben** in the literary world; ~

alakú circular, round; **szélességi** ~ *földr* (line of) latitude
kőr *n* (*kártya*) heart(s)
körbe *adv* round
körben *adv* (a)round
köré *adv/post* (a)round
köret *n* trimmings *pl*, vegetables and potatoes/chips
körforgalom *n* roundabout, *US* traffic circle
körforgás *n* circulation, rotation; (*égitesté*) revolution; (*jelenségeké*) recurrence, cycle
körhinta *n* merry-go-round, roundabout
körív *n mat* arc; *épít* arch, bow
körlevél *n* circular
körmenet *n* procession
környék *n* environs *pl*; (*vidék*) countryside || **a város ~e** the environs/outskirts of the town *pl*
környezet *n* (*természeti*) environment, surroundings *pl*; (*személyi*) milieu
környezetszennyezés *n* environmental pollution
környezetvédelem *n* environmental protection
környező *a* surrounding, neighbouring
köröm *n* (*emberé*) (finger)nail; (*állaté*) claw || **körmöt ápol** (*kézen*) manicure; (*lábon*) pedicure
körömlakk *n* nail polish/varnish
körös-körül *adv* all (a)round
köröz *v* (*kört ír le*) circle; *vkt i*ssue a warrant for the arrest of sy; (*írást*) send*/pass round, circulate || **~i a rendőrség** he is wanted by the police
körte *n* (*gyümölcs*) pear; (*égő*) (light) bulb

körút *n* (*utca*) boulevard; (*utazás*) tour, trip; (*szolgálati*) round
körutazás *n* round trip
körül *post* (*körben*) (a)round; (*időben: tájján*) (at) about, round; (*megközelítőleg*) about, near || **az ára 10 Ft ~ lehet** it costs about 10 fts; **az asztal ~** (a)round the table; **9 óra ~** around (*v.* at about) 9 o'clock
körülbelül *adv* about, roughly, approximately, some, *US* around || **~ ötvenen voltak ott** there were about/some/approximately 50 people there; **~ egy hét múlva** in a week or so
körülfog = **körülvesz**
körüli *a* about *ut.*; **50 év ~** [a man] about fifty
körülmegy *v* go*/walk round
körülmény *n* circumstance, conditions *pl* || **nehéz ~ek között él** be* badly off; **a ~ekhez képest** considering
körülnéz *v* look/glance (a)round
körültekintés *n* (*szemlélve*) looking round; *átv* circumspection, caution || **kellő ~sel** cautiously, with circumspection
körülvesz *v vmt* surround, enclose, encircle (*vmvel mind:* with); *vkt* surround sy
körülzár *v* surround, encircle; *kat* cut* off, blockade
körvonal *n* outline, contour
körvonalaz *v átv* outline/sketch sg
körzet *n* (*igazgatási*) district, zone; (*terület*) area
körzeti *a* district || **~ hívószám** area code; **~ orvos** panel/district doctor; (*háziorvos GB*) family doctor, GP

körző *n* compasses *pl*
kösz! *int biz* thanks
köszön *v* (*vknek, üdvözölve*) greet sy; *vknek vmt* thank sy for sg; (*vknek köszönhet vmt*) have* sy to thank for sg ‖ **~öm!** thank you (very much)!, many thanks!; **~öm, nem (kérek)** no, thank you; **neki ~hetem, hogy** it was thanks to him that
köszönés *n* greeting
köszönet *n* thanks *pl*, acknowledgement ‖ **~et mond vknek vmért** thank sy for sg; **~tel vesz** receive with thanks
köszönhető *a vmnek* due/thanks to; *vknek* **neki ~, hogy** it is due/thanks to him that
köszönt *v* (*üdvözöl*) greet, welcome, salute; (*beszéddel*) address ‖ **vmlyen alkalomból ~** congratulate sy on sg
köszöntő *a* **~ szavak** words of welcome
köszörű *n* grinding machine, grinder
köszörül *v* (*élesít*) grind*, sharpen ‖ **torkát ~i** clear one's throat
köszvény *n* gout
köt *v* (*megköt*) bind*, tie; *vmhez* tie/fasten/attach to; (*pulóvert*) knit*; (*könyvet*) bind* ‖ **barátságot ~** make* friends (with sy); **biztosítást ~** take* out insurance; **csomót ~** tie/make* a knot (in sg); **házasságot ~** marry sy; **üzletet ~** do*/transact business (*vkvel* with sy)
köteg *n* bundle, parcel, packet, bunch
kötél *n* cord, rope; (*hajó*) cable
köteles (*vmt megtenni*) be bound/obliged (to do sg)

kötelesség *n* duty, obligation, task ‖ **~em vmt megtenni** I am obliged/bound to do sg
kötelez *v vmre* oblige, bind*, compel (sy to do sg) ‖ **~i magát** *vmre* undertake* (to do sg), bind*/commit oneself (to do sg)
kötelezettség *n* obligation, engagement, duty ‖ **~et vállal** undertake* (to), assume an obligation
kötelező *a* obligatory, compulsory ‖ **~ olvasmány** set book; **~ elmenni** one/sy is required to go
kötélpálya *n* cable-railway, ropeway
kötéltáncos *n* tightrope walker
kötény *n* apron
kötés *n* (*művelet*) binding, tying; (*csomóra*) knotting; (*a csomó*) knot, tie; (*seben*) bandage; (*kézimunka*) knitting; (*könyvé, művelet*) (book-)binding; (*a könyv kötése*) binding, cover; *tech* bond, link, joint; (*sílécen*) bindings *pl*
kötet *n* volume
kötetlen *a* informal
kötőgép *n* knitting machine
kötőjel *n* hyphen
kötőmód *n* subjunctive
kötőszó *n* conjunction
kötött *a* (*össze*) tied, bound; (*vmhez erősített*) fixed, attached, fastened (*mind*: to); (*kézimunka*) knitted; (*könyv*) bound; (*meghatározott*) defined, settled
kötöttáru *n* knitwear
kötöttség *n* restriction, constraint
kötöz *v* (*sebet*) dress
kötözés *n* (*sebé*) dressing
kötszer *n* dressing, bandage
kötvény *n* (*pénz*) bond, security ‖ **biztosítási ~** insurance policy

kövér a (ember) fat, stout, corpulent
követ[1] n (diplomáciai) minister
követ[2] v (utána megy) follow (sy),
go*/be* after; (sorrendben) suc-
ceed (sy/sg); (példát) imitate; (uta-
sítást) observe || ~i vk tanácsát
take* sy's advice
követel v vktől vmt claim, demand;
(szükségessé tesz) require, neces-
sitate; (tanár) be* exacting || a
számla ~ oldalán ker on the
credit side of the account
követelés n claim, demand; ker
credit balance
követelmény n requirement, de-
mand || a ~eknek megfelel com-
ply with (v. meet*) the require-
ments
követelődző a clamorous, insistent
követési távolság n safety gap
kövezet n paving, road surface
következésképpen adv conse-
quently, as a consequence, there-
fore
következetes a consistent
következ|ik v (sorrendben) follow;
succeed; be*/come* next; vmből
result (from), follow (from) || a
fentiekből ~ik, hogy it follows
from the foregoing that; ki ~ik?
who is/comes next?
következmény n consequence;
(eredmény) result
következő 1. a following; (legkö-
zelebbi) next || a ~ alkalommal
next time; a ~ évben in the fol-
lowing year 2. n (személy) the
next; (közlendő) the following || a
~kben in the following
következtében adv vmnek ~ in
consequence of sg, owing/due to
sg; ennek ~ therefore, thereupon

következtetés n (eredménye) con-
clusion, inference, deduction ||
arra a ~re jut, hogy come* to (v.
reach) the conclusion that; le-
vonja a ~t vmből draw* the/a
conclusion from sg
követség n (hivatal) legation;
(nagykövetség) embassy; (küldött-
ség) mission
köz n (idő) interval, pause; (tér)
distance; (utcácska) close, lane,
passage; (közösség) community,
public || a ~ érdekében in the
public interest; ~e van vmhez
have* to do with sg; mi ~öd hoz-
zá? (it's) none of your business
közalkalmazott n civil servant,
public employee
közbejön v intervene, occur, hap-
pen
közbejött akadály n unforeseen
obstacle
közbelép v intervene, interfere
közben 1. adv (ezalatt) meanwhile,
(in the) meantime; (térben) in
between 2. post (idő) during,
while
közbeszól v biz chime/cut* in
közbeszólás n interruption
közbiztonság n public security
közbotrány n public scandal
közé 1. adv in between, among(st)
|| ~jük való be* one of them; állj
(be) ~nk! join us! 2. post vknek a
szeme ~ néz look sy in the eye,
look into sy's eyes
közeg n vm medium (pl media),
agent; vk official
közel 1. adv (térben) near, not far
off; (időben) near, towards,
around; (csaknem) nearly, about ||
egészen ~ close to; ~ ezer forint

about/almost a thousand forints; ~
jár az igazsághoz be* near the
truth; ~ **sem** not by a long way/
chalk, far from... **2.** n vicinity,
proximity, neighbourhood (US
-bor-) || **a ~ben** in the vicinity, not
far off/away
közelálló n a **~k** (barátok) close
friends, intimates; (bennfentesek)
the inner circle
közelebb adv nearer
közeled|ik v vmhez approach/near
sg, come* nearer/closer to sg || **az
ötvenedik évéhez ~ik** he is ap-
proaching fifty, he is getting on
for fifty
közéleti a public || **~ személyiség**
public figure, VIP
közelgő a approaching, coming
közeli a (közel levő) near, close,
neighbouring (US -bor-); (jövő)
immediate; (napok) coming || **a ~
napokban** in the near future; **~
rokonok** they are close/near rela-
tives
közelít v vmhez approach sg,
come*/draw* near to sg
Közel-Kelet n the Middle East, US
the Mideast
közelmúlt n recent past || **a ~ban**
recently, lately
közép n (vmnek a közepe) the
middle of sg; the centre (US -ter);
mat mean || **a tél kellős közepén**
in midwinter; **vmnek a (kellős)
közepén** right in the middle of sg
Közép-Amerika n Central America
Közép-Ázsia n Central-Asia
középcsatár n sp centre (US ter)
forward
középen adv in the middle/centre
(US -ter)

középérték n mat mean (value),
average
közepes 1. a (minőségű) medium;
(középszerű) mediocre (in qual-
ity); biz middling; (átlagos) mean,
average || **~ méretű** medium(-)
sized, middle-sized **2.** n (osztály-
zat) satisfactory, fair
közepette adv amid, in the
midst/middle of
Közép-Európa n Central Europe
közép-európai a Central European,
of Central Europe ut. || **~ idő**
Central European time; CET
középfedezet n sp centre-half (US
center-)
középfok n nyelvt comparative
(degree)
középfokú a isk secondary || **~
oktatás** secondary education
középhaladó a intermediate
középhullám n medium wave
középiskola n secondary school;
GB (állami) comprehensive
(school); GB (magán, bentlakás-
sal) public school; GB (kb. gim-
názium) grammar school, US high
school, secondary school
középiskolás n secondary school
student
Közép-Kelet n the Middle East, US
Mideast
középkor n Middle Ages pl
középkori a medieval
középkorú a middle-aged
középosztály n the middle class
középpályás n sp midfielder
középpont n centre (US center),
central point; middle || **az érdeklő-
dés ~jában** in the centre of interest
középső a central, centre (US -ter),
middle

középszerű *a* middling, *a*verage; *pejor* mediocre

középút *n* *átv* middle course, middle-of-the-ro*a*d ‖ **az arany** ~ the g*o*lden mean

középület *n* p*u*blic b*u*ilding

közérdek *n* general/p*u*blic *i*nterest

közért *n* gr*o*cer's, *US* gr*o*cery

közérzet *n* general state of health; general feeling ‖ **rossz** ~ indispo*si*tion, mal*a*ise; **jó a ~em** I feel well

kőzet *n* rock

közfelfogás *n* p*u*blic op*i*nion

közgazdaságtan *n* econ*o*mics *sing.*

közgazdász *n* economist

közgyűlés *n* general assembly

közhely *n* cliché, c*o*mmonplace, ban*a*lity

közhír *n* **~ré tesz** inf*o*rm the p*u*blic, ann*o*unce

közhivatal *n* p*u*blic *o*ffice

közigazgatás *n* (p*u*blic) administration

közismert *a* well-kn*o*wn, w*i*dely known ‖ ~ **tény** it's c*o*mmon knowledge

közjegyző *n* n*o*tary (p*u*blic)

közkedvelt *a* popular

közkegyelem *n* (general) *a*mnesty, (general) p*a*rdon

közkeletű *a* c*u*rrent, *e*veryday, c*o*mmon

közlekedés *n* traffic, tr*a*nsport, *főleg US* transport*a*tion ‖ **egyirányú** ~ one-way tr*a*ffic

közlekedési *a* tr*a*ffic, tr*a*nsport ‖ ~ **baleset** (*közúti*) ro*a*d *a*ccident, traffic *a*ccident; ~ **eszköz** means of tr*a*nsport, v*e*hicle; ~ **szabályok**

rules of the road *pl*, the H*i*ghway Code

közlekedésügy *n* transp*o*rt, *US* transport*a*tion

közleked|ik *v* (*jármű*) go*, be* on the road; (*gyalogos*) walk, go* on foot; (*menetrendszerűen*) ru**n***

közlékeny *a* comm*u*nicative, t*a*lkative

közlemény *n* communic*a*tion, ann*o*uncement; (*hivatalos*) comm*u*niqué, st*a*tement; (*hírlapi*) *a*rticle, news*i*tem; (*rádióban, tévében rövid*) newsflash

közlöny *n* (*kormányé*) gaz*e*tte; (*egyéb*) j*o*urnal, b*u*lletin

közmondás *n* pr*o*verb

közművek *n* *pl* p*u*blic ut*i*lities/ services

közművelődés *n* general educ*a*tion

köznyelv *n* st*a*ndard English/Hung*a*rian etc.

közoktatás *n* p*u*blic/ge*n*eral educ*a*tion

közöl *v* (*hírt stb.*) tell*, rep*o*rt, ann*o*unce, discl*o*se, make* known; (*közzétesz*) p*u*blish ‖ **bizalmasan** ~ **vkvel vmt** tell* sy sg in c*o*nfidence; **cikket** ~ p*u*blish an *a*rticle (*vmről* on); **sajnálattal közlöm** I regr*e*t to inf*o*rm you

közömbös *a* ind*i*fferent, un*i*nterested, p*a*ssive; *pol* apol*i*tical; *kém* ne*u*tral

közönség *n* (*nagy~*) the p*u*blic; (*színházi*) a*u*dience, p*u*blic

közönséges *a* (*általános*) general, *u*sual, c*o*mmon, *e*veryday, *o*rdinary; *pejor* v*u*lgar, gross, coarse

közönyös *a* ind*i*fferent, un*i*nterested

közös _a_ common, collective, public, joint; (_kölcsönös_) mutual; (_közösen használt_) communal || ~ **tulajdon** joint property; _jog_ collective/joint/public ownership; ~ **vállalat** joint venture
közösség _n_ community; _vall_ fellowship
közösül _v vkvel_ have* sexual intercourse (with)
között _adv_ (_kettő_ ~) between; (_több mint kettő_ ~) among; _ir_ amid || **többek** ~ among others; **aug. 10-e és 15-e** ~ from 10th to 15th August, between 10 and 15 August; **a ~ a két ház** ~ between those/the two houses
központ _n_ (_középpont_) centre (_US_ center), middle; (_hivatal_) central office, headquarters _pl_
központi _a_ central || ~ **fűtés** central heating
közrefog _v_ surround
közrejátszik _v vmben_ take* part in, contribute to sg
közreműködik _v vmben_ take part in, participate in
község _n_ community, village
közszükségleti cikkek _n pl_ consumer goods
közt post = **között**
köztársaság _n_ republic || **a Magyar K~** the Hungarian Republic
közterhek _n pl_ rates and taxes
közterület _n_ public domain
köztisztviselő _n_ civil/public servant, government official/worker
köztudomású _a_ generally known || ~, **hogy...** it is well-known that...
köztulajdon _n_ (_viszony_) public ownership; (_tárgya_) public/common property

közút _n_ public road, _US_ highway
közúti _a_ road || ~ **baleset** road accident; ~ **jelzőtábla** traffic/road sign
közügy _n_ public affair/matter || ~**ek** public affairs
közül _post_ from (among), among, one (of), (out) of || **melyik a kettő** ~ **?** which of the two?; **hat ~ kettő** two out of six
közüzemi díjak _n pl_ heating and lighting charges
közvélemény-kutatás _n_ public opinion poll
közvetett _a_ indirect
közvetít _v_ (_vm ügyben_) mediate, act as (a) go-between; (_rádión/televízión_) broadcast*
közvetítés _n_ (_ügyben_) mediation; (_rádió, tv_) broadcast, coverage
közvetlen **1.** _a_ (_direkt_) direct, immediate; (_modor_) informal, free and easy **2.** _adv_ = **közvetlenül**
közvetlenül _adv_ (_térben_) directly; (_időben is_) immediately
közvetve _adv_ indirectly
krákog _v_ clear one's throat, croak
kráter _n_ crater
kreatív _a_ creative
krém _n_ (_étel_) cream, mousse; (_kozmetikai_) (skin/face) cream || **vmnek a ~je** _átv_ the cream/pick of sg
krémszínű _a_ cream-coloured (_US_ -or-)
kreol _a/n_ creole || ~ **bőr** dark skin
KRESZ = _A közúti közlekedés szabályai_ the Highway Code
KRESZ-tábla _n_ traffic/road sign
KRESZ-vizsga _n_ driving test
Kréta _n_ Crete
kréta _n_ chalk; (_színes_) crayon, pastel

krikett n cricket
krimi n (crime) thriller, biz whodunit, crime story/film
kripta n burial vault, tomb; (templomi) crypt
kristály n crystal
kristálycukor n granulated sugar
kristályvíz n mineral water
Krisztus n Christ
kritérium n criterion (pl -ria)
kritika n (rövidebb, szóban is) criticism; (írásban) review; (hosszabb, tudományos, írásban) critique
kritizál v criticize
krízis n crisis (pl crises)
krokett n sp croquet; (étel) croquette
krokodil n crocodile
króm n kém chromium; tech chrome
kromoszóma n chromosome
krónika n chronicle; átv is annals pl
krónikus a orv chronic
krumpli n potato (pl potatoes) → **burgonya**
kucsma n furcap
kudarc n failure, defeat, setback, fiasco || ~ot vall fail, be* defeated
kugli n (tenpin) bowling, US tenpins sing.
kuglóf n kb. ring-cake, deep-dish cake
kuka n (tartály) dustbin, rubbish bin || (kocsi) dustcart, US garbage truck
kukac n (giliszta) worm; (gyümölcsben) maggot
kukorékol v crow
kukorica n maize, Indian corn, US corn
kukoricapehely n cornflakes pl
kuksol v crouch, cower, squat

kukta n (fiú) cook's/kitchen boy; (edény) pressure cooker, steamer
kukucskál v peep/peek at/into
kulacs n canteen, flask
kulcs n (zárba) key; (feladatok megoldásához) key; átv (vmnek a nyitja) key, clue; zene (kottán) clef || ~ra zár lock (up)
kulcslyuk n keyhole
kulcspozíció n key position
kulcsszó n key word
kulissza n szính wings pl
kullancs n tick; átv barnacle || olyan, mint a ~ he sticks like a leech
kullog v (baktat) trudge || vk után ~ trail after sy
kultúra n civilization; culture; vké culture, taste
kulturált a (nép) civilized; (személy) cultured, cultivated
kuncsaft n biz customer, client
kunyhó n hut, hovel, cabin
kúp n cone || ~ alakú conical
kupa n (serleg) cup, goblet; sp cup
kupac n small heap/pile
kupadöntő n cup final
kupak n (palackon) cap
kupamérkőzés n cup tie
kupé n (vasúti) compartment
kupleráj n biz brothel, US whorehouse
kuplung n clutch || felengedi a ~ot let* in/up the clutch
kupola n dome; (kisebb) cupola
kúrál v treat, cure
kuratórium n board of trustees
kúria n (vidéki) country-house/mansion
kuruttyol v croak
kuruzsló n quack(-doctor), charlatan

kurva *n vulg* whore
kurzus *n* (*tanfolyam*) course; (*árfolyam*) (exchange) rate
kusza *a* (en)tangled; (*haj*) dishevelled (*US* -l-); (*beszéd*) confused
kút *n* (*vízé*) well; (*szivattyús*) pump; (*benzintöltő állomás*) filling station, *US* gas station
kutat *v* (*vm után*) try to find, look for; (*vk után*) search for sy; (*vmlyen témakörben*) do* research on sg
kutatás *n* (*tudományos*) research, researches *pl*
kutató *n* (*tudományos*) researcher, research worker/fellow; (*csak természettudományban*) scientist
kutatóintézet *n* research institute
kutya 1. *n* dog || **a ~ se törődik vele** nobody cares for him; **a ~nak sem kell** be* beneath contempt **2.** *a ~* **baja sincs** *biz* he is as fit as a fiddle **3.** *adv* (*nagyon*) **~ hideg van** it is bitterly/damned cold
kutyakölyök *n* pup(py)
kutyatej *n bot* spurge, wolf's-milk
kutyaugatás *n* bark(ing) (of dogs)
kutyául van *kif* feel* wretched/miserable
kuvik *n* little owl
külalak *n* outward form, exterior, (external) appearance
küld *v* send*; (*árut*) dispatch, consign; (*levelet*) send*, forward; (*pénzt*) remit
küldemény *n ker* consignment, parcel; (*pénz*) remittance
küldetés *n átv is* mission
küldő *n* sender
küldönc *n* messenger, runner; (*kifutó*) errand-boy
küldöttség *n* delegation; (*főleg alkalmi*) deputation

külföld *n* foreign countries/lands *pl* || **~ön** abroad, *GB* overseas; **~re megy** go* abroad; **~ről** from abroad
külföldi 1. *a* foreign || **~ áruk** imports; **~ fizetőeszköz** foreign currency; **~ utazás** trip abroad **2.** *n* foreigner
külképviselet *n* foreign representation
külkereskedelem *n* foreign trade
külkereskedelmi *a* (of/for) foreign trade *ut.* || **~ kirendeltség** trade representation; **~ miniszter** Minister of Foreign Trade; **~ vállalat** foreign trade company
küllem *n* looks *pl*
küllő *n* spoke
külön 1. *a* (*mástól elválasztott*) separate, different, distinct; (*saját*) private; (*különleges*) special, particular || **~ bejáratú szoba** room with a private entrance; **~ utakon jár** go* one's own way **2.** *adv* (*elválasztva*) separately, separated, apart; (*magában*) by itself, individually; (*kizárólag*) especially, particularly || **~ élnek** (*házasok*) they live separately/apart
különálló *a* (*független*) independent; (*elkülönített*) separate, separated || **~ ház** detached house
különb *a ~* **vknél/vmnél** (be*) better than sy/sg, (be*) superior to sy/sg
különben *adv* (*másként*) otherwise, or else || **~ is** besides, in any case, moreover
különböz|ik *v vmtől* differ (from sg, *vmben* in sg); *vk vktől* be* different (from sy); (*eltér*) diverge (from)
különböző *a* different; (*különféle*) various, diverse

különbség *n* difference (between), disparity, variance

különc *a* eccentric, queer, odd-(ball)

különféle *a* various, diverse (*mind után: pl*)

különjárat *n* (*busz*) 'private'; (*bérelt repülőgép*) charter flight

különleges *a* special, particular, peculiar, extra

különös *a* (*furcsa*) strange, unusual, peculiar; (*személy így is*) odd; (*különleges*) special || **semmi** ~ nothing special; ~ **tekintettel vmre** with special regard to sg

különösen *adv* (*főként*) in particular, particularly, especially; (*furcsán*) oddly, peculiarly, strangely, singularly

különváltan élnek *kif* they are separated, they live apart/separately

külpolitika *n* foreign affairs *pl*, foreign policy

külső 1. *a* exterior, external, outside; (*szabadban lévő*) outdoor || ~ **megjelenés** outward appearance(s); ~ **munkatárs** (outside) contributor **2.** *n* (*személyé*) (outward) appearance, looks *pl*; (*tárgyé*) exterior, surface

külsőleg *adv orv* for external use only

külügy *n* ~**ek** foreign affairs

külügyminiszter *n* Foreign Minister, Minister of/for Foreign Affairs, *GB* Foreign Secretary, *US* Secretary of State

külügyminisztérium *n* Ministry of Foreign Affairs, Foreign Ministry, *GB* Foreign Office, *US* State Department

külváros *n* suburb, the outskirts *pl*

kürt *n zene* horn; *kat* bugle

kürtöl *v* (*autón*) sound the horn

küszköd|ik *v* struggle, strive* (hard)

küszöb *n* threshold, doorstep || **a** ~**ön áll** *átv* be* at hand

küzd *v* struggle, fight*; *vmért* struggle/fight*/strive* for sg; *vk/vm ellen v. vkvel/vmvel* fight*/battle/combat against/with sy/sg

küzdelem *n* struggle, fight

kvarc *n* quartz

kvarcóra *n* quartz clock/watch

kvartett *n* quartet

kvintett *n* quintet

kvittek vagyunk *kif* we are quits, we are (now) square/even

L

l. = lásd

láb *n* (*lábszár*) leg; (*lábfej*) foot°; (*bútoré*) leg; (*hegyé*) foot°; *tech* rest, stand, support, leg; (*hídé*) pier, pillar; (*hosszmérték*) foot° (= 30,48 cm) || **alig áll a** ~**án** (*fáradtságtól*) be* ready/fit to drop; **eltörte a** ~**át** he has broken his leg; **keresztbe teszi a** ~**át** cross one's legs; ~**a kel vmnek** disappear, get* lost; ~**ra áll** (*beteg*) get* about again; (*anyagilag*) get* back on one's feet; **nagy** ~**on él** live in (great/grand) style

lábas *n* (cooking) pot, casserole; (*nyeles*) (sauce)pan

lábazat *n* épít skirting board, *US* baseboard, mopboard

lábbeli *n* footwear

labda *n* ball
labdarúgás *n* (Association) football, *biz* soccer
labdarúgó *n* = **futballista**
labdarúgócsapat *n* football team/ eleven
labdarúgó-mérkőzés *n* football match
labdarúgó-világbajnokság *n* World Cup
labdáz|ik *v* play (at/with a) ball
lábfej *n* foot°
labilis *a* unstable, unsteady
labirintus *n* maze
lábjegyzet *n* footnote
lábnyom *n* footprint
laboratórium *n* laboratory
lábszag *n* smell of sweaty feet
lábszár *n* leg
lábtörés *n* broken leg/foot
lábtörlő *n* (door)mat
lábujj *n* toe
lábujjhegy *n* tiptoe || **~en jár** (walk on) tiptoe
láda *n* chest, box; (*csomagolásra*) (packing) case
lágy *a* soft; (*akaratgyenge*) soft, weak; (*hang*) gentle, sweet; (*szellő*) soft, gentle, light || **~ tojás** (soft) boiled egg
lagymatag *a* wishy-washy, lukewarm, half-hearted
lágyszívű *a* soft/tender-hearted
laikus 1. *a* (*nem hozzáértő*) amateurish; (*nem hivatásos*) nonprofessional, lay; *vall* (*világi*) lay **2.** *n* (*nem hozzáértő személy*) amateur; *vall* layman° || **a ~ok** the laity
lajhár *n zoo* sloth; *átv* sluggard
lakályos *a* comfortable, cosy, *US* cozy

lakás *n* (*nagyobb házban*) flat, *US* apartment; (*otthon*) home; (*albérleti*) lodgings *pl*, rooms *pl*; (*tartózkodás*) living, residence; (*átmenetileg*) stay || **háromszobás ~** three-room(ed) flat; **kiadó ~** flat/rooms to let; (*hirdetésben*) accommodation vacant; **~t bérel/ kivesz** rent rooms, take* a flat; **~t cserél** change flats; **~t kiad** rent a flat (to sy), let* out rooms (to sy)
lakáscím *n* (home) address
lakásépítés *n* building (of) flats/houses; (*lakásügy*) housing
lakásfoglaló *n* (*önkényes*) squatter
lakáshiány *n* housing shortage
lakásszentelő *n* housewarming
lakat *n* padlock
lakatlan *a* uninhabited; (*ház*) unoccupied, vacant; (*elhagyatott*) deserted
lakatos *n* (*zárlakatos*) locksmith; (*géplakatos*) mechanic, fitter
lakbér *n* (house-)rent
lakberendezés *n* (*bútorzat*) (interior) furnishings *pl*, furniture; (*folyamat*) interior decorating
lakcím *n* (home) address
lakcímváltozás *n* change of address
lak|ik *v* (*állandóan*) live; *hiv* reside; (*lakást*) occupy || **hol ~sz?** where do you live?; **vknél ~ik** (*állandóan*) live in sy's house/flat; (*átmenetileg*) stay with sy
lakk *n* lacquer, shellac; (*körömlakk*) nail polish/varnish
lakkoz *v* lacquer, shellac (*múlt időben*: shellacked)
lakli *a biz* gangling fellow
lakó *n* (*bérházé*) tenant; (*öröklakásé*) occupant; (*szobáé bérlőként*)

lodger; (*városé*) inhabitant, resident

lakóautó *n* motor caravan, *US* camper

lakodalom *n* wedding (celebrations *pl*), nuptials *pl*

lakóház *n* (dwelling) house; (*soklakásos*) block of flats

lakóhely *n* (*állandó*) permanent address/residence; *hiv* domicile

lakókocsi *n* caravan, *US* trailer || ~val utazik caravan

lakoma *n* (rich) repast, feast || ünnepi ~ (festive) banquet; **nagy ~t csap** throw*/give* a big dinner

lakónegyed *n* residential district/area

lakos *n* inhabitant; (*állandó*) resident

lakosság *n* inhabitants *pl*, population

lakószoba *n* living/sitting room

lakosztály *n* suite, apartments *pl*

lakótelep *n* housing/council estate

lakott terület *n* built-up area || ~en kívül in open country

laktanya *n* barrack(s), *US* army post

laktató *a* (*étel*) filling, substantial, rich

lám *int* (*íme*) (you) see!, well! || hadd ~ csak! let me see!

láma[1] *n* (*buddhista szerzetes*) lama

láma[2] *n zoo* llama

La Manche-csatorna *n* the English Channel

lámpa *n* lamp; (*járművön*) light(s); (*fényszóró*) headlight; (*forgalmi jelzőlámpa*) traffic lights *pl*

lámpaernyő *n* lamp-shade

lámpaláz *n* stage fright

lampion *n* Chinese/Japanese lantern

lánc *n* chain; (*rablánc*) chains *pl;* (*szállodáké stb.*) chain [of hotels etc.]

láncfűrész *n* chain-saw

lánchíd *n* chain/suspension bridge

láncreakció *n* chain reaction

láncszem *n* link, ring, loop (of a chain)

lándzsa *n* lance, spear

láng *n* flame; (*égő tűzhelyen stb.*) burner || kis ~on főz cook sg gently (*v.* in a slow oven); ~ba borít vmt set* sg on fire, set* fire to sg; ~ra lobban catch* fire, burst* into flames

lángész *n* genius

lángol *v* be* in flames, be* on fire

lángos *n* 'langosh' (*fried dough*)

lángszóró *n* flame-thrower

langyos *a* (*víz*) lukewarm, tepid; (*idő*) mild

lankad *v* flag, droop; (*gyengül*) weaken; (*érdeklődés*) flag, decline; (*figyelem*) flag, fade

lankás *a* (*lejtős*) gently sloping || ~ vidék downs *pl*

lant *n zene* lute

lány *n* kislány girl; (*fiatal nő*) young woman°; (*vknek a ~a*) (sy's) daughter; (*férjezetlen*) unmarried woman°; → leány-

lanyha *a* (*langyos*) lukewarm; (*érdeklődés*) waning, lukewarm; *ker* (*piac*) sagging

lanyhul *v* (*gyengül*) lose* vigour (*US* -or), lose* intensity || lelkesedése ~ one's enthusiasm is flagging

lap *n* (*sima felület*) (flat) surface, flat; *mat* (*síklap*) plane; (*fémből*) plate, sheet; (*papírból*) sheet, leaf; (*könyvé*) page, leaf°; (*hírlap*)

newspaper, paper, journal; (levelező) (post)card; (egy kártya) card ‖ **az más ~ra tartozik** átv that's quite another thing/matter; **mindent egy ~ra tesz (fel)** átv put* all one's eggs in one basket; **veszi a ~ot** biz (érti) catch* on, get* the message
láp n bog, fen, marsh(-land), moor
lapát n (szerszám) shovel; (öblös) scoop; (evező) oar
lapátol v shovel (US -l); scoop
lapít v (lapossá tesz) make* flat, flat(ten); biz (rejtőzik) lie* low/doggo
lapocka n shoulder-blade
lapos a flat; (sík) plain, even; átv (unalmas) flat, dull; (stílus) flat, prosy ‖ ~ **sarkú** (cipő) low-heeled (shoes); ~ **tető** flat roof
lapostányér n dinner plate
lapoz v (egyet) turn the/a page; (többet) turn over pages/leaves [of book]
lappang v (rejtőzik) lurk, be*/lie* hidden; (szunnyad vkben vm) be* latent (in sy); (betegség) incubate
lappangó a orv latent ‖ ~ **betegség** latent disease
lapszemle n press review, review of the press
lapul v (laposodik) become* flat(tened out); (észrevétlenül marad) lurk, skulk; biz lie* doggo/low
lapzárta n deadline
lárma n (loud) noise, din
lármáz|ik v make* a noise
lárva n zoo larva (pl larvae)
lásd int see
lassan adv slowly; (ráérősen) in a leisurely way ‖ ~, **de biztosan** slowly but surely; ~ **járj, tovább**

érsz more haste less speed; ~ **a testtel!** take it easy!
lassanként adv (fokozatosan) gradually, little by little; (nemsokára) before long
lassít v slow down
lassú a slow; (ráérős) leisurely ‖ ~ **észjárású** slow(-witted), dull; ~ **tűzön** in a gentle/slow oven
lat n ~**ba veti befolyását** use one's influence, pull strings; **sokat nyom a ~ban** be* of great account/weight
lát[1] v see*; (vmlyennek ítél) think*, find*, deem, consider; (felfog, ért) see*, perceive; vmhez set* to do sg, see* about sg ‖ **ahogy én ~om** in my view/opinion; **jónak ~ vmt** think* sg proper/fit; **lássuk csak!** let us/me see!; ~**ja, kérem** ... you see!; **munkához ~** set* to work; **rosszul ~** have* poor eyesight, not see well; **szívesen ~ vkt** welcome sy; **vendégül ~ vkt** entertain sy to [dinner]
lát[2] n ker ~**ra fizetendő** payable at/on sight ut.
látás n (képesség) sight, vision ‖ **első ~ra** at first sight; ~**ból ismer vkt** know* sy by sight
látcső n (kétcsövű) binoculars pl, field glasses pl; (színházi) opera glasses pl
láthatatlan a invisible, imperceptible (to the eye ut.)
látható a visible; (kivehető) discernible ‖ **ebből** ~ this goes* to show (that); it is* apparent (that)
latin 1. a Latin ‖ ~ **betűk** Roman letters/characters; **a** ~ **nyelv** Latin; ~ **nyelvek** (román nyelvek)

Romance languages **2.** *n* **a** **~ok**
the Latin people
Latin-Amerika *n* Latin America
látkép *n* view, panorama
látlelet *n* doctor's/medical statement/report
látnivaló *n* sight(s), place(s) of interest ‖ **megnézi/megtekinti a ~kat** see* the sights, go* sightseeing
látogat *v vkt* visit sy, pay* a visit to sy, call on sy; (*tanfolyamot*) attend; (*vmt gyakran felkeres*) frequent
látogatás *n vknél* visit; (*rövid*) call; (*kórházban*) visiting times/hours *pl*
látogató *n* visitor, caller ‖ **színház~** theatre-goer; **~ba megy** call on sy, go*/call to see sy
látóhatár *n* horizon
látókör *n átv* horizon, scope ‖ **széles ~ű** with a wide intellectual horizon *ut.*
latolgat *v* ponder [the matter]; (*kérdést*) consider (sg)
látomás *n* vision
látszat *n* appearance ‖ **a ~ kedvéért** for the sake of appearances; **~ra** in appearance
látszerész *n* optician
látsz|ik *v* (*látható*) be* visible, can* be seen; (*vélhető*) appear, seem, look ‖ **betegnek ~ik** he seems (to be) ill, he looks ill; **úgy ~ik** so it appears; **úgy ~ik, hogy** it appears/seems that; **úgy ~ik, esni fog** it looks like rain
látszólagos *a* apparent, seeming
látvány *n* spectacle
látványos *a* spectacular
látványosság *n* spectacle, sight; (*vásári*) show

latyak *n* slush
láva *n* lava
lavina *n* avalanche
lavíroz *v hajó* tack (about); *átv biz* tack, manoeuvre (*US* maneuver)
lavór *n* basin, bowl
láz *n* (*betegé*) temperature, fever; (*izgalom*) fever; (*divatőrület*) craze ‖ **~a van** have*/run* a temperature; **~at mér** take* sy's temperature
laza *a* loose, slack
lazac *n* salmon
lázad *v* be* in (a state of) revolt, revolt (against)
lázadás *n* revolt, rebellion; *kat* mutiny
lázas *a* feverish, febrile
lázcsillapító *a/n* antipyretic, febrifuge
lazít *v* (*vmt*) loosen; (*vk*) relax
lázít *v* incite sy to revolt/rebel/rebellion
lázmérő *n* clinical thermometer
lazul *v* loosen, slack(en); (*fegyelem*) become* lax
le *adv* down; downwards; (*hegyről*) downhill; (*folyón*) downstream
lé *n* (*folyadék*) liquid, fluid; (*gyümölcsé*) juice ‖ **minden ~ben kanál** have* a finger in every pie
lead *v* (*nyújt*) give*/hand down; (*lövést*) fire [a shot]; *sp* (*labdát*) pass
leágazás *n közl* exit road, slip road
leáll *v* (*megáll*) stop, halt; (*forgalom*) come* to a standstill; (*motor, gép*) stall, break* down
leállás *n* stop(page); (*motoré*) breakdown
leállít *v* (*motort, kocsit*) stop; (*karjelzéssel*) flag down

leállósáv *n* hard shoulder, verge, lay-by (*pl* lay-bys)

leányanya *n* unmarried mother

leánycserkész *n* girl guide

leánygimnázium *n* girls' grammar school

leánykérés *n* proposal (of marriage), suit

leánykori név *n* (*űrlapon*) maiden name

leányvállalat *n* affiliated company

lebecsül *v* (*alábecsül*) underestimate, undervalue; (*ócsárol*) belittle, depreciate

lebeg *v* float; (*madár*) hover; (*vízen*) float, drift (on)

lebeszél *v* vmről talk sy out of (doing) sg

lebilincselő *a* captivating, enthralling, fascinating

leblokkol *v* (*vizsgán*) go* blank

lebombáz *v* bomb (out)

lebont *v* (*házat*) pull down, demolish; *kém* break* down

lebonyolít *v* arrange, settle || **ügyletet** ~ close/complete/conclude a deal (with sy)

leborul *v* vhonnan tumble down; (*vk előtt*) fall* on one's knees before sy

lebukik *v* (*vízbe*) dive; *biz* (*bűnöző*) be* nabbed/caught/collared/pinched

lebzsel *v* loiter/idle around/about

léc *n* lath, batten, slat; (*magasugró*) bar

lecke *n* homework; *átv is* lesson

lecsap *v* (*madár*) swoop (down) on sg; (*rendőrség*) crack down on; (*ellenségre*) bear*/swoop down on [enemy]; (*villám*) thunderbolt strikes*; (*vm fedelét*) bang/slam sg shut; (*teniszlabdát*) smash, kill [the ball]; (*nőt vk kezéről*) cut* sy out || ~ **(egy) hibára** pounce on a mistake; vk ~ **vmre** (*hogy megszerezze*) pounce on sg, snap sg up; ~**ott a villám** lightning struck swhere

lecsapható *a* ~ **ülés** tip-up seat

lecsapol *v* (*vizet*) drain, draw*; (*kiszárít*) dry out

lecsavar *v* vmt vmről unscrew; (*leteker*) unroll || ~**ható** (*tető*) screw(-)top

lecsendesed|ik *v* (*vihar*) subside, abate, calm/die down

lecsiszol *v* (*simít*) smooth; (*ledörzsöl*) scrape

lecsó *n* 'letcho' (*paprika and tomato stew*)

lecsuk *v* (*fedelet*) close, shut*; (*börtönbe*) lock up

lecsúsz|ik *v* (*lesiklik*) slide*/slither/glide/slip down; (*szánkón*) coast down; *vk, átv* come*/go* down in the world, fail; *vk vmről, átv* fail to achieve/reach sg

ledér *a* licentious, lascivious || ~ **nő** a loose/fast woman°; *vulg* an easy lay

ledob *v* throw* down, drop

ledől *v* vm collapse, tumble/topple/come* down; (*szunyókálni*) take* a siesta/nap

ledönt *v* (*falat*) pull/knock down; (*fát*) fell; (*szobrot*) demolish; (*bábut*) knock down

leég *v* (*ház*) burn* down; (*kudarcot vall*) fail; (*anyagilag*) lose* one's shirt

leegyszerűsít *v* simplify; vmre, vmvé reduce sg to

leejt *v* drop, let* (sg) fall

leendő *a* future, prospective; -to-be *ut.*

leépítés n (*létszámé*) reduction, *biz* the axe

leereszt v *vmt* let* down, lower; (*színházi függönyt*) drop; (*ruhát*) let* down; (*gumi*) go* down/flat, be* deflated

leérettségiz|ik v pass/take* the final examination [at a secondary school], *US* graduate [from a high school]

leértékel v (*pénzt*) devalue; (*árut*) reduce the price of || ~**t áru** goods sold at reduced prices, (*helye*) bargain counter (*US* basement)

leértékelés n (*pénzé*) devaluation; (*áraké*) price reduction; (*vásár*) sale

lefegyverzés n disarming, disarmament

lefékez v (*járművet*) brake, put* on the brakes; *átv* slow down, hold* back

lefeksz|ik v *vmre* lie* down; (*aludni*) go* to bed; *biz* (*férfi nővel*) go* to bed with sy, sleep* with sy

lefelé adv down(wards) || **fejjel ~** upside down

lefényképez v take a photo/ snapshot of sy/sg

lefest v (*festő*) paint; (*szavakkal*) depict

lefitymál v belittle, pooh-pooh

lefizet v (*összeget*) pay* down deposit; (*megveszteget*) bribe (sy)

lefoglal v (*helyet, jegyet, szobát stb.*) book (in advance), reserve; make* the reservations/bookings; (*hatóság ingatlant*) seize; (*ingóságot*) distrain (upon) [sy's goods]

lefogy v *vk* lose* weight

lefoly|ik v (*felülről*) flow, run*; (*vm vhogy*) take* a ... course, pass off, take* place

lefolyó n (*kagylón*) plug-hole; (*konyhai mosogató*) sink

lefordít v (*vmlyen nyelvről vmlyen nyelvre*) translate (from ... into ...)

leforráz v (*forró vízzel*) scald, pour boiling water (over); (*teát*) infuse || ~**va távozott** he left rather crestfallen/deflated

le-föl adv up and down

lefőz v *biz vkt* outdo* sy

lefröcsköl v (*vízzel*) sprinkle [with water]

lefúj v (*rendezvényt*) call off, cancel; *sp* stop

leg- pref (*egyszótagú mellékneveknél, ill.* -er, -y, -ly *végű kétszótagúaknál*) -(e)st; (*két- és többszótagúaknál*) most ... [+ *melléknév*] || ~**fiatalabb** youngest; ~**szebb** most beautiful

legalább adv at (the very) least || **ha ~ igaz volna!** if only it were true!

legalábbis adv (*helyeselve*) at least, or rather; (*legalább*) at least || ~ **én így gondolom** I think so, anyway

legalsó a lowest, bottom

legalul adv down below, lowest down

légáramlat n air current, breeze

legázol v *átv* run* down

légcsavar n airscrew, propeller

légcső n wind pipe, trachea

legel v graze, browse

legelő n pasture, grazing ground

legelöl adv in the very front, in the forefront

legelőször adv first(ly), at first, first of all

legelső a (the very) first; (*legelülső*) foremost

legenda n legend
legény n (fiatal ember) young
man°, lad; (nőtlen) bachelor
legénység n kat men (of the rank
and file) pl; troops pl; (hajóé/repü-
lőgépé) crew
légfék n air brake(s)
legfeljebb adv at most, at the
(very) most
legfelső a (legmagasabb) highest,
top(most); (hatóság) supreme
legfelül adv uppermost, topmost, at
the top (of sg)
legfőbb a chief, main, most im-
portant, principal || ~ **ideje, hogy
(el)induljunk** it's high time we
went
legfőképpen adv chiefly, mainly
légfrissítő n air-freshener
léggömb n balloon
léghajó n airship, balloon
leghátul adv farthest/right back/
behind, at the end/rear of sg
leghátulsó a hindmost, backmost
légi a (összet) air- || ~ **fuvar** air
cargo; ~ **járat** flight; ~ **közlekedés**
air transport/service; ~ **úton** by air
légierő n airforce
légihíd n airlift
leginkább adv most(ly), most of
all, principally, especially
légiposta n airmail || ~**val** by
airmail
légitámadás n air raid/attack
légitársaság n airline (company)
légiutas-kísérő n stewardess, air
hostess
legjobb a best || ~ **lesz, ha** (vmt
teszel) you had better do sg, it
would be better, if ...; ~ **esetben**
at (the very) best; ~**an** (the) best
legjobbkor adv a ~ just in time

legkésőbb adv at the latest, not
later than
legkevésbé adv (the) least, least of
all || **a ~ sem** not in the least
legkevesebb adv → **legalább**
legkisebb a smallest, least, mini-
mum || **a ~ gyerek** the youngest
child°
légkondicionálás n air-condi-
tioning
légkondicionáló n air-conditioner
légkör n atmospherie
legközelebb adv (térben vmhez)
nearest to sg; (közvetlenül) next to
sg; (időben) next (time)
legközelebbi a next, nearest
légmentes a airtight, hermetically
sealed
legnagyobb a biggest, largest,
greatest || **a ~ gyerek(e vknek)**
sy's eldest child°
légnemű a gaseous, aerial
légnyomás n fiz (atmospheric)
pressure; air pressure; (bombarob-
banáskor) blast (of explosion)
légnyomásmérő n barometer
legorombít v biz vkt abuse sy, eff
and blind at sy
légpárna n aircushion
légpárnás hajó n hovercraft
légpuska n air rifle
legrosszabb a worst || **a ~ esetben**
if the worst comes to the worst
légszennyezés n air pollution
legtöbb a most, the greatest num-
ber/quantity/part (of sg) || **a ~en**
most people
legtöbbször adv most often/times
leguggol v crouch (down), squat
(oneself) down
legújabb a newest, latest || ~ **divat**
latest fashion

legutóbb *adv* (*nemrég*) recently, lately; (*utoljára*) last
legutóbbi *a* recent, latest, last; (*legújabb*) newest || **a ~ időkben** recently, of late
legutoljára *adv* (*utoljára*) last (of all); (*végül*) at last, finally
legutolsó *a* (very) last, latest
légüres tér *n* vacuum
légvédelem *n* anti-aircraft defence (*US* -se), air defence (*US* -se)
legvégső *a* (very) last, extreme, ultimate, final || **a ~ esetben** in the last resort
legvégül *adv* at the (very) end, at last, finally
légvonalban *adv* as the crow flies
légzés *n* breathing, respiration
légzőszervek *n* *pl* respiratory organs
légzsák *n* (*autóban*) airbag
légy[1] *n* (house) fly || **egy csapásra két legyet üt** kill two birds with one stone
légy[2] *v* be || **~ szíves** be so kind as to...
légycsapó *n* (fly-)swatter, swat
legyen *v* be || **~ olyan szíves** (will/ would you) be so kind as to..., would you mind ...-ing
legyező *n* fan
legyint *v* wave one's hand
legyőz *v* (*ellenfelet*) defeat, conquer; *sp* beat*; (*nehézséget*) overcome*, surmount
léha *a* frivolous, light-minded; (*életmód*) loose
lehagy *v* (*megelőz*) outstrip, outrun*; (*egy körrel*) lap; (*járművel*) pass, overtake*
lehajol *v* bend*/bow down

lehalkít *v* deaden, soften; (*rádiót, tévét*) turn down
lehallgatókészülék *n* biz bug, tap
lehámoz *v* peel off, hull
lehangolt *a* (*ember*) depressed || **nagyon ~** biz feel* blue/low
lehel *v* breathe
lehelet *n* breath
lehet *v* (*lehetséges*) be* possible, (it) may/can be; (*talán*) maybe, perhaps, possibly; (*szabad*) sy can/may do sg || **amenynyire (csak) ~** as far as possible; **az nem ~!** that/it is impossible; **itt nem ~ játszani!** you may/must not play here!; **legfeljebb 30 éves ~** he can't be more than 30; **~, hogy igazad van** you may (well) be right; **~, hogy késni fog** he is likely to be late; **mihelyt ~** as soon as possible
lehetetlen *a* (*nem lehetséges*) impossible; (*képtelen*) impossible, absurd
lehetőleg *adv* possibly, as far as possible || **~ délelőtt** preferably a.m. (*v.* in the morning)
lehetőség *n* possibility; (*érvényesülési*) chance; (*lappangó*) potentialities *pl*; (*főzési, sportolási stb.*) [cooking/sports etc.] facilities *pl*; (*kétféle, többféle*) alternative, option || **~ szerint** as far as possible; **nincs más ~e** have* no option/alternative (but to ...)
lehetséges *a* possible
lehiggad *v* calm down
lehorgonyoz *v* cast* anchor
lehorzsol *v* (*bőrt*) graze, scrape off [skin]
lehull *v* fall* (down), drop

lehuny v ~**ja a szemét** close one's eyes

lehúz v (*felülről*) pull down; *vmt vmről* pull/strip sg off/from sg; (*kritikus*) slate || ~**za a cipőjét** take* off one's shoes; ~**za a vécét** flush the toilet

lehűt v cool (down), chill; (*lelkesedést*) cool

leigáz v subjugate

leír v write*/take*/put* down; (*másol*) copy; (*eseményt*) describe; (*ábrázol*) depict; (*veszteséget*) write* off

leírás n (*eseménye*) description

leitat v vkt make* sy drunk; (*írást*) blot (the ink)

lejár v (*levehető*) be* detachable/ removable; (*szerkezet*) run* down; (*óra*) stop; (*határidő/igazolvány*) expire; (*árukon*) sell* by, best before || ~**ja a lábát** be* (clean) run off one's feet; ~**t az idő** time is up

lejárat n (*vhova*) way (leading) down; (*letelte*) expiry (date)

lejátszás n (*magnón*) playback, replay

lejátszód|ik v take* place

lejjebb adv lower (down), below, deeper, further down

lejön v vk vhonnan come* down, descend

lejt v (*út*) slope

lejtmenet n downhill ride

lejtő n (*hegyé*) slope, gradient, US grade || ~**n lefelé** downhill; ~**n felfelé** uphill; ~**re kerül** (*ember*) átv go* to the bad/dogs, go* downhill

lejtős a sloping

lék n (*hajón*) leak; (*jégen*) ice hole || ~**et kap** spring* a leak

lekapar v scratch/scrape (off)

lekés|ik v vmről/vmt come*/arrive late for (sg), miss (sg) || ~**ik a vonatról** miss the train

lekezel v (*kezet ráz vkvel*) shake* hands with (sy); *vkt pejor* treat (sy) in an off-hand manner

lekicsinyel v belittle

lekop|ik v wear* off/down || **kopj le!** biz shove off!, get lost!

lekopog v (*írógépen*) type (out); biz (*babonából*) **kopogjuk/kopogd le!** touch wood!, US knock on wood!

leköp v spit* on (sy)

leköszön v (*tisztségről*) resign [one's post], resign/retire from, withdraw*

leköt v (*kötelékkel*) bind*, tie/fasten down; (*árut*) contract, secure an option on goods; (*szerződéssel*) bind* (sy by contract); (*figyelmet*) hold*/arrest [sy's attention]; (*munka*) occupy

lekötelez v oblige || **nagyon ~ne, ha ...** I would be much obliged to you if ...

lektor n (*egyetemen*) lector (*usually a native speaker*); (*könyvkiadónál*) (publisher's) reader; (*szótáré stb.*) consultant editor

lektorál v (*kéziratot*) read* [a manuscript]; (*nyelvileg*) check sg linguistically

lektorátus n (*egyetemen*) modern languages department/centre

leküld v send* down

leküzd v (*akadályokat*) overcome*, get* over

lekvár n jam, preserve; (*citrom, narancs*) marmalade

lekváros a ~ **bukta** kb. jam roll; ~ **kenyér** bread and jam

lel v (talál) (happen to) find*, come* across (sg)

lelassít v slow down/up

lelátó n grandstand

lélegzet n breath || ~et vesz take* (a) breath, breathe

lélegzetelállító a breath-taking

lélegz|ik v breathe || mélyet ~ik take* a deep breath

lélek n (test ellentéte) soul, spirit; (lényege/mozgatója vmnek) (life and) soul || az ő lelkén szárad he will have it on his conscience; egy (árva) ~ sem volt ott not a (living) soul was there; lelkem mélyén in my heart of hearts; nyugodt ~kel (megtesz) (do*/ state sg) in good conscience/faith

lélekharang n deathbell

lélekjelenlét n presence of mind, composure

lélekölő a soul-destroying || ~ munka drudgery, biz grind, slog

lélekszakadva adv out of breath, breathless(ly)

lélektan n psychology

leleményes a inventive, ingenious

leleplez v (szobrot) unveil; átv expose, uncover, reveal

lelet n (régészeti) find || orv ~ek (laboratory) findings

lelkes a enthusiastic, keen, ardent

lelkesedés n enthusiasm, ardour (US -or)

lelkesed|ik v vmért be* enthusiastic (about sg)

lelkész n (katolikus) (parish-)priest, clergyman°; (anglikán) parson, vicar; (egyéb protestáns) minister, (nem GB) pastor

lelketlen a heartless, unfeeling, callous

lelki a pszich mental, psychic(al); vall is spiritual || ~ alkat mentality

lelkiállapot n state of mind

lelkierő n strength of mind

lelkiismeret n conscience || tiszta a ~e have* a clear conscience

lelkiismeretes a conscientious

lelkiismeret-furdalás n pangs/ qualms of conscience pl || ~a van have* a (guilty) conscience (about sg)

lelkiismeretlen a unconscientious

lelkipásztor n minister; (nem GB) pastor

lelkivilág n frame of mind, mentality

lelohad v (daganat) go* down; (lelkesedés) abate, cool off

leltár n (jegyzék) inventory

leltároz v inventory, take*/make* an inventory of (sg)

lemarad v (csoporttól) drop/fall* behind; (tanulásban) slip/fall* behind; (fejlődésben) lag behind; vk vmről be* late for sg, miss sg

lemásol v copy, make* a copy (of sg)

lemberdzsek n (casual) jacket, anorak

lemegy v vk vhová go* down, descend; (lépcsőn) go* downstairs; (árvíz, láz) abate, subside, drop; (árak) fall*; (nap) go* down, set*

lemér v measure; (mérlegen) weigh

lemerül v (akku) go* flat, be* run down

lemészárol v butcher, slaughter; (embereket) massacre

lemez n (fém) plate; (vékonyabb) sheet; (hanglemez) record, disc, US disk; szt (magnetic) disk || hajlékony ~ floppy disk

lemezjátszó *n* record-player
lemezlovas *n* disc (*US* disk) jockey
lemond *v* (*vmről*) give* up; (*igényről*) renounce; (*tisztségről*) resign; (*előadást, jegyet*) cancel (*US* -l), call off; (*újságot*) cancel (*US* -l) (one's) subscription to || ~ **a dohányzásról** give* up smoking; **~ott a kormány** the Cabinet/Government has resigned
lemondás *n* (*tisztségről*) resignation
lemos *v* wash (down)
lemosható tapéta *n* spongeable wallpaper
len *n* flax
lencse *n bot* lentil; (*üveg*) lens
lencseleves *n* lentil soup
lendít *v* swing*, fling*
lendkerék *n* flywheel
lendület *n* (*cselekvésre*) impetus, drive, impulse; (*emberben*) energy, vigour (*US* -or); (*fejlődésé*) rate (of progress), pace; (*szónoki*) dynamism
lenéz *v* *vkre* (*fentről*) look down at/on sy; *vkt pejor* look down on sy, despise/disdain/scorn sy
leng *v* (*inga*) swing*, oscillate
lengőajtó *n* swing(ing) door
lengyel 1. *a* Polish **2.** *n* (*ember*) Pole; (*nyelv*) Polish; → **angol**
Lengyelország *n* Poland
lenn *adv* (down) below, down; (*földszinten*) downstairs
lenni *v* to be || **mi akar ~?** what is (s)he going to be?; → **légy²**, **legyen, lesz, van, volna**
lent *adv* = **lenn**
lenvászon *n* linen
lény *n* (living) being, individual || **vknek a ~e** sy's nature/temper/character

lényeg *n* essence, substance || **a ~ az, hogy ...** the (main) point/thing is that/to
lényeges *a* substantial, essential; (*fontos*) important
lényegtelen *a* unimportant, of no importance *ut.*
lenyel *v átv is* swallow; (*egyszerre*) gulp (down)
lenyom *v* press down; (*víz alá*) submerge, duck; (*árakat*) force down; (*kilincset*) turn
lenyomat *n* (*vm nyoma*) mark, print, impression; *nyomd* impression, reprint
leolt *v* (*villanyt*) switch off, turn out [the light]
leolvas *v* (*műszert*) read*; (*vmt vknek az arcáról*) see*/read* sg in sy's eyes
leolvaszt *v* (*hűtőszekrényt*) defrost
leopárd *n* leopard
leöblít *v* rinse
leönt *v* (*abroszt*) spill* sg [on the tablecloth] || **~ vkt vízzel** spill* water on sy
lép¹ *n* (*szerv*) spleen
lép² *v vk* step; (*egyet*) take* a step; (*sakkban*) make* a move [with a piece] || **házasságra ~ vkvel** be*/get* married to sy; **huszadik évébe ~** turn twenty
lép³ *n* (*méhé*) honeycomb
leparkol *v* park one's car
lepárlás *n* distillation
lépcső *n* (*sor*) stairs *pl*; (*lépcsőfok*) step, stair || **felmegy a ~n** go* upstairs; **lemegy a ~n** go* downstairs
lépcsőforduló *n* landing
lépcsőház *n* staircase
lépcsőzetes *a* stepped, terraced; *átv* gradual, staggered

lepecsétel v (iratot) stamp (sg), seal (sg); (bélyeget) postmark
lepedő n (ágyon) sheet
lepény n flan; (töltött) pie
lépés n (egy) (foot)step; (járásmód) step, tread; (sakk) move; (intézkedés) step(s), measures pl || **~ben** at walking pace; **~eket tesz** (vmnek az érdekében) take* steps (to do sg); **~ről ~re** step by step, gradually; **~t tart vkvel/vmvel** átv is keep* pace/up with sy/sg
lepihen v have* a rest, lie* down
lepipál v biz vkt beat* sy hollow; kif run* rings round sy
lepke n butterfly; (éjjeli) moth
leplez v conceal, hide*
leporol v dust (off)
lepra a/n (betegség) leprosy
leprésel v (virágot) press
lépték n scale
lépten-nyomon adv at every step/ turn/moment
lerág v gnaw off/away
leragaszt v stick* (down); (levelet) seal
lerajzol v draw*, sketch
lerak v (letesz) put*/set*/lay* down, deposit; (iratokat) file; (tojásokat) lay* || **~ja vmnek az alapjait** lay* the foundations of sg
lerakat n depot, store, warehouse
lerakódás n deposit; (üledék) sediment
leráz v (gyümölcsöt) shake* down; (magáról vkt) get* rid of sy
lerendez v biz sort out
leró v (illetéket) discharge, pay* off; (kötelezettséget) fulfil (US -fill) || **~ja kegyeletét vk iránt** pay* a tribute to sy

lerobban v biz (autó) conk out, break* down; vk **~(t)** (egészségileg) be* (thoroughly) run down, crack up
lerogy v (székbe) sink*/drop (into a chair); (ájultan) (faint and) sink* to the ground, collapse
lerohan v vk vhová run*/rush (down); vkt rush at sy; (országot) overrun* [a country]
lerombol v (épületet) pull down, demolish; átv destroy, ruin
lerövidít v (szöveget) cut*, abridge, shorten
lerúg v (labdarúgót) foul
les 1. n (kat) ambush || **~ben áll** (vmre/vkre) be*/lie in ambush/ wait (for); **~en van** sp be* off side 2. v vkt/vmt watch/eye sy/sg; vkre/ vmre watch (out) for sy/sg
leselked|ik v vkre be* on the watch/lookout for sy; (vk után) spy (up)on sy
lesiklás n sp (sí) downhill (run), run
lesiklópálya n downhill course
lesoványod|ik v grow* thin, lose* weight
lesöpör v (járdát) sweep*; vmt vmről sweep*/brush (sg) off/ away/down
lesújtó a (hír) stunning, appalling || **~ pillantás** withering look, look of scorn
lesül v (ember) get* sunburnt/ tanned; (hús) be*/get* burnt
lesüllyed v sink* (down), dip; (erkölcsileg) degenerate, come* down
lesz v (történni fog) will be; vmvé become* (sg), make* (sg) vmlyenné become*, get*, grow* || **ha ~**

időm if I have time; **jó ~ sietni** we'd better hurry (up); **~, ami ~!** come what may; **~/lenne olyan szíves ...** would you (please) ...; **tanár lett belőle** he became a teacher
leszakad v (gomb) come* off; biz (hátramarad) drop behind/back
leszakít v vmt vmről tear* (sg from/off sg); (virágot) pluck, pick
leszáll v (madár ágra) settle, perch [on a twig], (a)light; (repülőgép) land, touch down; (mélybe) descend, go* down; (vm fentről) fall* (down), drop, come* down; (járműről) get* off [the bus/train]; (lóról) dismount (from a horse); (köd) descend, fall*, come* down || **~ az éjszaka** night is falling; **szállj le rólam!** biz get off my back(, will you)!
leszállít v (árakat) reduce, lower, cut*; (színvonalat) level (US -l) down
leszállópálya n landing strip, runway
leszámol v (elszámol) settle up, settle/balance one's account; (pénzt) count out; vkvel, átv get* even/square with sy
leszavaz v vote down, outvote
leszerel v vmt vmről strip (sg off sg), take* down; remove; kat demobilize; vkt átv biz get* round sy, disarm sy; sp (támadást) check, stop; (játékost) tackle
leszerelés n kat disarmament, arms reduction
leszerepel v (csúfosan) be* badly beaten/defeated; biz be* a washout
leszid v give* sy a (good) dressing-down

leszok|ik v vmről give* up sg || **~ik a dohányzásról** give* up smoking
leszól v (fentről) shout down; vkt speak* disparagingly of sy, run* sy down
leszögez v (tényt) state, make* it clear, establish
leszúr v vkt stab sy (to death); (disznót/karót) stick*; biz = **leszid**
leszűr v (folyadékot) filter, strain; átv (tanulságot) draw* the conclusion
lét n (létezés) existence, (state of) being, life° || **küzdelem a ~ért** struggle for life; **öreg ~ére** old as he is, though old
letáboroz v pitch one's tent swhere, pitch (v. set* up) camp swhere
letagad v deny [the truth/fact]
letakar v cover (over/up)
letapogat v el scan
letapos v tread*/trample/stamp down
letartóztat v arrest, take* (sy) into custody
létbizonytalanság n uncertainty of existence
leteker v unroll, uncoil, wind* off
leteleped|ik v settle (down)
letel|ik v (határidő) come* to an end, expire; (idő) elapse || **~t az idő** time is up
letép v tear*/rip off/away; (virágot) pluck, pick; (szelvényt) tear* off, detach
letér v (útról) turn off, leave* [a road] || **~ a helyes útról** átv go* wrong
létérdek n vital interest
letérdel v kneel* down

leterít v (földre vmt) spread*/lay* out [sg on the ground/floor]; (letakar vmt vmvel) cover (sg) with (sg); (vadat) bring* down; vkt knock/strike* (sy) down

létesít v institute, establish, set* up

létesítmény n (szervezet) establishment; (intézmény) institution; (beruházási) (construction) project

létesül v be* established, be* set up

letesz v vmt vhová put*/set*/lay* down; (fegyvert) lay* down; (megőrzésre) deposit; (vkt hivatalról) dismiss, remove [sy from office]; (vizsgát) pass || **esküt** ~ take*/ swear* an oath; (ötletről) abandon, drop, give* up; **~i a telefonkagylót** hang* up the receiver

letét n (megőrzésre) deposit || **~be helyez vmt** deposit sg, leave* sg in safe custody

létezés n existence, being

létez|ik v exist, be* (in existence) || **(az) nem ~ik!** it can't be (true)!

létfenntartás n existence, subsistence

létfontosságú a of vital importance ut.

letisztít v clean, make* (sg) clean

létkérdés n question of life and death

letol v vmt push/shove down; biz vkt give* sy a dressing-down, tear* sy off a strip

letör v vmt break* down; vmről break* off/away; (lázadást) put* down, crush, suppress; vkt (elcsüggeszt) discourage, dispirit, depress || **~te a hír** (s)he was stunned by the news

letöröl v (tárgyat) wipe (sg) (down/ off), wipe (sg) clean; (porosat) dust (sg); (nedveset) dry (sg)

létra n ladder

létrehoz v (intézményt) bring* into existence, establish, found; (folyamatot) bring* about, originate; (művet) create, produce

létrejön v come* into being/ existence; (intézmény) be* established (v. set up); (esemény) happen, take* place

létszám n number, staff (numbers); (résztvevőké) number of participants || ~ **feletti** supernumerary, redundant

leül v (székre) sit* down, take* a seat; (büntetést) serve one's sentence || **üljön le, kérem!** (udvariasan) will you sit down please, please take a seat

leüt v vkt knock/strike* down; vmt knock/strike* off

levág v cut* (off); chop off; (hajat) cut*, crop [sy's hair]; (állatot) slaughter, butcher; (utat) take* a short cut to

levágat v **~ja a haját** have* one's hair cut

levált v (állásból) relieve [sy of one's post], replace sy; kat (őrséget) relieve

levegő n air; átv atmosphere || **a ~ben** (up) in the air; **a szabad ~n** in the fresh/open air; **rossz a ~** (szobában) it is stuffy in here; **tiszta a ~** átv the coast is clear

levegős a airy, breezy

levegőtlen a airless; (szoba) stuffy, close

levél n (fán) leaf°; (írott) letter || ~**ben** by letter/mail/post; **márc. 6-**

i **levelére válaszolva** in reply to your letter of 6 March; **Tokaji úr leveleivel** (*borítékon*) c/o Mr. Tokaji [= care of ...]
levelez *v* correspond (with sy) || **~nek egymással** they write* to each other (regularly)
levelező 1. *a isk* ~ **hallgató** correspondence student; ~ **tag** corresponding member; **~társ** pen friend/pal **2.** *n* correspondent
levelezőlap *n* (*nyílt*) postcard || **képes** ~ picture postcard
levélpapír *n* writing paper, notepaper
levélszekrény *n* (*falon*) *GB* postbox, letterbox, *US* mailbox; *GB* (*járdán*) pillar box; (*lakásajtón*) letterbox
levéltár *n* archives *pl*
levéltárca *n* wallet
levélváltás *n* exchange of letters
levendula *n* lavender
lever *v* (*vmt földbe*) drive* (sg into the earth); (*vmt véletlenül*) knock down/off; (*felkelést*) put* down, suppress; (*letör*) depress, dispirit
levert *a* depressed, dejected
leves *n* soup
leveses *a* juicy
levesestányér *n* soup-plate
leveszöldség *n* vegetables/greens [for soup/stock] *pl*
levesz *v* take*/get* down; *vmről* take* off, remove (from); (*ruhadarabot*) take* off; = **lefényképez** || ~ **vkt a lábáról** (*betegség*) put* sy out of action/circulation; (*megtöri ellenállását*) get* round sy, charm sy off his feet; **nem tudja levenni a szemét vmről** he cannot take his eyes off sg

levetít *v* (*filmet*) show*, screen
levetkőz|ik *v* undress, take* one's clothes off
levezet *v vkt* lead* (sy) down; (*vizet*) carry away/off; (*indulatot*) work off [one's temper]; (*ülést*) chair [a meeting]; (*szülést*) conduct [a delivery]; (*mérkőzést*) referee; *átv* (*vmt vmből*) trace (sg) back (to sg), deduce
levisz *v vmt* carry/take* down; (*piszkot*) take* out
levizsgáz|ik *v* pass one's/an examination
levon *v* (*mennyiségből elvesz*) subtract; (*pénzösszegből*) deduct; (*engedményként*) discount
lexikon *n* (*ismerettár*) encyclopaedia (*US* -pedia)
lezár *v* (*kulccsal*) lock (up); (*levelet*) close, seal; (*vizet, fűtést stb.*) turn off; (*ügyet*) close, settle; (*vitát*) end, finish, conclude
lézeng *v* linger, loiter, hang* around
lézer *n* laser
lézernyomtató *n* laser printer
lezuhan *v* (*repülőgép*) crash
lezuhanyoz|ik *v* take*/have* a shower
liba *n zoo* goose°
libabőr *n* **~ös lesz vmtől** sg gives* him the creeps, sg makes* his flesh creep
libasorban megy *v* go* in single/Indian file
libeg *v* (*felfüggesztve*) dangle, hang* loose; (*szélben*) flap, flutter, float
libegő *n* chair-lift; (*kétüléses*) double chair-lift
liberális *a* (*párti*) liberal; *átv* broad/open-minded

liberalizmus *n* l*i*beralism

lift *n* lift, *US* elevator || **a ~ nem működik** the lift is out of *o*rder

liget *n* grove, green wood, park

liheg *v* pant, gasp (for breath)

likőr *n* liqu*eu*r

lila *a* (*szín*) violet

liliom *n* l*i*ly

limlom *n* odds and ends *pl*

limonádé *n* (*ital*) lemon*a*de, l*e*mon-squash

líra *n* (*pénznem*) lira; (*görög lant*) lyre; (*költészet*) lyric p*o*etry

lista *n* list, roll, r*e*gister

liszt *n* flour; (*durvább*) meal

litánia *n vall* litany

liter *n* l*i*tre, *US* l*i*ter

ló *n zoo* horse; (*sakk*) knight; (*tornaszer*) horse || **~ra ül** mount [a/ one's horse], g*e*t* on h*o*rseback; **~ról leszáll** dism*o*unt (from a horse), g*e*t* off a horse; **~vá tesz** make* a fool of sy; **lovon jár** ride*, go* on h*o*rseback

lóbál *v* swing*, d*a*ngle

lobbanékony *a* (*természetű*) (in)- flammable; (*ingerlékeny*) irascible

lobog *v* (*tűz*) flame, blaze; (*zászló*) wave

lobogó *n* flag, st*a*ndard, b*a*nner

locsog *v vk* ch*a*tter/pr*a*ttle on/aw*a*y

locsol *v* (*virágokat*) water, spr*i*nkle

lódít *v* (*egyet vmn*) give* sg a push/ toss; (*hazudik*) tell* a fib/lie

lódobogás *n* cl*a*tter of hoofs

lóerő *n* h*o*rsepower (h.p.)

lóg *v* hang*, be* suspended (from), d*a*ngle; *biz* (*kószál*) loaf (ab*ou*t/ around); (*iskolából*) play tru*a*nt; (*munkából*) swing* the lead

logaritmus *n* logar*i*thm

lógás *n biz* (*iskolából*) playing tru*a*nt

logika *n* logic

logikus *a* l*o*gical; (*ésszerű*) reasonable

logopédus *n* speech th*e*rapist

lóhalálában *adv* at br*e*akneck speed

lóhát *n* **~on** on h*o*rseback; **~on megy** ride*

lóhere *n bot* trefoil, cl*o*ver

lojális *a* l*o*yal, f*a*ithful

lokálpatriotizmus *n* par*o*chialism, l*o*calism

lokátor *v* radar

lóláb *n* **kilóg a ~** the cl*o*ven hoof is sh*o*wing

lom *n* l*u*mber, odds and ends *pl*

lomb *n* foliage, leaves *pl*

lombhullás *n* f*a*lling of the leaves

lombik *n* test-tube

lombikbébi *n* test-tube b*a*by

lomha *a* sl*u*ggish, in*a*ctive

lompos *a* slovenly, sl*a*tternly

lomtalanítás *n* house/junk- clearance

lomtár *n* junk/l*u*mber room, box- room

londiner *n* boy, page, p*o*rter

londoni 1. *a* of London *ut*., London 2. *n* Londoner

lop *v* steal*; (*apróságot*) p*i*lfer, filch || **~ja a napot** *i*dle/fr*i*tter aw*a*y one's time

lopás *n* stealing; (*jog*) theft; (*üzletben*) shop-lifting || **betöréses ~** burglary

lopó *n* (*lopótökből*) gourd; (*üvegből*) sampling-tube

lósport *n* h*o*rse-racing, the turf

lószerszám *n* harness

lottó *n* l*o*ttery

lovag *n* knight; *átv tréf* sy's boy- friend/steady

lovagias *a* chivalrous; (*nőkkel*) g*a*llant
lovaglás *n* r*i*ding
lovagol *v* ride* (a horse) || **jól** ~ be a good rider/horseman/-woman; **mindig ugyanazon** ~ *átv* be* *a*lways h*a*rping on sg
lovas 1. *a* (mo*u*nted) on h*o*rseback *ut.*; *kat* mo*u*nted, cavalry || ~ **kocsi** horse/horsed c*a*rriage; ~ **rendőr** mo*u*nted pol*i*ceman° **2.** *n* r*i*der; horseman°, (*nő*) horsewoman°
lovasság *n* cavalry
lovasverseny *n* equ*e*strian compe-*ti*tion
lovász *n* groom, st*a*bleman°
lóverseny *n* h*o*rse-race
lóversenypálya *n* r*a*cecourse, the turf
lő *v* shoot*; (*tüzel*) fire; (*ágyúval*) shell; *sp* (*labdát*) shoot* || **gólt** ~ shoot*/kick a goal
lődörög *v* loaf/l*o*iter/hang* ab*ou*t/ar*ou*nd
lőfegyver *n* f*i*rearm, gun
lök *v* give* (sg) a push/shove, push; (*durván*) thrust*, knock; (*hirtelen*) jerk
lökhajtásos *a* jet-prop*e*lled || ~ **repülőgép** jet(-plane)
lökhárító *n* b*u*mper
lőszer *n* ammun*i*tion, mun*i*tion(s)
lötyög *v* (*ruha vkn*) hang* l*oo*se(ly) (on sy); (*tárgy*) be* loose; (*folyadék vmben*) slo*p* ab*ou*t (in sg)
lövedék *n* shot, b*u*llet, pr*o*jectile, m*i*ssile
löveg *n* gun, c*a*nnon
lucerna *n* (*takarmány*) alf*a*lfa, lucerne
lucfenyő *n* spruce
lucskos *a* (*idő*) wet

lúd *n* goose°
lúg *n* lye; *kém* *a*lkali
lugas *n* b*o*wer, *a*rbour
lumpol *v* *biz* car*ou*se, have* a night out on the tiles
lusta *a* (*munkára*) lazy, idle; (*mozgásban*) sluggish, sl*ee*py
lustálkod|ik *v* *i*dle (aw*a*y one's time), laze
luxus *n* l*u*xury, lux*u*riousness
luxuscikk *n* l*u*xury *a*rticle/item
lüktet *v* (*szív, ér*) beat* (strongly/rapidly), puls*a*te

Ly

lyuk *n* hole; (*nyílás*) *o*pening, gap, mouth; (*fogban*) cavity
lyukas *a* (*ruha*) holed, with holes (in it) *ut.*; (*fog*) decayed, h*o*llow; (*autógumi*) punctured, flat || ~ **a zoknim** there's a hole in my sock; ~ **óra** *isk* free hour, an hour off
lyukaszt *v* make* a hole (in sg); (*jegyet*) punch

M

ma *adv* tod*a*y; (*manapság*) nowadays, these days || ~ **egy hete** this day last week; ~ **este** this *e*vening, tonight; ~**hoz egy hétre** tod*a*y week, a week tod*a*y; ~**ig** up to this day, up to now; ~**ra** (*a mai napra*) for today; (*legkésőbb* *máig*) by today; **~tól fogva** from now on, from today

macerál *v biz* vex, pester, nag

mackó *n* (*állat*) bear (cub); (*játék*) teddy (bear)

macska *n* cat

macskajaj *n* hangover

macskaszem *n* (*járművön*) reflector; (*úttestben*) cat's eye

madám *n* (*szülésznő*) midwife°

madár *n zoo* bird

madárfióka *n* nestling

madárijesztő *n átv is* scarecrow

madártávlat *n* bird's eye view (of sg)

madártej *n* (*étel*) oeufs à la neige, floating islands *pl*

madzag *n* string, twine

maffia *n* mafia

mafla 1. *a* stupid, thick(headed) **2.** *n* blockhead, thickhead

mag *n bot* seed; (*csonthéjasé*) stone, pit; (*belseje*) kernel; (*almáé, körtéé, narancsé*) pip; (*szőlőé*) seed; (*atommag*) nucleus; *tech* core [of mould] ‖ **vmnek a ~va** *átv* (*lényege*) the nub/gist/kernel of sg

maga¹ **1.** *pron* (*saját*) one's own; (*visszaható*) **(én) ~m** (I) myself; (*egyedül*) (all) by oneself; **gondolta ~ban** he said*/thought* to himself; **~ a gondolat** the very idea; **~ban** (*egyedül*) alone, apart; (*magában véve*) in itself; **~ban beszél** talk to oneself; **~ba(n) foglal** include, contain; **~hoz tér** (*ájult*) recover/regain consciousness, come* to/round; **~ra hagy vkt** leave* sy to oneself; **~tól** (*beavatkozás nélkül*) by/of itself/oneself; (*kérés nélkül*) [do sg]

unasked; **~tól értetődik** it goes* without saying; **megkapja a ~ét** get* one's due; **törődj a ~d dolgával** mind your own business **2.** *adv* (*egyedül, saját maga*) alone, (all) by himself/herself

maga² *pron* (*ön*) you; (*birtokos*) your ‖ **ez a ~/maguk háza?** is that your house?; **maguk(at)** you

magabiztos *a* sure of oneself *ut.*, confident, self-assured

magáé *pron* (*sajátja*) sy's/one's own; (*öné*) yours

magáncélra *adv* for personal use

magánélet *n* private/personal life, privacy

magángyűjtemény *n* private collection

magánhangzó *n* vowel

magánóra *n* private lesson

magános *a* = **magányos**

magánosítás *n* privatization

magánpraxis *n* private practice (*US* -ise)

magánszám *n* (*ének, zene*) solo

magántermészetű *a* private

magánterület *n* private property; (*kiírás*) Private

magántulajdon *n* (*viszony*) private ownership; (*tárgyak*) private property

magánügy *n* private/personal affair/matter

magánvállalkozás *n* private enterprise

magánvélemény *n* personal opinion

magány *n* solitude, loneliness

magányos *a* (*elhagyatott*) lonely, solitary; (*különálló*) isolated; (*félreeső*) secluded ‖ **~ nő** an unattached woman°

magas *a* high; (*ember*) tall; (*szint*) high(-level) || **ez nekem** ~ *biz* it's beyond me; **két méter** ~ **fal** a two-metre high wall; ~ **állás** high office/position; ~ **hangú** high-pitched; ~ **szárú cipő** boots *pl*; ~ **színvonalú** high-class/level
magaslat *n* height, elevation, altitude
magasl|ik *v* (*vm fölött*) tower above/over sg
magasság *n* height; (*csak dolgoké*) altitude; (*vízé*) depth; *vké* height
magasztal *v* praise (highly), extol (*US* extoll), eulogize
magatartás *n* (*viselkedés*) conduct, behaviour (*US* -or); (*állásfoglalás*) attitude
magaviselet *n* conduct, behaviour (*US* -or)
magazin *n* (*folyóirat*) (*illustrated*) magazine
magfizika *n* nuclear physics *sing.*
mágikus *a* magic(al)
máglya *n* bonfire
mágnes *n* magnet
mágneskártya *n* credit card
mágneslemez *n* (magnetic) disk || **hajlékony** ~ floppy disk
magnetofon *n* tape-recorder
magnó *n* tape-recorder || **~ra felvesz** tape sg
magnókazetta *n* (audio)cassette
magnós rádió *n* radio/cassette recorder
magol *biz v* swot/mug up sg; cram
magtár *n* granary, barn
magzat *n biol* embryo; f(o)etus; *ir* (*utód*) descendant, offspring
magyar *a/n* Hungarian, Magyar || ~ **ajkú/anyanyelvű** Hungarian-speaking, (*főnévvel*) Hungarian

speaker(s), native speaker(s) of Hungarian; **M~ Köztársaság** Hungarian Republic; ~ **nyelv** Hungarian (language); **~t tanít** teach* Hungarian (language and literature)
magyaráz *v* explain; (*kifejt*) expound; (*értelmezve*) interpret; (*szöveget*) comment on; (*vmt indokol*) account for (sg)
magyarázat *n* explanation, explication; (*értelmezve*) interpretation; (*szöveghez*) comment(ary); (*indok, ok*) reason, motive
magyarázkod|ik *v* (*mentegetődzve*) excuse oneself, apologize (for)
Magyarország *n* Hungary || **~on** in Hungary
magyarság *n* (*nép*) Hungarians *pl*, the Magyars *pl*, the Hungarian people/nation; (*nyelvi*) Hungarian
magyartanár *n* Hungarian teacher, teacher of Hungarian
magyarul *adv* (in) Hungarian || ~ **beszél** speak* Hungarian; ~ **beszélő** Hungarian-speaking (*főnévvel*) native speaker(s) of Hungarian, Hungarian speaker(s)
mai *a* today's, this day's, of today *ut.*, of this day *ut.*; (*jelenlegi*) present-day; (*kortárs*) contemporary; (*korszerű*) up-to-date, modern || **a** ~ **naptól** from this date/day; **(mind) a** ~ **napig** up to the present, up to now
máj *n* (*szerv, étel*) liver
majd *adv* (*valamikor*) sometime, someday (in the future); (*később, aztán*) then, later (on); (*majdnem*) almost, nearly
majdnem *adv* almost, (very) nearly, all but || **a vonat már** ~

indult, amikor ... the train was about/going to leave when ...

májgyulladás *n* hepat*i*tis

majom *n zoo* m*o*nkey; (*emberszabású*) ape; *átv* ape

majonéz *n* mayonn*ai*se

majoránna *n* m*a*rjoram

májpástétom *n* l*i*ver paste, pâté

majszol *v* munch, n*i*bble

május *n* May || ~ **elseje** 1st May, *US* May 1st; (*mint ünnep*) May Day; → **december**

mák *n* (*növény*) p*o*ppy; (*magja*) p*o*ppy-seed

makacs *a* (*ember*) st*u*bborn, *o*bstinate

makett *n* m*o*del, m*o*ck-up

makk *n* (*termés*) *a*corn; (*disznóeleség*) mast; (*kártya*) club(s)

mákvirág *n iron* **díszes** ~ bad lot, scapegrace

malac 1. *n zoo* (young) pig, p*i*glet; (*emberről*) pig **2.** *a* obscene, f*o*ul(-mouthed)

malacság *n* obscenity, smut

malária *n* mal*a*ria

maláta *n* malt

málha *n* l*u*ggage

málna *n* r*a*spberry

malom *n* (fl*o*ur-)mill, *US* gristmill; (*játék*) n*i*ne-men's m*o*rris

malomkerék *n* m*i*ll-wheel

Málta *n* M*a*lta

máltai *a* Malt*e*se

malter *n* m*o*rtar

mályva *n* m*a*llow, h*o*llyhock

mama *n biz* m*u*m(my), ma, *US* m*o*m(my)

mamlasz 1. *a* s*i*mple(-minded) **2.** *n* s*i*mpleton

mámoros *a* int*o*xicated; (*szesztől*) drunk, *biz* t*i*psy; (*örömtől*) raptur-ous, ecst*a*tic

mamut *n* (*átv is, jelzőként is*) m*a*mmoth

manapság *adv* n*o*wadays, these days

mancs *n* paw

mandarin *n* (*gyümölcs*) m*a*ndarin (*o*range); tanger*i*ne; (*kínai*) mandarin || **A csodálatos** ~ The Miraculous M*a*ndarin

mandula *n bot a*lmond; (*szerv*) tonsil

mandulakivétel *n* rem*o*val of tonsils

mangán *n* m*a*nganese

mánia *n* man*i*a

mankó *n* crutch, cr*u*tches *pl*

manó *n* imp, g*o*blin

manöken *n* m*o*del

manőverez *v* man*oe*uvre (*US* maneuver)

manzárd *n* m*a*nsard, g*a*rret, *a*ttic

mappa *n* (*írómappa*) (wr*i*ting) pad; (*konferencián stb.*) folder

mar[1] *v* (*állat*) bite*; (*sav*) corrode; (*rozsda*) fret, corr*o*de; *tech* mill

mar[2] *n* (*lóé*) w*i*thers *pl*

már *adv* already; (*kérdésben*) already, yet; (*kérdésben: valaha, egyáltalán*) ever; (*tagadásban*) any more || ~ **amennyire** (in) so far as; ~ **egy éve beteg** (s)he has been ill for a year; ~ **nem** no longer/more; **megjött** ~? has he come yet?; **siess** ~! come on now!

marad *v* (*vm állapotban*) rem*a*in, rest; *vhol* stay, rem*a*in, st*o*p (s*w*here); *vmennyi* be* left (*o*ver) || **ágyban** ~ stay in bed; **ennyiben** ~**unk** we'll leave it at that; **életben** ~ surv*i*ve; **ha 5-ből elveszünk 2-t,** ~ **3** *mat* five minus two leaves three; **hű** ~ **vmhez** remain faithful/loyal to sg; **minden** ~ **a régiben** everything remains unchanged; **ne ~j soká!** don't be long; **nem ~t más, mint ...** nothing was left to me but ...; **otthon** ~ stay at home

maradandó a lasting, enduring

maradék 1. n remainder, remains pl, rest; (kevés) remnant(s); (étel) leftover(s)

maradéktalanul adv fully, entirely

maradi a vk backward(-looking); (eszme) old-fashioned

maradvány n (pusztulás után) ~**ok** remains pl

marasztal v vkt detain, ask (sy) to stay (on/longer)

maratoni futás n marathon

marcipán n marzipan

március n March; → **december**

marék n (mennyiség) handful

margaréta n daisy

margarin n margarine

marha 1. n (állat) cattle (pl ua.); (ember) blockhead, fathead, idiot **2.** a vulg (emberről) idiotic, stupid || ~ **jó** bloody (US damn) good

marhahús n beef || **sült** ~ roast beef

marhaság n nonsense, rubbish

marhasült n roast beef, beefsteak

marihuána n marijuana

máris adv (azonnal) at once, immediately; (már most) already, just now

márka n (védjegy) trademark; (gyártmány) make, brand; (pénz) mark

márkás a a good brand (of sg), quality || ~ **áru** branded goods pl, quality products pl

marketing n marketing

markol v grasp, grip, clutch, seize

markos a (férfi) muscular, strapping

már-már adv almost, (very) nearly

mármint conj (tudniillik) namely

maró a kém corrosive, corroding; (megjegyzés) biting || ~ **anyag** corrodent; ~ **gúny** sarcasm

marok n (kéz) (hollow/palm of the) hand; (mennyiség) a handful/fistful of ...

marós n miller

márpedig (ellenkezés) but; (megokolás) and

mars (ki)! int get out (of here)!, US scram!

marsall n marshal

márt v (folyadékba) dunk (in), dip (into), immerse (in), plunge (into)

mártás n (húshoz) sauce, gravy

mártír n martyr

márvány n marble

más 1. pron a other, different || ~ **szóval** in other words **2.** pron n vk somebody/someone else; (kérdésben) anyone else; vm something else; (kérdésben) anything else; (vk mása) (sy's) alter ego, second self; (vm mása) copy, duplicate, replica || **az már** ~! that's more like it; **bárki** ~ anyone else; ~**ok** others, other people; **semmi** ~ nothing else

másállapot n pregnancy

másfajta pron another/different kind/sort of ...

másfél num one and a half || ~ **óra** an hour and a half

másféle pron of another kind/sort/type ut.

másfelől *adv* (*irány*) from another direction; (*viszont*) on the other hand

máshol *adv* elsewhere, somewhere else

másik *pron* another || **egyik is, ~ is** both

maskara *n* (*jelmez*) fancy dress, masquerade; (*nevetséges öltözet*) ridiculous clothes *pl* (*v.* outfit)

másként *adv* (*eltérően*) differently, in another manner/way

máskor *adv* another time, at some other time/date

másmilyen *pron* = **más 1., másféle**

másnap 1. *adv* the next day, (on) the following day || **~ reggel** the following/next morning; **minden ~** every other day **2.** *n* **karácsony ~ja** *GB* Boxing Day, *US* December 26

másnapos *a* (*ivás után*) hung-over, liverish; *kif* have* a hangover

másnaposság *n* hangover

masni *n* bow, ribbon

másodállás *n* second(ary) job/ employment, part-time job

másodéves *n* second-year student, *US* sophomore

másodfokú *a* **~ bíróság** court of the second instance; **~ égés** second-degree burn; **~ egyenlet** equation of the second degree

második 1. *num a* second || **~ emelet** second floor, *US* third floor; **~ helyezett** runner-up (*pl* runners-up); **minden ~ héten** every other/second week **2.** *n* **május ~a** 2 May, 2nd May; *isk* **~ba jár** go* to (*v.* attend) the second form/class; → **első**

másodikos *n* second-form student

másodkézből *adv* second-hand || **~ vesz vmt** buy* sg second-hand

másodlagos *a* secondary

másodpéldány *n* duplicate (copy)

másodperc *n* second

másodpercmutató *n* second hand

másodrendű *a* (*áru*) second-rate/ class/best, inferior (*vmhez képest* to)

másodszor *adv* (*másodízben*) (for) the second time; (*másodsorban*) secondly, in the second place

másol *v* (*szöveget*) copy; *foto* print

másolat *n* (*szövegé*) copy, duplicate (copy); *műv* replica, reproduction; *foto* print

másológép *n* copier

másrészt *adv* on the other hand

mássalhangzó *n* consonant

másutt = **máshol**

másvalaki *pron* somebody/someone else

másvilág *n* the other world

maszatos *a* stained, smudged

maszek *a/n* self-employed (person)

mász|ik *v* vmre climb sg; (*csúszik*) crawl; (*négykézláb*) creep*

maszk *n* mask; (*színészé*) make-up

maszlag *n bot* thorn-apple; *átv* eyewash, bunkum, humbug

mászóka *n* (*játszótéri*) climbing frame

massza *n* mass

masszíroz *v* massage

masszív *a* massive, solid

masszőr *n* masseur, (*női*) masseuse

matat *v* rummage

matek *n biz* maths *sing v. pl, US* math

matematika *n* mathematics *sing.*

materialista *a/n* materialist

materializmus *n* materialism
matiné *n* morning performance/ concert
matrac *n* mattress
matróz *n* sailor, (ordinary) seaman°
matt[1] *a* (*fém*) mat(t), unpolished; (*szín*) dull, flat
matt[2] *n* (*sakk*) (check)mate
MÁV = *Magyar Államvasutak* Hungarian State Railways
maximális *a* maximum, utmost, top ‖ ~ **ár** maximum/ceiling price; ~ **sebességgel** at maximum/top speed
maximalista *a/n* perfectionist
maximum 1. *a/n* maximum **2.** *adv* at the (very) outside, at (the) most
máz *n* (*kerámián*) glaze; (*fémen*) enamel
mázli *n* *biz* bit of luck, fluke ‖ **micsoda** ~! what a fluke!
mázol *v* paint
mázsa *n* 100 kilos, quintal
mazsola *n* raisin, sultana
mechanika *n* *fiz* mechanics *sing.*; (*szerkezet*) mechanism
mécs *n* night-light
meccs *n* match
mecset *n* mosque
medál *n* (*nyakban*) medallion, pendant
meddig *adv* (*térben*) how far?; (*időben*) (for) how long?
meddő *a* *orv* infertile, barren, sterile; (*föld*) unproductive; (*munka*) unproductive, ineffective, vain
medence *n* (*edény*) basin; (*úszó*) (swimming) pool; *földr* basin; *biol* pelvis
meder *n* (*folyóé*) bed; *átv* channel
médium *n* **elektronikus** ~**ok** the media

medve *n* *zoo* bear
meg *conj* (*felsorolásban*) and ‖ **kettő** ~ **kettő az négy** two and/ plus two make/is/are four
még *adv* (*időben: ami még tart*) still; (*tagadó mondatban*) yet ‖ ~ **akkor is, ha** even if; ~ **eddig** so far; ~ **egyszer** once more/again; ~ **kevésbé** even/still less; ~ **mindig** still; ~ **mit nem!** *biz* not in the least!, by no means!; ~ **nem** not yet
megad *v* (*ami megilleti*) give* sy his/her due; (*adósságot*) repay* sy [a sum]; (*adatokat*) give*, supply [information] ‖ ~ **vknek vmt** grant sy sg; ~**ja a gólt** (*játékvezető*) allow the goal; ~**ja magát** surrender, give* in
megágyaz *v* make* the bed(s)
megakad *v* (*szerkezet*) stop; (*alkatrész*) catch*, get* stuck/caught; (*beszélő, szavaló*) falter
megakadályoz *v* vkt vmben prevent (*v.* keep* back) sy from (doing) sg
megalakít *v* form, (*bizottságot*) set* up
megalakulás *n* forming, formation
megalapít *v* found, establish; *ker* (*társaságot*) set* up
megaláz *v* humiliate, humble
megáld *v* (*pap*) bless ‖ **az Isten áldjon meg!** God bless you!
megalkot *v* create
megalkuvás *n* compromise; *pejor* opportunism
megáll *v* stop, come* to a stop/ standstill; (*egy időre*) halt, pause; (*vonat állomáson*) call at, stop (at); (*gép leáll*) stall, stop ‖ ~**ni tilos!** no stopping; (*mint jelző-*

tábla) clearway; **nem állja meg szó nélkül** he can't res*i*st; **nem tudja ~ni, hogy ne ...** he can't help d*o*ing sg
megállapít *v* (*kiderít*) establish, ascert*ai*n; (*kijelent*) state; (*kimutat*) find*, point out (that); (*meghatároz*) determine, fix, settle, decide; (*betegséget*) diagnose
megállapítás *n* statement
megállapodás *n* (*két fél között*) agreement, understanding; (*szerződés*) contract ‖ **~t köt vkvel** make*/conclude (*v.* enter *i*nto) an agreement with sy
megállapod|ik *v vkvel vmben* agree with sy on/ab*ou*t sg, make* (*v.* come* to) an agreement (with sy on/ab*ou*t sg); *átv vk* settle (down)
megállít *v* stop
megálló(hely) *n* stop
megalsz|ik *v* (*tej*) curdle; *vk vhol* put* up for the night
megalvad *v* (*vér*) clot, cake
megárt *v vknek* do* sy harm
megátkoz *v* curse, damn
megáz|ik *v vk* get* wet; *vm* become* wet
megbán *v* regret; *vall* repent [of sin]
megbánt *v* offend (sy), hurt* sy's feelings
megbarátkoz|ik *v vkvel* make* friends (with sy)
megbecstelenít *v* (*nőt*) rape (sy)
megbecsülés *n* (*személyé*) esteem, appreciation; (*vm értéké*) estimation
megbénít *v átv is* paralyse (*US* -lyze)
megbeszél *v* talk (sg) *o*ver; (*megvitat*) discuss, debate; (*találkozót*

stb.) arrange ‖ **időpontot ~ vkvel** make*/fix an app*oi*ntment with sy
megbeszélés *n* talk, discussion; (*értekezlet*) meeting; (*találkozó*) app*oi*ntment
megbetegsz|ik *v* fall*/get* ill
megbillen *v vm* tilt; *vk* lose* one's balance
megbirkóz|ik *v vmvel* (can*) manage sg, cope with sg; (*betegséggel*) overcome* [an *i*llness]
megbíz *v vkt vmvel* charge sy with sg
megbízás *n* comm*i*ssion, charge, assignment ‖ **vk ~ából** on behalf of sy
megbízhatatlan *a* unrel*i*able
megbízható *a* rel*i*able
megbíz|ik *v vkben/vmben* trust sy/sg, rely/depend on sy
megbízott 1. *a vmvel* in charge of sg *ut.* **2.** *n pol* deputy; (*diplomáciai*) representative; *jog* delegate; *ker* agent
megbocsát *v vknek vmt* forg*i*ve* sy sg (*v.* sy for d*o*ing sg), excuse sy for sg (*v.* for d*o*ing sg) ‖ **bocsáss meg!** excuse me!, I'm sorry!, I beg your p*a*rdon!
megboldogult 1. *a* the late **2.** *n* **a ~** dec*ea*sed
megbolondul *v* go* mad/crazy
megboml|ik *v* (*rend*) break* down
megborotválkoz|ik *v* shave* (oneself)
megbosszul *v vmt vkn* avenge/revenge sg on sy ‖ **(vm) ~ja magát** sg brings* its own p*u*nishment
megbotránkozás *n* indignation, disgust, shock
megbuk|ik *v* (*vizsgán*) fail (in an examination); (*vállalkozás stb.*)

fail, fall* through; (*pénzügyileg*)
go*/become* bankrupt; (*kormány*)
fall*; (*színdarab*) fail, be* a fail-
ure
megbüntet *v* punish; (*pénzbírság-
gal*) fine
megcáfol *v* refute; (*hírt*) contradict,
deny
megcéloz *v* vmt/vkt (*vmvel*) aim
(sg) at sg/sy
megcímez *v* address
megcsal *v* deceive, cheat; (*házas-
társat*) be* cheating on (one's
wife/husband)
megcsiklandoz *v* tickle
megcsinál *v* (*elkészít*) do*; (*készre*)
get* sg ready, carry out, finish
(off); (*ételt*) prepare, cook, make*
[meal]; (*megjavít*) repair, fix,
mend || **ezt jól ~tad!** *iron* you've
made a fine mess of it!
megcsíp *v* (*ujjával*) pinch, nip;
(*élősdi*) bite*; (*csalán, darázs*)
sting*
megcsodál *v* admire
megcsókol *v* kiss sy
megcsúnyul *v* grow*/become* ugly
megcsúsz|ik *v* vk slip; (*jármű*) skid
megdagad *v* swell* (up)
megdarál *v* grind*, mill
megdézsmál *v* biz lift, filch, pinch
megdicsér *v* vkt vmért praise (sy
for sg)
megdorgál *v* reprimand, rebuke,
reprove
megdöbben *v* vmtől be* shocked
(at sg), be* startled/astonished (at
sg v. to see/hear sg);
megdögl|ik *v* die, perish
megdönt *v* (*uralmat*) overthrow*;
(*rekordot*) beat*, break* [a rec-
ord]; (*érvet*) refute, disprove

megduzzad *v* swell* (up)
megdühöd|ik *v* become* enraged/
furious, lose* one's temper
megebédel *v* have* lunch
megegyez|ik *v* (*vkvel vmben*) agree
(with sy on sg), come* to (*v*. ar-
rive at) an agreement (with sy on
sg); (*egyező vmvel*) correspond to/
with, agree/accord with
megéhez|ik *v* get*/feel*/grow*
hungry
megél *v* (*eleget keres*) earn/make*
one's/a living; *vmből* live on sg;
(*vmely életkort*) live to see sg;
(*időszakot stb.*) experience
megelégsz|ik *v* vmvel be* satis-
fied/content(ed) (with)
megélesít *v* sharpen (the edge of
sg)
megélhetés *n* living; (*szűkösen*)
subsistence || **~i költségek** cost
of living
megelőz *v* (*veszélyt*) prevent; (*sor-
rendben*) precede; (*jármű*) over-
take*
megelőző *a* (*előző*) previous,
preceding, former; (*előzetes*) pre-
liminary; *orv* preventive
megemészt *v* átv is digest
megemlít *v* mention
megenged *v* vknek vmt allow/
permit sy sg; (*lehetővé tesz*) sg
admits/allows of sg || **engedje
meg (kérem), hogy** (please) al-
low me to, let me ...; **~i?** (*elnézést
kérek*) excuse me!; (*szabad?*) may
I?; **nem engedhetem meg ma-
gamnak** I can't afford it
megér[1] *v* (*él addig*) live to see
megér[2] *v* (*értékben*) be* worth || **~i
a fáradságot** be* worth the trou-
ble

megérdemel v deserve || ~te! (úgy kell neki!) it serves him right

megérez v (szagot, ízt) can* smell/ taste sg; (ösztönösen felfog) feel*; (vmt előre) have* a presentiment of sg

megér|ik v (gyümölcs) grow*, ripen; átv be*/become* ripe/fit for sg

megérint v touch (lightly)

megérkezés n ~(e)kor on (one's) arrival

megérkez|ik v arrive (országba, nagyvárosba: in, kisebb helységbe, repülőtérre stb.: at), come*

megerőltetés n (fizikai) exertion, effort; (szellemi) mental strain

megerősít v (erősebbé tesz) strengthen, reinforce; átv confirm

megerőszakol v vkt rape (sy)

megért v (felfog) understand*, comprehend || ~ette? is that clear?

megértő a considerate (to sy)

megérzés n (ösztönös) intuition

meges|ik v (megtörténik) happen, occur, take* place; vkvel vm sg befalls* sy, sg happens to sy

megesküsz|ik v (esküt tesz) take*/ swear* an oath (to); swear* (amire on); (házasságot köt) get* married (to sy)

megesz|ik v vmt eat* up

megetet v feed*; (csak embert) give* sy to eat; biz (elhitet vkvel vmt) sy swallows sg hook

megfagy v freeze*

megfájdul v begin to hurt/ache || ~t a feje she has a headache

megfáz|ik v catch* (a) cold

megfejt v solve; (kódot) decode, break*; (titkot) unravel (US -l)

megfékez v (szenvedélyt) curb, master, control; (támadást) stop

megfeledkez|ik v vkről, vmről forget* sy/sg || ~ik magáról forget* oneself, lose* control (of oneself)

megfelel v (válaszol) answer sy, reply to sy; (vmlyen célra) be* suitable for; vknek vm sg suits sy; (vm megegyezik vmvel) correspond to, equal (US -l) (sg) || a követelményeknek ~ suit/meet* the requirements; ha így ~ önnek if this is convenient to you

megfelelő 1. a (alkalmas) suitable (for, to), adequate; (hely, idő) convenient; (megkívánt) appropriate 2. n equivalent

megfelez v halve, cut* in half, divide in(to) two || felezzük meg! let's go halves

megfenyeget v vmvel threaten/ menace sy (with sg)

megfertőz v (élőlényt) infect; (levegőt, vizet) pollute, poison

megfésülköd|ik v comb one's hair

megfeszít v tighten, stretch; (izmot) flex, tense

megfiatalod|ik v grow*/get* younger, be* rejuvenated

megfigyel v observe, notice; vkt, vmt watch, have*/keep* one's eye on

megfizet v (tartozást) pay* sg to sy; (számlát) settle; vmért pay* for (sg)

megfog v (kézzel) seize, catch*; (megragad) grip, grasp; (állatot) catch*, trap; (tolvajt) catch*, seize; (festék) stain

megfogad v (megígér vmt) pledge (oneself) to do sg || ~ja vk tanácsát take* sy's advice

megfogalmaz v draft, draw* up, formulate

megfoghatatlan *a átv* inconceivable, unfathomable

megfogódz|ik *v vmben* grip sg, hold* on to sg (tightly), cling* (on) to sg

megfojt *v átv is* strangle; suffocate; (*vízben*) drown

megfontol *v* (*latolgatva*) weigh (up), think* (sg) over, ponder; (*meggondol*) consider (sg) (carefully)

megfontolt *a* (*tett*) deliberate; (*vélemény*) considered; (*ember*) judicious, thoughtful

megfordul *v* turn (round); (*visszafordul*) turn back; (*vk után*) look back (after); (*autó*) turn (back/round), make* a U-turn; (*vk vhol, társaságban*) mix (in society *v.* with people)

megfoszt *v vmtől* deprive (sy/sg) of sg; (*állástól*) remove [from office], dismiss

megfőz *v* (*ebédet stb.*) make*, cook

megfullad *v* suffocate, stifle; (*torkán akadt vmtől*) choke (to death); (*vízben*) drown

megfutamodás *n* flight, running away, escape

megfürd|ik *v* have* a bath

meggátol *v vkt vmben* hinder sy in (doing) sg, prevent sy from doing sg

meggazdagod|ik *v* grow*/get*/become* rich

meggondol *v* (*megfontol*) think* (sg) over, consider ‖ **jól gondold meg!** think it over!; **ha jól ~om** when you come to think of it; **~ja magát** change one's mind

meggondolatlan *a* (*cselekedet*) irresponsible, thoughtless; (*ember*) unthinking, inconsiderate

meggondolt *a* (*cselekdet*) deliberate, considered; (*ember*) thoughtful, serious

meggyengül *v* grow*/become* weak(er)

meggyilkol *v* murder; *pol* assassinate

meggyógyít *v* cure [sy of a disease]

meggyógyul *v vk* recover (*vmből* from), be* cured (of sg)

meggyón *v* confess (one's sins)

meggyötör *v* torture, torment

meggyőz *v* (*vkt vmről*) convince/persuade sy of sg; (*vmnek a szükségességéről*) talk sy into doing sg

meggyőzés *n* persuasion

meggyőződés *n* conviction, persuasion, belief

meggyőződ|ik *v* make* sure of sg, make* sure/certain (that) ... ‖ **meg van győződve vmről** be* convinced/persuaded of sg (*v.* that ...)

meggyújt *v* (*tüzet*) light*; (*gázt*) turn on; (*villanyt*) switch/turn on

meggyullad *v* catch* fire

meghajlít *v* bend*, bow, curve

meghajol *v* bow (*vk előtt* before sy, *átv* to sy)

meghal *v* die ‖ **baleset következtében ~t** (s)he died in an accident; **rákban halt meg** (s)he died of cancer

meghalad *v* (*árban, súlyban*) exceed (sg); (*erőben, képességben*) surpass (sg *v.* sy in sg), go*/be* beyond sg/sy

meghall *v* hear* sg; (*véletlenül*) overhear*; (*megtud*) get* to know/hear (of)

meghallgat *v vkt, vmt* listen to, hear* (sy); *orv* sound

meghamisít *v* falsify, (*okmányé*) forge

meghámoz *v* peel, pare, skin

megharagsz|ik *v* get* angry (*vkre with sy*)

megharap *v* bite*

meghatalmazás *n* authorization ‖ ~t ad vknek authorize sy to do sg

meghatároz *v* determine; (*vmt közelebbről*) specify; (*fogalmat*) define; (*időpontot*) fix, settle

megható *a* moving, touching

meghatód|ik *v* be* moved

meghatottság *n* emotion

megházasod|ik *v* marry, get* married

meghibásod|ik *v* (*gép*) go* wrong; (*jármű*) break* down

meghiúsul *v* fail, fall* through, be* frustrated

meghív *v* invite (*vhová* to); ‖ ~ vkt vacsorára (*saját házába*) ask/ invite sy to dinner; (*étterembe*) take* sy out to dinner

meghívás *n* invitation

meghívó *n* invitation (card)

meghíz|ik *v* put* on weight, grow*/ get* fat

meghódít *v* (*területet*) conquer; vkt make* a conquest of sy

meghosszabbít *v* (*tárgyat*) lengthen, elongate; (*érvényességet*) extend; (*tartózkodást*) prolong

méghozzá *conj* besides, moreover, in addition

meghökken *v* be* taken aback, be* startled/astounded

meghunyászkod|ik *v* vk humble oneself, grovel (*US* -l)

meghurcol *v* vkt, átv calumniate, slander, vilify

meghúz *v* pull ‖ ~ták kémiából *biz* (s)he flunked chemistry, (s)he was flunked in chemistry

meghűl *v* catch* (a) cold

megígér *v* promise (*vknek vmt sy sg v. sy that* ...)

megigéz *v* bewitch, charm

megihlet *v* inspire

megijed *v* be*/become*/get* frightened ‖ meg van ijedve be*/ feel* frightened, have* a fright; ne ijedj meg! don't be afraid!, have no fear!

megijeszt *v* frighten, scare

megillet *v* (*jár vknek*) be* due to

megilletőd|ik *v* be* (deeply) moved/touched

megindít *v* (*mozgásba hoz*) start, set* (sg) in motion; (*mozgalmat*) launch, start up; (*meghat*) affect, touch, move

megindokol *v* give* grounds/ reasons for (doing) sg

megindul *v* (*elkezdődik*) begin*, commence; (*gép, jármű*) start, get* moving/going

megint[1] *adv* again, once more

megint[2] *v* warn

mégis *adv* yet, nevertheless, still

mégiscsak *adv* after all

megismer *v* (*megismerkedik vkvel*) get*/become* acquainted with sy; (*ismeretet szerez vmről*) get* to know* sg; (*felismer vkt*) recognize (*vmről* by/from sg) ‖ örülök, hogy ~hetem pleased to meet you

megismerked|ik *v* vkvel get* acquainted with sy, make* sy's acquaintance

megismétel *v* repeat

megismétlőd|ik *v* repeat itself

megisz|ik v (italt) drink*
megítélés n vmé judgement (of); (bírói) awarding, adjudication || ~**em szerint** in my opinion
megjár v (utat) do*, cover [distance]; (rosszul jár vmvel) make* a bad bargain with sg || **jól** ~**ta!** he's been had/done; ~**ja** (tűrhető) not (so) bad
megjátsz|ik v (szerepet) act, play; (színlel) pretend, feign || **megjátssza magát** put* on airs, playact
megjavít v (jobbá tesz) improve, make* better; (gépet) repair, mend; (rekordot) break* [a record]
megjegyez v note sg, remember sg; (megjegyzést tesz) remark, comment on sg
megjegyzés n remark, note, comment
megjelenés n vké vhol appearance, presence; (könyvé) publication; (külső) (outward) appearance, look || **jó** ~**ű** (be*) good-looking
megjelen|ik v appear; (személy) show*/turn up; (könyv) be* published, come* out; (rendelet) be* issued || **most jelent meg** just out/published
megjelöl v (jellel) mark; átv indicate, point out
megjósol v vmt predict, foretell*; (időjárást) forecast*
megjön v (megérkezik) come*, arrive; (visszatér) be* back, return; (menstruáció) she's having a period
megjutalmaz v reward (vkt vmért sy for sg)

megkap v get*, receive; (elnyer) win*, obtain; (betegséget) catch*, get*; (mély hatást tesz vkre) affect sy deeply || ~**hatnám?** may I have it?; ~**tad a magadét** you got what you deserved
megkapaszkod|ik v vmben clutch at, cling* to
megkarmol v claw, sratch
megkegyelmez v vknek pardon (sy), have* mercy on
megkel v (tészta) rise*
megken v (gépet) lubricate, grease; átv vkt bribe/square sy, slip sy money || ~**i a kenyeret vajjal** spread* butter on bread
megkér v vkt vmre ask/request sy to do sg || ~**i vk kezét** propose to sy
megkérdez v vkt ask sy; (megérdeklődik vmt) ask sy about sg, inquire sg of sy; inquire about sg
megkeres v look for; hiv (vkhez fordul) apply/turn to; (folyamodik) appeal to; (pénzt) earn; (szót a szótárban) look up
megkeresztel vall baptize; (névadás, hajót is) christen
megkerül v (előkerül) be* found, turn up; (járva) go*/walk/come* round, skirt; átv (kérdést) evade, skirt, get* round [the question]
megkezd vt vmt begin*/start (to do) sg; hiv commence; (munkát) start work, set* about (sg)
megkezdőd|ik vi begin*, start; hiv commence
megkímél v vkt vmtől spare sy sg
megkínál v vmvel offer sy sg
megkísérel v attempt (sg v. to do sg), try (to do sg)

megkíván v vk vmt desire/want sg, wish for sg; (férfi nőt) lust after [a woman]; (elvár vmt vktől) require sg of sy

megkóstol v taste, try

megkönnyebbülés n (a sense of) relief || **micsoda** ~! what a relief!

megkönnyít v (vk helyzetét) facilitate, make* it/sg easier/easy for sy

megkönyörül v vkn have*/take* pity on sy, have* mercy on sy

megköt v (csomóra vmt) tie (up), knot (sg); (ruhadarabot) knit; (szerződést) sign [a contract]; (üzletet) do* business with (sy)

megkövetel v (vk vktől vmt) demand [that sy (should) do sg], require (sy to do sg v. sg of sy); (vm vmt szükségessé tesz) require, call for, demand

megközelít v (közelébe megy) approach; (minőségileg) be* nearly as (good/bad) as; (mennyiségileg) approximate || **meg sem közelíti** be* far from

megközelítés n (átv is) approach

megközelítőleg adv approximately

megkülönböztet v vmt/vkt vmtől/vktől distinguish/differentiate sg/sy from sg/sy || **nem tudom ~ni** I can't tell one from the other

megkülönböztetés n distinction, differentiation

megkülönböztető a distinctive, characteristic || ~ **jegy** distinctive feature

megküzd v vmért fight*/struggle for sg; vkvel fight* with; (nehézségekkel) tackle

meglát v (megpillant) catch* sight of; (észrevesz) notice || **majd ~juk!** we'll/I'll see

meglátogat v vkt pay* sy a visit, visit sy, call on sy || **látogass meg!** come and see me

meglazít v loosen, slacken; (fegyelmet) relax

meglehet 1. v (valószínűleg megvan) may be 2. adv (lehetséges) maybe, perhaps

meglehetősen adv (eléggé) rather, fairly, pretty, quite; (jelentékeny mértékben) considerably

meglep v (meglepetést okoz) surprise (sy); (megdöbbent) astonish; (rajtakap) take* sy/sg by surprise

meglepetés n surprise; (megdöbbenés) astonishment; (ajándék) present, gift

meglepő a surprising, astonishing || **nem ~, hogy** no wonder that

meglocsol v water; (kertet) hose [the garden]; (vkt húsvétkor) sprinkle water/perfume on

meglóg v biz decamp, skip off, slip away

meglő v shoot* || **meg vagyok lőve** biz I'm stumped, I'm high and dry

megmagyaráz v explain

megmakacsolja magát v vk biz dig* one's heels in; (ló) jib, ba(u)lk (at sg)

megmarad v vhol stay; (vmely állapotban) remain; (életben marad) survive; (fennmarad) last, endure; vmből be* left, remain; (vm mellett) stick*/keep*/adhere to

megmásít v modify, alter, change

megmelegít v warm (up)

megmenekül v vhonnan, vmből escape (from); vmtől, vm elől escape/evade sg; vktől, vk elől escape sy, get* rid of sy

megment *v* save (*vmtől/vhonnan vkt* sy from sg), rescue (sy from sg); (*megóv vkt vmtől*) save/ protect sy (from sg)

megmér *v* (*hosszt, mennyiséget*) measure; (*lázat*) take* the/one's/ sy's temperature; (*súlyt*) weigh

megmérgez *v* poison (sy, sg)

megmond *v* tell*; (*megjósol*) tell* (sy), predict; (*beárul*) tell*/split* on sy || ~**ja a véleményét vmről** give* one's opinion of/on sg

megmos *v vmt* wash sg

megmotoz *v* search (sy), go* through sy's pockets

megmozdít *v* move, shift, stir

megmozdul *v* move, stir

megmukkan *v* **meg se tudott mukkanni** words failed him/her

megmutat *v* show* (*vknek vmt* sy sg *v.* sg to sy); (*rámutat vmre/ vkre*) point to sg/sy; (*kimutat*) show*, prove* || **majd ~om neki** I'll teach/show him

megművel *v* (*földet*) cultivate, till [land]

megnedvesít *v* moisten, wet, dampen

megnehezít *v* render/make* sg more difficult

megnémul *v* become* mute/dumb

megneszel *v* scent sg, smell* out sg, *biz* get* wind of (sg)

megnevez *v* name, denominate

megnéz *v* look at, take*/have* a look at; (*előadást*) (go* to) see* [a play/performance/film etc.]; (*tévében*) watch sg [on (the) television] || ~**i a látnivalókat** go* sightseeing, see* the sights [of London etc.]; ~**i a szótárban** look it up in the dictionary

megnő *v* (*ember*) grow* up/tall; (*növény*) shoot*/sprout up, grow*

megnősül *v* marry (sy), get* married

megnövel *v* (*terjedelemben*) enlarge; (*hatásfokban*) increase, add to, augment

megnyálaz *v* lick, moisten

megnyer *v* win*; (*díjat*) obtain, get*, win*; (*vkt vm ügynek*) win* sy over/round to sg

megnyerő *a* (*modor, külső*) winning, pleasuring, attractive

megnyíl|ik *v* open, be* opened

megnyilvánul *v* show*/reveal/ manifest itself

megnyír *v* (*hajat*) cut*; (*rövidre*) trim, clip; (*birkát*) shear*

megnyit *v* open

megnyitó *a/n* (*beszéd*) opening speech/address || **hivatalos ~** official opening, opening ceremony

megnyugsz|ik *v* relax, calm down; *vmben* resign/reconcile oneself to sg

megnyugtat *v* (*aggódót*) reassure (*vkt vm felől* sy about sg); (*izgatottat*) calm/soothe sy

megnyúz *v* (*állatot*) flay, skin; *átv* fleece

megokol *v* give* (one's) reasons for (doing) sg; justify

megolajoz *v* (*gépet*) oil, lubricate

megold *v* (*csomót*) untie, undo*; *mat* solve; (*kérdést*) solve, settle

megoldás *n* solution; (*példáé, rejtvényé*) answer, solution

megoldód|ik *v* (*probléma*) be* solved, work out

megoperál *v* operate on sy (for sg) || **tegnap ~ták** he was operated on yesterday

megorrol v vmért take* sg amiss/ badly

megoszlás n division, distribution

megosztoz|ik v vmn vkvel share sg with sy

megóv v vmtől preserve, protect from sg

megöl v vkt kill, murder; (állatot) kill, slaughter || ~i magát commit suicide

megölel v embrace, put* one's arms round (sy)

megöntöz v water; (tömlővel kertet) hose [the garden]

megőriz v (tárgyat) preserve, protect, (safe)guard; (megtart) retain, hold*

megőrjít v madden, drive* sy mad/ crazy

megőrül v go* mad, go* out of one's mind || ~tél? are you crazy?

megpályáz v (állást) apply for

mégpedig conj namely

megpihen v have* a rest, take* a break, rest, relax

megpillant v catch* sight of

megpofoz v slap sy's face

megpróbál v try; (kipróbál) test; (megkísérel) attempt

megpuhít v soften

megragad v (kézzel) seize, grasp, catch*; átv (magával ragad) captivate, fascinate

megrak v (kocsit, hajót stb.) load sg (up) (vmvel with); biz (megver) give* sy a good hiding

megrándul v egy arcizma sem rándult meg he didn't bat an eyelid, he didn't move a muscle; ~t a bokám I've sprained my ankle, I have* a sprained ankle

megráz v shake*; (áram vkt) get* a(n electric) shock; (lelkileg) shake* sy (up) || ~za a fejét (tagadólag) shake* one's head; ~za vknek a kezét shake* hands with sy

megrázó a shocking, upsetting

megreked v (jármű) be*/get* stuck; (ügy) come* to a deadlock/ standstill

megrémít v frighten, terrify, scare

megrendel v ker (árut stb.) order sg, give* sy an order for sg; (szobát, jegyet stb.) book (US így is: reserve) || előre ~ vmt book sg in advance

megrendelő n ker customer

megrendít v shatter, stagger; (vknek hitét) shake* [sy's faith]

megreped v split*, crack

megritkul v (levegő) rarefy; (haj, növény) become* thin

megrokkan v become* disabled/ invalid

megroml|ik v (étel) go* off/bad, spoil*; (egészség) be* becoming worse, deteriorate; (helyzet) worsen

megrögzött a ~ agglegény confirmed bachelor; ~ bűnöző habitual/hardened criminal, biz an old lag

megröntgenez v X-ray (sy)

megrövidít v shorten

megsaccol v biz size sg up, make* a guesstimate

megsavanyod|ik v turn/go* sour

megsebesít v (csatában) wound; (balesetben) injure

megsebesül v get* injured

mégsem adv/conj not ... after all, still not

megsemmisít v (*elpusztít*) annihilate; *jog* (*érvénytelenít*) declare sg null and void; (*ítéletet*) quash; (*szerződést*) cancel (*US* -l), annul

megsért v (*testileg*) injure, hurt; *vkt átv* insult, offend sy

megsérül v *vk* be*/get* injured; (*kicsit*) be*/get* hurt; *vm* become*/get* damaged || **súlyosan** ~t was badly/seriously injured

megsokall v have* enough (*v.* one's fill) of, *biz* get*/be* fed up with (sg)

megsüketít v deafen

megszab v determine, lay* down, prescribe, fix

megszabadít v *vkt/vmt vmtől/vktől* free/liberate sy/sg from sg/sy; relieve sy of sg

megszabadul v *vmtől/vktől* get* rid of sy/sg

megszagol v smell* sg; *átv* get* wind of sg

megszakít v break*, interrupt; (*beszélgetést*) interrupt, break* off; (*telefon-összeköttetést*) cut* off; (*áramot*) disconnect

megszakítás n break(ing) || ~ **nélkül** without a break

megszakító n el contact breaker

megszáll v (*szállóban*) stay at, put* up at [a hotel]; *vknél* stay with sy; *kat* occupy/invade [a country]; (*egyéb*) take* possession of; (*sztrájkolók gyárat*) take* over, occupy || ~**ta a félelem** be* overcome with fear

megszállás n kat occupation

megszállott n (*személy*) fanatic

megszámlálhatatlan a countless, innumerable

megszámol v count

megszán v pity

megszárít v dry

megszavaz v (*indítványt*) adopt, carry; (*törvényjavaslatot*) vote for, pass

megszed v ~i **magát** feather one's nest, line one's pocket

megszeg v (*esküt*) break*; (*ígéretet*) renege on [a promise]; (*törvényt*) break*, violate; (*kenyeret*) cut*

megszelídít v tame, domesticate

megszentel v consecrate, sanctify

megszeppen v be*/get* scared of/ at, get*/have* cold feet

megszépül v grow* more handsome/beautiful

megszeret v *vkt* become* attached to, become* fond of, take* to sy

megszerez v get*, obtain, acquire

megszerkeszt v (*szöveget*) draw* up, draft, word; (*kéziratot, könyvet*) edit; (*szótárt*) compile, edit; (*gépet*) construct, design

megszervez v organize

megszilárdít v strengthen, reinforce; *átv* strengthen, stabilize

megszok|ik v *vmt* get*/become* used/accustomed to sg, get* into the habit of doing sg; *vkt* get* used to sy; *vhol* get*/become* acclimatized, adapt to

megszokott a (*szokásos*) usual, habitual, customary; (*rendszeres*) regular; (*látvány*) everyday

megszól v *vkt* speak* ill/badly of sy, backbite* sy, *csak US*: badmouth sy

megszólal v *vk* begin* to speak, start speaking

megszólítás n (szóval) address; (levélben) form of address

megszök|ik v vhonnan escape/ flee* from, run*/break* away from ‖ ~ik vkvel elope with sy

megszűn|ik v (véget ér) stop, come* to an end; cease; (üzlet, gyár stb.) close down

megszüntet v stop, end

megtakarít v (pénzt) save (up) [money]

megtakarított pénz n savings pl

megtalál v find*

megtámad v attack, assault; (országot) invade

megtapogat v feel*, touch

megtart v (birtokában) keep*, retain; (magának) keep* (sg) for oneself; (előadást) give*, deliver [a lecture]; (értekezletet) hold* [a meeting]; (esküvőt) celebrate [one's wedding]; (szokást, ünnepet) observe; (ígéretet) keep [one's promise]

megtartóztat v ~ja magát abstain/refrain from (doing) sg

megtekint v inspect, view; → látnivaló

megtér v (visszaérkezik) return, come* back; vall be* converted [to Christianity etc.]

megterhel v (rakománnyal) weigh/ load (down) (vmvel with sg); (túlságosan) overload, overburden (vmvel with sg); átv vkt trouble/ burden sy (vmvel with sg) ‖ ~i vk számláját 1000 Ft-tal debit sy's account with 1,000 forints

megterít v lay* the table

megtérít v (megfizet) pay* [a sum] for sg; (kárt) pay* compensation for [damage]; (vm hitre) convert sy to [a faith]

megtermékenyít v biol (petesejtet) fertilize [an ovum]; (nőnemű lényt) make* sy pregnant, impregnate; bot pollinate

megtérül v (vknek a pénze) get* one's money back

megtestesült a maga a ~ egészség (be* the) picture of health

megtesz v vmt do*; (teljesít) perform, achieve, accomplish; vkt vmnek make* sy sg, appoint sy (to) sg; (utat, távolságot) do*, cover ‖ az is ~i that'll do; ~ minden tőle telhetőt do* one's utmost/best, do* everything possible

megtetsz|ik v vknek vk be* taken with sy; vknek vm fall* for sg

megtéveszt v vkt deceive sy, delude sy

megtilt v vknek vmt forbid* sy sg

megtiszteltetés n honour (US -or)

megtorol v (megbosszul) avenge, revenge (oneself for); (megbüntet) punish

megtorpan v stop short, come* to a sudden stop/standstill

megtölt v (teletölt) fill (up) (vmvel sg with sg); (töltelékkel) stuff (sg with sg); (puskát) charge, load

megtörtén|ik v happen (vkvel vm to sy)

megtörülköz|ik v dry oneself (with a towel)

megtud v come*/get* to know, learn*, hear*

megújít v renew

megúsz|ik v éppen hogy ~ta (s)he had a narrow escape; ezt nem úszod meg you can't get away with it

megüt v strike*, hit* ‖ azt hittem, ~ a guta I was ready to burst; ~ vmlyen hangot átv strike* a

note/chord; **~i az Ã¡ram** get* an electric shock
megÃ¼zen *v* send* sy a message
megvadul *v* get*/become* wild (*vmtÅ‘l* with sg); (*lÃ³*) bolt, shy
megvakul *v* go* blind
megvÃ¡laszt *v* elect (sy sg *v.* as sg)
megvÃ¡ll\|ik *v vmtÅ‘l* part with sg
megvall *v* (*bÅ±nÃ¶ket*) confess; (*elismer*) admit, acknowledge \|\| **az igazat ~va** to tell the truth, as a matter of fact
megvalÃ³sÃt *v* realize, carry out
megvÃ¡ltoz\|ik *v* change
megvÃ¡ltoztat *v* change, alter \|\| **~ja elhatÃ¡rozÃ¡sÃ¡t** change one's mind
megvan *v* (*lÃ©tezik*) exist, be*; (*kÃ©sz*) be* ready/finished/done; (*vÃ©gbemegy*) take* place \|\| **ez a kÃ¶nyv nekem ~** I have (got) this book; (*egÃ©szsÃ©gileg*) **Hogy van?** â€” **(Csak) megvagyok** How are you?â€”I'm not too bad, I'm all right; **~!** here it is!, (I've) got it
megvÃ©d *v* (*vk/vm ellen*) defend sg/sy against sy/sg; (*vk/vm vÃ©delmet nyÃºjt*) protect sg/sy from sg/sy; (*megelÅ‘zve*) safeguard sg/sy against sg; (*kiÃ¡ll vk mellett*) stand* up for sy
megvendÃ©gel *v* (*otthon*) entertain/invite sy to [dinner, tea etc]
megvesz *v* buy*, purchase
megveszteget *v* bribe, buy* sy off
megvet *v* (*lenÃ©z*) despise, scorn \|\| **~i az Ã¡gyat** *biz* make* the bed
megvetemed\|ik *v* warp, buckle
megvigasztal *v* consol, comfort
megvilÃ¡gÃtÃ¡s *n* lighting, illumination; *foto* exposure
megvisel *v vkt* try, wear* sy out
megvitat *v* discuss, talk sg over, debate

megvizsgÃ¡l *v* examine, inspect, investigate
megzabolÃ¡z *v Ã¡tv is* bridle
megy *v* (*vhova, vmn, vhogy*) go* (*vhova* to); (*utazik*) go*, travel (*US* -l); *biz* (*mÅ±kÃ¶dik*) work; *biz* (*mÅ±soron van*) be* on; *biz* (*idÅ‘*) fly* by \|\| **a blÃºz ~ a szoknyÃ¡jÃ¡hoz** the blouse matches her skirt; **autÃ³n ~** go* by car; **fÃ©rjhez ~** marry; **hogy ~ a sora?** how are you doing (*v.* getting on)?; **jÃ³l ~ vknek** (*munka, tanulÃ¡s*) be* going well; (*anyagilag*) be* well off; **~ek mÃ¡r!** (I'm) coming!; **mi ~ a tÃ©vÃ©ben?** what's on (the) television/TV?; **tanÃ¡rnak ~** go* in for (*v.* take* up) teaching, become* a teacher
megye *n* county, *GB nÃ©ha* shire
meggy *n* morello (cherry), sour cherry
mÃ©h[1] *n zoo* (honey-)bee
mÃ©h[2] *n* (*testrÃ©sz*) womb
mÃ©hkas *n* beehive
mekeg *v* bleat
mekkora *pron* **A)** (*kÃ©rdÃ©s*) how large/big?, what size? **B)** (*felkiÃ¡ltÃ¡s*) what a(n) ...
mÃ©la *a* dreamy, musing, wistful \|\| **~ undor** mild disgust
mÃ©labÃºs *a* melancholy, gloomy
mÃ©lÃ¡z *v* muse (on), ponder over
meleg **1.** *a* warm, hot; (*szÃn*) mellow \|\| **~ fogadtatÃ¡s** warm reception/welcome; **~ vÃz** hot water **2.** *n* (*meleg idÅ‘szak*) warm weather, heat \|\| **~em van** I am hot
meleged\|ik *v* (*idÅ‘*) get*/become* warm(er); (*motor*) be* overheating
meleghÃ¡z *n* greenhouse, glasshouse

melegít v warm, heat

melegítő n (tréningruha) tracksuit, US így is: sweat suit

melenget v warm (up) ‖ **kezét ~i a tűznél** warm one's hands by the fire; átv (gondolatot stb.) cherish, nurse

mell n (főleg férfié, gyereké) chest; (főleg nőé) breast ‖ **~be vág vkt** átv touch sy on a tender spot; **nem kell ~re szívni** átv don't take it to heart

mellé post/adv next to, beside, close to

melléfog v biz be*/fall* wide of the mark, make* a blunder

mellék n (környék) the environs/ surroundings of sg pl; (telefon) extension

mellékel v vmt vmhez add, attach (to); (iratot) enclose

melléképület n outhouse, outbuilding

mellékes a subsidiary, secondary, subordinate

mellékesen adv (közbevetőleg) by the way

mellékfoglalkozás n second job/ occupation, sideline; (részfoglalkozás) part-time job

mellékhajó n épít side-aisle

mellékhatás n side-effect

mellékhelyiség n (illemhely) toilet

mellékíz n after-taste

mellékjövedelem n second(ary)/ supplementary income, extra earnings pl

melléklet n (újsághoz) supplement; (levélhez) enclosure; (könyvben) insert

melléknév n nyelvt adjective

melléktermék n by-product

mellékutca n side street, US back alley

mellékvese n adrenal glands pl

mellény n (férfi) waistcoat, US vest; (bebújós) slipover; (női) bodice

mellesleg adv by the way, besides

mellett post (hely) beside, by, next to; (vmn felül) in addition to, over and above ‖ **e~** next to this; **egymás ~** side by side; **elmegy vk ~** pass sy by; **vk ~ lakik** live next door to sy

mellette adv (hely) by/near/beside him/her/it ‖ **a ~ és ellene szóló érvek** the pros and cons; **minden ~ szól** he has everything in his favour

mellkas n chest

mellkép n half-length portrait

mellőz v (cselekvést) omit (to do sg), leave* out, biz skip [a meeting etc.]; (nem vesz figyelembe) ignore, disregard; (vkt háttérbe szorít) ignore, neglect

mellső a anterior, front-, fore- ‖ **~ lábak** forelegs

mellszobor n bust

melltartó n brassière, biz bra

melltű n breast-pin, brooch

meló n biz work, biz slog

melódia n melody, tune

méltán adv deservedly, justly, rightly

méltányol v appreciate

méltányos a (elbánás) fair (and square), equitable, just; (ár) reasonable

méltat v favour (US -or) sy with ‖ **figyelemre sem ~ vkt** ignore/ overlook sy; **vkt vmre ~** deem a person worthy of

méltatlankod|ik *v* be* ind*i*gnant (*vm miatt* at sg)

méltó *a vkhez* be* worthy of sy; *vmre* be* worthy/deserving of sg || **ez nem ~ hozzád** this is unworthy of you; **~ büntetés** fit/deserved/just punishment

méltóság *n* (*fogalom, állás*) dignity, honour (*US* -or); (*személy*) dignitary

mely *pron* **A)** (*kérdő*) which? **B)** (*vonatkozó*) = **amely**

mély 1. *a* deep; (*alacsonyan fekvő*) low; *átv* profound || **~ álom** deep/sound sleep; **~ hang** deep voice; **~ tisztelet** high respect; **~ víz** deep water **2.** *n* the deep, the depth(s); **az erdő ~e** the depths/heart of the forest/wood

mélyed *v átv vmbe* be*/become* absorbed/immersed in || **gondolatokba ~** be* lost in thought; **vmbe ~** sink* *i*nto sg

mélyedés *n* cavity, dent

mélyhegedű *n* v*i*ola

mélyhűt *v* deep-fr*e*eze*

mélyhűtő *n* (*frizsider része*) freezing/freezer compartment; (*önálló*) freezer

mélyhűtött *a* deep-fr*o*zen; (*zöldség*) freeze-dried

melyik *pron* **A)** (*kérdő*) which (one)?; (*csak személyre*) who?; || **~ tetszik jobban?** which do* you prefer? **B)** (*vonatkozó*) = **amelyik**

mélypont *n* lowest/deepest point; (*pl. vk pályájának*) nadir

mélyreható *a* **~ elemzés** searching/thorough(going) analysis; **~ változások** radical/profound changes

mélység *n átv is* the deep, the depths *pl*

memória *n szt is* memory

mén *n* stallion

menedék *n* refuge, shelter || **politikai ~et ad vknek** grant sy political asylum

menedékház *n* (*turistáké*) (*tou*rist) hostel; (*kunyhó*) shelter, hut

menedzsel *v ker vmt* manage; (*pénzügyileg fenntart*) sponsor, finance, support

menedzser *n* manager; *szính* impresario

menedzsment *n* management

menekül *v* flee*, fly*, run* away; (*vk/vm elől v. vhonnan*) escape from

menekült *n* refug*e*e

ménes *n* stud (farm)

meneszt *v vhová* send* sy swhere; (*állásból*) dismiss, *biz* fire, sack

menet 1. *n* (*vonulás*) march, procession; (*lefolyás*) course; (*gépé*) working, motion; *sp* round; (*csavaré*) thread || **~ közben** on the way, under way **2.** *adv vhova* on the/one's way [to a place] || **hazafelé ~** on the way home, homeward bound

menetdíj *n* fare

menetidő *n* running-time, journey time; (*repülőgépé*) flight time

menetirány *n* direction, course

menetjegy *n* (railway/bus/tram-) ticket

menetlevél *n* waybill

menetrend *n* t*i*metable, *US* schedule; (*vasúti, nagyobb*) railway guide; (*rendezvényé*) programme (*US* -gram) || **~ szerint** on schedule

menettérti jegy *n* return (ticket), *US* round-trip ticket

mennél *adv* ~ ..., **annál** ... the ... the ...; ~ **több, annál jobb** the more the better
menstruáció *n* menstruation, menses *pl, biz* period
ment *v vmtől* save, rescue, snatch (from) || **Isten ~s!** God forbid!
menta *n* mint
mentalitás *n* mentality, disposition
mentegetődz|ik *v vmért* apologize, excuse oneself (for sg *v.* for doing sg)
menten *adv* (*rögtön*) at once, on the spot, immediately
mentén *post* along, by the side of || **a part** ~ along the bank (*v. tengernél* beach); **vm** ~ **halad** go*/ run* along sg
mentes *a vmtől* free from; *vm alól, vmtől* exempt from
mentesül *v vm alól* be* exempted/freed from sg
menthetetlen *a* lost, irretrievable; (*mulasztás*) irremediable; (*megbocsáthatatlan*) inexcusable, unpardonable || ~ **beteg** patient past recovery/help
mentol *n* menthol
mentő 1. *a* life-saving, rescuing || ~ **ötlet** saving idea 2. *n* (life-)saver, rescuer || **a ~k** *orv* ambulance
mentőautó *n* ambulance
mentőcsónak *n* lifeboat
mentőláda *n* first-aid box/kit
mentőöv *n* life-belt/buoy
mentség *n* excuse || ~**ére legyen mondva** be it said in his favour (*US* -or)
menü *n* set dinner/meal/menu; *szt* menu
menza *n* refectory, canteen

meny *n* daughter-in-law (*pl* daughters-in-law)
menyasszony *n* fiancée; (*esküvő napján*) bride
menyegző *n* wedding-feast
menyét *n* weasel
mennydörgés *n* thunder
mennyezet *n* (*szobáé*) ceiling; (*ágyé*) canopy
mennyi *pron* **A)** (*kérdő*) (*megszámlálható mennyiség*) how many?; (*tömeg*) how much? || ~ **az idő?** what's the time?, what time is it?; ~ **ideig?** (for) how long ...?; ~**be kerül?** how much is it?, what's the/its price? ~**vel tartozom?** how much do I owe you? **B)** (*vonatkozó*) = **amennyi**
mennyire *pron* **A)** how far? **B)** (*felkiáltásban*) how || **de még** ~! I should think so!, by all means!
mennyiség *n* quantity; (*tömeg*) mass || **nagy ~ben** in large quantities, in bulk
mennykő *n* thunderbolt || **a** ~ **üssön belé!** the devil take him!, confound him!
mennyország *n* heaven
mer[1] *v* (*vizet*) draw*, scoop (out) || ~**j a levesből** help yourself to (some) soup
mer[2] *v* dare (to do sg); (*veszi a bátorságot*) make* (so) bold (as) to do sg || ~**em állítani** I dare say (*v.* daresay) (that); **fogadni** ~**nék** I could/would bet; **nem** ~ **vmt (meg)tenni** [I/he etc.] dare not (*v.* daren't) do sg
mér *v* measure; (*súlyt*) weigh; (*időt, sebességet*) clock, time
mérce *n* measure, scale
meredek *a* (*lejtő*) steep

méreg *n* poison; (*düh*) anger; (*bosszúság*) annoyance, vexation ‖ **~be jön** get*/fly* into a passion/ rage, lose* one's temper

méregzöld *a* ivy green

merengés *n* reverie, daydream(ing), musing

merénylet *n* attempt ‖ **~et követ el vk ellen** make* an attempt on sy's life

merész *a* bold, daring, audacious

merészel *v* dare

méret *n* measurement, dimension; (*öltözékdarabé*) size; *átv* magnitude, proportions *pl* ‖ **nemzetközi ~ekben** on an international scale

merev *a* stiff, rigid; (*testrész*) numb; (*tekintet*) fixed; *átv* rigorous, inflexible, stiff; (*mozgás, viselkedés*) angular

merevgörcs *n* tetanus, lockjaw

merevítő *n* stay, prop, brace

mérföld *n* mile ‖ **angol ~** statute mile (*1609,34 m*); **tengeri ~** nautical mile (*1852 m*)

mérgelőd|ik *v* be* angry (*vm miatt* at/about sg, *vk miatt* with sy)

mérges *a* (*állat*) poisonous; *biz* (*dühös*) angry ‖ **~ gáz** poison-gas; **~ gomba** toadstool; **~ vkre** be* angry/cross with sy

mérgesít *v* anger, vex, irritate, enrage

mérgez *v* (*átv is*) poison, envenom

mérgező *a* poisonous

merít *v* *vmbe* dip (sg) into (sg); *vmből* draw* (sg) from (sg); *átv* *vmből* take*/derive (sg) from (sg); (*átvesz vmből*) draw* on (sg)

mérkőzés *n sp* match

mérleg *n* (*eszköz*) (pair of) scales; (*konyhai*) scale, scales *pl*; (*patika-*

mérleg) balance; *ker* balance (sheet) ‖ **kereskedelmi ~** balance of trade

mérlegel *v* *átv* weigh, ponder [matter], consider

mérleghinta *n* see-saw

mérnök *n* engineer

merő *a* (*tiszta*) pure, mere, sheer ‖ **~ hazugság** downright lie; **~ véletlen** a mere (*v.* sheer) accident

merőkanál *n* ladle, *US* így *is*: dipper

merőleges 1. *a* perpendicular ‖ **~en vmre** at right angles to sg **2.** *n* perpendicular

merre *pron* **A)** (*kérdő*: *hol?*) where?, whereabouts?; (*hová?*) which way?, in which direction? **B)** (*vonatkozó*) = **amerre**

mérsékel *v* moderate; (*fájdalmat, büntetést*) mitigate; (*árat*) reduce

mérsékelt *a* (*éghajlat*) temperate; (*ár*) moderate, reasonable

mert *conj* (*objektív ok*) because; (*a beszélő szubjektív szempontja*) for, since, as ‖ **~ különben** or else

mértan *n* geometry

mérték *n* (*a mérés egysége*) measure(ment); (*vké, ruha*) measurement(s); (*versmérték*) metre (*US* meter); (*térképen*) scale ‖ **a legnagyobb ~ben** to the highest degree; **egy bizonyos ~ig** to a certain extent; **~ után készült** (*ruha*) made-to-measure; **teljes ~ben** fully, completely

mértékegység *n* measure, unit (of measurement)

mértékletes *a* (*személy*) temperate, sober ‖ **~ vmben** (be*) moderate in sg

mértéktartás *n* moderation, temperance, temperateness

mértéktelen *a* immoderate, excessive, extravagant; (*evésben, ivásban*) intemperate

merül *v* (*vízbe*) dive, dip, submerge, plunge ‖ **álomba** ~ **fall*** asleep; **gondolatokba** ~ be* absorbed/deep in thought

mérvadó *a* authoritative, competent; *vm* standard

mese *n* (*gyermek~*) (nursery) tale; (*tündér~*) fairy tale/story; (*tan~*) fable; (*regényé stb.*) story, plot; (*kitalálás*) *biz* story, yarn ‖ **~be illő** fabulous; **nincs ~!** *kb.* there's no getting away from it

mesejáték *n* fairy play

mesekönyv *n* story-book

mesél *v* (*mesét mond*) tell* a tale/story; (*elbeszél*) tell*, relate, narrate

mesés *a* fabulous

mester *n* (*iparos*) (master) craftsman°, master; (*művész, sakk és átv*) master; *átv* (*vk szellemi vezetője*) sy's mentor

mesterember *n* craftsman°

mesterkélt *a* (*viselkedés*) affected; (*hamis*) artificial

mestermű *n* masterpiece

mesterség *n* trade, profession, craft

mesterséges *a* artificial, manmade

mész *n* lime; (*meszeléshez*) whitening; (*emberi szervezetben*) calcium

mészárlás *n* (*embereké*) massacre, slaughter(ing)

mészáros *n* butcher

meszel *v* whitewash

meszesedés *n orv* calcification

mészkő *n* limestone

messze 1. *a* far-off, faraway, remote, distant ‖ ~ **földön híres** far-famed **2.** *adv* far; (*kimagaslóan*) by far ‖ **nincs** ~ **innen** it is not far from here; ~ **a legjobb** by far the best, much the best; **~bb** farther, further

messzeség *n* distance, remoteness

messzire *adv* far, a long way ‖ ~ **megy** go* far

messziről *adv* from afar

metélt *n* vermicelli, noodles *pl*

métely *n* (*féreg*) fluke; (*állatbetegség*) (the) rot [in sheep]; *átv* corruption, infection, contagion

meteor *n* meteor

meteorológia *n* meteorology

meteorológiai *a* meteorological ‖ ~ **előrejelzés** weather forecast; ~ **jelentés** weather report

méter *n* metre, *US* meter

méteráru *n* drapery, *US* dry goods *pl*

metodista *n* Methodist

metró *n* (the) underground, *GB biz* the tube, *US* subway, (*Európában több országban*) metro

metszet *n* (*szelet*) cut, segment; *műv* engraving

metszés *n* (*vágás*) cut(ting); *mezőg* pruning, dressing; *műv* engraving; *mat* intersection

metszet *n* (*szelet*) cut, segment; *műv* engraving

metsző *a* ~ **fájdalom** acute/sharp pain; ~ **gúny** piercing irony

mettől *adv* (*időben*) since when? ‖ ~ **meddig voltál Angliában?** for how long were you in England?

mez *n sp* strip, *US* jersey

méz *n* honey

mezei *a bot* field-, meadow-; *mezőg* country, agricultural, farm- || ~ **munka** work in the fields, agricultural work; ~ **nyúl** hare; ~ **virág** wild flower

mézeshetek *n pl* honeymoon *sing.*

mézeskalács *n* honey-cake

mézesmázos *a* honeyed, soapy; *(igével)* be* all sugar and honey

mezítláb *adv* barefoot(ed)

mező *n* field

mezőgazdaság *n* agriculture

mezőgazdasági *a* agricultural || ~ **munkás** agricultural worker, farm hand

mezőny *n (versenyzők)* field

meztelen *a (ember)* naked, nude; *(tagok)* bare || **a** ~ **igazság** the naked truth

mi[1] *pron (személyes névmás)* we; *(birtokos jelzőként)* our || **a** ~ **házunk** our house; ~ **magunk** we ourselves

mi[2] *pron* **A)** *(kérdő)* what? || ~ **az?** what's that?, what's going on?; ~ **célból?** for what purpose?, what for?; ~ **okból?** for what reason?, why?; ~ **történt?** what happened?, what's the matter?; ~ **újság?** what's the news?; ~ **van X-szel?** how about X?; ~**ről szól?** what is* it about?; *biz* **(na)** ~ **van?** what's up? **B)** *(vonatkozó)* = **ami**

mialatt *adv* while

miatt *post vm* because of, owing to, on account of; *vk* for the sake of

micsoda *pron* **A)** *(kérdés)* what (on earth)?; *(meglepődéskor)* what do you mean? **B)** *(felkiáltásban)* what a(n) ...

mielőbb *adv* as soon as possible

mielőtt *conj* before

mienk *pron* ours

miért *adv (ok)* why?, for what reason?; *(cél)* why?, for what purpose?, what for? || ~ **ne?** why not?; **nincs** ~ *(köszönetre)* you're welcome, don't mention it

miféle *pron* what kind/sort of?, what?

mifelénk *adv* in our parts, *biz* round our way

míg *adv/conj (ellentétes értelemben)* while; = **amíg**

mihaszna *a* good-for-nothing

mihelyt *conj* as soon as, the moment that

mikor 1. *pron* **A)** *(kérdő)* when?, at what time? || ~ **hogy!** it depends **B)** *(vonatkozó)* = **amikor 2.** *conj (hiszen)* since; *(ha)* when

miközben *adv* while

mikrofilm *n* microfilm

mikrofon *n* microphone, *biz* mike

mikrohullámú sütő *n* microwave *(oven/cooker)*

mikroprocesszor *n* microprocessor

mikroszámítógép *n* microcomputer

mikroszkóp *n* microscope

milliárd *num* a thousand million, *US* billion

milligramm *n* milligram(me)

milliméter *n* millimetre *(US* -ter)

millió *num* million

milliomos *n* millionaire

milyen *pron* **A)** *(kérdésben)* what?, what kind/sort of?, what is ... like? || ~ **az idő?** what is the weather like?; ~ **messze van?** how far is it? **B)** *(felkiáltásban)* how;

what a(n)... ‖ ~ **szerencse!** what luck!

mimika n mimicking

mimikri n mimicry, mimesis

minap adv a ~ the other day, recently, lately

mind 1. pron (valamennyi) all (+ pl), every/each (+ sing.) ‖ ~ **a kettő** both; ~ **az öt ember** all five men; ~ **az öten** the/all five of us/them/you **2.** adv (középfokkal) ~ **nagyobb lesz** it is getting larger and larger, it keeps (on) growing; ~ **ez ideig** (állításban) so/thus far, till now, up to now **3.** conj ~ **az egyik,** ~ **a másik** both the one and the other

mindaddig adv ~, **amíg** until, as long as

mindamellett conj nevertheless, all the same

mindannyian pron all (of us/you/ them)

mindazonáltal conj nevertheless, after all

mindeddig adv so/thus far, till now, up to now

mindegy (állítmányként) (it is) all the same ‖ ~, **hogy hol** no matter where

mindegyik pron each, every ‖ ~**ünk** each (one) of us; (ha kettőről van szó) both of us

minden 1. pron every (+ sing.), all (+ pl) ‖ ~ **egyes** each (and every), every single; ~ **másnap** every other day **2.** n all, everything; (bármi) anything ‖ **ez** ~ that's all; ~**nek vége** it is all over, this is the end; ~**re képes** capable of anything ut.; ~**t összevéve** after all,

taking everything into consideration

mindenáron adv at any price, at all costs

mindenekelőtt adv first of all, in the first place, above all

mindenesetre adv in any case, by all means

mindenestül adv bag and baggage; (teljesen) entirely, completely

mindenfelé adv (irány) in every direction; (mindenhol) everywhere

mindenféle pron all sorts/kinds of

mindenhogyan adv anyhow, in any case

mindenhol adv everywhere

mindenképp(en) adv in any case, by all means, anyway

mindenki pron everybody/everyone (+ sing.), all (+ pl); (bárki) anyone, whoever

mindenkor adv always, at all times; (bármikor) (at) any time

mindennap adv every day, daily

mindennapi a daily, day-to-day; (hétköznapi) everyday, common ‖ **a** ~ **életben** in everyday life; **nem** ~ uncommon, unusual

mindenség n (világegyetem) universe, world ‖ **az egész** ~ biz the whole caboodle; ~**it!** the deuce!, damn!

mindentudó a omniscient; iron know-all

mindenütt adv = **mindenfelé, mindenhol**

mindez pron all this/these

mindhalálig adv to the very last, to the grave, till death

mindig adv always, at all times ‖ **még** ~ still

mindjárt adv (időben) instantly, immediately, at once, promptly; (térben) immediately, right [on ..., at ...] || ~! just a minute!
mindkét num both (utána pl); either (utána sing.)
mindkettő num both (of us/you/them)
mindnyájan pron all (of us/you/them)
mindörökre adv for ever (and ever)
mindössze adv altogether, all in all, no(t) more than
minduntalan adv incessantly, perpetually, time after time
mindvégig adv from first to last, all the time
minek 1. pron ~ következtében as a consequence of which; ~ nézel (te engem)? who do you think I am? 2. adv (cél) why?, what ... for?, for what purpose?
minél adv ~ előbb as soon as possible; ~ előbb, annál jobb the sooner the better; ~ inkább ..., annál kevésbé the more ... the less
minimális a minimum, minimal
minimum 1. n minimum 2. adv at the least
miniszter n Minister, GB Secretary of State, US Secretary
miniszterelnök n Prime Minister, Premier
miniszteri a ministerial || ~ rendelet departmental order, ministerial act, GB Order in Council, US executive decree; ~ tárca (ministerial) portfolio
minisztérium n ministry, department

minőség n (árué) quality, class, variety, kind; (szerep) capacity || milyen ~ben? in what capacity?
minőségű a kiváló ~ first-class, first-rate, excellent
minősít v qualify
minősítés n classification, qualification; (rang) degree
mint conj (azonos, vmlyen minőségben tevékenykedő) as; (hasonló) like; (összehasonlítás középfokkal) than, as || olyan nagy, ~ én he is as tall as I/me; olyan, ~ be* like; több, ~ more than
minta n vmből sample, specimen; (modell) model, pattern; (dísz) pattern, design
mintakép n model, pattern
mintás a (szövet, tapéta stb.) patterned
mintáz v (szobrász) model (US -l), sculpture (sy)
mintegy adv (körülbelül) about, some, approximately; (mondhatni) as it were, so to speak
mintha conj as if/though || úgy tesz, ~ pretend to
minthogy conj as, since
mintsem conj than
mínusz 1. a (zéró alatt) minus; (kivonásnál) minus, less || ~ 10 fok van it is ten degrees below zero; 8 ~ 5 az 3 eight minus five leaves/is three 2. n (hiány) deficit, lack
mióta pron A) (kérdő) since when? B) (vonatkozó) + amióta
mire 1. pron (kérdő: cél) for what?, what ... for?; (hely) on/upon what?; (vonatkozó) = amire || ~ való ez? what is it good for?; ~ vársz? what are you waiting for?

2. *adv* (*és erre*) thereupon; (*ami-korra*) by the time ...
mirelit 1. *a* (deep-)frozen **2.** *n* frozen food
mirigy *n* gland
mise *n* mass
misztikus *a* (*titokzatos*) mysterious
mitévő *a* ~ **legyek?** what am I to do?; **nem tudja,** ~ **legyen** be* in a quandary
mítosz *n* myth, legend
miután *conj* (*idő*) after (having ...), when; (*mivel*) because, since, as
mivel *conj* (*mert*) because, since, as
mixer *n* (*bárban*) barman°; (*nő*) barmaid; (*keverőgép*) mixer
mobiltelefon *n* mobile (tele)phone, carphone
moccan *v* budge, stir, move
mocsár *n* marsh, bog, fen
mocskol *v* (*gyaláz*) abuse, slander, defame
mocskos *a* (*piszkos*) dirty, soiled, filthy; *átv* dirty, smutty
mód *n* (*eljárásé*) mode [of action], manner, fashion, method, way; (*lehetőség*) possibility; *nyelvt* mood; (*anyagi helyzet*) resources *pl*, means *pl* ‖ **ily** ~**on** in this way/manner, thus; **a maga** ~**ján** after his/her own fashion, in his/her own way; ~**jával** keeping within bounds
modell *n* model
modellező *n* modeller
modern *a* modern, up-to-date, new, recent
modernizál *v* modernize, bring* up-to-date
módjával *adv* in moderation
modor *n* (*viselkedés*) manners *pl*; (*stílus*) manner

modoros *a* affected, mannered
modortalan *a* ill-mannered
módos *a* well-to-do, wealthy, of means *ut.*
módosít *v* modify, alter, change; (*helyesbítve*) rectify; (*javaslatot*) amend
módosítószó *n* modifier
módszer *n* method; *tech* process, treatment
mogorva *a* peevish, sullen
mogyoró *n* hazel-nut
moha *n* moss
mohamedán *a/n* Mohammedan, Muhammadan; Muslim
mohó *a* eager, greedy
móka *n* fun, joke
mókás *a* witty, droll
mókáz|ik *v* joke, play tricks, make* fun
mokkacukor *n* sugar cubes *pl*, lump sugar
mokkáskanál *n* coffee-spoon
mókus *n* squirrel
molekula *n* molecule
molett *a* roundish, plump
moll *a/n* minor ‖ ~ **skála** minor scale; **D-**~ D-minor
molnár *n* miller
móló *n* pier; (*kisebb*) jetty
moly *n* (clothes) moth
mond *v* say* (sg); (*közöl vmt vkvel*) tell* sy sg; (*említ*) mention; (*vmnek nyilvánít*) call, declare, pronounce; (*szöveg, írásmű kifejez vmt*) express sg ‖ **azt** ~**ják, hogy** it is said/reported that; **beszédet** ~ make*/deliver/give* a speech; **búcsút** ~ bid* farewell, say* good-bye; **hogy** ~**ják angolul?** how do you say that/it in English?; **igazat** ~ tell* the truth; **jobban**

~va to be more precise, or rather; **köszönetet ~** (*vknek vmért*) thank sy for sg; **~anom sem kell** needless to say; **~hatnám** (*akár, szinte*) I might as well say; **~juk, hogy** (*tegyük fel*) let's say/suppose, shall we say; **ne ~d!, ne ~ja!** really!, you don't say (so)!, you don't mean it; **rosszat ~ vkről** speak* ill of sy

monda *n* legend, saga, myth

mondanivaló *n* what one has got to say; (*főleg írásműé stb.*) message || **nincs semmi ~ja** have* nothing to say

mondat *n* sentence

mondattan *n* syntax

mondvacsinált *a* trumped up, invented

monitor *n* monitor

monogram *n* monogram, initials *pl*

monológ *n* monologue (*US* -log)

monopólium *n* monopoly

monoton *a* monotonous [voice, work etc.], dull [life]

monszun *n* monsoon

monumentális *a* monumental, huge

moraj(lás) *n* murmur; (*hullámoké*) roar(ing); (*ágyúzásé, tengeré*) boom

morál *n* morality, ethics *pl*, morals *pl*

morbid *a* morbid || **~ humor** black humour (*US* -or)

morcos *a* peevish, sullen

morfium *n* morphine

mormol *v* murmur, mumble, mutter

mormon *a/n* Mormon

mormota *n* marmot, *US* woodchuck

morog *v* (*állat*) growl, snarl; (*ember*) grumble (*vm miatt* at/over/about sg)

morzejel *n* Morse signal

morzsa *n* (*kenyér*) (bread)crumbs *pl*; *átv* morsel, bit, crumbs *pl*

mos *v* wash || **fogat ~** brush one's teeth; **a haját ~sa** wash/shampoo one's hair; **~sa a kezeit** *átv* wash one's hands of sg

mosakod|ik *v* wash (oneself), have* a wash

mosdó *n* (*helyiség*) toilet, lavatory, *US* restroom, washroom; = **mosdókagyló**

mosdókagyló *n* washbasin, basin, *US így is:* washbowl

mosdószappan *n* toilet soap

mosható *a* washable, washproof, washfast || **jól ~** it washes/launders well

moslék *n* swill, slop(s), kitchen waste; *átv* dishwater

mosoda *n* laundry

mosogat *v* wash up

mosogató *n* (*medence*) sink

mosogatógép *n* dish-washer

mosógép *n* washing machine || **automata ~** automatic washing machine

mosoly *n* smile || **gúnyos ~** derisive smile, sneer

mosolyog *v* smile (*vmn/vkn* at sg/sy; *vkre* at/upon sy)

mosópor *n* washing powder

most *adv* now, at present || **éppen ~** right/just now; **~ nem** not now; **~ is** still, even now; **~ az egyszer** for/just this once

mostanában *adv* (*nemrég*) lately, (quite) recently; (*manapság*) nowadays

mostoha 1. *a átv* harsh, hostile, cruel **2.** *n* (*~anya*) stepmother; (*~apa*) stepfather

moszat *n* seaweed

motel *n* motel

motívum *n* (*indíték*) incentive, motive; (*díszítő*) motif, pattern

motor *n* motor; (*főleg autóé*) engine; = **motorkerékpár**

motorcsónak *n* motor boat, powerboat

motorkerékpár *n* motorcycle; *biz* motorbike

motorolaj *n* motor oil

motoros 1. *a* motor-(driven), power(-) **2.** *n* motorcycle rider, motorcyclist

motorverseny *n* speed-race, motorcycle race

motoszkál *v* fumble/grope about, rummage ‖ *vm* ~ **a fejében** sg is* running through one's head

motoz *v vkt* search sy

motyog *v* mumble, mutter

mozaik *n* mosaic

mozdítható *a* movable, mobile

mozdony *n* engine, locomotive

mozdulat *n* movement, move, motion

mozdulatlan *a* motionless, still, immobile

mózeskosár *n* carry-basket, Moses basket

mozgalmas *a* (*eseménydús*) eventful, busy, lively ‖ ~ **nap** a busy day

mozgalom *n pol* movement, campaign, drive

mozgás *n* movement, motion, moving; (*testedzés*) exercise ‖ ~! get a move on!, hurry up!

mozgássérült *a/n* (**a ~ek**) (the) (physically) handicapped

mozgékony *a* mobile, agile, lively

mozgólépcső *n* escalator, moving staircase

mozgolódás *n* movement, moving; *átv* commotion

mozgósít *v kat, ker* mobilize

mozi *n* cinema, the pictures *pl*, *US* (the) movies *pl*

mozog *v vk* move; (*szerkezet*) work, go*, run*; (*vm pályán*) travel (*US* -l); (*inog*) shake*, totter; (*testedzést végez*) exercise ‖ **többet kell mozognod** you should exercise more, you should take more exercise

mozzanat *n* moment; (*körülmény*) circumstance, motif

mögé *post* behind

mögött *post* behind, at the back of ‖ **maga ~ hagy vkt** leave* sy behind; (*megelőz*) overtake* sy; **vknek a háta ~** behind sy('s back)

mögül *post* from behind sg/sy

mukkanás *n* ~ **nélkül** without (breathing) a word

mulaszt *v* (*alkalmat*) miss, let* slip [opportunity]; (*távol marad*) be* absent (from), fail to appear (swhere); (*órát*) skip [a class]; (*nem teljesít*) neglect [duty], omit/ fail to [do sg]; *jog* default

mulat *v* (*szórakozik*) pass time, amuse/enjoy oneself, have* (great) fun at; (*lumpol*) carouse, revel (*US* -l); (*nevet vmn*) laugh at; be* amused at/by sg

mulatóhely *n* night-club, bar

mulatság *n* (*szórakozás*) amusement, entertainment, fun

mulatságos *a* amusing, entertaining

mulattat v amuse, entertain
múlékony a passing, ephemeral, momentary, transient
múl|ik v (idő) pass, elapse; (fájdalom) stop, cease; vkn/vmn depend on sy/sg ǁ **~tak az évek** the years have gone by; **25 éves ~t** he is past 25; **6 (óra) ~t tíz perccel** it is ten past (US after) six
múlt 1. a past, last ǁ **~ alkalommal** last time; **~ évi** of last year ut.; **~ héten** last week; **~ idő** past; nyelvt past tense **2.** n = ~ **idő**
múltán adv after (the lapse of)
múltkor adv the other day, (the) last time
múlva post in ǁ **(kb) egy óra ~ jövök** I'll come in an hour (or so); **3 hét ~** in three weeks; **évek ~** several years later
mulya 1. a simple, foolish **2.** n simpleton, dolt
munka n work; (állás) job; (erőfeszítés) effort, toil; (feladat) task, job; (mű) (piece of) work ǁ **~ba áll** enter work/service; **~hoz lát** set* to work; **~t ad vknek** engage/employ sy; **~t keres** look for a job; **~t vállal** take* on a job
munkabér n wage(s), pay
munkabeszüntetés n stoppage, walkout, strike
munkadíj n cost, charge, price
munkaerő n manpower; workforce, labour (US -or) force; (munkavállaló, fizikai) worker, workman°, (common) labour; (alkalmazott) employee, clerk
munkaerő-vándorlás n migration of manpower, biz floating
munkaeszköz n (working) tool, implement

munkafüzet n workbook
munkahely n place of work/employment, US workplace; (állás) employment, job ǁ **~et változtat** change one's job
munkaidő n working hours pl, working time ǁ **részleges/teljes ~ben dolgozik** work part-time/full-time
munkakör n sphere/field of work/activity; (beosztás) duty
munkaközösség n (állandó) co-operative, collective; (alkalmi, főleg szellemi munkára) team, work(ing)/study-group
munkaközvetítő iroda n employment agency/exchange, job centre
munkálat n work, operation ǁ **a ~ok folynak** work is in progress
munkáltató n employer
munkanap n working day, US workday
munkanélküli n unemployed; (igével) be* unemployed/jobless; ǁ **a ~ek** the unemployed; **a ~ száma** the number of unemployed
munkanélküliség n unemployment
munkanélküli-segély n unemployment benefit/compensation, biz dole ǁ **~en él** biz be* on the dole
munkás n (industrial) worker; workman° ǁ **nehéz testi ~** labourer (US -or-), heavy manual worker; **szellemi ~** white-collar worker
munkaszervezés n organization of work
munkaszünet n holiday, rest
munkaszüneti nap n public holiday, GB bank holiday
munkatárs n colleague; (könyvé) contributor; (beosztás) employee

(of) || **tudományos** ~ research fellow/worker

munkavállaló n employee

munkaviszony n employment || **~ban van** be* employed

muri n biz fun, lark, spree

murva n bot bract; (kő) gravel

musical n musical

muskátli n geranium, pelargonium

muslica n vinegar/fruit/wine fly

must n must

mustár n mustard

muszáj v must, be* obliged to, have* (got) to; → **kell**

mutat v show*; vmre/vkre point to/towards sg/sy; (műszer) read*, register, show*; (jelez, bizonyít vmt) show*/indicate sg, point at sg; (kifejez érzést) express; (vmlyennek látszik) look, seem, appear || **a hőmérő 7 fokot** ~ the thermometer reads/registers 7 degrees; **minden (jel) arra ~, hogy** everything points to ...; **mutasd csak!** let me see (it)!

mutató n (órán) hand; (mérőműszeré) pointer; (könyvé) index (pl indexes); (minta) sample, specimen

mutatóujj n forefinger

mutatvány n spectacle, exhibition, show; (könyvből) specimen

mutogat v vmt keep* showing/displaying (sg); (vmt dicsekedve) boast of/about sg; (jelez) make* signs

múzeum n museum

muzulmán a/n Muslim

muzsikál v make* music, play (an instrument)

muzsikus n musician

mű n work; (irodalmi) (literary) work, writing; (zenei) opus, composition; (ipari létesítmény) (the) works pl || **a véletlen ~ve volt** it was a matter of chance

mű- a (mesterséges) artificial

műalkotás n work of art

műanyag n plastic

műbútorasztalos n cabinet-maker

műcsarnok n art gallery

műemlék n (ancient/historic/national) monument || ~ **épület** historic building

műértő n connoisseur, art expert

műfaj n (literary) genre

műfordítás n (literary) translation

műgyűjtő n art collector

műhely n workshop; (autójavító) garage

műhelymunka n workshop

műhiba n orv malpractice

műhold n artificial satellite

műjég(pálya) n (skating) rink

műkedvelő 1. a amateur, non-professional 2. n amateur

műkereskedés n art(-dealer's) shop

műkincs n art treasure

műkorcsolyázás n figure skating

működ|ik v (gép, szerkezet) work, run*, operate, function; (szerv) function; (ember) work, act as || **a lift nem ~ik** the lift (v. US elevator) is out of order

működő tőke n working capital

műlesiklás n slalom, downhill (run)

műremek n work of art, masterpiece

műrepülés n stunt flying, aerobatics

műsor n programme (US program); (könnyű műfajbeli) show; (állandóan játszott darabok) repertoire || mi van ~on? what's on (just now)?

műsorvezető(-szerkesztő) n (rádió) broadcaster, presenter; (tévé) presenter

műszak n shift, turn || éjjeli ~ night shift

műszaki a technological; technical || ~ egyetem technological university; ~ értelmiség technical intelligentsia, (the) technocrats pl; ~ hiba breakdown, mechanical trouble; ~ rajzoló draughtsman°; ~ segélyhely (autópályán stb.) mechanical help/assistance; ~ vizsga (gépkocsié) GB MOT (test)

műszál n synthetic fibre (US -ber)

műszempilla n false eyelashes pl

műszer n instrument; (készülék) apparatus, appliance

műszeres a ~ repülés instrument/blind flying

műszerész n mechanic, technician

műtárgy n műv work of art

műterem n studio; (művészé) atelier

műtét n (surgical) operation, surgery || ~et végez vkn operate on sy (for sg)

műtő n (operating) theatre, US főleg: operating room

műtős n theatre orderly || ~nő theatre nurse

műtrágya n artificial fertilizer

műugrás n springboard diving

műúszás n synchronized swimming

műút n high road, highway

művel v (tesz) do*; || földet ~ cultivate the land, farm

művelet n mat is operation; pénz, ker transaction

művelhető a mezőg arable

művelődés n education, culture

művelt a (ember) educated, cultured, cultivated; (nép) civilized

műveltség n vké education; (népé) civilization || humán ~ arts education; természettudományos ~ science/scientific education

művész n artist

művészegyüttes n ensemble

művészettörténet n history of art

művészi a artistic || ~ torna eurhythmics

művészlemez n classical record

művezető n works manager

művirág n artificial flower

N

-n suff → -on

na int (biztatólag) ~! go on!; (kérdőleg) ~? what's the news?, well? || ~ és (aztán)? so what?; ~ mi (baj) van? what's up?; ~ végre! at (long) last!

nacionalizmus n nationalism

nád n bot reed; (szára) cane

nádas n reeds pl

nadrág n (hosszú) (a pair of) trousers, US pants pl; (könnyebb) slacks pl, (a pair of) slacks; (női alsó) briefs, panties, knickers, pants (mind: pl)

nadrágszíj n (waist-)belt

nadrágszoknya n culottes pl
nadrágtartó n braces pl, US suspenders pl
nagy 1. a (méretre) big, large; (magas vk) tall; (erkölcsileg) great, grand || **igen** ~ **méretű** extra large, outsize(d); ~ **A-val** with a capital A; ~ **ember** great man°; ~ **fontosságú** of considerable/great importance ut.; ~ **hírű** famous, well-known; ~ **mennyiségű** a lot of..., great many; ~ **sikerű** highly successful; ~ **teljesítményű** (gép) high-powered; ~ **tudású** very learned, scholarly **2.** n a ~ok (felnőttek) the grown-ups; ~**okat mond** talk big, (lódít) fib; ~**ra becsül** vkt appreciate, esteem, respect; ~**ra van vmvel** pride oneself on (doing) sg; **vm** ~**ja** (zöme) the greater part of sg, the bulk of sg **3.** adv ~ **nehezen** with (great) difficulty
nagyanya n grandmother, biz grandma(ma), granny
nagyapa n grandfather, biz grandpa(pa)
nagybácsi n uncle
nagyban adv ker (at) wholesale, in bulk; (nagymértékben) to a great extent || **ekkor már** ~ **állt a bál** (javában) the ball was already in full swing; ~ **vásárol** buy* sg wholesale
nagybetű n (kezdő) capital (letter) || ~**kkel** in block letters
nagybőgő n double bass
Nagy-Britannia n Great Britain, (nem hiv) Britain || ~ **és Észak-Írország Egyesült Királysága** United Kingdom of Great Britain and Northern Ireland

nagyfeszültség n high voltage
nagyfilm n feature (film)
nagyfokú a intense, considerable
nagygyűlés n congress, general assembly
nagyhangú a (ember) loudmouthed, ranting; (kijelentés) grandiloquent
nagyipar n big industry
nagyít v foto enlarge; (optikailag) magnify; (túloz) exaggerate
nagyító n (üveg) magnifying glass
nagyjából adv by and large, roughly
nagykabát n overcoat
nagyképű a bumptious, self-important
nagykereskedő n wholesaler
nagykorúság n (one's) majority || **eléri a** ~**ot** come* of age
nagykövet n ambassador
nagykövetség n (hely) embassy
nagylelkű a generous
nagymama n grandma(ma), granny
nagyméretű a large-size(d), large-scale
nagymértékben adv to a great extent
nagymutató n (órán) minute hand
nagynéni n aunt
nagyobb a (méretre) larger, bigger; (magasabb) taller (...mint: than); (belső tulajdonságra) greater (than); (elég nagy) fairly big; (fontosabb) major
nagyobbrészt adv mostly
nagyon adv very; (rendkívül) most, highly; (meglehetősen) quite; (igével) very much || ~ **helyes!** quite right!; ~ **örülök** I am very pleased/glad/happy; ~ **sajnálom** I

am very sorry (for... v. that...); ~
sok very much, a great many; ~
szépen köszönöm thank you
very much
nagyothalló a hard of hearing ut.
nagyothalló-készülék n hearing
aid
nagypapa n grand-dad, grand-
pa(pa)
nagypéntek n Good Friday
nagyrabecsülés n (high) esteem,
appreciation, respect
nagyravágyó a ambitious, high-
flying
nagyrészt adv largely, mostly
nagyság n bigness, largeness; (fo-
kozat) scale, grade; (kiterjedés)
dimension, extent; (magasság)
height; (mennyiség) volume; (mé-
ret) size, measure; (lelki, szellemi)
greatness [of soul/mind]; (szemé-
lyiség) notability ‖ ~ szerint in
order of size/height
nagystílű a vk high-living (and
high-spending); (terv) large-scale,
grand
nagyszabású a vast, large-scale
nagyszájú a pejor (feleselő) saucy,
pert
nagyszerű a grand, magnificent,
splendid; biz great, super ‖ ~!
splendid!, that's fine!
nagyszülők n pl grandparents
nagytakarítás n house-cleaning
nagyvad n big game
nagyvállalat n (ipari) big/large
enterprise/company
nagyváros n city
nagyvonalú a generous; (terv)
grandiose
nahát! int (meglepődés) well, I
never!; come come!

naiv a (jóhiszemű) naive, artless,
ingenuous; (hiszékeny) simple-
minded
-nak, -nek suff A) (helyhatározó;
különféle elöljáróval) nekirohan
vmnek/vknek fly*/rush at sg/sy;
a falnak támaszkodik he is
leaning against the wall B) (ré-
szeshatározó) a) to-val v. to nélkül
‖ ad vknek vmt give* sg to sy v.
give* sy sg; b) (csak tárgyesettel,
elöljáró nélkül) fizet vknek pay*
sy; segít vknek help sy; c) csak
to-val árt az egészségnek be*
injurious to health; enged
vmnek/vknek yield to sg/sy; d)
for ‖ használ vknek be* useful
for sy C) (birtokos jelző, birtokos
eset) ... of sg, ...'s; ennek a fiú-
nak az apja the father of this boy,
this boy's father D) (kell, lehet,
szabad igék mellett) Jánosnak el
kell mennie John has (got) to go
E) (mondást, véleményt jelentő
igék mellett) (elöljáró nélkül, tár-
gyesettel) jónak bizonyul prove
good; betegnek látszik seem (to
be) ill, look ill F) (vmvé tesz/lesz;
többnyire elöljáró nélkül) tanár-
nak megy become* a teacher
-nál, -nél suff A) (helyhatározó) a)
at ‖ az ablaknál at the window; b)
by ‖ a kandallónál by the fire-
side; c) with ‖ tartózkodik vknél
stay with sy; d) on ‖ vknél van
vm (pénz, igazolvány) sy has got
[money v. his/her ID card etc.] on
him/her; e) in ‖ a televíziónál
dolgozik (s)he works in television
B) (állapothatározó; különféle
elöljáróval v. elöljáró nélkül) kéz-
nél van be* (ready) at hand C)

(*időhatározó*; *különféle elöljáró-val v. körülírással*) **ebédnél** at dinner **D)** (*eszközhatározó*) by || **orránál fogva vezet** lead* sy by the nose **E)** (*középfok mellett*) **mennél több, annál jobb** the more the better/merrier; **X idő-sebb Y-nál** X is older than Y (is)

nála *adv* (*vknél, vkvel, vhol*) with him/her etc.; (*birtokában*) on him; (*összehasonlításnál*) than he || **én idősebb vagyok ~** I am older than he (is); **én ~ lakom** I live at his place; **nincs nálunk pénz** we have no money on us

nana! *int* not so fast!

nap *n* (*égitest*) sun; (*napsütés*) sun(shine); (*24 óra*) day || **a mai ~tól** from this day/date; **az utóbbi ~okban** lately; **egész ~** all day (long); **egy ~on** (*régen*) one day; (*majd*) some day; **jó ~ot (kívá-nok)!** good morning/afternoon; **milyen ~ van ma?** what day is (it) today?; **mind a mai ~ig** to this day, until now, so far; **~ mint ~** day after/by day, day in day out; **~jainkban** in our time, nowadays; **~ról ~ra** from day to day; **süt a ~** the sun is shining/out, it is sunny; **ugyanazon a ~on** the same day

napbarnított *a* sunburnt, suntanned

napelem *n* solar cell

napellenző *n* (*ablak fölött*) awning; (*ponyva*) canopy; (*sapkán*) peak, visor

napenergia *n* solar energy

napernyő *n* parasol

napfény *n* sunlight; (*napsütés*) sunshine

napi *a* (*egy napi*) a/the day's, day-; (*mindennapi*) daily; (*ismétlődő*)

day-to-day || **egy ~ járásra van innen** it is a days' walk from here; **~ áron** at the current/market price

napidíj *n* per diem

napilap *n* daily (paper)

napirend *n* (*ülésé stb.*) agenda; (*parlamentben*) order of the day || **~en van** be*/appear on the agenda; **~en levő ügy** the point/case/matter at issue; **~re tér vm fölött** *átv* get* over sg

napkelte *n* sunrise || **~kor** at sun-rise/daybreak

napközben *adv* in the daytime, during the day, by day

napközi *n* **~ (otthon)** day-nursery, day-care centre

naplemente *n* sunset, sundown || **~kor** at sunset/sundown

napló *n* (*personal*) diary || **~t vezet** keep* a diary

naplopó *a* idler, lounger

napolaj *n* suntan oil/lotion

naponként *adv* (*egy-egy nap*) a/per day; (*mindennap*) every day, daily

napos[1] *a* (*napsütötte*) sunny

napos[2] **1.** *a* (*valahány napig tartó*) lasting ... days *ut.*; (*szolgálatra beosztott*) on duty *ut.* **2.** *n* person on duty

napoz|ik *v* sunbathe, sun

nappal 1. *adv* by day, in the day-time || **fényes ~** in broad daylight **2.** *n* day(time)

nappali 1. *a* day-, of the day *ut.* || **~ fény** daylight; **~ műszakban dol-gozik** be*/work on the day-shift **2.** *n* (*szoba*) sitting/living-room

napraforgó *n* sunflower

naprakész *a* current, up-to-date

napszemüveg *n* sunglasses *pl*

napszúrás *n* sunstroke || **~t kap** get* a touch of sunstroke
naptár *n* calendar
narancs *n* orange
narancslé *n* orange juice
narancssárga *a* orange(-coloured) (*US* -or-)
nárcisz *n* narcissus (*pl* narcissi)
narkós *a biz* junkie, drug-addict
narkózis *n* narcosis
nászajándék *n* wedding-present
nászút *n* honeymoon || **~ra megy** go* on (one's) honeymoon
nátha *n* (common) cold || **~t kap** catch* (a) cold
náthás *a* having a cold *ut.* || **(nagyon) ~ vagyok** I have* (got) a (bad) cold
nátrium *n* sodium
natúra bolt *n* health-food shop
natúrszelet *n* veal/pork cutlet
ne *int* (*felszólító módú igével*) don't; (*tiltószó*) no!, don't!, stop it/that!; (*feltételes módú igével*) **bár ~ jönne** I wish he wouldn't come; **miért ~?** why not?; **~ mondd!** (*nem hiszem*) you don't say (so)!; **~ tedd ezt!** don't do that!
-né *suff* (*családnévvel*) Mrs ... || **Kovács Pálné** Mrs Pál Kovács; **Kovácsné Varga Katalin** Mrs Katalin Kovács, née Varga
nedv *n* moisture, fluid; (*gyümölcsé, húsé*) juice
nedves *a* wet, humid, (*kissé*) moist, damp
nefelejcs *n* forget-me-not
negatív 1. *a* negative **2.** *n foto* negative
néger *a/n* Black, *pejor* Negro; *főleg US* African-American(s)

négy *num* four || **~ lábon jár** walk on all fours; **~re megjövök** I will be back at/by four
negyed 1. *a* (a) quarter (of) || **~ kettőkor** at a quarter past (*US* after) one **2.** *n* quarter, fourth part; (*városrész*) district, quarter; *sp* (*vízilabda*) period; = **negyedév**
negyedév *n* quarter [of a year]
negyedéves *n* (*hallgató*) fourth-year student; *US* (*ha ötéves az egyetem*) senior
negyedik 1. *num a* fourth; 4th **2.** *n* (*osztály*) **~be jár** attend (*v.* be* in) the fourth class/form (*US* grade); → **első**
negyedikes *n* forth-form pupil, fourth-former
negyedóra *n* a quarter of an hour
negyedrész *n* quarter, fourth part
negyedszer *num adv* for the fourth time; (*felsorolásnál*) fourthly
négyen *num adv* four || **~ vannak** there are four of them
négyes 1. *a* **~ fogat** four-horse carriage, coach and four **2.** *n* (*szám, mennyiség*) four; (*osztályzat*) good; *zene* quartet; (*hajóegység*) fours *pl*
négykézláb *adv* on all fours
négylábú *a* four-legged; *zoo* quadruped
négyszáz *num* four hundred
négyszemközt *adv* in private, privately, between ourselves
négyszer *num adv* four times; (*négy alkalommal*) on four occasions
négyszeres *a* fourfold || **vmnek a ~e** the quadruple of sg
négyszög *n* quadrilateral
négyszögletes *a* square; *mat* rectangular

négyszögöl n (= 3.57 m² = 38.32 square feet)
négyüléses autó n four-seater
négyütemű a (motor) four-stroke, US four-cycle
negyven num forty
negyvenedik a/n fortieth
negyvenes évek n pl the forties (40s)
negyvenéves a forty years old ut., forty-year-old
négyzet n mat (alakzat) square; (hatvány) square ‖ ~ alakú square, quadrate; ~re emel raise to the second power
négyzetcentiméter n square centimetre (US -ter)
négyzetgyök n mat square root
négyzetkilométer n square kilometre
négyzetméter n square metre
néha adv sometimes
néhai a late, deceased ut.
néhány pron some, a few, several
néhányszor adv (többször) several times
nehéz 1. a (súly) heavy; átv difficult, hard; (fárasztó) tiring, fatiguing; (probléma) knotty, intricate ‖ milyen ~? (súlyra) how much does it weigh?; ~ ember he is a difficult person; ~ étel heavy/ stodgy food; ~ helyzetben van be* in an awkward (v. a difficult) situation, (anyagilag) be* badly off; ~ idők hard times; ~ kérdés a difficult question; ~ munka (fizikai) hard (manual) work, (szellemi) difficult/hard (piece of) work; ~ ügy a difficult case 2. n a nehezén már túl vagyunk we are over the worst

nehezen adv with difficulty ut. ‖ ~ kezelhető gyerek (s)he is a problem/difficult child
nehézkes a clumsy, cumbrous; (stílus) ponderous, laboured; (személy) difficult
nehezményez v (rossz néven vesz vmt) take* exception to sg, take* offence at sg; (helytelenít) disapprove of sg, object to sg
nehézség n átv difficulty; (technikai) hitch, snag, trouble ‖ legyőzi a ~eket overcome* the difficulties; ~ei vannak have* difficulty in doing sg
nehézségi erő n gravitational force/pull
nehézsúlyú a heavyweight
neheztel v vkre vmért bear*/have* a grudge against sy for sg
nehogy conj so that ... not, lest ‖ ~ elfelejtsd! don't forget (it)!
néhol adv here and there, in (some) places
nejlon n nylon
nejlonzacskó n plastic bag
-nek → -nak
neki adv (to/for) him/her; (birtoklás) ~ van he has, he has (v. he's) got (sg) ‖ megmondtam ~k I told them; neked, nektek (to/for) you; nekem (to/for) me; ~k (to/for) them; nekünk (to/for) us
nekidől v vmnek lean*/rest against sg
nekies|ik v vmnek fall*/bump against sg; (támadólag) turn on (sy), attack (sy); vmnek set* upon (sg), fall* to
nekifog v = nekilát
nekilát v vmnek set about (doing) sg, set*/fall* to ‖ ~ a munkának get* down to work

nekimegy v (*ütközve vmnek/vknek*) knock/run*/bang into/against sg, bump into sy; (*átv is vknek*) attack sy, fall* (up)on sy, *biz* set* about sy

nekitámaszkod|ik v *vmnek* lean*/ rest against sg

nekiütköz|ik v *vmnek* bump/knock/ hit* against sg

nekivág v set*/go* about (doing) sg, set* out (to do sg) ‖ **vágj neki!** go ahead!

-nél → **-nál**

nélkül *post* without ‖ **könyv** ~ by heart; **szó** ~ without (wasting/ uttering) a word

nélküle *adv* without him/her

nélkülöz v (*megvan vm nélkül*) be*/ do* without, lack (sg); (*hiányol*) miss (sy, sg); (*ínséget szenved*) live/be* in want/privation

nélkülözhetetlen *a* indispensable, essential

nem[1] n (*nő, férfi*) sex; (*rendszertani*) genus (*pl* genera); (*fajta*) kind, sort; *nyelvt* gender ‖ **az emberi** ~ human race/species, mankind; **páratlan a maga ~ében** unique of its kind

nem[2] **1.** *adv* (*az egész mondat tagadására*) no; (*csak igével*) not, ...n't ‖ **egyáltalán** ~ not at all; **már** ~ no more/longer; **még** ~ not yet; ~ **egészen** not quite; ~ **igaz?** isn't it true?; ~ **kérek** (*kínálásra válaszolva*) no, thanks; **vagy ~?** is it so?, isn't it so? **2.** n no ‖ **~et mond** say* no

néma *a* (*személy*) dumb; (*főleg átmenetileg*) mute; (*hangtalan*) silent ‖ ~ **csend** profound silence

némafilm n silent film

némajáték n pantomime

nemcsak *conj* not only ‖ **ő** ~ **szép, hanem okos is** she is both pretty and intelligent

nemdohányzó 1. *a* non-smoking ‖ ~ **szakasz** non-smoker **2.** n nonsmoker

némely 1. *pron* some ‖ ~ **esetben** in certain/some cases **2.** n ~**ek** some, some people

némelyik *pron a* some ‖ ~**ünk** some of us *pl*

nemes 1. *a* (*származásra*) noble; *átv* noble, generous **2.** n noble(man°)

német 1. *a* German; *összet* Germano-; *tört* Germanic **2.** n (*ember*) German; (*nyelv*) German ‖ ~**ek** Germans; → **angol**

Németország n Germany

németül *adv* (in) German → **angolul**

nemez v felt

nemhiába *adv* not for nothing ‖ ~ **tanult oly sokat** his studies were not in vain

nemhogy *conj* ~ **hálás lett volna érte!** he could at least have been grateful!

nemi *a* (*szexuális*) sexual ‖ ~ **betegség** venereal disease; ~ **élet** sex life; ~ **erőszak** sexual assault, rape; ~ **szervek** genitals

némi *a* some, (a) certain, a little

nemigen *adv* (*aligha*) scarcely, hardly

némiképp(en) *adv* in a way, to some (*v. a certain*) extent

nemkívánatos *a* undesirable ‖ ~ **személy** persona non grata

nemleges *a* negative ‖ ~ **válasz** negative answer

nemrég *adv* recently, not long ago
nemsokára *adv* soon, shortly, before long, presently
nemzedék *n* generation
nemzet *n* nation
nemzetgazdaság *n* national economy
nemzeti *a* national || ~ **jövedelem** national income; ~ **ünnep** national holiday
nemzetiség *n* (*kisebbség*) (national/ethnic) minority; (*hovatartozás*) nationality
nemzetiségi *a* ethnic || ~ **kisebbség** ethnic minority; **a szlovák** ~**ek** ethnic Slovaks
nemzetközi *a* international
nemzetközösség *n* **Brit N**~ the Commonwealth
néni *n* aunt(y), auntie || **Mary** ~ Aunt Mary
neon *n* neon
nép *n* (*nemzet*) people *sing*.; (*lakosság*) the people *pl* (of ...) || **a magyar** ~ the Hungarian people
népdal *n* folk-song
népes *a* populous || ~ **család** large family
népesség *n* population, inhabitants *pl*
népi *a* people's, of the people *ut.* || ~ **tánc** = **néptánc**
népköltészet *n* folk-poetry
népművészet *n* folk art
néprajz *n* ethnography
népsűrűség *n* density of population
népszámlálás *n* (national) census
népszavazás *n* referendum (*pl* referenda)
népszerű *a* popular
népszokás *n* national/folk custom

néptánc *n* folk-dance; (*angol*) country dance
néptelen *a* (*gyéren lakott*) underpopulated || ~ **utca** deserted street
népvándorlás *n* tört migration of nations, the great migrations
népviselet *n* national/traditional costume
népzene *n* folk-music
nerc *n* mink
nesz *n* slight noise
nesze! *int* take it/this!, here you are!
nesztelen *a* soundless, noiseless
netán *conj* by (any) chance || **ha** ~ **megérkeznék** should he arrive
nettó *a* net || ~ **jövedelem** net income; ~ **súly** net weight
neurotikus *a* orv neurotic
neurózis *n* orv neurosis (*pl* neuroses)
név *n* name; (*elnevezés*) designation; (*hírnév*) renown, reputation || **más** ~**en** alias, otherwise/also known as; **mi a** ~**e?** what is his/her name?; **rossz** ~**en vesz vmt** take* sg in bad part; **saját nevemben** in my own name; **vknek/vmnek a nevében** on (*US* in) behalf of sy
nevel *v* (*gyermeket*) bring* up, *főleg US*: raise; (*oktatva*) educate; (*állatot*) rear, breed*; (*növényt*) grow*, cultivate
nevelés *n* (*gyermeké*) upbringing, *US* raising (one's children); (*iskolában*) education
neveletlen *a* (*rosszul nevelt*) badly brought-up, spoilt; (*modortalan*) ill-mannered/bred; (*komisz gyermekről*) naughty
nevelő *n* teacher, *US* educator

névelő *n* article
nevelőintézet *n* (*bennlakásos*) *főleg GB*: boarding-school, *US* preparatory school; (*fiatalkorú bűnözőké*) *GB* community home, *US* reformatory
nevelőnő *n* governess
nevelőszülők *n pl* foster-parents
nevelt *a* **jól** ~ well brought up, well-bred; ~ **gyermek** foster-child°
neves *a* famous, renowned, well-known
nevet *v* laugh at (sy/sg), be* amused at/by sg || **nincs ezen semmi ~ni való** it's no laughing matter; **mit/min ~sz?** what are you laughing at?
nevetséges *a* ridiculous, funny || **~sé tesz** *vmt/vkt* make* (sg/sy) ridiculous
nevez *v vkt vmnek* call/name sy sg; *vmt/vkt vmről/vkről* name sg/sy after sg/sy; *sp* enter sy [in/for a competition]
nevezetes *a vk* notable, renowned, celebrated; *vm* remarkable; (*vmről*) famous/famed/known for sg
nevező *n mat* denominator; *sp* entrant (for), competitor || **közös** ~ common denominator
névjegy *n* (visiting) card, *US így is*: calling card; (*üzletemberé*) (business) card
névleges *a* nominal, titular; *ker* nominal
névmás *n nyelvt* pronoun || **birtokos** ~ possessive pronoun; **határozatlan** ~ indefinite pronoun; **kérdő** ~ interrogative pronoun; **mutató** ~ demonstrative pronoun;

személyes ~ personal pronoun; **visszaható** ~ reflexive pronoun; **vonatkozó** ~ relative pronoun
névnap *n* name-day
névsor *n* list (of names), register, roll || **~t olvas** call the roll
névtelen *a* unnamed, nameless, anonymous; (*ismeretlen*) unknown
névutó *n* postposition
New York-i *n* New Yorker
néz *v vmt/vkt v. vmre/vkre* look at sg/sy; (*előadást, televíziót*) watch; *biz* (*keres*) look for sg; (*tekint*) consider, *vmt/vkt vmnek/vknek* take* sg/sy for sg/sy; (*nyílik vmre*) look out on sg, face/front sg || **a ház délnek** ~ the house faces south; **állás után** ~ look for a job; **hadd ~zem!** *biz* let me see; **minek** ~ **maga engem?** what do you take me for?; **~d csak!** (just) look at that!
nézet n = **vélemény**
nézeteltérés *n* difference of opinion, disagreement || **~e van vkvel** disagree with sy
néző *n* (*meccsen stb.*) spectator; (*tévéadásé*) viewer || **~k** *szính* the audience
nézőközönség *n* public, audience, spectators *pl*
nézőpont *n* point of view, standpoint
nézőtér *n* auditorium
nikotin *n* nicotine
nincs *v* (*nem létezik*) there is no(t); (*nem kapható*) is out of stock || ~ **hely** (there is) no room; ~ **idő** there is no time; ~ **itthon** he is out; ~ **jól** be* unwell; ~ **miért** (*köszönetre válasz*) you're welcome, don't mention it; ~ **mit tenni** there

is nothing to do; ~ **pénzem** I have no money; ~ **semmi bajom** I'm all right

nívó *n* level; *átv* standard

-nként *suff* **apránként** little by little, gradually; **egyenként** one by one; **helyenként** here and there, in some places; **személyenként** per head/person, ... each

no *int* ~ **mi az?** what is it?; ~, **megjöttél?** so you're here; ~ **de ilyet!** well, I never!

Nobel-díj *n* Nobel prize

nocsak! *int* well, well!

noha *conj* (al)though, whereas

nomád *a* nomad, nomadic

norma *n* standard

normális *a* (*rendes*) normal; (*épeszű*) be* in one's right mind || ~ **körülmények között** normally, under normal conditions

normatív *a* normative

norvég *a/n* Norwegian

norvégül *adv* (in) Norwegian → **angolul**

Norvégia *n* Norway

nos *int* well (now), ...

nosztalgia *n* nostalgia

nóta *n* (*magyar*) (Hungarian) song; (*mai*) pop song

notesz *n* note-book, diary

novella *n* short story

november *n* November; → **december**

novemberi *a* November, in/of November *ut*.; → **decemberi**

nő[1] *v bot is* grow*; (*nagyobbodik*) grow*, increase, augment; (*fejlődik*) develop

nő[2] *n* woman°; (*udvariasan*) lady; (*feleség*) wife° || ~**k** (*felirat női WC-n*) (the) Ladies

nőcsábász *n* lady-killer

nőgyógyászat *n* gynaecology (*US* gynec-)

női *a* woman-, woman's, women's, ladies('), female || ~ **divat(áru)** ladies' wear; ~ **fodrász** ladies' hairdresser; **a** ~ **nem** womankind, the fair/gentle sex; ~ **vécé** (the) ladies, *US* ladies' room

nőies *a* (*nő*) womanly, feminine; (*férfi*) effeminate, womanish

nőnem *n nyelvt* feminine (gender)

nőnemű *a biol* female; *nyelvt* feminine

nős *a* married

nőstény *n* female (animal); *összet* female, she-; (*őz, nyúl*) doe- || ~ **elefánt** cow-elephant; ~ **macska** she-cat; ~ **nyúl** doe-rabbit; ~ **tigris** tigress

nősül *v* get* married, marry

nőtlen *a* unmarried; *hiv* (*nyomtatványokon*) single

növeked|ik *v* (*élő szervezet is*) grow*; (*mennyiségben*) increase; (*terjedelemben*) grow* larger/bigger, expand

növel *v* increase, swell*; (*terjedelemben*) enlarge, expand, extend; (*értéket*) enhance; (*szókincset*) enrich; (*termelést*) step up; (*tudást*) improve

növendék *n* pupil; (*főleg főiskolai*) student; (*intézeti*) boarder; (*állatról*) young

növény *n* plant

növényevő *a* plant-eating, herbivorous

növénytan *n* botany

növénytermesztés *n* cultivation of plants

növényvédelem *n* plant protection

növényvédő szer *n* plant-protecting *a*gent/material
növényvilág *n* flora (*pl* -ras *v.* -rae)
növényzet *n* plants *pl*, vegetation
nővér *n* (*testvér és ápoló*) sister
növeszt *v* make* grow, grow*
nudista *n* nudist
nudizmus *n* nudism
nukleáris *a* nuclear || ~ **energia** nuclear *e*nergy; ~ **leszerelés** nuclear disarmament
nulla *num* (*számjegy*) zero, nought, nil; (*számban kiolvasva*: ou) || *sp* **három ~ (3:0)** three goals to nil; ~ **egész 6 tized (0,6)** (nought) point six (0.6); ~ **fok (van)** (it's) zero (centigrade); ~ **óra 35 perckor** at zero (*v.* 0-0) thirty-five hours
nulladik óra *n* class begi*n*ning at 7 a.m.
nullpont *n* zero (point)

Ny

nyafog *v* whine, wh*i*mper
nyáj *n* flock
nyak *n* neck; (*ingé*) neck(-piece) || ~**ába borul** fall* on sy's neck; ~**át töri** *átv is* break* one's neck; ~**on csíp vkt** collar sy, ge**t***/ catch* hold of
nyakkendő *n* tie, *US* necktie
nyaklánc *n* chain, necklace, necklet
nyal *v vmt* lick, la**p**; *biz vknek* suck up to sy
nyál *n* sal*i*va, sp*i*ttle
nyaláb *n* bundle (of sg)
nyálas *a* slobbering, slobbery
nyálkás *a* mucous, slimy

nyalóka *n* lollipop, *biz* lolly
nyamvadt *a* (*ember*) weedy, sickly, puny; (*dolog*) lousy, rotten
nyár[1] *n* summer || ~**on** in (the) summer; **ezen a ~on** this summer; **a múlt ~on** last summer; **jövő ~on** next summer
nyár[2] *n* poplar
nyaral *v* spend* one's summer holiday(s) (at) || ~**ni megy** go* swhere for the summer holiday(s)
nyaraló *n* (*épület*) holiday home/chalet, summer cottage; villa; (*személy*) holiday-maker, *US így is*: vacationer
nyaralóhely *n* summer resort
nyárfa *n* poplar
nyári *a* summer || ~ **időszámítás** summer time, *US* daylight saving time, DST; ~ **ruha** summer clothes *pl*, summer suit/dress; ~ **szünet** *isk* summer holiday(s), *US* vacation; *szính* summer break
nyárs *n* ~**on süt** barbecue
nyársonsült *n* barbecued [chicken etc.]
nyavalyog *v* (*siránkozik*) lament, whine, wail; (*betegeskedik*) be* in poor health
nyávog *v* mew, meow, miaow
nyel *v* swallow
nyél *n* (*szerszámé*) handle; (*hosszú*) shaft; (*kalapácsé*) helve; (*késé*) haft
nyelv *n* (*szerv*) tongue; (*cipőé*) tongue; (*mérlegé*) pointer; (*a társadalmi érintkezés eszköze*) language || **a ~e hegyén van** have* sg on the tip of one's tongue; **az angol ~** the *E*nglish language; **három ~en jól tud(ó)** (be*) fluent in three languages *ut.*

nyelvbotlás *n* slip of the tongue, lapsus linguae
nyelvérzék *n* linguistic instinct, sense of language
nyelvészet *n* linquistics *sing.*
nyelvezet *n* language; (*írásé*) style; (*szónoké*) diction
nyelvhasználat *n* usage
nyelvileg *adv* linguistically
nyelvjárás *n* dialect
nyelvkönyv *n* course (book)
nyelvlecke *n* language lesson
nyelvoktatás *n* language teaching
nyelvóra *n* language lesson
nyelvtan *n* grammar
nyelvtanár *n* language teacher || **angol** ~ English teacher, teacher of English
nyelvtanfolyam *n* (language) course
nyelvtanítás *n* language teaching
nyelvtanulás *n* language learning
nyelvtanuló *n* learner [of English etc.]
nyelvterület *n* language/speech area
nyelvtudás *n* (*egy nyelvé*) knowledge/command of a language; (*több nyelvé*) foreign language skills *pl* || **angol ~a ...** her/his English...
nyelvű *a* (*beszélt nyelven*) -speaking, of ... language *ut.* || **angol ~ lakosság** English-speaking population; **angol ~ szöveg** a text (written) in English
nyelvvizsga *n* **alapfokú angol ~** lower (state) examination in English; **középfokú angol ~** intermediate (state) examination in English; **felsőfokú angol ~** higher/advanced (state) examination in English

nyer *v* (*játékban*) win*, gain; (*versenyen*) win*; (*megkap, szerez*) get*, obtain; (*haszna van vmből*) *átv* profit/gain by/from (sg) || **időt** ~ gain/save time; **játékban** ~ win* the game
nyereg *n* saddle
nyeremény *n* (*sorsjátékban*) prize; (*csak pénz*) the winnings *pl*
nyereség *n* (*üzletileg*) profit, gain; *átv* benefit, advantage
nyers *a* (*anyag*) raw, crude, unmanufactured; (*étel*) raw, uncooked; (*ember*) rough, coarse; *ker* gross || ~ **bánásmód** rough treatment; ~ **modorú** blunt, bluff; ~ **tej** fresh/unboiled milk
nyersanyag *n* raw material
nyersfordítás *n* rough translation
nyersolaj *n* crude oil
nyersvas *n* crude iron
nyertes *n* winner
nyest *n* (beech-)marten
nyikorog *v* creak, squeak
nyíl *n* arrow || **a ~ irányában** (*halad*) follow the arrows
nyilas 1. *a* (*nyíllal felszerelt*) armed/equipped with arrows *ut.* **2.** *n* (*íjász*) archer, bowman°; *pol tört* arrow-cross man°
nyílás *n* opening, aperture; (*hézag*) gap; (*automatáé*) slot
nyilatkozat *n* declaration, statement; *hiv* communiqué || ~**ot ad/ tesz** make* a statement
nyilatkoz|ik *v* make* a statement/declaration
nyíl|ik *v* open; (*virág*) bloom || **az ablakok a kertre ~nak** the windows give* onto the garden; **befelé ~ik** opens inwards; **itt ~ik** open here

nyílt *a* open; (*nem titkolt*) undisguised, unconcealed; (*jellem*) open, direct, straight; (*őszinte*) frank; (*szókimondó*) outspoken, candid || ~ **láng** naked flame; ~ **levél** open letter; ~ **seb** open wound; ~ **tekintet** straight look; ~ **tenger** the open sea; ~ **törés** (*csonté*) compound fracture

nyíltszívű *a* open-hearted

nyilván *adv* evidently, obviously

nyilvánít *v* (*akaratot, hálát*) give* expression to; (*érzést*) manifest, show*, reveal; *vmnek, vmvé* declare, pronounce

nyilvános *a* public; open [to the public]

nyilvánosság *n* (*vmnek nyilvános volta*) publicity; openness; (*közönség*) public || ~**ra hoz vmt** make* sg public, publish sg

nyilvántartás *n* (*tény*) recording, registering; (*az írások*) records *pl*, register, file

nyilvánvaló *a* evident, obvious

nyír[1] *n bot* birch(-tree)

nyír[2] *v* (*hajat*) cut*; (*birkát*) shear*; (*füvet*) mow

nyírfa *n* birch(-tree)

nyirkos *a* (*éghajlat*) moist, humid; (*idő*) damp, raw

nyit *v* open || **ajtót** ~ **vknek** answer the door to/for sy; **folyószámlát** ~ open an account

nyitány *n* overture

nyitás *n* opening (time)

nyitott *a* open || ~ **uszoda** outdoor swimming-pool

nyitva *adv* open || ~ **9 órától 17 óráig** opening hours 9 a.m. to 5 p.m.; **a (nagy)közönség számára** ~ open to the public [Mon-Fri

2–4] ~ **tartja a szemét** *átv* keep* one's eyes open/skinned

nyitvatartási idő *n* opening/office/business hours *pl*

nyolc *num* eight || **reggel** ~**kor** at eight in the morning (*v.* at 8 a.m.)

nyolcad *n* (*rész*) eighth (part)

nyolcadik 1. *num a* eighth; 8th **2.** *n* (*osztály*) ~**ba jár** go* to the eighth form/class (*US* form); → **első**

nyolcadikos (tanuló) *n* eigth-form pupil, school-leaver

nyolcadrész *n* eighth (part), one eighth

nyolcadszor *num adv* (*nyolcadik alkalommal*) (for) the eighth time

nyolcan *num adv* eight (of them/us/you)

nyolcas 1. *a* (*számú*) number eight **2.** *n* (*számjegy*) the figure/number eight

nyolcevezős *n* eight

nyolcszáz *num* eight hundred

nyolcszor *num adv* eight times

nyolcszoros *a* eightfold

nyolcszög *n* octagon

nyolcvan *num* eighty

nyolcvanadik *num a* eightieth

nyolcvanas *a* **a** ~ **évek** the eighties (80s)

nyolcvanéves *a* eighty years old *ut.*, eighty-year-old

nyom[1] *n* trace, trail, track, mark; (*lábé*) foot-print(s *pl*); (*erkölcsi hatásé*) impression, sign || ~**a sincs** there is no trace of it; ~**ában van** be* hot on the scent/track of sy; **hamis** ~**on van** be* on the wrong track; **vm** ~**án** on the basis of, after

nyom[2] *v* (*szorít, ránehezedik*) *átv is* press; (*súlyban*) weigh; *nyomd, tex*

print; (*elnyom vkt*) oppress (sy) ||
~ja a lelkét sg is (weighing) on
his mind; **~ja az ágyat** be* con-
fined to bed
nyomás *n* pressure; (*embertömegé*)
pushing; *fiz* pressure; *nyomd* (*fo-
lyamata*) printing; *biz* **~!** get a
move on! || **enged a ~nak** yield to
pressure; **~t gyakorol vkre** put*
pressure on sy
nyomásmérő *n* manometer, pres-
sure gauge (*US* gage)
nyomasztó *a* oppressive, depressing
nyomaték *n* (*hangsúly*) emphasis;
(*fonetikai is*) stress; *fiz* moment
nyomban *adv* at once, immediately
|| **azon ~** on the spot
nyomda *n* printing house/press/
office, *US így is*: printery
nyomdász *n* printer
nyomelem *n biol* trace element
nyomógomb *n* push button
nyomógombos *a* push-button
nyomor *n* misery, distress, need ||
~ba jut sink*/fall* into poverty
nyomorék 1. *a* crippled, disabled
2. *n* cripple
nyomornegyed *n* slum(s *pl*)
nyomorult *a* (*szerencsétlen*) miser-
able, wretched; (*szánalmas*) woe-
ful, pitiful; (*hitvány*) knavish,
villainous
nyomoz *v* (*bűnügyben*) investigate
[a crime]
nyomozó *n* detective
nyomtalan *a* traceless || **~ul eltűnt**
disappeared/vanished without (a)
trace
nyomtat *v nyomd* print
nyomtató *n* printer
nyomtatott *a* (*szöveg*) printed || **~
áramkör** printed circuit; **~ betűk-**

kel kérjük please print [your
name and address] clearly in
capital letters
nyomtatvány *n* (*nyomdatermék*)
print(ed publication); (*postai kül-
deményként*) printed matter; (*űr-
lap*) form
nyög *v* groan, moan
nyugágy *n* deck chair
nyugállomány *n* retirement
nyugalom *n* rest, standstill; (*békes-
ség*) calmness, quiet(ness), tran-
quillity
nyugat *n* west || **~on** in the west; **~
felé**, **~ra** (towards the) west,
westward(s); **~ felől**, **~ról** from
the west
Nyugat-Európa *n* Western Europe
nyugati *a* west(ern), of the west *ut.*;
(*szél, áram*) westerly || **~ irány-
ban** westward(s), towards the
west; **Anglia ~ részén** in the west
of England/Britain
nyugdíj *n* (retirement *v.* old-age)
pension || **~ba megy** retire; **~ban
van** be* retired, be* a pensioner
nyugdíjas 1. *a* pensioned-off,
retired **2.** *n* pensioner
nyugdíjaz *v* pension off
nyughatatlan *a* restless
nyugi! *int biz* steady!, take it easy!,
cool down!
nyugodt *a* tranquil, quiet, calm,
peaceful; (*ember*) calm, steady;
(*lelkiismeret*) undisturbed, easy ||
~ vm felől be* easy about sg; **~
lélekkel** with a clear/clean con-
science
nyugodtan *adv* quietly || **csak ~!**
steady!, take it easy!; **~ elme-
hetsz** you can go (there) all right
(*v.* safely)

nyugsz|ik v (*pihen*) lie*, (take* a) rest; (*lemegy, égitest*) set*; *átv vmn* rest (up)*on*; (*szünetel*) be* at a standstill ‖ **addig nem ~ik, amíg** he won't rest until/till; **itt ~ik** here lies ... (buried)

nyugta n (*elismervény*) receipt ‖ **~ ellenében** against a receipt

nyugtalan a restless, restive; (*álom*) troubled; (*életmód*) unsettled, hectic; (*ember*) restless; (*aggódó*) anxious, worried, uneasy (*vk/vm miatt mind*: about)

nyugtalankod|ik v (*aggódik vm/vk miatt, vmért, vkért*) be*, anxious (for/about sg/sy), worry (about sg/sy)

nyugtat v *vkt* calm sy (down)

nyugtató(szer) n sedative, tranquillizer (*US* -l-)

nyugton marad v keep* still/quiet

nyújt v (*terjedelemben*) stretch, extend, expand; (*hosszában*) lengthen, elongate; (*kezet*) stretch/hold* out [one's hand]; (*tárgyat vknek*) pass, hand; (*ad vmt*) give*/ offer sy sg, provide sg for sy (*v*. sy with sg); (*lehetőséget*) afford; (*kölcsönt*) grant; (*szolgáltatást*) supply, provide

nyújtózkod|ik v stretch (oneself)

nyúl[1] n (*mezei*) hare; (*üregi*) rabbit

nyúl[2] v *vkhez, vmhez* touch (sy, sg), lay* hands on (sy, sg); (*vmhez folyamodik*) resort to ‖ **ne ~j hozzá!** leave it alone!, don't touch it!

nyúl|ik v (*anyag*) stretch, extend, expand; *vmeddig* reach (as far as)

nyúlvány n (*tárgyé*) extension, continuation; (*hegyé*) spur, footkills *pl*

nyurga a lanky

nyuszi n bunny (rabbit)

nyúz v (*bőrt*) skin, flay; (*koptat*) wear* sg out

nyűg n *átv* (*teher*) burden, load; (*kellemetlenség*) bother, nuisance

nyűgös a *átv* peevish, grumpy; (*gyermek*) whining

nyüzsög v (*féreg is*) swarm, teem; (*tömeg*) mill (about/around); *biz* (*fontoskodik*) bustle about/around

O, Ó

ó *int* o!, oh!, ah! ‖ **~ jaj!** oh dear!, dear me!

oázis n oasis (*pl* oases)

óbégatás n lamentation, lamenting, yammering

objektív 1. a objective; (*elfogulatlan*) impartial **2.** n (*tárgylencse*) objective

oboa n oboe

óbor n aged wine, older vintage(s)

obszervatórium n observatory

óceán n ocean, sea

óceánjáró n hajó (ocean) liner

ócska a (*öreg*) old; (*értéktelen, silány*) worthless, rubbishy, trashy

ócskapiac n flea-market

ocsmány a ugly, hideous, nasty, foul; (*erkölcstelen*) dirty, filthy

ocsúd|ik v *vmből* come* to, recover, awake* (*mind*: from)

oda *adv* there ‖ **~ és vissza** there and back; (*jegy*) return (ticket); **~ se neki** never mind!

óda n ode

odaad v *vknek vmt* give*/hand/pass sy sg (*v*. sg to sy), hand over sg to sy

odaadó *a* devoted

odaát *adv* over there

odább *adv* farther/further (away/ on)

odabenn *adv* inside, in there

odacsal *v vkt vhová* entice/lure sy to [swhere, a place]

odaég *v* (*étel*) get* burnt

odaér *v* (*odaérkezik*) get* to [a place], reach sg/swhere; *vmhez* touch sg ‖ **mikor érünk oda?** when do we get there?

oda- és visszautazás *n* the journey there and back, the return journey

odafelé *adv* on the way there

odafenn *adv* up there

odafordul *v vkhez/vmhez* turn to/ towards sy/sg

odahamisít *v* ~**ja az aláírást** fake the/sy's signature on sg

odahaza *adv* at home

odahoz *v* carry/take* sg/sy to, fetch sg/sy

odáig *adv* as far as (that)

odaítél *v* (*díjat vknek*) award [a prize] to sy; *jog* adjudge/award sg to sy

odajár *v* (*gyakran egy helyre*) frequent [a place]

odajön *v vhova* come* (up) to

odakiált *v* shout (to sy), call out (to sy)

odakinn *adv* (*kívül*) outside, outdoors, out there

odaküld *v* send*, dispatch; (*árut*) forward

odalenn *adv* down there

odalép *v vkhez/vmhez* come*/go*/ walk up to sy/sg

odamegy *v vhova* go* to [a place]

odamerészked|ik *v vhova* venture

odanéz *v vkre, vmre* look at

odanyújt *v vknek vmt* hand (sg to sy)

odaragaszt *v* stick*, glue (*vmt vmhez* sg on/to sg)

odarohan *v vkhez* rush/dash up to (sy)

odasimul *v vkhez* press/nestle close to

odaszól *v* speak* to (sy); (*telefonon*) phone (sy), give* sy a ring

odatalál *v vhova* find* one's way swhere (*v. to sg*)

odatapad *v* adhere to, stick* on/ to

odatartoz|ik *v* belong to (sg/sy)

odautaz|ik *v* go*, travel (*US* -l); (*kocsival*) drive* (*mind:* to)

odavan *v* (*elvész*) be*/get* lost; (*kétségbeeséstől*) be* in utter despair, be* dismayed; (*vkért*) (*akit szeret*) be* head over heels in love with sy, *biz* be* crazy about sy

odavet *v* (*dob*) throw*/fling* there/down; (*néhány sort*) dash off [a few lines] ‖ ~ **egy megjegyzést** drop a remark

odavisz *v vmt/vkt* take*, carry [sg/sy there *v.* to a place]; (*út*) lead* to

oda-vissza *adv* there and back ‖ ~ **jegy** return (ticket)

odébb *adv* farther/further (away/ on)

ódon *a* ancient, old, antique

odú *n* (*fában*) hollow, cavity; (*állaté*) den, lair, hole

óhajt *v* desire, want, wish for; (*vmt tenni*) should/would like to (do sg) ‖ **mit** ~? what can I do for you?

óhatatlan *a* inevitable, unavoidable

ok *n* cause (of sg), reason (for sg); (*indíték*) motive (for sg) || **bizonyos ~oknál fogva** for certain reasons; **én vagyok az ~a** it's my fault, I am to blame; **~ nélkül** without any reason

okád *v* (*hány*) vomit, throw* up; (*tüzet*) belch/spout (out)

okfejtés *n* reasoning, argumentation

okker *n* ochre (*US* ocher)

oklevél *n* (*okirat*) charter, document, deed

okmány *n* document, record, certificate, paper

okmánybélyeg *n* deed/receipt stamp

okol *v* vkt vmért blame (sy for sg)

ókor *n* antiquity, ancient times *pl*

okos *a* (*értelmes*) clever, intelligent, bright; (*gyors felfogású*) apt; (*bölcs, tapasztalt*) wise, sensible

okoskod|ik *v* reason, argue

okoz *v* cause, bring* about, give* rise to || **bajt ~ vknek** cause/give* trouble to sy

oktalan *a* (*nem okos*) foolish, stupid

oktánszám *n* octane number || **nagy ~ú** high-octane

oktat *v* educate, teach (sy sg), instruct

oktatás *n* education, teaching, instruction

oktató *n* isk teacher, instructor; (*magán*) tutor; (*egyetemi*) academic, lecturer

oktáv *n* zene octave

október *n* October; → **december**

októberi *a* October, in/of October ut.; → **decemberi**

okul *v* vmn/vmből sg teaches* sy a lesson

okvetlen(ül) *adv* without fail, by all means; (*feleletben*) Certainly (I will)!, Surely!

ól *n* (*disznóé*) sty, pigsty; (*kutyáé*) kennel; (*baromfié*) hen-house

ó-lábú *a* bandy/bow-legged

olaj *n* oil || **~jal fest** paint in oils

olajbogyó *n* olive

olajfa *n* olive-tree

olajfestmény *n* oil painting

olajfinomító *n* oil refinery

olajipar *n* oil industry

olajkályha *n* oil(-fired) stove

olajkép *n* oil painting

olajos *a* oily, greasy || **~ hal** fish in oil

olajoz *v* oil, grease, lubricate

olajvezeték *n* pipeline

olajzöld *a* olive(-green)

ólálkod|ik *v* vm körül prowl/hang* around, lurk swhere

olasz *a/n* Italian || **az ~ok** the Italians; → **angol**

Olaszország *n* Italy

olaszul *adv* (in) Italian; → **angolul**

olcsó *a* cheap, inexpensive || **~ ár** low price

olcsón *adv* cheap, at a low price

old *v* (*folyadék vmt*) dissolve, melt; (*csomót*) undo*, untie

oldal *n* side; (*könyvé*) page; (*tulajdonság*) aspect, quality, side, point || **a dolog jogi ~a** the legal aspect(s) of the matter; **a jó ~a** vmé the bright side of sg, vké sy's good point; **az úttest bal ~a** the left-hand side of the road; **erős ~a** sy's strong point (*v.* forte)

oldalas *a* **500 ~ könyv** a book of 500 pages
oldalhajó *n épít* aisle
oldalkocsis motorkerékpár *n* motor cycle with side-car
oldalnézet *n* side/lateral view/elevation, profile || **~ből** in profile, from the side
oldalszalonna *n* side of bacon; *(füstölt)* flitch of bacon
oldalszél *n* cross-wind
oldalt *adv* from the side, laterally, sideways, aside || **~ fordul** turn aside
oldat *n* solution
oldható *a* soluble, dissolvable
oldószer *n* solvent
oldott *a* **~ hangulat** relaxed atmosphere
olimpia *n* (the) Olympic Games *pl*, the Olympics *sing. v. pl*
olimpiai *a* Olympic || **~ bajnok** Olympic champion
olló *n (eszköz)* a pair of scissors, scissors *pl*; *(ráké)* claw, pincers *pl*
ólmos *a (ólomból való)* lead(en); *(ólmozott)* leaded || **~ eső** sleet
ólom *n* lead
ólomkristály *n* lead-glass
ólommentes benzin *n* unleaded *(v.* lead-free) petrol
olt[1] *v (tüzet)* put* out, extinguish; *(meszet)* slake, slack [lime]; *(szomjúságot)* quench
olt[2] *v mezőg* graft [a plant]; *orv* inoculate, vaccinate *(vm ellen* against)
oltalmaz *v vmtől* protect (from/ against), guard, defend (against)
oltár *n* altar
olthatatlan *a (tűz)* inextinguishable; *(szomjúság)* unquenchable

olvad *v* melt, liquefy; *(fém)* melt, fuse; *(hó, jég)* thaw*; *(időről)* it thaws
olvadáspont *n* melting point
olvas *v (szöveget)* read*; *(pénzt)* count
olvashatatlan *a (írás)* illegible; *(szerző)* unreadable
olvasmány *n* (piece of) reading
olvasmányos *a* highly readable
olvasójegy *n* library ticket
olvasott *a (ember)* a well-read [person], *(igével)* be* widely read; *(könyv)* much read
olvaszt *v* melt, *(fémet)* smelt; *(havat, jeget)* thaw
oly *pron* = **olyan** || **~ módon** in such a way/manner (that/as)
olyan *pron (hasonlítás)* that/this kind of ...; *(határozószerűen)* so || **ne ~ hangosan!** not so loud!; **nem ~ öreg, mint én** (he is) not as old as I (am); **~, mint** such as ..., just like ...; **~ boldog vagyok!** I am so happy!; *hiv* **mint ~** as such
olyanféle *pron* of such (a) kind *ut.*
olyankor *adv* on such occasions, at such times
olyannyira *adv* **~, hogy** to such an extent that, to such a degree that
olyasmi *pron* something (like)
olykor *adv* sometimes, now and then/again
olykor-olykor *adv* every now and then, once in a blue moon
omlett *n* omelet(te)
omlik *v (szétesik)* fall* to pieces, collapse, crumble
ón *n* tin
-on, -en, -ön, -n *suff* **A)** *(helyhatározó)* **a)** on || **az asztalon** on the

table; **b)** at || **a végén** at the end; **az állomáson** at the station; **c)** in || **az utcán** in the street; **Budapesten lakik** live in Budapest; **d)** by || **a parton** by the riverside; **e)** (*különféle elöljáróval*) **lemegy a lépcsőn** go* downstairs; **szerte az egész világon** all over the world, (all) the world over; **f)** (*elöljáró nélkül*) **az egyetemen tanul** attend the university **B)** (*hely- és eszközhatározó*) by || **autón megy** go* by car **C)** (*időhatározó*) **a)** at || **az év végén** at the end of the year; **b)** on || **hétfőn** on Monday; **c)** in || **nyáron** in summer **d)** (*elöljáró nélkül*) **egy szép napon** one/some day; **ezen a héten** this week **D)** (*állapothatározó*) **a)** at || **szabadlábon van** be* at large/liberty; **b)** on, upon || **szabadságon van** be* on holiday; **c)** (*elöljáró nélkül*) **talpon van** be* up **E)** (*állapothatározó, irányulás*) **a)** (*különféle elöljáróval*) **bosszankodik vmn** be* annoyed at sg; **b)** (*elöljáró nélkül*) **segít vkn** help sy **F)** (*módhatározó*) **a)** in, at || **ezen a módon** in this way/manner; **b)** (*elöljáró nélkül*) **ennek folytán** consequently, therefore **G)** (*eszközhatározó*) **a)** at || **veszít a kártyán** lose* at cards; **b)** by || **kézen fogva vezet** lead* sy by the hand; **c)** in || **angol nyelven** in English; **d)** on, of || **vknek a címén** care of sy (c/o...); **e)** (*elöljáró nélkül*) **zongorán játszik** play the piano
onkológia *n* oncology
onnan *adv* from there, from that place

opál *n* opal
opera *n* (*ház is*) opera
operáció *n orv* operation
operaház *n* opera-house
operettszínház *n* operetta theatre (*US* -ter)
optimista *n* optimist
operál *v* operate (*vkt* on sy)
operatőr *n* (*film*) cameraman°
operett *n* operetta
ópium *n* opium
optika *n fiz* optics *sing.; foto* lens
optikus *n* optician
optimizmus *n* optimism
óra *n* (*fali, asztali, torony*) clock; (*zseb, kar*) watch; (*60 perc*) hour; *isk* class, lesson; (*mérő~*) meter || **hány ~ van?** what's the time?, what time is it?; **hány ~kor?** at what time?, when?; **három ~ig** (*tartam*) for three hours; (*időpont*) till three o'clock; **másfél ~** an hour and a half; **nyolc ~kor** at eight (o'clock)
órabér *n* wage(s)/pay(ment) by the hour, hourly rate || **~ben fizetik** be* paid by the hour
órai *a* **az 5 ~ vonat** the 5 o'clock train
óramutató *n* hand
óramű *n* clockwork || **~pontossággal** with clockwork precision
óránként *adv* (*átlagban*) hourly; (*minden órában*) every hour || **~ 100 km-es sebességgel** (at) 100 km(s) per/an hour
órarend *n* timetable
órás 1. *a* of ... hours || **öt~ út** a five-hour journey **2.** *n* watchmaker, clockmaker
óraszíj *n* (watch-)strap
óratorony *n* clock tower

óraütés *n* striking (of clock), (*toronyóráé*) chime(s)
ordít *v* (*ember*) shout, howl, roar; (*kisgyerek*) cry, scream
orgazda *n* receiver (of stolen goods), *biz* fence
orgona *n zene* organ; *bot* lilac, syringa
orgyilkosság *n* assassination, murder
óriás 1. *n* giant **2.** *a* = **óriási**
óriási *a* (*rendkívül nagy*) gigantic, giant, huge, colossal, enormous; *biz* (*remek*) ~! great!, fantastic! ‖ ~ **siker** tremendous success; ~ **tömeg** huge crowd
óriáskerék *n* (*vurstliban*) big wheel, *főleg US* Ferris wheel
óriáskifli *n* giant croissant
óriáskígyó *n* boa (constrictor), python
orkán *n* hurricane, tornado
ormány *n* (*elefánté*) trunk
ormótlan *a* (*személy*) clumsy, awkward; (*tárgy*) awkward, cumbersome, unwieldy
orom *n* (*házé*) gable (end); (*hegyé*) summit, peak
orosz *a/n* Russian; → **angol**
oroszlán *n* lion ‖ **nőstény** ~ lioness
oroszlánrész *n* ~**ét vállalja vmnek** do* (*v.* take* upon oneself) the bulk of sg
Oroszország *n* Russia
oroszul *adv* (in) Russian; → **angolul**
orr *n* (*emberé*) nose; (*állaté*) snout, muzzle; (*cipőé*) toe; (*hajóé*) prow, bow‖ **az** ~**a után megy** follow one's nose; **beleüti az** ~**át vmbe** *biz* stick*/poke one's nose into;

fönn hordja az ~**át** put* on airs; ~**a bukik** tumble; ~**a előtt** under his (very) nose; ~**ánál fogva vezet vkt** lead* sy by the nose
orrcimpa *n* wing/ala (of the nose) (*pl* alae)
orrcseppek *n pl* nasal drops
orrhang *n nyelvt* nasal (sound)
orrszarvú *n* rhinoceros
orrvérzés *n* nose-bleed
orsó *n tech* spindle; *tex* reel, (*fonógépen*) bobbin; (*cérnának, filmnek*) reel, *US* spool
ország *n* country, land; (*állam*) state
országgyűlés *n* parliament
országgyűlési *a* → **képviselő**
országhatár *n* frontier [of a country]
Országház *n* Parliament (building), *GB* the Houses of Parliament *pl*, *US* the Capitol
országos *a* national, nationwide, country-wide ‖ ~ **bajnok** national champion; ~ **választás** general election
országszerte *adv* all over the country
országút *n* highway, main road
országúti *a* ~ **fény** (main) driving beam, *US* high beam; ~ **segélyszolgálat** road patrol service
ortodox *a vall* orthodox
ortopédia *n* orthopaedics (*US* -pe-) *sing.*
orvlövész *n* sniper
orvos *n* doctor, physician; (*általános*) general practitioner ‖ **körzeti** ~ *kb.* family/local doctor; ~**hoz megy** (go* to) see* a/the doctor; ~**t hívat/hív** send* for a/the doctor

orvosi *a* medical || ~ **rendelő** surgery, consulting room; ~ **vizsgálat** medical examination

orvosol *v* (*betegséget*) cure, treat, heal; *átv* remedy, help

orvosság *n* (*gyógyszer*) medicine, drug; *átv* remedy, cure || ~**ot bevesz** take* (a/the) medicine

orvostudomány *n* medical science, medicine

orvostudományi *a* ~ **egyetem** *GB, US* medical school, (*máshol*) medical university

orvul *adv* treacherously, in an underhand manner || ~ **meggyilkol vkt** assassinate sy

orvvadász *n* poacher

oson *v* sneak, slip by, flit

ostoba *a* (*személy*) stupid, silly, foolish

ostor *n* whip, lash

ostrom *n* siege

ostya *n* wafer

oszcilloszkóp *n* oscilloscope

oszl|ik *v* (*részekre*) divide into; (*tömeg, köd*) disperse; (*holttest*) decompose, rot, decay

oszlop *n* épít column, (*pillér*) pillar, post, (*távvezetéké*) pylon, (*hídé*) pier

oszlopcsarnok *n* colonnade, portico

Ószövetség *n* Old Testament

oszt *v* mat divide; (*részekre*) divide/split* into [parts]; (*kioszt*) distribute, dispense; (*kártyát*) deal*; (*parancsot*) issue, give*; (*véleményt*) share [sy's opinion] || **15 ~va 3-mal annyi mint 5** 15 divided by 3 is 5, 3 divides into 15 5 times

osztalék *n* dividend

osztály *n* (*társadalmi*) class; isk (*tanulók*) class, form; (*terem*) classroom; (*hivatalban, áruházban*) department; (*kórházban*) ward, department; (*vasúton, hajón*) class; (*kategória*) section, category; division || **első ~on utazik** travel (*US* -l) first-class

osztálykirándulás *n* isk school/class outing

osztályos *a* ~ **orvos** ward physician

osztályoz *v* isk mark, *US* grade

osztályozás *n* (*árué*) sorting; isk giving/awarding marks (*US* grades), marking, *US* grading

osztálytalálkozó *n* class reunion

osztálytárs *n* class-mate

osztályú *a* **első** ~ (*minőség*) first-class/rate [quality]

osztályzat *n* mark, *US* grade

osztogat *v* distribute; (*adományt, igazságot*) dispense, deal* out

osztott pályás úttest *n* dual carriageway, *US* divided highway

osztoz|ik *v* ~**ik vkvel vmn** (*megoszt vmt vkvel*) share sg with sy; (*osztozkodik vmn*) share in sg (with sy); ~**ik vk véleményében** agree with sy, share sy's opinion

osztrák *a/n* Austrian

osztriga *n* oyster

óta *post* (*időpont*) since; (*tartam*) for || **tegnap** ~ since yesterday; **1989** ~ since 1989

OTP (= *Országos Takarékpénztár*) National Savings Bank

otromba *a* vk clumsy, vm unwieldy; *átv* boorish, vulgar, rude

ott *adv* there || ~, **ahol** where; ~ **marad** stay/remain there

ottfelejt *v* leave* (sg) behind, forget* sg

otthagy *v vkt* desert, abandon; *vmit* leave (sg) behind

otthon 1. *adv* at home || ~ **érzi magát** feel* at home; ~ **felejt vmt** forget* sg; ~ **marad** stay at home **2.** *n* (*családi*) home, *ir* fireside, hearth || **szociális** ~ old people's home

otthonos *a* homely, homelike, cosy; ~**an érzi magát** make* oneself at home

óv *v* (*vkt vmtől, figyelmeztetve*) warn/caution sy against sg; (*vmt/ vkt vmtől, megvédve*) protect sy/ sg from/against sg, save sy from sg

óvadék *n* caution money

óvakod|ik *v vmtől/vktől* beware of sg/sy, keep* away from sg; (*tartózkodik vmtől*) refrain from sg (*v.* from doing sg)

ovális *a* oval

óváros *n* old(er part of a) town/ city

óvatos *a* cautious, careful || **légy** ~! take care!, be careful!, watch/ look out!

óvatosan *adv* carefully, cautiously

óvoda *n* (*2–5 éveseknek*) nursery school, playgroup; (*ötéveseknek*) kindergarten

óvóhely *n* refuge; (*légó*) air-raid shelter

óvónő *n* nursery-school (*v.* kindergarten) teacher

óvszer *n* (*gumi*) condom, sheath

oxigén *n* oxygen

ózon *n* ozone

ózonpajzs *n* ozone layer

Ö, Ő

ő 1. *pron* (*hímnemű*) he; (*nőnemű*) she; (*semlegesnemű*) it || ~ **maga** he ... himself, she ... herself, it ... itself **2.** (*birtokos jelzőként*) (*egyes, hímn.*) his; (*nőn.*) her; (*seml. n.*) its; (*többes*) their || **az** ~ **könyve** his/her book; **az** ~ **könyvei** his/her books; **az** ~ **könyveik** their books; **az** ~ **könyvük** their book

öblít *v* rinse (sg out)

öböl *n* (*nagy*) gulf; (*közepes*) bay; (*kicsi*) inlet

öcsém *n* (*testvérem*) my younger brother

őfelsége *n* (*király, királynő*) His/ Her Majesty

ők *pron* they || ~ **maguk** they (...) themselves

öklendez|ik *v* retch

öklömnyi *a* (*nagy*) (as) big as my fist; *biz* (*kicsi*) tiny, pint-sized

ökológia *n* ecology

ököl *n* fist || ~**be szorítja a kezét** clench one's fist(s)

ökölvívás *n* boxing

ökör *n* (*állat*) ox°, bullock

ökörnyál *n* gossamer, air-threads *pl*

ökumenikus *a* ecumenical

öl¹ *n* (*testrész*) lap || ~**be tett kézzel** *átv* idly; *vk* ~**ébe ül** sit* in/on sy's lap

öl² *v* (*embert*) kill, slay*; (*marhát*) slaughter; (*disznót*) butcher

öldöklés *n* massacre, butchery, slaughter

ölel *v* embrace, hug, put* one's arms round sy || **szeretettel** ~ (*levél végén*) with (much) love ölelkez|ik v (személyek) embrace; biz (szerelmeskedve) bill and coo, neck

ölt v (varr) stitch; átv (magatartást stb.) assume || óriási méreteket ~ assume considerable proportions

öltöny n suit

öltözet n clothing, clothes pl

öltöz|ik v dress, put* on one's clothes || jól ~ött well-dressed

öltöző n dressing room; (uszodában) cubicle

ömlesztett a ker in bulk ut. || ~ áru goods in bulk pl, bulk goods pl; ~ sajt processed cheese

öml|ik v flow (vmből from, vmbe into sg), run* (vmbe into) || ~ik az eső it's pouring (with rain)

ön 1. pron you || ~t, ~ök(et) you; ez az ~(ök)é this is yours 2. (birtokos jelzőként) your || ez az ~(ök) könyve this is your book; ezek az ~(ök) könyvei these are your books

-ön suff → -on

önálló a vk independent, self-supporting; (önállóan dolgozó) self-employed; (szabadúszó) freelance

önállóság n independence

önarckép n self-portrait

önbecsülés n self-respect/esteem

önbizalom n (self-)confidence/assurance

öndicséret n self-praise/advertisement

önelégült a complacent, self-satisfied/contented, smug

önéletrajz n ir autobiography; (álláshoz, pályázathoz) curriculum vitae (pl curricula vitae)

önellátó a vk self-supporting

önérzet n self-esteem/respect

önfegyelem n self-discipline/control

önfejű a headstrong, self-willed

önfeláldozó a (életét feláldozó) self-sacrificing; (áldozatvállaló) self-denying

önfeledt a (self-)abandoned

önfenntartás n self-support(ing)

öngól n own goal

öngúny n self-mockery/irony

öngyilkosság n suicide || ~ot követ el commit suicide

öngyújtó n lighter

önhiba n ~jából történt the fault is his, he has only himself to blame; ~ján kívül through no fault of his (own)

önhittség n conceit, arrogance

önigazgatás n self-management

önként adv voluntarily, of one's own free will, willingly || ~ vállalkozik vmre volunteer to do sg

önkéntelen a involuntary

önkéntes 1. a voluntary 2. n kat (és önként vállalkozó) volunteer

önkény n pol absolutism, totalitarianism

önképzés n self-education

önkínzás n self-torment/torture

önkiszolgáló a self-service || ~ étterem cafeteria, self-service restaurant; ~ bolt self-service shop (US store)

önkormányzat n (helyi) ~ local government, local authority; (GB így is) (local) council, city/borough council

önköltségi ár n cost/production price

önkritika n self-criticism

önmaga pron (hímn.) himself; (nőn.) herself; (seml. n.) itself;

(*nyomatékosan*) he himself, she herself ‖ ~**ban** in/by itself; **(ez)** ~**ért beszél** it speaks for itself
önmegtartóztatás *n* self-restraint; (*italtól*) abstinence, teetotalism
önműködő *a* automatic
önrendelkezés(i jog) *n* (right to/of) self-determination
önt *v* (*folyadékot*) pour; (*fémet*) (die-)cast*, found
öntapadó(s) *a* self-adhesive
öntelt *a* conceited
öntet *n* flavouring (*US* -vor-) sauce; (*saláta*) dressing
öntöde *n* foundry
öntörvényű *a* autonomous
öntöz *v* (*utcát, növényt*) water; (*gyepet*) sprinkle, hose; (*csatornákkal*) irrigate
öntözőcsatorna *n* irrigation canal
öntözőkanna *n* watering can
öntudat *n* (*eszmélet*) consciousness ‖ ~**ánál van** be* conscious; **elvesztette ~át** he lost consciousness
öntudatlan *a* unconscious
öntudatos *a* (self-)conscious, self-respecting
öntvény *n* cast(ing), mould(ing) (*US* molding)
önuralom *n* self-command/control
önvédelem *n* self-defence (*US* -se)
önzés *n* selfishness, ego(t)ism
önzetlen *a* unselfish, selfless; (*magatartás*) altruistic
önző *a* selfish, ego(t)istic
őr *n* keeper, guard, watchman°; (*börtön*) warder; *kat* sentry; *átv* guardian, protector
ördög *n* devil ‖ **az ~be is!** hang/ damn it!, hell!; **hol az ~ben van?** where on earth is he/it?

öreg 1. *a* old; (*koros*) aged, elderly **2.** *n* old man°, greybeard ‖ **az ~** (*vk apja*) *biz* the old man; ~**ek otthona** old people's home, old-age home; ~**em!** I say (*v.* listen) old chap/thing/boy
öregúr *n biz* old gentleman°
öregsz|ik *v* grow* old, age
őrhely *n* post; *átv* watch
őriz *v* watch (over), guard
őrizetlen *a* ~**ül hagy** leave* sg unattended
őrköd|ik *v* (*őrségben*) watch over, keep* guard over; *vkre/vmre* take* care of sy/sg
őrmester *n* sergeant
örök 1. *a* eternal; (*örökkévaló*) everlasting; (*állandó*) permanent; (*folytonos*) perpetual ‖ ~ **élet** eternal life **2.** *n* ~**be fogad** adopt
örökbefogadás *n* adoption
örökké *adv* (*örökre*) eternally, for ever; (*folytonosan*) continually, perpetually
örökkévalóság *n* eternity, perpetuity ‖ **egy ~nak tűnt** it seemed like an eternity
öröklakás *n* owner-occupied flat, *US* condominium
örökletes *a* (*betegség*) hereditary
örököl *v* inherit (sg)
örökös[1] *a* (*folytonos*) perpetual; (*örök*) eternal
örökös[2] *n* heir, inheritor; (*nő*) heiress
örökre *adv* for ever
örökség *n* inheritance, *US* estate; (*ingóvagyon*) legacy, bequest
örökzöld *a bot és átv* evergreen
őröl *v* grind*, mill
öröm *n* joy, pleasure, gladness, happiness, delight ‖ **vk nagy ~ére**

much to the delight of sy; **~et szerez vknek** please/delight sy; **~ét leli vmben** take* pleasure in sg, enjoy sg; **~mel** gladly, with pleasure; **~mel várjuk a találkozást** we look (v. we're looking) forward to seeing you

örömhír n good news, glad tidings pl

örömmámor n ecstasy of joy || **~ban úszik** be* overjoyed, be* in an ecstasy of joy

örömteli a joyful, glad, merry

örömujjongás n jubilation, acclamations of joy pl

örömünnep n festival, high day, jubilee

őrség n kat guard, watch; (hely, vár) garrison

őrtorony n watch-tower

örül v vmnek rejoice at/over (sg), be* glad (that ... v. of sg), be* delighted (that ... v. at/with sg); be* pleased (that ... v. with sg) || **előre ~ vmnek** look forward to (doing) sg; **~ök, hogy megismerhetem** pleased to meet you

őrület n madness, insanity

őrült 1. a vk mad, insane; biz crazy; (cselekedet) foolish, stupid || **~ siker** sweeping/overwhelming success **2.** n madman°, maniac, lunatic **3.** adv **~(en)** madly, extremely

örvendetes a pleasing, happy, fortunate || **nagyon ~, hogy ...** it is a good thing that ...

örvény n (vízé) whirlpool, eddy; átv whirl, turmoil

ős n ancestor, forefather

őserdő n virgin forest, jungle; (trópusi) rain-forest

őshonos a native

ősi a (nagyon régi) ancient; (ősök idejéből származó) ancestral

őskor n prehistoric/primitive age

őskori lelet n fossil

őslakosság n original inhabitants pl, aborigines pl

őslénytan n palaeontology (US paleon-)

ősrégi a (very) old/ancient

ösvény n path

ősz[1] a/n (szín) grey(-haired), US gray || **~ haj** grey (US gray) hair

ősz[2] n (évszak) autumn, US fall || **~re** by autumn/fall; **ősszel** in autumn, US in (the) fall

őszi a autumnal, of autumn ut., of fall ut. || **~ búza** winter/autumn wheat

őszibarack n peach

őszinte a sincere, frank, candid || **~ vkvel** be* plain/open with sy; **~ tisztelettel** (levélben) Yours truly/sincerely, ...; főleg US: Sincerely yours, ...

őszintén adv sincerely, frankly || **~ szólva** frankly, ...; to tell the truth

őszirózsa n aster, Michaelmas daisy

összamerikai a Pan-American

összbenyomás n general/overall impression

összead v (számokat) add (up/together); biz tot up; (összeesket) marry, wed

összeadás n mat addition

összeáll v (csoportba) assemble, gather/get* together; (munkára) team up with sy; (egyesül) unite; (vkvel) take* up with sy

összeállít v (részeket) assemble, put*/fit together; (csapatot, kormányt) form; (írásművet) compile;

(listát) draw* up; (műsort) draw*
up
összeállítás n (csapaté, műsoré)
line-up; (írásműé) compilation
összebarátkoz|ik v vkvel make*
friends with sy
összecsap v (kezet) clap; biz
(munkát) knock/throw* (sg) to-
gether; (könyvet) shut*/close with
a bang; (ellenféllel) join battle
with
összecsomagol v (utazásra) pack
(up); vmt do*/tie up sg into a par-
cel
összedől v collapse, tumble down,
crumble
összeegyeztet v (adatokat) com-
pare, collate [data]; (nézeteket)
reconcile [views]
összeér v (két vége vmnek) meet,
abut on; (két tárgy) touch
összees|ik v (személy) collapse,
drop; (lelkileg) break* down;
(események időben) coincide
(with), concur
összeesküvés n conspiracy || ~t
sző vk ellen conspire/plot against
sy
összefagy v biz ~tam I am frozen,
I am* chilled to the bone
összefér v vkvel get* on (well)
with sy; vmvel be* compatible/
consistent with sg
összefirkál v scrawl on; (falat)
cover [a/the wall] with graffiti
összefogás n union, joining (of)
forces, collaboration
összefoglalás n summing up,
summary
összefon v (hajat) plait, főleg US:
braid [one's hair] || karját ~ja
fold/cross one's arms

összeforr v (törött csont) knit*,
set*; (seb) heal (over)
összeforraszt v (fémet) solder
(together)
összefut v (emberek) assemble/
flock together, gather; (két autó)
bump (together), collide || ~ a
nyála vmtől biz sy makes one's
mouth water; ~ vkvel bump/run*
into sy, come* across sy
összefügg v vmvel be* connected
with sg
összefüggés n connection, rela-
tion; (belső) inherence; (beszéd-
ben) coherence; (szövegé) context;
mat relation(ship) || ~ben van
vmvel be* connected with sg,
have* to do with sg; ezzel ~ben
in connection with that/this
összeg n sum, amount; (végösszeg)
(sum) total || egy ~ben fizet pay*
cash
összegez v (összead) add up; (ered-
ményt stb.) summarize, sum up
összegyűjt v collect, gather (to-
gether); (készletet) stockpile, store
összegyűl|ik v (tömeg) assemble,
gather/come* together; (pénz) pile
up; (kiadás) accumulate
összegyűr v (ruhát) crease, crum-
ple
összegyűrőd|ik v (papír) get*
crumpled (up); (ruha) beco-
me*/get* creased
összehajt v fold (up)
összehasonlít v (két v. több dol-
got) compare, make* a compari-
son between [...] and [...]; (ellenté-
teseket) set* sg/sy against sg/sy
összehasonlíthatatlan a incompa-
rable (to/with), beyond com-
pare/comparison ut.

összeházasod|ik *v* get* married (*vkvel* to sy), marry (*vkvel* sy)
összehív *v* (*embereket*) call [people] together, summon; (*országgyűlést*) convoke
összehord *v vmt* collect, heap/pile up || **hetet-havat** ~ drivel (*US* -l) on, talk nonsense
összeilleszt *v* assemble, join (up/together), fit
összeill|ik *v* fit, suit, agree; (*stílus, szín*) match, harmonize
összeillő *a* well-matched, harmonious, suitable
összejátsz|ik *v pejor vkvel* act in collusion with sy, conspire with sy
összejön *v* gather, come*/get* together; meet*; (*felgyülemlik*) pile/heap up, accumulate || **(ez) nem jött össze** *biz* it hasn't worked out
összejövetel *n* meeting, gathering
összekapcsol *v* (*dolgokat*) connect (*vmvel* with), join (*vmt vmvel* sg to sg), link (*vmvel* with); (*kapoccsal*) clip (together); *tech* clamp; (*fogalmakat*) relate, associate
összeken *v* (*ruhát, testrészt*) get* sg all covered in/with sg
összekerül *v* (*vkvel véletlenül*) run* into, come* across
összekever *v* (*többfajta anyagot*) mix/blend [components] (together); (*összetéveszt*) confuse sg (with sg)
összeköltöz|ik *v* move in with sy, go* to live with sy
összeköt *v* tie (up), bind* (together); (*összekapcsol*) connect, link, join; *átv* combine, unite
összeköttetés *n* (*kapcsolat*) connection, contact; (*személyi*) rela-

tions *pl*; (*üzleti*) business contacts/connections *pl*; (*közlekedés*) communications *pl*; (*vasúti*) railway/train service; (*telefon*) telephone service; (*protekció*) influence, connections *pl* || **közvetlen** ~ through train; **légi** ~ air links *pl*; **~ben áll vkvel** be* in touch/contact with sy
összemaszatol *v* smudge, smear with dirt
összemegy *v tex* shrink*; (*kisebb lesz*) contract; (*tej*) turn, curdle
összenéz *v* (*tekintetük találkozik*) exchange (knowing) glances
összenyom *v* press, compress, crush
összeoml|ik *v* collapse; (*épület*) come* tumbling down, fall down/in; (*birodalom*) decay, break* up; (*erkölcsileg vk*) break* down
összepiszkít *v* make* (sg) dirty
összeragad *v* stick* (together), be*/get* stuck together
összeragaszt *v* glue/stick* together
összerak *v* (*rendbe rak*) put*/place sg in order; (*összeállít*) assemble, fit together; (*összeilleszt*) join (together)
összerakó játék *n* puzzle
összeráncol *v* **~ja a homlokát** knit* one's brows, frown
összerezzen *v* (*félelemtől*) shudder at, quiver (with fear); (*meglepetéstől*) give* a start
összerogy *v* collapse, drop
összerombol *v* destroy, shatter, ruin
összeroppan *v* collapse; (*lelkileg*) have* a breakdown
összes *adv* (*egész, teljes*) all, all the ... (+ *pl*); total (+ *pl v. sing.*);

(*minden*) every (+ *sing.*) ‖ **Jókai ~ művei** the complete works of Jókai; **az ~ kiadás** total expenditure

összesen *adv* altogether, ... in all; (*számoszlop összegezésekor*) sum total

összesít *v* (*összead*) add/total (*US* -l) up; (*eredményeket*) summarize, sum up

összesöpör *v* sweep* up

összespórol *v* (*pénzt*) save (up) [money] (*vmre* for sg)

összesűrít *v* condense; (*folyadékot*) concentrate

összeszed *v vmt* collect/gather sg; (*felszed*) pick up; (*pénzt*) scrape together; (*betegséget*) biz contract ‖ **~i a bátorságát** *biz* pluck up courage; **~i magát** *biz* (*egészségileg*) pick up; (*lelkileg*) collect/compose oneself

összeszerel *v* assemble [cars]

összeszerelő üzem *n* assembly plant

összeszid *v* scold

összeszok|ik *v* (*egyik a másikkal*) get* used to each other, get*/grow*/become* accustomed to each other

összeszorít *v* compress, press together; (*fogóval*) clamp, clip

összeszoroz *v* multiply

összetart *v vmt, vkt* hold*/keep* together; *vkvel* hang*/stick* together

összetartás *n vkvel* solidarity

összetartozás *n* connection, relation

összetép *v* tear* (up)

összetétel *n* composition, makeup; *kém* compound

összetett *a* complex, combined; (*bonyolult*) intricate, complicated ‖ **~ mondat** complex/compound sentence; **~ szó** *nyelvt* compound

összetéveszt *v vmt vmvel* mistake* sg for sg, confuse sg and/with sg, mix sg up with sg

összetevő *n* component, constituent

összetör *v vmt* break* (up), break* to pieces; (*mozsárban*) pound, crush, grind*

összetör|ik *v* break* (up) ‖ **~t a kocsim** my car was/got smashed up

összetűzés *n* (*civakodás*) quarrel, clash, altercation

összeül *v* (*ülésre*) assemble, come*/get* together [for a conference/meeting]

összeütköz|ik *v* (*jármű*) collide (*vmvel* with sg), run* into one another; *átv* have* a conflict with

összevarr *v* sew*/stitch up/together

összever *v vkt* beat* (sy) up, beat* (sy) black and blue, thrash ‖ **~i a tenyerét** clap one's hands

összevet *v vmvel* compare (*hasonlóval* with, *eltérővel* to)

összevissza *adv* (*rendetlenül*) upside down, topsy-turvy; (*válogatás nélkül*) at random; (*összesen*) altogether ‖ **~ beszél** talk nonsense/rubbish

összezavar *v* (*keveredést okoz*) muddle (up) sg; (*vizet*) stir up; *vkt* confuse, upset*

összezúz *v* crush, smash

összezsugorod|ik *v* shrivel (*US* -l) (up)

összhang *n zene* harmony, consonance; *átv* harmony, agreement ‖ **~ban van vmvel** be* in harmony/line/keeping with sg

összhatás *n* general/overall impression
összjáték *n* team-work
összjövedelem *n* total income
összkép *n* overall view/picture (of sg)
összkomfort *n* all modern conveniences *pl, biz* mod cons *pl*
összköltség *n* total expenditure/cost
összpontosít *v* concentrate (*vmre* on)
összpontosítás *n* concentration
össztermék *n* total output, overall yield || **hazai** ~ Gross Domestic Product (GDP); **nemzeti** ~ Gross National Product (GNP)
ösztön *n* instinct
ösztöndíj *n* scholarship, (*az összeg*) stipend
ösztöndíjas *n* holder of a scholarship
ösztönös *a* instinctive, intuitive, spontaneous || **~en** instinctively, spontaneously
ösztönöz *v vkt vmre* urge (sy to do sg), stimulate/encourage sy (to do sg)
őszül *v* (*haj*) turn white, become* grey (*US* gray)
öszvér *n* mule
öt *num* five
ötágú *a* five-pointed
ötajtós kocsi *n* hatchback
öten *num adv* five (people), five of us/you/them
ötlet *n* idea, (*ingenious*) thought || **jó** ~ a good idea
ötletes *a* (*szellemes*) witty; (*találékony*) resourceful, ingenious, inventive
ötórai *n* ~ **tea** five o'clock tea

ötöd *n* (*rész*) fifth (part)
ötödéves *n* fifth-year student, *US* senior
ötödik 1. *num a* fifth, 5th 2. *n* (*osztály*) **~be jár** be* in (*v.* attend) the fifth form/class (*v. US* grade); → **első**
ötödikes (**tanuló**) *n* fifth-form pupil
ötödször *num adv* fifthly, for the fifth time
ötöl-hatol *v* hedge, hum (*US* hem) and haw
ötös 1. *a* (*ötszörös, öt részből álló*) fivefold, quintuple; (*ötös számú*) ~ **autóbusz** the number five bus, bus number five (*v.* No. 5) 2. *n* (*számjegy*) the number/figure five; (*isk osztályzat*) very good, excellent, an A || **~t kapott matekból** (s)he got and A in math(s)
ötszáz *num* five hundred
ötszázas, ötszázforintos *n* (*bankjegy*) a five hundred forint note
ötszög *n* pentagon
ötször *num adv* five times
ötszörös *a* fivefold, quintuple
öttusa *n* modern pentathlon
ötven *num* fifty
ötvenedik *num a* fiftieth (50th)
ötvenen *num adv* fifty (of us/you/them) || ~ **voltak** there were fifty of them
ötvenes évek *n pl* the fifties (50s)
ötvenhat *num* (= 1956) **az ~os forradalom és szabadságharc** the revolution (and freedom fight) of 1956, the 1956 uprising
ötvös *n* goldsmith
ötvöz *v* alloy, mix
öv *n* (*ruhán*) belt; (*föld*) zone

övé *pron* his, hers ‖ **ez a ház az ~** this house is his/hers; **ezek a könyvek az ~i** these books are his/hers

övé(i)k *pron* theirs

övezet *n* (*terület*) zone, area

őz *n* deer (*pl* ua.), roe(-deer)

őzike *n* fawn

özön *n* (*áradat*) deluge, torrent, flood; (*csak átv*) abundance, plenty (of sg) ‖ **szavak ~e** torrent of words

özönl|ik *v* stream, flow, flood, rush; (*tömeg*) flock/throng to [a place]

özönvíz *n* deluge; (*bibliai*) the Flood

özvegy *n* (*asszony*) widow; (*férfi*) widower

P

pác *n* (*élelmiszeré*) pickle; (*bőripari*) steep, tanning ooze/liquor ‖ **~ban van** *átv biz* be* in a pickle/jam/mess

pacák *n biz* guy, fellow

páciens *n* patient

packáz|ik *v vkvel* trifle with sy ‖ **nem hagy magával ~ni** he is not to be trifled with

pácol *v* (*élelmiszert*) pickle, cure; (*bőrt*) steep

pacsirta *n* (sky)lark

pad *n* bench; (*támla nélkül*) form; *isk* desk

padlás *n* loft, garret, attic

padlizsán *n bot* aubergine

padló *n* floor

páfrány *n* fern

páholy *n szính* box

pajkos *a* elfish; (*játékos*) playful, frolicsome

pajtás *n* friend, companion, mate, *biz* pal

pajzán *a* (*sikamlós*) risqué, near the bone *ut.*; (*illetlen*) brazen, naughty ‖ **~ történet** racy story

pajzsmirigy *n* thyroid gland

pakli *n* (*csomag*) packet, package ‖ **egy ~ kártya** a pack (*US* deck) of cards

pakol *v* (*csomagol*) pack/wrap (up)

paktál *v* conspire, enter into a pact with

paktum *n* agreement, pact

pala *n* (roof-)slate

palack *n* bottle; (*lapos*) flask

palackzöld *a* bottle-green

palacsinta *n* pancake(s *pl*), crêpe

palánta *n* plant, seedling

palást *n* cloak, (long) mantle

pálca *n* stick, rod, staff; (*karmesteri*) baton; (*fenyítő*) cane

palesztin *a/n* Palestinian

Palesztina *n* Palestine

pali *n biz* sucker, *GB* mug ‖ **~ra vesz** *vkt* take* sy for a fool, dupe sy

pálinka *n* brandy, spirit

pálma *n bot* palm(-tree) ‖ **elviszi a ~t** bear* the palm

pálmaház *n* glasshouse, greenhouse

palota *n* palace, mansion (house)

pálya *n* course, path; (*égitesté, űrhajóé stb.*) orbit; (*vasúti*) (railway) track, railway (line), *US* railroad (line); *sp* (sports) ground, (playing) field; (*futó*) track; (*tenisz*) court; (*életpálya*) career, profession, occupation ‖ **~!** *sp*

stand clear, please!, Gangway!; ~t
választ choose* a profession
pályafutás n career
pályaudvar n vasút railway (US
railroad) station; (autóbusz) bus/
coach station/terminal
pályázat n (versengés) competi-
tion; (vm elnyerésére) application
(for sg) ‖ **nyertes** ~ prize-winning
entry/work
pályáz|ik v (vm elnyerésére) com-
pete for, apply (v. put* in) for [a
job, a scholarship etc.]; (pályáza-
ton vesz részt) compete, enter (for)
[a competition]
pamlag n couch, settee, sofa, US
davenport
pamut n cotton
pamutáru n cotton goods pl, cot-
tons pl
pamutszövet n cotton (fabric/cloth)
pamutvászon n calico
panasz n jog is complaint; (vk
ellen) accusation, charge ‖ **mi a
~a?** (betegtől) what is your com-
plaint?; ~t **tesz vk ellen** make*/
lodge a complaint against sy
(vknél with sy)
panaszkod|ik v vkre, vmre com-
plain about/of (sy/sg); (vmről, pl.
fejfájásról) complain of [a head-
ache etc.]
páncél n (lovagi) (suit of) armour
(US -or), mail; (rovaré) carapace,
shell
páncélszekrény n safe
pancser n biz duffer, muff, bun-
gler, US sad sack
pancsol v splash (about), paddle
panelház n prefabricated house;
biz prefab; (toronyház) high-rise
(block), tower block

pangás n átv is stagnation, depres-
sion, slump, recession
pánik n panic ‖ **csak semmi** ~!
don't panic!
panoptikum n waxworks pl v.
sing.; (Londonban) Madame Tus-
saud's
panoráma n view, panorama
pánt n band, hold-fast; (ruhán)
strap
pantalló n trousers, slacks, US
pants (mind: pl)
pantomim n pantomime, mime
panzió n = **penzió**
pap n (katolikus, anglikán, ortodox)
priest; (anglikán így is) clergy-
man°, vicar; (főleg református)
minister, pastor
papa n biz Dad(dy), Papa, US Pa
pápa n Pope
papagáj n parrot
papír n (anyag) paper; (egy darab) a
piece of paper ‖ **vknek a ~jai** biz
(személyi okmányok) sy's/one's
(identity) papers/documents pl
papírbolt n stationer('s)
papírforma n ~ **szerint** on paper,
in theory; ~ **szerint győz** the odds
are that he will win
papírkosár n waste-paper basket,
US wastebasket
papírkötés n (könyvé) paper covers
pl, paperboards pl
papírpelenka n (betét) nappy-liner;
(eldobható) disposable nappy (US
diaper)
papírpénz n paper money, (bank-)
notes pl, US bills pl
papírszalvéta n paper napkin
papírzsebkendő n paper tissue
paplan n (steppelt) duvet, conti-
nental quilt; (pehely) eiderdown

paprika n (*növény és termése, zöld-paprika*) green pepper; (*piros*) red pepper; (*fűszer*) (Hungarian) paprika

papucs n slippers *pl*; *sp biz* speedboat; = **papucsférj**

papucscipő n slip-on, *US főleg* loafer

papucsférj n henpe　usband

pár 1. n (*kettő*) pair; (*házas, szerelmes*) couple; (*egyenértékű*) match, the counterpart, analogue ‖ **élete ~ja** (one's/a) partner for life **2.** a (*kettő*) pair of; (*néhány*) a couple (of), some, few (*mind után: pl*) ‖ **egy ~ kesztyű** a pair of gloves; **egy ~ szót szólt csak** he said only a few words

pára n (*gőz*) steam, vapour (*US* -or); (*kipárolgás*) fumes *pl*, exhalation

parabolaantenna n (satellite) dish

parádé n (*felvonulás*) parade, pageantry; (*pompa*) pomp, (spectacular) show

paradicsom n *bot* tomato (*pl* -toes); *vall* paradise

paradicsomleves n tomato soup

paradicsommártás n tomato sauce

parafa n cork ‖ **~ dugó** cork

paragrafus n (*szakasz*) section, paragraph; (*törvénycikk*) article

paraj n spinach

paralel a parallel

paraméter n parameter

parancs n command, order; *kat* order, directive; (*utasítást tartalmazó*) direction ‖ **vk ~ára** by order of sy

parancsnok n *kat* commander, commanding officer

parancsnokság n (*szerv*) headquarters (of the commander) *sing. v. pl*

parancsol v vknek vmt command/order/direct sy [to do sg]; (*udvariassági kifejezésekben*) **~?** I beg your pardon(?) ‖ **mit ~?** what can I do for you?, can I help you?; **~jon helyet foglalni!** please take a seat!; **tessék ~ni!** (*kínálva*) (please) help yourself

parányi a minute, tiny

párás a (*levegő*) humid, misty, hazy; (*ablak*) steamed/misted up

párásod|ik v (*ablak*) steam/mist up

paraszt n peasant, countryman°; (*sakkban*) pawn; *pejor* (*faragatlan személy*) boor(ish fellow), lout

parasztház n farmhouse, peasant cottage/house

páratartalom n humidity

páratlan a *mat is* odd; (*ritka*) unrivalled (*US* -l-), peerless; matchless, unequalled (*US* -l-) ‖ **~ a maga nemében** unique (of its kind)

parázna a/n *ir* lecherous, libidinous; (*nő*) lewd

parázs n glowing embers *pl*

párbaj n duel

párbajtőr n épée

párbeszéd n dialogue (*US* -log)

pardon! *int* pardon/excuse me!, I beg your pardon!, (I'm) sorry!

párduc n leopard, panther

parfé n parfait

parfüm n scent, perfume

párhuzamos a/n parallel

párhuzamosan *adv* parallel to/with sg

paripa n steed, (saddle-)horse

Párizs n Paris

párizsi *a/n* Parisian ‖ ~ **szelet** 'Parisian' cutlet; *(felvágott)* US bologna sausage

park *n (kert)* park, garden; *(jármű-állomány)* pool, fleet

párkány *n* edge, rim; *(ablaké)* sill

parkett *n (padló)* parquet (floor/flooring); *(táncparkett)* (dance) floor

parkol *v* park (the/one's car) swhere

parkoló 1. *a* ~ **gépkocsi** parked car **2.** *n* car park, *US* parking lot

parkolóház *n* multistorey car park, *US* parking garage

parkolóhely *n (férőhely)* parking (space), place to park ‖ **kijelölt** ~ designated bay

parkolóóra *n* parking meter

parlament *n* Parliament; *(épület)* parliamentary building(s); *(GB, H az épület)* the Houses of Parliament, *US* Congress, Capitol Hill

parlamentáris *a* parliamentary ‖ ~ **demokrácia** parliamentary democracy

parlamentarizmus *n* parliamentarism

parlamenti *a* parliamentary ‖ ~ **képviselő** *GB, H* member of parliament, *US* Congressman°, Congresswoman°

párna *n (ágyban)* pillow; *(ülésre)* cushion

paródia *n* parody, travesty

paróka *n* wig

parókia *n (lelkészlakás)* vicarage, parsonage; *(presbiteriánus, baptista)* manse; *(egyházközség)* parish

párol *v* steam, cook (sg) in steam, *(húst)* stew, braise

párolog *v* steam, evaporate, vapour *(US* -or)

páros 1. *a (kettős)* paired, twin; *mat* even ‖ ~ **oldal** *(utcáé)* even-numbered side **2.** *n sp* doubles ‖ **férfi** ~ men's doubles *pl*; **női** ~ women's doubles *pl*

párosával *adv* in/by pairs/twos

párosít *v* pair; *zoo* mate; *átv* join, combine, unite

párszor *adv* once or twice, a few times

part *n (állóvízé)* shore; *(tengeré, tágabb ért.)* coast; *(a part)* (sea)shore; *(homokos)* beach; *(folyóé)* bank, riverside ‖ **a** ~**on** on the shore; ~**ot ér** touch/make* land; ~**ra száll** go* on shore *(v.* ashore); *kat is* land, disembark

párt *n pol* party; *(pártfogás)* protection, patronage ‖ **belép egy** ~**ba** join a party; ~**ját fogja** take* sy's part

pártatlan *a* impartial

partdobás *n sp* throw-in

partedli *n* bib

pártfogó *n* patron, protector; *(támogató)* benefactor, backer, supporter

pártfogol *v (segít)* patronize, support, back (up), sponsor; *(véd)* protect

parti[1] *a (tengeri)* coastal; *(folyóé)* riverside

parti[2] *n (játszma)* game; *(öszszejövetel)* party; *(házasság)* **jó** ~**t csinál** make* a good match

partitúra *n zene* score

partner *n* partner; *film, szính* co-star; *(szexuálisan)* partner, friend

pártonkívüli *n* non-party man°

partőr n coast-guard, US *főleg*: coastguardsman°
pártprogram n party programme, US party platform
párttag n party member
párttagság n (*állapot*) party membership; (*tagok*) party members pl
partvédelem n coastal defence
partvidék n (*tengeré*) maritime/ coastal district/region
partvis n broom
partvonal n shoreline, coastline
párzás n mating
párz|ik v mate
pasa n tört pasha
pasas n biz fellow, chap, (*csak GB*) bloke, US guy
pástétom n pâté
passzió n hobby
passzíroz v pass through a sieve
passzív a passive, inactive
passzol v (*ráillik méretben*) fit; (*kártyajátékban*) pass, say "no bid"; (*futballban*) pass [the ball to sy]
paszta n (*kenőcs*) polish; (*étel*) spread, paste
pásztáz v mezőg work a field by strips; kat rake, enfilade; (*repülőgépről*) strafe; (*fényszóróval*) sweep* (with); (*filmfelvevővel*) pan
pasztell n pastel (US pastel)
pásztor n (*marháké*) herdsman°; (*birkáké*) shepherd
pasztőröz v pasteurize || ~ött tej pasteurized milk
pata n hoof°
patak n brook, stream(let)
patália n biz noise, row || ~t csap kick up a row/shindy
patentkapocs n press-stud, snap-fastener

patika n pharmacy, chemist's (shop)
patikus n chemist, pharmacist, US druggist
patkány n rat
patkó n (*lóé*) horseshoe
pátosz n emotion(al style), loftiness || hamis ~ bathos
patronál v sponsor, support, patronize
patt n stalemate
pattanás n (*zaj*) crack; (*bőrön*) pimple, spot, acne
pattog v (*tűz*) crackle; átv (*vk*) rail, fume
pattogatott kukorica n popcorn
páva n peacock; (*nőstény*) peahen
pávián n baboon, mandrill
pavilon n (*kiállító*) pavilion; (*árusítóbódé*) kiosk
pazar a (*fényűző*) luxurious; (*pompás*) brilliant, lavish, splendid
pazarol v squander, lavish, waste
pázsit n grass, lawn, turf
pecáz|ik v biz angle, go* angling
pech n biz bad luck
peches a biz unlucky, unfortunate; (*igével*) have* bad luck
pecsenye n roast
pecsenyebor n full-bodied wine
pecsét n (*viaszból stb.*) seal; (*lebélyegzés*) stamp; (*folt*) stain, blotch, spot
pecsétgyűrű n signet/seal ring
pedagógia n the study of teaching methods, pedagogy, education
pedagógus n teacher; (*általánosabban*) educator
pedál n pedal
pedáns a (*rendszerető*) thorough, meticulous, precise, particular; (*túlzón*) fussy, overparticular

pedig *conj* (*viszont*) while, and; (*azonban*) but, however; (*noha*) (al)though || **ez kék, az ~ piros** this is blue, while that one is red; **én ~ azt mondom** as for me I say; **nem jött el, ~ megígérte** (s)he didn't come, (al)though (s)he promised (s)he would

pedikűrös *a* chiropodist, pedicurist

pehely *n* (*hó, szappan*) flake; (*szőr, toll*) (eider)down, fluff

pék *n* baker('s)

péksütemény *n* rolls *pl*, baker's ware

péküzlet *n* baker's (shop), bakery

példa *n* example, instance, case, precedent; *mat* problem; (*nyelvtani*) example || **mint ~ul** as, for example ...; such as ...; **~ként felhoz** cite/give* (sg) as an example; **~t megold** solve a problem

példamutató *a* exemplary

példány *n* (*könyvé, újságé*) copy; (*minta*) sample, specimen

példás *a* exemplary

példátlan *a* unprecedented, without precedent *ut.*

például *adv* for example/instance

pelenka *n* nappy, *US* diaper

pelenkabetét *n* (disposable) nappy-liner

pelenkáz *v* change [the baby's] nappy (*v. US* diaper), change the baby

pelerin *n* cape, cloak

pelikán *n* pelican

penész *n* mildew, mould (*US* mold)

penge *n* blade

penget *v* sound; (*hangszerhúrt*) pluck [the strings]

penicillin *n* penicillin

péntek *n* Friday; → **kedd, keddi**

pénz *n* money; (*érme*) coin; (*papírpénz*) (bank)notes *pl, US* bills *pl*; (*pénzalap*) fund; (*fizetési eszköz*) currency || **jó ~ért** at a price; **nincs nálam ~** (*készpénz*) I've no (ready) cash on/with me; **semmi ~ért (sem)** not for love or/nor money; **~t keres** earn/make* money; **~t vált** change money

pénzalap *n* funds *pl*

pénzátutalás *n* (money) transfer

pénzautomata *n* cash dispenser, *US* ATM (= automatic teller machine)

pénzbedobós *a* coin-operated || **~ automata** vending machine, *US* slot-machine; **~ telefon** coin-operated telephone

pénzbírság *n* = **pénzbüntetés**

pénzbüntetés *n* fine, penalty || **~re ítél** *vkt* fine sy

pénzel *v* supply (sy) with money, fund; (*támogat*) sponsor

pénzesutalvány *n* money order

pénzhamisító *n* forger, counterfeiter

penzió *n* (*szálló*) boarding-house, guest-house, (*Anglián kívül*) pension; (*ellátás*) board || **fél~** half board; **teljes ~** full board

pénzjutalom *n* (money) reward, bonus

pénznem *n* currency

pénzösszeg *n* amount, sum (of money)

pénzromlás *n* depreciation, devaluation

pénztár *n* (*üzletben stb.*) cash desk/ point, cashier; (*ABC-áruházban*) checkout; (*bankban*) counter; (*jegy~*) ticket office; *szính* box-office; *vasút* booking office

pénztárca n (*bankjegynek*) wallet;
(*erszény*) purse
pénztári órák n hours of business,
business hours
pénztáros n cashier; (*banké*)
cashier, bank clerk, teller; (*vasúti*)
booking clerk
pénztelenség n impecuniousness,
poverty
pénzügyek n pl finances v. fi-
nances
pénzügyi a financial, finance || ~
helyzet (*országé*) financial situa-
tion; (*vállalaté*) state of the ...'s
finances
pénzügyminiszter n Minister of
Finance, *GB* Chancellor (of the
Exchequer), *US* Secretary of the
Treasury, Treasury Secretary
pénzügyminisztérium n Ministry
of Finance, *GB, US* the Treasury
pénzügyőrség n (*testület*) customs
pénzváltás n exchange (of cur-
rency); (*helye*) bureau de change
pénzváltó n (money-)changer;
(*automata*) change machine
pénzverde n mint
pép n pulp, mush; (*püré*) purée
pepita a checked, chequered, *US*
checkered
per n jog (law)suit, (legal) action
proceedings pl; (court) case || ~t
indít vk ellen take* legal pro-
ceedings/action against sy
perc n (*időegység*) minute; (*rövid
idő*) moment, instant || **csak egy
~re** (just) for a moment; **ebben a
~ben** just this moment; **egy ~
alatt** in an instant, in a sec-
ond/minute; **néhány ~e** a few
minutes ago; **tíz ~ múlva hat** ten
(minutes) to six; **tíz ~cel múlt hat**
ten (minutes) past (*US* after) six;
tíz ~et késik (be*) ten minutes
late
percenként adv every minute; tech
per minute
percmutató n minute-hand, big-
hand
perdöntő a decisive
perec n pretzel
pereg v (*forog*) spin*/whirl/turn
round, twirl || ~ **a dob** the drum
rolls (out)
perel v ~ vkt jog sue sy, take* sy to
court, take* legal action against
sy; (*veszekszik*) quarrel, dispute
perem n border, edge, margin;
(*edényé, kalapé*) rim, brim; tech
flange || **a város ~én** on the out-
skirts of [a/the city]
peremváros n suburb, (the) sub-
urbs pl
peres ügy n lawsuit
pereskedik v jog litigate, go* to
law; (*öncélúan*) be* litigious
perfekt a perfect, accomplished || ~
angol he speaks good/fluent Eng-
lish
periódus n period; el cycle
permanens a permanent, lasting
permetez v (*eső*) drizzle, sprinkle;
(*permetezővel*) spray
peron n (*pályaudvari*) platform
persely n (*takarék*) (money-)box;
(*gyereké*) piggy bank; (*templomi*)
collecting box; tech bush
perspektíva n (*távlat*) perspective ||
új ~kat nyit open up new vistas
persze conj of course, certainly || ~
hogy nem of course not, certainly
not; **hát ~** why, certainly
perverz a perverted
perzsel v (*nap*) scorch, broil

pesti *a* **a ~ oldalon** on the Pest/left bank (of the Danube)
pestis *n* (bubonic) plague
pesszárium *n orv* pessary
pesszimista 1. *a* pessimistic **2.** *n* pessimist
pesszimizmus *n* pessimism
petárda *n* firecracker
pete *n biol* egg (cell)
petefészek *n biol* ovary
petíció *n* petition
petrezselyem *n bot* parsley
petróleum *n GB* paraffin, *US* kerosene
petúnia *n bot* petunia
petyhüdt *a* (*bőr*) loose, slack; (*mell*) sagging; (*izomzat*) soft, flabby
petty *n* (*állaton*) spot; (*minta*) (polka) dot
pettyes *a* spotted, spotty; (*minta*) dotted
pévécé *n* PVC, vinyl
pezseg *v* (*folyadék*) sparkle, fizz, fizzle, bubble; (*utca forgalomtól*) swarm/teem/bustle with [activity/life etc.]
pezsgő 1. *a* sparkling; *átv* **~ élet** bustling/teeming life **2.** *n* champagne
Pf. = *postafiók* post office box, PO Box, P.O.B.
pfuj *int* fie!, (for) shame!; (*undor*) pooh!, ugh!, yuck!
pia *n biz* booze, *US* liquor
piac *n* market ‖ **a ~** the marketplace; **nincs ~a** there is no demand/call/market for it
piacgazdaság *n* market economy
piaci *a* **~ ár** market price
piackutatás *n* market research
piál *v biz* booze, soak

pianínó *n* upright/cottage piano
pici *a* tiny, minute, *biz* weeny
pihen *v* rest, take a rest, relax
pihenőhely *n* (*autópályán*) lay-by (*pl* -bys), *US* rest stop
pihenőnap *n* day off, rest day, holiday
pikáns *a* (*történet*) naughty, spicy, juicy, racy; (*íz*) (highly) seasoned, piquant
pikk *n* (*kártya*) spade(s)
pikkely *n* scale
piknik *n kb.* bottle party
pillanat *n* instant, moment, second ‖ **egy ~(ra)!** just/wait a moment!; **egy ~ alatt** in an instant; **ebben a ~ban** this (very) instant/moment
pillanatfelvétel *n* snapshot
pillanatnyi *a* momentary, temporary ‖ **~ csend** a moment of silence
pillanatnyilag *adv* at/for the moment, just/right now
pillanatragasztó *n* Superglue
pillangó *n zoo* butterfly
pillant *v vkre, vmre* glance at sy/sg
pillér *n* pillar, column, post; (*hídé*) pier
pilóta *n rep* (airline) pilot
pimasz *a* impudent, insolent, impertinent
pince *n* cellar
pincér *n* waiter; (*hajón*) steward; (*söntésben*) barman°
pincérnő *n* waitress; (*hajón*) stewardess; (*söntésben*) barmaid
pingpong *n* table tennis, ping-pong
pingvin *n* penguin
pinty *n zoo* chaffinch
pióca *n zoo* leech
pipa *n* pipe

pipacs n (red/corn/field) poppy
pipál v (pipázik) smoke a pipe
piperecikkek n pl toilet/cosmetic articles; (főleg feliratként) toiletries
piperetáska n cosmetic/vanity bag
piperkőc a/n dandy, fop, coxcomb
pír n (arcé) flush, blush
piramis n pyramid
pirítós (kenyér) n toast
pirkad v the day is breaking
piros 1. a red; (rózsaszínű) pink || ~ arc rosy/ruddy face (v. cheeks pl) 2. n (szín) red; (fény, jelzőlámpában) red light; (kártya) heart(s)
pirosító n (ajak) lipstick; (arc) rouge
pirospaprika n (őrölt) (Hungarian) paprika
pirospozsgás a rosy/ruddy-cheeked
pirul v redden; (arc) blush (vmtől with/at sg), flush (vmtől with sg); (hús) (begin* to) brown
pirula n pill, pastille
pisi n biz pee, wee(-wee), piddle
pisil v biz pee, piddle, widdle
piskóta n (rudacskák) sponge-finger, sponge biscuit; (tészta) sponge(-cake)
pislog v blink
pisze a retroussé, pug/snub-nosed || ~ orr snub/pug-nose, turned-up nose
piszkál v (vmt, tüzet) poke, stir; vkt badger, chivvy; (bosszantva) needle, annoy
piszkálód|ik v (kellemetlenkedik) nag sy, pick at sy
piszkavas n poker
piszkos a (tárgy) dirty; (erkölcsileg) filthy, foul || ~ beszéd foul

language, dirty talk; ~ **munka** dirty/messy work
piszkosfehér a off-white
piszmog v vmn, vmvel dawdle over sg, tinker with (v. away at) sg
piszok 1. n dirt, filth, biz muck 2. a ~ alak dirty rat/dog
pisztoly n pistol, (hand) gun || **önműködő** ~ automatic (pistol); ~t fog vkre aim a gun at sy
pisztráng n trout
pisszegés n hiss, hissing, booing
pite n fruit-flan, pie, tart
pityereg v whimper, whine, snivel (US -l)
pitypang n bot dandelion
pizsama n pyjamas pl, US pajamas pl
pl. = például for example/instance, e.g.
plafon n ceiling
plakát n bill, poster, placard
pláne adv biz particularly, especially
plasztik n plastic
plasztika n műv the plastic arts pl
plasztikai műtét n plastic surgery
platán(fa) n plane(tree)
platina n platinum
plébánia n (egyházközség) parish; (épület) parsonage, vicarage, rectory
plébános n parson, parish priest, vicar
pléd n (travelling-)rug (US -l-)
pléh n tin
plenáris ülés n plenary session
plénum n public || a ~ előtt before the public, in public
pletyka n (piece of) gossip, tittle-tattle; (rosszindulatú) scandal(-mongering)

pletykafészek n (*személy*) scandalmonger, gossip, newsmonger, tattler, US tattletale
pletykál v gossip, tittle-tattle
plusz 1. a (*előjel*) plus ‖ **a hőmérséklet ~ 10** oC the temperature is ten degrees centigrade/celsius (*v.* 10°C) **2.** n (*többlet*) excess, surplus **3.** adv mat plus; *biz* (*azonfelül*) plus ‖ **öt ~ három** five plus three
pluszmunka n *biz* additional/extra work
pocak n paunch, pot(belly)
pocok n zoo vole, fieldmouse°
pocsék a (*vacak*) worthless; (*komisz*) atrocious, rotten, lousy, foul
pocsékol v (*pazarol*) squander, waste
pocsolya n puddle, muddy pool, mire
pódium n stage, platform
poén n (*viccé*) point (of a joke), punch line
pofa n (*emberé, lóé*) cheek, jowl; (*más állaté*) chops *pl*; *biz* = **pasas** ‖ **fogd be a ˇdat!** *vulg* shut/dry up!; **ˇkat vág** make* faces; **van ˇja** have* the cheek/gall
pofaszakáll n (side-)whiskers, GB side-boards, US sideburns (*mind: pl*)
pofátlan a bare-faced, insolent
pofon 1. n (*kézzel*) slap/smack in the face, box on the ear **2.** adv ~ **vág** slap/smack sy in the face
pogácsa n *kb.* savoury scone, scones *pl*
pogány a (*nem keresztény*) heathen; (*istentelen*) pagan
poggyász n luggage (*pl* ua.), *főleg* US: baggage (*pl* ua.) ‖ **~t felad** check in one's baggage

poggyászkiadás n (*repülőtéren*) baggage reclaim
poggyászkuli n (baggage) trolley
poggyászmegőrző n left-luggage (office), US checkroom, baggage room
poggyásztartó n (luggage/baggage) rack
pohár n glass ‖ **egy ~ bor** a glass of wine
pohárköszöntő n toast ‖ **~t mond** give* a toast
pók n zoo spider
pókháló n (spider's) web, cobweb
pokol n hell; (*alvilág*) the underworld ‖ **eredj a ~ba** go to blazes/ hell
pokolgép n time bomb
pokoli a hellish, infernal; *biz* (*rendkívüli*) frightful, fiendish ‖ **~ fejfájás** splitting headache; **~ zajt csap** raise Cain, kick up an infernal row
pokróc n coarse/heavy blanket
polc n shelf°
polgár n (*államé*) citizen; (*nem katona*) civilian
polgárháború n civil war
polgári a (*élet, intézmény*) civil; (*nem katonai*) civilian; *pol* bourgeois, middle-class ‖ **~ bíróság** civil court; **~ demokrácia** bourgeois democracy; **~ jogok** civil rights/liberties; **~ lakosság** civilian population
polgárjog n **~ok** civil rights *pl*
polgárjogi a **~ harcos** civil rights leader/activist; **~ mozgalom** civil rights movement
polgármester n mayor
polgármesteri hivatal n the mayor's office, municipal office

polgárság n (vmely város lakossága) citizens pl; (középosztály) bourgeoisie, the middle classes pl
polip n zoo octopus (pl -puses)
politika n (tudomány és rendszer) politics sing.; (tevékenység és vk pol. nézetei) politics pl; (irányzat, elvek) policy
politikai a political || ~ **fogoly** political prisoner; ~ **pártok** political parties
pollen n pollen
pólóing, póló n T-shirt
poloska n zoo bedbug, US így is: chinch; biz (lehallgató) bug
pólus n pole
pólya n (csecsemőé) swaddling-clothes pl; (ma) baby's wrap-around/shawl; orv (sebre) bandage, dressing
pólyás a/n ~ **(baba)** babe-in-arms, infant
pompa n (látványosság) pageantry, pomp; (ünnepi) ceremony
pompás a (fényűző) luxurious, magnificent; (látványosan szép) splendid, glorious; (ember vmben) excellent, first-rate
pongyola 1. n dressing gown, wrap, US bathrobe 2. a careless, negligent; (stílus) loose
póni n pony
pont 1. n (térben) point; (mondat végén) full stop, US period; (ékezet) dot; (petty) dot; (időben) point; (mérték) point, stage, extent, degree; (részlet, szakasz) point, paragraph, article; (sp játék) score, mark || **a szerződés ~ja** clause/article/ paragraph of the contact; **egy bizonyos ~ig** to a certain extent/degree; **~ról ~ra** point by/for

point; 2. adv just, exactly, precisely || ~ **a közepén** right (v. biz bang/slap) in the middle
pontatlan a (vk időben) late, unpunctual; (nem precíz) inaccurate, inexact
pontos a (időben) punctual, exact; (precíz) accurate, exact, correct, precise || **az órám** ~ my watch keeps* good/excellent time; ~ **idő** right/correct time
pontosabban adv or rather; (or,) to be more precise
pontosan adv (időben) punctually; (precízen) accurately; (teljesen, egészen) exactly, precisely || ~ **érkezik** be*/come* on time; ~ **ugyanaz** just/exactly the same (thing)
pontosít v state precisely, specify
pontosság n (időben) punctuality; (precizitás) accuracy, precision
pontosvessző n semicolon
pontoz v (ponttal megjelöl) dot; sp score
pontszám n főleg sp score, points pl
ponty n carp
ponyva n (anyag) canvas; (üzleté, kirakaté) awning
popzene n pop music
por n (úté) dust; (gyógyszer) powder || **nagy ~t ver fel** átv cause a stir/sensation; **~t töröl** dust (the room)
póráz n lead, leash
porcelán n porcelain, china || ~ **étkészlet** (a set of) china
porció n portion, dole; (asztalnál) helping
porcukor n GB castor/icing sugar, US granulated/confectionery sugar

póréhagyma *n* leek
porfelhő *n* cloud of dust, dust-cloud
porhó *n* powder(y) snow
porlaszt *v* (*folyadékot*) atomize, vaporize
porlasztó *n* pulverizer; (*motoré*) carburettor (*US* -retor)
pormentes *a* dustless, dust-free, dustproof
pornográf *a* pornographic
pornográfia *n* pornography
porol *v* (*port csinál*) raise the dust; (*ruhát*) beat* the dust out of sg, dust sg
porolás *n* beating (the dust out of) sg, dusting, carpet beating
poroltó *n* fire-extinguisher
porond *n* (*cirkuszi*) ring, arena; *átv* (*küzdőtér*) arena
poros *a* dusty
porszívó *n* vacuum cleaner, *GB* hoover
porta *n* (*szállodai*) reception (desk)
portás *n* (*kapus*) doorman, *GB* porter, gatekeeper, *US* janitor; (*szállodai*) receptionist
portó *n* excess postage, postage due stamp
portré *n* portrait
pórul jár *v* come* (badly) unstuck (*v.* to grief)
porzó *n* bot stamen (*pl* stamens *v.* stamina)
poshadt *a* (*víz*) stagnant; (*más*) stale, rotten
posta *n* (*intézmény*) post; (*hivatal*) post office; (*küldemény*) post, mail ‖ ∼n küld vmt post sg (to sy), send* (sy) sg by post
postabélyeg *n* postage stamp
postacím *n* postal address, *US* mailing address

postafiók *n* post office box
postafordultával *adv* ∼ válaszol answer by return (of post)
postahivatal *n* post office
postai *a* postal, post-office ‖ ∼ díjszabás postal rates *pl*, postal/mail tariff; ∼ küldemény mail, *hiv* postal packet
postaláda *n* post-box, *GB* pillar-box; (*fali*) letter-box, *US* mailbox
postás *n* postman°
postautalvány *n* money order; *csak GB*: postal order
postáz *v* post, *US* mail
posvány *n* bog, fen, swamp; *átv is* slough
poszt *n* (*őrhely*) guardpost; *átv biz* post, position
poszter *n* poster
posztgraduális *a* postgraduate [course]
posztó *n* (broad-)cloth
pótágy *n* spare bed
pótalkatrész *n* spare (part)
pótdíj *n* additional/extra charge; (*vasúton*) excess fare
potenciális *a* potential, possible
pótjegy *n* (*vasúton*) excess fare
pótkávé *n* coffee substitute
pótkerék *n* spare wheel/tyre (*US* tire)
pótkocsi *n* trailer
pótkötet *n* supplement, supplementary volume
pótlás *n* substitution, replacement, supplement; (*veszteségé*) compensation
pótlék *n* (*vm helyett*) substitute (for); (*díj*) bonus, allowance
pótmama *n* baby-sitter
pótol *v* (*helyettesít*) replace (*vmt vmvel* sg by/with sg), substitute

(sg for sg); (*kiegészít*) supply (sg) with; (*elmulasztott dolgot*) make* up for (sg); (*veszteséget, kárt*) make* sg good, refund, compensate

pótolhatatlan *a vk, vm* irreplaceable, indispensable; (*veszteség*) irrecoverable

potom *a* trifling, insignificant || ~ **pénzen** *biz* for a song, dirt cheap

potroh *n* (*rovaroké*) abdomen

potya *biz* **1.** *a* (*ingyenes*) free (of charge), gratis; (*könnyű*) (*igével*) be* a cinch, *US* be* a steal **2** *n* (*alkalom, ajándék stb.*) freebie

pottyan *v* plop, plump, flop

póz *n* attitude, pose

pozíció *n* (*helyzet*) position; (*állás*) post, situation

pozitív 1. *a orv is* positive **2.** *n foto* print

pózna *n* pole, post, staff

pöcegödör *n* cesspool, cesspit

pödör *v* twirl, twist; (*bajuszt*) twirl one's moustache (*US* mustache)

pöfög *v* bubble (away), *átv* fume

pökhendi *a* arrogant, insolent

pörget *v* spin*/whirl (round), rotate

pörkölt *n kb.* (Hungarian) stew

pösze *a* lisping || ~**n beszél** have* a lisp

pöttöm(nyi) *a* tiny, minute

Prága *n* Prague

praktikus *a* practical; (*hasznos*) useful; (*könnyen kezelhető*) easy to handle *ut.*, handy

praxis *n* practice (*US* -ise), practical experience; (*orvosé, ügyvédé*) practice

precedens *n* precedent || ~ **nélkül** without precedent

precíz *a* precise, exact, accurate

préda *n* (*zsákmány*) prey, quarry; (*áldozat*) victim || **vmnek ~jává lesz** fall*/be*/become* prey to sg

prédikál *v vall* preach/deliver/give* a sermon (*vmről* on/about sg); *biz* preach (*vknek* to, *vmről* about/on)

prédikátor *n* preacher; (*evangelizátor*) evangelist

prém *n* fur

premier *n* first/opening night [of a play], première

prémium *n* bonus, premium, incentive

préri *n* prairie

présel *v* press; (*gyümölcsöt*) squeeze, press

presszó *n* coffee-bar

presztízs *n* prestige, (high) reputation

prézli *n* breadcrumbs *pl* [for frying]

priccs *n* plank-bed, berth

príma *a* first-class/rate

primadonna *n* prima donna, leading lady, star

prímás *n vall* primate; (*cigányzenekaré*) leader (of a gipsy-band)

primitív *a* primitive

primőr *n* first-fruits *pl*, early fruit and vegetables *pl*

primula *n* primrose, primula, cowslip

priusz *n* criminal record || ~**a van** have* a record

privát *a* (*magán*) private, personal; (*bizalmas*) confidential

privatizáció *n* privatization

privatizál *v* privatize

privilégium *n* privilege

prizma *n* (*fénytani*) prism; (*gépkocsin*) reflector

próba *n* test; (*kísérlet*) test(ing), trial, proof, try-out, experiment;

(*áruból*) sample, specimen; (*ruha*) trying on, fitting [of clothes]; (*nemesfémen*) hallmark; *szính* rehearsal
próbafülke *n* fitting room
próbaidő *n* (term of) probation
próbál *v* (*kipróbál*) try out, test; (*kísérletezik*) try, make* a trial; (*ruhát*) try on; (*színdarabot*) rehearse; (*merészkedik*) venture, dare ‖ ~ **vmt tenni** try/attempt to do sg
probléma *n* problem, question ‖ **ez nem** ~ (it's) no problem; **~ja van vmvel** have* difficulty in doing sg
produkál *v* produce
produkció *n* production, performance
profán *a* profane, secular; (*tiszteletlen*) irreverent
professzor *n* professor
próféta *n* prophet
profi *a biz* (real) pro
profil *n* (*oldalnézet*) profile, sideface; *tech* profile, contour, outline
profitál *v vmből* profit/benefit/gain by/from
prognózis *n* prognosis, forecast; (*időjárási*) weather forecast
program *n* programme, *US* program; (*terv*) schedule; (*szórakozás*) entertainment; *pol* [party's] platform; *szt* program ‖ **~ja van** have* an engagement
programoz *v* program (*US* -m- *is*)
progresszív *a* progressive
proletár *a/n* proletarian
prolongál *v* prolong, protract, extend
propaganda *n pol* propaganda; *ker* (*reklám*) publicity
propeller *n* propeller, (*air*)screw

prospektus *n* prospectus; (*könyvecske*) brochure, leaflet; (*összehajtható*) folder
prostituált *n* prostitute, call-girl
protekció *n* influence, backing ‖ **~ja van** have* influential friends [in high places etc.], be* well-connected ‖ **~t vesz igénybe** pull strings [to]
protestáns *a/n* Protestant
protézis *n* (*végtag*) prosthesis (*pl* -theses); (*fog*) denture
provokál *v* provoke
próza *n* prose
prűd *a* prudish, straight-laced, prim, *US így is*: prissy
prüszköl *v* sneeze
pszichiáter *n* psychiatrist
pszichiátria *n* psychiatry
pszichológia *n* psychology
pszichológus *n* psychologist
pszt! *int* hush!, (s)sh!, shush!
publikál *v* (*nyilvánosságra hoz*) make* public/known, announce, proclaim; (*megjelentet*) publish
publikum *n* the public, audience
pucér *a* (stark) naked, *biz* in the buff *ut.*
pucol *v* (*ruhát, ablakot*) clean; (*cipőt*) polish; (*krumplit*) peel; *biz* (*eliszkol*) skedaddle, clear/make* off
puccs *n* coup (d'état) (*pl* coups d'état)
púder *n* (face) powder
puding *n* pudding
puff *int* bang!, plop!
puffan *v* plop, plump, thump
pufók *a* chubby
puha *a* soft; (*gyümölcs*) mellow; (*húsétel*) tender ‖ ~ **fedelű könyv** paperback

puhány *n átv* weakling, spineless person

puhatolódzás *n* investigation

puhít *v* soften; (*húst*) tenderize; *vkt* soften sy up

pukkaszt *v* (*mérgesít*) vex, annoy

puli *n* puli <Hungarian sheep-dog>

pulóver *n* (*női, férfi*) sweater; *csak GB*: jumper; (*főleg férfi*) pullover

pult *n* (*üzletben*) counter; (*bárban*) bar (counter) ‖ **a ~ alatt** under the counter

pulzus *n* pulse ‖ **megtapogatja vk ~át** feel* sy's pulse

pulyka *n* turkey

pumpa *n* pump

púp *n* hump, hunch

púpos *a/n* hunchback(ed)

puska *n* rifle, gun; *isk* crib

puskáz|ik *v* crib, use a crib (*US* pony)

puszi *n biz* kiss

puszil *v biz* peck, kiss

puszta **1.** *a* (*elhagyott*) deserted, abandoned, uninhabited; (*kopár*) bare, bleak; (*nyomatékosító szóként*) bare, mere ‖ **már a ~ látása is** the mere sight of it; **~ kézzel** with one's bare hands **2.** *n* (*síkság*) (the) puszta <Hungarian plain>; (*major*) farm(stead), *US* ranch

pusztán *adv* merely, only, solely

pusztaság *n* lowland, plain

pusztít *v* devastate, destroy

pusztulás *n* destruction, ruin

puttony *n* <basket for gathering grapes>

pünkösd *n* Whitsun(tide), *US* Pentecost

pünkösdirózsa *n* (common) peony

püré *n* purée, mash

püspök *n* bishop

püspökfalat *n* parson's nose, *US* pope's nose

püspökkenyér *n* fruit cake, spicecake

R

-ra, -re *suff* **A)** (*helyhatározó*) **a)** on ‖ **tedd az asztalra** put it on the table; **b)** to ‖ **vidékre megy** go* to the country; **c)** at ‖ **ujjal mutat vmre** point at sg; **d)** (*elöljáró nélkül*) **innen egy kilométerre van** it is a kilometre from here **B)** (*időhatározó*) **a)** (*időpontra*) by ‖ **ötre ott leszek** I'll be there by five (o'clock); **b)** (*idő tartamára*) for ‖ **egy hétre** for a week; **c)** to ‖ **hétről hétre** from week to week; **d)** (*elöljáró nélkül*) **mához egy hétre** today week, this day week **C)** (*állapothatározó*) (*különféle elöljáróval v. elöljáró nélkül*) **szabadlábra helyez** set* at large; **könnyekre fakad** burst* into tears **D)** (*vmvé válik/tesz*) **a)** to ‖ **darabokra törik** break*/come*/fall*/go* to pieces; **b)** (*különféle elöljáróval v. elöljáró nélkül*) **három részre oszt** divide into three parts **E)** (*véghatározó*) **a)** at ‖ **céloz vkre** *átv* hint at sy; **b)** for ‖ **vár vkre/vmre** wait for sy/sg; **c)** of ‖ **emlékeztet vkt vmre** remind sy of sg; (*rendszerint főnévi igenévvel rövidített szerkezettel v. elöljáró nélkül*) **kér vkt vmre** ask/request sy to do sg **F)** (*módhatározó*) **a)** at ‖ **első látásra** at first sight; **b)** (különféle elöljáróval) **szóról szóra** word for word **G)** (hasonlításban) **hasonlít az apjára** he resembles his father **H)** (fokhatározó; különféle elöljáróval v. elöljáró nélkül) **felére csökkent** reduce by half **I)** (tekintethatározó; különféle elöljáróval) **fél szemére vak** he is blind in one eye; **vmre nézve** with regard to sg **J)** (célhatározó) to, for || **nagy örömömre** to my great joy

rá adv upon/on/onto him/her/it || **emlékszem** ~ I remember him/her/it; **haragszom** ~ I am angry with him/her; ~ **egy hétre** a week later/after

ráadás n sg extra, plus; (művésztől) encore

ráadásul adv besides, at that ut., (and) what is more, moreover

rab n prisoner; (fegyenc) convict || **a kábítószer ~ja** be* addicted to a drug (v. drugs), be* a drugaddict; **a televízió ~ja** be* a slave to television, be* glued to the television

rabbi n rabbi

rábeszél v vkt vmre persuade sy to do sg

rábíz v vkre vmt entrust sg to sy (v. sy with sg); vkre vkt put* sy in sy's charge/care

rábizonyít v vkre vmt convict sy of sg, prove sy guilty of sg

rablás n robbery

rabló n robber, thief°

rablógazdálkodás n ruthless/ruinous exploitation

rablógyilkosság n robbery and murder

rabol v rob; (fosztogat) pillage, plunder; (embert) kidnap (US -p) || **időt** ~ take* up a great deal of time

raboskod|ik v be*/languish in prison

rabság n (fogság) captivity; (leigázottság) bondage

rabszolga n slave

rábukkan v vkre, vmre come* across, come*/hit* on/upon

racionális a rational

rács n grating, screen; (rostély) grill(e), grid, grate || ~ **mögött** behind bars

rácsavar v (csavarozással) screw (sg) on (to sg); (fonalat, kötelet) wind* on, coil on/round

rácsodálkoz|ik v stare at sy/sg (in wonderment)

rácsuk v close/shut* sg on sy || **~ja az ajtót vkre** shut* sy in

radar n radar

radarkontroll n radar speed check/trap

radiátor n radiator

rádió n (intézmény) radio, broadcasting company; (készülék) radio || **a ~ban hallottam** I heard it on the radio; **~n közvetít** broadcast*; **~t hallgat** listen to the radio

radioaktív a radioactive || ~ **hulladék** radioactive waste

radioaktivitás n radioactivity

rádióbemondó n announcer

rádióközvetítés n broadcast(ing)

rádiólokátor n radar

rádióműsor n radio programme (US -ram), broadcast

rádiótelefon n radiotelephone, radiophone

rádióz|ik v listen in (on the radio), listen to the radio
radír n rubber, eraser
rádium n radium
rádöbben v vmre realize sg suddenly, become* aware/conscious of sg
ráér v have* (plenty of) time, find* time (vmre for sg v. to do sg) || **nem érek rá** I am busy
ráérő a ~ **idő** leisure/spare/free time; ~ **idejében** at one's leisure
ráerőszakol v vmt vkre force/thrust*/press sg on sy
ráfér v (felfér vmre) there is room for sg/sy (swhere); vkre vm átv be* (badly) in need of
ráfizet v (üzletre) lose* [money] by/on sg; átv vmre come* off a loser (in sg)
ráfog v vkre (lőfegyvert) point/aim/level (US -l) [a gun] at sy; vkre vmt (falsely) accuse sy of (doing) sg
ráfordít v (összeget) spend* money on sg; (erőt, fáradságot) put* [a great deal of effort] into sg
ráfordítás n expenditure, cost
ráförmed v vkre bawl/snarl at sy, round (up)on sy
rag n nyelvt inflection, suffix
rág v chew; (rágcsáló) gnaw, nibble (at) || **körmét ~ja** bite* one's nails
ragad v (vmhez, egymáshoz) stick* (together), adhere (to each other); (ragadós) be* sticky; (megragad) seize, grasp || **magához ~ja a hatalmat** seize power; **magával ~** átv thrill, captivate; **ott ~** (vk vhol) stick* around

ragadozó 1. a predatory || ~ **madár** bird of prey **2.** n beast of prey, predator; ~**k** zoo carnivores
rágalmaz v (szóban) slander, calumniate
rágalom n (szóval) slander, calumny
rágalomhadjárat n campaign of slander/vilification
ragályos a (betegség) infectious
ragaszkod|ik v vkhez cling*/stick* to sy, be* loyal/devoted/attached to sy; vmhez stick*/cling*/adhere to sg, insist on sg
ragaszt v stick*/glue to (sg)
ragasztó n adhesive, glue, biz stick
ragasztószalag n adhesive tape
rágcsálók n pl rodents
rágógumi n chewing gum; (felfújható) bubble gum
rágós a tough (as leather), leathery, rubbery
ragozás n nyelvt inflection; (igéé) conjugation; (főnévé) declension
ragu(leves) n veal/chicken-broth, ragout
ragyog v shine*, glitter, glisten
ragyogó a bright, shining, gleaming; átv brilliant, excellent, splendid || ~ **formában van** be* in great shape/form; ~ **idő** gorgeous weather; ~ **ötlet** brilliant/bright idea
rágyújt v (cigarettára) light* [a cigarette]
ráhagy v (örökséget) leave* sg (by will) to sy, bequeath sg to sy; (nem ellenkezik) indulge sy in sg, agree to
ráijeszt v vkre frighten/alarm sy || **alaposan ~** scare sy out of his/her senses

ráill|ik v vmre/vkre suit sg/sy

raj n (méheké, rovaroké) swarm; (madaraké) flock, flight; kat squad, detachment; (hajó) squadron

rajcsúroz v be* romping about

rajong v vmért be* enthusiastic about/over sg, have* a passion for sg

rájön v (megtud) find* (sg) out, discover (sg) ‖ **rájöttem, hogy** I realized that; **vm ~ vkre** sg comes* over sy

rajt n sp start ‖ **~hoz áll** toe the line (v. US mark)

rajta 1. adv (vmn, vm felületén, vkn) (up)on him/her/it, over it ‖ **~ a sor** it is his turn; **~ áll** vkn it is (all) up to him; **segít ~** help sy (with sg) **2.** int sp go!

rajtakap v vkt vmn catch* sy in the act (of doing sg), biz catch* sy red-handed

rajtaütés n (surprise) attack, raid, swoop

rajtol v start

rajz n (rajzolás, kész rajz) drawing

rajzás n swarming

rajzfilm n (animated) cartoon

rajzol v draw*, sketch

rajzszeg n drawing-pin

rak v (helyez) put*, set*, lay*, place; (elrendez) arrange ‖ **egymásra ~** stack/pile (up); **tüzet ~** make* a fire

rák n zoo (rákok) crustaceans pl; (folyami) crayfish (tengeri) crab; (homár) lobster; orv cancer

rákap v vmre take* to, get*/fall* into the habit of

rakás n (halom) pile, stack, heap

rákbeteg n cancer patient

ráken v (kenyérre stb.) spread* sg on sg; (bemázol) smear sg on sg; biz vmt vkre lay*/put* the blame on sy for sg

rakéta n rocket; (lövedék) missile

rakétakilövő pálya n launching pad/site

rakétatámaszpont n rocket base

rákkeltő a carcinogenic ‖ **~ anyag** carcinogen

rákkutatás n cancer research

rakodás n (berakodás) loading, lading; (kirakás) unloading

rakodómunkás n stevedore; (dokkmunkás) docker, dock-worker; (egyéb) loader, packer

rakomány n load; (hajóé, repülőgépé) cargo

rákos daganat n malignant tumour (US -or), cancer

rakott n **~ káposzta** layered cabbage (with rice, pork and sour cream); **~ krumpli** kb. layered potato casserole; **~ szoknya** pleated skirt

rakpart n quay(side), wharf

raktár n store(-room), storehouse; ker warehouse; (készlet) stock, supply ‖ **nincs ~on** it is out of stock; **~on tart vmt** have*/keep* sg in stock

raktároz v store

Ráktérítő n Tropic of Cancer

ráma n (képé) frame

rámenős a aggressive, pushy

rámutat v (hibára) point out (sg)

ránc n (arcon) wrinkle, (homlokon) furrow; (ruhán) fold, pleat ‖ **~ba szed vkt** (fegyelmez) bring* sy to heel

ráncol v (ruhát) pleat ‖ **~ja homlokát** knit/furrow one's brow(s)

ráncos *a* (*arc*) wrinkled, wizened
randalíroz *v* run* riot, brawl, kick up a row
randevú *n* date
randevúz|ik, *biz* **randiz|ik** *v* have a date with
rang *n* rank; (*társadalmi*) rank, standing, status
rángató(d)z|ik *v* (*görcsösen*) jerk; (*ajak, arc*) twitch
rangidős *a* senior
rangjelzés *n* stripes *pl*
rangsorol *v* rank, grade
ránt *v* pluck, pull, jerk
rántott *a* (*hús*) fried in bread-crumbs *ut.*
rántotta *n* scrambled eggs *pl*
ráparancsol *v* *vkre* charge/command sy to do sg
rapszódia *n* rhapsody
rárakód|ik *v* *vmre* settle on
rárivall *v* *vkre* scold sy, bawl sy out (for sg), shout at sy
ráruház *v* (*jogot vkre*) transfer sg to sy; (*pénzt, tulajdont*) settle sg on sy
rászáll *v* (*rárepül*) fly* on; (*por, korom*) settle on; (*tulajdon*) fall*/descend to; *biz* (*nem tágít vktől*) ~ **vkre** descend on sy
rászán *v* (*összeget vmre*) assign/allot [a sum] to || ~**ja magát vmre** decide to do sg
rászed *v* *vkt* deceive/dupe sy, take* sy in
rászegeződ|ik *v* **minden szem** ~**ött** all eyes were (focussed) on him/her
rászok|ik *v* *vmre* become*/get* accustomed to sg || ~**ik az ivásra** take* to drink
rászól *v* (*rosszallólag*) rebuke sy

rászorul *v* *vmre* be* in need of sg, be* reduced to doing sg
rászorult *a/n* **a** ~**ak** those in need, the poor
rátalál *v* (*kitalál*) discover, find* out; (*keresés után*) trace, track down; (*véletlenül*) hit*/chance (up)on sg
rátarti *a* uppish, priggish, uppity
rátermett *a* *vmre* (be) suitable/fitted for sg
rátesz *v* *vmt vmre* put*/lay*/place sg on sg || ~**i a kezét vmre** lay*/take* hold of sg
rátör *v* *vkre/vmre* attack sy/sg
ravasz *a* sly, cunning, artful
ravatal *n* bier, catafalque
ravatalozó *n* mortuary, funeral parlour (*US* -or)
rávesz *v* *vmre* persuade sy to do sg
rávezet *v* *átv vkt vmre* give* sy a clue/hint
ráz *v* shake*; (*jármű*) jolt; (*áram, vezeték*) shock, be* live || **kezet** ~ **vkvel** shake* hands with sy
rázendít *v* (*dalra*) break* into [a song], begin* [to · sing]; (*zenére*) strike* up [a tune]
rázós *a* (*út*) rough, bumpy; (*ügy*) *biz* ticklish, tricky, touchy
razzia *n* (police-)raid
-re *suff* → **-ra**
reagál *v* *vk vmre* react/respond to sg
reakció *n* *pol, fiz is* reaction
reális *a* (*valóságos*) real, actual, true || **nem** ~ unreal
realizmus *n* realism
reáljövedelem *n* real income
rebarbara *n* rhubarb
recenzió *n* review; (*rövid*) (short) notice

recepció *n* reception desk
recept *n* (*főzéshez*) recipe; *orv* prescription
recseg *v* crack, creak
redőny *n* *n* searchlight; *szính* projector, (*spotlámpa*) spotlight; (*autón*) headlight(s *pl*)
reflex *n* reflex
reform *n* reform
reformáció *n* *vall* Reformation
református *a*/*n* reformed, Calvinist
refrén *n* refrain, burden
rég *adv* = **régen, régóta**
rege *n* tale, saga, legend
régebben *adv* previously, before(hand), formerly
régebbi *a* former, earlier, previous ‖ ~ **szám** (*folyóiraté*) back number
régen *adv* long ago, a long time/while ago, formerly ‖ **nagyon** ~ a long time ago; ~ **nem láttam** I haven't seen him for a long (*v.* some) time
régente *adv* ~ **mondogatta nekem** he used to tell me that...
regény *n* novel
regényhős *n* hero, romantic hero
regényíró *n* novelist, novel-writer
regényirodalom *n* fiction, the novel
régész *n* archeologist
régészet *n* archeology
reggel **1.** *adv* in the morning ‖ **ma** ~ this morning; **korán** ~ early in the morning **2.** *n* morning ‖ **jó** ~**t** (**kívánok**)! good morning!
reggelenként *adv* every/each morning, in the morning(s)
reggeli **1.** *a* morning ‖ ~ **hírek** the (morning) news *sing.* **2.** *n* breakfast ‖ **angol** ~ English breakfast; (**sima**) ~ continental breakfast

reggeliz|ik *v* have* (one's) breakfast
régi *a* (*régóta meglevő*) old, long-standing; (*a múltban megvolt*) ancient, old, early, bygone, past; (*előző*) former, late; (*ócska*) dilapidated, worn(-out), old ‖ ~ **barátom** an old friend of mine
régies *a* antiquated, archaic
régimódi *a* old-fashioned
régiség *n* (*tárgy*) antique ‖ ~**ek** antiquities
régiségbolt *n* antique(s) shop
régóta *adv* for a long time/while, for ages
rejl|ik *v* *vmben* lie*/be* in/behind sg ‖ **mi** ~**ik a hír mögött?** what's behind this piece of news?
rejt *v* hide*; (*leplez*) conceal
rejtekhely *n* hiding place
rejtély *n* riddle, puzzle, enigma, secret; (*titokzatosság*) mystery
rejtett *a* (*eldugott, titkos*) hidden, concealed, secret; (*lappangó*) latent ‖ ~ **hiba** (*árué, gépé*) latent defect, hidden fault, *biz* bug; ~ **mikrofon** hidden microphone
rejtjel *n* code, cipher
rejtőzés *n* concealment, hiding
rejtvény *n* riddle, puzzle ‖ ~**t** (**meg**)**fejt** solve a riddle/puzzle
rekamié *n* sofabed, (studio) couch
rekedt *a* (*hang*) hoarse, husky, harsh
rekesz *n* compartment; (*láda*) crate
reklám *n* (*reklámozás*) advertising, publicity, (sales) promotion; (*maga a reklám*) advertisement, *biz* ad; (*tévében, rádióban*) commercial
reklamáció *n* complaint
reklamál *v* (*panaszt tesz*) complain about sg; (*követel vknél vmt*) demand sg from sy, claim sg from sy

reklámfüzet *n* (*kötött*) brochure, booklet, prospectus; (*hajtogatott*) leaflet

reklámoz *v* advertise, promote, publicize, *biz* push

rekord *n sp* record

rekordtermés *n* bumper crop, record yield

rektor *n H* Rector [of the University], *GB* Vice-Chancellor, *US* Rector, President [of the University]

rektori hivatal *n H* Rector's Office, *GB* Vice-Chancellor's Office

rekviem *n* Requiem

relatív *a* relative

relief *n* relief; (*magas*) high relief; (*fél*) bas-relief

rém *n* (*kísértet*) spectre (*US* -ter), ghost, apparition, phantom ‖ **~eket lát** he is an alarmist

remeg *v* tremble, quake, shake, quiver

remek 1. *a* superb, magnificent, splendid **2.** *int* great!, splendid!

remekmű *n* masterpiece

remél *v* hope (*vmt* for sg); (*vmt vár*) expect (sg), look forward to (sg *v.* doing sg)

remény *n* hope, expectation ‖ **abban a ~ben, hogy** in the hope that (*v.* of ...)

reménytelen *a* ~ **eset** hopeless matter/case; ~ **szerelem** unrequited love

rémes *a* awful, frightful, dreadful, horrible

remete *n* hermit, recluse

rémhír *n* rumour (*US* -or)

rémít *v* terrify, frighten, alarm

rémkép *n* nightmare

réml|ik *v vknek* seem, appear to sy ‖ **úgy ~ik, mintha** I seem to remember (that)

rémregény *n* horror story, thriller, *US* dime novel

rémuralom *n* terror(ism), reign of terror

rémület *n* terror, horror

rémült *a* horrified, terrified

rend *n* (*elrendezettség*) order; (*szobáé*) tidiness; (*sor*) row, line; *zoo, bot* order; (*társadalmi*) order, class [of society] ‖ **itt valami nincs ~ben** there is something wrong (here); **~be hoz** *vmt* put*/set* sg/ things to rights; (*megjavít*) repair/ mend sg; **~be tesz vmt** put*/set*/ get* sg in order, (*szobát*) do* [the room]; **~ben van** be* in order; (*elintézett*) be* done/settled; **~ben (van)!** (*helyeslés, beleegyezés*) (all) right!, fine!, *biz* OK, okay!

rendel *v* (*árut*) order; (*ruhát, cipőt*) have* (sg) made for oneself; (*orvosságot*) prescribe [a medicine] for [an illness]; (*orvos rendelést tart*) have*/hold* one's surgery ‖ ~ **2-től 4-ig** surgery/consulting hours 2 p.m. to 4 p.m.; **magához** ~ **vkt** summon sy, send* for sy; **tetszett már ~ni?** are you being served?

rendelet *n jog* order, decree

rendeletileg *adv* by order/decree

rendelkezés *n* disposition, disposal, direction ‖ **miben állhatok ~ére?** what can I do for you?; **~re bocsát** place/put* sg at sy's disposal

rendelkez|ik *v* (*parancsot ad*) give* orders; (*vm felett*) dispose

of/over ‖ ~ik **vmvel** (*birtokol*) possess sg
rendellenes *a* abnormal
rendeltetés *n* purpose, destination
rendeltetési hely *n* destination
rendelő *n orv* consulting room, surgery
rendes *a* (*rendszerető*) tidy, neat; (*rendben tartott*) tidy, neat (and tidy), orderly; (*derék*) decent, nice, good; (*megszokott*) usual, normal
rendetlen *a* (*nem rendes*) untidy, disorderly; (*hanyag*) careless, negligent
rendetlenked|ik *v* (*gyerek*) misbehave, be* mischievous
rendetlenség *n* disorder, confusion, *biz* mess
rendez *n* (*elrendez*) arrange, order; (*elintéz*) put*/set* sg to rights, settle; (*szervez*) organize; (*filmet, színdarabot*) direct ‖ **adósságot** ~ pay*/settle one's debts
rendezetlen *a* disordered; *átv* unsettled ‖ ~ **adósság** outstanding/unsettled debt
rendező *n* (*szervező*) organizer; *szính, film* director
rendezvény *n* programme (*US* program)
rendfokozat *n kat* rank
rendhagyó *a nyelvt* irregular
rendkívüli *a* (*szokatlan*) extraordinary, unusual, (*kivételes*) exceptional, (*különleges*) singular
rendőr *n* policeman°; (*női*) policewoman°
rendőrfelügyelő *n* inspector
rendőrkéz *n* ~re **kerül** be* taken into custody, be* arrested
rendőrség *n* police *pl*

rendőrspicli *n biz pejor* (police-) spy, informer
rendreutasít *v* call sy to order
rendszabály(ok) *n* (*intézkedés*) measures *pl*, steps *pl*
rendszám *n* registration number
rendszámtábla *n* number plate, *US* license plate
rendszer *n* system; (*módszer*) method; (*politikai*) regime
rendszeres *a* (*rendszerezett*) systematic, methodical; (*állandó*) constant, permanent; (*megszokott*) habitual, regular
rendszerint *adv* as a rule, usually, generally
rendszertan *n* taxonomy, taxology
rendtartás *n* rules *pl*, regulations *pl*
rendületlen *a* firm, resolute, steadfast
reneszánsz *n* the Renaissance
reng *v* shake*, tremble, quiver; (*föld*) quake
rengeteg *num a* (*számra*) vast number of; *biz* lots of; (*tömegre*) huge, enormous, vast ‖ ~ **dolgom van** I'm very busy
rénszarvas *n* reindeer
renyhe *a* inert, inactive, torpid; (*bélműködés*) sluggish
répa *n* (*fehér*) turnip; (*sárga*) carrot; (*cukor*) (sugar-)beet
repce *n* rape, colza
reped *v* crack, burst*, split*; (*bőr*) chap, crack; (*ruha*) tear*
repesz *n* shrapnel, splinter
repkény *n* ground ivy
reprezentál *v* (*képvisel*) represent; (*szerepel a közéletben*) act in one's official capacity
reprodukció *n* reproduction

republikánus *a/n* republican || ~ **párt** *US* Republican Party
repül *v* fly*; (*repülőgépen utazik*) fly*, travel (*US* -l) (*v.* go*) by air
repülő *n* (*személy*) pilot; *kat* aircraft(s)man, *US* airman; (*gép*) → **repülőgép**
repülőgép *n* aircraft (*pl* ua.), *GB* (*aero*)plane, *US* airplane, *biz* plane, (*utasszállító*) airliner
repülőgép-hordozó *n* aircraft carrier
repülőjárat *n* flight || ~ **száma** flight number
repülőjegy *n* air/passenger ticket
repülőszerencsétlenség *n* aircrash
repülőtér *n* (*polgári*) airport, (*kisebb*) aerodrome
rés *n* slit, rift; (*repedés*) fissure, crack, split; (*nyílás*) aperture, orifice; (*lyuk*) hole, gap || ~**en van** be*/stand* on guard (*v.* on the alert/watch)
rest *a* lazy, slothful
restaurátor *n* (picture-)restorer
restell *v* (*szégyell vmt*) be* ashamed of/that ...; (*vmt megtenni*) be* loth/reluctant to do sg
rész *n* part, piece; (*osztályrész*) share, proportion; (*terület*) section, region; *átv* part, side || **a rá eső** ~ one's share; **kiveszi a** ~**ét vmből** take* a share in sg; **legnagyobb** ~**ben** for the most/greater/greatest part; ~**t vesz** *vmben, vmn* take* part in sg, participate in sg; **vk** ~**ére** for sy; **vk** ~**éről** on sy's part
részben *adv* partly, in part
részecske *n* particle, fragment || **elemi** ~ elementary particle

részeg *a* drunk(en), intoxicated; (*kissé*) tight, tipsy
reszel *v* (*fát, fémet, körmöt*) file; (*ráspollyal*) rasp; (*ételfélét*) grate
részes 1. *a* (*érdekelt vmben, igével*) have* a(n) interest/hand/share in sg; (*vmben részt vevő*) participating (*v.* taking part) in sg *ut.* || **ő is** ~ **a dologban** he is also involved **2.** *n* participant (in)
részesedés *n* (*nyereségből stb.*) share, dividend
részeshatározó (eset) *n* dative (case)
reszket *v* tremble; (*borzong*) shiver, shudder; *átv* (*fél*) tremble (with fear) || **hidegtől** ~ shiver with cold
reszkíroz *v* risk, take* chances, take* a risk/chance
részleg *n* section, department
részleges *a* partial
részlet *n* (*vmnek a részei*) detail, particulars *pl*; (*irodalmi, zenei műből*) extract, passage; (*részletfizetésnél*) instalment (*US* -ll-); payment || ~**ekbe bocsátkozik** go* into detail(s); ~**re vesz** buy* (sg) on hire-purchase
részletes *a* detailed
részletez *v* go* into detail about sg; (*leírásban*) specify
részletezés *n* (*felsorolás*) details *pl*; *ker is*: specification, itemization
részletfizetés *n* hire-purchase
részrehajlás *n* partiality, bias
részvény *n* share, *US* stock
részvénytársaság (Rt.) *n* joint-stock company, *US* így is: stock company

részvét n (együttérzés) compassion, sympathy (for) || **~et érez vk iránt** feel* sympathy for sy; **fogadja őszinte ~emet** please accept my condolences
részvétel n participation, taking part (in) || **~i díj** participation fee, (konferencián így is) registration fee
részvételi díj n participation fee, charges pl
részvevő 1. n participant, attendant || **a ~k** those present 2. a (sajnálkozó) compassionate, sympathizing
rét n meadow, field
réteg n layer; (felületen) coating; (társadalmi) stratum (pl strata), layer
rétegeződés n (társadalmi is) stratification
retek n radish
rétes n strudel
retesz n bolt, fastener
retikül n (hand)bag, US purse
retina n retina
retteg v vktől/vmtől dread/fear sy/sg, be* afraid/terrified of sy/sg
rettenetes a terrible, dreadful, frightful, awful
rettenthetetlen a intrepid, fearless
rettentő 1. a terrific, horrific 2. adv ~ **nagy** colossal, enormous
retúrjegy n return (ticket), US round-trip ticket
reuma n rheumatism
reumás a/n rheumatic
rév n (révátkelés) ferry; (kikötő) harbour (US -or), port
révén post/adv vknek a ~ through (the intervention of) sy; **vmnek a** ~ through sg, by means of sg

révész n ferryman°
revizor n ker auditor
revolver n revolver, pistol, US (hand)gun
revü n revue, variety show
révület n trance, entrancement, ecstasy || **~be esik** fall* into a trance
réz n (vörös) copper, (sárga) brass
rezeda n bot mignonette, reseda
rezervátum n (nature) reserve
rezesbanda n brass band
rezgés n quiver(ing), flutter; fiz vibration, oscillation
rézkarc n etching
rézmetszet n copperplate (engraving)
rezsi(költség) n overhead costs/expenses pl
rezsim n régime, (system of) government
rezsó n (gáz) gas ring/cooker, (villany) hot plate
rézsútos a (ferde) slanting, oblique, askew ut., awry ut.
riadalom n panic, commotion, chaos
riadó n alarm, kat alert
riadt a startled, alarmed
riaszt v (rendőrséget) alert; (ijeszt) frighten, alarm
riasztó 1. a (ijesztő) alarming, startling, frightening; (félelmetes) fearful, frightful 2. n alarm || **megszólalt a ~** the alarm went off
ribiszke, ribizli n bot currant || **vörös ~** redcurrant; **fekete ~** blackcurrant
ricsaj n biz (zaj) din, shindy, row
rideg a (ember) cold, unfriendly; (éghajlat) bleak, severe; (anyag)

brittle ‖ **a ~ valóság** the sober/naked truth

rigó *n* thrush

rigolyás *a* crotchety, whimsical

rikácsol *v* screech, scream, shriek

rikító *a* (*szín*) glaring, garish; (*szembeszökő*) conspicuous, striking

rikkancs *n* newsboy, *GB* paperboy

rím *n* rhyme

ringat *v* (*bölcsőt*) rock; (*karban*) cradle

ringli *n* (*étel*) anchovy-rings *pl*

ringlispíl *n* merry-go-round

ringló *n* greengage

ringyó *n vulg* tramp, trollop

ripacs *n* (*színész*) ham, (*US szónok is*) barnstormer

ripityára *adv biz* ~ **ver** beat* sy to pulp/jelly

riport *n* report (on sg)

riporter *n* reporter, (*tudósító*) correspondent; *sp* commentator

ripsz-ropsz *adv* in a hurry, in haste, in a slapdash manner

ritka *a* (*nem gyakori*) rare, infrequent, scarce; (*nem sűrű*) thin, sparse, scanty

ritkán *adv* (*nem gyakran*) rarely, seldom

ritmikus *a* rhythmic(al) ‖ ~ **sportgimnasztika** rhythmic gymnastics

ritmus *n* rhythm

rivális *n* rival

rivalizál *v vkvel* rival (*US* -l) sy, compete/vie with sy

rizikó *n* risk, hazard

rizs *n* rice

rizsfelfújt *n* rice-pudding, rice soufflé

ró *v* (*bevés jelet*) cut* (in), carve ‖ **az utcát ~ja** walk/roam the streets; **bírságot ~ vkre** fine sy

robaj *n* din, loud noise, (*összeomlásé, törésé*) crash

robban *v* explode

robbanás *n* explosion

robbant *v* (*tárgyat*) blow* up, (*bombát*) explode

robog *v* (*rohan*) thunder/speed*/ rattle past, rush

robotember *n* robot, automaton (*pl* -tons *v.* -ta)

robotgép *n* (*háztartási*) foodprocessor

robotpilóta *n* automatic pilot, autopilot

rock *n zene* rock (music)

rockopera *n* rock opera

roham *n* (*támadó*) attack, assault, charge; (*betegségé*) bout, fit, attack

rohamkocsi *n* (*mentő*) mobile clinic

rohammunka *n* rush(ed) work, rush job

rohamos *a* rapid, swift, fast, speedy

rohamoz *v* attack, charge

rohan *v* run* (along), hurry

rojt *n* fringe, tassel

róka *n zoo* fox ‖ **ravasz ~** *átv* a sly fox/dog

rókáz|ik *v biz* be* sick, throw* up

rokka *n* spinning wheel

rokkant 1. *a* (*ember*) disabled, crippled **2.** *n* disabled person, cripple ‖ **a ~ak** the disabled

rokkantkocsi *n* invalid car

rokkantsági nyugdíj *n* disability pension

rokokó *n* rococo

rokon 1. *a vkvel* related to *ut.* **2.** *n* (*családi kapcsolatban*) relative, relation

rokonság *n* (*kapcsolat*) relationship; (*rokonok összessége*) family, relatives *pl*, relations *pl*
rokonszenv *n* sympathy
rokonszenvez *v vkvel* take* to sy, be* drawn/attracted to(wards) sy
-ról, -ről *suff* **A)** (*helyhatározó*) **a)** from ‖ **Pécsről érkezik** arrive from Pécs; **b)** off ‖ **leszáll a vonatról** get* off the train **B)** (*időhatározó*) from ‖ **időről időre** from time to time **C)** (*eredet, irányulás*) **a)** of, about, on ‖ **álmodik vkről/ vmről** dream* about/of a person/ matter; **ír vmről** write* on sg; **b)** (*elöljáró nélkül*) **megfeledkezik vkről/vmről** forget* sy/sg; **c)** (*különféle elöljáróval*) **magyarról angolra fordít** translate from English into Hungarian **D)** (*módhatározó*) **szóról szóra** word for word
róla *adv* (*vkről, vmről*) from him/ her/it, of it; (*felőle*) of/about him/ her/it ‖ **gondoskodik** ~ *vkről* take* care of sy, look after sy; *vmről* see* to it that ...; **nem tehetek** ~ I can't help it; **szó sincs** ~ it is out of the question
roller *n* scooter
roló *n* (*vászon*) blind(s), *US így is*: window shade; (*redőny*) (rolling) shutter, roller-blind
rom *n* ruin; (*maradvány*) remains *pl* ‖ ~**ba dől** fall* into ruin
Róma *n* Rome
római *a/n* Roman ‖ **katolikus** Roman Catholic; ~ **számok** Roman numerals
román 1. *a* (*romániai*) Romanian, Rumanian ‖ ~ **nyelvek** Romance languages; ~ **stílus** Romanesque

style, *GB* Norman style **2.** *n* (*ember, nyelv*) Romanian, Rumanian
románc *n* romance
Románia *n* Romania, Rumania
romantikus *a* romantic
rombol *v* destroy, lay* sg waste, ravage, devastate
rombolás *n* destruction, devastation
rombusz *n* rhombus (*pl* -buses *v.* -bi)
romlandó *a* (*áru*) perishable
romlás *n* deterioration; (*pénzé*) devaluation, depreciation; (*erkölcsi*) corruption
roml‖ik *v* (*anyag*) deteriorate, spoil*; (*szerszám stb.*) go* wrong; (*étel*) spoil*, go* off; (*pénz*) be* devalued, depreciate; *átv* worsen
romlott *a* (*anyag*) spoiled, deteriorated, damaged; (*rothadt*) rotten; *átv* corrupt(ed)
romos *a* (partly) ruined
roncs *n* (*hajóé, járműé*) wreck(age); *átv* wreck
ronda *a* (*csúnya*) ugly, (*undorító*) disgusting; (*kellemetlen*) wretched, nasty; (*utálatos*) horrid, horrible
rongál *v* damage, (*köztulajdont*) vandalize
rongy *n* rag; (*padlóhoz*) (floor) cloth; (*ruhanemű*) old rag
rongyos *a* (*ruha*) ragged, tattered, frayed
ront *v* (*rongál*) spoil*, damage (sg); *vkt* corrupt (sy); (*rohan*) **vhová** ~ rush, dash (to); **vkre/vknek** ~ attack sy, rush at sy
ropog *v* crack; (*tűz*) crackle; (*fegyver*) rattle; (*hó*) crunch
ropogós *a* crisp; (*nassolni való*) crunchy

rósejbni *n* chips *pl*
roskatag *a* (*épület*) dilapidated, tumbledown ‖ ~ **aggastyán** decrepit old man°
rost[1] *n* (*szerves*) fibre (*US* fiber)
rost[2] *n* (*sütőrostély*) grill, gridiron ‖ ~**on süt** grill, *US* broil
rostál *v* riddle, sift; *átv* select
rostély *n* grate, grating; = **rost**[2]
rostokol *v biz vk* be* hanging around, be* kept waiting; *vm* be* held up
rosttoll *n* fibre (*US* fiber) tip pen
rossz 1. *a* bad; (*gonosz*) evil, wicked, vicious; (*káros vmre*) injurious (to); (*nem megfelelő*) poor, inadequate, unsuitable, inconvenient; (*téves*) wrong; (*nem működő*) out of order *ut.*; (*elromlott*) be* broken down ‖ ~ **gyerek** naughty/mischievous child°; ~ **hírű** notorious, ill-famed; ~ **közérzet** malaise, indisposition; ~ **lelkiismeret** bad/uneasy conscience; ~ **minőségű** of poor/inferior quality *ut.*, low-grade; ~ **néven vesz vmt** be* offended by sg, resent sg; ~ **szemmel néz vmt** disapprove of sg, dislike sg; ~ **útra téved** go* astray, lose* one's way; ~ **vége lesz** it will come to no good; ~ **viszonyban van vkvel** be* on bad terms with sy **2.** *n* evil; (*helytelenség*) wrong ‖ **nem akarok** ~**at neked** I mean you no harm; ~**at sejt** have* misgivings; ~**ban vannak** they are on bad terms
rosszabb *a* worse (*vmnél* than), inferior (*vmnél* to) ‖ **annál** ~ so much the worse
rosszabbod|ik *v* grow*/get*/become* worse, worsen

rosszall *v* disapprove of
rosszallás *n* disapproval
rosszhiszemű *a* (*bizalmatlan*) mistrustful, distrustful (*vkvel szemben* of sy) ‖ ~**en** (*csalárdul*) in bad faith
rosszindulatú *a* malicious, evilminded, malevolent; *orv* malignant
rosszízű *a* (*bántó*) distasteful, tasteless ‖ ~ **tréfa** a joke in poor taste
rosszkedvű *a* moody, huffy, out of sorts *ut.*, in a bad mood/temper *ut.*, bad-tempered
rosszmájú *a* malicious, sarcastic
rosszul *adv* ill, badly, poorly; (*helytelenül*) wrong(ly) ‖ ~ **érzi magát** (*beteg*) feel* unwell; (*feszélyezett*) feel* ill at ease; ~ **lett** *vmtől* (s)he became* unwell, (*elájult*) (s)he fainted; ~ **sikerül** fail, miscarry
rosszullét *n* indisposition; (*émelygés*) nausea; (*ájulás*) faint, collapse
rothad *v* rot, decay
rovar *n* insect, *US* így is: bug
rovartan *n* entomology
rovat *n* column
rozmár *n* walrus
rozmaring *n* rosemary
rozoga *a* (*épület*) dilapidated, ramshackle, shaky; (*bútor*) rickety; (*beteges*) frail, delicate
rozs *n* rye
rózsa *n bot* rose ‖ **nincsen** ~ **tövis nélkül** (there's) no rose without a thorn
rózsadísz *n* rosette, rose
rózsahimlő *n* German measles *sing.*, rubella

rózsás a átv rosy ‖ **nem valami ~ a helyzet** the situation is not bright/rosy; **~ arc** rosy cheeks pl
rózsaszín a/n pink, rose
rozsda n rust, corrosion
rozsdamentes a (rozsdaálló) rustproof, (acél) stainless
rozsdavörös a rusty-red, russet
rozskenyér n rye-bread
röfög v grunt
rög n (göröngy) clod, lump, sod; (arany) nugget; (vér) clot; (föld) soil
rögbi n rugby (football)
rögeszme n fixed idea, obsession
rögtön adv at once, immediately, without delay, right/straight away, in a moment ‖ **~ jövök** back in a minute
rögtönöz v improvise
rögzít v vmt secure, fix, fasten, stabilize; (törött végtagot) immobilize, splint; (írásban vmt) put* sg down (in writing); (hangot, képet) record, make* a recording of
röhej n vulg guffaw, horse-laugh ‖ **kész ~** it is (simply/just) ridiculous, it's a joke
röhög v vulg guffaw
-ről suff **-ról**
rönk n stump, block, log
röntgen n (készülék) x-ray machine/equipment; (röntgenezés) x-ray(ing) ‖ **~re megy** go* for an x-ray
röpcédula n leaflet, flyer, handbill
röpke a (mulandó) fleeting, ephemeral, passing
röplabda n volleyball
rőt a ir red, russet
rövid 1. a short; (idő) brief; (tömör) brief, concise ‖ **egy ~ ideig** for a short time, for a while; **~ idő alatt** in a short time; **~ idő múlva** in a short time, shortly; **~ lejáratú** short-term [credit, loan]; **~ távú** short-distance, (terv) short-range **2.** n **~del ... előtt** shortly before ...; **~re fog vmt** cut*/make* sg short
rövidáru n GB haberdashery
röviden adv (tömören) in short/brief, briefly
rövidesen adv shortly, before long
rövidfilm n short film/feature
rövidhullám n short wave
rövidít v shorten, cut*/make* (sg) short(er)
röviditalok n pl short drinks
rövidítés n (szövegé) abridgement; (betűk) abbreviation
rövidített a **~ játék** (tenisz) tiebreak(er)
rövidlátás n short-sightedness
rövidnadrág n shorts pl
rövidzárlat n short circuit
rőzse n brushwood, twigs pl
Rt. = részvénytársaság
rubeóla = rózsahimlő
rubin n ruby
rúd n bar, rod, beam; (kocsié) shaft, pole
rúdugrás n pole-vault
rúg v kick; (gólt) score/kick [a goal]; (összeg vmre) amount/come* to sg
rugalmas a elastic; (átv is) flexible
ruganyos a elastic, springy
rugó n tech spring; átv vmé mainspring (of), motive (for)
rugóz|ik v recoil, spring*/fly* back
ruha n (ruházat) clothes pl, clothing; (női) dress, (férfiöltöny) suit ‖ **~t levet** take* off one's clothes; **~t vált** change (one's clothes)

ruhaakasztó n (clothes) hanger
ruhafogas n (*akasztó*) hat-rack; (*álló*) coat-stand
ruhakefe n clothes brush
ruhanemű n clothes pl, clothing, garments pl
ruhástul adv fully dressed, with (all) one's clothes on
ruhaszárító kötél n clothesline
ruhásszekrény n wardrobe
ruhatár n (*színházban stb.*) cloakroom; (*pályaudvaron*) left-luggage office, US checkroom
ruhatisztító n (dry-)cleaner, (dry-) cleaner's
ruhátlan a unclothed, undressed
ruhaujj n sleeve
ruház v (*ruhával ellát*) clothe, dress; vmt vkre confer, bestow (on)
ruházat n clothes pl, clothing
rumli n biz commotion, rumpus || **nagy volt a ~** there was a great to-do
rút a (*csúnya*) ugly, hideous; (*aljas*) base, mean
rutin n (*tapasztalat*) experience, practice, skill; (*megszokás*) routine
rutinmunka n routine job
rúzs n lipstick
rügy n bud

S

s conj and || **~ a többi** and so on/forth, etc. (*kimondva:* etcetera)
sablon n (*minta*) pattern, model; (*lyuggatott*) stencil; átv commonplace

saccol v guess, estimate; biz gues(s)timate
sáfrány n (*virág*) crocus; (*fűszernövény*) saffron
sah n shah
saját pron own; (*magán*) private || **~ érdeke** one's own interest; **a ~ feje után megy** s(he) has a will of his/her own; **~ maga** he himself, she herself; **~ szemével** with one's own eyes
sajátkezű aláírás n signature, autograph
sajátos a particular, peculiar, specific, characteristic
sajátság n characteristic, feature
sajnál v vkt be*/feel* sorry for, feel* pity for, pity (sy); (*bánkódik vm miatt*) regret sg (v. doing sg v. that ...) || **nagyon ~om!** I am very/awfully sorry!
sajnálat n (*szánalom*) pity; (*bánkódás*) regret || **legnagyobb ~omra** to my great regret
sajnálatos a regrettable, sad, pitiable
sajnálkoz|ik v (*történtekért*) be* sorry for/about, regret; (*bocsánatkérően*) apologize for; vkn feel* sorry/pity for
sajnos int unfortunately, sorry (to say)
sajog v throb, ache, smart || **~ minden tagom** I ache all over
sajt n cheese
sajtó n (*nyomdai gép*) printing press/machine; (*prés*) press || **a ~ átv** the press; **~ alatt van** be* in the press (US in press), is being printed
sajtóértekezlet n press conference
sajtóhiba n misprint, printer's error

sajtóközlemény n communiqué, press release
sajtol v (kisajtol) press, squeeze (sg out of sg); tech extrude
sajtos a chese || ~ **makaróni** macaroni cheese
sajtószabadság n freedom of the press
sajtótájékoztató n press conference
sajtóvisszhang n press reaction || **jó ~ja van** get* a good press/ coverage
sakál n jackal
sakk n chess || ~**ot ad vknek** give* check to sy; ~**ban tart vkt** keep*/hold* sy in check
sakkoz|ik v play (a game of) chess
sakktábla n chessboard
sál n scarf°
salak n (anyag) slag; (fémé) dross; (széné) clinker; biol excrement; átv scum, refuse
saláta n bot lettuce; (elkészített) salad
salátaöntet n (salad) dressing
salátástál n salad-bowl
samesz n biz factotum, bottlewasher
sámfa n shoetree, boot tree
sámli n (foot)stool
sampon n shampoo
sánc n (erődrész) rampart; (földből) mound
sánta a lame, limping
sántikál v limp, hobble (along), walk with a limp || **rosszban** ~ he is up to some mischief
sántít v limp
sanzon n song, chanson
sanzonénekes n (férfi) crooner; (nő) chanteuse
sápadt a pale

sapka n cap
sár n mud; átv dirt
sárga 1. a yellow || ~ **angyal** (a szervezet) patrol (car) service; (a szerelő) an AA patrolman; ~ **az irigységtől** be* green with envy **2.** n (szín) yellow; (forgalmi jelzőlámpán) amber (light); (tojássárgája) (egg) yolk
sárgabarack n apricot
sárgaborsó n split/dry peas pl
sárgadinnye n honeydew melon, cantaloup (US cantaloupe) (melon), musk-melon
sárgarépa n carrot
sárgaréz n/a brass
sárgarigó n golden oriole
sárhányó n mudguard, US fender
sarj n bot shoot, sprout; vké offspring, descendant
sark n földr pole
sarkalatos a cardinal, fundamental, pivotal
sarkall v vkt vmre stimulate, encourage, urge (mind: sy to do sg)
sarkantyú n spur
sárkány n (mesebeli) dragon; (játék) kite || ~**t ereget** fly* a kite
sárkányrepülés n hang-gliding
sárkányrepülő n hang-glider
sarkcsillag n the Pole Star, the North Star, Polaris
sarkvidéki a polar; (déli) antarctic; (északi) arctic || ~ **hideg** arctic cold/weather
sarló n sickle
sarok n (cipőé, lábé) heel; (szobáé, utcáé) corner; (zug) nook; el pole || **a sarkában van vknek** be* (hard) at/on sy's heels; ~**ba szorít vkt** átv drive* sy into a corner; **sarkon fordul** turn on one's heels

sarokkő n cornerstone
sáros a muddy
sárvédő n = **sárhányó**
saru n (*lábbeli*) sandal; *tech* shoe
sas n eagle
sás n sedge
sáska n locust
sasszemű a eagle/hawk/gimlet-eyed
sátán n Satan
sátor n tent; (*cirkuszi*) big top; (*vásári*) booth, stall
sátoros a ~ **cigány** wandering/nomadic gipsy; **minden** ~ **ünnepen** *tréf* on high days and holidays
satrafa n biz **vén** ~ old hag
satu n vice, *US* vise
sav n acid
sáv n (*csík*) stripe, streak; *földr* strip (of land), zone; *közl* lane; (*hullámsáv*) (wave)band ‖ **belső** ~ outside/offside lane; **külső** ~ inside/nearside lane; ~**ot vált** change lanes
savanyú a sour ‖ ~ **alak** wet blanket, biz misery; ~ **képet vág** make*/pull a sour/long face
savanyúság n (*ételhez*) pickles pl
savhiány n orv acid deficiency, anacidity
sávkapcsoló n el band switch/selector
sávnyújtás n (*rádión*) band-spreading
savó n (*tejé*) whey; (*véré*) (blood) serum
sci-fi n science fiction, sci-fi
se conj/adv neither ‖ **egyikőtöknek** ~ **hiszek** (*kettő közül*) I don't believe either of you, (*több közül*) I don't believe any of you; ~ **jó,** ~ **rossz** neither god nor bad

seb n wound; (*sérülés*) injury; (*égett*) burn; (*horzsolt*) abrasion
sebes[1] a (*gyors*) quick, swift, speedy, rapid, fast
sebes[2] a (*sérült*) wounded, hurt
sebesség n speed; *tech* velocity; (*tempó*) rate, pace; (*autó sebességfokozata*) gear ‖ **első** ~ first/low/bottom gear; **megengedett legnagyobb** ~ speed limit, maximum speed; **teljes** ~**gel** at full speed; ~**et vált** change gear
sebességkorlátozás n speed limit
sebességmérő n speedometer
sebességváltó n (*szerkezet*) gearbox, gearcase, gears pl ‖ ~ **(kar)** gear-lever, gear-stick, *US* gear shift
sebesült a/n wounded
sebész n surgeon
sebészet n surgery; (*kórházi osztály*) surgical department/ward
sebészi a ~ **beavatkozás** surgical intervention, surgery
sebhely n scar, mark; orv cicatrice
sebkenőcs n (healing) ointment
sebtapasz n klastoplast, *US* Band-aid
sebtében adv hastily, in haste, in a hurry
segéd n (*bolti*) (shop) assistant, (*női*) saleswoman°, salesgirl, *US* (sales-)clerk
segédeszköz n aid (*vmben* in sg)
segédige n auxiliary (verb)
segédkez|ik v vknek help sy, assist sy
segédmunkás n unskilled worker, biz hand
segély n (*segítség*) help, aid; (*anyagi támogatás*) grant, financial support/assistance; (*intéz-*

ménynek) subsidy, aid, grant; (*rendszeres juttatás*) allowance; (*országnak*) relief || **anyasági** ~ GB maternity benefit (*US* allowance); **szociális** ~ *GB* social security (benefits/payments), *US* welfare (handouts/payments)

segélyez *v* assist, support, subsidize

segélyhely *n* (*orvosi*) first-aid station; (*műszaki*) aid station, aidpoint

segélyhívó telefon *n* emergency/ roadside telephone/call-box

segélyszolgálat *n* (*javítószolgálat*) (emergency) repair service || **országúti** ~ patrol service

segg *n vulg* arse, *US* ass || ~**be rúg** kick (sy) in the pants

segít *v* (*vknek, ill. vkt vmben*) help sy (*vmben* with sg *v.* to do *v.* do sg); assist sy (in doing sg *v.* to do sg); *vkn* help sy, (*munkában*) help sy (with one's work); (*segélyez*) help sy financially/out || **ezen nem tudok** ~**eni** I can't help (you there); **kérlek,** ~**s!** please help (me); ~**hetek valamiben?** can I help you?; **rám** ~**ené a kabátot?** would you help me on with my coat, please?

segítőkész *a* helpful, willing

segítség *n* (*vkn/vmn való segítés*) help, aid, assistance; (*támogatás*) support; (*könnyítő*) relief; (*személy*) help, aid(e); (*eszköz*) help, aid || ~**!** help!; **miben lehetek a** ~**ére?** what can I do for you?; ~**et nyújt vknek** help sy, lend*/give* sy a (helping) hand, (*elsősegélyt*) give* sy first-aid; **vknek a** ~**ével** thanks to sy's help; **vmnek a** ~**ével** by means of sg

sehogy(an) *adv* by no means, in no way/wise

sehol *adv* nowhere, not anywhere || ~ **másutt** nowhere else

sehonnan *adv* from nowhere, not from anywhere

sehova *adv* nowhere, not anywhere

sejt[1] *n biol* cell

sejt[2] *v vmt* suspect (sg), have* an idea that || **mit sem** ~**ve** quite unsuspectingly; **rosszat** ~ have* a premonition/presentiment of sg; **nem is** ~**i** have* not the slightest/remotest idea

sejtelem *n* (*előérzet*) suspicion, feeling, presentiment; (*rossz*) suspicion, premonition || **halvány sejtelmem sincs róla** I haven't the faintest/foggiest idea

sejtelmes *a* mysterious, enigmatical

sejtés *n* conjecture, guess

sekély *a átv is* shallow, flat

sekrestye *n* sacristy, vestry

sekrestyés *n* sacristan

selejt *n* (*termék*) faulty product, reject

selejtes *a* inferior, faulty, substandard || ~ **áru** rejects *pl*; ~ **gyártmány** faulty product

selejtez *v* weed/sort out, discard

sellő *n* mermaid

selyem *n* silk

selyemfiú *n* gigolo

selyempapír *n* tissue paper

selyemsál *n* silk scarf°; (*vállra*) silk shawl

selymes *a* (*tapintású, fényű*) silky, silk-like

selypít *v* lisp

sem *conj/adv* (*tagadószó*) neither, not ... either, nor; (*nyomatékot* *adva*) not ... *e*ven ‖ **egy** ~ none, not *a*ny; **egyikük** ~ n*e*ither (*kettőnél több*: none) of them; **én** ~ nor I/me (*e*ither); **még látni** ~ **akarja** she will not *e*ven see him; ~ ... ~ ... n*e*ither ... nor ...; ~ **a feleségem,** ~ **én nem voltam ott** n*e*ither my wife nor I were there; **semmi** ~ n*o*thing (of the kind *v.* what*e*ver); **senki** ~ n*o*body, n*o* one

séma *n* (*vázlatos rajz*) (rough) sketch d*i*agram; (*minta*) p*a*ttern; (*sablon, modell*) m*o*del, scheme

semelyik *pron* none, not one of them

semennyi *pron* n*o*thing at all, not *a*ny

semleges *a pol, kém* ne*u*tral; (*állást nem foglaló*) non-comm*i*ttal; (*közömbös*) ind*i*fferent

semlegesség *n* neutr*a*lity ‖ **meg-őrzi** ~**ét** rem*a*in/stand* ne*u*tral

semmi 1. *a* no ‖ ~ **esetre (sem)** c*e*rtainly not, by no means; ~ **kö-zöd hozzá** it is no b*u*siness of yours; ~ **más** n*o*thing else; ~ **pénzért** not ... at *a*ny price; ~ **szín alatt** by no means, on no account **2.** *n/pron* n*o*thing, none; (*tagadásban*) *a*nything, (not) ... any; (*szám*) nought, z*e*ro; (*űr*) space, the void ‖ **ez mind** ~! that's n*o*thing; **nem tesz** ~**t!** n*e*ver mind, it doesn't m*a*tter; ~**be vesz** ign*o*re/disreg*a*rd sy/sg; ~**re sem jó** good for n*o*th-ing; ~**t sem ér** be* (of) no use (at all), be* w*o*rthless

semmiféle *pron* no, no kind/sort of, not ... any

semmiképpen (sem) *adv* by no means, in no way, not at all

semmikor *adv* n*e*ver, at no time

semmilyen *pron* no, not ... any

semmiség *n* (*csekélység*) (a mere) n*o*thing, tr*i*fle

semmitmondó *a* m*e*aningless ‖ ~ **tekintet** v*a*cant look

semmittevés *n* *i*dleness, *i*dling; (*pihenés*) l*e*isure ‖ **édes** ~ dolce far niente, pl*e*asant *i*dleness

senki *pron* n*o*body, no one *v.* no-one, none ‖ ~ **közülük** none of them; ~ **más** n*o* one else, n*o*body else; ~ **többet? harmadszor!** going! going! gone!

serdülő(korú) *a/n* adol*e*scent, t*e*enager

serdülőkor *n* p*u*berty, adol*e*scence

sereg *n kat biz a*rmy; (*madár*) flock

seregély *n* st*a*rling

sérelem *n* aff*r*ont, grief, *i*njury

seriff *n* sh*e*riff

serkentőszer *n* st*i*mulant

serleg *n* (*díjként*) cup; (*ivásra*) g*o*blet

serpenyő *n* (*konyhai*) fr*y*ing pan; (*mérlegé*) (scale) pan

sért *v* (*testileg*) hurt*; (*érzelmileg*) hurt* sy's feelings, offend [sy *v.* sy's sensib*i*lities]; (*jogot, törvényt*) tr*e*spass on [sy's rights],viol*a*te [a law] ‖ ~**i vk érdekeit** interf*e*re with sy's *i*nterests.

sertés *n* pig; (*sertéshús*) pork

sértés *n* (*becsületbeli*) *i*nsult, offence (*US* -se) ‖ ~**nek vesz vmt** be* off*e*nded by sg, take* sg as an offence (*US* -se); **testi** ~ *jog* bod-ily harm, ass*a*ult

sertésflekken *n* b*a*rbecued pork

sertéshús *n* pork

sertéskaraj *n* pork chop/c*u*tlet

sertéssült n roast pork
sertésszelet n pork chop, fillet of pork
sertészsír n lard
sértetlen a (testileg) unhurt, unharmed, uninjured; átv intact || ~ állapotban in good condition
sértett 1. a (testileg) hurt, injured; (erkölcsileg) harmed, wounded **2.** n a ~ the offended/injured party
sérthetetlen a invulnerable, inviolable
sértő a offending, offensive || ~ szavak insulting words, abusive language
sértődött a offended
sérülés n (személyi) injury; (tárgyé) damage || ~t szenved be*/get* injured
sérült 1. a (személy) injured; (tárgy) damaged **2.** n injured (person) || a ~ek the injured (people)
sérv n orv hernia
séta n walk, stroll || ~t tesz take*/have* a walk
sétahajózás n boat trip, a cruise [on the Thames/Danube etc.]
sétál v walk (about), stroll || elmegy ~ni take* a walk, go* for a walk
sétálómagnó n Walkman (pl -mans)
sétálóutca n pedestrian precinct, US mall; (vásárlóutca) downtown shopping precinct (v. US mall)
sétány n promenade, esplanade
sí n (eszköz) ski(s), a pair of skis
síbot n ski stick/pole
sícipő n ski boot(s pl)
síel v ski
siet v hurry (up); (nem ér rá) be* in a hurry, have* no time (to spare);

(óra) be* fast; vhová hurry/hasten to || az órám öt percet ~ my watch is five minutes fast; **siess!** hurry up!, be quick!; **vk segítségére** ~ run* to help sy
sietős a (sürgős) urgent, pressing || ~ a dolga (vknek) be* in a hurry; ~ léptek hurried steps
sífelszerelés n ski(ing) equipment
sífelvonó n ski-lift, chair lift
sík 1. a (egyenletes) even; (lapos) flat; (vízszintes) level; (sima) smooth **2.** n (síkság) plains sing.; mat plane || **elméleti** ~on theoretically; **gyakorlati** ~on in practice
sikamlós a átv risqué, lascivious || ~ **vicc** blue/risqué/dirty joke, US így is: off-color joke
sikátor n alley(way), passage
siker n success; (eredmény) result, achievement || **nagy** ~ **volt** (színdarab stb.) it was a box-office hit/ smash
sikeres a successful
sikertelen a unsuccessful
sikertelenség n failure, lack of success
sikerül v vm work, turn out well; (vknek vm, vmt megtenni) succeed in doing sg, manage (v. be* able) to do sg || **nem** ~ fail, be* unsuccessful, not work; ~t **átmennie a vizsgán** (s)he succeeded in passing his/her/the examination; ~t **elérnem a vonatot** I managed to catch the train
síkfutás n **100 m-es** ~ 100 metres pl
síkidom n geometric figure
sikít v scream
sikkaszt v embezzle, misappropriate

sikkes *a* chic, stylish, (*igével*) have* style

sikl|ik *v* glide, slide*

sikló *n* zoo grass snake; (*jármű*) funicular (railway), cable-car, cable railway

siklórepülés *n* glide; (*a sport*) gliding

sikolt *v* scream, shriek

sikoltás, sikoly *n* scream, shriek, screech

síkos *a* slippery, slithery

síkság *n* plain, lowlands *pl*

silány *a* inferior, poor; (*eredmény*) second-rate, mediocre

sildes sapka *n* peaked cap

síléc *n* = **sí**

sílift *n* = **sífelvonó**

siló *n* silo (*pl* -s)

sima *a* smooth; (*egyenletes*) even; (*egyszerű*) plain, simple

simán *adv* smoothly, evenly; (*könnyen*) easily, without difficulty || ~ **megy** it is going quite smoothly

simít *v* vmt smooth, even; (*talajt*) level (*US* -l), plane

simogat *v* stroke; (*szeretve*) caress

sín *n* (*vasúti*) rail(s); orv splint

sincs *v* is not (*v.* isn't) ... either, is not (*v.* isn't) even ... || **neked ~, nekem** ~ neither have you nor have I; **nekem egy** ~ I haven't got any; **sehol** ~ I can't find it anywhere

sintér *n* dogcatcher, poundmaster

sínylőd|ik *v* pine away, languish

síp *n* whistle; (*pásztoré*) (shepherd's) pipe, reed; (*orgonáé*) pipe

sípálya *n* (ski) course, ski-run

sípcsont *n* shin-bone, tibia || **~on rúg vkt** kick sy on the shin(s), shin sy

sír[1] *n* grave; (*sírbolt*) tomb || **hallgat, mint a** ~ be* as silent as the grave; **~ba visz vkt** drive* a nail into one's coffin

sír[2] *v* (*hangosan*) cry; (*halkan*) weep*; (*zokogva*) sob; átv complain || **~va fakad** burst* into tears

siralmas *a* deplorable, lamentable, miserable

sirály *n* gull; (*tengeri*) seagull

siránkozik *v* lament (*vmn, vm miatt* for/over sg)

sírás-rívás *n* weeping, whining, wail(ing)

sírbolt *n* burial vault, tomb; (*templomi*) crypt

síremlék *n* tomb(stone), sepulchre (*US* -cher)

sisak *n* helmet; (*vívóé*) mask

sivár *a* (*látvány*) bleak, dismal; (*élet*) dreary; (*vidék*) desolate

sivatag *n* desert

skála *n* (*zene is*) scale; (*rádión*) (tuning) dial || **széles ~ja vmnek** átv a wide range of sg

Skandinávia *n* Scandinavia

skandináv(iai) *a/n* Scandinavian

skarlát *a/n* (*szín*) scarlet; (*betegség*) scarlet-fever

Skócia *n* Scotland

skorpió *n* scorpion

skót 1. *a* (*ember, nép*) Scottish, Scots; (*whisky, szövet*) Scotch; (*szokás, történelem*) Scottish; biz (*fukar*) tight-fisted, niggardly, stingy || **a** ~ **felvidék** the (Scottish) Highlands *pl*; ~ **szoknya** kilt; ~ **whisky** Scotch (whisky) **2.** *n* (*ember*) Scot, (*férfi*) Scotsman°, (*nő*) Scotswoman° || **a ~ok** the Scots, the Scottish people

skótmintás *a* tartan ‖ ~ **szövet** tartan

sláger *n* (*dal*) hit(-song), pop-song; (*áru stb.*) hit, top seller

slampos *a* (*személy*) slovenly, slatternly; (*munka*) careless, slipshod

slejm *n* phlegm, mucus

slicc *n* fly, flies *pl*

slusszkulcs *n* ignition key

smaragdzöld *a* emerald (green)

smirgli *n biz* emery paper, sandpaper

smink *n* make-up

snassz *a pejor vk* tight, mean; (*ruha*) shabby, tatty

snidling *n* chives *pl*

só *n* salt

sóder *n* (*építőanyag*) (sand and) gravel, ballast; *biz* (*duma*) waffle

sodor *v* (*fonalat*) twist, twine; (*cigarettát, tésztát*) roll

sodrófa *n* rolling-pin

sodrony *n* wire, cable

sofőr *n* driver; (*taxié*) cab-driver

sógor *n* brother-in-law (*pl* brothers-in-law)

sógornő *n* sister-in-law (*pl* sisters-in-law)

soha *adv* never ‖ ~ **többé** never again

sóhajt *v* sigh, heave* a sigh

sohase(m) *adv* never ‖ **még** ~ **láttam** I have never seen it/him/her before

sóher *a pejor* stingy, niggardly

sóhivatal *n* **menj a** ~**ba!** go to blazes

sok 1. *a* (*egyes számmal*) much, (*többes számmal*) many, a lot of, a large number of, a good/great many, lots/heaps/loads of ‖ ~ **idő**

a long time, much time; ~ **időt vesz igénybe** it takes sy a long time; ~ **pénz** a lot of money, much money; ~ **pénze van** (s)he has lots of money **2.** *n* ~ **a jóból** it's too much of a good thing; ~**ba kerül** it costs* a lot; ~**ra tart vkt** think* highly of sy; ~**ra viszi még** he'll go far; ~**at ad vkre** have* a high opinion of sy

soká *adv* for long, (for) a long time ‖ ~ **tart** take* long (*vknek vm megtétele* to do sg); **nem tart** ~ (*előadás stb.*) this it won't take long, (*hamar jövök*) I shan't be long

sokadik *num a/n* umpteenth

sokall *v* (*soknak tart*) find* sg too much; (*árat*) find* [the price] too high

sokan *adv* (a great) many people, a number/lot of people ‖ ~ **közülünk** many of us

sokatmondó *a* significant, meaningful

sokféle *a* many kinds of

sokk *n orv* shock

sokkal *adv* (*hasonlításban*) far, much ‖ ~ **jobb** far/much better; ~ **később** much later

sokoldalú *a* many-sided, (*csak vk*) versatile, all-round; (*egyezmény stb.*) multilateral

sokrétű *a* (*összetett*) complex, intricate; (*sokoldalú*) many-sided, varied

sokszor *num adv* many times, frequently, often

sokszorosít *v* duplicate, copy; (*fénymásol*) photocopy, (*xeroxszal*) xerox

sokszög *n* polygon

sólyom *n* falcon, hawk

sompolyog *v* creep*/steal* (off/ away *v*. *vkhez* up to sy)

sonka *n* ham

sopánkod|ik *v* wail, lament, yammer

sor *n* (*emberekből, tárgyakból*) row, line; (*ülőhelyekből*) row; (*sorállásnál*) queue, *US* line; (*könyvben*) line; (*sorozat*) series (of events); (*sors*) lot, fate ‖ **beáll a ~ba** (*üzletben*) join the queue; **egy ~ ...** (*sok*) a large number of, a good/great many; **ha arra kerül a ~** if it comes to that; **rajtam a ~** it's my turn [to do sg]; **rosszul megy a ~a** have* a hard/tough time (of it), (*anyagilag*) be* badly off; *mat* **~ kerül vmre** happen, take* place, occur; **~ban** in turn, by turns; **~ba(n) áll** (*pénztárnál stb.*) queue (up); (*felsorakozik*) line up (behind sy); **~on kívül** out of (one's) turn; **várjon a ~ára!** wait (until it is) your turn!; **vmnek (a) ~án** in the course of sg, during sg

sorakoz|ik *v* align, line up ‖ **~ó!** fall in!

sorbaállás *n* queuing up

sorház *n* terraced house, terracehouse, *US* row house

sorkatona *n* soldier, regular

sorköteles *a* liable to conscription *ut.*, of military age *ut.*, *US* draftable

sorjában *adv* in turn, by turns

sorol *v* *vkt vhova* rank sy among/ with, reckon sy among; *vmt vhova* rank/count/class sg among

sorompó *n* barrier, gate

soros *a* -line; (*soron következő*) next ‖ **ő a ~** (*következő*) it is

his/her turn, (s)he is next; (*szolgálatos*) he is on duty; **~ kapcsolás** series connection

soroz *v* *kat* recruit, enlist

sorozat *n* series (*pl* ua.); (*dolgok egymásutánja*) sequence, succession; (*tárgyakból*) set

sorrend *n* order, sequence ‖ **~ben az első** first in line/order

sors *n* (*végzet*) fate; *vké* destiny; (*vk életkörülményei*) lot ‖ **~ára hagy vkt** leave* sy to his fate; **~ot húz** draw*/cast* lots, (*pénzfeldobással*) toss up [to see ...]

sorscsapás *n* terrible blow, calamity

sorsdöntő *a* decisive, crucial; (*esemény*) historic

sorsjáték *n* lottery

sorsol *v* draw* lots for

sorstárs *n* companion in misfortune, fellow (sufferer)

sorszám *n* serial number

sorvadás *n* atrophy

sós *a* salt(y), salted

sósav *n* hydrochloric acid

sóska *n* (common) sorrel

sóskeksz *n* cracker

sóskifli *n* salted roll

sótalan *a* saltless, salt-free; *átv* insipid, flat

sótartó *n* (*vállgödröcske is*) saltcellar

sovány *a* (*élőlény*) lean, thin; (*étel*) meagre; (*hús*) lean; (*tej*) low-fat; (*eredmény, fizetés*) meagre, poor

sóvárog *v* *vk/vm után* long/sigh/ yearn for sy/sg

sóz *v* (*ételt*) salt; (*hintve*) sprinkle with salt; (*tartósítva*) salt (down), pickle

sózott *a* salted

sömör *n* herpes
söpör *v* sweep*
söpredék *n* átv riff-raff, mob, rabble ‖ **a társadalom ~e** the scum (*v.* dregs *pl*) of society
söprű *n* broom
sör *n* beer; (*világos angol*) (pale) ale; (*könnyebb*) lager; (*barna*) bitter; (*egészen sötét*) stout
sörény *n* mane
sörét *n* shot
söröző *n* (*hely*) brasserie, (*kerthelyiség*) beer-garden
sőt *conj* (and) even, (and) indeed, in fact, besides, moreover ‖ **~ ellenkezőleg!** on the contrary; **~ mi több** and what is more
sötét **1.** *a* dark; *átv* gloomy, obscure ‖ **~ alak** shady/shifty character; **a ~ bőrűek** the Black; **~ szándék** evil intention; **~ szemű** dark-eyed; **~ színben látja a dolgokat** look on the dark side (of things) **2.** *n* dark(ness); (*sakk*) black ‖ **~ van** it is dark
sötéted|ik *v* (*anyag*) darken; (*esteledik*) it is* growing/getting dark
sötétít *v* darken, dim
sötétkék *a* dark/navy-blue
sötétség *n* dark(ness), gloom; *átv* obscurity
sövény *n* hedge(row)
spagetti *n* spaghetti
spanyol **1.** *a* Spanish **2.** *n* (*ember*) Spaniard; (*nyelv*) Spanish; → **angol**
spanyolfal *n* folding screen
Spanyolország *n* Spain
spárga[1] *n* (*kötözéshez*) string, cord; (*tornában*) the splits *pl*
spárga[2] *n bot* asparagus

speciális *a* special ‖ **~an** (*különösen*) specially; (*kifejezetten*) specifically
specializálja magát *v* specialize in sg, *US* (*egyetemen, hallgató*) major in [a subject]
spékel *v* lard
spekulál *v* (*töpreng vmn*) speculate/meditate on/about (sg); *ker vmvel* speculate in (sg)
spenót *n* spinach
spicli *n biz* informer; (*diák*) peacher
spontán **1.** *a* spontaneous, (*készséges*) willing, (*önkéntes*) unasked-for, voluntary **2.** *adv* spontaneously
spórol *v* save; economize (*vmn* on sg) ‖ **régóta ~ok erre az alkalomra** *átv* I've long been waiting for this occasion
sport *n* sport, sports *pl* ‖ **vmlyen ~ot űz** go* in for [some sport]
sportág *n* (a) sport; (*olimpián*) event
sportcsarnok *n* sports hall
sportegyesület *n* (sports) club
sportkocsi *n* (*autó*) sports car; (*kisbabáé*) pushchair, stroller
sportol *v* go* in for sports, go* in for [some sport], be* a sportsman°/sportswoman°
sportoló *n* sportsman°, athlete, (*női*) sportswoman°
sportos *a* sporting; (*ruhadarab stb.*) sporty ‖ **~ életmód** outdoor life; **~an vezet** (*autót*) be* a sporty driver
sportpálya *n* sports ground/field
sportrovat *n* sports column
sportszerű *a* sportsmanlike, fair

sportverseny *n* match, contest, race, competition

spriccel *v* squirt, spurt, spray; (*sugárban*) jet

srác *n biz* kid ‖ **kis** ~ scamp; **~ok!** *biz* fellers, *US* you guys

srég(en) *a/adv* askew, awry *ut.*

stáb *n* (*filmé*) crew

stabilizáció *n* stabilization

stadion *n* stadium (*pl* -diums *v.* -dia)

stagnál *v* stagnate, *US* stagnate

standard *a/n* standard

stangli *n* (*sós*) salty roll, saltstick

start *n* start

statiszta *n* extra

statisztika *n* (*tudomány*) statistics *sing.*; (*adatok*) statistics *pl*

státus *n* (*állomány*) list (of civil servants)

stb.= *s a többi* et cetera, and so on, etc.

stég *n* landing-stage

steril *a orv* sterile

stílbútor *n* period furniture/piece

stílszerű *a* in style *ut.*, suitable, appropriate (in style *ut.*), fitting

stílus *n* style

stimmel *v biz* (*egyezik*) be* correct, *vmvel* agree/tally with sg ‖ **itt valami nem** ~ there is something wrong here

stop *v* (*állj!*) stop!, halt!

stoplámpa *n* brake-light, *US főleg* stoplight

stoppol *v* (*lyukat*) darn, mend; *sp* (*időt*) clock, time; (*autót*) hitch (a ride), thumb a lift/ride

stoptábla *n* stop sign

stopvonal *n* stop-line

stramm *a biz vk* sturdy, tough, strapping

strand *n* (*természetes*) beach; (*mesterséges*) open-air (swimming-) pool, lido

strandol *v* (*fürdik*) bathe; be* at the lido; (*tenger- v. tóparton*) be* on the beach

strandtáska *n* beach bag

strapa *n* hard/tiring work, *biz* sweat

strapál *v biz* (*tárgyat*) wear* sg out, punish sg ‖ **~ja magát** over-exert oneself, wear* oneself out

stratégia *n* strategy

strázsál *v kat* do* sentry-duty, be* on duty; (*sokáig vár*) be* waiting around

stréber *n biz pejor* go-getter, (social) climber; *isk* swot

strici *n vulg* (*utcanőé*) pimp, ponce

strucc *n* ostrich

stúdió *n* studio

-stul, -stül *suff vkvel* **családostul** with all his/her family; *vmvel* **gyökerestül** by the roots

súg *v vknek vmt* whisper (sg to sy *v.* in sy's ear); *isk, szính* prompt

sugár *n* (*fény*) ray, beam; (*víz*) jet; *mat* radius (*pl* -dii *v.* -diuses)

sugárhajtású repülőgép *n* jet(-propelled plane)

sugároz *v* (*sugarakat kibocsát és átv*) radiate, beam; (*rádió műsort*) transmit, broadcast*

sugárút *n* avenue

sugárvédelem *n* radiation protection

sugárveszély *n* radiation danger

sugárz|ik *v* radiate

sugárzás *n* radiation

súgó *n isk, szính* prompter

suhan *v* glide, flit

suhanc *n* youth, teenager, lad

sújt *v* strike*, hit*; *átv* afflict; (*csapás*) come* upon sy ‖ **büntetés-**

sel ~ **vkt** punish sy; **villám** ~**otta** was struck by lightning
sujtás n (ruhán) soutache, braid(ing)
súly n (mérhető) weight; sp shot; (súlyemelésben) weight; átv emphasis, stress; (jelentőség) importance ‖ **(nagy)** ~**t helyez vmre** lay* stress on sg; **tiszta** ~ net weight
súlydobás n shot-putt(ing)
súlyemelés n weight-lifting
súlyfelesleg n overweight
sulyok n **elveti a sulykot** (túloz) exaggerate, tell* a tall story
súlyos a heavy, weighty; (bűn) heinous; (probléma, hiba) grave; (betegség) serious ‖ ~ **baleset** a serious/bad accident; ~ **beteg** (igével) be* seriously ill; ~ **csapás** átv heavy/crushing blow; ~ **műtét** major operation
súlypont n centre (US center) of gravity; átv focal point, focus
súlyzó n dumb-bell, weight
summa n amount ‖ **szép kis** ~ a tidy sum
sunyi a shifty, sly
súrlódás n (tárgyaké) friction; (személyek között) disagreement
súrol v (edényt) scour, clean; (padlót) scrub
súrolókefe n scrubbing-brush, US scrub-brush
surran v scuttle, scurry, slide*
susog v (falevél) whisper, rustle; (szél) breathe, sigh, sough
suszter n shoemaker
suta a (balkezes) left-handed; (ügyetlen) awkward, clumsy
suttog v whisper
suttyomban adv biz on the sly, stealthily, by stealth

süket a deaf; (ostoba) stupid, silly, US dumb ‖ ~ **a telefon** the phone/receiver is (v. has gone) dead; ~ **duma** empty words pl, empty talk
süketnéma a/n deaf-and-dumb, deaf-mute
sül v (tésztaféle) bake; (zsírban) fry; (pecsenye) roast; (vk napon barnára) get* a tan, go* brown
süllő n zander, pike perch
sült 1. a (tésztaféle) baked; (húsféle) roast(ed); (zsírban) fried ‖ ~ **csirke** roast/fried chicken; ~ **hús** roast meat **2.** n roast
sülve-főve adv ~ **együtt vannak** they are inseparable, they are as thick as thieves
süllyed v sink*; (barométer, hőmérő) fall*
sün(disznó) n hedgehog
süpped v (talaj) sink*, subside
sürgés-forgás n bustle, stir
sürget v vkt/vmt hurry/rush/urge sy/sg; (pénzét) press sy [for one's money]; (vízumot stb.) expedite ‖ **az idő** ~ time presses
sürgölődés n bustle, stir
sürgős a urgent, pressing ‖ ~ **dolga van** have* some urgent things/business to attend to; ~ **esetben** in case of (v. in an) emergency
sűrít v (anyagában) thicken; (folyadékot) concentrate, condense
sűrítmény n concentrate
sűrű a thick, dense; (tömör) compact; (gyakori) frequent ‖ ~ **haj** thick hair; ~ **köd** dense/thick fog
sűrűn adv (gyakran) frequently, often ‖ ~ **lakott terület** densely populated area

süt v (*kenyeret, tésztát*) bake; (*húst*) roast; (*olajban*) fry; (*roston*) grill, US broil; (*a szabadban*) barbecue; (*éget*) burn*, scorch; (*égitest*) shine* ‖ ~ **a nap** the sun is shining

sütemény n (*édes*) cake, pastry, US cookie; (*péké, édes*) patisserie; (*nem édes*) rolls (and buns) pl

sütkérez|ik v (*napon*) bask in the sun(shine), sun oneself

sütnivaló n **nincs (valami) sok ~ja** he doesn't seem to have much gumption

sütő n (*tűzhelyrész*) oven

svábbogár n cockroach, US főleg roach

Svájc n Switzerland

svájci a/n Swiss ‖ **a ~ak** the Swiss pl

svájcisapka n beret

svéd 1. a Swedish ‖ ~ **ember** Swede; ~ **nyelv** the Swedish language, Swedish **2.** n (*ember*) Swede; (*nyelv*) Swedish ‖ **a ~ek** the Swedish/Swedes pl; → **angol**

svédasztal n smörgåsbord, cold buffet

svédül adv (in) Swedish; → **angolul**

Svédország n Sweden

Sz

szab v (*ruhát*) cut* (out), tailor

szabad 1. a free, (*nyitott*) open; (*nem foglalt*) free, unoccupied, vacant; (*nem fogoly*) free; (*ország*) free, independent, sovereign; (*meg van engedve*) [sg is] permitted/allowed, [sy is] allowed to ..., you/he etc. may [do sg] ‖ **ezt nem lett volna ~ megtenned** you ought not to have done this, you should not have done this; **nem ~ must** not; ~ **akarat** free will; ~ **az út** the way/road is clear/open; ~ **árak** uncontrolled prices; ~ **délelőtt** morning off; ~ **ez a hely?** is this seat free/vacant?; ~ **ég alatt** in the open air; ~ **fordítás** free translation; ~ **kezet ad vknek** give*/allow sy a free hand; ~ **szellemű** free-thinking, emancipated; ~! (*kopogtatásra feleletül*) (please/do) come in!; ~? (*kopogtatás helyett*) may I come in?; ~, **kérem?** (*utat kérve*) excuse me please! **2.** n ~**ban** in the open air, outdoors; ~**jára enged** release (sy/sg), set* (sy/sg) free

szabadalom n patent

szabadelvű a liberal

szabadgondolkodó n free-thinker

szabadidő n (*pihenőidő*) leisure, free/spare time

szabadidőruha n leisure suit, jogging suit/outfit

szabadít v free, set* free, liberate

szabadjegy n free pass/ticket, complimentary ticket

szabadkoz|ik v demur, offer/make* excuses

szabadkőművesség n freemasonry

szabadlábon van kif be* at large/liberty

szabadnap n day off (pl days off)

szabadon adv (*nyíltan*) openly, frankly; (*korlátozás nélkül*) without restriction/restraint, unimpeded || ~ **bocsát** vkt (foglyot) set* sy free, release sy; ~ **választható** (tantárgy stb.) optional [subject etc.], US (főnévvel) an elective

szabados a (kicsapongó) licentious, loose, libidinous; (viselkedés) indecent

szabadság n (állapot) liberty; (kivívott) freedom; (dolgozóé) holiday, leave, US vacation || **fizetett** ~ holiday(s) with pay, paid holiday(s)/leave; **fizetés nélküli** ~ unpaid leave; **~on van** be* (away) on holiday/leave

szabadságharc n war of independence

szabadságjogok n pl human rights

szabadtéri színpad n open-air theatre (US -ter)

szabadul v (börtönből) be* set free; vktől, vmtől get* rid of

szabadúszó n átv biz free lance, freelancer

szabály n law, rule; (rendelkezés) order; mat, kém formula (pl -las v. -lae), theorem

szabályos a (elrendezés) regular, symmetrical; (előírásos) standard, normal, proper

szabályoz v (intézkedéssel) regulate, control sg; (szerkezetet) adjust, set*

szabálysértés n (kihágás) contravention, (petty) offence (US -se) || **~t követ el** commit an offence (US -se)

szabályszerű a regular, normal

szabálytalan a irregular, abnormal

szabásminta n pattern (for a dress)

szabatos a precise, exact, accurate || ~ **stílus** spare (prose) style

szabó n tailor

szabotál v sabotage

szabvány n standard, norm

szabványos a standard, normal

szadista n sadist

szadizmus n sadism

szag n smell, odour (US -or); (illatszeré, virágé) scent || **jó ~a van** smell* good; **rossz ~a van** smell* bad/foul

szagelszívó n (konyhai) extractor fan

szaggatott a (alvás, hang) interrupted, broken || ~ **vonal** broken line

szagol v smell*

szagos a fragrant, odorous; (hús) high, tainted; (kellemetlenül) smelly

szagtalanít v deodorize

száguld v tear* along, fly*; (jármű) hurtle/race along

Szahara n Sahara

száj n (emberé) mouth; (állaté) mouth, muzzle; (barlangé) opening || **fogd be a szád!** shut up!; **jár a ~a** his tongue is wagging; **~ról ~ra** from mouth to mouth

szajha n vulg whore, prostitute

szájhagyomány n oral tradition

szájharmonika n mouth-organ, harmonica

szájhős n braggart, swaggerer, boaster, loudmouth

szájtátva adv agape, open-mouthed, gawping

szájvíz n mouthwash, gargle

szak n (időé) period, age, era; (vmnek egy része) section, part, division; (képesítés) profession, branch || **milyen ~on tanulsz?** what are your main subjects [at

college/university]?, *US* what are
you majoring in?, what's your
major?; **magyar–angol ~ra jár**
be* a student of Hungarian and
English, *US* be* majoring in H
and E
szakács *n* cook, chef
szakácskönyv *n* cookery book, *US*
cookbook
szakad *v* (*ruha*) tear*, rip; (*kötél*)
break* ‖ **~ az eső** it is pouring
with rain
szakadár *n vall* heretic, schismatic;
pol dissident ‖ **~ csoport** splinter
group
szakadatlan *a* unceasing, cease-
less, endless, uninterrupted
szakadék *n* precipice, abyss,
chasm; *átv* gap, gulf
szakadt *a* torn, rent
szakáll *n* (*férfié*) beard; (*állaté*)
barb ‖ **saját ~ára** on one's own
hook/account
szakasz *n* (*útvonalé, pályáé*)
section; (*rész*) part; (*könyvben*)
passage, paragraph; (*törvényben*)
clause, article; (*folyamatban*) pe-
riod, phase, stage; (*vasúti koc-
siban*) compartment; *kat* platoon
szakasztott *a* **~ olyan, mint ...**
exactly the same as ...; **~ mása**
(*vknek*) living image of sy
szakdolgozat *n* dissertation
szakértelem *n* expertise, special
knowledge, competence; *biz*
know-how
szakértő 1. *a* expert, competent 2.
n expert (*vmben* on), specialist (in)
szakirodalom *n* (specialized)
literature, bibliography
szakiskola *n* technical/professional
school

szakít *v* (*vmt*) tear*, rend*, rip,
split*; (*virágot*) pluck; *vkvel*
break* with sy ‖ **időt ~ vmre**
spare/find* time for sg; **~ottunk**
we broke off relations
szakképesítés *n* qualification
szakképzés *n* professional/tech-
nical/vocational training
szakképzett *a* qualified, skilled,
trained
szakkifejezés *n* technical term/ex-
pression, term
szakkönyv *n* technical/specialist
book
szakkör *n isk* study group/circle
szakközépiskola *n* specialized/
vocational secondary school
szakma *n* trade, profession; (*pálya*)
career ‖ **mi a ~ja?** what is his/her
line/business?
szakmai *a* professional; **~ (ön)élet-
rajz** CV (= curriculum vitae)
szakmunkás *n* skilled labourer/
worker/workman
szakmunkásképző iskola *n*
industrial/trade school
szakorvos *n* specialist (in sg), *GB*
consultant
szakos *a* **angol ~ hallgató** (a)
student of English, *US* (an) Eng-
lish major
szakszervezet *n* trade union
szakszó *n* (technical) term
szaktanácsadás *n* consultation
szaktekintély *n* (be* a) great
authority (on sg)
szaktudás *n* specialist/professional
knowledge, expertise
szaküzlet *n* specialist shop, speci-
ality (*US* specialty) shop
szakvizsga *n* (*orvosi*) speciality (*v.*
US specialty) exam

szál n (*fonál*) thread; (*rost*) fibre (*US* fiber) || **három ~ rózsát kérek** I'd like three roses, please; **mind egy ~ig** to a man
szalad v run* || **~ vm elől** flee*/fly* from sg
szalag n (*textil*) ribbon, band; (*magnó, videó*) tape
szalagcím n banner headline
szalámi n salami
szálka n (*fáé*) splinter; (*halé*) (fish)-bone
szálkás a (*hal*) bony; (*hús, zöldbab*) stringy, fibrous; (*deszka*) rough-hewn, raw
száll v (*gép, madár*) fly*; (*járműre*) take* [a bus/tram/train]; (*beszáll vmlyen járműbe*) get* on/in(to) [a train/bus], get* on(to) [a plane/ship], board [a ship/plane/bus/train]; get* in(to) [a taxi/car]; (*fogadóba, szállodába*) put* up at, stay at [a hostel/hotel] || **földre ~** land (at); **lóra ~** mount (v. get* on) a horse; **örökség ~ vkre** inheritance/heritage passes/goes* to sy; **vitába ~ vkvel** get* involved in a dispute with sy
szállás n accommodation; (*nem szálloda*) lodgings pl
szállásadó n (*nő*) landlady; (*férfi*) landlord
szállásfoglalás n booking (of room/accommodation); (*felirat*) hotel bookings
szállít v vmt vhová carry, transport, forward, dispatch || **házhoz ~** deliver [to sy's door/house]
szállítmány n consignment, shipment; (*rakomány*) cargo, freight
szállító n carrier; (*rendszeresen ellátó*) supplier, contractor

szállítószalag n conveyor belt
szálló n (*szálloda*) hotel; (*diák~*) hostel; (*panzió*) guesthouse
szálloda n hotel
szállodaportás n receptionist
szállóige n (common) saying
szállóvendég n staying guest; (*egy éjszakára*) overnight guest || **~eink vannak** we have friends staying with us
szalma n straw
szalmakalap n straw hat
szalon n (*lakásban*) drawing room; (*kiállítási*) exhibition room
szaloncukor n (Christmas) fondant
szalonképes a (*ember*) well-bred, presentable || **nem ~ vicc** blue (*US* off-color) joke
szalonna n (*angol*) bacon; (*húsos*) streaky bacon || **füstölt ~** smoked bacon
szalonnasütés n kb. barbecue
szaltó n somersault
szalvéta n (table) napkin, serviette
szám n number; (*számjegy*) figure, digit; (*méret*) size; (*műsoré*) number, item; (*sportversenyen*) event; (*folyóiraté*) number, copy, (*napilapé*) issue || **egyes ~** nyelvt singular; **két ~mal nagyobb** two sizes larger; **~ba vesz** (*tekintetbe vesz*) take* into account/consideration; (*összeszámol*) take* stock of, calculate; **~on kér vmt** demand an account/explanation of sg; **~on tart vmt** bear*/keep* sg in mind, keep* sg in evidence; **többes ~** nyelvt plural
szamár n zoo donkey, ass; átv ass, jackass, blockhead
számára adv for him/her

szamárfül *n* (*könyvben*) dog-ear ‖ **~et mutat vknek** cock a snook at sy

szamárköhögés *n* whooping cough

számít *v vmt* count, calculate, reckon; (*felszámít*) charge sy [a sum] (for sg); (*vkk közé vkt*) number/count/reckon sy among ...; (*fontos*) count, matter; *vmre, vkre* reckon/count on sg/sy; *vmnek* count as, pass for ‖ **nem ~** it doesn't matter, no matter; **nem ~ottam rá, hogy** I did not expect to; **nem ~va** not counting, not including; **~ok reád** I'm counting on you

számítás *n mat* counting, calculation; (*tervezés*) estimate ‖ **~ba vesz vmt** take* sg into account/consideration

számítástechnika *n* computer/computing technique, computing

számító *a* (*önző*) selfish, selfseeking, calculating

számítógép *n* computer ‖ **~pel feldolgoz** process [data] by computer, computerize [data]

számítógépes *a* computational ‖ **~ program** computer program

számítóközpont *n* data processing centre (*US* -ter)

számjegy *n* figure, digit

számkivetés *n* banishment, exile ‖ **~be megy** go* into exile

számla *n ker* invoice, bill; (*étteremben*) bill, *US* check; (*könyvelési*) account; (*folyószámla*) current account, *US* checking account ‖ **~t kiállít** make* out a bill

számlatulajdonos *n* account holder

számláz *v* invoice, bill (sy for sg)

számnév *n* numeral

szamóca *n* strawberry

számol *v* (*számolást végez*) count; *vmért* render/give* an account of sg; *vmvel/vkvel* reckon with sg/sy, take* sg/sy into account/consideration ‖ **(ezért) még ~unk!** we'll see about that!

számolás *n isk* arithmetic; (*művelet*) counting, calculation

számológép *n* calculating machine, calculator

számos *a* numerous, many (*utánuk: pl*)

számozás *n* numbering; (*lapé*) pagination

számrendszer *n* numerical/number system ‖ **tízes ~** decimal system

számtalan *a* innumerable, countless (*utánuk: pl*)

számtan *n* arithmetic

számtani *a* arithmetic(al) ‖ **~ sor** arithmetic progression

számtankönyv *n* maths book

száműz *v* exile, banish

számvetés *n* (*összegezés*) reckoning

számzár *n* combination lock

szán[1] *n* sledge, sleigh, *US* sled

szán[2] *v* (*sajnál*) pity, be*/feel* sorry for; *vknek* intend/mean* sg for sy/sg; (*vmre összeget*) set* aside ‖ **időt ~ vmre** find* time to do sg (*v.* for sg)

szánalom *n* pity, compassion, commiseration

szanaszét *adv* all over the place, far and wide ‖ **~ hagy vmt** leave* sg lying about

szanatórium *n* sanatorium, *US* sanitarium (*pl* -riums *v.* -ria), convalescent home/hospital

szandál *n* sandal
szándék *n* intention, purpose; (*terv*) plan, scheme || **az a ~om, hogy** I intend/mean* to
szándéknyilatkozat *n* statement of intention
szándékosan *adv* intentionally, wilfully (*US* willfully), deliberately || **nem ~ csinálta** he didn't mean it
szándékoz|ik *v* intend/plan/mean* to do sg
szánkó *n* sledge, sleigh, *US* sled
szánkóz|ik *v* sledge
szánt *v* plough (*US* plow)
szántóföld *n* plough-land (*US* plow-), arable land
szántóvető *n* ploughman° (*US* plow-), farmer
szapora *a* (*jól szaporodó*) prolific, fruitful; (*gyors*) quick, rapid, hurried
szaporít *v* (*növel*) increase, augment, multiply; *bot, zoo* propagate
szaporodás *n* (*élőlényé*) reproduction, multiplication, propagation; (*mennyiségi*) increase
szappan *n* soap || **egy darab ~** a bar/cake of soap
szappanhab *n* (*borotvaszappané*) lather; (*egyéb*) (soap)suds *pl*
szar *n vulg* shit; *átv* crap
szár *n bot* stem, stalk; (*nadrágé*) leg
szárad *v* dry (up), become* dry || **az ő lelkén ~** he will have it on his conscience
száraz *a* (*nem nedves*) dry; (*éghajlatilag*) arid; *átv* dry, dull
szárazföld *n* mainland || **~re lép** go* ashore, land
szárazság *n* (*aszály*) drought

szardella *n* anchovy
szardínia *n* sardine
szárít *v* dry, make* dry
szarka *n* magpie
szarkaláb *n bot* common larkspur; *biz* (*ránc*) crow's-foot°
származás *n* (*személyé*) descent, origin, birth; (*dologé*) origin, derivation
származ|ik *v* (*személy vhonnan*) come* from; *vm vmből/vmtől* derive/spring*/come* from sg; (*időbelileg*) date from || **Romániából ~ik** he comes* from Rumania; **a vár a XIV. századból ~ik** the castle dates back to the 14th century
szárny *n* wing; (*ajtóé, ablaké*) leaf°; (*épületé*) (side-)wing; (*haderegé*) wing, flank; *pol* wing
szárnyashajó *n* hydrofoil
szárnyépület *n* annexe (*főleg US*: annex), wing, extension
szarv *n* (*állaté*) horn
szarvas *n zoo* deer (*pl* ua.); (*hím*) stag; (*nőstény*) hind (*pl* hinds *v.* hind
szarvasbogár *n* stag-beetle
szarvasbőr *a/n* deerskin, buckskin
szarvashús *n* venison
szarvasmarha *n* cattle (*pl* ua.)
szász *a/n* Saxon || **a ~ok** the Saxons
szatíra *n* satire
szatyor *n* shopping bag, carrier(-bag)
szavahihető *a* (*személy*) trustworthy, reliable
szaval *v* recite/read* poetry
szavatol *v vmt, vmért* guarantee/warrant sg; *vkért* vouch/answer for sy

szavatosság *n* guarant*ee*, warranty
szavaz *v* vote, go* to the poll(s) ‖
igennel ~ vote for sy; **nemmel** ~
vote ag*a*inst sy; **titkosan** ~ ballot
(*vk mellett* for, *vk ellen* against sy)
szavazat *n* vote
szaxofon *n* s*a*xophone
száz *num* (a/one) hundred ‖ **~ával**
by h*u*ndreds
század 1. *n* (*idő*) century; *kat* (*gya-logos*) company, (*lovas*) squadron
‖ **a XX. ~ban** in the twentieth/20th
century **2.** *num* (*századrész*) hun-dredth (part)
századik *num a* hundredth ‖ ~
évforduló cent*e*nary
százados *n kat* c*a*ptain
századrész *n* a h*u*ndredth (part)
századszor *num adv* for the hun-dredth time
százalék *n* per cent, percentage ‖
száz ~ig igaza van he is p*e*rfectly
right
százas 1. *a* **a** ~ **szoba** r*o*om num-ber 100 (*v.* No. 100) **2.** *n* (*szám*)
h*u*ndred; (*bankjegy*) a h*u*ndred fo-rint/pound/d*o*llar note (*v. US* bill)
százezer *num* a/one h*u*ndred thou-sand
százféle *a* hundred (d*i*fferent)
kinds/sorts of, all sorts of
százlábú *n zoo* centipede
százszámra *adv* by/in h*u*ndreds,
by the h*u*ndred
százszor *num adv* a h*u*ndred times
százszorszép *n bot* d*a*isy
szecesszió *n* secession
szed *v* (*gyűjt*) gather, collect; (*gyü-mölcsöt, virágot*) pick; (*díjat, vá-mot*) collect, levy; (*ételből*) help
ones*e*lf; (*orvosságot*) take* [medi-cine]; *nyomd* set* (up) [type],

comp*o*se ‖ **honnan ~i ezt?** where
do/did you get that from?; **~i a**
lábát *biz* step out br*i*skly
szeder *n* (*földi*) bl*a*ckberry
szederjes *a* v*i*olet(-coloured *v. US*
-c*o*lored), p*u*rple-blue ‖ **~sé vált**
az arca he went blue (in the face)
szédítő *a* g*i*ddy, d*i*zzying, dizzy ‖
~ **árak** sc*a*ndalous/ex*o*rbitant
prices; ~ **magasság** d*i*zzy/g*i*ddy
height
szédül *v* be*/feel* d*i*zzy/g*i*ddy
széf *n* safe
szeg[1] *n* nail; (*szegecs*) pin ‖ **fején**
találja a ~et hit* the nail on the
head; **~et üt a fejébe** set* sy
th*i*nking (ab*o*ut sg)
szeg[2] *v* (*szegélyez*) border, hem,
fringe; (*esküt*) break*
szegély *n* border, edge; (*függönyé*)
tr*i*mming; (*ruháé*) hem; (*járdáé*)
kerb (*US* curb)
szegény 1. *a* poor, n*e*edy; (*sajnál-kozva*) poor **2.** *n* **a ~ek** the poor
szegényes *a* (*hiányos*) def*i*cient;
(*nyomorúságos*) m*i*serable ‖ **~en** in
red*u*ced/str*a*itened c*i*rcumstances
szegénynegyed *n* poor d*i*strict,
depr*i*ved area
szegénység *n* p*o*verty, *i*ndigence,
want
szegez *v* (*szeggel*) nail (*vmhez*
on/to sg)
szegfű *n* carn*a*tion, (clove) pink
szegfűszeg *n* clove
szégyell *v vmt* be*/feel* ash*a*med
(of sg) ‖ **~d magad!** you should
be ash*a*med of yours*e*lf!
szégyen *n* shame; (*szégyellnivaló*)
disgr*a*ce; (*botrány*) scandal
szégyenfolt *n* (*jó hírén*) a slur/blot
[on one's reput*a*tion]

szégyenkez|ik v (vm miatt) be*/ feel* ashamed of sg (v. of having done sg), feel* shame at (having done) sg

szégyenletes a shameful, disgraceful

szégyenlős a shy, bashful

szégyenszemre adv to one's shame

széjjel adv (irány) asunder, apart

szék n chair; (támla nélküli) stool; (ülés) seat

szekér n (farm-)wagon, cart

székesegyház n cathedral

székfoglaló n inaugural (lecture)

székház n centre (US -ter), headquarters pl

székhely n centre (US center), residence, seat, headquarters pl

széklet n motions pl, stool(s pl)

szekrény n (akasztós) wardrobe, US closet; (fali) cupboard; (öltözőben) locker || **beépített** ~ built-in wardrobe/cupboard, US closet

szekta n vall sect

szel v (kenyeret) slice (up), cut*; (húst) carve

szél[1] n wind; (gyenge) breeze; (erős tengeri) gale; (bélben) flatulence; (szélütés) apoplexy, stroke || **csapja a szelet** vknek court/woo sy; **fúj a** ~ the wind is blowing, it is windy; **mi** ~ **hozott ide?** what brings you here?; ~ **ellen** into/against the wind; **tudja, honnan fúj a** ~ átv he knows which way the wind blows

szél[2] n (papíré, úté, asztalé, erdőé) edge; (szakadéké, síré) brink, verge; (edényé) rim; (városé) outskirts pl, fringes pl

szélárnyék n lee; rep sheltered zone

szélcsend n calm, lull

szelektál v select, choose*

szelep n valve

szélerősség n force of the wind, wind-force

szeles a (időjárás) windy; (gyengén) breezy; (meggondolatlan) thoughtless, inconsiderate, rash

széles a broad, wide || ~ **körű** wide-ranging, extensive; ~ **vállú** broad/square-shouldered

szélesség n breadth, width; földr latitude

szélesvásznú a film wide-screen

szelet n (kenyér) slice, piece; (hús) steak, cutlet; (hal) fillet; mat segment

szeletel v cut* (sg) into slices

szélhámos n swindler, fraud, impostor

szelíd a (ember) gentle, meek, mild-mannered; (hang, érzelem) soft, gentle, tender; (állat) tame

szelídgesztenye n sweet/edible chestnut, marron

szelídít v (állatot) tame, domesticate

szélkakas n átv is weather-cock

szellem n (erkölcsiség) spirit; (felfogás) spirit, turn of mind, mentality, attitude; (kísértet) ghost, spirit, spectre (US specter), phantom; (elme) mind, intellect; (személy) genius

szellemes a (szerkezet) ingenious; vk witty

szellemi a mental, intellectual, spiritual || ~ **dolgozó** white-collar worker, intellectual; ~ **fogyatékosság** mental deficiency

szellemkép n (tévén) ghost image, ghosting

szellent v break* wind
széllovaglás n windsurfing
szellő n breeze
szellős a breezy; (levegős) airy
szellőzés n ventilation, airing
szellőztet v air, ventilate
szélmalom n windmill
szélső a outside
szélsőséges a/n extremist
széltében-hosszában adv far and
wide, everywhere
szélvédő n (autón) windscreen (US
windshield)
szelvény n (értékpapíré) coupon;
(ellenőrző) counterfoil, stub, US
check; tech profile, section
szélvész n hurricane, high wind
szélvihar n (wind-)storm; (erős)
gale
szem n (látószerv) eye; (tekintet)
eye(s), gaze, sight; bot grain; (kö-
tés) stitch; (lánc) link; (homok)
grain (of sand), (por) speck ‖ **fél
~ére vak** be* blind in one eye; **jó
a ~e** have* good eyesight; **mit
látnak ~eim!** what a sight!, what
do I see!; **~ elől téveszt** lose*
sight of; **~ előtt tart** keep* sg in
view; **~et ~ért(, fogat fogért)** an
eye for an eye (and a tooth for a
tooth), tit for tat; **~ére hány vmt
vknek** reproach/upbraid sy with
sg, blame sy for sg; **~et szúr
vknek vm** strike* sy, catch* one's
eye; **~mel látható** (nyilvánvaló)
obvious, evident; **~mel tart vkt/
vmt** keep* an eye on sy/sg; **~től
~be** face to face (with sy); **vknek
a ~e láttára** before sy's very eyes
szemafor n semaphore
szembe adv opposite, in the face of
szembeáll v vkvel/vmvel face sy/sg

szembeállít v contrast [two things],
compare sg with sg
szembefordul v turn to(wards) (sy)
szembejövő forgalom n oncoming
traffic
szemben adv (térben) opposite
(to), facing (sg); (ellentétben
vmvel) in contrast with/to sg, con-
trary to sg ‖ **ezzel** ~ on the other
hand, while; ~ **áll vkvel/vmvel**
face sy/sg, oppose sy/sg
szembenállás n opposition
szembenéz v vkvel/vmvel face sy/sg
szembeszáll v vkvel/vmvel brave,
oppose (sy, sg)
szembogár n pupil
szemceruza n eyeliner
szemcse n grain; (apró) granule
szemcsepp n eye-drop
szemelvény n selected passage,
selection, extract
személy n person (pl people, US és
jog, ill. pejor persons); (egyén)
individual ‖ **~ek** (színdarabban)
characters; ~ **szerint** personally,
in person
személyazonossági igazolvány n
identity card, ID (card)
személydíjszabás n passenger
tariff
személyes a personal, (egyéni)
individual ‖ ~ **ügyben keresem** I
want to see him about a private
matter; **12 ~ asztal** a 12-seater
table
személyesen adv personally, in
person ‖ ~ **ismer vkt** know* sy
personally
személyeskedés n personal re-
marks pl, personalities pl
személyi a personal, private,
individual ‖ ~ **adatok** particulars;

~ **igazolvány** identity card, ID card; ~ **kultusz** personality cult; ~ **okmányok** one's papers; ~ **szám** identity number; ~ **számítógép** personal computer
személyiség *n* personality
személyleírás *n* description (of a person)
személyvonat *n* slow train
személyzet *n* (*alkalmazottak*) staff, personnel, employees *pl*; (*hajóé, járműé*) crew; (*házi*) staff, servants *pl*
szeméremsértő *a* obscene
szemérmes *a* bashful, modest, demure, shy
szemérmetlen *a* (*nem szemérmes*) shameless, unabashed, indecent; (*arcátlan*) impudent, barefaced; (*viselkedés*) immodest
szemész *n* ophthalmologist, *US* oculist
szemészet *n* ophthalmology
szemét *n* (*házi*) rubbish, refuse, *US* garbage; (*szanaszét heverő hulladék*) waste, litter; (*piszok*) dirt, filth; *pejor* (*áruról*) junk, trash || ~ **alak** *biz* louse, rat
szemétdomb *n* rubbish (*v. US* garbage) tip/heap, refuse dump
szemeteskocsi *n* (*kuka*) dustcart, *US* garbage truck
szemeteszsák *n* litterbag
szemétkosár *n* waste-paper basket, *US* wastebasket
szemétláda *n* dustbin, (rubbish) bin; (*utcán*) litterbin
szemfenék *n* fundus
szemfényvesztés *n* (*bűvészkedés is*) conjuring, jugglery; *átv* eyewash, deception, trickery
szemfog *n* eye-tooth°

szemhéj *n* eyelid
szemhéjpúder *n* eye shadow
szeminárium *n* (*papi*) seminary; (*egyetemi és tudományos*) seminar; *GB kb.* tutorial
szemkenőcs *n* eye ointment
szemkihúzó *n* eyeliner
szemközt *adv/post* opposite (to), facing, face to face with
szemle *n* review, inspection, survey
szemlél *v* watch, contemplate
szemléletes *a* clear, graphic
szemléltet *v* demonstrate, illustrate
szemlencse *n* (*szemé*) lens; (*műszeré*) eyepiece, ocular
szemölcs *n* wart
szemöldök *n* eyebrow
szemöldökceruza *n* eye(brow) pencil
szempilla *n* eyelashes *pl*
szempillafesték *n* mascara
szempillantás *n* (*pillantás*) glance, blink; (*pillanat*) instant, moment, second || **egy** ~ **alatt** in the twinkling of an eye
szempont *n* (*álláspont*) point of view, standpoint, viewpoint; (*meggondolás*) consideration || **ebből a** ~**ból** in this respect, from this point of view; **nyelvi** ~**ból** linguistically, from the linguistic point of view
szemrehányás *n* reproach, reproof || ~**t tesz** *vknek* reproach sy (with/for sg), reprove sy (for sg)
szemtanú *n* (eye)witness || ~**ja vmnek** witness sg
szemtelen *a* impudent, impertinent, insolent
szemüveg *n* spectacles *pl*, glasses *pl* || ~**et visel** be* wearing spectacles

szén *n* (*fűtőanyag*) coal; *kém* carbon; (*rajzszén*) charcoal

széna *n* hay

szénakazal *n* haystack, hayrick

szénanátha *n* hay-fever

szenátus *n* senate

szénbánya *n* coal-mine, pit, colliery

szendereg *v* doze, take* a nap, slumber

szén-dioxid *n* carbon dioxide

szendvics *n* sandwich

szén-monoxid *n* carbon monoxide

szénrajz *n* charcoal (drawing)

szénsavas *a* (*ital*) carbonated, effervescent, aerated, sparkling || **nem ~** still [drink]

szent 1. *a* holy; (*szentelt*) sacred || **Sz~** (*v*. **Szt.**) **István** St. Stephen; **~ Isten!** *biz* God Almighty!, heavens!; **~ül hiszi** believe firmly **2.** *n* saint

szentel *v* *vall* consecrate; *átv* devote (to), dedicate (to) || **időt ~ vmre** spend* time on sg; **pappá ~** ordain; **vmnek ~i az életét** dedicate/devote one's life to sg

szenteltvíz *n* holy/consecrated water

szentesít *v* (*törvényt*) sanction; (*megerősít*) approve, confirm, sanction

szenteste *n* Christmas Eve

Szentháromság *n* *vall* the Holy Trinity

szentimentális *a* sentimental, emotional

szentírás *n* *vall* **a Sz~** the Holy Scripture, the Bible

szentjánosbogár *n* glow-worm, firefly

szentmise *n* (holy) mass

szentség *n* (*állapot*) sanctity, holiness; (*keresztség stb.*) sacrament

szentségtörés *n* sacrilege, profanation

szenved *v* suffer, undergo*, bear* || **vereséget ~** suffer defeat, be* defeated; **vmben/vmtől ~** suffer from

szenvedély *n* (*érzelem*) passion; (*szórakozás*) hobby; (*káros*) addiction || **~e a sport** (s)he is a sports fan

szenvedélyes *a* passionate

szenvedés *n* suffering

szenvedő alak *n* *nyelvt* the passive (voice)

szenzáció *n* sensation; (*hírlapi*) *biz* scoop, *US* beat

szenzációs *a* sensationel, wonderful

szennyes 1. *a* dirty, filthy, unclean; *átv* foul, filthy **2.** *n* (*ruha*) dirty linen, laundry

szennyez *v* (*vizet, levegőt stb.*) pollute, (*vizet így is*) contaminate; (*ruhát*) soil, dirty, *átv* sully

szennyező anyagok *n* *pl* pollutants

szennyvíz *n* sewage, dirty/slop water

szennyvízcsatorna *n* sewer

szép 1. *a* beautiful, nice; (*nő*) lovely, pretty, attractive; (*férfi*) handsome; (*férfi, nő*) good-looking; (*idő*) fine, nice || **ez nem ~ tőle** that's not (very) nice of him/her; **~ álmokat!** sleep well!, sweet dreams! **2.** *n* (*fogalom*) beauty, the beautiful || **a falu ~e** the belle/beauty of the village; **sok ~et hallottam Önről** I've heard a lot of good things about you

szépen *adv* beautifully, nicely, prettily || **kérem** ~ will you please/ kindly; please ...; **köszönöm** ~ thank you very much, (many) thanks

szépfiú *n* dandy

szépirodalom *n* belles-lettres *sing*.

szépít *v* (*díszít*) embellish, adorn; (*szebbé tesz*) beautify; (*kimagyaráz*) gloss over, whitewash

szépítőszer *n* cosmetics *pl*, make-up

szeplő *n* (*bőrön*) freckle; *átv* blot

széppróza *n* (prose) fiction, works of fiction *pl*

szépség *n* beauty

szeptember *n* September; → **december**

szeptemberi *a* of/in September *ut.*, September; → **decemberi**

szer *n* (*eszköz*) implement, appliance; (*vegyszer*) chemical (agent), agent; (*orvosság*) remedy, drug, medicine; (*tornaszer*) apparatus (*pl* -atus *v.* -atuses) || **~enkénti döntő** (*tornában*) finals for each apparatus *pl*; **~enkénti gyakorlatok** exercises on each apparatus; **~t tesz vmre** get*/obtain/acquire sg, get* hold of sg

-szer *suff* → **-szor**

szerb *a/n* Serbian; → **angol**

Szerbia *n* Serbia

szerda *n* Wednesday; → **kedd, keddi**

szerdánként *adv* every Wednesday, on Wednesdays, *US* Wednesdays

szerel *v* (*gépet egybe*) mount, assemble, set* up; *sp* tackle

szerelem *n* love (*vk iránt* of/for sy); (*személy*) love, sweethart || **az Isten szerelmére** for God's/ Goodness(') sake; **szerelmem!** (my) darling!, my love!; **szerelmet vall vknek** declare one's love to sy

szerelés *n sp* gear kit; *biz* (*öltözék*) gear

szerelmes 1. *a vkbe* be* in love with sy, love sy || ~ **lesz vkbe** fall* in love with sy; ~ **levél** love-letter; ~ **vers** love-poem **2.** *n* (*férfi*) lover, (*nő*) sweetheart, lover

szerelmespár *n* the (young) lovers *pl*, loving couple

szerelő *n* (*autó*) (car/motor) mechanic; (*gépgyári*) fitter

szerelvény *n* (*vonat*) train

szerencse *n* (piece of good) luck || **nincs ~je** have* no/hard/bad luck (*vmben* in), be* unlucky; **részemről a** ~ it's my pleasure; ~**, hogy** fortunately ...; ~**je van** have* good luck, be* lucky/fortunate (*vmben* in); ~**re** luckily, fortunately

szerencsés *a* lucky, fortunate

szerencsésen *adv* ~ **megérkeztem** I (have) arrived safely; ~ **megmenekült** he got off cheaply

szerencsétlen *a vk* unlucky, unfortunate; (*esemény*) disastrous, calamitous; (*körülmény*) adverse

szerencsétlenség *n* (*balszerencse*) misfortune, bad/ill luck; (*baleset*) accident; (*katasztrófa*) disaster, catastrophe || **halálos (kimenetelű)** ~ fatal accident

szerény *a vk* (*nem dicsekvő*) modest, humble; (*igényeiben*) unassuming, unpretentious; (*visszahúzódó*) retiring, diffident, shy;

(*mérsékelt*) moderate || ~ **(anyagi) körülmények** moderate means

szerep *n* part, role; *szính* (*a szöveg*) part; (*funkció*) role, part, function || **fontos ~et játszik vmben** play a significant role in sg

szerepel *v* (*fellép vmben, vhol*) appear (in/as), play sy in sg; (*vmlyen funkciója van*) act/ function as; (*jelen van*) figure; (*benne foglaltatik*) be* included (in) || **a televízióban ~** appear/be* on television; **gyengén ~t a vizsgán** (s)he did* poorly in the exam/examination

szereplő 1. *a* **az ügyben ~ személyek** the persons involved in the affair **2.** *n* (*színész*) actor; (*alak irodalmi műben*) character; (*színdarabban, filmben*) cast; (*vmely eseményben*) participant

szereposztás *n* cast

szeret *v* (*vkt szeretettel*) love, like, be* fond of; (*vkt szerelmesen*) love, be* in love with; *vmt* like (sg *v.* to do sg *v.* doing sg), care for (sg *v.* to do sg), be* fond of (sg *v.* doing sg); (*nagyon*) be* keen on sg || **~ik egymást** (*szerelmesek*) they are in love (with each other); **~ne eljönni?** would you like to come?; **~ném, ha otthon lennénk** I wish we were (at) home; **vmt vmnél jobban ~** prefer sg to sg

szeretet *n* love, affection || **~tel** (*levél végén*) With (much) love, ...; Yours affectionately, ...

szeretetotthon *n* (*öregeké*) old people's home [run by a church], rest-home

szeretkez|ik *v* (*vkvel*) make* love (to sy)

szerető *n* (*nőé*) lover; (*férfié*) mistress

szerez *v* (*magának*) obtain, get*, acquire; *vknek vmt* procure (sg for sy) || **állást ~** find*/get* a job; **barátokat ~** make* friends; **pénzt ~** raise money; **tudomást ~ vmről** sg comes to one's knowledge; **zenét ~** compose [music]

széria *n* series (*pl ua.*) || **~ban gyárt** mass-produce

szerint *post* according to, in accordance with || **ezek ~** so, accordingly; **név ~ említ** mention by name; **tetszés ~** as you wish/ please; **~em** to my mind, in my opinion

szerkentyű *n* gadget

szerkeszt *v* (*lapot, könyvet*) edit; (*szótárt, lexikont*) compile, make*; (*rádió-, tévéműsort*) produce; (*okiratot*) draft, draw* up; (*gépet*) design, construct

szerkesztő *n* (*lapé, könyvé*) editor; (*szótáré stb.*) editor, compiler; (*műsoré*) editor; (*gépé*) constructor || **felelős ~** senior editor; **~riporter** presenter

szerkesztőség *n* (*helyiség*) editorial office; (*személyzet*) editorial staff

szerkezet *n* (*vmé*) structure, construction; (*gép*) machine, apparatus; (*mechanizmus*) mechanism; (*óráé*) works *pl*; (*ötletes*) contraption, device; (*épületé*) structure

szerszám *n* tool

szerszámkészlet *n* tool kit, tool set

szertartás *n* ceremony, formalities *pl*; *vall* rite, ritual; (*istentisztelet*) service

-szerte *suff* **ország~** all over the country

szerteágazó *a* branching out, ramifying

szerteszéjjel *adv* in *u*tter confusion; (*rendetlenségben*) in dis*o*rder

szertorna *n* gymnastics [on the appar*a*tus] (*mint sportág: sing*.)

szérum *n* s*e*rum (*pl* serums *v*. s*e*ra)

-szerű *suff* -like, resembling sg *ut.*

szerv *n* (*emberi, állati*) *o*rgan; (*állami*) *o*rgan [of the/a g*o*vernment], g*o*vernment instit*u*tion

szerves *a* org*a*nic ‖ **~kémia** or*g*anic ch*e*mistry; ~ **része vmnek** an *i*ntegral part of sg

szervetlen *a* inorg*a*nic

szervez *v* *o*rganize; (*kisebb találkozót stb*.) arr*a*nge; (*intézményt*) set* up, found, est*a*blish

szervezet *n* (*élő*) *o*rganism; (*alkat*) constit*u*tion; (*létesített*) organiza*-*tion, est*a*blishment

szervezett *a* *o*rganized ‖ ~ **társas-utazás** cond*u*cted tour

szervezőbizottság *n* *o*rganizing comm*i*ttee

szervi *a* ~ **szívbaj** org*a*nic heart dis*e*ase

szerviz *n* (*készlet*) s*e*rvice, set; (*gépkocsi és egyéb*) s*e*rvice, serv*-*icing ‖ **~be viszi a kocsit** have* the car s*e*rviced

szervizállomás *n* s*e*rvice station, g*a*rage

szervusz *int* hello!, *US* hi!; (*távozásnál*) bye(-bye)!, c̈heerio!, *US* so long!

szerzemény *n* (*szerzett tulajdon*) acquis*i*tion, p*u*rchase; (*zenei*) work, compos*i*tion

szerzetes *n* monk, fr*i*ar

szerző *n* *au*thor, wr*i*ter; (*zene~*) comp*o*ser

szerződés *n* (*magánjogi*) c*o*ntract, agr*e*ement; (*szolgálati, szính*) eng*a*gement; (*nemzetközi nagyobb*) tr*e*aty ‖ **~t köt vkvel** contract with sy, concl*u*de an agr*e*ement with sy

szesz *n* k*é*m *a*lcohol, sp*i*rit

szeszélyes *a* capr*i*cious, wh*i*msical; (*időjárás*) ch*a*ngeable

szeszes *a* alcoh*o*lic, sp*i*rituous ‖ ~ **ital** *a*lcohol, alcoh*o*lic drinks *pl*, *US* l*i*quor; (*röviditalok*) sp*i*rits *pl*

szeszipar *n* dist*i*lling *i*ndustry

szesztartalmú *a* alcoh*o*lic, cont*a*ining *a*lcohol *ut.*

szétes|ik *v* (*tárgy*) dis*i*ntegrate, go*/fall*/come* to p*i*eces, break* up; (*felbomlik*) diss*o*lve; (*intézmény*) fall* ap*a*rt

szétforgácsol *v* (*erőt, időt*) fr*i*tter away ‖ **~ja erejét** d*i*ssipate one's *e*nergies

széthord *v* (*leveleket*) del*i*ver; (*gazdátlan holmit*) c*a*rry off; (*szél*) sc*a*tter, disp*e*rse

széthúzás *n* d*i*scord, disagr*e*ement

szétkapcsol *v* unc*ou*ple; (*összeköttetést*) disc*o*nnect ‖ **~tak** we were cut off

szétmegy *v* (*személyek*) drift away, s*e*parate, part (c*o*mpany); (*ruha*) fall*/go* to p*i*eces; (*tárgy*) come*/fall* ap*a*rt

szétnéz *v* look round

szétnyíl|ik *v* (*összehajtott holmi*) unf*o*ld; (*függöny*) *o*pen

szétoszlat *v* (*tömeget*) disp*e*rse, break* up [the crowd]

szétoszt *v* (*vkk között*) distr*i*bute (sg am*o*ng p*eo*ple); (*pénzt*) share out sg (am*o*ng p*eo*ple)

szétreped *v* burst*, split*; (*üveg*) crack

szétrobban v explode, blow* up, burst*

szétszed v vmt take* (sg) apart, take* (sg) to pieces; (gépet) dismantle

szétszedhető a (bútor) knockdown || ~ **(fa)ház** portable (prefabricated) hut/house; ~ **csónak** collapsible boat

szétszerel v take* apart; (gépet) dismantle; (bútort) knock down

szétszór v (tárgyakat) strew*/ spread* about, scatter about/over, disperse

széttár v open (wide) || ~**ja a két karját** open one's arms

széttép v tear* (sg) to pieces/bits/ shreds

széttör v break* (sg) into pieces, shatter (sg)

szétválaszt v (több részre) separate, take* (sg) apart; (ketté) divide; (megkülönböztet) distinguish

szétver v (darabokra) break* (sg) into bits, smash sg up; (ellenséget) rout, destroy

szex n sex

szexuális a sexual, sex || ~ **élet** sex-life

szezon n season

szezonvégi kiárusítás n (end-of-season) sale

szia! int biz (köszönés) hello!, US hi!; (távozáskor) bye(-bye)!, see you!

szid v scold, reprimand

sziget n island; (nevekben) isle

szigetelés n insulation

szigetvilág n archipelago

szignál[1] n signature tune

szignál[2] v sign, put*/set* one's name to

szigony n harpoon

szigorító a ~ **intézkedés(ek)** restrictive measures, biz clampdown (vmben on)

szigorú a strict, rigorous, severe; (követelményekben) demanding, exacting || ~ **ítélet** severe sentence; ~ **törvények** stringent laws

szíj n strap, thong, belt; (póráz) leash

szike n scalpel

szikla n rock, cliff

sziklafal n rock face; (tengerparti) cliff

sziklakert n rock-garden, rockery

sziklás a rocky, craggy

szikra n spark

szikráz|ik v give* off sparks, spark; (villan) sparkle; (csillog) glitter, gleam, flash

szilaj a (legény) hotheaded, impetuous; (természet) boisterous, irrepressible; (csikó) wild

szilánk n splinter

szilárd a (kemény) firm, solid, massive; (erős) strong; (állhatatos) firm, steadfast, steady; (mozdulatlan) stable, fixed || ~ **jellem** strong character; ~ **meggyőződésem** it's my firm conviction; ~ **test** fiz solid

szilárdul v harden, solidify

szilícium n (elem) silicon

szilikon n (műanyag) silicone

sziluett n silhouette; outline; (nagyvárosé távolból) skyline

szilva n plum; (aszalt) prune

szilvapálinka n plum brandy, slivovitz

szilvás a ~ **gombóc** kb. plumdumpling(s); ~ **lepény** kb. plum pie

szilveszter(est) *n* New Year's Eve
szilveszterez|ik *v* have* a New Year's Eve party, see* the old year out
szimat *n* (*állati*) scent, (sense of) smell; *átv* (*emberi*) nose, feel
szimbolikus *a* symbolic
szimbólum *n* symbol
szimfónia *n* symphony
szimfonikus *a* ~ **zenekar** symphony orchestra
szimmetrikus *a* symmetrical
szimpátia *n* sympathy
szimpatikus *a* nice, l*i*k(e)able
szimpatizál *v* = **rokonszenvez**
szimpla *a* (*egyszeres*) simple, single; (*egyszerű*) ordinary, simple, common
szimulál *v* *biz* put* on, feign, pretend; *tech* simulate
szimultán tolmácsolás *n* simultaneous translation/interpretation
szín[1] *n* colour (*US* -or); (*árnyalat*) tint, hue, shade; (*arcszín*) complexion; (*látszat*) (*out*ward) appearance, look; (*kártyaszín*) suit; (*szöveté visszájával szemben*) right side [of the fabric]; (*felszín*) surface, exterior, level || **jó ~ben tüntet fel vmt** put* sg in a favourable light; **jó ~ben van** look well; **semmi ~ alatt** by no means, on no account; **vknek ~e előtt** in the presence of sy
szín[2] *n* (*fészer*) shed, lean-to
szín[3] *n* (*színpad*) stage; (*színdarab része*) scene || **~re visz vmt** stage/produce/present [a play]
színarany *a/n* pure gold; (*gyűrű stb.*) solid gold
színárnyalat *n* shade, hue, tint
színdarab *n* play

színes *a* coloured (*US* -or-); *átv* colourful, picturesque, vivid || ~ **bőrűek** coloured people; ~ **ceruza** colour(ed) pencil, crayon; ~ **negatív** colour negative; ~ **papírkép** colour print; ~ **televízió** colour television
színész *n* actor, player
színésznő *n* actress
színez *v* colour (*US* -or), tint, paint
színház *n* theatre (*US* -ter)
színhely *n* *szính* scene; (*eseményé*) scene, spot; (*konferenciáé stb.*) venue
színjáték *n* play, drama
színjátszó *a* ~ **csoport** dramatic society
szinkrón tolmács *n* simultaneous translator
szinkronizál *v* synchronize; (*filmet*) dub
színlap *n* playbill, programme (*US* -ram)
színleg *adv* apparently, seemingly || ~ **belemegy** pretend to agree (to)
színlel *v* feign, simulate, pretend to [do/have/be]
színmű *n* play, drama
színművész *n* actor, (*nő*) actress
szinonima *n* synonym
színpad *n* stage; *ir* the boards *pl* || ~**ra alkalmaz** adapt for the stage; ~**ra állít** stage, put* on the stage
színszűrő *n* colour (*US* -or) filter
szint *n* level
színtartó *a* colourfast (*US* -or-), non-fading, fast [dye]
szintbeni kereszteződés *n* level-crossing, *US* grade crossing
szinte *adv* almost, nearly, all but || ~ **alig van, aki** there is hardly

*a*nyone who; ~ **hallom a hangját** I seem to hear his voice; ~ **lehetetlen** it's all but impossible
színtelen *a* colourless (*US* -or-); (*arc*) pale; *átv* flat, dull
szintén *conj* also, too, as well, similarly
szintetikus *a* synthetic, artificial
szintetizátor *n* synthesizer
színtévesztés *n* (*vörös és zöld*) Daltonism, red-blindness
színű *a* -coloured (*US* -colored), of ... colour(s) *ut*. ‖ **milyen ~?** what colour is it?
színvak *a* colour-blind (*US* color-)
színvonal *n* level, standard
színvonalú *a* **alacsony** ~ low-standard; **magas** ~ of a high standard *ut*., high-level
szipog *v* (*náthás*) sniffle, snuffle; (*sírós*) whimper, whine
sziporkáz|ik *v* sparkle, scintillate; (*szellemes ember*) scintillate/coruscate (with wit)
szipózás *n biz* glue-sniffing
szirénáz|ik *v* sound/blow* the siren/horn/hooter/whistle, (*kocsi*) with its siren screaming
szirom(levél) *n* petal
szirt *n* rock, cliff; (*zátony*) reef
szirup *n* (*golden*) syrup
sziszeg *v* hiss
szít *v* (*tüzet*) poke [the fire] (up), fan [the fire]; *átv* fan, inflame, excite, incite, stir up ‖ **lázadást** ~ instigate rebellion
szita *n* sieve
szitakötő *n zoo* dragonfly
szitkozód|ik *v* curse, swear*
szív[1] *n* (*szerv*) heart; (*városé, országé*) heart, centre (*US* -ter) ‖ **majd megszakad a ~e** (s)he is

heartbroken (*vm miatt* because of sg); ~**ből** cordially, with all one's heart; ~**e mélyén** in one's heart of hearts, at heart; (*megszólítás*) ~**em!** my dear!, darling!; **teljes** ~**vel** with all one's heart
szív[2] *v* (*légneműt*) inhale, breathe/draw* in; (*folyadékot*) suck, draw* [liquid from]; (*cigarettát*) smoke [a cigarette] ‖ **magába** ~ (*folyadékot*) absorb; (*szellemi hatást*) imbibe [ideas, knowledge]
szivacs *n* sponge
szivar *n* cigar
szivargyújtó *n* (*autóban*) cigar-lighter
szivárog *v* (*folyadék*) ooze (*vmből* from *v*. out of), leak; (*gáz*) escape
szivárvány *n* rainbow
szivattyú *n* pump
szívbaj *n* heart disease/trouble
szívderítő *a* cheering, heartwarming
szívélyes *a* hearty, cordial, warm(-hearted) ‖ ~ **üdvözlettel** (*levél végén*) Yours sincerely, ...; (*formálisabban*) Yours truly, ...
szível *v* like, be* fond of, care for ‖ **nem** ~ dislike, cannot (*v*. can't) bear, not care for
szíverősítő *n* (*itóka*) pick-me-up, bracer
szíves *a* kind, cordial, hearty, friendly ‖ ~ **engedelmével** with your kind permission; **legyen/légy** ~ be so kind as to, will you kindly ...
szívesen *adv* (*készséggel*) with pleasure, readily, willingly; (*kedvesen*) kindly, cordially, heartily ‖ **nem** ~ unwillingly, reluctantly; **nagyon** ~ with (great) pleasure;

~! (*köszönöm-re adott válaszként*) you're welcome, don't mention it, not at all

szívesség *n* (*szolgálat*) favour (*US* -vor) || **~et kér vktől** ask sy a favour; **~et tesz vknek** do* sy a favour

szívfájdalom *n* *átv* heart-ache, grief

szívinfarktus *n* cardiac infarct, heart attack

szívós *a* (*anyag*) tough, leathery; (*tartós*) durable; *átv* stubborn, persistent

szívószál *n* straw || **~lal** through a straw

szívroham *n* heart attack

szívtelen *a* heartless, hard/stony-hearted

szívvel-lélekkel *adv* with all one's heart (and soul) || **~ csinál vmt** have* one's heart in sg

szívverés *n* heartbeat

szláv 1. *a* Slavonic, *US* Slavic || **~ népek** Slavonic peoples, the Slavs; **~ nyelv** Slavonic, *US* Slavic **2.** *n* (*ember*) Slav; (*nyelv*) Slavonic, *US* Slavic || **a ~ok** the Slavs

szlovák 1. *a* Slovak, Slovakian || **~ul** (*beszél*) Slovak; (*ír*) in Slovak **2.** *n* (*ember*) Slovak; (*nyelv*) Slovak

Szlovákia *n* Slovakia, *hiv* Slovak Republic

szlovén 1. *a* Slovene, Slovenian **2.** *n* (*ember*) Slovene, Slovenian; (*nyelv*) Slovene

Szlovénia *n* Slovenia

szmog *n* smog

szmoking *n* dinner jacket, *US* tuxedo

sznobizmus *n* snobbery

szó *n* word || **~ nélkül** without (saying) a word; **arról van ~, hogy** the question is (that), the point/thing is* (that); **egy ~t sem értek belőle** I can't/don't understand a word of it; **erről van ~!** absolutely!; **ért a ~ból** he can take the hint; **se ~, se beszéd** suddenly, out of the blue; **szavába vág vknek** cut* sy short, interrupt sy; **~ sincs róla** not at all, nothing of the kind/sort; **~ szerint** literally, word for word; **~ba áll vkvel** speak* to sy; **~hoz jut** be* able to put in a word; **~ra sem érdemes** it's not worth mentioning; **~ról ~ra megtanul vmt** learn* sg (*v.* get* sg off) by heart; **~t fogad** obey (*akinek* sy)

szoba *n* room || **~ kiadó** room to let; **~ reggelivel** bed and breakfast

szobaasszony *n* chambermaid

szobabútor *n* furniture (*pl* ua.)

szobafoglalás *n* booking, *US* reservation

szobafogság *n* house arrest, detention

szobalány *n* housemaid; (*szállóban*) chambermaid

szobanövény *n* house plant, indoor plant

szobatiszta *a* (*állat*) house-trained, *US* housebroken; (*gyermek*) potty-trained

szóbeli *a* oral, verbal || **~ vizsgát tesz** take* (*v.* sit* for) an oral examination

szobor *n* statue

szobrász *n* sculptor

szobrászat *n* sculpture

szociális *a* social || **~ gondozó** social/welfare worker; **~ otthon** old people's home

szociológia *n* sociology
szociológus *n* sociologist
szócső *n* (*tölcsér*) speaking tube/ trumpet; *átv* mouthpiece (of)
szóda *n* *kém* sodium carbonate; *biz* soda water
szódavíz *n* soda (water)
szófogadó *a* obedient, dutiful
szófukar *a* tight-lipped, laconic, uncommunicative
szoftver *n* *szt* software
szójabab *n* soya bean
szójáték *n* pun, play on words
szójegyzék *n* list of words
szokás *n* (*egyéni, megrögzött*) habit; (*közösségi*) custom; (*gyakorlat*) practice; (*társadalmi*) convention ‖ **rossz ~ a** bad habit; **~a szerint** as is/was his custom; **~ban van** it is customary; **a ~tól eltérően** unusually
szokásjog *n* customary/unwritten law
szokásos *a* usual, customary, habitual
szok|ik *v* *vmhez* get* used to sg, become*/be*/grow* accustomed to sg ‖ **ehhez nem vagyok ~va** I am not used/accustomed to it; **6-kor ~tam fölkelni** I generally get up at six (o'clock)
szókimondó *a* outspoken, *kif* speak* one's mind
szókincs *n* vocabulary
szoknya *n* skirt ‖ **rakott ~** pleated skirt; **skót ~** kilt
szoknyavadász *n* *tréf* lady-killer, ladies' man°
szokott *a* *vmhez* used/accustomed to sg *ut*.; (*szokásos*) usual, habitual, customary
szokványos *a* customary

szól *v* (*beszél*) speak*; *vknek/vkhez* speak* to sy; (*írás vknek*) be* addressed to sy, be* meant for sy; (*könyv, cikk stb. vmről*) be* about (sg), deal* with (sg); (*szöveg*) read*, run*; (*csengő, harang*) ring*; (*hang, hangszer, zene*) sound ‖ **a rádió ~** the wireless/ radio is on; **a szöveg így ~** the text reads/runs thus; **a telefon ~** the telephone rings (*v.* is ringing); **mit ~nál/~na egy csésze teához?** how/what about a cup of tea?; **miről ~?** what is it about?; **ez nem arról ~** that's not the point; **... arról szól (hogy)** the point (at issue) is this...; **őszintén ~va** to tell the truth; **vk mellett ~** speak* for (*v.* in favour of) sy
szolárium *n* solarium (*pl* -ia *v* -iums)
szólás *n* idiom, saying
szolga *n* servant, attendant, domestic
szolgál *v* *vhol, vknél, vkt* serve (sy), be* in (sy's) service; *vmvel* serve (with); *vmként* serve as (sg); *vmre* serve for (sg) ‖ **a hadseregben ~** serve/be* in the army; **hogy ~ az egészsége?** how are you (getting on)?; **milyen célt ~?** what is it used for?; **mivel ~hatok?** can I help you (in any way)?; (*üzletben*) what can I do for you?
szolgálat *n* service; (*ügyelet, készenlét*) duty; (*állás*) post, job; *kat* service ‖ **~ban van** (*ügyeletes*) be* on duty; **~ot tesz vknek** do*/ render sy a service
szolgálatkész *a* helpful, willing to help *ut*.
szolgalelkű *a* servile

szolgalmi jog n easement, way-leave

szolgáltat v supply, furnish, provide; (okot) give*

szolgáltatás(ok) n supply, services pl

szolgáltatóipar n service industry

szolid a (személy) steady, respectable, serious(-minded); (öltözködés) sober, discreet; (vállalkozás) safe, reliable; (ár) reasonable

szolidaritás n solidarity

szólista[1] n zene soloist

szólista[2] n (szójegyzék) list of words

szólít v vhova call sy swhere; (felszólít) call upon/on [sy for sg] || vmnek ~ vkt address sy as; nevén ~ call sy by his name

szolmizál v solmizate, practise tonic sol-fa

szóló[1] 1. a névre ~ meghívó a personal invitation; két személyre ~ (jegy) [tickets] for two; vmről ~ könyv a book about/on ... 2. n (beszélő) speaker

szóló[2] n zene solo

szombat n Saturday; → kedd, keddi

szomjan hal kif die of thirst

szomjas a (be*) thirsty

szomjaz|ik v thirst, be* thirsting (vmre átv is: for sg)

szomorkod|ik v grieve (vmn over sg), be* sad (about sg)

szomorú a sad, sorrowful, (esemény) tragic

szomorúfűz n weeping willow

szomorúság n sadness, sorrow, grief

szomszéd 1. a = szomszédos 2. n vk neighbour (US -bor) || a (köz-vetlen) ~om my next-door neighbour; a ~ban lakik live next door

szomszédos a vmvel neighbouring (US -bor-), next-door, close/near by ut.; (ház, szoba stb.) next, adjoining

szomszédság n neighbourhood (US -bor-), vicinity

szonáta n sonata

szonda n orv (hajlékony) bougie; (tömör) probe, sound; tech probe; (meteorológiai) sonde; (alkohol) breathalyser (v. US -lyzer), US drunkometer

szondázás n breath test

szonett n sonnet

szónok n speaker

szónoklat n speech, oration

szop|ik v suck

szopogat v suck (at) (sg), be* sucking away at sg

szoprán n soprano

szoptat v suckle, nurse

-szor, -szer, -ször suff times || hatszor kettő egyenlő tizenkettő six times two is/equals twelve

szór v vmt sprinkle, scatter, spread* || ~ja a pénzt squander money

szórakozás n amusement, entertainment; (szórakozóhelyen) evening out; (kikapcsolódás) relaxation, recreation; (időtöltés) hobby, pastime

szórakoz|ik v vhol enjoy/amuse oneself, have* a good time

szórakozóhely n place of entertainment/amusement

szórakozott a absent-minded

szórakoztat v amuse, entertain

szórend n word-order

szorgalmas *a* (*tanulmányokban*) *di*ligent; (*munkában*) hard-w*o*rking, ind*u*strious
szorgalom *n* d*i*ligence, *i*ndustry
szorgoskod|ik *v* be* b*u*sy [d*o*ing sg]
szorít *v* (*nyomva*) press; (*kézben*) grasp, gri**p**; (*cselekvésre*) urge (sy to do sg), drive*, force; (*cipő*) pinch; *biz vknek* keep* one's f*i*ngers crossed for sy (that) ‖ **kezet ~ vkvel** shake* hands with sy
szóród|ik *v* (*hull*) fall*, dro**p**; (*terjed*) spread*, sc*a*tter
szorong *v* (*helyileg*) be* squashed/pressed/cr*o*wded together; *átv* be* *a*nxious/tense, w*o*rry
szoros 1. *a* tight, close; *átv* close, n*a*rrow ‖ **~ barátság** close/*i*ntimate fri*e*ndship; **~ ruha** t*i*ght-fitting clothes *pl* **2.** *n* (*hegy~*) pass, d*e*file; (*tenger~*) strait
szorosan *adv* cl*o*se(ly), t*i*ght(ly) ‖ **~ egymás mellett** side by side, cl*o*sely, packed like sard*i*nes
szoroz *v* m*u*ltiply (*vmvel* by)
szorul *v vm vmben* j*a*m, g*e*t* stuck/jammed (in sg); *vmre* be*/stand* in need of (sg), want (sg); *vkre* be* dependent on (sy) ‖ **magyarázatra** ~ call for explan*a*tion
szórványos *a* sporadic; (*időben*) occasional
szorzás *n* multiplic*a*tion
szorzat *n* product
szorzó *n* m*u*ltiplier
szorzótábla *n* multiplic*a*tion t*a*ble
szósz *n* sauce
szószátyár 1. *a* verbose, g*a*rrulous, w*o*rdy **2.** *n* windbag, sp*o*uter
szószegő *a* f*a*ithless, perf*i*dious
szószék *n* pulpit

szótag *n* syllable
szótagolás *n* syllabific*a*tion
szótár *n* d*i*ctionary; (*latin, görög*) l*e*xicon ‖ **kikeres egy szót a ~ból** look up a word in the d*i*ctionary
szótlan *a* s*i*lent, t*a*citurn
szótöbbség *n* maj*o*rity ‖ **nagy ~gel megszavaz** pass by an overwh*e*lming maj*o*rity
szóval *adv* (*röviden*) br*i*efly, in a word; (*vagyis*) (well,) *a*nyway/*a*nyhow, that is (to say), so
szóváltás *n* (*vita*) *a*rgument, dispute
szóvivő *n* spokesman°
szovjet *a*/*n tört* S*o*viet ‖ **a ~ek** the S*o*viets
Szovjetunió *n tört* S*o*viet U*n*ion
szózat *n* appe*a*l
sző *v* (*szövetet*) weave*; (*pók*) spin*; (*összeesküvést*) plot ag*a*inst (sy); (*tervet*) hatch [a plan]
szöcske *n* grasshopper
szög¹ *n* → **szeg**²
szög² *n mat a*ngle ‖ **90°-os ~ben** at an *a*ngle of 90°
szöglet *n* (*sarok*) c*o*rner; (*zug*) nook; (*kiszögellés*) *a*ngle; *sp* c*o*rner (kick)
szögletes *a a*ngular, *a*ngled, c*o*rnered; (*zoo, váll*) square; (*modor*) *a*wkward, cl*u*msy
szögletrúgás *n* **~t végez** take* a c*o*rner kick
szökdécsel *v* ski**p**, c*a*per, bounce
szőke *a* blond, f*a*ir(-haired)
szökevény *n* fugitive, r*u*naway, escap*ee*; *kat* deserter
szök|ik *v* (*menekül*) escape, flee*, r*u**n*** aw*a*y; (*disszidál*) defect; (*ugrik*) leap*, jump

szökőár *n* spring tide, t*i*dal wave
szökőév *n* leap year
szökőkút *n* fountain
szöktet *v* (*vkt*) help sy escape; (*leányt*) elope with [a girl]
szőlő *n* (*gyümölcs*) grapes *pl*; (*terület*) vineyard
szőlőcukor *n* grape sugar, glucose
szőlőfürt *n* a bunch/cluster of grapes
szőlőskert *n* vineyard
szőnyeg *n* carpet; (*kisebb*) rug
szőnyegpadló *n* (wall-to-wall) carpet, fitted carpet
-ször *suff* → **-szor**
szőr *n* (body) hair; (*disznóé, keféé*) bristles *pl*
szörf *n* (*eszköz*) (sail)board, windsurfer; (*sportág*) → **szörfözés**
szörfözés *n* windsurfing, boardsailing
szörfözik *v* go*/be* windsurfing/ boardsailing
szörföző *n* windsurfer, boardsailor
szőrme *n* fur
szörny *n* monster
szörnyen *adv biz* horribly, awfully, dreadfully, terribly
szörnyethal *v* die on the spot, be* killed *i*nstantly
szörnyű *a* (*irtózatot keltő*) horrible, dreadful, frightful; *biz* (*rendkívüli*) horrible, ghastly, awful
szőrös *a* hairy, shaggy
szörp *n* (*sűrű*) syrup; (*üdítőital*) squash
szőrszál *n* a hair
szőrtelenít *v* depilate, remove the hair (from)
szőrzet *n* (*emberé*) (body) hair; (*állaté*) fur, coat

szösz *n* tow, fluff ‖ **mi a** ~! what the devil!
szöveg *n* text; (*dalé*) words *pl*, lyrics *pl*; (*dalműé*) libretto; (*filmé, színdarabé*) script; (*kép alatt*) caption; (*okiraté*) wording
szövegesl *v biz* jaw, yak
szöveghű *a* (*fordítás*) faithful, close
szövegkiemelő *n* marker (pen), see-through marker
szövegkönyv *n* (*zenés műé*) libretto; (*filmé*) screenplay, scenario, script
szövegkörnyezet *n* context
szövegszerkesztés *n* word processing
szövegszerkesztő *n* szt word processor
szövés *n* weaving
szövet *n* tex cloth, fabric, material, textile; *orv* tissue
szövetkezet *n* co-operative
szövetség *n* pol alliance, union, league, (con)federation; (*egyesület*) association
szövetséges 1. *a* allied 2. *n* ally
szövetségi *a* federal ‖ ~ **állam** federal state; ~ **köztársaság** federal republic
szövettan *n* histology
szövődmény *n orv* complication
szövőszék *n* loom
szövött *a* woven ‖ ~ **áru** fabric, textile
sztár *n film* star; *sp* ace
sztereo(-) *a* stereo(-) ‖ ~ **lemezjátszó** stereo (player); ~ **rádió** stereo radio
SZTK → **társadalombiztosítás, TB**

sztráda *n* motorway, *US* expressway

sztrájk *n* strike; (*rövidebb*) walkout || ~**ba lép** go* (out) on strike

sztrájkol *v* be* on strike, strike* (*vm miatt* for)

szú *n* woodborer, woodworm

szuggerál *v vkt* influence sy by suggestion

szuggesztív *a* forceful, potent; (*egyéniség*) magnetic

szuka *n* bitch

szultán *n* sultan

szúnyog *n* mosquito, gnat

szunnyad *v* slumber, sleep* lightly; (*vkben tehetség*) lie* dormant

szuper *int biz* super!, excellent!

szupermarket *n* supermarket

szuperszonikus *a* supersonic

szúr *v* (*tű, tövis*) prick; (*fegyverrel*) stab (*vk felé* at sy); (*rovar*) sting*, bite* || ~ **az oldalam** I have a stitch in my side

szurkol *v* (*csapatnak*) support [a team], be* a [Fradi etc.] fan

szurkoló *n* fan, supporter [of a team]

szurok *n* pitch, tar

szurony *n* bayonet

szúrópróba *n* spot-check/test, random sample || ~**szerűen** at random, randomly

szúrós *a* stinging, pricking; (*tekintet*) piercing [glance/look]

szuszog *v* pant, puff

szuterén *n* basement

szuvas *a* worm-eaten, decayed; (*fog*) carious

szuverenitás *n* sovereignty

szűcs *n* furrier, fur-trader

szűk 1. *a* (*út, nyílás*) narrow; (*ruha*) tight(-fitting); (*hely*) cramped,

confined || ~ **látókörű** parochial, narrow-minded **2.** *n* scarcity, dearth, deficiency || ~**ében van vmnek** lack sg, be* short of sg; (*időnek*) be* pressed for time

szűkít *v* tighten, restrict; (*ruhát*) take* in

szűklátókörűség *n* narrow-mindedness, parochialism

szűkmarkú *a* tight(-fisted), parsimonious

szükség *n vmre* need, necessity (for); (*hiány*) necessity, need, want || ~ **esetén** if necessary/needed/required, (*ha baj van*) in case of emergency; ~ **szerint** as required/needed; ~ **van vmre** sg is wanted/needed/necessary; (*testi*) ~**ét végzi** relieve oneself

szükséges *a* necessary, needed, required

szükséghelyzet *n* (state of) emergency

szükséglet *n* need, want, demands *pl*, requirements *pl* || ~**et kielégít** meet* demands

szükségmegoldás *n* stopgap arrangement; (*vm eszköz*) makeshift

szükségtelen *a* unnecessary, needless

szűkszavú *a* taciturn, laconic

szűkület *n* bottleneck, constriction; *orv* stricture

szül *v* (*gyermeket*) bear*, give* birth to; (*folyamatban van a szülés*) labour; *átv* beget*

szülés *n* childbirth

szülésznő *n* midwife°, maternity nurse

születés *n* birth

születésnap *n* birthday || **boldog** ~**ot!** (I wish you) many happy retu*r*ns (of the day)!, h*a*ppy b*i*rthday (to you)!

születésszabályozás *n* b*i*rth control

szület|ik *v* (*világra jön*) be* born; *átv* spring* up, (a)rise*

szülő *n* p*a*rent ‖ **~k** (one's) p*a*rents

szülőváros *n* home/n*a*tive town

szünet *n* pause; (*események között*) break; *isk* (*óraközi*) (school) break, pl*a*ytime; *isk* (*egésznapos*) holiday; *szính* *i*nterval; (*munkában*) break, rest ‖ **~ nélkül** with*o*ut stopping/interr*u*ption; **~et tart** make* a pause

szüneteltet *v* stop, break*

szünetjel *n* *zene* rest; (*rádió*) st*a*tion/*i*nterval s*i*gnal

szünnap *n* (*intézményé*) holiday; *vké* a day off

szüntelen *a* unce*a*sing, uninterr*u*pted

szűr *v* (*folyadékot*) strain, f*i*lter; *kém* f*i*ltrate; *átv és orv* screen

szűrés *n* (*folyadéké*) f*i*ltering; *orv* screening test

szüret *n* (*szőlőé*) vintage, grape harvest; (*gyümölcsé*) gathering, p*i*cking [of fruit]

szürke 1. *a* (*szín*) grey, *US* gray; *átv* *o*rdinary

szürkeállomány *n* *biol* grey matter

szürkeség *n* (*szín*) greyness, *US* grayness; (*egyhangúság*) drabness, mon*o*tony, d*u*llness

szürkület *n* twilight; (*hajnali*) dawn; (*esti*) n*i*ghtfall

szűrő *n* (*folyadéknak*) f*i*lter, str*a*iner

szűrővizsgálat *n orv* screening test

szürrealizmus *n* surrealism

szűz 1. *a vk* virgin, pure ‖ **~ föld** v*i*rgin/unbr*o*ken soil; *vall* **Sz~**

Mária V*i*rgin M*a*ry, the V*i*rgin 2. *n* v*i*rgin, *ir* m*a*id(en)

szüzesség *n* virg*i*nity ‖ **~et fogad** take* a vow of ch*a*stity

szvetter *n* swe*a*ter, c*a*rdigan, *GB* j*u*mper

szvit *n zene* suite

T

-t *suff* **A)** (*iránytárgy*) **a)** at ‖ **néz vkt/vmt** look at sy/sg; **b)** for ‖ **pénzt kér** ask for m*o*ney; **c)** (*elöljáró nélkül*) **háztartást vezet** keep* house **B)** (*eredménytárgy*) **kenyeret süt** bake bread **C)** (*helyhatározói*) **átússza a folyót** swim* the r*i*ver **D)** (*időhatározói*) **naponta tíz órát dolgozik** work ten hours a day **E)** (*módhatározói*) **jóízűt nevetett** laughed h*e*artily **F)** (*számhatározói*) **sétálok egyet** I am going for a walk **G)** (*mértékhatározói*) **egy kilót hízott** he put on one k*i*logramme **H)** (*fokhatározó*) **sokat változtál** you have changed a lot **I)** (*ok- és célhatározói*) **mit sírsz?** why are you crying?

tábla *n* board; (*hirdető~*) noticeboard; *isk* bl*a*ckboard; (*könyvben*) table; (*könyv~*) c*o*ver; *mezőg* field ‖ **egy ~ csokoládé** a bar of chocolate

táblázat *n* t*a*ble, chart

tabletta *n* t*a*blet, pill ‖ **~t szed** (*fogamzásgátlót*) be* on the pill

tábor *n* camp ‖ **~t üt** pitch (one's) camp

tábornok *n* general
tábortűz *n* camp-fire
tabu *n* taboo
tag *n* (*testé*) limb, member, part; (*cégé*) member, partner; (*egyesületé*) member; (*tudományos munkatárs*) fellow, associate
tág *a* (*laza, bő*) loose, wide; (*cipő stb.*) loose-fitting; (*széles nyílású*) wide(-open); (*tágas*) large, spacious; *átv* wide; (*keretek*) broad; (*fogalom*) vague ‖ **~ra nyit vmt** open sg wide
tagad *v* deny; (*ellentmond*) contradict, gainsay*; (*nem ismer el*) disclaim, refuse to admit* ‖ **nem lehet ~ni** there is no denying it; **~ja bűnösségét** plead* not guilty
tagadhatatlan *a* undeniable
tagadó *a* negative ‖ **~ mondat** negative sentence
tágas *a* spacious, large, roomy
tagbaszakadt *a* sturdy, robust
tagdíj *n* membership fee, subscription
tágít *v* (*szűk tárgyat*) widen, enlarge; (*cipőt*) stretch ‖ **nem ~ (s)he** won't back down
tagozat *n* section, branch
tagság *n* (*intézményhez való tartozás*) membership; (*tagok*) members *pl*
táj *n* (*hely*) region, country, land ‖ **a világ minden ~áról** from all corners/parts of the world; **öt óra ~ban** (round) about (*v.* around) 5 (o'clock)
tájék *n* region
tájékozód|ik *v* (*térben*) orientate, US orient oneself; (*érdeklődik*) inquire about/into

tájékozott *a* vmben (be*) familiar with sg
tájékoztat *v* vkt vmről inform sy about/of sg
tájékoztató **1.** *a* **~ (jellegű)** informative; **~ szolgálat** information (service) **2.** *n* (*ismertető*) guide, prospectus, brochure
tájfutás *n* orienteering
tájfutó *n* orienteer
tájkép *n* landscape, scene
takács *n* weaver
takar *v* (*fed*) cover (vmvel with); vmt vmbe wrap/bundle sg (up) in sg; *átv* (*rejt*) hide*
takarékbetétkönyv *n* savings book
takarékos *a* economical
takarékoskod|ik *v* vmn/vmvel save/economize on sg; (*félretesz*) save (up) (for sg)
takarékpénztár *n* savings bank
takarít *v* clean/tidy up, make* [the room/flat] tidy
takarító(nő) *n* cleaner; (*bejárónő*) cleaning woman°/lady, *biz* daily
takaró *n* (*pokróc*) blanket; (*paplan*) quilt, duvet
takaró(d)z|ik *v* (*takaróval*) cover/wrap/muffle oneself up; *átv* vmvel plead* sg
taknyos *a* snotty; (*náthás, igével*) snivel (US -l)
taktika *n* tactics *pl v. sing*
taktus *n* time ‖ **üti a ~t** beat* time
tál *n* dish; (*leveses*) tureen; (*nagy lapos*) platter; (*kisebb gömbölyű*) bowl; (*tűzálló*) casserole; (*fogás*) course, dish
talaj *n* (*föld*) soil, earth; ground, land
talál *v* find*; (*véletlenül*) discover; vmlyennek find*, consider, think*,

deem; *vmre/vkre* meet*, come* across (*mind*: sg/sy); (*lövés*) hit* the target/mark; *átv* (*megjegyzés stb.*) strike* home || **ha esni ~na az eső** if it should rain; **úgy ~om, hogy** as far as I can judge, in my opinion

tálal *v* (*ételt*) serve (up); *átv vhogyan* present, serve/dress up

találat *n sp is* hit || **ötös ~a van** (*lottóban*) (s)he hit the jackpot

találékony *a* inventive, ingenious

találka *n* rendezvous, date

találkoz|ik *v vkk* meet* (*vkvel* sy); (*véletlenül*) run* into sy; (*dolgok*) meet*; (*utak*) meet*, join || **du. 2-kor ~om X-szel** I have an appointment with X at 2 p.m.; **még sohasem ~tunk** we've never met (before)

találkozó *n* meeting, appointment, rendezvous; *sp* sports meeting, match || **~t beszél meg vkvel** make*/fix an appointment (*v. US a* date) with sy

találmány *n* invention

tálalóasztal *n* dumb waiter, sideboard

találomra *adv* at random

találós kérdés *n* riddle, puzzle

talán *adv* perhaps, *biz* maybe

talány *n* riddle, puzzle, enigma

tálca *n* tray, platter

talicska *n* (wheel)barrow

talp *n* (*emberé, cipőé*) sole; (*macskaféléké*) paw; (*más állatoké így is*) pad, foot°; *tech* support || **~ig becsületes** absolutely honest; **~on van** (*fent van*) be* up and about; (*sokat áll*) be* on one's feet

talpraesett *a* **~ gyerek** bright (*v.* quick-witted) child°; **~ válasz** snappy/smart repartee

tályog *n* abscess

támad *v* (*keletkezik*) arise*, crop up, spring* up; *vkre, vkt/vmt* attack (sy/sg)

támasz *n* brace, support, stay; *átv* mainstay, support

támaszkod|ik *v vmhez, vmre* lean*/prop against sg, lean* on sg; (*átv vkre*) depend/rely/lean* on sy

támla *n* back [of chair]

támogat *v* (*fizikailag*) support, prop up; (*erkölcsileg*) aid, assist, back (up), help (*mind*: sy); (*pénzzel*) give* financial assistance to, support, sponsor; (*államilag*) subsidize

tampon *n orv* tampon; (*sebhez*) swab; (*egészségügyi*) tampon, sanitary pad

támpont *n* basis

tan *n* (*tétel*) doctrine, thesis (*pl* theses); (*tudományág*) science (of), study, theory

tanács *n* (*baráti stb.*) piece of advice, advice (*pl* ua.); (*tipp*) (important) tip, hint; (*tanácsadó testület*) council, board || **~ot ad vknek** give* advice to sy; **~ot kér vktől** ask for sy's advice, consult sy (on sg); **városi ~** city/town (*US* municipal) council

tanácsadó 1. *a* advisory, consultative **2.** *n* (*személy*) adviser, advisor, counsellor (*US* -selor); (*szakmai*) consultant

tanácskoz|ik *v* hold* a meeting/conference; (*vkvel vmről*) confer with sy (on/about sg), consult (with) sy (about sg)

tanácsol *v vknek vmt* advise sy to ... (*v.* that ...)

tanácsos 1. *a* advisable, wise || **~ lesz itthon maradni** we had bet-

ter/best stay at home **2.** *n council*-
cillor || **miniszteri** ~ ministerial
counsellor
tanácstalan *a* helpless, perplexed;
(*igével*) be* at a loss (what to do)
tanár *n* (*iskolai*) (school) teacher,
schoolmaster; (*nő*) schoolmistress;
(*professzor*) professor || **angol~**
teacher of English, English teacher
tanári *a* ~ **kar** (teaching) staff; ~
oklevél teacher's diploma; ~
szoba senior common room
tanárképző főiskola *n* teacher
training college
tanárnő *n* teacher, schoolmistress
tanársegéd *n* assistant lecturer, *US*
instructor
tánc *n* (*cselekvés*) dance, (*alkalom*)
dance; ball
táncdal *n* pop song
táncház *n* (*hely*) dance hall; (*alka-
lom*) barn dance
táncol *v* dance
táncos *n* dancer
táncosnő *n* (professional/ballet)
dancer, ballerina
tánczene *n* dance music
tandíj *n* school fees; (*főleg főis-
kolán v. egyetemen*) tuition fees
pl, (*főleg US*) tuition || **egyévi** ~ a
year's tuition
tanegység *n* credit
tanév *n* (*iskolai*) school year;
(*egyetemi*) academic year
tanfolyam *n* course
tanít *v* teach* [at school]; *vkt vmre*
teach* sy sg, instruct sy in sg
tanítás *n* teaching; (*az órák*)
classes *pl*
tanítási *a* ~ **nap** teaching day;
angol ~ **nyelvű iskola** English
medium school

tanító *n* teacher, schoolmaster
tanítónő *n* (woman°) teacher,
schoolmistress
tanítvány *n* (*tanuló*) pupil, student;
(*eszmei*) disciple, follower
tankol *v* fill up
tankönyv *n* textbook, coursebook
tanrend *n* timetable
tanszék *n* department || **az angol** ~
the Department of English, the
English Department
tanszékvezető *n* Head of Depart-
ment
tantárgy *n* subject
tanterem *n* classroom, schoolroom;
(*főiskolán, egyetemen*) lecture room
tanú *n jog is* witness || **~ja vmnek**
be* a witness to sg
tanújel *n* proof, evidence || **~ét
adja vmnek** give*/provide proof
of sg
tanul *v vmt* learn*; (*tanulmányokat
folytat*) study || **angolul** ~ learn*
English; **az orvosi egyetemen** ~
study medicine
tanulás *n* learning, (*készülés*)
preparation
tanulatlan *a* uneducated
tanulmány *n* (*tanulás*) study; (*írott*)
study; (*rövidebb*) essay || **jogi
~okat folytat** study (*v. GB így is*:
read*) law
tanulmányi *a* ~ **kirándulás** school
trip; ~ **osztály** Registrar's de-
partment
tanulmányoz *v* study
tanuló *n* (*kisiskolás*) pupil; (*felsőta-
gozatos és középiskolai*) student;
(*szakmunkás~*) trainee
tanulóifjúság *n* schoolchildren *pl*
tanulság *n* lesson || **erkölcsi** ~ the
moral [of a story]

tanúság n evidence, testimony ‖ **~ot tesz vmről** give* evidence/ proof of sg

tanúsít v (*jelét adja*) give* proof/ evidence of; (*igazol*) attest to (sg), certify (sg)

tanúsítvány n certificate

tanúvallomás n evidence, testimony, statement ‖ **~t tesz** give* evidence (v. witness) (*vk mellett* for sy, *vk ellen* against sy)

tanya n *mezőg* small farm, homestead, *US* ranch

tányér n plate

táp n *mezőg* nutrient, feed

tapad v *vmhez* stick*/adhere/cling* to

tapasz n (*sebre*) (sticking) plaster, *US* adhesive tape

tapaszt v *vmhez* stick* sg to sg

tapasztal v experience, learn*

tapasztalat n experience; (*megfigyelés*) observation

tapasztalatlan a inexperienced, green

tapéta n wallpaper

tapint v touch, feel

tapintat n tact, discretion

tapintatlan a tactless, indiscreet

tapintatos a tactful, discreet

táplál v feed*, nourish; (*gépet*) feed*; (*érzelmet*) cherish, foster

táplálék n (*emberi*) food, nourishment, nutriment; (*állati*) nutrient, feed

táplálkoz|ik v (*ember*) eat* sg; (*állat*) feed* (*vmvel* on sg)

tápláló a (*kalóriadús*) nourishing, nutritious; (*étkezés*) substantial

tapogat v feel* (*vm után* for sg)

tapogatódz|ik v (*kézzel vm után*) feel*/grope for sg; *átv* feel* one's way, take* soundings

tapos v *vmre, vmt* tread*/trample on sg

táppénz n sickness benefit, sick pay ‖ **~en van** be* on sick-leave/ pay

taps n applause

tapsol v clap; *vknek* applaud sy

tápszer n nutriment, nutritive; (*készítmény*) food preparation

tár[1] n (*tárolóhely*) depot, store(-house), magazine; *szt* store, storage, memory; (*fegyverben*) magazine

tár[2] v (*kinyit*) throw* open, open wide ‖ **vk elé ~** disclose/show* (sg) to sy

tárca n (*zsebbe*) wallet, *US* billfold; (*miniszteri*) portfolio, (*hírlapi*) feuilleton

tárcsa n *tech* disc, *US* disk; (*telefonon*) dial

tárcsáz v (*telefonon*) dial (*US* -l)

tárgy n object, article, thing; (*írásműé, képé*) subject, theme; (*beszélgetésé*) topic, subject; *isk* subject; *nyelvt* (direct) object ‖ **a ~ra tér** come*/get* to the point

tárgyal v *jog* (*bíróság tárgyalást folytat*) hold* a trial/hearing; (*egy ügyet tárgyal*) hear* a case; (*büntetőügyet*) try a case; (*fejteget*) discuss (sg), treat [a subject], deal* with (sg) ‖ **~ vkvel** have* discussions/talks with sy, negotiate/confer with sy

tárgyalás n conference, discussion(s), negotiation(s *pl*), talk(s *pl*); (*ülésen*) debate; *pol* negotiation(s *pl*), talks *pl*; *ker* (*üzleti*) trade talks *pl*; (*bírósági*) hearing, proceedings *pl*; (*büntető*) trial; (*írásműben*) treatment

tárgyilagos *a* objective
tárgytalan *a* (*érvénytelen*) (null and) void; (*már nem időszerű*) off the agenda *ut*.
tarifa *n* tariff
tarisznya *n* satchel, bag
tarka *a* brightly-coloured, multicoloured, colourful (*US* -or-); (*változatos*) colourful (*US* -or-), varied
tárlat *n* (*art*) exhibition
tárló *n* show case
tarokk *n* tarot
tárol *v* store, stock, keep*; *szt* store
társ *n* companion, *biz* mate; *ker* partner
társadalmi *a* social ‖ **vk ~ helyzete** sy's social position/status; **~ munka** (*ingyenes*) voluntary work
társadalom *n* society, community
társadalombiztosítás (TB) *n* social insurance, *GB* National Insurance (NI)
társalgás *n* conversation, talk
társalog *v* vkvel talk/converse with sy, *biz* chat with sy
társas *a* social; (*együttes*) joint, collective, common
társaság *n* (*emberek együtt*) society, company; (*összejövetel*) party, gathering; (*egyesület*) society, association; *ker* company ‖ **rossz ~ba keveredik** get* into bad company; **vknek ~ában** in the company of
társasjáték *n* parlour (*US* -or) game; (*táblán játszott*) board game
társasutazás *n* package tour/holiday
társul *v* vkvel associate with sy; (*vállalkozásban*) enter into partnership with sy

tart[1] *v* vkt, vmt hold*, keep*; (*alkalmazottat*) employ; (*állatot*) keep*; (*vmnek ítél*) think*, consider, hold* ‖ **jónak ~ vmt** find*/think* sg good; **(kérem,) ~sa a vonalat!** hold/hang on!; **magánál ~ vmt** keep* sg by/on oneself; **nagyra ~** esteem (sg/sy) highly; **ülést ~** hold* a meeting
tart[2] *v* (*időben*) last, continue; (*tartós*) last*, keep* well; (*ruhaféle*) durable, long-lasting; (*vmeddig eljutott*) be* (*v.* have got) swhere; *vmerre* make* for, keep* to; *vkvel* accompany (sy), go* (along) with (sy); *vmtől, vktől* be* afraid of (sg/sy) ‖ **attól ~ok, hogy** I am afraid (that); **balra ~** keep* to the left; **meddig ~?** how long does it last?; → **soká**
tartalék *n* reserve, reserves *pl*
tartalmaz *v* contain, hold*; (*magában foglal*) comprise, include
tartalom *n* (*vmnek a lényege*) content, essence; (*tartalomjegyzék*) contents *pl*
tartalomjegyzék *n* contents *pl*
tartály *n* container; (*folyadéknak*) tank, reservoir
tartam *n* duration, period, term
tartármártás *n* tartar sauce
tartás *n* (*jellembeli*) strength of character, *biz* backbone
tartásdíj *n* jog (*elvált feleségnek*) maintenance
tarthatatlan *a* untenable, insupportable ‖ **~ helyzet** intolerable situation
tartó 1. *a* (*súlyt*) holding, keeping; (*időben*) lasting, enduring ‖ **rövid ideig ~** short-lived, passing **2.** *n* (*súlyt*) support, prop, stay; (*tok*) case, holder

tartomány n (országé) land, territory; (vidék) province
tartós a lasting; (hosszú ideig tartó) long-lasting, permanent; (árucikk) durable; (élelmiszer) long-life || ~ **fogyasztási cikkek** consumer durables
tartósított élelmiszerek n pl processed food, (konzerv) tinned (US canned) food/goods
tartozékok n pl accessories
tartoz|ik v vknek vmvel owe sy sg; (vmt tenni) be* obliged to [do sg], (kötelessége) ought to do sg; vkhez/vmhez belong to sy/sg; vmbe fall* under/within; vkre concern sy || **ez nem ~ik rám** it's no business of mine; **mivel ~om?** vknek what (v. how much) do I owe you?; ker ~**ik és követel** debit and credit
tartózkodás n (vhol ideiglenesen) stay; (tartósan) residence; (testi dologtól) abstinence; (magatartás) reserve; (szavazástól) abstention
tartózkod|ik v (vhol ideiglenesen) stay; (hosszabb időre) reside, dwell*; (alkoholtól) abstain from; (élvezetektől) refrain from; (bizonyos ételektől) keep*/stay off
táska n bag; (női) (hand)bag, US purse; (akta~) briefcase; (iskola~) (school) satchel, schoolbag; (úti~) suitcase
taszít v (lök) push, thrust*; fiz repulse; átv vkt repel
tatár n Tartar
tataroz v (házat) renovate
táv n (távolság) distance, space; sp distance
tavaly adv last year || ~ **nyáron** last summer

tavasz n spring || **tavasszal** in (the) spring
távbeszélő n = **telefon**
távcső n (kétcsövű) binoculars pl; (egycsövű) telescope
távfűtés n district-heating
távhívás n (belföldi) GB subscriber trunk dialling (STD) || ~**sal hív** (külföldit) dial straight through
távirányítás n remote control
távirányító n (tévéhez) remote control (handset/panel)
távirat n telegram, biz főleg US: wire
táviratoz v vknek send* a telegram to sy; főleg US, biz wire sy; (tengeren túlra) cable sy
távközlés n telecommunications pl
távlat n (perspektíva) perspective; (kilátás) prospect, outlook, view; (időbeli távolság) distance
távol 1. adv far (away) || ~ **áll tőlem** it is alien/foreign to my nature; ~ **esik vmtől** be* far away from sg; ~ **tart vkt vmtől** (óv) shield/protect/keep* sy from sg; ~ **tartja magát vmtől/vktől** keep* away from sg/sy **2.** n distance, remoteness || **a ~ban** far away, in the distance; ~**ból** from a/the distance; ~**ról sem** not in the least, far from it, not at all
távolabb adv (térben) farther (off/away); átv further
távoli a far-away, distant, remote
Távol-Kelet n the Far East
távollátó a long-sighted
távollét n absence, non-attendance || **vk ~ében** in the absence of sy
távolság n (térben) distance; (útdarab) stretch; (időben) interval, space of time

távoz|ik *v* leave*, depart; (*szállodából*) check out || **angolosan ~ik** take* French leave
távszabályozó *n* = **távirányító**
távvezérlés *n* = **távirányítás**
távvezeték *n* el high-tension line, power line; (*olajé*) pipeline
taxi *n* taxi, cab || **~ba ül** take* a taxi/cab
taxisofőr *n* taxi/cab driver
TB = **társadalombiztosítás; ~kártya** *kb.* NI (=National Insurance) card/number; **~járulék** *kb.* National Insurance Contribution
te *pron* you; (*régen és vall*) thou; (*birtokos*) your || **a ~ házad** your house; **~ magad** you yourself
tea *n* (*bot és ital*) tea
teáskanna *n* (*felszolgáláshoz*) teapot; (*teavízforraláshoz*) tea-kettle
teasütemény *n* teacake(s *pl*), biscuit(s *pl*)
teaszűrő *n* tea-strainer
teáz|ik *v* have*/drink*/take* tea
technika *n* (*tudomány*) technology; (*szűkebb értelemben*) engineering; (*művészé, sportolóé stb.*) technique
technikum *n* technical school
technológia *n* technology
teendő *n* task, work (to do), duty || **mi (most) a ~?** what is to be done?
téged *pron* you
tegez *v* be* on first-name basis/ terms with sy
tégla *n* brick
téglalap *n* rectangle
téglavörös *a* brick-red
tegnap *adv* yesterday || **~ éjjel** last night

tegnapelőtt *adv* the day before yesterday
tehát *conj* (*következésképpen*) so, thus, consequently; (*ez okból*) for this reason, therefore, accordingly; (*úgyhogy*) so
tehén *n* cow
teher *n* burden, load, weight; (*rakomány*) cargo, freight; *átv* burden || **büntetés terhe mellett** *jog* on/ under pain of punishment; **számlám terhére** to the debit of my account; **~be esik** get*/become* pregnant; **terhére van vknek** be* a nuisance/burden/bother to sy
teheráru *n* goods *pl*, *US* freight
teherautó *n* lorry, *US* truck; (*zárt, árukihordó*) van
teherbírás *n* load/weight-bearing capacity; (*maximális terhelés*) maximum load; (*hajóé*) tonnage; *átv* (*emberé*) stamina, endurance || **nagy ~ú** heavy-duty
teherfuvarozás *n* carriage/ transport (*v. US* transportation) of goods/freight
teherhajó *n* cargo boat/vessel, freighter
tehervonat *n* goods train, *US* freight train
tehetetlen *a* (*személy*) helpless, impotent, powerless
tehetős *a* well-to-do
tehetség *n* (*tulajdonság*) talent, gift, ability || **~e van vmhez** have* talent/gift for sg
tej *n* milk
tejbolt *n* dairy
tejeskávé *n* white coffee
tejfog *n* milk-tooth°
tejföl *n* sour cream
tejipar *n* dairy industry

tejpor *n* powdered/dried milk
tejszínhab *n* whipped cream
tejtermék(ek) *n* dairy products *pl*
tejút *n* Milky Way
teke *n* (*golyó*) ball, bowl; = **tekejáték**
tekejáték *n* (*teremjáték 10 fával*) (tenpin) bowling, *US* tenpins, bowls; (*9 fával*) skittles, ninepins (*mind: sing.*)
teker *v* (*vm köré*) wind* sg around sg; *biz* (*kerékpározik*) pedal (*US* - l) away ‖ **orsóra ~ vmt** wind* sg on(to) a reel
tekercs *n* (*feltekercselt film, magnószalag stb.*) reel; (*film, kelme*) roll; *el* coil
tekint *v* vkre/vmre look at (sy/sg); (*pillant*) glance at (sy/sg); (*vmnek tart*) consider (sg), regard as (sg); (*számításba vesz*) take* (sg) into account/consideration
tekintély *n* vké prestige; authority; (*befolyás*) influence ‖ **nagy a ~e** have* great influence, be* highly respected
tekintet *n* (*pillantás*) look, glance; (*figyelembevétel*) regard, respect, consideration; (*vonatkozás*) relation ‖ **ebben a ~ben** in this respect/regard; **~be vesz vmt** take* sg into consideration/account; **~tel arra, hogy** considering that
tekintve *adv* vkt, vmt considering, regarding, as regards
teknős(béka) *n* (*szárazföldi, édesvízi*) tortoise; (*tengeri*) turtle
tél *n* winter ‖ **~en** in winter
Télapó *n* Father Christmas, Santa Claus
tele *adv* full, filled ‖ **~ van vmvel** be* full of sg, be* filled with sg

telefax *n* fax (number)
telefon *n* telephone, *biz* phone ‖ **ki van a ~nál?** who is speaking?; **szól a ~** the (tele)phone is ringing; **~hoz kér vkt** ask sy to the phone
telefonál *v* telephone, *biz* phone ‖ **~ vknek** telephone sy, *biz* phone sy (up), call sy, ring* sy (up)
telefonfülke *n* phone-booth/box, call-box
telefonhívás *n* call
telefonkagyló *n* receiver ‖ **felveszi a ~t** lift the receiver
telefonkártya *n* telephone card, phonecard
telefonkezelő *n* operator
telefonkönyv *n* (telephone) directory, phone book; (*közületi*) yellow pages *pl*
telefonközpont *n* (*postai*) telephone exchange; (*intézményé*) switchboard
telehold = **telihold**
telek *n* (*hétvégi*) plot; (*veteményes*) patch; (*házhely*) building plot/site
telep *n* (*település*) settlement, colony; (*ipari stb.*) works *sing. v. pl*, establishment; (*erőműé stb.*) plant; *el* battery
telepít *v* (*telepeseket*) settle; (*gyümölcsöt*) plant; *kat* deploy
település *n* settlement
teleszkóp *n* telescope
teletölt *v* fill (up) (*vmivel* with)
teletöm *v* vmvel cram/stuff sg with sg
televízió *n* (*intézmény és adás*) television; (*készülék*) television (set), TV (set), *biz* telly ‖ **feketefehér ~** black-and-white television, monochrome TV; **mi megy**

a ~ban ma este? what's on (the) television tonight?; **nézi a ~t** watch television/TV; **színes ~** colour (US -or) television
televíziós a **~ adás** television broadcast/programme (US -ram)
telex(gép) n teleprinter (US teletypewriter), biz telex
telexez|ik v telex (vknek sy)
telhetetlen a insatiable, voracious
telhető n **minden tőle ~t megtesz** do* one's best/utmost
téli a winter(-) || **~ álom** winter sleep, hibernation
telihold n full moon
tel|ik v (tele lesz) be* filling up; (idő) pass, go* by; vmből be* enough/sufficient (for) || **ami tőlem ~ik** to the best of my ability; **erre nekem nem ~ik** I can't manage/afford it
télikabát n winter coat
teljes a (egész) complete, full, entire, total, whole || **~ egészében** in full/toto, completely; **~ ellátás** full board; **~ erejéből** with all one's might; **~ gőzzel** átv at full steam/speed; **~ mértékben** completely, fully
teljesen adv entirely, fully, totally || **~ egyedül** all alone; **~ igaza van** he's absolutely right
teljesít v (feladatot) perform, carry out [one's/the/a task]; (fizetést) make* [payment]; (kérést) fulfil (US -fill), grant; (utasítást) follow, carry out; (tervet) fulfil, execute
teljesítmény n vké performance, achievement, accomplishment; (üzemé, gépé) output
teljesítőképesség n vké efficiency, productivity; (gépé) efficiency

telt a vmvel full of sg ut.; (alak) fleshy, plump || **~ arc** round face; **~ ház** full house
téma n (írásmű stb.) theme, subject(-matter); (beszélgetésé, előadásé stb.) topic; (kutatási) project
témakör n topic, subject; (konferencián) main theme
temet v bury
temetés n (szertartás) funeral
temető n cemetery
temperamentum n (vérmérséklet) temperament; (lobbanékony természet) temper
templom n church || **~ba jár** go* to church regularly, be* a church-goer
tempó n zene tempo; (sebesség) speed, rate; (járásban és átv) pace
tendencia n tendency, trend
tengely n (keréké) axle, shaft; mat axis (pl axes)
tenger n sea, ocean || **~ alatti** submarine, undersea; **átkel a ~en** cross the sea/ocean; **~en túli** overseas, (Atlanti-óceánon túli) transatlantic
tengeralattjáró n submarine
tengerész n sailor, seaman°
tengerhajózás n (high-seas v. maritime) navigation
tengeri[1] a sea(-); (tengerészeti) naval, maritime || **~ állat** sea animal; **~ fürdő(hely)** seaside resort; **~ kikötő** seaport, harbour (US -or)
tengeri[2] n (kukorica) maize, US corn
tengeribeteg a seasick
tengerjáró n (hajó) cruiser; (nem hadi) (ocean) liner
tengerpart n (partvidék) coast; (amit a tenger mos) (sea)shore; (üdülési szempontból) seaside

tengerszint n sea-level || ~ **fölötti magasság** height above sea-level
tenisz n (lawn-)tennis
teniszez|ik v play tennis
teniszlabda n (tennis) ball
teniszpálya n tennis court
teniszütő n (tennis) racket
tenorista n tenor
tény n (valóság) fact; (cselekedet) act, deed
tenyér n palm
tenyészt v breed*, rear, raise
tényező n mat is factor
tényleg adv really, indeed
tényleges a real, actual, effective, true
ténylegesen adv effectively, actually, de facto, in fact
teológia n theology
teológiai a ~ **hallgató** theological/divinity student
teória n theory
tép v (eltép) tear*, rip; (darabokra) pull/tear*/rip to pieces, shred*; (virágot, tollat) pluck
tépelőd|ik v worry (about), fret
tépőzár n velcro
tepsi n roasting/baking dish/tin
tér[1] n (űr) space; (férőhely) room, space; (városban) square; (szakmai) field, sphere || **e ~en** in this respect
tér[2] v vhová, vmerre turn || **jobbra ~** turn (to the) right; **magához ~** regain consciousness, come* to; **más tárgyra ~** change the subject
terápia n cure, therapy
terasz n terrace
térd n knee || **~en állva** on bended knee(s); **~re borul** go* down (v. fall*) on one's knees
térdel v kneel*

terebélyes a (fa) spreading, branchy; (férfi) corpulent, portly; (nő) matronly
tereget v (ruhát) hang* out/up (to dry)
terel v direct, turn; (nyájat) drive* || **másra ~i a szót** change the subject
terelőút n diversion, US detour
terelővonal n broken white line
terem[1] n hall, large room, chamber; (múzeumi, kiállítási) gallery
terem[2] v bot produce, yield; átv give* birth/rise to, originate; vk vhol appear suddenly || **gyümölcsöt ~** bear* fruit
teremt v (alkot) create, make*, produce
teremtés n (alkotás) creation; (személy) creature, person, individual
terep n ground, land, area; kat terrain || **a ~en tanulmányoz** do* field-work
terepjáró n jeep, landrover
térfogat n volume, capacity
térhatású a (kép stb.) three-dimensional, stereoscopic; zene stereophonic
terhel v vmvel burden, load (with); (adóval) impose [a tax] on sy; (terhére van) inconvenience, trouble, bother || **őt ~i a felelősség** (s)he is responsible
terhelő a ~ **bizonyíték** incriminating evidence; ~ **tanú** witness for the prosecution
terhelt n jog the accused
terhes 1. a (vm vknek) burdensome, irksome; (kötelesség) onerous, hard; (nő) pregnant 2. n pregnant woman°
terhesgondozás n antenatal care

terhesgondozó *n* antenatal clinic
terhességmegszakítás *n* (induced) abortion
tériszony *n* agoraphobia
terít *v vmt vhová* spread* sg on/ over sg/sy; (*asztalt*) lay* the table
térít *v vmerre* turn, direct [sy swhere *v.* to a place]; *vall* convert [to another faith]
térítésmentes *a* free of charge *ut.*
terítő *n* (*asztalon*) (table-)cloth, cover; (*ágyon*) bedspread
terjed *v* spread*, expand, increase; (*hír*) spread*, get* about/round, circulate; (*fény, hang*) travel (*US* -l); (*terület*) stretch, extend (from ... to)
terjedelem *n* (*kiterjedés*) extent, size, dimensions *pl*; (*térbeli*) volume
terjedelmes *a* (*síkban*) extensive, spacious, wide; (*térben*) voluminous, big, large; *átv* long; (*mű*) lengthy
terjeszt *v* (*betegséget*) spread*; (*eszméket*) disseminate, diffuse; (*hírt*) spread* [news] about/ around, circulate; (*sajtóterméket*) distribute; (*vmt vk/vm elé*) submit/present/refer sg to sy
térkép *n* map
termálfürdő *n* (*forrás, intézmény*) hot springs *pl*; (*kezelés*) thermal baths *pl*
termék *n* (*ipari*) product; *mezőg* produce; (*szellemi*) production
termékeny *n* fertile, productive
terméketlen *a* barren, unfruitful, infertile, unproductive
termel *v* produce; *mezőg* grow*; (*ipar*) manufacture, turn out
termelékeny *a* productive, efficient

termelés *n* (*folyamat*) production; (*teljesítmény*) *mezőg* yield; (*ipari*) output
termelőeszközök *n pl* means of production
termelőszövetkezet *n* **mezőgazdasági** ~ farmers'/agricultural co-operative
termény *n* (agricultural) produce; (*szemes*) corn
termés *n mezőg* crop, yield; *bot* fruit || **jó ~ünk volt** we had* a good harvest
természet *n* nature; (*alkat*) nature, character, (*embernél még*) disposition, temper(ament) || **jó ~e van** have* a happy disposition
természetes *a* natural
természetesen *adv* naturally, of course
természeti *a* natural || ~ **csapás** natural disaster; ~ **erők** natural forces
természettudomány *n* (the) natural science(s)
természettudományi *a* ~ **kar** (**TTK**) faculty of science
természetvédelem *n* nature conservation
természetvédelmi *a* ~ **terület** nature reserve
termeszt *v* grow*, produce
termet *n* stature, figure, build
terminál *n szt rep* terminal
termosz *n* thermos (flask), vacuum flask, *US* thermos bottle
termőföld *n* arable/agricultural land
terpentin *n* turpentine
terrárium *n* terrarium (*pl* -riums *v.* -ria)
terrorista *a/n* terrorist

terrorizmus *n* terrorism
térség *n* *a*rea, region
terület *n* (*föld*) territory, *a*rea, region; (*kisebb*) ground, field; (*szellemi*) dom*a*in, sphere; *mat* surf*a*ce
terv *n* plan, scheme; (*szándék*) intention, purpose; (*ütemterv*) schedule; (*gazdasági*) plan; *épít* design; (*vázlatos*) rough sketch/ draft/plan ‖ ~ **szerint** according to plan; (*menetrend szerint*) on schedule; **~be vesz** plan
tervez *v* (*épületet, ruhát*) design; *vk vmt* plan; (*fontolgat*) consider; (*szándékozik*) intend
tervezet *n* draft (plan); (*törvényé*) bill
tervrajz *n* blueprint, plan, draft
tessék *int* (*szíveskedjék*) please ..., would you kindly ...; (*átnyújtva vmt*) here you are; (*asztalnál*) help yourself! (*v. pl* yourselves)!; (*kopogásra*) come in!; (*nem értettem*) (I) beg your pardon; sorry? ‖ **erre** ~! this way please!; ~ **helyet foglalni** please, sit down; take a seat
test *n fiz is* body ‖ **mértani** ~ *mat* geometric solid
testalkat *n* build; (*férfié*) physique
testápoló (szer) *n* skin/body lotion
testgyakorlás *n* physical tr*a*ining, (gymn*a*stic) exercises *pl*, gymn*a*stics *pl* ‖ **~t végez** take* exercise
testi *a* bodily, physical ‖ ~ **épség** (good) health; ~ **fogyatékosság** physical defect → **sértés**
testnevelés *n* physical tr*a*ining/ educ*a*tion

testnevelő tanár *n* physical/PT/PE instru*c*tor
testőr *n* bodyguard; (*a Towerben*) Yeoman° of the Guard, *biz* beefeater
testrész *n* part of the body
testtartás *n* be*a*ring, posture
testület *n* body, corpor*a*tion
testvér *n* (*férfi*) brother; (*nő*) sister ‖ **János és Mária ~ek** John and M*a*ry are brother(s) and s*i*ster(s)
tesz *v* (*cselekszik*) do*; (*helyez*) put*, place, lay*; *vmvé* make*, render; *vmről* help ‖ **boldoggá tette** made* him h*a*ppy; **jobban tennéd, ha** ... you had better [go etc.]; **mit tegyek?** what shall I do?; **nem ~ semmit!** never mind!, (it) doesn't m*a*tter!; **nincs mit tenni** there is nothing to do; **~em azt** supposing, (let us) say, for ex*a*mple; **úgy ~, mintha** ... (s)he pretends to [be, do sg etc.], make* as if/though
teszt *n* test
tészta *n* (*sült, édes*) cake, pie, p*a*stry; (*kifőtt*) p*a*sta; (*cérnametéltből*) vermicelli; (*vastagabb*) spaghetti; (*egyéb*) n*o*odles *pl*'
tesztel *v* test
tesz-vesz *v* (*tevékenykedik*) potter (*US* p*u*tter) around; (*sürög-forog*) busy
tét *n* (*játékban*) stake, am*o*unt staked
tétel *n* theorem; *fil* propos*i*tion; *zene* movement; (*felsorolásban*) *i*tem; (*vizsgáé*) question, t*o*pic; (*matematikai stb.*) problem ‖ **kis ~ben** *ker* in small am*o*unts/lots; **nagy ~ben** in bulk

tetem *n* (*emberi*) corpse, (dead) body; (*állaté*) carcass

tetemes *a* considerable, large

tétlenség *n* idleness, inactivity

tetovál *v* tattoo (*alakjai:* tattoos, tattooed, tattooing)

tétováz|ik *v* hesitate

tető *n* (*házé*) roof; (*ládáé, bőröndé*) lid, top; (*legmagasabb pont*) top, summit; (*hegyé*) peak || **ez mindennek a teteje** that's the limit; **~től talpig** from top to toe, from head to foot

tetőfok *n* pitch, peak, summit

tetőpont *n* high(est) point, culmination, height, summit, peak, top

tetőz|ik *v* culminate

tetszés *n* approval, appreciation, satisfaction || **elnyeri vk ~ét** gain/win* sy's approval; **~ szerint** at will, as you please/wish; **~t arat** meet* with success, be* successful

tetszetős *a* attractive, appealing

tetsz|ik *v* (*látszik*) seem, appear, look || **...,** **ha (úgy) ~ik, ...,** if you like/wish **...; ahogy ~ik** as you like; **~ik vknek vm/vk** sy likes sg/sy; **hogy ~ik (neked) a ...?** how do you like **...?; hogy ~ik lenni?** how are you getting on?; **mi ~ik?** (*üzletben stb.*) what can I do for you?, can I help you?

tett *n* action, act || **~en ér vkt** catch* sy in the very act (*v.* red-handed)

tettes *n* perpetrator [of a crime], culprit

tettet *v* pretend (to ... *v.* that), sham, feign (sg)

tetű *n* louse°

teve *n* camel

téved *v* (*hibázik*) be* mistaken/wrong, err; (*számításban*) be* out in [one's calculations]; (*véletlenül vhová*) stray swhere, go*/get* swhere by mistake || **ha nem ~ek** if I am not mistaken

tévedés *n* error, mistake, fault; (*számításban*) miscalculation || **~ből** by mistake

tevékeny *a* active, busy

tevékenység *n* activity, work

tévékészülék *n* television, TV (set), *biz* telly

téves *a* (*hibás*) wrong, mistaken; (*nézet*) erroneous; (*pontatlan*) inaccurate || **~ kapcsolás** (*telefon*) wrong number

tévéz|ik *v* watch television/TV

textil *n* textile

tézis *n* (*állítás*) proposition; (*tömör összefoglalás*) abstract, the main points/topics *pl* [of a thesis etc.]

ti *pron* you; (*birtokos*) your || **a ~ kocsitok** your car; **~ magatok** you yourselves

ti. = *tudniillik* (*azaz*) that is, i.e.; (*nevezetesen*) namely, viz.

tied, tieid, tie(i)tek *pron* yours

tífusz *n* (*hastífusz*) typhoid (fever) || **kiütéses ~** typhus

tigris *n* tiger

tilalom *n* prohibition || **kiviteli ~** embargo

tilos *a* (be*) forbidden/prohibited || **~ a dohányzás** no smoking; **a fűre lépni ~** keep off the grass; **~ az átjárás** no thoroughfare

tilt *v* prohibit, forbid*

tiltakoz|ik *v* vm ellen protest against sg

timsó *n* kém alum

tincs *n* curl, lock, ringlet

tinédzser, tini *n biz* teenager
tinta *n* ink || **~-val ír** write* in ink
tipeg *v* waddle; (*gyerek*) toddle
tipikus *a* typical, characteristic
tipográfia *n* typography
tipor *v* trample (down) sg, tread*
on sg
tipp *n biz* tip, hint
tippel *v* give* one's tip, guess
típus *n* type, category
tiszt *n kat* officer; (*hivatali hatás-
kör*) office, duty
tiszta **1.** *a* clean; (*megtisztított*)
clear; (*nem kevert*) pure; (*világos
és átv*) clear; (*erkölcsileg*) pure,
innocent, virtuous; *ker* net, clear;
(*fokozó szóként*: *merő*) sheer,
nothing but ... || **~ bevétel** net
proceeds *pl*; **~ ég** clear/cloudless
sky; **~ hülye** a total/perfect idiot;
~ levegő clean/pure air; **~ szesz**
(neat/pure) alcohol; **~ ügy** plain
sailing **2.** *n* **teljesen ~-ban va-
gyok azzal, hogy** I am fully
aware that ...; **~-ba tesz** (*csecse-
mőt*) change the baby('s nappy *v.
US* diaper)
tisztálkod|ik *v* wash, get* tidied up
tisztán *adv* (*nem piszkosan*)
cleanly, neatly; (*világosan*)
clearly; *biz* (*csak, pusztán*)
merely, purely; *ker* clear, net ||
(kérek) két whiskyt ~ two neat
(*US* straight) whiskies, please; **~
énekel** sing* in a clear/pure voice
tisztás *n* clearing, glade
tisztáz *v* (*ügyet*) clear (up), make*
sg clear; (*helyzetet*) clarify; (*meg-
világít*) elucidate; (*személyt vm
alól*) clear (sy of sg) || **~-za magát**
clear oneself

tisztel *v* (*tiszteletben tart*) respect,
esteem
tiszteleg *v kat* salute; (*vk/vm előtt*)
bow before sy/sg
tisztelendő *a* reverend [+ vezeték-
név] || **Varga ~ úr** Reverend
Varga
tisztelet *n* (*megbecsülés*) respect,
esteem || **(őszinte) ~-tel** (*hivatalos
levél végén*) yours truly/faithfully;
(*ismerősnek*) yours sincerely; **~-re
méltó** respectable, honourable
(*US* -or-); **vk ~-ére** in honour (*US*
-or) of sy
tiszteletdíj *n* (*szerzői*) royalty; (*or-
vosnak, ügyvédnek stb.*) fee(s *pl*)
tiszteletes *a* (*protestáns szóhasz-
nálat; címzésben*) the Reverend (*v.
Rev.*) [+ teljes név]; (*megszólítás-
ban*) Mr. [+ vezetéknév] || **Ko-
vács ~ úr** Mr. Kovács
tisztelettudó *a* respectful
tisztelt *a* ~ **hallgatóim!** Ladies and
gentlemen!; **T~ Uraim!** (*levélben*)
Dear Sirs
tisztességes *a* (*becsületes*) honest,
decent; (*korrekt*) honourable (*US*
-or-), fair
tisztességtelen *a* (*becstelen*)
dishonest; *ker* unfair
tisztít *v* make* (sg) clean,
clean(se); (*cipőt*) clean, brush; (*ru-
hát*) clean; (*vegyszeresen*) dry-
clean; (*babot, borsót*) shell
tisztító *n* (*vegytisztító*) dry-
cleaner('s)
tisztítószer *n* detergent
tisztviselő *n* (*állami*) civil servant;
(*irodai*) clerk; (*alkalmazott*) em-
ployee
titkár(nő) *n* secretary

titkárság n secretariat; (kisebb) general office

titkol v hide*, conceal || nem ~ja make* no secret of

titkos a secret; (rejtett) hidden, concealed || ~ szavazás secret ballot

titok n secret || titkot tart keep* a secret; ~ban in secret; (lopva) stealthily; ~ban tart vmt keep* sg secret/private

titokzatos a mysterious

tíz num ten

tized n (rész) tenth (part) || három egész öt ~ (3,5) three point five (írva: 3.5)

tizedes 1. a decimal || ~ tört decimal fraction 2. n kat corporal; mat decimal

tizedesjegy n decimal

tizedesvessző n decimal point

tizedik 1. num a tenth; 10th; → első

tizedszer adv (ismétlődés) for the tenth time; (felsorolás) tenthly

tízen num adv ten (of us/you/them)

tizenegy num eleven

tizenéves 1. a teenage 2. n teenager

tizenhárom num thirteen

tizenhat num sixteen

tizenhét num seventeen

tizenkét, tizenkettő num twelve

tizenkilenc num nineteen

tizennégy num fourteen

tizennyolc num eighteen

tizenöt num fifteen

tízes 1. a ~ szám number ten; a ~ számrendszer the decimal system 2. n (bankjegy) a ten-forint note, GB a £10 note, US a $10 bill; (érme) a ten-forint piece, GB a ten-pence piece

tízezer num ten thousand || a felső ~ the upper ten(-thousand)

tízórai n (étkezés) morning coffee; GB néha elevenses pl

tízparancsolat n Ten Commandments pl

tízszer adv ten times

tízszeres a tenfold

tó n lake; (kisebb) pond

toalett n (ruha) woman's dress; (vécé) toilet, lavatory

toboroz v (embereket) recruit; biz (vevőket) drum up

toboz n cone

tócsa n puddle, (stagnant) pool

tojás n egg

tojásfehérje n egg white

tojáshéj n egg-shell

tojásrántotta n scrambled eggs pl

tojássárgája n (egg) yolk

toj||ik v lay* (eggs)

tok n (tartó) case, box; (szerszámé) tool-chest/box

tol v push; (nehezebb tárgyat) trundle, biz shove (vhová mind: to, into)

-tól, -től suff A) (helyhatározó) from || Londontól Edinburghig from London to Edinburgh B) (időhatározó) a) from || háromtól négyig from three (o'clock) to four; b) from, since || attól az időtől fogva from that time (on), ever since then C) (eredethatározó) a) from || megóv vkt vmtől protect/safeguard sy from sg; b) of || kér vmt vktől ask sg of sy; c) (különféle elöljáróval) elbúcsúzik vktől take* leave of sy, say* goodbye to sy; d) (elöljáró nélkül) kér vmt vktől ask sy for sg D) (okhatározó) a) with || elájul az

éhségtől faint with hunger; **b)** of || **fél a kutyáktól** he is afraid of dogs; **c)** for || **fától nem látja az erdőt** does not see the wood for the trees; **d)** (*különféle elöljáróval*) **irtózik vmtől** have* a horror of sg, shudder at sg; **e)** (*elöljáró nélkül*) **fél vktől/vmtől** fear sy/sg **E)** (*különbözők összehasonlításában*) from || **különbözik vmtől** differ from sg

tolakod|ik v (*tömegben*) push (and shove) (one's way) forward; (*szemtelenül*) push oneself

tolat v *vasút* shunt; (*autóval*) reverse/back (the/one's car)

told v lengthen, make* (sg) longer || **vmhez vmt** ~ add sg to sg

toldalék n *nyelvt* suffix

toll n (*madáré*) feather; (*írásra*) pen

tollaslabda n (*játék*) badminton; (*a labda*) shuttlecock, *US* birdie

tollbamondás n dictation

tolltartó n *isk* pencil-case

tolmács n interpreter

tolmácsol v interpret

tolmácsolás n interpreting, translating, translation

tolong v (*tömeg*) throng, swarm, teem

tolószék n wheelchair

tolózár n bolt, latch

tolvaj n thief°

tombol v (*személy, háború, járvány, vihar*) rage

tombola n tombola

tompa a blunt, dull; (*ész*) dull, slow; (*hang*) dull, hollow

tompít v blunt (sg); (*fényt*) soften, subdue; (*fájdalmat*) dull, palliate

tonhal n tuna, tunny

tonna n (*1000 kg*) metric ton, tonne; *GB* (*2240 font = 1016 kg*) (long) ton, *US* (*2000 font = 907 kg*) (short) ton

toporzékol v *vk* be* stamping one's feet (angrily)

toprongyos a ragged, tattered

torkolat n (*folyóé*) mouth, estuary; (*lőfegyver csövéé*) muzzle

torkoll|ik v (*folyó*) fall*/flow/discharge; (*utca*) lead* into

torkos a (*falánk*) greedy, gluttonous

torlasz n (*folyón*) obstruction, blockage

torlódás n (*forgalmi*) traffic congestion/jam, tailback

torma n horse-radish

torna n (*sportág*) gymnastics *sing.*; (*testgyakorlás*) (physical) exercises *pl*, gymnastics *pl*

tornacipő n gym shoes *pl*, tennis shoes *pl*, *US* sneakers *pl*

tornaóra n physical training, *biz* gym (class)

tornaruha n gym vest and shorts *pl*; (*testhezálló, lányoknak*) leotard

torok n *vké* throat || **fáj a torka** have* a sore throat; **torkig van vmvel** *biz* be* fed up with sg

torokgyulladás n inflammation of the throat, sore throat

torony n tower; (*kicsi*) turret, pinnacle; (*templomé*) (bell/church) tower, steeple

toronyház n tower block, high-rise (block)

toronyugrás n high-board diving

torpedó n torpedo (*pl* -does)

torta n (*fancy*) cake, gâteau (*pl* -teaux)

tortúra n (*fizikai*) torture; *átv* torment

torz a deformed, misshapen

torzít v (*elcsúfít*) deform, disfigure; (*tényeket, képet, hangot*) distort

tószt n toast

totális a total, entire, complete

totó n football pools *pl,* the pools *pl* ‖ **nyer a ~n** win* sg on the pools

totyog v (*kisgyerek*) toddle

tova adv ir far off/away, yonder

tovább adv (*térben*) further, on-(ward); (*időben*) longer, more, on; (*folytatva*) on(ward), forth ‖ **csak így ~!** keep it up!, keep at it!; **és így ~** and so on/forth, etcetera, etc.; **nem bírom ~** I can't bear/ stand it any longer; **~!** (= *folytasd*) go/carry on!; **~ képezi magát** study on one's own; **~ tanul** continue one's studies, attend further education classes

továbbá adv besides, moreover, further(more)

továbbad v (*tárgyat vknek*) hand/ pass sg on to sy; (*megvett tárgyat elad*) resell* sg

továbbfejleszt v (*tudást*) improve

további 1. a further; (*újabb*) additional ‖ **~ intézkedésig** until further notice **2.** n **minden ~ nélkül** without more/further ado; **a ~akban** in what follows

továbbképzés n further education; (*egyetemen*) postgraduate studies *pl*

továbbmegy v go* on, proceed on one's way; *vmvel* go* on (with sg)

továbbtanulás n further education (classes *pl*)

tő n *bot* stock, stem; (*szőlőtő*) vinestock/plant; *nyelvt* root

több 1. num a (*összehasonlításban*) more; (*néhány*) several, a few, some ‖ **ez ~ a soknál** this is (far) too much, that is more than enough; **sőt, mi ~** what is more; **~ mint egy éve** (*amióta*) it is more than a year (since); (*amikor*) more than a year ago; **~ mint egy órán át** for over an hour **2.** n **~ek között** among others

többé adv (no) more, (no) longer ‖ **~ (már) nem** no more/longer, not ... any more; **soha ~** nevermore, never again

többé-kevésbé adv more or less

többes szám n plural

többfelé adv in various/several directions

többféle a of many/several (different) kinds *ut.*

többi a/n **a ~** (*ember*) the rest/ others *pl*; (*tárgy stb.*) the rest (of it/them), the remainder; **a ~ek** the others, the rest (of us/them); **(é)s a ~** (*stb.*) and so on/forth (etc.)

többlet n *ker* surplus; (*súly*) excess

többnyire adv mostly, for the most part

többoldalú a (*szerződés*) multilateral

többség n majority

többször adv (*több ízben*) several times, on several occasions

többszörös 1. a manifold, multiple **2.** n *mat* multiple ‖ **legkisebb közös ~** lowest common multiple

tök n *bot* (*főző*) (vegetable) marrow; (*sütő*) pumpkin, *US* (marrow) squash; (*kártya*) diamonds *pl* ‖ **~ jó!** *biz* great!, dead good!; **~ mindegy** *biz* it's all the same

tőke[1] n (*mészárosé stb.*) block; (*szőlőé*) vine(-stock)

tőke[2] n ker capital

tökéletes a perfect, faultless, excellent

tökéletesen adv (*kitűnően*) perfectly; (*teljesen*) completely, absolutely ‖ ~ **beszél angolul** (s)he speaks perfect English; ~ **igaza van** he's absolutely right

tökéletlen a (*tárgy*) imperfect, defective; (*személy*) half-witted

tőkés a/n capitalist

tőkesúly n hajó keel

-től suff → **-tól**

tölcsér n funnel; (*fagylalt*) cone, cornet; (*tűzhányóé, bombáé*) crater

tőle adv from/by/of him/her/it ‖ **ez nem szép** ~ that is not nice of him

tölgyfa n (*élő*) oak(-tree); (*anyag*) oak(-wood)

tölt v (*folyadékot vmbe*) pour (sg into sg); (*vmt levegővel/gázzal stb.*) fill (up); (*ételneműt*) stuff; (*fegyvert*) load; (*akkut*) charge; (*időt*) pass, spend* ‖ **szállodában ~i az éjszakát** stay the night at a hotel; **vmvel ~i az idejét** spend* one's time [doing sg]

töltelék n (*ételben, húsféle*) stuffing; (*édes*) filling

töltény n cartridge

töltőállomás n filling/petrol station, US gas(oline) station

töltőtoll n fountain-pen

töltött a (*étel*) stuffed ‖ ~ **káposzta** stuffed cabbage

töm v stuff, cram; (*pipát, fogat*) fill

tömb n block

tömeg n fiz is mass; ker (*terjedelem*) bulk; (*emberek*) crowd

tömeggyártás n mass production

tömegközlekedés(i eszközök) n public transport (*US* transportation)

tömegszerencsétlenség n serious accident

tömegtájékoztatás(i eszközök) n mass communications/media pl, the media pl

töméntelen a innumerable, countless

tömény a concentrated

tömés n (*fogé*) filling; (*vállé*) padding, wadding

tömlő n (*cső*) hose(pipe); (*gumibelső*) inner tube

tömlöc n dungeon

tömör a (*anyag*) solid, massive, compact; (*stílus*) concise

tömzsi a thick-set, stocky

tönk n (*fa*) stump; (*húsvágó*) block

tönkremegy v (*dolog*) be*/get* spoiled/ruined/damaged; (*vk, vm, anyagilag*) be* ruined, be*/go* bankrupt

tönkretesz v vkt ruin (sy); vmt ruin, spoil*

töpreng v vmn brood (over/about), meditate (on), ponder

tör v break*, smash, crush; (*diót*) crack; (*vm cél felé*) aim for sg, aspire to sg ‖ **darabokra** ~ break* (sg) into (small) pieces; **~i a cipő a lábát** the shoe pinches; **~i a fejét** rack one's brains; **~i magát** slave (away) (at sg), overwork oneself; vmért push oneself [to obtain sg]; **~i az angolt** speak* broken English

tőr n (*fegyver*) dagger; (*vívó*) foil

töredék n (*irodalmi*) fragment; (*rész*) portion, fraction

törékeny *a* (*tárgy*) fragile; (*egészség*) frail, delicate
töreksz|ik *v* (*igyekszik*) endeavour (*US* -or) (to do sg), make* an/every effort (to); *vmre* strive* (for/after sg *v.* to do sg), aspire to
tör|ik *v* break* || **ha ~ik, ha szakad** by hook or by crook
törleszt *v* (*adósságot, kölcsönt*) pay* off (by/in instalments)
törmelék *n* debris *pl*; (*kő*) rubble
törőd|ik *v* *vkvel/vmvel* take* care of sy/sg, care for sy/sg; (*bajlódik*) bother about/with sg || **~j a magad dolgával!** mind your own business
török 1. *a* Turkish, Turkic || **a ~ nyelvek** the Turkic languages; **~ kávé** Turkish coffee **2.** *n* (*ember*) Turk; (*nyelv*) Turkish; *tört* **a ~** (= *törökök*) the (*Osmanli*) Turks; **~öt fog** catch* a Tartar
Törökország *n* Turkey
töröl *v* wipe; (*feltöröl*) wipe up; (*edényt*) dry; (*radírral*) rub* out; (*nevet vhonnan*) strike* off/out, cross out; (*szöveget*) delete; (*magnó- stb. felvételt*) erase; (*rendelkezést*) annul || **~ték** (*a járatot*) [the flight] has been cancelled (*US* -l-)
törölget *v* (*edényt*) dry [(the) dishes], dry up; (*bútort*) dust
törött *a* (*eltört*) broken || **~ bors** ground pepper
törpe *a/n* dwarf (*pl* dwarfs)
tört *n* *mat* fraction
történelem *n* history || **~ előtti** prehistoric
történelmi *a* historic(al) || **~ esemény** historic(al) event
történész *n* historian

történet *n* story, tale, narrative || **a ~ arról szól, hogy...** *biz* the point/thing is that...
történettudomány *n* history
történ|ik *v* happen, occur; *vm vkvel* happen to (sy); (*vm rossz*) befall* (sy) || **bármi ~jék is** whatever happens, come what may; **mi ~t?** what('s) happened?, what('s) the matter?; **nem ~t semmi!** (= *felejtsük el*) forget it!
törülköz|ik *v* dry (oneself)
törülköző *n* towel
törvény *n* *jog, fiz, kém* law; (*a törvényhozó testület határozata*) Act || **a ~ előtt** in the eyes of the law; (*bíróságon*) before the court; **~be iktat** enact, codify
törvényalkotás *n* legislation
törvénycikk *n* Act, law
törvényellenes *a* illegal, unlawful
törvényes *a* legal; (*törvényben lefektetett*) statutory; (*eljárás*) lawful; (*jogos*) legitimate
törvényjavaslat *n* bill, the Bill || **~ot beterjeszt** propose (*v.* put* forward, *GB* table) a Bill
törvénysértés *n* violation/infringement of the law, offence (*US* -se) (against the law)
törvényszék *n* court of law, lawcourt
törvénytelen *a* (*cselekedet*) illegal, unlawful; (*gyermek*) illegitimate
tőrvívás *n* foil fencing || **~ban** at foil
törzs *n* (*testé, fáé*) trunk; (*hajóé*) hull, hulk, body; (*repülőgépé*) fuselage; *kat* staff; (*nép*) tribe; *bot, zoo* phylum (*pl* -la)
törzsvendég *n* regular (customer)
tövis *n* thorn

tőzeg *n* peat
tőzsde *n* stock exchange
tradíció *n* tradition
trafik *n* tobacconist('s), *US* cigar store
trágár *a* obscene, indecent
tragédia *n* tragedy
tragikus *a* tragic
trágya *n* dung, manure
tranzakció *n* transaction, deal
tranzisztor *n* transistor
tranzit *n* transit
tréfa *n* joke, fun ‖ **ennek a fele se ~** that is (*v.* has gone) beyond a joke; **ízetlen ~** stupid/silly joke; **~ból** in fun/jest; **~t űz vkből** pull sy's leg, make* fun of sy
tréfál *v* joke; (*vicceket mond*) crack jokes
tréfás *a* (*történet stb.*) amusing, funny; *vk* funny
trehány *a vulg* (*emberről*) slovenly, sloppy; (*munka*) slipshod, shoddy
trikó *n* (*alsóruha*) vest, *US* undershirt; (*sportolóé, ujjatlan*) singlet; (*rövid ujjú*) T-shirt
trillió *num* (10^{18}) *GB* trillion, *US* quintillion
tripla *a* triple, threefold
trolibusz *n* trolley-bus
trombita *n* trumpet
trón *n* throne ‖ **~ra lép** ascend the throne
trónörökös *n* heir apparent (to the throne); *GB* the Prince of Wales
trópusi *a* tropical ‖ **~ éghajlat** tropical climate; **~ őserdő** rain forest
trópus(ok) *n* (*pl*) *földr* the tropics *pl*
tröszt *n* trust
trükk *n* trick, device
trükkfilm *n* special effects film

TTK (= **Természettudományi Kar**) Faculty of Science
tubus *n* tube
tucat *adv/n* dozen ‖ **egy ~ tojás** a dozen eggs
tud *v* (*ismer*) know* (sg); (*tudomása van vmről*) be* aware of; (*képes*) can* [do sg], be* able to [do sg] ‖ **amennyire én ~om** as far as I know; **honnan ~ja?** how do you know?; **jól ~ angolul** know* English well; **ki ~ja?** who knows?; **mit ~om én?** how should I know?; **nem ~om** I don't know, I can't tell; **nem ~ úszni** he can't swim; **szeretném ~ni ...** I should like to know ...; **~od mit?** (I'll) tell you what; **úgy ~om, (hogy) Angliában van** as far as I know (s)he is in Britain
tudakozó *n* inquiry office, information
tudakozód|ik *v* (*vk/vm felől/után*) make* inquiries about (sy/sg), inquire/ask about/after (sy/sg)
tudás *n* (*szellemi*) knowledge, learning; (*jártasság*) skill ‖ **legjobb ~om szerint** to the best of my knowledge
tudat[1] *n* consciousness ‖ **~ alatt** subconsciously; **~ában van vmnek** be* conscious/aware of sg
tudat[2] *v* vkvel vmt let* sy know sg, notify/inform sy of sg
tudatlan *a* ignorant
tudatos *a* (*tudaton alapuló*) conscious; (*szándékos*) deliberate ‖ **nem ~** unconscious
tudniillik (ti.) *conj* (*ugyanis*) for ..., because; (*jobban mondva*) that is to say; (*mégpedig*) namely (*írásban*: viz.)

tudnivalók *n* (*pl*) information (*pl* ua.); (*utasítás*) instructions *pl*

tudomány *n* (*főleg természettudomány*) science; (*egyéb*) the (scientific) study of ...; [economic/ historical etc.] studies *pl*; (*tudás, tudományosság*) scholarship, learning, knowledge

tudományág *n* branch of learning/science, discipline

tudományegyetem *n* university

tudományos *a* (*főleg természettudományok*) scientific; (*humán tud.*) scholarly, learned; (*elméleti; humán és társadalomtud.*) academic || **Magyar T~ Akadémia** Hungarian Academy of Sciences; ~ **fokozat** (academic) degree; ~ **kutatás** (scientific) research (into/on sg), researches into *pl*; ~ **kutatást** (*v.* **kutatómunkát**) **végez vmben** be* doing (some) research into/on sg, be* researching in/into/on sg; ~ **kutató** research worker/fellow; researcher

tudomás *n* knowledge || **~a van vmről** have* knowledge of sg, be* aware/informed of sg; **~om szerint** to my knowledge, as far as I know; **~ul vesz vmt** take* notice of sg, acknowledge sg

tudós 1. *a* scholarly 2. *n* (*főleg természettudós*) scientist; (*humán*) scholar

tudósít *v vkt vmről* inform sy of/ about sg, notify sy of sg; (*újságnak, rádiónak stb.*) report on sg; (*külföldről*) be* a correspondent

tudósítás *n* information; (*eseményről, újságnak stb., tevékenység*) (news) reporting, reportage; (*egyes*) report

tudósító *n* correspondent

tudta *n* **vk ~ nélkül, ~n kívül** without sy's knowledge; **tudtommal** as far as I know, to my knowledge; **vk ~val (és beleegyezésével)** with sy's knowledge (and approval)

túl[1] *adv vmn* beyond, over, across; (*időben*) beyond, after, over || ~ **van a negyvenen** he is past (*v.* has turned) forty; ~ **van a nehezén** be* over the worst

túl[2] *adv* (*túlságosan*) too, excessively

tulajdon 1. *a* own || **a ~ szememmel láttam** I saw it with my own/very eyes 2. *n* (*tárgy stb.*) property || **közös ~** common/joint property; **vknek a ~ában van** be* one's/sy's property, belong to sy

tulajdonít *v* (*vknek/vmnek vmt*) attribute (sg to sy/sg)

tulajdonképpen *adv* in fact, actually, as a matter of fact

tulajdonos *n* owner; (*üzleté*) proprietor; (*igazolványé*) holder; (*öröklakásé*) owner-occupier; (*útlevélé*) bearer

tulajdonság *n* quality, attribute, property, feature || **jó ~ vké** virtue, sy's good point

túlbecsül *v vmt* overestimate

túlél *v vmt* survive (sg); *vkt* outlive (sy)

túlélő *n* survivor

túlerőltet *v* overwork, overstrain

túlérzékeny *a* hypersensitive

túlfeszített *a* overstrained || ~ **munka** overwork

túlhalad *v* (*térben*) pass, go* beyond/past; (*elavulttá tesz*) supersede; *átv* (*költség*) surpass, exceed

tulipán *n* tulip

túljár v ~ vknek az eszén outwit*/ outsmart sy

túljut v get* over sg, pass ‖ ~ a nehezén be* over the hump

túlkapás n abuse(s) (of) ‖ ~ok excesses

túllép v (mértéket) exceed, overstep the mark ‖ ~i a hatáskörét overstep/exceed one's authority

túlmunka n (working) overtime ‖ ~t végez work overtime

túlnépesedés n overpopulation

túlnyomó a predominant, preponderant ‖ az esetek ~ többségében in the overwhelming majority of cases

túlnyomórészt adv predominantly, for the most part

túlóra n overtime

túlóráz|ik v work overtime

túloz v exaggerate

túlságosan adv (far) too, excessively

túlsó a opposite, of/on the other side ut. ‖ a ~ oldalon (utcán) across/over the street/road

túlsúly n overweight; excess weight; (repülőgépen) excess baggage; átv preponderance, predominance (over)

túlszárnyal v vkt vmben surpass/outshine* sy (in sg); vmt improve on sg

túlteljesít v exceed [the target/plan]

túlterhel v overload, overburden

túltesz v vkn surpass/outdo* sy (in sg) ‖ ~i magát vmn disregard sg, get* over sg

túlvilág n the next/other world

túlzás n exaggeration; (nyilatkozatban) overstatement; (viselkedésben) extravagance ‖ ~ba visz vmt overdo* sg

túr v (földet) dig*; (disznó) root about

túra n tour, trip; (rövidebb) outing, excursion; (gyalog) walk, hike; (kocsin) run; (kerékpáron) ride; (csónakon) trip

túráz|ik v (gyalog) go* on a hike, hike, walk

turista n tourist; (városnéző) sightseer; (gyalogos) hiker

turistajelzés n blaze

turistaszállás n tourist hostel/lodge

turistaút n (jelzett út) footpath

turisztika, turizmus n tourism; (utazás) touring

turmix n milk-shake

turnus n (munkában) shift; (étkezéskor) sitting

túró n (milk) curds pl, curd (cheese)

tus¹ n (festék) Indian ink

tus² n (zuhany) shower

tuskó n (fa) stump, block

tusol v = zuhanyozik

túsz n hostage ‖ ~okat szed take* hostages

tutaj n raft

tuti a biz a (dead) cert

tű n (varró, kötő) needle; (gombos és más) pin; (fenyőé) pine-needle ‖ injekciós ~ hypodermic needle

tücsök n zoo cricket

tüdő n lung, lungs pl

tüdőgyulladás n pneumonia

tükör n mirror; (főleg öltözködéshez) looking-glass ‖ a víz tükre surface of the water

tükörkép n (mirror) image, reflection

tükörtojás n fried egg

tükröz v reflect, mirror

tülekedés n jostling

tündér n fairy

tündérmese n fairy tale

tünet n symptom, sign

tűn|ik v (vmlyennek látszik) seem (to be), appear (to be v. as if); (eltűnik) disappear, vanish || **nekem úgy ~ik, hogy ...** it seems to me that...

tűnőd|ik v reflect (on), meditate (on) || **azon ~öm** I wonder (whether)

tüntetés n (vm mellett/ellen) demonstration (for/against sg)

tűr v have* patience; put* up with sg, endure/suffer/tolerate sg

türelem n patience, forbearance; vall, pol tolerance

türelmes a patient (vkvel with sy); (vall, pol is) tolerant (vmvel szemben of sg)

türelmetlen a impatient (vkvel with sy); vall intolerant

tűrhetetlen a (fájdalom) unbearable; (viselkedés) intolerable, insupportable

tűrhető passable, bearable, tolerable

türkiz(kék) a turquoise

türtőztet v **~i magát** contain/control/restrain oneself

tüske n bot thorn, prick(le); tech mandrel

tüszős mandulagyulladás n follicular tonsillitis

tüsszent v sneeze

tűz[1] n fire; átv fire, heat, ardour (US -or) || **két ~ között** between two fires; **tüzet ad** give* (sy) a light; **tüzet fog** catch* fire; **tüzet kiolt** put* out the fire; **tüzet nyit** open fire; **tüzet rak** make*/lay*/light* a fire

tűz[2] v (tűvel) pin, fasten (sg) with a pin; (öltéssel) stitch; (steppel)

quilt || **célul ~ maga elé vmt** set* oneself to do sg (v. a task); **~ a nap** the sun is beating/blazing down

tűzálló a (tégla stb.) fireproof, fire-resistant; (edény) heatproof, heat-resistant

tüzel v (fűt) burn* wood/coal; (kályha) be* burning hot; kat fire, shoot*; (állat) be* on (US in) heat

tüzelőanyag n fuel

tüzes a (tárgy) red/white-hot; átv fiery, ardent, passionate

tüzetes a minute, precise, detailed; (vizsgálat) thorough

tűzhányó n volcano (pl -noes)

tűzhely n (konyhai) (gas/electric) cooker, US stove

tűzifa n firewood

tűzijáték n fireworks pl

tűzoltó n fireman°

tűzoltóautó n fire-engine

tűzoltó készülék n (portable) fire-extinguisher

tűzoltóság n fire brigade, US fire department

tűzszünet n kat ceasefire

tűzvész n fire, blaze, conflagration

tűzveszélyes a (highly) inflammable

TV, tv → **televízió, tévé**

Ty

tyúk n zoo hen; biz (nő) chick

tyúkól n henhouse

tyúkszem n corn

tyű int goodness!; biz wow!, US gee!

U, Ú

uborka *n* cucumber; *(kicsi)* gherkin

udvar *n* *(épületé)* *(court)*yard; *(hátsó)* backyard; *(királyi)* (royal) court

udvarias *a* polite, courteous

udvariasság *n* politeness, courtesy

udvariatlan *a* impolite, ill-mannered

udvarló *n* *(régen)* suitor; *(ma)* sy's boyfriend

udvarol *v* vknek court (sy)

ugat *v* bark

ugrál *v* jump (about/around), caper

ugrás *n* jump(ing); *(toronyugróé)* dive ‖ **csak egy ~ra van ide** *biz* it is only a stone's throw away

ugrat *v* *(lóval)* jump [one's horse over sg]; *átv biz* vkt pull sy's leg

ugratás *n* *(lóval)* jumping; *(tréfából)* *biz* pulling sy's leg

ugr|ik *v* jump; *(szökellve)* leap* ‖ **~ott egy százas** *biz* bang went a hundred forints

úgy *adv* *(olyan módon)* so, in that way/manner; *(olyan nagyon)* so much, to such an extent, to such a degree, so ... that; *(körülbelül)* (just) about ‖ **~ hallom** I am told (that); **~ hiszem** I think, *US* (I) guess; **~ látszik, hogy** it appears/seems that, it looks like; **~ tudom(, hogy)** as far as I know; **~ van!** that's right, that's it, certainly!; **~ volt, hogy 6-kor találkozunk** we were (supposed) to meet at six; **~ 10 óra felé** about ten o'clock

úgy-ahogy *adv* so-so

ugyan *adv/int* *(bár)* though; *(bizony)* **én ~ nem megyek el** I am certainly not going; *(kételkedve)* **ha ~ megérti** in case he can ever understand it; **~ hol járhat?** I wonder where on earth he can be?; *(lekicsinyelve)* **~ kérlek!** come now!; **~ minek?** what on earth for?; *(csodálkozólag)* **~?!** what?, you don't say!

ugyan- *pref* **~akkor** *(ugyanabban az időben)* at the same time; *(másfelől)* on the other hand; **~akkora** of/just the same size *ut.*; **~annyi** of/just the same quantity/amount *ut.*, just as many/much (as); **~az** the same [person, thing]; **~csak** *(szintén)* similarly, likewise, also, too; *(nagyon is)* right well; **~is** (**ui.**) *(tudniillik, minthogy)* for ..., since; *(azaz)* namely (viz.); *(jobban mondva)* or rather, that is to say; **~oda** to the same place, just there; **~olyan** of the same kind *ut.*, similar, just like, identical; **~ott** in/at the same place; **~úgy** in the same way, likewise, similarly

ugye *adv* **na ~!** *(megmondtam)* there (now)!, there you are!; *(kérdésben)* **~, itt van?** (s)he/it is here, isn't (s)he/it?; **~ megteszi?** you will do it, won't you?; **~ nincs itt?** she isn't here, is she?

úgyhogy *conj* so (that)

úgyis *conj/adv* in any case, anyway

úgynevezett *a* so-called

úgyse, úgysem *conj/adv* not, by no means, not at all

ui. = *ugyanis* namely, that is, i.e.; *(nevezetesen)* namely, viz.

Ui. = *utóirat* postscript, P.S.

új *a* new, fresh; (*mai*) recent, modern; (*használatlan*) new, unused ‖ ~ **divatú** fashionable, up-to-date; ~ **életet kezd** start a new life; ~ **keletű** recent, modern

újabban *adv* recently, lately

újból *adv* anew, afresh

újdonság *n* (*tárgy*) novelty; (*hír*) news

újesztendő, újév *n* (*napja*) New Year's Day

újítás *n* innovation

ujj *n* (*kézen*) finger; (*lábon*) toe; (*ruháé*) sleeve, arm

újjáépít *v* rebuild*, reconstruct

újjászervez *v* reorganize, restructe

ujjatlan *a* (*ruha*) sleeveless

ujjé! *int* hooray!

ujjlenyomat *n* fingerprint

ujjnyi *a* (*hosszú*) inch long; (*vastag, széles*) inch thick/broad

újkor *n* modern age/era/period, modern times *pl*

újonc *n* kat raw recruit; (*kezdő*) beginner

újra *adv* (*ismét*) again, anew, afresh, once more ‖ ~ **meg** ~ again and again; ~ **átél** relive

újrahasznosítás *n* (*hulladéké stb.*) recycling [of waste]

újrakezdés *n* beginning again, recommencement

újság *n* (*hír*) news *sing.*; (*lap*) newspaper, biz paper ‖ **mi** ~? what's the news?

újságárus *n* newsagent, US newsdealer; (*utcán álló*) newsvendor

újságcikk *n* (newspaper) article

újsághirdetés *n* (newspaper) advertisement, biz ad

újságíró *n* journalist

újságkihordó *n* paperboy

újságosbódé *n* newsagent's (shop), newsstand, kiosk

Újszövetség *n* New Testament

újszülött *n* newborn baby, infant

Új-Zéland *n* New Zealand

új-zélandi 1. *a* New Zealand **2.** *n* (*ember*) New Zealander

Ukrajna *n* the Ukraine

ukrajnai, ukrán *a/n* Ukrainian; → **angol**

-ul, -ül *suff* **A)** (*helyhatározó*) **arcul üt** box sy's ears **B)** (*állapothatározó, rendszerint elöljáró nélkül*) **feleségül vesz vkt** marry/wed sy; **rosszul van** be*/feel* ill/unwell **C)** (*módhatározó, elöljáró nélkül, ill. különféle elöljáróval*) **rosszul bánik vkvel** treat/use sy badly, mistreat/maltreat sy; **angolul beszél** speak* English **D)** (*célhatározó*) **segítségül hív vkt** call sy to help **E)** *vmként* as (*ill. elöljáró nélkül*); **bizonyítékul szolgál** serve as evidence

ultimátum *n* ultimatum (*pl* -tums, *v.* -ta)

ultrahang *n* ultrasound ‖ ~**gal megvizsgál** examine sy using an ultrasound scanner

ultraibolya *a* ultraviolet [rays]

ultrarövidhullám (URH) *n* ultrashort wave, very high frequency, VHF

un *v* be* sick/tired/weary of, be* bored with/by (sy/sg), biz be* fed up with sy/sg

ún. = **úgynevezett**

unalmas *a* dull, boring, tedious ‖ ~ **alak/dolog** biz a bore

unatkoz|ik *v* be* bored (by sg)

undok *a* disgusting, loathsome, nasty

undor n vmitől disgust (of)
undorító a disgusting, loathsome
undorod|ik v vktől, vmtől have*/ take* an aversion to sg/sy, be* disgusted at/by/with sg/sy
unió n union, alliance
unitárius a/n Unitarian ‖ **az U~ Egyház** the Unitarian Church
univerzális a universal, general(-purpose); (szakember) all-round
univerzum n the universe
unoka n grandchild°; (fiú) grandson; (leány) granddaughter
unokahúg n niece
unokaöcs n nephew
unokatestvér n cousin
unszol v press, urge
untat v bore/tire sy
uo. = ugyanott (könyvben stb.) in the same place, ibid.
úr n gentleman°; (gazda) master; vmn get*/bring* sg under control ‖ **a maga ura** be* one's own master/boss; (férj) **az uram** my husband; vall **az Ú~** (= Isten, ill. Jézus Krisztus) the Lord; **elnézést, uram** excuse me, sir; **Hölgyeim és uraim!** Ladies and Gentlemen!; **Kedves Brown Úr** Dear Mr Brown; (levélben) **Kedves (v. Igen tisztelt) Uram!** Dear Sir, ...; **~rá lesz** vm vkn get* the whip/upper hand (over/of sy); vk vmn (nehézségen) overcome* [difficulties]
uralkod|ik v (uralkodó) reign, rule (vkn over); (túlsúlyban van) prevail, (pre)dominate, be* predominant ‖ **~ik magán** control/restrain oneself
uralkodó 1. a ruling, reigning; (túlsúlyban levő) prevailing, (pre)do-

minant ‖ **~ szél** prevailing wind **2.** n ruler, monarch, sovereign
uralkodóház n dynasty
uralom n domination, reign, rule; (mint rendszer) regime; (hatalom) power ‖ **uralmon van** be* in power; **~ra jut** come* to power
urán n uranium
URH = ultrarövidhullám
URH-kocsi n patrol car
úri a (viselkedés) gentlemanly
úriember n gentleman°
úrinő n lady
Úristen! int Good Heavens!, Dear me!
urna n (hamvaknak) (cinerary) urn; (választásnál) ballot box
urológia n urology
urológus n urologist
úrvacsora n vall (the) Lord's Supper, (Holy) Communion ‖ **~t vesz** take* Communion
uszály n (hajó) barge, tow-boat; (ruháé) train
úszás n swimming
úsz|ik v (élőlény) swim*; (tárgy vízen) float, drift; (hajó) sail ‖ **gyerünk ~ni!** let's go for a swim
uszít v vkt (vmre) incite/instigate sy (to sg v. to do sg) ‖ **vk ellen ~ vkt** set* sy against sy
úszó 1. a (élőlény) swimming; (tárgy) floating **2.** n vk swimmer; (horgászzsinóron) float
uszoda n (fedett) (indoor) swimming pool; (nyitott) open-air (swimming) pool, lido
úszódressz n swimming/bathing costume, swimsuit, US bathing suit
úszómedence n (fedett) swimming bath; (nyitott is) swimming pool

úszónadrág *n* swimming/bathing trunks *pl*

út *n* *átv is* way; (*közút*) road; (*városban, széles*) avenue, road; (*néha*) street; (*ösvény*) path; (*utazás*) journey; (*hosszabb*) travel; (*hajóval*) voyage; (*repülővel*) flight; (*módszer*) way, method, means (*főleg: sing.*) ‖ **eredj az utamból!** (get) out of my way!; **jó/szerencsés utat!** have a pleasant journey!, have a good/nice trip!; **meg tudja mondani az utat ...?** can you tell me the way to ...?; **rossz ~ra tér** *átv is* go* wrong, go* astray; **utat enged vknek/vmnek** make* way for sy/sg; **~ba ejt** pass (*v.* stop at) (sg) on the way; **~ban van** (*elállja az utat*) be* in the/one's way; (*vhová*) be* on the way (to); **~nak indul** set* out/off (on a trip), start out; **törvényes ~on** legally, by legal means; **vmnek az ~ján** by means of sg, through sg

utal *v* *vkre, vmre* refer to (sy, sg); (*céloz*) allude/point to, hint at (sy, sg); (*vkt vhová*) refer (sy) to (sy) ‖ **vkre van ~va** be* dependent on sy; **vmre ~** (*sejtet, kimutat*) suggest/indicate sg

utál *v* hate, abhor, detest, loathe

utalás *n* reference

utálatos *a* disgusting

után *post* (*időben*) after, subsequent to, following (sg); (*térben és vmt követően*) after; (*szerint, nyomán*) according to, by; (*felől, iránt*) about, after ‖ **a dolga ~ jár** attend to one's business; **az ~ érdeklődik** he is inquiring about/after ...; **egyik a másik ~** one

after another (*v.* the other); **tíz (óra) ~** after 10 (o'clock); **vk ~ megy** follow sy

utána *adv* (*vm/vk után*) after (him/her/it); (*azután*) after(wards) ‖ **jóval ~** long after; **röviddel ~** soon after; **~ küld** (*küldeményt*) send* on, forward

utánajár *v* (*tájékozódva*) inquire/see* about; (*vizsgálódva*) try to find out sg, look into sg

utánanéz *v* *vmnek, vknek* see* to/about (sg/sy); (*ellenőrizve*) check (sg); (*keres*) try to find

utánfutó *n* (*autóé*) trailer

utánnyomás *n* *nyomd* (*régi műé*) reprint; (*változatlan új lenyomat*) impression

utánoz *v* imitate, copy

utánpótlás *n* supply; *kat* reserves *pl;* (*fiatalok*) recruit(ment), *biz* new blood

utánvét(tel) *n* cash (*v. US* collect) on delivery

utánzat *n* imitation, copy; (*hamisítvány, főleg pénz*) counterfeit; (*műtárgy*) forgery

utas *n* passenger; (*utazó*) traveller (*US* -l-); (*taxiban*) fare

utasít *v* (*felszólít vmre*) instruct/direct/order/tell* sy [to do sg]; (*vkt vkhez*) send*/refer sy (to sy)

utasítás *n* order(s), direction(s), instruction(s); (*vké vhová*) referral (to); *szt* instruction, command ‖ **használati ~** directions (for use) *pl;* **vk ~ait követi** follow sy's/the instructions

utaskísérő *n* légi ~ (*nő*) stewardess, air-hostess

utasszállító repülőgép *n* airliner, passenger plane

utazás *n* (*turisztikai*) travelling (*US* -l-), travel; (*maga az út*) journey, tour; (*rövidebb*) trip ‖ ~ **hajón/vonaton/repülőgépen/busz on** travelling (*US* -l-) by ship/ train/air/plane/coach; **szervezett** ~ package tour, group travel

utazási *a* travel(ling) ‖ ~ **csekk** traveller's cheque, *US* traveller's check; ~ **iroda** travel agency

utaz|ik *v vhova* go* to, leave* for; (*turisztikai célból*) travel, be* touring (round) [a place] ‖ **autóbusszal/vonattal** ~**ik** travel (*US* -l) (*v.* go*) by coach/train

utca *n* street ‖ **az** ~**n** in the street; ~**ra néző** facing the street *ut.*

utcai *a* street ‖ ~ **árus** street vendor, *GB* (*néha*) costermonger; ~ **zenész** street musician, busker

utcalány *n* street-walker/girl, prostitute

utcaseprő *n* street sweeper/cleaner

útelágazás *n* fork [in the road], (road) junction

útiköltség *n* travel expenses *pl*, fare

útikönyv *n* guide(book)

útirány *n* direction, route, course

útjelző tábla *n* guide-post

útkereszteződés *n* (*városban*) junction, crossing; (*vidéken*) crossroads *pl*; (*nagyobb*) intersection

útközben *adv* on the way

útlevél *n* passport ‖ **francia útlevele van** she holds a French passport; **útlevelet kér** (*kérvényez*) apply for a passport; **szolgálati** ~ service passport

útmutatás *n* direction, instruction, guidance; (*tanács*) advice

utóbb *adv* at a later date/time, later (on), afterwards ‖ **előbb vagy** ~ sooner or later

utóbbi *a* (*térben*) latter; (*időben*) last ‖ **(az)** ~ **esetben** in the latter case; **az** ~ **években** in/for the last few years; **az** ~ **időben** recently, lately

utód *n* (*hivatali*) successor; **az** ~**ok** (*leszármazottak*) descendants, offspring *pl*

utóhatás *n* after-effect

utóirat *n* postscript

utókor *n* posterity

utólag *adv* subsequently; (*később*) later, at a later date

utolér *v* catch* up with (sy)

utoljára *adv* last, (the) last time

utolsó *a* last; (*jelenhez legközelebbi*) latest; (*vmt lezáró*) final, ultimate; (*rangban, értékben*) lowest, bottom; (*aljas*) mean, base, low ‖ **az** ~ **divat** the latest (fashion); **az** ~ **pillanatban** in/at the last minute; ~ **előtti** (be*) last but one

útonálló *n* highwayman°

utónév *n* first/given/Christian name

utószezon *n* late season, off-season

utószó *n* epilogue (*US* -log)

útpadka *n* (hard) shoulder

útszakasz *n* stretch

útszéli *a* (*út menti*) roadside, wayside; (*közönséges*) common, vulgar

útszűkület *n* bottleneck; (*KRESZben*) narrow road/stretch

úttest *n* carriageway, roadway

úttörő 1. *n* pioneer; *átv* pioneer, trailblazer; (*felderítő*) pathfinder 2. *a* pioneering

útvesztő *n* labyrinth, maze
útvonal *n* route; (*vasút*) line ‖ **vmlyen ~on** by way of, (*vmn át*) via
uzsonna *n* (afternoon) tea
uzsonnáz|ik *v* have* tea

Ü, Ű

üde *a* fresh, healthy, youthful
üdítő 1. *a* refreshing 2. *n* = **üdítő-ital**
üdítőital(ok) *n* soft drink(s), non-alcoholic drink(s)
üdül *v* (*szabadságát tölti*) be* (away) on holiday, *US* be* on vacation; (*üdülőben*) stay at a holiday home
üdülőhely *n* holiday resort
üdvösség *n* vall salvation
üdvözlet *n* greeting(s *pl*), kind regards *pl* ‖ **adja át szíves ~emet** Please give my kind regards to [your mother etc.], Give him/her my best regards; **~ét küldi** give* sy one's best regards, (*közelebb állónak*) send* one's love to sy; **szívélyes ~tel** (*levél végén*) Yours sincerely; (*formálisabban*) Yours truly
üdvözöl *v* (*köszönt*) greet (sy); (*megérkezéskor*) welcome (sy); (*vkt vmlyen alkalomból*) congratulate (sy on ...); (*üdvözletét küldi*) give* sy one's (best) regards, send* one's love to sy
üget *v* trot
ügy *n* (*dolog*) business, affair, matter; (*kérdés*) issue; *jog* case;

ker business, transaction, (business) deal; (*eszméé*) cause ‖ **bírósági ~** court case; **nem nagy ~** it is no great matter (*v. biz* big deal); **peres ~** case at law; **üzleti ~ben** on business
ügyel *v* vkre, vmre take* care of sy/sg, pay* attention to sy/sg; (*figyelembe vesz*) mind, note; *biz* (*ügyeletet tart*) be* on (night) duty, be* on call
ügyelet *n* duty ‖ **éjszakai ~** all-night service; *orv* night duty
ügyeletes 1. *a* on duty/call *ut.* ‖ **~ orvos** doctor on duty/call 2. *n* person/officer/official on duty ‖ **ki az ~?** who is on duty?
ügyes *a* (*ember*) clever, skilful (*US* skillful), smart, (*cap*)able; (*vmben*) (be*) good/clever at sg
ügyész *n* (*a vád képviselője*) public prosecutor, *US* prosecuting/district attorney
ügyetlen *a* clumsy, inept ‖ **~ vmben** be* no good at sg
ügyfél *n* (*ügyvédé*) client; *ker* customer
ügyfélkártya *n* cash card
ügyintéző *n* administrator
ügynök *n* *ker* broker, (business) agent; (*utazó*) (commercial) traveller (*US* -l-); *pol* agent
ügynökség *n* agency
ügyvéd *n* lawyer, *US* attorney; *GB* (*polgári ügyekben*) solicitor; *GB* (*bűnügyben és magasabb bíróságon eljáró*) barrister
ügyvédi *a* **~ felszólítás** solicitor's letter; **~ költség** retainer
ügyvezető 1. *a* managing ‖ **~ igazgató** managing director 2. *n* manager, director

ül *v vhol* sit*, be* sitting/seated;
(*madár ágon*) perch; (*tyúk tojá-
son*) sit* (on eggs), brood; *vhová*
sit* (swhere); *biz* (*börtönben*) be*
in jail ‖ **autóba** ~ get* *in*(to) a
car; **két évet ~t** (s)he was in*side*
for two years; **lóra** ~ mount (a
horse); **taxiba** ~ take* a taxi
-ül *suff* → **-ul**
üldöz *v* (*kerget*) chase, pursue; *vkt
átv* harass, hound
üledék *n* sediment, dregs *pl*, de-
posit
ülés *n* (*tény*) (act of) sitting; (*hely*)
seat; (*testületé*) meeting, session ‖
első ~ front seat; **hátsó** ~ back-
seat; **~t tart** hold* a meeting
ülésszak *n* (*testületé*) session, term
ülőhely *n* seat
ültet *v vkt* seat, sit* sy down; (*nö-
vényt*) plant
ültetvény *n* plantation
ünnep *n* holiday; (*munkaszüneti
nap*) (public) holiday, (*csak GB*)
bank holiday, *US* legal holiday;
(*egyházi*) festival; (*ünnepség szű-
kebb körben*) celebration, party ‖
kellemes ~eket (kívánunk)! (*for-
málisabban*) The season's greet-
ings!, (*karácsonykor*) Merry Christ-
mas!
ünnepel *v vmt* celebrate; *vkt* hon-
our (*US* -or) ‖ **lelkesen** ~ *vkt*
give* sy an ovation
ünnepély *n* celebration, ceremony
ünnepélyes *a* ~ **megnyitó** the
opening of [the new sports centre]
ünnepi *a* festive, ceremonial; (*elő-
adás, játékok stb.*) gala ‖ ~ **be-
széd** (*megnyitó*) opening speech/
address; ~ **ebéd/vacsora** ban-
quet, formal/gala dinner

ünnepnap *n* holiday
ünnepség *n* (*ünneplés*) celebra-
tion; (*ünnepi aktus*) ceremony;
(*hosszabb, sorozat*) festivities *pl*
űr *n* void, gap, (empty) space; (*vi-
lágűr*) (outer) space
űrállomás *n* space station
üreg *n* hollow, cavity, hole, pit; *orv*
cavity
üres *a* empty; (*ház, szoba, állás*)
vacant; (*nem foglalt*) free, unoc-
cupied ‖ ~ **fecsegés** idle talk; ~ **a
gyomra** have* an empty stomach;
~ **óráiban** in his free/leisure time/
hours; ~ **a zsebe** have* empty
pockets
üresjárat *n* neutral (gear)
ürge *n zoo* ground squirrel; *biz* =
pasas
űrhajó *n* spacecraft (*pl* ua.), space-
ship
űrhajós *n* spaceman°/-woman°,
astronaut
ürít *v* empty, vacate, evacuate ‖ **~i
poharát vk egészségére** drink*
(to) sy's health
űrkutatás *n* space research
űrlap *n* form ‖ **~ot kitölt** fill in (*US*
out) a form
űrmérték *n* measure of capacity
űrrepülés *n* space flight; (*tudo-
mány*) astronautics *sing.*
űrrepülőgép *n* space shuttle
űrtartalom *n* cubic capacity, vol-
ume
ürügy *n* pretext, pretence (*US* -se) ‖
azzal az ürüggyel, hogy on the
pretext that
ürülék *n* excreta *pl*; (*bélsár*) ex-
crement, faeces (*US* feces)
üst *n* cauldron, pot, kettle
üstökös *n* comet

üt v strike*, hit*; (ver) beat*; (labdát) hit*, strike*; (óra) strike*; (kártyában) take*, trump; (sakkban) take*; (szín másikat) clash (with); (hasonlít vkre) take* after sy ‖ **egészen az apjára ~ött** he takes after his father; **mi ~ött beléd?** biz what's come over you (to/that)?, what's wrong with you?; **négyet ~ött az óra** the clock has struck four; **~ött az óra** átv the time has come; **pofon ~** strike*/slap/smack sy in the face

ütem n zene time, beat, rhythm; (sebesség) pace, rate, tempo ‖ **gyors ~ben** in quick time, at a rapid/quick pace; **jelzi az ~et** beat*/mark time

ütés n blow, hit; (hangja) bang; sp (ökölvívás) hit, blow; (tenisz, asztalitenisz) stroke, shot; (golf) stroke; (kártyában) trick; (óráé) stroke

ütközet n battle, combat, fight

ütköz|ik v (tárgy vmbe) knock/bang/bump against sg; (két program) clash/coincide (vmvel with) ‖ **akadályba ~ik** meet* with obstacles/difficulties; **törvénybe ~ik** offend against the law

ütő n (személy) hitter, beater; (tenisz) racket; (asztalitenisz) bat, US paddle; (jégkorong) stick; (golf) club; zene stick

ütőhangszer n percussion instrument

ütött-kopott a battered; (ruhaféle) shabby

üveg n glass; (ablaké) (window-) pane; (palack) bottle, flask ‖ **egy ~ bor** a bottle of wine

üveges 1. a (palackozott) bottled; (üvegszerű) glassy; (tekintet) vacant **2.** n (iparos) glazier

üvegház n glasshouse, greenhouse

üvölt v howl, roar; (dühösen) bawl

űz v (hajt) drive*, chase, hunt, pursue; (foglalkozást) practise (US -ice), carry on

üzem n (nagyobb) plant, factory, works sing. v. pl; (kisebb) workshop; (működés) functioning, working, running, operation ‖ **~be helyez** (gyárat, intézményt) start up, put* sg into operation; (gépet) install (US instal is); **~ben tart** run*; **teljes ~mel dolgozik** work at full capacity

üzemanyag n fuel

üzemanyagtöltő állomás n filling/petrol (v. US gas) station

üzemel v work, run*, operate

üzemképtelen a out of order ut.

üzemzavar n breakdown

üzen v vmt vknek send* a message (to), send* word (to) ‖ **azt ~i, hogy ...** (s)he said to tell you that ...

üzenet n átv is message ‖ **~et átad** deliver a message; **~et kap** have*/receive a message

üzenetrögzítő n answering machine, answerphone

üzlet n (adásvétel) business; (ügylet) (business) deal, (business) transaction; (egy ügylet) a good deal, a bargain; (helyiség, bolt) shop, US store ‖ **~et köt vkvel** do* business with sy, do* a deal with sy

üzletember n businessman°

üzletfél n (business) connection; (vásárló) customer, client

üzlethelyiség *n* (business) premises *pl*, shop, *US* store
üzleti *a* business ‖ **~ kapcsolatban van vkvel** have* business connections/dealings with sy; **~ tárgyalás(ok)** business/trade talks; **~ titok** trade secret
üzletkötés *n* transaction, deal
üzletkötő *n* businessman°/-woman°, sales executive
üzlettárs *n* (business) partner/associate
üzletvezető *n* (business) manager; (*áruházban*) sales manager

V

-vá, -vé *suff* into, in; (*v. elöljáró nélkül, tárgyesettel*) ‖ **lesz/válik vmvé** become* sg, turn into sg; **vmt vmvé változtat** transform/convert/turn/change sg into sg
vacak 1. *a* (*silány*) worthless, rubbishy, trashy **2.** *n* rubbish, trash, tat, junk
vacakol *v biz* (*vmvel*) tinker/potter (*US* putter) about/around
vacillál *v* vacillate, waver, hesitate
vacog *v* shiver/tremble/shake* (*hidegtől*: with cold, *félelemtől*: with fear)
vacsora *n* (*GB és US*) dinner; (*a kontinensen*) supper *v.* dinner ‖ **hideg ~** buffet supper
vacsoráz|ik *v* have* dinner, dine; have* supper ‖ **házon kívül ~ik** eat*/dine out
vad 1. *a* (*állat*) wild, untamed, undomesticated [beast]; *bot* wild;

(*műveletlen*) savage, uncivilized; (*kegyetlen*) ferocious; (*erőszakos*) fierce; (*erős*) violent, wild, fierce **2.** *n* (*vadon élő állatok*) game, wildlife; (*ember*) savage
vád *n jog* (*vk ellen*) charge, accusation; (*vádhatóság*) the prosecution ‖ **~at emel vk ellen** bring*/prefer charges against sy
vadállat *n* wild animal; *átv* brute, beast
vadas *a* **~ marha(hús)** *kb.* braised beef in a piquant brown sauce
vadaspark *n* wildlife/game park
vadász *n* hunter, huntsman°
vadász|ik *v* (*vadra*) shoot* (*vmre sg*); hunt (*vmre sg*); *átv vmre/vkre* hunt for/after sg/sy, search for sg/sy
vadászkürt *n* hunting-horn, bugle
vádbeszéd *n* (Public Prosecutor's) charge
vaddisznó *n* wild boar
vadgesztenye *n* horse-chestnut
vadhajtás *n növ* sucker
vadhús *n* (*étel*) game; (*őzé, szarvasé*) venison
vádirat *n* (*bűnügyben*) (bill of) indictment
vadkacsa *n* wild duck
vadkörte *n* wild pear
vádli *n biz* calf°
vádlott *n* (*bíróságon*) the accused, defendant
vadnyugat *n* the Wild West
vádol *v vkt vmvel* accuse sy of sg, charge sy with sg
vadon *n* wilderness, wild, desert
vadonatúj *a* brand-new
vadőr *n* game-keeper
vadpecsenye *n* game; (*őz, szarvas*) venison

vadrózsa *n* dog/wild rose, briar *v.* brier

vadszőlő *n* Virginia creeper, *US* American ivy, woodbine

vadvirág *n* wild flower

vág *v* cut*; *(állatot)* slaughter; *(disznót, csirkét)* kill; *(dob)* throw*; *(üt, csap)* strike* ‖ **fát ~** chop wood; **~ egy szelet kenyeret** cut* off/oneself a slice of bread

vagány *a/n biz* tough

vágány *n (sínpár)* (railway) track, rails *pl; (pályaudvaron peron)* platform ‖ **a 3. ~ra érkezik** is arriving at platform 3

vagdalt *a* chopped (up) ‖ **~ hús** minced meat, mince; *(pogácsa)* meatball, hamburger (steak)

vágó *n film* editor

vágóállat *n* meat/fat stock; *(marha)* slaughter cattle

vágódeszka *n* chopping board/block

vágóhíd *n* slaughterhouse

vagon *n (személy~)* carriage, coach, *US* car; *(teher~)* wagon *(GB* -gg- *is), US* freight car

vagy *conj (választás)* or; *(körülbelül)* about, some ‖ **~ ..., ~ ...** either ... or ...; **~ egy mérföld(nyi)re** a mile or so; **~ így, ~ úgy** one way or the other; **~ pedig** or else; **~ úgy!** (now) I see!

vágy *n (vm után)* desire, wish, longing *(mind:* for) ‖ **érzéki ~** sexual desire, lust

vágyálom *n* pipe dream

vágy|ik *v vmre* desire (sg), wish for sg

vagyis *conj* that is to say, in other words; namely; I mean

vágyód|ik *v vmre, vm után* yearn/long for sg/sy

vagyon *n (nagy)* fortune, wealth, riches *pl; (tulajdon)* (personal) property, possessions *pl* ‖ **~a van** be* well off; **~t szerez** make* a fortune

vagyonos *a* wealthy, well-to-do, well off *ut.*

vagyontalan *a* unpropertied

vagyontárgy *n* property, asset

vaj *n* butter

vajas *a* buttered ‖ **~ kenyér** (a slice of) bread and butter

vajaskifli *n (vajjal sütött)* croissant, roll

vajmi *a* **~ kevés** precious/very little

vajon *adv (kérdés előtt)* if, whether ‖ **~ igaz-e?** I wonder whether it is true; **~ ki ő?** I wonder who (s)he is?

vajúd|ik *v orv* labour *(US* -or)

vajszívű *a* soft/tender-hearted

vak 1. *a (ember)* blind, sightless **2.** *n* blind man°/person, *(nő)* blind woman° ‖ **a ~ok** the blind

vakablak *n* blind/dummy window ‖ **világos, mint a ~** as clear as mud

vakáció *n* (summer) holiday, *US* vacation

vakar *v (saját magát)* scratch; *(bőrt)* scrape

vakbélgyulladás *n* appendicitis

vakító *a* blinding, dazzling

vaklárma *n* false alarm

vakmerő *a* daring, audacious, bold; *pejor* reckless

vakolat *n* plaster

vakond(ok) *n zoo* mole

vakrepülés *n* blind flying/flight

vaktában *adv (találomra)* at random

vaktöltény *n* blank charge

vaku *n* flash(-gun), flashlight
vakvágány *n* dead-end
-val, -vel *suff* **A)** (*eszközhatározó*) **a)** with ‖ **ellát vmvel** supply/ provide/furnish/equip with sg; **b)** by ‖ **busszal megy** go by bus; **c)** in ‖ **ceruzával ír** write* in pencil; **d)** of ‖ **gyanúsít vkt vmvel** suspect sy of sg **B)** (*állapot- és eszközhatározó*) with, of ‖ **tele van vmvel** be* filled with sg, be* full of sg **C)** (*társhatározó*) **a)** with ‖ **barátkozik vkvel** make* friends with sy; **b)** (*elöljáró nélkül*) **találkozik vkvel** meet* sy **D)** (*állapotés társhatározó*) with ‖ **vkvel együtt** (in company) with sy **E)** (*irányulás*) (*cselekvésé, különféle elöljáróval*) **jót tesz vkvel** do* good to sy; (*elöljáró nélkül*) **bír vmvel** (*birtokol*) have*/possess/ own sg; (*magatartásé, különféle elöljáróval*) **szigorú vkvel szemben** be* hard on sy, be* strict with sy; (*tartós irányulás, különféle elöljáróval*) **bánik vkvel** treat/ handle sy, deal* with sy; **foglalkozik vmvel** be* employed in (doing) sg **F)** (*módhatározó*) (*különféle elöljáróval*) **kész örömmel** with pleasure; **tudtommal** to my knowledge **G)** (*hasonlítás*) **egyenlő vmvel** (be*) equal to sg; **felér vmvel** (*értékben*) be* worth of, come* up to **H)** (*mértékhatározó*) (*különféle elöljáróval v. elöljáró nélkül*) **százával** by hundreds; **két évvel idősebb nálam** he is two years older than I **I)** (*időhatározó*) (*főleg elöljáró nélkül*) **egy órával indulása után** one hour after his/her departure

váladék *n* discharge, secretion, mucus
valaha *adv* (*valamikor régen*) once, at one time; (*a jövőben*) ever ‖ **itt ~ egy ház állt** there used to be a house here; **szebb, mint ~** more beautiful than ever
valahány *pron* all, any, every (one)
valahányszor *adv* whenever, every time
valahára *adv* (**végre**) ~ at (long) last, finally
valahogy(an) *adv* (*vmlyen módon*) somehow (or other), in some way (or other), someway, anyhow ‖ **majd csak lesz ~** it will turn out all right
valahol *adv* somewhere
valahonnan *adv* from somewhere, from anywhere
valahova *adv* somewhere, anywhere
valaki *pron* (*állításokban*) somebody, someone, one; (*kérdés, tagadás esetén*) anyone, anybody
valamelyest *adv* somewhat, to a certain extent/degree
valamelyik *pron* one (of them), one or the other; (*a kettő közül*) either of them
valamennyi *pron* (*mind*) all, every, all (of them); (*kevés*) some, a little
valamennyire *adv* (*valameddig*) in some measure; (*úgy-ahogy*) somehow or other, in some way or other
valamerre *adv* somewhere
valami **1.** *pron* (*állításban*) something; (*kérdésben, tagadásban*) anything ‖ **fáj ~d?** is anything wrong with you?; **viszi ~re** go* far, get* on, *biz* make it **2.** *a* (*állí-*

tásban) some; (*egy kevés*) some, a little; (*kérdésben, tagadásban*) any ‖ **van ~ elvámolni valója?** have you anything to declare? **3.** *adv* **nem ~ nagyon** not very much, not particularly

valamikor *adv* (*múlt*) sometime; (*egyszer régen*) once (upon a time); (*valaha*) ever; (*jövő*) some day, sometime *v.* some time ‖ **ebben az utcában ~ egy mozi volt** there used to be a cinema in this street; **jártál ott ~?** have you ever been there?

valamilyen *pron* some kind/sort of, some (... or *o*ther)

valamint *conj* (*továbbá*) and, as well as

valamivel *adv* somewhat, a little ‖ **~ jobb** slightly better; **~ jobban van** be* a bit/shade/little better

válás *n jog* divorce

válasz *n* answer, reply ‖ **~ul vmre** in reply/answer to sg

válaszfal *n* dividing wall, partition

válaszol *v vknek/vmre* answer sy/sg, reply to sy/sg, (*reagál*) respond to

választ *v* choose* (*kettő közül* between, *több közül* from among), pick, select; (*képviselőt*) elect

választás *n* (*több közül*) choice, choosing, selection; *pol* election ‖ **időközi ~** by-election; **nem volt más ~a, mint ...** he had* no choice/option (but to ...)

választék *n* (*több közül*) selection, choice, variety

választékos *a* carefully-chosen ‖ **~ stílus** polished/elegant style

választó *n pol* voter; (*akinek választójoga van*) constituent ‖ **a ~k** the electorate

választójog *n* suffrage, the (right to) vote

válaszút *n átv is* crossroads

válfaj *n* variety, species°, kind

vállik *v* (*vk/vm vmvé*) become* (sg), turn (*into* sg); *vm vmvé* be* converted (*into* sg); (*házastárstól*) divorce (sy) ‖ **jó orvos ~ik majd belőle** he will make a good doctor; **~ik a feleségétől** he is divorcing his wife

vall *v* (*bíróságon*) confess (sg *v.* to sg to doing sg *v.* to have done sg); (*vmlyen hitet*) profess [a faith] ‖ **bűnösnek ~ja magát** plead* guilty; **ez rád ~** that's just like you

váll *n* shoulder ‖ **~at von** shrug (one's shoulders)

vállal *v vmt* undertake* (sg *v.* to do sg), take* on; (*megbízást*) accept ‖ **~ja a felelősséget vmért** take*/accept/assume (full) responsibility for sg; **~ja a költségeket** meet* the expenses; **magára ~ vmt** take* it upon oneself to ...

vállalat *n* company, firm, enterprise

vállalatvezető *n* managing director, manager

vállalkozás *n* (*nagyobb*) undertaking, enterprise, venture; (*kisebb*) small business

vállalkozó 1. *a* **~ (szellemű)** enterprising, venturesome; **~ szellem** entrepreneurial flair/skills etc. **2.** *n ker* (*rizikót vállaló*) entrepreneur ‖ **építési ~** building contractor

vallás *n* religion; (*hit*) faith

vállas *a* broad/square-shouldered

vallásos *a* religious

vallástanár *n* RE teacher, religious education teacher

vallatás *n* examination, interrogation

vállfa *n* (clothes/coat) hanger

vallomás *n* evidence, statement; (*beismerő*) confession || ~t tesz (*terhelt*) make* a (full) confession; (*tanú*) give* evidence

vállpánt *n* (*ruhán*) shoulder-strap

válltömés *n* shoulder-pad

vállvetve *adv* shoulder to shoulder

való 1. *a* (*valóságos, igaz*) real, true; (*alkalmas vmre*) (be*) suited/suitable for sg, (be*) fit/right for sg; (*illő*) proper, fit(ting), appropriate (*mind*: for); (*készült vmből*) be* made of sg || **fából** ~ (be*) made of wood; **gyermekekenek ~ könyv** a book for children; **hova ~ vagy?** where do you come from?; **kék nem ~ a zöldhöz** blue doesn't go (well) with green; **mire ~?** what is it (good/used) for?; ~ **igaz** it is absolutely/quite true **2.** *n* (*valóság*) reality, truth || ~**ra válik** (*terv, remény*) be* realized, come* true

valóban *adv* indeed, truly, really, actually || ~? is that so?, really?, indeed?

valódi *a* real, true; (*nem mű*) genuine

válófélben *adv* ~ **vannak** they are getting divorced

válogat *v* (*kiválaszt*) choose*, pick (out), select; (*finnyás*) be* particular

válogatós *a* particular (about sg), choos(e)y, *US* picky

válogatott 1. *a* (carefully) chosen, picked, selected team **2.** *n sp* **17-szeres** ~ (*játékos*) [he's been] capped 17 times [for Hungary]; **a**

magyar labdarúgó-~ the Hungarian team/eleven

valójában *adv* actually, in fact/reality, really

valóság *n* reality; (*igazság*) truth; (*tény*) fact || **a** ~**ban** in reality/practice/effect; **megfelel a** ~**nak** it is true, it corresponds to the facts

valószínű *a* probable, likely || **nem** ~, **hogy eljön** he is not likely to come

valószínűleg *adv* probably, very likely, in all probability/likelihood || ~ **esni fog** it is likely to rain

valószínűtlen *a* improbable, unlikely

valótlan *a* untrue, untruthful, false

válság *n* crisis (*pl* -ses), critical stage/period || **gazdasági** ~ economic crisis/slump; (*huzamosabb*) depression; ~**ba jut** come* to (*v.* reach) a crisis

válságos *a* critical

vált *v* (*másra cserél*) change; (*pénzt*) change [money] || **ágyneműt** ~ change the bed linen; **jegyet** ~ **vhová** (*vasúton*) buy*/book a ticket to ...; (*színházba*) buy*/book/get* seats/tickets for [the theatre]; **sávot** ~ (*úton*) change lanes; **sebességet** ~ change gear

váltakozó *a* alternate, alternating || **el** ~ **áram** alternating current

váltás *n* change; (*pénzé, ruháé*) changing; (*pl. üdülőben*) changeover (day) || **egy** ~ **fehérnemű** a change of underwear

váltó *n ker* bill (of exchange), draft; *vasút* points *pl*, *US* switches *pl*; *sp* relay (race)

váltogat *v* keep* changing, chop and change ‖ **~ja egymást** *a*lternate

váltóhamisítás *n* b*i*ll forgery

váltópénz *n* small co*i*n/change

változás *n* change ‖ **~on megy át** underg*o** a change

változat *n* version; (*helyesírási, kiejtési*) variant; (*zenei*) variation; *zoo, bot* variety

változatlan *a* unchanged, constant, inv*a*riable

változatos *a* varied, diverse; (*mozgalmas, színes*) variegated, varied

változatosság *n* variety, diversity ‖ **a ~ kedvéért** for a change

változékony *a* changeable, changing

változ|ik *v* change, underg*o** a change (*v.* some m*i*nor/major changes); *vmvé* turn/change *i*nto, be* convert*e*d *i*nto

változtat *v* change, *a*lter; *vmt vmvé* transf*o*rm/conv*e*rt/turn/change sg *i*nto sg

váltságdíj *n* ransom

valuta *n* c*u*rrency

valutaárfolyam *n* exch*a*nge rate, rate of exch*a*nge

vályú *n* trough

vám *n* (*hely*) (the) customs *pl*; (*díj*) customs d*u*ty ‖ **~ot fizet vmért** pay* (customs) d*u*ty on sg

vámhivatal *n* customs *pl*

vámkezeltet *v* *vmt* clear sg through customs

vámköteles *a* l*i*able/s*u*bject to d*u*ty *ut.*, d*u*tiable

vámmentes *a* duty-fr*ee*

vámnyilatkozat *n* customs declaration

vámpír *n* vampire

vámszabad *a* **~ raktár** *n* bonded warehouse

vámtarifa *n* customs t*a*riff

van *v* (**lenni:** to be*) (*létezik*) is, exists; *vm vhol* there is ..., *pl* there are ...; (*van neki*) have* sg; *biz* have got sg; (*birtokol*) possess, own (sg) ‖ **én vagyok** it's me; **hogy ~?** how are you?; **mi ~ magával?** what is the m*a*tter with you?; **na mi ~?** *biz* well?, what's up?; **~ egy új kocsim** I've got a new car; **~ itt egy orvos?** is there a doctor pr*e*sent?; **~ nálad pénz?** have you got (some/any) money on you?; **vmből ~** (*készült*) is made of sg

vandál *a/n* (*személy*) vandal ‖ **~ pusztítás** piece of v*a*ndalism

vándorlás *n* wandering(s), travels *pl*; (*állaté, törzsé*) migration

vándormadár *n* (*átv is*) bird of passage

vándorol *v* (*rendeltetés nélkül*) wander, travel (*US* -l) (on foot); (*kóborol*) roam; (*céllal*) migrate

vaníliafagylalt *n* van*i*lla ice

var *n* scrab, crust

vár[1] *n* (*épület*) castle ‖ **királyi ~** r*o*yal c*a*stle/palace

vár[2] *v* (*várakozik*) wait, be* wait*i*ng; *vkre/vmre, vkt/vmt* wait for sy/sg; (*elvár vktől vmt*) expect (sg of sy *v.* sy to do sg); (*vm kellemetlen vkre*) sg lies* ahead of sy ‖ **alig ~om, hogy láthassalak** I am l*o*oking f*o*rward to s*ee*ing you; **ezt nem ~tam volna** I should not have exp*e*cted that; **kisbabát ~** she is exp*e*cting a b*a*by; **sokat ~nak tőle** they have high hopes of him; **~j!** wait a m*o*ment!, hang on!

várakozás *n* (*várás*) wait(ing); (*remény*) expectation(s) ‖ **minden ~t felülmúl** it is beyond expectation; **~ának megfelel** live up to one's expectations; **~sal tekint vm elé** be* looking forward to sg (*v.* to ...ing sy/sg)

várakoz|ik *v* wait (*vkre/vmre* for sy/sg); (*parkol*) park (one's/the car) swhere

várakoztat *v* keep* sy waiting

varangy(os béka) *n* toad

váratlan *a* unexpected, unlooked-for, unforeseen ‖ **~ vendég** chance visitor

váratlanul *adv* unexpectedly ‖ **~ ér vkt** take* sy by surprise

varázs *n* (*varázslat*) magic (power); (*vonzás*) fascination, charm

varázserő *n* magic power

varázslat *n* witchcraft, magic

varázsló *n* magician, wizard

varázsol *v* (*varázsló*) practise magic; *vmt vmvé* change/transform/transmute sg into sg by magic

varázsszem *n el* magic eye

várfal *n* (*castle*) wall, wall of a fortress

varga *n* shoemaker

vargánya *n növ* yellow boletus (*pl* -tuses *v.* -ti), mushroom

várható *a* probable, prospective

varieté *n* (*műsor*) variety show/ programme (*US* -ram); (*színház*) variety; music-hall

varjú *n* crow

várkastély *n* fortified castle

vármegye *n* county

várócsarnok *n* waiting hall, lounge

várólista *n* waiting list

várócsarnok *n* waiting hall, lounge

várólista *n* waiting list

város *n* (*kisebb*) town; (*nagyobb*) city; (*belváros*) town, *US* downtown

városháza *n* town hall, *US* city hall

városi *a* town; city ‖ **~ emberek** townspeople; **~ iroda** (*légitársaságé*) city office

városiasodás *n* urbanization

városközpont *n* town/city centre (*US* -ter)

városlakó *n* townsman°, city-dweller

városnézés *n* sightseeing ‖ **~re megy** go* sightseeing

városrész *n* quarter, district

városszerte *adv* all over the town/city

váróterem *n* waiting hall/room

varr *v* sew*; (*varrógéppel*) machine

varrás *n* sewing, needlework; (*varrat*) seam

varrat *n* (*varrás*) seam; *orv* stitch, suture

varrógép *n* sewing machine

várrom *n* ruins of a castle/fortress *pl*

varrónő *n* (*fehérnemű*) seamstress, needlewoman°; (*ruha*) dressmaker

vártorony *n* (*nagy*) donjon, keep; (*saroktorony*) turret

vas 1. *a* iron, made of iron *ut.* **2.** *n* (*fém*) iron; (*bilincs*) irons (*pl*), chains (*pl*) ‖ **egy ~am sincs** *biz* I am (stony) broke; **~ból van** be* made of iron

vasajtó *n* iron door

vasal *v* (*vasalással ellát*) fit/cover sg with iron; (*ruhát*) press, iron

vasaló *n* iron

vásár *n* (*kisebb*) market; (*országos*) fair; (*üzlet*) bargain ‖ **(engedmé-**

nyes) ~ sale; **jó ~t csinál** make* a good bargain

vásárcsarnok n market(-hall), covered market

vásári a elít cheap, shoddy [goods], trash || ~ **árus** stallholder [at a fair]

vásárlás n (vétel) purchasing, buying; (üzletjárás) shopping

vásárló n shopper; (rendszeres) customer

vasárnap 1. n Sunday **2.** adv (on) Sunday; → **kedd, keddi**

vásárol v vmt purchase, buy*; (üzleteket jár) go*/be* shopping, do* one's/the shopping

vasáru n hardware

vasbeton n reinforced concrete

vasérc n iron ore

vaskereskedés n ironmonger's (shop)

vaskohászat n iron metallurgy

vaskos a massive, bulky; (személy) stocky, stout || ~ **tréfa** coarse/ practical joke

vasmacska n anchor

vasmarok n ~**kal fog** hold* in a steel grip

vasorrú bába n old witch; átv harridan

vasrács n (ablaké) iron bars pl, grille; (szobor körül) railings pl

vastag a vm thick; (személy) stout, fat || **3 cm ~ deszka** a board/plank 3 centimetres thick; ~ **hang** thick voice

vastagság n thickness

vastaps n frenetic applause

vastüdő n iron lung

vasút n railway, US railroad; (a brit „MÁV") British Rail; (vonat) train

vasútállomás n railway (US railroad) station

vasúti a railway-, US railroad- || ~ **átjáró** (szintbeni) level (v. US grade) crossing; ~ **csomópont** railway (US railroad) junction; ~ **kocsi** (személy) railway carriage, US railroad coach/carriage/car; (teher) goods wag(g)on

vasútvonal n railway (US railroad) line

vasvilla n (többágú) fork; (kétágú) pitchfork

vászon n (anyag) linen; (könyvkötéshez) cloth; (festőé) canvas; (vetítőfelület) screen

vászoncipő n canvas shoes pl

vászonruha n (férfi) linen suit; (női) linen dress

vatelin n (cotton) wadding

Vatikán(város) n Vatican City

vatta n cotton wool

váz n átv is framework; (házé) shell, skeleton

váza n vase

vázlat n sketch; (rajzos) line diagram; (festőé) (rough) sketch; (írásműé) draft, sketch; (kivonat) outline; summary

vázlattömb n sketch-block

vázol v sketch, outline, draft; (képet, tervet) sketch out; (szóban) outline

-vé suff → **-vá**

vécé n toilet, lavatory

vécépapír n toilet paper

véd v (vktől, vmtől, vk/vm ellen) defend/protect/guard (sy) from/ against sy/sg; (eső ellen) shelter (from); (vádlottat) defend || ~**i vk érdekeit** safeguard/protect (v. stand* up for) sy's interests

vedel *v elít* drink* (to excess), *biz* swill, down, knock it back

védelem *n* defence (*US* -se), protection; *jog* defence (*US* -se) || **a ~** *sp* the defence (*US* -se); **védelmet nyújt vm ellen** provide/offer shelter from sg

védenc *n* protégé, charge; (*ügyvédé*) client

védjegy *n* trademark, brand

védnökség *n vké* patronage, *ae*gis; *pol* protectorate || **vknek a ~e alatt** under the auspices of

védőgát *n* dike *v.* dyke, dam, embankment

védőoltás *n* (*folyamat*) vaccination; (*anyaga*) serum, vaccine

védőszent *n* patron saint

védőügyvéd *n* counsel for the defence (*US* -se)

védővám *n* protective tariff

védtelen *a* unprotected, defenceless, undefended

vég *n* (*befejezés, kimenetel*) end; (*tárgyé*) tip, end; (*levélé*) close; (*szóé*) suffix, ending; (*cél*) end, object, aim || **a hét ~én** at the weekend; **a ~én** (*végül*) in the end; **augusztus ~én** at the end of August; **az út ~én** at the end of the road; **nem lesz jó ~e** it will come to no good; **~ nélküli** endless; **~e van** it has come to an end, it is finished, it is over; **~ére ér** reach the end of sg; **~et ér = végződik**

végállomás *n* terminus (*pl* -ni *v.* -nuses)

végcél *n* final end/goal

végeláthatatlan *a* immense, vast

végelgyengülés *n* senile decay || **~ben meghal** die of old age

végelszámolás *n* final settlement

végeredmény *n* final result/outcome; (*futball*) final score || **~ben** after all

vegetáriánus *a/n* vegetarian

végett *post* with a view to sg, in order to

végez *v* (*munkát*) do*, perform, carry out; (*erdeményt elérve*) accomplish; (*befejez vmt*) finish/complete sg; *isk* (*tanulmányokat folytat*) study; *isk* (*tanulmányait befejezi*) complete one's schooling; (*főiskolán*) finish; (*egyetemen*) graduate from || **a harmadik helyen végzett** (s)he finished third; **jogot végzett** (s)he graduated in law; **kísérleteket ~** perform (*v.* carry out) experiments; **~ vmvel** finish off sg; **végzi a kötelességét** do*/fulfil (*US* fulfill) one's duty; **~ vkvel** (*megöl*) do* away with sy

végeztével *adv* **munkája ~** having done his work, his work done (he ...)

végig *adv* to the (very) end

végigcsinál *v* carry through (sg), go* through with (sg)

végigmér *v vkt* measure sy with one's eye; (*megvetően*) look sy up and down

végignéz *v* see* sg to the end

végigsétál *v* walk along

végkiárusítás *n* closing-down sale

végkifejlet *n* denouement, resolution

végkimerülés *n* complete exhaustion

végleg *adv* finally, once and for all; (*örökre*) for good

végleges *a* (*állás*) permanent; (*elhatározás*) definitive, final

végösszeg *n* (sum) total
végpont *n* extremity, furthest point; *átv* end, goal
végre *adv* at last, finally ‖ **na ~!** at long last!
végrehajt *v* carry out
végrehajtás *n* (*megvalósítás*) execution, fulfilment; (*parancsé*) carrying out; (*törvényé*) enforcement
végrendelet *n* will; *hiv* last will and testament
végre-valahára *adv* at long last
végső *a* (*utolsó*) last; (*határ, pont*) farthest, utmost, extreme; (*szükség*) extreme [necessity] ‖ **~ esetben** in the last resort, if the worst comes to the worst; **~ soron** after all
végsőkig *adv* **a ~** to the utmost, to the last ditch; **a ~ kitart** hold* out to the very end/last
végszükség *n* extreme necessity/need, emergency ‖ **~ben** in case of emergency
végtag *n* limb
végtelen 1. *a* (*vég nélküli*) endless, infinite; (*időtlen*) timeless; *mat* infinite **2.** *adv* infinitely, endlessly, extremely ‖ **~ sok** innumerable, a vast number of
végtére *adv* ultimately ‖ **~ is** after all
végtermék *n* end-product
végül *adv* in the end, finally, ultimately ‖ **~ is** in the end, after all
végzet *n* fate, destiny
végzetes *a* fatal, disastrous; (*halálos*) fatal, mortal
végzettség *n* qualification(s *pl*) ‖ **egyetemi ~** (academic) qualification(s), university degree
végződés *n* (*befejezés*) ending, end

végződ|ik *v* (*véget ér*) finish, end, come* to an end ‖ **kudarccal ~ik** end in failure; **szerencsésen ~ik** turn out well
vegyes *a* mixed, assorted; (*főleg szellemi termék*) miscellaneous ‖ **~ érzelmekkel** with mixed feelings; **~ saláta** mixed pickles *pl*; **~ vállalat** joint venture
vegyesbolt *n* grocer('s)
vegyész *n* chemist
vegyészet *n* chemistry
vegyészmérnök *n* chemical engineer
vegyipar *n* the chemical industry
vegyít *v* vmt vmvel mix (sg with sg), combine (sg with sg)
vegyjel *n* chemical symbol
vegyszer *n* chemical
vegytiszta *a* chemically pure
vegytisztító *n* dry-cleaner('s)
vegyül *v* vmvel mix, mingle; *kém* combine ‖ **a tömegbe ~** mingle with the crowd
vekker *n* alarm-clock
vékony *a* thin; (*ember*) slender, slim; (*hosszú is*) lank(y) ‖ **~ hang** thin/piping voice
vékonyod|ik *v* grow* thin(ner), thin; (*tárgy a végén*) taper (off)
-vel *suff* → **-val**
vél *v* think*, believe, reckon, *US biz* guess
vele *adv* with him/her/it ‖ **~m** with me; **~d, ~tek** with you; **velünk** with us; **velük** with them; **mi van ~?** (*mi baja?*) what's the matter with him?
véleked|ik *v* vmről have*/express/hold* an opinion (on/about sg), judge (sg) ‖ **másképp ~ik a dologról** be* of a different opinion

vélemény *n* opinion, view ‖ **jó véleménnyel van vkről/vmről** have* a good/high opinion of sy/ sg; **más ~en van** differ from sy, disagree with sy (on/about sg); **~em szerint** in my opinion/view, to my mind; **~t mond vmről** express/give* an opinion on sg

veleszületett *a orv* congenital; *átv* innate, inborn, inherent ‖ **~ hajlam** natural bent

véletlen 1. *a* chance, accidental, casual ‖ **nem ~** it is no accident, it is not accidental; **~ találkozás** chance/accidental meeting; (*egybeesés*) coincidence **2.** *n* chance, luck ‖ **szerencsés ~ folytán** by a fortunate/lucky accident

véletlenül *adv* by chance/accident, accidentally ‖ **~ találkoztam vele** I ran across him, I chanced/ happened to meet him; **ha ~ ...** if, by any chance, ...

velő *n* (*csonté*) marrow; (*étel*) brains *pl* ‖ **vmnek a veleje** *átv* the (quint)essence of sg, the gist of it

velúr *n* (*textil*) velour(s); (*bőr*) suede [coat]

vén *a* old, aged

véna *n* vein

vénasszony *n* old woman° ‖ **~ok nyara** Indian summer, St. Martin's summer

vendég *n* (*hívott*) guest; (*vendéglőben*) customer; (*látogató*) visitor ‖ **~e(ke)t hív** invite guests; **~ül lát vkt** receive/entertain sy at home

vendégesked|ik *v* **vknél** stay (as a guest) at sy's house, be* staying with sy

vendégkönyv *n* visitors' book

vendéglátás *n* hospitality, entertainment of guests

vendéglátó *n* (*férfi*) host; (*nő*) hostess

vendéglátóipar *n* catering industry/trade

vendéglő *n* restaurant

vendégmunkás *n* Gastarbeiter, (im)migrant/foreign worker

vendégség *n* (*összejövetel*) party, company ‖ **~be megy vkhez** go* to a (dinner) party [at sy's house]

vendégszeretet *n* hospitality

vendégszoba *n* (*magánházban*) spare (bed)room; (*szállodában*) (guest-)room

vénkisasszony, vénlány *n* old maid, spinster

vénség *n* (*öregkor*) (old) age; (*öreg nő*) old girl; (*öreg férfi*) old chap/codger

ventilátor *n* ventilator, fan

vény *n* prescription ‖ **~ nélküli gyógyszer** a drug without a prescription

ver *v* beat*; (*megüt*) strike*, hit; (*vmt vmbe*) drive* sg into sg; (*ellenfelet*) beat*, defeat; (*szív*) beat* ‖ **erősen ~t a szívem** (*izgalomtól*) my heart was pounding (with excitement); **szöget ~ a falba** drive* a nail into the wall

vér *n* blood ‖ **ez ~ig sértette** it offended him mortally; **~ szerinti rokon** blood relation; **~t ad** give* blood (to); **~t vesz vktől** *orv* take* a sample of sy's blood

véradó *a/n* blood donor

véraláfutás *n* bruising

véralkohol-vizsgálat *n* blood test

veranda *n* veranda(h), *US* porch

vérátömlesztés *n* blood transfusion
vérbaj *n* syphilis
vércsoport *n* blood group/type
vérdíj *n* blood-money
veréb *n* sparrow
véreb *n* bloodhound
verekedés *n* fight, scuffle, brawl
verem *n* pit(fall), hole; (*állaté*) den, cave
verés *n* beating
véres *a* (*vérrel borított*) covered with blood *ut*., bloodstained; (*vérző*) bleeding; (*ritkán*) bloody; *átv* bloodstained || ~ **csata** bloody battle; ~ **szemek** bloodshot eyes
vereség *n* defeat || **~et szenved** be* defeated, suffer defeat; *sp* be* beaten
véresen *adv* ~ **komoly** it is in deadly earnest
vérfolt *n* bloodstain
vérhas *n* dysentery
veríték *n* sweat
verítékes *a* (*homlok stb*.) sweating, sweaty; *átv* laborious, toilsome
verítékez|ik *v* sweat
vérkeringés *n* (blood) circulation
vérmérgezés *n* blood poisoning
vérmérséklet *n* temperament
vermut *n* verm(o)uth
vérnyomás *n* blood pressure || **alacsony/magas** ~ low/high blood pressure
verőér *n* artery
verőfényes *a* sunny, sunlit || ~ **ég** bright sky
vérpad *n* scaffold
vérrokonság *n* blood relationship
vers *n* (*költemény*) poem, piece of poetry || **~et ír** (*egyet*) write* a poem; (*versel*) write* poetry; **~et mond** recite a poem

versciklus *n* cycle (of poems)
vérsejtsüllyedés *n* (*mértéke*) sedimentation rate
verseng *v* compete (for sg)
versengés *n* competition, contest, rivalry (between)
verseny *n* competition, contest; (*üzleti*) competition; *sp* (*atlétikai*) athletic meet(ing) competition; (*gyorsasági*) race; (*sakk, tenisz, bridzs*) tournament || **tisztességtelen** ~ unfair competition; **~ben van vkvel** compete against/with sy; **~t fut vkvel** run* a race with sy
versenyautó *n* racing car
versenybíró *n* (*tenisz, úszás stb*.) umpire; (*ökölvívás*) referee
versenyez *v* (*vkvel vmért*) compete/contend with sy for sg; *sp* compete (with sy), race
versenyfutó *n* runner, racer
versenyképes *a* (*ár*) competitive [price]; (*áru*) marketable
versenymű *n* (*zenei*) concerto
versenyszám *n* event
versenytárgyalás *n* (public) tender || **~t hirdet** publish an invitation for tenders
versenyző *n* *sp* competitor
verseskötet *n* book of verse; (*gyűjteményes*) anthology
versmondás *n* reciting poetry
vérszemet kap *kif* become*/grow* bold, get* carried away (by/with sg)
vérszomjas *a* bloodthirsty, sanguinary
vért *n* armour (*US* -or); (*mellen*) cuirass
vértanú *n* martyr
vertikális *a* vertical

vérvizsgálat *n* blood test
vérzés *n* bleeding; *orv* haemor-
rhage *(US* hem-) ‖ **belső** ~ inter-
nal h(*a*)emorrhage; **havi** ~ men-
struation, period, menses *pl*
vérzéscsillapító *n* blood-clotting
(*agent*), astringent (drug)
vérz|ik *v* bleed*
verzió *n* version; (*olvasat*) reading
vés *v* (*vésővel stb.*) chisel *(US* -l),
cut*; (*bevés vmt vmbe*) engrave sg
on sg ‖ **emlékezetébe** ~ engrave
sg on sy's/one's memory
vese *n biol* kidney
vesekő *n* (kidney) stone
vesepecsenye *n* sirloin (steak),
tenderloin
vésnök *n* engraver
véső *n* chisel; (*vésnöké*) burin
vesz *v* (*megfogva*) take*; (*ruhát ma-
gára*) put* on; (*szerez*) get*, take*
(*vhonnan* from); (*vásárol*) buy*,
purchase; (*rádión*) receive, pick up;
(*vkt/vmt tekint vmnek*) consider/
deem sy/sg sg; (*vhogyan fogad,
kezel*) accept as ‖ **angolórákat** ~
take* English lessons; **bizonyosra**
~ **vmt** take* sg for granted; **komo-
lyan** ~ **vkt/vmt** take* sy/sg seri-
ously; **rossz néven** ~ **vmt** take* sg
amiss; **semmibe** ~ **vmt/vkt** ignore
sg/sy; **vegyen még!** help your-
self/-selves to some more
vész *n* (*járvány*) plague, pestilence,
disease; (*vihar*) tempest; (*baj*)
disaster, catastrophe, calamity
vészcsengő *n* alarm bell
veszeked|ik *v* vkvel vm miatt
quarrel/wrangle with sy over/
about sg
veszély *n* danger; (*súlyosabb*) peril
‖ ~ **esetén** (if) in danger, in an

emergency; ~**ben forog** be* in
danger/trouble; ~**t jelző tábla**
warning sign
veszélyes *a* dangerous, perilous;
(*kockázatos*) risky, hazardous;
(*válságos*) critical ‖ **kihajolni** ~ do
not lean out of the window
veszélytelen *a* safe, secure, harm-
less
vészes *a* (*veszedelmes*) dangerous;
(*végzetes*) baleful, fateful
veszett *a* rabid, mad
veszettség *n* rabies
vészfék *n* communication cord,
emergency brake ‖ **meghúzza a
~et** pull the communication cord
veszít *v* lose* (*vmn* by/on sg) ‖
kártyán ~ lose* at cards; **súlyból**
~ lose* (in) weight
vészjel *n* distress/danger signal,
SOS
vészkijárat *n* emergency exit
vesződ|ik *v* vmvel bother about/
with sg, take* the trouble to do sg;
(*kérdéssel*) wrestle (with); (*nehéz
munkát végez*) plod, drudge
vessző *n* (*vékony ág*) twig, rod,
switch; (*szőlő*) (vine-)shoot; (*fe-
nyítéshez*) cane; (*ékezet*) (acute)
accent; (*írásjel*) comma
veszt *v* lose* ‖ **nincs ~eni való
időnk** we have no time to lose
vesztébe rohan *v* be* heading for
disaster
veszteg *adv* **maradj** ~! keep quiet,
will you?
vesztegel *v* (*nem tud tovább jutni*)
be* stranded; (*időjárás miatt*) be*
weather-bound; (*vk mert vissza-
tartják*) be* held up
veszteget *v* (*fecsérel*) squander,
trifle away; (*időt*) waste; (*lepén-

zel) bribe (sy), buy* sy off, *US biz* graft ‖ **kár a szót ~ni rá** (it's) not worth (*v.* no good) talking about it
vesztes *n* loser
vesztés *n* losing, loss ‖ **~re áll** be* losing
veszteség *n* loss; (*időé*) loss (of time), waste; (*kár*) damage, detriment; (*üzletben*) loss, deficit ‖ **~et szenved** suffer losses
vet *v* (*dob*) throw*, fling*, cast*; (*magot*) sow* ‖ **magára vessen, ha** you have only yourself to blame if
vét *v* (*hibázik*) make* a mistake, commit an error ‖ **~ vk ellen** do* harm to sy; **~ vm ellen** offend against sg
vétek *n* (*bűn*) sin, transgression; (*hiba*) fault, wrong ‖ **halálos ~ volna** it would be a sin
vétel *n* (*vásárlás*) purchase, buying; (*levélé*) receipt; (*rádió, tévé*) reception ‖ **alkalmi ~** bargain
vetélés *n* **spontán ~** spontaneous abortion, miscarriage; **művi ~** induced abortion
vetélked|ik *v* (*verseng vkvel vmben*) compete (with sy in doing sg), rival (*US -l*) (sy in sg)
vetélkedő *n* contest; (*tévében*) quiz show/game
vetélytárs *n* rival, competitor
veteményeskert *n* kitchen garden; *GB* (*bérbe adott*) allotment
veterán *n* veteran, *biz* old-timer, old campaigner
vetés *n* mezőg (*cselekvés*) sowing; (*ami kinőtt*) green/standing corn, crop; (*dobás*) throw(ing), cast(ing)
vetít *v film, mat* project
vetítő(gép) *n* projector

vetítővászon *n* screen
vétkes 1. *a vk* guilty; *vm* culpable, sinful **2.** *n* sinner, transgressor
vétkez|ik *v* sin ‖ **vk/vm ellen ~ik** sin/offend against sy/sg
vetkőz|ik *v* undress, take* off one's clothes ‖ **meztelenre ~ik** strip off
vétlen *a jog* blameless, innocent
vétójog *n* right of veto
vetőmag *n* seed grain, seeds *pl*
vétség *n* offence (*US -se*)
vetület *n* projection
vevő *n ker* purchaser, buyer; (*állandó*) (regular) customer
vevőkészülék *n* (*távközlési*) receiver
vevőszolgálat *n* service department
vezeklés *n* penance, penitence [for wrongdoing], atonement
vezényel *v kat* (*vezényszót ad*) command; (*karmester*) conduct [an orchestra]
vezényszó *n* (word of) command
vezér *n* (*vezető*) leader, chief, head; (*sakkban*) queen
vezércikk *n* leader, leading article, *US* editorial
vezérel *v* (*vezet*) guide, conduct, direct; *tech* control
vezérfonal *n* guidelines *pl*
vezérigazgató *n* director(-)general; (*ha van elnök is:*) managing director
vezérszólam *n zene* leading part/voice
vezet *v vkt vhová* lead* (to), guide (to), conduct (to); (*autót*) drive*; (*hajót, repülőgépet*) pilot; (*irányít*) direct, control; (*ügyeket*) manage; (*üzemet*) run*; (*sereget*) command, lead*; (*mérkőzést*) referee

[the match]; (*áramot, hőt*) conduct; (*út stb. visz vhova*) lead* to; *sp* lead* ‖ **egy góllal** ~ be* one goal up/ahead; **orránál fogva** ~ **vkt** lead* sy by the nose; **vmre/ vmhez** ~ lead* to sg, result/end in sg
vezeték *n* (*huzal*) wires *pl*, line; (*cső gáznak, víznek stb.*) pipe, tube; (*olajé*) pipeline
vezetéknév *n* surname, family name
vezető 1. *a* leading; (*irányító*) directing, managing ‖ **az oda** ~ **út** the way there, approach; ~ **állásban van** hold* a top/leading post; ~ **szerep** *pol stb.* leadership; *szính* lead (part) **2.** *n* (*autóé*) driver; (*mozdonyé*) (engine) driver; (*vállalkozásé, bolté*) manager; (*államé*) leader, head; *el, fiz* conductor
vezetői *a* ~ **engedély** (*gépkocsira*) driving licence
vezetőség *n* (*vezetők*) leadership; (*testületé, intézményé*) board (of directors), management
vézna *a* puny, sickly
viadukt *n* viaduct
viaskod|ik *v* *vkvel, vmvel* wrestle/fight* with sy/sg
viasz *n* wax
vicc *n* (*anekdota*) anecdote, (funny) story; (*tréfa*) joke; (*viccelődés*) fun, trick ‖ **ez nem** ~ (*hanem komoly*) that is no joke; ~**ből** for/ in fun, as a joke; ~**eket mond** crack jokes
viccel *v* joke (*vkvel* with sy) ‖ **csak** ~**ek!** I'm only kidding!
vicces *a* funny, comic, droll
vicsorít *v* **fogát** ~**ja** show*/bare one's teeth (in anger), snarl

vidám *a* cheerful, merry, jolly ‖ **V**~ **Park** fun-fair, amusement park
vidék *n* (*város ellentéte*) country(side); (*főváros ellentéte*) the provinces *pl*; *földr* (*terület*) region, country ‖ ~**en** in the country
videó *n* (*videózás*) video; (*készülék*) video (cassette) recorder, video (*pl* videos) ‖ ~**ra felvesz** video sg (*alakjai:* videoed, videoing), record sg on video
videofelvétel *n* video (recording)
videokamera *n* video camera
videokazetta *n* video cassette
videokészülék, videomagnó *n* video (cassette) recorder, video
videoszalag *n* videotape
videotéka *n* videotheque, video library
videóz|ik *v* (*nézi*) watch videos; (*filmez*) make* videos, video (*alakjai:* videoed, videoing)
vidra *n* otter
víg *a* cheerful, lively, merry
vigasz *n* comfort, solace, consolation
vigasztal *v* *vmért* console/comfort (sy for sg)
vigasztalhatatlan *a* inconsolable, disconsolate
vígjáték *n* comedy
vigyáz *v* (*figyel/ügyel vmre/vkre*) take* care of sg/sy, look after sg/ sy; (*veszélyre*) look out, take* care; (*figyelmet szentel vmnek*) pay* attention to; (*őriz vmt/vkt*) guard sg/sy, watch over sg/sy ‖ ~**z!** be careful!, take care!, look/ watch out!; ~**z, kész, rajt!** on your marks, get set, go!; ~**z! lépcső!** mind the/that step!
vigyázat *n* (*óvatosság*) caution, care, attention; (*elő*~) precaution,

guard || ~! take care!, look out!; ~!
lépcső! mind the step!; ~! **má-
zolva!** wet paint
vigyázatlan a careless
vigyázz 1. *int* look out!; *kat* atten-
tion! **2.** *n kat* attention || **~ban áll**
stand* at attention
vigyorog *v* grin, smirk
vihar *n* storm, *ir* tempest
viharjelzés *n* storm warning,
storm-signal
viharos *a* stormy, windy, thundery
|| ~ **szél** storm-wind, gale; ~ **taps**
tumultuous applause
vihog *v* giggle, titter
vijjog *v* scream, screech, shriek
víkend *n* weekend (*US* weekend)
víkendez|ik *v* weekend, spend* the
weekend swhere
víkendház *n* weekend cottage/
house
világ *n* world; (*föld*) earth, globe;
(*mindenség*) universe; (*az élet
vmely területe*) world, realm || **a
film ~a** the world of the screen,
the film world; **a harmadik** ~ the
Third World; **a ~ért sem** not for
(all) the world; **az egész ~on** all
over the world; **éli ~át** (*jól él*) live
in plenty/clover; (*könnyen*) have*
a good time; **~ra hoz** bring* [a
child°] into the world, give* birth
to; **~gá megy** go* out into the
world; **vk szeme ~a** sy's (eye)-
sight
világatlasz *n* world atlas
világbajnok *n* world champion
világbajnokság *n* world champi-
onship; (*labdarúgó*) World Cup
világcsúcs *n* world record
világégés *n kb.* world war, holo-
caust

világegyetem *n* universe, cosmos
világéletemben *adv* all my life, in
all my born days
világháború *n* world war || **a
második** ~ the Second World
War, World War II
világhatalom *n* world power
világhírű *a* world-famous, known
all the world over *ut.*
világítás *n* lighting; (*autóé*) lights
pl
világítótorony *n* lighthouse
világítóudvar *n* airshaft
világjelenség *n* universal phe-
nomenon (*pl* -mena)
világmárka *n* world-famous make
világméretű *a* world-wide
világnézet *n* ideology, outlook on
life
világnézeti *a* ideological
világos 1. *a* (*tiszta, ragyogó*) clear,
bright; (*nem sötét, szín*) light(-
coloured) (*US* -or-); (*egyszerű*)
plain, simple; (*könnyen érthető,
nyilvánvaló*) clear, obvious, mani-
fest || ~? *biz* got that?; ~, **hogy** it
is obvious that ...; ~ **nappal** in
broad daylight **2.** *n* (*sakkfigura*)
white; (*sör*) light/pale ale, lager
világoskék *a/n* light blue
világosod|ik *v* become*/grow*
light, lighten || ~**ik** (*reggel*) day is
breaking, it is dawning
világosság *n* (*fény*) (day)light; *el*
luminance, brightness; (*érthető-
ség*) clearness, clarity
világpiac *n* world market
világraszóló *a* sensational
világrekord *n* world record
világrengető *a* world-shattering,
worldshaking
világrész *n* (*földrész*) continent

világszerte *adv* all over the world
világszínvonal *n* world standard ‖
~**ú** state-of-the-art
világtáj *n* (*égtáj*) point of the compass ‖ **a négy** ~ the cardinal points *pl*
világtalan *a* sightless, blind
világválság *n* world slump, general depression
világváros *n* metropolis
villa¹ *n* (*evőeszköz*) (table/dinner) fork; *mezőg* (*többágú*) fork; (*kétágú*) pitchfork
villa² *n* (*ház*) villa, (*kisebb*) (summer) cottage/bungalow
villám *n* lightning; (*villámcsapás*) thunderbolt ‖ ~ **csap vmbe** sg is struck by lightning; **mint a** ~ (as) quick as lightning
villámgyors *a* lightning-fast ‖ ~**an** with lightning speed, like a shot
villámhárító *n* lightning-conductor/ rod
villáml|ik *v* it is lightning
villamos 1. *a* electric(al), power ‖ ~ **áram** electric current; ~ **energia** electrical energy, electric power; ~ **feszültség** voltage; ~ **háztartási gépek** electrical appliances; ~ **vezeték** wiring **2.** *n* tram(car), *US* streetcar ‖ ~**sal megy** go* by tram
villamosbérlet *n* tramway (*US* streetcar) season ticket, *GB* travelcard
villamosít *v* electrify
villamosjárat *n* tram(line), *US* streetcar (line)
villamoskocsi *n* tram(car), *US* streetcar
villamosmérnök *n* electrical engineer
villamosság *n* electricity

villámtréfa *n* short skit
villan *v* flash, blink
villanegyed *n* affluent (leafy) suburb
villanófény *n* flashlight
villany *n* (*villamosság*) electricity; (*villanyvilágítás*) (electric) light ‖ **gyújtsd fel a** ~**t** turn the lights on; **oltsd el a** ~**t** turn the lights off
villanyáram *n* electric current, electricity
villanybojler *n* electric water heater, immersion heater
villanyborotva *n* electric razor/ shaver, shaver
villanydrót *n* electric wire, (*készülékben, szigetelt, hajlékony*) flex
villanyfúró *n* power drill
villanykályha *n* electric heater/ stove
villanykapcsoló *n* (light) switch
villanykörte *n* (light-)bulb
villanymelegítő *n* electric heater
villanyóra *n* (*árammérő*) (electricity) meter; (*időmérő*) electric clock
villanyoszlop *n* pole; (*távvezetéké*) pylon
villanyrendőr *n* *biz* traffic lights *pl*
villanytűzhely *n* electric cooker (*US* stove)
villanyvezeték *n* electric wire/ cable, wiring
villásreggeli *n* luncheon
villog *v* flash, gleam, sparkle
vinnyog *v* whimper, whine
viola *n* *bot* stock
violaszín(ű) *a* violet-coloured (*US* -ored)
vipera *n* viper, adder
virág *n* *bot* flower; (*gyümölcsfáé*) blossom; (*java vmnek*) cream ‖

élete ~(j)ában in the prime/flower of life; **~ot szed** pick flowers

virágárus n (boltos) florist; (utcai) flower-seller

virágcsendélet n flower painting, still life (pl still lifes)

virágcserép n flower-pot

virágcsokor n bunch of flower, bouquet

virágfüzér n garland, festoon (of flowers)

virágkor n flowering, golden age; (élete) prime

virágláda n (ablakban) window-box

virágmag n flower-seed(s)

virágméz n honey

virágos a (mező) flowery; (virággal díszített) flowered

virágpor n pollen

virágszál n a (single) flower

virágszirom n petal

virágvasárnap n Palm Sunday

virágzik v bot flower, bloom; (gyümölcsfa) blossom; átv prosper

virrad v (hajnalodik) dawn, the day is* breaking

virradat n dawn, daybreak ‖ **~kor** at dawn

virraszt v be*/keep* awake, sit*/stay up (for sy)

virsli n kb. Vienna sausage, US wiener(-wurst)

virul v bot flower, bloom; átv vk, vm prosper

vírus n virus

visel v (öltözéket) wear*, have* (sg) on ‖ **gondját ~i vmnek/vknek** take* care of sg/sy; **roszszul ~i magát** misbehave, behave badly; **~i a költségeket** bear* the costs/expenses of sg

viselet n (ruházat) costume, dress ‖ **nemzeti ~** national costume/dress

viselkedés n (vkvel szemben) behaviour (US -or) (towards sy), conduct, attitude

viselked|ik v (vkvel szemben) conduct oneself, behave (towards sy) ‖ **~j rendesen!** behave (yourself)!

viselt a (használt) worn, old; (kopott) shabby, threadbare ‖ **vknek a ~ dolgai** sy's acts/deeds/past

visít(oz|ik) v shriek, scream

viskó n hovel, hut

visz v (szállít vkt/vmt vhova) carry, take* [sy/sg to a place], transport; (vezet) lead*, conduct; (terhet) bear*; (hírt) convey; (rávesz vkt vmre) induce/get* sy to do sg ‖ **az ördög vigye!** the devil take him/it!; **ez az út a városba ~** this road leads to the town; **magával ~ vkt** take* sy with one; **nem ~i semmire** fail to get on; **sikerre ~ vmt** make* a success of sg

viszály n discord, conflict, hostility

viszket v itch

viszonoz v return, requite

viszont 1. conj (másfelől) on the other hand; (mégis) nevertheless, however, still 2. adv (kölcsönösen) mutually ‖ **és ~** and vice versa; **köszönöm, ~** thanks, and the same to you

viszontagság n vicissitude, adversity, hardship

viszontlátásra! int (good)bye!, biz bye-bye!, so long!, see you (later/soon)!

viszonzás n (szívességé) return (service) ‖ **~ul** in return (for sg)

viszony n (kapcsolat) relation(ship) (vkk között between); (nemi) affair; (*dolgoké*) relation(ship) (between); (*összefüggő*) correlation (between); (*főleg anyagi*) circumstances, situation ‖ **jó anyagi ~ok közt él** be* comfortably/well off; **jó ~ban van vkvel** be* on good/ friendly terms with sy; **~a van vkvel** have* a love affair (*v.* an affair) with sy; **~ok** (*helyzet*) conditions

viszonyít *v vmhez* compare (sg) to/with sg

viszonylagos *a* relative, comparative

viszonylat *n* (*vonatkozás*) relation, respect; *vasút* service ‖ **nemzetközi ~ban** internationally; **országos ~ban** nationally, nationwide

viszonyul *v* **hogy ~ hozzá?** what is his attitude to this?

vissza *adv* back, backwards

visszaad *v vmt* give*/hand back, return; (*pénzt*) repay*, return; (*fordításnál*) render; (*viszonoz*) return; (*nagyobb címletű pénzből*) give*/ hand sy his/her change

visszaáll *v* (*helyreáll*) be* restored

visszacsinál *v* undo*

visszaél *v vmvel* misuse/abuse sg

visszaemlékez|ik *v vmre* remember/recall/recollect sg

visszaérkezés *n* return

visszafejlődés *n* regress(ion)

visszafelé *adv* back(wards) ‖ **~ sült el** it backfired on him

visszafizet *v vknek vmt* repay*/ refund sy [the money], refund [the money]

visszafizetés *n* repayment, refund; *ker* (*visszatérítés*) rebate

visszafogottan *adv* in a low key

visszafojt *v* hold* (sg) back, restrain ‖ **~ott lélegzettel** with bated breath

visszafordíthatatlan *a* irreversible

visszagondol *v vmre* think* back (on/to sg); *vmre/vkre* recall/remember sg/sy

visszahatás *n* reaction

visszahív *v* call (sy) back; (*követet, képviselőt*) recall (sy); (*vkt telefonon*) call/ring* (sy) back (later)

visszahódít *v* reconquer, win* back (sy/sg from sy)

visszahonosít *v* repatriate

visszahúzód|ik *v* withdraw*, draw* back

visszaigazol *v* acknowledge [receipt of sg]

visszája *n* (*anyagé*) the reverse/ back/wrong side (of the cloth) ‖ **~ra fordít vmt** turn sg inside out

visszajáró pénz *n* change

visszajátszás *n* (*magnó*) playback, replay

visszajátsz|ik *v* play back; (*újra*) replay

visszakap *v* get*/receive back

visszakeres *v* (*adatot*) check, look up; *szt* retrieve

visszakézből *adv* backhanded(ly)

visszakísér *v* see*/escort (sy) home/back

visszaköszön *v vknek* return sy's greeting

visszakövetel *v* claim/demand sg back

visszaküld *v vmt vknek* return (sg to sy); (*vkt/vmt vkhez*) send* sy/sg back (to sy)

visszalép *v* (*hátralép*) step/stand* back; *átv vmtől* pull/back out (of sg), withdraw* (from)

visszamegy *v vhova* go* back (to), return (to); (*visszanyúlik*) date/go* back (to)

visszaminősít *v* demote, downgrade

visszamond *v* (*közlést*) repeat; (*meghívást, rendelést*) cancel (*US* -l); (*írásban*) turn down

visszanyer *v* regain, recover, win*/get* back

visszapillantó tükör *n* rear-view mirror

visszariad *v vmtől* shrink* back (from)

visszáru *n ker* return(ed) goods *pl*, returns *pl*

visszás *a* (*kellemetlen*) troublesome, tiresome; (*lehetetlen*) absurd ‖ ~ **helyzetben van** be* in an awkward position

visszaszámlálás *n* countdown

visszaszerez *v* get*/win* back, (*elveszett tárgyat*) recover (sg from sy)

visszatáncol *v* go* back on (one's word), renege on sg

visszatart *v vkt vmben* keep*/hold* (sy) back; *vmtől* hinder/prevent sy from [doing sg]; *vmt* retain sg ‖ ~**ja lélegzetét** hold* one's breath

visszataszító *a* repulsive, repellent, repugnant

visszatér *v vhova* return (to), go*/get* back (to a place); *vmre* revert (to), come* back (to)

visszatérít *v* (*pénzt*) refund; *ker* rebate

visszatérítés *n* (*pénzé*) refund, paying back; *ker* rebate

visszatesz *v vmt* put* (sg) back

visszatetsző *a* displeasing, unpleasant

visszatükröz *v* reflect, mirror

visszaút *n* return journey

visszautasít *v* refuse, reject, turn down

visszavágó (mérkőzés) *n* return match

visszaver *v* (*támadást*) beat* off, repulse, repel ‖ ~**i a fényt** reflect light

visszavesz *v* (*árut*) take*/buy* back; (*alkalmazottat*) re-engage

visszavet *v* (*dob*) throw*/cast* back; (*hátráltat*) set* sy back, hinder; (*fejlődést*) retard

visszavezet *v vkt vhova* bring*/ take*/see*/lead* (sy) back (to a place); *vmt vmre* trace (sg) back (to sg)

visszavon *v* withdraw*, cancel (*US* -l); (*rendeletet*) withdraw*, repeal, revoke ‖ ~**ja szavát** go* back on one's word, take* back one's word

visszavonhatatlan *a* irrevocable

visszavonul *v vk* withdraw*; (*ügyek intézésétől*) retire (from); *kat* retreat

visszfény *n* reflected light; *átv is* reflection

visszhang *n fiz* echo; (*eseményé*) reaction, response

vita *n* debate, discussion, dispute; (*szóváltás*) argument, quarrel ‖ **a ~t bezárja** wind* up the debate; **~n felül áll** be* beyond dispute/question

vitaindító előadás *n* keynote lecture/address

vitamin *n* vitamin ‖ **C-~** vitamin C

vitás *a* disputed, debated; (*kétes*) doubtful ‖ ~ **kérdés** controversial matter/issue; **nem ~, hogy** there is* no doubt that

vitathatatlan *a* indisputable
vitatkoz|ik *v* (*vitát folytat*) debate
(ab*out* sg *v.* a question with sy),
disp*u*te (sg with sy); (*megvitat*)
disc*u*ss (sg with sy)‖ ~**ik vkvel
vmről** *a*rgue with sy ab*out* sg;
(*veszekszik*) qu*a*rrel (*US* -l) with
sy ab*out* sg
vitatott *a* **(sokat)** ~ **kérdés** a
contro*v*ersial *i*ssue/qu*e*stion
viteldíj *n* fare
vitéz 1. *a* v*a*liant, brave **2.** *n tört*
(*bátor katona*) v*a*liant/brave war-
rior/soldier
vitorla *n* sail
vitorlás *n* (*csónak*) s*a*iling boat;
(*hajó*) s*a*iling ship/vessel, (cr*u*is-
ing) yacht
vitorlázat *n* rig, sails *pl*
vitorláz|ik *v* (*vízen*) sail
vitorlázórepülés *n* gl*i*ding,
s*a*ilplaning
vitorlázórepülő *n* gl*i*der
vitrin *n* glass/sh*o*w-case
vív *v sp* fence
vívás *n* fencing
vívmány *n* ach*i*evement, att*ai*n-
ment
vívó *n* fencer
vívód|ik *v vmvel* be* in the grip of
sg, wr*e*stle with sg/ones*e*lf
víz *n* water ‖ **csupa** ~ dr*i*pping/
s*o*aking wet; **folyó** ~ r*u*nning
w*a*ter; ~ **alatti** underw*a*ter; ~**be
fúl** drown, be*/get* drowned; ~**re
bocsát** launch, set* afl*o*at
vízállásjelentés *n* water-level
rep*o*rt
vízcsap *n* (w*a*ter) tap, *US* f*au*cet
vízcsepp *n* drop of w*a*ter
vizel *v u*rinate
vízellátás *n* w*a*ter supply

vízerőmű *n* hydroel*e*ctric p*o*wer
station
vizes *a* wet, w*a*tery; (*nedves*)
moist, damp
vizesblokk *n* the pl*u*mbing
vízesés *n* w*a*terfall, falls *pl*
vízfesték *n* w*a*tercolour (*US* -or)
vizespohár *n* t*u*mbler, dr*i*nking
glass
vízfestmény *n* w*a*tercolour (*US*
-or)
vízhatlan *a* w*a*terproof, watertight
vízhólyag *n* bl*i*ster, v*e*sicle
vízhozam *n* w*a*ter *ou*tput
vízi *a* w*a*ter- ‖ ~ **jármű** w*a*ter craft,
vessel; ~ **sportok** w*a*ter/aquatic
sports, aquatics *pl*; ~ **úton** by
w*a*ter
víziló *n* hippop*o*tamus (*pl* -muses *v.*
-mi), *biz* h*i*ppo
vízimalom *n* w*a*ter-mill
vízinövény *n* w*a*ter-plant/weed,
hydrophyte
víznyomás *n* hydr*au*lic pr*e*ssure,
w*a*ter-pressure
vízió *n* v*i*sion
vízisí(zés) *n* w*a*ter sk*i*ing
vízisikló *n zoo* c*o*mmon/grass
snake
vizit *n* v*i*sit, call; *orv* (*kórházban*)
(d*o*ctors') round(s)
vízmelegítő *n* (*elektromos*) electric
w*a*ter h*e*ater, immersion h*e*ater;
(*gáz*) g*a*s water heater, geyser
vízművek *n* w*a*terworks *sing. v.* *pl*
vízözön *n vall* the Flood ‖ **utánam
a** ~ *a*fter me the d*e*luge
vízszennyeződés *n* w*a*ter pollu-
tion
vízszint *n* w*a*ter l*e*vel
vízszintes 1. *a* horiz*o*ntal, l*e*vel **2.**
n horiz*o*ntal (line)

vízszolgáltatás *n* water supply
víztároló *n* (*tartály*) reservoir, cistern
víztározó *n* (*tó*) reservoir, storage lake/reservoir
víztorony *n* water tower
víztükör *n* water surface
vizuális *a* visual
vízum *n* visa
vízvezeték *n* (*csőhálózat*) water pipes *pl*, (water-)conduit; = **vízcsap**
vízvezeték-szerelő *n* plumber
vizsga *n* examination, *biz* exam || **~n átmegy** pass the examination; **~n megbukik** fail (the examination)
vizsgaidőszak *n* examination period/season
vizsgál *v* examine; (*alaposan*) study; (*beteget*) examine; (*számadást*) check
vizsgálat *n* examination; *hiv* inquiry; (*nyomozás*) investigation; (*tudományos*) research || **orvosi ~** medical examination
vizsgálati fogság *n* detention on/under remand
vizsgáz|ik *v* sit* (for) an examination/exam, take* an examination
vizsgázó *n* candidate, examinee
vizsgáztat *v* examine [*vkt vmből* sy in/on sg]
vizsla *n* vizsla <a Hungarian pointer>; (*hosszúszőrű*) setter
volán *n* (steering-)wheel || **a ~nál** at the wheel
volna *v* would/should be || **ha ~** if there were; **ha autóm ~** if I had a car
volt[1] *a* ex-, former, late
volt[2] *n el* volt

voltaképp(en) *adv* as a matter of fact, actually
von *v* (*húz*) draw*, pull || **felelősségre ~** call sy to account; **kétségbe ~** cast* doubt on; **vállat ~** shrug (one's shoulders)
vonagl|ik *v* writhe, wriggle; (*arc, izom*) twitch, jerk
vonakod|ik *v* **~ik megtenni vmt** be* reluctant/unwilling to do sg; **~va** reluctantly, unwillingly
vonal *n* line; (*körvonal*) (*out*)line; (*közlekedési, távközlési*) line || **a ~ foglalt** (*telefon*) line engaged, *US* line busy; **nagy ~akban ismertet** sketch out, give* a broad/general outline of (sg); **tartsa a ~at!** hold the line!; **vigyáz a ~aira** (*nő*) she watches her figure
vonalkód *n* bar code
vonalaz *v* draw* lines (with a ruler), rule lines
vonalzó *n* ruler
vonás *n* (*húzás*) drawing; (*ceruzával*) line; (*arcé*) feature || **családi ~** family trait/characteristic
vonat *n* train || **a ~ 10.20-kor érkezik** the train is due at 10.20 a.m.; **beszáll a ~ba** get* in(to)/on(to) the train; **kiszáll a ~ból** get* off the train; **közvetlen ~** through train; **~tal megy** go*/travel (*US* -l) by train, take* a train (to)
vonatkozás *n* connection, relation || **ebben a ~ban** in this respect/connection/regard
vonatkoz|ik *v vkre, vmre* concern sy/sg, refer/relate to sg; (*szabály*) apply (to) || **ez nem ~ik rád** this/it does not concern/affect you
vonítás *n* howl(ing)
vonó *n* (*hegedűé*) bow

vonós 1. *a* ~ **hangszer** string(ed) instrument **2.** *n* **a** ~**ok** the strings
vonszol *v* drag, lug, pull
vontat *v* (*mozdony*) pull, haul; (*hajót*) tug, tow
vontatott *a* (*elhúzódó*) long drawn-out, protracted; (*hang*) drawling || ~ **beszélgetés** desultory conversation; ~**an halad** *vm* make* slow/little progress
vonul *v* proceed (to a place), go*, pass; (*menetel*) march
vonz *v* attract, draw*; (*érdekel*) interest (sy), appeal to (sy)
vonzalom *n* (*vm iránt*) attraction/attachment to, liking/affection for
vonzat *n* *nyelvt* government; (*elöljáró*) required preposition || ~**os ige** (*az angolban*) phrasal verb
vonzó *a* (*erő*) attractive, drawing, magnetic; (*modor*) engaging, alluring; (*mosoly*) charming
vonzód|ik *v* *vkhez* feel* attracted to sy
vö. = *vesd össze!* compare, cf.
vő *n* son-in-law
vödör *n* pail, bucket
vőlegény *n* fiancé; (*esküvőn*) bridegroom
völgy *n* valley
völgyhíd *n* viaduct
völgymenet *n* ~**ben** downhill
völgyszoros *n* gorge, defile
völgyzáró gát *n* dam, barrage
vörheny *v* scarlet fever
vörös 1. *a* red; (*arc*) ruddy, flushed || ~ **haj** ginger/red hair **2.** *n* red (colour, *US* -or), red (hue/tint), crimson, ruby
vörösbor *n* red wine; (*bordeaux-i*) claret; (*portói*) port

vörösfenyő *n* larch(-tree)
vöröshagyma *n* onion
Vöröskereszt *n* Red Cross
vörösöd|ik *v* *vm* redden; *vk* turn/go* red, blush
vörösréz *n* copper
vulgáris *a* vulgar, coarse
vulkán *n* volcano
vurstli *n* fun-fair, fairground, amusement park

W

walkman *n* personal stereo (cassette player), Walkman (*pl* Walkmans)
WC *n* WC, lavatory, toilet
whisky *n* whisky (*US* whiskey)
wurlitzer *n* jukebox

X

xerox *n* (*gép*) xerox, (photo)copier; (*másolat*) xerox, photocopy
xilofon *n* xylophone
x-lábú *a* (*ember*) knock-kneed || ~ **asztal** trestle table
X. Y. Mr. So-and-so

Y

yard *n* yard (= *0,91 méter*)
Y-elágazás *n* Y-junction

Z

zab *n* oats (*pl; néha: sing.*)

zabál *v* (*állat*) eat*, feed*; *vulg* (*ember*) guzzle

zabla *n* bit

zaboláz *v átv* bridle, curb, restrain

zabpehely *n* (*porridge-nak*) oatmeal, oatflakes *pl*

zacskó *n* bag; (*papír*) paper-bag

zafír *n* sapphire

zagyva *a* confused, muddled; (*összefüggéstelen*) incoherent

zaj *n* noise; (*utcai*) racket, street noise ‖ **~t csap** make* a noise

zajlik *v* (*jég*) break* up, drift ‖ **úgy szép az élet, ha ~ik** it's all part of life's rich tapestry

zajos *a* noisy, loud

zajtalan *a* noiseless, soundless, silent

zaklat *v vk vkt* worry, trouble; *vkt vmvel* pester (sy with/for sg *v.* to do sg) ‖ **kérdésekkel ~** bombard/badger/bother sy with questions

zakó *n* jacket, coat

zálog *n* pawn, pledge, security; (*játékban*) forfeit; *átv* pledge, token ‖ **~ba tesz** pawn; **vm ~ául** in token of sg

zálogház *n* pawnshop, pawnbroker

zamat *n* (*ételé*) flavour (*US* -or), aroma; (*boré*) bouquet

zamatos (*étel*) tasty, full of flavour (*US*-or) *ut.*

zápor *n* shower, downpour

zár 1. *n* (*ajtón stb.*) lock; (*könyvé, táskáé stb.*) clasp **2.** *v vmt* close, shut*; (*börtönbe*) shut* (up) in, lock up/away; (*áramkört*) close (the circuit); (*záródik*) close, shut*

‖ **karjába ~** clasp (sy) in one's arms; **kulcsra ~ja az ajtót** lock the door; **mikor ~nak?** when do you close?

záradék *n jog* (additional) clause

zarándok *n* pilgrim

zárda *n* convent, nunnery, cloister

zárka *n* cell, lock-up

zárkózott *a* withdrawn, uncommunicative

zárlat *n ker* balancing of the books; (*egészségügyi*) quarantine; (*hajózási*) embargo (*pl* -goes); (*hadi*) blockade; *el* short (circuit)

zárlatos *a* short-circuited

záró *a* closing, final

záró|dik *v* close, shut*

zárójel *n* (*kerek*) parentheses (*sing.* parenthesis), round brackets; (*kapcsos*) braces; (*szögletes*) brackets; (*csúcsos*) angle brackets (*mind: pl*) ‖ **~be tesz** put* in/into brackets/parentheses

zárol *v ker* sequester, stop; (*árut, hajót*) embargo (*múlt ideje:* -goed); (*követelést*) freeze*, block

záróra *n* closing time

záróvizsga *n isk* final examination/exam

záróvonal *n H* continuous white line; *GB, US* double white line

zárt *a* closed, locked, shut ‖ **~ ajtók mögött** behind closed doors; **~ intézet** mental hospital

zártkörű *a* private, exclusive

zárva *adv* closed; (*kulcsra*) locked

zászló *n* flag; (*intézményé*) banner, standard; (*tengerészeti*) ensign ‖ **az angol ~** the Union Jack/Flag; **az amerikai ~** the Stars and Stripes *pl*; **~t felvon** hoist a/the flag

zátony *n* (*homok*) sandbank, shoal; (*szikla*) reef || **~ra fut** *hajó* go*/ run* aground; *átv* prove abortive

zavar 1. *n* (*zűr*) confusion, disorder; (*nagyfokú*) chaos; (*anyagi*) difficulty, trouble; (*gép működésében*) disturbance, malfunction, breakdown; *el* interference; (*zaj*) noise || **emésztési ~ok** digestive troubles; **~ban van** feel*/be* embarrassed **2.** *v* *vk vkt* disturb, trouble, bother; (*üldöz*) pursue; (*rádióadást*) jam, interfere (with) || **bocsánat, hogy ~om** I am sorry to trouble/bother you; **~ja a kilátást** obstruct the view

zavaros 1. *a* (*folyadék*) turbid, muddy; *átv* confused, chaotic; (*beszéd*) confused; (*tekintet*) bewildered; (*elme*) confused, deranged || **~ fejű** muddle-headed; **~ helyzet** confusion

zavartalan *a* undisturbed, untroubled; (*boldogság*) unalloyed

zebra *n* *zoo* zebra; (*átkelőhely*) zebra crossing

zeller *n* celery

zendülés *n* rising, rebellion

zene *n* music || **~t szerez** compose/write* music, be* a composer

zeneakadémia *n* academy/college of music || **~ra jár, a ~n tanul** study music

zenei *a* musical, of music *ut*. || **~ érzék** musicality; **~ fesztivál** music festival

zenekar *n* orchestra

zenekari *a* orchestral || **~ árok** orchestra pit

zenél *v* play (an instrument), make* music

zenész *n* musician, artist || **utcai ~** (street-)busker

zeneszám *n* piece (of music); (*könnyűzenei*) number

zeneszerző *n* composer

zeng *v* *vmtől* ring*/echo/ resound with

zenit *n* zenith

zerge *n* chamois

zéró *num/n* zero, nought, 0 [*kiejtve*: ou]; (*semmi*) nil

zilált *a* chaotic, disordered; (*anyagi helyzet*) embarrassed; (*haj, ruházat*) dishevelled

zivatar *n* thunderstorm, thundershower

zizeg *v* rustle, swish; (*rovar*) buzz

zokni *n* socks *pl*; (*bokáig érő*) ankle sock(s)

zokog *v* sob

zománc *n* enamel; (*agyagárué*) glaze; (*festék*) gloss paint

zóna *n* zone, belt

zongora *n* (grand) piano (*pl* -nos) || **~n játszik** play the piano

zongoraművész *n* pianist

zongoraverseny *n* piano concerto

zongoráz|ik *v* play the piano

zoológia *n* zoology

zord *a* grim, morose; (*arc*) stern; (*időjárás*) raw, severe

zöld 1. *a* green || **~ fény** green light; **~ út** (*repülőtéren*) green channel **2.** *n* (*szín*) green(ness); (*a természet*) the open air, nature; (*kártya*) green, (*néha*) spade; *pol* green || **a ~ek** the Greens; **kirándul a ~be** go* out for the day (*v*. into the country)

zöldbab *n* green/French bean(s *pl*)

zöldborsó *n* green peas *pl*

zöldhagyma *n* spring/salad onion

zöldövezet *n* green belt ‖ ~ **(i villanegyed)** the leafy suburbs *pl* [of London/Budapest etc.]

zöldpaprika *n* green/sweet pepper

zöldség *n bot* greens *pl*, vegetables *pl*; (*ostobaság*) nonsense, foolishness

zöldséges *n* greengrocer; (*US és piaci*) vegetable man°

zöldségfélék *n pl* greens, vegetables

zöm *n* vmnek a ~**e** the bulk of (sg); ~**mel** by far the greatest number

zömök *a* squat, stubby

zörej *n* noise; (*rádió*) atmospherics *pl*, interference

zörög *v* rattle, clatter; (*levél, papír*) rustle

zubbony *n* jacket, blouse

zúdít *v* (*folyadékot*) pour (out) ‖ **bajt** ~ **vk fejére** bring* trouble/misfortune on sy

zug *n* (*szöglet*) nook, corner, cranny; (*félreeső vidék*) hole; (*a természetben*) nook, hollow

zúg *v* rumble, boom; (*bogár, gép*) hum, buzz; (*harang*) sound, peal, ring*; (*szél*) boom, sigh; (*tenger*) boom, roar ‖ ~ **a fülem** my ears are buzzing; ~**nak a harangok** the bells are* ringing/pealing

zugárus *n* black marketeer

zugkereskedelem *n* black market

zuhan *v* plunge, tumble, fall* (down)

zuhanyoz|ik *v* take*/have* a shower

zuhanyozó *n* (*hely*) shower(-bath)

zuhatag *n* (*vízesés*) waterfall, falls *pl*, cataract

zuhog *v* ~ **(az eső)** it's pouring (down *v.* with rain)

zúz *v* pound, crush, pulverize

zúzmara *n* hoar(-frost), rime

zuzmó *n* lichen

zülleszt *v* (*dolgot*) deprave, demoralize; (*személyt*) corrupt

züllött *a vm* decayed; (*személy*) depraved, debauched, corrupt

zümmög *v* buzz, hum

zűr *n biz* (*zavar*) mess, tizzy, confusion, fix; (*nehézség*) difficulty, trouble ‖ **nagy** ~**ben van** be* in a fix/tizzy

zűrzavar *n* (*rendetlenség*) chaos, disorder, confusion; (*lárma*) hubbub

zűrzavaros *a* chaotic, disorderly, confused

Zs

zsába *n* neuralgia

zsák *n* (*kisebb*) bag; (*nagyobb*) sack

zsákmány *n* (*rablott holmi*) plunder, loot; (*állaté*) prey; (*hadi*) booty

zsákutca *n* blind alley, cul-de-sac, *US főleg:* dead end; *átv* deadlock

zsalu *n* shutters *pl*

zsaluzás *n épít* formwork

zsanér *n* hinge

zsáner *n* genre, kind, style ‖ **nem a** ~**em** she is not my type

zsargon *n* jargon

zsarnok *n* tyrant, despot

zsarol *v* blackmail

zsaru *n biz* bobby, cop(per)

zseb *n* pocket ‖ **saját** ~**éből fizeti** pay* sg from (*v.* out of) one's own pocket; ~**re dugott kézzel** with one's hands in one's pockets; **~re tesz/vág vmt** (*tűr*) stomach/ swallow/pocket sg; (*ellop*) pocket sg

zsebkendő *n* handkerchief

zsebkés *n* pocket-knife°, penknife°

zsebkönyv *n* notebook, *GB* pocketbook; (*puhafedelű könyv*) paperback

zseblámpa *n* torch, *US* flashlight

zsebóra *n* watch

zsebpénz *n* pocket-money

zsebrádió *n* transistor (radio)

zsebszámológép *n* (pocket) calculator

zsebszótár *n* pocket dictionary

zsebtolvaj *n* pickpocket

zselatin *n* gelatine

zselé *n* jelly

zsemle *n* roll

zsemlemorzsa *n* breadcrumbs *pl*

zsenge *a* (*kor*) immature, young, delicate, tender

zseni *a* genius (*pl*-uses)

zseniális *a* brilliant || **~ ember** man° of genius; **~ találmány** ingenious invention

zseton *n* counter, token

zsibbadt *a* stiff, numb(ed)

zsidó **1.** *a* Jewish, Hebrew; (*néha*) Israelite || **a ~ nép** the Jewish people, the Jews *pl*; **~ származású** Jewish; **~ templom** synagogue, Jewish temple; **~ vallás** Judaism **2.** *n* Jew; (*régen*) Israelite

zsilett *n* safety razor

zsilettpenge *n* (safety) razor blade

zsilip *n* sluice, lock

zsinagóga *n* synagogue (*US* -gog)

zsinór *n* (*zsineg*) string; (*sodrott*) twine, cord; (*elektromos eszközé*) flex, electric wire

zsír *n* fat; (*olvasztott*) grease; (*disznóé*) lard; (*pecsenyéé*) dripping || **~ban süt** fry [in fat]

zsiráf *n* giraffe

zsírkréta *n* oil pastel, crayon

zsíros *a* fat(ty), greasy; *átv* rich, fat || **~ étel** rich/fatty food; **~ kenyér** bread and dripping

zsírszegény *a* (*étrend*) low-fat [diet]

zsivaj(gás) *n* noise, din, uproar

zsivány *n* (*bandita*) brigand, bandit, *US* gangster; (*betyár*) outlaw; *tréf* rascal, rogue, scamp

zsoké *n* jockey

zsoldos *tört* **1.** *a* mercenary || **~ hadsereg** mercenary troops *pl* **2.** *n kat* mercenary; *átv* hireling

zsoltár *n* psalm

zsong *v* hum, murmur, boom

zsonglőr *n* juggler

zsörtölőd|ik *v* grumble, be* grumpy

zsúfol *v* cram, stuff, press, pack

zsugori **1.** *a* miserly, mean **2.** *n* miser, niggard

zsugorod|ik *v* (*bőr, falevél*) shrivel (*US* -l); (*gyapjú*) shrink*; (*test*) contract

zsupsz *int* (wh)oops (a daisy)!

zsúr *n* (tea) party

zsúrkocsi *n* tea-trolley

zsűri *n* (*versenyé*) jury; (*játéké*) panel (of experts)

zsűritag *n* member of the jury/ panel, panellist (*US* -l-)

APPENDIX I
I. FÜGGELÉK

English Irregular Verbs
Angol rendhagyó igék

This list contains the verbs marked with * in the dictionary.
Ez a jegyzék a szótárban *-gal jelölt igéket tartalmazza.

INFINITIVE	PAST TENSE	PAST PARTICIPLE	
abide	abode	abode	*tartózkodik, lakik*
	abided	abided	*elvisel; megmarad vm mellett*
arise	arose	arisen	*keletkezik*
awake	awoke	awoken	*felébreszt, -ébred*
be (is, are)	was, were	been	*van*
bear	bore	borne	*hord*
bear	bore	born	*szül*
beat	beat	beaten	*üt*
become	became	become	*vmivé lesz*
beget	begot	begotten	*nemz*
begin	began	begun	*kezd*
bend	bent	bent	*hajlít*
beseech	besought	besought	*könyörög*
bet	bet, betted	bet, betted	*fogad*
bid	bid	bid	*ajánl*
	bade	bidden	*megparancsol*
bind	bound	bound	*köt*
bite	bit	bitten	*harap*
bleed	bled	bled	*vérzik*
bless	blessed, blest	blessed, blest	*áld*
blow	blew	blown	*fúj*
		blowed	
		I'm blowed if...	*itt süllyedjek el, ha... kifejezésben*

413

Infinitive	Past Tense	Past Participle	
break	broke	broken	*tör*
breed	bred	bred	*tenyészt*
bring	brought	brought	*hoz*
build	built	built	*épít*
burn	burnt, burned	burnt, burned	*ég*
burst	burst	burst	*szétreped*
buy	bought	bought	*vásárol*
can	could	–	*tud, ...hat, ...het*
cast	cast	cast	*dob*
catch	caught	caught	*megfog*
chide	chided, chid	chided, chid, chidden	*szid*
choose	chose	chosen	*választ*
cleave1	cleaved, clove, cleft	cleaved, cloven, cleft	*hasít*
cleave2	cleaved, clave	cleaved	*ragaszkodik*
cling	clung	clung	*ragaszkodik*
come	came	come	*jön*
cost	cost	cost	*vmbe kerül*
creep	crept	crept	*csúszik*
crow	crowed, crew	crowed	*kukorékol*
cut	cut	cut	*vág*
deal	dealt	dealt	*ad, oszt; foglalkozik (with ...val/vel)*
dig	dug	dug	*ás*
dive	dived; *US* dove	dived	*lemerül; fejest ugrik*
do	did	done	*tesz*
draw	drew	drawn	*húz*
dream	dreamt, dreamed	dreamt, dreamed	*álmodik*
drink	drank	drunk	*iszik*
drive	drove	driven	*hajt, vezet*
dwell	dwelt	dwelt	*lakik*
eat	ate	eaten	*eszik*

Infinitive	Past Tense	Past Participle	
fall	fell	fallen	*esik*
feed	fed	fed	*táplál*
feel	felt	felt	*érez*
fight	fought	fought	*harcol*
find	found	found	*talál*
flee	fled	fled	*menekül*
fling	flung	flung	*hajít*
fly	flew	flown	*repül*
forbid	forbade, forbad	forbidden	*tilt*
forecast	forecast, forecasted,	forecast, forecasted	*előre jelez*
forget	forgot	forgotten	*elfelejt*
forgive	forgave	forgiven	*megbocsát*
forsake	forsook	forsaken	*elhagy*
freeze	froze	frozen	*fagy*
get	got	got; *US* gotten	*kap*
gild	gilded, gilt	gilded, gilt	*aranyoz*
gird	girded, girt	girded, girt	*övez*
give	gave	given	*ad*
go	went	gone	*megy*
grind	ground	ground	*őröl*
grow	grew	grown	*nő*
hang	hung	hung	*akaszt, függ*
hang	hanged	hanged	*felakaszt*
have (has)	had	had	*vmje van*
hear	heard	heard	*hall*
heave	heaved, hove	heaved, hove	*emel*
hew	hewed	hewed, hewn	*üt*
hide	hid	hidden	*rejt*
hit	hit	hit	*üt*
hold	held	held	*tart*
hurt	hurt	hurt	*megsért*
input	input, inputted	input, inputted	*betáplál*

INFINITIVE	PAST TENSE	PAST PARTICIPLE	
keep	kept	kept	*tart*
kneel	knelt; *főleg US:* kneeled	knelt; *főleg US:* kneeled	*térdel*
knit	knitted knit	knitted knit	*köt* *egyesít; egyesül*
know	knew	known	*tud; ismer*
lay	laid	laid	*fektet*
lead	led	led	*vezet*
lean	leant, leaned	leant, leaned	*hajol*
leap	leapt, leaped	leapt, leaped	*ugrik*
learn	learnt, learned	learnt, learned	*tanul*
leave	left	left	*hagy*
lend	lent	lent	*kölcsönöz*
let	let	let	*hagy*
lie[1]	lied	lied	*hazudik*
lie[2]	lay	lain	*fekszik*
light	lighted, lit	lighted, lit	*meggyújt*
lose	lost	lost	*elveszít'*
make	made	made	*csinál*
may	might	–	*szabad*
mean	meant	meant	*jelent*
meet	met	met	*találkozik*
mow	mowed	mown, mowed	*lekaszál*
must	–	–	*kell*
output	output, outputted	output, outputted	*kiad*
pay	paid	paid	*fizet*
plead	pleaded; *US* pled	pleaded; *US* pled	*szót emel*
prove	proved	proved; *US* proven	*bizonyít*
put	put	put	*tesz*
quit	quit, quitted	quit, quitted	*otthagy, elmegy*
read [ri:d]	read [red]	read [red]	*olvas*
rend	rent	rent	*hasít*

Infinitive	Past Tense	Past Participle	
rid	rid	rid	*megszabadít*
ride	rode	ridden	*lovagol*
ring	rang	rung	*cseng*
rise	rose	risen	*felkel*
run	ran	run	*szalad*
saw	sawed	sawn; *US* sawed	*fűrészel*
say	said	said	*mond*
see	saw	seen	*lát*
seek	sought	sought	*keres*
sell	sold	sold	*elad*
send	sent	sent	*küld*
set	set	set	*helyez; beállít stb.*
sew	sewed	sewn, sewed	*varr*
shake	shook	shaken	*ráz*
shall	should	–	*(segédige)*
shave	shaved	shaved, shaven	*borotvál(kozik)*
shear	sheared	shorn, sheared	*nyír*
shed	shed	shed	*elhullat*
shine	shone	shone	*ragyog*
	shined	shined	*(cipőt) fényesít*
shit	shitted, shat	shitted, shat	*kakál*
shoe	shod	shod	*megpatkol*
shoot	shot	shot	*lő*
show	showed	shown, showed	*mutat*
shred	shred	shred	*darabokra tép*
shrink	shrank, shrunk	shrunk	*összezsugorodik*
shrive	shrived, shrove	shrived, shriven	*gyóntat*
shut	shut	shut	*becsuk*
sing	sang	sung	*énekel*
sink	sank	sunk	*süllyed*
sit	sat	sat	*ül*
slay	slew	slain	*öl*
sleep	slept	slept	*alszik*
slide	slid	slid	*csúszik*
sling	slung	slung	*hajít*
slink	slunk	slunk	*lopakodik*

Infinitive	Past Tense	Past Participle	
slit	slit	slit	*felvág*
smell	smelt, smelled	smelt, smelled	*megszagol*
smite	smote	smitten	*rásújt*
sow	sowed	sown, sowed	*vet*
speak	spoke	spoken	*beszél*
speed	sped	sped	*száguld*
	speeded	speeded	*siettet; gyorsan hajt*
spell	spelt, spelled	spelt, spelled	*betűz (betűket)*
spend	spent	spent	*költ*
spill	spilt, spilled	spilt, spilled	*kiönt*
spin	spun	spun	*fon*
spit	spat; *főleg US:* spit	spat; *főleg US:* spit	*köp*
split	split	split	*hasít*
spoil	spoilt, spoiled	spoilt, spoiled	*elront*
spread	spread	spread	*kiterjeszt; terjed*
spring	sprang	sprung	*ugrik*
stand	stood	stood	*áll*
stave	staved, stove	staved, stove	*bever*
steal	stole	stolen	*lop*
stick	stuck	stuck	*ragaszt*
sting	stung	stung	*szúr*
stink	stank, stunk	stunk	*bűzlik*
strew	strewed	strewed, strewn	*hint*
stride	strode	stridden	*lépked*
strike	struck	struck	*üt*
string	strung	strung	*felfűz*
strive	strove	striven	*igyekszik*
swear	swore	sworn	*megesküszik*
sweep	swept	swept	*söpör*
swell	swelled	swollen, swelled	*dagad*
swim	swam	swum	*úszik*
swing	swung	swung	*leng(et)*
take	took	taken	*fog, vesz*
teach	taught	taught	*tanít*
tear	tore	torn	*szakít*

INFINITIVE	PAST TENSE	PAST PARTICIPLE	
tell	told	told	*elmond*
think	thought	thought	*gondol(kozik)*
thrive	thrived, throve	thrived, thriven	*boldogul*
throw	threw	thrown	*dob*
thrust	thrust	thrust	*döf*
tread	trod	trodden, trod	*tapos*
wake	woke	woken	*felébred, felébreszt*
wear	wore	worn	*visel*
weave	wove	woven	*sző*
	weaved	weaved	*kanyarog*
wed	wedded, wed	wedded, wed	*összeházasodik*
weep	wept	wept	*sír*
wet	wet, wetted	wet, wetted	*benedvesít*
will	would	ö	*(segédige)*
win	won	won	*nyer*
wind[1]	wound	wound	*teker(edik)*
wind[2]	winded, wound	winded, wound	*kürtöl*
wring	wrung	wrung	*kicsavar*
write	wrote	written	*ír*

APPENDIX II
II. FÜGGELÉK

English Irregular Nouns
Angol rendhagyó főnevek

This list contains the nouns marked with o in the dictionary
Ebben a jegyzékben a szótárban °-val jelölt szavak szerepelnek

SINGULAR		PLURAL
calf	calves	*borjú*
child	children	*gyermek*
elf	elves	*manó*
foot	feet	*láb*
goose	geese	*liba*
half	halves	*fél*
knife	knives	*kés*
leaf	leaves	*(fa)levél*
life	lives	*élet(rajz)* (*de* **still life** `*csendélet*' *többese:* **still lifes**)
loaf	loaves	*cipó*
louse	lice	*tetű*
man	men	*ember*
mouse	mice	*egér*
ox	oxen	*ökör*
scarf	scarves	*sál*
self	selves	*maga*
sheaf	sheaves	*kéve*
shelf	shelves	*polc*
thief	thieves	*tolvaj*
tooth	teeth	*fog*
wife	wives	*feleség*
wolf	wolves	*farkas*
woman	women	*nő*

421

APPENDIX III
III. FÜGGELÉK

Weights and Measures – Hungarian-English
Magyarországi mértékek angol megfelelői

LENGTH–HOSSZÚSÁG

1 mm	= 0.039 inch
1 cm	= 0.394 inch
1 m	= 39.37 inches = 1.094 yards
1 km	= 1093.61 yards = 0.6214 mile v. 5/8 mile

SURFACE–TERÜLET

1 mm²	= 0.00155 square inch
1 cm² (sq cm)	= 0.155 square inch
1 m² (sq m)	= 1.196 square yards
1 km² (sq km)	= 247.1 acres = 100 hectares = 0.386 sqare mile
1 négyszögöl	= 38.42 square feet
1 kat. hold	= 6823.95 square yards = 1.412 acres
1 ár (are, a)	= 0.025 acre = 100 m²
1 hektár (ha) (hectare, ha)	= 100 ares = 2.471 acres = 10 000 m²

WEIGHT–SÚLY

1 milligramm (mg) (milligram, mg)	= 0.015 grain
1 gramm (g) (gram, g)	= 15.43 grains = 0.035 ounce
1 dekagramm (dkg *v.* **dag)** (decagram, dag)	= 0.353 ounce
1 kilogramm (kg) (kilogram, kg)	= 2.205 pounds = 35.27 ounces
1 métermázsa (q) (quintal)	= 1.9688 hundredweight
1 tonna (t) (tonne)	= 19.688 hundredweight = 2204.62 pounds

CAPACITY–ŰRMÉRTÉK

1 milliliter (ml)
(millilitre, ml)   = 0.00176 pint
1 centiliter (cl)
(centilitre, cl)   = 0.0176 pint
1 deciliter (dl)
(decilitre, dl)   = 0.176 pint
1 liter (l)
(litre, l)   = 1.76 pints = 2.1 US pints = 0.22 UK
                                       gallon

1 hektoliter (hl)
(hectolitre, hl)   = 22.0 gallon

CUBIC–KÖBMÉRTÉKEK

1 köbcentiméter (cm³)
(cubic centimetre)   = 0.06102 cubic inch
1 köbdeciméter (dm³)
(cubic decimetre)   = 0.03532 cubic foot
1 köbméter (m³)
(cubic metre)   = 1.308 cubic yards = 35.315 cubic feet

TEMPERATURE EQUIVALENTS–HŐMÉRŐRENDSZER

–17.8 °C	=	0 °F (Fahrenheit)
–10 °C	=	14 °F
0 °C	=	32 °F
10 °C	=	50 °F
20 °C	=	68 °F
30 °C	=	86 °F
40 °C	=	104 °F
100 °C	=	212 °F

Normal body temperature:
Normál testhőmérséklet:　　　　　36.6 °C = 97.8 °F

Conversion – Celsius into Fahrenheit
Celsius fok átszámítása Fahrenheitre

$$x\ °C = \frac{9x}{5} + 32\ °F$$

Fahrenheit into Celsius
Fahrenheitről Celsiusra

$$x\ °F = \frac{(x-32)5}{9}\ °C$$

NTC'S FOREIGN LANGUAGE DICTIONARIES
The Best, By Definition

Spanish/English
Cervantes-Walls Spanish & English
Diccionario Básico Norteamericano
NTC's Beginner's Spanish & English
NTC's Dictionary of Common Mistakes
  in Spanish
NTC's Dictionary of Spanish False
  Cognates
The Dictionary of Chicano Spanish
NTC's Easy Spanish Bilingual Dictionary
Vox Compact Spanish & English
Vox Everyday Spanish & English
Vox Modern Spanish & English
  (Thumb-indexed & Plain-edged)
Vox Super-Mini Spanish & English
Vox Traveler's Spanish & English

Spanish/Spanish
Diccionario Practico de la Lengua
  Enspañola del Nuevo Mundo
Vox Diccionario Escolar de la Lengua
  Española

French/English
NTC's New College French & English
NTC's Beginner's French & English
NTC's Dictionary of Canadian French
NTC's Dictionary of Faux Amis
NTC's Dictionary of French Faux Pas
NTC's Easy French Bilingual Dictionary
NTC's French & English Business

German/English
NTC's Easy German Bilingual
  Dictionary
Klett's Modern German & English

Klett's Super-Mini German & English
NTC's Beginner's German & English
NTC's Dictionary of German False
  Cognates
Schöffler-Weiss German & English

Italian/English
NTC's Beginner's Italian & English
NTC's Easy Italian Bilingual Dictionary
Zanichelli New College Italian & English
Zanichelli Super-Mini Italian & English

Other Foreign Languages
NTC's Bulgarian & English
NTC's Compact Korean & English
NTC's Compact Russian & English
NTC's New College Greek & English
NTC's New Japanese-English Character
NTC's Romanian & English
NTC's Vietnamese & English
The Wiedza Powszechna Compact
  Polish & English
Easy Chinese Phrasebook & Dictionary
Languages of the World on CD-ROM

For Juveniles
French Picture Dictionary
German Picture Dictionary
Spanish Picture Dictionary
Let's Learn French Picture Dictionary
Let's Learn German Picture Dictionary
Let's Learn Hebrew Picture Dictionary
Let's Learn Italian Picture Dictionary
Let's Learn Portuguese Picture
  Dictionary
Let's Learn Spanish Picture Dictionary

NTC Publishing Group
4255 West Touhy Avenue
Lincolwood, Illinois 60646-1975 U.S.A.